영화개론 ^{제4판}

Timothy Corrigan, Patricia White 지음 | 정재형 옮김

Σ 시그마프레스

영화개론, 제4판

발행일 | 2023년 11월 1일 1쇄 발행

지은이 | Timothy Corrigan, Patricia White
옮긴이 | 정재형
발행인 | 강학경
발행처 | (주)시그마프레스
디자인 | 김은경, 우주연
편　집 | 김은실, 윤원진
마케팅 | 문정현, 송치헌, 김성옥, 최성복

등록번호 | 제10-2642호
주소 | 서울특별시 영등포구 양평로 22길 21 선유도코오롱디지털타워 A401~402호
전자우편 | sigma@spress.co.kr
홈페이지 | http://www.sigmapress.co.kr
전화 | (02)323-4845, (02)2062-5184~8
팩스 | (02)323-4197

ISBN | 979-11-6226-449-2

The Film Experience, Fourth Edition

First published in the United States by Bedford/St. Martin's
Copyright © 2015 by Bedford/St. Martin's
All rights reserved.

Korean language edition © 2023 by Sigma Press, Inc. published by arrangement with
Bedford/St. Martin's

＊ 책값은 책 뒤표지에 있습니다.

역자 서문

이 책은 종래 봐왔던 많은 영화 입문 책과 그 결을 달리한다. 먼저 과거에 있었던 영화개론의 기본 패턴은 기술과 미학 위주의 책이 주종을 이루었던 게 사실이다. 기술과 미학 위주의 개론서의 특징은 영화를 만드는 사람의 시각을 바탕으로 한다. 영화 기술이 영화전공자들에게 최고의 가치였던 때가 있었다. 그건 아주 초창기였다. 그 이유는 일반인들이 영화 기술에 접근하기가 어려웠던 이유 때문이었다. 서구로 말하면 1960년대, 한국으로 말하면 1980년때까지 카메라 한 대 만져 보는 게 소원이었던 시절이었다. 지금 디지털 혁명 이후 영화 기술은 보편화되었고 미학에 관한 이론도 대중화되었다. 말하자면 영화의 신비화, 신화화가 깨진 것이다.

지금 같은 제4차 산업혁명 시대의 총아는 IOT, AI, Big Data다. 스마트폰은 일상생활에서 그 중심에 와있다. 이런 자동화 시대에 영화 기술은 더 이상 호기심의 대상이거나 영화과를 진학하는 목표에 들어가지 않는다. 카메라보다도 스마트폰으로 촬영을 더 많이 할 수도 있는 시대에 그 기술적 현란함이 시민을 유혹할 이유가 없다. 기술 위주의 개론서가 놓치는 화두는 기술을 움직이는 마인드를 가르쳐야 한다는 명제인 것이다.

두 번째는 그 난이도에 있어서 많은 편차가 있어서 너무 쉬운 책과 너무 어려운 책이 공존하는 등 독자들에게 난점이 있었다. 보드웰의 『영화예술(Film Art)』이라는 책은 교과서 중의 교과서이다. 대한민국에서 가장 대중적으로 많이 팔리거나 읽었음직한 책이라고 생각한다. 미국으로 유학을 가서 알게 된 사실이지만 그 책은 미국에서도 유명해서 많은 학생들이 사서 읽는 대중적인 개론서였다. 하지만 대학원 공부를 하면서 그 책이 학부 수준을 훨씬 넘어선 대학원 수준의 어려운 영화미학 개론서라는 것을 알게 되었다. 한국에서 그 책이 그러한 가이드조차 없이 그저 출판되어 일반인들이 읽게 되었다는 것은 비극이다.

적어도 내가 알기로 그 책을 완전히 이해하는 한국 독자들은 거의 없을 것이라 장담한다. 대학원 수준의 영화미학 개론서이므로 어려운 게 사실이다. 곰브리치, 아른하임, 파놉스키, 뵐플린 등의 미학자들에 대한 기초가 없이는 서술의 깊이를 이해하기 어렵다. 프랑스 영화개론서가 소쉬르, 메츠 기호학, 바르트 구조주의, 라깡 정신분석학 바탕이 없이는 한 치도 나아갈 수 없는 것과 같은 이치다. 보드웰은 인지주의 영화심리학자이기도 하다. 그 바탕엔 게슈탈트 심리학, 인지주의 심리학, 도상학이 놓여 있다. 보드웰의 학풍을 영화이론에서는 특히 영화스타일의 역사적 시학이라 부른다. 그의 Film Art는 그러한 바탕을 업고 등장한 책이다. 그 책의 가치 유무를 떠나 Film Art라는 이름의 이면에 너무 어려운 이론들을 거쳐야 하는 난점이 놓여 있음을 알아야 한다.

이 책은 이러한 여러 문제점들을 개선한 가장 최근의 영화개론서란 점에서 눈길을 끈다. 책의 핵심주제는 관객, 영화, 영화산업 3자의 관계에 항상 초점을 맞춰왔다는 것이다. 이 책은 일관되게 이런 관계들이 영화의 사회적, 문화적, 경제적 문맥 속에서 어떻게 형성되고 있는지 신랄한 토론들을 거쳐 탐구하고 있다. 이 책은 영화문화, 영화 기술 및 기법, 영화 유형 등의 큰 단락을 통해 종래의 기술, 미학적 요소를 더 큰 문화적 맥락 안에서 서술한다. 이 책은 영화를 보고 생각하는 과정에서 발생하는 형식적이면서 문화적인 역학관계를 총체적으로 바라볼 수 있는 시각을 제공해준다. 각자가 다른 목적, 필요, 이해에 따라 영화를 학습할 수 있는 비평적인 방법과 시각을 제공해주고 있다. 게다가 영화를 하나의 예술과 산업으로 이해하고, 분석하고, 토론하는 데 필요한 어휘들을 제공해주고 있다. 또한 이론적인 면에 있어서 반향을 일으킬 수 있는 질문들을 끄집어내주고 있다. 영화 학습에 관한 다른 책들은 처음에 영화의 형식적 구조, 혹은 영화 제작의 역사적 배경에 초점을 두지만, 이 책은 영화 관객들 개개인이 영화에 어떻게 반응하는가 하는 개별적 측면에 초점을 둔다.

저자는 관객들의 영화 경험을 개별적인 공감과 인식에 의해 얻어진 것, 영화문화로부터 공유하게 된 것으로 분류한다. 제1부는 영화제작, 배급, 상영의 과정이 사회적 맥락을 만들어 가는 특정 방식 속에서 영화를 검토한다. 제2부는 영화를 구성하고 있는 네 가지 형식적 시스템(미장센, 촬영, 편집, 음향)을 설명한다. 제3부는 관객들이 접하게 되는 영화 장르의 기본 양식들을 소개하고 분석한다. 제4부는 영화의 비판적 관점, 영화 역사에 대한 개관, 영화이론의 중요한 쟁점들, 영화 에세이 쓰기를 설명한다.

학습자들이 변화된 시대에 맞는 총체적 시각으로 영화를 새롭게 바라보게 되길 바란다. '새 술은 새 부대에'라는 말이 걸맞게 새로운 책이 나타났다. 시대가 정말 많이 변했고 그 시대를 실감하는 영화독해법에 관한 갈증을 이 책이 상당수 해소해줄 것이라는 기대와 함께 많은 독자들이 좋은 경험을 하게 되리라 믿는다.

저자 서문

우리 문화에서 영화란 비록 그 전달 방법이 변화하고 확장됐다 하더라도 이제 거의 전 지구적인 경험이 되었다. 대도시의 거대한 멀티플렉스든, 지방의 작은 영화관이든, 최신식 TV든, 아니면 손 안의 태블릿 PC든 상관없이 우리는 모두 영화가 가져다줄 수 있는 즐거움을 경험한다. 상상의 세계로 여행을 떠나고, 역사의 재현을 목격하며, 친근하거나 처음 보는 천상의 별들을 관찰하는 등 웃음과 공포 등의 여러 감정을 다양한 장르의 영화에서 경험하게 된다. 영화에 대한 깊고 폭넓은 이해는 그런 즐거움으로부터 시작된다. 하지만 이러한 심층 이해는 첫인상 이상의 무언가를 필요로 하게 된다.

이 책의 목적은 학생들로 하여금 영화의 언어를 익히게 하고, 또 그런 언어들을 대중매체의 응집력과 결합시켜 영화 감상을 향상시키기 위한 것이다. 또한 예술, 산업, 문화 및 영화 경험에 대한 진지하고 포괄적인 소개를 제공하고 양방향 디지털 도구 및 기존의 영화들을 통해 이러한 경험을 현실로 만들어 준다.

영화 팬인 우리 자신들도 완벽한 영화 경험은 영화의 형식적 측면과 문화적 측면 양자를 다 이해하는 데서 나온다는 사실을 믿고 있다. 예를 들면 영화감독이 어떻게 한 유명 배우의 인지도를 이용했는지를 아는 것은 특정 편집 규칙이 특별한 분위기를 연출할 수 있음을 이해하는 것만큼 중요한 일이 될 수 있다. 이 책은 학생들로 하여금 비판적 분석 능력을 가질 수 있도록 영화 형식과 문화적 문맥에 기초한다. 이 책은 이러한 요구에 부응하기 위해 최고의 기술적 프로그램들을 갖추고 있는데, 새로 개정된 '요약'은 학생들로 하여금 각 장의 개념에 자신만의 영화 경험을 연결시킬 수 있도록 촉발해줄 것이고, 수십 개의 새로운 비디오 클립과 질문을 추가하여 접근 가능한 시각적 예를 제공하고 있다. 이런 학습도구들을 잘 이용한다면 학생들은 단순한 영화 팬에서 비평적인 감상자가 될 수 있으며, 이 학습과정에서 얻은 지식을 바탕으로 앞으로의 삶에 있어서 자신의 영화 경험을 더욱 풍부하게 가꿀 수 있을 것이다.

영화의 형식적 요소의 적용 범위

우리는 학생들이 영화 제작 기술에 관해 종합적인 지식을 갖게 된다면 영화가 의미하는 것을 더 깊이 있게 이해하게 될 것이라고 믿는다. 그래서 이 책은 주요 개념, 미장센의 활용, 촬영, 편집, 음향, 그리고 극영화, 장르, 다큐멘터리, 실험 영화 등의 구조에 관한 명확하고 폭넓은 해설을 제공한다. 영화 형식의 기본을 단순히 묘사하는 것을 넘어서 그런 형식적 요소들이 영화의 맥락 속에서 어떻게 분석되고 해석될 수 있는지를 조명하며, 더불어 책에 포함된 온라인 영화 클립으로 형식에 대한 공부를 더욱 생생하게 할 수 있도록 한다.

우리는 학생들이 이미 알고 있을 수도 있는 영화들로 학생들과 연결되는 것이 중요하다는 것을 이해하는 동시에, 〈맨 오브 스틸〉, 〈위대한 개츠비〉, 〈라이프 오브 파이〉, 〈어벤저스〉, 〈블링 링〉, 〈오스카 그랜트의 어떤 하루〉 등의 최근 영화들도 새롭게 소개한다. 우리는 영화 역사상 나 타난 다양한 영화들을 학생들이 잘 이해하도록 돕는 것이 우리의 의무라는 인식하에 〈재즈 싱어〉, 〈시민 케인〉, 〈아프리카의 여왕〉, 〈우리에게 내일은 없다〉, 〈대부〉, 〈차이나타운〉 등의 고전 영 화뿐만 아니라 실험 영화, 독립영화, 국제 영화 등의 다양한 영화를 활용한다.

영화 문화에 대한 완전한 요점정리

우리는 영화 형식에 대한 이해를 토대로 하여 영화의 성격, 효과, 문화 등을 이해하는 것이야말 로 진정으로 영화의 전반적인 면을 이해하는 필수적인 요소라고 믿는다. 따라서 이 책의 핵심주 제 중 하나는 관객, 영화, 영화산업 간의 관계에 항상 초점을 맞추는 일이다. 이 책은 일관되게 이런 관계들이 영화의 사회적 · 문화적 · 경제적 맥락 속에서 어떻게 형성되고 있는가 하는 것을 스타 시스템의 영향력, 독립영화 대 블록버스터 영화의 마케팅 전략, 관객들이 일부 영화들에만 끌리게 되는 이유 등과 같은 주제에 대한 신랄한 토론을 거쳐 탐구한다. 특히 서론인 '영화 학습 하기 : 문화와 경험'은 관객 역할의 중요성을 탐구하고 있는데, 열광적인 영화 팬들이 없다면 영 화 문화란 없다는 인식 아래 우리가 영화를 진지하게 생각하고 공부해야 하는 이유에 대한 논리 적 근거를 제공한다. 제1장 '영화와의 만남 : 사전제작부터 상영까지'는 대본에서부터 영화 상 영까지의 영화 제작 각 단계가 언제, 어디서, 왜 관객들이 관람하게 될 것인가 하는 관점에 따라 어떻게 정해지는지를 상세히 알려준다.

이 책의 특성

입체적인 3차원 기술, 디지털 방식으로의 전환, 그리고 새롭게 등장한 소셜미디어 같은 대중매 체의 시장장악 전략과 같은 최신 주제를 다룸으로써 오늘날의 영화 문화를 이해하는 최고의 입 문서로서의 역할을 계속해 가고자 하였다.

영화와 개념을 연결해주는 '요약'

각 장의 마지막에 있는 '요약'은 각 장에서 언급된 주요 개념을 학생들이 알아차릴 수 있는 동시 대의 영화들과 기억에 남는 고전 영화 예시들에 연결시킴으로써 그 효과가 강화되었다. 학생들 이 스스로 영화를 보면서 그 장에서 언급한 개념, 이론, 역사 등을 더 잘 이해할 수 있도록, 또한 학생들로 하여금 영화를 보면서 그 장에서 배운 것을 복습할 수 있도록 도와준다. 요약의 '적용 해보기'에서는 수업 중에 토론 주제 혹은 과제물로 활용할 수 있는 내용이 들어 있어 이런 기능 을 더 극대화시켜준다.

오늘날과 미래의 영화팬에게도 흥미롭고, 새로우면서 광범위한 영화

처음 성인이 되는 18세 학생부터 기존 성인에 이르기까지 각 세대의 학생들은 최신 영화에 대해 잘 알고 있다. 그래서 우리는 다양한 학생들의 취향에 부응하기 위해 할리우드 블록버스터 영화 〈헝거게임〉, 〈그래비티〉, 〈겨울왕국〉부터 독립영화 〈파리아〉, 〈헛소동〉, 〈우리가 들려줄 이야 기〉 등과 관객들에게 사랑받은 세계적인 영화 〈페르세폴리스〉, 〈내 이름은 칸〉, 〈올드보이〉까 지 수많은 새로운 영화들도 소개하였다.

학생들의 비평적인 영화감상과 분석 능력을 강화시켜주는 증명된 학습도구

이 책은 학생들의 영화 보기를 이론적 지식과 통찰력을 갖춘 분석 능력으로 재해석해줌으로써 단순한 영화 팬이었던 학생들을 비평적 감상자들로 탈바꿈시켜준다. 이를 가능하게 해주는 주요 학습도구는 다음과 같다.

- **영화 속으로 바로 끌어들이는 각 장의 도입부 사진**은 실제 영화 속 장면들로 학생들이 영화 팬으로서 알고 있는 것들을 그 장에서 논의됐던 주요 개념과 연결시켜준다. 예를 들면 제9장은 에드가 라이트의 영화, 즉 〈새벽의 황당한 저주〉, 〈뜨거운 녀석들〉, 〈지구가 끝장나는 날〉에서 드러나는 관행적인 공식을 알게 되면 영화를 감상하는 데 있어서 어떻게 즐거움이 배가되는지에 대한 토론으로 시작한다.
- **각 장에 있는 '집중분석'**은 특정 기술이나 개념이 어떻게 그 영화를 더 풍부하게 만드는지를 조명하면서 그 영화에 대한 세밀한 분석을 제공해준다. 예를 들면 제4장에서 〈우리에게 내일은 없다〉의 편집 패턴에 대한 상세한 해체비평은 그러한 편집 패턴이 어떻게 특별한 감동적 효과를 일으켜 내는지를 보여준다.
- **각 장(제1~9장)에 있는 '영화의 형식'의 장면 분석**은 책에서 읽은 형식적 개념이 어떻게 영상으로 바뀌는지를 학생들이 직접 알아볼 수 있는 기회를 제공해준다. 제5장에서 영화 역사상 쓰인 대중음악 방식을 비교하는 부분을 포함한 여러 새로운 추가 부분과 더불어 중요한 영화 기술을 생생하게 보여주면서 학생들이 어떻게 영화의 형식에 따라 영화를 읽고 분석해야 하는지를 가르쳐준다.
- **각 장의 토론과정에서 생기는 문제를 다루는 '생각해보기'**는 주요 개념을 재조명해주고 있는데, 학생들이 혼자서 혹은 수업시간에 영화를 볼 때 이런 개념을 생각하면서 감상할 수 있도록 도와준다.
- **영화 감상평을 잘 쓸 수 있도록 지도하고, 가장 잘 쓴 학생들의 감상평 예도 있다.** 교수나 학생들이 이 책을 선호하는 주요 이유 중 하나로 칭찬받고 있는 부분인 제12장 '영화 에세이 쓰기 : 관찰, 논쟁, 연구, 분석'은 영화에 대한 논문을 쓰는 데 있어서 단계적으로 차근차근 나아가게 만드는 안내자이다. 먼저 주제를 선택하고, 참고 주석을 넣고, 논점과 영화 장면들을 연결하고, 마지막으로 다듬어 논문을 완성한다. 여기에는 새로 추가한 스티븐 스필버그의 〈마이너리티 리포트〉에 대한 논문뿐만 아니라 여러 학생의 논문이 포함되어 있다.

Timothy Corrigan, Patricia White

영화 팬에서 영화 전문가로 변신!

이 책은 현재 영화를 보는 시각을 모든 매체를 동원하여 더 나은 이해에 도달하도록 해줄 것이다. 이제부터 과거에 보았던 영화들도 새로운 시선으로 다시 보게 될 것이며, 미래에 펼쳐질 더 폭넓은 영화의 세계도 보게 될 것이다.

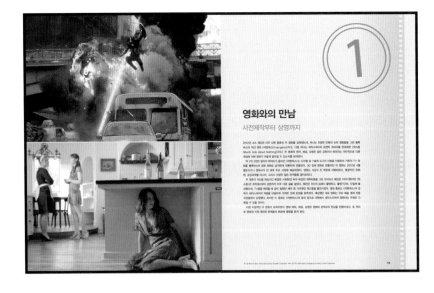

지금까지 없었던 가장 강력한 아트 프로그램

이 책은 900개 이상의 시각적 장면들을 이용하여 그 장에서 논의된 주요 영화 기술, 개념, 전통 등 모든 것을 효과적으로 전달해주고 있다. 각 장의 첫 장면들은 고전과 현대 영화 중 수많은 유명한 영화들을 독자들에게 소개해주고 있다.

영화 매니아들에게 오늘 그리고 내일도 계속 새로운 정석적인 영화들을 제시해줄 것이다.

각 장의 첫 도입부 장면들은 〈오즈의 마법사〉, 〈싸이코〉, 〈시티 오브 갓〉 등과 같은 고전물들과 함께 〈맨 오브 스틸〉, 〈오스카 그랜트의 어떤 하루〉, 〈어벤져스〉, 〈위대한 개츠비〉, 〈더히트〉, 〈인셉션〉 등과 같은 최신 영화들을 집중적으로 조명함으로써 풍부한 영화 역사를 해당 시대 영화와 연결하고 해석한다.

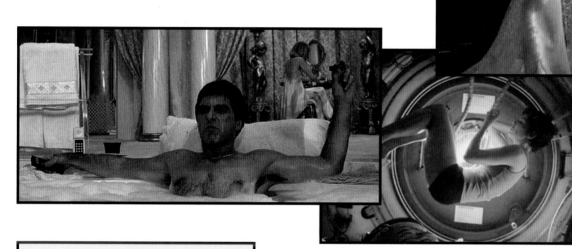

‘요약’은 아이디어를 어떻게 잘 영화화시킬 수 있는지에 도움을 줄 것이다.

각 장의 마지막을 장식하는 ‘요약’은 그 장에서 언급된 주요 개념을 특정 유명 영화들과 연결해 명확하게 설명한다.

요약

미장센은 세트로부터 소도구, 배우, 구성까지 화면상에 있는 모든 요소의 상호관계를 묘사한다. 이런 연관성은 장르에 의해 달라질 수 있다. 〈싸이코〉 같은 공포 영화의 조명은 뮤지컬 영화와 다르며, 말론 브란도의 메소드 연기는 현대 독립영화에서 너무 양식화된 것으로 보일 수 있다. 미장센을 통해 관객들이 스토리의 세계를 경험하는 것을 뒷받침하는 방법은 놀랍게도 일관성도 있다. 〈똑바로 살아라〉와 〈자전거 도둑〉의 경우 도시의 거리는 배경 이상의 그 무엇이다. 그것들은 역사에 의해 형성된 것으로 캐릭터와 운명을 규정한다. 특정 영화 속의 미장센을 참고하여 이 장에서의 일부 목표를 탐색해보자.

■ 〈판타스틱 미스터 폭스〉의 세심한 미장센에서 어떤 다른 예술적 전통과 미디어 전통을 찾아볼 수 있는가?
■ 〈아바타〉에서 판도라 행성은 원주민 나비족이 말할 수 있도록 언어 능력이 발달되어 있는 것으로 설정되어 있다. 이 미장센의 특정 요소들에 매여 있는 여러 스토리 사건들에 대해 생각해보자.
■ 〈똑바로 살아라〉의 무기 역할을 한 배우나 기억에 남는 중심 인물이 연기한 다른 영화를 찾아보자. 거기에는 어떤 차이가 있는가?
■ 〈싸이코〉의 첫 장면을 보자. 이 장면에서 의상은 캐릭터 및 사건들에 대한 기대감을 만들어내고 있는가?
■ 리얼리즘 영화조차 특정 의미를 위한 미장센의 요소들을 조율한다. 자연주의적 조명의 관점에서 〈자전거 도둑〉을 주의 깊게 보도록 하자. 어떤 효과가 있는가?

적용해보기

〈오즈의 마법사(The Wizard of Oz)〉(1939) 같은 영화를 상상해보자. 세팅은 플롯(구성)을 결정하는 듯이 보이면서(예 : "노란 벽돌 길을 따라가라."), 그 캐릭터들을 미스터리 영화나 사회적 드라마 같은 또 다른 영화의 세계로 이동시킨다. 어떻게 새로운 세팅을 디자인

이미 증명된 학습도구들을 이용해 영화에 대한 비판적 평가와 분석을 강화해줄 것이다.

각 장에는 새로 구성한 ‘생각해보기’가 포함됐고, ‘집중분석’에는 〈우리가 들려줄 이야기〉와 〈마이너리티 리포트〉 등과 같은 다수 영화들에 대한 깊이 있는 감상평이 있으며, ‘영화의 형식’에는 다수 영화에 대한 심층 분석이 제시되어 있다.

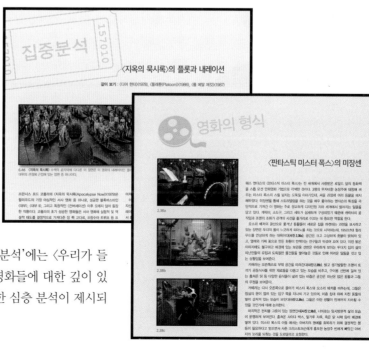

지은이 소개

Timothy Corrigan　미국 펜실베이니아대학교 영어 및 영화학과 교수이다. 전공은 현대 미국 영화 및 세계영화 부문이다. 노트르담대학교를 졸업하고 리즈대학교, 에모리대학교, 파리제3대학교에서 대학원 과정을 수료했다. 저서로는 *New German Film: The Displaced Image*, *The Films of Werner Herzog: Between Mirage and History*, *Writing about Film*, *A Cinema without Walls: Movies and Culture after Vietnam*, *Film and Literature: An Introduction and Reader*, *Critical Visions in Film Theory* 등이 있고, Patricia White와 공저로 *American Cinema of the 2000s*, *The Essay Film: From Montaigne, After Marker* 등이 있다. 2012년 그는 영화와 대중매체 연구에서 뛰어난 업적을 인정받아 캐서린 싱어 코박스상을 받았다. 또한 *Film Quarterly*, *Discourse*, *Cinema Journal* 등에 논문을 기고했으며, *Cinema Journal*의 편집위원을 역임하고 현재 잡지 *Adaptation*의 편집자이기도 하다. 2014년 영상 교육 분야에서의 뛰어난 업적으로 미국영화학회상을 수상했다.

Patricia White　미국 스워스모어칼리지 영화 및 미디어학과 교수이다. 저서로는 *Women's Cinema/World Cinema: Projecting 21st Century Feminisms*, *Uninvited: Classical Hollywood Cinema and Lesbian Representability* 등이 있으며, 그 외에도 영화 이론과 문화에 관한 많은 글을 썼다. 또한 Timothy Corrigan 및 Meta Mazaj와 함께 *Critical Visions in Film Theory: Classic and Contemporary Readings*의 공동 편집자이다. 그녀는 페미니스트 영화잡지 *Camera Obscura*의 공동 편집자이며, Women Make Movies 위원회에서 일했다. 현재는 *Camera Obscura*와 *Film Quarterly*의 자문위원이기도 하다.

요약 차례

차례

제2부
형식적 구도 : 장면, 촬영, 편집, 그리고 음향

제4장   편집 : 이미지 엮어내기

제5장   영화 음향 : 영화 듣기

제3부
조직적 구조 : 이야기에서 장르까지

제4부
비판적 관점 : 역사, 방법, 글쓰기

제12장　영화 에세이 쓰기 : 관찰, 논쟁, 연구, 분석

제1부

문화적 맥락

영화 감상, 연구, 그리고 영화 제작

2013년 〈맨 오브 스틸(Man of Steel)〉은 전설적인 슈퍼맨 영화를 또다시 재현해 보였다. 주 내용은 유명한 만화 주인공의 활약상인데, 캔자스의 어느 한 농가에 신비스럽게 출현한 그는 외계에서 온 사악한 무리들을 물리치는 정의로운 임무를 수행한다. 에이미 애덤스, 헨리 카빌, 러셀 크로우 등의 할리우드 스타들이 출연하고, 정교한 특수효과들로 충만함이 가득한 이 영화는 2억 달러 이상의 돈을 쏟아붓고 대대적인 홍보활동을 하면서 그해 여름 블록버스터 영화로 떠올랐다. 이 대형 영화 출시 몇 주 전 칸 영화제에서는 이와는 아주 색다르게 정의로운 임무를 수행하는 영화인 라이언 쿠글러의 〈오스카 그랜트의 어떤 하루(Fruitvale Station)〉가 상영됐다. 이 영화는 22세의 어느 미국 흑인 이야기를 다루고 있다. 그는 잘못된 자신의 삶을 바로잡으려 애를 쓰다가 결국 한 교통경찰관의 총에 맞아 살해당하면서 도시 폭력의 비극적 희생자가 된다. 이 영화가 2013년 7월 극장가에서 상영되던 시점에 마침 플로리다에서 비무장의 어린 흑인 소년을 총으로 살해한 자경단원 조지 짐머만이 정당방위로 무죄방면되는 일이 발생하면서, 이 영화는 사회적 관심을 집중적으로 받게 되었다.

사회적 · 제도적인 힘은 이렇게 다른 영화들을 그 제작에서부터 홍보, 배급, 상영까지 아주 다른 방식으로 만들어내게 한다. 이 책의 제1부에서는 사회의 제도적 · 문화적 · 산업적 맥락이 어떻게 영화를 만들어내는가를 알아보면서 영화에 대한 개인적인 취향을 보다 넓고 비평적인 관점으로 연결시킬 수 있는가를 살펴본다. 서론에서는 왜, 그리고 어떻게 영화를 학습할 것인가에 대해 점검하면서 제1장에서는 영화 제작과정 및 배급, 홍보, 상영의 메커니즘과 전략을 소개한다. 이런 다양한 맥락들을 이해함으로써 영화에 대한 보다 넓고 분석적인 관점으로 발전해 가는 자신의 모습을 발견하게 될 것이다.

영화 연구하기

문화와 경험

우디 앨런의 영화 〈애니 홀(Annie Hall)〉(1977)에서 주인공 알비 싱어와 애니 홀은 프랑스 다큐멘터리 〈슬픔과 동정(The Sorrow and the Pity)〉을 보려고 줄 서 있다. 그 옆에는 〈미디어의 이해(*Understanding Media*)〉와 〈구텐베르크 은하계(*The Gutenberg Galaxy*)〉의 저자인 유명한 평론가 마셜 맥루언의 작품과 영화에 대해 대화를 하고 있는 교수가 있다. 거들먹거리며 아는 체하는 그 교수와 대화가 진행될수록 알비는 점점 더 화가 치밀어 오르고, 마침내 그 교수가 "알비, 당신은 맥루언의 글에 대해 아무것도 아는 게 없어."라고 말하자 대화가 중단되고 애니는 당황한 표정을 짓는다. 교수가 계속 반대 의견을 말하자, 알비는 맥루언의 작품에 대해 교수가 완전히 틀렸다는 것을 증명하기 위해 로비 구석에서 맥루언을 데리고 나와 반박한다. 영화를 보려고 줄 서 있는 사람들 사이에 생긴 이 해프닝은 영화 해석에 대한 이들의 논쟁이 어떻게 끝날 것인지에 대해 관객들로 하여금 은연중 기대를 하게끔 코믹하게 조장한다. 감독인 우디 앨런은 특유의 앨런식 유머로 영화에 대한 우리의 즐거움을 때론 심각하게, 때론 가볍게 학문적인 면에서 일상적인 면까지의 모든 것을 생각하고 말하면서 영화 문화의 다양한 면모를 극적으로 보여준다. 알비와 우리 관객들에게 있어서 영화를 본다는 것은 영화에 대해 대화를 나누고, 생각하고, 또 의견을 달리할 수 있는 황금 같은 기회로, 우리 일상생활의 중요한 부분으로 자리잡고 있는 것이다.

Courtesy Everett Collection

1세기 이상 영화는 우리의 문화적 경험에 있어서 빠져서는 안 될 요소로 자리 잡아왔고, 대부분 우리는 이미 영화에 대해서 많은 것을 알고 있다. 우리는 베스트셀러 소설들이 영화로 만들어져서 여름에 출시되리라는 것을 예상할 수 있다. 또한 주요 시상식의 유력 후보들도 예상할 수 있으며, 그 영화의 흥행이 핼러윈 축제 의상들에 영향을 미칠 수 있다는 사실도 알고 있다. 영화와 우리와의 만남, 그리고 우리의 반응, 이런 것들이 관객이 영화를 대하는 다양한 태도, 배경, 관심 등을 만들어낸다. 이런 여러 요인 모두가 영화 문화를 만들어내는 데 기여하면서 우리 영화 경험의 전반적인 틀을 만드는 데 도움을 준다.

영화 문화(film culture)는 영화에 대한 우리의 이해 개념, 기대를 형성하는 사회적·역사적 환경이다. 우리의 취향, 관람 습관, 장소 이 모든 것이 영화 문화를 대변해준다. 거꾸로 말하면 영화 문화가 다양하고 빠르게 확산되는 방식으로 우리가 영화를 보고, 이해하고, 또 즐기는 방법을 변화시키고 있다. 우리는 케이블 방송으로 영화 〈아라비아의 로렌스(Lawrence of Arabia)〉(1962)를 볼 수 있고, 오래된 극장에서 〈스타워즈(Star Wars)〉 시리즈 중 가장 최근 출시작을 보는 관객 대열에 동참할 수도 있으며(**사진 I.1**), 넷플릭스에서 판타지 만화영화 〈고스트 하운드(Ghost Hound)〉를 바로 즐길 수 있다. 또 어느 지역 박물관에서 개최하는 다큐멘터리 영화제에 참석하거나, 아이패드로 찰리 채플린이 나오는 짧은 무성 영화 한 편을 감상할 수도 있다. 영화와 우리와의 만남, 그리고 반응, 즉 어떻게 관람할 영화를 고르고, 왜 그 영화를 좋아하고 싫어하며, 어떻게 영화를 이해하거나 이해 안 되는 영화로부터 어려움을 겪는가 하는, 이 모든 것이 영화 문화의 한 부분이며, 더 나아가 영화 공부인 것이다.

I.1 줄지어 선 〈스타워즈〉 팬들. 개봉 전 시사회 참석은 이제 친구 및 다른 팬들과 함께하는 사회적 이벤트로 자리잡았다. HECTOR MATA/AFP/Getty Images

---

핵심 목표	
	■ 영화 연구와 영화 문화를 정의 내리고, 이를 만들어내고 구별해낼 수 있는 다양한 요인에 대해서 토론해보자.
	■ 영화 관객들의 역할과 영향에 대해서 기술하고, 영화에 대한 우리의 경험과 취향이 어떻게 개인적인 영역과 공적인 영역으로 분별될 수 있는지에 주목해보자.
	■ 이 책에서 논의된 영화 문화가 영화 경험에 기여하는 방식에 대해서 토론해보자.

영화 연구는 왜 중요한가

학생인 당신은 강의시간에 자신이 평생 보아온 영화들을 반영할 것이다. 예를 들어 〈프레셔스(Precious)〉(2009)의 캐스팅에 대한 당신의 의견은 어떻게 배우들의 일반적인 캐릭터 유형이 나타나고 기능하는지에 대한 당신의 이해가 반영될 수 있다. 또한 〈인셉션(Inception)〉(2010)이 특수효과에 매료된 당신의 새로운 영화기술에 대한 호기심을 돋울 수 있다. 고전적인 공포 영화 〈샤이닝(The Shining)〉(1980)에서는 한 등장인물이 어두운 복도를 따라 내려가는 장면에서 장르적 공식에 대한 기대감이 격정적 감정을 야기할 수 있다. 영화 연구는 영화에 대한 지식과 이해를 제공하면서 영화를 보다 더 분석적으로, 더 정밀하게 생각할 수 있도록 도와줄 것이다.

영화 연구(film study)는 영화와 문화에서 영화가 차지하는 위치에 대한 진지한 성찰을 촉진하는 중요한 학문이다. 그것은 풍부하고 복잡한 역사의 한 부분으로, 문학, 철학, 사회학, 예술사 등과 같은 다른 많은 분야에서의 비평적 작업과 공통되는 부분이다. 처음부터 영화는 과학자, 정치가, 작가 등 많은 분야의 사람들로부터 폭넓은 관심을 받아왔으며, 그런 관심은 영화 경험의 의미를 만들어내려는 시도였다(**사진 I.2**). 세상을 묘사하고, 예술적 가치를 부여하거나 사회를 형성하려는 영화의 노력은 오랫동안 학계와 대중의 논쟁거리였다. 1895년 최초의 대중적인 영화촬영이 이루어지기 몇십 년 전에 과학자인 에티엔느 쥘 마레와 에드워드 마이브리지는 인간과 동물의 동작에 대한 연구에 착수했으며, 그것은 영화 발명의 초석을 놓는 사건이었다. 20세기 초 시인 바첼 린지와 하버드대학교 심리학자 후고 뮌스터버그는 사람이 세상을 인지하는 방식과 사회적 관계를 변화시키는 영화의 힘에 대한 책과 평론을 썼다. 1930년대 무렵 페인기금학회(Payne Fund Studies)와 고(故) 마거릿 파란드 소프의 〈아메리카 앳더 무비(America at the Movies)〉(1939)는 젊은이들과 기타 사회집단들에게 미치는 영화의 영향에 대해서 사회학적인 설명을 제공했다. 마침내 예술로서의 영화 과목들이 대학에 신설되기 시작했고, 뉴욕현대미술관(MoMA)과 같은 주요 문화단체들이 영화를 새로운 예술양식으로 진지하게 받아들이기 시작했다.

제2차 세계대전 이후 유럽에서는 새로운 종류의 영화들이 제작되었다. 이는 할리우드 장르 영화와 특정 감독의 업적을 포함하여, 영화의 예술성과 역사에 대한 열렬하고 정통한 비평들이 새롭게 등장하면서 같이 나온 것이다(**사진 I.3**). 그런 평론들은 영화 연구에 불을 붙이면서 1970년대 무렵 북미 대학권에 확고한 발판을 마련했다. 오늘날 영화 연구는 폭넓은 관점과 시도를 보여주고 있는데, 거기에는 시대별 및 나라별 연구, 경제와 기술 발전에 따른 해석과 연구, 그리고 인

I.2 몽시네. 1920년대 이래로 몽시네와 기타 전 세계 영화잡지들은 영화를 오락으로서뿐만 아니라 사회학 및 미학적으로 중요한 가치를 지닌 객관적인 학문으로서 위상을 높이면서 진지하게 다루어왔다. Mary Evans Picture Library/The Image Works

I.3 카이에 뒤 시네마. 1951년 처음 발행되어 영화 평론과 이론에 관한 가장 영향력 있는 잡지 중 하나로 자리 잡았다. Rue des Archives/The Granger Collection, NY

I.4 〈반지의 제왕〉 DVD 증보판 색인. 대용량 DVD 형식이면서 제작과정, 후반 제작과정, 음향, 특수효과 등에 관한 추가 해설이 들어 있어 이제는 혼자서 영화의 학문적이고 기술적인 측면들을 배울 수 있게 되었다.

종차별과 성차별이 영화에서 어떻게 묘사되고 있으며, 또 그에 대한 관객들의 반응이 어떠한가에 대한 연구, 실험 영화에서 다큐멘터리, 극영화까지에 걸친 모든 영화의 형식적 특성 및 미적 특성에 대한 해석, 연구가 포함되어 있다.

오늘날 영화 문화가 풍부해졌다는 증거는 DVD 증보판에 대한 대중적인 인기를 들 수 있다. 이 특별한 증보판은 '디스크상의 영화 연구'로 불린다(사진 I.4). 많은 사람들이 DVD(Digital Video Disk)나 BD(Blu-ray Disk) 형태로 구입하거나 대여해 보는데, 단지 영화만을 보려고 해서가 아니라 그 밖의 특별한 내용들이 포함되어 있기 때문이다. 영화 전문가의 해설, 감독이 영화 만드는 과정에서 내렸던 일부 기술적 결정들에 대한 논의사항 혹은 역사적 배경과 같은 뒷이야기 등이 들어 있다. 일부 DVD 판본들은 영화학의 중심이 되는 최초 홍보물, 그리고 원작의 보존과 같은 문제를 다루기도 한다. 영화 개봉 당시 영화 문화에 대한 약간의 설명을 제공하는 예고편, 포스터, 학문적 설명은 이에 모든 관객에게 열람 가능하다. 예를 들면 〈트레저 프롬 아메리칸 필름 아카이브(Treasures from American Film Archives)〉 시리즈는 찾아보기 힘든 보석 같은 초기 영화들을 찾아내어 고전물로 다시 부활시켰고, 전에는 전문가들에게만 공개됐던 실험 영화들도 전문가의 해설을 집어넣어 일반 관객들이 알아볼 수 있도록 만들어 놓았다. 이제 인터넷이 발달함에 따라 일반 대중들이 영화와 영화 문화에 대한 연구물에 어느 때보다도 쉽게 접근할 수 있는 시대가 되었다.

이 책은 영화를 보고 생각하는 과정에서 발생하는 형식적이면서 문화적인 역학관계를 총체적으로 바라볼 수 있는 시각을 제공해준다. 각자가 다른 목적, 필요, 이해에 따라 영화를 연구할 수 있는 비평적인 방법과 시각을 제공해준다. 또한 영화를 예술로서, 산업으로서, 관행으로서 이해하고 분석하고 토론하는 데 필요한 어휘를 배우게 해준다. 이론적인 면에 있어서 반향을 일으킬 수 있는 질문을 끄집어내준다. 이런 질문에는 지각, 이해, 식별에 대한 심리적인 문제, 이미지의 성격과 그것을 보는 사람들의 이해에 대한 철학적인 문제, 한 문화권의 영화에서 수용되고 배척되는 의미와 메시지는 무엇인가에 대한 사회·역사적 문제가 포함되어 있다. 영화의 즐거움을 해치지 않으면서도 영화를 연구한다는 것은 사려 깊게 영화를 즐길 수 있는 방법을 늘려나간다는 것이다.

영화 관객과 영화 문화

영화는 사적인 동시에 공적이다. 영화 역사가 시작된 이래로 영화의 힘이란 어떤 특정 영화에 대한 관객들의 개인적인, 때로는 특이한 반응들에서 일부 기인해왔고, 또 그들 관객들을 둘러싸고 있는 사회문화적 맥락에서 일부 기인해왔다. 뤼미에르 형제의 〈열차의 도착(Train Arriving at a Station)〉(1895)을 처음 본 당시 관객들은 기차가 다가오는 장면을 보고 피하려고 좌석에서 벗어나 도망쳤다는 일화가 있다. 당시 관객들은 평범한 일상생활에서는 경험할 수 없었던 특별한 오락거리를 맛보기 위해 극장을 찾았던 것이다**(사진 I.5)**. 현대 영화에서 또 다른 예를 들어본다면 일부 관객들은 〈아바타(Avatar)〉(2009)에 개인적인 경험을 빗대어 반응하기도 하고, 〈로미오와 줄리엣(Romeo and Juliet)〉을 연상시키는 사랑이야기에 몰입하기도 하고, 놀이공원에서의 기분을 재현하는 숨막히는 시각적 움직임에 압도되기도 한다. 그와 반대로 일부 다른 관객들은 그 영화를 고려할 가치가 없다고 묵살하기도 하는데, 이 영화가 화려한 특수효과로 위장하면서 현대사회에서 일어나는 대기업의 탐욕, 횡포, 착취 등을 우화적으로 그린, 누구나 그 결말을 예상할 수 있는 사회적 차원의 정치물이라고 보기 때문이다**(사진 I.6)**.

I.5　대중 상영을 위한 뤼미에르 형제의 초기 영화 광고 포스터. 이 포스터는 영화 〈물 뿌리는 정원사(L'arroseur arrosé)〉(1895)의 짧은 만화 스케치를 보여준다. 광고에서 관객들은 스크린에 나타나는 영화 장면을 보는 새로운 경험에 놀라는 반응을 보여준다. Courtesy Photofest

　영화 연구에 관한 다른 책들은 처음에 영화의 형식적 구조 혹은 영화 제작의 역사적 배경에 초점을 두지만, 이 책은 영화 관객들, 그리고 개개인이 영화에 어떻게 반응하는가 하는 개별적 측면에 초점을 두고 시작한다. 개개인의 감상 경험은 어떻게 영화를 이해하는가, 궁극적으로 특정 영화에 대해 어떻게 생각하는가, 왜 그 영화에 환호하고 실망하는가를 결정한다. 영화의 중요성은 단적으로 말해 영화가 어떻게 만들어지는가에 주안점이 있는 것이 아니라 관객이 어떻게 영화에 참여하고 반응하는가에 있는 것이다. 영화 관객으로서 우리는 단순히 스크린에서 보는 것을 흡수하는 수동적인 관객이 아니다. 세대별, 배경별, 교육수준별, 관심별, 지리적 조건별 등으로 영화에 적극적으로 반응하고 있다. 이런 풍부하고 복잡한 요인이 영화감상과 영화 연구를 깊이 있는 문화적 경험으로 만들어준다. 한마디로 영화에 대한 참여는 우리가 좋아하든 싫어하든 간에 결정 단계 이상까지 영향을 미치고 있다. **능동적 관객**(active viewer)으로서 우리는 이 책이 지향하는 역동적인 방식으로 영화에 참여하게 될 것이다.

　관객의 반응은 개별적 차원뿐만 아니라 대중적·사회적 차원에서 중요한 영향을 미치고 있다. 〈프레셔스〉가 개봉했을 때 많은 관객들은 이 영화를 환영하는 분위기였다. 왜냐하면 이 영화가 선댄스와 칸 영화제에서 선보인 이후 비평가들의 호평과 칭찬이 입소문으로 전해졌기 때문이다. 그 후로 이 영화는 더 많이 상영되면서 아카데미상 후보에 올랐고, 마침내 여우조연상과 각본상을 수상하게 되자 대중의 관심과 반응은 뜨거워졌다. 게다가 이 영화의 제작자였던 오프라 윈프리가 자신의 TV쇼에서 열정적으로 지지까지 해주었다! 그렇게 영화에 대한 소문은 입에서

I.6　〈아바타〉 어떤 관객들은 시고니 위버의 강한 여성상에 긍정적으로 환호했지만, 일부 다른 관객들은 흡연을 조장하는 영화라고 인터넷상에서 반대 운동을 벌이기도 했다.

입으로, 오락 매체를 통해서, 트위터, 페이스북 등의 소셜 미디어를 통해서 확산됐다. 영화는 21세기 미국사회가 여전히 씨름하고 있는 문제, 즉 인종차별, 도시 빈민들의 절망, 성차별, 상품으로서의 신체 이미지 등 민감한 문화적 신경선을 건드리고 있었다. 이 영화는 적절한 시점에 관객들에게 다가왔으며, 이런 사회 문제들에 관심을 갖고 있는 관객들을 자극함으로써 예기치 않게 하나의 사회적 척도가 되었다. 그래서 이 영화의 극적인 장면과 사건들에 대한 논의가 더 넓은 사회적 변화에 대한 감정적 반응과 연결되게 되었다.

이런 개인적 및 사회적 차원의 경험들이 교차되면서 우리 각자는 서로 다른 취향, 즉 문화적 · 감정적 · 지성적 · 사회적 선호와 흥미를 발전시켜 나가게 되고, 어떤 특정 영화들을 좋아하거나 싫어하도록 유도된다. 일부 취향은 사람마다 조금씩 다르다. 대부분의 사람들은 나쁜 역할보다는 좋은 역할을 선호하고, 정의가 패배당하는 것보다는 정의가 구현되는 것을 선호한다. 그러나 영화에서는 많은 취향이 우리가 경험하는 환경과 역사의 산물일 뿐이다. **경험적 상황** (experiential circumstance)이란 어떤 시간, 장소에서 우리의 정체성을 정의해주는 물적인 조건으로서, 나이, 성별, 인종, 언어적, 사회경제적 배경, 자신이 살고 있는 국가 등이다. 예를 들면 아이들은 귀여운 동물이 나오고 해피엔딩으로 끝나는 만화영화에 빠져드는 반면, 성인들은 더 복잡한 구성의 영화를 인내심을 가지고 감상한다.

경험적 역사(experiential history)란 교육, 인간관계, 여행, 우리가 봐왔던 영화와 같은 것들처럼 시간이 지남에 따라 이런 요소들을 통해서 우리의 정체성을 발전시켜온 개인적 및 사회적 차원의 만남을 말한다. 이런 역사는 개인적 취향뿐만 아니라 문화적 취향을 결정하는 데도 도움을 준다. 예를 들면 어느 제2차 세계대전 참전용사는 자신이 경험한 역사 때문에 〈미니버 부인(Mrs. Miniver)〉(1942) 같은 감상적인 취향물부터 〈라이언 일병 구하기(Saving Private Ryan)〉(1998), 〈아버지의 깃발(Flags of Our Fathers)〉(2006) 같은 직설적인 취향물까지 제2차 세계대전 영화들에 어떤 특별한 취향을 갖고 있을지 모른다(**사진 I.7**). 영화에서 관객의 취향은 종종 역사적 사건에 얽매이게 되는데, 예를 들면 올리버 스톤 감독의 워터게이트 사건을 다룬 〈닉슨(Nixon)〉(1995)이나 9 · 11 뉴욕 테러 사건을 다룬 〈월드 트레이드 센터(World Trade Center)〉(2006)를 들 수 있다.

하지만 경험적 영향은 비단 역사에만 그치지 않는다. 미국 대학생들은 웨스 앤더슨 감독의 데뷔작품인 〈맥스군 사랑에 빠지다(Rushmore)〉(1998)의 팬으로서, 또는 어린 시절 로알드 달의 책을 읽은 독자로서 〈판타스틱 미스터 폭스(Fantastic Mr. Fox)〉(2009)에도 빠져들 수 있다. 대중적 인기를 끌었던 책, TV쇼, 뮤지컬 등과 같은 예술작품이 영화로 **각색**(adaptation) 될 경우 원작에 끌렸던 팬들이 그 영화에도 몰리

I.7 〈라이언 일병 구하기〉 스티븐 스필버그 감독의 이 직설적인 영화는 노르망디 상륙작전 시 미군이 마주한 위험을 사실적으로 묘사함으로써 참전용사들의 박수갈채를 받았다. 참전용사들은 전쟁에 참여한 역사적 경험이 있으므로 자신의 경험에 대한 경의의 표시로써 전쟁 영화에 이끌릴 수 있다.

I.8 〈드림걸즈〉 영화로 각색된 음악은 종종 브로드웨이 공연에 익숙한 팬이나 혹은 비욘세 같은 팝가수의 팬을 불러 모은다.

게 된다. 〈드림걸즈(Dreamgirls)〉(2006)의 경우 모
타운뮤직의 역사에 익숙한 아프리카계 미국인, 원
곡에 익숙한 브로드웨이 팬 혹은 팝스타 비욘세를
영화에서 보고 싶어 하는 팬을 불러 모을 수 있었
다(사진 I.8).

우리가 경험하는 환경과 역사는 우리로 하여금
어떤 취향을 갖게 하고, 반응하게 하는 경향을 띠
고 있다. 하지만 이것들은 심리적으로 두 가지 과
정, 즉 인식과 공감이라는 과정을 통해 영화를 볼
때 작동하게 된다.

심리적 동일시, 즉 **심리적 공감**(identification)이
란 복합적인 과정을 통해 어느 특정 배우나 장면
에 감정을 투사하고 강조하기도 하는데, 보통 감
정적인 반응과 관련되어 있다. 10대들의 성을 다
룬 영화 〈청춘 낙서(American Graffiti)〉(1973), 〈조찬 클럽(The Breakfast Club)〉(1985), 〈슈퍼배
드(Superbad)〉(2007)에서 묘사된 사회적 열광 현상과 신체적 미숙함에 대해 청소년과 성인 관객
모두 공감하는 반응을 보여줄 수 있다. 하지만 다른 세대들은 다른 영화의 음악이나 패션에 더
공감할 수 있으며, 남성 관객은 여성 관객보다 〈슈퍼배드〉에 나오는 고등학교 주인공들에 대해
더 수월하게 혹은 불쾌하게 언급하는 경향이 있다(사진 I.9). 우리는 〈조찬 클럽〉에 나오는 멍청
한 브라이언이나 졸업파티 여왕인 클레어 같은 조연에게 공감할 수도 있지만, 영화의 성공은 종
종 〈청춘 낙서〉에서 대학에 진학하려는 두 고등학생 친구 커트와 스티브 같은 주인공에게 공감
하도록 유도해내는 데 달려 있기도 하다. 공감은 주연들이 갈등을 겪고 어떤 선택을 하게 될 때
이루어진다. 또 다른 예를 든다면 뮤지컬 〈파리의 미국인(An American in Paris)〉(1951)(사진 I.10)
을 보면서 어떤 관객은 처음 몇 장면만 보고도 즉각적으로 자신이 파리 유학시절 보았던 몽마
르트 예술가들의 도시생활을 떠올리며 억누를 수 없는 흥분에 대해 이야기할 수도 있다. 또 다
른 관객은 파리에 한 번도 가본 적이 없는데도 영
화가 너무나 효과적으로 로맨틱한 분위기를 재
현해내기 때문에 대리만족을 느낄 수도 있을 것
이다. 때때로 어느 특정 영화 장르에 대한 우리
의 취향이 공감의 과정에 도움을 주기도 하고 혹
은 전혀 도움이 안 되기도 한다. 아드레날린을 솟
구치게 만드는 공포 영화를 좋아하는 관객에게는
1940~1950년대 미국 뮤지컬 영화들의 밝고 로맨
틱한 분위기가 그리 흥미를 끌거나 몰입하게 만
드는 요소가 아닐 수도 있다.

인식(cognition)이란 이성적 반응과 사유 과정
을 형성하는 이해력의 한 측면을 말하는 것으로
영화를 볼 때 즐거움을 가져다주는 데 기여한다.
가장 기본적인 인식 수준에서 우리는 영화를 볼
때 동작, 시간의 흐름, 공간 등을 나타내는 시각
및 청각적 정보들을 처리한다. 또 다른 단계에서,
우리는 주로 영화에서 주어진 장소나 배경에 대

I.9 〈**슈퍼배드**〉 저드 애퍼타우가 제작한 이 영화에서 주인공인 두 남학생은 여자친구들의 마
음에 들게 할 술을 찾아헤매는 데 온 시간을 다 바친다. 성 정체성 확인이란 꼭 예상할 수 있는
것은 아니더라도 영화를 감상하는 관객에게 중요한 한 측면이다.

 생각해보기

당신은 어떤 유형의 영화에 가장 공감
하는가? 특정 국가 영화인가, 특정 시
대 영화인가, 아니면 특정 장르 영화인
가? 아니면 어떤 특정 배우, 음악, 배경
인가?

I.10 〈**파리의 미국인**〉 배경이 공감의 원천이 될 수 있다.

I.11 〈글래디에이터〉 관객들은 이런 역사물을 볼 때 자신의 역사적 지식, 내러티브 인식, 자신만의 본능적 반응을 인지적으로 처리한다.

해 추정하게 되는데, 사건들이 어떤 식으로 바뀌고 진행하게 될지를 기대하게 되며, 어딘가 다른 곳에서 보았던 유사한 배역들과 비교평가하게 된다. 그래서 영화를 본다는 것은 참여와 감정 이입이라는 과정을 거친 공감이라는 감정적 경험일 뿐만 아니라 비교와 이해라는 지적 활동을 포함하는 인식과정이기도 하다. 예를 들면 〈글래디에이터(Gladiator)〉(2000)에서 러셀 크로우가 맡은 배역의 승리와 패배에 감정적으로 공감하게 될 때, 우리는 또한 영화의 다른 측면과 인지적으로 관여하고 있음을 깨닫게 된다(사진 I.11). 그 영화의 어떤 시각적 단서들, 즉 콜로세움과 기타 로마시대 기념물 등을 통해서 세계사에서 배운 사진이나 영화에서 본 로마 제국이라는 것을 인식하게 된다. 우리는 우리가 알고 있는 지식으로 그 영화의 전투에서 누가 승리할지 알 수 있을 것으로 기대하지만, 그 지식만으로는 영화에 묘사된 극적인 시각적 폭력성까지 예상할 수는 없다. 기타 다른 경험으로 미루어 로마시대 폭군인 코모두스 황제와 영웅인 검투사 막시무스에 대한 어떤 가정에 도달하게 되는데, 기대가 예상치 못한 놀라운 결과와 만나 서로 균형을 이룰 때 우리는 캐릭터들을 새롭게 이해하고 평가하게 된다.

영화에서의 장소, 장면, 인물 등에 끌려 유대감이 형성됐을 때조차도 그렇게 공감하는 방식이 지적 혹은 인식적 발전 단계의 일부로서 어떻게 발전하고 변화하는지에 대해서 다시 한 번 생각해봐야 한다. 실제로 이런 인식적 재조정 및 재고의 과정은 대체적으로 영화에 대한 반응을 결정짓고 있다. 〈매디슨 카운티의 다리(The Bridges of Madison County)〉(1995)에서 원래 거칠고 협박하는 캐릭터로 유명했던 클린트 이스트우드가 아주 사색적이고 다정다감한 연인인 로버트 킨케이드로 나온다. 이 영화에서도 종래 배우가 보여줬던 종류와 비슷한 캐릭터를 볼 것이라 기대했던 관객들은 무엇이 그들로 하여금 그 스타에게 매력을 느끼게 했는지 재고해야 하며, 어떻게 그 기대가 복잡하게 얽혀 이 영화에 대한 그 관객들의 이해를 어렵게 만드는지를 평가해봐야 한다. 이런 변화는 이 영화가 나이 든 남성 안에서 발견된 인간의 깊이에 대한 이야기임을 제시하는 것인가, 아니면 똑같이 강한 여성(프란체스카 존슨 역의 메릴 스트립)과의 만남을 통해 성숙해진 남성성에 대한 이야기란 것을 제시하고 있는 것인가? 그런 과정에 참여하여 설득력 있는 재조정을 할 수 있는지 여부에 따라 그 영화에 대한 반응을 위한 토대가 구축될 것이다. 그래서 영화에서 좋아하거나 싫어하는 것은 보통 공감과 인식이 동시에 진화해 가는 과정과 관련된다.

영화 경험

"영화란 무엇인가?" 하는 물음은 말할 것도 없이 어떤 영화든 우리가 경험의 중심에 있다는 것을 의미하므로 이 책의 많은 부분이 주변에 있는 다수의 극장에서 우리가 보고 있는 많은 시각적·청각적·서사적·형식적 특성과 효력을 자세하게 탐구하는 데 온전히 바쳐지고 있다. 그러나 궁극적으로 이미지와 음향을 영화 문화와 그들의 삶에 의미를 가져다주는 다양한 방식으로 처리하는 사람은 바로 관객이다. 〈시민 케인(Citizen Kane)〉(1941)이라는 영화의 복잡성은 기술적으로 개개인에게는 똑같은 현상으로 나타나지만, 그에 대한 반응은 개인마다 다르게 나타

I.12a

공감, 인식, 영화의 다양성

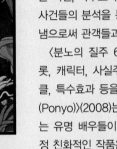

I.12b

관객이 영화와 어떻게 교감하고 있는가의 근저를 이루고 있는 공감과 인식의 과정은 제작된 영화의 폭, 영화를 이해하고 즐기는 다른 방식들에 기여한다. 어떤 영화는 액션, 특수효과, 스타급 배우 등을 통해 공감을 이끌어내고, 어떤 영화는 동시대 사건들의 분석을 통해서 혹은 캐릭터나 배경에 재치 있고 역설적인 관점을 만들어 냄으로써 관객들과 더 잘 인식할 수 있는 관계를 만들어낸다.

〈분노의 질주 6(Fast & Furious 6)〉(2013) 같은 할리우드 블록버스터는 플롯, 캐릭터, 사실주의 등에 대해 너무 깊이 생각하지 않으면서 대신 액션, 스펙터클, 특수효과 등을 기대하는 관객을 많이 불러 모은다(사진 I.12a). 〈벼랑 위의 포뇨(Ponyo)〉(2008)는 놀랄 만한 우정을 주제로 한, 일본 판타지 만화영화로 미국에서는 유명 배우들이 영어로 더빙하여 개봉됐다(사진 I.12b). 그럼에도 불구하고 이 가정 친화적인 작품은 그 대담하고 황홀한 시각적 효과로 인해 수많은 청소년 팬뿐만 아니라 성인 팬까지 사로잡았다. 다큐멘터리 〈클라이언트 9(Client 9)〉(2010)은 전 뉴욕 주지사 엘리엇 스파이처의 몰락과 사기업의 탐욕을 독점적으로 고발하고 해부한 작품이다. 이 작품은 성매매 같은 동시대 미국 정치의 부패상에 초점을 맞추면서 정치의 중요성을 관객들에게 인식시켰다(사진 I.12c). 〈주노(Juno)〉(2007) 같은 독립영화는 익살스럽고 유머러스한 방식으로 10대의 임신 문제를 다루고 있는데, 그런 사회적 문제에 대한 솔직하고 대담한 묘사에 거리낌이 없는 도시 부자들의 관심을 끌 수 있다(사진 I.12d).

I.12c

I.12d

집중분석

〈400번의 구타〉: 어느 영화감독의 영화 경험

같이 보기 : 〈미남 세르쥬(Le Beau Serge)〉(1958), 〈네 멋대로 해라(Breathless)〉(1960), 〈사형대의 엘리베이터(Elevator to the Gallows)〉(1958)

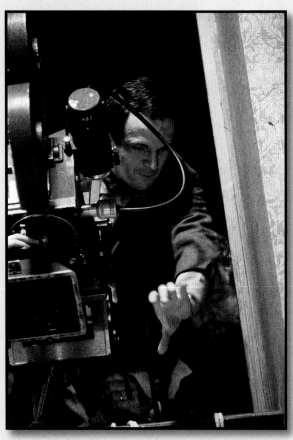

I.13 프랑수아 트뤼포. 프랑스의 대표적인 누벨바그 감독. The Kobal Collection/Art Resource, NY

를 찾고, 관객들과 더 역동적인 관계를 만들어내는 것이었다. 결과적으로 관객들은 이런 혁신적이면서 때로는 아주 황당한 방식으로 전개되는 영화들을 이해하고 공감해야 했다.

프랑스의 뉴웨이브에서 가장 중요한 영화 중 하나는 바로 프랑수아 트뤼포 감독의 〈400번의 구타(The 400 Blows)〉(1959)로, 앙투안 두아넬이라는 반항적인 청소년을 사실주의적으로 그린 초상화 같은 작품이다. 이 작품에서 앙투안은 성(性), 권위, 가족, 경제, 교육 등에 관한 문제들로 뒤덮인 대도시 파리 거리에서 자신의 정체성을 찾아헤맨다.

트뤼포는 영화 주인공처럼 실제로 어린 시절 문제아이자 작가였는데, 영화의 프랑스어 제목 'Les quatre cents coups'의 숙어식 해석인 '대소동을 벌이다'에 걸맞은 시절이었다. 작가주의 영화로 자주 지목되는 이 영화는 영화감독의 개인적 비전을 나타내 보이는데, 주인공의 삶과 감독 자신의 삶의 밀접한 관계가 영화감독과 관객 사이의 공감적 동일시를 위한 토대를 제공해준다(**사진 I.13**). 앙투안 두아넬과 마찬가지로 청소년 시절 트뤼포는 문제 많은 무단 결석생이었고 때로는 도둑질도 했지만, 결국 영화로 구원받았다. 그는 어린 시절부터 영화를 좋아했고, 10대 시절 '영화 중독자 클럽'이라는 자신만의 영화 동아리를 만들었다. 이후 군대에 입대했으나 여러 번 탈영한 후 '불안정한 성격'이란 이유로 불명예 제대를 하게 된다.

트뤼포는 위대한 영화학자이며 잡지 〈카이에 뒤 시네마(Cahiers du cinéma)〉의 공동 설립자인 앙드레 바쟁에게서 마침내 아버지를 대신하는 존재를 발견하게 되었고 바쟁에게 그 징표로 자신의 작품 〈400번의 구타〉를 헌정했으며, 트뤼포의 부모조차도 바쟁에게 법적 후견인 권리를 양도했다. 트뤼포는 곧 1950년대에 가장 많은 논란을 불러일으킨 영화작가 중 한 사람이 되었고, 〈카이에 뒤 시네마〉의 주요 학자 및 기록물 관리자로 알려졌다. 그는 자신의 자전적·작가주의적 영화 읽기를 더 넓은 문화적·역사적 이해로 확장했으며, 그 속에서 1950년대 관객들은 기존 영화와 역사적으로 알려진, 혹은 그를 뒤덮는 대부분의 경우, 반항적인 방법들로 영화를 보고 이해하여야만 하는 영화 경험과 맞닥뜨렸다.

이 영화의 자전적·역사적 차원은 〈400번의 구타〉를 독특한 영화 보기로서의 읽고 이해하는 방식을 가리킨다. 영화는 파리를 가로지르는 광범위한 현지 촬영에 의존하고 있으며, 화려한 스튜디오 제작방식이 아니라 사람들이 살고 있는 현실 그대로를 진솔하게 그려냈다. 영화는 불연속적인 편집 양식을 채택하고 있는데, 가벼운 핸드헬드 카메라 장비를 들고 즉석에서 생생하고 활기 있는 장면들을 포착함으로써 관객들로 하

제2차 세계대전 이후 영화산업이 번창하기 시작하면서 이는 1970년대까지 지속됐다. '뉴웨이브'라는 집단에 속한 다국적 영화감독들은 종전 후 떠오른 공통된 두 가지 관심사를 공유하고 있었다. 첫째, 영화를 자신의 예술적 비전을 표현하는 도구로 사용한다. 이것은 통상적으로 '작가주의' 영화로 불린다. 둘째, 당시 영화산업의 상투적인 제작 경향을 깨뜨린다. 뉴웨이브 영화들이 최초로 그리고 가장 영향력이 크게 나타난 곳은 프랑스였다. 보통 **프랑스 뉴웨이브**(누벨바그, French New Wave) 영화감독들의 특징은 새로운 영화 양식을 실험하고, 사실주의의 더 정직한 형태

여금 새로운 영화 제작 방법과 감상 방법으로 눈을 돌리게 한다.

이런 사실주의에 더욱 초점을 맞추어, 주인공 앙투안 두아넬의 역할을 맡은 장피에르 레오는 연기 경험이 전혀 없는 10대 청소년으로, 앙투안을 끊임없이 길들이려는 선생, 부모, 경찰 등의 다양한 제도권 권위와 맞서는 한 청소년의 역할을 즉흥적으로 연기해냈다. 거리의 삶을 적나라하게 보여주는 사실주의와 이 영화를 떠받치는 배우들의 진솔한 연기는 관객들과 소통하고자 하는 이 영화의 본질이다. 관객들이 이런 사실주의와 두아넬에 대해서 어떻게 반응할지(동정심을 가지거나, 이해하거나, 소외시키거나 혹은 혼란스러워하거나)에 대해서 생각해보는 것은 이 기념비적인 영화를 경험하러 들어가는 많은 길 중의 하나를 선택하는 것이다.

이 영화를 이해하는 또 다른 층으로 트뤼포는 영화 역사에 대한 자의식적 인식 장면을 집어넣었다. 연속적인 장면들이 길게 이어지는 동안 앙투안과 르네는 수업을 빼먹고 영화를 보러 가다가 놀이터에 들러, 앙투안이 '프로펠러'라 부르는 놀이기구에 기어 올라간다**(사진 I.14)**. 특히 영화 역사가들에게 이 장면은 영화 그 자체를 나타내는 분명한 은유로 해석되는데, 그 놀이기구는 19세기 영화의 선구자 격인 '조에트로프'와 유사하고, 알프레드 히치콕의 친자 관계에 대한 역사적 언급을 포함하고 있기 때문이다[구체적으로 말하면 〈열차 안의 낯선 자들(Strangers on a Train)〉(1951)에서 회전목마가 돌아가는 클라이맥스 장면]. 아마도 더 중요한 것은 이 장면에서 트뤼포의 카메오 출연이 앞서 말한 역사적 언급들을 앙투안의 이야기, 그리고 영화의 해방적인 힘에 연결시킨다는 것이다. 신나게 돌아가는 놀이기구는 이야기를 풀어가는 도구일 뿐만 아니라 앙투안과 영화감독 모두의 즐거움과 에너지의 표현이다. 앙투안과 르네가 수업을 빼먹고 파리 시내를 돌아다니는 일탈행위는 예측할 수 없는 사실주의 미학을 집중 조명하는 것이지만, 동시에 관습으로부터 캐릭터와 이미지를 시각적으로 해방시켜주는 것이기도 하다.

그런 양식의 혁신처럼 이 영화에서 가장 유명한 마지막 장면[젊은 앙투안의 얼굴을 정지화면으로 놓아두는**(사진 I.15)**]은 딜레마에 빠져 있는 주인공의 상태를 인식하게 하는 수단으로, 문화적으로 내재되어 있는 해석의 과정을 끄집어내는 시도로 보일 수 있다. 도망치는 앙투안을 특별히 오랫동안 잡아놓는(80초 이상) 장면은 통상 관객들을 불안하게 만드는데, 그의 목표 혹은 행선지가 불분명하기 때문이다. 이런 도발적 시도가 계속되다가 얼굴이 카메라를 정면으로 응시하게 되는데, 이는 질문일 수도 직면일 수도 있다. 그는 무엇을 생각하고 있는 것일까? 다음에 무슨 일이 일어날지를 이해해야 한다는 것일까? 영화는 이런 물음에 답을 주지 않으므로 소년의 이야기를 반추해보면서 개인적인 경험과 이력에 비추어 반응할 수밖에 없다.

I.14 〈**400번의 구타**〉 이 회전 놀이기구는 사람을 혼란스럽게 함과 동시에 신나게 만드는 영화의 기능을 연상시키는 일종의 은유이다.

I.15 〈**400번의 구타**〉 앙투안 두아넬로 분한 장 피에르 레오가 카메라를 정면으로 응시하는 정지 화면이 이 영화 마지막 장면이다.

I.16 〈시민 케인〉이미 신성시되는 영화들조차 주의 깊은 관객들을 위해 다수의 통로와 다양한 반응의 가능성을 제공해준다. Courtesy Everett Collection

난다(**사진 I.16**). 전형적인 관객이라 하기 어려운 신문사 거물 윌리엄 랜돌프 허스트는 영화에 대해 부정적인 반응을 보였는데, 영화가 자신의 화를 돋우는 초상화가 될 거라고 주장하면서 자기 신문에 영화 광고 싣기를 거부했다. 하지만 1950년대의 프랑스 작가들과 영화감독들은 영화를 세상에 대한 개인적 비전을 창조해내는 영화 감독의 힘을 나타내는 증거라고 환호했다. 근래 수십 년 사이에 영향력 있는 비평가들의 여론조사에서 〈시민 케인〉이 지속적으로 상위를 유지함으로써 이 영화를 보는 관객들이 늘어났으며, 관객들이 이 영화에 대해, 그리고 이 영화가 영화사에서 차지하는 위치에 대해 어떻게 반응하는지를 보여주는 일도 늘어나게 되었다. 어떤 관객들은 영화의 기술적, 경제적 특징에 중점을 두기도 하고, 영화의 역사적, 사회적 중요성에 더 큰 의미를 부여하기도 한다. 사실 똑같은 영화라도 이런저런 비판적 방법 중 어느 하나를 택해 관객들을 다른 곳으로 인도해 갈 수도 있다. 영화에 참여하는 가장 중요한 방법이 어떤 것인가 하는 질문보다는 어떠한 방법이 개별 관객에게 가장 생산적인 만남을 제공하는가가 더 중요하다.

관객들의 영화 경험은 개별적인 공감과 인식에 의해 얻은 것과 영화 문화로부터 공유하게 된 것으로 이루어지는데, 이것들이 바로 이 책의 출발점이 된다. 제1부는 영화 제작, 배급, 상영의 과정과 양상이 관객과 영화가 만나는 사회적 맥락을 만들어가는 특정 방식속에서 영화를 어떻게 보여주고 있는가를 검토한다. 제2부는 영화를 구성하고 있는 네 가지 형식적 체제를 보여주는데, 미장센, 연출, 편집, 음향이다. 이것들은 관객들이 익숙한 것들은 물론 혁신적인 형식과 패턴으로부터 어떻게 의미를 이끌어내는지를 보여준다.

제3부는 관객들이 접하게 되는 영화 장르, 극영화, 논픽션 영화, 실험 영화 등의 기본 양식을 소개하고 분석한다. 제4부는 영화에 대한 비판적 관점을 소개하는데, 영화 역사에 대한 개관, 영화 이론에 있어서의 중요한 문제들에 대한 언급, 영화 감상평 쓰기에 대한 지도 등이 포함되어 있다.

이 책은 독자들로 하여금 전략적으로 다른 경로들을 탐구하고 선택하여 영화 속으로 들어가도록 격려한다. 이것은 영화를 공부하는 것이 영화가 한 사람이 원하는 모든 것을 의미하도록 한다는 말은 아니다. 이 책은 영화의 형식, 실습, 용어 등에 대한 정확한 이해를 강조한다. 왜, 어떻게 영화가 관여하고, 또 많은 다른 방법으로 우리를 자극하는가를 평가할 수 있는 도구와 지식을 갖는다는 것은 영화와 영화 문화가 얼마나 풍부하고 재미있는가를 분명히 해주는 것이며, 동시에 그 둘에 대해 주의 깊게, 정확하게, 엄격하게 생각하는 것이 얼마나 중요하고 보람 있는 일인지를 분명히 해주는 것이다.

영화에 대한 비판적, 학문적 관심은 우리의 사회적·문화적 삶에 스며 있는 가치 및 관념의 산물이다. 다시 말해서 우리 주변의 영화와 기타 매체에 **반영된** 문화적 가치와 관념일 뿐만 아니라 영화가 만들어낸 가치와 관념인 것이다. 학교 안과 밖 양쪽에서 영화는 우리에게 관여하고 있으며, 우리 또한 그들에게 관여한다. 영화 속 폭력에 대한 대중 토론, 유명 스타배우의 정치권력에 양다리 걸치기, 영화 제작에 광범위한 참여를 이끌어온 기술적·경제적 변화, 새로운 포맷과 재생장치들에 대한 활발한 마케팅 등은 우리가 매일 겪는 일상생활 전반에 걸쳐 영화가 어떻게 확산되는가를 말해주는 변함없는 암시이다. 그러므로 영화에 대해 진지하게 생각하는 것, 영화를 주의 깊게 공부하는 것은 우리 삶에 가장 많은 영향력을 미치는 요소 중 하나에 집중하는 것이다. 영화에 관한 지식(형식적 문법 장르, 역사적 흐름 등)을 확장한다는 것은 우리 일상의 지식을 우리 삶을 형성하는 더 넓은 사회문화적 패턴과 문제들로 연결시킨다는 것이다.

요약

영화감상은 보기보다 더 복잡한 과정이다. 영화 팬이자 학생인 우리 대부분은 자신의 개인적이고 문화적인 위치와 시각 등 다양한 차이에 따라 영화를 경험하게 된다. 〈애니 홀〉의 알비 싱어처럼 우리는 영화에 대해, 영화를 보는 때와 방법에 대해 열정적인 모습을 보일 수 있다. 프랑수아 트뤼포의 〈400번의 구타〉처럼 영화는 개인적 차원에서 캐릭터와 액션을 보도록 요구하고 새로운 방식으로 보도록 우리를 도전하게 할 수 있다. 역사, 환경, 취향 등이 여러 가지 다른 이유로 다른 영화들에 이끌리게 한다. 어떤 사람들은 〈인셉션〉이나 〈아바타〉의 기술적 장치에 특별히 매력을 느낄 수 있으며, 〈드림걸즈〉의 음악에, 〈글래디에이터〉의 역사에 이끌릴 수 있다. 일부 경우에 있어서 마치 10대들이 〈조찬 클럽〉을 볼 때처럼 캐릭터에 공감하기도 한다. 〈클라이언트 9〉같은 다큐멘터리를 보면서 곰곰이 생각에 빠져 있을 때처럼 지적이고 인식적인 사고에 빠져들기도 한다. 대부분의 모든 경우에 있어서 어떻게, 왜 영화를 감상하고, 어떤 방식으로 영화에 반응하는가에 대해 검토하는 것은 보람 있는 일이며, 흥미진진한 일일 수 있다. 이런 종류의 성찰은 영화 경험에 대해 공부하고 토론하는 과정에서 사고의 즐거움을 느낄 수 있도록 인도해줄 수 있다. 다음 영화에 이번 장의 목표를 적용하여 시험해보도록 하자.

- 오늘 겪은 영화 문화를 어떻게 묘사할 수 있는가? 어떻게 그것이 영화나 그런 종류의 것들을 즐길 수 있도록 해주는가?
- 어떤 종류의 취향, 역사, 환경 등이 〈인셉션〉 혹은 〈오스카 그랜트의 어떤 하루〉 같은 영화로 관객들을 인도하는가?
- 〈맨 오브 스틸〉 같은 대규모 여름 영화에 대한 두 가지 다른 관람 입장을 기술해보라. 한 가지는 주로 공감에 관한 것이고, 다른 하나는 인식에 관한 것이다. 좀 더 구체적으로 기술하도록 한다.
- 〈라이언 일병 구하기〉와 같은 전쟁 영화를 공부하기 위한 실제 모임을 만들어보라. 그 영화를 어떻게 공부할 것인가? 그런 활동이 그 영화의 이해와 즐거움에 어떤 도움이 되겠는가?

적용해보기

최근 영화에 대한 좋은, 아니면 비판적인 영화평을 골라서 주의 깊게 읽고 작가가 그 영화에 적용한 다양한 방법을 분석한다. 작가의 판단은 작가의 관찰을 알리거나, 해를 끼치기도 하는 특정한 취향, 배경, 문화적 맥락 등을 드러내주는가? 작가가 감정적인 혹은 심리적인 차원에서 어떤 캐릭터와 액션에 공감하는 것으로 보일 경우 이에 대해 논평할 여지가 있는가? 유사한 영화와 어떻게 비교되는가에 대한 인식적 고려를 제시하는 다른 평가들이 있는가?

영화와의 만남

사전제작부터 상영까지

2012년 조스 웨던은 아주 다른 종류의 두 영화를 감독했는데, 하나는 유명한 만화의 슈퍼 영웅들을 그린 블록버스터 액션 영화 〈어벤져스(Avengers)〉이고, 다른 하나는 셰익스피어의 로맨틱 코미디를 현대화한 〈헛소동(Much Ado about Nothing)〉이다. 두 영화의 제작, 배급, 상영은 같은 감독이라 하더라도 극단적으로 다른 개념에 의해 영화가 어떻게 달라질 수 있는지를 보여준다.

약 2억 2천만 달러의 제작비가 들어간 〈어벤져스〉는 디지털 및 기술적 도구의 이점을 이용하여 기존의 TV 문화를 블록버스터 영화 문화로 급격하게 전환하게 만들었다. 3D 입체 영화로 만들어진 이 영화는 2012년 4월 월트디즈니 영화사가 전 세계 주요 시장에 배급하였다. 영화는 시상식 전 부문에 지명되었고, 열광적인 만화 팬, 공상과학물 마니아, 그리고 수많은 젊은 관객들을 끌어모았다.

두 영화가 자신을 매료시킨 복잡한 사회환경 속의 복잡한 캐릭터들을 그린 것이라고 웨던은 이야기했지만 〈헛소동〉은 제작에서부터 상영까지 아주 다른 길을 걸었다. 웨던은 자신의 집에서 촬영하고, 촬영기간도 12일에 불과했으며, TV물을 제작할 때 같이 일했던 배우 중 가까웠던 측근들을 출연시켰다. 영화 홍보도 〈어벤져스〉의 감독이 셰익스피어의 작품을 대담하게 각색한 것에 초점을 맞추었다. 예상했던 대로 영화는 주로 예술 영화 전용 극장들에서 상영됐다. 하지만 이 영화는 〈어벤져스〉와 달리 앞으로 대학에서 셰익스피어와 영화라는 주제로 다뤄질 수 있을 것이다.

이런 이질적인 두 영화가 보여주듯이 영화 제작, 배급, 상영은 영화와 관객과의 만남을 만들어내고, 또 역으로 영화의 이런 측면은 관객들의 반응에 영향을 받게 된다.

영화 뉴스를 접하든 접하지 않든, 관객으로서 우리는 영화를 경험하기 전에 이미 영화를 만드는 데 많은 일이 벌어진다는 사실을 알고 있다. 영화를 만드는 데 들어가는 다양한 실제 상황들은 예술적·상업적일 뿐만 아니라 문화적·사회적이기도 한데, 관객들이 영화를 관람하는 순간 그것들은 어떤 의미와 가치를 만들어내게 된다는 것이 예상된다. 하나의 관념으로부터 최종 형태까지 영화가 만들어지는 과정을 이해한다는 것은 영화의 형식, 노고, 감독의 기교 등에 대한 이해를 깊게 할 뿐만 아니라 어떻게 사회와 문화가 영화 만드는 그 자체에 영향을 미치는가를 드러내 보여주는 것이다.

이 장에서는 제작과정을 설명하고 제작된 영화의 배급, 홍보, 상영 등의 전체 과정을 보여준다. 커다란 극장 화면, 집안의 TV, 기타 기기 등을 통해 영화를 감상할 수 있게 되기까지 전 단계, 중간 단계, 이후 단계에서 이루어지는 제작을 둘러싼 과정들은 영화 경험과 분리될 수 없다.

관객으로서 우리가 언제, 어디서 영화를 보는지는 영화 그 자체의 형식과 내용을 이해하는 만큼 반응, 즐거움, 이해를 형성한다. 영화 경험은 작아진 감상 기기(컴퓨터에서 아이패드, 스마트폰까지)의 도움으로 사회환경을 (아이맥스에서 홈시어터까지) 바꾸고 있으며, 개별 영화의 이익을 촉진하기 위해 고안된 다수의 문화적 활동들(영화, 감독, 스타배우 등에 대한 자료 읽기, 비디오게임 하기, DVD 특별판 보기, 영화 독점 사업권을 지지해주는 사회적 미디어에 연결하기 등)도 변화시키고 있다. 늦은 밤에 개봉하는 영화를 보기 위해 친구들과 줄 서서 기다리거나, 비행기에서 편집된 버전의 영화를 대강 본다거나 하는 일은 상당히 다른 경험들로서 다른 형태의 감상과 이해로 이끌어주기도 한다. 제작에서부터 나중에 평론이 나오기까지의 과정을 일방통행식 과정이라기보다는 하나의 순환식 과정으로 생각하는 것이 도움이 된다. 순환식 과정에 들어가는 상황들로 미루어 언제 영화를 관람하게 될 것인지를 예상할 수 있고, 관객의 취향과 습관은 영화 제작과 배급에도 영향을 미치게 된다.

핵심 목표	■ 사전제작부터 제작, 후반제작까지의 영화 제작 단계들을 차례로 열거한 다음, 각 단계가 어떻게 우리가 화면상으로 보게 될 것을 알려주고 있는가를 설명해보자.
	■ 영화 배급 메커니즘이 어떤 영화를 볼 수 있고, 언제, 어떻게 그 영화를 볼 수 있도록 결정하는지 기술해보자.
	■ 영화 홍보가 영화를 어떤 방식으로 보게 하는지를 분석해보자.
	■ 영화 상영의 구조와 관객수용 영향 두 측면을 평가해보자.
	■ 미디어의 집중과 기술의 빠른 발전이 영화 제작에서부터 최종 소비까지 영화 경험의 모든 면에 걸쳐 어떻게 영향을 미치고 있는지를 설명해보자.

제작 : 영화는 어떻게 만들어지는가

영화 제작에 있어서 각 단계의 목적은 예술적 혹은 상업적 작품을 만들어내어 관객들을 기쁘게 하고 자극하며 참여하게 만드는 것이다. 간단히 말하자면 영화 **제작**(production)은 산업, 예술, 기술, 상상력 등이 뒤얽힌 복잡한 활동이다. 자금확보와 대본 작성부터 최종 편집까지, 그리고 영화 제작에 공헌한 개인이나 회사의 이름을 나열해주는 제작 **크레딧**(credit)의 추가 등, 여러 다른 단계들을 포함한다. 영화 제작은 관객들의 영화 경험에 있어서 중요한 부분처럼 보이지 않을 수 있다. 그러나 한두 종류의 관객들을 대상으로 하거나, 한 특정 종류의 관객을 암시하기도 한다. 영화는 감독의 작품인가, 아니면 시나리오 작가의, 카메라맨의, 작곡가의 작품인가? 이 물음에 대한 대답은 영화에 대한 관점에 어떤 영향을 미칠 것인가? 현대의 영화 제작을 많은 차원에서 이해한다는 것은 영화를 이해하고 분석하는 능력을 키우는 데 기여하는 것이 될 것이다.

사전제작 단계

'제작'이란 용어는 영화 만드는 전체 과정을 뜻하는 데 사용되며, 영화 촬영이 시작되기 전에 이미 많은 일들이 이루어지고 많은 시간이 소요된다. **사전제작**(preproduction) 단계는 하나의 프로젝트가 진행 중이지만 카메라가 돌아가기 전의 상태를 말한다. 극영화를 만들 때 종종 스튜디오 차원이나 독립 제작사 차원으로 시나리오 작가, 제작자, 감독, 이 셋의 노력이 이 단계에서 결합되어 앞으로 상영될 영화에 관한 개념을 구상하고 다듬게 된다. 자금이 모이고 판권이 확보되며 인원을 모으고 배역이 결정되면, 장소 섭외, 세트 설치, 의상 준비 등을 포함한 영화 기획의 핵심 부문들이 이 사전제작 단계에서 진행된다. 다큐멘터리 제작자들은 이 기간에 기록물이나 장소를 찾아보면서 주제를 탐구하고 인터뷰를 하기도 한다.

시나리오 작가

시나리오 작가(screenwriter)는 서사 영화를 위한 아이디어를 만들어내는 개인인데, 그 아이디어는 어떤 이야기, 소설, 과거 혹은 현재 사건에 대한 원작이거나 각색인 경우가 많다. 시나리오 작가는 초기 논의 단계, 즉 **트리트먼트**(treatment)에서 밑그림을 그리면서 개념이나 원재료를 제시하는데, 이야기의 주요 캐릭터들과 액션들을 짧은 산문형으로 묘사한다. 이 초기 논의 단계는 점차 완전한 영화 대본, 즉 **시나리오**(screenplay 혹은 script)로 확장되는데, 장면 묘사, 대사, 기타 다른 지시사항 등이 묘사된다. 이것은 시나리오 작가가 제출한 임시 대본에서부터 정확한 장면과 카메라 배치까지 상세하게 지시하고 있는 마지막 촬영 대본까지 여러 판본을 갖고 있다. 이때 한 작가가 모든 판본을 책임질 수도 있고, 아니면 여러 다른 작가들이 각 판본을 관리할 수도 있는데, 마지막 완성될 때까지 커다란 변화가 생기기도 하지만 대부분은 작은 변화로 끝난다. 대본이 완성됐다 하더라도 현장 상황에 따라서 **각색 전문작가**, 즉 **스크립트 닥터**(script doctor)

1.1 〈어댑테이션〉 제목이 말해주듯이 시나리오 쓰기가 이 독창적인 영화의 주제인데, 영화 속에서 니콜라스 케이지가 맡은 찰리 카우프만은 믿고 맡기는 작가로 등장한다.

를 불러 다시 고쳐 쓰기도 한다. 〈선셋 대로(Sunset Boulevard)〉(1950)는 한 시나리오 작가가 잊혀져 가는 어느 무성 영화 스타배우의 집에 갇혀 글을 써야 하는 이야기이고, 〈어댑테이션(Adaptation)〉(2002)은 시나리오 작가인 찰리 카우프만이 수잔 올린의 책 [난초도둑(*The Orchid Thief*)]을 고통스럽게 각색하는 이야기인데, 이 양자를 포함한 많은 영화들이 시나리오를 쓰는 그 자체의 과정을 드라마로 만들어 왔다(**사진 1.1**). 이러한 종류의 영화를 만드는 한 가지 이유는 하나의 개념에서 완성된 시나리오로, 그리고 영화로 제작하는 과정에서의 극적인 전환과 불안정성, 개인적인 비전을 관객에게 전달하기 위한 노력의 어려움을 조명하는 과정일 수 있다.

제작자[1]와 스튜디오

영화 제작과 자금 문제를 책임지는 핵심 인물은 영화의 제작자이다. 감독이 제작자를 겸할 수 있지만 제작자 없이 하는 경우는 드물다. **제작자**(producer)는 영화를 만드는 서로 다른 작업들을 총체적으로 감독한다. 때로는 제작자가 대본의 선택부터 완성된 영화의 홍보까지 영화 제작의 각 단계에 전적으로 관여할 수도 있고, 주로 영화의 재정 문제에 책임지는 거의 보이지 않는 파트너가 될 수도 있다. 제작자들은 할리우드 스튜디오 시스템의 전성기 때 가장 막강했는데, 이 **스튜디오 시스템**(studio system)이란 용어는 1920~1940년대의 메이저 스튜디오들이 당시 산업적 모델인 대량 생산방식으로 영화를 만들었던 시스템을 말하는 것이다. MGM은 어빙 탈버그의 독창적인 비전과 동일시되었는데, 탈버그는 1920년대부터 1936년 사망할 때까지 스튜디오 거물 루이스 B. 메이어와 밀접하게 협력했던 제작 책임자였다. 제작자 데이빗 O. 셀즈닉은 자신의 스튜디오를 만들기 위해 MGM을 떠난 후, 영화의 소재가 될 수 있는 것들을 직접 확인하는 것을 시작으로 하여 제작의 모든 단계들을 관리했다. 예를 들면 영화 〈바람과 함께 사라지다(Gone with the Wind)〉는 원작이 출판되기도 전에 벌써 저작권을 확보해놓았다. 셀즈닉은 1939년판 영화를 총괄했는데, 그의 유명한 영화 제작 메모장의 기록에 따르면 심지어 제작기간 동안 감독을 몇 번이나 바꾸기까지 했다.

1990년대에 독립영화 운동이 일어나면서, 독립영화 제작자들은 캐스팅, 직원 고용, 스케줄 조정, 촬영, **후반제작**(postproduction), 배급 판매, 자금조달뿐만 아니라 작가와 감독의 창작의 자유를 위해 노력했다. 제작자 제임스 샤머스는 처음에 이안 감독과 함께 일하면서 독립영화 〈음식남녀(Eat Drink Man Woman)〉(1994)를 만들었고, 〈센스 앤 센서빌리티(Sense and Sensibility)〉(1995), 〈와호장룡(Crouching Tiger, Hidden Dragon)〉(2000), 〈색계(Lust, Caution)〉(2007) 등의 시나리오를 공동 집필했다. 유니버설 제작사의 특별분과인 포커스 피처스의 부사장으로서 샤머스는 이안 감독이 〈브로크백 마운틴(Brokeback Mountain)〉(2005)을 만들 때 제작의 모든 단계에 걸쳐서 자문을 해주었다(**사진 1.2**).

영화가 만들어질 때 그 규모나 유형에 상관없이 제작자의 유형에 따라 작업과 역할에 있어서의 차이가 존재한다. **제작 책임자**(executive producer)는 주로 명목상 영화에 관련되어 있지만 창조적이거나 기술적인 관여는 전혀 하지 않고 주로 자금조달과 영화 판매 역할에 관여한다. 다큐멘터리의 경우 제작 책임자는 프로그램을 의뢰하는 TV 채널과 같이 일할 수 있다. 후원자 이름을 올리는 크레딧 작업에서는 실제 제작에 아무런 역할도 하지 않으면서 파트너 역할을 하는 어느 특정 개인이나 회사를 투자자나 제작 책임자로 지정할 수 있다. **라인 프로듀서**(line producer)[2]는 일일 비용지출을 책임지면서 제작 스케줄을 유지 관리한다. **유닛 프로덕션 매니저**(unit production manager)는 영수증과 지출 내역을 세세하게 관리하고 보고한다.

영화 예산은 크든 작든 제작자에 의해 관리된다. 예산에 있어서 **비기술적 비용**(above-the-line expense)은 감독 및 스타배우들과의 첫 계약, 행정적 및 조직적 관리비용이다. **기술적 비용**(below-the-line expense)은 실제 영화 제작과 관련된 기술적 비용 및 재료비(의상, 세트, 운송 등)이다. **제작비**(production value)는 이 두 가지 지출비용이 영화 이미지와 음향의 질에 어느 만큼 반영되어 있는가를 보여준다. 제작비는 민감하거나 민감하지 않은 두 가지 방식으로 영화에 대한 관객의 기대를 만들어 간다. 고예산 영화가 스펙터클하고 완성도 있게 만들어진 영화라는 이미지를 주기는 하지만, 저예산 영화라고 해서 반드시 형편없이 만들어진 영화라는 뜻은 아니다. 양쪽 경우에 있어서 관객의 기대를 예산에 따라 조정할 필요가 있다.

1.2 제임스 샤머스와 이안. 이안 감독이 〈브로크백 마운틴〉으로 오스카 최우수감독상을 받은 것은 제작자 제임스 샤머스와 함께 오랫동안 공동작업을 해온 결실이었다. Kevin Winter/Getty Images

영화 제작의 자금조달

자금조달과 제작비 관리는 영화 제작에서 매우 중요한 요소이다. 전통적으로 스튜디오와 제작자들은 은행이나 대규모 재정기관을 끼고 일하면서 이런 자금을 조달받아왔다. '은행대출 가능한(bankable)'이란 용어는 영화 제작자가 유명한 스타배우나 잘 알려진 문학작품 같은 필요한 요소들을 갖추고 위험을 감수할 만한 가치가 있는 투자를 한다는 것을 의미한다. 톰 크루즈가 주인공으로 나오는 〈미션 임파서블 4 : 고스트 프로토콜(Mission : Impossible-Ghost Protocol)〉(2011) 같은 주류 액션 영화는 제작비가 1억 달러가 넘고, 광고비가 5천만 달러가 넘는데, 이런 대규모 투자는 엄청난 수익을 상정하고 이루어진다. 그래서 영화 구상 단계에서부터 투자한 만큼 이상적인 수익이 돌아오도록 수많은 관객을 동원할 수 있는 계획을 세밀하게 짠다.

어떤 영화들은 전형적인 재정계획을 따르지 않는다. 케빈 스미스는 여러 개의 신용카드로 비용을 감당하면서 〈점원들(Clerks)〉(1994)을 만들었다. 1990년대에 독립영화가 유행하면서 재정계획도 바뀌었다. 은행이나 대형 스튜디오 같은 단일업체에 의존하는 대신 독립 제작자들은 개별 투자자들을 여러 집단으로 조직하거나, 여러 다른 시장에 방영권을 판매하거나 혹은 배급권을 예약판매함으로써 자금을 충당했다. 대형 스튜디오의 지원이 없는 상태에서 독립영화는 감독이나 스타배우의 명성 같은 유명세에 기대어 개별 투자자들에게 호소해야 한다. 유명 배우 줄리안 무어가 5년 동안 리사 촐로덴코의 프로젝트 〈에브리바디 올라잇(The Kids Are All Right)〉(2010)에 매달렸지만 4백만 달러에 달하는 영화 예산을 모금하는 일은 어려웠다(**사진 1.3**). 2013년 스파이크 리 감독과 롭 토마스 감독[〈베로니카 마스(Veronica Mars)〉의 감독]은 자신들의 영화 제작 자금을 조달하기 위해 킥스타터 웹사이트(Kickstarter Website)[3]로 눈을 돌렸다.

논픽션 영화 또한 자금조달이 필요한데, 다큐멘터리는 TV 채널이나 단체의 후원을 받기도

1.3　〈에브리바디 올라잇〉 소규모 예산의 독립영화 제작은 통상 자금을 끌어들이는 데 매력적인 유명 배우들을 필요로 한다. 하지만 유명 배우들을 섭외했음에도 불구하고 리사 촐로덴코는 레즈비언 부모를 다룬 이 코믹 드라마 제작에 수년이 걸렸다.

하고, 또는 개인 후원자들과 공공 자금이 혼합된 형태로 조달받기도 한다. 예를 들면 조나단 카우에트의 〈타네이션(Tarnation)〉(2003)은 자신의 어린 시절과 청소년기를 이야기하고 있는데, 당시 비디오 녹화 일지와 홈 무비 같은 영상을 만들어내는 새로운 장비들의 메시지에 부응하면서 슈퍼-8(Super-8)[4]으로 찍은 스냅숏(snapshot, 순간 · 연속촬영)들을 콜라주(collage)[5] 기법을 통해 영상을 표현해냈다(**사진 1.4**). 통상적인 시나리오에서 벗어난 이야기와 약 200달러로 추정되는 제작비로 집에 있는 컴퓨터를 이용하여 편집작업을 끝냈다. 존 카메론 미첼과 구스 반 산트가 제작 책임자로 있던 이 영화는 선댄스 영화제에서 상영됐다. 그 밖에 다른 영화제에도 초청을 받아 매스컴의 관심을 끌게 되면서 제한적이지만 극장 상영이 가능해졌고, 비평가들의 상당한 관심을 받게 되었다.

캐스팅 디렉터와 캐스팅 에이전트

영화 제작비용 상승과 은행 융자로 자금을 조달할 필요성이 커지는 상황에서 캐스팅 디렉터와 에이전트의 역할이 더 중요해지고 있다. 전통적으로 **캐스팅 디렉터**(casting director, 배역 선정 감독)의 일은 대본에 있는 역할에 가장 잘 어울리는 배우를 실제로 찾아내는 일인데, 1910년경 스타 시스템(star system)[6]이 자리 잡으면서 생겨났다. 그때는 바이오그래프 스튜디오의 엄청난 인기 여배우인 플로렌스 로렌스가 '바이오그래프 걸(Biograph Girl)'로 알려졌을 무렵이었고, 그녀의 이름이 최초로 화면에 올려지게 되었다. 캐스팅 디렉터는 감독, 제작자, 시나리오 작가 등과 협의하면서, 스타배우 및 기타 배우들과 자주 접촉함으로써 그 역할이 커지게 되었고, 영화의 외형과 규모를 결정짓는 중요한 존재가 되었다.

　　영화 제작에서 배우, 감독, 작가, 기타 주요 인물들을 대변하는 **에이전트**(agents, 배역 선정 대리인)는 영화를 위해 캐스팅 디렉터 및 제작자와 협상하고 기타 다른 인원들을 등록시킨다. 에이전트의 중요성과 힘은 1930년대까지 거슬러 올라가는데, 능력 있는 에이전트였던 루 와서먼은 MCA(Music Corporation of America)사 홍보 담당자로 일하면서 베티 데이비스, 에롤 플린, 제임스 스튜어트 등의 많은 배우를 위해 독립적인 다수의 영화 거래를 성사시켰다. 1950년대 중반 와서먼 등은 에이전트, 제작자, 캐스팅 디렉터가 대본, 유명 배우, 다른 주요 인원들을 주요 제작의 핵심 첫 단계로 결정하는 영화 제작 방식인 **패키지 단위 방식**(package-unit approach)을 구축했다. 이 방식은 전통적인 스튜디오 시스템의 종말 이후에 지배적인 제작 모델로 자리를 잡았다. 1970년대 중반 소위 슈퍼에이전트가 때때로 영화 제작에 참여해야 하는 유명 배우들과 기타 인원들을 일괄적으로 묶어 미리 지정하던 때가 있었다. 당시 가

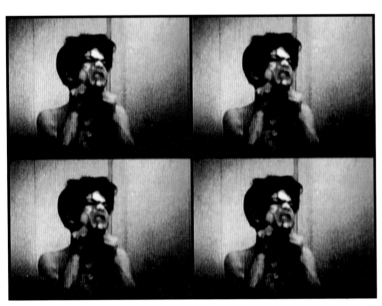

1.4　〈타네이션〉 조나단 카우에트의 데뷔작인 이 영화가 보여주고 있듯이, 초저예산 독립영화라도 적절한 배급망을 통하면 극장 상영이 가능해진다.

장 유명한 슈퍼에이전트였던 마이클 오비츠는 1975년 강력한 CAA(Creative Artists Agency)라는 회사를 공동 설립하고, 톰 크루즈와 바브라 스트라이샌드의 대리인 역할을 했으며, 〈쥬라기 공원(Jurassic Park)〉(1993) 같은 블록버스터들을 일괄적으로 묶어 거래했다. 오비츠 이야기는 할리우드식 오만의 표본이 되었다. 그는 스튜디오 대표 자리를 탐내 CAA 회사를 떠난 후 월트디즈니 회사의 사장 자리에 오른 지 14개월 만에 해고당했다.

현지 촬영, 프로덕션 디자인, 세트, 그리고 의상

극영화에서 인물과 영화 배경 사이의 상호작용은 종종 영화의 중심적 관점이 된다. 그래서 현지 촬영과 세트 디자인에 대한 선택은 대단히 중요하다. 〈할란 카운티 USA(Harlan County, USA)〉(1976)의 파업 기록부터 〈살아 있는 지구(Planet Earth)〉(2006) 같은 자연 다큐까지 다큐 제작 또한 현지 촬영에 의존한다. 하지만 그것 또한 인터뷰를 위해 세트를 이용한다.

20세기 초에 **장소 섭외**(location scout)[7]는 흔한 일이었다. 섭외 인력들은 매번 바뀌는 영화 장면마다 잘 맞아 떨어지는 배경을 제공하는 장소를 선택한다. 장소를 선택하는 것은 실용적 차원에서 결정되곤 한다. 그 장소가 대본의 요구사항을 충족시켜주는가? 현지 촬영하는 데 얼마가 드는가? 많은 영화들이 특정 장소를 재현해내는 세트를 설치하는 데 많은 관심을 기울이지만 결국 리얼리즘에 대한 욕구 때문에 장면에 활기를 불어넣어주는 현지 촬영으로 기울게 된다. 〈반지의 제왕(Lord of the Rings)〉(2001~2003)과 〈호빗(Hobbit)〉(2012~2014) 3부작은 야생의 숲이 우거진 뉴질랜드에서 촬영하였다. 반면에 2012년 작 〈안나 카레니나(Anna Karenina)〉는 러시아 촬영에 거대한 비용 부담 때문에 무대 세트를 만들어 많은 액션 장면들을 소화해내는 영리한 대안을 선택했다. 최근 수십 년간 진짜처럼 보이는 환경을 재현하려는 영화계의 시도는 컴퓨터 그래픽 기술자들의 손으로 넘어갔다. 이들 기술자들은 디지털식으로 영화에 접목되는 모델들을 만들어냈고, 새로운 종류의 장소 섭외 방식이 되었다.

프로덕션 디자이너(production designer)는 영화의 전반적인 모습을 결정한다. **미술감독**(art director)은 영화 세트의 구성과 설치를 감독하고 책임지며, **세트 데코레이터**(set decorator)는 설치된 세트 소품들을 적절하게 배치시켜 완성한다. 〈아르고(Argo)〉(2012)와 같이 어떤 특정한 역사적 시기와 장소가 배경인 영화 세트에서 미술 파트는 1980년의 테헤란을 정확하게 묘사하는 세트와 현지 장소를 만들어내려고 꾸미는 한편, 6명의 미국인을 구조하기 위해 나서는 긴장감 넘치는 분위기에 초점을 맞춰야 했다.

의상 디자이너(costume designer)의 역할은 배우가 자신의 캐릭터에 맞게 옷을 입도록 계획하고 준비하는 것으로, 1930년대 영화산업이 확대됨에 따라 그 역할도 크게 확대되었다. 의상 디자이너들은 영화 캐릭터의 외양이 역사적으로 정확

1.5 〈춘희〉의 세트에서 그레타 가르보, 조지 큐커, 그리고 아드리안 의상 디자이너 아드리안은 1930~1940년대 MGM 영화의 호로우는 스타일에 의미 있는 공헌을 했다. Courtesy Everett Collection

1.6 〈브라이트 스타〉 여주인공의 패션은 제인 캠피온이 낭만주의 시인 존 키츠에 대한 영화에서 보여주고자 하는 19세기의 세트와 창의성 주제 모두에 잘 맞다.

하고, 또 어울리도록 준비한다. 사실 의상과 세트가 스토리의 중심에 있는 영화, 즉 〈판의 미로 (Pan's Labyrinth)〉(2006) 같은 판타지물이나 역사물인 경우 영화의 성공은 미술과 의상 디자인에 대한 결정과 뗄 수 없는 관계에 있다. 결국 성공하는 영화는 세트부터 의상까지 모든 수준의 디자인을 통합하는데, 시인 존 키츠와 패니 브론에 대해 그린 제인 캠피온 감독의 시대극 〈브라이트 스타(Bright Star)〉(2009)에서 여주인공의 생생한 의상은 시인 정열과 창의성을 드러내준다(**사진 1.6**).

제작 단계

영화를 만드는 단계들 중 가장 신화화되는 단계는 대부분의 촬영본이 촬영되는 제작 (production) 혹은 **본 촬영**(principal photo-graphy)이다. 세트나 현장에서 몇 주 혹은 몇 달간 실제로 촬영하는 것 역시 **영화 촬영**(film shoot)으로 알려져 있다. 〈배드 앤 뷰티(The Bad and the Beautiful)〉(1952)와 〈이마 베프(Irma Vep)〉(1996)에서부터 〈히치콕(Hitchcock)〉(2012)까지 셀 수 없이 많은 영화들이 출연자, 직원, 모든 일을 책임지고 있는 감독 사이의 좋고 나쁜 상호작용들을 과장해서 말하곤 한다(**사진 1.7**). 프로덕션의 실체는 영화의 규모와 예산에 따라 크게 달라진다. 하지만 사전 제작에서 모든 창의적인 단계에 관여하는 감독은 배우들, 제작진(특히 촬영감독이 이끄는 촬영팀)과 긴밀하게 협업해야 한다.

감독

20세기 초창기 영화에서는 카메라맨이 감독 역할을 했으므로 영화촬영 과정에 많은 사람들이 관여하지 않았다. 그러나 1907년 무렵 프로덕션 부서가 따로 생기면서 감독이 영화 세트에 관한 모든 것을 책임지게 되었다. 오늘날 **감독**(director)은 통상 영화 제작의 주요 관리자이거나 창조적 역할을 맡은 책임자로 간주되면서 배우들을 지도하는 일부터 카메라 위치를 선정하고 마지막 영화가 완성될 때까지 영화 만드는 모든 작업을 감독하고 책임진다.

감독은 작업에 관여하는 데 있어서 여러 다른 수준과 방법을 행사한다. 알프레드 히치콕은 자신이 카메라 뷰파인더를 통해서 액션 장면을 볼 필요가 없다고 주장했는데, 그가 쓴 대본의 지시 사항들이 너무 정확해서 그대로 따라 하기만 하면 되기 때문이라는 것이었다. 일부 다른 감독들은 중요한 결정들을 조감독(AD), 촬영감독, 음향 디자이너 등에게 위임하기도 한다. 그러나 우디 앨런과 바브라 스트라이샌드 같은 일부 감독들은 감독 본연의 역할에 시나리오 작가, 배우, 편집자까지 복수의 역할을 떠맡아 했다(**사진 1.8a, 1.8b**). 할리우드 스튜디오 시기에는 감독들의 비

1.7 〈이마 베프〉 장만옥은 영화 제작을 내용으로 하는 영화에 여주인공으로 출연한다.

(a)

(b)

1.8 **바브라 스트라이샌드.** 가수 및 배우로 스타 반열에 오른 스트라이샌드는 감독으로 전향하는 기회를 얻었다. 감독으로서 그녀의 첫 작품인 〈엔틀(Yentl)〉,
(1983)에서 여주인공이 토라[9]를 배우는 소년의 역할을 맡아 남자 옷을 입고 있다. Courtesy Everett Collection

전이 종종 '하우스 스타일(house style)'[8]에 혹은 제작자의 비전에 종속되어 있었다. 하지만 감독
들은 숙련된 인원과 함께 끊임없이 일하면서 재능을 갈고 닦았으므로, 비평가들은 틀에 박힌 영
화 제작과정 속에서도 감독 '고유의 스타일'을 찾아낼 수 있다고 주장했다. 그들은 〈베이비 길
들이기(Bringing Up Baby)〉(1938), 〈연인 프라이데이(His Girl Friday)〉(1940)를 만든 하워드 혹
스와 〈이유 없는 반항(Rebel Without a Cause)〉(1955)을 만든 니콜라스 레이를 **작가주의 감독**
(auteur)의 반열에 올려놓았다. 이렇게 이들 감독은 영화를 통해서 자신만의 고유한 개인적 비전
과 경험을 표현함으로써 '작가(author)'로 간주되고 있는 것이다.

오늘날 영화를 만들려는 회사는 자신의 기술과 재능에 들어맞는 프로젝트를 수행할 수 있
는 감독을 선택하거나 허용할 것이다. 〈소공녀(A Little Princess)〉(1995)와 〈위대한 유산(Great
Expectations)〉(1998) 같은 작품들로 유명해진 멕시코 감독 알폰소 쿠아론의 성공은 이후 〈해리
포터와 아즈카반의 죄수(Harry Potter and the Prisoner of Azkaban)〉(2004)의 연출로 이어졌다.
오늘날 관객들은 감독의 권위 때문에 똑같은 감독의 스타일과 주제를 일관되게 추종하는 경향
이 있으며, 그 결과 쿠엔틴 타란티노 같은 감독은 유명 연예인 같은 존재가 되었다. 이런 경향은
할리우드 밖에서 만들어진 예술 영화에 널리 퍼져 있는 모델을 따른 것인데, 장 뤽 고다르나 〈거
기 지금 몇시인가요?(What Time Is It There?)〉(2001)를 만든 차이밍량 같은 감독의 비전은 제작
자의 지원을 받아 영화의 모든 면에서 명백하게 드러나 있다.

출연진, 촬영, 촬영장 인력

감독은 배우들과 함께 일하면서 원하는 연기를 끄집어내는데, 이런 공동작업은 종류가 매우 다
양하다. 영화는 순서대로 찍지 않고 다양한 장면을 끊어서 찍기 때문에 배우들의 연기는 단편적
으로 끊어져서 전달될 수밖에 없다. 어떤 배우들은 연기의 기술적인 면을 준비하고, 또 어떤 배
우들은 감독의 지시에 의존하며, 또 어떤 배우들은 영감이 지속되는 연기를 준비하기도 한다.
최근에 〈링컨(Lincoln)〉(2012)에서 주인공을 맡은 다니엘 데이 루이스는 영화가 다 만들어질 때
까지, 심지어 카메라가 돌아가고 있지 않을 때조차 자기 역할에 몰입해 있는 것으로 유명하다.
데이빗 핀처 같은 꼼꼼한 감독 스타일은 〈조디악(Zodiac)〉(2007)의 배우인 제이크 질렌할과 로
버트 다우니 주니어에게 녹초가 될 정도로 수십 개의 **테이크**(take)[10]나 여러 버전의 촬영을 요구
하기도 한다. 어떤 감독들은 배우와의 감성적이면서 역동적인 관계에 이끌리기도 한다. 예컨대

1.9 〈디파티드〉 촬영감독 마이클 발하우스는 촬영 구성과 조명을 통해 캐릭터들의 동기 해석 방법을 제시한다.

조니 뎁과 팀 버튼 감독, 페넬로페 크루즈와 페드로 알모도바르 감독, 로버트 드 니로나 레오나르도 디카프리오와 마틴 스코세이지 감독과의 관계이다. **블로킹**(blocking, 동선 연출) 혹은 무대에서의 배우 움직임에 대한 계획은 감독이 배우들의 감정적 준비에 대해 갖는 관심보다 우선할 수도 있다.

촬영가(cinematographer)는 촬영감독(director of photography, DP)으로 알려져 있는데, 카메라를 설치할 장소뿐만 아니라 카메라, 영화필름, 조명, 렌즈 등을 선택하여 카메라를 설치한다. 감독과의 협의를 통해 액션을 어떻게 촬영할 것인지, 이미지를 어떻게 구성할 것인지 등을 결정하고, 나중에 테이크들을 현상하는 데 필요한 노출의 종류를 어떻게 할 것인지를 결정한다. 촬영감독은 **카메라 오퍼레이터**(camera operator, 카메라맨), 조명 스태프 등을 감독한다. 많은 영화들은 제작과정에 있어서 다른 제작진들보다 촬영감독에게 더 많은 빚을 지고 있다. 재치가 넘치는 작품 〈천국의 나날들(Days of Heaven)〉(1978)은 테런스 맬릭 감독의 연출 이상으로 네스토르 알멘드로스 촬영감독의 기여가 지대했다. R.W. 파스빈더의 〈마리아 브라운의 결혼(The Marriage of Maria Braun)〉(1979)에서부터 마틴 스코세이지의 〈디파티드(The Departed)〉(2006)에 걸쳐 마이클 발하우스 촬영감독의 놀라운 기술은 영화감독들에게서 드러나는 예술적 비전과 특이점을 빈틈없이 보여준다(**사진 1.9**).

기타 촬영장 인력들로는 카메라 장치 팔을 조종하는 붐 오퍼레이터(boom operator)를 포함하여 **프로덕션 음향 믹서**(production sound mixer, 음향 조절 기사), 기타 음향 담당 팀, 조명과 이동식 촬영대를 설치하는 **조명**(grip) 팀, 특수효과 코디네이터, 배경 화가, 미용 담당, 분장 담당, 음식 담당 팀 등이 있다. 프로덕션 코디네이터(production coordinator)는 이런 복잡한 일들이 부드럽게 돌아가도록 돕는다. 촬영하는 동안 감독은 **하루 촬영분**(dailies)을 매일 점검하고 완성된 영화를 미리 구상하면서 **초본**(selects 혹은 테이크)을 만든다. 본 촬영이 끝나면 세트는 해체되고 영화 촬영은 마무리된다. 영화 촬영은 치열하고 집중된 노력이 돋보이는 작업으로 비전 있는 전문 팀들이 한정된 예산과 스케줄에 맞추어서 일사분란하게 이루어내는 작품이라 할 수 있다.

후반제작 단계

편집, 음향, 시각효과 등을 포함하여 완성된 영화의 가장 중요한 몇몇은 본 촬영 및 제작이 끝난 후에 이루어진다. 그 과정이 얼마나 정확하고 효율적인지는 여러 요소에 달려 있다. 다큐멘터리는 거의 전적으로 이 단계에서 만들어질 수 있으나 상업영화는 그 프로젝트를 좌우할 수 있는 새로운 책임자의 바람에 따라 다시 편집될 수도 있다.

편집과 음향

감독은 편집자와 스태프들과의 협업을 통해 촬영장면들을 고르고 자르고 붙여서 하나의 확실한 스타일과 패턴을 가진 영화로 완성해낸다. 요즈음 그 과정은 대체적으로 컴퓨터를 기반으로 하는 디지털 편집방식으로 진행된다. **편집**(editing)은 촬영 대본을 준비하면서 영화 제작 전에 예상되는 것인데, 제작 시 편집은 제공된 테이크의 수량과 종류로 확인된다. 하나하나의 장면이 모여 영화가 완성되는 것이므로 마지막 형태를 만드는 데 있어서 편집은 정말 중요하다. 다큐 제작 시 편집은 가장 중요한 단계일 수 있다. 편집이 끝나면 영화는 말 그대로 자물쇠가 채워진다.

후반제작 단계는 음향 편집과 특수효과를 더하는 복잡한 과정을 포함한다. 음향 편집자는 시각적 이미지와 음향과의 관계, 음향 패턴을 만들어내는 작업을 감독한다. 이미지 편집보다는 덜 명확하지만 음향 편집은 이미지와 직접 관련되는 잡음(예 : 개가 짖어대는 이미지와 소리가 맞는지)을 만들어낼 수 있고, 그런 이미지와 액션을 음악으로 뒷받침할 수 있으며(예 : 전투 장면을 쿵쾅거리는 박자로 표현) 혹은 의미를 복잡하게 만들 심산으로 이미지와 대조를 이루는 음악을 삽입할 수도 있다(예 : 미사일이 날아가는 장면에 종교적인 찬송가를 붙임). **음향 믹싱**(sound mix) 단계에서는 음악과 모든 음향이 마지막 단계를 위해 조정되고 결합된다.

특수효과

특수효과(special effect)는 영화의 리얼리즘을 증진시키거나 리얼리즘에 대한 추측을 스펙터클하게 뛰어넘는 기술이다. 어떤 특수효과는 사전제작 단계에서 준비되는 반면(예 : 미래 도시를 정교하게 만들어 놓은 모델), 또 어떤 특수효과들은 특수 카메라 필터나 장치들을 갖춘 제작과정에서 혹은 정교한 솜씨로 만들어진 세트에서 만들어질 수도 있다.

오늘날 대부분의 특수효과는 후반제작 단계에서 만들어지고, 이는 **시각효과**(visual effect)라는 용어로 구별된다. 시각효과에서는 기술자들과 예술가들이 한 팀이 되어 값비싼 장비로 정교한 시각효과를 만들어낸다. 지금의 디지털 시대에 있어서 컴퓨터 기술자들은 이미지를 창조해내고 변화시키는 데 무한한 후반제작 능력을 갖추고 있다. 판타지물의 장면, 심지어 캐릭터들조차(〈반지의 제왕〉 골룸 역의 앤디 서키스 같은) **그린스크린 기술**(green screen technology)을 사용해 실연한다. 배우들은 평범한 녹색 배경 앞에서 연기를 하지만 **모션 캡처 기술**(motion-capture technology)이 배우들의 신체 움직임을 **컴퓨터 생성 이미지**(computer-generated imagery, CGI)로 전환시킨다. 〈스타워즈〉 속편 3부작(1999~2005)의 무대장치도 대부분 후반제작 단계에서 만들어졌다(**사진 1.10**). 드러나지 않은 채로 일하는 모든 인력은 후반제작의 마지막 단계에서 **타이틀**(title)과 **크레딧**(credit)이 추가되면 관객들에게 비로소 알려지게 된다.

1.10 〈**스타워즈 : 에피소드 3 – 시스의 복수**〉 스타워즈 영화 본편은 다중 세트, 모델, 소품 등을 사용한 반면, 많은 속편들은 최첨단 컴퓨터 기술을 사용해 만들어졌다.

배급 : 우리가 볼 수 있는 것

완성된 영화는 **배급**(distribution) 과정을 통해 관객들에게 전달된다. 그 과정에서 관객들이 영화를 볼 수 있는 장소가 선정된다. 여기에는 극장, 비디오 매장, 공중파 방송 및 케이블 방송, 인터넷, **주문형 비디오**(video on demand, VOD), 도서관, 학교뿐만 아니라 호텔, 항공기 등도 포함된다. 배급을 위한 이런 많은 장소에도 불구하고 아직도 가치 있는 영화들이 배급사들을 만나지 못해 관객들에게 알려지지 못하는 경우가 있다. 배급처가 증가함에 따라 개별적·집합적 경험에 있어서 영화 문화의 역할에 대한 새로운 궁금증이 생겨나게 된다. 취향, 선택, 기회 등은 우리가 모르는 산업 측면들에 의해 형성되고, 역으로 미래에 볼 수 있는 것에 영향을 미치게 된다.

오늘날 미국 영화 배급제도가 해외 극장들마저 지배하고 있다는 다음의 논의에서 관객 및 영화 관점이 배급의 사회적·경제적 시스템에 의해 어떻게 준비되는지를 다룬다.

배급사

배급사(distributor)는 회사 혹은 대리업체로서 영화 제작자로부터 영화에 대한 권리를 획득한 다음(때때로 영화 제작 비용을 대면서), 극장이나 기타 상영 매장들에 영화를 판매, 대여, 허가하여 관객들이 관람할 수 있도록 한다. 예전엔 제작자와 배급사가 같은 스튜디오 소속으로 인정되었으나 1948년 법적인 문제[11]가 있은 후 양쪽이 확연히 분리되었다. 그러나 오늘날 회사가 제작과 배급 양쪽 모두에 참여하기도 한다. 정상급 배급사들에는 워너 브라더스, 월트디즈니 픽처스, 소니 픽처스, 파라마운트 픽처스, 20세기 폭스, 유니버설, 뉴라인 등이 포함된다. 비교적 작은 규모의 회사들로는 미라맥스, 포커스 피처스, 유나이티드 아티스츠, 매그놀리아 픽처스 등이 있다.

배급을 위한 영화의 공급은 제작된 영화에 달려 있지만, 주류 영화 문화의 경제학이 반대 논리의 중심에 있기도 하다. 즉 할리우드와 다른 영화 문화들이 상정하고 있는 것에 의지해 제작된 영화가 배급에서도 성공적일 수 있다는 것이다. 영화 역사에는 영화 제작자와 배급사들이 주기적인 전투와 타협을 오가면서 관객들이 무엇을 보고 싶어 하는지에 대해 대결해온 흔적이 있다. 유나이티드 아티스츠는 1919년 4명의 유명한 할리우드 스타배우인 D.W. 그리피스, 찰리 채플린, 메리 픽포드, 더글라스 페어뱅크스가 자신들이 독립적으로 제작한 영화들을 배급하기 위해 설립한 회사로 나중에 주요 배급회사가 되었다. 수십 년 후인 1979년 독립배급사인 미라맥스는 공격적인 홍보 전략을 구사하여 외국에서 제작된 영화나 독립영화도 극장에서 상영할 수 있도록 만듦으로써 배급환경을 확장시켰다.

장편 영화의 진화

영화를 배급하고 상영하기 위한 전망이 영화의 길이뿐만 아니라 내용, 형식에까지 어떻게 영향을 미치고 결정할 수 있는지에 대한 다음 예를 생각해보자. 1911년경부터 1915년까지 D.W. 그리피스 및 다른 영화 제작자들은 영화의 길이를 대략 15분에서 100분 이상으로 늘려줄 것을 스튜디오 측에 요구하면서 투쟁하고 있었다. 유럽에서는 긴 영화들이 어느 정도 성공을 거두고 있었지만, 할리우드의 제작자들은 긴 영화들은 배급하기가 불가능하다고 생각했는데, 그 이유는 관객들이 20분 이상 가만히 앉아 있지 못할 거라고 생각했기 때문이었다. 하지만 그리피스는 새로운 배급 및 상영 방식으로 바꾸면 관객들을 끌어모을 수 있다고 주장하면서 영화 시간을 늘려야 한다고 계속 주장했다. 그러려면 더 복잡한 이야기들을 받아들여야 했고, 더 많은 돈을 지불해야만 했다. 논쟁거리였던 그리피스의 3시간짜리 서사 영화 〈국가의 탄생(The Birth of a Nation)〉(1915)은 합법적인 극장식, 오페라식 관람 경험에 견줄 만큼 주요 문화적 이벤트로 취급되어 배급되면서 상업적으로 대성공을 거두었다(**사진 1.11**). 이 영화는 이전의 수많은 단편 영화들을 계속 만들어왔던 배급 방식을 뒤엎고 많은 관객들을 끌어모으는 **장편 영화**(feature film)에 집중하는 새로운 배급 방식을 만들어낸 기념비적인 작품이 되었다.

1915년 이후 대부분의 영화들은 이전의 10~20분 상영시간을 벗어나 90~120분 상영시간으로 제작되어 배급되었으며, 이런 배급 패턴은 계속 지속되었다. 최근 상영시간의 경향은 서사 영화의 경우 신축성 있게 조절되어 상영된다. 하지만 아이러니하게도 1980년 4시간에 달하는 마이클 치미노 감독의 장편 서사 영화 〈천국의 문(Heaven's Gate)〉(1980)을 표준 길이에 맞추기 위해 축소하기로 결정했던 것은 바로 D.W. 그리피스의 스튜디오인 유나이티드 아티스츠였다(**사진 1.12**). 하지만 **첫 상영**(first release)이 크게 실패했고, 이후 홈 비디오의 출현으로 관람 조건이 신축성 있게 변화하자 원작 버전의 대부분이 복원되었다.

우리의 영화 관람 경험은 상영시간, 유명 배우 캐스팅, 주제, 제목 등과 같은 영화가 상영되기 전에 이루어지는 배급 결정에 의해서도 부분적으로 영향을 받게 된다. 대부분의 영화는 어떤 특정 관객들에게 배급되는 것을 목표로 하여 특별하게 제작된다. 영화가 동시에 모두를 위한 모든 장소에서 상영되건 특별한 비디오 매장에서 혹은 인터넷 사이트에서 상영되건, 배급 패턴은 특정 영화가 흥행하거나 실패한다는 기대감을 가져다준다.

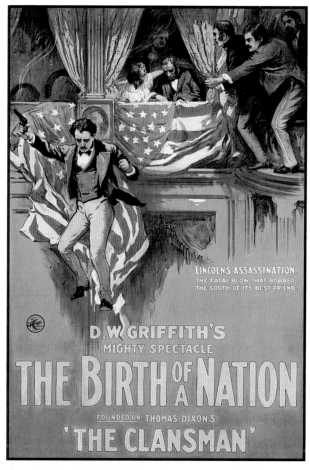

1.11 영화 〈국가의 탄생〉을 위한 광고 야망에 찬 D. W. 그리피스의 논쟁거리 서사 영화가 광고에 나섰고, 상영시간이 전례 없이 긴 3시간짜리 장편 영화였다. Courtesy Everett Collection

상영 전략

배급은 그 주된 기능의 하나로서 얼마나 많은 영화 복사본을 만들 것인지, 얼마나 많은 영화관을 확보할 것인지를 결정한다. 할리우드 스튜디오 시스템의 전성기 동안 스튜디오들은 소유 극장 체인에서 영화를 상영하거나 **일괄 계약**(block booking)으로 알려진 관행에 따라 영화를 패키지로 엮어 극장에 팔았다. 극장주는 인기배우들이 나오는 A급 영화들을 예약하는 조건으로 인기가 덜한 B급 영화들을 싸게 매입해주도록 요청받았다. 이런 관행은 반(反)독점법의 목표물이 되어서 마침내 1948년

1.12 〈천국의 문〉 마이클 치미노 감독의 원작은 상영시간이 4시간이 넘는 장편이었으나 149분으로 축소됐다. 상영이 재앙과 같은 실패로 돌아가자 영화는 다시 축소되어 재상영되었고, 결국 이후 홈비디오 배급이 성공적으로 이루어지자 다시 되살아났다.

미국 연방대법원이 내린 파라마운트 판결(U.S. v. Paramount decision)로 불법화되었다. 이후 스튜디오는 극장 체인을 분리해야 했고, 또 영화의 독립적 판매가 허용되었다. 전형적으로 배급 전략은 **시사회**(premiere)로 시작되는데, 그때 열리는 레드 카펫 이벤트에는 인기배우들이 참석하여 언론의 이목을 끈다. 먼저 비밀 계약에 따라 제한된 숫자의 **개봉관**(first-runner)에서 영화가 상영되다가 나중에 서서히 개봉관이 확장된다.

1975년 스티븐 스필버그의 〈죠스(Jaws)〉는 **전국 상영**(wide release) 방식을 도입하여 수백 개

생각해보기

배급 전략은 어떻게 영화에 대한 반응을 결정할 수 있는가? 이 전략을 아는 것이 그 영화의 목적을 더 잘 이해하도록 도와주고 있는가?

1.13 〈**아이언맨 3**〉 메이저 스튜디오가 제작하고 폭발적인 성공을 거둔 마블 시리즈 중 한 편인 이 영화는 4천 개가 넘는 극장의 약 1만 개 스크린에서 개봉되면서 상영횟수 독과점 상영에 들어가게 되었다.

1.14 〈**아임 낫 데어**〉 밥 딜런에 대한 토드 헤인즈의 실험적 전기영화는 제한 상영 방식을 통해 비평가들의 관심을 집중시켰다.

의 극장에서 동시에 상영하였다. 그 이후 영화는 집단 순환식으로 개봉되었고, 때때로 **상영횟수 독과점 계약**(saturation booking)이나 상영횟수 독과점 상영[12]으로 불리면서, 미국에서 가능한 한 빨리, 가능한 한 많은 장소에서 상영되었고, 이는 외국으로도 점점 더 확산되었다. 〈아이언맨 3(Iron Man 3)〉(2013) 같은 블록버스터의 경우 배급사들은 직접 영화를 최다 장소에 배급하여 그 참신함이 사라지기 전에 관객들을 크게 끌어모았다(**사진 1.13**). 이러한 경우, 영화는 관객들이 이해하기 쉬운 주제를 가지고, 대중적 취향(액션 시퀀스, 특수 효과, 가벼운 로맨스)에 호소하며 배급된다.

제한 상영(limited release)은 오로지 주요 도시에서만 배급된다. 쿠엔틴 타란티노의 〈저수지의 개들(Reservoir Dogs)〉(1992)은 처음에 오로지 75개 극장에서만 개봉했다가 영화가 크게 성공하면서 배급이 확대됐다. 제한 상영 패턴에 따르는 영화에 대한 관객의 기대치는 일반적으로 동시 상영보다 더 유동적이다. 그 기대치라는 것은 감독이나 배우의 이전 업적에 따라 인지되는 것이지만, 개봉 이후 공개적으로 비평과 논의가 이어질수록 이해의 폭이 넓어지면서 어떤 새로움이나 실험정신 같은 것(논쟁거리 주제나 이상한 반전)에 부응하기도 한다. 밥 딜런에 대한 토드 헤인즈 감독의 실험적 전기영화 〈아임 낫 데어(I'm Not There)〉(2007)의 상영을 주요 도시들로 제한하기로 한 웨인스타인 컴퍼니의 결정은 1960년대의 딜런을 연기한 케이트 블란쳇을 포함한 인기배우들의 연기가 관객들의 강한 호기심을 유발한다는 영화의 대담한 전제에 비판적 관심을 극대화하려는 전략적 시도였다(**사진 1.14**).

일반적인 관행의 일부로서 배급 전략은 타킷 관객들의 관심과 취향에 부응하거나 혹은 그것들을 만들어내기 위해 지속적으로 발전해왔다. **기반 확장**(platforming)은 서서히 시장과 극장을 넓혀가면서 영화를 상영해 나가는 방식을 포함하며, 입소문과 비평을 통해 명성과 세력을 천천히 키워나간다. 상영을 확대해 가는 전략은 흥행 실적에 달려 있는데, 만일 영화가 첫 주에 잘나가면 많은 도시의 극장에서 상영될 것이다. 저예산으로 만들어진 초자연 공포 영화 〈파라노말 액티비티(Paranormal Activity)〉(2007)가 파라마운트사에 의해 상영됐을 때, 관객들은 오렌 펠리 감독의 웹사이트에서 영화가 개봉될 장소를 투표로 결정하는 이벤트에 직접 참여했다. 영화는 한두 장소에서만 개봉하는 **독점적 상영**(exclusive release) 방식으로 배급될 수 있다. 이 전략의 극적인 예로 아벨 강스 감독의 무성 고전영화인 〈나폴레옹(Napoleon)〉을 다시 복원시킨 판본을 상영한 것을 들 수 있다. 프랑스 황제의 삶을 시대순으로 다룬 이야기로 3개의 극장에서만 상영되었다. 원판 영화는 1927년 4월에 개봉됐는데, 1981년 복원된 판본 영화는 독점적 상영 방식으로 한 번에 한 극장에서, 오케스트라 연주를 들으며 순회 상영하는 특별한 이벤트 형식으로 상영되었다. 이 영화를 본다는 것 자체가 특별한 이벤트였다.

목표 관객

20세기 후반 이후 제작자들은 관객들이 보고 싶어 하는 특정 경향이 있다는 것을 느끼고, 영화계에서도 특정 관객들을 목표로 하여 배급 전략을 세웠다. 〈샤프트(Shaft)〉(1971)의 경우 제작자와 배급사 모두가 흑인을 주인공으로 내세워 이 액션 영화를 만든 것은 주로 대도시 지역에 사는 아프리카계 미국인 관객들을 대상으로 한 것이었다. 배급사들은 〈트레인스포팅(Trainspotting)〉(1995)에도 주목했는데, 영국 에든버러에 사는 젊은 헤로인 중독자들을 그린 우울한 이야기의 이 영화는 도시, 대학가, 교외에 사는 예술가 및 젊은 사람들을 대상으로 하였다. 〈나이트메어(Nightmare on Elm Street)〉(1984~1989)는 무시무시한 살인마 프레디 크루거가 나오는 슬래셔 살인마 영화 시리즈(slasher series)로 복합 상영관과 비디오 매장을 빈번하게 드나드는 10대 남성 관객들을 대상으로 한 것이었다.

다양한 배급 전략은 모두 영화가 어떻게 이해되고 감상되어야 하는지에 대한 중요한 문제들을 암시한다. 첫째, 배급의 범위를 조절함으로써 이런 전략들이 관객과 영화와의 상호작용의 질과 중요성을 결정한다는 것이다. 상영횟수 독과점 상영 방식으로서 1998년 미국에서 다시 만든 〈고질라(Godzilla)〉는 실망스러운 입소문이 퍼지기 전에 특수효과와 놀라운 장면들에 초점을 맞추어 신나는 하나의 이벤트 같은 빠른 희열감에 목표를 두었다. 늘어나는 관객에 따라 서서히 기반을 확장해 나가는 방식으로서 한 늙은 백인 여성과 흑인 개인 운전사와의 관계를 묘사한 〈드라이빙 미스 데이지(Driving Miss Daisy)〉(1989)는 그 관계에 대한 비판적 논의 덕분에 흥행에 득을 본 경우였다(사진 1.15).

어떤 배급 패턴도 단 하나의 기대치를 만들어내지 못하며, 어떤 배급 방법도 영화의 의미를 결정하지 못한다. 그러나 배급 방법은 공공연하게 혹은 예민하게 관객들을 어떤 방식으로 영화를 보도록 이끌어줄 수는 있다. 상영횟수 독과점 방식의 경우 베스트셀러 소설과의 관계나 혹은 새로운 컴퓨터 기술의 이용 관계로 보아 한 인기배우의 연기에 초점을 맞추어 준비하는 것 같다. 기반 확장 상영 방식의 경우 그 영화에 대한 아이디어와 의견은 이미 소문이 나 있는 상태이고, 그와 관련되어 생기는 어떠한 논란이나 획기적인 사건은 첫 관람 시기를 알려주게 될 것이다.

둘째, 목표 관객을 설정하는 데 있어서 배급은 첫 번째로 영화에 대한 의도된 반응뿐만 아니라 두 번째로 예기치 못한 반응도 확인할 수 있다. 〈무서운 영화(Scary Movie)〉(2000), 〈데이트 영화(Date Movie)〉(2007), 〈에픽 무비(Epic Movie)〉(2008)는 아마도 어른들의 관습과 장르에 조롱을 보내는 10대의 '풍자' 영화들에 익숙지 않은 성인 관객들을 불쾌하거나 혼란스럽게 만들 것이다. 그러나 목표로 선정된 10대 관객들은 이런 종류의 영화와 관련된 진부한 방식과 공식을 이미 알고 있는, 준비된 상태로 오게 되며, 이런 영화들을 코믹 패러디물과 같은 것으로 여기는 경향이 있다(사진 1.16). 제작사는 배급사에게 여성들이 이런 다른 장르들의 유머러스한 판본들

1.15 〈드라이빙 미스 데이지〉 적정 규모 예산으로 만들어진 이 영화의 기반 확장 방식은 비판적 반응과 관객을 끌어모았다.

1.16 〈스크림〉 프랜차이즈 방식은 슬래셔 영화의 경우 10대 관객들을 목표 대상으로 선정하고, 패러디를 통해 그것을 확장시켰다.

을 더 많이 보는 경향이 있다는 사실을 설득시켰다. 이런 관객 목표 설정 전략을 안다는 것은 영화에 대한 이해가 얼마만큼 영화의 주제와 형식의 산물인가, 사회적·문화적 위치의 산물인가를 가리키고 있다.

부가판권시장

스튜디오가 1950년대 중반 무렵에 TV 보급 가능성의 이점을 취하기 시작한 이래로 상업적 영화의 범위는 계속 확대되어왔다. 영화 보기에 관한 신기술들이 계속 확산됐고, 배급은 갈수록 TV, 비디오, DVD, 블루레이, 케이블 방송의 유료 시청제(pay-per-view), 주문형 비디오 시스템(VOD) 등의 이점을 취해왔다. 오늘날 영화는 초기의 극장 상영 방식보다 **부가판권시장**(ancillary market)에서 더 많은 수익을 발생시킨다.

TV 보급

역사적으로 영화산업은 방송과 경쟁해왔는데, 방송은 처음에는 라디오로, 나중엔 TV를 통해 각 가정에 오락거리들을 보급해왔다. 전후에 TV가 미국 전역에 유행하게 되자 스튜디오는 새로운 미디어가 전에 없는 배급망을 제공한다는 사실을 깨닫게 되었다. TV에서 장편영화를 시청하기 위해 돈을 지불하는 초기의 시도가 TV 방송국에 저작물 허가를 내주는 바람에 무산되고, 이후 이 모델은 1980년대 케이블 방송 구독 시스템으로 다시 살아났다. 케이블 방송이 생겨남으로써, 스튜디오는 자신이 소유하고 있는 엄청난 양의 영화들을 팔 수 있는 기회를 얻게 되어 많은 수익을 올릴 수 있었다. 테드 터너가 MGM 영화 수장품들을 인수하기 위해 설립한 터너 클래식 무비스 같은 영화 전용 채널과 홈비디오 채널들의 출현 또한 영화 팬들에게는 커다란 혜택이었다.

　TV 방송국에서부터 케이블 방송의 프리미엄 채널까지, 그리고 주문형 비디오 시스템에서부터 가입형 시스템까지 선택폭이 넓어짐에 따라, 더 많은 영화들이 TV 배급을 통해 제공된다. 이것은 극장 전용과 TV 전용 영화를 신중하게 선택해 프로그래밍하는 것이다. 역사적으로 보면 영화의 극장 개봉과 TV나 케이블 개봉 사이에 특정 시차가 있었지만 이런 관계는 변화하고 있다. 〈브링 잇 온(Bring It On)〉(2000)의 후속 시리즈처럼 어떤 영화들은 비디오나 케이블 방송에 직접 배급된다. 영화가 극장 상영 이후 개봉되든, 아니면 비디오와 TV용으로 특별히 제작되든 간에, 이런 유형의 배급은 통상 가능한 한 많은 관객과 수익을 올리려는 데 목적이 있다. 이런 경우들에 있어서 동기의 일부분은 더 많은 사람들에게 영화의 메시지를 알리려는 것일 수 있다. 〈쉰들러 리스트(Schindler's List)〉(1993)가 첫 극장 개봉하고 몇 년 이후 황금시간대에 광고 없이 (회사의 재정지원을 받고 있었지만) TV로 상영되었듯이 말이다. 케이블 방송 가입 시스템을 통해 특정 관객들에게 다가가려는 시도에 있어서, IFC 필름 같은 배급사들은 외국 및 미국 독립 영화들이 주요 도시 예술극장에서 상영되는 날과 같은 날에 TV로 구독해서 보는 것이 가능하다고 주장했다. 칸 영화제 황금종려상을 받은 루마니아의 〈4개월, 3주 그리고 2일(4 Months, 3 Weeks, 2 Days)〉(2007) 같은 작품을 TV 관객들도 똑같은 날 볼 수 있도록 해준다는 것이었다. 과거의 경험으로 보아 그런 성공은 극장가의 질서를 해칠 수 있다고 생각할 수 있지만, 이러한 전략은 영화가 더 폭넓게 관객들에게 다가갈 수 있도록 해줄 수 있으며, 영화와 배급사의 명성 모두에 긍정적인 소문들이 극장가 전반의 수익을 올려줄 것이다.

TV 공급을 보장받은 배급 방식은 제작자 및 감독에게 재정적 부담을 덜어줄 수 있다. 그래서 일부 경우에 있어서 더 많은 실험 영화와 감독 재량이 허용된다. TV와 극장식 배급 방식 사이의 흐름은 새로운 추세에 따라 역전되었다. HBO 같은 프리미엄(가입형) 케이블 방송 채널들은 부담이 큰 다큐멘터리를 포함한 자신들만의 고유한 영화들을 더 많이 제작한다. 이런 영화들이 자신의 방송망을 통해 방영되는 동안, 좋은 비평을 받아 영화제에서 상을 받을 자격이 있는 영화들이 상영될 수 있는 극장식 창구도 열린다.

TV 배급 방식은 긍정적인 면과 부정적인 면을 동시에 갖고 있다. 일부 경우에 있어서 TV용 영화들은 시간과 공간 양쪽의 제한에 맞추어 자신의 스타일과 내용을 조절해야만 한다. 장면들이 방영 시간대에 맞추어 잘릴 수 있고, 상업적 광고 때문에 중단될 수도 있으며, 〈쉰들러 리스트〉처럼 영화가 이틀간에 걸쳐 방영될 수도 있으므로, 잠재적으로 영화의 흐름 및 영향력을 깨뜨릴 수도 있다. 오랜 세월 동안 극장식에 적용되어온 와이드스크린의 크기와 비율은 TV 모니터의 사각 화면 크기에 맞추도록 변화되어왔다. 이제 넓은 화면의 비율은 TV의 표준 사각 형식에 맞추어지면서 사라져가고 있다. 다른 경우에 있어서 TV 배급 방식은 관객들과 소통할 수 있고, 다른 시각적 형식들로 실험할 수 있는 방식으로 확대될 수 있다. 〈노래하는 탐정(The Singing Detective)〉(1986)은 집안에서 시청하는 긴 길이의 TV 시리즈를 시간의 흐름, 기억의 어려움, 우리 일상생활 속에서 엮인 많은 단계의 사실과 의식에 대해 생각하고 탐구할 수 있는 수단으로 사용한다.

생각해보기

최근 영화는 TV에 방영되는 수준으로 상영되고 있는가? 만일 그렇다면 어떤 방식인가? 그런 배급 방식은 관객이 보고 느끼는 것을 얼마나 많이 바꿀 수 있었는가?

홈비디오, VOD, 인터넷 배급

대중이나 개인의 미디어 소비를 위한 새로운 포맷(VHS, 레이저디스크, DVD, 블루레이 등)은 미디어 만드는 사람들을 위한, 그리고 권리 소유자들의 새로운 이익 모델을 위한 새로운 배급 방식의 도전을 마련해준다. 독립 제작자들은 기존의 미디어를 새로운 포맷으로 전환하는 것이 혹은 특정 배급 이익이 실천 가능하도록 충분한 판매를 하는 것이 어렵다는 것을 알게 될지도 모른다. 홈비디오 시대는 소니의 베타(Beta) 포맷과 VHS 포맷 사이의 경쟁으로 시작됐다. VHS 포맷이 이겼고, 1980년대에 VCR 사용이 널리 확산되자, 스튜디오는 재빨리 VHS 포맷 홈비디오 영화들을 보급했는데, 처음에는 대여로 하다가 점차 판매로 나아갔다. 근래에는 HD-DVD 와 블루레이 사이의 이익 대결이 비슷한 양상으로 벌어지고 있다.

새로운 포맷으로 인해 배급사들에게 제기된 가장 큰 어려움 중 하나는 **불법 복제**(piracy)이다. 이것은 인가받지 않은 복제품과 저작권 보호를 받는 원제품과의 유통 전쟁이다. 복사 금지 소프트웨어에도 불구하고, 불법 복제 영화들의 유통은 광범위하게 퍼져나갔고, 법적 규제뿐만 아니라 사회적 및 문화적 규제들도 우회해나갈 수 있었다. 예를 들면 중국 관객들에게 금지된 영화들을 실어 나르거나 아니면 영화에 접근하기 힘든 지역 주위에 불법 유통망과 하층 문화를 조직하기도 했다.

극장과 TV를 통해 영화배급이 이루어지자 비디오, DVD, 블루레이 등과 같은 소비자 포맷의 배급은 관객들이 직접 특정 회사를 이용할 수 있는 가능성을 제공해주었다. 영화는 매장에서 구매 혹은 대여가 가능해졌으며, 넷플릭스 같은 회사로부터 우편으로 받을 수도 혹은 키노 인터내셔널 같은 독립 배급사로부터 주문받을 수도 있게 되었다.

2000년대에 가입형 및 주문형 서비스로의 전환 때문에 야기된 많은 비디오 매장들의 폐업이 있기 전에, 비디오 매장은 영화 문화의 중요한 전초기지였다. 대여 매장의 선택이 지방 관객들에 관한 시장 전망뿐만 아니라 자영업자의 취향에도 기초해 있었으므로, 어떤 영화들은 도시나 그 이웃에 배급되면, 다른 지방들에서는 배제되었다. 2010년 파산신청을 냈던 블록버스터 같은 주요 체인점이 가족 중심의 쇼핑 장소들에 초점을 맞추어, 인기 있는 주류 영화들을 수없이 복사하여 제공하고, 논란이 될 만하거나 오래된 것들은 배제시키는 경향이 있었던 반면, 지방의 독립적인 비디오 매장들은 예술 영화, 컬트 영화[13] 혹은 크라이테리언 컬렉션사에 의해 DVD로 배급된 것들과 같은 고전 영화 등에 특화했다. 기타 다른 지방 매장들은 주요 수입원으로써 여전히 성인 영화나 비디오 게임 대여에 의존하고 있었다. 때때로 배급 방식은 문화적 논리뿐만 아니라 상업적 논리도 따라가곤 한다. 발리우드(Bollywood)[14] 영화는 비디오 매장과 식품점에서도 손쉽게 접할 수 있으면서 거대한 남아시아 인구를 안고 있는 시장인데, 먼저 문화적 전통, 국민적 인기배우들, 노래를 한데 묶어 영화를 만든 다음 광범위하게 확산시킨다.

관객들에게는 이런 비디오 배급 방식들에 대해 두 가지 명확한 결론이 있었다. 첫째, 비디오 배급 방식은 극장 배급 방식보다 지방의 반응, 취향, 기대치를 잘 조절하고 지시할 수 있다는 것이다. 특정 비디오 매장에 묶여 있는 지역사회 공동체의 일부로서 그 매장이 1~2개뿐인 블록버스터 원본 영화를 5~6개의 복사본으로 만들면, 특정 종류의 영화들만 보게 되는 것이다. 둘째, 비디오 배급 방식은 사회적 · 문화적 형성 과정을 조명해준다. 지역사회 공동체 매장으로서 비디오 매장은 이웃한 사회조직의 일부이다. 관객은 소비자이며, 비디오 매장은 사람들이 모이는 광장이 될 수 있고, 그 안에서 관객들의 관심, 예를 들면 아동 영화나 예술 영화에 대한 관심이 영화들이 배급되는 것을 결정할 수 있다. 미셸 공드리의 〈비 카인드 리와인드(Be Kind Rewind)〉(2008)는 비디오 매장 직원들이 실수로 지워진 비디오들을 다시 관객들의 취향에 맞게 직접 만들어 대여 타이틀을 붙인 매장용 비디오를 만들어 파는 과정에서 드러나는 도시 공동체의 모습을 보여준다(사진 1.17). 그런 홍보물들은 식품점 안에 있는 DVD 키오스크와 같은 전용 매장에 대한 대안으로 형성될 가능성이 낮다.

아마도 지방 비디오 매장 몰락에 가장 큰 책임이 있을 혁신적인 DVD 배급은 넷플릭스가 시작하고 다른 회사들이 뒤따라온 우편 대여 모델일 것이다. DVD의 지속적인 공급을 관객들에게 제공하는 가입형 시스템(subscription system)의 일부로서, 넷플릭스 회원들은 원하는 대로 빨리 혹은 천천히 영화를 고르고 반납할 수 있다. DVD가 우편으로 배달되고 또 반납되므로, 이 배급 방식은 현대의 빠른 영화 소비 행태에 들어맞는다. 그리고 가입자가 미리 DVD를 선택하면 자동으로 배달되므로, 통상 비디오 매장에서 존재해왔던 일종의 사회적 상호작용은 결여되어 있다.

하지만 그런 모델들은 여전히 문자 그대로 관객들에게 배급되는 물질적인 대상을 포함한다. 고속 인터넷은 소비자들로 하여금 영화 다운로드와 라이브 스트리밍을 가능하게 하여 많은 사이트들이 이러한 기회를 제공했고, 배급은 또 다른 어려움을 맞닥뜨렸다. 만일 영화가 주문형으로 대여된다면 얼마나 많이 관람될 것인가? 몇 가지 다른 장비들에서 관람될 것인가? 배급사에서 불법 다운로드와 불법 공유를 규제하는 것이 어려워졌으나, 동시에 영화를 보고, 주변에 사회적 관계를 형성할 수 있는 새로운 기회들이 생겨났다. 넷플릭스는 자신의 고유한 모델을 업데이트시켜서 가입자들로 하여금 영화를 컴퓨터와 TV에 전송할 수 있도록 만들었다. 학생들은 영화와 영화 역사에 다가갈 수 있는 새로운 형태의 접근 방법을 제공받았다.

스트리밍과 다운로드의 성공은 마치 넷플릭스, 아이튠즈 같은 회사들이 외국물, 고전물, 다큐물 등 자기 소유 영화들을 확대해

1.17 〈비 카인드 리와인드〉 비디오 매장 직원들은 이렇게 스탠리 큐브릭의 〈2001 : 스페이스 오디세이(2001: A Space Odyssey)〉(1968)에서 따와 다시 만들어낸 장면처럼 자신들이 직접 만든 비디오로 그 지역의 충실한 고객들을 끌어모았다.

가듯이 다양한 종류의 영화를 보고자 하는 관객들의 욕구를 가리키는 것일 수 있다. 비록 경제적 결정이 여전히 영화의 유통 구조를 결정하고 있지만, 방대한 영화들 중에서 본인이 보고 싶은 작품을 선택할 수 있는 능력과 언제, 어디서, 얼마나, 어떻게 영화를 볼지를 결정할 수 있다는 것으로 관객은 그들이 배급으로 인해 정해져 있던 한계들을 극복했다고 느낄 수 있다.

하지만 이런 새롭고 쉽고 자유로운 영화 소비 형태에 대한 강한 관심은 변화하고 있는 관람 패턴에 대해 다른 문제들을 제기한다. 이런 새로운 패러다임이 비디오 매장을 돌아다니는 것부터 시작해서 영화를 보는 것까지의 영화 경험 전반에 걸쳐 있는 사회적 · 공동체적 형성과정을 밑에서부터 약화시키고 있는 것은 아닌가? 관객이 점점 더 해체되어 개인 단위로 줄어드는 현상은 영화 문화를 공유한다는 원래의 취지에서 멀어지고 있는 것은 아닌가? 때와 장소에 상관없이 영화에 쉽게 접근할 수 있도록 해준다는 것이 영화 문화를 더 풍부하게 만들어주는 것인가? 결국 이런 패턴들은 기존 영화들에 영향을 줄 수 있고, 변화시킬 수 있을 것인가? 이런 질문들에 대한 대답은 분명치 않다. 새로운 관람 패턴들은 관객들이 자신의 관심에 기초한 다른 종류의 공동체들을 만들어내도록 방법을 단순히 제시하고 있을 뿐이다. 영화 역사나 외국 영화 문화에 더 쉽게 접근할 수 있다는 것은 감각을 더 넓혀줄 수 있겠지만, 새로운 때와 장소 속으로 들어가게 된다면 많은 노력과 연구가 요구될 것이다.

다양한 영화들(예술가의 영화, 사회 운동가의 다큐멘터리, 대안 미디어 영화, 의료 혹은 산업 영화 등)이 이득을 보려는 의도로 만들어지지는 않는다. 이런 영화들은 공적으로 상영되는 한편, 전통적인 극장 방식으로는 상영되지 않는다. 그런 영화들은 상업적 비디오나 인터넷 배급 방식으로 유통되지 않는다. 이런 영화 중 일부는 매우 특별한 훈련이나 홍보 목적을 위해 사용되며, 원래 의도한 전문적인 혹은 목표로 선정된 관객들에게 직접 배급된다. 다른 일부는 PBS에서부터 WMM(Women Make Movies)[15]까지 TV나 교육적인 배급사들을 찾아가고, 나머지는 계속해서 인터넷에 자신들의 영화를 올리기도 한다.

생각해보기

작년에 상영된 영화의 배급은 어떤 반응을 강조하기 위해 어떤 시기에 맞추어 개봉된 것인가? 그것은 계절적 배급 방식(seasonal release)을 택했던 것인가?

배급 시기

배급 시기(영화가 어떤 장소 혹은 플랫폼으로 상영되는 시기)는 배급의 또 하나의 중요한 특징으로, 언제나 바뀔 수 있다. 우리의 영화 경험에 어떤 의미를 더해주는 배급 시기는 사회적 분위기, 문화적으로 함축된 의미 혹은 특정 계절 및 시기에 대한 세밀한 검토하에 정해진다. 계절적으로 여름 휴가철과 12월 연휴기간은 미국에서 가장 중요한 계절인데, 관객들이 〈스피드(Speed)〉(1994) 같은 스릴 넘치는 영화들을 볼 수 있는 여유 시간이 생기는 계절이기 때문이다(사진 1.18).

1.18 〈스피드〉 액션 영화들은 여름철 오락거리로 만들어지므로 그해 상영 계획의 중심이 되어 왔다.

〈퍼시픽 림(Pacific Rim)〉과 같은 여름 개봉작은 뜨거운 날씨로부터 잠시 도피할 수 있는 기회를 제공하며, 전투하는 로봇의 시각적 스릴과 재미를 보여준다. 이는 약간은 거대한 비디오 게임 같고, 약간은 놀이공원 같으며, 또 약간은 구식 공상과학 영화 같다. 〈34번가의 기적(Miracle on 34th Street)〉(1947) 같은 크리스마스 영화의 연말 방송은 공동체의 호의를 나타내는 축하행사를 보여준다(사진 1.19). 기념일 상영 방식인 〈진주만(Pearl Harbor)〉(2001)은 제2차 세계대전과 기타 전쟁에 대해 미국인들이 갖고 있던 기억과 감정들을 즉시 이끌어낸다. 영화산업은 주의 깊

생각해보기

여러분이 강의실에서 토의해왔던 영화의 경우 어떤 관객들이 목표로 선정됐는지 확인해보자. DVD 배급 방식을 통한다면 이 영화는 어떻게 다른 관객들을 끌어들일 수 있을 것인가?

1.19 〈34번가의 기적〉 크리스마스 영화의 고전들을 연말에 TV 방송하는 것은 연말 대목을 노리는 극장들과의 경쟁을 염두에 둔 것이다.

게 상영 계획을 계산한다. 예를 들어 11월 상영을 계획하는 것은 연말에 있는 (상업적 이득을 만들어내는) 각종 시상식에서의 경쟁을 염두에 둔 것이다.

영화 개봉 시기를 놓치는 것은 큰 문제를 야기한다. 예를 들어, 2013년 여름 개봉한 드림웍스 만화영화 〈터보(Turbo)〉는 똑같이 가족 관객을 타깃으로 하고 있었던 〈몬스터 대학교(Monster University)〉, 〈슈퍼배드 2(Despicable Me 2)〉와 거의 비슷한 시기에 개봉했다. 원치 않는 경쟁을 피하는 것은 배급사가 개봉 시기를 정할 때 고려해야 하는 중요한 부분이다(사진 1.20a, 1.20b). 〈매트릭스(The Matrix)〉(1999)의 배급사는 〈스타워즈 : 에피소드 1 - 보이지 않는 위험(Star Wars: Episode 1 - The Phantom Menace)〉(1999)과의 경쟁을 피하기 위해 개봉 시기를 정밀하게 앞당겼다.

다중 개봉

시기 결정에 관한 여러 전략 중에서 때때로 첫 개봉이 끝난 후 두 번째 개봉을 하는 경우가 있다. 첫 개봉은 말 그대로 처음 선보이는 것을 말하고, 두 번째 개봉은 몇 달 후 혹은 몇 년 후에 재개봉하는 것을 말한다. 리들리 스콧 감독의 〈블레이드 러너(Blade Runner)〉는 1982년 첫 개봉 이후 1992년에 감독이 더 길게 편집한 판본으로 재개봉되어 주목을 받았다(사진 1.21). 첫 개봉은 보통 수준의 성공을 거두었지만 두 번째(홈비디오 시장에서 놀라울 정도의 성공에 힘입은)는 영화의 시각적 효과와 서사적 효과가 뒤섞인 복합성에 매력을 느낀 관객들에게 큰 사랑을 받았다. 관객들은 암시적이고 애매모호한 장면들을 자세히 다시 보고 생각하기를 원했는데, 주인공인 데커드가 인간인지, 복제인간인지를 알고 싶어 했다.

2007년 첫 개봉 25주년을 기념하는 〈블레이드 러너〉의 마지막 편집본은 극장에서 상영됐지만, 주로 DVD 고객들에게 배포되었다. 오스카상과 같은 주요 시상식에서의 수상을 기대하고 재상영하려는 경향이 있는 것처럼, 다중 개봉 방식의 경우 의심할 여지 없이 재정적 이득이 주요 목적이다.

첫 개봉 시 관객들에게 상영될 수 없었던 혹은 단지 인기가 없었던 영화를 재개봉하는 것은 그 영화에 새 생명을 불어넣고, 재발견의 과정을 통해 관객들을 다시 끌어들일 수 있기 때문이다. 예를 들어, 어느 무명의 영화가 예상치 못한 인기를 얻거나 극적인 성공을 거두거나 주요

(a)

(b)

1.20 (a) 〈매트릭스〉와 (b) 〈스타워즈 : 에피소드 1 - 보이지 않는 위험〉 1999년 〈매트릭스〉의 여름 개봉은 〈스타워즈〉의 첫 속편의 개봉 시기를 예상하고 경쟁을 피해 개봉 시기를 앞당긴 경우였다.

시상식에서 상을 탄다면, 그것은 더 넓은 배급망을 통해 이미 그 영화를 좋아할 준비가 된 더욱 열정적이고 공감적인 관객들에게 재배급될 수 있다. 실례는 미라 네어 감독의 〈살람 봄베이(Salaam Bombay!)〉(1988)인데, 유명인사가 된 인도 출신 감독의 데뷔 25주년을 기념하기 위해 2013년에 재개봉되었다. 또한 재개봉은 관객들에게 옛날 영화를 3D나 고화질로 보여주기 위해서, 첫 개봉 시 모호했던 줄거리를 분명하게 하기 위해서 등의 이유로 벌어지기도 한다. 1989년, 컬럼비아 픽처스는 1962년 아카데미 수상작이었던 〈아라비아의 로렌스〉의 개연성을 위해 잘랐던 컷들을 복구해 재개봉하기도 하였다.

마찬가지로 TV 배급도 홍보를 위해 영화 개봉 시기를 다시 조절할 수 있다. 〈멋진 인생(It's a Wonderful Life)〉은 1946년 처음 개봉했을 때 관객이 많지 않았다. 서서히(특히 1975년 저작권이 만료된 이후) 방송과 케이블 TV에서 해당 영화를 정기적으로 방영하기 시작했고, 마침내 연말 크리스마스 시즌이 되면 어디에서나 방영되는 크리스마스 고전 영화가 되었다(사진 1.22). 그러나 1997년에는 텔레비전 네트워크 NBC가 연간 1회의 방영으로 텔레비전 배급을 제한하고 관객들이 그 영화를 특별한 이벤트로 간주하도록 하기 위해 독점권을 갖게 되었다.

요일 및 날짜별 상영

영화의 **극장 상영 창구**(theatrical release window), 즉 공중파 방송이나 케이블 방영, DVD 배급, 주문형 비디오 배급 전의 상영 시기는 극장가 수입을 보장해주기 위해 전통적으로 3~6개월 정도의 기간을 극장에서 상영해온 방식이다. 이 기간은 점점 더 짧아지고 있는 추세다. 요일 및 날짜별 출시는 극장 상영과 DVD 상영같이 서로 다른 미디어와 장소에서 동시에 상영하는 전략을 말한다. 인형 공장에서 일하는 게으른 근로자를 그린 색다른 저예산 미스터리 살인극 〈버블(Bubble)〉(2006)을 만든 감독 스티븐 소더버그와 제작자 마크 큐반, 토드 와그너는 극장(제한 상영), 비디오 매장, 케이블 방송 등에서 거의 동시에 영화를 상영함으로써 이 창구를 효과적으로 폐쇄했다(사진 1.23). M. 나이트 샤말란 같은 일부 감독들은 이런 관행에 대해 맹렬히 비난했다. 그 후로 주류와 독립영화 모두 개봉시기를 조정하는 실험을 하게 되었는데, 매그놀리아 픽처스는 극장 개봉 전에 디지털 장치에 의한 주문형 출시 방식으로 독립영화를 상영해왔다. 〈프린스 아발란체(Prince Avalanche)〉(2013) 같은 더 작은 영화들의 경우 주문형 개봉 방식으로 얻게 된 입소문을 통해 수많은 도시의 극장들에서 상영되는

1.21 〈블레이드 러너〉 첫 개봉(1982)은 실망스러웠지만, 리들리 스콧의 반(反)유토피아적인 '퓨처 느와르(future noir)' 영화는 홈비디오 시장에서 일찍이 성공을 거두었다. 첫 개봉 10주년을 기념하여 감독이 편집한 극장판이 상영됐고(1992), 25주년을 기념하여 만들어진(2007) 마지막 편집본은 인간 대 복제인간의 정체성 같은 재미있는 문제를 제기했다.

1.22 〈멋진 인생〉 1946년 처음 개봉됐을 때 극장가의 반응은 실망스러웠던 프랭크 카프라 감독의 이 영화는 크리스마스 휴가철만 되면 어김없이 TV에 방영되는 존재가 되었다. 최근 NBC 방송이 규제를 가하여 독점적으로 연말 가족 영화 특별 이벤트로만 방영되도록 했다.

1.23 〈버블〉 스티븐 소더버그 감독은 인형 공장에서 일하는 어느 소도시 근로자에게 살인자가 가져다준 충격을 그린 이 평범한 디지털 영화를 극장, 케이블 방송, DVD 시장에 동시에 상영하는 실험을 했다.

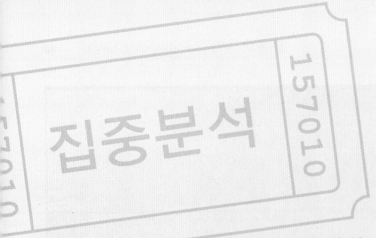

〈양 도살자〉의 배급

같이 보기 : 〈스위트 스위트백스 배다스 송(Sweet Sweeetback's Baadasssss Song)〉(1971), 〈그녀는 그것을 좋아해(She's Gotta Have It)〉(1986), 〈보이즈 앤 후드(Boyz N the Hood)〉(1991)

배급은 대중에게 거의 드러나지 않는 과정이므로 영화 제작이나 상영보다 훨씬 덜 화려해 보이는 작업이지만, 관객들이 영화를 볼 수 있을지 여부를 결정해준다. 독립영화 감독들은 자주 정형화된 주류 영화제작에 새로운 관점을 가져다주는데, 이런 그들의 비전은 공유될 필요성이 있다. 아프리카계 미국인 감독들은 역사적으로 영화 제작산업 시스템 안에서 배제되어 있어, 자신들의 영화를 배급하는 데 있어 어려움을 자주 겪어 왔다. 전체 작업물은 작지만, 그럼에도 가장 중요한 아프리카계 미국인

영화감독 중 한 사람으로 간주되는 찰스 버넷의 경력은 우여곡절을 잘 드러내는 사례이다. 그의 첫 작품인 〈양 도살자(Killer of Sheep)〉(1977)가 만들어지고 30년 후인 2007년 제한 상영 방식으로 성공한 이 영화는 역사적으로 미국 아프리카계 영화감독들이 영화계에 접근하기가 불평등했음을 조명할 뿐만 아니라 현재 배급 캠페인이 여러 수준에서 작동함을 보여준다. 영화 배급사인 마일스톤 영화사가 비판적인 관심을 극대화하면서 큰 수익을 얻기 위해 이 영화를 극장, 비(非)극장, DVD 매장에서

1.24 〈양 도살자〉 이 영화는 찰스 버넷의 전설적인 독립영화로 로스앤젤레스 왓츠 구역에 사는 한 아프리카계 미국인 가족에 대한 이야기인데, 가면을 쓰고 있는 아이처럼 시적인 이미지를 갖고 있는 리얼리즘이 스며들어 있다. 이 영화는 만들어진 지 30년 만에 결국 극장식 상영 방식으로 상영되었다. Courtesy of Milestone Film & Video

상영한 방식은 유사한 시도를 하고자 하는 이들에게 하나의 모델이 된다 (**사진 1.24**).

1970년대 초 버넷의 〈양 도살자〉는 아프리카계 미국인인 그가 UCLA 영화학과에서 감독의 재능을 꽃피우고 있는 가운데 대학원 석사학위 영화로 제작되었다. 과거 할리우드 고전 영화들의 2차원적 틀에 박힌 인물 묘사, 즉 1960년대 시드니 포이티어가 연기한 더할 나위 없이 선한 캐릭터들 혹은 당시 도시 극장들에서 버넷이 보았던 소위 **블랙스플로이테이션**(blaxploitation)[16] 영화들의 만화에서나 나올 것 같은, 도시의 거리를 주름잡는 캐릭터들 같은 묘사 대신에, 주인공 스탠을 로스앤젤레스 빈민가인 왓츠 구역에 사는 평범한 흑인 가장으로 묘사했다. 양 도살장에서 일하는 평범한 남자인 그는 매일같이 양을 도살하는 일에 감각이 없어지고 우울해지지만, 그럭저럭 살아나가는데, 흐릿하면서도 아름답게 합성된 흑백 이미지로 묘사되는 가족 및 공동체의 유대관계가 관객들의 마음을 깊이 움직이게 한다. 마지막 장면에서 스탠과 아내는 하루를 잘 견뎌냈다는 듯이 다이나 워싱턴의 노래에 맞춰 느린 춤을 춘다.

〈양 도살자〉는 극장에서 전혀 상영되지 못했다. 이 영화의 분위기와 의미에 필수적인 요소는 영화음악(soundtrack)인데, 폴 롭슨, 다이나 워싱턴, 어스 윈드 앤드 파이어의 블루스와 R&B 음악으로 구성되었다. 음악 저작권 문제를 해결하지 못한 버넷은 때때로 열리는 축제, 박물관 및 기타 교육기관 등의 가설무대에서 수년간 영화를 상영하며 지냈고, 예술가로서의 명성은 굳건히 자리 잡았다. 즉 이 영화는 1990년 의회 도서관이 영구보존을 위해 최초로 선정한 50개 영화 중 하나로, 국립 영화 등기부(National Film Registry)에 이름을 올렸다. 하지만 관객들은 결코 이 영화를 보지 못했다. 버넷이 1990년 〈투 슬립 위드 앵거(To Sleep with Anger)〉를 완성했을 때, 이 영화만이 극장에서 상영될 수 있었는데, 당시 유명 배우 대니 글로버가 출연했고, 버넷은 명망 있는 맥아더상 (MacArthur Fellowship)[17]을 수상했다. 하지만 폭력도 없고 명확한 결

론도 없는 가족 드라마인 이 영화조차 대중의 주목을 받지 못하고 지나갔다. 당시에는 미디어의 관심이 존 싱글턴의 〈보이즈 앤 후드〉(1991)같이 힙합 음악이 깔린 도시 빈민가 문화를 더 과장해서 묘사하는 데 쏠리고 있었기 때문이었다.

결국 버넷에 대한 평단의 명성은 〈양 도살자〉의 16mm 원판이 수리할 수 없을 정도로 낡아 위험에 처하게 됐을 때, UCLA 영화 및 TV 원판 보관소(UCLA Film & Television Archive)가 이 영화를 복구하기로 결정하는 데 일조했다. 역사적으로 중요한 독립영화를 위한 여러 계획 중 하나인 복구작업은 터너 클래식 무비스, 〈섹스, 거짓말 그리고 비디오테이프(sex, lies, and videotape)〉(1989)로 데뷔한 감독 스티븐 소더버그의 자금지원을 받았는데, 이 복구작업이 독립영화의 배급환경을 바꾸어 놓게 되었다. 배급사 마일스톤 영화사는 공동 설립자 데니스 도로스와 에이미 헬러가 오랫동안 중요한 고전물 및 현대물을 극장에서 상영하는 비즈니스를 해왔던 회사였는데, 2007년 3월 〈양 도살자〉를 35mm로 복구하여 뉴욕에서 상영했다. **이탈리아 네오리얼리즘**(Italian neorealism)처럼 아프리카계 미국인 역사와 영화 제작 운동 양자 모두에 관련된 영화로 자리매김시킨 우수한 비평들, 할렘에 기반을 둔 풀뿌리 지지세력들에 힘입어 뉴욕 상영은 신기록을 세우는 성공을 거두었고, 전국적으로 예술 극장들에서 상영되었다. 그다음 단계는 35mm로 볼 수 있는 시설이 없는 대학 같은 기관들에 DVD로 배급하는 것이었다. 마침내 이 영화는 개봉되지도 않았던 버넷의 초기 작품 〈마이 브라더스 웨딩(My Brother's Wedding)〉 같은 것들을 끼워넣고 설명을 넣은 하나의 패키지로 만들어 소비자 시장에 DVD로 배급되었다. 이렇게 경험 많은 배급사가 '틈새 전략'을 구사하여 35년이나 된 영화를 비평가들이 꼽는 10위권 영화 리스트에 오르도록 만들었고, 뉴욕영화비평가협회(New York Film Critics Circle)로부터 특별상을 수상하고, 또 대중의 기억 속에 남도록 만들어주었다.

1.25 〈프린스 아발란체〉 데이빗 고든 그린 감독의 영화(폴 러드와 에밀 허쉬 주연)는 텍사스 오지에서 도로를 보수하는 두 남자를 그리고 있다. 매그놀리아 픽처스는 이 영화를 선택된 극장과 온라인 매장을 통해서 배급했다.

기간이 연장되는 데 도움을 받을 수 있었다(사진 1.25).

이런 종류의 배급전략이 실제로 영화배급에 있어서 급격한 변화를 가져왔는지는 차치하더라도 이는 디지털식 제작 및 배급이 야기할 수 있는 실험적 현상들, 변화하고 있는 시장, 취향, 기술 등에 대한 반응으로 미래에 일어날 불가피한 변동과 조정을 암시하고 있는 것이다. 이러한 배급전략은 또한 소더버그와 샤말란 사이 논쟁을 넘어 이 변화들이 기존의 영화와 앞으로 만들어질 영화에 대한 우리의 반응에 어떠한 영향을 미칠지 큰 관심을 불러일으키고 있다.

재관람 관객

같은 영화를 한 번 이상 개봉하는 것은 배급사 입장으로 볼 때 현대 영화 문화에서 점점 더 흔해지고 있는 현상에 대한 대응으로, 동일한 영화를 여러 번 시청하는 관람객들을 예상하고 그 추세를 이용하는 것이다. 〈러브 스토리(Love Story)〉(1970)는 젊은이들의 슬픈 사랑 이야기인데, 재관람 관객들을 끌어모은 최초의 현대 영화 중 하나가 되었고, 루돌프 발렌티노의 〈족장(The Sheik)〉(1921), 〈토이 스토리(Toy Story)〉(1995), 〈식스 센스(The Sixth Sense)〉(1999) 같은 영화들도 이런 관객 패턴을 활용해온 경우이다(사진 1.26). 여성들은 친구들과 주인공 발렌티노를 보러 함께 극장을 재방문했다. 어른들은 아이들과 함께 〈토이 스토리〉를 보러 다시 와서 영화의 스토리보다는 그 안에 있는 웃긴 장면들에 더 재미있어 했고, 〈식스 센스〉의 팬들은 다시 와서 놀라운 결말을 예상할 수 있는 최초의 단서를 찾아내려 애썼다. 〈타이타닉(Titanic)〉(1997) 재관람객들에게서 얻은 데이터는 10대 소녀들까지 비즈니스의 범위를 넓혀야 한다는 사실을 보여준다. 이런 재관람객들 때문에, 재개봉 시기는 배급사의 선택이라기보다 관객들의 선택에 달렸다. 똑같은 개인의 영화 경험이 다양하게 변한다는 사실을 보여주는 것이다. 같은 영화를 보더라도 어떤 시간에, 어디서, 누구와, 영화에 관해 얼마나 알고 보는지에 따라 영화에 대한 기대와 추측을 바꾸거나 풍부하게

1.26 〈식스 센스〉 재관람 관객들은 이 장면의 만남에서 벌어지는 놀라운 결말에 대한 단서들을 찾아내려 애쓸 수 있다. 이 장면에서 토니 콜렛이 연기한 문제아의 엄마는 브루스 윌리스가 연기한 주인공과 눈길을 마주치는 데 실패한다.

해줄 수 있으며, 관객이 어떤 준비를 하고 영화를 보러 오는지도 결정할 수 있다.

독점적인 크리스마스 시즌 개봉이든 실험 영화 개봉이든 간에, 배급방식은 어떤 종류의 관객(나이, 성, 기타 특성)이 어떤 장소(극장이나 집)에서 어떤 식(늦은 밤 영화 보러 가는 팬이거나 휴일에 가족들과 같이 가는 팬)으로 영화를 보는지를 암묵적으로 보여준다. 영화를 완전히 이해한다는 것은 영화가 어떻게 특정 장소 및 시간에 맞춰 모이게 하는지를 주의 깊게 고려한다는 것을 의미한다.

영화 문화에서 배급의 영향력은 큰 의미를 가진다. 제2차 세계대전 후 미국에서 외국영화 시장을 만들어낸 것은 바로 스튜디오들이 더이상 독점하지 않는 극장에 대한 접근성을 갖게 된 배급 사업자들이었다. 오늘날 스튜디오들은 이득을 내지 못하리라 생각되는 영화들을 주문식 비디오 시장이나 가정식 관람 시장에 직접 '쓰레기 버리듯' 팔아치우고 있다. 비극장식 배급사들은 도서관, 대학, 미디어 아트센터 등에 독립영화, 실험 영화, 교육 영화 혹은 특별한 목적의 영화 등을 유통시키고 있다. 관객들은 인터넷 서핑을 통해 이런 영화들을 배급하는 소규모 DVD 회사들에 접근하게 된다. 영화 문화로의 접근이 관객들의 영화 경험을 결정하며, 따라서 배급은 관객들과 소통할 수 있는 영화제작자들의 능력을 결정한다.

생각해보기

최근에 한 번 이상 본 영화가 있는가? 이 영화의 어떤 요소 혹은 어떤 면이 영화 제작자들이 기대하는 재관람에 영향을 미치고 있는가?

마케팅과 홍보 : 무엇을 보기 원하는가

어떤 영화에 왜, 어떻게 끌리게 되는가 하는 것은 배급에 동반되는 마케팅과 홍보활동 시 직접 만들어진다. 어느 영화가 위대한 감독의 작품으로 온라인상에 광고될 수도 있고, 에로틱한 러브 스토리로 묘사될 수도 있으며, 자극적인 포스터로 묘사될 수 있다. 영화 예고편은 〈타인의 삶(The Lives of Others)〉(2006) 같은 지능적인 스파이 영화에서도 로맨틱한 줄거리를 강조할 수도 있다. 이렇게 미리 영화와 만나는 것이 어떻게 그 영화를 경험할 것인가와 그다지 큰 관계를 갖고 있지 않은 것으로 보일 수 있지만, 배급과 같은 홍보 전략들은 어떻게 영화를 보고 이해할 것인가에 관해 중요한 방식들로 준비시켜준다.

생각해보기

좋아하는 영화를 거론하는 행동은 문화적 및 역사적으로 강한 영향을 끼쳐왔다. 어떤 방식의 홍보활동이 영화에 대한 반응과 특정 주제를 조명하는 데 도움을 주었는지 조사해보자.

관심 끌기

마케팅과 홍보는 영화에 대한 관심을 끌고 알리는 데 목적이 있다. 영화 **마케팅**(marketing)은 특정 상품(이 경우에는 영화)에 대한 관객들을 찾아내어 관객들이 그 상품을 보고 그 대가를 지불하도록 하는 것이다. 영화 **홍보**(promotion)는 관객들이 보고 싶어 하는 영화가 될 수 있도록 만드는 특정 방식들을 말한다. 의심할 여지 없이 **스타 시스템**(star system)은 세상에서 가장 널리 퍼져 있고 가능성 있는 영화의 마케팅 및 홍보 요소이다. 유명 배우들은 어느 특정 시기에 특정 문화 안에서 대중적으로 인기 있는 사람들로, 영화를 위한 광고 수단으로써 연기를 한다. 다른 마케팅 및 홍보 관습처럼 스타 시스템은 영화에 관객들을 끌어들이도록 하는 특정 기대감을 만들어내는 데 목적을 두고 있다. 마케팅 및 홍보의 기대감(예 : 레오나르도 디카프리오가 주연하거나 인디 감독 사라 폴리가 감독한다는 것)은 나중에 관객들이 영화를 볼 때 그 기대감을 갖고 보게 하는 뷰파인더 역할을 한다.

마케팅과 홍보 방법은 많고 창의적이다. 관객들은 먼저 신문, 옥외 광고판 등을 통해 모든 홍보에 노출되고, 또 인터넷 서핑을 하다가 공식 영화 웹사이트에서 예고편 형식의 부분 영상을 끼워넣은 게임들과도 만나게 된다(**사진 1.27**). 인기배우들은 라디오 및 TV 토크쇼에 출연하고, 예능 잡지에 프로필이 소개된다. 미디어 비평가들은 시사회에 참석해서 영화평을 쓰고, 영화 홍보

1.27 **영화 옥외 광고판.** 경품, 증정품, 파생상품 등을 통한 영화 홍보는 1920년대로 되돌아가고 있다.

1.28 〈인디펜던스 데이〉 이 영화의 대대적인 홍보 전략은 독립기념일인 7월 4일이 끼어 있는 주간에 개봉하여 다문화 배우들의 캐스팅을 활용해 미국인의 애국심을 노골적이면서 민감하게 자극한다는 것이다. Courtesy Photofest

를 위해 인용된다. 이 모든 활동이 영화 홍보에 기여한다. 게다가 각종 상을 받은 영화라면 이전부터 홍보가 되어온 상태이고, 현대의 배급사들은 **파생상품 판매**(tie-ins)에 능숙하다. 티셔츠, 영화음악 CD, 장난감, 새로운 상품 같은 부수적 상품이 매장과 음식점 등에서 판매되고 영화를 홍보하게 된다. 〈몬스터 대학교〉(2013)는 영화에 대한 관심을 이끌어낼 것을 예상하고 장난감과 게임을 광범위하게 판매했다.

블록버스터 영화의 마케팅 전략은 점점 확대되어 가고 있는데, 홍보 예산이 전체 영화 제작 예산과 같아지거나, 심지어 더 초과하는 경우도 발생한다. 〈인디펜던스 데이(Independence Day)〉(1996) 개봉 이전에 흥미로운 마케팅 대공세가 이루어졌다. 1996년 7월 3일 조심스럽게 적절한 때에 맞춰 개봉되면서 이후 몇 주 동안 신문 및 TV에 광고가 계속됐는데, 이런 대대적인 광고의 영향을 고려하지 않고 이 영화를 보러 온 관객들의 성향을 분석한다는 것은 어려운 일일 것이다. 광고와 비평이 이 영화를 기술적 묘미가 가득 찬, 아동용으로도 적합한 SF 스릴러물로 정의하자, 이 영화는 여름철 성수기의 이벤트 영화로 자리 잡으면서 사람들의 관심을 끌어모았다. 주도면밀하게 미국 독립기념일인 7월 4일에 맞춰 개봉되도록 기획한 이 영화 홍보의 목적은 미국인의 애국심을 건드리는 데 집중하는 것이었다(사진 1.28). 그 많은 광고 속에서 배우 윌 스미스는 빌 풀만이나 제프 골드블럼과 함께 등장하면서, 동료 배우들의 인기를 홍보해줄 뿐만 아니라 흑백 인종 간의 조화도 보여줌으로써 흑백 관객 양자 모두의 관심을 끌어모을 수 있었다. 개봉 첫 한 달이 다 된 시기에 미국 과학자들이 운석에서 화석을 발견하고, 화성에서의 초기 생명체일 수 있다는 주장이 발표되었다. 이 주장에 대응하여 이 영화의 광고 문구는 다음과 같이 바뀌었다. "지난주 과학자들은 또 하나의 행성에서 생명체의 증거를 발견했다. 우리는 그 사실을 말하는 것이 아니라 직접 보여주려는 것이다…."

전형적인 할리우드 홍보와 광고는 영화의 리얼리즘을 강조하는데, 세계와 인간 경험에 대해 정확하고 광범위한 반영을 관객들에게 제공하기로 약속하는 전략이다. 브래들리 쿠퍼와 제니퍼 로렌스 주연의 〈실버라이닝 플레이북(Silver Linings Playbook)〉(2012)은 정신병원에서 나온 한 젊은이에 관한 영화이다. 필라델피아에 있는 가족과 함께 살면서 조울증을 극복해나가려는 그의 투쟁은 이 영화의 홍보 전략이 주장하고자 하는 실체로, 과거 영화들에서는 볼 수 없었던 주제였다. 동종의 마케팅 전략은 기술 혁신, 떠오르는 인기배우 혹은 찬사를 받았던 그 영화의 원작 같은 새로운 관심을 이끌어내면서 원작의 새로움을 주장하는 것이다. 〈재즈 싱어(The Jazz Singer)〉(1927), 〈브로드웨이의 황금광들(The Gold Diggers of Broadway)〉(1929), 〈이노센트 오브 파리(Innocents of Paris)〉(1929) 등과 같은 초기 음악 영화들에 있어서 마케팅 광고는 리얼리즘 영화에 새로운 차원의 극적 요소들을 추가한 많은 양의 노래와 이야기 장면들에 빠져들도록 만드는 것이었다(사진 1.29). 오늘날 홍보와 광고는 신기술을 빈번하게 활용한다. 〈클라우드 아틀라스(Cloud Atlas)〉(2012)의 홍보는 화려한 모션 캡처(동작 포착) 영상들과 특수효과 기술 등을 자랑했는데, 6개의 서로 연결된 시간 여행 이야기를 통해 캐릭터들이 변형되는 과정을 극적으로 보여주었다. 〈아바타〉(2009)의 마케팅 전략은 새로운 3D 기술을 강조하는 것이었다. 마케팅 담당자들은 또한 실제 정치적 사건들을 이용하기도 하는데, 캐스린 비글로우의 〈제로 다크 서티(Zero Dark Thirty)〉(2012)는 오사마 빈 라덴의 고문과 살해 사건을 이용한 것에 대한 관심과 논쟁에 휩싸이면서 시의적절하게 그 줄거리를 홍보하는 효과를 누리게 된 경우였다(사진 1.30).

1.29 〈이노센트 오브 파리〉 영화 옥외 광고판이 프랑스의 초기 뮤지컬 인기배우인 모리스 슈발리에 노래, 새로운 음향 시스템 등을 홍보한다.

   인기배우들은 공식 홍보 전략에 따라 토크 쇼와 기타 영화 개봉과 관련된 장소의 출연이 예약되어 있지만, 비공식적인 공공성을 가져오는 경우도 있다. 브래드 피트와 안젤리나 졸리는 영화를 찍는 동안에 연인관계를 맺음으로써 〈미스터 앤 미세스 스미스(Mr. and Mrs. Smith)〉(2005)에 대한 관객들의 관심을 더욱 고조시켰다. 반대로 톰 크루즈가 〈미션임파서블 3(Mission : Impossible 3)〉(2006) 출시를 앞두고 자주 말 실수와 엉뚱한 행동을 했듯이 관객들의 환영을 받지 못하는 일이 생기면, 배우들과의 계약이 취소되거나 티켓 판매에 악영향을 끼칠 수도 있다(사진 1.31).

   요즘 시대에도 옛날 영화, 독립영화, 예술 영화, 외국 영화는 현대의 주류 영화들보다 홍보 메커니즘에 접근하기가 쉽지 않고, 소셜 미디어는 특화된 관객들에게 홍보할 수 있는 새로운 기회들을 제공해왔다. 또한 이런 영화를 좋아하는 관객들은 영화 역사에 있어서 영화를 특별히 중요한 미적 대상으로 다루는 학문적 · 언론적 설명, 특화된 소위 '문화적 홍보'라는 것에 의해 어

1.30 〈제로 다크 서티〉 캐스린 비글로우 감독의 이전 성공작 〈허트 록커(The Hurt Locker)〉(2008)로 인한 유명세와 당시 오사마 빈 라덴 암살 작전에 대한 많은 관심 덕분에 이 영화에 대한 관객들의 관심이 고조되었다.

1.31　**톰 크루즈.** 〈미션임파서블 3〉 홍보를 위해 출연한 낮과 밤 토크쇼에서 이 스타배우의 튀는 행동은 결국 파라마운트와 계약 종료로 이어졌다. AP Photo/Reed Saxon

느 정도 인도된다. 영화사 서적이나 대학 영화 강좌에서의 영화 토론은 마케팅 활동으로 보일 수 있는데, 이것은 홍보가 그저 관객들로 하여금 영화를 보도록 만드는 활동이 아니라 어떠한 시각으로 볼 것을 요구하는 활동이라는 사실을 명확하게 한다. 계획적인 홍보는 재정적인 동기보다는 지적인 동기에 의해 지탱되지만, 고려와 분석의 대상이 될 만한 가치가 있다.

특정 영화 역사 교재가 어떻게 〈우리에게 내일은 없다(Bonnie and Clyde)〉(1967) 같은 영화를 보게 하는가? 몇몇 교재들은 그 영화를 현대의 갱 영화로 홍보하고 있으며, 다른 교재들은 1960년대 혼란한 사회 역사를 날카롭게 반영한 영화로 이야기한다. 그러한 교재들은 여전히 그 영화를 보도록 재촉하는데, 유명한 미국인 감독 아서 펜의 대표작 중 하나이기 때문이다(사진 1.32). 독립영화는 감독의 개성과 예술적 자질을 홍보한다. 베니스, 토론토, 칸 등의 유명 영화제들과 관련되어 있다고 홍보하거나 광고를 통해 그들과 주류 할리우드 영화들의 차이에 집중하도록 하는 것이다. 외국 영화의 경우 열성적인 홍보 담당자가 한 사람이라도 있는 것이 중요한데, 비평가들의 언급을 이끌어냄으로써 배급 기회를 얻어낼 수 있기 때문이다. 다큐멘터리는 중요하거나 논쟁적인 주제와 관련되어 홍보가 이루어질 수 있다. 요약하면 우리는 순진무구한 눈으로 영화를 경험하는 것이 아니라는 것이다. 의식적이든 아니든 간에 영화를 어떤 하나의 방식으로 볼 준비가 되어 있다는 것이다.

광고

광고는 잠재적인 관객들의 관심을 끌기 위해 TV, 옥외 광고판, 영화 예고편, 프린트 광고물, 웹사이트상의 배너 광고, 기타 광고들을 이용하는 홍보의 중심적인 형식이다. 광고는 영화를 둘러싼 사실과 문제들을 다양한 방식으로 이용할 수 있다. 광고는 주로 관련 영화 혹은 유사 영화들과의 연관성과 차이점이나 어느 특정 유명 배우, 감독의 존재를 강조한다. 찰리 채플린의 〈키드(The Kid)〉(1921)의 포스터는 이 영화를 "그가 1년 내내 몰두해온 위대한 영화"라고 자랑스럽게 선포한다(사진 1.33). 또한 예를 들면 〈프로메테우스(Prometheus)〉(2012)는 다른 시장 홍보를 위해 스웨덴의 누미 라파스라는 인기배우를 내세워 스타비히클(star vehicle) 영화란 점을 강조했고, 〈에이리언(Alien)〉(1979), 〈블레이드 러너〉(1982), 〈델마와 루이스(Thelma & Louise)〉(1991), 〈블랙 호크 다운(Black Hawk Down)〉(2001)은 유명 영화감독인 리들리 스콧의 최신작이란 점을 강조해 광고했다. 이런 두 가지 홍보 전략은 영화에 대한 각각 다른 기대감을 만들어내는 장치이다. 하나는 강인한 여성 주인공에 초점을 맞추는 것이고, 다른 하나는 세트와 기술적 환경을 더 화려하게 만드는 데 초점을 맞추는 것이다. 이런 예들이 보여주듯이 홍보는 우리를 영화에 이끌

1.32　**〈우리에게 내일은 없다〉** 비평가들의 언급이 이 영화의 위치를 현대 갱 영화 혹은 1960년대의 혼란한 사회상을 대변한 영화로 결정지을 수 있다.

리게 만들 뿐 아니라 영화가 성취해놓은 것을 이해하는 과정에서 무엇에 집중할 것인지도 제시해준다.

예고편

예고편(trailer)은 광고 중에서 가장 세심하게 공들여 만든 형태 중 하나로, TV나 웹사이트상에 상영되기 전의 극장용 영화에서 뽑은 장면과 이미지들을 세심하게 편집해 만든 것이다. 단 몇 분짜리로 만들어진 예고편은 관객들이 왜 그 영화를 봐야만 하는지에 대한 여러 이유를 눈앞에 보여주고 제시한다. 스탠리 큐브릭의 〈아이즈 와이드 셧(Eyes Wide Shut)〉(1999)의 예고편은 직설적이다. 첫 장면부터 커다란 제목 밑에 톰 크루즈, 니콜 키드먼, 큐브릭 세 사람의 이름이 분리되어 나타나는데, 한 쌍의 인기배우 커플과 도전적인 영화들을 만들어내는 한 유명한 감독과의 합작품이란 사실을 특별히 강조하고 있는 것이다. 크리스 아이작의 영화음악 'Baby Did a Bad Thing'의 후렴구에 대응하는 일련의 이미지, 키드먼이 옷 벗는 장면, 크루즈가 아름다운 두 여인과 한가로이 거니는 장면, 두 인기배우가 서로 정열적인 키스를 나누는 장면, 난교가 벌어질 별장 문 앞에 불길한 표정의 두 남자가 서 있는 장면, 크루즈가 창녀에게서 유혹받고 있는 장면 등을 포함한 이미지들이 앞으로 영화의 진행 상황을 함축해 보여준다. 섹스 심벌인 두 인기배우의 결혼, 논란 많은 감독과의 자극적인 결합 이외에도, 예고편은 퇴폐적인 세트를 설정해놓고 어둡고 에로틱한 미스터리들을 강조한다. 그것은 섹스 심벌인 캐릭터들을 강렬하게 소개하고, 화려한 분위기와 퇴폐적인 분위기를 번갈아 보여주는 방식으로 크루즈, 키드만, 큐브릭, 에로틱한 분위기를 좋아하는 팬들을 끌어들이고 있다(**사진 1.34**). 흥미롭게도 이러한 홍보방식이 영화의 에로티시즘에 담겨 있는 통렬한 풍자를 관객에게 전달하는 데에 실패한 것은, 열렬했던 첫 반응 이후에 나온 일부 실망스러운 반응에 대한 해명이 될지도 모른다.

인터넷상에서 예고편을 볼 수 있게 한 것은 이런 형식에 접근할 수 있는 새로운 기회들을 더 많이 창출해냈으며, 인터넷상의 예고편은 극장 상영과 같이 엄격한 심사를 통해 등급이 매겨지고 있다.

미디어 융합

영화 광고는 항상 소비자의 변화하는 습관에 목표를 설정해왔고, **미디어 융합**(media convergence)[18] 시대에 맞는 전략을 채택해왔다. 미디어 융합이란 프린트, TV, 인터넷 등과 같은 다양한 플랫폼을 기반으로 하는 미디어들을 조정하고 통합하는 것을 말한다. 관객들은 극장에서 영화를 관람하기 전에 영화 웹사이트상의 가상 세계에 설치된 온라인 게임을 찾아 즐길

1.33 〈**키드**〉 유명한 익살스러운 슬랩스틱 코미디로 알려진 바와는 달리 채플린은 첫 장편 영화에서 진지한 주제를 다루고 있다. 포스터는 그러한 품격 있는 행동을 보여준다. *Courtesy Everett Collection*

1.34 〈**아이즈 와이드 셧**〉 스탠리 큐브릭의 유작 영화에 대한 광고와 예고편은 때맞춰 결혼한 두 인기배우 톰 크루즈와 니콜 키드먼, 감독 세 사람과 에로틱한 내용을 강조한다.

1.35a

1.35b

1.35c

1.35d

1.35e

1.35f

바뀌어 가는 예술과
사업으로서의 영화 예고편

영화 예고편은 (매주 관객들에게 매력적인 영화를 선보이려고 예고편을 소개해왔으므로) 영화 마케팅의 중심이 되어왔고, 본 영화 상영 전에 선보이는 것이 전통이었으며, 심지어 독립적으로 등급을 매기는 것도 허용되었다. 1950년대를 통해 화면상에 자막을 넣는 일이 영화 광고의 중요한 특성으로 사용되어왔는데, 인기배우, 장르, 플롯, 심지어 시네마스코프 (CinemaScope)[19] 같은 최신 영화기술 등이 포함되었다. 나중에 성우들의 내레이션 기법과 영화음악 삽입 기법이 3막 구조[20] 형식에 맞춰 편집된 이미지들의 몽타주로부터 하나의 일관된 메시지를 만들어내는 데 도움을 주었다. 인터넷 시대에 들어서자 영화 예고편은 온라인에서 가장 인기 좋은 경험 중 하나가 되었고, 스튜디오들이 관객들의 기대감을 만드는 데 이용하였다. 관객들이 단순히 티켓을 구입하는 정도를 넘어서서 참여할 수 있도록 만들어주는 하나의 문화적 시금석이 되었다.

모리스 센닥의 동화 괴물들이 사는 나라(Where the Wild Things Are)를 각색한 스파이크 존즈의 2009년 영화의 예고편은 이런 홍보 형태의 힘과 예술성을 갖춘 놀랄 만한 예로, 초기 작품 〈존 말코비치 되기(Being John Malkovich)〉(1999)와 〈어댑테이션〉(2002) 이래로 트레이드마크가 된 초현실적인 이미지, 기이한 언어, 마음을 뒤흔드는 음악 등을 결합한다. 예고편은 잠들어 있는 소년을 클로즈업한 장면으로부터 시작되는데, 뿔달린 커다란 짐승이 소년을 포옹하면서 걸걸한 목소리로, 잠재 관객들을 고려하여 영리하게 말한다. "너를 깨우고 싶지 않지만, 사실 너에게 뭔가를 보여주고 싶어."(사진 1.35a) 소년이 땅속에 있는 이상한 구멍으로부터 빠져나오자(사진 1.35b), 그 소년의 일상 세계(교실, 구름 속 달 쳐다보기 등) 이미지들의 몽타주에 모험을 위해 힘차게 바다로 떠나가는 돛단배의 모습이 간간이 끼어들다가(사진 1.35c, 1.35d), 재빨리 동경과 상상에 의해 변형된 세계 속으로 빠뜨린다. 다급하게 두들겨대는 인디 록밴드 아케이드 파이어의 영화음악 'Wake Up(깨어나)'은 관중들을 저 너머 어린 시절로 되돌아가게 하면서 소년이 동물 옷을 뒤집어 쓴 채 수많은 위험과 짐승들로 가득 찬 성인 세계와 주위 환경의 불길한 위협을 뚫고 나오는 일련의 이미지들이 나타난다. 그런 다음 장난치듯이 커다란 글자들이 불규칙하게 빛을 내며 이 영화의 주제가 나타난다. "우리 모두의 내부에는 희망이 있다", "우리 모두의 내부에는 공포가 있다.", "우리 모두의 내부에는 모험이 있다." 등이다(사진 1.35e). 이것들은 환상적인 동물과 마법의 공간으로 가득 찬 세계에서 바다를 건너고, 모래 사막을 지나고, 동굴 속으로 들어가는 등의 놀랍고도 역동적인 삶의 모습을 그린 일련의 장면들이 빠르게 스치듯이 지나가는 중간에 간간이 끼어든다(사진 1.35f). 90초 조금 넘는 시간 후에 예고편은 이 모든 것이 "시대를 초월해서 가장 사랑받는 책 중 하나로부터 나온 것"이라는 문장으로 끝을 맺는데, 만일 이 예고편이 '우리를 일깨울' 수 있다면, 이 예고편은 우리에게 "우리 모두의 내면에는 괴물이 살고 있다."라는 사실을 보여주게 될 것이다.

수도 있고, 인쇄물 광고를 읽을 수도 있으며, 영화에 나오는 인기배우들의 온라인 광고를 볼 수도 있는 등 많은 것들을 미리 해볼 수 있다. 극장 출시를 위한 마케팅에 커다란 돈을 들이는 것은 비디오 게임, CD, DVD 출시같이 브랜드나 프랜차이즈 방식에 있는 다른 미디어 요소들의 홍보와 직접 관련되어 있으므로 가치 있는 일로 평가되어왔다. 이런 전략을 이해하는 관객들은 확산 방식에 참여할 수 있다. 예를 들어 영화와 사운드트랙을 즐기는 관객들은 휴대전화 벨소리로 사용하기 위해 음악을 다운로드한다거나, 몇 달 후 DVD 출시를 예상하고 넷플릭스 대기줄에 예약해놓을 수 있다. 하지만 관객들은 극장 상영을 건너뛰기로 결정하고 주문형 비디오나 DVD로 영화를 볼 수도 있다.

SNS(social networking site)[21]의 대중적인 인기는 **바이럴 마케팅**(viral marketing)[22] 기술을 강화시키고 있는데, 구전, 혹은 인터넷, 페이스북, 트위터 같은 사이트들을 통해 확산되는 광고 과정을 말한다. 바이럴 마케팅은 공통된 관심을 공유하는 네트워크를 통해 작동하므로, 시장조사에 의존하고 있지 않고, 관객 선호도를 가리키는 유익하고 효과적인 지표일 수 있다. 하지만 목표 관객에 기초한 계획된 광고보다는 조절이 쉽지 않다. 미디어 통합 때문에 관객들은 영화가 어떻게 이해되고 심지어 어떻게 제작되는지에 대해 오늘날 더 많은 영향력을 갖고 있다.

하이 콘셉트, A급 및 B급 영화, 기타 마케팅 레이블

예고편, 포스터, 신문광고 등은 영화를 보기 전에 관점을 유도하기 위해 이미지뿐만 아니라 용어까지도 주의 깊게 선택한다. 로버트 올트먼의 〈플레이어(The Player)〉(1992)에서 훌륭하게 패러디된 **하이 콘셉트**(high concept)[23] 언어는 현대 할리우드의 특징이다. 이 언어는 영화의 핵심 마케팅 포인트인 주연 배우, 장르 또는 쉽게 알아볼 수 있는 관련물 등을 강조하는 짧은 구문으로 사용된다(**사진 1.36**). 〈플레이어〉에서 어떤 영화를 "감성적이며 심령적인 정치 스릴러물"이라고 인상적으로 묘사하는 장면이 나온다. 다른 하이 콘셉트 영화들은 "스탠리 큐브릭의 포르노그래피 탐험"으로 광고될 수도 있으며, 또는 "〈링컨 : 뱀파이어 헌터(Abraham Lincoln: Vampire Hunter)〉(2012) : 당신은 애국자인가, 뱀파이어인가?"로 광고할 수도 있다. 영화 광고의 수사학은 "엄지 둘을 척 내세울 정도로" 혹은 "흥미진진한 액션 어드벤처"와 같은 아주 진부한 표현들로 빠져들어가는 경우가 빈번하지만, 홍보 및 마케팅 언어는 특정 기대치와 반응을 예상하는 위치에 자리하게 하는 간결한 용어들을 구사한다.

할리우드 스튜디오들은 인기배우들과 양질의 이야기를 약속하는 고예산의 **A급 영화**(A picture)와 저예산이면서 빨리 만들어 두 편을 동시상영할 수 있는 **B급 영화**(B picture) 사이에 제작상 차이점을 두고 있다['B급 영화'란 용어는 나중에 저렴하게 만들어진 **선정성 영화**(exploitation film)를 가리키는 용어가 되는데, 이익을 위해 주제나 장르의 관습적인 방식을 '부당하게 이용'함으로써 만들어지는 영화이다]. 오늘날 **블록버스터**(blockbuster)란 용어는 액션, 인기배우들, 특수효과 등을 연상시키는 용어이며, **예술 영화**(art film)란 용어는 시각적으로 더 예민하고 느린 속도이거나 혹은 지적으로 더 많은 무언가를 요구하는 영화란 것을 제시해주고 있듯이, 전문용어는 영화가 우리의 기대감을 표현해주는 잠재적 힘이 될 수 있다는 것을 밝히고 홍보하는 데 사용되어 왔다.

1.36 〈플레이어〉 로버트 올트먼 감독과 원저자 마이클 톨킨은 영화 비즈니스 업계를 풍자한다. 여기에서 한 시나리오 작가가 어느 스튜디오 사장을 표적으로 삼는 장면이 한 사람을 살리고 죽이는 중요한 문제로 부각된다.

1.37 〈맨 인 블랙〉 PG-13등급은 10대 미만 팬들을 끌어모으는 어떤 한계선을 제시
할 수도 있다.

등급 제도

등급 제도는 영화가 폭력적인 혹은 성적인 내용에 기초해
있는가에 대한 가이드라인을 제공하는 제도로, 마케팅과
홍보 측면에서 사용될 수 있는 유사 광고의 중요한 형태
이다. 원하든 원치 않든 간에 등급은 근본적으로 관객의
종류를 조절하려는 것이며, 어느 정도 영화의 내용을 광
고하려는 것이기도 하다.

미국에서는 현재 모든 영화가 미국영화협회(Motion
Picture Association of America, MPAA)의 등급제도 아래
G(모든 연령층 관람가), PG(부모 지도), PG-13(부모 지도
및 13세 미만 관람불가), R(17세 이하 반드시 성인 동반),
NC-17(17세 이하 관람불가) 등으로 분류된다. 메이저 스
튜디오 밖에서 만든 영화들은 MPAA등급을 받을 필요가 없지만, 상영과 심지어는 광고의 기회
까지도 이 제도와 밀접한 관계가 있다.

다른 나라들의 경우 일부 종교단체들은 자체적인 등급제도를 두고 있다. 영국은 U(모든 연령
층 관람가), A(부모 재량), AA(14세 미만 관람불가), X(18세 미만 관람불가) 등의 등급으로 상영
된다. 흥미롭게도 X등급에 대한 나이 제한은 나라마다 다른데, 스웨덴의 경우 15세 미만이다.

〈카 2(Cars 2)〉(2011) 같은 영화는 경주용 자동차에 대한 만화인데, G등급을 받고 많은 가
족 관객들을 불러모은 반면, 스티브 맥퀸의 〈셰임(Shame)〉(2011) 같은 영화는 성적으로 노골
적인 내용 때문에 NC-17등급을 받았고, 오시마 나기사의 〈감각의 제국(In the Realm of the
Senses)〉(1976)은 등급을 받지 않았지만, 처음 많은 나라들에 상영됐을 때 몰수 처분을 받았다.
하지만 이런 악명 높은 등급을 이용해 성인 관객들의 호기심을 끌어모을 수도 있다.

그러나 NC-17등급은 영화의 흥행 전망을 망칠 수 있는데, 많은 신문들이 해당 등급의 영화
광고들을 싣지 않기 때문이다. 이런 등급제를 홍보에 이용할 경우 관객들은 이미 그 영화에 대
한 예상을 하게 된다. R등급 영화라면 그 영화가 섹스와 폭력적인 내용이 어느 정도 있는 것으
로 예상할 수 있다. G등급 영화라면 해피엔딩과 행복한 가정이라는 내용을 약속할 것이라고 예
상한다. 〈맨 인 블랙(Men in Black)〉(1997) 같은 영화는 PG-13등급을 열렬히 추구했는데, 아이
러니하게도 8~10세 어린 관객들의 열렬한 관심을 받았는데, 당시 어린 관객들은 성인의 언어와
행동으로 그려진 영화를 보고 싶어 했기 때문이다(**사진 1.37**). 〈킹스 스피치(The King's Speech)〉
(2010)는 언어 치료상 사용된 불경한 말들 때문에 R등급을 받았지만, 결국 몇몇 불경스러운 대
사를 삭제한 후 PG-13등급으로 바뀌었고, 반면에 R등급을 받은 〈불리(Bully)〉(2012)는 MPAA에
PG-13등급으로 바꾸어달라고 요청했으나 받아들여지지 않았다.

입소문과 팬 참여

영화에 대한 경험은 영화를 감상하기 전에 이미 덜 명확하지만 예상 가능한 방식으로 제시되
어 있다. 입소문, 즉 의견 및 정보의 대화식 교환은 영화 주변에서 '소문'으로 언급된다. 이는 다
소 중요치 않게 보일 수도 있고 최소한의 애매한 홍보로 보일 수도 있지만, 호불호가 형성되고,
사회집단들에 의해 방향이 설정되는 중요한 사회적 무대이다. SNS는 클릭 한 번으로 '호불호'
를 가리거나 그 리스트 작성을 가능하게 해주며, 이런 사회집단들을 기하급수적으로 확대시켜
왔다. 우리는 친구들이 특정 종류의 영화를 좋아한다는 것을 알고 있으며, 취향 문화에 따라 영
화를 홍보하는 경향이 있고, 특정 연령집단, 문화적 배경, 기타 사회적 결정 요인의 가치에 따

(a)

(b)

1.38 〈타이타닉〉 입소문은 특수효과에 초점을 두고 있다는 제임스 카메론의 영화 개봉을 기대하게 만든다. 영화 개봉 후 그 로맨틱한 구성에 대한, 또한 레오나르도 디카프리오에 대한 젊은 여성 팬들 사이의 입소문으로 영화의 성공은 더욱 강화되었다.

라 영화를 판단하고 받아들이는 경향이 있다. 마케팅 전문가들이 목표로 삼고 있는 관객들에게 어느 영화를 안내해줄 경우, 입소문을 통해 '바이러스 퍼지듯이' 서로서로 소통하여 알게 되고, 서로의 가치와 취향을 공유하는 사람들에게 영화를 추천해줌으로써 홍보하는 경향이 있다(**사진 1.38a, 1.38b**).

어느 집단 친구들이 〈헝거 게임(The Hunger Games)〉(2012)을 어떻게 예상할 수 있을 것인지를 시험해보자. 터프한 젊은 여주인공으로 떠오르는 인기배우 제니퍼 로렌스의 출연에 열광하게 될 것인가, 아니면 디스토피아 SF 영화 장르와 재미있는 시각적 효과에 열광하게 될 것인가? 그들은 수잔 콜린스의 원작을 알고 있을까? 이런 각각의 입소문 홍보들은 그 영화를 홍보하는 사람의 개인적 혹은 사회적 가치에 대해, 그리고 그들의 견해에 영향을 미치는 취향 문화에 대해 무엇을 보여주고 있는 것인가?

팬 잡지(fan magazine)는 영화 홍보의 한 형태로, 입소문의 초기 확장판이자 취향의 사회학을 지속적으로 조명해왔다. 1910년대에 출현해서 1920년대 무렵 널리 퍼졌으며, 그런 '팬진(fanzines)'은 영화 문화를 가정에까지 가져다주었다. 이는 사실 객관적인 설명으로 가장하는 것들로, 많은 이야기들은 사실 영화 스튜디오의 홍보 부서에 의해 제작된 것들이었다. 최근에 팬 잡지들은 인터넷 토론 집단으로 진화해가고 있으며, 홍보용 및 사용자 제작 웹사이트, 소셜 미디어 계정, 팬 활동 등은 영화 홍보와 문화에 있어서 더 큰 힘을 발휘한다. 웹사이트는 종종 영화 배급사들이 만들어 사용하기도 하는데, 사실상 팬진의 가장 강력한 현대적 형태가 되었고, 그래서 영화에 대한 정보와 열정이 잠재 관객들에게 효과적으로 확산되고 교환되는 것이 가능해졌다. 악명 높은 영화 〈스네이크 온 어 플레인(Snakes on a Plane)〉(2006)은 말 그대로 관객들에게 상당한 공포감을 느끼게 해주었는데, 이 영화를 둘러싼 웹사이트 활동들이(심지어 출시 전인데도) 활발하여 이 영화를 더 무섭고 더 과장된 것으로 만들어버리는 결과를 초래했다. 그러나 정작 극장 개봉 후의 반응은 실망스러웠는데, 이는 과장된 마케팅 조작 때문이었다.

영화에 대한 개인적인 관심을 고취하고 개발시키기 위해 이런 팬진과 웹사이트들은 〈스타트렉(Star Trek)〉(1979~2013)이나 〈카사블랑카(Casablanca)〉(1942) 같은 컬트 영화들에 대한 추종 집단들의 관심에 대해 대화를 나누고 싶어 하는 관객과 독자들을 함께 불러 모으거나, 팬들의 작품을 공유하기도 한다. 여기에서 호불호 영화들과 그런 영화들을 보는 시각에 대한 논의가 사회적 및 상업적 차원에서 구체적으로 이루어지면서 홍보도 이루어진다. 특정 영화에 대한 정보가 교환되고, 주장들이 생겨나고, 영화 팬들이 만들어내는 영상들이 출현한다. 팬 잡지들은 〈카사블랑카〉의 테마 음악 'As Time Goes By'와 그 노래를 부른 배우 둘리 윌슨에 대한 정보를 제공할 수도 있다. 채팅방 참가자들은 서로 스타트렉에 나오는 미스터 스팍의 벌칸족 이력에 대해 질문할 수도 있을 것이며 그의 개인적인 삶을 그런 판타지화할 수도 있다. 인터넷은 영화에 대

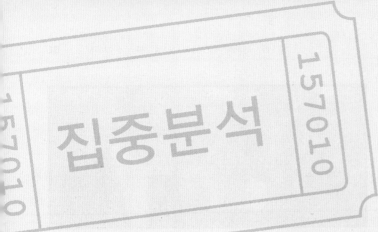

집중분석

〈블레어 윗치〉

같이 보기 : 〈파라노말 액티비티〉(2007), 〈싸이코(Psycho)〉(1960), 〈링(Ring)〉(1998)

독립영화사인 핵산필름이 제작한 〈블레어 위치(The Blair Witch Project)〉(1999)는 사건이 많지 않은, 상대적으로 단순한 공포 영화이다. 이 영화는 현대에 유행하는 공포 영화의 선두주자로 자리매김하고 있는데, 사실상 가공의 이야기인데도 마치 아마추어가 실제로 촬영한 다큐멘터리인 것처럼 만들었다. 이 영화는 창의적이면서 상상력이 풍부한 마케팅과 홍보 전략 때문에 유명세를 타게 되고 막대한 재정적 성공을 거두면서 그 이후 15년 동안 영화 마케팅 전략에 많은 영향을 미치게 되었다.

이 영화는 3명의 영화학도에 대한 이야기인데, 1994년 '마녀 블레어(Blair Witch)'가 살고 있다는 전설이 있는 메릴랜드의 블랙 힐즈로 향한다. 16mm 영화 및 비디오 카메라를 들고 직접 촬영에 나선 그들은 그 지역 사람들과 인터뷰하면서 마녀에 대한 이야기를 들은 다음, 마녀에 대한 증거를 찾기 위해 숲속으로 들어간다. 그들은 곧 길을 잃고 갈수록 공포에 빠져들어간다. 점점 뿔뿔이 흩어지게 되다가 결국 어느 폐가에 모이게 되는데, 마녀가 출몰하는 집이다. 마지막 장면은 오로지 비명 소리들로 점철되면서 참혹한 죽음을 암시한다. 세 사람의 모습을 다시는 볼 수 없었지만, 1년 후 그들이 남긴 비디오 영상이 발견된 것으로 추정되며, 그 영상들을 편집해서 다시 만든 영화를 지금 관객들이 보고 있는 것이다.

이 영화 홍보에 관한 이야기는 아주 정교하다. 이 영화를 처음 대중에 공개한 것은 선댄스 영화제의 심야 상영 때였는데, 영화를 만든 당사자들이 직접 나와 자신들이 만들어낸 입소문 홍보와 광고의 기술을 설명했다. 영화 상영에 앞서 사실상 결코 찾아낼 수 없는 3명의 영화학도에 관한 포스터와 함께 그 지역의 마녀 전설과 관련된 일을 마치 사실인 것처럼 이미지 자료로 꾸며 인터넷상에 올려놓았다. 그 결과는 전 좌석 매진으로 나타났고, 대형 배급사인 아티잔 엔터테인먼트와 배급 계약도 맺게 되었다.

아티잔사와 이 영화 제작자들은 재빨리 기존의 입소문 광고 전략을 변형시켜 새로운 인터넷 마케팅 및 홍보를 개척한 실례로 널리 알리는 전략을 시작했다. 아티잔사 사장인 스티븐 로젠버그가 입안한 이 전략은 웹사이트를 가짜 서류, 경찰 보고서, 언론사 인터뷰 등으로 재구성하여 이상하고 미스터리한 배경에서 사라진 진짜 사람들에 대한 실제 다큐멘터리라는 추측을 부각시키는 것이었다(**사진 1.39, 1.40**). 이 전략은 이 영화의 사건들이 실제로 일어났는가에 대한 토론이 인터넷 채팅방에서 활발하게 벌어지고 확산되게 만들었고, 배급사는 바이러스처럼 퍼져나가 더 많은 소문들을 양산해내는 광고 전략으로 진화해 가는 진원지가 되었으며, 결국 "blairwitch.com : 현재까지 조회수 21,222,589회"라는 단순한 광고 문구로 집약되는 엄청난 성공을 가져왔다.

이런 소문들을 홍보 전략의 일부로 유지하면서 아티잔사는 첫 상영할 극장 수를 조심스레 제한했다. 40개의 대학가에서만 영화를 상영했으며, 그 주변은 악명 높은 마녀 전설 이미지의 포스터들로 뒤덮였다. 이런 홍보 전략은 더 탄력을 받아 인터넷상에 퍼져나갔고, TV 광고가 잇달았으며, 영화 상영 바로 전에는 SF 채널이 유사 다큐멘터리를 내보내기도 했다. 1999년 7월 30일 드디어 이 영화가 극장에서 개봉된 이후 아티잔사는 다음 일주일을 기다렸다가 광고를 신문과 같은 전통적인 홍보 방식으로 돌렸다. 극장에서의 첫 성공에 힘입은 광고효과는 빠르게 흐름을 타면서 다양한 파생효과를 만들어냈는데, D. A. 스턴의 저서 블레어 윗치(*The Blair Witch Project: A Dossier*)에서의 '실화', 클레어 포브스의 사진소설 블레어 윗치 프로젝트, 젠 반 미터와 찰리 아들라드의 각색 만화, 3부작 비디오 게임 등이 있다.

이런 다양한 마케팅 전략의 성공으로 애초에 35만 달러의 저예산으로 만들어진 이 단순한 공포 영화는 아티잔사의 투자액 110만 달러를 받아들여 엄청난 성공을 거두고 전 세계적으로 2억 4,800만 달러를 초과하는 총수익을 올리는 영화로 바뀌었다.

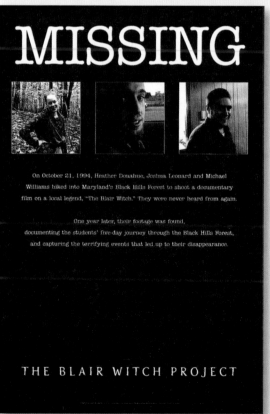

1.39와 1.40 〈블레어 윗치〉 이런 마케팅 자료들은 캐릭터들의 이야기를 너무나 생생하게 강조하고 있어서 많은 사람들은 진짜 다큐멘터리라고 생각했다. Courtesy Mary Evans/ Ronald Grant/Everett Collection; © Artisan Entertainment

생각해보기

최근에 본 영화를 생각해보자. 당신이 그 영화를 보게 된 것은 어떤 효과적인 홍보 전략 때문인가? 또 잘못 이끌어가고 있는 것이 있다면 홍보의 어떤 면이 그런가? 그 영화 홍보에서 어떤 것이 무시되고 혹은 소홀히 취급되고 있는가?

한 소문을 홍보함으로써 잠재적 관객들에게 영화 제작에 일부 참여할 수 있는 가능성을 제공한다. 이는 오늘날 점점 더 흔한 접근 방식으로 자리 잡아가고 있다.

팬 잡지가 확산됨에 따라 이와 같은 홍보 방식은 영화에 대한 이해를 어떻게 더 돕는지 혹은 혼란스럽게 만드는지 관심과 분석을 받을 만한 가치가 있다. 영화에 대한 서로 다른 경험은 복잡한 문화 지형 안에서 발생하는 것인데, 개인적인 관심이 경험의 의미와 가치를 형성하는 특정한 역사적·사회적 힘과 교차하는 장소인 것이다. 여기에서도 영화 경험은 극장을 훨씬 넘어서서 확장되어 가고 있다.

영화 상영 : 언제, 어디서, 어떻게 영화 경험은 이루어지는가

영화 상영(exhibition)은 우리가 영화를 보는 장소와 시간을 아우른다. 영화 포스터나 극장 로비에서 벌이는 대중 이벤트 같은 홍보적 요소들을 포함할 수도 있으며 영화 출시 일정에 따른 배급과 관련되어 있을 수도 있다. 하지만 상영은 영화 경험의 중심에 있으면서 반응 혹은 **평판**(reception)과 밀접하게 연결되어 있는데, 반응이란 개별적 관객이나 집단들이 영화를 이해하는 과정이다. **상영주**(exhibitor)들은 극장이나 극장 체인을 소유하고 있으면서 상영 프로그램과 지방 홍보에 대한 결정을 내린다. 이들은 영화 관람의 실제 경험, 즉 영화관에서 보는 것과 집에서 영화를 시청하는 것과의 차이를 만들어내고, 이것이 극장 소유주 수입의 약 40%를 차지한다. 배급이나 홍보를 당연하게 여기듯, 우리는 우리가 영화를 보는 많은 방식들이 영화에 대한 감정과 해석에 많은 영향을 끼치고 있다는 사실을 잊은 채 상영을 당연시한다. 우리는 문화적 영역인 상영장소 안에서 영화를 본다. 극장에서, 비디오 모니터를 갖춘 집에서 혹은 휴대용 장치를 갖추어 비행기나 열차 안에서 영화를 본다. 놀랄 것도 없이 이런 맥락과 기술은 영화에 대한 반응에 영향을 미친다.

영화 상영의 변화하는 맥락과 실제

같은 영화를 복합 영화관이나 대학 강의실에서 대형화면으로 2시간 내내 방해받지 않고 보는 것과 컴퓨터로 4일 동안 30분씩 쪼개서 보는 것은 서로 아주 다른 종류의 영화 반응을 이끌어낼 수 있다. 비행기 모니터상으로 영화를 보는 관객은 당시에는 지루함을 느낄 수도 있지만, 나중에 집에서 보면 시각적 놀라움, 재미있게 짜여진 줄거리 등 훨씬 더 많은 것들을 보고 이해할 수 있다는 것을 발견할 것이다.

영화는 역사적으로 다양한 맥락에서 배급되고 상영되어왔다. 20세기 초 영화는 20분짜리 이상이 드물었고, 작고 시끄러운 **니켈로디언**(nickelodeon)[24]이란 극장에서 상영되곤 했다. 상가의 공간에 설치된 작은 극장으로 지나다니는 행인들을 붙들어두기 위해 단편 영화들이 계속 상영됐고 축제장에 가설극장을 임시로 설치하여 다른 놀이시설들과 경쟁하며 지나치는 유흥객들을 끌어모았다. 1920년대 무렵 영화가 예술적으로, 재정적으로, 그리고 문화적으로 발전함에 따라 영화 상영은 라디오시티뮤직홀(Radio City Music Hall, 1932년 개장) 같은 수천 개의 호화스러운 좌석을 갖춘 거대하고 화려한 **무비 팰리스**(movie palace)로 옮겨갔다. 1950년대 무렵 도시 중심부가 교외로 뻗어나가면서 중심부 극장들의 관객수가 감소하게 되자, 새로운 경쟁자인 가정에서의 TV와 차별화하기 위해서 자동차 극장(drive-ins), 와이드스크린(widescreen), 입체 방식(3D process) 등이 도입됐다. TV는 일일 방영 프로그램의 특별한 이벤트로 영화를 방영하기 시작하면서 새로운 영화 경험 방식이 되었다. 1980년대에는 비디오 녹화기(Video Cassette Recorder,

VCR)가 등장하여 가정 관객들이 원하는 시간에 영화를 볼 수 있게 되었고, 쇼핑몰과 함께 있는 **멀티플렉스**(multiplex),²⁵ 즉 복합상영관은 쇼핑하러 나왔다가 영화도 보게 되는 방식으로 점점 더 중요성이 커져갔다.

오늘날 우리는 통상 90~120분짜리 영화를 집에서 디스크 플레이어(disc player)나 컴퓨터 화면으로 보는데, 며칠 밤에 걸쳐 보기도 하고, 좋아하는 영화를 다시 보거나 혹은 이해가 잘 안 되는 부분을 다시 보기도 한다. 컴퓨터, 스마트폰, 태블릿 등과 같은 휴대기기들은 감상 방식에 새로운 이동성을 부여한다. 극장은 가정 상영 방식들과의 계속되는 경쟁에 메가플렉스 (megaplex)로 대응해왔다. 20개 이상의 화면, 총 6천 개 이상의 좌석, 하루에 총 100번 이상의 상영을 하는 극장인데, 이 새로운 복합 오락 시설에서는 영화만 볼 수 있는 것이 아니라 아케이드 게임 공간, 음식점, 커피숍, 주점 등도 갈 수 있다. 이에 대항하여 가정 상영 방식은 관객들로 하여금 영화를 스트리밍 다운받을 수 있게 했고, 더 정교해진 디지털 방식의 화질과 음향기술, 게임 콘솔과 TV를 결합한 게임 오락기기 등으로 대응해왔다.

생각해보기

공부하고 있는 영화의 여러 다른 상영 방식들을 역사적 · 문화적 · 기술적 측면에서 상상해보자. 니켈로디언 극장에서, 무비 팰리스 극장에서 혹은 가정에서 영화는 어떻게 상영되었을까?

기술과 상영 문화

감상 형식(즉 어디서 어떻게 영화를 보는가)을 바꾸는 것은 상영 문화 공간을 더 넓히는 데 기여하며, 영화관람의 배경 및 의미로서 특정 사회활동에 기여한다. 극장 상영은 영화 보는 사회적 차원을 조명하고 있는데, 특정 시간 및 장소에 특정 관객으로서 개인들을 불러 모으기 때문이다. 더 나아가 그런 사회적 환경 속에서 관객의 공통적 참여는 우리의 관심을 끌고, 우리의 반응을 형성한다.

〈겨울왕국(Frozen)〉(2013) 같은 영화는 동화의 세계로 아이가 있는 가족들을 끌어들이기 위해 토요일 오후에 주로 교외에 있는 극장들에서 상영될 것이다(**사진 1.41**). 상영 시간과 장소는 분명 가족들이 함께 오락을 즐길 수 있는 조건으로, 가족 간의 사랑과 자부심을 강조하는 이야기를 잘 이해할 수 있는 조건으로 조정된다. 반대로 피터 그리너웨이의 〈필로우 북(The Pillow Book)〉(1996)은 서예, 인간 육체, 시, 섹스에 대한 여자의 열정을 그린 복잡한 영화인데, 개인, 젊은 커플, 친구들끼리 극장 커피바에서 시간을 보내는 지방 소도시 극장에서 상영될 만하다(**사진 1.42**). 이 영화는 실험적 취향을 지닌 도시민들과 지적인 자극 및 논쟁거리 영화를 원하는 사람들에게 호소력이 있을 것이다. 두 영화의 상영 맥락을 뒤바꾸어 보면 그런 맥락들이 어떻게 아주 다른 반응들을 만들어내는지 알 수 있다.

생각해보기

이상적인 영화 상영 및 문화로 무엇을 생각하고 있는가? 특정 종류의 영사 방식을 갖춘 특정 유형의 극장에서 이루어질 것인가? 어떤 유형의 관객들이 가장 적합해 보이는가? 광고는 그런 다른 집단들에게 어떻게 목표를 설정할 것인가?

상영의 기술적 조건, 즉 영화가 상영되는 산업적, 기계 역학적인 수단도 마찬가지로 관객의 반응을 만들어낸다. 대형 극장에서는 35mm 혹은 70mm 영사기를 사용하므로 이미지를 크고 자세하고 생생하게 보여줄 수 있다. 비교적 화면이 작은 쇼핑몰의 복합 상영관에서 또 다른 영화를 볼 수도 있으며, 그 주변에 있는 다른 극장들에서 뷔페식으로 영화를 골라 볼 수도 있다. 또 DVD 플레이어를 선택해서 좋아하는 장면들을 골라 볼 수도 있다. 오늘날 영화는 컴퓨터 모니터를 공유하여 다른 종류의 활동을 하면서도 볼 수 있다. 과거에는 버라이어티쇼를 보여주는 보드빌(vaudeville) 공연 속에 단편 영화를 집어넣

1.41 〈**겨울왕국**〉 가족 영화들의 경우 일부는 널리 흥행되기도 하지만, 대체적으로 극장 체인을 통해 널리 배급되고, 또한 이른 시간대에 상영된다.

1.42 〈필로우 북〉 예술 영화, 특히 NC-17등급을 받은 영화들은 주로 도시의 특별한 극장들에 배급되는 경향이 있다.

1.43 **3D 상영** 기술이 처음 꽃피던 시절인 1950년대에는 관객들이 특별한 3D 안경을 쓰고 영화를 즐겼다. 기술 진보에 따라 3D는 상영 맥락에 초점을 맞추고 극장 소유주들이 수익을 늘릴 수 있는 기회를 제공해준다. Courtesy Bettmann/Corbis

생각해보기

최근에 대형 화면으로 본 영화와 컴퓨터로 본 영화가 각기 반응에 어떤 영향을 끼쳤는지 생각해보자.

거나, 10대 관객들이 많은 자동차 전용 극장에서 두 편의 영화를 동시상영하는 방식이 인기 있었다.

상영의 다른 기술적 특성들은 영화에 대한 이해와 즐거움 모두를 증진시키기 위한 세밀한 계산을 깔고 있다. 세실 B. 데밀 감독의 서사 영화 〈십계(The Ten Commandments)〉(1923)는 무비 팰리스에서 개봉됐는데, 고급스럽고 장대한 분위기, 성서적 이미지, 오케스트라 연주 등이 갖추어져 있어 거대한 정신적 주제를 잘 표현했다. 영화감상의 조건은 아이디어 혹은 형식과 병행한다고 할 수 있다. 특수 영사 기법 및 3D 안경을 갖추고 〈해양 괴물(Creature from the Black Lagoon)〉(1954)을 보면, 바다 생명체들이 놀랍게 느껴진다. 3D 기술은 변화하는 상영 기술 및 문화의 훌륭한 예이다. 향수에 젖게 하는 1950년대 기법으로 오랫동안 간주되어온 3D 영화는 로버트 저메키스의 〈베오울프(Beowulf)〉(2007)로 다시 돌아왔으며, 최첨단 디지털 영화 방식으로 제작되고 상영된 〈아바타〉와 동의어가 되었다(**사진 1.43**). 전 세계 극장 소유주들은 새로운 구경거리로 관객들을 끌어모으기 위해 극장을 개조했으며, 결과적으로 디지털 영사 방식이 35mm 방식을 압도하게 되었다.

대형 화면의 장대함을 더하기 위한 기술과는 대조적으로 영화 이미지와의 특별하고도 개인적인 만남을 극대화 혹은 극소화하려는 기술도 있다. 소비자들은 미디어(영화, TV, 인터넷, 비디오 게임 등)와 감상 플랫폼(TV, 컴퓨터, 스마트폰 등)이 상업적, 기술적, 문화적으로 상호 의존적인 관계가 됨에 따라 이런 새로운 상황들에 재빨리 적응했다.

상영 시간

배급 시점이 영화가 언제, 어떤 방식으로 영화가 상영 가능하게 되는지를 결정하는 반면, 상영 시점은 더 개인적인 차원의 영화 경험이다. 언제, 얼마나 영화를 보느냐 하는 것은 어디서, 누구와 함께 영화를 보느냐 하는 것만큼 영화의 영향력과 영화를 대하는 태도를 형성할 수 있다. 비록 저녁식사 전이나 후에 영화를 보는 것은 평범한 일일 수 있지만, 관객들은 다양한 시간대에 수많은 사적 행사에 따라 다른 종류의 영화들을 본다. 오후 낮시간대 상영, 심야 상영, 장거리 비행기 안에서의 상영은 영화 경험이 시기에 따라 어떻게 달라질 수 있고, 영화에 대한 다른 고려사항들에 어떻게 영향을 미칠 수 있는지를 보여준다. 이런 각각의 상황들에서, 우리의 영화 경험은 우리가 어떠한 방식으로 시간을 보낼 것인지에 대한 약속을 포함하고 있다. 독서로, 대화로, 잠자기로 혹은 일하기로 시간을 보내는 대신, 영화를 보겠다고 하는 것이다. 따라서 영화 보기로 시간을 보내는 것은 휴식하기, 사회와 관계 맺기 혹은 다른 방식으로 일하기와 관련된 행동이 되는 것이다.

여가 시간

전통적으로 영화 문화는 영화 상영을 여가 시간에 하는 것으로 강조해왔다. 여가 시간이란 적어도 일하는 시간에 비해 덜 생산적인 것으로 여겨져 왔으므로 놀이 및 쾌락과 관련된 종류의 기쁨이란 생각이 지배적이었다. 여가 시간이란 비교적 최근의 역사적 발전에 따라 생겨난 개념이라 볼 수 있다. 활동 사진이 처음 생겨난 19세기 이래로, 현대사회는 일과 여가 시간을 분리하고 서로의 관계에 따라 정의될 수 있도록 영화 경험을 조직적인 활동으로 만들고자 했다. 보통 여가 시간을 '일상으로부터의 탈출', '몸과 마음의 휴식' 혹은 '또 다른 자아의 실현'과 동일시한다. 20세기 초 이래로 영화 상영은 이런 식으로 여가 시간과 관련을 맺어왔다. 금요일 밤 한 편의 코미디 영화를 보는 것은 바쁘게 보낸 한 주의 마지막에 휴식을 약속해준다. 저녁식사를 하면서 DVD 플레이어로 한 편의 콘서트 영화를 보는 것은 정신적 피로를 없애줄 수 있다. 늦은 밤 TV로 로맨틱한 영화를 보는 것은 자신의 삶에서 잃어버린 열정을 되찾게 만들어 줄 수도 있다.

생산적인 시간

영화 상영을 여가 시간 외에 정보, 자료 혹은 지식을 얻는 생산적인 시간으로 생각할 수 있고, 또 생각해야만 한다. 영화 초기 시절부터 영화는 강연을 그림으로 보여주거나 관객들에게 셰익스피어 공연을 소개하곤 했다. 건강 수업이나 운전 교육 프로그램에서 볼 수 있는 보다 엄격한 교육 목적의 영화들은 이러한 영화 사용의 덜 화려한 버전이다. 영화 상영의 일부로 널리 알려지지는 않았지만 생산적인 시간은 계속해서 어떤 종류의 영화 상영을 만들어낸다. 영화 비평가나 영화 제작자에게 있어서 아침 일찍 상영하는 것은 '재정적 가치'에 대한 것일 수 있는데, 한 영화를 평가하기 위한 이런 시간 활용은 경제적 보상을 초래할 것이기 때문이다. 또 다른 사람에게 있어서 예술 박물관에서의 영화 주간은 다른 사회나 혹은 역사적 시기에 대한 생각들을 설명하는 데 도움을 주고 있으므로 '지적인 가치'를 나타내고 있는 것이다. 어느 젊은 미국인에게 있어서 〈쉰들러 리스트〉를 저녁시간에 보는 것은 '인간적 가치'에 대한 것일 수 있는데, 관객들에게 홀로코스트에 대한 많은 지식을 알려주고, 다른 인간들이 겪은 고통을 민감하게 느끼도록 만드는 데 목적을 두고 있기 때문이다.

상영 시간을 정하는 것은 어떤 가치에 따라 영화 경험의 틀을 짜고, 강조할 수도 있다. 칸 영화제는 넓은 영역의 영화들을 소개하고 있으면서 영화를 사고파는 비즈니스 장소로, 인기배우들과 파티를 위한 화려한 공개행사로 기능한다. 영화제가 열리는 시기인 5월과 장소인 리비에라 해변은 영화 경험이 여가 시간의 즐거움과 생산적인 시간의 비즈니스, 양자 모두가 될 것이라는 사실을 보장해준다. 이와 대조적으로 뉴욕 영화제는 일부 똑같은 영화들을 소개하면서도 분위기는 지적이거나 학구적이다. 시기적으로 학기 초면서 모든 예술제 일정이 시작되는 9~10월 동안 뉴욕시에서 거행되는 이 영화제는 영화 경험을 예술적 가치 및 생산적인 시간과 많이 관련지어 생각한다. 칸 영화제에서 소피아 코폴라의 〈마리 앙투아네트(Marie Antoinette)〉(2006)가 개봉된 것은 영화제의 화려한 파티 분위기와 프랑스에 맞는 주제를 잘 활용한 경우이다. 많은 프랑스 비평가들이 적대적으로 깎아내렸던 것은 개막식 상영작으로 선택한 것이 작전상 실패였다는 것이나 관심이 무관심보다는 낫다는 자명한 진리, 둘 중 하나를 가리킨다(**사진 1.44**).

강의실, 도서관, 그리고 박물관 상영은 즐거움만큼

생각해보기

'여가 시간'으로 여기면서 보는 영화와 '생산적인 시간'으로 여기면서 보는 영화를 각각 생각해보자. 강의실에서 보는 것과 장거리 비행기 안에서 보는 것은 어떤 차이가 있는가? 영화 선택은 장소와 시간에 따라 어떤 영향을 받을 수 있을 것인가?

1.44 〈마리 앙투아네트〉 칸 영화제에서 이 영화는 그 미장센만큼이나 호화롭게 개봉했다.

〈시민 케인〉 상영

권력과 소유에 집착한 한 남자의 이야기인 〈시민 케인〉은 가장 위대한 영화 중 하나로 간주된다. 오슨 웰즈가 찰스 포스터 케인을 묘사한 방식, 수수께끼 같은 이야기를 이끌어가는 웰즈의 디렉팅, 그리고 영화의 복잡한 시각적 구성 때문에 환호받았다. 동시에 이 영화는 당시 미국의 미디어 재벌 윌리엄 랜돌프 허스트를 빗대어 비판적 시각에서 그렸다는 소문 때문에 개봉 전에 많은 어려움을 겪었다(사진 1.45). 이런 극적인 상영 이력 때문에 영화는 사람들에게 많은 인기를 끌지 못했고 이해되지 못했다. 심지어는 상영 전 있었던 일들이 영화의 의미를 변색시키거나 멋대로 결정해버리기도 했다.

이미 '천재 소년'으로 칭송받았던 오슨 웰즈가 배우 및 감독으로 만든 첫 영화 〈시민 케인〉은 유명한 RKO 영화사가 일류 영화들을 개봉했던 뉴욕의 화려한 라디오시티뮤직홀에서 대대적인 축하 팡파레를 울리며 개봉할 예정이었다. 라디오시티뮤직홀의 궁전 같은 화려한 건물보다도, 뉴욕에서 첫 개봉을 한다는 것은 뉴욕에서 얻은 웰즈의 경력 및 명성이 유리하게 작용한 것이었다. 이 첫 상영의 물리적, 사회적 맥락은 라디오시티뮤직홀의 서정적인 웅장함과 웰스의 예술적 실험에 조화를 이룬 뉴욕의 문화적 공간을 결합할 것이었다. 하지만 영화에 대한 소문에 이미 기분이 나빠진 허스트는 라디오시티뮤직홀에서의 개봉을 막기 위해 조용히 움직였다. 개봉 연기와 같은 많은 어려움을 겪은 후, 제작자 및 배급사인 RKO 영화사는 결국 〈시민 케인〉을 로스앤젤레스의 한 독립영화관과 뉴욕의 한 개조된 보드빌 극장에서 동시에 개봉했다. 허스트의 공격으로 인해 많은 극장 개봉은 실패로 돌아갔다. 허스트 계열 신문사들은 영화의 광고를 금함으로써 개봉에 직접적인 악영향을 끼쳤다. 폭스와 파라마운트 체인 극장 같은 주요 극장들이 상영하도록 법의 명령을 받았을 때에도, 예약을 받긴 했으나 허스트의 보복이 두려워 상영하지는 못했다. 상영됐을 때에도 영화에 대한 논란이 쇄도하여 결국 극장가 인기 순위에 오르는 데에는 실패했다.

세월이 흘러 이 영화의 명성이 점점 커지게 되자 상영의 사회학적, 지리학적 맥락을 바꾸는 일이 뒤따랐다. 미국에서 시끄러운 첫 개봉이 있고 난 후, 영화는 1950년대에 프랑스의 예술극장에서 재평가를 받게 되었다. 영화 언어를 화려하게 표현해내고 창조해낸 작품으로 칭찬받았다. 오늘날 많은 학생들은 '미국 영화사' 등의 대학 강의에서 시민 케인을 접한다. 이런 맥락에서 관객은 영화를 단순한 오락거리보다는 하나의 예술작품으로 대해야 한다는 느낌을 받는다. 그래서 학생들은 보드빌 댄스 넘버(시민 케인의 시퀀스 중 하나)와 같은 코믹적 요소보다 케인이 그의 친한 친구들에게서 소외되는 시각적이고 실제적인 장면 같은 진지한 측면에 더 집중한다. 영화학 시간에 이 영화를 보는 사람이 모두 다 똑같이 생각한다는 것은 아니다. 다만, 상영 맥락이 영화를 보는 어떤 사회적

1.45 〈시민 케인〉 윌리엄 랜돌프 허스트는 자신의 인생을 빗대어 만든 이 영화를 반대하여 라디오시티뮤직홀에서 개봉하는 것을 막았다. 허스트의 분노를 사는 것이 두려워 주요 체인 극장들이 영화의 상영을 원치 않았고, 광범위한 영화 상영은 부정적인 영향을 받게 되었다.

태도를 제시하는 것은 분명하다. 마찬가지로 〈시민 케인〉의 상영 이력은 다른 기술들을 통해 영화가 어떻게 다르게 경험되는가 하는 차이점을 보여준다. 원래의 35mm 상영 판본은 영화를 유명하게 만든 놀랄 만한 딥 포커스(deep-focus) 촬영기법[26]과 이미지를 주로하는 디테일들을 보여준다. 케인의 대저택 재너두에서 사파리 여행을 즐기는 듯한 피크닉, 수잔의 오페라 초연, 재너두의 거대한 홀에서 나누는 케인과 수잔의 대화 등과 같은 장대한 시각적 효과를 가진 장면들은 대형 극장의 크기와 질감을 느낄 수 있는 이미지를 필요로 한다. 첫 극장 상영 이후로, 16mm로 대학가 및 영화계에서 주로 소비되다가 나중에 지속적인 소비자 기술의 발달에 따라 비디오, 레이저 디스크, DVD, 블루레이 등으로 전환되었다. 영화의 내용은 그대로지만, 때때로 다른 기술들의 품질이 더 낮아지거나 이미지 크기가 더 작아졌기 때문에 이미지와 장면의 시각적 위력이 약화되었다. 디지털 양식은 이야기 사건들보다 역동적인 시각적 효과에 열광하는 관객들의 취향에 따라 시각적 이미지를 발전시키고 있다.

상영 맥락의 우리가 얼마나 집중할 수 있는지에 영향을 미칠 수 있다. TV로 영화를 볼 때는 상업광고 때문에 끊길 수 있으며, 디지털 형식으로는 스스로 영화를 시작하고 중지시킬 수 있으므로 경험을 지속시키는 것에 영향을 미칠 수 있다. 극장에서의 대형 이미지는 조명의 밝기 조절로 다른 캐릭터들에 대한 평이 가능하도록 관객을 더 쉽게 이끌 수 있는

반면, DVD 플레이어는 관객이 억양이나 말장난 같은 것을 확인하기 위해서 대화 장면을 다시 되돌릴 수 있다. 〈시민 케인〉의 소비자용 판본은 관객들에게 희귀한 사진들, 홍보물, 영화감독 피터 보그다노비치와 비평가 로저 에버트의 비평, 시나리오가 만들어진 이력과 상영까지의 난관들을 그린 다큐멘터리 〈시민 케인을 둘러싼 논쟁(The Battle over Citizen Kane)〉(1996) 한 편이 들어간 증보판으로 제공된다. 어느 정도로 이 자료들이 사람들의 반응에 작용하든지 간에, 〈시민 케인〉의 DVD 상영은 관객의 영화 경험을 풍부하게 해줄 수 있는 가능성을 제공한다. 이러한 자료를 활용하는 시청자들은 특정 시각을 가진 상태로 〈시민 케인〉을 보게 된다. 웰스의 창의적인 혁신과 그가 보그다노비치와 같은 이후 영화 감독들에 끼친 영향을 주의 깊게 보거나, 다큐멘터리 보충 자료에서 상세히 다루는 허스트와 케인 간의 연결을 어떻게 재현하는지를 관심 있게 지켜볼 수 있다. DVD가 원작 영화의 '대체 광고 자료'들을 제공한다는 것은 관객들로 하여금 다른 홍보 전략이 특정 주제와 장면에 그들의 이목을 집중시키는 방법을 알 수 있도록 한다. 또한 〈시민 케인〉이 비평가들 사이에서 가장 훌륭한 영화로 인정받아온 명성과 '신동의 노력'으로 꼽히는 소년의 작품으로서의 명성은 또 다른 맥락으로 상영에 기여한다. 참고로 〈시민 케인〉은 1962년부터 2012년까지 매 10년마다 실시되는 '사이트 앤 사운드' 조사에서 1위를 유지하다 2012년에 2위로 밀린 기록이 있다. 유튜브 등의 영상 공유 사이트에서 팬들이 인터넷상의 인용구들을 올리고 있으며, 감독을 꿈꾸는 이들은 자신의 노력을 웰스와 비교하거나 혹은 웰스의 영화 일부를 뒤섞어 만들면서 신세대들에게 이 고전 영화를 소개한다.

이나 이해와 배움을 강조하는 경향이 있다. 학생들이 이런 장소에서 영화를 보게 되면, 금요일 밤 영화관에서 영화를 보는 것과는 다른 방식으로 영화를 보도록 요구된다. 역사적이거나 예술적인 전통의 일부로 영화를 생각하거나, 논리적인 부분들을 필기하는 등 더욱 주의 깊게 보게 된다. 영화 상영의 이런 조건들이 영화의 본질적인 의미를 변화시키는 것은 아니다. 하지만 그런 조건들이 영화를 이해하는 방법을 가리고, 바꾸어 버릴 수도 있다는 것은 분명하다. 상영은 우리가 영화를 단절된 것이 아니라 우리가 그것을 보는 조건에 의해 성립된 기대감의 일부로 영화를 보고 생각하기를 요구한다.

요약

모든 영화의 배후에는 어떻게 만들고, 배급하고, 마케팅하고, 또 상영하는가에 대한 복잡한 결정, 선택, 목적이 있다. 이 장에서는 그 모든 작업이 관객을 예상하고 배치함에 있어 중요한 부분들에 조명했다. 제작 방법, 배급전략, 마케팅 기술, 상영 장소가 어떻게 다른 종류의 영화 경험들을 만들어내고 반응하는지를 보았다. 조스 웨던의 〈어벤저스〉와 〈헛소동〉처럼 서로 다른 영화들은 제작에서부터 마케팅까지 극도로 다른 길을 가면서 아주 다른 방식으로 관객들을 끌어들이고 배치시킨다. 제임스 샤머스와 이안은 제작자와 감독이라는 독특하고도 역동적인 작업관계를 맺으면서 수많은 영화[〈와호장룡〉, 〈브로크백 마운틴〉 등]를 만들어냈는데, 양자 모두의 특징을 갖고 있으면서 관객들의 기대치를 이끌어낸다. 복잡한 법적 다툼 때문에 〈양 도살자〉는 배급과 상영 문제로 갈등을 겪었고, 〈제로 다크 서티〉는 고문 장면에 대한 논쟁적인 소문 때문에 득을 본 경우였다. 이 장에서 논의된 이런저런 문제들이 평가하고 분석하고픈 영화를 어떻게 알려줄 것인가를 시험해보자.

■ 제작 전 단계들은 〈반지의 제왕〉이나 〈라이프 오브 파이(Life of Pi)〉(2012) 같은 영화에서 궁극적으로 보게 되는 것을 어떻게 알려주는가?
■ 영화 배급전략이 〈파라노말 액티비티〉나 〈퍼시픽 림〉 같은 영화를 언제, 어떻게 볼 수 있는가뿐만 아니라 무엇을 볼지도 어떻게 결정하는지를 생각해보자.
■ 〈블레어 윗치〉의 홍보 전략은 최근의 다른 많은 영화들에서 어떻게 모방되어왔는가? 이 전략은 어떤 종류의 영화와 관객들에게 가장 잘 적용되고 있는가?
■ 〈시민 케인〉(혹은 다른 영화)의 상영 장소가 달라짐에 따라 이 영화에 보이는 관객들의 반응에 영향을 미치는 방식들을 평가해보자.
■ 미디어 통합과 빠른 기술 발전은 어떤 방식으로 관객과의 다른 관계, 관객과의 역동성을 만들어내고 있는가? 〈버블〉이 개척한 요일 및 날짜별 출시 전략은 영화 보는 방식을 어떻게 바꾸어 왔는가? 〈식스 센스〉 같은 영화들에 의해 촉발된 재관람 관객들은 왜 오늘날 더 일반적인가? 그들은 영화가 이야기를 말해주는 서술적 영화방식을 바꾸어왔는가?

적용해보기

■ 살고 있는 지역 신문 문화면의 영화에 대한 이야기와 영화산업 잡지 〈버라이어티(Variety)〉의 온라인판이나 독립영화에 대한 온라인 자료 인디와이어닷컴(Indiewire.

com)의 똑같은 영화에 대한 논의를 비교해보자. 오늘날 영화산업의 문화적 우선권에 대해 무엇을 말하고 있는가? 이런 다른 예들에서 영화 제작은 어떤 가치가 있는 것으로 생각되는가?

■ 어느 투자자 집단이 동네에 최신식 극장을 열려는 계획을 갖고 있다고 상상해보자. 장소 및 디자인에 관한 계획을 묘사해보자. 거기서 어떤 종류의 영화를 상영할 계획인가? 배급 및 상영 시기를 어떻게 이용할 것인가? 이런 결정들이 보여줄 영화 종류들에 관한 의도에, 끌어들이기를 희망하는 관객들에게 어떤 영향을 미칠 것인가?

제 2 부

형식적 구도
장면, 촬영, 편집, 그리고 음향

모든 영화는 우리가 실제 세상을 경험하기 위해 통상적으로 감각을 이용하는 방법을 어느 정도 모방한다. 영화학은 영화에서 특정한 형식적 시스템, 즉 미장센, 촬영, 편집, 음향을 사용해 어떻게 감각을 활성화시키고 있는가를 검토하는 것이다. 〈흩어진 꽃잎(Broken Blossoms)〉(1919)에서 D. W. 그리피스는 작은 방에 물리적으로 갇혀 있는 밀실공포증을 만들어 내기 위해 구도를 활용한다. 바즈 루어만의 〈위대한 개츠비(The Great Gatsby)〉(2013)에서는 세트, 의상, 촬영, 편집, 음향 등이 재즈 시대의 광적인 에너지를 전달해준다. 그런 감각을 활성화하고 조절함으로써 영화의 이미지와 음향은 관객들이 신체적으로, 감정적으로, 지성적으로 인지하고 반응하는 경험을 만들어낸다.

다음 4개의 장은 영화 형식의 네 가지 다른 범주와 관련된 형식적, 기술적 위력들을 확인한다. 제 2장은 미장센에 관한 내용으로 세트, 소도구, 기타 요소들의 역할을 탐구한다. 제3장은 촬영, 즉 영화가 어떻게 찍히는지에 관한 기술적 측면을 검토한다. 제4장은 영화 편집을 살펴보고, 제5장은 영화 음향에 초점을 맞추고 있다. 각 장은 각 요소에 대한 짧은 역사적 개요로 시작하다가 나중에 이런 영화 형식의 측면과 관련된 특성 및 특정 전략을 상세히 다룬다. 각 장은 이런 장면, 촬영, 편집, 음향 등이 우리의 해석 및 반응을 어떻게 이끌어내는지에 대해서 검토하는 것으로 끝을 맺고 있다.

미장센
물질 세계의 탐구

알프레드 히치콕 감독은 1960년 작품 〈싸이코〉 예고편에서 지금은 전설이 된 영화의 세트장으로 관객을 안내하는데, 그는 그곳을 마치 실제 장소인 것처럼 다루고 있다. 평범해 보이는 베이츠 모텔을 통과해서 그 뒤쪽에 있는 음산해 보이는 낡은 집으로 걸어가다가 히치콕은 살인사건이 일어난 가파른 계단을 무심하게 가리킨다. 그 후 그는 벽 위에 그려진 그림의 의미를 어렴풋이 암시하다가 마침내 팔을 뻗어 샤워실 커튼을 잡아당긴다. 관객은 예고편이 만들어낸 긴장감, 즉 서스펜스를 즐기게 되고, 이 긴장감은 각 장소에서 일어난 충격적인 사건들에 익숙해짐에 따라 더욱 고조된다. 관객이 이미 이 영화를 보았기 때문이거나(이 예고편을 영화 상영 후에 보게 된다거나), 혹은 명성 때문에 이 영화를 알고 있기 때문일 것이다. 이야기의 허구성을 벗어나 보면, 이런 세팅들이 항상 같은 공포심을 유발하는 것은 아니다. 예고편은 영화 분위기에 대한 미장센의 중요성을 상기시키면서 그 효과가 얼마나 세심하게 꾸며졌는지 보여준다. 이런 세팅과 소도구의 완전한 영향력은 〈싸이코〉 영화를 보는 과정 그 자체에서 경험할 때에야 비로소 느낄 수 있다.

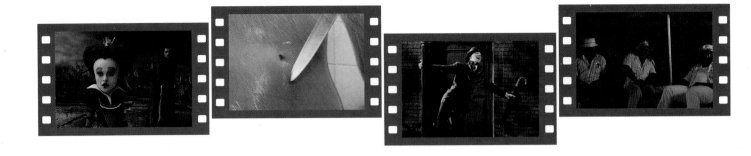

미 장센(mise-en-scéne)이란 프랑스어는 '한 장면에서의 배치' 혹은 '무대 위'라는 의미가 있는 데, 영화촬영이 시작되기 전에 한 장면에서 여러 요소들이 배치되고 촬영이 시작된 후 특정 방식으로 이용되는 것을 말한다. 미장센은 화면상으로 보일 수 있는 모든 것을 포함한다. 영화는 회화와 사진에서 유래한 구성원리를 활용하면서, 연극으로부터 물려받은 복잡하고 다양한 형식적 및 실제적 요소를 마치 오케스트라처럼 조화시켜 풍부한 효과를 낸다. 미장센은 카메라, 영화 촬영 및 편집 과정으로부터 독립적으로 존재하고 있는 배우, 조명, 세팅과 세트, 의상, 분장, 기타 이미지 특성과 같은 영화의 장면 요소들을 포함한다.

영화가 아닌 우리의 현실도 미장센처럼 작동된다. 마을의 건물은 공적인 미장센으로 묘사될 수 있다. 어떤 사람이 방을 섭외해서 어떻게 꾸미는가 하는 것은 사적인 미장센이라 할 수 있다. 재판정은 제도적 권위를 내세우기 위한 미장센으로 구성된다. 재판정 맨 위쪽에 재판관을, 아래쪽 차단막이 있는 곳에 변호사들을, 부분적으로 격리된 장소에 증인들을 배치해놓는 것은 권력의 배치를 표현하는 것이다. 성당의 거대하고 어두운 공간을 뚫고 홍수처럼 빛이 밀려들어 오는 분위기는 묵상과 겸손을 일깨우는 데 목적을 두고 있는 미장센의 효과이다. 한 개인이 선택하는 의상, 보석, 화장은 특정 미장센에서 살아가는 개인이 입는 기능적인 코스튬이다. 비즈니스맨은 양복을 입고, 성직자는 검은 옷을 입고, 패스트푸드 음식점의 서비스맨은 회사 로고가 새겨진 유니폼을 입는다. 이 장에서는 미장센이 어떻게 우리를 어떤 장소에 배치하고, 또 특정 방식으로 그런 장소에 있는 사람과 사물들을 각색해서 영화 경험의 많은 부분들을 조직하고 이끌어가는지를 묘사하게 될 것이다.

핵심 목표	
	■ '미장센'을 정의하고, 극장 및 기타 전통들이 영화의 미장센 역사에 어떤 영향을 미쳤는지 알아보자.
	■ 세트 및 소도구가 영화의 줄거리와 어떤 관계를 맺고 있는지에 대해 기술해보자.
	■ 배우와 연기 스타일이 미장센에 어떤 영향을 미치는지에 대해 설명해보자.
	■ 의상 및 분장이 캐릭터에 대한 인식을 어떻게 형성해주는지에 대해 요약해보자.
	■ 조명이 특정 의미와 분위기를 어떻게 불러일으키는지에 대해 설명해보자.
	■ 미장센이 해석을 이끌어가는 다양한 방식을 비교해보자.

우리는 물리적 세팅, 세트, 소도구 등과 관련된 감각에 다양한 방식으로 반응하게 된다. 그 물건들을 만지거나 혹은 단순히 그 질감과 크기를 상상해보거나 간에, 세계를 촉감으로 느끼는 이런 경험은 어떻게 주변의 사람 및 장소를 인지하고 참여하는가 하는 계속되는 상황의 일부분이다. 이것은 영화에서도 마찬가지이다. 캐릭터들은 의상과 분장을 통해 우리를 끌어들이거나, 아니면 거부감이 들게 만든다. 〈뜨거운 것이 좋아(Some Like It Hot)〉(1959)에서 마릴린 먼로의 에

로티시즘은 몸에 착 붙는 섹시한 옷과 분리할 수 없다. 〈엘리펀트 맨(The Elephant Man)〉(1980)에서 극적인 줄거리는 조셉 캐리 메릭의 두텁고 거부감이 드는 분장과 외면과는 대조되는 내면에 숨겨진 섬세한 인간의 감성을 깨닫게 되는 장면에 전적으로 달려 있다(사진 2.1).

열린 공간이나 닫힌 공간에서의 촬영은 희망이 있거나 없는 감정을 만들어낼 수 있다. 〈아라비아의 로렌스〉(1962)에서 열려 있는 사막은 가능성과 위험이 뒤섞여 아지랑이처럼 어른거린다면, 〈127시간(127 Hours)〉(2010)에서는 암벽 등반가가 출구가 보이지 않는 크레바스에 빠져 갇히게 되는데, 관객 또한 그의 폐쇄공포증을 경험하게 된다(사진 2.2). 〈현기증(Vertigo)〉(1958)에서 주인공은 동료가 지붕에서 떨어지는 모습을 목격하고 그때 처음 느꼈던 고소공포증을 이후로도 반복해서 느끼게 되는데, 관객들은 그의 감정을 공유한다. 이런 경험들은 문화적으로 변형되거나, 영향을 받거나, 다른 방식들로 강조될 수도 있다.

영화의 미장센에 앞서 연극의 미장센이 존재했다. 연극은 물리적 무대에서 실시간으로 실제 배우들이 연기하는 것으로, 관객들은 감각적이고 촉각적인 방식으로 참여할 수 있다. 영화는 다른 방식으로 관객이 참여하도록 만든다. 영화가 나타내는 물질 세계는 〈티벳에서의 7년(Seven Years in Tibet)〉(1997)에 나오는 히말라야의 놀라운 봉우리들처럼 실제 장소에서 촬영된 인물과 사물일 수 있다. 혹은 카드가 살아 있고 괴물들이 나오는 팀 버튼의 〈이상한 나라의 앨리스(Alice in Wonderland)〉(2010)처럼 세트 디자이너들이 만들어내는 세팅과 사물들을 포함할 수도 있을 것이다(사진 2.3). 이 모든 변화에 있어서 미장센(장소 및 공간, 사람 및 사물, 빛과 그림자 등)은 우리의 영화 경험에 있어 핵심적인 부분이다.

2.1 〈엘리펀트 맨〉 영화에서 분장은 캐릭터의 특징을 강조하는데, 캐릭터를 혼란스럽게 만들면서 관객들이 그 뒤틀린 모습 뒤에 있는 인간성을 알아보도록 시험한다.

2.2 〈127시간〉 이 영화의 제한된 세팅은 원초적인 경험이 가능한 형식적 구조가 되는데, 주인공은 출구가 보이지 않는 크레바스에 갇혀버리고, 영화는 대부분의 시간을 그 크레바스의 황량함을 보여주는 데 할애한다.

2.3 〈이상한 나라의 앨리스〉 프로덕션 디자이너[2] 로버트 스트롬버그는 디즈니 영화를 새롭게 만들기로 한 이 영화에서 붉은 여왕의 특징적인 모습을 만들어내기 위해 미술감독, 의상 디자이너 콜린 앳우드, 분장 팀과 함께 한 팀을 이루어 일했다.

2.4 〈인톨러런스〉 거대한 바빌론 왕국 세트는 1921년 해체될 때까지 로스앤젤레스의 관광지가 되었다.

미장센의 간략사

초창기 영화들은 문자 그대로 '장면들(scenes)'이었다. 그것들은 가정적인 장면들로 공적인 장면들은 드물었는데, 영화 개척자인 오귀스트 뤼미에르와 루이 뤼미에르 형제가 만든, 아이에게 젖을 먹이는 장면이나 베개 싸움하는 장면들이 있다. 무대 위에서 한 대의 무비 카메라로 극적인 장면들을 재창조해낸 것들이었다. 〈자동차 도둑(The Automobile Thieves)〉(1906)과 〈무대 또는 바우어리의 멜로극(On the Stage; or, Melodrama from the Bowery)〉(1907)이 2~3개의 내부 및 외부 세팅을 하기 시작하면서 다른 종류의 캐릭터들을 창조해내기 위해 분장과 의상을 사용하고, 시각적 속임수로 꾸민 무대를 활용했다. D. W. 그리피스의 기념비적인 작품 〈인톨러런스(Intolerance)〉(1916)에서 고대 바빌론 왕국을 재현시킨 세트들은 많은 면에서 주요 볼거리였다 **(사진 2.4)**. 다음 부분에서 한 세기가 넘는 영화 역사 전반에 걸쳐서 미장센의 발달과 관련된 일부 역사적인 궤적을 대략적으로 살펴볼 것이다.

연극적 미장센과 영화의 선사시대

연극적 미장센의 가장 선명한 유산은 기원전 500년경 초기 그리스 시대 극장과 함께 시작해서 19세기까지 진화해온 서구의 연극 전통에 남아 있다. 처음에 무대들은 공동체의 종교적 신념과 진실들이 밖으로 표출될 수 있도록 해주는 장소로 이용되었다. 16세기 말에서 17세기 초의 르네상스 시대 동안 세트, 의상, 미장센의 요소들이 무대에서 사용됐는데, 윌리엄 셰익스피어의 연극은 세속적인 정치 세계와 개인과의 관계를 통해 개인과 공동체가 가치와 신념을 만들어간 것을 반영해주었다.

　19세기 초 무렵 조명 및 기타 기술의 발전으로 미장센 성격이 급속도로 바뀌면서 영화의 출현이 예상되기 시작했다. 18세기 영국의 연극무대에서는 배우이자 극장 운영자인 데이비드 개릭이 스펙터클한 세트, 의상, 조명 등을 시도하여 관객으로부터 거리를 두는 무대를 설치하고 극장식 경험을 전문화하면서 관객 행동의 새로운 기준을 제시한 공로를 인정받았다. 이전에 유행했던 거실의 내부장식과는 대조적으로, 무대 및 세트가 훨씬 더 커졌다. 이제 제작이 거대한 전경을 담은 파노라마 장면을 만들어낼 수 있게 되었는데, 당시 런던의 유명 화가 P. J. 라우더 버그 같은 혁신적인 사람들이 무대장식들을 발전시켜놓았다. 숨막히는 스펙터클한 장면들과 착시 현상 장면들은 관객들을 놀래고 매혹시키도록 고안되었다. 19세기경 영국에서의 패니, 존 켐블, 엘런 테리 등과 같은 개별 배우들을 강조하는 현상이 인기배우를 숭배하는 현상을 불러일으키는 데 영향을 주었고, 인기배우들은 미장센의 중심이 되었다. 인도의 산스크리트 드라마와 일본의 가부키 같은 비서구 전통 연극들은 익숙한 줄거리에 들어맞는, 쉽게 알아볼 수 있는 캐릭터들을 출연시키는 것이 특징이었다.

1900~1912년 : 초기 영화에 미친 연극의 영향

초창기 영화의 주제는 자연광에 의존해야 했으므로 제한될 수밖에 없었다. 하지만 1900년경 영화들은 연극의 영향을 드러내기 시작했다. 〈다운워드 패스(The Downward Path)〉(1901)는 대중적인 무대와 친숙한 멜로드라마로 5개의 타블로(tableaux)[3](중요한 순간들을 고정된 '그림'으로서의 배우와 세트로 제시하는 간단한 장면들)를 이용해서 한 시골 소녀가 도시의 사악함에 굴복하게 되는 이야기를 전달해준다. 미장센의 이런 연극적 요소를 더욱 부추긴 것은 1906년경에 도입된 수은등 및 실내 조명 시스템의 가동이었고, 그로 인해 스튜디오 촬영이 가능해졌다. 1912년 무렵 가장 유명한 무대 배우 중 한 명인 사라 베르나르[4]는 새로운 매체에 참여하도록 설득당해 〈엘리자베스 여왕(Queen Elizabeth)〉(1912)과 〈춘희(La dame aux camelias)〉(1912)에 주연으로 출연하였다. 정식 극장 이외에 19세기 시각적 문화의 다른 측면들도 초기 영화의 무대 구성에 영향을 미쳤다. 그려진 세트와 소도구들을 갖춘 조르주 멜리에스(Georges Melies)[5]의 유명한 트릭 영화들은 마술사들이 무대 위에서 보여주는 쇼를 각색한 것이었다. 미국에서 에드윈 S. 포터의 〈톰 아저씨의 오두막(Uncle Tom's Cabin)〉(1903)은 해리엇 비처 스토우의 반(反)노예제 소설을 토대로 한 연극을 지역적으로 각색한 대중적인 〈톰 쇼(Tom Shows)〉[6]에 나오는 친숙한 무대 장면들을 모방한 것이었다.

1915~1928년 : 무성 영화와 스타 시스템

1914년 이탈리아 서사 영화 〈카비리아(Cabiria)〉에는 에트나 화산 폭발 장면이 들어 있는데, 스펙터클한 장면을 좋아하는 대중의 취향을 반영한 것이었다. 장편 극영화가 기준이 되었고, 정교하게 만든 세트와 세심하게 디자인한 의상을 걸친 배우들이 그 영화의 미장센을 정의했다. 1915년경 미술감독과 세트 디자이너가 [당시 '내부 장식'을 담당하는 소위 '기술감독(technical directors)'으로 불렸던] 영화 제작의 필수적인 인물들로 자리 잡았다. 1920년대 영화산업이 급속히 확대되면서 할리우드, 유럽, 일본 등에서 스튜디오 시스템이 확대되었다. 스튜디오들은 건물과 부지뿐만 아니라 계약 맺은 인력도 갖고 있어서 거대한 세트를 기획하고 만들었다. 프리츠 랑의 영화 〈메트로폴리스(Metropolis)〉(1927)는 독일 UFA 스튜디오의 사운드스테이지[7]에서 만들어졌는데, 세트 디자이너였던 에리히 케텔후트의 유명한 미래주의적 세트 디자인은 맨해튼 마천루(Manhattan skyline)를 만들어낸 모더니즘 건축의 영향을 받은 것이었다.

　1910년대 말 영화가 발전하면서 인기배우들이 등장하게 되었고, 이는 인기배우를 특징적인 미장센을 갖춘 특정 장르와 동일시하게 만들었다. 루돌프 발렌티노의 영화들은 중동의 낭만적 분위기를 배경으로 했고**(사진 2.5)**, 더글라스 페어뱅크스는 액션 넘치는 모험담의 주인공이었다. 찰리 채플린의 '리틀 트램프(Little Tramp)'[8]는 순식간에 의상으로 세상에 널리 알려지게 되었다. 의상은 여성 인기배우들에게 있어 개인적인 매력을 뽐내는 면모를 만들어내는 데 일조했

2.5 〈족장〉 무성 영화 인기배우 루돌프 발렌티노의 카리스마적 힘은 종종 북아프리카와 중동에 대해 서구인들이 갖고 있는 낭만적인 생각과 연관되어 있는데, 그런 생각은 이런 영화의 세트와 의상 디자인을 통해 만들어진 것이다. Courtesy Everett Collection

다. MGM의 아드리안 같은 디자이너들은 여배우 그레타 가르보와 조안 크로퍼드를 위해 특별한 의상을 개발해냈다. 그들의 영화는 역사를 배경으로 했음에도 1920년대의 아트 데코(art deco)[9] 스타일을 반영하는 의상과 장식품들을 선보이는 전시장이었다.

1930~1960년대 : 스튜디오 시대 영화 제작

1920년대 말경 스튜디오 시스템이 안정되자 음향 도입이 촉진되었고, 제작과 배급을 담당하는 회사의 자본이 충분해지자 제작시설과 시스템에 투자하게 되었다. **사운드스테이지**(soundstages, 커다란 방음 건물)는 그 안에 정교한 세트를 만들고 이동시킬 수도 있으며, 의상, 조명, 소도구 등이 보충될 수 있도록 고안되었다. 미술감독들은 스튜디오의 특징적인 스타일을 만들어내는 데 필수적인 요소였다. 세드릭 기븐스는 오랜 기간 동안 MGM의 미술감독으로서 〈그랜드 호텔(Grand Hotel)〉(1932), 〈가스등(Gaslight)〉(1944), 〈파리의 미국인(An American in Paris)〉(1951) 등 약 1,500여 편에 달하는 영화에 참여한 공로를 인정받고 있었다. 그는 스튜디오 자원을 영화에 맞는 이상적인 미장센으로 개발하는 데 책임 있는 수많은 인원들을 관리감독했다. 제작자 데이비드 O. 셀즈닉은 영화 〈바람과 함께 사라지다〉(1939)의 화려한 역사 세트, 장식, 의상부터 테크니컬러(technicolor) 촬영 기법에 의해 강조되는 색상까지를 창조해내는 데 중심 역할을 한 윌리엄 멘지스를 위해 '프로덕션 디자이너(production designer)'란 명칭을 만들어냈다.

스튜디오 실외 촬영장들은 전 세계의 건설을 가능하게 해주었다. 서부시대 한 마을의 중심가나 뉴욕시의 그리니치 빌리지 등을 들 수 있다. 다른 나라들도 중요 스튜디오들에 상당한 자원을 투자했다. 1937년 이탈리아에서는 독재자 베니토 무솔리니가 영화 도시인 치네치타(Cinecitta, cinema-city)를 만들었는데, 제2차 세계대전 중에 폭격당해 없어졌다가 나중에 다시 세워져서 이탈리아 및 다른 국제 제작자들을 위해 사용되었다. 스튜디오 시스템의 전성기 동안 미장센에 아낌없이 돈을 쏟아부은 것이 결국 오늘날 '영화의 마법(movie magic)'에 대한 기대감을 만들어내게 되었다.

1940~1970년대 : 뉴시네마틱 리얼리즘

사진적 리얼리즘, 외부 공간 및 실제 현지 장소(인근 지역 및 문화 유적지 등)를 촬영에 이용하는 것은 영화의 연극적 유산을 보완해주는 일이다. 뤼미에르 형제의 초기 영화들이 매일 일어나는 일상적인 일들에 관한 장면들이었고, 직원들이 영화를 기록하기 위해 전 세계를 돌아다녔다 하더라도, 현지 로케이션 촬영은 제2차 세계대전까지 주요 영화 제작 흐름에 영향을 미치지 못했다. 이탈리아 네오리얼리즘 영화들은 전쟁 후 사람들의 삶을 즉각적으로 담아내기 위해 도시 거리에서 촬영되었다. (치네치타 스튜디오에는 피난민들이 수용된 까닭도 있었다.) 그후 허구 및 다큐멘터리 영화 제작은 적절한 미장센을 위해 찾아낸 현지 로케 촬영에 의존하게 되었다. 〈네이키드 시티(Naked City)〉(1948)는 미국의 영화 제작을 범죄가 들끓는 뉴욕 거리로 되돌

려보낸 경우였다. 리얼리즘적인 미장센은 1970년
대의 뉴시네마 운동의 중심이 되었는데, 이는
기존의 스튜디오 스타일을 비판하였다. 이에
는 쿠바혁명 후의 영화, 우스만 셈벤의 〈할라
(Xala)〉(1975) 같은 사하라 이남 아프리카 장편
영화 등이 포함된다.

1975년~현재 : 미장센과 블록버스터

1975년 스티븐 스필버그의 〈죠스〉를 위해 가짜
상어('브루스'라는 별명을 가진)가 기계적으로
만들어진 이래, 국제 시장을 노린 블록버스터 영
화 제작의 경제학은 미장센에 대한 강조를 요구
해왔다.

2.6 〈**판의 미로**〉 소녀의 환상적 삶이 컴퓨터생성 이미지와 미장센의 결합으로 나타나고 있다.

　진짜 같은 환경을 재창조하고 환상적인 것들을 상상하는 영화작업은 컴퓨터화된 모델들로
전환되었고, 컴퓨터 기술자들은 그런 모델들이 영화에서 디지털식으로 변환되도록 디자인한다.
〈판의 미로(Pan's Labyrinth)〉(2006)는 실제 세트, 의상, 인공기관, 컴퓨터생성 이미지 등으로 만
든 풍부한 미장센으로 외로운 여자 주인공 아이의 내적 세계를 표현해낸다(**사진 2.6**). 컴퓨터 기
술로 특정 역사적 시기의 정확하고 자세한 묘사가 가능해졌는데, 이 예로 마틴 스코세이지의
〈순수의 시대(The Age of Innocence)〉(1993)의 19세기 뉴욕 거리 재현을 들 수 있다. 오늘날 많은
영화들이 〈블레이드 러너〉(1982)의 타이렐사(Tyrell Corporation) 모토를 각색한 '진짜보다 더 진
짜 같은' 경험을 제공하고 있으며, 많은 관객들이 그런 경험을 찾고 있다.

미장센의 요소

이 부분에서는 미장센의 요소를 알아보고 주요 용어 및 미장센의 의미를 지탱해주는 개념을 소
개할 것이다. 세팅과 세트, 소품, 배우, 의상, 조명 등이 포함되고, 이 요소들이 매 장면에서 사
실주의적 분위기를 만드는 데 어떻게 기여하고 있는지, 디자인과 구성을 통해 어떻게 서로 조정
되는지를 알아보자.

생각해보기

당신이 본 영화에서 세팅이나 세트 어
느 하나를 골라 자세하게 묘사해보자.
영화에서 배우를 제외하고 어떤 특징이
가장 중요한 것으로 보이는가? 그 이유
를 설명해보자.

세팅과 세트

세팅과 세트는 미장센의 가장 기본적인 특징이다. **세팅**(setting)은 영화의 액션과 사건이 일어나
는 실제 혹은 허구적 장소를 말한다. **세트**(set)는 엄밀히 말하자면 스튜디오 사운드스테이지에
건설된 세팅이다. 하지만 세팅과 세트 모두 자연적 요소와 건설적 요소를 결합할 수 있다. 예를
들어, 〈시민 케인〉에서의 한 세팅은 플로리다 맨션 저택인데, 그 저택은 RKO 사운드스테이지
에 건설된 세트이면서 캘리포니아주 산 시메온에 있는 실제 허스트 가문의 영지에 속해 있기도
했다.

　프로덕션 디자이너의 비전에 따라 일하는 미술 분야 직원들은 중요한 세부적인 것들을 끌어
내기 위해, 영화 속 다른 장소들에 걸친 연관점 및 대조점을 창조해내기 위해 세팅 안에서 세트
를 건설하고 소품들을 배치한다. 〈디 아워스(The Hours)〉(2002)에서 각기 세대가 다른 세 여인

2.7 〈**월드워Z**〉 컴퓨터가 만들어내는 미장센이 좀비 전염병이 덮친 필라델피아를 보여준다.

의 삶이 버지니아 울프의 소설 댈러웨이 부인에 의해 주제별로, 약화된 색상에 의해 형식적으로 연결되어 있다.

역사적 · 문화적으로 세트와 세팅은 규칙적으로 변화해왔다. 처음에 영화들은 무대 세트 위 혹은 야외 세팅에서 태양의 자연광을 이용해 만들어졌다. 서서히 영화는 미장센 안에서 자연적 세팅과 건설적 세트 양자를 통합하기 시작했다. 오늘날 영화적 미장센은 스튜디오에서 만들어 낸 〈셜록 홈즈(Sherlock Holmes)〉(2009)의 탐정 사무실 같은 건축 세트를 이용하거나 혹은 〈식스 센스〉의 필라델피아 거리 및 이웃집들, 〈허트 록커(The Hurt Locker)〉(2008)에서 요르단(이라크를 대신해서)의 사막 및 모래 낀 거리 같은 실제 장소들을 이용한다. 미장센에 있어서 모델 및 컴퓨터의 발전은 점점 〈월드워Z(World War Z)〉(2013) 같은 판타지 영화 및 과학 소설에서 두드러지게 이용되고 있다. 그 영화는 좀비들에 의한 종말론적 파괴를 디지털 방식으로 묘사해낸다 (**사진 2.7**).

리얼리즘적 장면과 분위기

세팅과 세트는 리얼리즘적 장면과 분위기를 만들어냄으로써 영화의 미장센에 기여한다. **리얼리즘**(realism)이란 영화가 사회, 개인 혹은 삶의 다른 차원의 진실된 그림을 얼마나 정확하게 그려내는지를 묘사하기 위해 사용하는 용어이다. 일반적이고, 복잡하고, 잡아내기 어려운 영화의 기준 중 하나가 리얼리즘인데, 이것은 (캐릭터의) 심리적인 혹은 감정적인 정확성, (줄거리의) 인식할 수 있는 혹은 논리적인 행동 및 발전 혹은 (이미지 구성의) 캐릭터나 사건들에 대한 설득력 있는 관점을 뜻한다.

영화적 리얼리즘의 가장 두드러진 점은 미장센이 세트 및 세팅을 실제적인 장소로 인식할 수 있도록 해준다는 것이다. 자연적인 장소의 선택과 인공적인 건축의 조합인 **장소적 리얼리즘**(scenic realism)은 배경, 사물, 기타 형성물 등의 물리적 · 문화적 · 역사적 정확성 등과 가장 흔하게 관련되어 있다. 〈영광의 깃발(Glory)〉(1989)은 남북전쟁 당시 미국 군대에서 최초의 아프리카계 미국인들로 구성된 연대에 관한 이야기인데, 역사가 셸비 푸트의 전문지식에 의해 세트 및

2.8 〈**영광의 깃발**〉 남북전쟁 드라마의 이 리얼리즘적 장면은 최초의 흑인 연대의 용맹성을 말해주는 스토리에 많은 영향을 미치고 있다.

세팅의 물리적 · 역사적 · 문화적 사실성을 획득하게 된 경우였다**(사진 2.8)**. 물론 장소적 리얼리 즘을 인식하게 되는 것은 관객들의 역사적 및 문화적 견해에 달려 있다. 〈블라인드 사이드(The Blind Side)〉(2009)는 부유층 미국인들이 사는 교외에 세트를 설치했는데, 많은 미국인들에게는 사실적으로 보일 수 있으나, 중국의 지방에 사는 농부들에게는 다른 세계처럼 환상적으로 보일 수도 있다.

　장소적 리얼리즘에 더하여 영화의 미장센은 분위기와 함축된 의미를 창조해내는데, 특정 세트 나 세팅과 관련되어 있다. 너른 바다 위에 떠 있는 배를 세팅해놓은 것은 위험과 모험을 의미하 는 것일 수 있다. 반대로 부엌 하나를 세팅해놓은 것은 집에 있는 것 같은 편안한 느낌을 함축하 는 것일 수 있다. 이런 함축된 의미는 캐릭터들의 액션 및 스토리의 전개를 통해서 변함없이 발 전해왔다. 〈밀드레드 피어스(Mildred Pierce)〉(1945)에서 부 엌 세트는 밝고 부담스러우면서 따뜻한 분위기를 창조해낸 다. 〈이티(The Extra-Terrestrial)〉(1982)에서는 비슷한 세트인 데도 현대의 편부모 가족의 혼란스러운 공간을 묘사해낸다. 〈마리 앙투아네트〉(2006)에서는 베르사이유 궁전의 호화로 움을 묘사하는 세트가 여주인공의 욕망뿐 아니라 외로움까 지도 전달한다**(사진 2.9)**.

소품, 배우, 의상, 조명

편집 및 음향 같은 영화 형식들과 달리 미장센은 영화가 처 음 시작됐을 때부터 자리를 같이해왔다. 영화 역사의 초기

2.9 〈**마리 앙투아네트**〉 사치스러움의 배경이 되는 이 장면은 캐릭터의 욕망, 불 만, 의무감 등의 분위기가 배경의 부조 상태에서 창조된다.

2.10 〈사랑은 비를 타고〉 평범한 우산이 춤을 위한 소품으로 변신하면서 진 켈리의 새로운 사랑이 비 내리는 세상과 모든 문제를 생동감 넘치는 춤과 노래의 무대로 어떻게 변모시키는지를 표현해낸다.

2.11 〈스펠바운드〉 약이 들어간 한 잔의 우유는 기억상실 환자인 주인공이 자신의 과거를 기억해내는 데 도움을 준다.

2.12 〈바베트의 만찬〉 요리의 즐거움과 관대함에 대한 이 영화에서 부엌 칼은 단순한 도구적 소품이다.

수십 년간은 미장센의 재료들을 어떻게 이용할 것인가를 탐구하는 시기였다. 이 부분에서는 영화적 미장센의 핵심 요소인 여러 물리적 사물과 인물을 설명한다. 사물과 인물부터 의상과 조명을 통해 대상을 강조하는 과정을 탐구해보자.

소품

소품(prop)은 배우들이 사용하는 도구나 세트의 일부로 기능하는 사물이다. 소품은 캐릭터들의 생각과 느낌 혹은 그 영화의 주요 주제 등을 표현하기 위해 사용될 때 특별한 의미를 갖게 된다. 〈사랑은 비를 타고(Singin' in the Rain)〉(1952)에서 진 켈리가 평범한 우산을 새로운 사랑의 환희에 찬 표현으로 변모시킬 때, 비를 막아주는 평범한 사물이 춤으로 표현되는 의미 있는 존재로 탈바꿈한다. 퍼붓는 비는 사랑에 빠진 한 남자에게 아무런 영향도 미치지 못하고 있다(**사진 2.10**). 알프레드 히치콕의 〈서스피션(Suspicion)〉(1941)에서 살인범으로 자신의 남편을 의심하고 있는 여성에게 전달된 한 잔의 우유는 순수의 이면에 숨어 있는 악의를 갑자기 드러내 보이는 영화의 주제를 확실히 해준다. 히치콕의 또 다른 작품인 〈스펠바운드(Spellbound)〉(1945)에서 목욕 가운의 평행선 무늬가 주인공인 존 발렌타인의 정신병적 반응을 불러일으키는 촉매 역할을 한다. 이 영화에서도 면도날이 한 잔의 우유와 더불어 강력한 소품 역할을 한다(**사진 2.11**). 심지어 자연적인 사물이나 생명체들도 영화의 의미를 집중시키는 소품이 될 수 있다. 〈이티〉에서 외계 생명체가 죽어가다 다시 살아날 때, 하나의 꽃이 시들었다 다시 피어나게 된다. 외계 생명체가 그 꽃을 가지고 우주선에 탑승함으로써 그에게 꽃을 건네준 아이와의 계속적인 교신을 가능하게 해주는 신호가 된다.

소품은 영화에서 두 가지 주요 형태로 나타난다. 도구적 소품과 은유적 소품이 그것인데, 전자는 그 기능에 따라 사용되며, 후자는 진 켈리의 우산처럼 예상치 못한, 심지어 마술적인 혹은 은유적 의미를 부여받은 목적을 위해 사용되거나 재창조된 것들이다. 이 차이점은 중요한데, 소품의 유형이 캐릭터들을 둘러싼 세계의 종류를, 그 세계와 상호작용하는 캐릭터들의 능력을 특징지을 수 있기 때문이다. 〈바베트의 만찬(Babette's Feast)〉(1987)에서는 요리의 즐거움과 관대함이 작은 덴마크 마을에서 문화적 다양성 및 차이점을 하나의 다리로 연결해주고 있는데, 칼이 식사 준비를 위한 도구적 소품으로 기능한다(**사진 2.12**). 〈싸이코〉에서는 똑같은 소품이 숨겨진 살인무기 및 격렬한 성적 비유로 변형되었다(**사진 2.13**). 〈분홍신(The Red Shoes)〉(1948)은 분홍신이라는 소품이 변화하는 상태에 대한 영화로 간주될 수도 있다. 처음에 분홍신은 빅토리아가 위대한 발레리나로 일어서도록 기여하는 도구적 소품으로 등장하지만, 여주인공이 마술에 걸려 춤을 추다가 죽음에 이르게 하는 어두운 은유적 소품으로 변형된다.

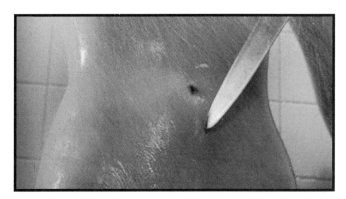

2.13 〈싸이코〉 사진 2.12와 대조적으로 칼이 남성성과 은유적으로 관련된 살인 무기가 될 수도 있다.

2.14 〈파 프롬 헤븐〉 사장 부인이 '마그나테크 부부' 같은 선전문구가 딸린 홍보패 및 TV 세트와 함께 포즈를 취하고, 문화적 소품이 1950년대 교외 주민들의 부유함을 상징적으로 보여준다.

　영화 속에서 그런 기능에 더하여 소품은 다음의 두 가지 다른 경우의 의미를 얻어낼 수 있다. 자동차 혹은 가구의 유형 같은 문화적 소품은 특정 사회에서 그들의 위치와 관련된 의미를 내포하기도 한다. 〈파 프롬 헤븐(Far from Heaven)〉(2002)에서 TV 콘솔은 1950년대 미국 중산층의 생활 방식, 즉 여주인공이 억압적인 사회 분위기를 자각해가는 상태를 상징적으로 나타낸다(사진 2.14). 반면 〈이지 라이더(Easy Rider)〉(1969)에서는 두 주인공이 차체가 낮은 할리 데이비슨 오토바이를 타고 질주하는데, 이는 반체제적 저항을 시사한다.

　맥락화된 소품은 서사에서의 위치를 바꿈으로써 의미를 획득한다. 〈노란 롤스로이스(The Yellow Rolls-Royce)〉(1964)와 〈레드 바이올린(The Red Violin)〉(1998)은 중심이 되는 소품의 의미를 바꾸는 데 초점을 두고 있다. 전자에서는 3개의 다른 로맨스가 아름다운 롤스로이스 자동차와의 관계를 통해 연결되어 있다. 후자에서는 17세기 이탈리아에서부터 18세기 오스트리아 왕조, 19세기 영국, 20세기 중국의 문화혁명, 마지막으로 현대의 캐나다 몬트리올에 있는 상점까지 니콜로 부조티 바이올린의 경로를 추적한다(사진 2.15).

　일부 영화에서는 맥락화된 소품으로 의미가 특별해지는 경우가 있다. 〈로닌(Ronin)〉(1998)에서는 비밀스러운 서류가방 하나로 용병 집단이 만들어지고 신의와 배신으로 얼룩진 줄거리가 만들어지지만, 궁극적으로 그 가방의 비밀은 무의미한 것이 되어버린다. 알프레드 히치콕의 유명한 '맥거핀(McGuffins)'[처음에만 중요하게 등장하는 소품으로, 〈싸이코〉의 훔친 돈이나, 〈오명(Notorious)〉(1946)의 우라늄 같은 것]은 줄거리를 끌고 나가는 것을 의미했던 소품이지만, 사랑, 위험, 욕망 등이 주요 소재인 드라마에서는 아무런 중요성도 없는 소품이다.

 생각해보기

최근 본 영화에서 가장 중요한 소품 한 가지를 떠올려보자. 그것은 어떻게 중요하게 되었을까? 그 소품은 도구적 소품으로, 아니면 은유적 소품으로, 그것도 아니면 양자 모두의 소품으로 기능한 것인가? 설명해보자.

무대화 : 연기와 블로킹

미장센의 중심에는 제스처와 움직임을 통해 영화의 캐릭터를 구현하고 실행하는 중요한 **배우**(actor)가 있다. 무형이지만 미장센의 필수 부분인 **연기**(performance)는 배우가 언어, 신체적 표현, 제스처 등을 사용하여 캐릭터에게 생명을 불어넣어주어 관객들이 그 캐릭터의 중요한 면과 소통할 수 있도록 한다. 캐릭터들이 액션과 영화의 세계를 보고 이해하도록 돕고 있기 때문에, 또 연기란 것이 배우에 의해 캐릭터가 해석되는 것이기 때문에, 영화의 성공과 실패는 배우의 연기에 달려 있다고 해도 과언이

2.15 〈레드 바이올린〉 한 바이올린의 변화하는 의미가 어떻게 다른 맥락들이 사물의 의미를 만들어내는가 하는 것을 극화한다.

2.16 〈푸른 천사〉 마를렌 디트리히의 목소리, 신체, 눈 등은 획기적인 역할과 캐릭터를 위한 극적인 연기를 만들어주는 특징적인 수단이다.

2.17 〈카바레〉 조엘 그레이는 무대 안팎에서 양식화된 연기로 가득찬 영화를 소개하는 진행자이다.

아니다. 〈친절한 마음과 화관(Kind Hearts and Coronets)〉(1949) 같은 영화에서 알렉 기네스는 여덟 가지 다른 역할을 연기해내고 있는데, 배우의 다양한 연기는 그의 가장 큰 성과라고도 할 수 있다.

연기에 있어서 두 가지 중요한 요소를 구분할 수 있다. 하나는 음성인데, 특정 역할을 위해 창조해낼 수 있는 다양한 억양이나 악센트가 딸려 있는 배우의 자연스러운 목소리가 포함되어 있다. 또 하나는 신체의 움직임이다. 신체적 제스처와 얼굴 표정이 포함되어 있는데, 눈 움직임과 눈 맞춤이 포함되어 있다(미장센의 많은 요소처럼 연기의 특성 또한 음향 및 카메라 위치 같은 다른 차원의 영화 형식에 의존한다). 우디 앨런은 공황상태에 빠진 거친 목소리와 방향성 없는 눈 움직임 및 신체 움직임의 연기를 통해 캐릭터들을 만들어가는 배우라는 이미지를 만들어냈다. 〈푸른 천사(The Blue Angel)〉(1930)와 〈상하이 익스프레스(Shanghai Express)〉(1932) 같은 영화의 중심에는 마를렌 디트리히의 관능적인 목소리, 나른한 눈매, 흐느적거리는 자세 및 제스처 등이 있다(사진 2.16).

또한 제각각 다른 연기 스타일은 연기를 정의한다. 양식화된 연기를 하는 배우들은 단호하면서 의식적인 제스처를 사용하거나 고양된 어조로 말한다. 배우는 자신이 연기하면서 관객에게 직접 말을 걸고 있다는 사실을 잘 인지하고 있는 듯 보인다. 오늘날에는 잘 찾아볼 수 없는 이런 양식화된 연기는 〈흩어진 꽃잎〉(1919)에 나오는 릴리안 기시의 작업에서, 〈카바레(Cabaret)〉(1972)에 나오는 진행자로서의 조엘 그레이의 역할에서(사진 2.17), 몬티 파이튼[10] 영화에서 나타나는 코믹한 연기에서 볼 수 있다.

1940년대 이래로 더욱 영향력을 미친 자연주의적 연기는 배우가 캐릭터의 본질적 자아와 소통하기 위해 자신이 맡고 있는 역할을 완전히 그리고 자연스럽게 구현할 것을 요구한다. 〈욕망이라는 이름의 전차(A Streetcar Named Desire)〉(1951)에서 스탠리 역할을 맡은 말론 브란도의 유명한 연기는 배우와 캐릭터를 구분할 수 없을 정도로 완벽했던 것으로 알려져 있다 (사진 2.18).

2.18 〈욕망이라는 이름의 전차〉 이 기념비적인 각색 이래로 스탠리 역을 맡은 말론 브란도의 신체적 연기는 허구적 캐릭터의 본질과 현실을 구별하기 어려웠다.

배우의 유형 미장센을 통해 통상적으로 배우들을 배열할 때 **주연**(leading actor, 영화에서 가장 자주 나타나는 2~3명의 배우)은 중심 인물을 연기한다. 특정 캐릭터 유형이나 별로 중요하지 않은 부분들과 관련되어 알려진 배우들은 때때로 **성격파 배우**(character actor)라고 불린다. 그들은 보통 웨스턴 영화에 나오는 갈팡질팡하는 중국 요리사처럼 유머러스한 역할이나 악당 역할을 하는 부차적 캐릭터로 나타난다. **조연**(supporting actor)은 영화에서 부차적 캐릭터를 연기하는데, 주요 캐릭터의 친구나 들러리 역할을 한다. 조연과 성격파 배우들은 영화의 줄거리를 더 복잡하게 만들거나 감정적 충격을 더한다. 그들은 관객을 연기 속으로 몰입시키거나 영

2.19 〈꿈의 구장〉 제임스 얼 존스는 테렌스 만이라는 조연 캐릭터를 연기하고 있는데, 주연 배우 케빈 코스트너가 연기하는 캐릭터의 욕망과 선택에 대한 긍정과 부정의 양면성을 부각해낸다.

화 주제를 돋보이게 한다. 〈꿈의 구장(Field of Dreams)〉(1989)에서 조연으로 나오는 제임스 얼 존스나, 〈페이퍼 문(Paper Moon)〉(1973)에서 성경책 판매원의 조숙한 딸로 나오는 테이텀 오닐 같은 강한 조연들은 주요 캐릭터에 쏠려 있는 관점을 균형 잡히게 한다. 즉 주요 캐릭터들의 결정과 동기들을 다시 생각하고 평가하게 한다. 〈꿈의 구장〉에서 존스가 연기하는 작가 테렌스 만은 야구장에 들어가서 야구경기에 동참하는 환상을 실제로 이루게 되고, 주연 배우 케빈 코스트너의 캐릭터는 한발 뒤로 물러서 있게 된다**(사진 2.19)**. 결국 리얼리즘과 스펙터클함은 **엑스트라**(extras)의 역할 때문에 증진되는 것이며, '배경과도 같은 예술가들'이 상대적으로 커다란 집단을 형성하면서 캐릭터를 만들어내고, 일반적인 장면들에 개성을 부여한다.

배우는 신체 특성, 연기 스타일 혹은 이전의 역할 등에 어울리는 **캐릭터 유형**(character type)에 맞는 배역을 맡게 된다. 톰 행크스는 '보통사람' 캐릭터를 연기하는 반면, 헬렌 미렌은 똑같은 해에 엘리자베스 1세, 엘리자베스 2세 여왕을 연기했다. 캐릭터를 이해한다는 것은 결과적으로 유형과 배우의 해석이나 변용의 교차점을 인식하는 것을 의미한다. 아놀드 슈왈제네거의 근육질 신체상, 군인처럼 딱 부러지는 목소리, 딱딱한 연기 스타일은 〈터미네이터(Terminator)〉(1984)와 〈토탈 리콜(Total Recall)〉(1990)에서 연기하는 캐릭터들과 맞아떨어진다. 〈유치원에 간 사나이(Kindergarten Cop)〉(1990)의 코미디는 유치원 선생으로 위장하는 역할이 터프한 '그의 유형과는 정반대이기 때문에' 생겨나는 것이다.

인기배우 많은 영화에서 주연 배우는 인기배우인데, 문화적 유명세 덕분에 행동과 연기에는 강력한 기운이 실려 있어, 미장센에 있어서도 중심에 놓인다. 인기배우는 미장센 요소들 중 액션과 공간을 지배하는데, 새로운 영화가 나올 때마다 과거 연기의 의미와 축적된 역사를 알리면서 개별적이고 물리적인 존재를 추상적이고 신비한 존재로 변화시키는 지위를 획득해간다**(사진 2.20)**. 인기배우는 관객들이 알아볼 수 있는 유형을 구현하고 연기하면서 평범한 것과 비범한 것을 결합하여 역할에 특별

 생각해보기

과제로 주어진 영화에서 주요 캐릭터나 배우의 연기에 대해 생각해보자. 그 영화에서 배우의 연기 스타일을 어떻게 묘사할 것인가? 그 스타일은 스토리와 어울려 보이는가? 그렇다면 왜 그렇고, 그렇지 않다면 왜 그렇지 않은지 생각해보자.

2.20 〈올 이즈 로스트〉 이 바다 사나이 이야기는 이름 없는 캐릭터로 분한 로버트 레드포드의 인기배우로서의 명성과 연기에 의지한다. Courtesy Everett Collection.

한 개성을 더해간다.

인기배우의 연기는 미장센의 액션에 초점을 맞추고 있으면서 영화 속 중요한 사건과 주제에 관심을 집중시킨다. 〈카사블랑카〉(1942)에서는 카사블랑카를 떠나 도피하려는 다른 캐릭터들에 대한 개별적 드라마가 다수 있지만, 험프리 보가트의 캐릭터인 릭 블레인의 스토리는 중요한 의미를 가진 단 하나의 이야기이다. 다른 캐릭터들은 그들이 릭의 삶의 일부가 될 때만 중요하게 여겨진다. 〈매디슨 카운티의 다리〉(1995)는 한 남자 사진사와 아이오와의 고립된 농장에서 만나 사랑에 빠지게 되는 한 여성 이민자에 관한 이야기인데, 대부분의 경우 인기배우인 클린트 이스트우드와 메릴 스트립이 연기하는 캐릭터 이외에 다른 캐릭터들은 없다. 그 스토리를 강화해주는 그들의 상호작용에만 초점을 맞추고 있다. 다른 사람들의 삶과 캐릭터로부터 떨어져 나온 배타적인 세계를 만들어내는 두 인기배우만의 스토리가 되는 것이다. 〈캐리비안의 해적 : 블랙 펄의 저주(Pirates of the Caribbean: The Curse of the Black Pearl)〉(2003)에서 잭 스패로우 역의 조니 뎁의 우스꽝스러운 연기는 예기치 못한 성공에 기여하면서 그 캐릭터의 우스운 부분을 강조하는 후속편들이 만들어지게 되었다.

이 세 편의 영화에서 캐릭터의 힘은 배우들의 스타성, 그리고 다른 영화에서의 역할과 관련하여 인정되는 결과이다. 때로는 화면 밖의 삶과도 관련이 있다. 특히 1940년대 관객들에게 〈카사블랑카(Casablanca)〉의 릭 블레인은 〈하이 시에라(High Sierra)〉(1941)와 〈말타의 매(The Malteses Falcon)〉(1941) 같은 영화에서 보가트가 보여준 캐릭터의 연장선으로서 인식된다. 이와 비슷한 판단이 클린트 이스트우드와 메릴 스트립을 볼 때도 일어나게 된다. 〈매디슨 카운티의 다리〉에서 메릴 스트립의 연기는 〈소피의 선택(Sophie's Choice)〉(1982)과 〈아웃 오브 아프리카(Out of Africa)〉(1985)에서 획기적인 역할을 연기했던 캐릭터들과 아주 달랐기 때문에 관객들에게 깊은 인상을 심어주었다. 그녀의 역할에 대한 우리의 평가와 이해는 그녀가 인기배우로서 가지는 기술과 다양성을 부분적으로 포함한다. 조니 뎁이 연기한 해적 선장은 배우 자신의 별난 성격과 롤링 스톤즈의 키스 리처즈라는 록스타의 문화적 인지도를 기반으로 만들어졌다. 관객들은 이런 캐릭터들을 인기배우와 관련된 다른 캐릭터들의 연장으로 혹은 도착지로 이해한다.

블로킹 미장센의 물리적 공간 안에서 서로에게 관련된 배우들의 배치 및 움직임을 **블로킹**(blocking)이라 부른다. 사회적 블로킹은 그들 사이의 관계를 강조하려는 캐릭터들의 배치를 묘사한다. 〈작은 아씨들(Little Women)〉(1994)에서 가족과 친구들이 방금 남북전쟁에서 돌아온 부상당한 아버지 곁에 모여 있는데, 이 사회의 중심에 가족적 연대가 있음을 강조한다. 이는 관객들로 하여금 영화의 나머지 부분들에서 아버지의 부재를 크게 느끼게 한다**(사진 2.21)**.

2.21 〈작은 아씨들〉 사회적 블로킹의 예에서 가족 구성원들은 가족 구조가 민감하게 드러나 있는 상황에서 아버지 주변에 촘촘히 배치되어 있다.

도형적 블로킹은 공간적 조화, 긴장 혹은 어떤 다른 시각적 분위기를 묘사하기 위해 시각적 패턴에 따라 캐릭터나 집단들을 배치한다. 프리츠 랑은 사람들이 많이 모여 있는 장면의 블로킹으로 유명하다. 예를 들어 〈메트로폴리스〉(1927)에서는 개성의 억압이 직사각형을 이루며 행진하는 노동자들의 기계적인 움직임으로 구현된다**(사진 2.22)**. 영화 〈퓨리(Fury)〉에서는 작은 도시에서 벌어지는 군중의 린치가 시각적으로 인성적인 패턴을 통해 그려지며, 그 패턴의 화살표는 혼자 있는 개인에게 어두운 운명이 다가오는 것을 암시한다. 이 두 가지 형태의 블로킹은 춤이나 싸움 장면에서 역동적이고 창조적인 면을 보여줄 수 있다. 〈킬 빌 : 2부(Kill Bill: Vol.2)〉(2004)에서는 신체의 무용적 움직임이 자유나 통제를 예시하는 도형적 패턴뿐 아니라 사회적 관계 및 긴장을 시각적으로 묘사한다.

의상과 분장

의상은 캐릭터가 입는 옷, 그와 관련된 액세서리를 말하며, 이는 캐릭터를 정의하고 영화 전반의 디자인과 시각적 인상에 기여한다. 검은색 정장이나 드레스 같은 평범한 패션에서부터 역사적인 혹은 환상적인 의상에까지 범위는 다양하다. 분장은 배우의 얼굴이나 신체 부위에 적용되는데, 얼굴이나 신체의 부분을 강조하거나 위장, 왜곡하기도 한다.

2.22 〈메트로폴리스〉 프리츠 랑의 도형적 블로킹은 노동자들이 직선으로 집합해 있는 것을 보여주는데, 개성이 그 자체로 의심받고 있는 미래의 상황을 설정하고 있다.

배우가 어떻게 의상을 입고 분장을 하는가는 영화에서 중심적인 부분이 될 수 있는데, 스토리와 캐릭터의 긴장과 변화들을 묘사하기 때문이다. 캐릭터는 기본적인 외양이나 의상으로 완전히 파악되기도 한다. 제임스 본드는 다양한 역할에서 턱시도 차림으로 등장해왔다. 〈금발이 너무해(Legally Blonde)〉(2001)에서는 엘의 밝은 핑크색 LA 패션 및 액세서리와 하버드 로스쿨의 고지식한 분위기 사이에 나타나는 단절감 때문에 많은 웃음거리가 생겨난다. 다양한 의상들은 옷을 영화의 중심으로 만들면서 강조될 수 있다. 〈피그말리온(Pygmalion)〉(1938)과 그 뮤지컬 각색 영화인 〈마이 페어 레이디(My Fair Lady)〉(1964)는 거리의 소녀가 사교계 명사로 변신한다는 스토리이다. 언어와 말투와 함께, 그 변화는 캐릭터의 의상과 화장의 변화에 의해 나타난다. 먼지투성이로 해진 천을 걸치던 주인공은 다이아몬드를 두르고 드레스를 입게 된다(사진 2.23a와 2.23b).

생각해보기

의상과 분장이 장소적 리얼리즘을 더하거나 캐릭터를 띄우기 위해 하는 방법을 기술해보자.

영화에서 의상과 분장은 네 가지 다른 방식으로 기능한다. 첫째로, 의상과 분장이 장소적 리얼리즘을 지탱해야 할 경우 특정 시기와 장소에 사는 사람들의 옷과 장식의 특성을 가능한 한 정확하게 재현해낸다. 나폴레옹의 유명한 모자 및 재킷, 창백한 피부, 눈썹에 걸친 한 타래의 머리 등이 아벨 강스의 1927년 〈나폴레옹〉에서부터 사샤 기트리의 1955년 〈나폴레옹〉까지 나폴레옹을 맡은 배우의 표준적인 의상과 기본적인 분장이 되었다. 더 나아가 세련된 인공기관들, 인공적인 안면 성형 혹은 신체 성형 등이 〈J. 에드가(J. Edgar)〉(2011)에서 J. 에드가 후버 역할을 맡은 레오나르도 디카프리오처럼 연기의 리얼리즘을 더욱 증진시킨다.

둘째로, 의상과 분장이 캐릭터를 띄워주는 역할로 기능할 경우 캐릭터의 개성에서 중요한 부

(a)

(b)

2.23 〈마이 페어 레이디〉 세실 비튼의 의상 및 세트 디자인은 거리의 꽃 파는 처녀를 세련된 사회 명사로 변화시켰다.

2.24 〈어벤저스〉 슈퍼 히어로들의 상징이 된 의상은 이 만화 속 영웅들을 돋보이게 한다.

분을 부각시킨다. 이러한 개성 강조 역할을 하는 의상은 때로는 아주 절묘하고 때로는 아주 명확하다. 윌리엄 와일러의 영화 〈제저벨(Jezebel)〉(1939)에서 베티 데이비스는 빨간 드레스를 입고 나와 보수적인 남부 사회를 충격에 빠뜨린다. 그녀의 등장을 출입구에서 막는 장면은 물의를 일으킬 수 있는 드레스의 색깔 때문에 야기된 긴장감이다. 〈어벤저스(The Avengers)〉(2012)는 의상과 소도구에 의해 초자연적인 존재가 된 슈퍼 히어로들의 이야기를 중점으로 담고 있다**(사진 2.24)**.

셋째로, 의상과 분장이 서사적 표시로 기능할 경우 변화 혹은 변화의 결여는 캐릭터와 그 스토리의 발전을 이해하고 따라가는 결정적인 방식이 된다. 머리가 백발이 되어가고 얼굴에는 주름이 잡히는 주인공의 모습을 통해 우리는 영화가 연대순으로 기록되고 있음을 알 수 있다. 〈벤자민 버튼의 시간은 거꾸로 간다(The Curious Case of Benjamin Button)〉(2008)는 나이 들어가는 케이트 블란쳇의 캐릭터와 브래드 피트가 연기한 나이가 점점 어려지는 주인공을 나란히 보여주고 있는데, 컴퓨터 그래픽으로 환상적인 분장을 만들어나간다. 또한 현대적인 스타일의 옷은 스토리를 더 진전시킬 수 있다. 〈버틀러 : 대통령의 집사(Lee Daniels' The Butler)〉(2013)에서 포레스트 휘태커가 연기한 주인공 캐릭터는 8개 행정부가 지나쳐간 30여 년 동안 백악관에서 근무한 집사이다. 역사적으로 격변기를 겪으면서도 업무와 유니폼은 그대로 남아 있었지만, 그의 아내 역할을 맡은 오프라 윈프리가 입는 옷의 변화에 따라 시간이 흘러감을 알 수 있다**(사진 2.25a와 2.25b)**. 〈반지의 제왕〉 3부작(2001~2003)에서 골룸의 타락은 그의 외모 변화에서 가장 강력하게 나타난다. 특히 〈반지의 제왕 : 왕의 귀환(The Lord of the Rings: The Return of the King)〉(2003)의 시작에서 그의 원래 모습인 호빗 스미골로의 극적인 회상 장면에서 이를 명확히 확인할 수 있다**(사진 2.26a와 2.26b)**.

마지막으로, 의상과 분장은 판타지 영화인 〈반지의 제왕〉 3부작에서 그렇듯, 장르를 나타내기 위한 전반적 제작 디자인으로 사용될 수 있다. 영화에서 자연스럽거나 사실주의적으로 나타나는 의상과 분장 또한 중요한 문화적 의미를 전달한다. 〈파리아(Pariah)〉(2011)에서 관객들

(a)

(b)

2.25 〈버틀러 : 대통령의 집사〉 오프라 윈프리는 루스 카터가 디자인한 옷을 입고 있는데, 백악관 집사로서의 오랜 경력을 지닌 남편과 그녀의 캐릭터 주변에 소용돌이치는 역사적 변화와 사회적 지위가 반영되어 있다.

(a)

(b)

2.26 〈반지의 제왕 : 왕의 귀환〉 관객들은 3부작의 마지막 부분에서 앤디 서키스가 분한 스미골을 잠깐 보여줄 때까지 기다렸는데, 호빗이었던 스미골의 탐욕이 지나쳐서 결국 흉측한 모습의 골룸으로 변형되고 만다.

은 10대인 어라이크가 본인의 성정체성을 정의하고자 하는 욕망을 그녀의 의상에서 엿볼 수 있다. 그녀는 엄마가 사준 핑크색 탑을 입은 자신이 내키지 않는다. 〈악마는 프라다를 입는다(The Devil Wears Prada)〉(2006)에서 앤 해서웨이가 연기한 순진한 앤디 삭스가 성숙해지는 과정은 그녀의 옷차림에서 완벽히 드러나는데, 그녀의 의상은 촌스러운 대학생 스타일에서 패셔너블한 디자이너 스타일로 바뀌어간다.

조명

가장 절묘하고 중요한 미장센 중 하나는 바로 **조명**(light)이다. 관객들로 하여금 영화의 액션을 볼 수 있게 하고 액션이 일어나는 세팅을 이해할 수 있도록 할 뿐 아니라 미장센의 배우, 의상, 소도구 등에 관심을 집중하도록 만들어준다. 일상 경험을 통해서도 우리는 조명이 어떻게 사람이나 사물에 대한 관점에 영향을 미치는가를 알 수 있다. 어두운 방에 들어가면 무서운 감정이 들지만, 똑같은 방에 불을 밝혀놓으면 편안함을 느끼게 된다. 조명은 영화 촬영에 있어서 핵심적인 요소이며, 조명의 선택이 화면에서 무엇을 보여줄 것인지에 영향을 미치고 미장센의 경험에 깊숙이 관여하므로 맥락에 따라 논의되어야 한다. 미장센 조명은 하나의 장면 안에 위치해 있는 빛의 원천을 말하는 것이다. 인물, 사물, 공간 등을 부각시키거나 그늘지게 하는 데 사용된다. 제3장에서 더 자세하게 논할 것이지만, 영화 조명의 주요 원천은 화면상에 보이지 않지만 미장센에 영향을 미친다.

조명, 세트, 배우라는 세 요소의 상호작용은 미장센 안에서 그 자체로 드라마를 창조해낼 수 있다. 인물이 빛 속에서 움직이는 방법 혹은 조명이 바뀌는 방식은 캐릭터와 스토리에 대한 중요한 정보를 암시해줄 수 있다. 〈백 투 더 퓨처(Back to the Future)〉(1985)에서 마티 맥플라이의 얼굴이 갑자기 보이지 않는 원천으로부터 빛을 받는데, 미스터리한 시간여행을 순간적으로 암시한다. 더 복잡한 경우를 예로 들자면, 〈시민 케인〉에서 캐릭터들은 규칙적으로 움직이는데, 특히 케인의 움직임은 어두워졌다가 밝아지고, 또다시 어두워지는데, 이것은 도덕적 불안감을 암시한다.

미장센은 자연스럽고 방향성이 있는 두 가지 조명 모두를 사용할 수 있다. **자연 조명**(natural lighting)은 보통 한 장면에서 부수적인 역할을 한다. 한 장면이나 세팅에서 한낮의 햇빛이나 방 안의 등불 같은 자연적인 광원으로부터 기인한다. **세트 조명**(set lighting)은 기본 조명으로 한 장면 내내 배경으로 깔리는 조명을 말하며, 특별히 강조되는 조명이 추가되기 전에 세트 전반에 걸쳐 비춰진다. **방향성 조명**(directional lighting)은 더 분명하다. 자연적 광원의 인상을 만들어낼 수는 있으나, 실제로는 사물이나 사람을 정의하고 형성하는 방식으로 빛을 사용한다. 〈성공의

〈똑바로 살아라〉의 미장센

같이 보기 : 〈브루클린의 아이들(Crooklyn)〉(1994), 〈서머 오브 샘(Summer of Sam)〉(1999), 〈25시(25th Hour)〉(2002)

스파이크 리의 〈똑바로 살아라(Do the Right Thing)〉(1989)에서 캐릭터들은 브루클린의 소외된 아프리카계 미국인들로 구성된 이웃 동네 베드퍼드 스타이브센트 주위를 배회한다. 여기서 삶은 사적 미장센(private mise-en-scène, 아파트, 침실, 일거리 등)과 공적 미장센(public mise-en-scène, 사람들로 붐비는 거리와 보도) 사이의 복잡한 협상이 된다. 스파이크 리는 동네의 다양한 캐릭터, 상점, 거리 구석구석을 연결시키는 한가닥 실과 같은 존재인 무키 역을 맡고 있다. 영화는 한 도시에서 서로 다른 태도, 개성, 그리고 욕망들이 충돌하는 다양한 상황을 탐구한다. 이를 위해 방, 상점, 레스토랑 등 다양한 장소가 사용되며, 각 장소는 개인적·인종적 연관성을 가지고 있다. 더운 여름날 세팅에서 조명은 강렬한 열기를 만들어내고, 이런 뜨거운 느낌은 미장센에 에너지와 좌절감을 불어넣는다. 프로덕션 디자이너 윈 토머스와 영화 촬영기사 어니스트 R. 딕커슨과 함께 작업한 리는 이웃 동네를 좋지 않은 일들이 만나는 극적인 공간으로 만든다.

리의 '무키(Mookie)'라는 주요 역할에서의 연기는 그 당시 리의 인기배우, 인기감독으로서의 지위를 토대로 하고 있었다. 인기배우인 동시에 인기감독인 그의 지위는 미장센에서 일어나는 일들이 그에 관한 것들임을 확실하게 시사한다. 영화 전반에 걸쳐 보통 체격의, 차분하고 신중한 그의 연기는 캐릭터들에 따라 바뀌고 조절되는 것처럼 보인다. 무키는 카멜레온 같은 존재로 그가 몸담고 있는 사회적 장면에 맞추기 위해 페르소나(persona, 외적 인격)를 계속 변화시킴으로써 생존하고 있다. 영화의 말미에서 무키는 무엇이 자신의 진짜 자아가 되어야 하는지를 결정해야만 했다. 연기하고 있는 역할에 대한 책임을 짐으로써 위기의 순간에 그가 어떻게 '행동'할 것인가를 결정해야 한다는 것이다.

루스 카터의 의상과 마티키 아노프의 분장은 1980년대 미국 도시에서 유행한 스타일을 반영한다. 양자 모두 장소적 리얼리즘을 달성하는 데 기여하며, 리는 서사에서 차지하는 캐릭터의 위치를 정의하고 강조하기 위해 그것들을 이용한다. 무키가 입고 있는 다저스 야구 팀 셔츠의 등쪽에는 전설적인 야구 선수 재키 로빈슨의 이름과 번호가 새겨져 있는데, 고향과 아프리카계 미국인들의 자부심을 상징하고 있다(사진 2.27). 반면 존 터투로가 연기한 피노는 하얗고 소매 없는 티셔츠를 입고 있는데, 그가 속한 백인 노동자 계급을 상징한다. 조이 리가 맡은 무키의 누이동생 제이드는 과장된 모자, 스커트, 귀걸이, 눈에 띄게 우아한 화장 및 헤어 스타일로 두드러져 보이는데, 동네에서 인종을 넘어서는 개성 및 창의성으로 주의를 끈다.

이 영화의 핵심적인 위기는 문화적 의미와 비유적 힘을 갖춘 소도구들의 드라마로 시작된다. 영화 앞부분에서 로저 구에버 스미스가 연기한 스마일리는 폭력과 비폭력적인 방식 모두로 인종차별주의에 대항해 싸우라는 소명의 표시로 말콤 X와 마틴 루서 킹의 사진을 들고 있다. 그런 다음 오시 데이비스가 맡은 다 메이어는 스티브 박이 연기한 한국인 식료품점 주인 소니가 맥주 밀러 하이 라이프를 한 캔도 갖다놓지 않았다는 이유로 싸움을 건다. 그러나 이 영화 최고의 위기를 만드는 것은 정작 대니 에이엘로가 맡은 샐의 피자 가게에 걸려 있는 프랭크 시나트라, 조 디마지오, 라이자 미넬리, 알 파치노 등 유명한 이탈리아계 인기배우들 사진이다(사진 2.28). 지안카를로 에스포지토가 연기한 버깅 아웃이 이 가게의 손님은 전부 흑인이기 때문에 아프리카계 미국인들의 사진이 당연히 걸려야 한다고 불평하자, 주인인 샐은 화를 내며 그가 뭘 원하든 자기 가게 벽은 자기가 알아서 장식할 수 있는 것이라고 대답한다. 나중에 빌 넌이 맡은 라디오 라힘이 자기의 분신과도 같은 대형 휴대용 카세트 라디오 끄기를 거절하면서, 라힘과 버깅 아웃은 이 미장센 안에서 소도구인 사진의 문화적 의미와 이웃 주민들의 사회적 권리에 대해서 주인장 샐과 대립한다. 즉 그들은 왜 아프리카계 미국인들의 사진이 한 장도 벽에 걸려 있지 않은지 요구하고 있는 것이다. 마침내 이 영화의 절정에 이르러 무키는 쓰레기통을 피자 가게의 창문으로 던져버리는데, 그것은 가게의 파괴를 촉발하는 계기였으나, 동시에 가게 주인 샐과 그의 아들의 생명을 구하는 길이기도 했다.

사회적 차단과 그래픽 차단 모두 영화 속에서 이 동네 사람들의 '차단'

2.27 〈**똑바로 살아라**〉 무키는 고향 및 아프리카계 미국인의 자부심을 상징하는 것으로 재키 로빈슨의 번호가 새겨진 브루클린 다저스 야구 팀 셔츠를 입고 있다.

2.28 〈똑바로 살아라〉 피자 가게 벽에 걸린 향수를 자극하는 이탈리아계 미국인 인기배우들의 흑백사진들은 소도구들이 정치적 인화물질이 될 수 있다는 점을 시사한다.

과 배치에 대한 분명하고도 극적인 계산으로 존재한다. 한 장면에서 피노, 비토(리처드 에드슨), 무키가 피자 가게 구석에 긴장한 채 서로 떨어져 서 있는데, 무키는 비토에게 형의 행동을 말리라고 부탁하고, 피노는 가족의 유대를 이유로 들며 거절한다. 그들은 자신들을 분리시키고 있는 카운터 주변에 배치되어 움직이며 조용히 세력권을 주장하며 적의를 드러내고 있다. 인물들 간의 이러한 결집은 샐의 피자가게에서 벌어지는 결전으로 절정에 달한다. 버킹 아웃과 라디오 라힘이 피자 가게에 들어오면서 카운터 뒤쪽의 주인 샐과 시끄러운 언쟁이 시작되고, 다른 한편에서는 무키, 피노, 비토, 아이들이 가게 안의 다른 곳에 자리를 잡고 서로 소리를 질러댄다. 싸움이 시작되자, 사람들은 서로에게 달려들고 거리로 뛰쳐나가 무리를 형성한다. 경찰이 도착하고 라디오 라힘이 피살당하고, 그의 시신이 놓인 곳을 경계로 무키, 샐, 샐의 아들들이 한편으로, 점점 몰려드는 분노한 흑인들과 라틴계 미국인들의 무리가 다른 한편으로 갈라져 선다. 이런 블로킹 안에서 무키는 갑자기 자기 편에서 다른 편으로 이동하더니 말없이 쓰레기통을 집어들어 가게 창문에 던져버린다. 폭동은 무키 자신이 어디에 위치하고, 군중으로부터 샐의 공간을 차단하고 있는 미장센을 어떻게 깨뜨릴지 결정에 대한 결과이다.

이 영화는 처음엔 자연주의적으로 보이는 일련의 조명 기술을 구사하지만 후에는 방향성 조명이 극적으로 부각된다. 영화의 시작부터 거칠고 화려한 거리를 부드러운 아침 빛이 조명하면서 다음 날 무더위를 예고하는 DJ 미스터 세뇨르 러브 대디의 라디오 방송국과 엄마(루비 디)가

다 메이더를 깨우는 침실 등의 내부가 강조된다. 내부 조명은 아프리카계 미국인 캐릭터들의 검은 피부의 풍부하고도 뒤섞인 음영을 강조하고, 반면에 외부 공간의 밝은 조명은 흑인, 백인, 아시아인 피부색의 특징을 끄집어낸다. 외부의 밝은 색조 조명은 그들을 격리시키는 방법으로 미장센의 사물 및 소도구의 색을 강조한다. 경찰 차와 유니폼의 파란색, 한국인 상점에 있는 과일의 노란색, 이웃집 벽이나 계단의 빨간색 등이다(**사진 2.29**).

영화에서 조명의 다른 사용은 극적이며 복잡하다. 피자를 배달하러 계단을 오르는 무키를 역광으로 비추는 조명은 극적인 효과를 내어 피자 배달에 영웅적이고도 낭만적인, 거의 종교적이기까지 한 효과를 더해준다. 피노가 창고 안에서 비토와 대면하고 있을 때의 장면은 머리 위에서의 조명이 앞뒤로 흔들리면서 불안한 시각적 효과를 만들어내어 고조된 분위기를 연출한다. 마지막 장면에서 무키는 불빛이 환한 한쪽과 어두운 다른 쪽 두 부분으로 갈라지는 거리를 따라 집을 향해 걸어간다.

다른 많은 영화들보다 미장센이 복잡하고 다채로운 이 영화는 비교적 작은 도시 공간을 배우, 의상, 소도구, 블로킹, 조명 등으로 밀집되고, 유동적인 환경을 만들어 놀랄 만한 세트로 바꾸었다. 여기에서 미장센의 요소들은 항상 극적이면서 정치적으로 연출되고 있는 것이며, 특정 시점 및 장소에서의 문화 공간 구축에 대한 것이다. 여기에서 살기 위해서는 사람들은 마치 무키가 결국 했던 것처럼 언제, 어떻게 행동해야 하는가를 아는 것의 힘과 책임에 대해 생각해볼 필요가 있다.

2.29 〈똑바로 살아라〉 이글이글 타는 듯한 빨간 벽에 비친 밝은 색조의 조명은 거리에서 우연히 만나는 이런 이야기꾼들의 연극처럼 과장된 어조를 더해준다.

달콤한 향기(Sweet Smell of Success)〉(1957)에서 보여지는 것처럼**(사진 2.30~2.36)**, 특별한 기법들이 발달되어 조명에는 다양한 전략들이 활용된다.

- **3점 조명**(three-point lighting). 세 가지 광원을 사용하는 가장 일반적인 조명 스타일이다. 주광은 사물을 비추는 것이고, 역광은 배경으로부터 사물을 끄집어내는 것이며, 보조광은 그림자를 최소화해주는 것이다**(사진 2.30)**.
- **주광**(key light). 등을 주 광원으로 한다. **명조 조명**(high-key lighting)의 경우 대비가 적고, **암조 조명**(low-key lighting)의 경우 명암의 대비가 극명하다. 이런 용어들은 보조광에 대한 주광의 비율을 가리키는 것이다. 명조 조명은 보조광에 대한 주광의 비율이 낮은 것으로 멜로드라마 및 현실주의 영화에 사용되며, 암조 조명은 보조광에 대한 주광의 비율이 높은 극적인 것으로 공포 영화 및 누아르 영화에 사용된다**(사진 2.31과 2.32)**.
- **보조광**(fill lighting). 주광과의 균형을 맞추기 위해 사용하거나, 다른 공간과 사물을 강조하기 위해 사용될 수 있다**(사진 2.33)**.
- **하이라이팅**(highlighting). 어떤 캐릭터나 사물을 강조하거나 특별한 의미를 부여하고자 할 때 다른 광원을 사용하는 것을 말한다**(사진 2.34)**.
- **역광**(backlighting). 뒤에서부터 사람이나 사물을 비추는 하이라이팅 기법이다. 대상에 실루엣, 즉 검은 윤곽을 남기는 경향이 있다**(사진 2.35)**.
- **전광**(frontal lighting), **측광**(sidelighting), **하광**(underlighting), **상광**(top lighting). 어떤 특징을 끌어내기 위해 혹은 대상 주변의 특별한 분위기를 만들어내기 위해 다른 방향에서 대상을 비추는 데 사용된다**(사진 2.36)**.

강한 조명(hard lighting)부터 **부드러운 조명**(soft lighting)까지, 미장센의 조명효과는 내러티브(서사 기법) 및 기타 특성과 관련하여 반응을 이끌어낸다. 특성을 이끌어내기 위해 그림자를 이용하는 셰이딩(shading, 음영 기법)은 내러티브가 하지 않는 방식으로 사물이나 사람에 대해 설명한다. 강약 조명과 셰이딩은 명암 조작 및 하이라이팅을 통해 다양하고 복잡한 효과들을 만들어낼 수 있다.

〈배리 린든(Barry Lyndon)〉(1975) 같은 영화에서는 스토리가 조명 기술과 떨어질 수 없는 관계에 있다는 것이 뚜렷이 보인다. 얼굴에 날카로운 전광 및 약간의 보조광, 특별한 암조 및 부드러운 조명은 사회에서의 필사적인 노력이 윤리적 허구성을 감추고 있는 캐릭터들을 표현하는데 있어 인공적인 강렬함을 만들어낸다**(사진 2.37)**. 이런 빛 조작의 특별한 경우가 바로 **키아로스쿠로 조명**(chiaroscuro lighting, 명암대비 조명)으로, 이는 깊이와 대비를 만들어내기 위해 명암을 회화적으로 배열해놓은 것이다. 〈대부(The Godfather)〉(1972)의 시작 장면에서 돈 코를레오네 은신처의 키아로스쿠로 조명은 밖에서 환하게 빛나는 결혼식과 대조를 이룬다.

소도구에서 조명까지 미장센의 어떤 요소도 표준적인 의미가 될 수 없다. 항상 각각의 영화에서 다른 용도로 쓰이기 때문이다. 미장센은 또한 각기 다른 시대의 역사, 문화적 의미를 전달한다. 1924년 공포 영화 〈밀랍인형 전시실(Waxworks)〉에서와 같이 독일 표현주의 영화의 암조 조명이 1950년대 누아르 영화에서의 그것과 형식적으로 유사할 수 있는 한편, 〈키스 미 데들리(Kiss Me Deadly)〉(1955)와 같이 조명이 각 영화의 특징적인 관점과 그것을 만들어낸 문화적 맥락을 반영하는 아주 다른 의미를 갖고 있기도 하다. 〈밀랍인형 전시실〉에서 드라큘라와 잭더리퍼 같은 캐릭터들을 둘러싸고 있는 은유적 어둠은 심리적 효과를 통해 괴물 같은 악을 암시한다. 〈키스 미 데들리〉의 어두운 분위기는 전적으로 인간적인 부패, 잔인한 탐욕, 성폭행 등을 묘사한다. 독립영화 〈파이(Pi)〉(1998)는 고도로 대비되는 조명과 흑백 필름을 사용하여 예전 영화

생각해보기

최근에 본 영화에서 조명의 역할을 생각해보자. 명조 조명인가 암조 조명인가? 조명이 극적으로 감정적 충격을 더해주는 장면을 묘사해보자. 조명이 두드러지지 않지만 똑같은 중요성을 갖고 있는 장면이 있는가? 있다면 묘사해보자.

2.30 〈성공의 달콤한 향기〉 제임스 웡 하우의 촬영으로 유명한 작품. 신문 영업에 대한 통렬한 비판 이야기다. 기본 설정으로 할리우드의 고전적인 3점 조명 방식을 사용한다.

2.31 〈성공의 달콤한 향기〉 명조 조명은 사람으로 붐비는 커피숍의 눈부신 오후를 강조한다.

2.32 〈성공의 달콤한 향기〉 암조 조명은 위험한 만남의 명암 대비를 고조시킨다.

2.33 〈성공의 달콤한 향기〉 보조광은 토니 커티스가 분한 언론 홍보 담당 시드니 팔코는 버트 랭카스터가 분한 J. J. 헌세커가 사실을 왜곡하는 것을 들을 때 시드니 팔코 쪽을 두드러지게 해준다.

2.34 〈성공의 달콤한 향기〉 하이라이팅은 배경으로부터 컬럼니스트를 강하고 두드러지게 해준다.

2.35 〈성공의 달콤한 향기〉 역광은 만남의 불법성을 특히 강조한다.

2.36 〈성공의 달콤한 향기〉 하광은 경찰의 미소를 위협적으로 보이도록 비틀고 있다.

2.37 〈배리 린든〉키아로스쿠로 조명의 예. 배경이 어둠에 뒤덮일 때(scuro, 암) 촛불의 부드러운 빛이 밝은 지역을 만들어낸다(chiaro, 명). 어두운 색조의 조합은 으스스한 분위기와 유령 같은 캐릭터들의 모습을 만들어내는 데 기여한다.

사조와의 관계를 떠올리게 한다. 수학에 빠진 주인공의 심리적 장애와 그의 예견으로 이득을 취하려는 사람들의 무자비함을 보여준다.

공간과 디자인

영화의 전체 모습은 디자인 팀에 의해 조정되는데, 팀은 영화의 액션 장면을 만들기 위해 공간과 구성을 이용한다. 〈2001 : 스페이스 오디세이(2001: A Space Odyssey)〉(1968)의 세트 디자인 특징은 길쭉한 대형화면 틀 안에 드문드문 배치된 미래주의적 디자인 요소들이다(사진 2.38). 〈판타스틱 미스터 폭스(Fantastic Mr. Fox)〉(2009)의 여우들이 우글대는 여우굴은 대형화면 틀을 채우고 있지만 관객에게는 스톱 모션(stop-motion)[11] 기법으로 찍은 인물들과 소

도구가 함께 뒤섞여서 깊이 있는 의미를 주고 있지 못하다. 〈마리 앙투와네트〉의 정면 지향성은 영화에 장식 예술을 생각나게 만드는 구성 스타일을 제공하면서 베르사이유의 칸막이 장막, 커튼, 벽지 등을 강조한다. 대부분의 디자이너들이 자신의 작업이 스토리에 봉사한다고 말하지만, 이런 공간들을 통과하는 배우들은 조명에 의해 강조되며, 세심한 메이크업과 특정한 색상 파레트로 의상이 선택된다. 이렇게 모든 부서들의 작업이 한데 어우러져 미장센을 구성한다.

2.38 〈2001: 스페이스 오디세이〉스탠리 큐브릭 감독의 예지력 있는 공상과학 영화인 이 영화의 극도로 영향력 있는 프로덕션 디자인은 똑같은 감독이 만든 18세기 영국 배경의 〈배리 린든〉과 비교할 수 없을 정도이다. 하지만 공간 속 인물 구성에 대한 집중도는 감독의 작품에 공통적으로 드러난다.

영화의 형식

2.38a

2.38b

2.38c

2.38d

〈판타스틱 미스터 폭스〉의 미장센

웨스 앤더슨의 〈판타스틱 미스터 폭스〉는 전 세계에서 사랑받은 로알드 달의 동화책을 스톱 모션 만화영화 기법으로 각색한 것이다. 3명의 무자비한 농장주에 대항해 싸우는 미스터 폭스의 스릴 넘치는 도둑질 이야기인데, 싸움 과정에 여러 동물을 배치해두었다. 미장센을 통해 스토리텔링을 하는 것을 매우 좋아하는 앤더슨의 특징을 극단적으로 가져간 이 영화는 주로 정교하게 디자인된 지하 세계에서 벌어지는 일들을 담고 있다. 캐릭터, 소도구, 그리고 세트가 섬세하게 구성되었기 때문에 캐릭터의 움직임과 조명의 조화가 관객의 시선을 줄거리로 이끄는 데 중요한 역할을 한다.

오소리 배저의 광산으로 쫓겨난 동물들이 새로운 집을 마련하는 과정을 묘사하고 있는 장면은 두더지 몰이 느긋하게 피아노를 치는 것으로 시작하는데, 1950년대 할리우드를 연상하게 하는 대목이다(사진 2.38a). 공간은 크고 고상하게 촛불이 밝혀져 있고, 열매와 가짜 꽃으로 만든 화환이 반짝이는 전구들과 뒤섞여 꼬여 있다. 이런 밝은 이미지에도 불구하고 배경에 있는 보관용 선반은 우아하게 보이는 두더지 집의 삶이 피난민들의 유입과 도둑질한 물건들을 쌓아놓은 것들로 인해 어려운 일들을 겪고 있는 상황임을 보여준다.

카메라는 오른쪽으로 부엌 공간을 따라간다(사진 2.38b). 밝고 생기발랄한 조명이 토끼가 공동식사를 위한 재료들을 다듬고 있는 모습을 비추고, 구이용 선반에 걸려 있는 훔쳐온 닭 등 다양한 음식들이 널려 있는 비좁은 공간은 피난온 많은 동물과 그들의 우정을 보여준다.

카메라는 다시 오른쪽으로 돌아가 미스터 폭스와 오소리 배저를 비추는데, 그들은 침실의 문이 열려 있는 입구 쪽을 지나쳐 가고 있으며, 이층 침대 위에 지친 동물의 발이 걸쳐져 있는 모습이 보인다(사진 2.38c). 그들은 이런 생활이 언제까지 지속될 수 있을 것인가에 대해 논의한다.

마지막은 펀치볼 그릇이 있는 장면인데(사진 2.38d), 너머로는 임시방편적 삶의 모습이 분명하게 보여진다. 훔쳐온 사이다 박스, 밀가루 자루, 죽은 닭 사체 등이 배경에 쌓여 있다. 미스터 폭스의 아들 애쉬는 아버지의 명예를 회복하기 위해 결정적인 행동이 필요하다고 믿으면서 사촌 크리스토퍼슨에게 흉포한 농장주 빈에게 빼앗긴 아버지의 꼬리를 되찾는 것을 도와달라고 요청한다.

넬슨 로워리의 프로덕션 디자인은 이야기에 풍부한 색채를 입히는데, 동물들은 자신들을 사냥하려는 인간들보다 더 인간적으로 행동하고 심지어는 옷을 갖춰 입고 있다.

미장센의 의미 만들기

살펴본 미장센 요소가 영화의 세계를 만들어가는 데 함께 이용된다는 사실은 중요하다. 미장센은 영화 프레임 속 보이는 모든 것이다. 다음 장에서 논의할 프레이밍(틀 짜기), 앵글(각도), 컬러(색깔) 등을 포함한 촬영의 속성은 미장센을 특정 방식으로 만들어가지만, 우리의 시각적 인상은 특수효과 기술로 프레임 앞 혹은 뒤에 위치한 것이 무엇인지에 따른 질문으로 시작된다.

관객들은 미장센을 어떻게 해석하는가? 영화가 진짜 장소를 제공하거나 새로운 세계를 교묘하게 만들어내더라도 세트, 소도구, 연기 방식, 블로킹, 조명 등은 관객들로 하여금 의미를 발견해낼 수 있는 기회를 제공한다. 최초의 '뉴스 영화' 중 하나인 〈마닐라만의 전투(The Battle of Manila Bay)〉(1898)에서 듀이 제독의 해전 승리를 모형으로 축소시켜 재현한 것에서부터 〈브라질(Brazil)〉(1985)의 '로스앤젤레스에서 벨파스트의 경계 어디엔가'에 위치한 미래의 배관 설비 **(사진 2.40)**, 〈밀레니엄 : 여자를 증오한 남자들(The Girl with the Dragon Tattoo)〉(2011)에서 스웨덴 시골의 겨울빛까지, 미장센은 상상으로 만든 세팅뿐만 아니라 실제 풍경 모습을 통해서도 특별한 의미를 만들어낼 수 있다. 마지막 부분에서는 미장센에 대한 다양한 접근 방식과 문화적 맥락이 우리가 의미를 파악하고 부여하는 데 어떤 도움을 주는지를 탐구해보자.

영화의 물질 세계에서 위치 정의하기

영화 관객들에게 장소, 사물, 세트 및 세팅의 배치 등을 인식하는 것이 형식적인 연습에 그쳤던 적은 없었다. 미장센은 관객들이 인간적·미적·사회적 가치들을 측정하고, 의미 있는 영화적 전통을 인식하며, 상호작용 속에서 영화의 변화하는 지위에 의미를 부여하고 그 의미를 확인하는 장소였다.

미장센의 기본적인 가치는 우리가 어디에 있는지 정의해준다는 것이다. 우리는 우리를 둘러싸고 있는 사물 및 물리적 세팅을 통해 물질 세계에서 우리의 위치를 알 수 있다. 어떤 사람들은 밝은 빛과 활발하게 움직이는 군중들이 있는 대도시를 선호하고, 다른 사람들은 마을에 있는 교회가 유일하게 눈에 띄는 건축물이기를 선호한다. 미장센에 의해 만들어지는 장소가 배우의 연기에 중요한 의미를 갖는 필수적인 조건이 된다는 점에서 영화적 미장센도 이와 비슷하다. 이런 문화적 맥락의 일부로서 영화적 미장센은 배우들이 그 안에 존재하는 외적 경계 및 맥락을 보여주면서 인간 경험의 한계를 묘사하는 데 도움을 준다. 그들이 존재하는 세계는 우리의 자연적, 사회적 세계 혹은 상상 속 세계에 부응한다. 한편 영화에서 미장센이 어떻게 변화되고 조종되는가 하는 것은 영화 배우 및 집단의 힘을 반영한다. 즉, 미장센의 변화 방식은 배우들이 그들의 세계를 의미 있는 방식으로 조종하거나 조절할 수 있는 능력을 보여준다는 것이다. 첫 번째 가치체계(조건 및 한계)는 배우들 없이 성립될 수 있지만, 두 번째(그들의 한계를 변화시키거나 조종하는)는 배우들과 미장센의 상호작용을 필요로 한다.

외적 조건으로서 미장센

외적 조건으로서 미장센은 장소나 공간 속에 있는 물질적 가능성을 정의하는 표면, 사물, 겉모습을 가리킨다. 미장센은 움직이는 사물들로 가득찬 마법 같은 공

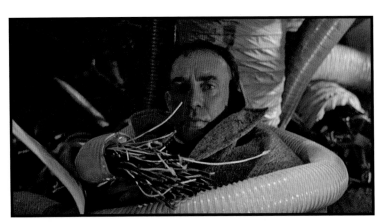

2.40 〈브라질〉 이 어두운 코미디 영화에서 비틀리고 미로처럼 꼬인 배관 설비로 상징되는 미래주의적 미장센은 혼란스러운 현실 속에 인간 배우들을 얽매어 꼼짝 못하게 한다.

간이 될 수도 있고 경계 없고 메마른 풍경이 될 수도
있다. 〈킹 솔로몬(King Solomon's Mines)〉(1937)과
〈아프리카의 여왕(The African Queen)〉(1951)에서는
메마른 사막지대와 빽빽한 밀림지대가 식민지 시대
방문객들을 위협하는 반면, 〈사라진 여인(The Lady
Vanishes)〉(1938)과 〈펠햄 123(The Taking of Pelham
123)〉(2009) 같은 영화들은 기차와 지하철 내부로
세트를 만들어 길고 좁은 통로, 다수의 창문, 생면부
지의 이상한 얼굴 등을 연출해낸다. 차량 밖으로 세
상이 지나가는 동안 개인의 움직임은 제한되어 있
다. 각각의 경우에 있어서 미장센은 영화의 물리적
세계의 물질적 한계를 묘사해준다. 그 장면의 나머

2.41 〈**브로크백 마운틴**〉 미국 서부의 광활한 산과 평원에서 두 카우보이는 영화가 세팅과
관련된 기대감을 저버렸다는 것을 입증하듯이 새로운 동성애적 관계를 탐구해나가고 있다.

지 부분이나 전체 영화조차도 주어진 조건으로부터 발전해나가야 한다.

캐릭터 척도로서 미장센

캐릭터 척도로서의 미장센은 개인이나 집단이 주위 세팅 및 세트와의 상호작용(혹은 조종)을
통해 정체성을 어떻게 확립하는가를 극적으로 보여준다. 〈로빈 훗의 모험(The Adventures of
Robin Hood)〉(1938)에서 미장센은 숲을 도망자인 주인공이 정의를 달성하고 동지애를 발견하
는 호의적이고 친근한 장소로 만들어준다. 〈브로크백 마운틴〉(2005)에서는 산의 광활한 공간
이 캐릭터들의 성적 정체성에 대한 시야를 넓혀준다(**사진 2.41**). 공상과학 영화 〈도노반스 브레인
(Donovan's Brain)〉(1953)에서는 미치광이 과학자의 비전과 개성이 전선들로 꼬여 있는 실험실
에 반영되어 있다. 본질적으로 새로운 생명을 창조해내는 능력은 환경에서 형성된 것이며, 그런
사실은 천재성과 미친 야망 양자를 모두 반영하고 있는 것이다. 캐릭터와 미장센 요소 사이의
상호작용은 관객들에게 캐릭터들 사이의 상호작용보다 더 많은 의미를 전달해줄 수 있다.

　물질적 세계에 대한 우리의 문화적 기대감이 어떻게 미장센의 가치를 이해하는지에 큰 영향
을 미친다는 것을 알아야 한다. 현대 관객들에게 있어서 〈황금광시대(The Gold Rush)〉(1925)
의 미장센은 거칠고 부자연스럽게 보일 수도 있다. 분장과 의상은 현실적이라기보다 서커스 복
장처럼 우스꽝스럽게 보인다. 그러나 1920년대 관객들에게 있어서 그것은 당시 사회를 잘 담고
있으면서도 환상적이면서 극적인 요소들을 갖춘, 아주 재미있는 미장센이었다. 그들에게 있어
서 이상한 장소에서 발레 같은 마술적 동작을 선보이는 찰리 채플린의 부랑자 역할을 보는 것이
현실주의 미장센보다 더 중요했다.

미장센의 해석적 맥락

영화의 읽기나 해석을 이끌어내는 두 가지 두드러진 맥락에는 자연주의적 미장센과 연극적 미
장센이 포함되어 있다. 자연주의적 미장센(naturalistic mise-en-scène)은 사실적으로 보이면서 관
객들이 알아볼 수 있다. 극적 미장센(theatrical mise-en-scène)은 장소 및 미장센의 기타 요소들을
변형시켜서 부자연스럽고, 과장되거나 인공적인 것으로 보이게 만든다. 영화 역사 전반에 걸쳐
서 많은 영화들이 이 두 가지 사이에서 순조롭게 움직여 왔지만, 영화는 이런 맥락의 여러 면을
강조해왔던 경향이 있다. 〈국가의 탄생〉(1915)에서부터 〈철의 여인(The Iron Lady)〉(2011)까지
세팅, 의상, 소도구 등은 영화감독이 진정한 역사적 판단을 한다는 것을 관객들에게 확신시키
기 위한 노력으로 가능한 한 진짜처럼 보이도록 선택되고 만들어져 왔다. 전자 영화는 일부 장

면들에 '역사의 판박이'라는 별명을 붙이면서까지 미국 남북전쟁의 역사적 장소 및 사건들을 재창조해내고 있는 반면, 후자 영화는 마거릿 대처의 공적 생활 및 노년기의 사생활을 회상 형식으로 자세하게 재구성한다. 〈칼리가리 박사의 밀실(The Cabinet of Dr. Caligari)〉(1920)에서부터 〈해리 포터와 죽음의 성물 1부(Harry Potter and the Deathly Hallows: Part 1)〉(2010) 등의 다른 영화들에서는 미장센의 그런 똑같은 요소들이 사람들이 알고 있는 사실을 과장하거나 변형시켜 왔다. 전자는 뒤틀린 건물들과 악몽을 꾸는 듯한 배경의 세트를 이용하고 있는 반면, 후자는 마술적 동물들과 만화영화에나 나올 듯한 사물들이 살고 있는 환상적인 세팅을 이용한다.

자연주의적 전통

자연주의는 미장센에 도달하는 가장 효과적이면서 가장 잘못된 방법 중 하나이다. 만일 미장센이 제시해왔던 것처럼 공간의 배치, 사물의 배치에 관한 것이라면, 미장센에서 자연주의란 장소가 원래 보여져야만 하는 대로 보여지는 것을 의미한다. 자연주의적 미장센의 더 정확한 특징은 미장센의 요소들이 사실로 추정되는 자연 및 사회의 법칙들을 따른다는 것이다. 그들은 서로 일관된 논리적 관계를 맺고 있다. 미장센과 캐릭터들은 서로를 규정한다.

자연주의적 미장센은 일반적으로 인정된 과학적 법칙 및 문화적 관습과 일치한다. 즉 자연주의적 세팅에서 한 사람은 멀리 떨어진 벌판으로부터 속삭이는 소리를 들을 수 없으며, 식당에는 여러 명의 웨이터나 웨이트리스, 30개의 테이블이 있을 수 있다. 사실주의적 미장센(realistic mise-en-scène)은 다른 세트, 소도구, 캐릭터들 사이에서 논리적, 동질적인 연결관계를 만들어낸다. 의상, 소도구, 조명은 자연주의적 세팅의 적절하고 논리적인 확장이며, 세트들은 일관성 있는 지형의 한 부분으로서 서로와 관련되어 있다. 〈알제리 전투(The Battle of Algiers)〉(1966)는 현지 촬영을 이용하여 다큐멘터리 리얼리즘 기법으로 십수 년 전의 도시 거리에서 일어난 혁명을 재창조해낸다. 영화 속의 자연주의란 미장센과 캐릭터들이 서로를 규정하거나 반영하는 것을 의미한다. 〈살인자들(The Killers)〉(1946)에서 도시의 거친 거리와 어두운 방들은 도둑과 요부의 우울한 내면을 반영한다. 〈인 디 에어(Up in the Air)〉(2009)의 공항, 항공사, 호텔 로비의 일상 세계는 인간적인 친구관계를 확보할 수 없는 캐릭터를 위한, 암울하게 왜곡된 집으로서 기능한다(**사진 2.42**). 자연주의적 미장센으로부터 두 가지 전통이 생겨났다.

역사적 미장센 역사적 미장센(historical mise-en-scène)은 역사의 특정 시점 및 장소를 떠올리게 하는 요소들에 초점을 맞추면서 알아볼 수 있는 역사적 장면을 재창조해내는 것이다. 〈서부 전선 이상 없다(All Quiet on the Western Front)〉(1930)는 제1차 세계대전의 참혹한 참호전투를 정확히 재현해내고 있어 오늘날의 관객들에게 여전히 감동을 주는 영화이다. 〈마지막 황제(Last Emperor)〉(1987)의 의상 및 세팅은 중국 공산주의 사회와 전통 사이의 충돌을 잘 포착해낸다.

일상적 미장센 일상적 미장센(everyday mise-en-scène)은 역사적인 것보다 평범한 것에 주의를 불러모으면서 배우와 행동을 위한 평범한 배경을 만들어낸다. 〈루이지애나 스토리(Louisiana Story)〉(1948)에서의 습지와 풍부한 자연 생물들은 루이지애나 강가 습지에 사는 소년에게는 일

2.42 〈인 디 에어〉 여행객들이 자주 만나게 되는 공항과 호텔 바는 이 영화의 캐릭터가 도망갈 수 없는 자연주의적 미장센으로, 스스로 봉쇄해놓은 장소가 된다.

상적으로 항상 볼 수 있는 무대이다. 〈윈터스 본(Winter's Bone)〉(2010)에서 여자 주인공이 자신의 가족과 집을 보호하기 위해 벌이는 투쟁은 오자크 산지[12]의 아름다운 풍경 및 한적한 마을 풍경과는 반대되게 보이도록 설정되었다. 브라질 영화 〈중앙역(Central Station)〉(1998)에서 리우데자네이루의 한 기차역과 브라질의 가난한 시골 지역은 여인과 아버지를 찾아 나선 소년 사이 우정에 관한 감동적인 이야기의 축소된 무대가 된다.

연극적 전통

대조적으로, 연극적인 미장센은 환상적인 환경을 만들어내어 인공적으로 구축된 본질을 자연스럽게 나타내고 그것을 재미의 수단으로서 활용한다. 이런 전통을 따르는 영화에서 미장센의 요소는 자연과 사회의 법칙들을 침해하거나 왜곡한다. 극적인 불일치가 세팅 안 혹은 세팅 전반에 걸쳐서 일어난다. 혹은 미장센은 그것의 요소와 캐릭터 사이 대립을 요구하는 독립적인 역할을 떠맡게 된다.

연극적 미장센은 세계가 어떻게 기능하는가에 대한 법칙들을 위반하면서 세계의 인위적인 혹은 구성적 본질에 집중한다. 〈톱 햇(Top Hat)〉(1935)부터 〈실크 스타킹(Silk Stocking)〉(1957)까지 프레드 아스테어는 벽과 천장에서 춤추는 방법을 발견해내고 숟가락과 빗자루를 파트너로 삼는 마술을 부린다. 〈내니 맥피(Nanny McPhee)〉(2005)에서는 주인공의 마술 담당 직원이 큰 혼란을 일으킬 수도, 원상복구할 수도 있다. 미장센 안에서 극적 불일치는 장면, 의상, 소도구, 그리고 그들이 정의하는 세계의 불안정성을 가리킨다. 예를 들어, 〈몬티 파이튼 : 삶의 의미(Monty Python's The Meaning of Life)〉(1983)에서는 해적선이 맨해튼 거리를 통과해가고, 음울한 분위기의 옷을 입은 그림리퍼(죽음의 신)가 고급스러운 디너 파티에 불쑥 끼어들어 잡담을 즐기는 자들은 독이 든 음식을 먹고 죽었노라고 선언하면서 방해한다. 연극적 미장센에서는 소도구, 세트, 신체까지도 미장센과 배우 사이의 협상이나 규칙적인 대립을 불러일으키는 독립적 역할을 떠맡고 있다(**사진 2.43**). 이는 종종 모순적이다. 연극적 미장센은 두 가지 역사적 경향(표현적 및 구성적)과 관련되어 있다.

표현적 미장센　표현적 미장센(expressive mise-en-scène)에서 세팅, 세트, 소도구, 기타 요소들은 캐릭터들로부터 독립적으로 물질 세계에 스며들어 있는 감정적 혹은 정신적 삶을 묘사한다. 1920년대 독일 표현주의 영화들과 일반적으로 연관된 이 전통은 초현실주의 영화, 공포 영화, 라틴아메리카의 마술적 리얼리즘 영화에서도 보인다. 에밀 콜의 〈팡타스마고리(Fantasmagorie)〉(1908)는 예술가가 그린 그림들이 살아움직이는 모습을 그렸다. 이 외에도 표현적 미장센은 공포, 코미디, 로맨스 등 다양한 영화의 세계를 생동감 있게 만들어왔다. 그중에는 새들이 악마적인 존재로 변하는 〈새(The Birds)〉(1963)가 있고, 벽지가 땀을 흘리는 〈바톤 핑크(Barton Fink)〉(1991)나, 외로움과 혼란에 빠진 한 남자가 자신의 동반자로 삼기 위해 구입한 공기주입식 인형에게 사랑을 느끼고 친구들과 가족들에게 소개하는 〈내겐 너무 사랑스러운 그녀(Lars and the Real Girl)〉(2007) 등이 있다.

구성적 미장센　구성적 미장센(constructive mise-en-scène)에서 세계는 캐릭터들의 작업이나 욕망을 통

2.43 〈**몬티 파이튼의 삶의 의미**〉 디너 파티 미장센이 갑자기 죽음의 신의 극적인 등장으로 방해받고 있다.

〈자전거 도둑〉의 자연주의적 미장센

비토리오 데 시카의 〈자전거 도둑(Bicycle Thieves)〉(1948) 세팅은 제2차 세계대전이 끝난 후의 로마인데, 전후 극도로 빈곤한 상태는 주인공이 갈망하는 정상적인 삶을 가로막는 가장 무서운 장애물이다. 전문배우가 아닌 일반인 람베르토 마조라니가 연기한 주인공 안토니오 리치는 가까스로 영화 포스터 붙이는 일을 찾았는데, 별거 아니지만 경제적으로 어려운 처지에 빠진 도시에서 아내와 아들 브루노를 먹여 살리는 데는 적절한 일이다. 그런데 일하는 데 필요한 자전거를 도둑맞자, 일을 시작해야 하는 월요일 아침 전까지 자전거를 찾기 위해 걸어서 거대한 도시를 필사적으로 찾아다닌다. 옛날 로마시대 구역에 그대로 남아 있는 구불구불한 길과 비좁은 아파트들이 헐벗고 무너져 내린 전쟁의 상처와 좌절감을 드러낸다. 리치는 이런 비인간적인 도시 미로를 걸어 다니면서 대답 없는 질문을 하고, 자신의 것이 아닌 자전거들을 살피고, 낯선 동네 사람들은 적의에 찬 의심스러운 눈초리를 보낸다. 옛날 로마제국 시절 중심 지역이었던 곳에는 만원버스들이 지나다니며 많은 사람들이 모여 일을 찾고, 물건을 팔고 있다. 여기에서는 소도구로서 생활의 가장 기본이 되는 침대 시트, 음식 담은 접시, 낡은 자전거와 같은 물품들이 불균형적인 사회를 보여주는 중요한 의미를 맡고 있다. 밝은 조명은 결핍 상태의 무표정한 얼굴과 가난을 드러낸다.

영화는 특히 1940년대 말 이탈리아 네오리얼리즘 운동과 관계된 미장센의 자연주의적 전통 안에 있어서 가장 중요한 영화 중 하나이다(**사진 2.44**). 자연 및 사회의 법칙들은 인간의 희망 및 꿈과는 상관없이 기계적인 논리를 따라간다. 어느 트럭 운전수의 말에 따르면 "일요일마다 비가 온다." 대도시의 너른 광장에는 군중들이 가득차 있고, 오로지 물질적 필수품들만이 세상을 지배한다. 먹거리는 영원한 관심거리이며, 대부분의 사람들은 이방인이고, 그중에 한 사람은 시내를 돌아다닐 자전거 한 대를 필요로 한다. 강물은 거리보다 더 위협적이다. 리치와 기타 캐릭터들은 여기저기 스며들어 있는 미장센의 냉혹함과 적의에 휩싸여 있고, 거리에서 삶과의 만남은 희망에서부터 절망을 거쳐 체념에까지 다다른다. 처음 리치의 아내가 전당포에서 침대 시트를 담보로 찾아온 자전거와 같은 사물들은 척박한 도시 풍경 속에서 가족의 안전을 약속한다. 하지만 자전거를 도둑맞고 찾아 나선 시장 거리에서는 도무지 알 수 없는 자전거 부품들이 그를 당황스럽게 만든다. 이렇게 물질적 사물들의 약속이 갑자기 허황된 것으로 바뀌는데도 불구하고 도시는 어떠한 위안이나 위로도 건네지 않는다. 그날의 마지막 무렵, 리치는 강물에 빠져 죽은 줄 알았던 소년이 아들이 아니란 것을 알게 되고, 마침내 자전거를 찾는 일을 포기한다. 자전거를 되찾을 수 없다는 생각에 다다른 리치는 막다른 생존 논리에 사로잡혀 다른 사람의 자전거를 도둑질하게 된다. 자전거 주인의 용서로 풀려난 자신에게 이런 배경과 사물들이 어떤 의미나 가치도 제공하지

2.44 〈자전거 도둑〉 전후 도시 로마의 장식 없는 거리 풍경과 평범한 자전거는 자연주의적 미장센의 중심에 있다.

못한다는 것을 알게 된 그는 사랑하는 아들과 함께 쓸쓸히 집으로 돌아간다.

이 영화의 목적은 자연주의적 전통 안에 있는 평범하고 일상적인 미장센을 강조하려는 것이다. 리치와 이웃들은 실제로 먹고 살기 위해 투쟁하는 노동자 계급 출신 중에서 뽑은 배우들이고, 자연적 조명은 리치의 하루 행적을 나타내는 다양한 장소에 걸쳐 새벽부터 저녁까지 점진적으로 변화한다. 이 영화의 일상적 미장센은 강력한데, 이는 어떤 극적인 신호도 없이 제2차 세계대전의 그늘에 의해 스며들어 남아 있기 때문이다. 가장 헐벗은 모습을 그리고 있는 일상적 세팅, 사물, 의상 속에서 가난을 야기한 (무솔리니의 스포츠 경기장 같은) 역사의 흔적을 제시해 보여준다.

일상적 미장센 안에 있는 역사의 흔적들을 따라가다 보면, 역설적이게도 영화의 리얼리즘과 대조를 이루고 있는 연극적 전통을 떠올리게 된다. 영화의 초반부에서 일을 하고 있는 리치는 인기배우 리타 헤이워드의 화려한 포스터를 붙이고 있다(**사진 2.45**). 이후에 리치가 노동자들의 정치 집회에서부터 연극 연습이 한창인 가까운 극장 사이를 돌아다닐 때 세트와 소도구가 바뀐다. 이러한 예시들에서, 포스터라는 소도구와 무대 세팅은 이 미장센에서 볼 수 있는 일상적인 고난과는 별개의 세계를 생각하게 만든다. 이는 영화의 한 대사를 생각하게 만든다. "영화는 따분해 (Movies bore me)."

현대의 많은 관객들에게 로마는 호화로운 분수, 화려한 사람들, 로맨틱한 식당의 도시 같은 다른 연극적인 전통에 의해 대변될 수 있다. 하지만 리치와 아들에게 있어서 로마는 낯선 곳이며 거짓된 세트이다. 낯선 곳의 한 식당에서 식사하는 장면은 주인공의 삶과 식당 단골고객인 부자의 삶 사이 대조적인 면을 부각시킨다. 제2차 세계대전을 로마나 다른 도시에서 겪으며 살아온 유럽인들에게 1948년에 제작된 이 영화의 솔직담백한 미장센은 할리우드 세트 및 세팅의 화려한 연극적 전통에 대한 강력한 대안으로 보였을 것이다.

2.45 〈**자전거 도둑**〉 할리우드의 화려함은 역설적이게도 전후 로마의 거리에서 영화 포스터를 붙이는 주인공의 대단치 않은 직업에서 나타난다.

2.46 〈설리반의 여행〉 '진짜' 세계와 할리우드 판타지 사이의 대립은 처음 생각한 감독이자 주인공 역할만큼 절대적인 것이 아닐 수 있다.

생각해보기

가장 최근에 본 영화의 미장센이 왜 자연주의적 혹은 연극적인 전통 안에서 잘 들어맞는지를 기술해보자. 이런 관점이 영화를 경험하는 데 어떤 도움을 주는지 설명해보자. 입장을 2~3개 장면을 예로 사용하여 분명히 보여주자.

해 형성되고 변형될 수 있다. 연극이나 영화를 만드는 일에 대한 영화들이 이런 전통의 예이다. 인물들이 배우 혹은 감독으로서의 힘을 통해 새로운 혹은 다른 세계를 구축해낸다. 프랑수아 트뤼포의 〈아메리카의 밤(Day for Night)〉(1973)에서는 다수의 로맨스와 위기들이 그런 것들에 대한 영화를 만들려는 계획과 뒤엉키게 되고, 영화 세트가 평행우주처럼 되어 낮이 밤으로 바뀔 수 있고, 슬픈 스토리가 행복해질 수도 있는 구조가 된다. 다른 영화들은 등장인물들의 소망과 꿈을 드라마틱하게 표현하기 위해 구성적인 미장센을 사용해왔다. 〈초콜릿 천국(Willy Wonka and the Chocolate Factory)〉(1971)에서 음침해 보이는 공장 안에는 이상한 동화의 나라가 숨겨져 있는데, "당신은 접시를 먹을 수도 있어요." 같은 가사가 있다. 〈존 말코비치 되기〉(1999)의 미장센은 인형 조종사 크레이그와 동료 맥신이 배우 말코비치의 몸속에 거주할 권리를 위해 투쟁하는 것처럼 공간 논리의 법칙을 계속해서 거부한다.

고립된 상태에서 자연주의적, 연극적 미장센의 전통들을 경험하기가 어렵다. 자연주의적 미장센과 연극적 미장센은 영화 안에서 번갈아 가며 나오기도 하는데, 두 가지가 바뀌는 것을 따라가는 것도 미장센의 복잡성을 이해하는 재미있고 생산적인 방법이 될 수 있다. 장소와 그 물리적 형상이 어떻게 우리의 경험을 형성하고 조건 짓는지 살펴보는 것이 도움이 된다. 프레스턴 스터지스의 〈설리반의 여행(Sullivan's Travels)〉(1941)은 두 전통 사이의 교대가 어떻게 영화의 중심이 될 수 있는지 뚜렷하게 보여주는 예가 된다(사진 2.46). 이 영화에서 할리우드 감독 존 설리반은 〈안녕, 사롱(So Long, Sarong)〉 같은 웃기는 이름의 영화들을 만들어 성공을 거둔 후 〈오 형제여, 어디에 있는가(O Brother, Where Art Thou?)〉 같은 이름의 진지한 리얼리즘 영화를 찍기 위한 대상으로서 가난하고 고통받는 세계를 탐험하기로 결정한다. 나중에 화물열차와 사슬에 묶인 죄수들의 음울한 세계 속으로 내던져졌다는 사실을 깨닫게 되고, 역설적으로 예전에 남들을 웃기고 즐겁게 해주기 위해 만들었던 판타지 영화들의 힘을 발견한다. 이 과정을 통해 설리반은 할리우드의 연극적 미장센은 사람들이 거주하는 보통 세상만큼 인간 삶에 중요한 존재라는 사실을 배우게 된다.

2.47 〈카비리아〉 아마도 최초의 스펙터클 영화일 이 작품에서 에트나 화산 폭발은 재난을 보여주는 미장센을 이용한 영화적 전통의 시작이다.

스펙터클 영화 만들기

스펙터클 영화(movie spectaculars)는 미장센의 규모와 복잡성이 스토리, 배우, 기타 영화의 전통적인 초점을 똑같이 강조하거나 더 부각시키는 영화이다. 많은 종류의 영화들이 서사의 한부분으로 장대한 세트들을 이용해왔지만, 스펙터클 영화를 구별해내는 기준은 미장센이 영화의 의미를 만들어내거나 스토리를 압도할 정도로 그 힘이 강한가이다. 저예산 독립영화들이 통상적으로 캐릭터의 복잡성, 이미지 중심의 스타일, 서사 등에 집중한다면, 스펙터클 영화는 세트, 조명, 소도구, 의상, 수천 명 배역 등의 효과에 집중한다.

스펙터클 영화의 역사는 1914년 이탈리아 영화 〈카비리아〉에 기인하는데(사진 2.47), 제2차 포에니 전쟁에 관한 서사 영화로 할리우드 영화의 긴 길이에 맞춘 인상 깊은 작품이다. 특히 4개의 역사적 이야기와 화제를 불러일으킨 세트를 갖춘 D. W. 그리피스의 〈인톨러런스〉(1916) 제작에 영향을 미쳤다. 이후로 2개의 다른 할리우드 버전이 있는 〈십계〉(1923, 1956)를 포함하여 〈아라비아의 로렌스〉, 〈간디(Gandhi)〉(1982), 〈아바타〉(2009) 같은 유명한 스펙터클 영화들이 이어져 오고 있다.

스펙터클 영화에서는 집단의 탄생이나 구원과 같은 서사적 이야기에 숭고한 미장센을 이용한다. 이런 장소들의 규모는 개인의 욕망과 차이를 압도하고 초월한다. 지난 세기를 통해 이런 서사물들은 〈바람과 함께 사라지다〉에서 같은 국가 정체성의 비전부터 〈갱스 오브 뉴욕(Gangs of New York)〉(2002)에서와 같은 도시의 장대함까지, 〈2001 : 스페이스 오디세이〉에서 지구를 둘러싸고 있는 우주 풍경으로부터 〈반지의 제왕〉 같은 상상세계의 환상적 투사까지 확대되어왔다. 스펙터클 영화는 영화감상의 주요 동기 중 하나, 즉 일상적 현실을 넘어서는 세계에 의해 감탄받고자 하는 욕구를 최대한 잘 이용한다.

요약

미장센은 세트로부터 소도구, 배우, 구성까지 화면상에 있는 모든 요소의 상호관계를 묘사한다. 이런 연관성은 장르에 의해 달라질 수 있다. 〈싸이코〉 같은 공포 영화의 조명은 뮤지컬 영화와 다르며, 말론 브란도의 메소드 연기는 현대 독립영화에서 너무 양식화된 것으로 보일 수 있다. 미장센을 통해 관객들이 스토리의 세계를 경험하는 것을 뒷받침하는 방법은 놀랍게도 일관성일 수 있다. 〈똑바로 살아라〉와 〈자전거 도둑〉의 경우 도시의 거리는 배경 이상의 그 무엇이다. 그것들은 역사에 의해 형성된 것으로 캐릭터와 운명을 규정한다. 특정 영화 속의 미장센을 참고로 하여 이 장에서의 일부 목표를 탐색해보자.

- 〈판타스틱 미스터 폭스〉의 세심한 미장센에서 어떤 다른 예술적 전통과 미디어 전통을 찾아볼 수 있는가?
- 〈아바타〉에서 판도라 행성은 원주민 나비족이 말할 수 있도록 언어 능력이 발달되어 있는 것으로 설정되어 있다. 이 미장센의 특정 요소들에 매여 있는 여러 스토리 사건들에 대해 생각해보자.
- 〈똑바로 살아라〉의 무키 역할을 한 배우나 기억에 남는 중심 인물이 연기한 다른 영화를 찾아보자. 거기에는 어떤 차이가 있는가?
- 〈싸이코〉의 첫 장면을 보자. 이 장면에서 의상은 캐릭터 및 사건들에 대한 기대감을 만들어내고 있는가?
- 리얼리즘 영화조차 특정 의미를 위한 미장센의 요소들을 조율한다. 자연주의적 조명의 관점에서 〈자전거 도둑〉을 주의 깊게 보도록 하자. 어떤 효과가 있는가?

적용해보기

〈오즈의 마법사(The Wizard of Oz)〉(1939) 같은 영화를 상상해보자. 세팅은 플롯(구성)을 결정하는 듯이 보이면서(예 : "노란 벽돌 길을 따라가라."), 그 캐릭터들을 미스터리 영화나 사회적 드라마 같은 또 다른 영화의 세계로 이동시킨다. 어떻게 새로운 세팅을 디자인하여 영화의 새로운 유형에 맞출 것인가? 어떻게 새로운 세팅에 기반을 둔 플롯을 재검토할 것인가?

촬영

보는 것의 틀 짜기

크리스토퍼 놀란의 〈인셉션(Inception)〉(2010)의 한 장면에서 레오나르도 디카프리오가 연기한 주인공 코브는 엘렌 페이지가 맡은 새로운 신입사원 애리어든과 함께 파리의 한 노천카페에 앉아 자기 일의 비밀(꿈 추출)을 설명한다. 갑자기 익숙한 풍경이 이상하게 변하면서 주변의 과일 파는 노점, 책방, 건물들이 앉아 있던 그들의 자리는 건드리지 않고 마치 조각그림 맞추기의 그림조각들처럼 산산이 부서진다. 애리어든은 꿈속으로 들어가고 있다는 것을 깨닫는다. "나는 꿈이 시각적인 것인 줄 알았는데, 사실은 꿈은 느낌적인 거야." 그다음 장면에서 이 대사는 역설을 보여주는데, 바로 관객의 반응에서 그 '느낌'을 만들어내는 것의 가장 큰 비중이 시각적 측면일 때이다. 파리는 영화가 만들어내는 흥분되는 시각적 효과들 중 하나만으로 마치 종이접기하는 것처럼 접혀진다.

오스카상을 받은 촬영감독 월리 피스터와 같이 일하면서 〈메멘토(Memento)〉(2000) 이래로 모든 영화를 촬영한 전문 촬영가이기도 한 놀란은 영화의 풍부한 이미지와 스펙터클한 세팅을 위해 디지털 촬영을 능가하는 고해상도 비스타비전(high-resolution Vistavision) 영화를 선택했다. 영화의 인상적인 특수효과들 중 많은 것들이 컴퓨터 생성 이미지(CGI)의 도움 없이 교묘한 카메라 트릭 기술만으로 만들어졌다. 건물이 변환되는 '역설적인 건축(paradoxical architecture)'에 의해 코브의 동료가 함정에 빠지는 장면을 위해 제작진은 빌트인 카메라 트랙을 갖춘 실제로 회전하는 복도를 만들어서 변환되는 건물의 착시현상과 환상을 만들어낸다. 인셉션의 세계에서는 우리가 보통 이야기의 전개를 파악하는 데 도움을 주는 단서들, 예를 들어 시각적 시점이나 장면을 이끄는 카메라의 위치와 각도를 통해 공간 관계를 알려주는 것들에 의지할 수 없다. 대신에 색상표의 지속적인 선택이 은근하게 우리를 인도한다. 영화에서 캐릭터들의 깨어 있는 삶에 대한 감각적 기억은 꿈속을 항해하기 위해 가지고 있어야 하는 작은 징표 속에 붙박이로 들어가 있다. 관객들은 영화의 어떤 부분이 환상인지 모르는 채로 신뢰할 수 없는 이미지들에 의존해야만 한다.

시각적 자극은 우리를 둘러싼 세계에 대한 경험의 중요한 부분을 결정한다. 우리는 붐비는 거리를 횡단하기 전에 좌우를 살피며 지나가고, 저 멀리 석양을 바라보기도 하며, 방 한곳에 시선을 고정시키기도 한다. 세상과 만나게 해주는 시각적 역학은 다양하다. 때때로 사람들로 붐비는 보도를 확대해 보여줄 때 포착되기도 하고, 거리 너머의 높은 창문에서 내려다보기도 한다. 시각은 색과 빛을 구별해주고, 원근 거리에 있는 사물의 크기를 측정할 수 있도록 해주며, 움직이는 대상을 추적하거나, 형태 없는 구름으로부터 형태를 만들어낼 수 있도록 해준다. 시각은 세상에 우리 자신을 내보여줄 수 있도록 하고, 사물과 장소를 탐구할 수 있도록 하며, 마음속에서 변형시킬 수 있도록 한다. 영화에서 영화화된 이미지들이 전달될 때만 물질세계를 알게 된다. 그런 이미지들을 영화화하는 것을 **촬영술**(cinematography, 시네마포토그래피)이라 부르며, 활동사진을 의미하거나, 문자 그대로 '역동적인 글쓰기(writing in movement)'를 의미한다.

이 장은 영화에 대한 개인적 경험들의 중심에 있는 특성을 기술하게 될 것이다. 즉 영화 이미지들이다. 비록 영화 이미지들이 때때로 세상으로 향하는 창문처럼 보일 수도 있지만, 사실은 의도적으로 만들어지고 조종된 것이다. 여기에서 감정, 생각, 기타 인상과 소통하기 위해 촬영이 개별적 영화 이미지들을 만들어내는 절묘한 방식을 자세히 다뤄보자.

핵심 목표	
	■ 시각적 스펙터클(visual spectacle)의 역사적 영역으로부터 영화 이미지 발전의 개요를 서술해보자.
	■ 이미지의 틀이 다른 거리 및 각도에 따라 관점을 어떻게 변화시키고 있는지 묘사해보자.
	■ 영화 숏이 어떻게 여러 가지 방식으로 이미지의 깊이를 이용하는지 설명해보자.
	■ 촬영 요소(필름, 색, 조명, 이미지의 구성적 특성)가 영화에서 어떻게 활용될 수 있는지 확인해보자.
	■ 영화 이미지에 대한 다른 패턴의 움직임 효과들을 비교하고 대조해보자.
	■ 시각적 효과를 만들어내기 위해 사용되는 기술을 소개해보자.
	■ 다른 영화 관습 안에 있는 영화 이미지의 주도적인 개념을 묘사해보자.

우리는 시각적인 자극을 즐기기 위해, 다른 사람들과 관점을 나누기 위해, 그리고 영화 이미지에 있는 자세한 것들을 통해서 다른 세상을 탐구하기 위해 영화를 본다. 잉그마르 베르히만의 〈페르소나(Persona)〉(1966)에서 한 여성의 긴장되고 불가사의한 얼굴표정은 그녀의 개성과 성격의 복잡한 깊이를 암시해준다. 〈라이언 일병 구하기〉(1998)의 시작 부분에서 노르망디 상륙작전 당일 상륙 시 바다 위로 총알이 핑핑거리며 날아다닐 때 우리는 다치고 혼란스러운 병사들의 감각적인 경험을 공유하게 된다(**사진 3.1**). 〈허트 로커(The Hurt Locker)〉(2008)는 전쟁을 표현하기 위해 다른 접근 방법을 사용한다. 극명하게 밝은 이미지는 단순히 건조한 사막 풍경을 잡아

3.1 〈라이언 일병 구하기〉노르망디 상륙작전 당시 죽어가는 병사들에게 관객들이 내면적으로 가까이 다가갈 수 있도록 카메라 기술을 사용한다.

3.2 〈허트 로커〉일반 전쟁 분위기와는 색다른 전쟁 영화로 단색의 촬영이 사막 공간 곳곳에 스며들어 있는 긴장감을 잘 전달해준다.

내고 있는 것뿐만 아니라 등불에 전기를 통하게 하는 것처럼 보이는 불안정한 긴장을 잡아내고 있는 것이다(사진 3.2).

광경(vision)은 사물에서 반사된 광선이 눈의 망막에 닿으면서 우리의 머릿속에서 사물의 이미지를 인지하도록 자극할 때 일어난다. 사진은 '빛 쓰기(light writing)'를 의미하는데, 필름에 빛의 패턴을 기록하거나 코드화하여 디지털 방식으로 재생시키는 방식으로 광경을 모방한다. 광경이 지속적이라면 사진은 그렇지 않다. 사진은 한순간의 이미지 형태로 정지해 있는 것이다. 영화는 이런 일련의 한순간을 연결하면서 초당 특정 장수 이상의 프레임 속도로 투사하여 움직임의 환각 현상, 착시 현상을 만들어낸다. 인간은 실제 움직임을 처리하는 것과 마찬가지로 연속적인 정지 이미지들 사이의 점진적인 차이를 처리한다. 이런 효과는 단거리 **가현 운동**(假現運動, range apparent motion)[1]이라 불리는데, 영화를 볼 때 움직임을 어떻게 인지하는지를 설명해준다.

영화 이미지의 간략사

착시 현상에 인간이 매력을 느낀 것은 고대부터이다. **국가론**(*Republic*)에서 플라톤은 동굴에 갇힌 인간이 동굴 벽에 비친 그림자를 동굴 밖 실제 세상으로 잘못 이해한다고 기술했다. 레오나르도 다빈치는 카메라 암실의 한 구멍으로 들어오는 빛이 반대편 벽에 거꾸로 된 이미지를 어떻게 투사하는지를 묘사하면서 인간의 시각과 비교하여 카메라의 메커니즘을 예견하였다. 빛을 이용하여 이미지를 투사하는 최초의 기술 중 하나는 환등기(magic lantern)였다. 18세기에 흥행사들은 이런 기술을 이용하여 '주마등(phantasmagoria)'이라는 정교한 장치를 개발해냈다. 이 중 가장 유명했던 것은 에티엔느 가스파르 로베르(1763~1837)[2]의 주마등이었는데, 버려진 프랑스 파리

3.3 조에트로프. 영화 이전의 초기 장치는 원통이 돌아가면서 개인들에게 일련의 이미지를 보여줌으로써 움직이는 환상을 만들어냈다. Hulton-Deutsch Collection/Corbis

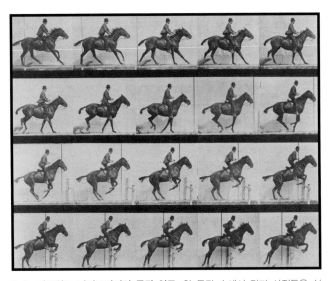

3.4 에드워드 머이브리지의 동작 연구. 한 동작 속에서 정지 사진들을 실험해보고 있던 머이브리지는 촬영의 기초를 닦았다. Copyright by Eadweard Muybridge. From: Animal locomotion/Eadweard Muybridge. Philadelphia: Photogravure Company of New York, 1887, pl. 636. Library of Congress, LC-USZ62-102354.

지하 성당묘지에서 연기나는 원형통들을 통해 유령 및 해골을 투사하여 공포스러운 분위기를 만들었다. 이런 환각적인 장치들은 대중오락으로서의 현대적인 촬영 및 영화 이미지의 힘을 가능하게 하는 기술적 토대를 마련했다. 이 부분에서는 영화 이미지 제작의 일부 핵심적인 특성들의 역사적 발전에 대해서 알아보자.

1820~1880년대 : 사진의 발명과 영화의 선사시대

19세기 시각적 문화의 중심에는 이후에 영화로 통합될 구성요소[실체적 사물의 사진 기록과 이미지들의 애니메이션(동영상 제작)]가 있었다. 페나키스티스코프(phenakistiscope)[3]는 1832년 개발됐고, 조에트로프(zoetrope)[4]는 1834년에 개발되었다. 영화 이전에 오락과 과학을 결합한 이 기묘한 기계장치들은 한 사람이 돌아가는 원형통 속에 있는 틈새를 통해 일련의 이미지를 볼 수 있도록 만든 장치였는데, 하나의 움직이는 이미지가 만들어졌다(**사진 3.3**). 1839년 루이 자크 망데 다게르(1787~1851)[5]는 최초의 스틸 사진을 만든 사람으로 알려졌는데, 조세프 니세포르 니에프스(1765~1833)[6]의 작업을 개량한 것이었다. 사물의 실제 이미지들을 만들어내고, 대중이 쉽게 이용할 수 있도록 해주는 사진의 기계적인 능력은 19세기 문화의 가장 두드러진 발전 중 하나였다. 사진은 가족 앨범부터 과학적 연구까지 모든 분야에 걸쳐 퍼져나갔다. 1880년대 프랑스인 에티엔느 쥘 마레와 영국인 에드워드 머이브리지는 미국에서 공동작업에 착수했는데, **크로노포토그래피**(chronophotography)[7]를 사용하여 움직이는 인간 및 동물 모습을 보여주는 데 성공했다. 한 동작을 이어지는 일련의 정지 사진들로 구성한 것으로, 시네마토그래피(촬영)의 기본이 되었다(**사진 3.4**). 1879년 머이브리지가 개발한 주프락시스코프(zoopraxiscope)[8]는 최초로 움직이는 이미지들을 투사하는 데 성공했다.

1890~1920년대 : 촬영기의 등장과 개량

영화가 공식적으로 탄생한 날은 대체적으로 1895년 12월 28일로 받아들여지고 있다. 오귀스트와 루이 뤼미에르 형제가 파리의 그랑 카페(Grand Café)에서 자신들의 시네마토그래프(Cinématographe)를 처음 선보인 날로 뤼미에르 공장을 떠나가는 노동자들을 그린 유명한 장면을 포함한 10개의 단편 영화를 보여주었다. 뤼미에르 형제는 두 가지 핵심 요소를 성공적으로 결합시켰다. 유연성 있고 투명한 매체, 즉 필름에 이미지들을 연속으로 기록할 수 있는 기술과 이미지들을 투사할 수 있는 기술 두 가지를 결합시킨다.

최초의 영화들은 하나씩의 움직이는 이미지로 구성되어 있었다. 뤼미에르 형제의 〈나이아가라 폭포(Niagara Falls)〉(1897)는 단순히 유명한 폭포와 구경꾼들을 보여주고 있지만, 강력한 자

3.5 〈나이아가라 폭포〉뤼미에르 형제의 사실적 작품 중 하나인 이 움직이는 스냅사진들은 움직이는 이미지 하나만으로도 놀라움과 균형미를 잘 나타낸다.

3.6 〈키스〉에디슨사가 만든 초기의 유명한 영화 중 하나인 이 작품은 한 친근한 순간을 포착하여 보여준다.

연현상과 주변의 인물들 사이 구도적 균형은 긴 회화 역사에 큰 획을 그었으며, 영화에 주목할 만한 에너지와 아름다움을 불어넣어 움직임은 거의 숭고한 경험을 만들어낸다**(사진 3.5)**. 미국에서는 토머스 에디슨이 1891년 자신이 만든 키네토스코픽 카메라(Kinetoscopic camera)의 특허를 받았다. 초기 에디슨 영화들은 키네토스코프(Kinetoscope)나 '핍 쇼(peep show)' 기계를 통하여 관람할 수 있었다. 〈키스(The Kiss)〉(1896)는 친밀한 순간을 분석적이면서도 재미있게 찍은 스냅사진들(snapshots)을 제공하여 관객들의 흥을 돋우었다**(사진 3.6)**.

영화 역사의 초기에는 필름 매체, 카메라, 영사 장비의 기술적 혁신이 급속도로 이루어졌다. 이스트먼 코닥은 재빨리 **필름 스톡**(film stock, 인화 촬영용 필름 원본) 제조공장을 설립했는데, 그 필름은 셀룰로이드 같은 것과 빛에 민감한 유화액을 기본으로 하는 유연한 재료들로 구성되어 있었다. **질산염**(nitrate)을 기본으로 하는 표준적인 필름은 인화성이 높았음에도 불구하고 널리 사용되었는데, 그 인화성은 세계적으로 많은 무성 영화 유산들이 사라져버렸는지에 대한 하나의 이유이다. 질산염 필름은 1952년 인화성이 덜하고 안전한 **내화성 필름**(safety film), 즉 아세테이트 필름으로 대체되었다.

초기의 기술 경쟁 이후 필름의 너비, 즉 **필름 규격**(film gauge)이 1909년 35mm로 표준화되었다. 독립영화 제작자들 사이에서는 16mm가 공통적으로 쓰였지만, 더 스펙터클한 효과를 위해서 고해상도인 70mm가 실험적으로 쓰이곤 했으며, 35mm는 20세기 말 디지털 형식이 등장하기 전까지 제작 및 상영의 표준으로 남았다**(사진 3.7, 3.8, 3.9)**. 1920년대 무렵 영화가 기록되고 상영되는 비율인 **초당 프레임**(frames per second, fps)이 16프레임에서 24프레임까지 늘어나면서 더 높은 명확성과 해상도가 제공되었다.

무성 영화 시대에 들어서자 조명, 카메라 조작 메커니즘, **팬크로매틱**(panchromatic) 스톡(광범위색 필름)의 유입에 있어서 중요한 혁신이 이루어졌으며, 이는 색채의 완전한 스펙트럼(분광)을 가능하게 하여 1926년 이후 흑백 영화의 표준이 되었다. 빌리 비처 같은 촬영기사는 미국에서 D. W. 그리피스와 함께 일하고 있었고, 칼 프로인트는 〈메트로폴리스(Metropolis)〉(1927) 같은 독일 표현주의 고전영화에서 촬영기사로 일했는데, 두 사람이 촬영술을 시각적 창조성의 정점에 도달하게 해주었다. 이런 시각적 업적은 1927년 소리가 도입되면서 반대로 영향력이 떨어지게 되었는데, 이는 크고 민감한 소리를 녹음하는 장비가 개발되면서 외부 촬영과 기동성 있는 촬영에 제한이 가해졌기 때문이다.

3.7 16mm 필름 규격. 이 포맷을 사용한 가벼운 카메라와 휴대용 영사기는 교육용 및 가정용 영화뿐만 아니라 다큐멘터리, 뉴스 영화, 독립영화에 효과적이었다.

3.8 35mm 필름 규격. 극장 상영 영화를 위한 표준 규격은 1892년 에디슨에 의해 도입됐으며, 20세기 말까지 제작 및 상영의 주도적인 포맷이었다.

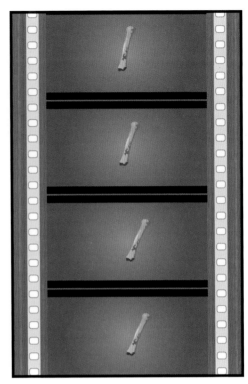

3.9 70mm 필름 규격. 넓은 고해상도의 필름 규격으로 1950년대 스펙터클한 효과를 위해 최초로 사용됐으며, 현재 아이맥스 포맷을 위해 70mm의 수평 변종이 사용된다.

1930~1940년대 : 컬러, 와이드앵글, 소규격 필름 촬영술의 발달

매체(미디엄)의 미적 잠재력이 탐구되는 동안 기술적 혁신은 계속해서 증가했다. 색 처리법은 1930년대 개인이 손으로 그린 틀이나 무성영화에 색을 넣는 방법부터 컬러 필름까지, 그리고 1950년대 무렵에는 컬러 필름 제작을 주도해온 풍부한 **테크니컬러**(technicolor)[9] 처리법으로 발달해왔다. 디즈니 만화영화 〈꽃과 나무(Flowers and Trees)〉(1932)는 테크니컬러의 삼색 분해 처리법을 최초로 사용한 작품이다. 모든 색상의 스펙트럼을 갖는 하나의 이미지를 만들어내기 위해 염색 전환 과정을 이용하여 다른 색들을 따로 분리해서 처리하는 것이었다. 이는 새로운 리얼리즘을 제공해주었지만, 〈오즈의 마법사〉(1939)에서 두드러지게 나타나듯이 기술이나 화려한 장면들을 강조하는 데 이용되었다**(사진 3.10a, b, c).**

한편 새로운 카메라 렌즈의 도입이 촬영의 새로운 가능성을 열었다. 와이드앵글(광각), 텔레포토(망원 렌즈), 줌 렌즈는 각각 다른 **초점거리**(focal lengths)를 사용한다. 초점거리는 렌즈의 중심에서부터 광선의 초점이 맞는 데까지의 거리를 의미하는데, 이는 이미지를 보는 시각적 관계를 바꾸어 준다. 와이드앵글 렌즈는 짧은 초점거리를 갖고 있고, 텔레포토 렌즈는 긴 초점거리를 갖고 있으며, 줌 렌즈는 다양하게 바뀔 수 있는 초점거리를 갖고 있다. 이런 발전에 따른 시각적 영역의 변화는 나은 해상도, 넓은 앵글, 많은 시각적 변화, 넓어진 **피사계 심도**(depth of field)[10]를 제공한다.

1920년대 동안 영화감독들은 얇고 투명한 천을 사용하다 나중에 소프트 스타일이라 부르던 것을 발전시켜서 특별 렌즈를 사용했는데, 주요 액션이나 캐릭터를 강조할 수 있었다. 1930년대 중반부터 1940년대를 거치면서 **와이드앵글 렌즈**(wide-angle lens, 초점거리 35mm 미만의 렌즈로 간주)의 발전은 다른 시각적 면들을 동시에 보여줄 수 있는 넓어진 피사계 심도를 가능하

(a)

(c)

(b)

3.10 〈**오즈의 마법사**〉 관객들은 시작 부분에서 테크니컬러의 생생한 장면들을 보다가 상충되는 암갈색 흑백 장면들을 만나게 된다(a). 도로시가 난쟁이 나라인 먼치킨랜드로 가는 문을 처음 열 때, 캔자스의 칙칙한 색조가 뒤편에 남아 있다(b). 테크니컬러로 물든 장면은 중요한 장면들이며, 책에서의 은색 슬리퍼는 영상에서의 루비색 슬리퍼로 바뀐다(c).

게 해주었다. 촬영가 그렉 톨런드는 오손 웰즈의 〈시민 케인〉과 윌리엄 와일러의 〈사랑아 나는 통곡한다(The Heiress)〉(1949)에서 딥 포커스[11] 촬영기법을 극적으로 사용하여 인물들의 특징을 묘사했는데, 이는 와이드앵글 렌즈 사용을 개선시킨 것과 밀접한 관계가 있다(**사진 3.11**).

　카메라 기술은 손에 들 수 있을 정도로 가벼워진 카메라가 등장하는 수준까지 발전하여 제2차 세계대전 동안 뉴스 영화와 기타 목적을 위해 널리 쓰였다. 소규격 필름을 사용한 영화 제작 역시 이 기간에 확대되었다. 1932년에 아마추어들을 위한 8mm 필름이 개발됐고, 음향과 컬러가 더해져서 16mm 필름 포맷이 개발됐다. 16mm 필름의 휴대성 및 합리적 가격은 필름을 저예산 독립영화 제작과 전위적 실험 영화 제작뿐 아니라 교육용 영화와 다큐멘터리 영화 제작으로 사용을 확대시키는 계기가 되었다.

1950~1960년대 : 와이드스크린, 3D, 새로운 컬러 처리법

1950년대 초 **와이드스크린 처리법**(widescreen process)이 등장했는데, 화상 비율, 즉 넓이와 높이의 비율을 바꾸어 화면을 극

3.11 〈**사랑아 나는 통곡한다**〉 그렉 톨런드의 촬영기법은 와이드앵글 렌즈와 빠른 필름을 사용하여 넓은 피사계 심도를 보여주는 이미지들을 만들어낸다. 전경과 배경 모두 초점이 맞는다.

3.12 〈아라비아의 로렌스〉 70mm 와이드스크린 포맷은 사막 전체를 개관하고 군사 작전을 벌이는 장면들에 아주 적합했다.

생각해보기

수업시간에 본 가장 최근 영화에서의 촬영기법을 영화 역사와 관련하여 생각해보자. 그림, 사진 혹은 기타 종류의 시각적 형식들처럼 보이는 장면들이 포함되어 있는가? 특정 촬영기법이나 일련의 촬영기법이 영화 전체 혹은 특정 이미지에 대한 이해 및 해석에 어떤 영향을 미치고 있는지 설명해보자.

적으로 넓게 만듦으로써 이미지의 크기와 모양을 바꾸어 놓았다. 당시 TV 등장으로 인해 경쟁이 불가피해진 영화는 차별화를 위해 커다란 이미지를 부분적으로 도입했다. 그중 가장 대중적이었던 것이 바로 시네마스코프였다. 이는 **애너모픽 렌즈**(anamorphic lens)[12]를 사용했다. 이 렌즈는 35mm 필름 한 줄에 와이드앵글 뷰(wide-angle view) 하나를 통째로 축소시켰다가 나중에 영사할 때 다른 렌즈를 이용하여 '축소된 것을 풀어주는(unsqueezed)' 것이다. 〈아라비아의 로렌스〉 같은 다른 와이드스크린 영화들은 넓은 70mm 필름 규격을 사용했다(사진 3.12). 이 기간 동안 TV의 대중적인 인기는 영화 제작자들로 하여금 스펙터클한 장면을 보여줘야 한다는 부담을 줬고, 또한 〈밀랍의 집(House of Wax)〉(1953) 같은 3D 영화의 대유행을 몰고 왔다. 지금까지 대부분의 영화들은 컬러로 찍고 있는데, 테크니컬러의 전매특허에 대한 대안으로 이스트먼 컬러(Eastmancolor)의 도입이 활성화되었다. 1960년대에 할리우드는 젊은 세대 시장에 주목하기 시작했고, 촬영기사들은 다음과 같은 도구 1~2개 이상을 사용함으로써 이미지를 왜곡하고 주목을 끄는 등 공격적인 방식들을 실험했다.

- 렌즈 앞에 **필터**(filter), 투명 유리, 젤라틴 등을 놓는다.
- 렌즈에 강한 빛을 직사함으로써 만들어내는 **난반사**(flare)
- 적어도 75mm 이상의 초점거리를 갖는 **망원 렌즈**(telephoto lense)로 멀리 있는 사물을 확대한다.
- 초점거리를 바꾸고 빠른 동작을 찍기 위해 **줌**(zooming) 렌즈를 사용한다.

1970~1980년대 : 블록버스터 시대의 촬영과 상영

앞서 보았듯이 영화 이미지의 역사는 큰 틀에서 필름, 카메라, 기록장치 및 영사장치의 역사이다. 1970년대 **카메라 움직임**(camera movement)의 유연성이 **스테디캠**(Steadicam)[13]의 도입과 더불어 크게 향상되었다. 이 카메라 안정화 장치는 조작자로 하여금 동작을 부드럽고 빠르게 할 수 있도록 해주며, 〈샤이닝(The Shining)〉(1980)의 기묘한 카메라 움직임에도 일조했다. 시각효과 기술은 〈죠스〉(1975) 및 〈스타워즈〉(1977)가 시작한 블록버스터 시기에 급속도로 발전했으며, 고비용 예산은 경이로운 이미지의 창조를 의미했다(사진 3.13).

영화의 스펙터클한 장면들은 1970년대 개발된 **아이맥스**(IMAX) 포맷 및 영사 시스템에 의해 잘 보여진다. 아이맥스는 수직적이라기보다는 수평적으로 훨씬 더 커지고 빠른 속도의 필름 프레임을 사용한다. 거대한 화면 및 계단식 좌석이 비치된 특별한 장소에서는 고해상도 영화가 상영되기도 한다. 현재 많은 극장 체인들이 이런 포맷을 갖춘 아이맥스의 디지털 버전을 채택한다.

3.13 〈죠스〉 스티븐 스필버그의 이 영화는 놀랄 만한 특수효과를 보여주면서 블록버스터 시대를 열었다. 세트에서 '브루스'로 알려진 기계 상어를 관객들이 정면에서 맞닥뜨리는 것은 영화가 진행된 지 90분이 지나서이다.

1970년대의 TV, 다큐멘터리 감독, 예술 감독은 셀룰로이드 필름의 대체재로 **비디오**(video)를 처음 사용했으며, 1980년대에 캠코더의 발전에 따라 새로운 포맷이 소비자들 사이에 널리 퍼지게 되었다. 방송 기술 및 소비자용 비디오 기술의 발전은 포타팩 릴투릴(Portapak reel-to-reel, 휴대용 릴 녹화기), 유매틱(U-matic, 카세트 테이프), 베타(Beta), VHS를 포함한 아날로그 포맷(계속적인 신호를 테이프에 기록하는 방식)이었는데, 이는 기업 및 소비자들이 디지털 비디오를 받아들이기 위한 길을 닦아놓았다.

1990년대 및 그 이후 : 디지털 시대

디지털 방식으로 영화를 만들도록 전환된 것은 영화 역사상 중요한 변화이다. 필름이나 자기 테이프에 기록되는 대신 디지털 이미지는 2진법 코드로 만들어지고, 이미지의 동일한 재생, 조작, 변형이 가능하다. 처음에 영화산업은 특수효과 및 비선형 편집 시스템을 위한 디지털 기술을 발전시켰다. **디지털 촬영기법**(digital cinematography)은 결국 35mm 필름에 대한 실행 가능한 대안이 되었다. 〈스타워즈 : 에피소드 2(Star Wars: Episode II—Attack of the Clones)〉(2002)는 HD(High Definition, 고화질) 디지털 비디오로 찍어서 최초로 세간의 이목을 집중시켰던 영화였다. 1990년대 이래로 디지털 기술은 기존의 필름을 사용하지 않으므로 실험실에서의 처리 과정이 불필요했으며, 아마추어부터 블록버스터 수준까지 수많은 방법으로 촬영기법을 변형시켜오고 있다.

기술적으로 디지털 이미지는 장점 및 단점을 갖고 있다. 무게가 가볍고 이동성 있는 카메라라는 경제적 이점을 갖고 있는 디지털 방식 영화 제작은 커다란 카메라 및 많은 조수들이 필요한 35mm 촬영방식보다 친숙하다. 선명한 디지털 이미지는 전통적인 셀룰로이드 이미지와 구별되는 신속성을 제시해준다. 성장한 아들의 섬뜩한 등장으로 인해 산산이 부서지는 가족 모임 이야기 〈셀러브레이션(The Celebration)〉(1998)은 가족 구성원 간의 역학관계를 불안하고 극적인 관계로 만들어 가기 위해 핸드헬드 기법을 사용하고 카메라를 은밀한 장소에 배치했다. 독립영화 감독 레베카 밀러의 〈퍼스널 벨로시티(Personal Velocity)〉(2002)에서 촬영가 엘렌 쿠라스는 미니 디지털 비디오(mini-DV)를 사용해 정서적 질감을 가진 세 여성의 이야기를 만들어낸다. 스티븐 소더버그는 2부작 〈체(Che)〉(2008) 이후의 작품에는 고해상도 카메라 레드 원(Red One)[14]을 사용했으며, 기술 혁신은 고예산이나 저예산이나 모든 영화 제작에 계속 영향을 미치고 있다.

하지만 디지털 이미지 처리방식도 여러 가지 단점을 갖고 있다. 필름을 사용하면 촬영감독이 특정 필름의 빛에 대한 반응을 쉽게 예측할 수 있으나, 디지털 방식으로 촬영했을 때는 카메라의 성능에 얼마나 익숙한지가 중요하다. 디지털 이미지들은 필름에 사용되는 셀룰로이드 유화액이 만들어내는 결정체 집합이거나 알갱이가 아닌 픽셀(점으로 **빽빽하게** 들어차 있는)의 형태로 기록되고 보여진다. 디지털 파일로 전환될 때, 하나의 35mm 필름 프레임은 약 천만 개의 픽셀을 포함한다. 최초의 고화질(high definition) 디지털 카메라들은 원색당 약 2천만 픽셀(2K)로 구성되어 있으면서 초당 24프레임을 촬영할 수 있도록 개발되었다. 이런 차이가 다른 것보다 나은 이미지를 만들어내는 것은 아니지만, 디지털 이미지는 필름 유화제 사용 시 나타나는 알갱이가 빠지는 경우가 덜하다. 12.4K 제네시스(Genesis) 카메라처럼 필름산업에서의 혁신이나, 피터 잭슨이 〈호빗(The Hobbit)〉 시리즈에서 초당 48프레임을 사용한 것은 35mm 촬영의 질을 뛰어넘으려는 시도인 것이다. 하지만 두 포맷 모두 각각의 옹호자들을 갖고 있으며, 이에 대해 2012년 다큐멘터리 〈사이드 바이 사이드(Side by Side)〉에서 토론이 벌어지기도 했다.

〈아바타〉(2009)가 3D 스펙터클 영화의 제2시대를 선도한 이후, 현재 디지털 기술을 사용하고 있는 극장들은 35mm 필름에서 디지털로 영사 시스템을 전환하여 새로운 영화들을 수용했

3.15 (a) 슬라이드 환등기(1905), (b) 〈잃어버린 시간을 찾아서〉 마르셀 프루스트의 소설에 대한 라울 루이즈의 각색은 슬라이드 환등기의 풍부한 색채를 상기시키는 조명을 통해 과거를 떠올리게 한다. 3.15a: Andy Kingsbury/Corbis

3.14 (a) 16세기 러시아의 성상, (b) 〈안드레이 루블료프〉 러시아의 위대한 성상 화가에 대한 타르코프스키 영화의 구성 및 조명은 루블료프의 중세적 미술감각을 불러일으킨다.
3.14a: Icon of St. John the Baptist (템페라[15] 화법) by Andrei Rublev (c.1370–1430), Andrei Rublev Museum, Moscow, Russia/The Bridgeman Art Library

다. 빠른 변화들이 2012년 35mm 필름을 능가하는 디지털 영사 시스템이라는 결과를 가져왔다. 필름으로 촬영하느냐 디지털로 촬영하느냐 사이의 토론이 계속해서 심미적인 문제로 남아 있었지만, 디지털의 경제성을 높이 평가하는 분위기로 넘어가 상영 문제가 일단락되었다.

비록 촬영기법이 발전하더라도 예술적 과거 흔적들은 수면 위로 다시 떠오를 것이다. 러시아의 성상 도해법은 타르코프스키의 〈안드레이 루블료프(Andrei Rublev)〉(1969)(사진 3.14a, 3.14b)와 라울 루이즈의 〈잃어버린 시간을 찾아서(Time Regained)〉(2000)의 이미지에 속속들이 스며들어 있는데, 풍부한 색조가 환등기의 미세한 반향까지 재창조해낸다(사진 3.15a, 3.15b). 모든 영화 속에서 이미지들에 대한 우리의 경험은 미술, 사진, 영화의 역사에 의해서 영향을 받고 있다.

촬영 요소

촬영의 기본 단위는 **숏**(shot, 한 번의 촬영)이다. 숏은 영화의 시각적 중심이다. 일련의 필름 프레임 동안 중단되지 않고 계속해서 가동되는 촬영장면이다. 카메라는 앞뒤로, 위아래로 움직일 수 있지만, 다른 관점이나 이미지로 **편집**(cut)하지 않는다. 밤새 난장판 파티를 즐기고 난 어느 고등학생의 집을 다음날 아침 찍은 촬영기사는 여러 방식으로 그 장면을 묘사할 수 있다. 하나의 버전은 침착한 태도로 멀리에서 잔해를 둘러보는 하나의 숏으로 부서진 창문, 나자빠진 의자, 구석에 처박힌 사람 등 집 전체를 보여줄 수 있다. 다른 버전은 같은 장면을 연속적인 빠른 숏으로 보여줄 수 있다. 이 방법으로 첫 번째 버전에서는 느끼지 못하는 시각적인 동요가 만들어진다. 관객들이 화면에서 보고 있는 것은 촬영가의 관점에 의지하고 있는 것이며, 선택의 영역은 관객에게 의미를 만들어내고, 보여주고, 전달해주기 위해 존재한다. 프레이밍(틀 짜기)[16]과 심도로부터 컬러(색채)와 움직임(동작)까지이다. 기민한 관객에게 있어서 이런 선택들이 어떻게 한 영화에 이용되고 있는지를 인지하고 분석하는 것은 영화를 이해하고 경험하는 가장 정확한 방법 중 하나가 될 수 있다.

생각해보기

강의 시간에 본 영화에서 주관적 시점으로 찍은 장면들을 확인해보자. 무엇이 그렇게 보이도록 하는지 묘사해보자.

시점

촬영 용어로 **시점**(point of view)이란 한 사람, 한 사건 혹은 한 사물이 그로부터 촬영되는 자리,

위치를 말한다. 모든 숏은 하나의 시점을
갖고 있다. **주관적 시점**(subjective point of
view)은 카메라를 통해 보여지는 캐릭터의
시각을 재창조해내고 있는 반면, **객관적 시
점**(objective point of view)은 카메라의 비인
격적인 시각을 나타낸다.

하나의 시점은 지속적이지 않을 수 있다.
〈노인을 위한 나라는 없다(No country for
Old Men)〉(2007)에서 시점은 고양이와 쥐
게임에 빠진 3명의 캐릭터 사이에서 계속
바뀐다. 정신이상 살인자 안톤 시거와 쫓고
있는 르웰린 모스, 시거를 잡으려는 보안관
에드 톰 벨 3명이다. 영화의 결말을 향해 가
는 긴장되는 장면에서 우리는 모텔 방에 있
는 살인자를 찾으려는 보안관의 시점을 공
유하게 된다. 그는 날아가버린 자물쇠 구멍
을 통해 손전등을 비추어 보는데, 이는 숏
의 **초점**(focus)이 된다. 즉 카메라 렌즈에 의
해 가장 명확하게 외곽선과 정의된 이미지
의 지점이 된다는 의미이다. 문의 다른 쪽
에서 찍은 빠른 숏은 구멍을 통해 들어온
빛을 보여주면서 살인자의 시점을 암시한
다(사진 3.16a~3.16d).

숏의 네 가지 속성

모든 숏은 네 가지 중요한 속성을 조정한
다. 프레이밍, 피사계 심도[17], 컬러, 움직임
이 그것이다. 한 숏의 **프레이밍**(framing)은
사각형 프레임의 경계 안에서 시점을 포함
하고 제한하고 알려준다. 프레이밍은 앵글
뿐만 아니라 익스트림 클로즈업(극도로 근
접 촬영하는 것)부터 익스트림 롱숏[18](극도
로 롱숏하는 것)까지 보고 있는 것의 크기
를 결정한다. 필름 이미지들은 **피사계 심도**
(depth of filed, DOF)를 만들어내는데, 대
상물이 비교적 선명한 상태로 남아 있는 초
점의 전후 거리를 말한다. 하나의 이미지는
숏 혹은 샬로 레인지(짧거나 얕은 범위)를
만들어낼 수도 있고, 또 때때로 롱 레인지
혹은 **딥 포커스**(긴 범위나 깊은 초점)를 만
들어낼 수도 있다. 축구장의 골포스트 뒤쪽

(a)

(b)

(c)

(d)

3.16 〈**노인을 위한 나라는 없다**〉 코엔 형제의 영화는 같은 촬영 안에서 다른 시점들을 잘 활용한다.

3.17 〈슈팅 라이크 베컴〉 골을 넣는 과정에서 이동 카메라가 관객들의 흥을 더욱 끌어올린다.

의 관람석에서 보면, 이미지는 미드필드 근처에서 페널티킥 하는 모습에 초점이 맞춰질 수 있지만, 초점상으로 그 액션을 전후로 하여 공차는 사람과 골키퍼 양자 모두를 보여주는 심도를 만들어낼 수 있다.

필름과 조명의 선택 같은 촬영요소들은 이미지에 특정한 시각적 질감을 제공해준다. 어떤 것도 컬러(color)만큼 두드러지는 것은 없다. 컬러는 시각적 신호뿐만 아니라 미적 인상을 전달해준다. 마지막으로, 필름 이미지나 숏은 움직임을 묘사하거나 통합할 수 있다. 카메라나 렌즈가 액션을 따라 움직이거나 공간을 탐색할 때, 그것을 모바일 프레임(mobile frame, 이동 화면)이라 부른다. 〈슈팅 라이크 베컴(Bend It Like Beckham)〉(2002)에서 우승을 가리는 마지막 경기 동안, 숏의 모바일 프레임은 여자 주인공이 우승골을 넣기 위해 축구장을 질주하는 모습을 보여준다. 숏의 움직임은 그녀의 내달리는 힘과 재주를 한 번에 잘 잡아낸다(사진 3.17).

프레이밍

우리가 한 영화에서 모든 개별적 이미지에 주의를 기울이지 못한다 하더라도 촬영은 감독에 의

3.18 〈나폴레옹〉 아벨 강스의 역작인 이 역사물의 절정 부분은 세 화면에 이미지들을 나란히 배치해 놓고 있는데, 나폴레옹이 전쟁의 승리를 위해 나아갈 때 그와 아내 조세핀에 대한 생각 사이의 시각적 연결을 만들어낸다. The Kobal Collection/Art Resource, NY

해 주의 깊게 만들어지고, 관객들의 면밀한 관찰로 보상받는다. 프레이밍의 힘을 갖춘 초기 실험에서 아벨 강스의 〈나폴레옹〉은 영화의 절정 부분에서 다른 화면을 동시에 나타나도록 하기 위해 다수의 이미지를 조정했다(사진 3.18). 그 이후로 영화감독들은 여러 방식으로 영화 이미지를 조작해보는 등 실험을 하고 개선시키려 노력했다. 캔티드 프레임(canted frame)[19]은 측면으로 카메라를 기울여 만들어진다. 그런 균형이 깨진 프레이밍은 유명한 〈제3의 사나이(The Third Man)〉(1949)에서 볼 수 있는데, 그것은 항상 사물이 보이는 그대로 존재하는 것은 아니라는 사실을 보여준다(사진 3.19). 영화 이미지의 3차원(프레임의 높이와 너비, 이미지의 깊이)은 세상을 나타내 보이기 위한 기회와 세상을 보는 방법을 끊임없이 제공해준다. 프레임에 내재되어 있는 형식적 가능성, 즉 인식될 때 우리의 영화 경험을 풍부하게 해줄 가능성을 들여다보자.

3.19 〈제3의 사나이〉 오손 웰즈가 연기한 해리 림에 대한 의심은 캔티드 프레임에 의해 더 증폭된다.

화면 비율   그림의 프레임처럼 화면상 영화 이미지의 기본 외형은 영화 구성을 결정한다. 화면 비율(aspect ratio, AR, 종횡비)[20]은 영화 스크린이나 TV 모니터의 경우 영화 프레임의 너비와 높이의 비율을 말한다. 〈위대한 환영(Grand Illusion)〉(1937), 〈시민 케인〉, 기타 고전 영화들은 1932년 미국 영화예술과학아카데미(American Academy of Motion Picture Arts and Sciences)에 의

해 표준화되고 1950년대까지 대부분 영화들이 사용하고 있는 1.33 : 1의 **아카데미 비율**(academy ratio)을 구사한다. 이것은 TV 화면에도 영향을 주어 4 : 3의 디지털 포맷이 만들어졌다. 이 사각형 이미지는 영화 프레임과 창문이나 그림 프레임 사이의 연관성에 기인한다. **와이드스크린 비율**(widescreen ratio)은 1950년대 이후로 아카데미 비율을 거의 대체해왔는데, 범위는 1.66 : 1에서부터 2.35 : 1의 시네마스코프까지이다. 가장 지배적인 것은 1.85 : 1로 디지털 화면 비율 16 : 9에 대응하는데, 오늘날 와이드스크린 TV의 사양이다(사진 3.20).

3.20 〈먹고 기도하고 사랑하라〉 1950년대 와이드스크린이 도입됐을 때, 매력 중 하나는 관광지의 전체 풍경을 제공해줄 수 있는 기술이었다. 그 기술은 발리에서 자전거를 타고 있는 줄리아 로버츠의 이미지처럼 이제 표준이 된 1.85 : 1의 와이드스크린 비율로 사용된다.

화면 비율은 영화의 주제 및 액션에 맞추어 조정하면서 영화 경험을 만들어준다. 시네마스코프는 애너모픽 혹은 압축 렌즈를 사용하여 2.35 : 1의 와이드스크린 비율을 얻는데, 처음에는 종교적 서사물 및 뮤지컬 영화에 사용됐다. 10대들의 좌절과 두려움을 그린 1955년 니콜라스 레이의 〈이유 없는 반항〉에서 길게 이어진 수평적 시네마스코프 프레임은 제임스 딘이 연기한 짐 스타크의 외로움과 소외, 고등학교에서 경쟁자이면서 약자를 괴롭히는 불량배와 폭력적인 결투에 나서야 하는 상황 속을 잘 묘사해준다(사진 3.21). 레이의 촬영은 천체관 빌딩 밖에서 도시

3.21 〈이유 없는 반항〉 니콜라스 레이는 시네마스코프의 과장된 깊이감을 이용하여 로스앤젤레스 도시가 아래에 펼쳐 보이는데도 불구하고 구석에 몰려 있는 짐 스타크(제임스 딘)를 보여준다.

를 내려다보며 진행되는데, 도시는 사회적, 심리적으로 항상 위축되어 있는 작은 마을의 젊은이들이 닿을 수 없는 장소로 묘사된다. 세상을 조종해보려는 생각에 빠진 남자를 그린 〈시민 케인〉의 제한된 프레임과 비교해볼 때, 〈이유 없는 반항〉에서 와이드스크린 공간은 가만 못 있는 10대들의 변덕스러운 성향과 부합된다. 두 영화 모두 스크린 크기를 강조하는 프레임들을 사용한다.

화면 비율이 영화에 있어서 중요한 결정인자가 아니라 하더라도, 그것은 감독의 고려 대상에서 피해가지는 못한다. 스탠리 큐브릭은 전쟁영화 〈풀 메탈 재킷(Full Metal Jacket)〉(1987)을 와이드스크린이 아닌 아카데미 비율로 찍었는데, 이후 그 영화는 표준이 되었다(사진 3.22). 큐브릭은 이런 선택으로 중심 테마를 강조한다. 베트남 전쟁은 상자처럼 생긴 TV의 스크린을 통해 세계 의식 속으로 들어온 것이다.

영화가 TV에 나타나거나 테이프나 디스크에 녹화될 때쯤, 세월에 따른 영화 화면 비율의 변화는 흥미로운 도전을 보여주었다. 많은 TV 방송들이 영화를 방영하는 것은 "TV

3.22 〈풀 메탈 재킷〉 스탠리 큐브릭의 아카데미 비율 이용은 베트남 전쟁의 이미지를 미국 대중에게 전달하는 데 TV의 역할을 강조하고 있다.

화면에 맞게 포맷"해왔음을 말해주고 있는 것이다. 영화의 DVD 버전은 레터박스 포맷(letterbox format, 우체통 포맷)[21]으로 나타나고 있는데, 사각 프레임의 위아래로 검은 띠가 나타나 있고, 와이드스크린 이미지를 수용하기 위한 것이거나 디지털 방식으로 바꾸어 여러 포맷으로 제공하기 위한 것이다.

최근 디지털 TV들은 와이드스크린 영화 프레임의 수평 비율을 적용해왔는데, **원래 화면 비율**(native aspect ratio)로 보여주는 것인지 아닌지를 구별하기 어렵다. 이런 혁신 이전에 TV에서 보여주는 영화들의 비율은 **팬-앤드-스캔 방식**(pan-and-scan process)[22]을 통해 변경되었고, 일부 영화들, 특히 1.85 : 1보다 더 넓은 스크린을 사용하는 서사 영화들은 여전히 이런 방식을 적용하고 있다. 액션의 중심이 아닌 이미지의 바깥쪽 부분들을 잘라버리거나 단일 와이드스크린 이미지를 두 개의 연속적인 TV 이미지로 재구성하게 된다. 이미지를 다시 프레이밍하는 것은 사진 요소들의 손실을 초래한다. 구성을 바꿈으로써 영화와 스토리에 대한 인식을 바꾸어 놓을 수도 있는 것이다.

생각해보기

영화에서 원래 화면 비율을 확인해보자. 영화의 주제 및 목적에 적합한 것인가? 다른 비율로 상영된다면, 어떤 장면들에 어떻게 영향을 미칠지 설명해보자.

마스크 기법 화면 비율에 의해 결정되는 것 이외에 영화 프레임은 다양한 **마스크**(mask)[23] 기법에 의해 재구성될 수 있는데, 마스크는 이미지를 부분적으로 검게 처리하기 위해 프레임의 일부를 가리는 카메라 부착물을 의미한다. D.W. 그리피스의 〈인톨러런스〉(1916) 같은 무성 영화와 연관되어 있는 마스크 기법 프레임은 프레임의 한쪽만 열어 놓고 원형으로 보이게 하는 효과를 만들어내거나 보이는 프레임의 가운데 부분에 하나의 줄을 남겨놓는다. **아이리스 숏**(iris shot)[24]은 프레임을 마스크 기법으로 만들어서 오로지 이미지의 작은 원형 부분만이 보이도록 만든다. 1925년 해롤드 로이드의 〈신입생(The Freshman)〉(1955)에서는 소심한 대학생을 비춰주는 장면이 있다. 이 장면에서는 확대 효과인 **아이리스 인**(iris-in)이 사용되는데, 이는 원 모양으로 이미지를 열어가며 안전해 보이는 대학생의 위치를 시각적으로 보여준 후, 적대적인 축구 선수들에게 둘러싸여 있다는 것을 드러내기 위한 것이다. 반대로 전체 이미지가 점차 축소되는 **아이리스 아웃**(iris-out, 원형 부분을 축소해 닫는) 기법은 이미지 안의 특정 사물이나 액션을 고립시켜 강조하기 위한 것이다. 법정에서의 숏은 피고 어머니의 긴장된 손을 부각시켜 보여줄 수 있다. 〈사냥꾼의 밤(The Night of the Hunter)〉(1955)에서 아이리스 아웃 기법은 악마 같은 설교가가 두려워 떨고 있는 아이들의 집을 향해 걸어가는 모습을 따라 전개된다(**사진 3.23**). 이런 기법이 현대 영화에 사용되는 경우 자의적으로 초기 영화 제작 방식을 참고로 하는 것이다(**사진 3.24**). 마스크 기법은 촬영이 영화의 노출되지 않은 부분을 남겨놓는 시각적 효과에 이용된다. 두 번째 이미지는 프레임의 부분 위에 촬영되어 합성된다.

내화면(onscreen space)[25]은 이미지의 프레임 안에서 볼 수 있는 공간을 말하는 반면에 **외화면**(offscreen space)[26]은 영화 프레임 밖에 존재하는 세계 혹은 암묵적 공간을 말한다. 내화면은 구도적 효과를 위해 신중하게 구성된다. 프레임 안에 있는 객체나 선의 위치, 크기, 균형은 관객의 관심을 끌 뿐만 아니라 대상에 대한 태도를 형성하는 데 영향을 미친다.

외화면에서의 액션은 방 안에 많은 사람이 있더라도 밀접한 대화에만 클로즈업(근접 촬영)을 하는 것처럼 프레임 안의 액션보다 중요성이 덜하다. 그러나 외화면은 대화에 참여한 사람 중 한 명이 다음 숏에 나올 자신을 노려보는 경쟁자를 향해 프레임의 가장자리 너머를 보는 경우처럼 후속 이미

3.23 **〈사냥꾼의 밤〉** 아이리스 아웃 기법이 악마 같은 인물의 위협을 강조한다.

3.25 〈에이리언〉 공포 장르는 서스펜스(긴장감)를 이끌어내기 위해 외화면을 중요하게 이용한다. 시고니 위버가 분한 리플리는 무엇을 보려고 하는 것일까?

3.24 〈스팅(The Sting)〉(1993) 구식의 마스크 기법은 오래된 영화 제작 스타일을 통해 1930년대 세팅을 불러일으키는 데 사용된다.

지에서 드러날 중요한 정보를 포함하고 있기도 하다. 〈에이리언〉(1979) 같은 공포 영화에서의 외화면은 볼 수 없기 때문에 더욱 공포스럽다(사진 3.25). 로베르 브레송의 영화에서, 외화면은 캐릭터들의 단편화되고 제한적인 시각에 압력을 가하지만 동시에 그들의 시야를 피해가는 영적인 세계를 시사한다(사진 3.26).

카메라 거리   프레이밍의 또 다른 중요한 면은 주체로부터의 카메라 거리(카메라 디스턴스)인데, 숏의 **스케일**(scale, 규모)을 결정하고, 관점을 시사하며, 관객이 보이는 것에 대해 어떻게 이해하고 느끼는지에 큰 영향을 미친다. **클로즈업**(close-up)은 얼굴이나 손 혹은 창턱 위에 있는 화분 같은 개인이나 사물의 세세한 부분들을 보여주는데, 특별한 의미를 보여주거나 캐릭터의 감정이나 생각의 미묘한 차이를 나타낼 수 있다. 칼 테오도르 드레이어의 〈잔 다르크의 수난(The Passion of Joan of Arc)〉(1928)은 여주인공의 표정을 통해 종교적 열정을 묘사하기 위해 클로즈업을 눈에 띄게 사용한다(사진 3.27). 사진 3.26처럼 **익스트림 클로즈업**(extreme close-up) 기법은 단 하나의 신체 부분이나 사물을 선택하여 더 가까운 근접 촬영을 하는 방식이다(사진 3.28). 웨스 앤더슨은 종종 두드러진 효과를 내기 위해 사람과 사물을 중심에 놓고 대칭적으로 찍는 근접 숏을 이용한다.

구성 스펙트럼의 반대쪽 끝에 있는 **롱숏**(long shot)은 카메라와 장면, 사물 혹은 사물 사이에

 생각해보기

수업시간에 볼 다음 영화에서 프레이밍 디스턴스의 유형을 찾아보자. 롱숏이나 클로즈업이 많은 것으로 보이는가? 그런 기법들이 영화의 주제를 어떻게 강화해주고 있는지 설명해보자.

3.26 〈돈〉 로베르 브레송의 영화에서 캐릭터들의 작용은 종종 외화면을 강조함으로써 의미를 갖게 되는 외부적 힘에 의해 제한되는 것처럼 보인다.

3.27 〈잔 다르크의 수난〉 칼 테오도르 드레이어는 잔 다르크 역할을 한 여배우 르네 팔코네티의 초상을 자주 클로즈업함으로써 강렬한 종교적 신앙심을 잡아낸다.

3.28 〈**다즐링 주식회사**〉 프레이밍 디스턴스의 차이는 상대적이다. 이 숏은 클로즈업으로 보일 수 있지만, 넓은 영역의 숏 스케일 영화에서의 익스트림 클로즈업이다.

상당한 거리를 두고 있다. 사람은 인식 가능한 상태로 남아 있지만 둘러싸고 있는 배경 및 너른 공간에 의해 정의된다. **익스트림 롱숏**(extreme long shot)은 카메라와 사람 혹은 사물 사이에 큰 거리를 만들어냄으로써 멀어진 도시 모습이나 풍경처럼 넓어진 공간이 사물이나 사람의 모습을 왜소하게 만든다. 대부분의 영화들은 롱숏들을 혼합하여 때로는 멀리 떨어져 있는 대상이나 액션을 보여주고 사건의 맥락을 만들어낸다. 예를 들어, 〈셰인(Shane)〉(1953)의 도입부와 결말부에서는 한 캐릭터가 멀리 떨어져 있음으로써 소외감과 신비감을 강조한다(사진 3.29a, 3.29b).

클로즈업과 롱숏 사이에 있는 **미디엄 숏**(medium shot)은 프레임 안에 있는 일부 배경을 자세히 볼 수 있는 중간 지점에서 묘사를 한다. 〈웨딩 싱어(The Wedding Singer)〉(1998)의 한 장면에서 기타와 연주자의 손동작만이 보이는 것처럼 인간 신체는 허리나 엉덩이 위쪽에서부터 프레임화된다(사진 3.30). **미디엄 롱숏**(medium long shot)은 카메라와 주체 사이의 거리를 조금씩 늘리면서 캐릭터의 4분의 3까지 보여주는데, 서부 영화에서 사용되는 프레이밍으로, 카우보이의 무기는 미장센의 중요한 요소가 된다(사진 3.31).

대화 장면에서 일반적으로 사용되는 프레이밍인 **미디엄 클로즈업**(medium close-up)은 캐릭터의 머리와 어깨를 보여준다. 개인 사이에 대한 멜로 드라마나 로맨스 영화들 역시 캐릭터

(a)

(b)

3.29 〈**셰인**〉 익스트림 롱숏을 통해 셰인이 보일락 말락한 모습으로 다가오고 있다. 다음 롱숏으로 신비감을 두드러지게 만들어준다.

3.30 〈**웨딩 싱어**〉 몸으로 웃기는 코미디는 캐릭터와 미장센 사이의 상호작용을 위해 충분히 넓은 프레이밍을 필요로 한다. 미디엄 숏이 결혼식 축가 가수에 계속 초점을 맞추면서 연기를 잡아낸다.

3.31 〈**레드 리버**〉 미디엄 롱숏은 무기가 계속 보여야 하는 서부 영화에서 종종 사용되었다. 프랑스 비평가들은 이를 '아메리칸 숏(plan américain)'으로 불렀다.

의 얼굴표정을 잡기 위해 미디엄 클로즈업과 미디엄 숏을 주로 사용한다. 나이 들어가는 여인에 초점을 맞춘 〈진저 앤드 로사(Ginger and Rosa)〉(2012)에서 자신을 둘러싼 사람들의 행동에 대한 주인공의 시선이 빈번하게 미디엄 클로즈업으로 잡히고 있다(**사진 3.32**). 16세기 방어를 위해 사무라이들을 고용한 일본 마을에 대한 이야기인 〈7인의 사무라이(The Seven Samurai)〉(1954) 같은 야외 모험물은 전투 장면을 묘사하기 위해 롱숏 및 익스트림 롱숏을 활용하는 경향이 있다(**사진 3.33**). 이런 묘사들이 암시하고 있듯이 프레이밍은 상대적으로 정의된다. 미디엄과 미디엄 롱숏 사이에는 절대적인 구분점이 없다. 앞서 보아왔듯이 이미지의 규모에 대한 가장 일반적인 기준점은 프레임 안에서의 사람 크기인데, 그것조차 영화 이미지의 보편적인 요소가 아니다.

3.32 〈**진저 앤드 로사**〉 1960년대 성장 이야기를 그린 이 영화는 주변에서 일어나는 일들을 받아들이는 여주인공의 시점을 미디엄 클로즈업을 빈번하게 사용하여 강조한다.

비록 많은 숏이 대략 눈높이 차원에서 이루어지지만, **카메라 높이**(camera height) 또한 특정한 구성요소를 제공하기 위해 혹은 캐릭터의 관점을 일깨우기 위해 달라질 수 있다. 일본 감독 오즈 야스지로의 가장 큰 특징인 카메라 높이는 땅바닥에 낮게 닿아 있는데, 이는 캐릭터들이 바닥에 앉아 있는 일본식 방 내부를 촬영하는 데 이상적인 위치이다(**사진 3.34**). 반대로 높은 빌딩이나 풍경 같은 커다란 규모의 대상들을 보여주기 위해서는 카메라가 높은 장소에 놓여야 한다. 〈파 프롬 헤븐〉(2002)의 도입부에서는 뉴잉글랜드 마을 세팅을 신의 눈으로 본 모습을 보여주고 있는데, 이는 1950년대 작은 마을의 억압적인 분위기를 보여주고 있는 더글라스 서크의 〈순정에 맺은 사랑(All That Heaven Allows)〉(1955)의 처음 부분을 모방한 것이다(**사진 3.35**). 그런 높이를 얻기 위해서는 카메라가 크

3.33 〈**7인의 사무라이**〉 이 서사 영화에서 익스트림 롱숏은 야외 전투를 잘 보여준다.

레인 위에 설치되어야 한다. 이러한 숏은 **크레인 숏**(crane shot)으로 불린다.

3.34 〈동경 이야기〉 땅바닥 낮게 위치한 카메라가 다다미 방 위에 앉아 있는 캐릭터들을 나타낸다.

3.35 〈파 프롬 헤븐〉 야외에 설치된 크레인 숏의 높이는 세팅을 만들어주면서 거리감을 드러낸다.

카메라 앵글 숏들은 정면에서부터 위아래까지 각도에 따라 달라진다. 이는 카메라 높이와 상관관계에 있는데, 결혼식을 치르러 딸과 함께 뉴질랜드로 간 스코틀랜드 출신의 벙어리 미혼모에 대한 이야기를 그린 제인 캠피온의 〈피아노(The Piano)〉(1993)의 숏들을 살펴보자. **하이 앵글**(high angle)은 장면의 위쪽에서부터 아래로 향하여 보는 관점을 제공하며(**사진 3.36**), **로우 앵글**(low angle)은 장면의 아래쪽에서부터 위를 향한 관점을 제공한다(**사진 3.37**). 양쪽 경우에 있어서 숏의 정확한 각도는 아주 급한 경사각부터 둔각까지 바뀔 수 있다. **오버헤드 숏**(overhead shot)은 높은 위쪽에서 주된 피사체나 액션을 묘사하는데, 때때로 크레인이나 헬리콥터에서 바로 밑을 내려다보는 듯하게 촬영하기로 한다(**사진 3.38**). 체코 영화 〈중심가의 상점(The Shop on Main Street)〉(1965)의 시작 부분에서 마을을 내려다보는 크레인 숏은 굴뚝에 있는 황새 둥지의 시점을 반영하고 있는 것이다.

　숏은 물리적, 지리적 위치 혹은 시점에 의지하고 있는 앵글을 변화시킴으로써 키 큰 성인의 시각에서 만든 숏이 하이 앵글 숏이 될 수 있는 반면, 어린이의 시각은 로우 앵글을 통해 보여질 수 있다. 그런 숏들은 **시점 숏**(point-of-view[POV] shot)이라 하는데, 캐릭터의 관점에서 눈앞에 있는 것을 보여주는 숏으로 정의되며, 카메라의 높이 및 앵글뿐만 아니라 카메라 동작, 시각적 효과를 결합할 수도 있다. 카메라 앵글은 영화의 심리학적, 도덕적, 정치적 의미를 나타내기도 한다. 희생자들이 위에서 내려다보이고, 압제자들은 밑에서 올려다 보인다. 그러나 이 같은 형식적 특징이 자동으로 특정

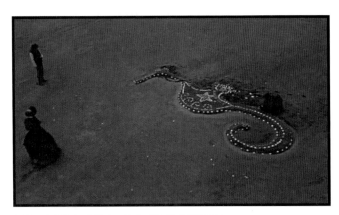

3.36 〈피아노〉 해변가 도착에 대한 하이 앵글 롱숏

3.37 〈피아노〉 조금 기울어 있는 익스트림 로우 앵글 숏이 농부인 남편이 불성실한 아내를 향해 내려가고 있는 모습을 보여준다.

의미를 갖게 되는 것은 아니므로 그런 해석은 영화 자체의 맥락 속에서 만들어진다.

숏은 캐릭터의 얼굴이 옆면이나 정면으로 보이는 것보다 4분의 3 크기로 보이는 수평각(horizontal angle) 조건에서 바뀔 수 있다. 직각으로 촬영하는 것은 오즈 야스지로 영화들의 강한 특징으로, 샹탈 애커만에서 벨라 타르, 차이밍량까지 국제예술영화감독들에게 강한 영향을 미쳤던 정면성(frontality)을 만들어냈다.

피사계 심도

하나의 이미지가 관점 및 의미를 만들어내기 위해 프레임화될 수 있는 다양한 방법에 더하여 숏은 이미지에 대한

3.38 〈**피아노**〉 머리 위에서 찍는 숏(오버헤드 숏)으로 영화는 피아노로 만족감 및 조화로움을 느끼는 귀중한 순간을 묘사한다.

이해를 미묘하게 형성하는 다른 심도들을 만들어내는 데에 초점이 맞춰질 수 있다. 역사 부문에서 언급됐듯이 카메라 렌즈의 기술적 발전은 1930년대에 두드러졌는데, 이는 감독들이 다양한 숏들을 만들어내기 위해 실험하는 데 중심적인 역할을 담당했다. 이런 발전의 극적인 생산물 중 하나인 **딥 포커스**(deep focus)는 이미지에 있어서 다수의 면들이 모두 초점 안에 있다는 것을 의미한다.

제2차 세계대전 후 몸과 마음이 야수처럼 변한 3명의 참전용사에 관한 영화, 윌리엄 와일러의 〈우리 생애 최고의 해(The Best Years of Our Lives)〉(1946)는 그렉 톨런드가 촬영했는데, 하나의 이미지 안에서 딥 포커스가 어떻게 관계를 만들어낼 수 있는지에 대한 훌륭한 실례를 제공해준다. 한 이미지에서는 전경에 있는 두 성장한 아이들이 배경에 있는 부모와의 행복한 재회를 프레임하고 있다. 모든 것이 조화로운 균형을 유지하고 있으면서 귀향 이후 전개될 소외라는 주제를 암시하는 데 초점을 맞추고 있다(**사진 3.39**). 같은 영화의 또 다른 이미지(**사진 3.40**)에서는, **섈로 포커스**(shallow focus)로 심도가 얕은 초점으로만 촬영되었다. 피사계 심도의 선택은 이미지에 있어서 중요한 것이 무엇인지 암시해준다. 사랑하는 사람들 간의 포옹이 그것이다. 초점은 **랙 포커스**(rack focus, 초점 이동)[27]로 한 대상에서 다른 대상으로 재빨리 이동한다. 여성의 얼굴로부터 그녀 뒤에서 다가오는 남성의 모습으로 초점을 다시 맞추는 경우이다. 〈LA 컨피덴셜

3.39 〈**우리 생애 최고의 해**〉 딥 포커스와 균형 잡힌 구성이 참전용사의 귀향으로 가족의 화합이 회복되는 장면을 보여준다.

3.40 〈**우리 생애 최고의 해**〉 포옹하는 연인에 초점이 맞춰진 전경은 상이군인의 의수가 거의 보이지 않는 흐릿한 배경을 뒤로한다.

3.41 〈LA 컨피덴셜〉 숏은 흐릿한 배경과는 반대로 수사관의 표정을 강조하기 위해 초점을 다시 맞추고 있다.

3.42 〈노스페라투〉 분산된 그림자와 회색빛 음영은 무서운 분위기를 만들어낸다.

3.43 〈플레전트빌〉 이 영화는 캐릭터들의 감정적 자각을 보여주기 위한 은유법으로 흑백으로부터 컬러 촬영으로의 전환을 만들어낸다.

〈L.A. Confidential)〉(1997)의 극적인 장면에서 젊고 오만한 수사관 에드 엑슬리는 자신의 상관에게 범죄 용의자를 강제로 자백시킬 수 있다고 확신하는데, 이후 상관이 심문실을 향해 몸을 돌릴 때 짧은 랙 포커스가 상관으로부터 엑슬리로 빠르게 이동하면서 엑슬리의 결연한 표정을 잡고 있다(**사진 3.41**).

대비와 색채

색채는 영화 숏에 대한 경험과 이해에 큰 영향을 미친다. 흑백 영화조차도 분위기를 만들거나 동기를 강조하기 위해 대비(콘트라스트)와 단계적 차이를 이용한다. F. W. 무르나우의 〈노스페라투(Nosferatu)〉(1922)에서 흑백과 회색 색조는 어둠 속이 아니라 음영 속에서 악마가 사는 불길한 세상을 만들어낸다(**사진 3.42**). 더 이상 필수가 아닌 흑백 포맷은 〈플레전트빌(Pleasantville)〉(1998)에서 의식적으로 이용되고 있는데, 1950년대 TV의 피상적이면서 단순한 세계, 즉 감각적인 색채들이 캐릭터들의 삶에 들어감으로써 혼란스러워진 세상을 풍자한다(**사진 3.43**). 영화 촬영기사 크리스토퍼 도일은 홍콩의 왕가위 감독과 함께 작업하는 것으로 유명한데, 흑백과 컬러 촬영 사이를 예측할 수 없는 방식으로 전환시키면서 이미지의 외관, 노출, 다른 필름들의 질감을 강조한다. 감독들은 낮은 질감 혹은 즉흥적인 미적 특질을 불러일으키기 위해 전적으로 흑백 촬영만을 이용해 촬영할 수 있다. 〈프란시스 하(Frances Ha)〉(2112)는 디지털 카메라를 이용하여 프랑스 누벨바그의 흑백 영화를 연상시키며, 〈컴퓨터 체스(Computer Chess)〉(2013)는 전통적인 흑백 튜브 카메라로 1980년대 초기의 부드러운 아날로그 비디오 영상을 만들어냈다(**사진 3.44**).

장소, 세트 장식, 의상에서 알 수 있듯 색채는 필름이 이용하는 색채 스펙트럼을 묘사한다. 반면, **톤**(tone, 색조)은 장면의 효과를 더하거나 감소시키거나 균형을 맞추기 위해 사용하는 명암 혹은 채도(saturation)를 말한다. 금속성 청색, 부드러운 녹색, 깊은 홍색이 효과적으로 사용되면 관객들로부터 다른 감정을 이끌어낼 수 있다(**사진 3.45**). 컬러 필름들은 모든 영역의 색채가 필름에 녹화될 수 있다. 일단 색채가 필름에 녹화되면, 그 필름은 현실적인 것에서부터 극단적으로 비현실적인 것까지에 걸친 **색채 균형**(color balance)[28]을 만들어내도록 조정될 수 있다. 이것은 대비적이지 않은 균형(단색 색배합으로 불리는)으로 나타날 수 있는데, 이는 단일 색상이 보다 의미 있는 요소로서 형성되는 현실적이거나 단조로운 배경을 만

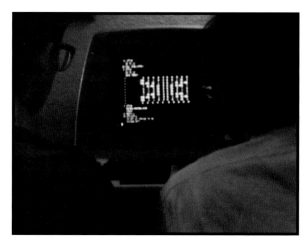

3.44 〈컴퓨터 체스〉 이전에 16mm 소형 카메라를 들고 모든 숏을 찍었던 앤드류 부자스키 감독은 이 영화를 위해 한물간 비디오 기술을 이용하여 1980년대 초 컴퓨터 문화 환경과 기계 지능의 실존적 한계를 상기시킨다.

3.45 〈파리아〉 촬영기사 브래드포드 영과 감독 디 리스는 정체성을 찾아가는 여주인공의 여정을 보여주기 위해 영화의 팔레트를 디자인했다.

들어낼 수 있다. 또는 대비되는 균형으로 나타날 수 있으며, 이는 색상을 통해 극적인 대립과 긴장감을 형성시킬 수 있다.

색채는 이미지 구성에 있어서 핵심적인 요소이다. 테크니컬러 방식의 스펙터클한 특징은 〈분홍신〉(1948)에서 잭 카디프 같은 촬영의 대가들에 의해 감정적 효과를 고조시키려는 목적으로 이용되었다. 이 영화에서는 무용수의 경험이 선명한 분홍신으로 나타나고 있다. 색 자체만으로 새로운 무언가를 만들려고 하는 것을 멈출 때, 어떤 영화는 풍부한 색상 표현으로 바로 유명해진다. 네스토르 알멘드로스는 테렌스 말릭의 〈천국의 나날들(Days of Heaven)〉(1978)을 해지기 직전의 황혼 시간대에 촬영하여 북아메리카 중서부 대평원(Great Plains)의 역사적 세팅을 위한 빛의 특정 질감을 잡아낸다.

속도(빛에 대한 필름의 민감성 척도)에서 달라질 수 있는 필름 규격의 선택, 노출 조작, 색보정에서의 선택, 이 모든 것은 특정 영화의 컬러와 톤에 영향을 미칠 수 있다. 촬영감독 로드리고 프리에토는 각각 다른 카메라와 필름을 사용하여 〈바벨(Babel)〉(2006)에서 3개의 상호 연결된 이야기를 표현한다. 영화의 팔레트와 컬러 효과에 중요한 조명은 영화 제작과정에서 촬영감독의 지시 아래 진행된다. 미장센에서의 조명에 대한 완벽한 논의는 제2장에 있다.

움직임

영화에서의 움직임(동작)은 필름 기술의 출현으로만 대변될 수 있는 인간 경험의 일부분을 재창조해낸다. 일상생활에서 우리는 숏에 대한 움직임들을 예상한다. 예를 들어, 움직이는 자동차로부터 건물들이 지나가는 것을 보거나 탁자에 있는 친구에게 초점을 맞춘 다음 그 친구 너머로 초점을 맞추고 문쪽에 있는 또 다른 친구에게로 향할 경우 서서 머리를 왼쪽 어깨에서부터 오른쪽으로 돌리게 된다. 시각 안에서의 이런 조정들처럼 카메라는 패닝(panning),[29] 틸팅(tilting),[30] 트래킹(tracking),[31] 줌렌즈 조정을 통한 리포커스(refocus)에 의해 움직일 수 있다.

리프레이밍(reframing, 프레임 재설정)은 하나의 숏 안에서 한 위치에서 다른 위치로 프레임이 이동하는 것을 말한다. 리프레이밍의 극단적이면서 기억에 남을 만한 예는 〈시민 케인〉에서 주인공의 어린 시절로 돌아가는 회상 장면이다. 카메라는 마당에 있는 소년으로부터 시작한다. 그에게서 물러난 후 창문을 통해 안에서 그를 관찰하고 있는 어머니로 숏을 리프레임한다. 그런 다음 계속해서 뒤로 물러나 어머니가 남편을 지나쳐 아들을 돌보아줄 은행가 대처 옆 탁자 가에 앉는

3.46a

영화에서의 색채와 대비

영화에 있어서 색채를 표현력 있게 사용하는 것은 예술적 비전과 기술적 혁신을 통해(손으로 색채를 입히는 방법에서부터 테크니컬러, 고감도 필름과 디지털 방식으로) 발전해왔다. 〈리어 왕(King Lear)〉(1910) 같은 초기 무성 영화는 매번 프레임을 손으로 색칠함으로써 컬러 영화의 인상을 만들었지만(사진 3.46a), 시간과 노동이 소요되었으므로 이런 방식은 널리 확산될 수 없었다. 월트 디즈니가 1932년에 〈실리 심포니즈(Silly Symphonies)〉 시리즈 중 단편 〈꽃과 나무(Flowers and Trees)〉(1932)를 개봉했을 때, 새로운 3색 테크니컬러 방식의 총천연색 컬러는 센세이션을 불러일으켰다. 이어서 1935년에는 첫 번째 테크니컬러 장편영화가 출시되었다. 디럭스 컬러와 시네마스코프가 〈더 걸 캔트 헬프 잇(The Girl Can't Help It)〉(1956)의 인기배우들과 함께 홍보되었는데, 이 영화는 제인 맨스필드의 로큰롤 익살극이었고, 스펙터클한 영상으로 관객들을 끌어모았다(사진 3.46c). 1990년대 디지털 기술의 출현은 〈업(Up)〉(2009)과 같은 만화영화에서 컴퓨터 영상의 강렬한 시각적 효과를 가능하게 해주었을 뿐만 아니라(사진 3.46d), 촬영 후 편집 과정에서 색채를 바꿀 수도 있게 해주었다. 그러나 일부 감독들은 여전히 〈마스터(The Master)〉(2012)의 대부분을 촬영하는 데 쓰인 65mm 포맷에서 볼 수 있는 필름의 풍부함과 깊이를 선호한다(사진 3.46e).

3.46b

3.46c

3.46d

3.46e

장면을 포착한다(사진 3.47a~3.47c). 보통 그런 리프레이밍은 자리에서 일어나는 캐릭터를 프레임 중간에 두기 위해 카메라가 아주 살짝 위쪽으로 움직이는 것같이 매우 알아차리기 힘들게 진행된다.

팬과 틸트　이동 프레임들에서 카메라는 고정되어 있다. **팬**(pan, 수평이동)이란 파노라마의 준말로 카메라의 위치를 바꾸지 않고 수평으로 프레임을 움직이는 것을 말한다. 캐릭터가 머리를 돌려서 보는 것처럼 카메라가 수직축을 중심으로 돌아간다. 〈현기증(Vertigo)〉(1958)의 시작 부분에서 도망자를 찾기 위해 샌프란시스코의 지붕 위를 샅샅이 뒤지는 롱숏은 지평선이 나오는 많은 유사한 설정 숏(establishing shots)[32]이 그렇듯 팬을 사용한 것이다. 〈베니스에서의 죽음(Death in Venice)〉(1970)의 마지막 장면에서는 팬이 주인공 구스타프 아센바흐를 느리게 따라가는데, 해변가를 걸어가다가 방파제를 지나친 다음 일렁이는 바다가 햇빛으로 빛나는 수평선에 숏이 고정된다. 이 팬의 움직임은 영화 전체를 특징짓고, 아센바흐의 죽음으로 절정에 이르는 낭만에 대한 동경 및 추구를 암시한다(사진 3.48).

　그보다 덜 일반적인 **틸트**(tilt)는 카메라가 수평 축을 중심으로 돌아가면서 프레임을 위아래로 움직이는 것으로, 그때 프레임은 위쪽으로 이동하면서 거리에서부터 구름 속까지 한 고층빌딩을 따라가는 누군가의 관점을 보여준다. 소년의 엄마를 찾는 아버지와 아들에 대한 이야기인 빔 벤더스의 〈파리, 텍사스(Paris, Texas)〉(1984)에서는 반복되는 틸트 숏들이 수사학적인 액션이 되는데, 프레임을 성조기가 걸려 있는 깃발 위로 이동시켰다가 휴스턴의 고층빌딩들을 따라간 다음 날아가는 비행기가 보이는 하늘로 이동시킨다. 이 경우 수직적 틸트는 텍사스를 가로지르는 엄마를 찾는 긴 여정으로부터 안정을 찾거나 탈출하고 싶은 모호한 희망을 암시하고 있다.

트래킹 숏　트래킹 숏(tracking shots)은 설정된 경로를 따라가는 바퀴 달린 돌리(dolly) 위에서 혹은 선로 위에서 피사체 주위나 앞뒤로 카메라를 움직임으로써 관점의 위치를 변화시키는 것을 말한다. 그래서 **돌리 숏**(dolly shot)이라 불리기도 한다. 복잡한 계획을 갖고 움직이는 정교한 카메라의 움직임은 이런 식으로 완성된다. 막스 오퓔스는 자신의 영화에서 길고 물 흐르는 듯한 트래킹 숏들을 이용하는 것으로 유명하다. 예를 들면 〈마담 드…(The Earrings of Madame de…)〉(1953)에서 왈츠춤을 추는 한 쌍의 커플을 따라가는 장면이 있는데, 이는 그가 4개국을 돌아다니며 만든 다른 작품들과 구별되는 특징이다. 장 뤽 고다르의 〈사랑과 경멸(Contempt)〉(1963)의 첫 번째 숏에서 선로 위에 있는 카메라가 이미지의

(a)

(b)

(c)

3.47 〈시민 케인〉 카메라 움직임은 이미지의 세 영역과 케인의 잃어버린 어린 시절 고통스러운 순간을 응축시킨 네 인물을 재설정하고 있다.

전경에서 앞쪽으로 이동하면서 책 읽고 있는 한 여성을 따라간다. 전경에 도달하면 카메라는 회전하여 관객인 우리를 향해 정면으로 렌즈를 조준한다. 움직이는 카메라 숏이 개인을 따라갈 때, **팔로잉 숏**(following shot)이라 불리기도 한다. 〈400번의 구타〉에서 팔로잉 숏은 앙투안 두아넬이란 소년을 80초 동안 추적하는데, 소년은 소년원을 뛰쳐나와 바닷가를 향해 달려간다. 카메라는 배우의 액션을 따라가기 위해 이동차량에 탑재된 크레인 위에 설치되거나 헬리콥터로 운반된다.

3.48 〈베니스에서의 죽음〉 팬은 주인공으로부터 출발하여 해변가를 가로질러 수평선을 구석구
석 훑어보면서 자살을 받아들이는 마음 상태를 암시한다.

핸드헬드 및 스테디캠 숏 이동성이 많은 경우에는
카메라기사가 카메라를 운반한다. **핸드헬드 숏**
(handheld shot, 들고 찍기)[33]은 가벼운 16mm 카
메라였다가 나중에 비디오 포맷 사용으로 바뀌게
됐는데, 뉴스 리포트와 다큐멘터리 촬영에 빈번
하게 이용되거나 개인적 관점의 움직임을 암시하
는 불안정한 프레임을 만들어내는 데 이용된다.
토머스 빈터베르그의 〈셀레브레이션〉(1998)은
'도그마 95(Dogme 95)'의 규칙을 따르는 최초의
영화로 덴마크의 여러 감독들이 영화 만드는 데
있어서 직접성을 강화하는 방법들 중에 핸드헬드
카메라의 사용을 요구하는 선언문을 발표한 것이다. 이 영화에서 핸드헬드 카메라는 가족 모임
에서의 긴장, 분노, 혼란스러움을 잘 표현해낸다. 〈피쉬 탱크(Fish Tank)〉(2009)에서 열다섯 살
여주인공은 양육 환경과 신분 지위의 한계에 직면해서도 지칠줄 모르는 에너지를 쏟아내는데,
이런 분위기가 재빠른 핸드헬드 숏에 의해 뚜렷하게 전달
된다**(사진 3.49)**. 이 양자의 경우에 있어서 핸드헬드 시점은
관객들을 액션에 더 직접적이고 구체적으로 참여시킨다.

3.49 〈피쉬 탱크〉 이 영화는 핸드헬드 카메라를 사용하여 여주인공의 좌절된 에너
지를 포착하고 있는데, 혼자서 촬영할 때 그녀의 소외감이 표출된다.

삼각대의 안정성, 트래킹 숏의 유동성, 휴대용 카메라
의 융통성, 이 모든 것을 얻기 위해 촬영가들은 종종 스테
디캠(Steadicam)[34]이라는 특별한 안정화 장치를 장착한 카
메라를 사용한다. 갱인 헨리 힐에 대한 영화 〈좋은 친구
들(Goodfellas)〉(1990)에서 유명한 스테디캠 숏(Steadicam
shot)은 몇분간 지속되는데, 나이트클럽의 뒷문을 통해 입
장한 힐과 부하들이 구불구불한 통로가 있는 주방을 거쳐
내실 안으로 자리를 잡으면서 나이트클럽 무대 위와 무대
뒤 어디에든 갈 수 있는 남자의 무소불위 권력을 보여준다
(사진 3.50). 〈킬 빌 : 1부(Kill Bill: Vol.1)〉(2003)의 식당 장면
에서 쿠엔틴 타란티노는 더 멀리 나아가 크레인을 결합하
여 장인이 만든 명품 스테디캠 시퀀스 장면을 만들어
낸다.

3.50 〈좋은 친구들〉 장면 뒤쪽으로 나 있는, 권력이 지나가는 길고 구불구불한 통로를 스
테디캠 숏이 3분간 지속적으로 보여준다.

줌 줌은 이동 카메라의 결과물이 아니라 이미지의
부분들을 극대화하기 위한 카메라 렌즈 조정의 결과
물이다. **줌 렌즈**(zoom lens)는 초점거리를 75mm 이
상 가변적으로 구사할 수 있으므로, 트래킹 숏을 찍
는 동안 이동 카메라를 사용한 것과는 다른 종류의
구성적 리프레이밍과 분명한 움직임을 이루어낼 수
있다. **줌인**(zoom-in)을 하는 동안 카메라는 고정되어
있으면서 줌 렌즈가 초점거리를 변화시켜 멀리 있는
피사체에 대한 시야를 좁게 만들고, 미디엄 숏이나
클로즈업으로 피사체를 선명하게 만들면서 리프레임
한다. **줌아웃**(zoom-out)은 반대로 피사체가 가까이

보이다가 나중에 카메라에서 멀어지면서 작아진 모습으로 리프레임된다. 줌인의 단점 중 중요한 한 가지는 이미지가 평평해지면서 심도를 잃어버리는 경향이 있다는 것이다. 반면, 트랙(경로)은 이동하는 공간의 공간적 깊이에 주목하게 한다. 비록 카메라 움직임(트래킹 숏이나 스테디캠 숏 같은)과 렌즈의 초점거리 변화(줌)가 숏의 초점을 가깝게 혹은 멀게 만들어주는 똑같은 기능을 수행할 수도 있지만, 이미지에서는 인식할 수 있을 정도의 차이점이 있다. 기술과 실제 적용은 역사적으로 다르게 발전해왔으며, 의미들도 달라질 수 있다. 줌의 사용은 1940년대 포토저널리즘에 처음 소개된 롱 렌즈(long lenses)를 흉내낼 수 있다. 〈알제리 전투〉(1966)는 뉴스 영화에서 빌려온 기술을 사용함으로써 사건의 현장감을 되살려내려 시도한다. 쿠엔틴 타란티노의 양식화된 줌 인은 1970년대 블랙스플로이테이션을 비롯한 장르에 경의를 표하며 그때의 영화 스타일과 영감을 재현한다. 이 기법은 주목을 끌기 위해 사용되었는데, 타란티노는 이를 오마주로 사용한다. 〈현기증〉에서 히치콕은 주요 캐릭터의 현기증 감각을 보여주기 위해 줌아웃하는 동안 트랙인(track-in)을 사용했다. 트랙인은 이미지가 똑같은 크기를 유지하고 있는 동안 초점을 변화시키는 효과가 있다.

애니메이션과 시각적 효과

시각적 경험은 단순히 자연주의적인 것만은 아니다. 우리의 꿈과 상상에서 온 그림들로 구성된 환상적인 것이기도 하다. 이런 종류의 이미지들은 두 가지 중요한 이미지 조작을 통해 영화에서 재창조될 수 있다. 애니메이션과 시각적 효과는 영화를 더 사실적으로, 아니면 완전히 비사실적으로 보이게끔 만드는 데 이용될 수 있다. 영화 초기부터 구사되어온 것이지만, 1990년대 이후 성장해온 디지털 기술의 인기는 이들을 비약적으로 변화시켜왔다.

　전통적으로 **애니메이션**(animation, 동화)은 **셀**(cels)로 알려진 투명한 셀로이드 시트 위에 그려지거나 그려진 움직이는 이미지를 의미한다. 이 셀로이드는 영화의 단일 프레임으로, 사진으로 촬영된다. 〈백설공주와 일곱 난쟁이(Snow White and the Seven Dwarfs)〉(1937)와 〈인어공주(The Little Mermaid)〉(1989) 같은 영화들은 전통적인 방법, 즉 프레임 하나씩 그림을 그리고 색칠한 다음, 영화로 만드는 작업을 통해 서사적 만화영화로 탄생했다. 일본 감독 미야자키 하야오는 〈벼랑 위의 포뇨(Ponyo)〉(2008) 같은 영화에서 2D 애니메이션을 계속 사용함으로써 찬사를 받고 있다. 다른 전통적인 애니메이션 기술은 **스톱모션 포토그래피**(stop-motion photography, 정지동작 촬영)[35]인데, 헨리 셀릭의 3D 작품 〈코렐라인 : 비밀의 문(Coraline)〉 (2009)에서 사용됐으며(**사진 3.51**), 특별한 **클레이메이션**(claymation, 점토 애니메이션)으로 〈치킨 런(Chicken Run)〉(2000) 같은 영화에서 아드만 스튜디오의 닉 파크에 의해 재현되었다. 스톱모션 포토그래피는 분리된 프레임들이 점차적으로 변화되어 가는 액션 속에 있을 때, 모션과 액션의 환상을 만들어내기 위해 필름에 동기화된 무생물체나 실제 인간 모습을 기록한다. 클레이메이션은 점토나 플라스티신[plasticine, 유토(油土)][36]으로 만든 모습으로 이런 효과를 만들어내는 반면, **픽실레이션**(pixilation, 실물동화)[37]은 진짜 사람 모습과 피사체 모습의 움직임을 빠른 동작으로 변화시키기 위해 이 기법을 구사한다. 체코 감독 얀 스반크마예르는 〈앨리스(Alice)〉

3.51 〈**코렐라인 : 비밀의 문**〉 헨리 셀릭의 특징적인 스톱모션 애니메이션은 여주인공의 진짜 세계와 캐릭터들이 단추 눈을 갖고 있는 다른 세상 사이에 있는 경계선을 모호하게 만들어준다.

3.52 〈토이 스토리〉 픽사의 최초 컴퓨터 만화영화로 사실주의적이면서 자연스러운 색조의 균형 잡힌 배경과는 달리 캐릭터들은 과장된 크레용 컬러를 입고 있어 배경으로부터 튀어나올 듯한 느낌을 준다.

3.53 〈스캐너 다클리〉 필립 딕의 소설을 각색하기 위해 리처드 링클레이터는 배우들을 디지털 방식으로 촬영한 후 로토스코프 기법을 사용하여 만화영화를 만들었다.

(1988)에서 루이스 캐럴의 스토리에 대한 복잡한 사건들을 재창조해내기 위해 라이브 액션(live action, 실사극화), 픽실레이션, 인형을 결합했다.

오늘날 애니메이션은 주로 컴퓨터 그래픽을 통해 이루어지고 있다. 1995년 픽사는 전적으로 **CGI**(computer generated imagery, 컴퓨터 생성 이미지)로 구성한 최초의 장편 만화영화 〈토이 스토리(Toy Story)〉를 제작했다(**사진 3.52**). 그 이후 놀랄 만한 기술적 발전이 하나의 장르로서 애니메이션의 부활에 공헌해왔다. 〈파이널 판타지(Final Fantasy: The Spirits Within)〉(2001)는 **퍼포먼스 캡처**(performance capture, 연기동작 포착)[38] 기술을 사용한 최초의 영화였는데, 배우의 연기에서 얻은 데이터로부터 컴퓨터 모델을 만들어내는 기술로, 영화 속 사람들의 모습이 다른 사실주의적 사진처럼 세세하고 확실하지는 않았다. 장편 만화영화에 대한 새로운 인식이 2002년 아카데미상 시상식에 반영되면서 장편 만화영화가 새로운 범주로 도입되었다.

픽사와 드림웍스가 모든 연령을 위한 CGI 블록버스터의 제작을 계속하고 있는 동안, 독립영화감독들도 애니메이션 제작에 뛰어들었다. 리처드 링클레이터의 〈웨이킹 라이프(Waking Life)〉(2001)와 〈스캐너 다클리(A Scanner Darkly)〉(2006)는 디지털 방식으로 애니메이션 프레임들에 색을 입히기 위한 토대로서 **로토스코핑**(rotoscoping)[39]으로 알려진 기법을 이용하여 비디오로 진짜 모습 및 액션을 녹화했다(**사진 3.53**). 〈페르세폴리스(Persepolis)〉(2007)는 이란에서 성장기를 겪은 마르얀 사트라피의 만화 소설을 각색한 것으로 예술 영화 전용관에서 성공적으로 상영되었고, 〈바시르와 왈츠를(Waltz with Bashir)〉(2008)은 1982년 레바논 전쟁의 공포를 다룬 이스라엘 영화로 애니메이션을 다큐멘터리로까지 확장시켜 놓았다.

CGI의 출현은 애니메이션의 기술과 예술적 기교, 그리고 시각 효과의 교집합을 확장시키고 있다. **시각효과**(visual effect)[40]는 통상 **특수효과**(special effect)의 부분집합을 의미하는 용어이다. 특수효과란 용어가 카메라나 이미지 처리방식을 포함하고 있지 않은 세트에서 제작된 파이로테크닉스(pyrotechnics, 폭파기술)[41] 및 기타 기계적 효과 같은 많은 실험을 포함하고 있는 한편, 시각효과란 용어는 구현하기가 불가능하거나 비용이 너무 많이 드는 이미지에 대한 대체 방안에 초점을 맞추고 있다. 초기 영화시대 이래로 영화감독들은 보통 속도로 촬영하기보다 빠르게 혹은 느리게 액션을 촬영함으로써 **슬로 모션**(slow motion, 느린 화면)이나 **패스트 모션**(fast motion, 빠른 화면) 같은 기본적인 조정을 적용해왔다. 이러한 기본적인 조정에는 컬러필터, 미니어처 등이 포함된다. **컬러 필터**(color filter, 여광판)는 색조 렌즈로 녹화된 이미지의 색조를 변화시키고, **미니어처**(miniature, 축소 모형)나 기타 비율로 만든 모델들은 CGI와 결합해 만든 〈엑스맨(X-Men)〉(2000~2014) 시리즈에서 볼 수 있는 종류의 판타지 세팅이나 기계들을 구현하는 데 활용되었다.

또 다른 시각 효과 중 하나로는 **프로세스 숏**(process shot, 합성 촬영)이 있다. 프로세스 숏은 일반적으로 단일 이미지에 한 숏 이상을 결합한 형태이며, 촬영과 인화 과정에서 이미지가 만들어지고 조정될 수 있는 여러 방법들을 뜻한다. 프로세스 숏은 인물들이 차를 타고 달릴 때 후면 차창에 매번 다른 풍경이 펼쳐지는 것처럼 액션에 따라 다른 배경을 보여줄 수 있다. 서로 충돌하는 2개 이상의 실체를 나란히 병치해 놓고 하나의 추상적 이미지를 구성하는 데 사용할 수도 있다. 실험 영화인 한스-위르겐 지버베르그의 서사 영화 〈아워 히틀러(Our Hitler)〉(1977)에서 쓰인 특수효과의 한 실례에서는 히틀러가 조용히 저녁식사를 하고 있는데, 뒤쪽 배경에는 유대인들이 집단수용소에 도착하고 있는 장면이 투사되는 모습을 보여준다. 다른 시점에 히틀러는 무대 위의 인형으로 축소되어 묘사되기도 한다**(사진 3.54)**.

매트 숏(matte shot)은 두 개 이상의 필름조각을 결합하는데, 하나는 중심 액션이나 피사체와 함께 있는 것이며, 다른 하나는 그 숏을 위해 물리적으로 만들어내기 어려운 액션이나 피사체, 추가적인 배경 등과 함께 있는 것이다. 정교한 매트 페인팅[42]은 〈킹콩(King Kong)〉(1933) 같은 영화에서 분위기, 배경, 규모의 감각을 만들어내기 위해 사용된다. 트래블링 매트(traveling mattes)[43]는 피사체가 전경에서 움직일 때 필요하다**(사진 3.55)**.

일부 시각효과는 촬영기술과 컴퓨터 기술을 결합한 방식을 사용하는데, 〈매트릭스(The Matrix)〉(1999)에서 큰 찬사를 받은 '불릿 타임(bullet time)'[44]이 대표적이다. 주된 피사체 주변에 설치된 세트의 스틸 카메라에 의해 찍힌 이미지들이 극도의 슬로 모션이나 긴장 효과를 만들어내기 위해 결합되어 그 장면을 만들어낸다. 〈인셉션〉에서는 CGI를 통해 도시 풍경과 산의 성채 이미지들이 부서지고 만들어지는 가상의 꿈같은 풍경으로 그려진다**(사진 3.56)**. 현재 유행하고 있는 블록버스터는 대부분 이런 종류의 스펙터클한 시각효과, DVD에 있는 추가적인 시퀀스나 설명으로 주도된다. 피터 잭슨의 〈반지의 제왕〉(2001~2003) 3부작의 환상세계는 특수효과를 통해 탄생됐는데, 호빗, 여자 요정 엘븐, 그리고 사람 캐릭터들을 다양한 크기로 연출하는 단순한 기법의 사용에서, 웨타 디지털의 상상력 넘치는 작업에 걸쳐 망라되어 있다. 이 회사는 뉴질랜드에 기반을 두고 있는데, 배우 앤디 서키스의 신체적 연기를 골룸 캐릭터와 결합하는 퍼포먼스 캡처 기술을 개발했다. 웨타 디지털과 앤디 서키스는 나중에 합작으로 〈혹성탈출 : 진화의 시작(Rise of the Planet of the Apes)〉(2011)의 시저를 창조해냈다**(사진 3.57)**. 웨타 디지털은 제임스 카메론의 〈아바타〉를 위한 시각효과, 극장용 3D를 디지털 포맷으로 전환시켜주는 기술을 만들어냈다. 2012년

3.54 〈아워 히틀러〉 인형들과 프로세스 숏은 이 서사 영화에서 파시스트 독재자에 대한 환상을 깨고 인식을 깨우기 위해 사용된 특수효과이다.

3.55 〈킹콩〉 윌리스 오브라이언은 스톱모션 애니메이션을 위해 정글을 그린 매트 페인팅으로 신비한 배경을 제공한다.

3.56 〈인셉션〉 진짜와 가상 세계의 이미지들이 제작과정에서, 그리고 층층이 쌓여있는 꿈속에서 발생하는 드라마의 구성에서 합쳐지고 있다.

3.57 〈혹성탈출 : 진화의 시작〉 퍼포먼스 캡처 기술의 정교한 발전은 원숭이들 반란의 지도자인 시저 역할을 맡은 앤디 서키스의 작업을 포함하여 촬영현장에서 진짜 원숭이를 한 마리도 쓰지 않고 영화를 만들 수 있게 하였다.

까지 디지털 상영이 영화극장에서의 상영을 능가하게 되는 상황이 만들어지게 된 데에는 이 영화의 성공이 이바지한 부분이 있다.

영화 이미지의 의미 만들기

〈아라비아의 로렌스〉의 사막 전경에서 〈인셉션〉의 꿈 같은 풍경까지 영화 이미지는 아름다움, 리얼리즘, 감탄을 자아내는 능력 때문에 가치 있는 것으로 여겨져 왔다. 이러한 특성은 영화의 제작적 가치에서 찾아볼 수 있는데, 이는 그러한 경험을 생성하기 위해 투자된 기술과 자금 때문이다. 하지만 영화 이미지는 세상에 대해 말하고자 하고, 보존하고자 하는 것 속에 있는 다른 가치들을 전달한다. 프랑스 감독 장 뤽 고다르의 "영화는 초당 24프레임의 진실이다."라는 말은 영화 이미지의 중요성 및 힘을 기술하고 있다. 고다르의 많은 영화 자체가 보여주고 있듯이 이 '진실'은 단지 보여주는 진실뿐만 아니라 대표하는 진실이기도 하다. 즉 영화 이미지는 우리에게 사실을 보여주는 정확성 때문에, 그리고 영화가 어떻게 사실을 해석하고 대표하는가 하는 것 때문에 가치 있게 여겨진다.

영화적 이미지에 대한 관계 정의하기

이미지는 한순간을 포착하는 놀랄 만한 힘을 갖고 있다. 사진 앨범을 넘겨 보는 것으로 우리는 과거를 살짝 들여다 볼 수 있다. 조간 신문은 전쟁 소식을 한 장의 이미지로 전달하면서 독자의 가슴을 무너뜨린다. 이미지는 순간의 사실을 보존하는 것 이상의 일을 할 수 있다. 노먼 록웰의 그림은 따스함과 향수를 자극하고 있는 반면, 성당의 스테인드글라스 창문은 정신적 열정을 끌어내는 데 목적이 있다. 애드 모션(add motion, 추가 모션), 그리고 정보를 보여주고 해석하는 것에 대한 이미지의 힘은 기하급수적으로 확대된다. 영화 이미지는 대상의 시각적 진실을 사실적이고 확실하게 보여주도록, 그리고 그 진실을 의미의 음영으로 칠하여 진실을 대표하도록 디자인된다.

표현으로서의 이미지

표현으로서의 이미지는 영화가 비현실적인 상황을 보여주고 있음에도 불구하고 세상의 세부적인 부분과 현실적으로 소통한다는 믿음을 반영한다. 영화는 실체나 관점을 묘사하는 데 진실성을 위해 〈마지막 황제〉(1987)에서 고대 자금성의 놀랄만한 이미지를 구현한다**(사진 3.58)**. 〈파이터(The Fighter)〉(2010)에서는 역동적인 근접 촬영으로 권투시합을 보여준다. 이런 목적을 추구하는 데 있어 촬영은 사건을 경험하는 사람의 관점을 반영하고 있는 주체적 이미지나, 일반적인 정확성이나 진실이 담긴 객체적 이미지 둘 중 하나를 기록할

3.58 〈마지막 황제〉 호화로운 촬영은 자금성에 접근하면서 이미지를 통해 '진짜임을 입증하려는' 영화의 힘을 보여준다.

수 있다. 〈작은 거인(Little Big Man)〉(1970)에서 아메리카 인디언들에 의해 양육된 101세 서부 개척자의 관점에서 본 이미지들은 대부분 양쪽 방식 모두를 채택하고 있다. 영화는 알려진 역사적 인물과 사건들을 놀랍도록 현실적으로 보여준다. 예를 들어, 리틀 빅혼 전투에서의 조지 커스터 장군과 같은 인물을 뛰어난 명확성으로 재현한다. 또한 영화는 선구자가 그 사건을 체험했을 때부터 지금에 이르러서도 기억하는 시각을 감동적으로 전달한다.

대표로서의 이미지

이미지는 촬영의 해석력을 통해 현실을 재현함으로써 사건이나 사람에 대한 의미에 영향을 미치거나 의미를 결정한다. 대표로서의 이미지는 시각적 자극의 힘이다. 개인이나 행동을 묘사하는 방식은 그들에 대한 일종의 통제, 그들에 대한 지식 또는 그것이 의미하는 바를 결정하는 힘을 의미한다. 피사체를 프레이밍할 때, 우리는 그 피사체를 특정 시각으로 포착하고 담아냄으로써 그것에 문자 그대로의 의미를 넘어서는 정의를 부여한다. 이미지에 대한 통제를 통해 피사체를 대표하는 의미를 생성하려는 욕망은 〈현기증〉에 스며들어 있다. 주인공 스코티는 외모로 매들린을 정의하려고 하며, 영화의 촬영 방식은 스코티가 매들린을 그림처럼 프레이밍하는 방식으로 이를 표현하여 스코티를 도와준다. 이미지를 대표하는 영화의 힘은 〈블론드 비너스(Blonde Venus)〉(1932)와 〈판의 미로 : 오필리아와 세 개의 열쇠(Pan's Labyrinth)〉(2006)와 같은 다양한 영화에서 발견된다. 이는 영화 이미지가 특정 관점을 보여주기 위해 인물이나 현실을 포착하고 조작할 수 있는 능력을 보여준다. 〈블론드 비너스〉에서는 마를렌 디트리히를 주연으로 한 조셉 폰 스턴버그 감독의 많은 영화에서처럼, 여주인공이 쇼에 나오는 무용수처럼 충격적인 의상을 입고 있든지 가정집에서 주부나 엄마로 나오든지 간에 에로틱한 인물로 묘사된다. 〈판의 미로 : 오필리아와 세 개의 열쇠〉(2006)에서는 한 소녀가 스페인 내전 동안 아버지의 무서운 야만성으로부터 도피하기 위해 환상세계 속으로 들어가는데, 예술적인 촬영과 특수효과를 통해 관객들에게 또 하나의 만들어진 실체를 보여준다**(사진 3.59)**.

3.59 〈판의 미로 : 오필리아와 세 개의 열쇠〉 외로운 소녀의 환상적 세계는 관객들에게 진짜인 것처럼 다시 보여진다.

집중분석

〈현기증〉의 앵글에서 애니메이션까지

같이 보기 : 〈퍼포먼스(Performance)〉(1970), 〈롤라 런(Run Lola Run)〉(1998), 〈아멜리에(Amélie)〉(2001)

알프레드 히치콕의 서스펜스 영화 〈현기증〉에서 톰 헬모어가 연기한 부유한 사업가 개빈 엘스터는 아내를 감시하기 위해 제임스 스튜어트가 연기한, 고소공포증을 겪고 있는 은퇴한 수사관 스카티를 고용한다. 엘스터의 주장에 따르면, 킴 노박이 연기한 아내 마들렌은 예전부터 카를로타라는 여인으로부터 강박증에 시달리고 있다. 스카티는 자살을 시도하는 마들렌을 구해준 이후로 둘은 사랑에 빠지고, 그녀가 다시 교회 탑에서 뛰어내리는 것을 고소공포증 때문에 막지 못하게 되자, 그녀의 죽음으로 죄의식에 사로잡히게 된다. 이후 그는 샌프란시스코의 길가에서 옛 애인을 보았다고 믿고 비슷하게 생긴 여인 주디를 찾아 헤매게 되면서, 심리학적 살인 미스터리에 뒤엉키게 된다. 미스터리 속에는 꾸며낸 이미지들로부터 진실을 구별해내는 영화의 중심적인 위기 상황이다.

〈현기증〉은 비스타비전이라 불리는 와이드스크린 투사의 특정 브랜드를 사용한다. 이는 〈현기증〉의 중요한 형식적 특성 중 하나로, 영화의 배경이 되는 샌프란시스코와 주변 환경을 잘 보여주어 여자를 찾고 있는 스카티와 그의 불안한 감정을 보여주는 데에 적합하다.

비록 〈현기증〉이 옛날 영화의 인공적이고 진부한 방식인 마스크 기법을 사용하지는 않지만, 히치콕과 촬영감독 로버트 버크스는 프레임 안에 있는 자연적 피사체들을 이용하여 마스킹 효과를 만들어낸다. 예를 들어, 스카티의 시선으로부터 마들렌을 격리시키고 장면을 극적으로 만들기 위해 영화는 문 혹은 다른 미장센들을 이용한다(사진 3.60).

〈현기증〉은 다른 히치콕 영화들과 마찬가지로, 프레임의 가장자리를 적극적으로 활용하여 우리(그리고 스카티)를 영화 프레임 안에서 보이지 않는 것으로 오도한다. 스카티가 마들렌을 추적하는 과정에서 그녀는 종종 프레임의 경계선 너머로 유령처럼 사라지면서 그의 시점을 피해간다. 마들렌이 죽음에 이르는 미스터리는 특히 쇼킹한데, 그 일은 스크린 밖에서 일어나며, 그녀의 흐릿한 실루엣이 탑 창문을 통해 잠깐 비칠 때만 드러난다. 이는 스카티가 무슨 일이 벌어졌는지 인식하는 것을 제한하고 있는 두 번째 프레임으로 작용한다(사진 3.61).

〈현기증〉에서 숏의 앵글은 중요하다. 언덕진 샌프란시스코 세팅은 스카티가 마들렌을 추적하는 장면들을 자연스럽게 로우 앵글과 하이 앵글로 강조한다. 영화에서 반복되는 고소공포 모티프는 하이 앵글과 머리 위 숏으로 관객들에게 스카티의 공포감을 전달한다. 특히 이런 각진 앵글의 활용은 스카티의 주관적 시점을 반영하는데, 욕망과 죄의식뿐만 아니라 권력과 조종에 관한 복잡한 심리적·도덕적 생각 등을 의미한다. 스카티가 욕망으로 인하여 허탈해지고 조종당한다고 느끼는 순간을 극적으로 표현하고 있는 것이다.

3.60 〈현기증〉 이 놀라운 구성에서 전에 마스크 효과를 사용한 스카티의 시점은 추적하고 있는 여인의 거울 이미지와 나란히 생생하게 병치되어 있다.

〈현기증〉의 더 놀라운 요소는 무빙 프레임(moving frame, 이동 프레임)이다. 우연히 고른 하나의 장면은 어떻게 일반적인 숏 움직임이 복잡한 방식으로 사건을 묘사하는지뿐만 아니라 미묘하게 그런 사건에 뉘앙스와 의미를 부여하는가를 보여준다. 엘스터의 사무실로 세트되어 있는 처음 장면에서, 부유한 남자가 아내를 미행해달라고 스카티에게 도움을 요청한다. 그 장면은 엘스터가 의자에 앉아 있는 것으로 시작하지만, 곧 스카티가 자리에 앉고 엘스터가 일어서서 방안을 돌아다닌다. 엘스터가 방 안에서 비교적 높은 위치로 걸어가는 장면이 팬(카메라 움직임)으로 시작되고, 그 후에 로우 앵글에서 촬영된 엘스터의 모습과 상반되는

3.61 〈현기증〉 창문은 떨어지는 몸을 바라보는 스카티의 불안정한 시야를 프레임한다.

하이 앵글의 스코티가 나타난다. 그다음, 앞에서부터 엘스터의 상반신으로 들어가는 카메라 트래킹으로 엘스터가 멈춰있는 스코티 앞쪽으로 올 때 공격적인 그의 모습을 묘사한다(**사진 3.62**). 무빙 프레임이 아내를 미행해달라고 스코티를 설득하려 노력하는 엘스터에 초점을 계속해서 맞추고 있을 때, 프레이밍과 움직임이 둘 사이의 대화가 공정한 대화가 아니라는 사실을 가리키고 있는 것이다. 무빙 프레임은 엘스터가 이미지를 지배하고 시점을 조종한다는 사실을 알려준다.

스코티가 미술관에서 카를로타의 초상 앞에 서 있는 마들렌을 발견했을 때, 카메라 움직임의 더 분명한 실례들이 보인다. 여기서 카메라는 스코티의 시점인 것처럼 보이게 만드는 복잡한 이동을 구사한다. 영화에서는, 카메라가 메들린의 머리카락 속 소용돌이 디자인을 확대하고 트래킹(따라가는 카메라 움직임)한다. 그 후 카를로타의 그림에서도 동일한 머리카락 디자인을 트래킹하면서 줌 아웃하여 재프레임한다(**사진 3.63**). 미술관에서의 이런 리프레이밍은 스코티가 교회 지붕 위 홈통에 매달려 있는 도입부 장면들과 닮아 있는데, 아래쪽 거리를 내려다보고 있는 놀란 시선이 줌인과 트래킹 아웃을 뒤섞어 빠르게 뒤트는 기법을 통해서 공황상태에 빠져 방향감각을 상실한 그를 묘사되어 있다. 전적으로 이런 카메라 움직임을 통하여 스코티의 원래 트라우마와 죄의식을 마들렌에 대한 불가사의한 집착과 연결시켜 준다.

〈현기증〉은 현실적인 스릴러처럼 보이지만, 영화는 그것의 줄거리와 스코티의 정신 상태에 대한 묘사에서 극적이고 당황스러울 정도로 애니메이션과 특수 효과를 활용한다. 으스스한 매트 숏은 산 후안 바티스타에 있는 실제 교회에서 사라진 한 탑을 재창조한다. 이는 스코티의 고소공포증이 구현될 수 있는 세팅에 결정적인 요소를 더해주고자 하는 것이다. 그러나 그 탑의 악몽 같은 의미와 마찬가지로 마지막 장면에서 매트 이미지는 초현실적인 탑이 또 다른 시신 너머로 흐릿하게 보여질 때처럼 으스스하게 빛나는 표면과 색채로 나타난다. 특수효과에 대한 또 다른 좋은 예시는 스코티가 현실을 잃고 다른 현실에 휩싸이기 시작할 때 등

3.62 〈현기증〉 로우 앵글로 백워드 트래킹 숏(후방 경로 추적)을 하는 것은 공격적인 개빈 엘스터를 강조하고 있는 것이다.

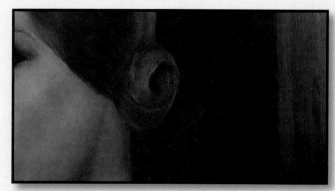

3.63 〈현기증〉 줌과 트래킹 숏을 결합한 끊임없는 카메라 움직임은 초상화를 응시하는 스코티의 시선을 추적한다.

3.64 〈현기증〉 애니메이션으로 연출된 스코티의 악몽 시퀀스는 다른 시체가 떨어진 지붕 위로 나타나며 추상화된 검은 물체로 표현된 매트 촬영(합성화면)으로 성립되었다.

장하는 후면 투사 및 애니메이션 기법이다. 스코티와 주디가 키스를 하는 장면에서 배경은 처음 시작한 방을 벗어나 빙글빙글 돌아간다. 초반에 그의 우울증 때문에 꾼 악몽에서는 애니메이션을 활용했다. 이 애니메이션은 신화적인 칼로타의 꽃다발이 흩어지는 장면과 스코티의 추상적인 실루엣이 교회 지붕으로 떨어지는 장면을 자연스럽게 묘사했다(**사진 3.64**). 존 페렌의 공적으로 여겨지는 이 '특별한 시퀀스'는 솔 바스에 의해 소용돌이치며 움직이는 듯한 모습의 타이틀 디자인에 반영됐다.

〈현기증〉은 현실을 모방하거나 보충하는 것 대신 애니메이션과 특수 효과를 선택했다. 이는 영화 촬영의 사진적 리얼리즘이 취약할 수 있음을 지적하고 있다. 〈현기증〉은 여자의 이미지와 사랑에 빠진 남자의 집착을 묘사하고 있는데, 그 여자는 마들렌으로 나타났다가 카를로타로 다시 살아나 나타나고, 나중에는 주디로 환생해 나타난다. 이 영화는 마치 스카티(그리고 히치콕)의 관심은 주로 이미지에 있다고 주장하고 있는 것 같다. 이러한 주장은 영화 속 그림에서 기억까지, 그리고 다양한 앵글(하이, 로우, 무빙, 고정, 내화면, 외화면) 등 모든 형태에서 찾아볼 수 있다.

생각해보기

최근에 본 영화에서 경험을 객관적으로 표현하는 것을 목적으로 하고 있는 숏들과 다른 실체들을 다시 보여주거나 다르게 해석하는 숏을 2~3개씩 찾아보자. 각 유형의 숏을 주의 깊게 분석하고 주제와 관련시켜보자.

영화 예술의 일부인 두 가지 주요 이미지적 가치(표현과 대표)는 서로 관련되어 있고, 영화에서 복잡하고 모호한 방식으로 동원될 수 있다. 〈해리 포터와 비밀의 방(Harry Potter and the Chamber of Secrets)〉(2002)에서 해리 포터가 뱀의 언어로 말할 때, 촬영 방식은 해리의 동급생들 사이에 퍼져 있는 공포와 혼란스러움을 강조한다. 그 이미지는 호그와트 마법학교 학생들의 관점을 객관적으로 표현하고 있는 것인가? 혹은 영화 자체에서 관객으로 하여금 해리가 겁낼 만하다고 생각하게 하기 위해 해석을 만들어나가는 것인가? 통찰력 있는 관객은 숏이 학생들의 입장을 반영하는지 아니면 영화의 입장을 반영하는지, 적절한 의미를 고려해야 한다. 이미지가 가치를 어떻게 전달하는지를 가까이서 바라보면, 의미를 만들어내는 복잡한 과정과 관객으로서 활동이 중요하다는 사실을 알게 된다.

영화 이미지에 대한 해석적 맥락

경험하고 있는 이미지에 내재되어 있는 가치들과의 만남은 차후 영화들에 대한 기대감을 불러일으킨다. 우리는 다큐멘터리나 역사적 사실을 그린 영화들을 통해 영화 프레임을 세상을 보는 창이라고 배워왔다. 또 아방가르드(avant-garde, 전위예술)나 예술 영화들에서 삶과 사회의 비밀을 드러내고 있을지 모르는 수수께끼 같은 이미지들에 접근하는 것을 배운다. 여기서 우리는 영화 역사 속에 있는 두 가지 전통적인 관습을 지정하게 된다. 하나는 현실성(presence)으로서 이미지 관습이고, 다른 하나는 텍스트(text, 구성체)로서 이미지 관습이다. 관객들은 첫 번째 경우에 이미지와 공감하고, 두 번째 경우에 이미지를 읽는다.

현실성

현실성의 관습이라 부르는 이미지의 구성적 실제는 이미지의 관점과 동일시하는 것을 암시한다. 이미지에 대한 감정적 반응, 살아 있는 실체인 것 같은 이미지에 대한 경험 등이다. 이런 전통에서 이미지는 우리를 시각적 활동으로 매혹하거나, 아름다움이나 무서움으로 압도하거나, 친근함으로 위로해줄 수 있다. 이미지적 현실성(imagistic presence)을 스토리와 영화 형식의 다른 요소들로부터 완전히 분리할 수는 없지만, 눈물 및 비명소리를 짜내게 하면서 즐겁게 해주는 것으로 보일 수 있다. 말과 기수들이 결승선으로 달려가는 장면이나 여자 캐릭터가 친한 친구를 포용하는 장면은 관객과의 직접성이나 진실을 전달함으로써 관객을 끌어들이고, 후속 이미지를 통해 관객을 인도한다. 이 관습에 대한 두 가지 변형이 있는데, 현상학적 이미지와 심리학적 이미지이다.

3.65 〈미드나잇 카우보이〉 특수효과와 흐릿한 색채의 대비는 마약을 복용한 카우보이의 심리학적 재현을 창조해낸다.

현상학적 이미지 현상학적 이미지는 산꼭대기에서 아찔한 시각을 재창조하는 숏처럼 우리가 세상에서 경험할 때의 물리적 활동에 근접한 영화를 만드는 스타일을 말한다. 영화 역사 그 자체만큼 오래된 이 전통은 많은 영화들에서 나타난다. 우리가 〈오즈의 마법사〉의 첫 컬러 숏에서 먼치킨 나라를 경이롭게 바라보는 것부터, 산악인이 홀로 야생에서 갇힌 〈127시간〉(2010)에서의 고통스러운 긴장감까지, 현상학적인 숏들은 이미지 자체에서 감각적인 활력을 전달한다.

3.66 〈3:10 투 유마〉 동작 속에 있는 몸들의 현상학적 현실성이 촬영을 통해 역동적으로 보인다.

심리학적 이미지　반면에 심리학적 이미지는 관객의 마음 상태 혹은 일반적인 감정 분위기를 반영한다. 〈텐(10)〉(1979)에서는 한 중년의 사내가 자신의 꿈이 이루어지는 이미지, 즉 아름다운 여인이 슬로 모션으로 자신을 향해 달려오는 환상이 그려진다. 〈미드나잇 카우보이(Midnight Cowboy)〉(1969)의 파티에서 혼미한 상태의 흐릿한 이미지들이 마약을 복용한 조의 정신적 · 인지적 경험을 재창조한다**(사진 3.65).** 현상학적, 심리학적 이미지는 모두 영화 역사 및 문화에 걸쳐 나타나고 있는 것이지만, 영화 움직임은 양쪽 중 어느 하나를 강조하기도 한다. 〈3 : 10 투 유마(3 : 10 to Yuma)〉(2007) 같은 서부 영화는 움직임과 갈등에 에너지를 불어넣어주는 현상학적 이미지들에

3.67 〈바람에 쓴 편지〉 더글라스 서크의 불행한 부호에 대한 멜로드라마에서 색채, 앵글, 구성, 딥 포커스가 주인공의 극단의 감정을 묘사하는 이미지에 공헌한다.

의존하는 경향이 있다**(사진 3.66).** 부유하지만 매사에 극도로 긴장하며 정신적 스트레스를 받는 불행한 이야기를 그리면서 개인적 위기에 집중하고 있는 멜로드라마 〈바람에 쓴 편지(Written on the Wind)〉(1956) 같은 영화는 캐릭터의 마음 상태를 반영하기 위해 종종 심리학적 이미지를 구사한다**(사진 3.67).**

텍스트성

텍스트성은 영상으로부터 감정적, 분석적 거리감을 요구하는 다른 종류의 영화 이미지를 의미하며, 이는 해석할 수 있는 기교와 구성으로 경험된다.

우리는 텍스트 이미지를 보기 위해 지성적 거리를 두고 뒤로 물러서 있다. 이는 해독해주기를 바라는 표시와 상징들로 채워져 있는 것처럼 보인다. 텍스트성 이미지는 무엇을 보여주는가에 대한 것보다 세상을 어떻게 보여주는가에 대해 더 많은 인상을 심어준다. 어렵고 추상적이며 실험적인 영화로 알려진 제르맹 뒬락의 초현실주의 영화 〈조개와 성직자(The Seashell and the Clergyman)〉(1928)로부터 〈파이(Pi)〉(1998)까지 많은 영화들은 이런 방식으로 관객들을 끌어모으지만, 그중 대부분의 영화들은 관객에게 이미지들을 통합하여 그것을 읽고 해석할 수 있는 능력이 있는지 시험한다. 노란 필터를 통해 외딴 집이나 가족의 재회 장면을 비스듬하게 잡는 캔티드 프레이밍(canted framing)은 사실주의 영화 속에서 많은 숙고가 요구되는 수수께끼 이미지

〈엠〉의 이미지를 통해 본 의미

같이 보기 : 〈푸른 천사〉(1930), 〈블랙 스완〉(2010)

1930년경 독일을 배경으로 한 프리츠 랑의 〈엠(M)〉(1931)은 어떻게 영화가 주관적 및 객관적 경험 양자 모두를 나타낼 수 있는지 보여준다. 〈엠〉은 아동 살인범 프란츠 베커의 소름끼치는 이야기를 들려주는데, 그는 부패한 경찰과 범죄조직이 조직의 안정을 되찾기 위해 쫓고 있는 범인이다. 이 영화는 〈노스페라투〉와 독일 표현주의의 걸작들을 만든 촬영감독 프리츠 아르노 바그너가 촬영했다. 영화 전체에 걸쳐서 객관적 이미지와 주관적 이미지는 교대로 나타난다. 어떤 관점에서 이미지들은 1930년의 어둡고 불안한 독일 사회의 실제 모습을 묘사하고 있는 것처럼 보이고, 다른 관점에서는 이미지들이 개별 캐릭터들의 관점을 통해 세상을 재창조해내고 있는 것처럼 보인다. 이와 같은 허구의 영화에서도 이미지는 표정, 문화적 작품, 독일 경찰의 제복과 떠들썩한 범죄 거점과 같은 사회적 활동의 역사를 기록한다. 다른 시점에서 이미지들은 개인적 시점을 보여주고 있는데, 차려놓은 식탁에 놓여 있는 빈 의자와 시계를 번갈아 바라보면서 딸을 기다리고 있는 엄마의 불안감 같은 것이 그 예이다(**사진 3.68**).

주관적 시점과 객관적 시점이 바뀌기 때문에 이 영화에서는 이미지들이 독일 거리 삶의 실제적 기록인지, 불안하고 정상이 아닌 마음 상태에 대한 묘사인지 불분명한 상태로 남는다. 영화의 처음 부분에서 익스트림 하이 앵글 숏이 마당에서 놀고 있는 아이들에 대한 객관적인 풍경을 보여주고는 있지만, 앵글은 사방에 퍼져 있는 불안하고 억압적인 느낌을 암시한다. 그 후에 나오는 미디엄 숏은 어린아이인 엘지 베크만을 오른쪽에서 왼쪽으로 따라가는 트래킹 숏이다. 그녀는 공을 튕기면서 집으로 걸어가고 있는데, 그 장면은 아이의 천진한 모습을 묘사하면서도 누군가 그녀를 뒤따라가고 있다는 사실을 암시한다. 나중에 남자가 이 소녀와 함께 걸어가고 있는 모습을 보여주는 트래킹 숏은 남자를 살인자로 보는 무리들의 주관적 시점과 합쳐지면서 혼돈, 공포, 분노의 장면으로 바뀌게 된다.

개별적인 것들에 의미와 가치를 부여함으로써 그것들을 재현하는 이미지의 힘은 〈엠〉에서 분명히 나타나고 있다. 이러한 대표성은 많은 영화에서 보여지는 일반적인 종류의 것이기도 하다. 어두운 로우 앵글 숏은 범죄자를 위험한 존재로 정의해주는 반면, 엄마를 클로즈업하는 것은 내면에 있는 슬픔과 고통을 강조한다. 다른 때에 이미지의 구조는 정교한 설명을 제시한다. 예를 들어, 수사관 칼 로만을 극도의 로우 앵글로 찍은 것은, 의자에 앉아 있는 모습을 보여줄 뿐만 아니라 기괴하고 지저분하며 우스꽝스러운 인물로 묘사한다. 이렇게 종종 이미지를 통해 어두운 의미와 평가들이 나타나기도 한다.

엘지를 따라가는 트래킹 숏에서의 복잡한 기술의 일부로, 이미지는 그녀의 시점을 나타내는 것에서 점점 불길하고 위험적인 시점으로 미묘하게 변화한다. 살인자를 조심하라는 경고 포스터로부터 조금 떨어진 곳에 서서 엘지가 공을 튕기고 있는 모습에서 로우 앵글이 그녀의 시점을 담고 있는데, 갑자기 남자의 어두운 그림자가 포스터와 그녀의 시점을 덮치면서 이미지는 어둡고 위협적으로 바뀌게 된다(**사진 3.69**).

대부분의 영화들에서보다 교묘한 방식으로 시각이 통제되는데, 엘지에 대한 보이지 않는 남자의 시점의 힘이 그녀가 살해될 것이라는 것을 예견해준다. 영화의 결말 부분에서 살인범 베커가 비어 있는 창고 안으로 비틀거리며 들어갈 때, 그는 역설적이게도 그가 이미지 내에서 대표적인 힘의 대상이 되었다는 것을 알아차리게 된다. 즉 시각의 원천이 불안에 떠는 개인이 아니라 대규모의 군중으로부터 비롯된다는 것이다. 갑자기 그는 일군의 거리의 도둑과 범죄자들의 시선에 사로잡혀 있다는 사실을 깨닫게 되는데, 마치 그가 엘지에게 했던 것처럼 목표물로 정해놓고 그를 처단하려고 하는 것이다.

〈엠〉은 두 가지 특별한 영화 전통으로 알려진 독일 영화의 '황금시대'라 불리는 시기의 마지막에 등장한다. 하나는 '거리 영화'이고, 다른 하나는 독일 표현주의 영화이다. 거리 영화에서 영화 이미지는 보통의 거친

3.68 〈엠〉 차려놓은 식탁에 비어 있는 아이의 자리를 찍은 부드러운 숏처럼 보이는 이 장면은 딸이 실종됐을지도 모른다는 엄마의 시점이 전달될 때 비로소 불길한 조짐으로 변한다.

3.69 〈엠〉 아동 살해범 정보 제공에 대한 보상을 말하고 있는 포스터. 그 위에 가려진 알 수 없는 그림자 때문에 공포감은 극대화된다.

3.70 〈엠〉 전선줄에 엉켜 있는 풍선은 엘지 베크만과 살인자 프란츠 베커에 대한 불길한 결말을 암시한다. 이 이미지는 현실성보다는 텍스트성을 통해 소통한다.

사회적 범죄, 매춘 혹은 절박한 개인들의 문제들을 기록하고, 독일 표현주의 영화에서는 영화 이미지들이 종종 감정적, 심리적, 잠재의식적 실체들을 파고든다. 〈엠〉은 이 두 독일 영화 운동 양쪽 모두와 관련이 있다. 범죄, 도구, 무기에 대한 다큐멘터리 형식의 숏은 거리 영화의 리얼리즘을 제시하고 있는 반면, 표현주의적 전통은 이미지의 텍스트성이 욕망 및 공포와 관련된 다른 종류의 현실성을 시사하도록 한다.

독일 표현주의와 연관된 텍스트 이미지의 전통이 이 영화 속에서 전달된다. 이는 바로 관객들이 이미지 속에 있는 비밀들을 탐지하듯이, 캐릭터들은 그들이 품고 있는 수수께끼와 같은 일의 이미지를 세밀히 찾아보는 것에 사로잡혀 있다는 것이다. 베커는 입을 뒤틀어 보이면서 거울 속에 비친 모습을 자세히 들여다보며 검사하는데, 이는 자신 내부에 있는 미친 사람을 보고 이해해보려고 시도하는 기괴한 행동으로 보인다. 또 다른 예로 경찰은 '특별한 모양의 편지'를 분석하기 위해 베커로부터 온 노트를 클로즈업한 상태에서 조사하는 과정에서, 여러 번 지문 이미지와 지도를 조합하여 살인자의 위치를 알아내려 노력한다. 두 경우 모두에

있어서 이미지는 범죄를 조사하는 도구로서 가능하며, 경찰은 이를 통해 베커를 잡을 수 있기를 희망한다. 마침내 베커 뒤를 쫓아다니는 범죄자들이 재킷 뒤에 몰래 'M'이란 글자를 표시해 놓음으로써 이야기의 흐름이 극적으로 바뀌는데, 그의 이미지를 읽을 수 있는 글로 만들어버림으로써 남자를 살인자로 확인할 수 있게 된다. 또한 영화에서는 앞선 예보다 덜 직접적이지만 관객들에게 의미들을 해석하도록 요청하는 복잡한 시각적 비유들이 존재한다. 이를테면 베커가 엘지에게 사준 풍선이 나중에 전선줄에 엉켜 있는 모습이 미디엄 숏으로 보여지는데, 이는 그녀의 죽음을 암시하고, 풍선과 닮은 몸매를 가진 베커의 뒤틀린 인격을 암시하고 있다(사진 3.70).

〈엠〉의 촬영은 현실주의와 표현주의 전통을 혼합하여, 다큐멘터리 스타일의 이미지와 상징적인 표현을 섞어 사용한다. 이는 영화 속에서 범죄가 조사되는 동안에도 관객의 수사력, 즉 의미를 발견하는 능력을 이끌어낸다. 〈엠〉에 있어서 이미지의 한계와 힘에 대한 탐구는 삶과 죽음의 문제를 바라보는 것과 연관되어 있다.

3.71 〈조개와 성직자〉 포장도로 위에서의 극도의 앵글, 음영, 강조된 패턴은 시나리오 작가 앙토냉 아르토와 감독 제르맹 뒬락 사이의 초현실주의적 공동작업 속에서 복잡한 꿈의 이미지를 암시해준다.

로 부각될 수도 있다. "우리는 어떻게 이 이미지를 읽고 있는가? 왜 통상적이지 않은 구성이 포함되어 있는가?" 하는 물음이 생겨나는 것이다. 수도승이 아름다운 여인과 사랑에 빠진 이야기를 그린 〈조개와 성직자〉에서는 이미지들이 이상한 꿈에 나타난 수수께끼 같은 언어와 닮아 있다. 영화는 관객들이 억압과 욕망에 대한 영화의 복잡한 드라마를 이해하는 방식으로, 그것을 해석하기 위해 분투할 것을 요구한다(사진 3.71).

한 영화 속에서 현실성이나 텍스트성 둘 중 하나의 이미지가 주도적이라는 사실을 인지하는 것은 영화를 이해하기 시작하는 하나의 방식이다. 〈먹고 기도하고 사랑하라(Eat Pray Love)〉(2010) 같은 로맨스 영화는 이탈리아, 인도, 발리에서 현지촬영한 현실성을 발산하면서 그 이국적 분위기를 통해 여주인공의 감정적 모험을 관객들이 공유하도록 초대한다. 라스 폰 트리에가 감독한 나치 지하조직 베어울프[49]에 대한 복잡한 영화 〈유로파(Zentropa)〉(1991)는 특수효과와 미디어 혼합으로 만들어진 이미지를 해석도록 요구하지만, 영화 성공의 일부는 어떻게 그것이 텍스트 전통의 복잡성에 관여하고 있는가에 달려 있다.

우리는 영화 이미지를 뒷받침하는 개념과 맥락을 알고 영화 이미지에 대한 우리의 기대를 알아차림으로써 그것을 경험하고 처리하며 즐기게 된다. 예를 들어, 1967년 〈우리에게 내일은 없다〉에 대한 초기 혹평이 몇 개월이 지난 후에는 호평으로 돌아섰다. 이런 극적인 변화를 이해할 수 있는 하나의 방식은 영화의 이미지들이 현실성의 전통에 속해 있는 것이 아니라 텍스트의 전통에 속해 있다는 사실을 관객이 나중에야 깨달았기 때문이라는 사실에 주목하는 것이다. 처음에 많은 관객들은 1930년대식 폭력을 미화하는 것으로 이 영화를 봤을 수도 있다. 그러나 나중에 관객들은 그런 이미지들이 1960년대식 폭력에 대한 반어법적인 비판이었다는 사실을 인지하게 되었다. 영화는 영화 속 텍스트를 받아들일 준비가 된 사람에게 유리하다.

요약

영화 경험과 영화 예술은 촬영에 있어 분리할 수 없는 것이다. 이미지를 골라 이동시키고 프레임을 만들고 조명을 비추고, 효과를 통해 조정된다. 〈엠〉과 〈인셉션〉은 이미지가 영화화되는 방식을 통해 두려움이란 감각을 전달한다. 19세기 말 이전부터 오랫동안 이어져 온 자극에 힘입어 영화가 출현했는데, 시대는 그런 이미지들을 만들어낼 수 있는 기술적 능력을 가지고 움직이는 이미지를 만들어냈던 것이다. 그런 다음 영화는 이를 관객들에게 제공한다. 20세기 말 이래로 디지털 기술의 발전은 3D 영화 및 시각적 효과를 통해 스펙터클한 영화들을 새롭게 만들어내는 탐험에 나서는 데 박차를 가해왔다.

가장 기본적인 수준에서 영화는 움직이는 이미지들을 통해서 이야기를 전하고 있는 것인데, 그 외에 평평한 스크린에 차원을 더하고, 서술적 구조에 관객들이 참여하게 만들고, 액션을 따라가고, 의미를 해석하고, 감정을 경험하게 만들어준다. 앞 장에서 자세히 설명한 대로 영화 숏의 소도구는 미장센의 무한한 가능성의 영역, 촬영, 상호작용에 의해 결정된다. 이 장의 처음에 소개된 핵심 목표에 따른 다음 질문을 탐구해보도록 하자.

- 〈현기증〉에서의 분석을 스카티가 마들렌의 차를 따라가는 시퀀스를 분석하는 것까지 확장해보자. 어떻게 카메라 거리 및 앵글이 중요한 장면에서 관점을 만들어내는가?
- 〈시민 케인〉의 한 장면에서 심도 구성(composition-in-depth)의 효과들을 탐구해보자. 당신은 광각 렌즈 사용을 구별해낼 수 있는가? 딥 포커스 촬영이 카메라 움직임과 상관관계가 있는가? 만일 있다면 왜 그런 것인가?
- 〈인셉션〉의 한 장면에서 필름, 컬러, 조명 같은 촬영 요소들이 어떻게 분위기를 만들어내고 있는가?
- 〈인셉션〉 같은 영화에 사용된 특수효과 숏들을 연구해보자. 디지털 방식으로 만들어진 것은 어떤 것인가? 그렇지 않은 것은 어떤 것인가? 컴퓨터 그래픽 이미지 방식 없이 만들어진 효과는 어떤 것이 있는가?
- 〈인셉션〉에서 이미지의 현실성은 어떻게 느껴지는가? 더 많은 지적 접근을 요구하고 있는 것은 어떤 숏인가?

적용해보기

허구적인 영화를 만들기 위해 불타고 있는 건물 같은 뉴스거리가 되는 사건을 촬영한다고 상상해보자. 가능한 많은 다른 촬영 '렌즈'를 통해 이 미장센을 촬영한다고 상상해보자. 와이드앵글과 줌 같은 문자 그대로의 렌즈, 세팅, 조명, 프레이밍, 필름, 카메라 움직임, 특수효과 사용 등에 있어서 변형을 통해 촬영하게 될 것이다. 특정 촬영기법들에 대해 다시 생각해볼 경우 설정한 '장면'은 특정한 영화 전통에 의지하고 있는지, 왜 그런지에 대해 주목해보자.

편집

이미지 엮어내기

생각과 감정을 만들어내는 편집 기술의 사용이 두드러지게 나타나고 있는 장면 중 하나로 페르난도 메이렐레스와 카티아 런드가 감독한 리우데자네이루의 거친 거리의 삶을 그린 역동적 연대기 〈시티 오브 갓(City of God)〉(2002)을 들 수 있다. 익스트림 클로즈업 숏으로 나오는 돌에 칼을 갈고 있는 장면들이, 빠른 타악기 비트가 깔리면서 야외 식사 준비의 세부 사항과 교차편집되어 있다. 이 장면들에는 도살되기 직전인 닭과 야외 식사를 준비하는 사람들의 디테일이 드러난다. 닭은 관객들을 향해 밖을 응시하고, 우리도 압도된 분위기 속에서 닭을 바라본다. 긴장감이 고조되면서 마침내 닭이 도망가고, 사람들이 거리를 통해 닭을 쫓아가는 추적이 시작된다. 총을 뽑아들고 달려가는 일군의 소년들을 포착하는 빠른 숏 속에서 위태로움과 연민의 감정이 공존하는 상황에 직면하게 된다. 시간, 공간, 관점에 대한 조종은 이웃 동네의 에너지와 잠재되어 있는 폭력적 위협을 전달한다. 편집자 다니엘 레젠드는 대체로 대사가 없이도 각 장면들과 관객들을 사로잡는 스토리의 감정적 영역을 세팅한다.

영화 **편집**(editing)은 그것에 의해 다른 이미지나 숏들이 연관성을 갖게 되는 작업이다. 우리가 실제로 움직일 때 우리는 나란히 있는 겹쳐 있는 이미지들을 볼 수 있다. 상점 창문을 통해, 고속도로 광고판을 통해, 데스크톱 컴퓨터를 통해, TV를 통해 그러한 이미지들을 본다. 하지만 편집은 우리가 일반적으로 세상을 보는 방식으로부터의 출발을 제공한다. 일상생활에서 개별적인 이미지들은 우리의 단일한 위치와 의식에 의해 통합된다. 편집에는 그런 제한이 없다. 눈 깜박임처럼 의식적으로나 외부적으로 시야를 방해받지 않는 한 분리된 이미지들이 선택된 패턴으로 연결되어 있는 것으로서 그 세계를 보지 않는다. 편집은 일반적인 시각 방식을 모방하거나 혹은 그것을 넘어서는 역할을 할 수 있다. 영화 편집의 힘과 기술은 영화를 구성하는 수백 혹은 수천의 별개 이미지들이 의미를 갖도록, 감정적이거나 본능적인 영향을 받을 수 있도록 만들 수 있는 방식에 있다.

핵심 목표	■ 편집의 예술적 및 기술적 진보를 이해하자.
	■ 편집이 이미지들 사이에서 다른 공간적 및 시간적 관련성을 구축하는 방식을 검토해보자.
	■ 연속성 있는 편집의 주도적인 스타일을 상세히 알아보자.
	■ 편집으로 그래픽 패턴이나 리드믹 패턴이 만들어지는 방식을 확인해보자.
	■ 편집이 의미 있는 장면 및 시퀀스로서의 이미지를 구성하는 방식을 논의해보자.
	■ 편집 전략이 연속성이나 불연속성의 영화 전통에 어떻게 관여하고 있는지 요약해보자.

많은 영화 이론가 및 전문가들은 편집이 영화 경험의 독특한 차원이 될 것이라고 생각한다. 이 장에서는 어떻게 영화가 분리된 이미지들을 연결하고, 어떻게 관객들이 세상을 보고 생각하는 것을 통해서 핵심 패턴들을 만들어내거나 반영하는지를 깊이 있게 탐구할 것이다.

영화 편집의 간략사

영화 기술이 발전하기 오래전에는 이미지들이 순차적으로 스토리를 말해주기 위해 연결되었다. 고대 아시리아의 부조는 사자 사냥의 다른 양상들을 보여주고 있는 반면, 70미터 길이의 바이외 태피스트리는 1066년 노르만인들의 영국 정복이라는 귀중한 역사적 사실을 자세하게 기록해 놓고 있다. 20~21세기에 있어서 신문 연재만화 등의 만화는 그래픽 아트에 있어서 이런 전통을 계속 이어왔다. 각각의 판은 스토리 속에서 순간의 액션을 나타낸다(**사진 4.1a~4.1c**). 영화에서 **스토리보드**(storyboard)는 비슷한 방식으로 영화의 각 숏을 스케치한다.

나란히 늘어 놓는 이미지들은 스토리를 말해줄 뿐만 아니라 상징적으로, 선풍적으로, 교육적

으로 이용되어왔다. 종교적인 세 폭짜리 그림(triptychs)은 3개의 연결된 이미지를 통하여 정신적인 개념을 전달하고 있다. **환등기**(magic lantern)는 조작자에 의해 연속적인 이미지들을 투사하여 초자연적인 환상을 만들어낸다. 19세기 말까지 포토 슬라이드를 이용해 강의하는 것이 유행이었다. 그런 관행들이 영화 편집의 진보에 영향을 미쳐 오늘날의 현대적 형식에 이르렀다.

1895~1918년 : 초기 영화와 편집의 출현

영화는 단일 이미지 속에서 움직이는 캐릭터나 대상을 보여주는 것에서 다른 이미지들을 연결하는 것까지 빠르게 진화해왔다. 마술사이자 초기 영화 제작자였던 조르주 멜리에스는 처음에

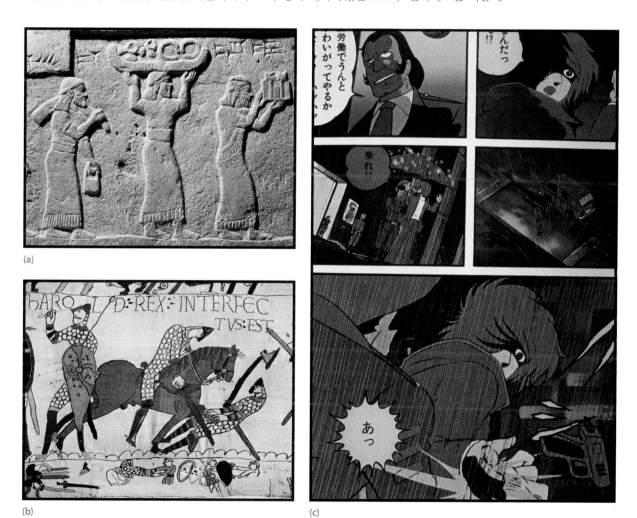

4.1 **스토리보드 : 이미지를 통한 스토리 말하기.** 고대 아시리아 부조(a), 11세기 바이외 태피스트리(b), 만화(c)는 영화의 스토리보드와 유사하다.

(a)

(b)

4.2 〈달세계 여행〉 조르주 멜리에스는 야심적인 초기 SF 영화의 유명한 충격적인 편집에서 로켓의 발사를 달 표면에 미친 충격과 연결시켰다.

스톱모션 촬영을 사용했다가 나중에 〈달세계 여행(Trip to the Moon)〉(1902)에서 로켓이 달에 가서 박히는 장면처럼 유쾌한 트릭을 만들어내는 편집을 하게 되었다(**사진 4.2a와 4.2b**). 기본적인 편집 기술이 다른 영화제작자들에 의해 도입되는 동안, 토머스 에디슨에게 고용되었던 왕성한 다작의 감독 에드윈 S. 포터는 〈미국인 소방수의 생활(Life of an American Fireman)〉(1903)과 초기 영화들에서 이런 기술을 스토리텔링 서비스에 결합시켰다. 영화 발전의 역사 속에서 중요한 영화 중 하나인 포터의 〈대열차 강도(The Great Train Robbery)〉(1903)는 14개의 분리된 숏이 있는데, 한 강도가 카메라를 향해 정면으로 총을 발사하는 유명한 마지막 숏이 포함되어 있다(**사진 4.3**). '초기 영화'로 알려진 1906년 무렵 서사적 영화가 주류를 이루었고, 편집이 발달하면서 장면 전환이 용이해졌다.

1908년 영화를 만들기 시작한 D. W. 그리피스는 할리우드의 고전적 편집 스타일을 발전시킨 뛰어난 인물이다. 그는 **교차 편집**(crosscutting, 크로스커팅)이나 **평행 편집**(parallel editing, 패러럴 에디팅)을 자주 사용했다. 이는 두 가지 이상의 동시적인 액션을 번갈아가며 보여주는 편집 기술로, 그리피스는 이 기술을 자신의 수십 편의 영화 결말에 나오는 구조 시퀀스에 주로 사

4.3 〈대열차 강도〉 에드윈 포터는 이 영화와 초기 영화들에서 편집의 서사적 언어를 발전시킨 공적이 있다. 영화의 마지막 편집은 서사적인 면을 완성시키는 것보다는 충격적인 효과를 증진시키는 데 이용되었다.

용했다. 〈론리 빌라(The Lonely Villa)〉(1909)에서는 집에 고립되어 있는 여자 가족 구성원들에 대한 숏이 집 안으로 침입하려는 악당에 대한 숏, 가족을 구하려고 달려가는 아버지에 대한 숏과 더불어 교대로 나타난다. D. W. 그리피스의 〈국가의 탄생(The Birth of a Nation)〉(1915)의 악명 높은 클라이맥스는 백인 캐릭터들을 남북전쟁 후 국가 재건시대의 희생자들로, KKK단을 영웅으로 그리기 위해 교차 편집을 이용한다. 그리피스는 흑인 병사들이 고립되어 있는 백인 가족 통나무 집 안으로 침입하는 것에서 혼혈 정치인이 백인 여성을 강간하며 위협하는 것, 양쪽 모두를 구원하기 위해 KKK단이 출동하는 것을 교차 편집한다(**사진 4.4a~4.4c**). 그리피스의 작품 속 기술과 이념의 논쟁적인 융합은 편집의 힘을 강하게 보여주는 사례이다. 〈국가의 탄생〉의 성공 이후 장편 영화 제작은 일반적인 것이 되었으며, 할리우드는 오늘날 영화의 기초로 남아 있는 고전적인 편집 스타일을 개발하였다.

(a)

(b)

(c)

4.4 〈**국가의 탄생**〉 이 이미지들 시퀀스 속에서 그리피스의 백인 우월주의 관점은 평행 편집의 사용에 의해 뒷받침되고 있는데, 평행 편집은 KKK단이 제시간에 도착하는 것을 관객들이 응원하도록 촉구하고 있다.

1919~1929년 : 소비에트 몽타주

〈국가의 탄생〉 이후 10년 이내이자 1917년 러시아 혁명에 뒤이어 소비에트 영화감독 세르게이 에이젠슈타인의 첫 번째 영화인 〈파업(Strike)〉(1925)은 다른 형태지만 똑같이 극적인 스타일의 편집 기법에 영향을 미쳤다. 에이젠슈타인의 영화 및 저술은 **몽타주**(montage) 개념에 초점을 맞추고 있는데, 이질적인 숏들의 병치 효과를 극대화시키는 편집을 말한다. 〈파업〉에서 노동자들에 대한 집단 총격을 묘사하기 위해 에이젠슈타인은 총성과 다치고 넘어지는 군중의 롱숏을 도살당하는 황소의 클로즈업과 **인서트 컷**(intercut)으로 편집했다(**사진 4.5a와 4.5b**). 이런 병치는 에이젠슈타인이 **지적 몽타주**(intellectual montage)라 부르는 것의 한 예인데, 그것을 통해 하나의 독립된 개념이 다른 숏들의 충돌에 기초한 관객의 마음속에서 형성된다는 것이다.

에이젠슈타인과 영화 제작자 레프 쿨레쇼프, 프세볼로트 푸도프킨, 지가 베르토프는 1920년대 소비에트 연방에서 정치적으로 참여하는 모더니스트 영화 제작의 핵심 구성요소로서 고급 몽타주(그들은 편집에 대해 프랑스어를 사용했다)를 발전시켰다. 영화 역사에 있어서 가장 매력적인 자기 성찰적 시퀀스 중 하나는 베르토프의 〈카메라를 든 사나이(Man with a Movie Camera)〉(1929)에서의 편집 시퀀스인데, 이는 영화 편집자인 엘리자베타 스빌로바가 카메라맨

(a)

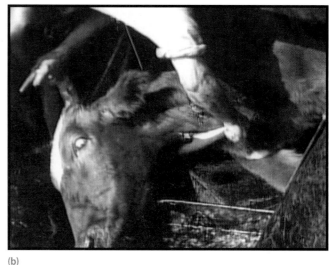

(b)

4.5 〈파업〉 노동자들의 학살은 지적 몽타주의 이용을 통해 황소 도살과 비유된다.

이 모아놓은 필름을 직접 편집하는 것을 보여준다. 영화에서 부분적으로 보이는 이미지는 눈앞에서 정지해 있는 것처럼 보이지만, 놀라운 효과로 되살아난다. 1920년대와 그 이후의 다른 아방가르드 운동들은 소비에트 정부가 사용한 편집이 추상적이고 역동적인 특성을 계속해서 탐구하였다.

1930∼1959년 : 할리우드 스튜디오 시대의 연속 편집

할리우드 스튜디오 시스템의 완전한 발달과 더불어 영화는 **연속 편집**(continuity editing)으로 알려진 스토리텔링 스타일을 세련되게 만들었고, 관객에게 액션이 시공간적 일관성을 보여준다는 인상을 주었다. 동시녹음의 도입은 새로운 도전에 직면했지만, 1930년대 초 편집자들은 영상 및 음향 편집을 스튜디오 스타일 속에 통합시켰다.

4.6 〈고독한 영혼〉 제2차 세계대전 이후 영화는 고도의 리얼리즘을 달성하기 위해 이미지들 사이에서 빈번한 편집을 하지 않고 이미지들의 심도를 탐구하는 경향이 있었다.

1940년대 초 영화의 리얼리즘은 영화 편집에 있어서 주요 미적 원칙 중 하나라는 새로운 강조점을 얻어냈다. 보통 사람과 실제 장소에 대한 스토리의 진실성을 포착하려고 편집을 덜하는 이탈리아 네오리얼리즘의 영향은 다른 뉴웨이브 영화에서 명백하게 나타났으며, 심지어 할리우드의 고전 작품에까지 확대되었다. 예를 들면 니콜라스 레이의 〈고독한 영혼(In a Lonely Place)〉(1950)은 이미지들 사이에 빈번한 편집을 하지 않고 심도 깊은 이미지와 긴 롱테이크를 강조했다(**사진 4.6**). 이런 변화들을 통합하면서 연속성 편집 스타일은 적어도 1950년대 말 스튜디오 시스템이 몰락할 때까지 주도적인 위치를 유지하게 되는데, 스튜디오 시스템의 안정적인 인력, 비즈니스 모델, 장르 형식은 생산품 및 기술에 일관성을 부여하고 있었다. 그런 원칙들은 여전히 영화 및 TV에서의 스토리텔링을 많은 방식으로 지배한다.

(a)   (b)

4.7 〈**네 멋대로 해라**〉 숏들의 중간에 혹은 사이사이에 등장하는 분명한 점프 컷은 사소한 범죄자의 삶 속에서 일탈과 괴리감을 전달 해주는 시각적 수단이다. 다른 앵글에서 패트리샤를 볼 때마다 미셸의 목소리가 이어진다.

1960~1989년 : 현대의 편집 스타일

1960년대에 시작하는 정치적 및 예술적 변화들은 영화 형식의 거의 모든 차원에 영향을 미쳤으 며, 편집도 예외는 아니었다. 미국과 해외 모두에서 대체 가능한 편집 스타일이 고전적 편집의 리얼리즘에 대한 환상을 깨버릴 목적으로 생겨났다. 소비에트 몽타주 방식에 의해 어느 정도 예 견된 이러한 새롭고 분리적인 스타일은 현대 세계의 단절감을 반영하였다. 편집은 스토리의 단 절을 만들어냄으로써 눈에 띄게 연속성을 파괴했으며, 과거, 현재, 미래 사이의 관계를 혼란스 럽게 만들거나, 시간을 확장하거나 철저히 압축시켰다.

프랑스 뉴웨이브 운동은 현대적인 편집 스타일에 대한 최초이자 가장 극적인 사례를 일부를 만들어냈다. 장 뤽 고다르의 〈네 멋대로 해라(Breathless)〉(1960)는 **점프 컷**(jump cut)의 사용으 로 혁신시켰는데, 의도적으로 액션 속에서 간격을 만들어내는 편집을 말한다(**사진 4.7a와 4.7b**). 1960~1970년대에 미국 영화감독 아서 펜과 프란시스 포드 코폴라는 고전적 장르 속에 그런 스 타일을 통합시켜 새로운 할리우드 미학을 만들어내는 데 기여했다. 1980년대에는 광고와 뮤직 비디오에 사용되는 템포가 빠른 편집 스타일이 주류 영화들에 나타나기 시작했다. TV 광고를 만들었던 전직 감독에 의해 만들어진 대중적이면서 성공적인 두 영화는 이런 시대를 직설적으 로 대변해준다. 용접공과 이국적 댄서로 이중적인 삶을 살아가는 피츠버그의 한 여인에 대한 이 야기인 애드리안 라인의 〈플래시댄스(Flashdance)〉(1983)와 비행학교에서 치열한 경쟁에 몰두하

(a)   (b)

4.8 〈**플래시댄스**〉 1980년대 뮤직비디오의 특징인 연속적인 음악과 불연속적인 편집은 댄서가 되고자 열망하는 젊은 노동자 계층 여성에게 에 너지를 불어넣어 준다.

4.9 〈007 퀀텀 오브 솔러스〉 이 제임스 본드 시리즈물의 도입부는 특히 액션 시퀀스에서 극도로 빠른 편집을 이용한다.

4.10 〈러시아 방주〉 상트페테르부르크의 에르미타주 박물관을 샅샅이 돌아다니고 역사시대를 섭렵하면서, 디지털 카메라는 96분간 단일 숏을 전달하고 있으며, 예술, 정치, 러시아 역사에 대한 명상을 위한 수단이 된다.

는 전투기 조종사들에 대한 이야기인 토니 스콧의 〈탑건(Top Gun)〉(1986)이 그 예이다. 두 작품은 현란하고 빠른 편집에 활기찬 팝송 영화음악을 결합하여 주인공들의 세계에 대한 매력적인 에너지를 보여준다(사진 4.8a와 4.8b).

1990년~현재 : 디지털 시대의 편집

비선형(非線型) 디지털 편집 방식은 영화 편집 역사상 가장 중요한 변화일 것이다. 수십 년 동안 편집자들이 편집용 영사장치인 무비올라(Moviola)를 가지고 혹은 편집용 평상 테이블 위에서 실제 필름을 손으로 잘라왔던 반면에, 1990년대에는 편집자들이 컴퓨터를 기반으로 하는 비선형 디지털 편집 시스템을 이용하기 시작했다. 비선형 편집에서는 필름이 고성능 컴퓨터 하드 드라이브에 디지털 정보로 저장된다. 개별 장면들은 즉각적으로 쉽게 접근할 수 있도록 구성되어 있고, 음향 편집도 그림 편집과 동시에 이루어질 수 있으며, 디졸브(dissolves)와 페이드(fade)가 뒤에 출력 과정에서 추가되기보다는 컴퓨터상에서 즉각적으로 시각화될 수 있다. 영화를 만든다는 것은 35mm 필름으로 찍든, 디지털 비디오로 찍든 상관없이 비선형 컴퓨터 시스템으로 편집된다는 것을 의미한다.

현대 영화의 빨라진 속도는 디지털 편집과 상호 관련되어 있는 것처럼 보인다. 평균적인 숏 길이는 〈퀀텀 오브 솔러스(Quantum of Solace)〉(2008)에서 대략 2초 정도의 숏들로 상당히 줄어들었는데(사진 4.9), 〈분노의 포도(The Grapes of Wrath)〉(1940)에서 학자들이 측정한 10초 숏들과 비교되었다. 그러나 디지털 방식으로 영화 만들기는 정반대의 미적 효과를 가져올 수 있다. 영화에서 한 장면의 길이는 카메라가 얼만큼 많은 필름을 갖고 있을 수 있는가에 의해 제한되었다. 비디오상에서 한 숏의 길이는 사실상 제한이 없다. 영화감독 알렉산더 소쿠로프의 〈러시아 방주(Russian Ark)〉(2002)는 한 번의 편집도 없이 만든 고도의 장편 영화이다(사진 4.10).

편집 요소

영화 편집은 다른 이미지들이나 숏들이 함께 순차적으로 연결되어 있는 과정을 말한다. 하나의 숏은 카메라 움직임이나 초점의 변화에 상관없이 지속되는 이미지이다. 편집은 무한대의 방식으로 결합함으로써 의미를 만들어낼 수 있다. 하나의 숏은 편집자가 관객들의 이해를 이끌어가는 대로 선택되고, 다른 숏들에 함께 참여하게 된다. 〈브루클린의 아이들(Crooklyn)〉(1994)의 처음 시퀀스는 브루클린의 한 구역을 묘사하고 있는데, 움직이는 크레인의 하이 앵글과 함께 편집 처리함으로써 주민들과 활동 등 지역 개관에 대한 다양한 숏을 제공한다(**사진 4.11a~4.11c**).

하나의 숏이 하나의 관점에서 본 미장센을 보여준다면, 영화 편집은 다양한 관계 속으로 숏들을 연결시켜줌으로써 다수의 시점을 전달해준다고 할 수 있다. 이런 관계들 중 어떤 것은 개인이 세상을 바라보는 방식을 모방하는데, 누군가가 멀리서 바라보는 숏은 하늘에 떠 있는 비행기의 익스트림 롱숏과 연결된다. 하지만 종종 이런 관계들은 〈새(The Birds)〉(1963)에서 보데가만 위를 날아가는 새들을 위에서 내려다본 숏처럼 매일 인지하는 것을 넘어서는데, 이 영화에서는 짐승의 관점이 길거리 시야의 숏들과 병치되어 있어 묘한 효과를 더해준다. 편집된 이미지들은 한 장소에서 다른 장소로 혹은 한 시기에서 다른 시기로 뛰어넘어갈 수도 있고, 똑같은 사건에 대해 다른 시점을 보여줄 수도 있다. 편집은 영화에 있어서 중요한 발전 중 하나인데, 숏의 제한된 시점 그리고 지속성으로부터의 출발을 고려하고 있기 때문이다.

컷과 기타 화면전환 방식

초기 영화들은 하나의 숏으로 구성됐는데, 카메라에 있는 필름의 길이가 허용되는 한에서만 찍을 수 있는 숏이었다. 초기의 트릭 영화에 있어서 개척자인 조르주 멜리에스는 카메라를 정지시키고 미장센을 재조정함으로써, 사람과 사물이 사라지거나 변형되는 것처럼 보이도록 만들기 위해 촬영을 다시 함으로써 이런 한계를 조절했다. 그것은 물리적으로 필름을 잘라냄으로써 그런 병치 효과에 도달하는 지름길이었다. 1903년 멜리에스의 〈리빙 플레잉 카드(Living Playing Cards)〉에서는 멜리에스가 연기한 마술사가 소도구들을 마치 살아 있는 것처럼 만들어 보이고 있다(**사진 4.12a와 4.12b**).

마술처럼 보이도록 의도된 때조차 영화 숏들 사이의 전환은 편집의 기술적 노동과 함께 모호해졌다. 관객들은 특정 영화 시퀀스를 기억할 만한 것으로 만드는 편집을 묘사하거나 나열할 수 없다. 영화 언어의 기본적인 요소를 찾아 배우게 되면, 관객들은 영화 예술 속으로 들어갈 수 있는 통찰력을 얻는 것이다.

(a)

(b)

(c)

4.11 〈**브루클린의 아이들**〉 스파이크 리 영화의 시퀀스는 브루클린의 한 구역을 움직이는 크레인으로 찍은 숏이다. 긴밀한 유대를 가진 공동체의 느낌을 전달하기 위한 일상적인 활동을 일련의 숏 테이크와 함께 병치해 놓고 있다.

(a)

(b)

4.12 〈리빙 플레잉 카드〉 개척자 조르주 멜리에스는 나중에 마술적 변용이라는 편집 기술을 예견해 놓았다.

(a)

(b)

(c)

4.13 〈우리 생애 최고의 해〉 윌리엄 와일러 감독은 심도 있는 구성과 편집을 이용하여 귀향 군인 세 사람의 우정 속에서 높아지는 긴장을 만들어낸다. (a) 우리의 관심은 전면에 있는 인물에 쏠리고 있다. (b) 앨이 뒤쪽에서 전화를 받고 있는 프레드를 보려고 고개를 돌릴 때, (c) 영화는 이 두 사람 사이의 관계를 강조하고 있는 두 번째 숏으로 바뀌고 있다.

영화 편집의 토대는 **컷**(cut)에 있다. 영화의 다른 두 조각의 숏 사이에서 물리적 연결을 나타내는 이미지를 깨뜨리는 것이다. 단일 숏이 바다에 떠 있는 배 한 척을 바라보고 있는 여인을 묘사할 수 있는데, 처음에 얼굴을 클로즈업으로 보여주다가 오른쪽으로 이동하여 그녀의 시선이 가는 대로 따라가 멀리 떨어져 있는 배를 드러내 보여줄 수 있다. 컷은 이 액션을 두 숏으로 제시할 수 있는데, 첫 번째 숏은 여인의 얼굴을 보여주고, 두 번째 숏은 배를 보여준다. 이 상황의 사실은 그대로 똑같지만, 단일 숏 이동 방식과 두 숏으로 나눈 컷 방식은 시나리오의 다른 경험들을 만들어낸다. 전자는 시야에 보이는 사물로부터 여인을 분리시키는 거리를 강조한다. 후자는 거리를 뛰어넘는 즉각성과 친밀감을 만들어낼 수 있을 것이다. 〈우리 생애 최고의 해〉(1946)의 핵심적인 장면에서 처음에 똑같은 숏에서 다른 공간들을 차지하고 있는 여러 캐릭터를 보게 된다(**사진 4.13a**). 오른쪽에 있는 캐릭터가 뒤쪽에 있는 캐릭터에게 관심을 돌린 후, 우리는 그들을 소외시키는 컷을 보게 된다(**사진 4.13b와 4.13c**). 이런 실례들이 보여주듯이 컷의 사용은 특정 논리를 따라가게 되는데, 캐릭터의 시선의 의미를 강조한다. 극적인 차이로 충격적 효과를 만들어내는 두 이미지를 병치하고 있는 **쇼크 컷**(shock cut)을 자주 쓰지 않았고, 〈싸이코〉에서 샤워 도중의 살인 시퀀스에서처럼 영화음악에서 갑자기 덜컥거리는 소리를 동반한다. 이런 것들은 후속 제작되는 공포 영화에서 수없이 모방된다. 이 장의 뒤쪽에서 편집이 다른 이미지 사이에서 논리적이거나 예상치 못한 연결들을 만들어낼 수 있는 추가적인 방식을 살펴볼 것이다.

편집은 화면전환 방식에 대한 경험과 이해를 이끌어주는 방식으로 꾸며질 수 있다. **페이드 아웃**(fade-out)은 점차 어두워지면서 하나의 이미지를 사라지게 만드는 반면, **페이드인**(fade-in)은 그 반대의 작용을 한다. 알프레드 히치콕은 〈이창(Rear Window)〉(1954)에서 페이드아웃으로 어둡게 만들어 시간의 경과를 나타낸다. **디졸브**(dissolve)는 한 숏 위에 다음 숏을 겹쳐 놓고 있는데, 하나의 이미지가 또 하나의 이미지에 페이드인 하면서 페이드아웃 한다(**사진 4.14**). 스튜디오 시절 할리우드 영화에서는 이런 장치들이 스트레이트 컷(straight cuts)을 하기보다는 더 분명하게 장소나 시간의 단절을 가리키는 데 사용됐으며, 서사적 시퀀스나 더 큰 부분들 사이에서 잠시 멈춤을 나타낸다. 디졸브는 도시의 한 곳에서 다른 곳으로 우리를 데려다줄 수 있지만, 시각적인 단절인 페이드아웃은 액션이 다음 날 다시 시작된다는 것을 가리킬 수 있는 것이다. 제3장(110쪽 참조)에서 논의했던 **아이리스**(iris)는 프레임의 구석들을 검고 둥근 원형으로 가리는 한편(**사진 4.15**), **와이프**(wipe)는 하나의 이미지에서 수직선, 수평선, 때때로 대각선을 움직여서 프레임 너

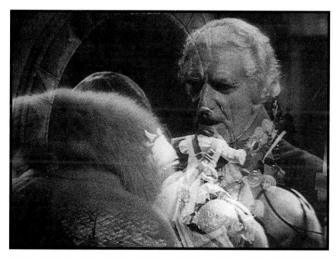

4.14 〈진홍의 여왕〉 확장된 디졸브는 조셉 폰 스턴버그 감독이 양식화된 영화를 만드는 데 있어 선호하는 장치였다. 대화 장면과 마차가 다가오는 장면을 겹쳐놓은 것이 추상적 패턴으로 나타나고 있다.

4.15 〈흩어진 꽃잎〉 D. W. 그리피스는 영화에서 사물이나 얼굴을 강조하기 위해 종종 아이리스 기법을 사용했다. 여기서는 릴리언 기시 캐릭터의 연약성을 강조한다.

4.16 〈데저트 하츠(Desort Hearts)〉(1985) 1950년대의 세트에서 와이프 기법은 더 이전의 편집 기법에 대한 향수를 불러일으키고 있지만, 캐릭터들의 세계에서 어떤 종류의 덧없음을 암시하고 있을 수도 있다.

 생각해보기

컷 외에 화면전환 기법의 예들을 찾아보자. 페이드, 디졸브, 아이리스, 와이프로 결합된 장면들 사이에 어떤 공간적, 시간적, 개념적 관계가 형성되어 있는가?

머로 선을 따라가는 두 번째 이미지로 그것을 교체한다(**사진 4.16**). 와이프와 아이리스는 무성 영화와 초기 유성 영화들에서 많이 발견된다.

비록 편집이 이미지들의 무한대 혼합을 만들어낼 수 있을지라도, 할리우드의 스토리텔링 전통 안에서 규칙들은 앞으로 우리가 살펴볼 바와 같이 그런 가능성들을 제한하도록 발전해왔다. 다른 영화 전통, 즉 전위 영화와 실험 영화(제8장 참조)는 영화의 주요 형식적 자산으로서 편집 가능성의 영역을 활용하는 데 관심을 갖는 정도에 따라서 특징지어질 수 있다.

영화를 볼 때 공간, 시간, 스토리, 이미지 패턴을 해석하는 관습적 방식에 따라 일련의 불연속적 이미지를 그럭저럭 이해하게 된다. 〈분노의 질주 : 더 맥시멈(The Fast & Furious 6)〉(2013)에서 캐릭터들이 실제로 있을 법하지 않은 일을 연기했음에도 불구하고 액션 시퀀스들을 이해한다. 비슷하게 〈디 아워스〉(2002)에서 3개의 분리된 시기로부터 3개의 분리된 서사 사이에 연관성을 만든다. 편집 패턴은 또한 서사적 조직을 예상하고 구조를 짠다. 다음의 세 절에서는 편집에 의해 성립된 공간적 및 시간적 관계들을 탐구할 것이며, 할리우드 연속 편집 시스템의 법칙을 소개할 것이다. 그다음에는 기술들이 어떻게 다른 경험들을 제공해주는지를 보여주기 위해 그래픽, 움직임, 리드미컬한 연결에 기초한 편집 이미지들의 패턴을 시험해볼 것이다.

연속 스타일

서사적 및 비서사적 영화 모두에 있어서 편집은 공간과 시간을 정렬하는 중요한 전략이다. 2개 이상의 이미지를 연결하여 관객에게 공간적 및 시간적 관계를 암시할 수 있다. **핍진성** (verisimilitude, 글자 그대로 '진실의 모습을 갖고 있는 특성')은 독자나 시청자가 만들어진 세상, 사건, 캐릭터, 액션을 그럴듯한 것으로 받아들일 수 있도록 한다. 영화의 스토리텔링에 있어서 분명하고 지속성 있는 공간적 및 시간적 패턴은 핍진성을 크게 향상시키며, 대화의 관습과 함께 미장센, 촬영, 음향은 할리우드의 **연속 스타일**(continuity style)의 일부를 형성한다. 미국의 상업적 영화산업에 있어서 공간적 및 시간적 연속성은 편집의 관습을 통해 크게 진작되었다. 그렇게 공간과 시간을 만드는 것이 언어화되어 널리 쓰였으므로, 우리는 이 스타일을 특별히 고려하게 될 것이다.

연속 편집(continuity editing)의 기본 원칙은 각 숏이 다음 숏과 계속적인 관계를 갖는다는 것이다. 연속 편집은 핍진성을 성립시키고 스토리를 효과적으로 이야기하기 위해서 컷과 기타 장면전환 기법들을 사용하는 시스템으로, 최소한의 정신적 노력을 요구한다. 두 가지 특정 목표가 이 스타일의 중심 부분을 구성한다. 하나는 액션이 발전해 나갈 가상 공간을 구축하는 것이고, 다른 하나는 인간의 액션을 따라감으로써 실제 시간에 대한 경험에 가깝게 다가가도록 만드는 것이다.

연속 편집은 한 장면을 보고 난 후, 후속 숏들이 공간적 연속성의 논리를 따르는 것이 특징적이다. 만일 한 캐릭터가 **설정 숏**(establishing shot)에서 오른쪽을 바라보면서 스크린의 왼쪽에 나타난다면, 이어지는 미디엄 숏에서도 인물들은 같은 방향을 바라보며 등장할 것이다. 컷을 가로질러 이동하는 움직임은 지속적으로 스크린 방향을 고수할 것이다. 프레임의 오른쪽에서 나가는 캐릭터는 아마도 왼쪽에서 새로운 공간으로 들어갈 것이다. 마찬가지로 먼 거리를 다루는 추적 시퀀스는 방향 신호를 제공할 가능성이 높다.

연속 편집은 이런 패턴들을 지속적으로 발전시켜왔고 효율적으로 사용해왔으므로 극 영화감독들이 일찍 배운 자신들의 규칙으로 극적인 재료들을 다루는 주요 방법이 되어왔다. 숏들 사이에서 단절감을 최소화하는 것을 종종 **비가시 편집**(invisible editing)이라고 한다. 〈노트북(The Notebook)〉(2004)에서 연인 사이의 언쟁은 그들이 현관 앞과 주차된 차 사이의 명확하게 묘사되어 있는 공간에서 움직일 때, 캐릭터에서 캐릭터로 초점을 바꾸기 위해 그 장면의 감정적 공명을 강조하기 위해 수많은 **비가시 컷**(invisible cuts)을 이용한다.

공간적 패턴은 **설정 숏**(establishing shot)의 이용을 통해 자주 소개되고 있는데, 처음에 나타나는 롱숏으로서 세팅을 설정하고 액션의 전경을 분명히 보여주면서 공간에서의 관객의 위치를 자각하도록 만들어준다. 서부 영화에서의 한 장면은 넓게 펼쳐진 공간에 대한 극도의 롱숏으로 시작할 수도 있는데, 그런 다음 마차나 술집을 보여주는 숏이 삽입되고, 캐릭터들과 액션을 소개하는 긴장감 있는 숏이 뒤따른다.

대화는 인지할 수 있는 공간적 지향성과 맥락 속에 있는 캐릭터들 모두에 대한 비교적 가까운 숏으로 설정되는데, **투숏**(two-shot)으로도 알려져 있다. 그런 다음 카메라는 **오버 더 숄더 숏**(over-the-shoulder shot, 어깨너머 숏)을 종종 이용하면서 말하는 캐릭터 사이를 교대로 오간다. 편집은 처음 풍경으로 돌아가면서 계속해서 앞뒤로 이동할 수 있다. **재설정 숏**(reestablishing shot)은 액션을 분명한 것으로 만들면서 객관적인 풍경인 것처럼 복원시킨다. 하워드 혹스의 〈명탐정 필립(The Big Sleep)〉(1946)에서 처음에 험프리 보가트가 분한 수사관 필립 말로우가 스턴우드 장군에게 고용될 때, 그 장면은 설정 숏으로 시작되고, 대화는 이런 패턴을 따라가고 있다**(사진 4.17a~4.17h)**. 많은 숏들이 대화 과정에서 함께 편집되지만, 각 캐릭터가 촬영되는 앵글은 일정하게 유지되고 컷들 너머로 대화가 이어지고 있기 때문에 화면전환 기법은 거의 보이지 않는다. 그런 실제 편집들은 어디에서나 볼 수 있다. 우리는 마치 이들 인물이 실제 공간에 있을 것을 기대하는 것처럼 말하고 듣는 캐릭터들에 대한 미디엄 클로즈업으로 대화의 조절을 기대하도록 배워왔다.

연속 편집에서 사용되고 있는 또 하나의 장치는 **인서트**(insert, 삽입)인데, 주머니 속에 무언가를 재빨리 밀어넣는 손이나 다른 캐릭터들이 보지 못하는 미묘한 미소에 대한 클로즈업 같은 간략한 숏이다. 인서트의 사용은 액션으로부터 관객들이 공간적으로 분리되는 것을 극복하도록 도와주면서 플롯에 대한 중요한 세부적인 것을 지적해준다. 예를 들면 우리에게 위험한 트래커-재커[1]벌집을 보여주거나**(사진 4.18)**, 캐릭터들의 관점을 뛰어넘는 비유를 만드는 것이다**(사진 4.19)**.

연속 편집은 파괴적인 효과를 최소화해주고, 공간적 및 시간적 지속성에 대한 감각을 제공해주는 실례를 통해 액션을 따라갈 수 있는 관객들의 능력을 최대화시켜준다. 이런 실례 중 일부는 이미 언어화되어 있어 규칙으로 간주되기도 한다.

180도 법칙

180도 법칙(180-degree rule)은 연속 편집의 주요 규칙이며, 많은 영화 및 TV에 신성불가침적인 것으로 생각하고 있음을 보여준다. **[사진 4.20]**은 〈명탐정 필립〉의 장면 속에서 180도 법칙을 보여준다. 말로우와 장군은 마치 공간이 **행동 축**(axis of action)으로 알려진 가상 선에 의해 둘로 갈라진 것처럼 촬영된다. [사진 4.17a~4.17h]에 있는 〈명탐정 필립〉의 정지 이미지에 보이는 모든 숏은 행동 축의 한쪽 면으로부터 얻어졌다. 보통 행동 축의 똑같은 쪽에서 찍은 어떤 숏도 바라

생각해보기

극 영화의 한 장면 속에 있는 숏을 평가해보자. 상상했던 것보다 더 많이 사용된 숏이 있는가?

4.17 〈명탐정 필립〉이 단순한 인터뷰는 많은 양의 플롯 정보를 제공해주고 있는데, 인지할 수 없는 많은 컷에 의해 방해받는다. 처음 설정 숏 이후로 대화하고 있는 두 캐릭터에 대해 교대로 보여주는 숏이 더 가까워지는 장면들로 삽입되다가 결국 주인공의 얼굴에 관심의 초점을 돌리고 있다. 마침내 인터뷰 말미에 공간이 재설정된다.

4.18 〈**헝거게임**〉 하나의 인서트가 캣니스가 경쟁자들에게 풀어 놓은 독기 어린 트래커-재커 벌들의 둥지를 보여준다.

보는 것과 움직임의 방향뿐만 아니라 미장센의 사람과 다른 요소의 관련 위치가 지속적으로 남아 있을 것이라는 사실을 보장할 것이다. 카메라가 선의 다른 쪽에 있는 180도 영역 안으로 가로질러 갔다면(**사진 4.20**의 그림 A에서 음영진 지역으로 대표되는), 캐릭터들의 화면상 위치는 역으로 바뀔 것이다. 장면이 펼쳐지는 동안 새로운 행동 축이 인물이나 카메라 움직임에 의해 설정될 수 있다. 감독들은 180도 법칙을 어기고 선을 넘을 수도 있다. 혼란스러운 액션을 의미하기를 원하기도 하고, 관습적인 공간적 연속성이 주요 목적이 아니기 때문이기도 하다.

30도 법칙

30도 법칙(30-degree rule)은 연속 편집이 공간적 통일성을 보존하려고 시도하는 범위를 보여준다. 처음 숏으로부터 30도 이상의 위치에서 찍은 다음 숏이 반드시 따라와야 한다는 것을 구체적으로 명시한다. 〈윈터스 본(Winter's Bone)〉(2010)에서 리는 어린 동생들에게 다람쥐 껍질을 어떻게 벗기는지를 보여준다.

4.19 〈**퓨리**〉 프리츠 랑은 이 고전 영화에서 논디제틱 인서트(nondiegetic insert)[2]의 드문 사용을 보여주고 있다. 공허한 잡담을 보여주기 위해 대화를 나누고 있는 여인들에 대한 한 숏으로부터 꼬꼬댁거리는 닭들에 대한 또 하나의 숏에 걸쳐 디졸브 기법을 보여준다.

그녀의 관점을 따라가는 오버 더 숄더 숏 다음에 액션에 대해 오른쪽 앵글로 찍은 측면의 미디엄 숏이 뒤따른다. 이 법칙은 액션에 대해 근본적으로 다른 시점을 줌으로써 컷에 대한 동기를 강조하는 데 목적이 있다. 똑같은 주제에 대한 숏이 이전 숏의 30도 이내에서 찍힌다면, 화면상의 위치에서 튀어나오는 것처럼 보일 것이다.

숏/리버스 숏

연속 편집 속에 있는 일반적인 공간적 실례이자 180도 법칙의 적용은 **숏/리버스 숏**(shot/reverse-shot) 패턴이다. 한 방향으로 화면 밖을 보고 있는 캐릭터에 대한 숏 다음에 뒤돌아보고 있는 두 번째 캐릭터의 숏이 이어지는 것이다. 효과는 캐릭터들이 서로를 바라보고 있는 것처럼 보인다는 것이다. 〈명탐정 필립〉에서 이 패턴은 행동 축의 한쪽 끝에 있는 앵글로부터 찍은 필립 말로우에 대한 숏과 함께 시작하면서 그 축의 다른 끝에 있는 '리버스' 앵글로부터 장군에 대한 숏으로 이어지고, 계속해서 앞뒤로 이동한다. [사진 4.20]의 그림 B에서 볼 수 있듯이, 카메라 거리는 장면이 펼쳐짐에 따라 미디엄 숏에서 클로즈업까지 변하고 있지만, 숏/리버스 숏 패턴에서

 생각해보기

최근 본 영화는 180도 법칙 같은 연속 패턴을 따르고 있는가? 실례를 들어보고 공간적 연속성이 유지되고 있는 다른 방식을 확인해보자.

그림 A

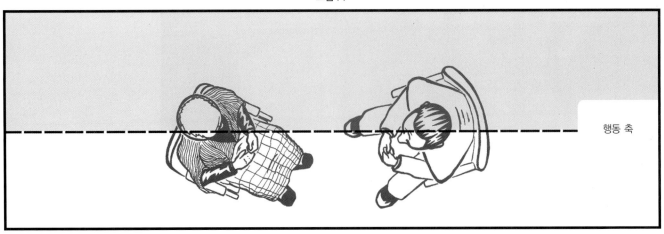

행동 축

그림 B

사진 4.17f

사진 4.17d

사진 4.17b

사진 4.17g

사진 4.17e

사진 4.17c

4.20 〈**명탐정 필립**〉 그림 A는 가상적인 행동 축을 묘사함으로써 180도 법칙을 보여주고 있는데, 대화 장면을 둘로 나누고 있다. 그림 B는 그림 4.17b~4.17g에 나타난 대화에 대한 편집을 보여주고 있는데, 그림 B에 있는 모든 숏은 그림 A의 하얗게 밝은 부분으로부터 얻어낸 것이다. 각 캐릭터는 지속적인 카메라 앵글로부터 더 긴장된 프레이밍 속에서 묘사되고 있다. 카메라가 음영진 부분으로 넘어가게 되면, 화면상에 있는 캐릭터들의 위치는 뒤바뀌게 될 것이다.

는 각 캐릭터에 대한 앵글이 변하지 않는다. 숏/리버스 숏 시퀀스에서는 오버 더 숄더 숏의 사용이 대화 속으로의 관객 참여에 대한 인지력을 증가시켜준다. 〈양들의 침묵(The Silence of the Lambs)〉(1991)에서 클라리스 스털링이 연쇄 살인범 한니발 렉터와 대면할 때, 앵글을 180도 바꾸기(가상 선에서의 전환으로 알려진)와 숏/리버스 숏 시퀀스에서의 대칭적 구성은 그들을 서로에 대한 미러 이미지(거울상)로서가 아닌, 똑같이 대등한 경쟁상대로 보여준다(**사진 4.21a와 4.21b**).

아이라인 매치

숏/리버스 숏 시퀀스는 캐릭터들의 시선을 이용하여 대화의 지속적인 공간을 설정한다. 캐릭터가 화면 밖을 보고 있을 때 다음 숏이 그 캐릭터가 보고 있는 곳에서 시작하는 것을 **아이라인 매치**(eyeline match, 시선 일치)라고 부른다(**사진 4.22a와 4.22b**). 캐릭터가 왼쪽을 보고 있으면, 다음 숏에서 캐릭터나 사물의 화면 위치는 캐릭터의 시선과 일치하는 것으로 나타날 것이다. 아이라인 매치는 지속적인 화면 밖 공간에 대한 환상을 제공하는데, 그 공간 속에서 캐릭터들은 프레임의 왼쪽 및 오른쪽 끄트머리 너머로 이동할 수 있는 것이다.

(a) (b)

4.21 〈**양들의 침묵**〉 조디 포스터가 분한 클라리스에 대한 숏 다음에 안소니 홉킨스가 분한 경쟁상대 한니발 렉터에 대한 리버스 숏이 뒤따르고 있다.

(a)

(b)

4.22 〈**올드보이**〉 이 폭력적인 복수극 영화의 긴장감 넘치는 처음 장면에서 아이라인 매치가 시선을 주인공에게로 직접 향하게 하고 있는데, 주인공의 정체는 다음 숏에서 아직 드러나지 않고 있다.

(a)   (b)

4.23 〈**올림피아**〉 올림픽 다이빙 선수들이 초인처럼 보이는 움직임은 레니 리펜슈탈의 편집에 의해 진작된다.

매치 온 액션

움직임을 통해 이미지들을 일치시키는 것은 액션의 방향과 속도, 제스처, 기타 움직임들이 하나 혹은 그 이상의 다른 숏들 속에 있는 상응, 대비되는 움직임들과 연결되어 있다는 것을 의미한다. 레니 리펜슈탈의 다큐멘터리 〈올림피아(Olympia)〉(1938)에서 체육경기에 대한 특별한 편집은 스포츠 몽타주의 모델이 되었다(**사진 4.23a와 4.23b**). 이 패턴의 일반적인 버전은 **매치 온 액션**(Match on Action, 동작 일치)이라 불리는 연속성 있는 편집 장치이다. 한 숏에 대한 편집이 액션의 연속을 묘사하고 있을 때, 하늘에 던진 돌의 움직임을 돌이 창문을 깰 때 돌의 비행과 일치시키는 것과 같이 액션의 방향이 정해진다. 매치 온 액션은 캐릭터가 문을 여는 바로 그 시점에 컷이 발생할 때처럼 컷 자체를 모호하게 만든다. 다음 숏에서 그 캐릭터가 다른 쪽에서 문을 닫을 때 다음 방을 보게 된다.

　액션에 대한 편집이나 화면상에서의 움직임 동안의 편집은 장면이나 영화 전체의 속도를 빠르게 한다. 싸움 및 추적 같은 액션 시퀀스들은 이런 가능성을 잘 구사하고 있는데, 한쪽으로는 일어나고 있는 일을 전달하기 위해 연속성 있는 편집의 공간적 지속성에 의지하면서, 한쪽으로는 놀라움과 흥분을 증가시키기 위해 변형시킨 것들을 이용하기도 한다(**사진 4.24a와 4.24b**).

그래픽 매치

이미지 안에 있는 형식적 패턴, 모양, 질량, 색채, 선, 조명 패턴은 그래픽 퀄리티에 따라 일련의 숏을 정의하거나 연결할 수 있다(**사진 4.25a와 4.25b**). 이것은 추상적 형태로 가장 쉽게 상상이 된

(a)   (b)

4.24 〈**와호장룡**〉 칼 싸움 장면의 긴장감은 움직임에 대한 편집과 매치 온 액션을 통해 증진된다.

다. 이미지들의 한 가지 패턴은 크기가 작아짐에 따라 발전할 수 있는데, 커다란 모양으로 시작해서 점점 작아지는 모양을 통해 앞으로 나아간다. 또 하나의 패턴은 밝게 빛나는 숏들과 어둡게 그림자진 숏들 사이로 교대로 바뀌면서 조명의 시각적 효과를 바꿀 수 있다. 하지만 이 패턴은 수평적 및 수직적 선들이 특별한 시각 효과를 만들어내는 다른 숏들을 조합함으로써 프레임 안에 있는 선들을 이용할 수 있을 것이다. 실험 영화는 편집에 있어서 이런 수준의 추상적 개념만을 강조한다. 〈기계적 발레(Ballét mécanique)〉(제8장 참조)의 한 시퀀스는 원과 삼각형 사이에서 빠르게 전환된다. 상업물들은 메시지를 시각적으로 전달하기 위해 그래픽 퀄리티를 이용한다.

그것이 구성 원리가 될 수는 없겠지만, 서사적 영화들은 마찬가지로 그래픽 퀄리티에 따라 편집한다. 이것은 날카로운 앵글을 강조하거나 컬러를 누그러뜨림으로써 미적 효과를 낼 수 있다. 모양과 규모에 있어서의 일치는 **그래픽 매치**(graphic match, 시각적 일치)라 불리는 연속 편집 장치에서와 같이 특정의 서사적 목적으로 사용된다. 그래픽 매치에서는 한 숏 안에 있는 주도적인 모양이나 선이 다음 숏에 있는 비슷한 모양이나 선에 시각적 전환을 제공한다. 그래픽 매치의 가장 유명한 예 중 하나는 스탠리 큐브릭의 〈2001 : 스페이스 오디세이〉로, 공중에 띄워 올려진 우주선 모양의 뼈 하나와 실제 우주선이 연결된다(사진 4.26a와 4.26b).

(a)

(b)

4.25 〈**이름 뒤에 숨은 사랑**〉 두 대륙에 무대를 둔 가족 드라마인 이 영화는 인도와 미국을 연결하는 그래픽 요소들을 이용하고 있다.

시점 숏

알프레드 히치콕의 긴장감 넘치는 장면들 중 많은 것들이 드라마틱한 모습을 강조하기 위해 편집되었다. 종종 캐릭터가 보고 있는 장면이 나타나고, 다음 숏은 카메라(관객)가 캐릭터의 눈으로 보고 있는 것처럼 캐릭터의 시점을 보여준다. 시점 숏은 다음에 그 캐릭터가 보고 있는 것을 다시 보여주는 제3의 숏이 따라오고, 캐릭터의 시점으로서의 이전 숏을 복구한다. 〈새〉(1963)의

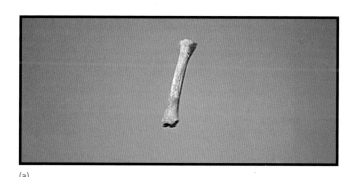
(a)

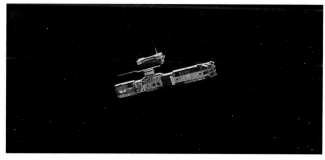
(b)

4.26 〈**2001 : 스페이스 오디세이**〉 매치 온 액션으로서 똑같은 시간에 기능하는 그래픽 매치로 시간이 생략되었다.

(a)

(b)

(c)

(d)

4.27 〈새〉 (a)와 (b)에서 날아가는 새에 대한 로우 앵글 숏이 멜라니의 시선과 일치된다. (c)와 (d)에서 멜라니의 놀란 얼굴을 보고, 그다음에 모여 있는 새떼들에 대한 시점 숏을 보게 된다.

긴장된 장면에서 여주인공 멜라니는 뒤쪽 마당에 까마귀들이 위협하듯이 모여 있을 때 학교 밖 벤치에 앉아 있는데, 히치콕은 시선 일치 및 시점 시퀀스 기법을 모두 사용한다. 머리 위로 높이 날아다니는 한 마리 새가 그녀의 관심을 끈다(사진 4.27a). 머리를 돌려 새의 비행을 따라가자, 숏들은 그녀의 시선과 일치된다(사진 4.27b). 몰려 있는 새떼의 불길한 모습 이전에 멜라니의 반응을 보여줌으로써 긴장감이 연기되는 것을 통해 다음 장면으로 시점 시퀀스가 나타난다(사진 4.27c와 4.27d). 이 장면의 편집은 현실적인 공간을 구축하는데, 바라보는 행위에만 초점을 맞춤으로써 멜라니와 동일시하게 만드는 감정을 증가시키는 데 도움이 된다.

다른 곳에서 멜라니의 로맨틱한 관심의 대상인 미치에 대한 시점이 쌍안경을 통해 그와 함께 보고 있다는 듯이 프레임을 부분적으로 가림으로써 전달된다. 이와 유사하게 한 캐릭터가 기절했다가 깨어날 때, 시점 구축에 대한 주관적 효과를 전면에 내세우면서 흐릿한 이미지를 볼 수 있다.

리액션 숏

4.28 〈추억〉 바브라 스트라이샌드의 얼굴에 대한 이 리액션 숏은 옛 애인을 찾아낸 것에 대한 캐릭터의 반응을 보여준다.

연속성 시스템의 이런 요소들(숏/리버스 숏 패턴, 아이라인 매치, 시점 숏)은 캐릭터들의 행동 주변에 공간을 구축한다. 그래서 편집은 인간의 행위에 초점을 두고 있다. **리액션 숏**(reaction shot)은 방금 보여준 어떤 것에 대한 캐릭터의 반응을 묘사하고 있으면서(사진 4.28), 관객 자신의 반응을 대신하는 것으로 보이는 인간의 관점을 강조한다.

4.29 〈클루리스〉 설정 숏(a) 이후로 이 대화는 여주인공 셰어의 친구들(b)에 대한 숏들로 바뀌고, 셰어에 대한 리버스 숏(c)으로 공간적 연속성을 유지한다.

캐릭터에게로 회귀한 컷은 주관적인 것으로서 이전 숏에 대한 견해를 '주장'한다. 〈클루리스 (Clueless)〉(1995)의 장면에서 주인공 셰어와 친구들 디온과 타이는 커피숍에서 대화를 나누면서 연속성을 위해 편집된 전형적인 대화를 보여준다. 그 장면은 전반적인 환경을 묘사하고 있는 트래킹 설정 숏(tracking establishing shot)으로 시작한다(사진 4.29a). 다음 장면은 아이라인 매치를 사용하는 숏/리버스 숏 패턴으로 부스를 가로질러 앞뒤로 전환된다(사진 4.29b~d). 셰어는 대부분 혼자 앉아 있는 것으로 촬영되었으며, 이는 셰어가 우리 인식의 초점임을 나타낸다. 이러한 방식의 연속성 편집은 화면에 그럴듯하고 인간 중심적인 세계를 만들어내는 공간 관계를 형성하게 된다.

예술 영화 편집

연속 편집은 전반적으로 일관성 있는 공간의 효과를 얻기 위해 노력한다. 그러나 많은 영화들, 특히 예술 영화는 예측이 덜 되는 공간적 관계를 구축하기 위해 편집을 이용한다. 칼 테오도르 드레이어는 〈잔 다르크의 수난〉(1928)에서 하얀 배경에 대한 일련의 클로즈업으로 공간에 대한 개관을 결코 제공하지 않으면서, 심문관 앞에서 증언하고 있는 잔의 극심한 심리적 강도를 전달한다. 클로즈업의 사용은 설정 숏과 시선 일치가 묘사할 주변의 세속적 공간을 넘어서는 영적인 주제를 고양시킨다(사진 4.30a~4.30c). 일본 감독 오즈 야스지로는 컷에 연속성을 부여하기 위해 그래픽 요소들을 이용한다. 〈초여름(Early Summer)〉(1951)에서 그는 시각적 관점을 보여주기 위한 편집을 하기보다 마룻바닥에 앉아 있는 캐릭터들 주위에서 구성의 균형을 잡기 위해 카메라를 바닥 가까이에 설치한다. 이런 감독들은 할리우드 편집의 '법칙'에 대해 의미 있는 도전을 하고 있는 것이다.

(a)

제2차 세계대전 후 영화계에서 감독들은 연속성을 거부하는 편집을 통해 캐릭터들의 동요 상태를 탐구했다. 미켈란젤로 안토니오니의 〈정사(L'Avventura)〉(1960)에서 연속성이 필수적이지 않은 공간에서도 편집이 이루어지고 있다. 캐릭터들이 헤쳐나가는 풍경은 공간의 현실적 사용이 불가능한 방식으로 소외에 대한 심리적 상태를 표현해준다. 현대의 독립영화들은 평범한 것으로부터 동떨어져 있는 캐릭터의 마음 상태나 존재 상태를 전달하기 위해 예술 영화에 혁신적인 편집 스타일을 통합시키고 있다. 〈비스트(Beasts of the Southern Wild)〉(2012)에서는 폭풍으로 침수된 늪지대의 유대가 강한 공동체에서 벌어지는 상실감과 마술 같은 느낌을 보여주는 데 편집이 기여한다(**사진 4.31a와 4.31b**). 나중에 더 자세하게 다른 편집 기법들에 대해 논의하게 될 것이다(167쪽, '불연속 편집' 참조).

(b)

(c)

4.30 〈**잔 다르크의 수난**〉 르네 팔코네티가 분한 잔의 얼굴과 함께 심문관들의 얼굴을 나란히 병치한 것은 공간적 연속성을 무시하는 것이지만, 힘과 의미가 실리게 된다.

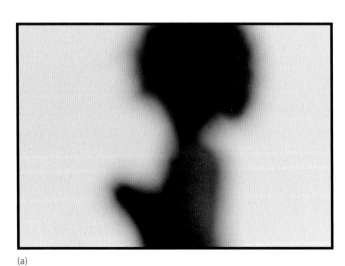

(a)

(b)

4.31 〈**비스트**〉 주인공 허쉬파피의 두 모습 사이에서 편집은 마술적이면서 꿈같은 경험을 전달해준다.

편집과 시간성

편집은 서사 영화에서 시간성을 조종하는 주요 방식 중 하나이다. 2시간짜리 영화는 하나의 스토리에 몇 세기의 시간을 응축할 수 있다. 구조가 지연되거나 꿈을 보여주는 시퀀스에서처럼 바쁘지 않게 스토리에서의 시간을 확대할 수 있다. 실제로 보여지는 **플롯 타임**(plot time), 추론되는 사건 시퀀스의 **스토리 타임**(story time), 영화를 보는 시간인 **스크린 타임**(screen time)의 개념을 구별해내는 데 도움이 된다. 영화는 시간을 토대로 하는 매체이며, 편집은 펼쳐지는 시간에 대한 경험에 강한 영향을 미친다.

플래시백과 플래시포워드

연대기(chronology), 숏이나 장면들이 스토리의 사건들에 대한 시간적 시퀀스를 전달하는 순서를 조종하는 힘을 통해 편집은 서사적 시간을 구성한다. 하나의 사건이 시간적 순서에 따라 다른 사건을 따라갈 때, 숏이나 장면들의 시퀀스는 앞으로 나아가는 시간의 선형(線型) 운동을 묘사할 수도 있고 풀어야 할 퍼즐 조각들로 기능할 수도 있다.

편집은 스토리 속에서 시간적 순서로부터 사건들을 나란히 병치해 놓을 수 있다. 연속 시스템 안에서 비선형 구축은 서사적 동기유발에 대한 엄격한 신호들과 함께 도입된다. **플래시백**(flashback)은 과거 이미지를 가지고 현재 이미지를 뒤따라간다. 캐릭터의 기억을 전달하는 디졸브 기법으로, 캐릭터가 과거를 이야기하는 내레이션으로 소개될 수도 있다. 어떤 의미에 있어서 〈시민 케인〉은 위대한 인간의 죽음에 대한 앵글을 찾는 리포터에 의해 수행되는 일련의 인터뷰 및 조사 주변에서 스스로를 구성하는 선형 구조를 이용한다. 그러나 케인의 삶에 대한 스토리는 영화의 연대기를 복잡하게 만드는 일련의 긴 플래시백들로 제공된다. 어떤 사건들은 한 번 이상 **서사적 빈도**(narrative frequency)를 조종함으로써 해설된다. 최근 영화에서 그런 시간적 전환이 외부 신호들에 의해 알려지지 않는 경우도 있다. 〈블루 재스민(Blue Jasmine)〉(2013)에서 사양길에 접어든 여주인공의 현실과 이혼 전의 사치스러운 생활 장면들 사이에 물 흐르듯 장면이 전환된다(**사진 4.32**). 하지만 이 경우에서조차 여주인공의 정신 상태는 시간놀이를 위한 동기유발로 작용한다. 관객은 서사적 복잡성을 따라가기 위해 신호를 받고 있는 것이다.

4.32 〈블루 재스민〉 우디 앨런의 이 영화는 분명한 신호 없이 주인공의 현재와 과거 사이에 장면전환이 이루어지고 있지만, 몇 개의 플래시백 이후에 시간대는 세팅 및 다른 캐릭터들을 기반으로 하여 수월하게 알아볼 수 있게 된다.

4.33 〈지금 보면 안 돼〉 빨간 비옷을 입은 작은 아이의 이미지들은 과거와의 공포스러운 만남에 대한 플래시포워드임을 증명해준다.

일반적으로 **플래시포워드**(flashforward)는 현재 이미지들을 하나나 그 이상의 미래 이미지들과 연결해주며 미래를 '보는 것'을 포함하고 있으므로, 기술은 인지능력에 의도적으로 도전하는 일들을 위해 따로 준비되어 있다. 즉 영화는 심리학이나 SF에 초점을 맞추었다. 니콜라스 로그의 〈지금 보면 안 돼(Don't Look Now)〉(1973)에서 부부가 최근 딸의 죽음 때문에 고통받고 있다. 빨간 비옷을 입은 작은 여자아이가 따라다니는 이미지들은 계시적 만남에 대한 플래시포워드인 것을 증명해준다(사진 4.33). 〈메멘토(Memento)〉(2000)에서 장면들의 연대기가 완전히 뒤바뀌어 있지만, 장면 안에 있는 연속성의 유지는 영화를 따라갈 수 있도록 해준다.

묘사적, 시간적으로 애매모호한 시퀀스

편집된 시퀀스들은 시간 속에서 정확하게 설치될 수 없다. 시퀀스의 목적은 영화의 세팅을 확인하는 일련의 숏들처럼 묘사적인 것이다. 〈파리의 아메리카인(An American in Paris)〉(1951)에서 한 캐릭터가 다른 캐릭터에게 여주인공을 묘사할 때, 다른 특성(어울리는 의상들과 함께)을 묘사하는 일련의 숏들을 보게 된다. 이런 작은 부분들은 묘사적인 것이다. 선형적 혹은 다른 시간적 시퀀스를 따라가지 않는다. 뮤직비디오들 역시 연합적인 편집 패턴을 위해 연대기를 거부한다.

예술 영화와 갈수록 늘어나고 있는 상업적 서사 영화에서 애매모호한 시간성은 주요 관심의 대상이 될 수 있다. 그래서 편집은 시간의 심리적 구축을 위해 리얼리즘을 거부할 수 있다. 작가 마르그리트 뒤라스와 감독 알랭 레네의 영화 〈히로시마 내 사랑(Hiroshima, mon amour)〉(1959)은 시간을 주제로 만들었는데, 일본을 무대로 한 이 영화는 현재의 스토리를 캐릭터의 과거와 계속해서 연관짓고 있다. 그녀 연인의 손에 대한 이미지가 제2차 세계대전 중 프랑스에서 10대 시절을 보냈던 여주인공의 기억을 촉발시키고, 플래시백이 또 다른 손에 대해 일치하는 이미지와 더불어 시작된다. 그러나 시간성은 영화 서사의 중요한 차원이므로, 훨씬 더 전통적인 서사 기법들이 화면상에서 사건들의 순서와 스토리의 순서 사이와의 관계를 탐구한다. 스티븐 소더버그의 〈영국인(The Limey)〉(1999)은 테렌스 스탬프가 분한 주인공의 활동에 대한 숏들을 서사 속에 교묘하게 삽입하고 있지만, 시퀀스로부터 시간

(a)

(b)

4.34 〈영국인〉 주인공에 대한 다른 숏들이 사건이 일어났을 때에 대한 분명한 느낌 없이 영화에 나타나고 있다.

적 연관관계에 대해 계속 생각하도록 만들어준
다(사진 **4.34a와 4.34b**). 〈인셉션〉은 전체 시퀀스가
캐릭터들의 삶에 있어서 꿈인지 사건인지 질문
을 던지면서 시간에 대한 느낌을 복잡하게 만들
어버린다.

지속성

서사적 지속성(narrative duration)은 구성 속에
있는 사건이나 액션을 보여주기 위해 사용된 시
간의 길이를 말한다. 그 스토리 속에서 지나간
시간의 길이와 일치하지 않을 수도 있다. 편집
은 서사적 지속성을 조종하는 유용한 기술 중
하나이다. 스토리 타임을 축소하거나 확대할 수
있다. 액션이 지속적인 패션 속에서 흘러가는
것처럼 보일 수 있다 하더라도, 편집은 중요한

4.35 〈**잔느 딜망**〉 이 롱테이크는 주인공의 목욕 장면을 실시간으로 기록한다. 즉 영화의 속도가
가정주부의 틀에 박힌 일상생활 속도를 따라가고 있다.

시간적 축약이나 **시간적 생략**(ellipsis)을 감안한다. 장면 안에 있는, 장면에서 장면으로 넘어가는
편집전략은 생략을 메꾸어 주려는 시도이다. 외투를 집어들고 현관문을 나서서 차 시동을 거는
것은 한 장소에서 다음 장소로 이동한 것을 나타내는 데 기여할 수 있을 것이다. 우리가 보아왔
듯이 디졸브와 페이드 같은 장면전환 장치들은 서사의 지속을 조종하고 있는 것이다. 그런 관습
을 받아들이지 않는다면, 시간은 갈피를 못잡는 혼란스러운 상태에서 경험하게 될 것이다.

시간을 응축시키는 데 사용되는 특정한 연속 편집 장치는 **컷어웨이**(cutaway)이다. 불타는 건
물 안에 갇힌 한 남자의 경우, 시간이 지난 시점에서 영화는 처음 숏이나 장면으로 되돌아가기
전에 한 액션을 중단시켜 '잘라낸' 다음 또 다른 이미지나 액션으로 넘어간다. 사건 묘사를 지
속시키기 위해 그런 방식으로 처리하는 데 익숙하므로 〈잔느 딜망(Jeanne Dielman, 23 Quai du
Commerce, 1080 Bruxelles)〉(1975)에서 목욕하고 있는 주인공에 대한 단일 숏처럼 실제의 한 장
면이 부자연스럽게 오래도록 지속되고 있는 것처럼 여겨진다(**사진 4.35**).

시간의 응축보다 덜 빈번하게, **중복 편집**(overlapping editing)을 통한 시간의 확대는 똑같은
액션이 여러 컷들에 걸쳐 묘사될 때 발생한다. 〈전함 포템킨(Battleship Potemkin)〉(1925)에서 선
원이 선상생활 조건에 좌절하여 닦고 있던 그릇을 깨는 장면이 반복적으로 보인다. 이 장면에서
플롯 타임은 액션의 시간보다 더 길다. 선원들의 반란에 대한 영웅적인 서사 속에서 작은 순간
의 결정적인 중요성을 강조하는 것이다.

중복 편집은 연속 편집 시스템에 반하는 것인데, 강조를 위해서 혹은 예시를 위해서 사용될
수 있지만, 이상하게 혹은 허울 좋은 것으로 보이기도 한다. 오우삼의 〈첩혈쌍웅 2 : 첩혈속집
(Hard Boiled)〉(1992)에서 대가다운 연출이 돋보이는 싸움 장면에서 주인공의 발레 같은 도약 장
면들이 중복된다(**사진 4.36a와 4.36b**). 서사적 지속성을 늘려주는 예들은 스토리 사건에 대한 편집
의 리듬, 맥락, 패턴을 강조한다.

페이스 개별 숏의 상대적 길이는 영화 편집의 속도를 결정한다. 〈본 얼티메이텀(The Bourne
Ultimatum)〉(2007) 같은 스파이 영화의 빠른 속도는 〈스쿨 오브 락(School of Rock)〉(2003) 같은
코미디물의 느린 속도와 비교된다. 추적 장면은 대화 장면보다 빠르게 편집될 것이다. 속도는
역사적으로, 문화적으로, 양식적으로 달라질 수 있다. 일부 편집자들이 원하는 리듬을 얻기 위
해 숏 길이를 측정하는 데 매우 정확성을 기한다 하더라도 속도에 대해 엄격한 법칙이란 없다.

(a)

(b)

4.36 〈**첩혈쌍웅 2 : 첩혈속집**〉 주인공은 다치지 않고 식당은 난장판이 된다. 중복 편집을 통해 뛰어다니는 장면이 연장되면서 더 스펙터클한 장면이 만들어지고 있다.

관찰자들은 서사 영화의 **평균 숏 길이**(average shot length, **ASL**)가 지난 수십 년에 걸쳐 줄어들어 왔고, 이런 기준을 인지과정뿐만 아니라 산업과 서사적 패턴에까지 연관시키고 있다는 사실에 주목해왔다. 빠른 편집 영화의 평균 숏 길이가 2초를 넘지 않는 데에는 디지털 기술 발전과 블록버스터 액션 영화의 유행에 힘입은 바 크다.

편집을 통해 속도를 조절하는 다른 방식은 **롱 테이크**(long take)를 사용하는 것이거나, 숏을 상대적으로 길게 지속시키는 것이다. 고전 영화 이론가인 앙드레 바쟁은 윌리엄 와일러의 〈우리 생애 최고의 해〉 같은 제2차 세계대전 후 영화들에서 롱테이크를 주장한 것으로 유명하다. 바쟁은 전체 장면이 하나의 테이크로 끝나는 **시퀀스 숏**(sequence shot)을 옹호하면서 이런 유형의 영화 제작이 인간의 인식에 더 가깝게 다가가고 있는 것이며, 편집보다 더 사실적이라는 주장을 했다. 롱테이크 우세한 영화들은 관심을 집중시키기 위해 편집 대신 블로킹[3] 연기를 포함한 미장센과 카메라 움직임을 이용한다.

바쟁의 이론에 대한 두 가지 다른 시도가 롱 테이크의 현대적 사용에서 보일 수 있다. 과도한 시간 동안 지속되는 숏들은 현대 예술 영화 감독 스타일에 만연하여, 연구자들이 이런 작업에 대해 **슬로 시네마**(slow cinema)라는 용어를 만들어내도록 촉발시켰다. 대만 영화감독 허우 샤오시엔의 〈해상화(Flowers of Shanghai)〉(1998)는 단 40장의 숏으로 영화를 펼쳐 보이고 있다. 롱테이크 숏들은 도시의 과거와 사라진 삶의 방식을 떠올려준다. 사건에 대한 서사를 최소화하고, 카메라를 명상적이거나 중립적으로 사용하며, 인내심이 요구되는 이런 영화에서는 편집의 의도적인 속도가 명확한 미적 기준 중 하나이다.

롱테이크, 특히 시퀀스 숏은 쿠엔틴 타란티노와 현대 감독들에 의해 사용되는데, 바쟁의 리얼리즘을 촉진시킨 것이 아니라 영화의 동적 가능성에 대한 고도의 기교를 보여주는 과시적 표현들을 공들여 만들었다. 타란티노의 〈킬 빌 2〉(2004) 같은 영화에서의 스펙터클하면서 끊어지지 않는 숏들은 캐릭터, 세트, 카메라 움직임의 인상적인 안무에 의한 빠른 편집과 보조를 같이한다.

대부분의 영화는 특정 목적과 관련되는 리듬을 만들어내기 위해 숏 길이를 이용한다. 빠른 편집의 영향력 있는 예 중 하나인 히치콕의 〈싸이코〉 속 악명 높은 샤워 살인 시퀀스는 45초 장면을 위해 70여 회 카메라 위치를 바꾸어 촬영했고, 많은 장면전환들로 관객들의 감각에 다중 공격을 퍼부었다. 그에 반해 알폰소 쿠아론의 〈칠드런 오브 멘(Children of Men)〉(2006)은 긴 트래킹 숏들을 통해서 부분적으로 기괴한 분위기를 연출해낸다. 이런 예들에서는 속도가 영화의 특유한 부분이며, 감독 스타일을 구별해내는 요소가 된다.

리듬 초기 프랑스 아방가르드 영화감독인 제르만 뒬락은 영화를 "리듬 있는 이미지들로 만든 시각적 심포니"로 정의했다. 리듬은 얼마나 빨리 만들어지느냐에 따라 결정되는 다양한 템포에 따른 편집 속도 구성을 설명한다. 음악의 리듬적 구성을 묘사하는 템포처럼 이런 방식의 편집은 빠른 숏들의 연결, 일련의 느린 속도의 롱테이크 혹은 컷들 사이에서 시간을 조절하는 다양한 길이의 숏들과 연결될 수도 있다. 소피아 코폴라는 영화 속에 팝송을 편집하는 세트 피스를 자주 보여준다**(사진 4.37a와 4.37b)**. 편집의 리듬은 음악을 따라간다. 리듬은 편집의 기본적 특성이므로, 연속성을 목표로 하면서 그래픽 패턴과 결합된다.

만일 편집이 없다면 영화의 스크린 타임은 플롯 타임과 똑같을 것이다. 통합 편집은 서사 영화에서 사건의 순서, 빈도, 지속 시간에 대한 구성과 묘사적 정보에 의해 시간의 복잡성을 보여준다. 다큐멘터리와 실험 영화들 역시 편집을 통해서 시간을 조종한다. 편집은 영화가 시간 속에서 펼쳐지면서 일상의 경험으로 통합되어 간다. 리듬은 우리를 긴장시키고, 무섭고 조용하고 명상적으로, 또는 활기차고 기쁨에 넘치도록 만들어줄 수 있다.

(a)

(b)

4.37 〈블링 링〉 어느 유명인사의 집에 침입한 10대 도둑들의 장면을 묘사한 빠른 속도의 음악은 경찰이 가까이 다가올수록 더욱 빨라진다.

신과 시퀀스

두 숏 사이의 관계를 넘어서는 시간적, 공간적 편집 패턴들을 조정하는 것은 서사적, 비서사적 영화 모두에서 발견되는 높은 수준의 영화 구성이라는 결과물을 낳는다. 신과 시퀀스는 편집된 숏들의 큰 단위에 대한 용어로 정확하게 구별되지 않지만, 다르게 인식하는 데 도움을 주는 용어들이다. 서사 영화에서 **신**(scenes, 장소)은 180도 법칙에 따라 촬영한 대화처럼 지속적인 공간, 시간, 액션을 함께 묘사하고 있는 1개 이상의 숏들로 구성되어 있다. **시퀀스**(sequence, 여러 장소)는 시간 및 공간에서의 변화와 상관없이 일관성 있는 액션(예 : 학교에 걸어가는 것) 혹은 공감할 수 있는 모티프 단위(예 : 분노)로서 적거나 많은 숏들로 이루어져 있다. 대화가 아침 식탁에서 일어나는 캐릭터로 끝나고, 다음 숏들이 그 캐릭터가 일하러 가기 위해 운전을 하고, 커피를 손에 쥐고, 엘리베이터를 타는 모습들을 보여주면, 그것은 한 단위로서의 시퀀스이다. 편집이 세팅의 변화에 다리를 놓아주고 시간의 생략을 덮어줄 수 있지만, 캐릭터는 주요 액션을 계속하게 된다. 논픽션 영화(nonfiction film, 비허구 영화)에서 시퀀스는 주제나 미적 패턴에 의해 정의될 수 있다. 편집은 특정 스토리나 영화 만들기 양식의 논리에 따라 많은 신들과 시퀀스들을 패턴 속에서 결합하고 구성한다.

숏에서 숏으로의 미세 편집을 거시 편집으로 연결시키는 방법은 영화를 커다란 서사적 단위들로 나누는 것인데, 서사적 **분절화**(segmentation)라 불리는 과정이다. 고전 영화는 40개의 신 및 시퀀스를 가질 수도 있지만, 플롯의 중요한 변화에 따라 10개의 커다란 세그먼트(segment,

4.38a

4.38b

4.38c

4.38d

4.38e

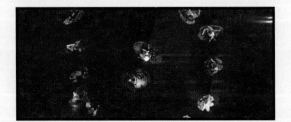

4.38f

〈물랑 루즈〉에서의 편집과 리듬

편집은 영화에 리듬을 부여하고, 음악적 시퀀스는 서사적 정보 및 시공간적 연속성을 전달하는 기술에 대한 차원의 편집을 강조한다. 1980년대에 상업적 비디오 및 뮤직 비디오는 장편 영화 스타일에 강한 영향을 미치기 시작했고, 1990년대에는 편리한 디지털 시스템이 더 빠른 속도의 편집을 가능하게 해주었다. 오늘날에는 평균 숏 길이가 스튜디오 시절 할리우드 영화들의 절반도 안 된다. 바즈 루어만이 연출한 〈물랑 루즈(Moulin Rouge)〉(2001)의 빠른 편집은 고전적인 〈파리의 아메리카인〉의 평범한 속도와 뚜렷이 비교된다. 후자에 있어서 툴루즈 로트렉의 포스터에서 영감을 받은 진 켈리의 발레 시퀀스에 대한 롱테이크와 대조적으로, 〈물랑 루즈〉의 미친 듯이 빠른 편집은 다른 쾌락 추구자들 사이에서 툴루즈 로트렉을 팝송과 춤이 뒤섞인 혼란스러운 세계로 끌어들인다.

디스코 노래 'Lady Marmalade'를 립싱크하는 캉캉 댄서들에 대한 순간적인 숏들(사진 4.38a)은 악명 높은 나이트클럽 물랑 루즈에 처음 온 순진한 주인공 크리스티앙만큼 관객들을 당황스럽게 만든다(사진 4.38b).

어울리지 않게 영화 장면이 클럽 외부로 전환되면서, 너바나의 'Smells Like Teen Spirit'이 접속곡으로 도입되고(사진 4.38c), 특수효과 숏이 클럽 주인이자 진행자인 지들러의 '캉캉 랩'에 따라 춤추는 육체들의 소동에 대한 몽타주(사진 4.38d)로 빠르게 되돌려 보낸다.

지들러가 직접 관중에게 간청하는 모습을 강조하기 위해 외부로 장면을 전환하면서(사진 4.38e), 다른 무대를 지휘하는 모습을 보여주다가 점프 컷으로 슈퍼맨이 다이빙하듯 그 소동 속으로 들어가는 모습을 따라간다.

갑자기 지들러는 침묵의 신호를 보내고, 잠시 멈추었다가 음악과 춤(편집)이 훨씬 더 가속화된 속도로 시작된다(사진 4.38f). 편집자 질 빌콕이 200여 개의 숏을 3분짜리 음악적 시퀀스 하나로 편집함으로써 19세기 노래와 춤 전용극장 형식의 리듬적 성격과 포스트모던의 여러 스타일을 혼합한 음악적 스타일이 울려 퍼지면서 광란의 도가니 속으로 휩쓸려 들어간다.

부분)를 가질 수도 있다. 페이드 및 디졸브 같은 전환 편집을 배치시키는 것이 분리를 나타내는 데 도움을 줄 수 있으며, 서사적 공간, 시간, 캐릭터, 액션 속에서 중요한 변화가 있을 때 일어난다. 특정 영화를 편집하는 논리를 따라가면 어떻게 영화의 서사가 구성되는지에 대한 통찰력이 생겨나게 된다. 영화의 첫 신에 대한 세팅이 마지막 신의 그것과 동일해지거나 똑같은 캐릭터들을 보여주는 2개의 세그먼트는 관계에 중요한 변화를 나타낼 수도 있다. 구조적 단위 및 관계가 대본 속에 기술되어 있지만, 화면상에서 실현시키는 것은 바로 편집이다.

생각해보기

최근 본 영화의 시간적 구성은 어떻게 되어 있는가? 그 영화는 엄밀한 연대기를 따라가고 있는가? 편집은 어떻게 시간을 줄이거나 확대하고 있는가?

영화 편집의 의미 만들기

지금까지 논의해왔던 편집 스타일은 스토리를 이야기해주거나 정보를 전달하는 단순히 중립적인 방식이 아니다. 할리우드, 예술 영화, 다큐멘터리, 아방가르드 같은 다른 맥락들 속에서 적용되어온 편집 스타일은 다른 관점을 전달한다. 〈사기꾼(The Cheat)〉(1912) 같은 무성 영화에서 클로즈업으로 장면전환하는 것은, 영화 세계 속으로 관객을 부드럽게 끌어들이는 혁신적인 방법이었다. 할리우드 스토리텔링의 심리학적 리얼리즘에 기여하는 것이었다. 다큐멘터리 영화는 편집 패턴을 발전시켜왔는데, 그 논리는 지속적인 해설로 서사를 해내감으로써 분명해졌다. 〈플릭커(The Flicker)〉(1965) 같은 실험 영화는 그림이나 시에서 발견되는 것 같은 구조적 원리를 드러내고 미적 경험을 만들어내기 위해 번갈아 교체하거나 축적 같은 다양한 패턴을 구사한다.

영화 편집은 두 가지 일반적인 목적에 기여한다. 보는 패턴들의 구축을 통해서 감정 및 개념을 만들어낼 수 있다. 일반적인 시공간적 한계 너머로 이동할 수도 있다. 예를 들어 존 포드의 〈역마차(Stagecoach)〉(1939)에서 인디언들의 추격과 이어지는 전투를 경험하고 역마차에 탄 백인 승객의 시점에서 탈출한다(**사진 4.39a와 4.39b**). 관객들은 롱숏으로 보이는 인디언 추격자들을 빨리 물리칠 수 있기를 자신도 모르는 사이에 희망하게 된다. 추격자들이 따라오기를 포기할 때, 살아남은 승객들과 함께 드디어 구조됐다는 안도감을 느낀다. 편집은 180도 법칙을 거부하고 혼란스러운 긴장감을 만들어낸다. 시점이 역마차 내부로 제한되어 있지 않기 때문에 캐릭터들이 볼 수 없는 초반의 위협과 구사일생을 보게 된다. 논리와 속도를 통해 편집은 시간과 공간

(a)

(b)

4.39 〈역마차〉 존 포드의 고전 영화 〈역마차〉의 편집은 승객들에 대한 인간적인 클로즈업, 포위당한 마차에 대한 미디엄 롱숏과 관객들이 승객에 동정심을 느끼게 만드는 공격자들에 대한 롱숏을 이용한다.

〈우리에게 내일은 없다〉의 편집 패턴

같이 보기 : 〈미드나잇 카우보이〉(1969), 〈파이트 클럽(Fight Club)〉(1999)

아서 펜의 〈우리에게 내일은 없다〉(1967)는 1960년대 새로운 종류의 미국 영화를 대변했는데, 부분적으로는 그 복잡한 시공간적 편집 패턴이 기성의 표준과 동떨어져 있었기 때문이다. 1930년대 유명한 범죄 스토리에 근거하여 주요 캐릭터들의 만남과 남부를 지나오면서 그들의 광대처럼 우스꽝스러운 범죄 및 폭력을 묘사한다. 무모한 행위들이 거듭되면서 악명이 높아지자, 이에 놀라는 순진함을 보이기도 한다. 불장난의 즐거움도 끝나고 피를 부르는 어두운 결말을 맞이한다. 먼저 클라이드의 공범과 형이 죽임을 당하고 결국 보니와 클라이드도 잔인한 죽임을 당한다.

디디 알렌의 특정 장면들에 대한 편집은 시공간적 리얼리즘을 강조한다. 처음 두 사람이 작은 마을의 은행에서 강도질하는 것을 묘사하는 장면은 은행 밖에 세워 둔 한 대의 차를 보여주는 롱숏으로 시작한다. 다음 숏은 은행 내부에서 창밖에 세워 둔 차를 보여준다. 공간적으로 그 장면의 지리적 조건을 구축해주고 있는 것이다. 즉 일시적으로 연결된 숏들 속에서 벌어지는 액션을 전달한다. 그 장면은 그럴듯한 핍진성을 만들어내고 있다.

〈우리에게 내일은 없다〉를 다른 점에서 보면, 편집의 논리는 리얼리즘을 넘어선 심리학적 혹은 감정적 효과들을 강조한다. 페이 더너웨이가 분한 보니가 소개될 때 보게 되는 첫 이미지는 입술에 대한 극도의 클로즈업이다. 그녀가 오른쪽으로 몸을 돌려 거울을 볼 때 카메라는 뒤로 물러선다. 그다음에 서서 왼쪽 어깨 너머로 뒤돌아보는 장면을 미디엄 숏으로 전환한 다음, 침대에 몸을 던지는 장면으로 또 한 번 전환하고, 침대 철제틀을 통해 얼굴을 클로즈업하다가 심통을 부리듯 주먹질하는 장면을 보여준다. 여기에서 보니의 가만히 못 있고 들썩이는 움직임이 일련의 즉각적인 숏들로 묘사되고, 편집을 통해 작은 마을 생활에 지치고 좌절한 느낌을 감지하게 된다(사진 4.40a와 4.40b).

다음에 창문으로 다가가고, 어머니의 차 옆에 이상한 남자가 서 있는 것을 발견한다. 방에서 나와 그가 무엇을 하고 있는지 확인한 후, 워렌 비티가 분한 클라이드와 대화를 나눈다. 밖으로 나왔을 때 롱숏으로 시작하다가 더 가까운 한 쌍의 숏으로 진행한 후, 둘 사이의 대화 장면은 일련의 숏/리버스 숏으로 다루어진다. 캐릭터들이 함께 있는 투숏(2인 구도)은 지연된다. 도입부를 이렇게 다루는 방식은 그들이 짝을 이루는

(a)　　　　　　　　　　　　　　　　　(b)

4.40 〈우리에게 내일은 없다〉 설정 숏이 없는 상황이 밀실공포증을 느끼게 만드는 미장센을 강조하기 위해 다수의 프레이밍들과 결합하고 있는데, 캐릭터가 심리적으로 만든 공간 속으로 우리를 데려다준다.

(a)

(b)

(c)

4.41 〈우리에게 내일은 없다〉 클라이드의 유명한 죽음 시퀀스는 슬로 모션 촬영, 움직임 편집, 중복 편집을 이용한다.

불가피성을 강조하고 있는 것이다.

　시퀀스의 마지막 장면은 영화에서 가장 유명하고 영향력이 큰 것인데, 여기에 쓰인 전략은 편집의 패턴과 논리에 대한 유익한 요약으로서 도움

이 된다. 스타카토 같은 기관총 소리가 울려 퍼지면서 보니와 클라이드의 죽음은 슬로 모션으로 촬영되고, 그들의 몸은 기관총 사격의 충격으로 거의 발레 춤같이 우아하게 반응한다. 두 희생자의 경련과 죽음 장면의 재설정 숏 사이에서 대략 40초 사이에 거의 30번의 장면전환을 감행한다. 클라이드가 땅바닥에 쓰러지는 장면은 액션이 겹쳐지는 3개의 숏으로 나뉜다(**사진 4.41a~4.41c**). 우박처럼 쏟아지는 총알들이 멈추고, 마지막 장면은 주위에 몰려든 경찰과 구경꾼들에 대한 7개의 숏으로 구성되면서 보고 있는 것에 대한 하나의 리버스 숏도 사용하지 않는다. 더 창조적이면서 문제적인 부분 중 하나는 느리고 로맨틱한 장면들과 빠른 속도의 액션 시퀀스들의 놀랄 만한 결합이며, 이 기억할 만한 피날레에서 정점을 찍고 있다.

　섹스를 폭력과 연결하기 위해 아름다움과 유행을 통해 주인공을 미화시키고, 젊은 관객들의 반(反)권위주의 감정에 동조하고 있는 이 영화는 1960년대 미국에서 가장 중요한 영화 중 하나이다. 〈졸업(The Graduate)〉(1967), 〈이지 라이더(Easy Rider)〉(1969) 등의 다른 반(反)문화적 이정표 같은 작품들과 함께 이 영화는 스튜디오 스타일 영화 제작의 종말과 동시에 새로운 젊은이 취향 영화장의 시작을 알리고 있다. 그 시장은 현대적 감각으로 과거의 영화 장르를 다시 불러일으킨 시장이었다. 그러나 보아왔듯이, 내용만 혁신적이었던 것이 아니었다. 영화의 편집, 카메라 숏들로 총격 장면을 정점에 이르도록 연결시킨 것 또한 프랑스 누벨바그 감독부터 미국 대중에 이르기까지 관객들에게 많은 영향을 미쳤다.

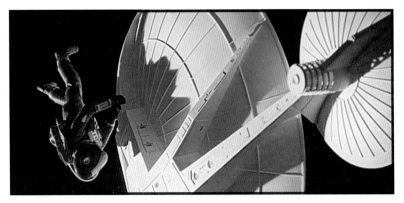

4.42 〈2001 : 스페이스 오디세이〉 시작부터 끝까지 이 영화의 편집은 인간 인지 능력의 한계를 거부한다.

속에 있는 이미지들을 단순히 연결하는 것 이상의 일을 한다. 그것은 또한 감정과 생각을 만들어내고 있는 것이다.

이런 편집 효과의 가능성은 1910년대 및 1920년대에 소련 영화감독 레프 쿨레쇼프가 수행한 전설적인 편집 실험에서 잘 나타나고 있다. 러시아 배우 이반 모주힌의 얼굴에 대한 숏을 보여준 다음, 관객들에게 '배고픔'을 의미하는 한 그릇의 수프를 보여주는 장면이 따라오고, 그의 얼굴을 다시 보여주고 '슬픔'을 나타내는 어린아이의 관을 보여주는 장면이 연결된다. 설정 숏이 없는 상황에서 관객들은 이 한 쌍의 이미지들이 공간적으로, 시간적으로, 동기유발적으로 연결되어 있다는 사실을 추정할 수 있는데, 바로 '쿨레쇼프 효과'라 불리는 것이다.

인간 인지 능력의 물리적 한계를 편집이 어떻게 극복해내는가 하는 권위 있는 예는 〈2001 : 스페이스 오디세이〉에서 찾아볼 수 있다. 어떤 개별적 캐릭터의 의식도 공간과 시간을 통한 이 영화의 여행에 닻을 내리고 있지는 않다. 대신에 이 영화에 대한 경험은 대체로 편집에 의해 지배된다. 즉 우주선 밖으로 떠다니는 승무원들을 보여주고 있는 롱숏 이미지들, 배경 음악인 요한 슈트라우스의 왈츠 곡 '푸른 도나우강', 모든 시간적 경계를 허물고 환각을 일으키는 듯한 사이키델릭 패턴에 대한 몽타주가 그것이다(사진 4.42). 이런 시퀀스들에 대한 거의 본능적인 반응은 인지적 한계를 거부하는 이 영화 기술의 결과이다.

물론 영화 편집에 대한 이 두 가지 목적은 종종 중복되기도 한다. 이 영화에서의 추상적 이미지들은 인간의 한계와 거대한 우주에 대해, 아마도 시간과 공간 속에 있는 이미지들의 조작으로서 영화에 대해 생각하게 만들어준다. 알프레드 히치콕의 클라이맥스 시퀀스들 중 많은 것은 긴장감을 만들어내고 있는데, 〈파괴 공작원(Saboteur)〉(1942)에서는 자유의 여신상에 매달려 있는 캐릭터로부터 긴장감이 생겨난다(사진 4.43a와 4.43b). 이 장면은 카메라의 도움 없이는 볼 수 없는 세세한 면들까지 보여줌으로써 인지능력의 한계를 뛰어넘고 있다.

물론 그런 편집 패턴들에 대한 반응이 항상 보장되는 것은 아니다. 편집에 의해서 속임을 당

생각해보기

최근 본 영화에서 편집 때문에 일어나는 감정적 및 지적 반응이 있었다면 어떤 것이었는가? 그 영화에서의 그런 특정 예들을 글로 적어보자.

(a)   (b)

4.43 〈파괴 공작원〉 한가닥 줄(또는 실)에 매달린 남자의 운명으로 긴장감이 조성된다.

(a)

(b)

4.44 〈용감한 자가 신부를 데려가리〉 편집은 노래와 춤 시퀀스 속에서 시간과 공간을 뛰어넘고 있으며, 서사가 앞으로 나아가는 대로 연속성이 재개된다.

해 조작된 감정을 느낄 수도 있다. 게다가 역사적 시기에 따라 다른 문화권에서는 편집 스타일이 크게 달라 보일 수 있으며, 관객들의 기대치 또한 다를 수 있다. 인도 영화 〈용감한 자가 신부를 데려가리(Dilwale Dulhania Le Jayenge)〉(1995)의 노래와 춤 시퀀스에서는 편집이 주인공 커플의 운명적인 로맨스를 강조하기 위해 플래시백을, 그리고 매치 컷(match cuts, 일치 편집)에서의 의상 변화를 이용한다(**사진 4.44a와 4.44b**). 전통적인 관습에 익숙한 관객들은 시간과 공간 속에서의 이런 불일치 상황들을 받아들일 수 있겠지만, 익숙지 않은 관객들은 그런 상황으로 되돌아가는 것에 놀랄 수도 있다.

불연속 편집

우리가 주목해왔듯이 연속 편집은 서사 영화 및 TV에 많이 퍼져 있으므로, '법칙'으로서 기본 원리들을 보여준다(**사진 4.45a와 4.45b**). 그러나 20세기 초 최초로 편집이 사용된 이래로 연속 법칙은 나란히 병행되어왔으며, 다양한 대체 가능한 관례들에 의해 직접적인 도전을 받아왔다. 여기서 우리는 연속 법칙들로부터 이런 스타일을 구별하고, 편집 스타일의 역사적 · 문화적 · 철학적 차이점을 밝히고 불연속 편집으로서의 집단적 관례들에 대해 언급할 것이다. 그러나 이런 전

(a)

(b)

4.45 〈외계로부터의 9호 계획(Plan 9 from Outer Space)〉(1959) 악명 높은 B급 영화감독 에드워드 D. 우드 주니어의 어설픈 영화 속에서 연속 편집의 원리가 드러나고 있다. 저예산 SF 공포 영화인 이 영화가 완성되기 전에 배우 벨라 루고시가 사망하자 감독은 그 대신 망토 입은 또 다른 배우로 교체했다. 소도구들만으로는 연속성을 만들어내지 못한다는 것이 분명히 보이고 있다.

통은 통합되어 있지 않다. 더군다나 현대의 영화 제작에서는 다수의 편집 방법들이 영화 하나의 편집 스타일에 융합되어 있는 것을 발견하는 것은 아주 쉬운 일이다.

불연속 편집(disjunctive editing)은 보이는 편집이다. 그럴듯한 것을 제공한 다음에 장면전환을 함으로써 결정적인 단절을 만들어내는 것이다. 적대적 관계나 다른 형식적 구축에 기반을 둔 대체 가능한 편집 관례들은 영화 예술의 가능성에 대해 들떠 있었던 다양한 나라 및 학교 영화 문법의 초기 발전 단계에까지 소급해 들어갈 수 있다. 이런 관례들은 두 가지 주요 목적을 가지고 부자연스럽거나 예기치 못한 것처럼 보이는 병치 및 연결을 관객들과 대면시키고 있다. 하나는 미학적, 개념적, 이데올로기적, 심리학적 목적을 위한 편집으로 관심을 돌리기 위한 것이고, 나머지 하나는 방향을 잃게 하거나 방해하기 위한, 본능적으로 영향을 미치기 위한 것이다.

특정 편집이나 편집 패턴이 아주 부조화스럽기 때문에 그것을 알아차리도록 강요할 때, 의미나 효과에 대해 되돌아보고 반영하도록 인도될 수도 있다. 불연속 편집은 아방가르드와 정치적 영화 전통에서 두드러지는데, 일부 이론가들은 표현 매체, 영화의 주제 혹은 다시 보여주기의 과정 그 자체에 대한 비판적 관점을 발전시키도록 이끌어준다고 주장한다. 불연속 편집 패턴의 다른 효과들은 이성적이라기보다는 더 물질적인 것일 수도 있다. 편집은 공간적 긴장, 시간적 실험, 율동적 패턴, 그래픽 패턴처럼 몇몇 다른 측면들로 구성될 수도 있다.

점프 컷

불연속 편집에서 많이 사용되는 방식이 **점프 컷**(jump cut)인데, 특정 액션을 방해하는 편집이다. 숏들의 시공간적 발전 속에서 의도적이거나 의도적이지 않거나 불연속성을 만들어내는 편집이다. 느슨하게 사용할 경우 '점프 컷'이란 용어는 다른 불연속 관례들과 동일시될 수 있다. 숏의 중간에서 한 부분을 잘라내는 것은 그 액션의 나중 부분에 앞서 뛰어넘는 점프 현상을 유발하는 것이다. 사람이나 사물의 모습은 명백한 이유 없이도 위치를 바꿀 수 있지만, 한 숏의 배경은 계속해서 남아 있을 수도 있다. 같은 앵글이지만 다른 거리에서 찍은 2개의 숏을 병치해 놓을 때 점프 현상이 만들어진다. 그런 점프 현상들이 연속 편집에 있어서는 심각한 잘못으로 간주되고 있지만, 이전에 보았듯이 프랑스 뉴웨이브 영화, 특히 장 뤽 고다르의 〈네 멋대로 해라〉(1960)에 의해 서사 영화들의 편집 어휘 속으로 재도입되었다. 점프 컷은 고다르의 갱 이야기에 무법자 에너지를 제공해주었다. 〈마이클 클레이튼(Michael Clayton)〉(2007) 같은 현대 영화는 플롯이 뒤틀릴 때 관객들이 느끼는 당혹감을 증가시키기 위해서 이 기술을 적절히 사용했다(사진 4.46a와 4.46b).

점프 컷은 불연속 편집의 두 가지 주요 목적을 보여준다. 왕가위의 〈해피 투게더(Happy Together)〉(1997)에서 점프 컷은 이 영화의 전반적인 스타일을 만드는 데 기여한다. 거리 및 시

(a)

(b)

4.46 〈**마이클 클레이튼**〉 할리우드 영화들은 점프 컷 사용을 늘려왔다. 이사회 발언을 준비하는 부패한 변호사에 대한 숏들 중간에 확신에 찬 그녀의 연기 장면이 삽입된다.

(a)   (b)

4.47 〈**해피 투게더**〉 여기에서 점프 컷은 홍콩에서 부에노스아이레스로 이주한 두 남자의 쉴 틈 없이 이동해야만 하는 상황에 주의를 기울이고 있다.

간에서의 점프 현상은 계속적인 장면 속에서의 변화와 결합되어 있다(**사진 4.47a와 4.47b**). 관객은 단순히 그 액션을 보는 것이 아니라 어떻게 그 액션이 묘사되고 있는지에 주목한다. 관객은 어떻게 분리된 숏들이 캐릭터들의 쉴 틈 없이 이동하는, 그러나 침체된 분위기를 전달해주고 있는지에 대해 깊이 생각할 수도 있고, 분리된 숏들 안에서 이동에 대한 영화의 주제를 깨달을 수도 있으며 그 자체를 위해 미적 효과를 이해할 수도 있을 것이다.

알랭 레네의 〈지난 해 마리앙바드에서(Last Year at Marienbad)〉(1961)에서 점프 컷들은 공간, 시간과 함께 놀 수 있도록 만들어주는 중심 장치이다. 이 고전 예술 영화의 주요 장치는 과거에 대한 캐릭터들의 다른 생각이다. X라고만 알려진 주인공은 1년 전 똑같은 호텔에서 여주인공 A를 만났다고 주장하고, 그녀는 그것을 부인한다. 이런 견해 차이는 편집을 통해 관객의 방향감각을 상실하게 만든 것과 관계가 있다. 수많은 이미지들이 호텔과 정원 주변에서 자세를 취하고 있는 여주인공을 보여준다(**사진 4.48a와 4.48b**). 그런 숏들 사이의 시간적 관계는 불분명한데(지금 일어난 것인가, 과거를 회상하고 있는 것인가, 아니면 사건들에 대한 X의 생각인가?) 왜냐하면 의상과 세팅에서의 차이가 자세와 스타일에서의 유사성에 의해 반박되고 있기 때문이다. 마침내 편집 전략은 영화를 보는 과정에 대한 반영이 된다. 기록, 편집, 투영/보기가 모두 별개의 시간적 작업인 경우에 우리가 보고 있는 작업이 지금 일어나고 있다고 어떻게 가정할 수 있을까?

일부 영화감독들에게 있어서 점프 컷 같은 불연속 편집의 사용 뒤에 숨어 있는 원리는 1920년대 독일의 극작가 베르톨트 브레히트가 희곡과 비평들에서 소개했던 **거리두기**(distanciation)의 개념이다. 관객은 그 예술 작업이 어떻게 만들어지는지 알게 될 때 그 예술작업으로부터 '거리

(a)   (b)

4.48 〈**지난해 마리앙바드에서**〉 여주인공으로 분한 델핀 세리그가 다양한 배경을 두고 포즈를 취하고 있는데, 서사적이며 일반적인 영화에 있어서 시간과 장소에 대한 인지 능력에 도전하고 있다.

를 두게' 된다는 것이다. 관객은 느낄 뿐만 아니라 생각하도록 자극받는다. 〈그녀에 대해 알고 싶은 두세 가지 것들(Two or Three Things I Know About Her)〉(1967)에서 장 뤽 고다르는 거리 두기 장치로서 수많은 책의 장 제목, 인쇄된 교재, 광고 이미지들 같은 논디제틱 인서트 장면을 이용한다.

몽타주

앞서 살펴보았듯이 불연속 편집에서 중요한 전통은 몽타주에 대한 소비에트 이론인데, 타 숏들 사이의 충돌을 통해 관객들의 관심을 끌어내는 것이 목적이다. 세르게이 에이젠슈타인은 1920년 대 초부터 1945년 죽을 때까지 광범위한 저작물들을 통해 개념을 발전시켰다. 이로 인해 그는 유명한 이론가 중 한 사람이 되었다. 그는 1925년 〈파업〉을 시작으로 자신의 영화에서 이런 개념을 선보였다. 에이젠슈타인은 **변증법적 몽타주**(dialectical montage)를 주장했는데, 2개의 대조되거나 충돌을 일으키는 숏들이 병치됐을 때 시각적 개념으로 종합된다는 주장이다. 〈전함 포템킨〉 (1925)에서는 여러 마리의 석조 사자의 숏들이 하나의 시퀀스 안에 병치되어 있는데, 석조 사자가 한 마리 살아서 일어나는 것을 암시해준다**(사진 4.49a~4.49c)**. 에이젠슈타인에 따르면 혁명적

(a)

의식과 관련된 각성의 개념은 관객들이 사자가 일어나는 것에 본능적으로 반응하듯이 마음속에서 형성된다는 것이다. 액션과 분석에 대한 정치적 프로그램과 미적 파편화와의 관계는 불연속 편집의 사용으로 지속되어왔다.

엄밀히 말하면 '몽타주'라는 용어가 단순히 편집을 의미한다는 것을 상기해보자. 소비에트 체제에 의해 사용된 일부 기술들이 다른 곳에도 적용됐을 때, **몽타주 시퀀스**(montage sequence)란 용어는 주제와 연관된 일련의 숏들을 의미하게 되었고 숏들은 디졸브, 와이프, 슈퍼임포지션(superimposition, 화면 중첩) 같은 빠른 컷이나 기타 장치들에 의해 연결된 시간의 흐름을 보여주는 것을 의미했다. 스튜디오 시절 소비에트에서 할리우드로 망명온 슬라브코 보르카피치는 〈샌프란시스코(San Francisco)〉(1936)의 지진 장면처럼 기억에 남는 몽타주 시퀀스

(b)

(c)

4.49 〈전함 포템킨〉 세르게이 에이젠슈타인은 몽타주 기법을 통해 석조 사자를 일으켜 세우고 있다.

들을 만들어내는 데 특별했다(사진 4.50a~4.50c).

'몽타주'란 용어는 '편집(cutting)'이란 용어가 시사하고 있듯이, 단순히 관계없는 것들을 제거한다는 의미보다는 시퀀스를 만들고 의미를 증가시키는 가능성을 편집하는 창조적인 힘을 강조하게 되었다. 이런 구축의 원리는 추상적 영화, 만화영화, 비디오아트 배후에 있으면서 편집을 통해 시각적 패턴을 전달해주고 있는데, 그런 예들은 제8장에서 탐구될 것이다. 〈로마노프 왕조의 몰락(The Fall of the Romanov Dynasty)〉(1927) 같은 몽타주 실험 영화로까지 거슬러 올라가는 파운드 푸티지(found footage)[4]로 만들어진 영화에도 영향을 미치고 있다. 이 실험 영화는 소비에트 시절 필름 공급이 떨어졌을 때 소비에트 영화감독 에스피르 슈브가 미편집 영상본으로부터 편집한 것이었다. 제2차 세계대전 후 소비문화에 물든 이미지 과잉에 대한 첫 탐색 영화 중 하나인 브루스 코너의 〈어 무비(A Movie)〉(1958)는 빠른 몽타주(rapid montage) 영화인데, 뉴스 영화, 핀업(pinups, 벽걸이 여자 사진), 전쟁 영화, 할리우드 서사 영화들로부터 발췌한 이미지들 사이에서 유머러스하고 악의적이고 진지하게 생각하게 하는 관계들을 만들어낸다. 1980년대에 소비자 비디오의 도입은 전문 예술가들뿐만 아니라 아마추어에게도 접근 가능한 비디오 효과의 사용 및 파운드 푸티지의 편집을 가능하게 해주었다. 세실리아 바리가의 저예산 아날로그 비디오아트 작품인 〈미팅 오브 투 퀸스(Meeting of Two Queens)〉(1991)는 할리우드 아이콘인 그

생각해보기

최근 본 영화의 편집은 불연속 방식으로 갈등을 불러일으키는 세팅인가, 아니면 그와 반대의 세팅인가? 만일 그렇다면 어떻게 결말짓고 있는가?

(a)

(b)

(c)

4.50 〈샌프란시스코〉 스튜디오 시절의 할리우드에서는 연속 편집이 표준이었지만, 스펙터클한 지진 장면처럼 특별한 목적을 위해 몽타주 시퀀스들이 만들어졌다.

〈전함 포템킨〉의 몽타주

같이 보기 : 〈카메라를 든 사나이(Man with a Movie Camera)〉(1929),
〈언터처블(The Untouchables)〉(1987)

소비에트 영화감독 세르게이 에이젠슈타인의 〈전함 포템킨〉(1925)은 영화 역사상 가장 과감하고 혁신적인 편집으로 유명한 영화 중 하나이다. 1905년에 발생한 역사적 사건에 토대를 둔 1925년도의 무성 영화 고전작품 〈전함 포템킨〉은 배 안에서 학대받은 선원들이 일으킨 반란, 해안가 주민들의 동정적인 반응, 그런 사람들에 대한 제국 병사들의 무자비한 진압을 묘사한다. 스토리 그 자체는 아주 단순하다 하더라도, 에이젠슈타인은 복잡한 몽타주를 이용하여 특정 사건들을 힘찬 에너지와 의미로 가득 채우고 있으면서 컷으로 이어진 이미지들 사이의 단절과 대비를 강조한다. 에이젠슈타인은 몽타주에 대한 생각을 발전시키면서 그 생각을 실천에 옮겼는데, 조수 그리고리 알렉산드로프와 함께 영화편집 작업을 직접 담당했다.

단 한 사람의 주인공도 없는 영화로서 수많은 컷들이 작은 집단들을 다루다가 반(反)황제 감정 속에 있는 대중의 참여를 보여주면서 제한된 개인적 인지 능력과 그 시공간적 한계를 넘어서서 시야를 이동시키고 있다. 드라마를 고조시키고 액션에 역동적인 긴장을 불어넣기 위해서 에이젠슈타인은 전형적인 할리우드 영화보다 더 많은 숏들을 이용하고 있는데, 때때로 한 숏으로부터 다음 숏까지 똑같은 액션을 중복시키면서 여러 지점에서 본 광경을 보여준다. 선원들이 그 배의 의사를 바닷속으로 던져버릴 때, 그 동작이 오버헤드 앵글에서부터 사이드 앵글까지 반복되면서 관객들의 감정을 끌어들여 어느 특정 관념으로 이끌어가고 있다. 선원들의 절박함이 결국 선상 반란이라는 행동으로 귀결된다. 의사가 바닷속으로 던져진 후, 에이젠슈타인은 의사가 선원들에게 먹어도 좋다고 했던 구더기가 들끓는 고기에 대한 장면을 삽입한다. 연속되는 시퀀스에서 벗어나 갑자기 등장한 이 숏은 의사를 바닷속에 던진 처사에 대한 정당성을 서술해주고 있는 것이다.

이 영화의 중심은 배를 보러 온 무고한 시민들이 병사들에 의해 짓밟히고 사살당하는 오데사 계단을 그린 유명한 시퀀스이다. 그 시퀀스는 역동적인 편집으로 기념되고 있는데, 숏들 사이의 상호작용을 선호하는 에이젠슈타인의 기호를 불러일으키는 숏들 속에서 움직임과 그래픽 패턴의 극적인 이용을 만들어낸다. 즉 충돌을 만들어낸다. 그 시퀀스는 '갑자기'라는 자막으로 시작한다. 그런 다음 주민들이 제국 군대를 피해 거대한 계단 아래로 카메라를 향해 달아나기 시작한다. 이 액션은 통상 왼쪽으로부터 오른쪽으로 이동한다. 여러 인물들이 시퀀스 전반에 걸쳐 삽입된 근접 숏들로 분절되어 있다. 다리가 절단된 소년이 팔로 기어가는 장면, 한 무리의 여성들, 자식을 데리고 도망가는 어머니에 대한 장면 등이다. 질서 정연한 군대가 왼쪽 위로부터 등장하는 숏은 군중들의 혼란스러운 장면과 극적인 대비를 이루고 있다. 시퀀스 안에 있는 최초의 주요 크로스커팅에서 어머니와 아들이 군중 속에서 서로 헤어지게 된다. 아들을 찾기 위해 돌아서는 어머니에 대한 숏들이 밀려오는 군중 속으로 파묻히는 아들에 대한 숏들과 격렬하게 대비되면서 그들 뒤로 병사들의 거침없는 전진이 그려진다. 마침내 어머니는 왼쪽 아래쪽으로부터 위쪽으로 이동하는데, 위치는 병사들이 위쪽을 가로질러 내려오는 방향이다. 영화는 광경을 바라보고 있는 농민들에 대한 장면으로 전환되고, 다음 숏에서 제국 군대가 계속 전진해 내려오면서 어머니는 총에 맞아 쓰러진다. 반대 방향에서 움직임을 이용하는 것은 복잡한 편집 시퀀스를 구성하는 핵심 요소 중 하나이다(사진 4.51a~4.51c).

극적인 에피소드가 충분한 긴장감과 비애감을 불러일으키지 못했다는 듯이, 자막은 용감무쌍한 코사크족 기병대의 도착을 알리고, 에이젠슈타인은 영화사에서 유명한 편집 시퀀스 중 하나에 착수한다. 젊은 어머니가 총에 맞아 쓰러지는 장면이 여러 개의 중복된 컷들로 보여진다. 그녀가 잡고 있던 유모차가 계단 아래로 굴러 떨어지기 시작한다(사진 4.52). 화면 방향을 바꾸어 가면서 보이는 떨어지는 인서트 장면은 무기력하고 공포에 질린 시선을 흉내 내고 있는 것처럼 보이는 방관자들에 대한 되풀이되는 숏들이다. 어떤 설정 숏도 인물들을 공간적 맥락 속으로 집어넣고 있지 않다.

유모차가 바닥에 굴러 떨어지면서 뒤집어지는 바로 그때, 에이젠슈타인은 정면으로 다가오는 코사크족 기병대에 대한 빠른 숏들로 장면전환하고(사진 4.53a), 다음에 안경을 쓴 여성의 얼굴에 대한 가장 짧은 숏들로 넘어간다. 유명한 이 충격적인 컷에서 안경이 즉시 부서지면서 피가 흐른다(사진 4.53b). 시퀀스는 페이드 아웃한다. 충격적인 컷에 의해 우리의 시선이 공격당할 때, 심지어 그것이 아기의 운명에 대한 훨씬 더 공포스러운 화면 밖 이미지를 대신하고 있을 때조차, 부서진 안경에 대한 이미지가 자신의 '부상'인 것처럼 비쳐진다.

1926년 처음 개봉했을 때 서구세계에 강한 충격을 주었다. 긴 시기로 볼 때 심지어 미적 혁신과 관련지었던 혁명적 목적이 의심받거나 폐기됐을 때조차도 에이젠슈타인 스타일의 유산은 살아남았다. 이후 일부 감독들의 존경을 받았으며, 그중 한 명이 미국 감독 브라이언 드 팔마이다. 그는 갱 영화 〈언터처블〉(1987)에서 오데사 계단 시퀀스를 모방한다. 일부 감독들은 긴장감 넘치는 편집의 역작이라는 찬사를 보내고 있다. 일부 다른 감독들은 이 시퀀스가 자연스러운 흐름을 방해한다고 생각한다. 주류 영화들은 몽타주 스타일을 통합하고 있기는 하지만, 의미까지 필수적으로 포함하고 있지는 않다.

(a)

(b)

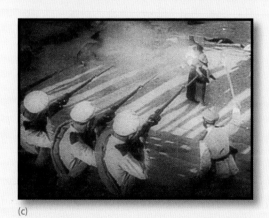

(c)

4.51 〈전함 포템킨〉 조직적인 군대와 놀란 군중 사이의 충돌은 오데사 계단 시퀀스의 첫 부분에서 다른 화면 방향들, 액션의 다른 측면들, 빛과 그림자 패턴 및 인물 동작을 보여주는 숏들 사이의 그래픽 충돌에 의해 고조된다.

4.52 〈전함 포템킨〉 유모차가 아래로 굴러가는 상세한 장면을 반복해 보여주는 것은 희망이 없다는 느낌을 전달한다.

(a)

(b)

4.53 〈전함 포템킨〉 코사크족 기병대의 끔찍한 공격은 충격적인 컷 속에 담겨 있다.

(a)

(b)

4.54 〈어둠 속의 댄서〉 많은 디지털 카메라의 사용은 다수의 시점으로부터의 근접 숏들을 삽입하는 것을 가능하게 만들어준다.

레타 가르보와 마를린 디트리히의 영화들로부터 간단한 부분 동영상들을 재편집함으로써 교묘하게 만들어졌다. 그 결과물인 이 비디오는 연속 편집으로 관객들의 기대에 부응하는 장면들을 만들어내고, 슈퍼임포지션을 통해 미장센을 바꿈으로써 두 사람 사이의 로맨스를 보여준다.

통합적 편집 스타일

다른 전통과 스타일의 영향 아래 있게 될 때 주류 영화에 있어서의 편집은 더 이상 비가시적인 것 때문에 논쟁적으로 다투지 않는다. 분명 특정 편집 기술에 수동적인 동의이거나 정치적 인식 같은 특정 반응을 부여하는 것은 그것이 사실일지라도 더 이상 가능한 일이 아니다.

　디지털 기술은 편집 기술과 언어를 혁명적으로 발전시켜왔다. 라스 폰 트리에 감독은 〈어둠 속의 댄서(Dancer in the Dark)〉(2000)에서 100대의 작은 디지털 비디오 카메라의 영상들을 이용하여 표준 편집을 통한 것보다 훨씬 더 미세하게 액션들을 나누고 있으며, 임의 편집이 숨겨져 있다기보다 명백히 드러나 있다(사진 4.54a와 4.54b). 연속 편집과 불연속 편집의 두 가지 형식적 전통이 통합될 때, 각 전통과 관련된 가치들은 차이가 덜하게 된다. 에이젠슈타인에게 있어서 편집에 주의를 쏟는 것은 중요한데, 의식을 변화시킬 수 있기 때문이다. 현대의 영화감독들에게는 설정 숏을 빼먹는 것, 180도 법칙을 깨뜨리는 것, 빠른 몽타주를 이용하는 것은 독특한 '모습'을 만드는 데 중요한 기여를 할 수도 있다.

편집은 영화 형식의 독특한 성격일 것이다. 편집은 이미지들을 본능적으로, 감정적으로 경험하도록 이끌어주고, 숏들로부터 의미를 만들어낼 수 있는 효과적인 방법들 중 하나로 남아 있다. 이런 해석들은 더 친숙한 연속 편집 패턴으로부터 끌어낸 공간, 시간, 서사에 대한 거의 자동적인 추론으로부터, 불연속 편집 관행의 친숙하지 않은 공간적 및 시간적 병치에 의해 제기된 지적 수수께끼에 걸쳐 변할 수 있는 것이다.

요약

영화 매체의 특징으로서 편집 기법은 서사를 진행시키고, 관점을 대비시키며 관객들의 느낌에 영향을 준다. 추적 시퀀스를 교차 편집하는 것을 통해 시공간을 조작하는 D. W. 그리피스의 실험으로부터 〈전함 포템킨〉에서 에이젠슈타인의 긴장감 넘치는 오데사 계단 시퀀스를 거쳐 페르낭 레제의 〈기계적 발레〉(1924) 같은 모더니즘 패턴의 영화들까지 무성 영화 시대의 영화들은 복잡한 편집 어휘들을 발전시켰다. 고전 할리우드 영화의 연속 편집은 〈명탐정 필립〉(1946) 같은 장르 영화에서 시간과 공간의 그럴듯한 세계를 구축했고, 전 세계에 걸쳐 빠른 스토리텔링을 유행처럼 퍼뜨렸다. 제2차 세계대전 후 예술 영화가 시간과 공간의 심리적 구축과 함께 주인공 중심의 직선적 서사 영화에 도전했을 때, 〈우리에게 내일은 없다〉(1967) 같은 할리우드 영화들이 뒤따라 나타났다. 디지털 편집 기술이 복잡한 스토리텔링의 새로운 형식을 소개하면서 〈시티 오브 갓〉(2002) 같은 영화들의 세계 보편적인 미적 특질 속에서의 연속 패턴과 불연속 패턴을 결합했다. 이 모든 전통 속에서 관객들은 시퀀스 속에서 이미지와 음향의 결합에 대한 무한한 가능성의 의미를 만들어 가도록 요청받고 있다.

이 영화들을 더욱 자세하게 생각해보면서, 이 장의 처음에 소개된 일부 목표를 실행해 보자.

- 〈명탐정 필립〉이나 다른 고전 할리우드 영화의 한 장면을 보고 컷들의 숫자를 세어보자. 컷들은 예상했던 것보다 자주 쓰이고 있는가?
- 〈명탐정 필립〉의 편집 속에 주어진 공간적 신호에 기초하여 사립 탐정 말로우의 사무실에 대한 도면을 그려보자.
- 〈시티 오브 갓〉의 한 장면을 보고 180도 규칙, 설정 숏, 아이라인 매치가 편집에 적용되고 있는지를 알아보자. 어떤 종류의 불연속 편집이 눈에 보이는가?
- 〈우리에게 내일은 없다〉에서 서사적 분절을 시도해보고 2개 특정 장면의 시퀀스가 어떻게 서사와 관련되고 있는지를 묘사해보자.

적용해보기

주류 할리우드 영화 한 편을 도전적인 예술 영화로 다시 만들도록 요청받는 경우를 상상해보자. 어떻게 이런 작업이 가능한지를 보여주기 위해서, 편집의 연속성 논리를 불연속 스타일로 다시 생각하면서 그 영화의 한 시퀀스를 종이 위에 '다시 편집'해보자. 어떻게 이것이 관객과 영화 사이의 관계와 의미를 바꾸고 있는가?

영화 음향

영화 듣기

제인 캠피온의 1993년작 〈피아노〉는 19세기 여주인공 에이다 맥그레스의 해설로 시작한다. "당신이 듣고 있는 목소리는 나의 목소리가 아니다. 그것은 나의 마음의 목소리이다." 이것은 영화의 소리를 통한 창의적 이용에 대한 첫 소개이다. 에이다는 언어장애인이므로 우리는 영화의 마지막 순간까지 '마음의 목소리'를 다시 듣지 못할 것이다. 그녀는 한 번도 만난 적 없는 남자와 결혼하기 위해 스코틀랜드에서 뉴질랜드로 이주하는데, 그녀가 가지고 온 그랜드 피아노는 의사를 표현하는 주요 수단이 된다. 피아노가 너무 커서 운반할 수 없어 도착한 해안가에 피아노를 버려둬야만 했을 때조차, 영화음악(사운드트랙)은 그녀와 피아노 사이의 연결고리로 작용한다. 나중에 피아노는 교환과 성적 표현의 도구가 되는데, 남편으로부터 피아노를 산 남자에게서 그것을 되돌려 받기 위해 물물 교환을 해야 한다. 이 작품은 영화 음향이 단순히 보조적 역할만 하는 것이 아니고, 인간 언어에 구속되어 있는 것이 아니라는 사실을 시작부터 확인시켜준다. 오히려 영화 음향은 대사로써, 음악으로써 혹은 음향 효과로써 미장센, 촬영, 편집 같은 복잡한 드라마를 만들어낼 수 있는 것이다.

영화는 시청각 매체로, 현대적 매체 경험에 푹 빠지게 하는 많은 매체 중 하나이다. 일상생활에서 만나는 많은 시각적 기술 또한 음향 기술이다. 스마트폰의 전화벨 소리를 선택하고, 좋아하는 비디오 전투 게임에서 악당을 음악으로 구별하며, TV를 보다가 광고가 나올 때면 볼륨이 높아지는 것을 알게 된다. 이런 장치들은 상호작용을 촉진하기 위해서, 시각적 정보를 보충하기 위해서, 경험에 리듬과 차원을 제공하기 위해서 소리를 활용하고 있는 것이다. 영화는 목소리, 음악, 음향효과가 복합적으로 혼합된 것을 활용하여 비슷한 기능을 한다. 너무 자주 보조적 지위에 있는 음향은 관객들의 인지 작용에도 관여하며, 핵심적인 시간적 정보 및 스토리에 관한 정보와 고유의 미적 경험을 관객들에게 제공해준다. 이 장은 대사, 음악, 그리고 음향효과가 영화 속에서 어떻게 이용되고 있는지, 관객들에게 어떻게 인지되고 있는지를 탐색한다.

핵심 목표	
	■ 다양한 방식의 소리가 영화 경험에 중요하다는 것을 설명해보자.
	■ 소리에 대한 이해와 이용이 어떻게 다른 역사적 및 문화적 영향을 미치는지 묘사해보자.
	■ 소리가 이미지에 대한 관계 속에서 어떻게 의미를 전달하고 있는지 설명해보자.
	■ 소리가 어떻게 기록되고, 결합되고, 재생산되는지 요약해보자.
	■ 영화에서 목소리의 다양한 기능을 열거해보자.
	■ 음악의 사용을 지배하고 있는 원리 및 실제를 묘사해보자.
	■ 음향효과의 사용을 지배하고 있는 원리와 실제를 간략하게 설명해보자.
	■ 소리와 이미지 사이의 전통적인 관계를 결정하고 있는 문화적·역사적·미적 가치를 분석해보자.

소리는 일부 경우에 있어서 시각적인 것보다 훨씬 더 인상적인 것으로 만들어주는 감각적 경험이다. 〈싸이코〉의 그 악명 높은 샤워 장면이 계속되는 동안 자신의 눈을 가리기도 하지만, 그 장면의 공포심을 줄이기 위해, 매 순간 간간이 끼어드는 칼로 찌르는 듯한 날카로운 바이올린 소리를 듣지 않으려 할 수 있다. 이미지를 인식하기 위해서 눈을 뜨고 앞을 보아야 하지만, 소리는 사방으로부터 들려온다. 영화를 보는 것과 마찬가지로 듣는 것은 영화 보는 경험을 규정하는 것이며, 발달된 기술의 도래로 소리는 영화 경험을 훨씬 더 몰입하도록 만들어주기도 한다.

영화 음향의 간략사

〈뒤죽박죽(Topsy-Turvy)〉(1999)은 19세기 말 영국의 작사-작곡가 듀오인 길버트와 설리반 사이의 협동작업에 대한 스토리이다. 그들은 대책회의에서 묘안을 짜내다가 언쟁을 벌이는데, 마침내 오페레타 〈미카도(The Mikado)〉의 첫 제작을 목격하게 된다(사진 5.1). 영화 속에서 극장 청중

을 위해 소리와 이미지를 하나로 결합하고 이런 경험을 영화의 관객들에게까지 확대하고 있는 오페레타의 공연 속에서 막후 스토리는 절정에 이른다. 이 영화가 각색되면서, 제도 속에서 통합된 많은 전통과 기술은 대중 공연에서 음악과 시각적 스펙터클 장면들을 결합시켰다.

영화 음향의 연극적, 기술적 초기단계

고유한 음악적 관습이 없는 연극적 전통은 생각하기 어렵다. 서구 전통에서 음악을 시각적 스펙터클의 형식과 결합하는 관습은 적어도 그리스 시대의 고전 연극에서 합창 형식의 송가를

5.1 〈뒤죽박죽〉 19세기 오페레타 〈미카도〉의 영화 판본 만들기

이용하는 데까지 거슬러 올라간다. 아마도 초기 영화에서 소리 사용과 가장 관계가 깊은 것은 멜로드라마(melodrama, 통속극)의 전통일 것이다. 18세기 프랑스에서 유행한 멜로드라마는 문자 그대로 '음악 드라마(music drama)'를 뜻하는데, 원래 대사에 음악을 결합한 연극 장르로 고안되었다. 영국에서는 연극하는 것을 특정 장소로 제한하는 것을 '법'으로 정하고 있던 시대에 멜로드라마는 인기 있는 스펙터클한 극적 장면을 위한 장치들을 허용하고 있었다. 스테이지 멜로드라마(무대 멜로드라마)는 19세기 전반에 걸쳐서 더욱 스펙터클하게 변해 갔으며, 마침내 미국 무대까지 지배하게 되었고, 미국에서 멜로드라마는 영화계에 헤아릴 수 없을 만큼 많은 영향을 미쳤다. 그런 형식에 있어서 청각적 요소는 매우 중요했을 뿐만 아니라 선풍적 인기를 끄는 멜로드라마의 오르락내리락하는 리듬감 있는 구성은 음악이 강력하게 전달해주고 있는 표현할 수 없는 감정들을 강하게 느끼도록 이끌어주었다. 이 모든 속성은 19세기 연극의 응용이라고 할 수 있는 D. W. 그리피스의 〈동부 저 멀리(Way Down East)〉(1920) 같은 멜로드라마 영화에 채택되었다.

축음기 같은 발명으로 이어진 기술 발전 또한 영화 음향의 중요한 선구자였다. 18세기 말로 되돌아가면, 발명가들은 소리 재현 문제에 몰두하고 있었다. 토머스 에디슨의 축음기가 1877년 소개되면서 19세기 말 과학계와 대중은 이루 말할 수 없는 엄청난 영향을 받게 되었다.

1895~1920년대 : 무성 영화의 음향

영화와 소리의 결합은 처음부터 언론매체들을 장식하기 시작했다. 에디슨은 활동사진 장치 발명의 주요 인물이었고, 1895년 자신의 스튜디오에서 최초로 만든 영화 중 하나는 소리를 집어 넣는 실험작으로, 에디슨의 수석 발명가 W. L. K. 딕슨이 메가폰에 대고 바이올린을 연주하고

5.2 에디슨 스튜디오의 〈소리 실험〉 동시적 소리를 실험한 영화 초기의 희귀한 한 장면. Courtesy Edison Historic Site, NPS

5.3 미국 월리처사 오르간 무성 영화에 등장하는 피아노, 오르간, 오케스트라는 영화 그 자체와 마찬가지로 많은 매력을 담고 있었다. Library of Congress, Prints & Photographs Division, HABS, ALA,37-BIRM,37–120 (CT)

있는 동안 다른 두 직원은 춤을 추었다(사진 5.2). 소리 나팔통(sound cylinders)은 영화 역사에서 아주 일찍 이미지와 소리를 합성하는 방법을 제공해주었고, 발명가들은 무성 영화 시대 전반에 걸쳐 영상과 소리를 동시에 제공하는 수단을 갖춘 실험을 계속했다.

그러나 동시적 소리를 갖춘 영화들이 성공적으로 개발되고 널리 상영되기 전에는 확성기가 고객들을 강연자, 피아노, 오르간, 소규모 연주단 혹은 나중에는 전체 오케스트라를 동반한 영화 상영 속으로 끌어들이는 역할을 했다(사진 5.3). 소위 무성 영화라 불리는 영화에서 종종 시끄럽게 소리가 났다. 니켈로디온과 기타 영화관에서는 관객들이 영화 막간에 나오는 노래를 따라 부르고 스크린에 답변을 하는 등 소음을 만들어내는 것이 관행이었다(사진 5.4a와 5.4b). 음향효과는 종종 스크린 뒤에 서 있는 누군가에 의해 혹은 특별히 고안된 기계에 의해 만들어졌다. 경우에 따라서 배우들조차 영상과 함께 대사를 제공하기까지 했다.

영국의 뮤직 홀과 미국의 보드빌 극장은 초기 영화의 인기배우, 검증된 자원과 레뷔(시사풍자극)[1] 같은 형식들을 빌려 새로운 매체에 대한 소리와 스펙터클한 장면을 특별히 기대하고 있

(a)   (b)

5.4 초기 니켈로디온 슬라이드 필름 1905~1915년까지 영화에는 노래가 딸려 나왔는데, 이 슬라이드 필름처럼 막간을 위해 서정시가 제공되었다. 5.4a: from the collection of Joseph Yranski/5.4b: from Mar nan Collection/Minneapolis, Minnesota

는 관객들에게 전달했다. 민스트럴 쇼[2]와 보드빌의 대중적 인기가 있었기 때문에, 아프리카계 미국인과 유대인의 목소리는 그들이 대중오락에서 제외되었을지도 모를 때 영화에 삽입될 수 있었다. MGM에서 유성 영화로 데뷔하기 위해 킹 비더 감독은 〈할렐루야!(Hallelujah!)〉(1929)를 만들기로 결정했는데, 모든 배역을 흑인으로 기용하면서 노래하는 데 필요한 아프리카계 미국인들의 문화 관련 협회를 활용했다(사진 5.5). 이제 할리우드에는 노래도 잘 부를 뿐만 아니라 무대에서 연기도 잘하는 훈련되고 경험 있는 뮤지컬 배우들이 필요하게 되었고, 곧 무성 영화 시대의 인기배우들을 대체하기 시작했다.

5.5 〈할렐루야!〉 킹 비더 감독은 배역을 모두 흑인으로 기용하면서 영화를 노래로 가득 채우고 있다.

1927~1930년 : 동시적 음향으로의 전환

할리우드 영화 역사상 어떤 사건도 1927~1930년에 일어난 동시적 음향의 빠른 통합만큼 격동적인 것은 없었다! 영화와 라디오, 연극, 보드빌과의 관계, 당시 미국 경제의 대공황으로 인한 업계의 경제적 지위 특정 영화 장르와 스타의 인기 등이 소리의 도입에 많은 역할 관계로 사용하였다. 영화 출시자들은 상대적으로 검증되지 않은 새로운 기술을 채택할 필요성을 느끼고 있었다. 충분한 수의 극장들을 유성 영화용으로 전환시키는 비용은 상당해서 스튜디오는 기꺼이 투자를 해야만 했다.

1926~1927년까지 두 스튜디오가 적극적으로 유성 기술을 획득하려고 경쟁하고 있었다. 워너 브라더스는 공격적으로 유성 기술에 투자하여 1926년 바이타폰 사운드-온-디스크 시스템(vitaphone sound-on-disk system, 디스크식 발성 영화 시스템)을 개발하고 할리우드 영화 검열관 윌 H. 헤이스의 연설을 기록한 짤막한 영상을 시제품으로 만들었으며, 이후 최초로 레코딩된 음악을 곁들인 영화 〈돈 주앙(Don Juan)〉을 만들어냈다. 폭스는 필름 위에 광학적으로 소리를 기록하는 방식인 자체의 무비톤 사운드 시스템(movietone sound system)을 개발했는데, 1928년 대중적인 뉴스 영화를 선보였다. 보통 거리 장면에서부터 흥미로운 뉴스(비행사 찰스 린드버그가 프랑스 파리를 향해 이륙한 장면은 뉴스에 소리를 사용한 최초의 실례였다)까지 모든 것을 묘사했으며, 전국에 있는 폭스의 많은 극장에서 상영되었다(사진 5.6). 신기술이 소리 첨부 및 음향효과부터 동시 대화까지 가능케 만들자, 신기술은 더 이상 무시할 수 없는 존재가 되었다. 대중의 반응은 그야말로 열광적이었다!

말하는 영상(토킹 픽처) 혹은 '토키스(회화를 주로 하는 말하는 영화, 발성 영화)'는 즉각적인 현상이었다. 〈재즈 싱어(The Jazz Singer)〉는 워너 브라더스의 소리가 기록된 두 번째 영화로, 1927년

5.6 '폭스 무비톤 뉴스' 프로그램. 폭스 스튜디오는 필름 그 자체 위에 광학적으로 소리를 기록하는 시스템을 개발했고, 거대한 극장 체인망을 통해 선보이기 위한 뉴스 영화를 제작했다. 뉴스 영화는 미국에서 1928~1963년까지 상영되었다. Courtesy Photofest

5.7 〈재즈 싱어〉 워너 브라더스의 바이타폰 사운드-온-디스크 시스템은 앨 졸슨의 노래와 끊이지 않는 대사 덕분에 선풍적인 인기를 얻었다.

10월에 개봉했는데, 극장주, 비평가, 스튜디오, 대중을 설득하는 데 성공했다. 당대 최고의 인기 연예인으로 종종 흑인 얼굴로 분장하여 연기했던 보드빌 배우 앨 졸슨을 주인공으로 기용한 이 영화는 졸슨 자신의 이야기와 비슷한 스토리를 다루고 있다. 연예계에서의 꿈을 성취하기 위해서 자신의 뿌리인 유대인과 성가대 선창자인 아버지의 유산으로부터 등을 돌려야만 했던 가수에 대한 이야기이다. 그는 그 후 진실이 된 유명한 약속, "지금까지 당신이 들은 것은 아무것도 아니다!"라는 대사로 영화에 대사를 도입한다(**사진 5.7**). 〈재즈 싱어〉의 대성공에 뒤이어 스튜디오들은 덜 유연한 바이타폰 사운드-온-디스크 시스템 대신에 사운드-온-필름 시스템(sound-on-film system)을 채택하기 위해 웨스턴 일렉트릭(Western Electric, AT&T의 자회사)과 계약했다. 스튜디오들은 주요 극장을 전환시키고, 유성 영화를 보여주기 위해 새로운 체인망을 얻어내기 위한 투자를 했다.

1930~1940년대 : 영화 음향의 도전과 혁신

소리를 넣는 작업은 만만한 일이 아니었다. 상영하는 기술에 문제가 있었고, 게다가 소리를 녹음하는 기술에도 장해가 있었다. 그런 문제들에도 불구하고 기술 개발은 극도로 빨라져 갔다. 1930년경 이제 어떤 주요 스튜디오들도 더 이상 무성 영화를 제작하지 않았다. 단지 무성 영화로 성장한 찰리 채플린 같은 몇몇 독립적인 영화제작자들만이 남아 있을 뿐이었다.

언어가 다름에도 불구하고 초기 영화들이 국경을 넘어 다른 나라들에 퍼지게 된 일은 칭찬받아 마땅한 자산이었고, 특정 언어로 쓰인 대사가 추가되어도 다른 나라로 진출하는 데 별다른 방해가 되지 않았다. 미국 밖의 영화산업은 국가적 특성이 있었으므로, 할리우드는 유럽 제작 부서를 따로 만들었다. 수출은 소리 전환 표준 문제와 특허 문제로 영향을 받고 있었다. 한동안 영화는 다른 나라 언어들로 동시에 만들어졌다. 마를렌 디트리히는 〈푸른 천사〉(1930)로 국제적인 인기배우가 되었는데, 독일에서 제작되어 프랑스어, 영어, 독일어 판본이 만들어졌다.

이 무렵 RCA(Radio Corporation of America)는 보드빌 극장 체인인 키스 오피엄과 합작으로 영화 제작산업에 참여했고, 이렇게 만들어진 신입 스튜디오인 RKO(Radio Keith-Orpheum)는 빠르게 성장하여 유성 영화 시대를 지배하는 5대 메이저 스튜디오 중 하나가 되었으며, RKO의 〈킹콩〉(1933)과 〈시민 케인〉(1941) 모두 음향 기술 발전에 중요한 공헌을 했다.

1950년대~현재 : 스테레오 사운드에서 디지털 사운드로

소리의 도입 이후 소리의 레코딩(동시녹음) 및 믹싱(후시녹음)에 있어서 표준을 만드는 일이 급속히 진행되었다. 어떻게 영화 음향(선명한 음성, 호화로운 오케스트라의 배경 음악, 화면과 짝을 이루는 음향효과의 이용 등)이 소리와 이미지, 즉 듣기와 보기의 상호 보완적 관계, 리얼리즘의 가치에 대한 개념들을 떠받쳐주고 있는가? 1950년대에는 스테레오 사운드(입체 음향)로 기술 혁신이 이루어졌고, 1970년대에는 돌비 서라운드 사운드(돌비 서라운드 음향)[3]가 개발됐으며, 1990년대는 디지털 사운드(디지털 음향)로 할리우드 영화의 청각적 경험을 전면에 내세웠지만 이러한 아이디어에 도전하는 데는 거의 도움이 되지 않았다. 하지만 단순한 기술적 '개선' 이상으로 이런 변화들은 영화의 사회적 역할에 있어서 역사적 전환에 부응했으며, 그에 따라 TV, 홈비디오, 컴퓨터 게임은 경쟁력 있는 오락이 되었다.

소리 재생에 있어서 가장 최근의, 급진적인 변화인 **디지털 사운드**(digital sound)가 도입됐을 때, 경쟁 형식은 1920년대 말 소리의 도입 시기를 떠올리게 만들었다. 1950년대 시네마스코프와 스테레오 사운드 같은 새로운 영화 기술이 관객들을 극장으로 유인했던 것처럼 오늘날의 디지털 사운드 시스템 역시 관객들을 극장으로 끌어들이고 있다. 오디오 애호가들은 서라운드 사운드를 모방하기 위해서 극장의 그것과 유사하게 구성한 디지털 사운드 시스템과 스피커를 갖춘 홈시어터를 지향하는 추세이다. 이미지와 사운드가 더 커지고 좋아져야 한다는 영원한 물음은 영화의 매력적인 부분이 바로 평범한 것을 고도의 감각적인 경험으로 강화시켜주는 영화의 능력이라는 사실을 확인해주고 있다.

영화 음향의 요소

영화와 영화 관객에 대한 습관적인 언급에도 불구하고, 음향은 영화 경험 속에 완전히 통합되어 있다. 음향의 한 측면(인간의 말하기)은 서사적 이해 및 관객의 인지 능력에 중심적인 것이므로, 영상이 안 보일 때조차 우리는 일어나고 있는 일을 따라갈 수 있다. 음향은 무한한 방식으로 이미지들과 상호작용할 수 있으며, 두 가지를 결합하는 데 사용해왔던 전략들은 영화에 대한 이해에 근본적인 영향을 미치고 있다. 제2차 세계대전 중 군대의 사기를 진작시키기 위해 사용했던 1940년대 향수를 불러일으키는 노래 'We'll Meet Again'은 〈닥터 스트레인지러브(Dr. Strangelove, or: How I Learned to Stop Worrying and Love the Bomb)〉(1964)의 수소폭탄을 떨어뜨리는 장면에서 나오는데, 이미지들을 고상하거나 비극적인 것으로 읽을 수 없도록 만들어주고 있으며, 오히려 전쟁에 대한 관점을 어두운 풍자의 틀로 몰아가고 있다(**사진 5.8**).

오리지널 사운드(원음)와 재현의 관계는 대상과 대상을 찍은 이미지의 관계와 다르다. 비록 음향은 녹음되고 기술을 거쳐 재생될 때 소리가 변하지만 우리는 실시간으로 실제 음향을 듣고 있다고 느낀다. 이미지를 통해 우리는 오리지널의 2차원적 복사본만을 볼 수 있다는 것을 쉽게 인식할 수 있다. 캐릭터가 걸어가는 이미지에 동반되는 발자국 소리의 음향효과는 사실 필수적인 것은 아니다. 그런 이미지는 쉽게 해석된다. 그러나 발자국 소리는 즉각성 및 현재성이라는 감각을 고조시켜준다. 최근 음향 기술과 녹음 기술의 발전은 '리얼리즘'과 강도를 훨씬 더 강화시켜주는 데 이르렀으며, 과거보다 훨씬 더 현대의 영화 음향을 풍부하게 만들어준다. 음향은 디지털 방식으로 변화해왔는데, 디지털 방식의 이미지 조작과 영상 편집이 뒤따랐다. 다음 절에서 영화 음향의 기술 및 미학에 대해 더 자세히 들어가기 전에, 사운드와 이미지의 관계, 인지되지 않는 사운드의 의미에 대해 탐색할 것이다.

사운드와 이미지

영화 속의 사운드에 대한 어떠한 고려도 사운드와 이미지 사이의 관계에 대한 토론을 수반한다. 코미디 배우이자 작가 겸 감독인 자크 타티 같은 일부 영화감독은 지속적으로 사운드에 대한 처리와 의미에 똑같은 무게를 두어왔다. 〈플레이타임(Playtime)〉(1967)에서는 타티의 다른 영화들에서처럼 코미디 개그가 롱숏에서 일어나고, 사운드는 우리가 어디를 봐야 하는지 안내한다(**사진 5.9**). 영화감독 자크 드미는 독특한 영화 속에서 영화의 음악성에 대한 비전을 추구한다. 〈셸부르의 우산(The Umbrellas of Cherbourg)〉(1964)에서는 모든 대사가 미셸

5.8 〈**닥터 스트레인지러브**〉 1940년대 향수 어린 노래를 담고 있는 공격 장면은 어두운 풍자적 느낌을 제공한다.

5.9 〈플레이타임〉 자크 타티의 코미디 영화는 이미지만큼 사운드를 강조하면서 종종 음향 효과를 통해 익살스러운 웃음을 유발한다.

5.10 〈셸부르의 우산〉 작은 마을에서의 로맨스를 이야기하고 있는 자크 드미의 뮤지컬 영화는 대사에서부터 밝은 색상의 의상 및 세트까지 모든 것에 걸쳐서 노래로 대변된다.

 생각해보기

영화를 보고 듣는 기술은 최근 급속히 변화해왔다. 최근 본 영화의 청각적 경험을 묘사해보자. 이 경험의 얼마나 많은 부분이 영화의 사운드 디자인에 특화되어 있고, 영화를 본 형식, 플랫폼(사용기반) 혹은 장소에 특화되어 있는가?

르그랑의 음악으로 노래되고 있는 한편, 화려한 사탕 색깔의 세트 및 의상들이 이 고조된 경험과 조화되도록 고안되어 있다(사진 5.10). 데릭 저먼의 〈블루(Blue)〉(1993)는 영화 제작자가 에이즈와 관련된 질병으로 시력을 잃은 후 제작됐는데, 풍부한 파란색의 음영으로만 구성된 이미지 트랙과 음악, 효과, 일기와 극적인 구절을 읽는 목소리가 복합적으로 혼합된 사운드트랙을 결합했다. 거대한 파란색 스크린 속을 응시하면, 관객은 불러일으키는 감정과 사운드트랙의 개념에 더욱 주의 깊게 집중할 수 있다.

그러나 관객의 경우처럼 많은 영화감독들에게도 사운드는 이미지의 효과를 증진시키기 위해 존재하는 부차적인 것으로 더 많이 기능한다. 이런 차이에는 많은 가능한 이유들이 존재한다. 영화는 일반적으로 청각적 수단이라기보다는 시각적 수단이 주가 되고 있으며, 소리보다 더 광범위하게 전달되는 시각적 계층구조를 따르고 있다. 이미지는 녹음이 원음에 대한 관계보다 촬영된 사물에 대한 더 분명한 의식적인 표현이므로, 이미지 트랙의 효과는 더 큰 것으로 인식된다. 사운드가 영화 역사 발전에 있어서 나중에 출현했다는 사실 또한 2차적 지위에 대한 설명으로 제시될 수 있다. 하지만 영화에 있어서 청각적 경험의 중요성 및 다양성은 동시적 사운드트랙의 도입 전부터 대단했다.

유성 영화 초창기 시절 이래로 일부 감독과 작곡가들은 이미지와 사운드의 혼합 속에서의 무한한 가능성이 매체 및 역사적 발전과 밀접한 관계에 있다고 주장하면서 영화 속에서 너무 기본적이고 제한된 사운드의 사용에 반대하는 투쟁에 앞장서 왔다. 프랑스 영화감독 르네 클레르는 사운드의 도입이 매체의 시각적 가능성을 감소시켜 결국 '통조림같이 밀폐된 극장'으로 전락할 것을 우려했다. 그는 음악 영화 〈백만장자(Le Million)〉(1931)에서 사운드를 영화의 필수 요소로 이용한다. 캐릭터와 군중이 플롯에 필수적인 노래하는 장면을 통해서 클레르는 사운드의 잠재력이 부가적인 것 이상이라는 사실을 보여준다. 사운드는 영화 경험을 본질적으로, 미적으로, 개념적으로 변형시켜주고 있는 것이다.

동시음과 비동시음

사운드와 이미지는 항상 함께 의미를 만들어내기 때문에 사운드에 주의를 기울이는 영화 이론가들은 사운드와 이미지의 결합 가능성에 대해 이야기할 수 있는 방법을 모색해왔다. 독일의 지그프리트 크라카우어는 저서인 영화론(*Theory of Film*)(1960)에서 화면 내 소리 및 화면 밖 소리로 알려진 **동시음**(synchronous sound) 및 **비동시음**(asynchronous sound) 사이의 차이점을 강조한다. 전자는 말하는 사람의 움직이는 입술로부터 바로 연상되는 대사처럼 눈에 보이는 화면상의 대상을 갖고 있는 반면, 후자는 그렇지 않다. 대부분의 말하기가 동시적인 반면, 해설 소리는 그 장면의 액션과 어울리지 않기 때문에 비동시적이다. 따르릉 울리는 소리가 동반된 알람 시계의 한 장면은 동시적이다. 공포 영화에 있어서 비동시적 문 두드림은 화면 밖 존재에 대한 두려움으로 캐릭터들을 놀래킬 수도 있다.

크라카우어는 사운드트랙과 이미지가 '같은 것을 말할' 때 발생하는 사운드 사용의 **병행처리**(parallelism)와 이러한 요소에 의해 두 가지 의미가 함축될 때 발생하는 **대위법적**(contrapuntal) 소리를 구별한다. 〈킬 빌 : 2부〉(2004)에서 신부가 봉인된 관을 깨뜨리려고 시도할 때, 엔니오 모리코네의 사운드트랙(전형적으로 스파게티 웨스턴⁴과 관련된 음악)은 이 공포스러운 상황과 대조를 이룬다(**사진 5.11**). 신부의 주먹이 관 뚜껑에 규칙적으로 충격을 가하는 소리와 음악이 어우러져 고조된 효과를 낸다.

두 쌍의 장면은 서로 차이가 있다. 증기가 빠져나가는 소리를 동반한 찻주전자에 대한 장면은 동시적이면서 병행적이다. 알람 소리를 동반한 찻주전자는 사운드의 동시적이지만 대위법적인 사용이 될 것이다. 자연 다큐멘터리의 해설 소리는 병행적 소리의 비동시적 사용으로 동물들의 행태를 설명할 수도 있다. 환경 속에 있는 독소들의 존재를 강조하는 내레이션이 동반된 목가적 이미지들과 불길한 기계음은 비동시적 사운드의 대위법적 이용이 될 것이다.

사운드와 이미지 사이의 관계가 어떻게 다수의 의미를 얻어낼 수 있는지에 대한 친숙한 예가 〈오즈의 마법사〉(1939) 말미에 나온다. 마법사의 무서운 이미지와 일치하는 울리는 목소리와 음향효과는 장막 뒤에 있는 한 평범한 남자에 의해 만들어진 비동시적 사운드였던 것으로 갑자기 드러나게 된다. 마이크에 대고 말하는 것을 보게 될 때, 사운드는 동시적이며 병행적인 것으로 계획됐던 것은 사운드의 대위법적 사용인 것으로 드러난다(**사진 5.12**).

병행 처리(사운드와 이미지의 상호 강화 혹은 중복)는 할리우드의 표준이다. 비록 관객들이 시각을 통해 장소를 즉각 이해하더라도, 바쁜 거리에 대한 장면은 자동차 소음을 동반하게 마련이다. 이 병행 처리는 미적인 선택이다. 이와 대비되는 예로 유성 시대의 초기에 소비에트 이론가들은 몽타주 효과를 극대화하기 위해 사운드의 대위법적 이용을 주장했다.

가장 빈번하게 인용되는 유익한 특징 중 하나는 디제틱 사운드와 논디제틱 사운드 사이에 있다. **디제틱 사운드**(diegetic sound)는 영화의 서사적 세계에 원천을 갖고 있으며, **논디제틱 사운드**(nondiegetic sound)는 캐릭터들의 세상에 속해 있지 않다. 물질적으로 영화 사운드의 원천은 이미지를 동반하는 실제 사운드트랙이지만, 눈으로 볼 수 있는 화면상의 원천을 암시한다. **디제시스**(diegesis)는 영화 스토리의 세계를 말하는 것인데, 보이는 것뿐만 아니라 이미 일어난 것에 암시되어 있는 것도 포함한다. '디제시스'는 '이야기하는(telling)'이란 의미의 그리스어에서 왔고, '보여주는(showing)'이란 의미의 '미메시

생각해보기
공부하고 있는 영화에서 비동시음의 예(화면 밖 원천)로부터 동시음의 예(화면 내 원천)를 구별해보자. 이런 음향들은 구별하기 쉬운가?

5.11 〈**킬 빌 : 2부**〉 스파게티 웨스턴 음악은 신부가 봉인된 관 밖으로 나오려고 주먹질을 가하는 무시무시한 이미지와 대조를 이룬다.

5.12 〈**오즈의 마법사**〉 마법사 목소리의 원천이 여행자들을 놀라게 한 동시적 효과를 방해하면서 드러나고 있다.

(a)

(b)

5.13 〈저수지의 개들〉 원천 음악이 미스터 블론드의 공격이 이루어지는 동안 불안감을 조성하는 사운드트랙을 제공한다.

스(mimesis)'란 단어와 구별된다. 모방적 표현이 모방하는 한편, 디제틱 표현은 사건 및 세팅에 대해 이야기하거나 암시하는 특정 장치들을 이용한다.

디제틱 사운드와 논디제틱 사운드를 구별하는 간단한 방법은 영화 속의 캐릭터들이 그 소리를 들을 수 있는가 하는 질문에 달려 있다. 만일 들을 수 없다면, 그 소리는 논디제틱 사운드일 경향이 크다. 이런 구별은 목소리, 음악, 음향효과에도 적용할 수 있다. 화면상 캐릭터들 사이의 대사, 〈십계〉(1956)의 신의 목소리, 한 캐릭터가 경찰에게 한 고백에 대응하는 해설 소리, 〈저수지의 개들(Reservoir Dogs)〉(1992)에서 한 경찰관에게 가한 미스터 블론드의 가학적인 공격을 동반하고 있는 라디오 음악은 모두 디제틱 사운드이다. 논디제틱 사운드는 그럴듯한 핍진성의 법칙을 따르지 않는다. 〈위대한 앰버슨가(The Magnificent Ambersons)〉(1942)에서 관객에게 캐릭터들에 대해 말해주고 있는 내레이션 목소리, 사랑이나 여행의 한 장면에 동반되는 배경 음악 혹은 코미디에서 누군가 넘어졌을 때 쾅 하고 나는 심벌 부딪치는 소리 같은 효과는 모두 논디제틱 사운드이다. 오디오 전문가들은 파티에서 연주하는 밴드에 대한 장면이나 음악을 듣고 있는 캐릭터들에 대한 장면 같은 디제틱 음악을 **원천 음악**(source music)으로 언급한다(**사진 5.13a와 5.13b**).

디제틱과 논디제틱 사운드 사이의 차이점은 때때로 모호할 수도 있다. 어떤 해설 소리는 비록 다른 캐릭터들에게 커다랗게 이야기하는 것이 아닐지라도 한 캐릭터의 생각으로, 영화의 서사적 세계에서 생겨난 것으로 해석될 수도 있다. 영화 이론가 크리스티안 메츠는 이를 **세미디제틱 사운드**(semidiegetic sound)로 분류했다. 또한 **인터널 디제틱 사운드**(internal diegetic sound)로 언급될 수 있다. 〈선셋 대로(Sunset Boulevard)〉(1950)에서 불안정한 상태에 있는 죽은 캐릭터의 해설 소리가 이의 예가 될 수 있다. 디제틱 음악('생일 축하합니다'라고 노래하는 캐릭터들처럼)은 종종 영화 악보에서 논디제틱 주제 음악으로 선택된다. 그런 경계선과 혼합된 경우들은 범주화시키려는 시도를 좌절시키기보다는 영화의 시공간적 연속성에 대한 경험을 형성시켜주는 복잡한 장치뿐만 아니라 사운드트랙의 창조적 가능성 및 유연성도 분명히 보여주고 있는 것이다.

사운드 제작

현대 영화의 사전제작 단계에서 **사운드 디자이너**(sound designer)는 마지막 믹싱까지 음악 전반에 걸쳐서 계획하고 지시하는 모든 일을 관장한다. 제작기간 동안 **사운드 레코딩**(sound recording)은 장면을 촬영하는 것과 동시에 이루어진다. 각각의 테이크가 시작될 때, 장면의 정보가 담겨 있는 슬레이트(촬영판)[5] 혹은 **클랩보드**(clapboard, 딱따기 판)가 마주쳐 딱 소리를 낸다. 이렇게 녹음된 사운드는 카메라 이미지와 사운드 레코딩을 일치시키는 데 사용된다(**사진 5.14**). 소리 녹음을 위한 마이크는 배우들을 향해 설치되는데, 카메라 영역을 벗어난 액션을 녹음하기 위해서는 **붐**(boom)이라 불리는 낚싯대 모양의 장치를 매달아 설치하거나 혹은 세트의 다른 장소에 설치한다. 마이크의 배치는 종종 대사의 명료성 및 선명성을 강조하기 위해, 특히 인기배우들의 말하는 것을 강조하기 위한 요구에 따라 영향을 받는다.

다이렉트 사운드(direct sound, 직접음)는 그 원천으로부터 직접 잡아낸 사운드지만, 벽과 세트로부터 튀어나온 사운드를 잡아낸 **리플렉티드 사운드**(reflected sound, 반사음)는 공간 감각을 주기 위해서 필요할 수도 있다. **프로덕션 사운드 믹서**(production sound mixer, 동시녹음 기사 혹은 사운드 레코디스트)는 촬영 중 관련된 볼륨이나 밸런스를 조절하면서 다른 원천들을 결합한다. 로버트 알트만(Robert Altman)의 〈내슈빌(Nashville)〉(1975)에 도입된 멀티트랙 사운드 레코딩 프로세스(multitrack sound recording process)에서는 사운드의 24개로 분리된 트랙만큼 많은 소리가 12개 트랙에 녹음되었다. 이미지의 리얼리즘에 오디오 밀도를 더하는 것을 제외하고, 다이렉트와 리플렉티드 사운드 둘 다 캐릭터 및 그들의 환경에 대해 창의적인 견해를 밝히기 위해 사용될 수 있다. 알트만의 영화에서는 복잡한 소통을 강조한다.

5.14 〈광란의 사랑〉 세트장 촬영에서 테이크 촬영 시 클랩보드는 사운드와 이미지를 일치시키는 데 이용된다.

영화의 한 컷이 준비되면, 중요하고 점점 더 복잡한 **후반 제작 음향**(postproduction sound) 작업이 시작된다. **음향 편집**(sound editing)은 리듬감 있는 관계를 만들어내기 위해 이미지 트랙과 상호작용하고, 사운드와 화면 사이의 연결고리를 만들고, 전환을 표시해주거나 매끄럽게 해준다. 사운드가 영화에서 시각적 전환을 계속 유지하고 있을 때, 그런 상황을 **사운드 브리지**(sound bridge)라고 한다. 음악이 하나의 장면전환 이상으로 혹은 몽타주 시퀀스 이상으로 계속 이어질 수도 있고, 말하는 캐릭터들이 청중에게 보이기 전에 대화가 시작될 수도 있다. 감독은 음악과 효과가 어디에 추가될지를 결정하기 위해 영상 및 사운드 편집자 및 작곡가와 함께 논의하는데, 이 과정을 **스포팅**(spotting)이라 한다.

음향효과는 컴퓨터로 음향효과 편집자에 의해 만들어질 수 있는데, 사운드 라이브러리로부터 재생되거나 **음향효과 전문가**(foley artist)에 의해 만들어질 수 있다. 전설적인 음향효과 전문가 잭 폴리의 이름을 딴 이 전문가들은 촬영된 영화를 보면서 소위 폴리 스테이지라 불리는 곳에서 생생한 음향효과(발자국 소리, 바삭거리는 나뭇잎 소리, 자물쇠에서 열쇠가 돌아가는 소리 등)를 동시에 만들어낸다. 이런 효과는 다른 트랙과 혼합된다. 영화의 작곡가는 곡을 만들기 시작하는데, 영화의 최종 컷과 동시에 녹음된다(**사진 5.15**). 작곡가는 영화에 맞추어 연주자들을 지휘한다. 화면 안에서 영상의 움직임과 시각적으로 일치되는 음향을 의미하는 **포스트싱크로너**

5.15 〈파 프롬 헤븐〉의 곡 선정 감독 토드 헤인즈와 작곡가 엘머 번스타인은 1950년대 할리우드 영화의 사운드를 재창조해내는 영화음악을 녹음한다. Courtesy Salt Film Productions, Inc.

〈사랑은 비를 타고〉의 사운드와 이미지

같이 보기 : 〈42번가(42nd Street)〉(1933),
〈바클리 오브 브로드웨이(The Barkleys of Broadway)〉(1949), 〈아티스트(The Artist)〉(2011)

할리우드는 〈사랑은 비를 타고〉(1952)에서 동시적 음향의 도입에 대한 신화를 만들어왔다. 스탠리 도년과 진 켈리가 감독한 〈사랑은 비를 타고〉는 사운드를 현실 도피적으로 이용하고 있는 한편, 사운드가 어떻게 그런 효과를 달성하고 있는가에 대해 보여주기도 한다. 이미지에 대한 사운드의 관계, 영화 사운드 기술의 역사, 사운드를 녹음하고 또 재생하는 과정을 다루고 있다.

1920년대 말 할리우드에 세트를 설치한 〈사랑은 비를 타고〉는 스튜디오 최초로 성공한 유성 영화를 만들려는 모뉴멘탈 픽처스(영화 속 허구)의 노력을 따라가고 있다. 영화 제작과정에 대한 자의식이 무대 뒤 관점 속으로 관객들을 유도하고 있더라도, 영화 그 자체는 할리우드 뮤지컬의 환상을 달성하기 위해 모든 가능한 기술을 계속해서 구사한다. 영화가 가르치고 있는 것 중 하나는 스튜디오 프로듀서가 추측하듯이 '말하는 영상'이 단순히 말하는 것이 덧붙여진 무성 영화가 아니라는 것이다. 영화는 이미지에 덧붙여진 사운드가 노래와 춤, 코미디, 로맨스와 함께 스스로를 생동감 있게 진작시키고 있다는 것을 보여준다. 그런 효과들을 만들어내는 데 많은 노동과 장비가 관여되어 있다는 것을 보여준다.

이 영화의 맨 처음부터 음향 재현을 책임지고 있는 기술(통상 숨겨져 있는 기술)이 드러난다. 영화는 관객들이 록우드와 레이먼트가 나오는 새로운 영화를 보려고 모여 있는 할리우드 무비 팰리스 극장 밖에서 시작한다. 첫 도입부는 목소리로 시작한다. "신사 숙녀 여러분, 저는 여러분에게…." 이 비동시적인 아나운서의 목소리는 청중 너머로 전달되면서 직접 말하고 있는 것처럼 들린다. 두 번째 숏은 이미지와 사운드트랙의 병행처리를 강조하면서 확성기를 직접 보여주고, 그런 다음 청중을 보여준다. 처음 아나운서를 접하게 될 때, 동시적 목소리의 원천인 마이크는 미장센에서 아주 중요하다(사진 5.16). 라디오와 무성 영화의 지난 시절을 언급하면서 영화는 사운드와 이미지가 결합된 세련된 MGM 뮤지컬을 볼 기회를 갖게 된 현대의 관객들을 축하하고 있다.

이 영화는 스튜디오 시절의 유성 영화의 자원과 관습들을 구사한다. 진 켈리가 분한 인기배우 돈 록우드가 모여든 군중과 집에서 듣고 있는 라디오 청취자에게 디제틱 해설 소리를 통해 과거를 이야기할 때, 말과 반대되는 일련의 회상 이미지 때문에 사운드가 대위법적으로 사용된다. 화면상 이미지가 음악학원에서 공부할 때를 말하고 있는 반면 화면 밖 목소리에서는 자리를 양보하고 있을 때, 대신 보드빌 공연을 하고 있는 그와 도널드 오코너가 분한 친구 코스모 브라운을 보게 된다. 이 장면은 이미지와 목소리가 동시화되지 않을 수 있다는 것을 보여주고 있는

데, 전체적으로 이 영화에서 중요한 주제이기도 하다. 사운드트랙이 이미지들과 상호작용할 수 있는 다수의 방식을 보여준다. 차례대로 코믹한 보드빌 공연방식이 숏자에 대한 직접적인 이해를 촉구하면서 생생한 음악과 유머러스한 음향효과(회상적 세계의 디제틱 사운드)를 동반한다. 다음으로 록우드의 내레이션에 대해 이해하는 듯한 반응을 듣게 되는데, 내레이션은 꾸며낸 것일 것이다. 그러나 사운드의 이런 2개의 다른 수준(돈 록우드의 내레이션, 회상할 때의 동시적 사운드가 허위라는 것을 드러내는 것)을 혼란스러움으로 경험하지 못한다. 이 영화가 사운드 기술의 메커니즘을 드러내는 것이 사운드와 이미지의 관계에 대한 다수의 환상들에 대한 신뢰에 제한을 가하지 않을 것이라는 것은 분명한 사실이다.

나중에 돈이 데비 레이놀즈가 분한 캐시 셀든에게 자신의 깊은 감정을 표시하고 싶어 할 때, 그녀를 비어 있는 사운드스테이지로 데려간다. 아이러니하게도 진실성은 석양을 나타내는 배경막, 바람 소리를 내는 장치, 달빛을 만들어내는 배터리, 모든 인공적인 계획이 제공하고 있는 로맨스 영상에 의지한다(사진 5.17). 하지만 그에 상응하는 음향적 환상이 눈에 보이는 아무런 사운드 녹음 장비나 효과 장비 없이, 화면상의 오케스트라보다 훨씬 덜하게 마술처럼 만들어지고 있다. 돈이 바람 소리 장치 등에 손을 대기만 하면 논디제틱 음악이 동시에 흘러나온다. 이런 식으로

5.16 〈사랑은 비를 타고〉 사운드 녹음 기술에 대한 관심은 첫 장면에서 마이크의 중요성을 드러내는 것으로 명백하게 드러난다.

5.17 〈사랑은 비를 타고〉 로맨스에 대한 환상은 사운드스테이지에서 분명히 만들어지지만, 캐릭터들이 춤추는 음악은 뚜렷한 원천을 갖고 있지 않다.

5.18 〈사랑은 비를 타고〉 영화의 마지막 반향을 일으키는 순간이 사운드트랙으로 보이지 않는 합창 소리를 동반한다.

불신감을 저만치 밀어 놓도록 하는 것은 가능한 일이다. 왜냐하면 영화의 세계에서 음악은 어디에나 있기 때문이다.

돈의 진정한 사랑은 캐시 셀든으로 재능이 뛰어난 사람으로 묘사된다. 이미지와 사운드 모두 들어맞으면서 노래를 할 수 있기 때문이다. 이와 대조적으로 화면상에서 그가 이끄는 여인인 리나 레이먼트(진 헤이건이 분한)는 진실되고 생동감 있는 사운드를 못 내는 이미지로 묘사된다. 리나는 아름답지만 말하는 순간 웃음을 유발하는 악센트를 구사하며, 아이러니하게도 우스운 연기는 커다란 청각적 재미 중 하나가 된다. 영화 도중 돈 록우드는 진정한 자아('빗속에서 노래하고 춤추면서' 온전히 드러내는)가 영화 속의 페르소나 속으로 몰입된다는 것을 깨닫게 된다.

어떤 것도 할리우드가 만든 사운드-이미지적 환상에 대한, 노래 부르지 않는 〈노래하는 기사〉의 재앙과도 같은 개봉과 리나가 사칭한 진실이 나오는 뮤지컬 〈춤추는 기사〉의 개봉날 밤 마지막 장면 사이의 대비보다 더 나은 할리우드의 환상을 탐닉하는 역설적인 인식을 보여주고 있지 않다. 전자에서는 시끄러운 관객들이 빈약한 동시녹음 실수들에 대해 비웃고 야유를 퍼붓는다. 배우들의 심장박동 소리와 옷이 바스락거리는 소리가 대사를 방해했던 것이다(물론 우리에게 웃음소리와 심장박동 소리 모두 음향효과인데, 심장박동 소리는 웃음이 나올 정도의 높은 수준으로 섞여 있다). 그들이 만든 영화는 근본적으로 '말하는 영상'의 가능성을 잘못 이해하고 있는 것이다.

뮤지컬 〈춤추는 기사〉의 개봉 시에는 마침내 영화가 사운드와 이미지 사이에서뿐만 아니라(그래서 처음 버전의 웃음을 자아낸 동시화 문제들을 교정하면서), 돈과 캐시 사이에서도 적절한 일치를 만들어낸다. 캐시가 영화 개봉 시 리나의 목소리를 억지로 대신 녹음해준 다음, 막이 열리면서 대신 녹음한 것이 관객들에게 폭로되고, 모욕을 느낀 캐시는 무대를 도망치듯 빠져나간다. 돈은 'You Are My Lucky Star'라는 노래를 부르면서 그녀를 되돌아오게 한다(리나와 달리 그는 영화 내내 목소리로 노래하는 모습을 관객 앞에서 보여주면서). 코스모는 오케스트라를 지휘하고(개봉작은 반주를 하지 않는 유성 영화로 구성된다) 캐시는 돈과 듀엣이 된다.

화면상 오케스트라가 동시적이기 때문에 이전 장면의 로맨틱한 배경음악보다 더 생생한 진짜라는 것을 보여주는 것으로 영화를 읽지 않도록, 비동시적 음악과 함께 의기양양하게 끝나는 것에 주목해야 한다. 카메라가 록우드와 셀든 주연의 〈사랑은 비를 타고〉 개봉을 알리는 광고탑으로 인도할 때, 눈으로 볼 수 없는 풍부한 합창 소리인 'You Are My Lucky Star'가 들려온다(물론 록우드와 셀든은 실제에 있어서도 똑같이 유명한 인기배우들인 진 켈리와 데비 레이놀즈이다)(사진 5.18). 명백히 꾸며진 합창 소리와 광고탑 홍보는 영화가 기획한 자연스러운 할리우드식 환상(〈사랑은 비를 타고〉 같은 호화 뮤지컬에 의해 적절히 대변되고 있는)의 절정이라고 볼 수 있다. 사운드와 이미지가 불가피하고 즐겁게 혼합된 영화로서 할리우드에서의 사운드의 도입을 극적으로 만들어 놓았다.

생각해보기

최근에 본 영화에서 어떤 방향으로부터 특정 사운드가 나오고 있는가? 그 영화의 사운드 믹스의 가장 들을 만한 요소는 무엇인가?

스 사운드(postsynchronous sound)는 최종 믹싱에서 사용된 대사에 자주 이용된다. 제작하는 동안 녹음된 자연적인 소리는 소음, 관점 혹은 기타 문제들 때문에 분명하지 않을 수 있으며, 연기자의 많은 부분들이 대사의 명료성에 의지하게 된다.

후시 녹음(automated dialogue replacement, ADR) 작업 동안 배우들은 **루핑 작업**(looping, 반복 작업)으로 원래 영상을 보면서 자신들의 대사를 사운드트랙에 더빙(dubbing)한다. 비록 더빙이 신빙성을 침해할 수 있다 하더라도, 이탈리아와 기타 나라들에서는 모든 영화 대사에 이를 사용하고 있다. 종종 다른 나라들에서의 상영을 위해 더빙으로 원래 언어를 교체하기도 한다. 군중 소리, 중얼거리도록 지시받아 내는 **왈라**(walla)[6]로 알려진 소리를 내기 위해 엑스트라들을 모이게 하는 것 같은 기타 공통된 관습들이나 **룸톤**(room tone, 실내 소음) 녹음이 마지막 필름 단계에서 순수한 정적 상태를 보여주기 위해 사용될 수도 있다. 그런 관습들은 사운드 구성 단위가 '진짜처럼 보이는' 사운드를 재생산하는 것을 보여준다.

사운드 믹싱(sound mixing)은 영화의 후반 과정에서 중요한 단계인데, 크레딧을 포함한 이미지 트랙이 완성된 후에만 생길 수 있는 작업이다. 분리된 트랙들에 녹음된 사운드트랙의 세 가지 요소(음악, 음향효과, 대사)가 모두 결합된다. 트랙들이 혼합될 때, 감독의 개입으로 음향 편집자, 음향 설계자, 영상 편집자에 의해 잘리고, 확장되고, 조정되고, '구미를 당기게' 만들어진다. 사운드 믹싱에 대한 객관적인 기준이란 없다. 이미지가 완결되더라도, 감독과 기술자들은 사운드에 대한 특정 생각을 갖게 된다. 마지막 **믹스**(mix)는 대사에 특별한 강조를 더하고, 음악의 볼륨을 통해서 분위기를 조절하고 혹은 액션 시퀀스 동안 음향효과를 통해 활력을 불어넣기도 한다. 〈바톤 핑크〉(1991) 같은 영화에서는 삐걱거리는 문 소리에 동물들의 울음소리 등을 혼합한 사운드 믹싱을 통해 진짜 같지 않은 세계에 살고 있다는 느낌을 자아낸다. 영화의 마지막 믹스에서 사운드 믹서가 영화의 마지막 편집과 일치하는 마스터 트랙(원본 트랙)을 만들어낸다. 시각적 트랙들이 필름 프린트 시에 이미지 트랙들과 '결합하게' 된다. 즉 디지털 트랙들이 디지털 영사를 위해 필름에 프린트되거나 녹화된다.

음향 재생(sound reproduction)은 관객들이 영화관에서 영화의 사운드를 경험하는 그 과정에서의 단계를 말한다. 영사하는 동안 시각적 사운드트랙은 빛을 전기 에너지로 전환해주는 태양 전지에 의해 빛이 나고 읽히게 되는데, 전기 에너지는 스피커 시스템으로 확대되고 전환된다. 자기적 및 디지털 사운드트랙들은 또한 영사 중 사운드 시스템에 의해 사운드 파동으로 전환된다.

음향 재생은 의심할 여지 없이 복사이다. 그러나 그 원천이 방향성, 조성(tonality) 혹은 깊이 등의 면에서 변했다 할지라도 똑같은 상태를 갖고 있는 것처럼 혹은 원래 사운드로 귀에 영향을 미치고 있는 것처럼 보일 수 있다. 우리는 사운드를 바로 여기서, 지금 당장 듣고 있는 것으로 믿고 있지만, 사실 우리는 실제 비행기 엔진 소리가 아니라 비행기 엔진 녹음 소리를 듣고 있는 것이다. 사운드의 관점은 이런 현실감을 진작시켜서 디지털 사운드 믹싱으로 커다란 뉘앙스 차이를 만들어낼 수 있다. 실제 극장에서의 3차원 공간에 스피커들을 배치하는 것은 관객들의 뒷면이나 앞면으로부터 혹은 묘사된 장면의 왼쪽이나 오른쪽으로부터 흘러나오는 사운드를 들려주는 데 활용될 수도 있다.

데이비드 마멧이 자신의 희곡을 바탕으로 각색한 〈글렌게리 글렌 로스(Glengarry Glen Ross)〉(1992)는 배우들 목소리의 사운드가 주도하고 있는 작품이다(**사진 5.19**). 〈터미네이터(The Terminator)〉(1984)는 소음에 의해 우리를 미래 세계로 안내해주는 한편, 〈사운드 오브 뮤직(The Sound of Music)〉(1965)의 제목은 그 자체로 우리가 그 사운드트랙을 들을 수 있다는 것을 말해준다. 목소리, 음악, 그리고 음향효과는 영화 사운드트랙의 세 가지 요소인데, 종종 동시에 나타나기도 한다. 어떤 의미에서 영화의 이미지 트랙은 비교적 개별적인 사진 이미지 및 텍스트

5.19 〈글렌게리 글렌 로스〉 목소리와 대사는 이 극적 각색에 있어서의 복잡한 액션, 관계, 감정을 측정하고, 또 묘사한다.

로 구성되어 있는데, 그것은 더 단순하고 더 통합되어 있다. 그럼에도 불구하고 비록 이 세 가지 음향 요소가 모두 어떤 주어진 이미지와 관련하여 현실화되고 결합될 수 있다 하더라도, 관습은 이런 관계를 지배하도록 진화해왔다. 예를 들면 통상 목소리로 이루어지는 대사는 음악 너머로 들을 수 있게 되는데, 특별한 경우에 있어서만 한 토막의 음악이 그에 동반되는 이미지를 구술한다. 여기서 우리는 이미지와 기타 사운드로 혼합된 의미를 만들어내는 사운드트랙의 각 기본적 요소 및 그 가능성을 시험해볼 것이다. 우리는 사운드트랙의 관습적인 용법들을 밝힐 것이고, 또 어떻게 그것들이 영화 사운드의 가능성 속에서 이론가들의 질문에 대한 영화 경험을 형성해왔고, 또 방향을 제시해왔는지를 밝히도록 할 것이다.

영화에서의 목소리

주로 대사 형태에서 인간의 말은 서사적 영화를 이해하는 데 중심적 역할을 한다. 배우 목소리의 음향적 질감은 영화에 뚜렷한 공헌을 한다. 지미 스튜어트의 느린 말투는 느긋하고 편안하다. 산드라 블록의 캐릭터는 높고 낮은 음조 사이의 영역을 오르내릴 수 있어서 때때로 제어가 됐다 안 됐다 하는 인격체를 만든다. 비록 리얼리즘의 주요 목적인 이러한 점에 양보한다 할지라도 배우의 말을 알아볼 수 있게 재빨리 기록하는 것은 초기 영화 사운드 녹음 과정에서 주요 목적이 되었다. 예를 들면 어떻게 우리가 영화 캐릭터들의 말을 듣고 있는가에 대해 생각해보자. 이미지 트랙이 대화 중인 롱숏으로부터 두 캐릭터의 미디엄숏, 그리고 일련의 클로즈업, 숏/리버스숏까지 편집할 수 있는 반면, 사운드트랙은 볼륨에서의 변화를 통해서 혹은 다이렉트 사운드와 리플렉티드 사운드 사이의 관계를 통해서 정확하게 이런 거리감을 재생하지는 못한다. 오히려 배우들은 마이크를 사용함으로써 말하는 것이 직접 녹음되고 선명해지며 알아들을 수 있고, 또 대사 장면 전반에 걸쳐서 볼륨의 통일을 이룬다. **사운드 원근감**(sound perspective)은 가까이 있는 사운드의 원천, 즉 음원에 대한 명백한 거리감을 말하는 것이다.

대사

배우들이 말하는 것이 아주 중요하다. 즉 대사는 캐릭터의 동기유발 및 목적을 만들어내고, 또 플롯의 정보를 전달해준다. 녹음 기술의 진보는 영화감독들로 하여금 대사가 스토리를 이야기 하는 데 사용되는 방법을 시험하도록 허용해왔다. 이 장의 처음에 언급했듯이 〈내슈빌〉에서 로 버트 알트만 감독의 멀티 트랙 영화 사운드 녹음에서의 혁신은 각 캐릭터가 마이크를 끼고 따로 따로 녹음하는 것이었다. 이 기술의 특징은 알트만이 캐릭터들의 말을 동시에 혼합하면서 **중첩 대사(overlapping dialogue)**를 광범위하게 사용한다는 것인데, 이것은 오손웰즈가 덜 세련된 녹음 기술로 시도했었던 기술이다. 〈내슈빌〉에서 캐릭터들은 끊임없이 서로에 대해 이야기한다(**사진 5.20**). 이 기술은 개별 대사들을 두드러지지 않게 만들면서 동시에 다수의 경쟁적인 화자와 사운 드를 듣게 되는 일상적인 경험에 근접하도록 하기 위해 사용된다.

5.20 〈내슈빌〉 로버트 알트만의 12트랙 녹음 과정은 각각의 캐릭터를 개별적으로 잡아내 고 있으며, 또한 중첩 대사가 마지막 믹스에서 사용된다.

또한 대사는 대사 편집의 숏/리버스숏 패턴 같은 시각적 전환으로 이어질 때 우선권이 주어진다. 우리는 한 배우가 대사를 시작하고 계속 이어가려고 할 때 듣는 사람을 쳐다본다는 것을 보게 된다. 사운드는 장면이 개별적 숏으로 나뉠 때도 일시적 연속성을 보존한다. 대사는 여기에서 지금 진행되고 있다. 그래서 그것은 신빙성에 대한 핵심적인 버팀목이다. 때때로 가장 색다른 플롯 전제와 세팅은 대사에 단단한 기반을 두고 있다. 중요성과 권위를 부여 받고 있음에도 영화 사운드가 종종 이미지와 관련된 2차적 지위를 갖고 있다는 사실은 흥미로운 일이다.

보이스오프와 보이스오버

보이스오프(voice-off, 타영역 소리)[7] 기술은 화면상의 화자로부터 혹은 그 장면에 있을 것으로 추정될 수 있지만 통상 보이지 않는 화자로부터 기인되는 것으로 보이는 소리에 대한 것을 말한다. 이 기술은 이미지에 대한 사운드의 더 커다란 공간적 유연성에 대한 좋은 예이다. 〈로라(Laura)〉(1944)의 처음 숏은 **내레이터**(narrator)가 영화의 사건을 소개할 때 고급 아파트 주변을 둘러보는 한 수사관을 따라간다. 갑자기 똑같은 목소리가 함부로 만지지 말라고 수사관에게 말을 거는데, 이것은 보이스오프를 사용한 분명한 사례 이다. 〈엠〉(1931)에서 처음에 살인자의 휘파람 소리가 화면 밖에서 들려오고, 이어서 한 남자의 그림자가 화면상에 나타나는데, 사운드의 표현 가능성을 조명과 미장센의 가능성과 결합한다(**사진 5.21**).

5.21 〈엠〉 화면 밖에서 휘파람 소리를 사용한 것은 프리츠 랑의 초기 유성 영화의 걸작 속에서 살인자의 존재를 처음으로 암시한다. 휘파람 소리와 한 남자의 그림자를 결합시킬 때, 프리츠 랑은 미장센의 긴장감을 높이기 위해 사운드와 조명을 모두 사용한다.

실험 영화에서 보이스오프는 또한 관객 혹은 청중으로 하여금 허구적 영화의 다른 수준에 대해 생각하도록 만들어준다. 어떻게 우리는 화면 밖 목소리가 화면상 인물들과 똑같은 공간과 시간을 공유하고 있는지 알고 있는가? 샹탈 애커만의 〈뉴스 프롬 홈(News from Home)〉(1976)의 사운드트랙 은 벨기에 집에 있는 어머니가 프랑스로 보내온 편지를 읽고 있는 감독의 목소리로 구성되어 있다(**사진 5.22**). 이미지는 사람으로 북적이는 뉴욕 거리와 한적한 지하철 승강장, 그리고 자동차들을 간간히 묘사한다. 목소리와 이미지 사이의 괴리는 편지 속에서 언급된 거리감을 다시 강화시켜준다.

고전 영화에서 보이스오프를 사용하고 있는 것이 미장센이 프레임의 경계를 넘어서 확장되어 있다는 것을 암시하면서 영화 리얼리즘을 제공하는 강력한 도구가 되고 있지만, 보이스오프의 출처가 분명치 않다면 리얼리즘의 환상은 도전받을 수 있다. 〈2001 : 스페이스 오디세이〉(1968)에서 컴퓨터 할 9000의 보이스오프는 리얼리즘과 일치하는데, 왜냐하면 그 목소리는 원천, 즉 음원이 알려져 있기 때문이다. 그러나 균등한 수준의 볼륨이 친밀성을 갖고 우주선에 스며들어 있는 것처럼 보이고 있다. 영화의 인간성과 기술의 기이한 혼합 속에서, 그것은 어떻게 보이스오프가 사운드와 이미지의 관례적인 일치 속에서 거리감을 소개할 수 있는지를 보여준다.

　보이스오프는 디제시스 안에 있는 캐릭터들이 **보이스오버**(voiceover, 화면 바깥소리)[8]를 들을 수 없다는 단순한 사실에 의해 보이스오버의 친숙한 기술과 구별된다. 보이스오버는 영화에 있어서 중요한 구조적 장치이다. 즉 화면 밖 내레이터에 의해 말해진 텍스트는 다큐멘터리 영화, 상업 영화 혹은 실험적 비디오 혹은 에세이 영화에서처럼 사실상 모든 영화 이미지의 배후에서 구성 원리로 작용할 수 있다. 고전적 다큐멘

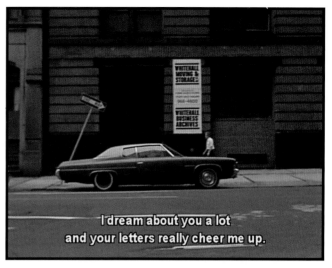

5.22 〈뉴스 프롬 홈〉 집에서 온 편지는 영화 공간을 가로질러 시적인 괴리감을 만들어내면서 쓸쓸한 뉴욕시 이미지를 읽어낸다.

터리 영화인 〈나이트 메일(Night Mail)〉(1936)과 〈평원을 일구는 쟁기(The Plow That Broke the Plains)〉(1936)의 보이지 않는 내레이터들이 영국의 우편배달에 대한 한 편의 시를, 그리고 미국 정부의 농업 프로그램에 대한 언급을 각각 제공하고 있는 반면, 알렉스 기브니의 〈택시 투 더 다크 사이드(Taxi to the Dark Side)〉(2007)에서 영화감독의 보이스오버는 아프가니스탄과 관타나모만에서의 현대적 고문에 대한 어두운 묘사를 제공한다**(사진 5.23)**. 보이스오버 장치는 다큐멘터리 전통의 초석이 되고, 영화 이미지들의 애매한 가능성에 '단단한 기반을 닦는다'. 그런 보이스오버 소리의 성질(보통 남성적, 공명적, 계급, 지역 혹은 외국 악센트 혹은 기타 구별되는 특징에 의해 '표시되지 않는')은 신뢰성을 내포하도록 되어 있다(비록 오늘날 그것들이 선동적으로 들릴 수 있을지라도). 초월적인 보이스오버를 통해서 이미지들에 대한 우리의 해석을 지시하는 전통적 기술은 때때로 '신의 목소리'로 불린다. 이런 유형의 자신감 있는 남성적 목소리는 여전히 자연 다큐멘터리, 상업 영화, 영화관 예고편에서 들을 수 있다.

　보이스오버는 또한 캐릭터들의 주관적 진술을 제공할 수 있다. 예를 들면 〈브리짓 존스의 일기(Bridget Jones's Diary)〉(2001)의 많은 유머들은 그녀가 만나는 상황에 대한 내적인 세미디제틱 평들에 대한 관객들의 접근에서 발생한다**(사진 5.24)**. 보이스오버는 또한 회상을 촉발시킴으로써 스토리의 시간적 구성에 관객들을 맞추거나 혹은 영화의 현재로 되돌아가는 전환을 제공함으로써 내레이션에 있어서 중요한 구조적 장치가 될 수 있다. 현재의 보이스오버 내레이션은 묘사된 세계 속으로부터 이미지와 사운드 모두를 사용하고 있는 과거의 한 장면을 동반할 수 있다. 영화의 시간성을 구성하기 위해 보이스오버를 사용하는 것은 누아르 영화 같은 일부 장르에서 지배적인데, 그 속에서 보이스오버는 많은 이런 스토리들이 각색된 문학작품들의 하드 보일드(감정을 잘 드러내지 않는 비정한) 스타일, 1인칭 수사극 스타일을 모방한다. 때때로 누아르 영화의 어두운 세계 혹은 수사관의 제한된 관점에 맞추

 생각해보기

수업시간에 볼 영화에서 목소리를 특정 목적을 위해 사용하고 있는 것을 확인해보자. 대사는 충분한가? 만일 보이스오버가 사용된다면, 그것의 기능과 디제틱 상황은 무엇인가?

5.23 〈택시 투 더 다크 사이드〉 이 다큐멘터리에서 어둡고 사무적인 투의 보이스오버는 그것이 묘사하는 실제 상황을 훨씬 더 충격적으로 만들고 있다.

5.24 〈브리짓 존스의 일기〉 이 영화의 주관적 보이스오버는 여주인공의 욕망과 불안감을 유머러스하게 잘 표현해준다.

5.25 〈로라〉 욕조에서의 글쓰기를 보여주면서, 클리프톤 웹이 분한 왈도 라이데커는 보이스오버 내레이션과 함께 영화를 시작한다. 여주인공의 죽음에 대한 그의 언급은 그녀가 살아 있는 채로 발견됐을 때 그가 믿을 수 없는 사람이라는 것을 증명해준다.

5.26 〈밀드레드 피어스〉 조안 크로포드가 분한 밀드레드의 보이스오버는 회상 장면에서 아내와 어머니로서 그녀의 상황에 대한 우리의 동정심을 증가시킨다.

어서 보이스오버는 〈로라〉에서 찾아내듯이 믿을 수 없는 것을 증명해낸다(사진 5.25).

마이클 커티즈의 〈밀드레드 피어스(Mildred Pierce)〉(1945)는 '여성 영화'(한 여성 인기배우가 분한 캐릭터가 많은 여성들이 겪는 문제들의 과장된 상황을 맞이하게 되는)이지만, 누아르 영화의 틀을 갖추고 있으며, 또한 보이스오버는 이 맞부딪치는 스타일 속에서 중요한 요소가 된다. 처음에 조안 크로포드가 분한 밀드레드는 그녀가 저지르지 않은 범죄(결국 우리가 알게 되는)를 저질렀다고 고백한다. 그러나 그녀의 보이스오버의 신빙성은 장르 관습뿐만 아니라 그녀의 성에 의하여 위태로워진다. 여러 회상 장면이 밀드레드가 경찰들에게 심문받는 장면에 이어 소개된다. "나는 부엌에서 태어난 것 같다."라고 그녀는 해설한다(사진 5.26). 이런 보이스오버들은 회상 장면으로 돌아가 동시적 사운드가 펼쳐질 때 재빨리 중지된다. 마침내 밀드레드의 사건은 경찰의 의심을 받고, 경찰은 그녀의 말을 이용하여 그녀의 딸이 살인을 저질렀다고 지목한다. 그녀의 보이스오버는 궁극적으로 그들의 견해에 동조하게 된다. 비평가들은 〈밀드레드 피어스〉와 알프레드 히치콕의 〈레베카(Rebecca)〉(1940) 같은 **여성 영화**(women's picture)에 있어서, 여성의 보이스오버는 우리가 고전적 할리우드 영화에서 기대해왔던 균형상태를 침해함으로써 끝까지 지속되기가 어렵다는 사실에 주목한다. 〈터미네이터〉(1984)와 〈터미네이터 2(Terminator 2: Judgment Day)〉(1991)에 있어서 사라 코너의 보이스오버 같은 현대의 예들은 다른 성 정치학을 반영하는 방식으로 이런 공식을 바꾸고 있다.

동시녹음

동시녹음(synchronization), 즉 몸에서 나오는 목소리의 시각적 조화는 할리우드 영화에서 소중한 전통으로 여겨지고 있다. 그것은 독립적인 가치를 지니고 있으면서도 할리우드 영화가 추구하는 리얼리티에 대한 끊임없는 환영에 의문을 제기하는 음향적 기반이다. 영화 이론가인 카자 실버만은 동시 녹음이 여성과 아프리카계 미국인들처럼 문화적으로 신체로 확연히 구분되는 캐릭터들에게 특히 적용되는 것이라고 주장한다. 이런 캐릭터들은 말하기만을 통해서 권위적인 존재로 인정받지 못해왔다는 것이다. 그래서 〈쇼생크 탈출(The Shawshank Redemption)〉(1994)과 후속 영화들에서의 모건 프리먼의 보이스오버 내레이션은 중요한 문화적 전환점인 것이다. 〈이브의 시선(Eve's Bayou)〉(1997)의 내레이터는 심지어 더 젊기까지 한데, 이는 영화에 이야기를 해독할 수 있는 놀라운 감각을 불어넣어준다. 즉 이브가 여성이고 아프리카계 미국인이라는 사실은 알려지지 않은 훨씬 더 긴급한 스토리에 영화가 강조점을 두고 있다는 사실을 말하고 있는 것이다(사진 5.27).

　'토키(발성 영화)'가 도입된 이래, 인간의 목소리는 다양한 영화 형태로 의미의 시스템을 구성해 왔다. 즉 서사 영화는 대사라는 형식을 빈번하게 사용했으며, 다큐멘터리 영화는 보이스오버, 즉 해설 소리를 사용했고, 실험 영화는 종종 목소리를 하나의 미적 요소로 전환시켜 사용했다. 일부 작가들은 '목소리'의 이론이 오로지 이미지만을 고집하는 모델보다 더 많은 의미를 제공하는 영화 분석을 열어줄 수 있다는 사실을 제시한다. 비록 우리가 어떻게 영화 사운드가 이미지에 빈번하게 종속되어 있는가에 대해 강조해왔다 하더라도, 목

5.27 〈이브의 시선〉 사건에 대한 소녀의 이야기는 보이스오버 장치를 통해서 신뢰성을 얻고 있다.

소리의 영역은 우리에게 어떻게 사운드가 영화의 이해에 기여하고 있는가를 보여준다. 사실상 우월적인 인간 목소리는 어떻게 고전적 영화 세계가 인간의 경험을 묘사하는 데 초점이 맞추어져 있는가에 대한 기준인 것이다.

영화에서의 음악

음악은 영화 경험에 있어서 아주 중요한 요소이다. 다른 효과들 사이에서 그것은 리듬을 부여하고 감정적 반응을 깊게 해준다. 음악은 영화 프로그램에서 빠지는 경우가 거의 없고, 초기 영화의 많은 장소들은 첫 번째로 음악적 장소가 되어 왔다. 피아노는 20세기 들어서 대중적 및 사적인 오락의 중요한 요소가 되면서 영화 전시회의 주춧돌과 같은 존재가 되었다. 무성 영화 시기 전반에 걸쳐서 영화를 위한 악곡은 반주와 합주가 특정 영화를 위해 전과정 작곡으로 영화 속의 적절한 순간들에 맞추어 연주할 수 있을 정도로 지속적으로 발전해왔다. D. W. 그리피스의 〈국가의 탄생〉이 1915년 개봉됐을 때, 바그너의 'Ride of the Valkyries'가 울려퍼지는 가운데 KKK단이 집결하는 장면에서 조셉 칼 브레일의 악곡을 오케스트라가 연주하고 있는데, 그것이 관객들을 사로잡은 주 요인이었다. 이 시기에 건설된 무비 팰리스 극장들의 음향시설은 콘서트홀에서 오케스트라 음악을 듣는 것에 익숙한 청중의 귀에 맞추어져 있었다. 〈재즈 싱어〉와 기타 초기 유성 영화들은 그 당시 인기배우들의 뮤지컬 공연을 과시하도록 고안되었다. 앞서 언급했듯이 말하기는 화면 다음에 등장해서 대사의 도입은 무비 팰리스 극장에서의 스케일과 볼륨상의 문제들을 야기했다.

　비록 새로운 유성 영화들을 위한 용어 '토키'가 곧 등장했다 하더라도, 모든 장르의 영화(서부 영화, 재난 영화, 공상과학 영화 등)는 시작부터 음악에 의지하고 있었다. 종종 이 음악은 장르 영화들처럼 영화를 분류하는 데 공헌한다. 예컨대 〈블레이드 러너〉(1982)에 쓰인 반젤리스의 음악은 이 영화를 뚜렷이 공상과학 영화로 만들어준다. 이와 대조적으로 〈바람과 함께 사라지다〉(1939)에 쓰인 맥스 스타이너의 악곡은 이 영화를 향수와 로맨틱한 감정을 불러일으키는 분위기로 만들어준다.

서사 음악

음악은 주로 크레딧을 제외한 논디제틱한 영화적 담론의 한 가지 요소이다. 우리 마음의 어느 한 구석에서는 스토리 속에 아무런 음원이 없는 음악 작곡의 실행이 현실감을 침해하는 것이라

고 인식하고 있는데, 우리는 이런 관습을 쉽게 받아들이고 있다. 황무지 한가운데에서 연주되고 있는 카운트 베이시의 재즈 오케스트라의 사운드트랙은 멜 브룩스의 〈블레이징 새들스(Blazing Saddles)〉(1974)의 유명한 개그로 관습의 부조리를 보여주고 있기 때문에 즐거움을 준다(**사진 5.28**). 과도한 배경음악이 우리를 영화로부터 빗나가게 할지라도, 우리는 음악을 영화에 대한 감정적 반응의 중요한 요소로 귀중하게 여기고 있다. 그래서 서사 영화를 위한 음악 작곡은 주목할 만한 역설을 보인다. 즉 고전 영화에서 귀중하게 여겨지는 많은 것들(핍진성, 인과법칙 등)이 영화음악의 걸작에서조차 완전히 무시된다.

작곡, 오케스트라 연주, 그리고 믹싱의 전통은 영화에서의 특별한 종류의 경험에 기여한다. 영화음악은 시각적인 것뿐만 아니라 영화의 다른 음향적 차원에 의해서 전달되는 정보를 받아들이도록 우리를 자극한다. 영화음악은 또한 우리가 장벽을 허물고 영화를 직접 경험하도록 촉구한다. 디제시스로부터 따로 떼어놓고 극장 안 바로 거기에서 발생하고 있는 음악은 우리가 허구의 세계 속으로 전환해 들어가는 것을 완화시켜준다.

많은 음악 연주들이 서사 영화의 주요 형식으로 발전되었으므로, 우리는 서사 영화음악에 이 논의의 초점을 맞출 것이다. 할리우드와 관련 주류 영화 관습에 있어서 따로 영화음악을 작곡하는 것은 스토리와 직접적인 연관성을 맺고 있다. 음악이 복잡하고 멋지더라도, 드라마의 목적에 부합해야 한다. **언더스코어링**(underscoring)이란 용어 또한 배경음악(디제틱인 원천 음악[9]과 대조적으로)을 말하는데, 이미 이런 상태를 강조한다. 음악은 문자 그대로 극적으로 일어나고 있는 것을 강조하고 있는 것의 이면에서 흐르는 것이다.

영화에서 한 특정 장소를 위해 작곡된 한 토막의 음악은 하나의 **신호**(cue)로 간주된다. 그 곡을 녹음할 때, 지휘자는 그 특정 토막의 음악을 연주하기 시작하는 신호를 알아내기 위해 영화를 본다. 종종 음악은 인식할 수 있는 관습을 통해서 스토리 정보를 강화한다. 〈인디아나 존스(Indiana Jones)〉 시리즈의 액션 시퀀스들은 이런 인지할 수 있는 주제들에 대한 패러디 및 헌사로 불가피한 '덤 다 덤 덤'으로 시작된다.

특정 인물에 할당된 주제 음악의 사용을 통해서 음악은 성격 묘사에 참여한다. 우리는 주요 인물들이 언제 그 장면에 들어오는지를 시각뿐만 아니라 청각적으로도 알 수 있는데, 주요 캐릭터들은 통상 주제 음악을 갖고 있기 때문이다. 〈바람에 쓴 편지〉(1956)에서 '나쁜 여자' 메릴리 해들리의 존재는 치정으로 얽힌 뜨거운 암투의 신호이다. 〈데어 윌 비 블러드(There Will Be Blood)〉(2007)의 주인공 헨리 플레인뷰와 동일시되는 음악은 영국 록밴드 라디오헤드의 조니 그린우드가 작곡한 것인데, 이 문제 많은 캐릭터를 으스스한 존재로 만들어주는 현악기의 불협화음으로 표현한다. 가장 주목할 만한 것은 음악이 사운드의 영역 속에서 경쟁하고 있는 서사의 부분(대사)에 종속되어 있다는 사실이다. 대사가 없는 시퀀스들에서 음악은 종종 공간적 및 시간적 전환을 부드럽게 해주는 데 도움을 준다. 그러나 대사가 주도적일 경우 음악은 서서히 사라지면서 볼륨이 낮아지거나 혹은 덜 '경쟁적'인 것으로 바뀔 것이다.

할리우드 영화음악 작곡의 많은 부분은 19세기 후기 낭만파 오케스트라 음악에서 나왔다. 여기서 '고전적(classical)'이란 용어는 의심할 바 없이 스튜

5.28 〈블레이징 새들스〉 사운드트랙 음악은 멜 브룩스의 서부 영화 패러디 작품 중 황무지에서 연주하는 카운트 베이시의 오케스트라 연주 속에서 그 화면상 음원을 찾아낸다.

5.29a 〈재즈 싱어〉

5.29b 〈졸업〉

5.29c 〈토요일밤의 열기〉

5.29d 〈펄프 픽션〉

5.29e 〈위대한 개츠비〉

5.29f 〈위대한 개츠비〉

현대 영화의
대중음악 사운드트랙

대중음악은 캐릭터, 주제, 그리고 서사적 구조를 발전시키기 위해 주의 깊게 활용될 수 있다. 대중음악은 〈재즈 싱어〉(1927) 이래로 영화 형식의 주된 요소가 되어 왔지만 **(사진 5.29a)**, 이런 유형의 사운드트랙은 1960년대 록음악의 발흥으로 더욱 흔한 일이 되었다. 미리 녹음해둔 대중음악을 영화의 서사적 부분과 합쳐놓은 첫 영화 중 하나인 〈졸업〉(1967)은**(사진 5.29b)** 더스틴 호프만이 분한 벤자민 브래드록의 사회적, 성적, 감정적 위기에 사이먼 앤 가펑클의 노래들을 엮어 놓고 있다. 이 영화의 주요 공적은 성인 세대의 공격적이고 비정한 처신법이 벤자민이 침묵 속으로 도피하는 것과 대조를 이루고 있는 세계를 만들어내기 위해 목소리 음조와 리듬을 이용한다는 것이다.

〈토요일 밤의 열기(Saturday Night Fever)〉(1977)에서 토니 마네로 역을 맡은 존 트라볼타의 연기와 비지스의 사운드트랙은 브루클린 페인트 가게에서의 블루칼라 일과 나이트클럽에서의 환상적인 삶 사이를 오가는 토니의 동작을 따라가기 위해 논디제틱 및 디제틱 노래들을 중첩시키면서 현 클래식의 이미지들과 디스코 선율을 통합하여 현대적으로 만들어준다**(사진 5.29c)**.

1994년 존 트라볼타는 쿠엔틴 타란티노의 〈펄프 픽션(Pulp Fiction)〉에서 극도로 다른 종류의 캐릭터인 청부 살인자 빈센트 베가의 역으로 등장했다. 이 영화에서 빈센트와 동료 줄스의 괴상하고 폭력적인 모험은 다른 시대에서 온 다방면의 노래들을 빈번하게 동반하는데, 더스티 스프링필드, 알 그린 같은 가수의 노래를 비롯하여, 가장 유명한 것은 존 트라볼타의 과거 영화를 연상하게 하는 춤추는 시퀀스에서 척 베리 노래들을 녹음한 것이었다**(사진 5.29d)**.

덜 역설적인 것은 음악적 불연속성이 바즈 루어만의 2013년작 〈위대한 개츠비〉에서 아주 다른 비전과 소통한다는 것이다**(사진 5.29e)**. 스콧 피츠제럴드의 소설을 3D로 각색한 이 작품은 루이 암스트롱과 조지 거슈윈의 고전적 음악 구성뿐만 아니라 제이 지, 잭 화이트, 비욘세의 현대 재즈, 팝, 그리고 힙합 원곡 및 재편곡한 곡들까지(1920년대와 2010년대를 연결해주고 있는 젊은이들의 에너지, 열망, 그리고 환상을 잡아내고 있는 음악을) 선보이고 있다**(사진 5.29f)**. 비욘세와 안드레 3000이 에이미 와인하우스의 'Back to Black'을 재편곡하여 부른 상실감과 자포자기를 관능적으로 표현하는 이 듀엣의 노래는 개츠비의 비극을 연인 데이지의 비극으로 만들어준다.

디오 시절의 할리우드 스타일에 적합한 용어인데, 왜냐하면 당시엔 대중음악이 고전음악을 위해 자리를 양보하고 있었던 때였기 때문이다. 바그너와 슈트라우스 같은 작곡가의 작품은 다른 캐릭터, 세팅 혹은 액션, 풍부한 감정, 음조에 골고루 주제가 배분된 것 같은 작곡 원리에 의지하여 풍부한 재능으로 서사적 정보를 전달해준다. 이처럼 할리우드가 사운드의 통합을 추구했던 것은 음악적 경험에 완전히 적응했다는 증거이다. 이런 유형의 음악은 할리우드 스토리텔링과 양립할 수 있는 것이었는데, 순수한 음악적 속성뿐만 아니라 그 음악이 관객들에게 전달해준 가치 및 사회적 연관성 때문이기도 했다. 이 사회적 연관성의 범위는 유럽의 심포니 오케스트라 음악에 부여된 높은 문화적 지위(미국의 재즈나 팝 음악의 낮은 지위와 반대로)로부터 특정 악기들이 갖고 있는 함축성, 즉 장례식 분위기를 내는 저음의 호른, 로맨틱한 분위기의 바이올린, 천상의 분위기를 내는 하프 등과 같은 함축적 의미까지에 걸쳐 있다.

고전 영화음악은 스토리텔링 목적을 지지해주는 작곡 및 믹싱의 관습을 발전시켜왔고, 또 그 자체 존재를 지우려는 경향이 있다. 예를 들면 클로디아 고브만은 자신의 저서 *Unheard Melodies: Narrative Film Music*(1987)에서 불가청의 원칙은 의식적으로 악곡에 주목되어서는 안 된다는 것을 의미한다면서, 연속성 시스템의 '불가시' 편집 스타일과 유사하다고 말한다. 음악의 볼륨이 대사를 방해하지 않고, 음악의 분위기와 리듬이 액션과 모순되지 않고, 또한 작곡이 그 자체의 진행을 따라가기보다는 서사적 흐름과 일치해야 한다는 것이다. 하지만 역설적이게도 영화음악은 우리가 그것을 '듣지' 않더라도 자신의 기능을 최대로 발휘한다.

음악은 종종 영화의 감정을 전달하는 데 이용된다. 대사와 액션은 특정 느낌뿐만 아니라 느낌 그 자체의 경험까지 전달할 능력이 부족하다. 고브만은 감정에 대해 음악이 함축하고 있는 의미가 사용되는 방법에 세 가지가 있다고 주장한다. 첫째, 음악은 비이성적인 것을 전달한다. 예를 들면 히치콕의 〈스펠바운드(Spellbound)〉(1945)에서 주인공의 정신상태는 테레민이라는 전자악기 사운드로 전달되고 있는데, 그 특별한 전자악기는 으스스한 소리를 냄으로써 공상과학 영화에도 이용된다(사진 5.30). 둘째, 음악은 문화적으로 감성과 연관성이 높은 여성과 관련되어 있다. 너무 감상적인 음악에 대한 우리의 경멸적인 생각은 눈물과 감상적인 음악이 넘쳐나는 여성 영화 장르의 사운드에서 기인한다. 반대로 데이빗 핀처의 〈밀레니엄 : 여자를 증오한 남자들〉(2011)을 위한 트렌트 레즈너의 악곡은 성적 특징을 역동적으로 반영하는 영화에 대한 다른 종류의 감성적 풍경을 만들어낸다. 셋째, 화려한 오케스트라 연주는 특정 사건들을 기품 있게, 그리고 세월이 흘러도 변치 않도록 만들어줄 수 있다. 〈워 호스(War Horse)〉(2011)에서는 화려한 악곡이 한 소년과 말에 대한 영화에 서사시의 차원을 더해준다(사진 5.31).

서사적 신호

서사적 신호는 음악이 플롯에 있어서 무슨 일이 벌어지고 있는지를 말해주는 방법이다. 〈바람과 함께 사라지다〉에서 주제 음악으로 되돌아가는 것은 결말을 짓고자 하는 것을 의미한다. 〈오명의 목장(Rancho Notorious)〉(1952)의 크레딧이 나올 때 서부 영화음악이 흘러나오는 것은 그 장르 영화의 세팅을 의미하는 것이다. 서사적 신호는 또한 암시적이다. 사운드트랙의 바이올린 소리는 캐릭터들이 사랑에 빠지는 것을 알리는 것일 수도 있다. 〈카사블랑카〉의 악곡에서 'Deutschland über Alles'란 독일어 가사에 따라 나오는 음악은 곧 닥쳐올 나치의 위협을 의미한다. 서술과 관련된 음악의 역할은 무언가를 지적하거나 그 의미를 강조하는 것일 수도 있다. 가장 뚜렷한 예는 **스팅거**(stinger)라고 불리는데, 이 사

5.30 〈스펠바운드〉 그레고리 펙이 분한 캐릭터는 사운드트랙의 테레민 연주로 촉발된 현기증 나는 상황에 시달리고 있다.

5.31 〈워 호스〉 작곡가 존 윌리엄스의 곡은 제1차 세계대전 중 한 소년과 말에 대한 이야기의 감성적 부분을 강화시켜준다.

운드는 우리로 하여금 화면상에 있는 어떤 것의 의미를 알아차리도록 해주고 있다. 마치 〈샤이닝〉(1980)에서 엄마 웬디가 거울을 통해서 침실 문을 바라보다가 '살인(murder)'이란 글자를 보게 되는 순간을 나타내주는 음악처럼 말이다(사진 5.32). 현을 퉁겨서 내는 소리와 함께 살금살금 걸어가는 캐릭터를 동반한 사운드처럼 악곡을 통해 액션을 과장해서 보여주는 것을 **미키마우징**(mickeymousing)이라고 하는데, 이것은 만화영화가 종종 악곡을 이용하여 언어보다는 음악을 통해서 말하면서 모든 액션을 따라가거나 모방하는 방식을 참고한 것이다. 맥스 스타이너는 특히 이런 방식으로 사운드트랙의 모든 것을 언급하는 것으로 유명하며, 작곡가 마크 마더스바우는 〈로열 테넌바움(The Royal Tenenbaums)〉(2001) 같은 영화에서 이런 관행을 현대적인 방식으로 바꾸어 적용한다.

편집과 장면전환에 의해 나타난 시각적 정보에서의 불연속성은 사운드의 지속적 측면에 의해 빈번하게 연결되는데, 이 기능은 음악에 의해 가장 쉽게 작동된다. 〈하이 눈(High Noon)〉(1952) 주제가의 다양한 배치는 공간 너머로 캐릭터들을 옮겨주며, 또한 장면전환을 연결하는 데 도움을 준다. 비록 스튜디오 스타일 영화음악의 비평가들이 작곡가의 일이란 것이 사운드트랙을 갖춘 영화에서 단지 약간의 모자란 것들을 채워주는 것뿐이라고 불평한다 하더라도, 반복과 변주의 구조를 통해서 내재된 통일성을 제공하는 것은 고전 영화 악곡의 기본적인 원리이다.

비록 악곡 전통이 스튜디오 영화 제작의 고전시대 이래로 진화해오고 변화되어왔다 하더라도, 우리는 지난 30여 년간 가장 유명한 작곡가로 알려진 존 윌리엄스의 오케스트라 악곡에서 이전 스튜디오 작곡가들의 로맨틱 스타일에 대한 경의를 들을 수 있다. 윌리엄스는 〈스타워즈〉(1977)부터 〈해리 포터와 아즈카반의 죄수〉(2004)에 이르기까지 서사적 의미를 지지하고 또 때로는 부풀리기도 하는 영웅적이고 향수를 자극하는 곡을 만들었다. 그가 다섯 번이나 아카데미상을 수상하고 40번 이상 후보 물망에 올랐던 사실은 영화산업이 고전적 할리우드 스타일과 일치되는 그의 스타일을 인정한다는 사실을 보여주는 것이다.

스튜디오 시절의 할리우드 영화에 있어서 재즈, 팝, 댄스 뮤직 같은 비고전적 음악 스타일들은 원천 음악으로, 그리고 뮤

5.32 〈샤이닝〉 웬디가 잠에서 깨어나 거울을 통해 대니가 문에 써놓은 것을 볼 때, 놀라는 표정이 그녀의 얼굴에 나타난다. 관객들 또한 그녀가 보고 있는 것('살인'이란 단어)을 따라가 보고 그 의미에 주목하게 되는데, 그것은 사운드트랙의 스팅거 때문이다.

생각해보기

다음 강의시간에 영화를 보게 되면, 그 음악에 특별한 관심을 집중해서 보도록 하자. 그 영화 악곡은 고전적 전통에서 나온 것인가? 대중음악이 사용됐는가? 그 악곡은 영화의 의미에 어떤 기여를 하고 있는가?

지컬에서 사용될 수도 있었지만, 배경음악 속으로의 통합은 서서히 진행되었다. 유럽 쪽 영향력을 지지하기 위해 미국식 음악 방식을 소홀히 한 결과 중 하나는 아프리카계 미국인 예술가 및 연기자들을 주류 영화에서 거의 볼 수도 들을 수도 없는 상황이 되었다는 것이었다. 아프리카계 미국인 연기자 들은 뮤지컬에서 빈번하게 출연했지만, 거의 오락을 위한 것이었지 서사 영화 속으로 통합된 적은 없었다. 예를 들면 레나 혼의 능력은 1940~1950년대에는 아프리카계 미국인 여성들을 위한 주도적인 역할이 거의 없었으므로 부끄럽게도 충분히 활용되지 못했다(사진 5.33). 그러나 최근 아프리카계 미국인 음악가 및 연기자 들은 〈드림걸즈〉(2006)에서의 비욘세와 제니퍼 허드슨부터 〈위대한 개츠비〉에서의 제이 지까지 영화의 핵심 부분이 되었다.

재즈 음악이 더욱 인기를 누리게 되자 재즈를 주제로 한 음악들이 1940년대 도시를 기반으로 한 누아르 영화에서 나타나기 시작했다. 오손 웰스의 〈악의 손길(Touch of Evil)〉(1958)에 쓰인 헨리 맨시니의 음악은 도시 변두리에서의 범죄, 폭력, 섹스에 대한 주제를 효과적으로 암시해준다. 때때로 불협화음이 스튜디오 악곡에서 나타나지만, 통상 디제틱 상태에서만(예 : 심리적 장애를 의미하기 위해서) 나타나고 있다. 이런 함축된 의미를 유지하면서 최초의 무조적(無調的) 곡을 〈더 코브웹(The Cobweb)〉(1955)에서 레너드 로젠먼이 작곡했는데, 이 영화는 정신질환자를 위한 집이 무대이다. 전후 시기에 미국 영화산업의 다른 변화들과 함께 음악 전통도 바뀌어가고 있었다. 더 개별적인 영화 제작 방식이 다른 관객들을 목표로 삼았을 때, 〈워터프론트(On the Waterfront)〉(1954)에서 레오너드 번스타인의 악곡처럼 현대적이고 재즈의 영향을 받은 악곡들이 더 일반적이 되었다. 스튜디오 시절 마지막에 할리우드 뮤지컬의 위대한 전통 또한 기울기 시작했지만, 핍진성이란 비용을 치르면서까지 장르의 지속성은 어떻게 음악이 서사 영화 경험에서 중심 역할을 하고 있는가를 보여준다.

기성 음악

대중음악은 세대 간이나 민족집단의 취향에 호소함으로써 청중의 참여와 심리적 공감을 촉진하면서 영화에서 지위를 누려온 지 오래되었다. 한 장짜리 악보와 레코드 판매는 유성 영화 이전에도 수익을 낼 수 있는 파생상품이었다.

그러나 1980년대에 영화 사운드트랙에 관객의 감정적(그리고 상업적) 반응을 대중음악과 결부시키는 관습이 성립되면서 대중음악 악곡은 원래의 작곡 음악과 경쟁하기 시작했다. 〈청춘 낙서〉(1973)는 향수를 자아내는 1960년대 곡의 사운드트랙으로 이런 추세의 시작을 알렸으며, 〈새로운 탄생(The Big Chill)〉(1983)은 대중음악을 통해 캐릭와 관객 세대의 시대정신을 잡아낸다. 기성 음악의 중심적 역할은 영화에 사용될 수 있는 노래들을 고르고 그들에 대한 권리를 확보하는 일을 하는 **음악감독**(music supervisor)의 중요성이 증가하는 데에 잘 반영되어 있다. 〈스텝 업 3D(Step Up 3D)〉(2010)처럼 젊은이들 취향인 MTV의 영향을 받고 팝 음악 악곡을 갖고 있는 영화들에서 사운드트랙의 홍보는 영화 홍보만큼 중요한데(사진 5.34), 〈블링 링(The Bling Ring)〉(2013)의 사운드트랙을 위한 소피아 코폴라의 전략은 M. I. A., 슬레이 벨스, 릴

5.33 레나 혼. 주류 영화에 있어서 대부분의 아프리카계 미국인 여배우들의 모습은 당시 영화산업이 아프리카계 미국인들에게 주도적 역할을 허용하지 않기 때문에 카메오 역할에 제한되어 있었다.

웨인, 그리고 기타 동시대의 음악가들을 대거 출
연시키는 것이었다. 1990년대에 팝 사운드트랙
의 확산은 영화 경험을 극장 밖으로 끄집어내 레
코드 상점으로 향하게 했으며, 뮤직비디오에 다
음 영화 예고편들을 포함하기 시작했다. 비록 주
제가들이 수십 년 동안 작곡되어왔고, 또 영화
와 함께 홍보되어 왔다 하더라도, 〈모정(Love Is a
Many-Splendored Thing)〉(1955)의 주제가가 다
른 히트곡에서 따왔듯이, 현대 영화와 레코딩 산
업은 팝 사운드트랙이 없는 영화들조차 종종 마
지막 크레딧 시퀀스에 파생상품격으로 끼워넣는
노래 하나쯤은 들려주는 밀접한 비즈니스 관계를
맺고 있다. 래퍼이자 배우인 윌 스미스 같은 음악

5.34 〈스텝 업 3D〉 영화 사운드트랙의 홍보는 현대 춤 영화의 성공에 필수적이다.

가의 아주 성공적인 영화 이력은 이런 오락 매체의 상호 의존성이 늘어나고 있다는 것을 보여
준다.

영화에서의 음향효과

비록 영화가 세상을 많은 방식으로 나타낼 수 있다 하더라도 영화의 성공적인 모방 능력은 항상
관객들을 매혹시켜왔다. 영화의 모방 능력으로부터 받는 많은 인상들은 사운드트랙의 다른 측
면처럼 음향효과의 사용에서 오는 것인데, 관객들은 이런 효과를 의식하지 못할 수도 있다. 영
화에서 대사는 의도적인 것이다. 스토리를 말해주고 정보를 제공해준다. 배경음악은 우리가 주
의를 기울인다면 분명 '비현실성'을 증진시켜주는 요소이다. 그러나 음향효과는 가공되지 않은,
심지어 우발적인 것으로 나타난다. 효과의 자연스러움에 대한 이런 의미는 역설적이기도 한데,
사운드 질감이 아주 의도적으로 공들여 만들어졌기 때문이고, 매일 나는 형광등이 웅웅거리고,
귀뚜라미가 울고, 또 자동차가 지나가는 등의 모든 곳에서의 소리들('현실적인' 사운드 믹스를
얻어내기 위해 영화에 추가될 수도 있는 소리들)을 거의 인식하지 못하고 있기 때문이다.

대부분의 영화에 있어서 우리가 듣고 있는 모든 소음은 선택적인 것이며, 이런 효과들은 일반
적으로 영화 사운드에 대한 우리의 기대와 일치한다. 실제적으로 화면상에는 그에 상응하는 소
음을 만들어내는 것이 나타난다. 즉 개가 짖어대고, 아기가 울어댄다. 우주로 비행하는 우주선
은 우주에서는 전혀 소리가 없다는 것이 사실일지라도 통상 엄청난 굉음을 낸다. 만일 38구경
리볼버 권총 소리가 영화에서 장난감 권총 같은 작은 소리를 낸다면, 더 커다란 총소리로 더빙
(재녹음)될 것이다. 이런 기대감은 영화 장르에 따라 달라진다. 액션 영화에서 시끄러운 교통 소
음에서 우리는 생생한 환경 소음을 경험한다. 로맨스 영화에서 연인이 교통체증 때문에 떨어져
있게 된다면 자동차 소리들은 심하게 들려오게 될 것이다. 현대적 사운드트랙의 놀라울 정도로
대단한 밀도가 반드시 고전적인 할리우드의 밀도가 낮은 사운드트랙보다 더 '현실'적인 소리라
는 것을 의미하는 것은 아니다. 즉 그것들은 단순히 영화의 본질적 경험을 전달하기 위해 사운
드의 특성을 더 포괄적으로 이용한다. 현대적 사운드트랙의 질감의 변화는 신기술 가능성에 기
초를 두고 있지만, '진전된' 기술의 다른 경우들에서처럼 비록 이런 것들이 말해지지 않은 상태
로 남아 있게 되더라도, 이런 진행과정은 피할 수 없는 것이 아니라 오히려 특정 생각과 목표들
을 따라가는 발전인 것이다.

음향효과(sound effect)는 극장의 3차원 공간에서 재생산될 때 2차원 이미지에 대한 깊은 인상

을 제공하는 가장 유용한 방법 중 하나이다. 비록 화면 자체가 액션에 대한 환상적인 공간일 뿐이더라도 영화로 나타내는 것은 사운드의 직접적 속성을 이용하는 것이다. 예를 들면 권총 소리는 화면의 왼쪽 편에서 나올 수도 있다. 믹스에 있어서 천둥소리 같은 추가적인 디제틱 사운드는 영화의 환상에 의미를 더하면서 전혀 세트상에 존재하지 않는 것으로 추가될 수 있다. 어두운 숲 세팅에서 부엉이의 울음소리 같은 비동시적 음향효과는 종종 아주 성문화된 상태로, 심지어 진부한 방식으로 공간 감각을 확대시키고, 또한 분위기 조성에 기여한다. 탁자에 두 캐릭터가 나타나면서 사운드트랙에 그릇들이 부딪히는 소리와 화면 밖 대화 소리가 들리는 장면은 그 장면을 실제로 촬영하지 않고도 음식점 세팅을 마술적으로 만들어낸다.

　사운드트랙을 위해 소음이 만들어지는 바로 그런 방식은 하나의 특정 경험을 재생산한다기보다는 구축해 나가는 기능을 보여준다. 앞서 살펴보았듯이 우발적인 사운드(발자국 소리, 옷이 스치는 소리, 배를 때리는 소리 등)는 영화의 대사와 똑같은 시간에 녹음된 것이 아니다. 오히려 나중에 폴리 아티스트들에 의해 추가된 것으로, 자갈을 밟고 다른 천조각들을 함께 부비고 전화번호부 책을 둘둘 말아 때리는 등의 방법을 사용하는 것이다. 이런 모의실험을 통해 얻은 동시적 사운드를 우리가 받아들인다는 것은 우리의 감각기관이 그런 효과들을 현실적인 것으로 인지한다는 것을 증언한다. 그 과정은 세트상에 존재할 모든 사운드가 아닌 일부의 세심한 재건이다. 선택된 사운드는 그것이 특정 분위기를 만들기 때문이라 할지라도 의미 있는 것으로 여겨지는 것들이다. 폭발 같은 극적인 효과들은 서사적 중요성 때문에 아주 계획적으로 설치되고, 또 종종 이용된다.

　모방적 기능에 기여함과 동시에 음향효과는 영화 경험이 일상적인 것과 구별되는 방법의 일부가 되어왔다. THX는 감독 조지 루카스가 고안한 표준 시스템으로, 그의 영화 〈THX 1138〉(1971)에서 이름을 따왔는데, 사운드 표현의 질을 평가하고 확실히 하기 위한 시스템이다. THX 극장은 각각의 공인받은 장소에서 동일한 수준의 청각적 경험을 약속한다. 시각적 효과처럼 음향효과도 관객들을 끌어들이고 있는 것이다. 영화 사운드가 할리우드식 환상에 얼마나 중요한 것인가 하는 것은 비교적 최근 아카데미상 시상식에 있어서 음향효과 편집상 부문이 생겨난 것에서도 뚜렷이 드러난다. 관객들이 청각적으로 사물을 구별하는 것에 점차 신뢰를 보내고 있는 것이다.

　예를 들면 액션 영화 장인으로 불리는 오우삼 감독의 영화에서 각 캐릭터는 자신에게 할당된 특정 충격 소리가 나는 장면을 하나씩 갖고 있어서 액션은 대사 없이 늘어난 시퀀스 전체에 걸쳐서 뒤따라올 수 있다. 〈죠스〉(1975)의 특별한 사운드트랙은 우리에게 지금은 상어를 연상하게 하는 주제음악이라는 진부한 말이 되었을 뿐만 아니라 음향효과 이용의 풍부하고도 새로운 기준이 되었다. 그 영화는 그 장르에 있어서의 선구자임을 알려주고 있는데, (그리고 사운드의 기막힌 이용에 있어서) 상어가 죽을 때 〈킹콩〉에서의 선사시대 야수의 죽음에 대한 음향효과가 동반된다. 이런 괴물 영화들에서 음향효과는 일상적 사건을 뛰어넘는 세계로 우리를 데려가기도 하고, 또한 친숙한 경험을 나타내는 능력에 의지하기도 한다.

　특히 만화영화는 세심하게 설계되어 음향효과의 성질을 잘 보여준다. 사실 대부분의 만화영화 사운드트랙은 이미지에 앞서 준비되어 있다. 그래서 만화영화는 특히 화면상의 액션에 대한 동시적인 음향효과를 잘 보여준다. 만화영화에서의 모든 사운드는 양식화되어 있다. 예를 들면 〈덕 어먹(Duck Amuck)〉(1953)에서 대피 덕은 자신이 주인공으로 출연한 만화영화로 망신을 당하고, 또 장난을 일삼는 만화영화감독의 지시를 따라갈 수 없게 된다. 그는 온갖 망신을 다 당하게 되는데, 갑자기 사운드트랙이 끝나면서 이 모든 망신살도 끝난다. 소리가 완전히 멈추어 정적에 휩싸이자 관객들이 정말 극장의 음향 시스템이 고장난 것은 아닌가 하고 주위를 둘러볼 지경이 된다. 대피 덕은 '사운드 시작!'을 요청하는 수신호를 수차 보내면서 감독이 보내준 기타를

5.35 〈**드래곤 길들이기**〉 히컵은 드래곤의 가르랑거리고 으르렁거리는 소리를 듣고 투슬리스의 감정을 읽어낼 수 있다. 종소리를 동반한 천사 같은 목소리의 여성 합창단의 소리가 신비로운 분위기를 만들어내는 데 일조한다.

들고 연주하기 시작한다. 그러나 기타에서 나오는 소리는 기관총 소리로, 이미지와 사운드가 일치해야 하는 일반원칙을 벗어난 오류를 범한다. 대피의 망신살이 보여주고 있듯이, 음향효과는 관객들에게 민감하고 본질적으로 호소력 있게 다가온다. 〈드래곤 길들이기(How to Train Your Dragon)〉(2010)에서 음악은 분명 분위기 조성에 도움을 주고 있지만, 음향효과는 이 영화에서 훨씬 더 중요하다. 즉 드래곤 투슬리스의 사운드는 어린 바이킹 히컵이 드래곤과 소통하고 이해하도록 도와준다(**사진 5.35**).

영화 음향의 의미 만들기

음향은 관객들의 일상에 기초를 두고 있으면서 영화의 즉시성과 감각적 풍부함에 기여한다. 그것이 D. W. 그리피스의 〈흩어진 꽃잎〉(1919)을 위해 쓴 루이스 고트샬크의 곡에서 빌려온 파토스인지, 〈2001 : 스페이스 오디세이〉의 발췌 음악과 알렉스 노스의 원곡 사이의 자극적인 상호작용인지, 〈햄릿(Hamlet)〉(1948)에서 로렌스 올리비에 연기에 대한 지울 수 없는 청각적 기록인지 혹은 자크 타티의 〈플레이타임〉에서 코믹한 사운드인지 여부와 관계없이, 영화 음향은 필수적인 진실과 의미처럼 보이는 것을 전달해주면서 감상 경험을 강화시켜줄 수 있다. 역설적이게도 영화음악적 풍경은 사람들로 북적이는 방안에서 배우들의 속삭이는 대사를 전면에 배치함으로써 그들과 친밀하게 연결되어 있다는 느낌을 갖도록 진실성과 감정을 높이기 위해 리얼리즘과 타당성을 회피하기도 한다.

영화감독들이 이미지에 사운드를 연결시키기 위해 선택하는 방법 역시 감상하는 경험에 대해 독특한 효과를 갖고 있다. 일부 영화감독들은 서사적 목적을 지지하기 위해, 그리고 스토리의 틈을 메꾸어주기 위해 사운드의 연속성에 의지한다. 반대로 일부 다른 감독들은 사운드 몽타주(본질적으로 사운드를 이미지의 권위에 대해 질문하는 데 혹은 대항하기 위해 사용하는)의 사용을 통해서 이미지로부터 사운드의 자율성을 관객들에게 깨우쳐주기도 한다.

진실성과 경험

영화 음향은 이미지가 홀로 할 수 없는 방식으로 관객의 몸을 둘러싸고 스며들기 때문에 영화를 보는 동안 우리가 경험하는 진실성과 감정에 기여한다. 영화에서 사운드는 실제의 다차원적 세

생각해보기

다음에 볼 영화에서 사운드트랙은 어떻게 그 이미지가 진짜임을 입증하고 있는가? 사운드의 부재는 그 영화의 진실성에 영향을 미칠 것인가? 그것이 어떻게 가능한가?

계를 나타낼 수 있으며, 또한 공간에 진실로 존재하는 것에 대한 인상을 관객 또는 청중에게 줄 수 있다. 또한 사운드는 관객으로 하여금 한 토막의 특정 음악 같은 종류의 사운드에 의지하면서 감정을 경험하도록 촉구한다.

사운드가 공간에 진실로 존재하는 것에 대한 인상을 관객/청중에게 준다는 가정은 사운드 레코딩, 믹싱, 그리고 재생의 표준 기술로 만들어진 선호도에 의해서 지지받고 있다. 앞서 알아보았듯이 보고 듣는 영화의 이미지와 사운드는 어떤 순간에 포착되어서 재생되며 사운드는 중간 매개물 없이 직접 느끼게 된다. 〈본 투 댄스(Born to Dance)〉(1936)에서 엘리노어 파웰의 탭댄스 소리를 듣는 것은 그녀의 장인 기질을 두 눈으로 목격하도록 만들어준다(사진 5.36). 대사를 강조하는 마이크 가까이 하기, 사운드 원근감, 그리고 믹싱을 통해서 배우들의 목소리들을 전면에 배치하는 것 또한 지각이 진짜임을 증명해주는 것이다. 또한 캐릭터들의 가장 친밀한 대사를 '공유'하는 것이다. 이미지 안에 있는 음원을 묘사함으로써 액션과 동기화되는 사운드 혹은 심지어 스스로 '진짜'임을 증명하지 못하고 있는 동안 액션을 지지해주고 있는 사운드(예 : 배경음악)조차 현실적인 존재처럼 보이는 허구적 세계의 중심 자리를 제공한다. 〈제3의 사나이〉(1949)의 현악기 지터로 연주하는 주제가는 영화 캐릭터들이 그러했듯이 전후 비엔나 거리에서 방향 감각을 상실한 상황을 느낄 수 있도록 만들어준다.

사운드는 감정을 경험하도록, 그리고 특정 감정의 면에서 세계를 보도록 관객을 북돋운다. 〈가자. 항해자여(Now, Voyager)〉(1942)에서 연인이 서로에게 의미하는 것을 사실상 말할 수 없을 때, 현악기 파트가 맥스 스타이너의 악곡을 연주하면서 웅변하듯이 그 상황을 대변한다.

사운드는 신체를 직접적으로 연관시키는 것처럼 보이면서 관객 내부로 도달한다. 〈쥬라기 공원(Jurassic Park)〉(1993)에서 고조된 긴장감은 위협적인 티라노사우루스 렉스의 사운드를 들을 때 발생한다(사진 5.37). 단순히 공룡이 다가오는 모습만을 본다면 감정적 경험이 덜하게 느껴질 것이다.

영화 환경은 진짜로 느낄 수 있는 방식으로, 이 새로운 공간에 맞추기 위해 세상의 청각적 경험을 복제하는 시도를 한다. 이것은 엄격한 리얼리즘으로 반드시 측정되는 것은 아니다. 〈토요일 밤의 열기〉에서 댄스 경연대회의 존재감은 비지스 음악에 초점을 맞추기 위해 배경 소음을 희생시키는 사운드 믹스를 통해 더 잘 얻고 있다.

비록 영화 사운드가 커다란 복잡성을 갖고 있다 하더라도, 그리고 배경음악이 나타날 때마다 리얼리즘이 창밖으로 내던져진다 하더라도, 진실성과 감정은 종종 이미지에 의해 주어진 신호에 대한 사운드의 자동적 종속에 의해 발현된다. 그러나 사운드-이미지 연속성에 대한 이런 관례와 반대로, 경쟁적인 접근 방법은 사운드의 구체성, 이미지에 대한 사운드의 독립 가능성, 그리고 양자 간의 독립 가능성을 탐구한다. 장 뤽 고다르 및 기타 감독들의 영화들을 특징짓는 사운드 몽타주에 대한 이런 관례는 진실성과 감정의 가치에 기여하고 있지 않다. 오히려 그것은 실제 사운드 녹음 과정으로 주의를 돌림으로써 혹은 감정적 신호를 우리가 알아채고 생각해보도록 요청함으로써 발생하는 침해에 대해 의식하도록 만들어준다.

5.36 〈본 투 댄스〉 엘리노어 파웰의 탭댄스가 동시적 사운드를 완벽하게 보여준다.

5.37 〈쥬라기 공원〉 아이들이 숨어 있는 트럭을 향해 티렉스의 발자국 소리가 디지털 사운드트랙으로 들려오는 순간 긴장이 고조된다.

사운드 연속성과 사운드 몽타주

사운드 연속성(sound continuity)은 서사의 목적에 사운드를 종속시킴으로써 의미와 경험을 통합하기 위한 악곡 작성, 사운드 레코딩, 믹싱, 재생과정의 범위를 묘사한다. **사운드 몽타주**(sound montage)는 불연속 사운드의 충돌이나 중첩을 만들어낸다. 그것은 마치 영화가 몇 조각의 셀룰로이드로 만들어진 것처럼 사운드트랙이 실제 세계로부터 계속 쏟아져 나오는 소리가 아니라는 사실을 상기시켜준다. 오히려 그것은 서로의 관계가 창조적으로 조절되고 반영될 수 있는 각각의 요소들로 구성되어 있다. 왕가위의 〈화양연화(In the Mood for Love)〉(2000)의 음악은 홍콩에 있는 두 연인을 둘러싸고 있는 세상을 강렬하지만 미묘하게 창조해내기 위해 풍부한 낭만적 곡조를 절충적으로 혼합해 사용한다. 테렌스 맬릭의 〈트리 오브 라이프(The Tree of Life)〉(2011)는 그의 다른 영화에서와 마찬가지로 속삭이는 목소리의 사운드 몽타주, 보이스오프 해설, 그리고 자연으로부터의 확대된 소음이 캐릭터들이 이해하려고 애쓰는 세상을 진동시키고 전환시킴으로써 새롭게 창조해낸다. 무엇이 '좋은' 사운드트랙을 구성하는가에 대해 기술자들과 관객들이 공유하고 있는 대부분의 가정은 하나의 연속적 접근 방법을 강조하는 것이다. 그러나 사운드의 도입 이래로 많은 영화감독들은 그것을 몽타주 효과를 위한 별개의 요소로 사용해왔다. 오디오 기술의 정밀한 발전에 따라 사운드 몽타주를 실천에 옮기는 사람들이 더 많이 늘어나고 있다.

사운드 연속성

사운드 연속성에 천착하고 있는 영화를 분석하는 것은 충분히 보상을 받을 만한 일인데, 왜냐하면 실제로 사운드트랙을 듣는 것은 그런 주의력을 요구하고 있기 때문이다. 앞서 보아왔듯이 배우들의 목소리를 그들의 움직이는 입술과 일치시키고, 또한 대사를 알아들을 수 있도록 만드는 작업은 사운드 기술의 초기 목적 중 하나였다. 관객들은 그런 일치를 보는 것만으로도 희열을 느꼈던 것이다. 오늘날 사운드에 친숙해져 있음에도 불구하고, 연속성 전통에 있어서 이미지와 사운드 사이의 중복의 정도가 여전히 사운드트랙을 독립적으로 취급하여 분석하는 것을 어렵게 만들고 있다. 동시적 처리를 우선으로 볼 때, 여러 개의 병립할 수 있는 연속성의 실례들을 꼽을 수 있다. 따라서

- 이미지와 사운드 사이의 관계, 그리고 별개의 사운드들 사이의 관계는 극적인 액션 혹은 극적인 정보에 의해서 촉발된다.
- 배경음악을 제외하고 사운드의 원천, 즉 음원은 식별될 수 있다.
- 음악이 동반된다는 암시는 이미지와 일치될 것이다(예 : 장례식 행진에는 빠른 속도의 추적이 동반되지 않는다).
- 사운드 믹스는 우리가 주의를 기울여야 하는 것을 강조할 것이다.
- 사운드 믹스는 부드러우며, 또 명확성을 강조할 것이다.

핍진성의 원칙을 고수하는 영화는 말하자면 화면상에 일어나고 있는 것을 확대하기 위해 사운드를 이용할 것이다. 관심은 그것을 지지하는 사운드에 의해서 캐릭터, 액션, 그리고 미장센의 순서로 향하게 될 것이다. 〈명탐정 필립〉(1946)에서 한 차에 타고 있는 두 주인공 말로우와 비비안 사이의 대화는 배경에서의 엔진 소음과 함께 시작한다. 〈수색자(The Searchers)〉(1956)의 첫 장면에서 현관에 개 한 마리가 있는 것을 보게 되지만, 개 짖는 소리가 들리면서 그 이미지가 더욱 살아난다. 이미지와 사운드 사이의, 그리고 별개의 사운드 사이에서의 관계는 또

5.38 ⟨록키 발보아⟩ 록키 영화 시리즈의 상징적 주제가인 빌 콘티의 'Gonna Fly Now'는 록키가 턱걸이, 조깅, 역기 들기를 하는 이질적인 이미지들과 일치한다.

생각해보기

당신이 강의시간에 본 영화에서 사운드 연속성에 대한 두세 가지 예를 확인해보자. 이런 예들은 어떻게 서사적 액션이나 사고, 그리고 캐릭터의 감정을 지지해주고 있는가?

한 극적인 액션이나 정보에 의해 촉발될 수 있다. ⟨명탐정 필립⟩에서 엔진 소음은 곧 사라질 것이고, 사랑에 대한 그 캐릭터들의 공언에 초점을 맞출 수 있다. 캐릭터 활동의 한 시퀀스를 담당하기 위해 음악을 계속해서 사용하는 것은 이미지 트랙에서의 불연속성으로부터 관심을 멀리 떼어놓는 것이다. 예를 들면 ⟨록키 발보아(Rocky Balboa)⟩(2006)에서 계속적인 오케스트라 음악은 '트레이닝 몽타주'와 연결된다(사진 5.38).

사운드 연속성이 적극적으로 추구하는 것보다 피하는 것을 추구하는 것에 대해 생각하는 것이 더 쉬울 수도 있다. 사운드는 서사에 침범해서는 안 된다. 동기가 없는 혹은 확인이 안 된 사운드는 사운드트랙에서 중요한 위치를 점할 수 없다. 다큐멘터리 같은 전통적인 맥락에서 해설은 이미지의 내용과 함께 그 자신의 연속성을 보여줄 것이다. 캐릭터들의 발언은 논평이나 불합리한 추론을 제공하기 위해 디제시스를 깨뜨리지 않을 것이다. 기술은 이런 목적들과 어울리도록 발전해왔다. 돌비 소음 감소 기술은 음파 반사를 개선시키고, 또한 거의 부자연스러울 정도로 음질의 명료성을 제공해준다. 소음은 사운드 신호를 방해하고, 또 사운드가 녹음됐다는 사실에, 그리고 영화가 어떻게 만들어지는지에 대해 주의를 불러일으킬 수 있다. 엄격한 리얼리즘이라기보다는 오히려 연속성이라는 목적이 있다.

사운드 몽타주

사운드와 이미지 사이의 상호작용에 대한 무한한 가능성을 탐색해보는 것은 몽타주의 영역이다. 종종 사운드 연속성의 원칙과 정반대되는 위치에서 그런 실례들을 이끌어내면서, 사운드 몽타주는 영화를 만들어내는 분명하고도 자율적인 요소들에 관심을 두고 있다. 제4장에서 논의된 불연속 이미지 편집의 실례들처럼, 사운드 몽타주는 병치(juxtaposition)를 그대로 두려고 하지 않는다. 사운드 몽타주에서 사운드는 '먼저 올' 수도 있고, 디제틱과 논디제틱 사이의 경계가 성립하기 어려워질 수도 있다. 게다가 미장센의 모든 요소가 자연스러운 소음을 만들 것이라는 기대가 좌절되고, 또한 디제틱이든 논디제틱이든 간에 목소리는 닫힌 세계의 환영을 항상 보유하지는 못한다. 음악은 더 물질적인 존재에 그것을 제공하면서 나타나기도 하고 사라지기도 하는데, 음향효과는 임의적인 원천들과 '동시적'이 될 수 있다.

동기유발된 관계(예 : 개의 이미지는 짖어대는 음향효과의 원인이 된다)를 포기하면, 우리는 자연세계의 확장과는 다른 화면상의 것을 보고 듣게 된다. ⟨올리버 스톤의 킬러(Natural Born Killers)⟩(1994)에서 학대하는 아버지와 함께하는 맬로리의 삶은 한 편의 시츄에이션 코미디처럼 제시된다. 거기서 미디어가 어떻게 감정을 조절하기 위해 사운드를 사용하는가를 직접 논평하면서, 웃고 박수치는 등의 활기찬 주제음악으로 완성된다. 사운드 몽타주의 아주 다른 사용에 있어서는, 크리스 마르케의 ⟨환송대(La Jetée)⟩(1962)를 구성하고 있는 연속적인 스틸 이미지가 SF 영화임을 확인시켜주면서 주인공이 참여하고 있는 시간 실험에 대해 이야기해주고 있는 해설 소리에 의해 단단한 기반을 형성한다(사진 5.39). 사운드에 우선순위를 정하는 것은 우리로 하여금 영화의 구조에 참여하도록 만들어준다. 즉 이미지 트랙은 우리가 듣고 있는 것에 대한 대위법적 선율을 동반하거나 제공하고 있는 것이다.

목소리의 사용은 장 뤽 고다르의 ⟨주말(Weekend)⟩(1967)이나 아이작 줄리앙의 ⟨루킹 포 랭스턴(Looking for Langston)⟩(1989)에서처럼 관객에 대한 직접적인 호출을 포함하도록 혹은 자연적 대화 대신에 낭독이나 읽기를 포함하도록 개방될 수 있다. 사운드의 감각적인 특질은 음악적 구성 속에 있을 때 탐색될 수 있으며 혹은 시적 효과들은 다른 사운드 '이미지들'을 결합함으로써 얻어질 수 있다. 마르그리트 뒤라스의 〈인디아 송(India Song)〉(1975)에서는 목소리가 층층이 쌓여 있다. 영화는 다수의 채널들을 통해 생각을 전달할 수 있다. 사운드는 이미지와 모순되는 일을 할 수 있다. 화면상에 인쇄된 인터뷰 문장들은 트린 T. 민하의 〈그녀의 이름은 베트남(Surname Viet Given Name Nam)〉(1989)에서의 해설 소리에 의해 약간 변형된 상태의 큰 목소리로 읽히고 있다(사진 5.40).

대체적으로 사운드 몽타주는 이미지와 사운드가 두 가지 다른 수준에서 소통한다는 사실을 강조한다. 그것들을 동일한 수준으로 만들려고 노력하기보다는, 몽타주는 각자가 다른 방식으로 기여하고 있는 것에 관심을 돌린다. 몽타주의 주요 이론가인 세르게이 에이젠슈타인은 기술이 완벽해지기 전에도 자신의 생각을 사운드로 확장시켰다. 첫 유성 영화 〈알렉산더 네브스키(Alexander Nevsky)〉(1938)에서 그는 이미지와 사운드 사이의 동시성과 차이점 양자 모두를 강조했던 소위 '버티컬 몽타주(vertical montage)'를 실험했다(사진 5.41). 그는 또한 작곡가 세르게이 프로코피예프와 긴밀히 협조하여 모든 장면의 편집을 사운드트랙의 영향을 받는 영화를 만들어냈다. 독일 영화감독 울리케 오팅거의 〈마담 엑스 : 앱솔루트 룰러(Madame X: An Absolute Ruler)〉(1977)는 포스트싱크(postsync), 즉 나중에 영상에 음성을 맞추는 작업을 영리하게 이용한다. 그녀의 영화에서 잡다하게 이루어진 여자 해적들은 말을 하지 않는다. 대신 그들의 움직임은 동물이 으르렁거리는 소리나 금속 부딪치는 소리 같은 소음과 '동시적'으로 이루어진다(사진 5.44).

사운드 몽타주의 실험은 사운드의 도입과 더불어 시작됐다. 프랑스의 장 비고와 르네 클레르와 미국의 루벤 마물리안과 킹 비더 같은 영화감독들은 사운드와 이미지가 결합된 서정적이면서 창조적인 방식 때문에 초기 유성 영화 시대 방식과 동일시되었다. 예를 들면 마물리안의 〈박수갈채(Applause)〉(1929) 같은 영화에서는 음악과 음향효과가 이미지를 복제하는 것이 아니라 더 주체적이면서 분위기 있는 세팅을 만들어낸다.

제2차 세계대전 후 예술 영화에서는 사운드 실험이 새롭게 일어나고 있었다. 프랑스 영화감독 로베르 브레송은 사운드의 미니멀리스트적 사용에 의해 사운드와 이미지 사이의 통상

5.39 〈환송대〉 스틸 이미지의 몽타주를 동반하고 있는 물 흐르는 듯한 부드러운 해설 소리가 두 요소 사이의 반향적 거리를 만들어낸다.

5.40 〈그녀의 이름은 베트남〉 영화 목소리의 특질(종종 악센트가 있고, 또 배우가 아닌 사람들이 낭독하는 것에 속해 있는 것처럼 보인다)은 이미지로부터 수집될 수 없는 정보를 전달한다.

5.41 〈알렉산더 네브스키〉 세르게이 에이젠슈타인의 첫 유성 영화의 편집은 마음속에 있는 악곡과 함께 계획되었다.

집중분석

157010

<컨버세이션>에서의
사운드 역할과 사운드 기술

같이 보기 : 〈필사의 추적(Blow Out)〉(1981), 〈트루먼 쇼(The Truman Show)〉(1998), 〈타인의 삶〉(2006).

프랜시스 포드 코폴라 감독이 사운드 디자이너와 편집자 월터 머치와 함께 공동으로 만든 〈컨버세이션(The Conversation)〉(1974)은 특기할 만한데, 왜냐하면 주제가 사운드 기술 활용에 있기 때문이다. 영화 자체의 사운드가 연속성 전통과 동일시되는 원칙들과 일치하는 한편, 어떻게 사운드가 만들어지고 전달되는가를 특히 중시함으로써 사운드 몽타주 실례의 목적을 보여준다.

샌프란시스코를 배경으로 한 이 영화는 진 핵크만이 분한 도청 전문가 해리 콜의 활동으로 시작하는데, 그는 통상적인 업무를 수행하기 위해 나선다. 공원에 있는 한 쌍의 연인 이야기를 도청하는 일이다. 해리의 도청 기술은 아무런 흔적도 남기지 않으며, 또한 자신의 다소 편집적인 성격을 보완해주기도 한다. 흥미롭게도 해리의 취미는 색소폰 연주이다. 이 악기의 따뜻한 사운드는 그가 먹고 살기 위해 기록하는 사운드가 더 인간적인 차원으로 결국 이끌어지도록 깨우침을 주는 조짐이 된다.

이 영화의 첫 시퀀스는 사운드와 이미지의 대위법을 보여주는 절묘한 장면들로 구성되어 있는데, 그 대위법은 우리가 화면상에서 무슨 일이 벌어지고 있는가를 해독해내려고 능동적으로 애쓸 때 감시활동 속으로 빠져들도록 만들어준다. 도청은 현장 사운드의 질을 증진시켜주고, 우리는 그 장면 속에 있다고 느끼게 된다. 그러나 카메라상에서의 사운드 녹음기사의 활동은 우리가 보고 있는 영화 장면 뒤에 있는 녹음기사, 믹서, 그리고 감독들의 활동을 알게 해준다.

영화는 샌프란시스코의 유니언 스퀘어 광장을 하늘에서 내려다본 장면으로 시작한다. 느리게 움직이는 줌인에 재즈 음악이 동반되는 한편, 사운드 원조감은 계속 이어진다. 음악이 기악곡 주제가에서 두 가수의 농담 주고받기로 전환될 때, 그리고 광장의 소란스러움과 박수갈채 소리가 들려올 때, 우리는 처음에 그 음원을 볼 수 없었다 하더라도 음악이 그 장면에서 온 디제틱 음악이란 사실을 깨닫게 된다. 음악이 축제적이고, 또 감정적인 암시라는 것이 즉각적으로 확인된다. 그러나 전기적 간섭이 아주 일찍 일어난다. 즉 극장에서 확성기를 통해서뿐만 아니라 영화 '안에' 있는 장치를 통해서 음악을 듣고 있다는 사실, 그리고 감정적 영역이 살짝 악의

가 있는 쪽으로 돌아가고 있다는 사실을 의심하기 시작한다.

다음 몇몇 숏에서 감시의 대상이 누구인지, 그리고 우리 관심의 대상이 누가 되어야 하는지에 대해 말하는 것은 어려운 일로 남게 되는데, 부분적인 이유로는 사운드가 액션을 강조하기 위해서 믹스되어 있지 않기 때문이다. 사실 그 군중 속에서 해리를 분별해내려면 첫 공중에서 본 장면 속에서 '귀기울여' 들어야만 한다. 그것은 그가 익명성에 대한 욕망을 나타내고 있는 구겨진 레인코트를 입은 사람을 흉내냄으로써 그 사람을 비웃고 있는 무언극의 한 제스처인 것이다. 말없이 미행하는 사람이 미행을 당하고 있는 것이다. 마침내 해리가 조수가 세워놓은 밴에 탈 때, 우리는 목표 인물이 젊은 커플, 즉 신디 윌리엄스와 프레드릭 포레스트가 분한 앤과 마크라는 사실을 알게 된다(사진 5.42).

그 장면에서의 사운드 믹스는 아주 복잡하다. 지상에서 찍은 첫 장면에 대한 편집은 디제틱 음악 볼륨의 증가와 함께 사운드 원근감의 주목할 만한 전환에 부합한다. 무작위적인 대화를 재빨리 낚아채는 소리가 들리고, 뒤이어 다른 대화 한 토막이 뒤따르는데(목표인물인 커플의 대화), 그러나 이어짐은 이미 우리를 위해 우리가 주의를 기울여야만 하는 것을 즉시 고립시키는 임의적인 연속적 사운드 믹싱 관습들을 확인해준다. 그래서 그 커플의 아주 가까이에서 도청장치를 갖고 있는 해리와 한

5.42 〈컨버세이션〉 우리는 플롯이 알려주지 않는 캐릭터들의 이야기를 엿듣고 있는 것이다.

남자를 볼 때, 우리의 사운드 원근감의 근접성은 기술적 정당성에 주어졌다. 그들이 공원 벤치에 정신을 잃고 누워있는 어떤 술 취한 사람에 대해 대화를 계속하고 있을 때 우리는 앤과 마크와 함께 머물러 있다. 해리가 밴에 올라탈 때 대화의 양은 변하지 않고 있다. 여기서 사운드 원근감에서의 연속성은 이 명백하게 사소한 대화의 중요성을 신호로 보낸다. 그리고 다시 한 번 이 영화의 사운드처럼 보이는 것(우리가 듣고 있는 대화)이 스토리 내부에서 생산된 사운드로 밝혀진다. 즉 우리가 듣고 있는 것은 우리가 돌아가고 있는 릴 테이프 녹음기를 보고 있을 때 녹음된 대화인 것이다(**사진 5.43**).

다음 장면에서 해리는 의심스러운 사건에 대한 단서가 될 만한 사운드를 잡아내기 위해 몇 줄의 녹음된 대화를 계속 반복해 튼다. 그 커플이 이 사건에 연루된 '범인'일까, 아니면 감시하도록 돈을 주는 사람들일까? 그리고 '보이지 않는' 방관자, 사운드 녹음기사, 그리고 영화 관객들의 윤리적 역할은 무엇인가? 이 영화의 첫 장면은 해리와 관객이 광장에서 잡힌 사운드 배후의 진실을 찾으려고 열중할 때 수수께끼처럼 기능한다.

장면의 마지막 부분에서 새로운 사운드 요소가 소개된다. 커플이 헤어질 때 논디제틱 분위기의 피아노 주제곡이 시작된다. 음악은 믹스된 상태에서 일부 거리 소음과 함께 계속되고, 해리는 집으로 향한다. 피아노 소리는 디졸브 기법과 함께 다음 장면으로 계속 이어지다가 해리가 집에 도착하여 문에 열쇠를 넣고 돌릴 때 끝난다. 그때 피아노 소리는 날카로운 음향효과, 즉 경보음이 울리는 소리로 갑자기 교체된다. 각각의 사운드 요소의 구체적 성질에 대한 우리의 새로운 관심은 이 논디제틱 음악적 주제가를 평가하도록 만들어준다. 거의 온종일 도시를 돌아다니는 해리의 모습을 롱숏으로 보여주는 것에 발맞추어 한 악기로만 연주되는 종잡을 수 없는 주제가는 해리가 떨쳐버리려고 하는 감정을 느낄 수 있도록 관객으로서의 우리를 초대하면서 그의 소외감을 강조한다.

해리가 집에 도착한 후, 우리는 그가 색소폰을 연주하는 것을 보게 된다. 색소폰 소리는 고독감을 불러일으킨다. 그것은 공원에서의 음악가뿐만 아니라 우리가 방금 들었던 피아노 주제가에 해리를 연결시켜준다. 그러나 흥미롭게도 해리는 녹음기를 틀어 놓고 색소폰을 연주하고 있는데, 자신의 음악적 표현력을 이미 녹음된 소리와 맞추고 있는 것이다. 이것은 녹음기가 돌아가고 있는 장면에 의해서 강조된다. 사운드 기술에

5.43 〈**컨버세이션**〉 오디오 기술이 영화 속에서 어디에나 스며들어 있는 현실이 된다.

대한 그런 클로즈업은 이 영화에서 빈번하게 일어나며, 우리에게 영화에서의 목소리, 음악, 그리고 음향효과의 원천에 대해서 일깨워준다. 종종 이런 컷어웨이(cutaway)는 그 순간 방출된 사운드에 쏠린 어느 캐릭터의 특정 관심에 의해서도 동기부여가 안 된다.

영화가 진행되면서 해리는 점점 자신을 고용한 사람의 의도에 대한 의심이 커져가면서 첫 장면에서 얻은 테이프 형태의 증거물로 다시 되돌아간다. 이 영화의 편집증에 대한 주제는 사운드 기술, 도청, 감시의 세계에서 완벽한 반향을 발견해낸다. 사운드는 존재에 대한 주장이기 때문에, 범인으로 옭아맬 수 있는 음성 테이프는 그것이 잡아낸 우발적 음악 및 소음과 함께 사운드 녹음, 믹싱, 재생의 특정 장비들을 계속해서 과시하고 있는 영화에서 '진짜'로, 그리고 확실한 것으로 나타나고 있다. 첫 대화에서 쏟아진 말들에 진실이 들어 있다고 강조함으로써 영화는 목소리와 내면의 마음 사이의 특별한 관계를 지지하는 한편, 또한 해리(와 관객들이)가 기술적 매개물을 통해서 다른 사람들을 확인하는 작업을 가능하게 해준다. 사운드는 서사를 만드는 데 이용되지만, 서사는 사운드의 이용에 대한 것이다. 이 영화 당시 그 장비는 첨단이었겠지만 지금 눈으로 보면 구시대의 유물이다. 릴 테이프 녹음기, 대형 헤드폰, 되감을 때 나는 끼익 소리, 그리고 구식 버튼의 기계식 눌림 소리 등 진기한 풍경임에도 불구하고 이 영화는 사운드 기술의 가치와 실례에 대한 적절한 해설서로 지금까지 남아 있다.

5.44 〈마담 엑스 : 앱솔루트 룰러〉울리케 오팅거의 영화에서 캐릭터의 움직임은 대사가 아니라 동물들의 으르렁거리는 소리나 금속이 부딪히는 소리 같은 소음의 사운드 몽타주와 함께 동시적으로 이루어지고 있다. A Women Make Movies Release. Courtesy of Women Make Movies www.wmm.com

적인 어울림을 따로 떼어놓고 있다. 세부적인 것에 대한 정밀조사 같은 촬영을 통해 운명과 고립이라는 주제를 탐색하고 있는 〈소매치기(Pickpocket)〉(1959)와 〈돈(L'Argent)〉(1983) 같은 영화들에서 브레송은 공간의 현실적 지표들을 거부하면서 사운드를 선택하는 기이한 현실을 달성한다(사진 5.45). '사운드에 대한 노트(Notes on Sound)'에서 브레송은 자신의 생각을 다음과 같이 요약한다. "눈에 관한 것은 귀에 관한 것을 복제해서는 안 된다." 공간적 신호를 주기 위해서 혹은 사운드를 더 따뜻하게 만들기 위해서 방 색조나 기타 기술들을 사용하지 않으면서, 그의 영화 속에서의 미니멀리스트적 사운드는 세계의 많은 현대 영화감독들에게 영향을 미친 아주 구체적인 관습이 되었다.

다른 영화감독들은 이미지 및 기타 사운드와 충돌하는 방식으로 사운드를 층층이 쌓아 놓는다. 지가 베르토프의 초기 유성 영화 〈열광(Enthusiasm)〉(1931)은 다큐멘터리 사운드가 무더기로 쌓여 있는 것을 개선시키고 있는데, 마치 콜라주처럼 그것들을 병치시키고 있다. 사운드는 서로 혹은 이미지들과 조화되는 것이 아니라 오히려 분열, 심지어 충격을 만들어낸다. 예를 들면 시계는 종이 울리는 이미지를 넘어서 째깍거리고 있다. 이 소련의 영화감독은 사운드에 깊은 관심을 가졌고, 라디오에서의 그의 작품과 심지어 그의 시는 산업 소음에 대한 매력을 보여주었다.

장 뤽 고다르가 경력 초기에 사운드 콜라주와 함께한 많은 실험은 베르토프의 작품에 빚을 지고 있다. 고다르는 자신의 많은 영화들의 구성에 있어서 음악을 강조한다. 즉 하나의 선호하는 기술이 하나의 음악 신호를 방해하는 것이므로, 음악은 문자 그대로 희미하게 배경 속으로 사라질 수는 없는 것이다. 〈미녀 갱 카르멘(First Name: Carmen)〉(1983)에서 우리는 스토리 공간에 대한 음악과의 관계가 어떻게 될지 알지 못하면서 현악 4중주 연주를 실제로 보고 있다.

사운드트랙 요소의 돌발적인 중단은 목소리와 음향효과 모두에 확장될 수도 있다. 〈국외자들(Band of Outsiders)〉(1964)의 카페 장면에서 캐릭터 중 한 사람이 친구들이 서로 할 말이 없다면

5.45 〈돈〉 로베르 브레송의 영화들은 고립이라는 주제를 탐색하기 위해 주의 깊게 사운드를 선택한다.

침묵을 지켜야 한다고 제의한다. 이 디제틱 침묵은 사운드트랙에서 사운드의 완전한 중단에 의해 전달된다. 빈번한 보이스오프뿐만 아니라 비권위적이거나 비연속적 보이스오버를 사용함으로써, 그리고 카메라상에서 캐릭터들이 수수께끼 같은 발언을 하게 함으로써, 고다르는 캐릭터에 대한 인간 목소리의 자연스러운 역할에 도전한다. 대신 언어는 의미 콜라주에 있어서 가변적인 한 요소가 된다.

장 뤽 고다르와 장피에르 고랭이 만든 〈만사형통(Tout va bien)〉(1972)의 여러 가지 예는 이런 전략을 보여준다. 영화는 어떤 신원불명의 남자가 영화를 만들겠다고 선언하는 보이스오프 장면으로 시작한다. 한 여성이 영화를 만드는 데는 돈

이 들어간다고 대답한다. 이미지는 이 영화 〈만사형통〉 제작을 위해 수표에 사인하는 장면을 보여준다. 또 다른 시퀀스에서 영화 주인공 중 한 사람이 카메라에 대고 직접 정치적인 영화감독으로서 자신의 경력이 상업 영화감독으로 바뀐 것에 대해 이야기하면서 카메라 옆에 앉는다. 말하기는 장뤽 고다르 자신의 위치에 대해서 생각해보도록 만들고 있다. 또 하나의 기억할 만한 장면은 무정부주의자들에 의해 점거된 슈퍼마켓을 배경으로 한다. 하나의 요소를 더한다면, 제인 폰다가 분한 기자 캐릭터의 대사가**(사진 5.46)** 특별할인 행사에 쇼핑객들이 몰리는 것처럼 확성기 음량으로 소개된다는 것이다. 이 사운드 요소는 내부적 및 외부적 사운드를 섞어서 하나의 콜라주 효과 속에서 사운드를 층층이 쌓아 놓는다. 40년 이상의 경력으로

5.46 〈만사형통〉 이 세팅의 불협화음은 다른 주요 캐릭터 중 한 사람인 제인 폰다가 분한 기자의 내적 디제틱 독백에 의해 저지된다.

고다르는 사운드 몽타주에 있어서 가장 모범적인 전문가로 명성을 얻은 감독일 것이다.

그러나 할리우드 영화에서조차 사운드 몽타주가 지배적일 수 있다. 비록 그것이 미래주의적 세팅에 의해 서사적으로 동기유발된다 하더라도, 리들리 스콧의 〈블레이드 러너〉의 음악적 풍경은 실험 영화의 풍경과 닮아 있다. 사운드는 적어도 미장센만큼, 그리고 합성적 · 혼합적 세계에서의 고통에 대한 주제를 위한 줄거리만큼 책임이 있다. 데이빗 린치 감독의 사운드 디자인은 방향 잃은 화면상 세계에서 필수적인 역할을 한다. 사운드의 풍부 속에서 현대의 사운드트랙은 사운드와 이미지의 독립적 기능들에 대한 반성을 촉구하지 않으면서 사운드를 층층이 쌓아올리는 몽타주 전통에 더욱더 이끌리고 있다. 사운드를 이미지에 종속시키고 리얼리즘에 동조하는 연속성 전통 또한 여전히 지배적이다. 할리우드 영화에서 사운드 실례의 문제를 정면으로 드러내는 가장 재미있는 영화 중 하나는 바로 〈컨버세이션〉이다. 비록 실험 영화가 하는 방식으로 사운드 연속성으로부터 떨어져 있다 하더라도, 이 영화는 자주적 요소로서 사운드의 의미와 효과를 생각해보도록 관객들에게 요구한다.

요약

에디슨의 실험과 〈재즈 싱어〉에서 〈사랑은 비를 타고〉와 〈컨버세이션〉을 통해서, 영화는 우리 주변 세계로부터의 사운드를 재창조해내고, 또 영화에 있어서의 의미와 주제를 구축하거나 강조하는 사운드의 새로운 패턴을 창조해낸다. 영화를 주의 깊게 듣는 것은 〈사랑은 비를 타고〉가 그렇게 분명하게 극적으로 보이게 만들듯이, 특정한 형식적 요소 및 전략뿐만 아니라 영화 역사 및 문화를 포함하고 있는 오디오 대사 속에 우리가 보고 있는 영화를 관련시키는 대단히 중요한 행위이다. 〈펄프 픽션〉과 〈위대한 개츠비〉의 최신 버전 같은 영화에서 오류 없이 나타나고 있듯이, 우리는 대사에서 배경음악 악곡 및 음악 사운드 트랙까지 사운드의 많은 층을 갖고 있는 영화를 의식적이든 무의식적이든 듣는다. 영화 사운드는 영화의 형식적 및 기술적 요소의 최소한의 시각적인 것을 나타낼 수 있는 한편, 영화를 듣는 것은 영화의 복잡한 비전에 대한 가장 통찰력 있는 발견을 자주 제공해줄 수 있다. 〈피아노〉 같은 영화에서 사운드는 주요 동기가 되는데, 우리는 사운드를 통해서 캐릭터들을 이해한다. 영화를 주의 깊게 들여다보자. 그리고 이런 주요 목적 중 2~3개를 다시 생각해보자.

- 영화가 사운드를 사용하는 것에 대한 일부 역사적 혹은 문화적 영향이란 무엇인가? 〈사랑은 비를 타고〉에서처럼 사운드 기술인가? 쿠엔틴 타란티노의 영화에서처럼 현대음악인가?
- 사운드는 어떤 특정 방식으로 이미지와 상호작용하는가? 〈택시 드라이버〉(1976) 같은 영화에서 들은 것 같은 서사적 신호로서인가? 화면상의 액션에 대한 역설적인 대위법으로서인가?
- 목소리가 영화에서 사용된 독특한 방식이 있는가? 〈졸업〉에서 더스틴 호프만의 목소리처럼 배우의 목소리와 톤을 이용하고 있는가?
- 스토리와 관련되어 음악적 기능은 어떤 일을 하고 있는가? 액션에 대한 논평으로서 기능하는가? 역설로서 기능하는가?
- 영화는 음향효과를 창조적으로 이용하고 있는가? 〈컨버세이션〉에서는 보다 덜 중심적이지만, 그럼에도 불구하고 우리가 특정 방식으로 스토리와 그 세계를 이해하도록 만들어주는 방식에서는 여전한가?

적용해보기

오케스트라 음악을 사용하고, 오디오를 끄고, 또 그 장면에 다른 음악적 선택(재즈, 다른 영화에서 잘 알려진 악곡의 일부, 팝송 등)을 동반하는 영화의 한 장면이나 한 시퀀스를 선택해보자. 그런 변화는 그 장면의 이해와 의미를 어떻게 다시 만들어내는가?

제3부

조직적 구조

이야기에서 장르까지

우리는 영화의 정교한 장면, 화려한 이미지, 극적인 편집, 그리고 풍부한 사운드를 경험하기 위해서만 영화관에 가는 것이 아니다. 우리는 또한 긴장감에 압도되는 미스터리한 살인사건, 매력적으로 실상을 드러내주는 다큐멘터리, 한 편의 시처럼 항해하는 듯한 추상적 이미지와 사운드에 맞춘 음악적 악곡, 그리고 마치 1930년대 뮤지컬인 듯 즐거운 인생을 보여주는 것 등을 보기 위해 가는 것이다. 우리는 윌리엄 포크너의 고전적 서사 작품을 두 개의 화면에 동시에 보여주는 분할 화면으로 창조적인 각색을 한 제임스 프랑코의 〈위험한 유혹(As I Lay Dying)〉(2013), 롤링 스톤스와 기타 로큰롤 밴드들을 위한 놀라운 무대 뒤 가수들을 드러내 보이는 〈스타로부터 스무 발자국(20 Feet from Stardom)〉(2013), 공간을 통해 춤동작을 3D로 구현한 놀라운 〈피나(Pina)〉(2011), 그리고 버디 무비¹ 전통을 코믹하게 변형시킨 산드라 블록과 멜리사 매카시의 〈히트(The Heat)〉(2013) 같은 영화들로 방향을 바꾸어 볼 것이다.

미장센, 촬영, 편집, 그리고 사운드에서 발견된 양식화된 세부적인 것들을 제외하고, 영화경험은 또한 더 커다란 조직적 구조 및 매력과 만나고 있다. 우리는 처음에 좋은 스토리를 찾을 수도 있고, 어떤 사람들은 다큐멘터리나 실험 영화를 선호할 수도 있다. 며칠간 멜로드라마 분위기 속에 있을 수도 있고, 다른 며칠간 공포 영화를 보고 싶어 할 수도 있다. 제3부에서 우리는 영화의 주요 조직적 체계(서사, 다큐멘터리, 실험 영화 등의 영화 장르)를 탐색할 것이며, 그 체계의 각 요소는 우리가 감상하고 있는 영화에 대한 어떤 기대감을 불러일으킬 것이다. 각각의 요소는 우리에게 영화를 보고, 이해하고, 또 즐기는 특정 방식들을 제공해주면서 우리가 독특한 종류의 경험 속으로 빠져들게 하는 세계를 형성한다.

서사 영화

스토리 말해주기

L. 프랭크 바움의 동화책을 각색한 〈오즈의 마법사〉는 미국 역사에서 가장 각색이 잘되고, 또 어디에서나 볼 수 있는 널리 알려진 서사 영화 중 하나로, 1925년 무성 영화로 인기를 끌다가 1939년 주디 갈랜드 주연의 테크니컬러 영화로 유명해졌으며, 1978년 뮤지컬 〈위즈(The Wiz)〉로 현대화됐고, 2013년 샘 레이미 감독의 〈오즈 그레이트 앤드 파워풀(Oz the Great and Powerful)〉로 이어졌다. 캔자스에서 농촌 생활을 하고 있는 도로시를 묘사하고 있는 흑백 화면과 함께, 1939년의 영화는 도로시를 이상한 세계로 날려 보냈고, 거기서 그녀는 허수아비, 양철 나무꾼, 겁쟁이 사자를 만난다. 이들은 그녀와 함께 동행하면서 일련의 장해물들(서쪽의 사악한 마녀)을 극복해낸다. 그 환상적인 요소에도 불구하고 서사적 구조는 주인공이 집으로 귀향하고자 하는 소망이 결국 이루어진다는 단선적 구성으로 이루어진 고전적 패러다임이다. 사실상 이 서사의 기본 윤곽은 스티븐 스필버그의 영화에서 발견되는 것처럼 아주 많은 다른 스토리들의 형성을 묘사할 수도 있다. 동시에 이 특정 서사는 또한 일부 서사 영화가 많은 다른 청중이 공유하고 있는 문화적 신화 상태에 어떻게 접근할 수 있는가에 대한 좋은 예이기도 하다.

영화는 **서사**(narrative)로 번창해왔는데, 서사란 특정 플롯과 관점으로 스토리를 구성하는 기술이다. 서사 영화는 스토리텔링의 긴 문화적·미술적·문학적 전통으로부터 발전해왔으며 목표를 추구하는 캐릭터, 그런 목적을 방해하는 장해물과의 만남, 그리고 궁극적으로 달성하게 되는 끝맺음을 보여준다. 대체로 서사 영화는 시작, 중간, 끝맺음으로 이루어지는 세 부분의 구조를 따르고 있다. 기존 상황은 중간 부분에서 붕괴되고, 그 붕괴된 부분은 끝맺음 부분에서 질서의 회복으로 이끌어진다. 서사 영화는 다른 사람들과 어떻게 소통하는가뿐만 아니라 역사와 세계에서 우리의 자리를 이해하기 위해 배워왔던 다른 방식을 보여준다.

핵심 목표	■ 영화에서 스토리텔링의 문화적 편재성을 요약해보자.
	■ 서사 영화의 기초를 만들어내는 다른 역사적 관습을 묘사해보자.
	■ 서사 영화가 어떻게 스토리의 사건을 배열할 수 있는 플롯을 구축하는지 설명해보자.
	■ 영화 캐릭터들이 하나의 스토리 안에서 액션을 불러일으키는 방식을 확인해보자.
	■ 플롯이 다른 시간적 및 공간적 계획을 만들어내는 방식을 무너뜨려보자.
	■ 내레이션의 힘과 서사적 관점이 스토리에 대한 우리의 이해를 어떻게 결정하는지 묘사해보자.
	■ 고전적 서사 전통과 대안적 서사 전통 사이의 차이를 구별해보자.

스토리텔링은 항상 사회와 문화의 중심 부분이었다. 스토리는 개인적 및 공동적 기억에서 나오며, 현재의 눈을 통해서 과거의 사건, 액션, 그리고 감정을 재구성한다. 스토리는 잠들기 전의 아이들과 항해 중인 선원들을 즐겁게 해주고, 사회적 행동에 대한 생각들을 서로 나누게 해주며, 우리로 하여금 계절 변화나 불가피한 죽음에 적응하도록 해주고, 사회의 기억력 및 상상력을 강화시켜준다. 성경, 힌두교 성전, 아이슬란드 영웅 서사시인 사가(saga), 원주민 문화의 구전설화, 그리고 역사적 사건(예 : 남북전쟁)과 사람들(예 : 에이브러햄 링컨)의 유명한 이야기는 모두 이런 목적에 의해 추진된 것이다. 어떤 의미에서 스토리는 문화의 역사적 중심이며, 또한 공동체의 유대이기도 하다. 종종 역사 그 자체는 서사적 용어로 이야기된다.

서사 영화의 간략사

시간이 가면서 스토리는 무수히 많은 물질적 형태로 나타났으며, 또한 셀 수 없이 많은 목적을 위해 사용됐고, 그중 많은 목적은 서사 영화에서 다시 나타나고 있다. 〈작은 거인(Little Big Man)〉(1970)과 〈사랑과 경멸(Contempt)〉(1963) 같은 일부 영화는 영화 이전의 서사적 역사에

대한 명백한 참고 입장을 만들어준다. 예를 들면 〈작은 거인〉은 아메리카 원주민들의 유산을 묘사하고 있는데, 그들은 모닥불가에 모여 앉아 자신들의 역사를 말해주는 스토리텔러, 즉 이야기꾼의 말에 귀 기울이고 있다. 반대로 〈사랑과 경멸〉은 호머의 서사시 오디세이(*Odyssey*)에서 발견되는 서사적 형태와 투쟁하고 있으며, 서사시(epic)로서의 이야기를 말하는 것과 할리우드 블록버스터로서의 이야기를 말하는 것 사이에서 상업적 영화 제작에 의해 요구되는 서사적 형태와 투쟁한다(사진 6.1a~6.1c).

서사 영화의 풍부함을 이해하기 위해서 관객들은 서사 그 자체의 독특한 문화적 역사에 유념해야만 한다. 예를 들면 크게 말하거나 낭송하는 구술 서사는 모닥불 옆에서부터 오늘날 연극배

(a)

(b)

(c)

6.1 서사의 역사는 어떻게 스토리가 이야기되고 있는가를 결정하는 역사적 압력과 조건을 변함없이 반영한다. 유명한 서사시 〈오디세이〉를 포함하고 있는 고대 그리스 서사시들은 종종 시각적 서사로 묘사되었다(**a**). 중세시대 이래로 시각적 예술은 스토리와 우화를 하나의 프레임(예 : 어느 16세기 그림에 있는 서사시 〈오디세이〉로부터 다수의 캐릭터와 사건을 묘사하고 있는) 속에 통합해왔다(**b**). 장 뤽 고다르의 〈사랑과 경멸〉(**c**) 같은 더 현대적인 시각적 예술은 서사의 역사에 직접 관여해왔다. 즉 고다르의 영화는 화면에 서사시 〈오디세이〉를 각색하기 위한 투쟁에 대한 것이다. 6.1a courtesy Erich Lessing/Art Resource, NY/6.1b © National Gallery, London/Art Resource, NY

6.2 〈스파이더맨〉 만화에서 커다란 화면으로 옮겨간 시각적 서사의 변형

우들의 무대까지 확대되고 있는 전통을 대변한다. 찰스 디킨스의 장편소설 황폐한 집(*Bleak House*)(1853) 같은 기술(記述) 서사는 인쇄된 형태로 나타나는 한편, 스토리가 18세기 석판화를 통해서, 그리고 현대의 〈스파이더맨(Spider-Man)〉 같은 만화를 통해서 이야기되고 있는 것처럼 도식적 서사는 일련의 이미지를 통해서 발전해 간다(**사진 6.2**).

이런 다른 예들에서 스토리를 보여주는 형식과 재료는 표현의 일부 특징들을 가능하게 하고, 또 다른 특징들을 금지하면서 서사적 측면에 영향을 미치고 있다. 구술 서사는 청중에 맞추어서 한 가지 이야기에서 다른 이야기로 바꾸어가면서 청중에게 더욱 직접적이면서 유연한 접촉을 제공한다. 시각적 서사는 문학적 서사보다 더 구체적으로 캐릭터들의 모습을 보여주는 한편, 문학적 서사는 시각적 서사보다 더 매끄럽게 캐릭터들의 생각을 보여줄 수 있다. 서사 영화는 보통 이런 다른 서사 전통들을 결합하고 있고, 또한 어떻게 하나의 특정 서사 영화가 가령 구술 서사나 오페라적 서사의 공식이나 전략들을 구사하거나 강조할 수 있는가에 주목하는 것은 영화 형식에 내장된 스토리텔링의 넓고도 복잡한 역사를 보여주는 것이다.

1900~1920년대 : 각색, 시나리오 작가, 그리고 시나리오

초기 영화들이 보통 단순히 움직이는 이미지들(예 : 기차가 역으로 들어오는 장면)을 보여주는 것으로 만족했지만, 종종 이런 이미지들은 이미지 뒤에 있는 스토리를 말해주고 있다. 영화 형식이 발전함에 따라 유명한 스토리들을 각색하는 일이 영화감독들의 주목을 받았다. 캐릭터와 플롯에 대한 관객들의 친숙성이 관객들로 하여금 영화의 서사 기술을 따라가도록 하는 데 도움이 되었다. 1896년 초, 배우 조셉 제퍼슨은 단편 영화에서 립 밴 윙클을 연기했다. 1903년경 화면상에 보이는 것 뒤에 더 큰 스토리가 있다는 것을 관객들이 알게 되는 다양한 영화들(혹은 이미지들)이 등장했는데, 셰익스피어의 〈킹 존(King John)〉(1899), 〈신데렐라(Cinderella)〉(1900), 〈로빈슨 크루소(Robinson Crusoe)〉(1902), 〈알리바바와 40인의 도적(Ali Baba and the Forty Thieves)〉(1905) 등이다(**사진 6.3**). 〈톰 아저씨의 오두막〉은 19세기의 가장 인기 있는 소설이자 희곡이었는데, 무성 영화 시대에 에드윈 S. 포터의 각색을 포함해서 이후 수많은 각색이 이루어졌다(**사진 6.4**). 포터의 영화들은 스토리를 들려주기 위해 편집을 이용하는 초기 사례들 중 하나였다. 1906년경 영화는 주도적인 서사 매체가 되었다.

영화와 스토리 사이의 이런 초기의 역사적 유대관계는 우리의 '여가시간의 경제학'의 발전에 기여했다. 20세기 초 수십 년

6.3 〈알리바바와 40인의 도적〉 초기 서사 영화는 관객들이 이미지 뒤에 있는 더 큰 스토리를 알고 있는 것으로 가정하고 있다.

간 싹터온 영화산업은 스토리가 이야기화되기까지에는 시간이
걸리고, 또한 관객들이 그런 스토리를 보려고 기꺼이 시간을 할
애하는 것이 영화산업에 돈이 된다는 사실을 깨닫게 되었다. 이
런 초기 세월 동안 대부분의 개인이 여가시간에 혹은 오후에 친
구들과 함께 시간을 보내기 위해 새로운 오락인 '영화'를 경험
하기 위해 극장에 갔던 것이다. 1913년경 영화감독들은 더 복
잡한 스토리들을 발전시킴으로써 많은 관객들을 불러모을 수
있다는 사실을 깨닫게 되면서 관객들을 계속 극장으로 끌어들
여 입장료로 1니켈² 이상을 받을 수 있었다. 진지한 스토리로
영화에 참여하는 문화적 명망이 커짐에 따라 영화는 이제 더 긴
서사 영화들을 통해 더 많은 돈을 벌기 위해 더 많은 시간을 팔
수 있게 되었다. 영화는 기존의 박물관, 미술관, 그리고 전통적
극장 및 보드빌 극장 들을 포함한 문화적 오락의 원천들을 이끄
는 선두주자 중 하나로 자신의 자리를 재빨리 정립해 갔다. 동
시에 영화의 역사는 스토리텔링의 목적과 형식에 지배되기 시작했다.

6.4 〈톰 아저씨의 오두막〉 이 영화는 19세기의 가장 인기 있는 소설과 희곡을
각색한 수많은 무성 영화 중 하나이다.

서사 영화가 발전함에 따라 두 가지 중요한 산업적 사건이 돋보이게 되었다. 하나는 대본의
도입이고, 다른 하나는 사운드를 통한 서사적 대사의 진전이었다. 많은 초기 무성 영화들이 아
무런 진전 없이 제작된 반면, 1907년 이후로부터 점점 늘어난 영화의 길이는 **대본 작가**[script-
writer 혹은 **시나리오 작가**(screenwriter)]를 요구하게 되었고, 그들은 원본 스토리를 이용하거나
아니면 단편 스토리, 소설 혹은 다른 원천들을 각색함으로써 영화 시나리오나 대본을 만들어냈
다. 이 역사적 전환의 일부로서 영화의 서사는 빠르게 **시나리오**(screenplay 혹은 script) 사용을 요
구하게 되었고, 그들은 원본 스토리(혹은 영화 대본)에 의지하게 되었으며, 그것은 영화 서사의
요소 및 구조를 표준화시켰다. 초기에 〈벤허(Ben-Hur)〉(1907)에 관한 저작권 소송은 원본 서사
를 발전시킬 수 있었던 시나리오 작가의 중요성을 즉각적으로 강조해주었다.

 생각해보기

강의시간에 보았던 최근 영화의 스토리
를 묘사해보자. 주요 사건, 그로 인해 파
생된 사건, 그리고 영화 스토리의 중요
하거나 중요치 않은 세부적인 것들은
무엇인가?

1927~1950년 : 사운드 기술, 대사, 그리고 고전적 할리우드 시대의 서사

1920년대 말 사운드 기술 및 대사의 도입은 서사 영화 역사에서
가장 중요한 진전 중 하나였다. 사운드가 수많은 방식으로 영화에
영향을 미치는 동안 아마도 가장 중요했던 것은 그것이 서사 영화
로 하여금 더 복잡한 캐릭터들을 만들어내고, 또 발전시킬 수 있도
록 해주었다는 데 있을 것인데, 그 캐릭터들의 대사와 목소리 억양
은 영화에 새로운 심리적 및 사회적 차원들을 추가했다. 더 복잡
한 캐릭터는 더 복잡한 영화 플롯을 추진하는 데 이용됐다. 사운드
로 인한 새로운 서사 영화의 가능성이 많은 방식으로 제시되었고,
〈베이비 길들이기(Bringing Up Baby)〉(1938) 같은 우스꽝스런 스
크루볼 코미디(screwball comedy)³ 영화들은 빠르게 말하는 여자
와 남자를 보여주고 있는데, 그들의 언어구사 솜씨는 독립성과 재
치를 말해주는 척도였다(사진 6.5). 이 시기의 다른 영화들은 캐릭
터와 사건 사이의 간접적인 연관성을 만들어내기 위해서, 그리
고 서사 안에서 더 민감한 종류의 긴장을 만들어내기 위해서 알프
레드 히치콕의 〈나는 비밀을 알고 있다(The Man Who Knew Too

6.5 〈베이비 길들이기〉 스크루볼 코미디의 여주인공이 재치 있는 대사를
빠르게 말하면서 독립적인 성격을 보여주는 것은 유성 영화 시대가 도래함
으로써 가능해진 일이었다. 그런 캐릭터들은 캐서린 헵번이 분한 수잔 반스
에 의해 전형적으로 보여지는데, 이 영화에서 그녀의 '아기'는 사실 애완동
물인 표범이다.

Much)〉(1934)에서의 휘파람 소리 같은 사운드 장치를 이용한다.

사운드와 서사 사이 관계의 계속적인 진화는 1930~1940년대 고전적 할리우드 시절 서사의 근본적 모습을 공고히 하고 세부조정하는 데 도움을 주었다. 이 시기 동안 점점 더 주도적으로 되어 가는 서사 형태의 구조는 세 가지 기본적 특성에 따라 굳건히 성립되었다. 즉 첫 번째는 하나 혹은 두 중심 캐릭터에 초점을 맞추는 서사이고, 두 번째는 이런 캐릭터들이 직선적 플롯을 따라 나아가고, 세 번째는 액션이 현실적인 원인과 결과 논리에 따라 발전해 나간다는 것이다. 1939년에 제작된 〈바람과 함께 사라지다〉, 〈역마차〉, 〈오즈의 마법사〉는 종종 할리우드의 황금기를 대표하는 영화로 알려져 있으면서, 현대의 신화로서 유성 영화 시대의 서사 영화를 보여준다. 또한 많은 차이점에도 불구하고 이 고전적 할리우드 시절의 구조에 대한 변종 서사 방식을 묘사해준다. 이 시기 동안 할리우드 스튜디오 시스템은 크기와 힘이 모두 커져서 많은 인력, 제작자 중심 시스템, 스토리텔링을 위한 특별히 효율적인 산업 시스템을 만들어낸 다국적 재정조달을 제공해주었다. 이 시스템은 뮤지컬 및 서부 영화 같은 비용이 많이 들어가는 서사 장르들과 점차 동일시되어 갔다(제9장 참조).

또한 이 시기에 특정 영화 기술의 도입 및 발전(딥 포커스 촬영 기술 및 테크니컬러 기술)은 특정 이미지가 제공하는 서사 정보를 전달해주고, 또 더 복잡하게 만들어주는 방법을 제공해주었다. 고전적 서사의 플롯 구조가 온전하게 남아 있는 한편, 이런 기술들은 한 장면의 분위기에서의 혹은 캐릭터들 사이의 극적 긴장 속에서의 서사에 대한 새로운 변형을 탐색하도록 해주었다.

헤이스 오피스[4]로부터의 압력을 받은 미국영화협회는 도덕적으로 묘사 가능한 것에 대해 엄격한 가이드라인을 결정했고, 1930년대의 서사 영화는 검열관들이 받아들일 만한 성인 대상 플롯들을 제공하는 고전 문학작품들로 방향을 돌렸다. 이런 고전작품들에는 〈오만과 편견(Pride and Prejudice)〉(1938), 〈폭풍의 언덕(Wuthering Heights)〉(1939) 등이 포함되어 있다. 더 많은 구술 서사를 필요로 하는 산업을 위해 할리우드는 스콧 피츠제럴드 같은 작가들이 새로운 스토리와 대본을 쓸 수 있는 뉴욕이나 다른 도시들로 점차 눈을 돌렸다.

제2차 세계대전(1939~1945)은 고전적 할리우드 시절의 서사 영화에 상당한 충격을 주었다. 냉혹하고 무시무시한 사건들은 과연 고전적 서사 공식이 갖고 있는 직선적 플롯, 명석한 캐릭터, 정돈되고 논리적인 결말이 그 시대의 아주 헝클어지고 복잡한 현실을 적절하게 잡아낼 수 있는가에 대한 의문을 제기하고 있었다. 〈오즈의 마법사〉의 서사가 주인공의 집으로 이끌어주는 노란 벽돌길을 따라간 것이라면, 전쟁의 상처를 그린 〈우리 생애 최고의 해〉의 서사는 어떤 길을 따라가야 할지 고통스럽게 물어보고, 군인들이 다시 집에 돌아갈 수 있을지를 의심하고 있는 것이다(사진 6.6).

1950~1980년 : 예술 영화

제2차 세계대전의 전 세계적 충격은 공식적인 할리우드의 스토리텔링 스타일에 도전했을 뿐만 아니라 1950~1960년대 유럽, 일본, 인도, 그리고 그 밖의 지역들에서 혁신적인 예술 영화를 발생하게 했다. 이런 새로운 형태의 영화는 전쟁 전에 존재했던 많은 문화적 관점 및 가치에 의문을 품었다. 잉그마르 베르히만, 페데리코 펠리니, 아네스 바르다 같은 감독에 의해 제작된 유럽 예술 영화는 감독의 아무런 지시 없

6.6 〈우리 생애 최고의 해〉 이 전후 서사 영화는 통상 귀향이 의미하는 해피엔딩에 대해 의문점을 던지고 있다.

이 캐릭터들을 묘사함으로써 고전적 서사 모델들을 전복시켜버리는 것이 특징인 새로운 서사 구조들을 실험하고 있었는데, 그것들은 마치 비논리적 액션들, 그리고 때때로 초현실주의적 사건처럼 보였다. 예를 들면 〈5시부터 7시까지의 클레오(Cleo from 5 to 7)〉(1962)에서 바르다는 한 가수의 하루에서 2시간 동안 서사를 제한하면서 그녀 삶의 세부적인 실시간을 잡아낸다. 주인공은 암 증상에 두려움을 느끼고 있지만, 서사는 멜로드라마적인 것을 피하면서 매일매일 이곳저곳 떠돌아다니는 기쁨을 찾아낸다(사진 6.7).

6.7 〈5시부터 7시까지의 클레오〉 아녜스 바르다의 서사는 한 젊은 파리 여성의 삶에서 오후를 기록하면서 서사를 실시간 2시간으로 제한한다.

1970년대 새로운 독일 영화와 1970~1980년대 새로운 할리우드 영화 같은 뉴웨이브 영화들(new wave cinemas)에 나중에 영향을 미쳤던 이 영화들은 플롯의 직선적 진행과 특정 주인공을 중심으로 하는 것 같은 전통적인 서사 형식들을 의도적으로 전복시켰다. 게다가 이런 서사들은 종종 더 개별적인 스타일들을 만들어내고, 또한 공적인 것보다 더 사적인 스토리들을 말해주기 위해서 실제적인 서사에 대한 객관적인 관점으로부터 멀리 물러서 있다. 예를 들면 펠리니의 〈8½〉(1963)은 틀림없이 자서전적 관점을 갖고 있는데, 그것은 그를 따라다니고 있는 일과 기억들에 대한 자신의 고통과 씨름하고 있는 한 영화감독의 내적 투쟁 이야기를 말해준다.

1980년대~현재 : 반성적 서사에서 게임으로

현대 영화는 넓고 다양한 서사적 실례들을 대변하고 있지만, 세 가지는 최근 수십 년 동안 특히 중요해지고 널리 퍼졌던 것으로 확인된다. 다른 기술적 · 예술적 · 산업적 영향을 반영하면서, 이런 서사들은 종종 영화 제작과정을 돌이켜 생각하게 만들고, 놀이공원의 흥분과 인기에 맞추면서 혹은 게임 문화의 쌍방향 대화 형식을 모방하게 한다.

반성적 서사의 실례에 있어서 영화감독들은 여전히 스토리를 이야기하고 있지만, 이제는 그런 스토리를 어떻게 말하고 있는가 혹은 어떻게 이런 스토리들이 어떤 서사적 기술 및 관점의 산물이 되었는가에 더 많은 관심을 불러모으고 있다. 〈어댑테이션〉(2002)은 할리우드 서사 공식에 주간지 뉴요커의 난초에 관한 에세이를 각색하려는 한 시나리오 작가의 투쟁에 관한 영화이다. 한편 이전 영화 및 서사 전통에 대한 참고자료들로 충만한 쿠엔틴 타란티노의 〈바스터즈 : 거친 녀석들(Inglorious Basterds)〉(2009)은 영화가 상영되는 동안 나치 지도자를 죽이는 것에 대한 의식적인 판타지 영화이다(사진 6.8).

마지막 수십여 년 동안 영화에 있어서의 두 번째 방향은 놀이공원의 놀이기구와 비슷한 솟아오르는 효과를 지닌, 그리고 그런 것들과 관련된 물리적 및 심리적 긴장감을 지닌 서사처럼 롤러코스터 효과를 이용하는 것이다. 그 명백한 예는 〈캐리비안의 해적(Pirates of the Caribbean)〉 시리즈인데, 이 영화들은 실제로 디즈니월드 놀이공원에 기초

6.8 〈바스터즈 : 거친 녀석들〉 이 영화처럼 현대적 서사는 스토리를 구축하는 역사적 원천 및 재료들에 대해 자의식 및 반성적 의식이 높다.

6.9 〈모탈 컴뱃〉 비선형 플롯은 게임과 영화 사이의 결합을 허용한다.

한다. 이와 유사하게 〈해리 포터(Harry Potter)〉 시리즈는 테마 공원보다는 조앤 K. 롤링의 아동 소설에 기초하고 있다. 하지만 그럼에도 불구하고 세밀한 액션 시퀀스와 아이맥스 스펙터클 효과를 모두 갖춘 서사적 놀이기구 모델에게 적어도 부분적으로는 열망하고 있는 것처럼 보인다.

영화가 새 천년의 디지털 시대로 진입함에 따라 세 번째 경향은 비디오와 디지털 게임의 효과, 영화 만드는 효과, 그리고 그것들의 마케팅 효과와 관객을 위한 일종의 쌍방향 게임의 효과를 가진 스토리를 구조화하는 것이다. 점차 늘어나는 숫자의 영화들은 암묵적으로 혹은 분명하게 공간의 쌍방향 탐색으로서의 스토리를 구축해 나갔다. 예를 들면 〈모탈 컴뱃(Mortal Kombat)〉(1995)은 초기의 비디오 게임 각색이면서, 또한 스토리 없는 영화로 각색된 스토리 없는 게임의 한 예이다(사진 6.9). 더 이상 영화의 스토리는 모든 경우에 있어서 관객이 단순히 따라가는 직선형 플롯을 묘사하지 않는다. 사실상 서사 영화가 21세기로 진화해감에 따라 게임과 영화 사이의 결합과 교환은 영화의 가장 재미있는 새로운 방향 중 하나를 보여주고 있는지도 모른다.

서사 영화의 요소

서사는 보편적이지만 또한 무한한 변동성이 있다. 다른 서사적 형식 및 맥락에서의 영화 스토리텔링의 기원, 영화 역사를 가로지르는 서사 전략의 진화, 문화를 가로지르는 뚜렷한 서사 전통은 이런 다양성의 의미를 제공해준다. 그러나 우리는 영화 매체가 잘 활용하는 서사의 공통 요소 및 일부 특징적 방식을 확인할 수 있다.

스토리와 플롯

서사의 주요 특징은 스토리, 캐릭터, 플롯, 그리고 내레이션이다. **스토리**(story)는 서사의 주요 재료이거나 원료이면서 연대순으로 정리되고, 하나 이상의 캐릭터에 초점을 맞춘 액션과 사건을(통상 시작, 전개, 결말이란 용어로 이해되고 있는) 동반하고 있다. **캐릭터**(character)는 스토리에서 사건을 유발하고 액션을 행하는 개인들이다. 스토리는 쉽게 요약되는 경향이 있는데, "네브라스카 평원에서 개척자로서 살아가고 있는 한 남자의 이야기"나 "파키스탄에서 과거 폭력에 직면했던 한 여성의 스토리"의 경우와 같다. 다음 절에서 우리는 캐릭터들을 자세하게 논의하게 될 것이다.

플롯(plot)은 특정 시간적 및 공간적 패턴에 따라 스토리의 사건과 액션을 지시하면서 일부 액션, 개인, 그리고 사건을 선택하고, 또 그 밖의 다른 것들은 배제한다. 어떤 스토리의 플롯은 한 캐릭터 삶의 가장 세세한 일을 다룰 수도 있다. 또 다른 스토리는 중요하고 격변적인 사건에만 초점을 맞출 수도 있다. 어떤 플롯은 처음부터 끝까지 한 걸음씩 앞으로 나아가는 스토리를 보여줄 수도 있고, 또 다른 플롯은 똑같은 스토리를 시간을 역행하면서 보여줄 수도 있다. 어떤 플롯은 스토리를 한 캐릭터의 질주 및 욕망의 산물로 묘사할 수도 있는 반면, 또 다른 플롯은 사건들이 그 캐릭터의 영향권 밖에서 벌어지는 것을 제시할 수도 있다. 그래서 케네디 대통령의 삶

생각해보기

배급 전략은 어떻게 영화에 대한 반응을 결정할 수 있는가? 이 전략을 아는 것이 당신이 그 영화의 목적을 더 잘 이해하도록 도와주는가?

에 대한 어떤 플롯은 성인 시절 삶의 자세한 부분뿐만 아니라 어린 시절을 모두 묘사할 수도 있
으며, 또 다른 플롯은 제2차 세계대전 동안의 전투경험에만, 대통령 재직 시의 주요 사건들에만,
1963년에 벌어진 놀라운 저격사건에만 초점을 맞출 수도 있다. 전자의 경우 출생으로부터 시작
할 수도 있고, 후자의 경우 죽음으로 시작할 수 있다. 결국 플롯이 어떻게 형성되는가는 역시 상
당히 달라질 수 있다. 이 스토리의 어떤 버전은 케네디의 삶을 힘찬 비전과 이상의 산물로 묘사
할 수도 있는 반면, 또 다른 버전은 승리와 비극을 역사적 환경의 결과물로 보여줄 수도 있다.

최초의 중요한 서사 영화 중 하나로 간주되는 에드윈 S. 포터의 〈미국 소방관의 생활(Life of
an American Fireman)〉(1903) 같은 초기 영화로부터, 역으로 거슬러 올라가는 연대기를 지닌 크
리스토퍼 놀란의 〈메멘토(Memento)〉(2000) 같은 최근 영화까지, 영화는 긴장감, 신비감, 그리
고 재미를 불러일으키기 위해서 스토리와 플롯 사이의 서사적 긴장 속으로 관객의 참여에 의지
해왔다. 포터 영화의 단순하고 짧은 구조 활동에 관한 서사 속에서조차(**사진 6.10a~6.10d**) 실제로
사다리를 올리는 일 같은 일부 사건들의 상세한 부분들이 빠져 있다. 서사에 긴박감과 활력을
더하기 위해, 구조 활동은 실제로 두 대의 다른 카메라를 설치함으로써 반복된다. 〈메멘토〉에서
플롯과 스토리 사이의 긴장은 더 분명하고 극적이다. 단기간의 기억이 없는 한 남자에 대한 이
범상치 않은 플롯은 살인사건으로 시작하면서 짧은 에피소드 시리즈를 통해 과거 시간으로 거

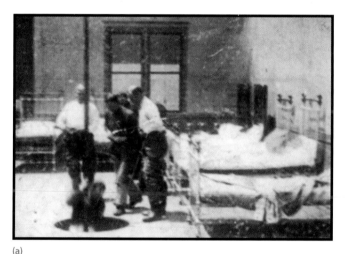 (a)
 (b)
 (c)
 (d)

6.10 〈**미국 소방관의 생활**〉 이 스토리는 화재 경보가 울리면서 시작되는데, 소방관들을 태운 마차가 거리를 질주해 와서 사다리를 설치하여 한 여성을 구출해내
는 구조 장면을 2개의 다른 관점에서 보여준다. Courtesy Photofest

6.11 〈메멘토〉 기억의 위기가 크리스토퍼 놀란의 역주행 서사(reverse narrative)에서 플롯의 위기가 된다.

슬러 올라가는데, 그때 영화는 그 남자가 누구이며, 왜 그가 살인을 저질렀는지에 대한 조각 정보들을 드러내 보여준다(**사진 6.11**). 다른 영화들에서 우리는 스토리를 이미 알고 있거나(예 : 케네디 대통령의 삶) 혹은 스토리의 결말을 이미 알고 있다(예 : 케네디가 저격당함). 그러나 이런 경우에 있어서 우리에게 흥미로운 것은 플롯이 그 스토리를 어떻게 구축해 나가는가 하는 특정 방식을 발견해 내는 것이다.

캐릭터

영화에 출연한 최초의 캐릭터들은 주로 신체를 보여주었다. 유명한 배우의 자세 취하기, 달리는 사람, 하찮은 일을 하는 사람 등이다. 그러나 영화가 스토리를 이야기하기 시작했을 때, 캐릭터들은 액션을 위한 중심 수단이 된다. 1910년경 할리우드의 스타 시스템이 도래하자 캐릭터 사이의 차이가 두드러지기 시작했다. 1896년 〈론 피셔먼(Lone Fisherman)〉부터 1920년 메리 픽포드가 출연한 〈폴리애나(Pollyanna)〉까지 영화 캐릭터들은 몸을 움직여 오락거리를 만드는 인물에서 특정 서사 기능을 갖춘 인물로 진화했으며, 대중적 인기를 지닌 스타배우들은 거의 신화적 인물이 되기까지 했다. 1927년 유성 영화가 도입되면서, 캐릭터들과 그들의 관계는 문학적 리얼리즘의 전통과 심리적인 복잡한 특징에 따라 이끌려 가기 시작했다. 오늘날 캐릭터 구현의 진화는 캐릭터가 진짜 배우들의 목소리를 동영상 인물 및 구성에 적용함으로써 계속된다. 이런 모든 역사적 구현을 통해서 캐릭터들은 영화의 가장 직접적이면서도 여전히 분석이 덜 된 차원의 하나로 남아 있다.

캐릭터의 기능

서사 구조에 대한 연구인 **서사학**(narratology)의 규율에 따라, 플롯은 상당히 제한된 숫자의 액션이나 기능을 통해서(금지, 투쟁, 회귀, 그리고 인식을 포함하여) 진행되는데, 그 각각은 하나 이상의 캐릭터에 의해 수행된다. 우리는 종종 영화 주인공에 대해 용기를 불어넣어주는 카리스마를 지닌 독특한 개인으로 생각하지만, 기본적인 캐릭터 유형은 이런 인물들의 기저를 이루고 있고, 또한 그런 역할들을 연기하는 인기배우들의 성격을 형성할 수도 있다. 영화에서 캐릭터의 기능을 생각해보면, 친숙한 캐릭터 유형이 다양한 플롯에 걸쳐 다시 반복된다는 것을 인식하고 있는 동안에도 어떻게 허구적 실체를 균형 잡힌 개인으로 받아들이도록 촉구되고 있는가를 보는 것은 유익한 일이다.

캐릭터는 한 영화 속에서 사건의 단단한 기반을 구축해주는 중심적 인물이거나 혹은 덜 중심적인 인물이다. 그들은 통상 이름이나 옷 같은 부수적이지만 중요한 특성뿐만 아니라 외모, 몸짓, 행동, 대사, 다른 캐릭터의 언급 등을 통해서 이해되고 식별된다.

한 캐릭터의 감정적 및 지성적 기질은 후속적으로 그 캐릭터를 정의하는 특정 액션들을 유발한다. 여자든 남자든 그 캐릭터가 말하거나 암시한 바람과 두려움은 사건을 만들어내어 어떤 효과나 다른 사건이 일어나도록 유발한다. 그래서 캐릭터들의 액션과 소망은 고전적 서사 영화에서 선호하는 인과관계적 논리를 만들어내고, 그에 의해 하나의 액션이나 사건이 또 다른 액션이나 사건을 '유발'하고 이끈다. 〈오즈의 마법사〉에서 도로시의 '집으로 돌아가고자' 하는(고향 캔자스로 돌아가는 길을 찾으려는) 욕망은 그녀를 다양한 만남과 위험으로 이끌면서 우정과 공포

생각해보기

현재 공부하고 있는 영화에서 단 한 사람의 캐릭터에 초점을 맞추어보자. 그 캐릭터는 현실적인가, 아니면 특별한가? 그렇다면 어떻게 그러한지 설명해보자. 그 캐릭터의 역사적 혹은 문화적 상황이 당신의 상황과 상충되는 것처럼 보이는가?

를 느낄 수 있도록 만들어준다. 이런 사건들은 도
로시가 마녀의 빗자루를 되찾기 위해 싸우는 것
같은 다른 사건들로 차례대로 이어진다. 결국 그
녀는 기쁘게 집으로 돌아간다. 그래서 도로시의
캐릭터는 처음에는 그녀의 감정적 욕망과 집으로
돌아가려는 의지에 의해, 그리고 그다음에는 결국
그 목적을 달성하게 해주는 인내심과 지혜에 의해
밝혀진다(**사진 6.12**).

　대부분의 영화 캐릭터들은 평범하고 특별한 것
양자의 혼합체이다. 현실과 환상이 혼합된 캐릭터
는 항상 중요한 영화 공식이 되어왔다. 우리의 경
험이란 측면에서 인식 가능한 캐릭터를, 그것들
에 관심을 갖도록 만드는 방식에서 예외적일 수
있는 캐릭터를 만들어낸다. 종종 어떤 영화 캐릭
터들의 차이점 및 복잡성은 이 혼합 및 균형에 기
인한 것일 수 있다. 예를 들면 〈밀리언 달러 베이
비〉(2004), 〈밀크〉(2008), 그리고 〈링컨〉(2012)의

6.12 〈**오즈의 마법사**〉 서사적 인과관계 논리는 도로시와 새로운 친구들을 에메랄드 시티로
향하게 하는 노란 벽돌 길 위에서 발견된다.

대표 캐릭터[젊은 노동자 계급 여성이 프로 권투선수가 되고, 사회운동가가 샌프란시코에서 남
자 동성애자들의 권리를 위해 싸우며, 미국 대통령이 반(反) 노예법안을 중재하는]는 모두 평범
한 성격과 특별한 성격을 혼합해 가지고 있다(**사진 6.13a~6.13c**). 〈에이리언〉(1979)의 거칠지만 쉽

(a)

(b)

(c)

6.13 (a) 〈**밀리언 달러 베이비**〉, (b)
〈**밀크**〉, (c) 〈**링컨**〉 이 캐릭터들은 역사
적 인물들에 근거한 것이거나, 아니면
전적으로 가공된 것이거나에 상관없이,
평범함과 특별함 사이의 균형을 보인다.

게 상처받을 수 있는 성격의 여주인공처럼 영화 캐릭터가 판타지 장르에 속할 때조차 그들을 이
해한다는 것은 평범함과 특별함 사이의 균형이 어떻게 이루어지는가를 이해하는 것을 의미하는
것이다.

캐릭터의 일관성, 깊이, 그리고 집단 분류

평범하든 특별하든 간에, 또는 캐릭터가 독특하든 전형적이든 간에 서사적 전통은 일관성 있고
응집력 있는 행동, 감정, 생각을 만들어내는 경향이 있다. 캐릭터의 일관성은 다른 심리적 · 역
사적 혹은 기타 다른 기대감의 산물인데, 그런 기대감은 사람들과 허구적 서사에서의 캐릭터들
을 근본적으로 일관성 있고 독특한 것으로서 보고 있다. 우리는 통상 다음의 세 가지 가정이나
모델 중 한 가지 이상에 따라 한 캐릭터의 일관성을 평가한다.

- 가치. 캐릭터는 1개 이상의 추상적 가치 측면에서 일관성이 있는데, 마치 한 캐릭터가 자신의
  압도적인 결단력이나 배신을 통해서 정의되는 때와 같은 것이다.
- 액션. 캐릭터는 내면적 혹은 정신적 삶과 볼 수 있는 액션 사이의 논리적 관계를 연기로 보여
  준다. 이는 한 감성적인 캐릭터가 눈에 띄게 관대한 방식으로 연기하는 것과 같다.
- 행동. 캐릭터는 정상적이거나 비정상적인 행동에 대한 사회적 및 역사적 가정을 반영한다.
  15세기 중국 농민 여성이 사회적 권력을 갖고 있는 남성 앞에서 순종적으로 행동하는 것이
  그 예이다.

리얼리즘 전통 속에서 캐서린 비글로우의 〈허트 록커〉(2008)의 제임스 병장 캐릭터는 이라
크 전쟁에서 폭발물 제거반이다. 죽음에 이르는 위험물을 가지고 노는 듯한 무모한 행동은 그가
귀향할 날까지 남아 있는 날들을 세어보는 압박감과 대비된다. 무엇이 그를 이렇게 만들었는가,
그리고 이런 캐릭터를 어떻게 설명할 것인가에 대한 질문은 이 영화가 전쟁에 대해 힘 있게 그
려내고 있는 것이다. 마침내 귀향하게 되었는데도 그는 즉시 다시 이라크로 되돌아가기 위해 재
지원한다. 이 이상하리만큼 복잡한 캐릭터는 일종의 죽고 싶어 하는 병에 사로잡혀 있는 사람으
로 혹은 적어도 죽을 위험에 노출될 때 희열을 느끼는 중독된 사람으로 보인다(사진 6.14).

일관성 없고 모순적이며 혹은 분열적인 캐릭터는 한 가지 이상의 일관성 패턴들을 뒤집어엎
는다. 일관성 없는 캐릭터들이 때때로 캐릭터 형성에 실패한 결과일 수도 있지만, 영화는 공감
및 이해에 도전하는 방식으로서 일관성 없는 혹은 모순적인 캐릭터를 의도적으로 만들어낼 수
도 있다. 〈수잔을 찾아서(Desperately Seeking Susan)〉(1985)에서는 (한적한 교외에 사는 것에 싫
증난 가정주부 로버타는 색다르고 신비롭기조차 한 뉴요
커로 정체성을 바꾸기로 한다) 캐릭터들이 모순적인 개성
들을 떠맡음으로써 일관성에 대한 기대감을 뒤집어버린
다. 〈멀홀랜드 드라이브(Mulholland Dr.)〉(2001)는 두 캐
릭터가 서로에게 거울 이미지가 되어갈 때, 이런 불안정
성을 극적인 드라마로 만들어가고 있다. 기억상실증에 걸
린 한 여성과 한 젊은 여배우가 기이한 플롯 속으로 엉켜
들어가는 이야기 속에서 일관성 있고 안정적인 캐릭터에
대한 근본적인 인식이 붕괴된다(사진 6.15).

영화에서 캐릭터 만들기는 어떤 역사적 및 문화적 가
치들을 반영하는 것이 불가피하다. 서구 문화에 있어서
영화는 '특이 캐릭터'의 개념을 홍보하는데, 캐릭터를 독

6.14 〈허트 록커〉 제임스 병장의 모순적인 행동은 중독되어 있는 것처럼 이상하게
위험과 죽음에 집착한다.

특한 개성으로 구분시키는 하나 이상의 특징으로 구별한다. 예를 들면 〈본(Bourne)〉 시리즈 영화들 (2004~2007)에서 제이슨 본의 독특한 캐릭터는 특성을 복잡하게 섞어 놓은 산물인데, 그 감정적으로, 지성적으로 복잡하고 특별한 사람으로서 수준 높은 개인에 대한 현대적 인식을 반영한다. 독특한 캐릭터와 관련된 결과물인 **캐릭터 깊이**(character depth)는 복잡한 개성의 차원을 깊게 해주고 층층이 쌓게 만드는 개인적 신비와 복잡함을 나타내는 한 방식이 된다. 이와 마찬가지로 〈델마와 루이스(Thelma & Louise)〉(1991)에서 루이스의 표면적 액션은 분명 그녀가 억누르는 데 실패한 깊은 정신적 외상(아마도 성폭행 같은)을 감추고 있다. 다른 때에는 캐릭

6.15 〈멀홀랜드 드라이브〉 기억상실증 환자와 젊은 여배우의 두 캐릭터가 캐릭터의 일관성을 혼란스럽게 만들고 있다.

터의 독특함이 예외적인 용감함이나 엄청난 부와 같은 한두 가지 속성의 산물일 수도 있는데, 영화에서의 모든 다른 캐릭터들로부터 자신을 분리시킨다. 우리는 어떤 사회제도를 표출하는 특별한 곳에 가치를 두어야 한다는 점을 인정해야 한다. 그건 개방된 관점에서의 개인성과 심리적 깊이를 말한다. 〈양들의 침묵〉(1991)과 그 전편 및 후편의 한니발 렉터는 영화 역사상 가장 특이하고 예외적인 캐릭터 중 하나이다(**사진 6.16**). 그의 존재를 인정하는 데 골치 아파하는 것은(적어도 부분적으로) 그런 독특함에 대한 경외감이 존재한다는 사회적 폐부를 정곡으로 찌르는 것이다.

6.16 〈양들의 침묵〉 한니발 렉터의 내면 속 어두운 캐릭터가 드러나고 있다.

캐릭터 집단 분류는 관계 속에서 캐릭터들을 사회적으로 정렬시키는 것을 말한다. 전통적인 서사는 통상 1~2명의 **주인공**(protagonist)을 설정하는데, 영화에서 긍정적인 세력으로 인식하는 캐릭터들이다. 또한 1~2명의 **대립 인물**(antagonist)도 설정하는데, 부정적 세력으로 주인공에 대적하는 캐릭터이다. 〈위대한 환영(Grand Illusion)〉(1937)에서 독일군 장교와 프랑스 죄수 사이의 동정적인 관계처럼, 이 대립적인 캐릭터들의 분류는 때때로 복잡해지거나 모호해질 수 있다.

〈크래쉬(Crash)〉(2004)처럼 앙상블 캐스트(ensemble cast)[5]를 설정한 영화에서, 한 집단의 상호 연관된 캐릭터들 사이에서 충돌하는 관계와 경쟁적인 이익은 영화의 드라마에 많은 것을 제공한다. 주인공과 악역, 단역이나 조연을 비교하고 지지하는 것은 통상 특정 캐릭터 집단들과 관련되어 있다. 〈똑바로 살아라〉(1989)에서 다 메이어는 그 영화 대부분에 걸쳐서 중심적 액션 주변부를 배회한다. 영화 스토리의 사건들에 거의 영향을 주지 않는다 하더라도, 이상적인 희망이 좌절됐지만 근본적인 열정과 지혜가 분노스러운 인종분쟁 와중에 두드러지게 드러나는 늙은 세대를 대변한다.

계급, 성, 인종, 나이, 지리에 따른 사회적 계층구조는 또한 영화 캐릭터들의 정렬 속에서 작동된다. 전통적으로 서사 영화는 남자 주인공과 그 상대 여배우에 초점이 맞추어져 있는데, 그런 구조 속에서도 남자는 상대 여자보다 더 많은 힘과 활동력을 소유해왔다. 또한 전통적인 캐릭터 계층구조는 아이들과 노인을 더 종속적인 위치에 배치한다. 특히 더 오래되거나 주류에 속하는 영화들에 있어서 소수인종 출신 캐릭터는 액션의 언저리에 배치되어왔고 또한 명백히 백

 생각해보기

강의시간에 본 영화에서 특이한 것으로 정의될 수 있는 캐릭터 하나를 선택해보자. 그 특이성은 그 영화의 어떤 가치를 가리키고 있는가? 그 캐릭터는 일관성이 있어 보이는가? 그렇다면 어떤 모습이 그러한가?

6.17 〈윈터스 본〉 한 젊은 여성의 놀랄 만한 강한 의지가 계급 및 성 둘 모두를 다시 정의하도록 해준다.

인 주인공 아래에 속한 사회계급에 배치되어 있다. 예를 들면 〈바람과 함께 사라지다〉에서 캐릭터 계층구조는 아프리카계 미국인들을 백인들에 종속시키고 있다. 사회적 집단 분류가 개별적 캐릭터들보다 더 중요해질 때, 그 집단 속에 있는 개인들의 집단적 캐릭터는 주로 그 집단의 액션 및 개성 측면에서 정의된다. 세르게이 에이젠슈타인의 〈전함 포템킨〉은 집단적 캐릭터들의 드라마를 분명하게 만들어내고 있으면서, 오데사에 있는 차르 휘하 압제자들, 반란군 해군병사들, 그리고 반란군에 동조하는 군중 사이에서 하나의 정치적 결전을 공들여 만들어낸다. 〈윈터스 본〉(2010) 같은 현대 영화들은 그런 계층구조를 분명하게 바꾸어 놓음으로써 여성 및 아동 같은 집단이나 가난한 하층계급 집단들이 새로운 힘과 지위를 획득할 수 있게 했다. 이는 메스암페타민 마약으로 파괴된 궁핍한 오자크산 지역에서 자신의 잃어버린 아버지를 찾기로 결심한 한 젊은 여성에 대한 이 스토리 속에 잘 드러나 있다(사진 6.17).

캐릭터 유형

캐릭터 유형은 다른 유사한 캐릭터들과 구별되는 특성을 공유하고 있고, 동화, 장르 영화, 만화 등과 같은 특정 서사적 전통 속에서 두드러져 보인다. 단일 특성이나 다수 특성이 캐릭터 유형을 규정할 수도 있다. 신체적일 수도, 심리적일 수도 혹은 사회적 특성일 수도 있다. 문신과 빡빡 깎은 머리는 '스킨헤드'나 펑크족의 캐릭터와 동일시될 수도 있지만, 허풍 떨면서 콧소리 억양을 내는 것은 뉴잉글랜드 지역의 사회적 명사임을 나타내는 것일 수도 있다.

〈우리에게 내일은 없다〉(1967)에서 클라이드로 분한 워렌 비티의 연기 특이성을 인식할 수도 있지만, 더 많은 영화를 보고 다른 주인공들과 비교해보면, 〈공공의 적(The Public Enemy)〉(1931)에서의 갱스터 톰 파워스로 분한 제임스 카그니와 〈다이 하드(Die Hard)〉(1988~2013) 시리즈에서의 존 매클레인으로 분한 브루스 윌리스 같은 '거칠지만 감성적인 아웃사이더'인 캐릭터 유형으로 인식될 수도 있다. 다양한 감정적, 지성적, 사회적, 심리적 출구를 제공하면서, 캐릭터 유형은 〈녹원의 천사(National Velvet)〉(1944)에서 엘리자베스 테일러가 연기한 벨벳 브라운 같은 '순수한 인물', 마틴 스코세이지가 리메이크한 〈케이프 피어(Cape Fear)〉(1991)에서 로버트 드 니로가 연기한 맥스 케이디 같은 '악당' 혹은 〈악마는 프라다를 입는다〉(2006)에서 메릴 스트립이 연기한 오만한 패션잡지 편집장 같은 '비정한 직장여성' 등의 역할을 포함한다(사진 6.18). 이런 다른 캐릭터 유형들은 종종 '도움이 필요한 여인' 혹은 '정신이상 살인마' 같이 훨씬 더 구체적인 용어들로 하위분류될 수 있다.

통상 캐릭터 유형은 심리적으로 혹은 사회적으로 분명하게 함축된 의미를 전달하고, 또 영화가 관여하고 조종하는 성, 인종, 사회계급 혹은 나이 등에 대한 문화적 가치들을 암시한다. 〈인생은 아름다워(Life Is Beautiful)〉(1997)에서 감독 로베르토 베니니가 직접 연기한 주인공인 아버지가 찰리 채플린, 버스터 키튼으로부터 자크 타티, 빌 머레이까지 익살 광대의 전통 속에서 한 발로

생각해보기

최근 본 영화에서 캐릭터 집단 분류에 의하면 어떤 종류의 사회적 계층구조가 제시되고 있는가?

생각해보기

한 영화의 가장 중요한 단역 캐릭터들에 대해 관심을 돌려보자. 그들은 무엇을 대변하고 있는가?

6.18 〈악마는 프라다를 입는다〉 '비정한 직장 여성' 캐릭터 유형은 전제적인 패션잡지 편집장 미란다 프리스틀리를 연기한 메릴 스트립에 의해 잘 묘사된다.

서서 빠르게 도는 발레의 피루엣 동작을 흉내내며 웃음을 자아내고 있는데, 이들 아웃사이더들이 몸을 이용해 벌이는 장난기들은 주변에 있는 사회적 및 지적인 가식을 무너뜨린다. 그러나 〈인생은 아름다워〉에서 이 익살스러운 유형은 아들과 함께 무시무시한 나치 강제 수용소 생활을 견뎌내고 살아 남아야 했고, 또 이런 맥락 속에서 아들을 구해내는 정신적 및 육체적으로 영웅적인 유형의 다른 인물로 바뀌어야만 했다(**사진 6.19**).

6.19 〈인생은 아름다워〉 나치 강제 수용소 수용자로 분한 감독 로베르토 베니니에 의해 잘 묘사되고 있는 '익살스러운' 캐릭터 유형은 '영웅적인' 유형으로 변형된다.

원형적 유형 영화 캐릭터들은 또한 비유적 유형으로 나타나는데, 너무 과장되거나 너무 과소평가되어 있어서 더 이상 현실적으로 보이지 않는 대신, 〈나니아 연대기(The Chronicles of Narnia: The Lion, the Witch, and the Wardrobe)〉(2006)에서의 하얀 마녀같이 더욱 추상적이나 상징처럼 보이고 있다. 일부 영화들에서 상징적 캐릭터는 **원형적 유형**(archetype)으로 나타나고 있는데, 한 캐릭터가 악 혹은 억압을 대변하고 있을 때처럼 정신적 혹은 추상적 상태나 과정의 반영이다. 〈전함 포템킨〉에서 군사적 지도자는 사회적 억압을 명백하게 나타내고 있는 반면, 유모차 안에 있는 아기는 억압받고 있는 결백의 비유가 된다. 다른 방식들에 있어서 비유적 유형은 현실적으로 캐릭터들을 끌어들이는 전통적인 깊이와 복잡함 없이 어떤 특별한 목적을 위해 캐릭터들을 자주 의도적으로 뭔가가 부족한 존재로 소개한다. 즉 우스운 효과를 만들어내기 위해 〈백 투 더 퓨처〉(1985)에서 건망증 걸린 교수를 등장시키는 것처럼, 또한 지적인 주장을 하기 위해 〈전함 포템킨〉에서 하고 있는 것처럼 혹은 〈호빗 : 뜻밖의 여정(The Hobbit: An Unexpected Journey)〉(2012)에서처럼 상상 속 풍경으로 이주시키고 있는 것처럼 말이다.

고정관념적 유형 영화가 다른 현실적인 캐릭터를 사회적 · 신체적 혹은 문화적 범주의 조건 속에서 자신을 확인하는 일련의 고정적인 특성으로 축소시켜 놓을 때[예 : 〈슬픔은 그대 가슴에(Imitation of Life)〉(1934)의 '엄마' 캐릭터나(**사진 6.20**) 〈디어 헌터(The Deer Hunter)〉(1978)에서의 악하고 비인간적인 베트남인 같은 비유적 유형] **고정관념적 유형**(stereotype)이 된다. 비록 〈슬픔은 그대 가슴에〉에서 흑인 가정부 루이스 베버스의 역할과 연기가 너무나 실제적이어서 대본에 써 있는 것보다 더 복잡해졌다 하더라도, 여전히 명확히 부정적이지 않은 때조차 고정관념적 유형이 어떻게 읽힐 수 있는가의 예가 되는데, 캐릭터 유형의 영역에 의해 대변되지 않는 변두리 사회적 집단들에게 적용되는 경향이 있기 때문이다.

영화 인기배우들과 캐릭터 유형 사이의 관계는 영화 역사와 관례의 한 중심적 부분이 되어 왔다. 영화 역사 100여 년 동안 영화에서의 캐릭터 구축 작업은 인기배우들의 페르소나와 상호작용을 해왔다. 루돌프 발렌티노는 〈족장(The Sheik)〉(1921)과 〈족장의 아들(Son of the Sheik)〉(1926)에서 이국적이면서도 낭만적인 주인공 역할을 했는데, 그의 스크린 밖에서의 이미지는 인기배우와 그 캐릭터를 동일시하는 그의 열성적인 여성 팬들

6.20 〈슬픔은 그대 가슴에〉 '엄마'라는 고정관념적 유형은 사회적 지위 및 신체적 특성에 의해 식별된다.

에 의해 더욱더 이국적으로 보이도록 했다. 로버트 드 니로의 캐릭터는 〈대부 2(The Godfather: Part II)〉(1974)에서 젊은 비토 콜레오네의 역할이나, 〈택시 드라이버(Taxi Driver)〉(1976)에서 트래비스 비클의 역할과 같은 친숙한 터프가이 페르소나로부터 〈미트 페어런츠(Meet the Parents)〉(2000)와 그 후속작들의 유머러스한 역할로 옮겨가고 있다. TV 출연이나 광고 및 비평을 통해 얻은 인기배우들에 대한 우리의 경험은 서사 속에 자리 잡고 있는 캐릭터의 진행과 닮아 있다. 그런 진행은 의상이나 개인적 관계를 통한 캐릭터 구현의 요소들, 일관성이나 진전에 대한 인식, 인기배우들에 대한 관심의 모든 요소, 바꾸어 말하면 인기배우의 스크린 밖 이미지의 측면들이 영화 묘사에 어떤 영향을 미치고 있는가이다. 캐릭터 유형에 대한 인기배우 이미지의 영향을 숙고해보는 방법은 친숙한 영화 배역을 다르게 상상해보는 것이다. 모든 사람이 직면하는 환경에 대해 말하고 있는 〈캐스트 어웨이(Cast Away)〉(2000)의 스토리가 만일 톰 행크스 대신에 잭 니콜슨이나 비욘세가 그 역할을 맡았더라도 똑같은 효과를 낼 수 있었을까?

캐릭터 발전

결과적으로 영화 캐릭터는 통상 리얼리즘 영화의 진로를 바꾸어서 자신들이 발전해 나감에 따라 이해를 평가하고 개정해 나가도록 요구한다. 전통적인 스토리에서 캐릭터는 종종 경험으로부터 배우고, 또 변화해가는 정도에 의해 이해되거나 혹은 평가받아 왔다. 자신의 경험에 대한 캐릭터의 반응과 변화는 대체적으로 캐릭터와 서사에 대해 많은 것을 결정한다. **캐릭터 발전** (character development)에 대한 이런 과정을 통해 캐릭터를 따라가는데, 그런 패턴을 통해 캐릭터들은 정신적·육체적 혹은 사회적 상태로부터 특정 영화에서의 다른 상태로 이동해간다. 히치콕 감독의 〈이창(Rear Window)〉(1954)에서 미스터리한 살인사건으로 스트레스를 받고 있는 아름다운 여성 리사는 수동적으로 보이는 사회적 명사에서 적극적인 탐정으로 변화한다. 알렉산더 페인의 〈네브라스카(Nebraska)〉(2013)에서 성인이 된 아들은 아버지와의 여행을 통해 아버지가 혼란스러운 행동을 할 정도로 나이 들었다는 사실을 받아들이면서, 그 과정에서 결코 기대하지 않았던 방식으로 아버지를 알게 되고 사랑하게 될 정도로 성장하게 된다. 〈주노〉(2007)에서 밝지만 냉소적인 16세 소녀가 임신 사실을 알게 되는 이 드라마는 역설적으로 그 공동체 안에서 별다른 사회적 및 도덕적 위기를 겪지 않게 되고, 오히려 그녀 자신이 스스로 발견한 사랑, 가족, 그리고 우정의 의미에 대한 것이 더 중요하고 감동적이 된다(**사진 6.21**). 캐릭터 발전은 네 가지 구분을 따라가고 있다. 외부적 변화, 내부적 변화, 그리고 전진적 및 후진적 발전이 그것이다.

6.21 〈주노〉16세 소녀의 예기치 못한 임신과 사회적·도덕적 의미가 스스로 발견된 것보다 조명을 덜 받고 있다.

외부적 변화 외부적 변화는 어떤 캐릭터가 나이가 들어가는 모습을 볼 때와 마찬가지로 신체적 변화가 전형적이다. 보통 캐릭터의 성장에 대해 단순한 실제적인 묘사로 방관자적 자세를 취할 경우, 외부적 변화는 캐릭터의 의미에 있어서의 다른 핵심적 변화들을 알려줄 수 있다. 〈피그말리온〉(1938)과 〈마이 페어 레이디〉(1964)의 여자 주인공과 비슷하게, 〈악마는 프라다를 입는다〉에서의 주요 캐릭터인 앤디는 패션 잡지사에 입사하려고 투쟁하는 다소 순진한 대학 졸업생이다. 앤디의 개인적 및 사회적 성장 과정은 유행을 따르는 옷차장에 의해 부분적으로 문제가 있는 것으로 평가된다.

내부적 변화   내부적 변화는 세상에 대해 더 많은
정신적 의미를 얻음으로써 수많은 고난의 경험
을 통해 천천히 더 강인해지거나 혹은 물질적으
로 덜 욕심을 내게 되는 경우처럼 내부적 변용을
판단한다. 〈밀드레드 피어스〉(1945)에서 여주인
공의 의상 외에서 최소한의 외부적 변화가 있을
지라도, 정체성에 대한 의식은 순종적인 가정주
부에서 대담한 직장여성으로 극적인 변화를 겪게
되면서 결국 깊이 뉘우치지는 못할지라도 혼란스
러워하는 사회적 명사로 탈바꿈하게 된다.

6.22 〈양철북〉 오스카의 성장이 억제된 캐릭터는 당시 독일에서 발전하고 있던 새로운 나치
사회를 보여주고 있는 것이다.

전진적 및 후진적 발전   이 외부적 및 내부적 발전
의 부분으로서 전진적 성격의 발전은 그 캐릭터
의 일부 성질 속에서의 개선이나 진전을 일으키
는 반면, 후진적 성격의 발전은 현재 상태로부터 일부 이전 상태로 되돌아간 경우를 혹은 더 악
화된 상태로 손실을 내는 경우를 말한다. 〈악마는 프라다를 입는다〉의 대부분의 관객들에게 있
어서, 앤디는 복잡하고 존경받는 여성상으로 성장한다. 〈밀드레드 피어스〉의 과정은 많은 경우
그녀의 원래 순종적인 역할로 되돌아가는 것과 닮아 있다.

　이런 것들을 이용하여 캐릭터 발전을 이해하는 것은 복잡한 일이 될 수도 있으며, 또한 때때
로 모순적인 과정이 될 수도 있다. 예를 들면 일부 캐릭터들은 물질적으로는 진전이 있지만 정
신적으로는 후진적인 것으로 보일 수도 있다. 또 다른 캐릭터들은 한 영화 전반에 걸쳐 전혀 발
전한 것이 없거나 발전에 저항한 것이 될 수도 있다. 캐릭터 발전은 캐릭터들이 살고 있는 더 큰
사회의 증상을 빈번하게 보여준다. 폴커 슐렌도르프의 〈양철북(The Tin Drum)〉(1979)에서 소
년 오스카가 갑자기 성장하기를 거부하고 있을 때, 그의 뒤틀린 신체적 및 정신적 발전은 당시
독일에서 발전하고 있던 새로운 나치 사회를 반영하고 있는 것이다**(사진 6.22)**.

디제틱 및 논디제틱 요소

대부분의 서사는 두 가지 종류의 재료를 포함한다. 즉 스토리에 관계된 것과 관계되지 않은 것
이다. 스토리가 묘사하고자 하는 혹은 관객이 추론하는 세계 전체는 **디제시스**(diegesis)라 불리
는데, 그것은 스토리 속에 보이는 혹은 스토리에 의해 암시되는 캐릭터, 장소, 사건을 가리킨다.
스티븐 스필버그 〈링컨〉의 디제시스는 노예 해방 법안을 통과시키기 위해 법률가들과 협상하
고 있는 링컨처럼 서사에서 분명히 드러난 캐릭터와 사건들을 포함한다. 그러나 그 영화의 디제
시스는 또한 남북전쟁의 마지막 전투와 링컨의 암살을 포함한 미국 역사의 보이지 않는 인물 및
사건에 대한 관객들의 지식을 포함한다. 그 영화를 현실적이거나 설득력 있는 것으로, 창조적이
거나 조종 가능한 것으로 발견하게 되는 범위는 그 스토리를 둘러싸고 있는 디제틱 세계(diegetic
world)의 풍부함 및 일관성에 대한 인식에 달려 있다.

　디제시스의 개념은 서사 영화에 대한 이해에 중요한 것인데, 그것은 강제로 우리로 하여금 내
레이션이 플롯 속에 포함되거나 포함되지 않도록 선택하는 스토리의 그런 요소들을 고려하도
록, 왜 이런 요소들이 포함되거나 배제되는지를 고려하도록 해주기 때문이다. 플롯과 스토리 속
에서의 정보의 유사성에도 불구하고, 플롯의 선택 및 배제는 플롯이 그 디제시스로부터 스토리
를 구축하고 형성하는 교환작용을 묘사한다. 20세기 초 러시아에서의 사회적 불안과 혁명에 대

생각해보기

강의시간에 본 영화의 디제시스를 묘사
해보자. 디제시스가 서사로 나타날 때
어떤 사건들이 포함되거나 배제되고 있
는가?

6.23 〈죠스〉 첫 장면에서 크리시는 늦은 밤 해변가 파티 중에 수영하러 나가고 있다. 처음에 사방이 조용했다가 불길하게 쿵쿵거리는 사운드트랙이 그녀의 끔찍한 죽음을 예시한다. 이 사운드는 영화 전체에 걸쳐서 상어의 공격을 알리는 데 이용된다.

생각해보기

영화를 감상할 때 가장 중요한 논디제틱 재료들을 찾아내어 그것이 어떻게 핵심적인 주제나 개념을 강조해줄 수 있는지를 분석해보자.

해 그린 한 영화를 생각해보자. 그 사건의 디제시스는 수많은 사건과 많은 캐릭터들을 포함하고 있는데, 선택되어야 할 것은 무엇이고 배제되어야 할 것은 무엇인가? 1905년 혁명 당시 자신의 영화에 관해 이런 질문에 직면한 세르게이 에이젠슈타인은 디제시스를 오데사 항구 계단 근처에 정박해 있던 전함에서의 봉기 사건 단 하나로 축소시켜서 그 영화를 〈전함 포템킨〉으로 명명했다.

논디제틱(nondiegetic)인 서사 속 정보는 배경음악과 크레딧처럼 디제시스 및 그 세계와 관계없는 스토리를 말하기 위해 사용된 재료를 포함한다. 이런 서사의 차원은 간접적으로 스토리에 더해지면서 관객들이 어떻게 참여하고 혹은 그것을 이해하는지에 영향을 주게 된다. 무성 영화에서 논디제틱 정보는 때때로 **삽입자막**(intertitle)의 일부가 되는데, (통상 캐릭터들의 대사를 프린트하지만 때때로 액션에 대해 코멘트를 달 수 있는 그런 프레임) 그것은 마치 D. W. 그리피스가 자신의 복잡한 서사 영화 〈인톨러런스〉(1916) 속에 월트 휘트먼의 시 'Out of the cradle endlessly rocking' 한 줄을 삽입하고 있는 경우와 같다.

논디제틱 사운드트랙은 음원이 스토리 속에 배치되어 있을 수 있는 디제틱 사운드트랙에 반대되는 것으로서, 통상 음악악곡이거나 그 음원이 스토리 속에서 발견되지 않는 기타 소음 및 사운드의 배열이다. 대부분의 영화 관람객들은 〈죠스〉(1975)의 불길하게 쿵쿵거리는 사운드트랙이 보이지는 않지만 어딘가에 거대한 백상어가 다가오고 있다는 사실을 알리고 있다는 것에 익숙해있다. 이런 식으로 스토리는 스토리 전개에 관여하면서 우리의 주의를 촉구하고, 또 다음 사건에 대한 긴장감 있는 기대를 만들어낸다(사진 6.23).

크레딧(credit)은 서사에 있어서 또 하나의 논디제틱 요소이다. 때때로 영화의 시작 부분과 마지막 부분에서 보이는 크레딧은 배우, 제작자, 기술 스태프, 그리고 영화에 관계된 개인들을 소개한다. 오늘날 할리우드 영화들은 유명 인기배우, 감독, 제작자 등의 이름과 함께 시작하는 경향이 있는 한편, 끝날 때 나오는 클로징 크레딧은 조연 및 기술 스태프들을 보여준다. 어떻게 이런 정보가 주어지는가는 스토리가 펼쳐질 때 혹은 스토리가 끝난 후 스토리를 되돌아볼 때, 종종 스토리와 그 주제를 보는 방법들을 제시해줄 수 있다. 예를 들면 〈세븐(Se7en)〉(1995)에서 시작할 때 나오는 유명한 오프닝 크레딧은 세밀하게 악마 같은 연쇄 살인마를 추적하는 두 수사관의 노력에 대한 어두운 스토리를 예시해준다. 적당히 거칠면서 조각낸 스타일로 촬영하고, 활발한 산업적 사운드트랙의 사운드에 맞춰놓은 오프닝 크레딧은 분위기와 서사 정보 양자 모두를 제공하면서, 한 미치광이가 병적인 스크랩북을 공들여 만들 때의 그의 강박적인 마음을 묘사해준다(사진 6.24).

시간의 서사적 패턴

서사 영화는 영화 역사의 시작인 1900년경 이래로 스토리텔링의 새로운 방식들을 실험해왔다. 그런 영화 중 하나인 에드윈 S. 포터의

6.24 〈세븐〉 영화에서 크레딧을 보여주는 방식은 그 영화의 스토리 및 펼쳐지는 주제를 감상하는 방법을 제시해줄 수 있다.

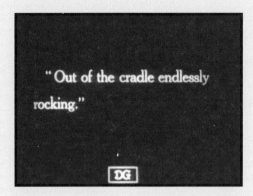

6.25a

6.25b

6.25c

논디제틱 이미지와 서사

대부분의 영화 관람객들은 서사 영화의 디제틱 세상에 참여한다. 영화의 캐릭터, 스토리, 거처하고 있는 세계가 그것이다. 그러나 때때로 디제틱 세계를 둘러싸고 중간에 끼어들어 방해하는 일은 종종 논디제틱 액션 및 이미지들을 비추어주는 중요한 일이다.

무성 영화 시절 동안 영화는 스토리 안의 액션을 묘사하기 위해 캐릭터들의 대사를 제공함으로써 혹은 서사 밖 관점을 추가함으로써 논디제틱 삽입자막에 상당히 의지했다. D. W. 그리피스의 〈인톨러런스〉의 삽입자막은 월트 휘트먼의 인간 역사의 과정에 대한 시에서 선택한 강력한 시적 비유를 제공한다(사진 6.25a).

삽입자막이 더 이상 일반적으로 사용되지 않는 동안, 오프닝 크레딧 시퀀스는 서사 영화에서 여전히 전형적인 논디제틱 요소이다. 관객들이 첫 이미지를 볼 때, 그것들은 실제로 스토리 그 자체로부터의 이미지들을 이용하지 않고 영화의 일부 주제들을 빈번하게 예상하게 한다. 〈현기증〉(1958)의 오프닝 크레딧은 영화에서 욕망과 공포가 뒤섞인 소용돌이 속에 붙잡힌 인간 비전에 대한 복잡한 주제들을 예감하면서 현기증 나는 나선을 포함한 솔 베이스의 눈의 강력한 클로즈업으로, 즉 크레딧과 디제시스 전체에 걸쳐 다양한 반복 속에서 표지를 다시 바꾸는 추상적 패턴으로 시작한다(사진 6.25b).

클로징 크레딧은 서사 영화에서 다른 논디제틱 가능성을 제공한다. 〈찬스 (Being There)〉(1979)에서 크레딧은 아웃테이크[6]들을 빨리 지나가게 하면서 보여준다(사진 6.25c). 실수로 잘못 만든 장면들을 보여줌으로써, 영화는 공공연하게 디제시스의 허구적 성격과 디제시스 밖에서 영화를 만드는 현실에 눈을 돌리고 있다.

현대 영화가 서사적 디제시스의 폐쇄적인 허구적 세계를 깨부수려고 도전하는 또 하나의 방식은 '제4의 벽 깨부수기'[7]에 의한 것이거나 혹은 디제시스의 벽 밖에서 직접 관객들에게 다가가 말 걸기에 의한 것이다. 〈페리스의 해방(Ferris Bueller's Day Off)〉(1986)에서 항상 창의적이며 사고뭉치인 페리스는 부모를 속이기 위한 전략을 열거하면서 관객들에게 호소한다(사진 6.25d).

6.25d

〈대열차 강도(The Great Train Robbery)〉(1903)는 한 액션으로부터 또 다른 액션으로 전환함으로써 시간과 장소를 조종하고, 또 외부 및 내부 장면 사이로 건너뜀으로써 다른 공간들을 조정했다. 그때 이래로 서사 영화는 변화하는 패턴과 확립된 공식에 따라 시간 및 장소를 늘렸다 줄였다 해왔는데, 〈클라우드 아틀라스(Cloud Atlas)〉(2012)에서는 세기를 늘리고 세상을 여행하며 아녜스 바르다의 〈5시부터 7시까지의 클레오〉에서는 한 마을에서의 2시간 동안으로 이야기를 제한한다. 100년 이상 그리고 세계의 다른 문화들을 통하여 뒤얽힌 시간적 구성 및 공간적 형태들이 영화에서의 스토리텔링 기술을 발전시키고 바꾸기 위해서 변화하는 문화적 및 역사적 압력에 대응해왔다.

선형 연대기

서사는 다양한 시간적 패턴에 따라 조직될 수 있다. 개인과 사회는 경험을 측정하고 평가하는 방식으로서 시간의 패턴을 창조해낸다. 1년에 한 번 휴일을 반복하고, 상징적 의식으로 탄생과 죽음을 주목하며, 또 투자한 시간만큼 보상을 받는 것은 우리가 시간을 조직하고 평가하는 방식의 일부이다. 이와 유사하게 서사 영화는 자신이 세세하게 이야기하는 스토리와 경험 속에서 의미와 가치를 창조해내는 방식으로서 다양한 시간적 패턴을 발전시킨다.

가장 일반적으로 플롯은 **선형 연대기**(linear chronology)를 따라가는데, 그 속에서 선택된 사건과 액션은 시간에서의 전진운동을 통해서 하나하나 앞으로 나아간다. 플롯의 논리와 방향은 보통 한 중심 캐릭터의 동기유발, 즉 그 사람을 움직이게 만드는 생각이나 감정을 따라간다. 이런 경우 캐릭터는 하나의 대상, 신념 혹은 어떤 종류의 목적, 그리고 어떻게 캐릭터의 동기유발된 욕구가 새로운 상황이나 액션을 만들어내거나 영향을 미치는가를 보여주는 플롯의 사건을 추구한다. 간단히 말해서 과거의 액션이 현재의 상황을 만들어내고, 현재 만들어진 결정이 미래의 사건들을 만들어낸다. 〈리틀 미스 선샤인(Little Miss Sunshine)〉(2006)의 서사는 이런 식으로 정밀하게 그 선형적 액션을 구축한다. 즉 별나고 기능장애적 성격을 지닌 캐릭터들로 이루어진 한 가족이 미인대회에 참가하기 위해 뉴멕시코에서 캘리포니아로 여행을 떠나는데, 여러 날의 여행 도중 그들은 수많은 즐거움, 고난, 장해물 등을 극복해야만 하고 마침내 한 편의 서사시 같은 여행을 마친 다음 새로워진 자신들을 발견하게 된다(사진 6.26).

선형 서사는 가장 일반적으로 스토리를 시작, 중간, 결말 세 부분으로 구축한다. 이런 구조의 산물로서 서사적 시작과 결말 사이의 관계는 플롯에서 시간적 논리의 중심이 된다. 어떻게 영화가 시작되고 결말지어지는지와 그런 두 축 사이의 관계가 영화에 대해 많은 것을 설명해준다. 때때로 이런 관계는 하나의 로맨스가 두 사람이 한 커플로 결합되는 것으로 끝나는 경우에 혹은 마침내 여행이 끝나는 경우에 일어나는 것처럼 결말이나 완성의 의미를 만들어낼 수 있다. 기타 플롯들은 시작과 결말 사이에 덜 분명한 관계를 제공하기도 한다. 이안 감독의 〈라이프 오브 파이〉(2012)에서 파이 파텔의 스토리는 동물원에서 보낸 자신의 어린 시절로 시작하는데, 극적인 난파 사건을 당하면서 하나의 구명선 안에 얼룩말, 오랑우탄, 하이에나, 그리고 리처드 파커라는 별명의 수컷 벵갈호랑이와 함께 탄 채로 바다를 표류하게 된다. 결말 부분에서 무엇이 실제로 일어났는지(그리고 무엇이 판타지였는지)의 실체는 분명치 않게 의문상태로 남겨진다(사진 6.27).

6.26 〈**리틀 미스 선샤인**〉 뉴멕시코에서 캘리포니아로 가는 여정의 이 선형 구조 플롯에서 캐릭터들은 우스꽝스러운 곤경 속에서 새로운 자신을 발견하게 된다.

플롯 연대기 : 플래시백과 플래시포워드

서사 영화에서 다양한 버전의 선형 연대표들이 지배적임에도 불구하고, 대부분의 영화는 하나의 스토리 안에서 무엇이 중요하고 중요하지 않은지에 대한 이해로 관객들을 이끌어가기 위해서 혹은 사건의 현실적인 재창조로서 그 영화에 대한 관객들의 견해에 도전하고 무너뜨리기 위해서 사건에 대한 다른 관점들을 창조해내기 위해 어느 정도 직선형 연대기로부터 벗어나 있다. 플롯 순서는 사건 및 액션이 한 종류 혹은 또 다른 종류의 연대기를 만들어내기 위해 서로의 관계 속에서 어떻게 배열되어 있는가를 묘사한다. 하나의 선형 연대기 안에서 혹은 그것의 변형으로서, 액션은 플롯 속에

6.27 〈**라이프 오브 파이**〉 이안 감독의 이 마술 같은 영화에서 주인공의 환상적인 모험은 극적으로 모호하게 끝을 맺는다.

서 나중의 사건이 먼저의 사건보다 앞서는 경우처럼 연대기적 순서로부터 벗어나 나타날 수도 있다.

　가장 일반적인 비선형 플롯 장치 중 하나는 서사적 플래시백(회상)인데, 스토리는 스토리 속에서의 이전 시간으로 극적으로 전환된다. 플래시백이 전체 스토리에 대한 관점을 묘사하고 있을 때, 이는 회상적 플롯을 창조해내는 것이며, 현재나 미래에 대한 관점으로부터 과거 사건에 대해 이야기하는 것이다. 〈대부 2〉에서 마피아 마이클 콜레오네에 대한 현대적 스토리는 연대적으로 수십 년 전의 자기 아버지 비토에 대한 플래시백 스토리로 번갈아 나타난다. 두 개의 다른 역사에 대한 이런 비교는 평행선을 달리면서 아버지가 만들어준 그의 마피아 패밀리와 나중에 마피아 비즈니스라는 이름으로 그 패밀리의 파괴에 나서는 아들 사이의 차이점을 보여준다(사진 6.28a와 6.28b).

　이와는 반대로 그리고 덜 빈번하게, 영화는 정상적인 인과 질서에 앞서서 미래 사건으로 튀어오르면서 서사적 플래시포워드(예고)[8]를 구사할 수도 있다. 한 서사 영화는 사무실 안에 있는 한 남자를 보여주다가 그가 책상에 앉는 플롯 속의 한 순간으로 되돌아가기 전에 그를 태우고 공항을 떠나가는 비행기를 예시해 보여줄 수 있다. 〈그들은 말을 쏘았다(They Shoot Horses, Don't They?)〉(1969)에서 플롯은 대공황 시기 성공하지 못한 할리우드 감독인 로버트가 재판정에 있는 순간을 예고해 보여준다. 그 설명이 안 된 장면은 영화에서 훨씬 나중에까지 풀리지 않은 채

(a)

(b)

6.28 〈**대부 2**〉 아버지가 만들어준 마피아 패밀리에 대한 회상적 플롯은 나중에 아들이 그 패밀리를 파괴하는 현대적 이야기와 뒤섞여 있다.

6.29 ⟨이터널 선샤인⟩ 영화의 연대기는 이 커플의 스토리로부터 잃어버린 것을 되찾아 주려는 시도를 한다.

6.30 ⟨히로시마 내 사랑⟩ 과거와 현재의 비선형 혼합은 역사적 트라우마를 넘어서서 자신의 정체성을 재건하려는 주인공의 시도에 관객을 참여시킨다.

남아 있게 된다.

　기타 비선형 연대기적 순서는 예측 가능하거나 덜 논리적인 패턴으로 과거, 현재, 그리고 미래 사건들을 뒤섞어 놓을 수도 있을 것이다. ⟨이터널 선샤인(Eternal Sunshine of the Spotless Mind)⟩(2004)에서 주요 캐릭터인 조엘과 클레멘타인은 기억에서 의도적으로 지웠던 로맨틱한 과거를 부활시키려고 애쓴다. 여기서 플래시백은 자연스러운 기억으로서가 아니라 그들이 잃어버렸던 개인적 서사의 한 부분을 재창조하려는 극적인 투쟁으로서 나타난다(사진 6.29). ⟨히로시마 내 사랑⟩(1959)은 제2차 세계대전 말 원폭으로 파괴된 히로시마의 다큐멘터리 사진, 프랑스 여배우와 일본인 건축가 사이의 현대적인 러브 스토리, 그리고 전쟁 시절 프랑스에서 한 독일 병사를 첫사랑했던 여배우에 대한 플래시백 이미지들을 혼합해 놓고 있다(사진 6.30). 오로지 연대기적 순서가 아닌 상태에서 서서히 그리고 분명히 그녀의 과거 스토리가 밝혀진다. 제2차 세계대전 동안 그녀 연인과의 대화와 폐허가 된 일본의 이미지들은 기억 속에서 비약을 불러일으키고 있는 것으로 보인다. 서사 영화가 이런 플래시백들을 따라감으로써 역사적 트라우마를 가로질러 정체성을 재건하려 시도할 때 기억의 어려움에 관여하게 된다. 이런 식으로 서사가 선형 연대기를 침해할 때, 영화는 어떻게 주관적인 기억이 실제 세계와 상호작용하는지를 보여주는 것일 수도 있다. ⟨히로시마 내 사랑⟩에서와 같이 다른 때에, 이런 침해들은 삶과 문명에 있어서 선형 진행이라는 개념에 의심을 품게 되는 방식이 될 수도 있을 것이다.

데드라인 구조

　서사 영화에서 가장 일반적인 시간 계획 중 하나인 **데드라인 구조**(deadline structure, 마감 기한 구조)는 어떤 순간, 시간, 일, 월, 년 등에 의해 성취되어야만 하는 중심 사건이나 액션을 가속화시키면서 플롯의 긴장과 흥분을 더해준다. 이런 서사적 리듬은 전체 서사 및 그것을 동기유발하는 캐릭터들을 규정하는 긴장과 예상을 창조해낼 수 있다. ⟨졸업⟩(1967)에서 벤자민은 엘레인에게 사랑을 고백하고 그녀의 결혼을 중단시키기 위해 제때에 교회에 달려가야 한다. 독일 영화 ⟨롤라 런⟩(1998)에서 롤라는 그녀의 남자친구를 구하기 위한 10만 마르크의 돈을 찾아내기 위해서는 20분밖에 시간이 없다. 이 빡빡한 마감 기한은 마을을 가로질러 달려가는 경주 모습을 세 가지 다른 버전으로 보여주는데, 그녀는 마치 사냥감처럼 빠른 속도로 연이은 선택을 하게 되고, 결국 세 가지 다른 결과를 낳는다(사진 6.31).

　병행 플롯　데드라인 구조는 서사 영화에서 또 하나의 일반적인 시간적 패턴을 지적한다. 병행 플롯(parallel plots)은 통상 하나 이상의 교차점을 가진 두 가지 다른 줄거리 사이의 연결이나 암묵적 동시성에 대해 언급한다. 아주 빈번하게 영화는 둘 이상의 캐릭터의 관계에 의한 것처럼,

어떤 식으로 함께 매여 있을 수도 있는, 그리고 거의 같은 시간에 일어나는 액션들 사이로 혹은 부차적 줄거리들 사이로 교대로 왔다 갔다 한다. 병행 플롯에서 하나의 표준공식은 공적인 스토리와 사적인 스토리를 뒤얽어 놓는 것이다. 〈제리 맥과이어(Jerry Maguire)〉(1996)는 살벌한 프로 스포츠 세계에서 대리인으로 성공하기 위한 제리의 노력에 대한 스토리를 전개시킨다. 동시에 그것은 싱글 맘인 도로시와의 기복 있는 로맨스를, 그리고 그녀의 아들 레이와의 유대관계를 따라가고 있다. 〈오션스 일레븐(Ocean's Eleven)〉(2001) 같은 일부 범죄 영화에서 살인자나 강도 플롯(이 경우에는 복잡한 카지노 강도)은 똑같이 복잡한 러브 스토리(여기서는 대니와 테스 오션)와 병행해 가고, 또 뒤얽히고 있다**(사진 6.32)**. 병행 플롯을 인식하는 데 더하여, 그것들 사이의 관계를 고려할 필요가 있다.

6.31 〈롤라 런〉 시간과의 싸움인 달리기의 세 가지 다른 버전 속에서 롤라는 다른 선택을 해야만 하는 상황에 놓이게 된다.

서사적 지속성 및 빈도

서사 영화는 다양한 다른 시간적 패턴에 의지하고 있는데, 스토리 안의 사건들이 다른 시간 계획에 따라 구축된다. 놀랄 것도 없이 이런 서사적 시간성은 편집 전략으로서 개발된 유사한 시간적 패턴과 겹쳐지고, 그것에 의지한다. **서사적 지속성**(narrative duration)은 사건이나 액션이 플롯

6.32 〈오션스 일레븐〉 카지노를 털고 러브 스토리를 만들기 위해 플롯을 함께 엮어 짜는 것은 주제와 형식의 연결이라는 형태를 창조해낸다.

속에 나타나는 시간의 길이를 말하고 있는 반면, **서사적 빈도**(narrative frequency)는 얼마나 자주 그런 플롯 요소가 되풀이되어서 보이는가를 묘사하고 있는 것이다. 〈다이 하드 3(Die Hard : With a Vengeance)〉(1995)는 뉴욕시를 날려버리겠다고 협박하는 폭탄에 쓰이는, 이제는 표준이 된 디지털식 카운트다운을 선보이고 있다. 서사적 긴장은 많은 부분에 있어서 플롯이 폭탄의 메커니즘에 신경 쓰면서 이 장면에 소비하고 있는 시간의 양이다. 그래서 메커니즘으로의 지속적인 회귀는 서사적 빈도를 보여주는 한편, 폭탄을 분해하는 데 쏟은 30초를 훨씬 넘어가는 늘어진 시간이 어떻게 시간적 지속성이 진짜 시간뿐만 아니라 심리적으로 확대된 시간까지 나타낼 수 있는지를 보여준다.

스펙트럼의 다른 쪽 끝에서는 플롯이 실제로 훨씬 더 긴 시간 동안 견뎌내고 있는, 단지 일시적으로 반짝이는 액션을 포함할 수도 있다. 〈세크리테리엇(Secretariat)〉(2010)에서 이미지들에 대한 재빠른 몽타주는 영화 제목의 이름을 가진 유명한 경주마가 명성을 드날리던 수개월에 걸친 승리를 응축한다. 하나 이상의 사건의 실제 지속 시간을 확대하는 많은 세세한 장면들을 보여주는 대신, 플롯은 이런 액션들을 훨씬 더 짧은 일시적 시퀀스 속에 응축시키고 있다.

얼마나 자주 한 사건, 한 개인 혹은 한 액션이 플롯에 의해 묘사되는가(그 서사적 빈도)가 또한 서사 속에 있는 그런 사건들의 가치나 의미를 결정한다. 어떤 것이 한 번 이상 보일 때 스토리에 대한 그것의 가치와 의미는 증가한다. 예를 들면 영화는 이런 관계가 플롯의 중심이라는 사실에 아무런 의심도 두지 않으면서 두 특정 캐릭터 사이에 시선이 교환되는 것에 되돌아

(a)

(b)

(c)

6.33 〈클레르의 무릎〉 빈도가 잦아짐으로써 무릎은 코믹한 소재가 된다.

6.34 〈아무르〉 영화는 한 아파트에서 진행되고 있는데, 그곳은 제한된 장소로 기억, 경험, 감정, 그리고 결정을 더욱 강렬하게 만들어준다.

갈 수도 있는 것이다. 에릭 로메르의 〈클레르의 무릎(Claire's Knee)〉(1970)에서, 재치 있는 플롯은 제목 속에 있는 무릎으로 계속 되돌아가는 이야기를 보여준다. 이런 회귀의 빈도가 주요 캐릭터가 젊은 여성 신체의 일부분에 집착하는 것과 동시에 어떻게 그 집착이 시간을 통해 코믹한 분위기로 될 수 있는지 양쪽 모두를 제시해준다(**사진 6.33a~6.33c**). 이 같은 반복에서 서사적 빈도를 의미 있는 사건, 제스처, 진술, 장소 혹은 액션으로 관심을 끄는 방식으로서 인식하는 것이 중요하다.

서사적 공간

시간의 서사적 패턴을 따라 플롯 구축은 또한 다양한 공간적 계획, 그리고 다른 미장센으로써 서사의 과정을 통해 구축된 공간들을 포함한다. 이런 서사적 장소들(집 내부, 집 외부, 자연적 공간, 인위적 공간, 외부 공간)은 단지 스토리를 위한 배경 이상의 것을 규정한다. 스토리와 그 캐릭터들은 이런 공간들을 탐색하고 비교하며 정복하고 거주하며 떠나고 건설하며 또 변형시킨다. 결과적으로 캐릭터들과 스토리 양자 모두는 통상 이런 장소들의 형식적 모양의 일부로서뿐만이 아니라 그것들의 문화적 및 사회적 의미와 암시의 일부로서 변화하고 발전해 나간다. 미하엘 하네케의 〈아무르(Amour)〉(2012)는 80대 부부가 평생을 보내온 아파트에서 거의 모든 일이 벌어지고 있다(**사진 6.34**). 아내인 안느가 뇌졸중을 겪은 후, 부부가 이제 마주치는 최고조의 위기와 투쟁할 때 이 단일 미장센 드라마는 층층이 쌓여 있는 부부가 나누었던 감정과 기억들을 내보인다.

서사적 액션 및 캐릭터들과의 관련 속에서 이런 공간들의 문화적 및 사회적 반향은 네 가지 다른 방식으로 발전될 수 있다. 즉 역사적, 이데올로기적, 심리적, 상징적인 방식이 그것이다. **역사적 장소** (historical location)는 서사에 중요한 의미와 암시를 전달해줄 수 있는 역사적 세팅의 승인된 표지물로서, 서사 영화에 풍부하게 들어 있다. 예를 들면 〈로마의 휴일(Roman Holiday)〉(1953)에서 캐릭터는 로마의 기념물들을 방문하는데, 그곳에서 그녀는 인간 역사의 의미를, 그녀 자신의 삶에서 놓치고 있는 빛나는 로맨스를 발견해낸다(**사진 6.35**). 〈벤허(Ben-Hur)〉(1925)에서 〈글래디에이터(Gladiator)〉(2000)에 이르는 영화들은 서사에 영광과 기적을 불어넣기 위해서 로마의 역사적 의미를 이용한다.

6.35 〈로마의 휴일〉 로마를 여행하는 동안 인간 역사의 의미가 드러나고 있다.

서사에 있어서 **이데올로기적 장소**(ideological location)는 뚜렷한 사회적 가치나 이데올로기가 새겨진 공간과 장소를 묘사한다. 때때로 이런 서사적 장소는 틀림없이 정치적이거나 철학적 의미를 갖고 있는데, 조니 캐시가 〈앙코르 (Walk the Line)〉(2005)에서 죄수들과 유대감을 형성하고 있는 폴섬 교도소나 에이젠슈타인의 〈10월 (October)〉(1927)에서 장대하고 억압적인 장르의 궁전 같은 것이 그런 장소이다(**사진 6.36**). 덜 명확하지만 성(性)의 정치학은 중요한 이데올로기적 방식으로 서사 영화의 장소들을 강조할 수 있다. 즉 〈나인 투 파이브(9 to 5)〉(1980)에서 플롯은 어떻게 세 직장 여성이 성공적으로 가부장적 사무 공간을 여성들의 요구에 맞는 장소로 변화시키는지에 초점을 맞추고 있다(**사진 6.37**).

6.36 〈앙코르〉 조니 캐시가 재소자들과 유대감을 형성하고 있을 때, 폴섬 교도소의 이데올로기적 의미가 드러나고 있다.

서사 영화에서 **심리적 장소**(psychological location)는 캐릭터의 마음 상태와 그 캐릭터가 스토리 속 그 순간 거주하고 있는 장소 사이의 중요한 상관관계를 보여준다. 소피아 코폴라의 〈사랑도 통역이 되나요(Lost in Translation)〉(2003)에서 빌 머레이가 분한 미국 배우가 현대 도시 도쿄를 방문하는 동안 혼란과 소통 곤란을 겪는다. 비싼 호텔에 고립된 채, 이런 곤란들은 미국에서의 삶과 더불어 더 깊어지는 불만과 환멸의 감정들로 연결된다(**사진 6.38**). 덜 평범하지

6.37 〈나인 투 파이브〉 세 여성이 사무 공간의 성(性) 정치학을 변화시키고 있다.

6.38 〈사랑도 통역이 되나요〉 도쿄에서 한 미국인 배우의 소외감이 불만스러운 심리적 공간을 보여준다.

6.39 〈캐스트 어웨이〉 상징적 공간으로서 섬은 인간 조건의 부조리성을 보여주는 상징이 된다.

6.40 〈미스터리 트레인〉 일본인 관광객, 엘비스의 유령, 그리고 엉망진창인 부랑자들이 멤피스의 한 지저분한 호텔 공간을 상실감과 욕망이 뒤섞인 별나고 다채로운 축제가 벌어지는 장소로 변형시키고 있다.

생각해보기

최근 본 영화에서 가장 의미 있는 서사적 장소 세 곳을 찾아보자. 어떻게 그 서사가 각 장소에 대한 다른 의미를 구축하고 있는가?

만 **상징적 공간**(symbolic space)은 서사와 관련된 정신적 혹은 기타 추상적 수단들을 통해 변형된 공간이다. 로빈슨 크루소 스토리의 다른 버전에서[루이스 부뉴엘의 〈로빈슨 크루소의 모험(The Adventures of Robinson Crusoe)〉(1954)에서 〈화성의 로빈슨 크루소(Robinson Crusoe on Mars)〉(1964)와 〈캐스트 어웨이〉까지] 섬이라는 공간은 신이 내린 행운이라는 생활 방식의 혹은 인간 조건에 대한 부조리성의 상징이 될 수도 있다**(사진 6.39)**.

복잡한 서사는 종종 이런 특정 장소의 변형을 영화의 의미에 중심적인 부분으로 만들면서 하나 이상의 장소의 의미를 발전시키고 변형시킨다. 마틴 스코세이지의 〈갱스 오브 뉴욕〉(2002)에서 1863년 뉴욕시 파이브 포인츠는 역사적, 심리적, 이데올로기적, 그리고 상징적 의미가 주입된 장소이다. 이 경우에 현실적인 미장센이 19세기 악명 높은 갱 지역, 즉 테러와 폭력이 난무하는 심리적 장소, 점차 드러나는 미국의 사회적 및 계급적 공동체의 이데올로기적 장소, 그리고 미국문화의 상징을 묘사한다. 짐 자무시의 〈미스터리 트레인(Mystery Train)〉(1989)에서 서사는 두 일본인 관광객, 자기 남편을 묻으러 고향으로 가는 한 이탈리아 여성, 그리고 술집을 약탈하려는 세 명의 부랑자의 스토리를 엮어 놓고 있다**(사진 6.40)**. 모든 일은 멤피스의 한 지저분한 호텔에 숙박하러 오면서 벌어진다. 그들은 결코 서로 만나지 않는다 하더라도, 호텔의 서사적 장소는 서서히 그들 개별적인 드라마의 의미들이 주입된 장소가 되어 간다. 호텔은 동시에 1950년대 미국의 역사적 향수가 어린 장소, 일본인 커플을 위한 블루스 음악의 장소, 엘비스 프레슬리의 유령을 만난 후 남편의 유골가루와 작별을 고하는 이탈리아 여성을 위한 영혼적인 장소, 그리고 부랑자들이 당시의 사회적 폭력에 대해 토론하는 이상한 토론 장소가 된다.

서사적 관점

플롯은 플롯을 알리는 관점에 의해 구성된다. 이 관점이 명확하든 불명확하든 간에 우리는 이 서사의 차원을 관점의 **내레이션**(narration)이라고 말한다. 관점은 감정적으로 그리고 지적으로 어떻게 플롯 재료들이 나타나고 있는가를, 그리고 무엇이 그 재료들에 대해 드러나고 혹은 드러나지 않는지를 형성한다. 내레이션은 어떤 영화를 이해하는 데 중심이 되는 태도, 가치, 목적을 만들어내고 전달해준다.

내레이터와 서사적 프레임은 빈번하게 영화의 특정 관점을 알리는 데 이용된다. 이 두 요소는 스토리 속으로 우리를 끌어당기기 위한 형식적 전략을 묘사해주고 있으며, 또한 양자는 플롯의 배열을 지시하고 태도, 표준 혹은 힘을 암시하면서 특정 위치를 만들어낸다. 게다가 스토리의 사건에 대한 어떤 문화적, 사회적 혹은 심리적 관점을 가리킨다. 가장 일반적인 서사적 관점은

1인칭 내레이션, 전지적 내레이션, 그리고 제한적 내레이션이다.

1인칭 내레이션과 서사적 프레임

내레이션이 통상(항상 그런 것은 아니지만) 그 스토리 속 캐릭터인 누군가의 보이스오버 코멘터리(voiceover commentary, 보이스오버 해설)와 동일시될 때, 그 관점을 **1인칭 내레이션**(first-person narration)이라 부른다. 일부 영화들은 한 캐릭터나 다른 개인을 이용하는데, 그의 목소리와 관점은 스토리 밖의 관점으로부터 영화의 액션을 묘사한다. 이 1인칭 구성은 쓰이거나 말해진 텍스트에서 대명사 '나'에 의해 표시된다. 내레이터가 사운드트랙 코멘터리(soundtrack commentary, 사운드트랙 해설) 안에서 스토리를 소개하고 비추어주는 보이스오버는 이런 구조적 관점으로 관심을 끌기 위한 표준장치로 기여한다.

1인칭 내레이션은 특히 영화의 교묘한 개념인데, 영화 이미지로 인도하는 이 보이스오버의 사용만이 통상 1인칭 관점의 완전한 주관성에 가까워질 수 있기 때문이다. 영화에서 문자 그대로 1인칭 내레이션을 시도하는 것은 내레이터가 보는 것만을 재창조하는 내레이터의 눈이 되기 위한 필름 프레임을 필요로 하게 된다. 필립 말로우의 〈레이디 인 더 레이크(Lady in the Lake)〉(1947)에서 1인칭 관점을 통해 거의 전부가 해설될 때, 그런 관점이 얼마나 피곤해질 수 있는지를 보여준다. 따라서 더 일반적인 전략은 보이스오버를 통해 1인칭 내레이션을 나타내는 것이다.

영화의 앞부분과 끝부분에 나타나는 **서사적 프레임**(narrative frame)은 종종 1인칭 내레이션을 소개하기 위한 수단이 되지만, 또한 다른 많은 기능을 갖고 있다. 서사적 프레임은 용어 및 의미를 규정하는 데 도움을 주는 방식으로 영화를 지탱해주기 위해 스토리 밖에 위치한 맥락이나 사람을 묘사해준다. 때때로 보이스오버로 나타나는 이 프레임은 스토리의 관객, 사회적 맥락 혹은 스토리가 이해되는 기간을 가리킬 수도 있다. 예를 들면 프레임은 스토리가 아이들에게 말해주는 이야기임을, 〈유주얼 서스펙트(The Usual Suspects)〉(1995)에서처럼 경찰서에서 수사관에게 말하는 것임을 혹은 죽어가는 한 여인의 기억임을 가리킬 수도 있다. 각 경우에 있어서 영화의 프레임은 내레이션을 규정하는 중요한 관점 및 논리를 가리키고 있다.

〈선셋 대로〉(1950)에서 내레이터의 존재는 스토리의 세팅 및 환경을 소개하는 시나리오 작가이자 주인공인 사람의 보이스오버를 통해 발표된다. 그의 목소리와 죽음은 그 스토리의 프레임이 된다. 영화의 과정을 통해서 그의 보이스오버는 사라졌다가 다시 나타나지만, 우리는 그 스토리가 그의 관점의 산물이라는 사실을 시작부터 인식하게 된다. 어떻게 우리가 그 스토리를 이해하는가는 적어도 그것이 스토리의 사건에 달려 있는 만큼 내레이터 및 그의 태도에 달려 있는 것이다. 이런 이유 때문에 관객들은 그 스토리와 플롯이 과대망상증에 걸린 한물간 인기배우에 초점을 맞추고 있는 것처럼 보인다 해도, (스토리와 반대인) 서사는 그녀에 대한 이 작가의 경험이라는 사실을 훨씬 더 잘 깨닫게 된다. 이 1인칭 내레이터가 죽었다는 사실을 시작부터 알고 있다는 사실은 미결의 아이러니가 된다.

이안 감독의 〈아이스 스톰(The Ice Storm)〉(1997) 또한 서사적 프레임을 사용한다. 프레임의 관점은 통근열차가 집으로 향하는 도중 얼음 폭풍(아이스 스톰)으로 정차했을 때의 한 젊은이의 관점이다(**사진 6.41**). 영화는 한밤중에 철로에 쌓인 눈이 제거되기를 기다리고 있는 것으로 시작된다. 그는 가족에 대해서 돌이켜 생각한다. 이 고립된 순간과 뒤따라 회상되는 순간은 두 가지로 구분되는 프레임이다. 그 역

6.41 〈아이스 스톰〉 얼음 폭풍(아이스 스톰)으로 기차가 정차하자 한 젊은이가 과거를 회상하는데, 이것이 이 영화의 서사적 프레임이 된다.

시 영화의 마지막에 기차와 자신의 목소리로 되돌아가고 내레이터로서 사라지지만 그의 역할은 1970년대 감성적으로 장애를 가진 한 가족의 이야기가 인생의 전환점에 있는 젊은이에 대한 이야기라는 것을 명확히 해주는 것이다. 이런 예들은 내레이터들에 대해 묻고자 하는 질문 하나를 보여준다. 만일 그들이 스토리의 일부분으로 보인다면 어떤 차이가 있는가?

3인칭 내레이션 : 전지적 및 제한적 내레이션

영화의 관점은 스토리 밖에서 사건을 봄으로써 플롯과 캐릭터에 대하여 더 객관적이고 떨어져 있는 자세를 취할 수도 있다. 이를 **3인칭 내레이션**(third-person narration)이라고 한다. 〈그래비티(Gravity)〉(2013) 같은 3인칭 내레이션으로 특정 종류의 태도나 관점을 더 자세히 묘사하는 것이 여전히 가능할 수 있다. 이 영화를 구성하고 있는 관점은 차분하고 거리를 두고 있기는커녕, 주요 캐릭터들의 곤경을 관찰하고 있는 카메라 움직임과 함께하면서도 힘이 넘치고 역동적이다 (사진 6.42).

고전적 영화들의 표준 형식은 **전지적 내레이션**(omniscient narration)인데, 그것은 플롯의 요소가 많거나 모든 앵글에서 보이고 있는 3인칭 내레이션의 한 버전이다. 전지적 관점은 모든 것을 알고 있을 뿐만 아니라 중요한 것이 무엇인지, 그리고 삶이나 역사에 대한 진실을 드러내기 위해 그것을 어떻게 배열하는지도 알고 있다. 이를테면 〈본〉 시리즈 네 편의 영화(2002~2012)는 세계의 여러 도시를 넘나드는 제이슨 본의 비행기 여행을 따라가는 전지적 관점을 구사하고 있는데, 그 스토리 자체는 그가 계속해서 도피를 시도하는 동안에도, 그 전지적 관점에 근접하기 위해 비밀스러운 미국 정보당국의 감시 메커니즘의 시도를 대비시키고 있다.

제한된 3인칭 관점인 **제한적 내레이션**(restricted narration)은 한두 캐릭터에 초점을 맞춤으로써 스토리를 구성한다. 스토리에 대한 이런 관점이 또한 객관성을 담보하고, 주요 캐릭터들의 범위 밖에 있는 캐릭터 및 사건을 나타낼 수 있을지라도 주요 캐릭터의 생각과 경험에만 국한한다.

제한적 내레이션의 역사적 원천은 장편 및 단편 소설이다. 한두 개인에 대한 강조는 개인의 발전과 관련된 세계에 대한 현대적인 관점을 반영한다. 이런 방식으로 내레이션을 제한하는 것은 또한 주요 캐릭터의 문제와 욕망을 우선시하는 한편, 영화가 커다란 역사적 사건 및 액션 (예 : 전쟁이나 가족 모임 등)에 참여하는 것을 허용해준다. 남북전쟁에 세팅된 버스터 키튼의 〈제너럴(The General)〉(1927)은 이런 패턴을 따라가고 있다. 주인공 자니의 처신이 드러나면서, 그것이 서사의 배경이 되고 있는 장대한 전쟁 서사시보다 훨씬 더 명예로울 수 있고, 재미있는 것처럼 보이고 있다(사진 6.43). 이런 다른 제한적 내레이션과 더불어, 내레이션의 논리와 태도는

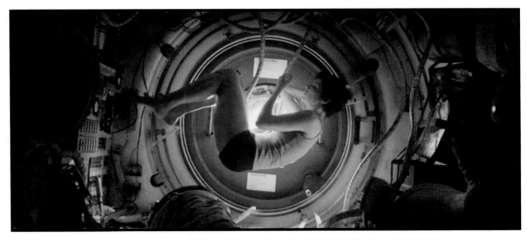

6.42 〈그래비티〉 3인칭 내레이션이 객관성을 유지하면서도 역동적인 캐릭터와 액션을 창조해낼 수 있다.

왜 일부 캐릭터들이 제한된 서사적 관점으로부터 다소간의 관심을 받고 있는가의 이유를 결정한다.

반사적, 불신적, 그리고 다중적 내레이션

전지적 내레이션과 제한적 내레이션이 고전 내레이션의 가장 일반적인 종류인데, 일부 영화들은 이런 모델에 변화를 준다. **반사적 내레이션**(reflexive narration)은 세계에 대한 일관성 있는 관점으로서 자신의 서사적 권위를 복잡하게 만들거나 전복시키기 위해 스토리의 서사적 관점으로 관심을 돌리는 영화들을 묘사한다. 로베르트 비네의 〈칼리가리 박사의 밀실〉(1920)은 우리가 결론 부분에서 내레이터가 미치광이라는 사실을 발견하는 순간, 그 서사적 관점의 진실성과 신뢰성을 깨부수는 반사적 내레이션 초기 시절의 유명한 예이다.

현대의 실험 영화들은 통상 서사를 구축하는 동시에 내레이션의 바로 그 과정에 의문을 품고 있다. **불신적 내레이션**(unreliable narration, 때로는 조작적 내레이션)은 서사의 어떤 점에서 이야기되는 스토리의 바로 그 진실에 대해 서사적으로 중요한 의문을 제기한다. 〈파이트 클럽〉(1999)의 결말 부분에서 1인칭 내레이터가 플롯이 전개되는 한 중심 인물의 전체 존재를 환각화하고 있다는 사실이 명확해질 때 내레이션은 결말을 향한다(사진 6.44).

다중적 내레이션(multiple narration)은 이런 관점에 느슨하게 들어맞는 영화에서의 단일 스토리 혹은 다른 스토리들을 위한 여러 다른 서사적 관점을 이용하는 영화들에서 발견된다. 1916년 영화 〈인톨러런스〉는 각기 다른 역사적 시대('현대 시대 스토리', '유대 시대 스토리', '프랑스 시대 스토리', '바빌로니아 시대 스토리')로부터 편견과 증오에 대한 네 가지 스토리를 엮어 놓고 있으며, 또한 다중적 내레이션의 전통에 대한 선구자로 간주될 수도 있다. 우디 앨런의 코미디 영화 〈젤리그(Zelig)〉(1983)는 다수의 허구적 및 실제 개인(솔 벨로와 수전 손택)의 화면상 내레이션들을 통해 1920년대 가상인물 레너드 젤리그의 삶을 나타냄으로써 많은 서사에 의해 제기된 객관성을 패러디한다. 〈크래쉬〉(2004)와 〈바벨〉(2006) 같은 더 최근의 영화들은 캐릭터 삶 속의 주요 사건에 의해 우연히 연결된 한 도시 주변으로부터 혹은 세상 주변으로부터 다른 스토리들을 함께 엮어 넣고 있다(사진 6.45).

편집본 영화나 작품집 영화들[〈독일의 가을(Germany in Autumn)〉(1978), 〈에드가 앨런 포의 검은 고양이(Two Evil Eyes)〉(1990), 〈포 룸(Four Rooms)〉(1995), 〈사랑해, 파리(Paris, Je

6.43 〈제너럴〉 제한적 내레이션은 플롯을 주요 캐릭터 조니 그레이의 경험으로 제한한다. 그때 그는 남북전쟁 동안 북군으로부터 자신의 기관차 제너럴호와 여자친구를 구조해낸다.

6.44 〈파이트 클럽〉 극적인 예인 내레이션이 갑자기 내레이터가 꾸민 의심스러운 판타지인 것으로 드러난다.

6.45 〈바벨〉 영화는 공통된 인간성의 탐구에 대한 다중적 서사를 중첩시키고 있다.

〈지옥의 묵시록〉의 플롯과 내레이션

같이 보기 : 〈디어 헌터〉(1978), 〈플래툰(Platoon)〉(1986), 〈풀 메탈 재킷〉(1987)

6.46 〈지옥의 묵시록〉 수색의 끝자락에 다다른 이 장면은 이 영화의 내레이터인 윌라드 대위의 관점에 근접해 있는 장면 중 하나이다.

프란시스 포드 코폴라의 〈지옥의 묵시록(Apocalypse Now)〉(1979)은 할리우드의 가장 야심적인 서사 영화 중 하나로, 성공한 블록버스터인 〈대부〉, 〈대부 Ⅱ〉, 그리고 독창적인 〈컨버세이션〉 이후 오래지 않아 등장한 작품이다. 코폴라의 초기 성공한 영화들은 서사 영화에 실험적 및 역설적 태도를 결정적으로 가져다준 장 뤽 고다르, 프랑수아 트뤼포 등 프랑스 뉴웨이브 영화감독들의 뚜렷한 영향을 드러내는, 1960~1970년대 미국 영화 제작 르네상스 시대 산물의 일부였다. 〈지옥의 묵시록〉은 또한 미국인들에게 아직까지 트라우마로 남아 있으면서 어떤 의미를 찾으려 애쓰고 있는 베트남 전쟁으로 겪은 분노와 고통을 정면으로 마주 보고자 하는 한 미국 감독의 최초의 진지한 시도 중 하나이다.

영화 스토리는 믿을 수 없을 정도로 단순하다. 즉 베트남 전쟁 중 마틴 쉰이 분한 윌라드 대위와 그의 소속 대원들은 미국에 반역적인 행동을 하고 있는 말론 브란도가 분한 독불장군 커츠 대령을 찾아내기 위해 정글 속으로 들어간다. 스토리는 윌라드 대위가 전쟁으로 갈가리 찢겨진 베트남과 캄보디아의 정글 속에서 점점 이상한 만남을 경험하게 되는 것을 묘사한다. 결국 그는 캄보디아의 한 강뚝에 진지를 구축하고 있는 괴이한 반역자 커츠 대령을 발견하고 대면하게 된다.

이 영화는 특정한 서사적 관점으로 특정한 플롯을 통해서 스토리를 구축한다. 윌라드와 커츠의 스토리는 다양한 다른 방식으로 구성될 수 있었다. 예를 들면 윌라드 휘하 대원들에 대한 더 많은 인적 정보들을 제공함으로써 혹은 한 사람의 지각과 생각보다는 오히려 객관적인 관점으로

부터 사건들을 보여줌으로써 말이다. 그러나 영화의 플롯은 전쟁에 대하여 혹은 어떻게 커츠 대령이 그런 사람이 되었는가(이것은 캐릭터들이 대화를 나누는 주요 주제이다)에 대하여 집중하지 않고, 윌라드 대위에, 그리고 커츠 대령을 찾아내려는 그의 추적에 집중한다.

플롯은 '극도의 편견을 가지고 끝장을 내기' 위해 커츠 대령을 찾아내어 죽이라는 임무를 받은 윌라드 대위가 폭탄 공포증이 있으면서도 필사적으로 임무를 수행하는 것으로 시작하면서 윌라드 대위의 수색을 따라가는데, 다양하면서도 이상하고도 초현실적인 사람, 광경, 활동을 만나게 된다(**사진 6.46**). 어떤 의미에서 플롯의 논리는 선형적이면서 전진적이다. 윌라드 대위에게 있어서 각각의 새로운 만남은 베트남 전쟁과 커츠 대령에 대해 더 많은 것을 드러내 보여준다. 동시에 플롯은 뒤로 역행하는 시간적 패턴을 창조해낸다. 강가를 따라 올라가는 윌라드 대위의 수색은 문명세계로부터 멀어져서 결국 가장 원시적인 세계로 되돌아가고 있는 것이다.

이 영화 대부분의 1인칭 보이스오버 내레이션은 주로 윌라드 대위가 자신의 주변에서 보는 것과 그의 생각에 초점을 맞추고 있다. 때때로 내레이션은 윌라드 대위의 관점 너머로 확대되어 다른 캐릭터들의 관점에서 혹은 더 객관적인 관점에서 액션을 보여주고 있는 한편, 여전히 다른 캐릭터들과 사건을 윌라드 대위의 혼란스러운 인상의 일부로서 보여준다. 대개 윌라드 대위의 제한된 관점에 묶여 있는 내레이션은 사건 및 기타 캐릭터들을 당황스러움, 피곤함, 매료됨이 교대로 나타나는 색조로 색을 입힌다. 내레이션의 기능으로서 미국인, 베트남인, 캄보디아인이 괴이하고, 예상할 수 없고, 또 비인간적이기까지 한 모습으로 나타난다. 록 음악이 헬리콥터 소리와 합쳐지고, 병사들이 한 마을을 맹렬하게 공격하는 동안 서핑을 즐기며(**사진 6.47a**), 호랑이들이 정글에서 폭탄으로 죽어가고, 미군 병사들이 베트남 깊숙한 곳에서 벌어진 화려한 플레이보이 바니걸 쇼를 난동적 수준으로 즐기고 있다(**사진 6.47b**). 이런 다른 방식으로, 윌라드의 서사적 관점에 대한 조종과 연관되어 있는 내레이션은 현재 일어나고 있는 일뿐만 아니라 잘못된 세상의 의미를 저지하는 것과도 소통한다. 이 영화에서 개인적 발전에 대한 전통적인 서사적 패턴은 인정받는 것과 심하게 도전받는 것 양자 모두이다.

실제로 베트남 전쟁의 비극과 공포에 대한 설명의 일부로서 이 영화는 계속해서 영화 자신의 서사적 빚과 역사적 영향에 대한 의문을 제기하고 있으며, 그래서 일종의 서사적 성찰을 제시한다. 캐릭터들은 서로 자신의

삶에 대한 스토리를 이야기하고, 한 마을에 대한 잔인한 공격을 위한 배경음악으로 바그너의 오페라 음악을 사용하고, (영화의 막바지에 이르러) 들소와 커츠 대령이 동시에 도살될 때 희생제의의 신화적 서사를 연극처럼 연출한다.

이 영화는 19세기 아프리카 콩고에 무대가 설정된 조지프 콘래드의 중편소설 어둠의 심연(*Heart of Darkness*)(1902)의 느슨한 각색을 숨기지 않고 있다. 영화 전반에 걸쳐 지나쳐 가는 참고자료들이 다양한 문학적 실례들로 만들어지고 있는데, 그것들은 전통적인 서사가 조지프 캠벨의 서사적 신화에 대한 유명한 연구처럼, 콘래드의 '어둠의 심연'에서 따온 인용구 "미스타 커츠, 그는 죽었어요."로 시작되는 T. S. 엘리엇의 1925년 명상적 시 'The Hollow Men'처럼, 현대적 삶의 야만성과 공허성의 의미를 만들어낼 수 있는지를 묻고 있다.

커츠 대령의 정글 깊숙한 어두운 동굴 속에서 우리는 신화에 관한 책들을 힐끗 볼 수 있고**(사진 6.48)**, 또 커츠 대령이 암송하는 엘리엇의 시를 들을 수 있는데, 그것은 마치 코폴라 감독이 서사, 현대사, 그리고 인간 마음의 어두운 심연의 어려운 관계를 지도로 만들면서, 콘래드의 중편소설에서부터 이 영화에까지 확대되어 있는 서사적 계보를 인식하고 있는 듯하다. 이런 서사적 재료들과 전통들에 대한 거의 해설서 수준인 이 영화는 전쟁과 식민지화의 역사가 서사의 힘을 통해 삶과 다른 사람들을 지배하려는 시도들의 긴 역사와 밀접한 관련이 있을 수 있다는 사실을 제시하고 있는 것처럼 보인다.

(a)

(b)

6.47 〈지옥의 묵시록〉 비록 이 영화가 선형(線型) 탐색의 길을 따라가는 것처럼 보인다 하더라도 다른 장면들과 시퀀스들이 정기적으로 그 패턴을 무너뜨리고 있다. 특히 하나의 전투가 의도적으로 서핑하는 것에 제동을 걸 때와 정글에서의 전투가 플레이보이 바니걸 쇼의 장면이 그렇다.

6.48 〈지옥의 묵시록〉 영화적 서사의 문학적 역사

생각해보기

최근 본 영화에서 어떤 서사적 관점이
가장 두드러지게 나타나고 있는가? 만
일 내레이션이 전지적이거나 제한적이
라면, 그것은 어떻게 그 스토리의 의미
를 결정하고 있는가?

T'Aime)〉(2006)처럼 여러 감독이 연출하는 영화들]은 다중적 서사의 더 극적인 버전이다. 이런 유형의 영화는 각각이 한 다른 감독에 의해 만들어진 수많은 스토리들을 연출한다. 비록 스토리들이 일반적인 주제나 이슈[예 : 독일에서의 정치적 위기, 에드가 앨런 포 스토리의 각색 혹은 퇴락한 호텔에 머물고 있는 엉뚱한 손님들]를 공유할 수 있다 하더라도, 그것들은 의도적으로 하나의 단일 서사적 관점을 자신의 특징적인 관점을 성립시키는 더 작은 서사들로 대체한다.

서사 영화의 의미 만들기

시간, 변화, 그리고 상실에 대한 반성 속에서 서사 영화는 시간을 의미 있는 것으로 만드는 방식에 관객들을 참여시킨다. 〈국가의 탄생〉(1915) 같은 역사적 서사시로부터 〈디 아워스〉(2002) 같은 영화에서의 친근한 삶 묘사까지 서사 영화는 축복받은 사건, 개인적 기억, 그리고 일상적 삶의 기록 같은 공적 및 사적 역사 모두로 높은 평가를 받아왔다. 오늘날 영화, 비디오, 컴퓨터 서사는 다른 각도 및 다른 속도로 재차 되풀이되는 번득이는 통찰력이나 사건들로 우리의 삶을 흠뻑 적시고 있다. 서사 영화는 두 가지 이유로 의미가 있다. 개인의 다른 시간적 경험을 묘사한다는 점과 국민, 공동체, 문화에 대한 더 큰 사회적 역사의 형태와 패턴을 반영하고 또 드러낸다는 점에서 그렇다.

서사 영화의 의미는 역사적 · 문화적 · 산업적 이슈에 대해 결코 독립적으로 기능하지 않는다. 서구 문화에 있어서 많은 서사 영화는 개인, 그들의 운명, 그들의 자기 인식에 중점을 두는 더 내면적인 것이다. 개별적 영웅은 흔히 남성이고, 여성 캐릭터들은 주로 결혼(서사적 결정의 일반적 형태)을 통해 남성들의 성장이나 추구에 참여한다.

게다가 타락에서 구원이라는 전향적 사상을 갖고 있는 유대교-기독교인 같은 서구의 서사적 모델은 개인적 및 사회적 발전에 있어서 기본적인 문화적 믿음을 반영한다. 물론 이런 발전 및 전진의 대중적 논리에 대한 문화적 대안은 존재하며, 또 일부 문화들에서 개별적 캐릭터들이 공동체의 쌍방 타협 운동이나 통과의례보다 스토리에 대해 덜 중심적인 것이 될 수도 있다. 예를 들면 세네갈의 우스만 셈벤 감독의 〈할라(Xala)〉(1975)에서 내레이션은 구술 전통에 의해 영향을 받고 있으며, 또한 중심 캐릭터의 곤경은 공동체 전체와 연결되어 있다. 이런 전통은 대중이 모인 자리에서 공동체를 함께 묶어주는 많은 이야기를 구술해주는 일부 서부 아프리카 문화에서의 이야기꾼인 그리오(griot)[9]와 관련되어 있다.

기억의 형성, 역사 만들기

서사 영화는 개인의 시간적 경험을 묘사함으로써 기억을 형성한다. 다른 말로 하면 그것들은 보통 한 캐릭터나 공동체의 하루, 1년 혹은 삶 속에서의 변화들을 묘사한다. 이런 서사들은 95분짜리 〈러시아 방주〉(2002)에서 한 번의 편집도 없이 상트페테르부르크의 에르미타주 박물관을 탐색해 가는 경우처럼, 반드시 실제 실시간 경험들인 것은 아니다. 그러나 다른 개인들이 시간을 경험하고 형성하는 패턴들에 근접하는 데 목적을 두고 있다. 지속성으로서의 시간, 성장으로서의 시간, 상실로서의 시간이 그것이다. 〈버틀러 : 대통령의 집사〉(2013)에서 서사는 8명의 미국 대통령을 보필한 백악관 집사 세실 게인즈의 삶을 묘사하고 있으며, 또한 백악관 집사로서의 그의 개인적 투쟁 및 업적, 그리고 시민 운동 및 베트남 전쟁 같은 그를 둘러싼 주요 역사적 사건을 서로 엮어 놓고 있다. 그의 개인적 경험과 공적인 사건들 사이에서 자주 부담스럽게 느껴졌던 상호작용은 어떻게 개별적 기억이 역사 형성에 기여하고 있는가를 기리고 있다. 네덜란드 영화 〈안토니아스 라인(Antonia's Line)〉(1995)에서 시간은 제2차 세계대전 후 자신들의 가족이 늘어남에 따라 경험을 나누고 기억하는 여성들에 대한, 그리고 어머니와 딸들 사이의 세대 간 사랑의 연대감에 대한 것이 된다(**사진 6.49**).

사회적 역사에 대한 반성과 폭로를 통해 서사 영화는 역사를 만든다. 서사는 국민이나 다른 공동체에 의해 사용된 역사의 모델과 비슷한 방식으로 다양한 시간의 차원, 즉 과거, 현재, 미래 사건들을 주문한다. 결과적으로 서사는 그런 역사들을 이해하는 공적인 지각 및 방식을 창조해낸다. 서사와 공적인 역사들이 함께 엮여 있는 범위는 시민 운동이나 최초 달 착륙과 같은 얼마나 많은 역사적 사건들이 서사 영화들을 위한 주제가 되었는가에 주목함으로써 보일 수 있다. 그러나 서사 영화들은 또한 개인적 위기나 성공이 큰 국내적 혹은 세계적 역사를 대표하는 작은 사건으로 공적인 역사를 드러내보일 수 있다. 영웅적인 최초의 아프리카계 미국인 연대에 대한 이야기 〈영광의 깃발(Glory)〉(1989)은(**사진 6.50**) 〈국가의 탄생〉과 〈바람과 함께 사라지다〉와 같은 다른 서사 영화에서 누락된 남북전쟁 역사를 말해준다. 마크 주커버그의 대학 시절의 개인적 삶에 집중하는 〈소셜 네트워크(The Social Network)〉(2010)는 디지털 혁명의 더 큰 문화적 역사, 특히 소셜 네트워크 사이트인 페이스북의 핵심적인 차원을 드러내 보이고 있다(**사진 6.51**). 이 경우 서사 영화는 문화적 근원, 역사적 상실, 국민적 신화에 대한 것이다.

6.49 〈**안토니아스 라인**〉 역사의 형성은 여성 및 그들 가족의 삶 속에서 엮어진 것이 된다.

6.50 〈**영광의 깃발**〉 남북전쟁 동안 영웅적으로 싸웠던 아프리카계 미국인 연대에 대한 서사는 그 전쟁의 다른 역사를 말해준다.

6.51 〈**소셜 네트워크**〉 페이스북 창시자의 개인적 역사가 기술의 사회적 역사 속에서 훨씬 더 넓은 변용을 불러일으키고 있다.

서사적 전통

어떻게 영화들이 기억을 형성할 수 있고, 또 역사를 만들 수 있는가에 근거했을 때, 서사 영화의 두 가지 유명한 스타일이 생겨났다. 고전적 서사 영화는 통상 개인적 삶과 사회적 역사 사이의 밀접한 관계를 보여주고 있는 반면, 다른 서사 영화는 종종 어떻게 개개인이 개별적인 시간적 패턴에 따라 자신들의 삶을 살아가는지와 어떻게 그런 패턴이 자신의 삶과 교차되는 사회적 역사의 패턴과 충돌하는지 사이의 괴리를 극화시킨다.

고전적 서사 영화

세 가지 주요 특성이 고전적 서사 영화를 특징짓는다.

생각해보기

다음에 볼 영화는 어떤 유형의 역사가 묘사되는 영화가 될 것인가? 서사는 캐릭터들의 삶 속에서의 시간과 변화의 의미에 대해서 무엇을 말하고 있는가? 가장 중요한 것으로서 어떤 사건들이 제시되고 있는가? 그리고 그 이유는 무엇인가?

■ 인과관계 논리로 플롯을 추진시키고 있는 하나 이상의 캐릭터에 중심을 두는데, 그 인과관계 논리에 의해 하나의 액션이 하나의 반작용을 만들어낸다.

■ 플롯은 어떤 목적을 향해 있는 선형 연대기와 더불어 발전하는데, 그때 플래시백(회상)이 그 선형성 속으로 통합된다.

■ 어느 정도의 리얼리즘을 보여주고 있는 전지적 혹은 제한적 내레이션을 구사한다.

고전적 서사 영화는 종종 세 부분의 구조로 나타난다. 첫째 상황이나 환경 보여주기, 둘째 종종 위기나 대립으로 그 상황 와해시키기, 셋째 그 와해를 해결하기. 서사적 관점은 통상 객관적이고 현실적이면서, 그 캐릭터들과 그들의 세계를 이해하는 데 필수적인 정보를 포함한다.

1910년 이래로 미국의 **고전적 할리우드 서사 영화**(classical hollywood narrative)는 고전적 서사 영화의 가장 주도적이면서 뚜렷한 형태가 되어 왔지만, 이 서사 영화 모델에는 많은 역사적 및 문화적 변형들이 존재해왔다. 〈벤허〉(1959)의 1925년도 작과 1959년도 작 영화는 주요 캐릭터의 영웅적 동기유발에 따라 플롯을 발전시키고, 그가 시민이었다가 노예가 되고, 반역을 하고, 검투사가 되어 로마제국의 압제에 맞서 싸우다가 승리하는 것을 따라간다. 두 영화 모두 많

6.52 〈벤허〉 이 영화의 다른 버전들이 보여주고 있듯이, 스토리는 근본적으로 똑같다 할지라도, 고전적인 할리우드 내레이션은 역사를 통해 상당히 달라질 수 있다.

6.53 〈게임의 규칙〉 장 르누아르의 이 작품처럼 고전적인 유럽식 서사는 고전적인 할리우드 서사보다 더 크고 희석된 사회적 맥락을 강조하는 경향이 있다.

은 캐릭터 섭외와 현실감 나게 만들기 위한 많은 현지촬영에 과도한 지출을 했다. 그러나 이 두 할리우드 영화가 고전적 서사 영화로 분류될 수 있을지라도, 서사 형식에 대한 변형에서는 구별될 수 있을 것이다. 스토리의 세부적인 부분들에서의 일부 차이점은 차치하고, 첫 번째 버전은 해상 전투 같은 장대한 스펙터클 장면에 더 많은 것을 할애하고 있으며, 또한 사회적 집단으로서 유대인의 곤경에 더 많은 강조점을 두었다. 두 번째 버전은 찰턴 헤스턴이 분한 벤허의 개별적인 드라마, 즉 잃어버린 가족을 찾는 데 개인적 신앙을 통한 기독교적인 구원에 더 많은 의미를 집중시키고 있다(사진 6.52).

고전적 서사 전통에 대한 두 가지 중요한 변형은 1910년 이래 유럽에서 만들어져서 1930~1940년대 번성했던 영화인 고전적인 유럽식 서사와 제2차 세계대전 이후 나타나기 시작해서 일시 압박을 받았으나 일관성 있는 캐릭터 및 플롯을 위한 고전적인 공식을 유지해온 전 지구적 영화 조직인 **후기 고전적 서사**(postclassical narrative)이다. 앞서 논의했듯이 이 후자 전통은 오늘날까지 뚜렷하게 남아 있다. 비록 이 두 가지 서사 형식에 폭넓은 모델이나 최종적인 모델을 제공하는 것이 어렵다 할지라도, 유럽식 모델은 주인공의 특이성을 희석시키고 통상 미국보다 덜 액션 지향적인, 커다랗고 다양한 사회적 맥락 속에 스토리를 위치시키는 경향이 있다. 그래서 장 르누아르의 〈게임의 규칙(The Rules of the Game)〉(1939)에서 많은 계급과 사회적 유형(하인부터 귀족까지)의 다양한 환경이 풍기문란에 대한 많은 스토리들의 콜라주라기보다는 단일 플롯처럼 보이지 않는 서사를 창조해내려고 커다란 신분질서 위에서 상호작용한다. 두 캐릭터 사이의 교환이 이런 풍자적 서사의 범위를 요약해준다. 한 캐릭터가 "이런 웃기는 짓을 그만 둬!"라고 외치자, 다른 캐릭터가 "어떤 것 말이야?" 하고 대답한다(사진 6.53).

반대로 후기 고전적 모델은 분명한 방향으로 서사적 전진을 추진하는 주인공의 힘을 빈번하게 약화시키고 있다. 후기 고전적 서사로서 마틴 스코세이지의 〈택시 드라이버〉는 〈수색자〉(1956)와 훨씬 유사한 플롯으로 작동되고 있는

6.54 〈택시 드라이버〉 로버트 드 니로의 캐릭터는 의미 없는 폭력을 분출하면서 그 자신의 파괴에 경도되어 있는 것처럼 보인다.

데, 〈수색자〉에서는 남북전쟁의 후유증을 앓고 있는 소외된 참전용사 이든이 잃어버린 딸을 찾아 오지로 나서고 있는 데 반해, 〈택시 드라이버〉에서는 뉴욕시의 한 창녀를 포주로부터 구출해내기 위해 트래비스 비클은 이든보다 방향성, 정체성, 절제성에서 훨씬 덜한 상태로 이상한 방황을 한다. 어두운 영웅인 비클은 자신만의 판타지 속에서 길을 잃고 있는 것이다(제10장 376~377쪽 '집중분석' 참조)(사진 6.54).

대안적 서사 영화

외국의, 그리고 독립영화 문화에서 가장 뚜렷한 이 영화들은 관객의 기대감을 흔들어 놓기 위해서 고전적 서사에서 전통적으로 배제된 정보나 관점을 드러내면서 스토리를 말하고 있으며, 새로운 생각을 불러일으키거나 혹은 더 일반적인 서사 구조로부터 자신을 차별화시키고 있다. 일반적으로 **대안적 서사 영화**(alternative film narrative)는 다음의 특징을 갖고 있다.

- 고전적 서사의 선형성으로부터 벗어나거나 혹은 도전한다.
- 주요 캐릭터의 중심성을 약화시키고 있다.
- 고전적 내레이션의 객관적 리얼리즘을 의심한다.

대안적 영화들에 있어서 플롯을 움직이는 데 캐릭터를 지배하고 동기를 유발하는 조종은 문제가 된다. 우리가 고전적 서사에서 보는 1~2명의 중심 캐릭터 대신, 대안적 영화는 다수의 캐릭터가 아마도 연결되어 있지도 않은 제각기의 스토리를 가지고 기능하도록 할 수도 있다. 장뤽 고다르의 〈중국 여인(La Chinoise)〉(1967)에서 서사는 3명의 젊은이(학생, 경제학자, 철학자) 사이를 전전하고 있는데, 그들의 이야기는 파리의 거리에서 정치학과 혁명에 대해 벌이는 일련의 토론처럼 나타난다.

시각적으로 놀라운 영화인 압바스 키아로스타미의 〈체리 향기(Taste of Cherry)〉(1997)에는 오로지 스토리와 플롯의 이면만이 들어 있다. 즉 중년의 바디는 아무런 명백한 이유 없이 자살하려고 한다. 일련의 무작위적 만남과 의뢰 이후에 그의 운명은 결말 부분에서도 불분명한 상태로 남아 있게 된다. 고전적 캐릭터의 동기부여 결정에서 벗어난 대안적 서사 영화의 플롯은 인과관계 논리에서의 연관성을 해체하고, 누락시키거나 혹은 고전적 병행 플롯을 훨씬 넘어선 상태로 확산된다. 하나의 극적인 예를 들면 데이빗 린치의 〈로스트 하이웨이(Lost Highway)〉(1997)는

생각해보기

최근 공부한 영화의 서사적 전통을 어떻게 묘사할 것인가? 이 영화의 어떤 특정 특징이 하나의 전통이나 또 다른 전통의 일부로서 그것을 규정하고 있는가?

6.55 〈로스트 하이웨이〉 데이빗 린치의 이 영화는 캐릭터들의 정체성과 선형 스토리에 대한 관객들의 기대감을 뒤집어엎는 하나의 대안적 서사의 예이다.

6.56 〈라쇼몽〉 네 가지 다른 서사적 관점은 서사적 객관성의 가능성에 의문을 제기하는 소름끼치는 이야기를 말해준다.

주인공이 명확하지 않게 또 하나의 캐릭터로 변형될 때(또 1명의 배우가 연기하는) 영화를 통해 중간에 그 원래 스토리를 포기하는 것처럼 보이면서, 이런 변화가 실제 상황인지, 환각 속의 상황인지 혹은 비유적인 상황인지에 대해 관객들이 확신을 갖지 못하는 상태로 만든다(사진 6.55).

많은 대안적 서사 영화들은 다양한 방식으로 객관적 서사 관점에 대한, 그리고 진실된 경험을 반영하는 서사의 힘에 대한 고전주의의 서사적 전제들에 이의를 제기한다. 〈라쇼몽(Rashomon)〉(1950)에서 죽은 자의 영혼을 포함한 네 사람이 강도, 살인, 그리고 강간에 대한 이야기를 4개의 다른 서사로서의 4개의 다른 방식으로 열거한다(사진 6.56). 궁극적으로 이런 이야기들(서사의 프레임으로서)을 듣는 집단은 진실된 스토리를 아는 것이 불가능하다는 사실을 깨닫게 된다.

그것이 규정하는 하나 이상의 특징을 구사함으로써 대안적 서사 영화는 또한 비서구적 서사와 뉴웨이브 서사를 포함하는 더 구체적인 문화적 변형 및 전통을 강화시켜왔다. 일본, 이란, 중국의 영화에서 발견되는 그런 것들처럼 대안적인 비서구적 서사는 문화적으로 차이나는 주제, 캐릭터, 플롯, 그리고 서사적 관점을 가진 토착적 형태의 스토리텔링에 의존함으로써 고전적 서사로부터 방향을 틀고 있다. 예를 들면 인도 영화감독 사티야지트 레이는 그의 작품인 1955년도 〈아푸 제1부-길의 노래(Pather Panchali)〉와 그 후속인 〈아푸 제2부-불굴의 인간(Aparajito)〉(1956), 그리고 아푸라는 이름의 한 소년과 그의 가난한 가족에 대한 스토리인 〈아푸 제3부-아푸의 세계(The World of Apu)〉(1959)를 위해 벵갈의 한 유명한 소설을 각색한다. 비록 레이가 유럽 영화감독들의 영향을 받았다 하더라도[그는 장 르누아르가 인도에서 촬영한 작품인 〈강(The River)〉(1951)에서 조수로 일했다], 그의 작품은 원작 소설과 시골 삶의 상징 및 느린 속도의 플롯으로 점철되어 있는데, 그것은 마치 인도 내부로부터 인도 역사를 재발견하고 있는 것처럼 보인다(사진 6.57a와 6.57b).

뉴웨이브 서사는 1950년대 이래로 세계에 나타났던 서사 형식의 확산을 묘사한다. 종종 실험적이면서 방향을 잃고 방황하던 이 서사 형식은 기존의 형식적 주장들을 뒤집음으로써 고전적 서사의 정치적 주장에 의문을 던진다. 이탈리아 뉴웨이브 감독인 베르나르도 베르톨루치의 〈순응자(The Conformist)〉(1970)는 직설적이다. 감각적으로 실제와 악몽이 겹쳐지는 희미하고 꿈같은 풍경을 창조해낸다. 중심 캐릭터인 마르첼로 클레리치의 정서장애적 동기유발을 통해, 고전적 서사의 역사 속에서 거의 묘사되지 않은 성(性)과 정치학의 사악하고도 퇴폐적 세계인 이탈리아 파시즘의 역사적 뿌리를 탐구한다(사진 6.58).

(a)   (b)

6.57 **(a) 〈강〉과 (b) 〈아푸 제1부 – 길의 노래〉** 장 르누아르의 〈강〉은 사티아지트 레이의 작품에 영향을 미쳤으나, 레이가 유명한 벵갈 소설을 각색한 작품은 원작과 인도 문화를 나타내는 상징 및 느린 속도의 플롯으로 점철되어 있다.

이런 두 넓은 범주는 모두 서로 뚜렷하게 다른 많은 서사적 문화에 의지하고 있으며, 양자 모두 고전적 서사에 대한 완전한 반대라기보다는 그런 전통을 가진 대화라는 것을 보여준다. 이런 맥락에서 인도의 서사 영화는 아프리카 서사 영화와 매우 다르며, 그리스와 스페인의 뉴웨이브 영화는 다양한 문제와 서사적 전략을 나타낸다. 그러나 이 모든 것이 하나의 방식으로 혹은 또 다른 방식으로 고전적인 서사적 패러다임에 맞서고 있다고 말할 수도 있을 것이다.

6.58 **〈순응자〉** 이탈리아 뉴웨이브 영화감독인 베르나르도 베르톨루치가 연출한 이 영화에서 이탈리아 파시즘의 역사적 뿌리는 실제와 악몽이 겹쳐지고 있는 꿈같은 풍경에 있는 대안적 서사 세트에서 그려진다.

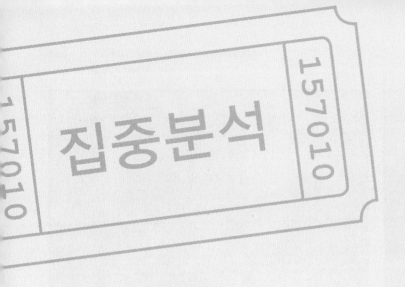

〈밀드레드 피어스〉와 〈먼지의 딸들〉에서의 고전적 전통과 대안적 전통

같이 보기 : 〈레베카〉(1940), 〈이브의 모든 것(All About Eve)〉(1950), 〈잔느 딜망〉(1975), 〈방랑자(Vagabond)〉(1985)

고전적 영화 전통의 바로 한 부분인 마이클 커티즈 감독의 〈밀드레드 피어스〉(1945)의 서사는 수많은 세월에 걸친(밀드레드의 굴곡 많은 결혼과 이혼 후 자수성가하여 여성 사업가로의 출세, 바람둥이 몬티와의 재앙과도 같은 만남까지) 플래시백의 확장이다. 서두에서 살인사건과 밀드레드가 고발당하는 장면 이후로, 서사는 그녀가 성가신 남편과 이혼한 후 두 딸과 함께 초라한 삶을 시작하는 장면으로 되돌아간다. 홀로 된 밀드레드는 경제적으로 성공하여 자신의 딸들을 부양하기 위해 열심히 일한다. 물질적으로 풍요로워졌음에도 불구하고, 막내딸 케이가 비극적인 죽음을 당하고, 큰딸 베다는 그녀의 바람을 저버리고 그녀의 연인인 몬티와 사랑에 빠진다. 밀드레드의 물질적 삶에 있어서의 시간적 및 선형적 발전은 역설적이게도 감정적 및 정신적 삶의 손실에 의해 서사 속에서 상쇄된다.

〈밀드레드 피어스〉에서 고전적 영화 형식의 세 가지 초석 모두를 발견할 수 있다. 주연 캐릭터는 살아남고 성공하기 위한 욕구와 결정을 통해 주요 스토리를 추진해나가고 있다. 서사는 서두 부분의 살인사건 이후 순종적인 가정주부로서 밀드레드의 삶으로부터 부유하고 활달한 사회적 명사로서의 삶을 거쳐 재앙과도 같은 삶과 마주하게 되는 슬픈 사연에 걸쳐 선형으로 진행되는 플래시백 프레임을 사용한다. 마침내 제한적 내레이션은 그녀의 발전 단계를 과거 사건의 객관적인 기록으로 따라간다.

제2차 세계대전에 대한 언급은 하나도 안 하면서 1940년대 무대를 설정하고 있는 〈밀드레드 피어스〉는 공적인 역사에 자리 잡고 있는 서사는 아니지만, 미국의 공적 서사에서의 위기를 뚜렷이 품고 있는 역사적인 이야기이다. 밀드레드의 개인적 혼란에 초점을 맞추면서도 미국 역사에서의 한 중요한 시기를 포착해내고 있는 것이다. 제2차 세계대전 이후의 세월 속에서 미국의 핵가족은 더 많은 자유와 힘을 얻은 독립적인 여성이 변화하는 사회적 구조에 직면함에 따라 강한 압력을 받게 된다. 이 영화는 개인적 경험이라는 조건 속에서 공적 역사를 묘사해낸다. 그러나 다른 고전적 서사처럼 밀드레드 스토리의 사건, 사람, 논리는 새로운 성(性) 정치학이 가부장 가족 전통 속에서 용인되고, 통합되고 있는 국민적 스토리를 반영한다. 이 영화는 밀드레드의 개별적 삶을 법, 공동체, 국민의 가부장적인 공적 역사 속으로 통합시키는 데 직접적인 목적을 두고

6.59 〈밀드레드 피어스〉 밀드레드의 스토리는 성(性)과 노동에 대한 더 커다란 국민적 스토리를 반영한다.

있다. 밀드레드는 아마도 그녀의 독립심과 야망의 오류를 인식하고 있을 것이다. 경찰의 인도 아래 전남편에게로 돌아가, 전남편과 재결합하는 모습과 바닥에서 일하고 있는 2명의 청소부 여성과 대조를 이루는 마지막 장면에 두드러지게 그리고 역설적으로 요약되어 있다(**사진 6.59**).

아주 다른 종류의 서사인 줄리 대시의 〈먼지의 딸들(Daughters of the Dust)〉(1991)은 1902년의 며칠 동안에 대해 이야기하고 있는데, 당시 아프리카계 미국인 공동체의 일부가 사우스캐롤라이나의 해안가에서 떨어져 있는 섬인 이보 랜딩에서 북쪽으로 이주하려고 준비 중이다. 소작농인 이들 가족 구성원은 자신들의 아프리카 문화유산에 대한 기억과 앞으로의 미국 본토에서의 삶의 미래에 대한 기대감 사이에서 왔다 갔다 하는 공동체 속에 매몰되어 있다(**사진 6.60**).

이 영화는 단일 캐릭터의 동기유발에 집중하는 것을 피한다. 대신 이 영화는 가족 구성원들(할머니인 나나, 하가르, 비올라, 옐로우 메리, 골칫거리의 부부 율라와 엘리, 그리고 아직 태어나지 않은 그들의 아기까지)

6.60 〈먼지의 딸들〉 영화 전체에 걸쳐서 나타났다 사라졌다 다시 또 나타나는 이 신비스럽게 떠다니는 동상처럼 서사는 역사, 기억, 그리고 신화를 통합하면서 과거와 현재 사이를 떠다니고 있다.

6.61 〈먼지의 딸들〉 서사는 단일 캐릭터에 초점을 맞추기보다 여러 소작농 가족 구성원들의 관점을 통합한다.

의 많은 관점 사이를 떠돌아다닌다.

많은 관객들이 이 영화를 따라가는 데 어려움을 느끼는 것은 그 비전통적 서사와 관련이 있는데, 그것은 통상적인 의미에서 캐릭터들을 앞으로 움직여 나가는 것이 아니라 개인적 진전보다 공동체적인 리듬에 대해 더 많이 집중하고 있는 것처럼 보이는, 어떤 시간 속에 살고 있는 개인을 묘사하고 있는데, 거기에서는 사적 및 공적 삶 사이의 차이가 아무런 의미를 만들어내지 못한다(사진 6.61).

근본적인 의문이나 문제가 영화의 처음 부분에서 조용히 나타나고 있다. 이 소작농 가족의 미국 본토로의 이주가 그들의 뿌리 및 아프리카 문화유산을 제거하게 될 것인가? 그러나 이 영화는 그 물음으로부터 나오는 어떤 드라마나 위기에 대한 것보다 표현과 반성에 대한 것이 더 많다. 결국 그 물음은 일부 캐릭터들이 본토로 이주할 때 대답이 나올 수 있을 것이고, 본토에서 그들은 아마도 오히려 이 영화의 서사에 가까운 서사 속에서 재구성될 수도 있을 것이다. 그런데 지금, 이 서사에서 그들과 이

영화는 다른 시간적 가치들을 수용한다.

〈먼지의 딸들〉에서 전환되는 목소리와 내레이션의 관점은 사건들에 대한 하나의 통일된 혹은 객관적인 관점에 아무런 관심이 없다(사진 6.62). 나나와 율라에 의한 보이스오버를 제외하고 서사적 관점은 아직 태어나지 않은 아이를 통해 나타나는데, 그 아이는 미래의 목소리로서 해설하고, 다른 캐릭터들에게 통상 보이지 않는 신비에 싸인 인물이다. 다른 주관적인 목소리와 경험을 서로 엮어 놓으면서, 내레이션은 시간을 비선형적 리듬의 관현악 협주인 그 섬 세계의 공동체적 공간 속으로 확산시킨다. 분명 공적인 역사는 이 대안적 영화에서 보이고 있지만, 대부분의 다른 미국 서사 영화 및 고전적 영화들에 의해 일반적으로 소홀히 다루어지고 있다. 특히 한때 이보 랜딩 섬을 거쳐갔던 노예 무역에 대한 그 명백한 반성과 함께, 아프리카 이야기꾼들의 전통과 스타일로부터 상속받은 떠돌이 서사 패턴을 통해 아마도 가장 잘 이야기된 아프리카계 미국인 역사의 한 부분을 보여주고 있다.

6.62 〈먼지의 딸들〉 하나의 스토리가 많은 목소리로 해설됨으로써 이 영화는 사건들에 대한 하나의 통일된 관점에 저항한다.

요약

〈오즈의 마법사〉에서 〈먼지의 딸들〉까지, 서사는 재미있는 캐릭터, 플롯, 서사 양식을 갖춘 좋은 영화들을 찾고자 할 때 영화 경험의 중심이다. 이런저런 영화에서 캐릭터들은 많은 다른 의미 있는 방식들로 발전할 수 있는, 일관성 있는 캐릭터부터 집단적인 캐릭터까지의 수많은 역할과 기능에 걸쳐 있다. 영화의 서사적 관점은 세계에 대한 전지적 관점이나 혹은 〈지옥의 묵시록〉의 윌라드처럼 한 단일 캐릭터에 대한 제한적 관점을 제공할 수도 있다. 한편으로는 영화의 내레이션이 시간과 공간의 다양한 플롯과 패턴에 따라 영화의 디제틱한 재료들을 구성할 수도 있다. 많은 서사 영화가 고전적인 선형 발전 패턴과 병행 플롯을 따라가는 한편, 많은 다른 영화들은 그런 패턴들을 피하면서 서사 영화에 더 큰 의미를 불어넣는 스토리를 구축하는 다른 방식들을 탐색한다. 도로시가 고전적으로 노란 보도길을 따라 집으로 돌아가는 선형 여행을 하는 일관된 캐릭터가 될 수도 있는 반면, 〈먼지의 딸들〉에서의 캐릭터들은 과거 속으로 원을 그리며 되돌아가는 여행을 하는, 상당히 더 집단적인 개념을 갖고 있다. 모든 경우에 있어서 서사 영화는 어떻게 시간과 역사가 의미 있는 경험으로 형성될 수 있는지에 대해 생각하고 탐색할 수 있도록 허용해준다. 강의시간에 서사 영화를 시험해보는 방법으로 다음과 같은 핵심 요소와 질문을 머리에 떠올려보자.

- 이 서사 영화에 대한 정보를 제공해주고 있는 일부 역사적 관행이나 토대는 무엇이라고 볼 수 있는가? 서술적 혁신은 제임스 프랭코가 각색한 〈위험한 유혹〉에서처럼 기술 변화와 혹은 〈밀드레드 피어스〉에서처럼 사회적 역할 변화와 관련 있는가?
- 의미를 창조해내는 방식으로 한 스토리의 사건을 배열하기 위해 영화는 특별히 그 플롯을 어떻게 구축하고 있는가? 〈제너럴〉에서 〈네브래스카〉까지 많은 고전적 서사 영화에서 발견되고 있는 선형 플롯을 따르고 있는가? 혹은 그것은 〈이터널 선샤인〉에서처럼 비선형 패턴으로 스토리를 구성하고 있는가?
- 영화에서 일부 캐릭터 유형을 확인해보고 어떻게 그들이 스토리 안에서 액션을 동기유발시키는지 설명해보자. 그들은 〈캡틴 필립스(Captain Philips)〉(2013)에서처럼 특이하고 현실적인 것인가 혹은 〈나니아 연대기〉에서처럼 더 비유적인 것인가?
- 〈히로시마 내 사랑〉과 〈그래비티〉처럼 다른 영화에서, 플롯이 다른 시간과 공간을 구축하는 방식을, 지속성과 빈도에 대한 패턴의 활용을 생각해보자.
- 당신이 논의하고 있는 영화의 내레이션이나 서사적 관점을 묘사하려고 노력해보고, 어떻게 그것이 스토리에 대한 이해를 결정할 수 있는지를 보여주도록 노력해보자. 〈지옥의 묵시록〉이나 〈제너럴〉에서 그런 것처럼 1인칭 혹은 제한적 내레이션을 이용하고 있는 다른 영화들을 본 적이 있는가? 그 내레이션은 스토리를 어떻게 결정하고 있는가?
- 당신이 조사하고 있는 영화가 고전적 혹은 대안적 서사 전통의 일부로서 가장 잘 묘사되고 있는가? 그렇다면 그 이유는 무엇인가?

적용해보기

병행 플롯을 가진 고전적 서사를 구사하면서 5~6명의 뚜렷한 캐릭터를 등장시키는 서사 영화를 위한 한 페이지짜리 트리트먼트를 만들어보자. 그 트리트먼트에 대한 논평으로 플롯 구축의 일부로서 시공간을 만들어내려는 목적과 서사의 주제를 조명하는 특정한 서사적 관점의 역할을 나타내보자. 그런 다음 그 주요 서사적 특징 안에서 만들 변화를 강조하면서 같은 스토리의 '대안적 서사'를 만들어보자. 다른 구조를 통한 스토리의 재창조가 어떻게 스토리의 의미를 변화시켜왔는가?

다큐멘터리 영화

진짜 보여주기

베르너 헤어조크의 2005년도 영화 〈그리즐리 맨(Grizzly Man)〉은 다큐멘터리 영화에 이용할 수 있는 많은 창조적이며 예상치 못한 주제 및 전략의 뛰어난 예이다. 존 그리어슨이 1926년 최초로 '사실의 창조적인 처리'로서 다큐멘터리 영화를 만든 이래로, 이 특정 영화 실습 방법은 계속해서 새롭고도 상상력이 풍부한 방식들로 그런 다른 현실 및 실제 사실들을 탐색해왔다. 예를 들면 이 헤어조크 영화의 주제는 티모시 트레드웰이라는 한 젊은이가 알래스카의 야생 그리즐리 곰을 보호하고자 하는 것이다. 헤어조크는 트레드웰이라는 개인과 그의 환경운동을 직접 탐색하고 있는 것은 아니지만, 트레드웰이 야생 곰의 공격으로 참혹한 죽음을 당한 후, 그가 남긴 비디오 영상을 통해 주로 그를 보여준다. 헤어조크가 그 영상을 보여주고, 또 그 영상과 상호작용을 함으로써(트레드웰의 친구 및 친지들과 인터뷰), 트레드웰의 현실은 최소한 사실로서의 행위가 된다. 그래서 이 영화는 점점 자연 영화(nature film) 이상의 것으로 확대되어, 인간의 심리, 자연의 야수성, 그리고 어떻게 우리가 그 둘 사이의 차이점에 다리를 놓으려고 애쓰고 있는가에 대한 심오하고 철학적인 다큐멘터리로 발전한다. 그러나 많은 다른 다큐멘터리 영화들에서처럼 이상하게 개인적인 포커스를 갖고 있는 이 영화에서 현실은 단순히 묘사되는 것이 아니라 오히려 질문받고 토론을 벌인다.

영화 경험은 주로 긴장, 웃음 혹은 강렬한 감정 같은 요소에 대한 것이다. 그러나 그런 경험은 또한 한 사람의 개인이나 하나의 사건에 대해 더 잘 알려지기를 바라는, 새롭고 도전적인 아이디어들을 가지고 참여하기를 바라는 혹은 세계의 다른 지역에서 일어나는 일에 대해 더 많이 배우기를 바라는 욕구를 포함한다. 진실이나 사실을 관객에게 알리는 것을 목적으로 하는 영화를 통상 **다큐멘터리 영화**(documentary film)라고 부른다. 존 그리어슨이 한 폴리네시아 젊은이와 그의 가족의 일상생활 속 사건들에 대한 시각적 언급인 〈모아나(Moana)〉(1926)라고 불리는 로버트 플래허티 감독의 영화를 묘사하기 위해 그런 용어를 최초로 사용했다. 폭넓게 말하자면, 다큐멘터리 영화는 세계의 있을 법한 사실, 진짜 경험, 실제 사건을 시각적 및 청각적으로 묘사해 놓은 것이다. 다큐멘터리 영화는 통상 플롯 및 내레이션 같은 서사 영화를 규정짓는 것과는 다른 전략 및 구성을 구사하고 강조한다. 나중에 플래허티는 독일 감독 F. W. 무르나우와 협력하여 〈모아나〉의 다큐멘터리 세계를 서사 영화인 〈타부(Tabu: A Story of the South Seas)〉(1931)와 통합하고(사진 7.1), 이 혼합 영화는 핵심적인 질문을 제기한다. 다큐멘터리 영화는 서사 영화와 어떻게 다른가? 우리를 다큐멘터리 영화로 이끄는 것은 무엇인가? 다큐멘터리 영화는 어떻게 구성되는가? 다큐멘터리 영화를 인기 있게, 유용하게, 독특하게 조명하고 있는 것은 무엇인가?

7.1 〈타부〉 다큐멘터리의 효시인 로버트 플래허티의 이전 작품 〈모아나〉를 따라가면서, 로버트 플래허티와 무르나우의 새로운 프로젝트는 폴리네시아 삶의 다큐멘터리 이미지를 비극적 러브 스토리와 결합한다. Courtesy Everett Collection

---

핵심 목표

- 다큐멘터리 영화가 문화적 관행으로서 가장 두드러진 것이라는 사실을 인지하자.
- 다큐멘터리 영화가 비허구적, 비서사적 이미지 및 형식을 어떻게 구사하고 있는지를 묘사해보자.
- 다큐멘터리 영화가 특정한 역사적 유산을 어떻게 만들어내고 의지하고 있는가를 확인해보자.
- 다큐멘터리 영화에서 사용되고 있는 공통적인 형식적 전략 및 구성을 설명해보자.
- 다큐멘터리 영화가 영화적 의미를 발전시키고 있는 문화적 가치 및 전통과 어떻게 관련되어 있는가를 요약해보자.

만일 서사 영화가 기억과 시간의 형성에 대한 것이라면, 다큐멘터리 영화는 우리가 알 수 있고, 느낄 수 있고, 볼 수 있는 것을 확대하는 통찰력과 배움에 대한 것이다. 분명 서사는 이런 방식들로 세계를 확대하고 강화할 수도 있지만, 스토리를 이야기하는 주요 작업 없이, 다큐멘터리 영화들(뉴스 영화, 연극적 영화, PBS 방송 혹은 케이블 방송 특집일지라도)은 지적 활동

을 새로운 길로 인도하는 데 집중할 수 있다. 물론 오락과 예술성은 다큐멘터리 영화에서 배제되는 것은 아니다. 〈서칭 포 슈가맨(Searching for Sugar Man)〉(2012)에서는 2명의 남아프리카 사람이 카메라와 아이폰을 가지고 자신도 모르는 사이에 아프리카에서 숭배받는 위치에 오른, 1960~1970년대 디트로이트의 팝가수 로드리게즈를 찾아나서고 있다. 많은 사람들이 로드리게즈가 죽었을 것으로 추정하고 있는 동안, 이들의 추적 탐사는 현재 건설 막노동으로 생계를 이어가고 있는 잃어버린 영웅을 발견해내는 한편, 그가 결코 경험하지도 상상하지도 못했던 방식으로 그와 그의 음악을 숭배하고 있는 또 다른 세계로 그를 되돌려놓는다. 영화감독과 로드리게즈 자신처럼 우리 역시 세계를 가로질러 새로운 인간적 깊이와 새로운 문화적 지리를 발견하게 된다(사진 7.2).

서사 영화가 상업적 오락의 중심에 자리 잡고 있는 동안, 다큐멘터리 영화는 통상 자신의 생각과 정보를 전달하기 위해 다른 자금줄과 다른 전시 장소들에 의존하고 있으므로 '정보의 경제학'에 따라 운영된다. 미국의 리먼 H. 하우이와 영국의 월터 하가르가 보여주는 여행쇼처럼 1890년대와 1900년대 초에 만들어진 많은 초기 다큐멘터리 영화는 강의, 과학적 보여주기 혹은 모션 기술의 시각적 보여주기의 일부분이었다. 교회, 학교, 문화단체들이 통상 지성적, 정신적 혹은 문화적 발전이라는 이름으로 이런 보여주기들을 재정적으로 지원했다. 그 시절 이래로 다큐멘터리 영화는 박물관, 정부기관, 지역 사회운동단체, 문화재단 같은 사적 및 공적 후원단체들에 어느 정도 매여 있거나, 종종 재정적으로 의존하고 있는데, WPA(Works Progress Administration)의 프로젝트 같은 경우 오늘날 일부 논픽션 영화들을 지원하고 있는 NEH

7.2 〈서칭 포 슈거맨〉 오락과 예술성이 잃어버린 진실을 찾아가는 추적 탐사 속에 한데 섞여있다.

(National Endowment for the Humanities, 인문학을 위한 국가기부 기구)의 교부금으로 1930년 대부터 미국 다큐멘터리 영화들을 재정적으로 지원했다. 게다가 많은 다큐멘터리 영화들이 TV 용으로 제작됐는데, 이는 1980년대 이래 증가해온 현상으로, 그 당시 방송산업의 규제 완화정 책이 디스커버리 채널과 히스토리 채널 같은 케이블 방송사들의 확산을 촉진시켰다. 이런 채널 들 때문에 다큐멘터리 프로그램 편성은 중요해졌다.

비록 종종 '독립영화'라는 타이틀을 갖고 있다 하더라도 다큐멘터리 영화의 생존은 영화 경험 의 중요한 부분으로서의 배움을 촉진하는 공적인 문화에 의지해왔다. 상업적 영화의 바깥에서 영화에 대한 이런 '다른(other)' 문화는 지속되어왔고, 또 종종 사실상 모든 세계 문화에서 영화 사의 매 시기를 통해 승리해왔다. 다음 부분에서 이런 영화들을 어떻게 보고, 듣고, 생각하는가 를 확대시키는 많은 방법을 탐색하게 될 것이다.

다큐멘터리 영화의 간략사

생각해보기

어떤 역사적 전례들(과학 논문, 에세이, 뉴스 보도 등)이 당신이 본 영화에 사용 된 전략들을 설명할 수 있을 것인가?

우리는 고대 국가 기록물에서 홈비디오, 새로운 영토를 추가해 놓은 학교 교재의 그림까지, 스 토리들이 완전히 탐색할 수 없는 방법들로 세계에 대해 설명하고, 또 배우고 있다. 예를 들면 마 르코 폴로가 중국을 거쳐 여행한 것을 묘사한 잡지 혹은 19세기 초 험프리 데이비 경[1]이 전기의 발견에 대해 쓴 논문은 그 자신만의 방식으로 잃어버린 세계에 대해 기록했고, 또 새로운 아이 디어를 제공했으며 사회를 보는 방식을 바꾸어 놓았다.

19세기 말경 경험적 및 정신적 진실을 위한 탐색은 새로운 교육적 관습, 기술적 도구, 식민지 탐험, 비밀스러운 사회를 산출해냈는데, 이것들은 새로운 경험, 실용적인 사고, 그리고 더 나은 세상에 대한 수단이었다. 이런 추세 속에서 영화가 1895년 도입되어 강의를 보여주고, 유명인 사의 영화적 초상화를 제공하며 여행 관련 짧은 영화를 통해 관객들을 인도하는 데 사용되었다. 많은 경우에 있어서 영화는 예술이 아니라 물리적 및 사회적 세계를 탐구하고 설명하는 도구였 다. 1901년 에디슨 회사가 윌리엄 매킨리 대통령이 암살당한 날 그의 활동, 장례식, 시어도어 루 스벨트 대통령으로의 권력 전환을 그린 일련의 짧은 다큐멘터리 영화로 관객들을 놀라게 했다 (**사진 7.3**). 서사 영화가 세기에 걸쳐 영화에 앞서갔던 역사 및 문화적 토대에 뿌리박고 있는 것처 럼 다큐멘터리 영화도 마찬가지인 것이다.

7.3 〈뉴욕 버팔로에서의 매킨리 대통령의 장례 행렬(President McKinley's Funeral Cortege at Buffalo, New York)〉(1901) 윌 리엄 매킨리 대통령의 암살 사건 전후로 주목하지 않을 수 없는 사건의 이 미지들이 활동 사진기로 기록되었다. 미국 의회 도서관은 이 영화들을 온 라인상의 아메리칸 메모리 프로젝트를 통해 이용할 수 있도록 만들어 놓았 다. Library of Congress.

다큐멘터리 영화의 선사시대

여러 세기 동안 다큐멘터리 영화는 설교, 정치적 연설, 학문적 강의 같은 구술적 관행에 의해 예견되었다. 시각적 관행은 지도·사진· 그림 같은 것이고, 음악적 관행은 민요와 교향악 같은 것이며, 필기 적 관행은 편지·일기·시·과학적 논문·신문 보도 같은 것이다. 특히 에세이 형식은 다큐멘터리 영화에 커다란 영향을 미쳐왔던 것 으로 간주된다. 미셸 드 몽테뉴가 선봉에 섰던 에세이 형식은 16세 기 말에 최초로 등장한 삶과 생각에 대한 단편적인 논평으로서 개 인적 및 일상적 주제들 주변에 중심을 두었다.

18~19세기에 걸쳐서 저널리즘은 생각을 표출하고 사건을 보도 하며, 그리고 도시 주변에서 매일 일어나는 일들을 기록하는 공적 인 광장으로서 발전해 갔다. 1800년경 메리 울스턴크래프트와 토

머스 맬서스는 사회의 현 상태를 묘사하고 사회과학이 사람들의 삶을 개선시킬 수 있는 실용적인 방법을 주장하는 책과 팸플릿, 그리고 긴 에세이를 썼다.

사진과 포토저널리즘은 새로운 프린팅과 석판술 기술에서 진화해 가면서 광범위하게 퍼져나가게 되었고, 사건을 기록하고 논평하는 대중적인 방식이 되었다. 사실주의적인 장편 소설이나 단편 소설 같은 서사적 관행과는 달리, 포토저널리즘은 즉각적이면서 반박의 여지가 없어 보이는 기록, 시간 속에 멈춰 있는 사람과 사건에 대한 사실적인 재현을 실제로 보여주었다. 사회과학과 사진의 가장 극적인 결합 중 하나는 제이컵 A. 리스의 〈세상의 절반은 어떻게 사는가(How the Other Half Lives)〉(1890)로(사진 7.4), 부분적으로 강의이고, 부분적으로 포토 에세이로 구성되어 있다. 그것의 사이비 과학적 설교는 뉴욕시의 빈민가 공동주택 단지에서의 삶의 조건을 드러내어 비판한다.

7.4 〈세상의 절반은 어떻게 사는가〉에서의 '강도 소굴'. 제이컵 A. 리스는 19세기 뉴욕시에서의 공동주택 삶의 불결함과 위험성을 기록해 놓고 있다. Jacob August Riis/CorbisNA

1895~1905년 : 초기의 실제 영화, 시닉스, 그리고 시사 영화

다큐멘터리 영화들은 1895년에 처음 등장했으며, 종종 **실제 영화**(actualities)로 불렸다. 진짜 사람과 사건에 대한 움직이는 논픽션 스냅숏으로, 가장 유명한 것은 루이와 오귀스트 뤼미에르 형제의 〈뤼미에르 공장을 떠나는 노동자들(Workers Leaving the Lumière Factory)〉이다. 이 영화는 설명이나 줄거리 없이 단순한 매일의 활동에 대한 기록 및 제시로 관객들을 사로잡았다. **시닉스**(scenics)는 이런 초기 논픽션 영화의 변종으로, 이국적인 것 혹은 자연이나 외국 땅의 놀라운 이미지들을 제공해주었다. 버트 에이커스의 〈도버 해협의 험한 바다(Rough Sea at Dover)〉(1896)에서 하나의 움직이지 않는 이미지가 방파제를 덮치는 파도를 보여주는 한편, 다른 짧은 장면들은 예루살렘이나 나이아가라 폭포의 모습을 보여준다. 역사적인 혹은 뉴스 가치가 있는 사건들을 잡아내고 혹은 때때로 재창조해냈을 때 이런 영화는 통상 신문에서 발견된 일종의 문화적, 역사적 혹은 정치적 관계를 제시하면서 **시사 영화**(topicals)로 언급되었다. 예를 들면 1898년경 미국과 스페인과의 전쟁은 많은 시사 영화로 형상화됐는데, 종종 전쟁 장면이 미국 배 메인호 침몰을 묘사하고 있으며, 그 배는 작은 모형물들을 통해 재창조되었다. 전쟁에 대한 이런 사실적 그리고 조작된 이미지들은 많은 관객들을 끌어모았다(사진 7.5).

1920년대 : 로버트 플래허티와 소련 다큐멘터리 영화

1910년경 서사 영화가 표준이 된 후에도 먼 나라들에 대한 영상이 계속해서 영화감독과 관객의 관심을 끌었다. 미국인 탐험가 마틴과 오사 존슨은 아프리카와 남쪽 바다를 여행하면서 〈정글 모험(Jungle Adventures)〉(1921)과 〈심바(Simba)〉(1928) 같은 대중적인 인기를 모은 다큐멘터리 영화들을 만들었다(사진 7.6). 종종 '다큐멘터리 영화의 아버지'로 언급되는 사람은 로버트 플래허티였는데, 그

7.5 〈전쟁터로 간 활동 사진기(The Motion Picture Camera Goes to War)〉(1898). 1898~1901년 사이에 미국과 스페인의 전쟁을 묘사한 시사 영화가 많이 제작되었다. Archival film and/or video materials from the collections of the Library of Congress

7.6 〈심바〉 초기 다큐멘터리 영화는 새로운 땅과 문화에 대한 탐험으로 나타나는데, 빈번하게 그런 세계들을 이상하고 이국적인 대상들로 변형시켰다. 여기서 미국인 탐험가 마틴과 오사 존슨은 아프리카와 남쪽 바다에서 자신들의 여행을 기록해 놓았다. Courtesy of Milestone Film and Video

는 1920년대 논픽션 영화의 힘과 대중성을 의미 있게 확대시켰으며, 그의 초기 작품들인 〈북극의 나누크(Nanook of the North)〉(1922)와 〈모아나(Moana)〉가 가장 유명하다. 자연과 함께하는 낭만적인 매력과 다른 문명들을 기록하려는 인류학적 욕망을 섞어 놓으면서, 플래허티는 이런 비(非)상업적 영화들에 자금을 댈 수 있는 새로운 가능성을 확인했으며(대개 회사들을 통해서), 또한 〈북극의 나누크〉의 성공으로 새로운 관객들이 스토리와 인기배우 없이도 열광할 수 있는 사실주의적 영화들에 관심을 갖고 있다는 사실을 확인하게 되었다.

동시에 아주 다른 종류의 다큐멘터리 영화들이 소련 영화계에서 형성되고 있었다. 지가 베르토프와 에스피르 슈브 같은 영화감독들은 몽타주의 형식적 테크닉을 통해 전달되는 강력한 이데올로기적 메시지를 담은 다큐멘터리 영화를 만들어 냄으로써 시의적절한 정치적 잠재력을 보았다. 〈로마노프 왕조의 몰락(The Fall of the Romanov Dynasty)〉(1927)에서 슈브는 귀족 정치와 노동자 사이의 역사적 투쟁을 보여주기 위해 기존 영상을 편집한다. 가장 유명한 '도시 교향악' 다큐멘터리 영화인 〈카메라를 든 사나이(Man with a Movie Camera)〉(1929)에서 베르토프는 현대 도시의 일상적인 활동과 사람들의 에너지를 재창조하고 또 찬양한다.

1930~1945년 : 정치학과 다큐멘터리 영화의 선전

아마도 다른 영화 관행에서 보다 더 많이 행해졌던, 1927년의 **광학 녹음**(optical sound recording)의 도입은 뉴스 영화, 다큐멘터리 영화, 선전 영화에서 이미지들을 동반하기 위해 교육적 혹은 사회적 논평을 추가하는 것을 가능하게 함으로써, 다큐멘터리 영화들을 앞으로 전진시켰다. 뉴욕시 영화사진연맹(New York City's Film and Photo League) 같은 사적 단체뿐만 아니라 영국의 중앙우체국(General Post Office), 루스벨트 대통령 시기의 재정착국(Resettlement Administration), 그리고 캐나다의 국립영화위원회(National Film Board) 같은 공공기관들은 1930~1940년대의 다큐멘터리 관행들을 주저없이 지지했다. 이런 기관들은 미국의 PBS, 영국의 BBC, 독일의 ZDF TV 방송국을 포함하여 다큐멘터리 영화에 대한 현대의 더 많은 지지자들을 예시해준다.

실제로 다큐멘터리 영화 역사는 자금조달과 배분의 이런 중요한 원천들과 결코 분리될 수 없다. 아마도 다큐멘터리 영화감독과 그런 기관들 사이의 관계를 강화시켜주고 발전시켜준 가장 유명한 인물은 영국의 영화감독 존 그리어슨일 것이다. 1920년대 말부터 1940년대를 거쳐 캐나다의 국립영화위원회의 초대 위원장이었던 그리어슨은 사회적 쟁점을 다룬 다큐멘터리 영화들을 촉진시켰을 뿐만 아니라 제도적으로 재단을 만들어 수년간 다큐멘터리 영화에 자금을 조달하고 배분시켰다. 다큐멘터리 영화를 위한 이런 제도적 노력은 1930~1940년대의 더 문제성 있는 방향으로, 즉 **선전 영화**(propaganda film)의 형식으로 나아갔다(**사진 7.7a와 7.7b**). 두 가지의 유명한 예들은 뉘른베르크에서 열린 제6차 나치전당대회를 기념하는 레니 리펜슈탈의 〈의지의 승리(Triumph of the Will)〉(1935), 그리고 미국 서부 해안에 일본계 미국인들을 강제 수용한 것을 정당화하는 미국 영화 〈일본인 강제 수용(Japanese Relocation)〉(1943)이다.

(a)

(b)

7.7 **(a) 〈의지의 승리〉, (b) 〈일본인 강제 수용〉** 이런 영화들은 정부와 기타 제도적 기관에 통제되고 지원받는 다큐멘터리 영화들이 불안스럽게 선전 선동하는 힘을 보여준다. 7.7a: Courtesy Photofest

1950~1970년대 : 신기술과 TV의 도래

1950년대에 가벼운 16mm 카메라의 기술적 발전에 뒤이어 다큐멘터리 관행에 있어서의 변화가 뒤따랐는데, 이는 영화감독들이 현실감을 살리고자 할 때 새로운 종류의 즉각성과 창의성을 갖게 해주는 것이었다. 가장 극적인 것은 이 시기에 프랑스에서 나타난 **시네마 베리테**(cinéma vérité) 운동으로, 이로 인해 '진실된 영화(cinema truth)'는 일상생활과 공적 사건들을 기록하기 위한 가벼운 카메라의 사용을 통해서 성취되었다. 〈나, 흑인(Moi un noir)〉(1958) 같은 영화를 만든 장 루쉬 같은 다큐멘터리 영화감독은 이제 그들이 찍은 리얼리티 속에서 더 직접적이고도 도발적으로 참여할 수 있게 되었다. 다큐멘터리 영화 만들기의 이런 새롭고도 독립적인 방법은 1950년대 말 휴대용 자석식 동시녹음기의 발전과 더불어 다시 진전되었고, 1968년 포타팩 비디오 장비(portapak video equipment)의 도입으로 다시 진전되었다. 경량급 카메라와 직접 녹음할 수 있는 장비를 갖춘 영화감독들은 예전에는 가까이할 수 없거나 숨겨져 있던 액션 및 사건을 기록할 수 있게 되었다. 루쉬의 후기 영화 〈어떤 여름의 기록(Chronicles of a Summer)〉(1961)은 새로운 시네마 베리테 가능성의 고전적인 예가 되었는데, 파리의 거리에서 무작위로 만난 사람들에게 행복, 전쟁, 정치, 사랑, 일에 대한 그들의 의견을 묻고 답하는 과정을 보여준다.

7.8 **〈예비 선거〉** 케네디의 대통령 선거운동에 대한 이 다큐멘터리는 새로운 카메라와 음향 장비를 통해 구현된 이동성 및 즉각성의 이점을 취한다.

때때로 TV 다큐멘터리의 황금시대로 불리는 이 시기는 또한 새로운 TV 관객들을 겨냥한 다큐멘터리 영화의 급속한 팽창을 일으켰다. 더 오래된 다큐멘터리 전통과 TV 뉴스 보도를 합친 이들 프로그램들은 종종 자신들의 거친 정직성과 사회적 행위로 주목받아왔다. 조셉 매카시 상원의원이 일으킨 개인들에 대한 무분별한 공격에 대해 논쟁을 벌였던 TV 기자 에드워드 R. 머로우의 일은 뉴스 보도를 위한 새로운 기준점이 되었다.

아마도 새로운 기술, 더 이동성 있는 스타일, 그리

고 TV 보도를 합친 것의 가장 잘 알려진 예는 로버트 드류의 〈예비 선거(Primary)〉(1960)일 것인데, 이 영화는 존 F. 케네디와 허버트 H. 험프리 후보 사이의 위스콘신 주의 민주당 경선인 예비 선거[2]에 대한 것이다(**사진 7.8**). 이 다큐멘터리는 드류협회가 〈ABC 클로즈업!(ABC Close-Up!)〉(1960~1961) 시리즈로 제작하였는데, 이 협회는 **다이렉트 시네마**(direct cinema)와 관련된 많은 다큐멘터리 영화감독들을 길러내고 있는 조직이다. 다이렉트 시네마는 가능한 한 드러나지 않게 사건을 있는 그대로 그려내는 데 목적을 두고 있는 시네마 베리테의 미국식 다큐멘터리 버전이다.

7.9 〈슈퍼 사이즈 미〉 모건 스펄록이 미국인의 비만에 대한 패스트푸드 음식과 그 영향에 대해 담은 이 개인적 다큐멘터리에서 신체검사를 한다.

1980년대~현재 : 디지털 영화, 케이블 방송, 리얼리티 TV

1980년대에는 예술가 및 사회운동가들이 소비자용 비디오 카메라를 사용했는데, 예를 들면 에이즈 **사회운동가 비디오**(activist video) 같은 것이다. 1980년대 말 편집을 훨씬 더 쉽고 돈도 적게 드는 아비드사의 비선형 디지털 편집 방식[3]의 도입과 함께, 다큐멘터리 **촬영 비율**(shooting ratio)[4]이 기하급수적으로 증가했다. 이것은 개인적 다큐멘터리 영화의 성장을 이끌었는데, 그것은 결국 모건 스펄록이 자신의 패스트푸드 음식 소비를 탐색하는 기이한 이야기인 〈슈퍼 사이즈 미(Super Size Me)〉(2004) 같은 영화에서 극장 상영을 성취하게 된다(**사진 7.9**). 이 기간에 다큐멘터리 영화의 배급 및 상영에서의 변화는 이들 영화에 대한 접근성 및 대중성에 상당한 영향을 미쳤다.

극장 상영의 증가와 비디오 대여시장의 확대에 더하여 케이블 및 위성 TV 방송사들은 다큐멘터리 영화에 더 많은 기회를 제공했다. 셰일라 네빈스 사장이 이끄는 HBO 다큐멘터리 부서는 〈꿈꾸는 카메라 : 사창가에서 태어나(Born into Brothels)〉(2004)와 〈이프 갓 이즈 윌링 앤 다

7.10 〈침팬지(Chimpanzee)〉(2012). 비록 상대적으로 적은 수의 다큐멘터리 영화가 전국적으로 상영되지만, 디즈니 다큐멘터리는 근래 일련의 자연 영화들로 성공을 거두었다. 디즈니의 이 작품은 근래 최고 수익을 거둔 다큐멘터리 영화 중 하나로 남아 있다.

(a)

(b)

7.11 〈폰 스타〉와 〈탑 셰프〉 이 두 작품은 무엇이 진짜이고 무엇이 연기하는 것인지의 경계를 무너뜨리는 리얼리티 TV쇼의 예들이다. 7.11a: © History Channel/ Courtesy Everett Collection/7.11b: David Moir/© Bravo/Courtesy Everett Collection

크리크 돈 라이즈(If God Is Willing and da Creek Don't Rise)〉(2010)를 포함한 수많은 강력하고 찬사를 받은 영화에 재정지원을 해왔다. BBC와 디스커버리 채널이 공동 제작한 11부작 자연 TV 시리즈물 〈살아 있는 지구〉(2006)는 최첨단 고화질 촬영 및 자연보호 메시지 때문에 많은 찬사와 상을 수상하고 너른 관객층을 확보하게 되었으며, 그에 따라 디즈니 네이처 상표를 달고 성공적인 극장 상연을 달성하게 되었다(사진 7.10). 공영 방송사와 케이블 방송사들이 그렇지 않으면 배급에 제한을 가했을지도 모르는 독립 제작 다큐멘터리 영화들을 위해 더 많은 기회를 제공하는 한편, 상대적으로 적은 제작비용이 들어가는 논픽션 프로그램 또한 많은 채널들이 편성에 리얼리티 TV쇼로 채우도록 고취해왔다. 〈폰 스타(Pawn Stars)〉(2009~)에서 〈탑셰프(Top Chef)〉(2006~)까지, 이런 형식들은 실제 사건, 극장식 연기, 재연 사이의 선을 모호하게 만드는 상황에서 실제 사람들을 출연시키고 있다(사진 7.11a와 7.11b).

다큐멘터리 영화 요소

다큐멘터리 영화는 서사 및 실험 영화와 더불어 영화 형식의 요소를 공유하고 있음에도 불구하고 다른 방식으로 그 재료를 구성하고, 그 권위를 만들어내며 또 그 관객들에게 다가간다. 다음 부분은 다큐멘터리 영화의 담론, 구성 패턴, 전형적인 관점을 보여주는 방법 등의 개요를 서술할 것이다.

논픽션과 논내러티브

논픽션과 논내러티브는 다큐멘터리 영화의 근간이 되는 초석으로 종종 논쟁이 되고 있는 두 가지 핵심 개념이다. 비록 다큐멘터리 영화와 실험 영화(제8장 참조)가 모두 논내러티브로 묘사될 수 있을지라도, **논픽션 영화**(nonfiction film)는 허구적이거나 만들어낸 재창조적인 것이라기보다는 실제 사건, 사람 혹은 장소에 대한 사실적인 묘사를 보여주고(상정하고) 있다. '사실적인 묘사'와 '허구적인 재창조' 사이의 엄격한 차이점을 만들려는 시도는 영화 역사 전반에 걸쳐서 열띤 논쟁을 불러일으켜 왔는데, 왜냐하면 사실이란 것은 가변성이 있을 수 있는 것이기 때문이다. 그럼에도 불구하고 영국 엘리자베스 2세 여왕의 삶에 대한 PBS 다큐멘터리와 스티븐 프리

7.12 〈엔론 : 세상에서 제일 잘난 놈들〉 알렉스 기브니의 영화는 한 강력한 미국 기업을 파산으로 이끈 부패에 대한 논픽션 수사 이야기이다.

어스가 연출한 영화 〈더 퀸(The Queen)〉(2006) 사이에는 근본적인 차이점이 있을 수 있다. 앞의 영화는 언론인, 뉴스 매체, 역사가들의 언급을 이용해 역사상 위대한 여성 중 한 사람으로서의 삶의 사실 및 복잡한 쟁점을 보여준다. 뒤의 영화는 똑같은 정보의 일부를 이용하고 있지만, 특별히 다이애나 왕비의 죽음 이후의 사건들에, 그리고 그녀의 삶에서 극적이고 오락적인 에피소드를 만들어내기 위해 여왕과 토니 블레어 수상의 관계에 초점을 맞추고 있다.

그러나 논픽션이 다양한 창조적인 방식으로 이용될 수 있다는 것을 인식하는 것 또한 중요하다. 〈엔론 : 세상에서 제일 잘난 놈들(Enron: The Smartest Guys in the Room)〉(2005)에서 알렉스 기브니는 사건의 실제 가담자들과 희생자의 인터뷰를 통해서 회사의 파산 이면에 숨겨진 원인을 파헤쳐 나간다(사진 7.12). 반대로 〈커다란 사건과 보통 사람들에 대하여(Of Great Events and Ordinary People)〉(1979)에서 라울 루이즈는 파리의 한 이웃과의 인터뷰 과정을 통해 진실이나 정직성을 드러낼 수 없는 불가능성에 대한 복잡하고 유머러스한 반성으로 변화시키고 있다.

논내러티브 영화(non-narrative film)는 그 조직적 구조로서 목록, 반복 혹은 대비 같은 다른 형식을 구사하는 대신, 스토리와 서사를 피해 가거나 강조하지 않는다. 예를 들면 논내러티브 영화는 시각적 목록(예 : 낡은 집에서 발견된 물건)을 만들어낼 수도, 조직적인 패턴으로서의 단일 이미지(집 현관문의 옛날 조각 장식으로 되돌아가는)를 반복할 수도 혹은 근본적인 차이를 제시하는 방식으로(집에서 남자와 여자에 의해 사용된 방, 옷, 그리고 도구들을 대비해 보여주면서) 물건들 사이를 교대로 왔다갔다 하면서 보여줄 수도 있다.

논내러티브 영화는 분명 스토리를 그 구성 안에 끼워넣을 수도 있지만, 그런 스토리들은 통상 논내러티브 패턴에서는 부차적인 것이 된다. 〈코야니스카시(Koyaanisqatsi)〉(1983)에서 저속촬영 영상은 필립 글래스 음악의 유려한 음색에 거슬리는 미국의 풍경과 그 파괴된 모습을 개방된 상태로 잡아낸다. 원시 그대로의 들판과 산, 낡은 도시, 쓰레기가 널려 있는 고속도로를 보여준다(사진 7.13). 이런 이미지들을 통해서 사람들은 호피 인디언들이 '균형 잃은 삶'이라 선언하는 영화 제목에서처럼, 미국의 붕괴에 대한 스토리를 추적해갈 수도 있다. 그러나 그 단순하고 모호한 서사는 영화가 쌓아 올리고 있는 시각적 반복 및 대비의 감정적 힘만큼 강력한 것은 아니다. 다이안 키튼의 〈헤븐(Heaven)〉(1987)은 천사와 천국의 다른 이미지를 갖고 있는 옛날 영화들에서 뽑아낸 부분 동영상을 사이사이에 끼워넣고 있다. 또한 "천국이 있을까?", "천국에도 성 구별이 있을까?" 같은 질문에 답하기 위해 얼굴과 목소리를 장황하게 보여준다. 비록 이런 질문과 대답 배후에 있는 종교적으로 신비한 이야기를 느낄 수 있다 하더라도, 이 영화는 내세의 가능성에 대한 예측할 수 없는 반응의 장난스러운 목록으로서 더 잘 이해된다.

7.13 〈코야니스카시〉 논내러티브 일람표 같은 이미지들이 미국의 아름다움과 부패를 대비해 보여준다.

논픽션과 논내러티브는 분명히 세상을 보는 다른 방식들을 제시해준다. 비록 그것들이 종종 다큐멘터리 영화들에서 중복된다 하더라도, 한 가지 형식이 다른 형식을 필수적으로 함축하고 있는 것은 아니다. 논내러티브 영화는 전체적으로 혹은 부분적으로 허구적인 것일 수 있다. 반대로 논픽션 영화는 서사적으로 만들어질 수 있다. 영화가 의도하는 기능보다도 관객의 인지에 더 많은 비중을 두고 있다는 사실 때문이다. 하나의 맥락에서 논픽션으로 혹은 논내러티브로 보여줄 수 있는 것은 또 다른 맥락에서 그렇게 보이지 않을 수도 있다. 예를 들면 1920년대의 관객들은 대개 〈북극의 나누크〉가 한 이누이트 부족민과 가족에 대한 논픽션 이야기로 생각한다. 그러나 이제 대부분의 관객들은 일부 중심적인 사건 및 액션은 다큐멘터리 영화를 위해 조작됐다는 사실을 인지한다. 이와 유사하게 일부 관객들에게 있어서 〈더 코브 : 슬픈 돌고래의 진실(The Cove)〉(2009)은 한 일본 회사에 의한 돌고래 포획 및 도살에 대한 논내러티브적인 폭로인 한편, 다른 관객들에게 있어서 돌고래를 구조하려는 임무를 띤 한 구조단체에 대한 극적인 내러티브 이야기인 것이다. 그러나 논픽션과 논내러티브에 대한 다른 의미들이 역사적 및 인지적으로 어떻게 변할 수 있는지를 명심하는 것은 변화하는 문화적 맥락의 일부로서, 그리고 관객의 관점의 반영으로서 한 특정 다큐멘터리의 전략들을 판단하는 데 더 유용한 범주들을 만들어내야 하는 것이다.

노출 : 보여주거나 묘사하는 구성

서사 영화는 삶의 물질적 리얼리티를 창의적인 역사로 만들기 위해 특정 패턴에 의지하지만, 다큐멘터리 영화는 과학적 및 교육적 방법과 유사한 전략과 형식을 구사한다. 예를 들면 한 고립된 섬을 떠나고자 하는 태국 소녀에 대한 서사 영화는 그녀가 방콕으로 도피하는 모험을 묘사할 수 있다. 반대로 다큐멘터리 영화는 그녀의 따분한 일상적 일을 세밀하게 조사할 수 있고, 또한 그녀의 좌절감을 설명하는 인터뷰와 함께 그런 세부적인 일을 중간중간에 끼워넣을 수도 있으며, 또 다른 인생을 위한 그녀의 희망과 소원을 묘사할 수 있다. 이런 다른 전략들은 그 소녀에 대한 우리의 경험을 바꿔주고, 그래서 그 캐릭터를 만드는 일은 2명의 다른 사람처럼 보이게 하는 일이다.

다큐멘터리 영화에서 사용되는 형식적 노출 전략은 '다큐멘터리 구성'으로 알려져 있다. 이런 구성들은 서사 영화와 다른 방식으로 경험을 보여주거나 묘사한다. 서술에 대한 시간적 논리 없이, 어떻게 한 중심 캐릭터가 동기를 유발하면서 사건들을 앞으로 나아가게 하는지에 초점을 두지 않고서 말이다. 전통적인 다큐멘터리 영화는 멀리서 삶의 사실들을 관찰하고, 또 노출 그 자체를 통해 주체에 대한 일부 규정을 제시하기 위해 가능한 한 객관적으로 관찰을 구성하는 경향이 있다.

여기서 다큐멘터리 영화의 세 가지 특징적인 구성에 대해 논의하게 될 것이다. 누적적 구성, 대조적 구성, 발전적 구성이 그것이다. 이런 구성은 다른 영화들에서 나타날 수도 혹은 같은 영화에서 일부 혼합된 상태로 사용될 수도 있다. 그런데 어떻게 이런 구성적 패턴의 사용이 종종 영화의 관찰이 이루어지는 곳으로부터의 관점(혹은 수사적 입장)에 의해 지배되는지를 탐색하게 될 것이다.

누적적 구성

누적적 구성은 영화 경로 전체에 걸쳐서 이미지 혹은 사운드에 대한 하나의 일람표를 제공해준다. 그것은 이미지들과 연결해주는 논리를 전혀 인지할 수 없는 단순한 연결일 수도 있다. 요리스 이벤스의 〈비(Rain)〉(1929)는 암스테르담에서 폭풍우의 이미지를 나타내고 있는데, 수많

7.14 〈비〉 다른 방식, 각도에서 촬영한 내리는 비의 이미지 누적은 서서히 다양한 모양과 빗물결의 시적 다큐멘터리를 창조해낸다.

7.15 〈글렌 굴드에 관한 32개의 이야기〉 노출 구성이 특징인 이 영화는 한 피아니스트 삶에서의 순간들의 재현과 서로 섞여 있는 단편적인 연주 영상들을 통해서 악명 높은 은둔형 천재의 삶을 들여다본다.

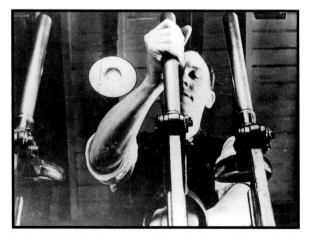

7.16 〈야간 우편〉 런던에서 스코틀랜드까지의 우편여행 속에서, 매일 그날에 대한 시 한편이 발전해가는데, 그때 영화가 우편물을 분류하고, 기차로 그 우편물을 수령하고, 또 결국 마지막 길에서 우편물을 전달하는 작업들을 따라간다. Courtesy British Postal Museum & Archive

은 다른 방식과 다른 각도에서 비가 떨어지는 모습을 보여준다 (**사진 7.14**). 우리는 처음부터 끝까지 비 떨어지는 것을 보고 있다는 사실을 느끼지 못한다. 오히려 무한하고 다양하게 보이는 모양, 움직임, 그리고 빗물결의 누적으로서 이 비를 보고 있다. 누적적 구성의 또 다른 예는 〈글렌 굴드에 관한 32개의 이야기 (Thirty-Two Short Films About Glenn Gould)〉(1993)이다. 비록 일부 관객들이 유명한 피아니스트 글렌 굴드의 자서전을 기대할 수도 있다 하더라도, 이 영화는 의도적으로 그의 삶을 연주에, 그와 논의하고 있는 친지들에, 그의 삶에서의 순간들에 대한 재현에 초점을 맞춘 수많은 에피소드들로 조각낸다(**사진 7.15**).

대조적 구성

누적적 구성의 변형인 대조적 구성은 일련의 대조 혹은 그 주체에 대한 다른 관점을 나타내는 것을 뜻하는 반대 입장을 제시한다. 영화는 전쟁과 평화의 이미지 사이에서 혹은 다른 도시들의 대조적인 지평선 사이에서 교대로 왔다갔다 할 수도 있을 것이다. 때때로 이런 대조들은 평가를 받을 만하고 긍정적이며 부정적인 사건들일 수도 있다. 다른 시기에 대조적 노출은 대상들 혹은 개인들 사이의 더 복잡한 관계를 제시할 수도 있다. 이런 기법의 가장 야심적인 버전으로는 마이클 앱티드의 일련의 영화가 있는데, 다큐멘터리 〈7 업(7 Up)〉(1963)으로 시작해서 7년마다 후속작을 만들었다. 이 영화들은 한 어린이 집단이 〈49 업 (49 Up)〉(2005)과 〈56 업(56 Up)〉(2012)의 어른들로 성장하면서 그들의 사회적 상황과 변화하는 태도를 추적한다. 7년마다 새로운 영화를 등장시키면서 계급, 성, 그리고 가족 생활의 조건 속에서 발달해 나가는 개인 간의 차이점뿐만 아니라 나이 들어가면서 변해 가는 관점의 차이점까지 대조해 보여준다.

발전적 구성

발전적 구성과 함께, 장소, 대상, 개인 혹은 경험은 논내러티브 논리나 구조를 갖추고 있지만, 여전히 변화나 진전의 논리를 따르는 패턴을 통해 제시된다. 예를 들면 한 개인은 작은 키에서 큰 키로 성장하는 것으로, 수동적 성격에서 적극적 성격으로 바뀌는 것으로 혹은 신체적인 것에서 정신적인 것으로 옮겨가는 것으로 제시될 수도 있다. W. H. 오든이 대본을 쓴 〈야간 우편(Night Mail)〉(1936)은 런던에서 스코틀랜드까지 우편열차의 여행을 묘사하고 있으면서, 이 야간 공공 서비스를 형성하고 있는 많은 세세한 협력 업무들을 문서화하고 찬양한다. 작곡가 벤자민 브리튼의 음악과 오든의 시와 함께, 이 여정은 영국을 가로질러 발전해가는 길을 따라 속도를 가속하다가, 줄이다가, 그리고 느려지다가 함에 따라 기차 바퀴들의 리듬을 재창조해낸다(**사진 7.16**). 더 최근인 2007년 〈킹 오브 콩(The King of Kong: A

〈아란의 사람들〉에서의 논픽션과 논내러티브

같이 보기 : 〈북극의 나누크〉(1922), 〈태양 없이(Sunless)〉(1982),
〈아타나주아(Atanarjuat: The Fast Runner)〉(2001)

로버트 플래허티의 다큐멘터리 영화 〈아란의 사람들(Man of Aran)〉(1934)은 비록 다른 방식이라 하더라도 영화가 어떻게 논픽션과 논내러티브 관행 모두를 구사하는지에 대한 초기의 날카로운 예이다. 아일랜드 서부 해안에서 떨어져 있는 한 섬에 살고 있는 작은 공동체에 대한 다큐멘터리인 이 영화는 캐릭터들을 식별하지도 않고 혹은 그들의 동기유발도 설명하지 않는 대신 목록을 작성하여 그들의 일상생활을 채우고 있으며 고립되고 황량한 섬에 살고 있는 고난을 기록한다. 이 원시적으로 보이는 공동체의 구성원들은 돌 많은 작은 밭에서 감자를 기르기 위해 손수레로 흙을 나르고, 물고기를 잡기 위해 사나운 바다와 투쟁을 벌인다. 이 영화는 역사적이고도 문화적인 기록이다. 서술적인 시작, 클라이맥스, 결론이라는 드라마 없이 일상적인 주민들의 존재를 기록한다. 이 영화로 새롭게 발견된 것처럼 보이는 이 오지의 섬에서, 캐릭터들은 이름도 드러나지 않는다. 사나운 바다의 힘은 삶에서 질서와 의미를 창조해내려는 그들의 미약한 시도들을 끊임없이 압박한다(**사진 7.17**). 이 오지 삶의 관습에 대한 배움 너머에서 관객들은 일상적인 경험 및 지식과는 전혀 다른 삶의 존엄을 발견하게 된다.

스토리와 서사는 이 영화에서 주요 구성적 특징은 아니다. 대신 이 영화는 대부분에 있어서 이미지들을 누적시키고, 반복시키며, 또 대비시킨다. 섬에서의 거친 생활 양식은 인간의 활동과 자연의 힘을 대비시킴으로써 드러난다. 밭을 갈고 음식을 준비하고 어구를 손질하는 사람들의 이미지와 몰아치는 파도, 험한 암벽 해안, 그리고 아무것도 보이지 않는 수평선의 이미지가 번갈아 가며 나타나고 있다.

그러나 픽션과 서사의 추적이 대체 가능한 구성적 패턴에 포함된다 할지라도, 여전히 이 영화에서 보이고 있다. 사람들이 돌묵상어 사냥에 나섰다가 바다에서 실종되는 에피소드처럼 사실 일부 상황은 만들어지고 있다. 상어 사냥은 두 세대 이전에는 생활의 일부였지만, 1934년 무렵부

7.17 〈아란의 사람들〉 많은 사람들에게 알려져 있지 않은 아일랜드의 섬에 살고 있는, 이름도 모르는 개인들이 생존을 위해 척박하고 거친 세상과 투쟁을 벌이고 있다.

터는 더 이상 아란 섬에서 행해지지 않고 있다. 그래서 에피소드는 어떤 좋은 모험 스토리로 몰고 가는 극적인 서스펜스에 의지한다.

이 영화는 혁신적이고 특징적이면서도 문화적 유산을 일깨워준다. 명백히 인류학적 보도의 전통을 벗어나는 한편, 헨리 제임스(1843~1916)에서 브루스 채트윈(1940~1989)까지 작가들의 작품에서 발견되는 여행에세이 혹은 여행기의 전통을 각색한다. 헨리 제임스가 베니스 방문에서 보고 들은 것을, 채트윈이 파타고니아에서 만난 것들을 묘사하고 있는 반면, 플래허티의 영화는 그보다 더 나아가 20세기 현대문명이 미치지 않는 먼 오지에서의 문화를 보여주고 있는 것이다.

7.18 〈킹 오브 콩〉 게임 세계는 점점 올라가는 점수, 새로운 기록, 그리고 정복의 세계가 되어 가고 있고, 우리는 차고에서부터 뉴햄프셔 라코니아브에 있는 오락실 아케이드까지 비디오 게임 동키 콩을 하는 스티브 위브의 여정을 따라간다. 거기에서 그는 최고 점수를 따내어 자신의 능력과 정통성을 증명해낸다.

Fistful of Quarters)〉은 전자오락 게이머인 스티브 위비(Steve Wiebe)가 비디오 게임 동키 콩 챔피언인 빌리 미첼의 기록을 깨려는 시도를 따라가고 있다. 이 영화는 그런 목표를 향해 나아가는 점진적인 움직임과 그것을 탈선시키려 위협하는 마지막 승부를 기록한다(사진 7.18).

수사적 입장

어떤 각도로부터 스토리를 이야기해주기 위해 다른 유형의 내레이터와 내레이션을 사용하는 서사 영화처럼, 다큐멘터리 영화와 실험적 영화는 수사적 입장 혹은 구성적 관점을 구사하는데, 어떤 관점 및 태도에 따라 형식적 관행을 형성한다. 때때로 이런 영화들은 포함되지 않은 관찰자의 중립적인 위치(떠맡은 권위와 객관성 때문에 '신의 목소리'로 언급되는)를 차지할 수도 있다. 다른 때에는 다큐멘터리의 관점이 더 제한되거나 개인적 관점을 띠고 있다. 분명히 보이고 들리거나, 전지적이거나 개인적이거나 혹은 영화의 구성에 의해 단지 암시되거나 간에 다큐멘터리 영화의 수사적 입장은 일반적으로 네 가지 원칙적 틀에 따라 자신의 태도 및 입장을 분명히 한다.

- 첫 번째는 세계 및 그 주민들을 탐색하려는 노력과 관련되어 있다.
- 두 번째는 사건이나 문제를 심문하거나 분석하려는 목적을 갖고 있다.
- 세 번째는 어떤 진실이나 관점에 대해 관객들을 설득하려고 시도하는 논객의 입장을 갖고 있다.
- 네 번째는 영화감독과 영화 만드는 과정의 존재와 활동을 더 중요시하고 또 반영한다.

때때로 이런 틀은 하나의 영화 안에서 중복될 수 있다. 예를 들면 피터 데이비스의 〈하트 앤 마인드(Hearts and Minds)〉(1974)의 목소리는 베트남 전쟁을 지지하는 신화, 뉴스 보도 영상, 인터뷰들을 전략적으로 배치하면서 탐구적이면서 논쟁적인 것이 된다(사진 7.19). 〈위대한 비상(Winged Migration)〉(2001)은 세계 도처로 날아다니며 이주하는 새들의 비행을 제시하기 위해 설명은 아주 적게 하면서 '조감도'를 이용하는 한편, 동시에 그런 활동의 자연적 신비로움을 섬세하게 보여준다. 최근의 재정적 위기와 그에 따른 구제금융에 대한 마이클 무어 감독의 관점에 중심을 두고 있는 영화 〈자본주의 : 러브 스토리(Capitalism: A Love Story)〉(2009)는 미국의 현 경제 상황에 대한 견해를 흔들고, 관객들을 일깨우려는 데 의미를 둔 논쟁적 관점으로써 종종 과장된 연기를 보여준다.

탐구적 입장

탐구적 입장은 영화가 추구하는 관점이 특정한 사회적 · 심리적 혹은 물리적 현상 속으로 파고들어 가는 과학적

7.19 〈하트 앤 마인드〉 베트남 전쟁의 리얼리티를 탐구하는 한편, 관객들에게 전쟁이 재앙으로 이끄는 잘못된 결정이라는 것을 설득하려 노력한다.

탐사라는 사실을 제시해준다. 이런 입장으로 알려진 다큐멘터리는 새로운 세계, 사실 혹은 경험들을 찾아나서는 여행자, 탐험가 혹은 수사관의 관점을 취하게 되고, 종종 증인으로서 이런 것들을 숨김없이 보여주고 묘사하는 것을 목적으로 한다. 여행 영화들은 감독들이 나이아가라 폭포나 중국의 만리장성 같은 이국적 장소에 대한 짧은 기록들을 제공하던 때부터 존재해왔다. 초기의 장편 다큐멘터리 영화는 플래허티의 〈북극의 나누크〉에서처럼 다른 문명과 사람들을 보여주려는 인류학자의 입장(사진 7.20)과 장 비고의 〈니스에 관하여(Apropos of Nice)〉(1930)에서 프랑스 휴양 도시를 거쳐가는 조롱 섞인 여행에서처럼 새로운 장소를 방문하는 즐거움을 지닌 여행자 입장 사이의 어딘가에 여행 영화의 위치를 정하면서 그 탐구적 호기심을 확장시켰다. 더최근에 베르너 헤어조크는 〈잊혀진 꿈의 동굴(Cave of Forgotten Dreams)〉(2010)에서 3D 기술을 동원하여 남부 프랑스의 쇼베 동굴을 탐사하는데, 선사시대 그림들에 대한 놀라운 논평과 영화적 접근에 대한 기대감을 제공한다(사진 7.21).

7.20 〈북극의 나누크〉 많은 다큐멘터리 영화가 다른 문화들을 탐사하는 인류학자의 프로젝트를 모방하고 있는데, 이 영화는 이누이트 가족의 제의 및 일상을 다룬다.

심문적 입장

심문적 혹은 분석적 입장은 조사 중인 주제를 식별하는 방식으로 (암묵적이거나 명시적인 질문과 대답 형식을 통해서 혹은 다른 더 섬세한 기술을 통해서) 영화를 수사적으로 조직한다. 통상 인터뷰 형식에 집중되어 있으면서 많은 다큐멘터리 영화들에서 발견되고 있는 이 심문적 기술은 질문에 응답하거나 응답하지 않을 수 있는 개인이나 대상에 대해 질문하는 보이스오버나 카메라상 보이스(on-camera voice)를 구사할 수 있다. 프랭크 카프라의 〈왜 싸워야 하는가(Why We Fight)〉(1943~1945)는 제 2차 세계대전에서 미국의 참전을 유발한 요인이 무엇인

7.21 〈잊혀진 꿈의 동굴〉 3D 이미지가 헤어조크 감독으로 하여금 전에는 결코 가능하지 않았던 방식으로 선사시대 그림들의 공간을 탐사할 수 있게 해준다.

가 묻는 질문 그 자체를 명백히 공식화하고 있는 반면, 트린 민하의 〈그녀 이름은 베트남〉(1989)에서는 하나의 질문 혹은 문제가 오로지 암시되고 있으며, 또한 후속 이미지들이 그 문제를 풀지 못 풀지 둘 중에 하나가 될 수도 있다. 에롤 모리스의 〈전쟁의 안개(Fog of War)〉(2003)는 시각적으로, 청각적으로 복잡한 광장을 창조해내고 있는데, 그가 '심문 기기(interrotron)'라 부르는 혁신적인 카메라로 촬영했다. 그리고 베트남 전쟁의 재앙에 대해 전 국방장관 로버트 맥나마라에게서 껄끄러운 설명을 이끌어냈다. 심문적 혹은 분석적 형식의 가장 심오하고 예민한 예 중 하나는 알랭 레네의 〈밤과 안개(Night and Fog)〉(1955)인데, 답변 없는 이미지들을 제공한다(사진 7.22a와 7.22b). 요약하면 심문적 및 분석적 형식은 더 많은 지식으로 이끌 수도 혹은 단순히 그것들이 답변하는 것보다 더 많은 질문들을 제기할 수도 있다.

설득적 입장

다큐멘터리 영화에서 심문과 분석을 사용하는 것은 종종 어떤 사실이나 진실에 대해 관객을 설득하려는 의도가 있는 것이다. 설득적 입장은 관객이 어떤 식으로 보고 어떤 식으로 느끼도록 할지를 염두에 두고 믿음이나 감정을 사용하여 개인적 혹은 사회적 관점을 분명히 표현하는 방

(a)

(b)

7.22 〈밤과 안개〉 나치 강제 수용소에서 풀려난 생존자들에 대한 이미지와 오늘날 비어 있는 똑같은 수용소의 이미지를 교대로 보여준다. 이 영화의 복잡한 구성적 후렴구는 "누구에게 책임이 있는가?"가 된다.

7.23 〈불편한 진실〉 지구 온난화의 위험성에 대해 관객들을 설득하는 데 도표 및 전문가적 견해가 도움을 준다.

7.24 〈티티컷 풍자극〉 많은 영화의 힘은 죄수들에 대한 제도적 억압의 놀라운 이미지 속에 자리 잡고 있다. Bridgewater Film Company, Inc., permission granted by Zipporah Films, Inc.

식이다. 일부 영화들은 특정 원인을 관객들에게 설득하려는 인터뷰 및 목소리를 통해서 그렇게 한다. 〈불편한 진실(An Inconvenient Truth)〉(2006)에서 미국의 전 부통령 앨 고어는 지구 온난화의 위험성에 대한 일관된 주장을 가지고 도표 및 이미지를 예로 제시하며 자신의 입장을 내세우고 있다(**사진 7.23**). 일부 다른 영화들은 개인적 관점의 존재를 무시할 수도 있으며, 그 대신 어떤 정치적 혹은 사회적 견해들을 촉구하는 선전 영화처럼 주장이나 감정적 호소를 통해서 관객들에게 영향을 미치는 이미지와 사운드를 이용할 수도 있다. 레니 리펜슈탈의 악명 높은 〈의지의 승리〉는 나치당의 영광스러운 권력을 관객들에게 설득하기 위해서 장대한 구성적 이미지를 이용한다. 한편 〈푸시 라이엇 : 어 펑크 프레이어(Pussy Riot: A Punk Prayer)〉(2013)는 러시아 사회의 억압에 대한 세 러시아 젊은 여성의 극적인 저항, 그 후 내려진 3년간의 징역 선고를 묘사한다. 격렬하고 강력한 음악의 리듬과 재판의 부조리 사이에서 러시아 정교회와 정부에 대한 설득이 의심의 여지 없이 그대로 드러난다.

설득적 형식은 또한 다큐멘터리 이미지들 자체의 힘에만 의지할 수도 있다. 예를 들면 프레데릭 와이즈먼의 〈티티컷 풍자극(Titicut Follies)〉(1967)은 어떤 공개적 논쟁 없이 범죄적으로 정신 나간 짓에 대한 처리를 폭로하고, 그에 대한 태도에 영향을 미치고 있다(**사진 7.24**). 그런 영화들과 함께 우리가 무엇을 하도록 혹은 생각하도록 설득되었는가가 명백하지 않을 수도 있지만, 시각적 사실, 지적인 진술, 때때로 감정적인 조종을 포함하고 있는 수사적 주장에 관여한다는 사실은 통상 분명하다.

성찰적 및 공연적 입장

성찰적 및 공연적 입장은 제시된 다큐멘터리 재료를 결정하거나 형성하는 데 있어서 영화감독의 영화 만드는 관점이나 과정에 주목한다. 종종 이것은 다큐멘터리를 만드는 데 혹은 영화 자체를 보는 과정에 주목하는 것을 의미한다. 랄린 자야만느의 스리랑카의 식민지주의와 성차별 문제에 대해 명상을 통해 보여주는 고전적인 다큐멘터리 〈실론의 노래(Song of Ceylon)〉(1934)를 참고로 한 〈실론의 노래(A Song of Ceylon)〉(1985) 같은 영화는 다큐멘터리 리얼리티와 역사가 항상 영화 이미지에 의해 성찰되고 있으며, 다큐멘터리 영화들이 필수적으로 진실에 이르는 쉬운 접근 방법을 제공하고 있는 것은 아니라는 사실을 상기시켜주려는 목적을 갖고 있다. 이런 초점은 영화 만드는 과정으로부터 영화감독에게로 전환될 수 있으며, 일종의 리얼리티 수행자로서의 개인의 참여를 강조한다.

성찰적 및 공연적 다큐멘터리의 고전적인 예인 오손 웰즈의 〈거짓의 F(F for Fake)〉(1973)는 영화 만들기, 마술사들의 환상, 사기, 미술품 위조를 한데 묶어주는 환상의 힘에 대해 재치있게 조율해준다. 로스 맥엘위의 〈셔먼 장군의 행진(Sherman's March)〉(1986)에서 영화감독은 남북전쟁 당시 한 유명한 장군의 남부 정복을 다큐멘터리로 만드는 실제 여행에 나서고 있다. 그러나 도중에 이 재치있는 영화는 그가 만나는 많은 여성과 로맨틱한 관계를 유지하려는 영화감독 자신의 실패로 돌아간 시도들에 대해 더 많이 다루고 있다(사진 7.25).

생각해보기

최근 본 영화의 주도적인 목소리 혹은 태도를 묘사해보자. 그 주도적인 수사적 입장은 주제에 적절한가? 이 주제를 영화로 만드는 또 다른 방식을 상상할 수 있는가? 설명해보자.

7.25 〈**셔먼 장군의 행진**〉 역사적인 영화를 만들려는 영화감독의 시도에 대한 한 개인적 다큐멘터리가 사랑, 여성, 영화 만들기에 대한 성찰적 공연이 된다.

다큐멘터리 영화의 제작 의미

비록 영화 보러 가는 사람들이 항상 영화의 오락적 가치에 끌려서 간다 하더라도, 관객들은 1890년대 초 제작된 논픽션 영화의 문화적 및 교육적 가치도 이해하고 있다. 이런 영화들은 스포츠 사건, 정치적 발언, 셰익스피어의 극적인 공연들을 보여주었다. 예를 들면 1896년 뤼미에르 형제는 〈기차로 예루살렘 떠나기(Leaving Jerusalem by Railway)〉의 '환상 같은 질주'와 함께한 교육적 기차 여행으로 관객들을 사로잡았다(사진 7.26). 이런 관행을 따른 다큐멘터리는 서술적 경험을 통해 얻어낼 수 없는 사실적 통찰력 혹은 중간 매개물 없는 진실을 제공해준다. 어떻게 이런 기본적인 다큐멘터리에 대한 견해가 그 이후로 변화되어왔는지에 상관없이 사회적 · 역사적 혹은 문화적 진실이나 사실을 보여주는 것은 다큐멘터리 영화가 만들어지는 토대로 남아 있다.

아마도 다큐멘터리 영화는 서사 영화보다 세상을 이해하는 방법을 확대시키고 복잡하게 만들어 놓고 있는지도 모른다. 다큐멘터리 영화와 관객들의 문화적 및 역사적 기대치 사이의 관계는 이런 영화들이 이해되는 방법에 있어서 커다란 역할을 한다. 루이스 부뉴엘의 〈빵 없는 세상(Land Without Bread)〉(1933)은 스페인의 오지인 라스 우르데스에 대한 일종의 여행기처럼 보일 수도 있지만, 가슴을 찌르는 듯한 역설적인 사운드트랙 코멘터리는 그 지역의 잔인한 불행, 가난, 타락을 아무렇지도 않게 언급하면

7.26 〈**기차로 예루살렘 떠나기**〉 초기 다큐멘터리 영화는 관객들이 새로운 땅과 풍경을 방문하는 즐거움과 교육적 가치를 경험할 수 있도록 해주었다.

생각해보기

최근 본 다큐멘터리 영화를 의미 있게 만드는 것은 무엇인가? 영화는 그 목적을 어떻게 명확히 달성하고, 또 가치를 분명하게 만들고 있는가?

서, 거기에 살고 있는 사람들을 적절히 보살피지 못하고 있는 국가와 교회의 실정에 대한 혹독한 정치적인 코멘터리로 만들고 있다. 사실 스페인 정부가 억압적이라는 이 영화의 메시지는 오해의 여지가 없는 틀림없는 사실이다. 문화적 맥락이 없다면 이 영화는 오늘날 일부 관객들에게 기이하거나 혼란스럽게 보일 수 있으며, 영화의 중요성을 찾기 위해서는 영화의 역사적ㆍ사회적ㆍ문화적 맥락을 이해해야만 한다는 점을 상기시켜준다.

다큐멘터리 영화의 역사를 통해서 관객들은 서사 영화에서 일반적으로 볼 수 없는 새로운 혹은 무시당한 리얼리티를 드러내고, 추정에 반대하고, 의견을 바꾸게 하는 다큐멘터리 영화의 중요성을 발견하게 될 것이다.

새로운 혹은 무시당한 리얼리티 보여주기

서사 영화가 영상 장면을 주도하고 있으므로, 다큐멘터리 영화는 통상 차별적 가치를 갖고 있게 마련이다. 즉 성공적인 다큐멘터리 영화는 서사 영화와는 다른 종류의 진실을 제공한다. 종종 이것은 전에는 보지 못했던 수준의 리얼리티 혹은 사람, 사건을 보여줌으로써 새로운 혹은 무시당한 리얼리티를 드러내는 것을 의미하는데, 그것들이 서사 영화에 대한 우리의 경험으로부터 혹은 우리의 사회적 경험으로부터 배제되어왔기 때문이다. 이런 종류의 신선한 통찰력을 얻기 위해서 다큐멘터리 영화들은 종종 서사의 기본 조건에 질문을 던지고 있으며(예 : 캐릭터들의 중요성, 시간적 인과관계의 중요성 혹은 서사적 관점의 필요성) 혹은 서사 영화에 어울리지 않을 것처럼 보이는 관점 혹은 기술에 의지한다.

다큐멘터리 영화는 인간 시각의 현실적 범위를 넘어선 관점과 각도에서 한 대상 혹은 장소를 보여줌으로써 우리를 새롭게 발견된 리얼리티에 더 가깝게 다가가도록 만들어준다. 우리는 수중 카메라의 힘을 통해 심해 바닥까지 볼 수 있으며 혹은 공중에 떠 있는 시점에서 이동하는 새들의 비행을 볼 수 있다. 아마도 그 대상은 지나치게 긴 시간 동안 보여지면서, 통상적인 우리의 경험 속에서 볼 수 없는 미세한 변화까지 보여줄 것이다. 어떤 영화는 자궁 속에 있는 태아의 모습을 보여주는 한편, 또 다른 영화는 마이애미에서 한 홈리스 떠돌이 인간이 밤새도록 두려움과 지겨움을 겪는 일을 보여준다. 데이빗과 앨버트 메이슬즈의 〈그레이 가든(Grey Gardens)〉(1975)은 롱아일랜드의 이스트 햄프턴에 있는 낡은 저택에 살고 있는 재클린 케네디 오나시스의 고모와 그녀 딸의 극도로 별난 삶을 그려낸다. 그들의 일상생활을 천천히 따라감으로써, 그들의 삶 속에서 벌어지는 사건에 천착하면서, 이 영화는 독특한 개성과 습관을 지닌 두 개인의 모습이 점점 더 이상해 보이게 될 때까지 그려내고 있다(**사진 7.27**).

추정에 반대하고 의견 바꾸기

다큐멘터리 영화는 친근하거나 잘 알려진 주제를 제시할 수도 있으며, 또한 새로운 방식으로 우리를 이해시키려 할 수도 있다. 일부 다큐멘터리는 하나의 주제를 제시하면서 공개적으로 논쟁점을 만든다. 즉 분명한 예로써 한 정치적 인물이나 논쟁적인 사건에 대한 다큐멘터리 영화는 관객들의 추정에 반대할 수도 있으며 혹은 그 사람이나 사건에 대한 의견을 바꾸려 할 수도 있다. 어떤 다큐멘터리는 역사 속 한순간을, 혹은 십자말 풀이와 십자말 풀이가 지적인 활동을 어떻게 촉진시키는가에 대한 다큐멘터리 영화

7.27 〈그레이 가든〉 별나고 비정상적인 두 여성 사이의 관계가 개인주의와 인간성에 대한 하나의 감동적이면서 오락적인 다큐멘터리 영화를 만들어냈다.

인 〈워드플레이(Wordplay)〉(2006)에서처럼 단순한 놀이처럼 보이는 것을 다시 생각해보도록 질문을 던질 수도 있다(사진 7.28).

다큐멘터리는 이용할 수 있는 모든 형식적 및 구성적 도구를 통해 어떤 사실에 대해 다른 관점으로 공격하고 혹은 사회적 문제 혹은 관심에 대해 행동하도록 관객을 촉구하려고 시도한다. 특히 명백하게 드러난 예는 마이클 무어의 〈식코(Sicko)〉(2007)인데, 미국의 의료보험 제도가 낡고 파멸적이어서 개혁될 필요가 있다고 매우 분명히, 과격하게 주장한다. 같은 해에 개봉된 다큐멘터리 〈마이클 무어 뒤집어보기(Manufacturing Dissent: Uncovering Michael Moore)〉(2007)는 마이클 무어와 그의 많은 영화가 사실을 얼버무리고 부정확하게 전달하는 작

7.28 〈워드플레이〉 이 다큐멘터리는 오랫동안 십자말 풀이 제작자로 일한 멀 리글의 관점처럼 십자말 풀이 같은 평범한 주제로 보이는 것에 대한 새로운 관점을 관객들에게 제공해준다.

업에 몰두한다고 비판한다. 이런 논쟁은 다큐멘터리 영화의 이런 전통에 있어서 중심이 되고 있는데, 항상 우리가 받아들이길 원하는 리얼리티에 대한 것이다.

사회적, 문화적, 개인적 렌즈로서 봉사하기

앞에서 논의된 두 주요 의제로부터 다큐멘터리 영화의 두 가지 전통이 나온다. 사회적 다큐멘터리와 민족지학적 영화가 그것이다. 이 두 전통은 20세기에 걸쳐서 많은 다큐멘터리 영화를 이해하기 위한 일부 주요 틀을 아우르고 있다.

사회적 다큐멘터리

사회적 다큐멘터리(social documentary)는 사회적 활동으로서 문화와 친근한 사람과 친근하지 않은 사람 및 문화 양자 모두를 조사하고 제시한다. 다양한 구성적 관행을 이용하면서 이 전통은 다음 목적 중 하나 혹은 양자 모두를 강조한다. 사람들이 어떻게 살고 서로 상호작용하는지를 진실하게 보여주는 것과 미지의 환경과 문화를 발견하여 보여주는 것이다. 일부 학자들과 영화 감독에게 다큐멘터리의 아버지로 간주되는 존 그리어슨은 첫 작품으로 북해 청어잡이 어부들에 대한 〈드리프터스(Drifters)〉(1929)를 만들었다. 다른 초기 영국의 영화감독인 험프리 제닝스는 〈리슨 투 브리튼(Listen to Britain)〉(1942)으로 이런 전통을 이어갔는데, 전장터의 병사부터 공장에서 일하는 여성들까지 제2차 세계대전 중 영국 사회를 개괄하는 20분짜리 다큐멘터리이다. 사회적 다큐멘터리 전통은 미시시피강의 중요성을 다루면서 미국 농무부를 위해 만든 페어 로렌츠의 〈강(The River)〉(1937)에서부터 리우데자네이루의 외곽에 있는 세계에서 가장 큰 쓰레기장에 살고 있는 어느 공동체와 예술가인 빅 무니즈와의 만남에 대한 다큐멘터리인 〈웨이스트 랜드(Waste Land)〉(2010)에 걸쳐 오래되고 다양하다. 정치적 다큐멘터리와 역사적 다큐멘터리는 사회적 다큐멘터리 전통으로부터 파생되었다.

정치적 다큐멘터리   부분적으로 미국 대공황 시기의 사회적 위기의 결과로서, 그리고 제1차 세계대전 이후 대부분의 다른 나라들에서 일어난 더 일반적인 경제적 위기의 결과로서, 정치적 다큐멘터리 영화는 크고 작은 사회적 양상의 투쟁 속에서 남성과 여성의 정치적 활동을 조사하고 찬

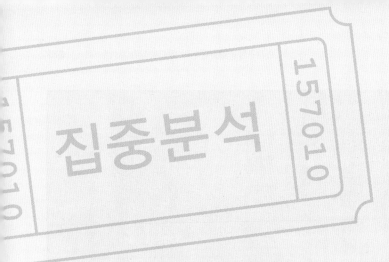

〈우리가 들려줄 이야기〉

같이 보기 : 〈딸이 되는 절차(Daughter Rite)〉(1980),
〈프리드먼가 사람들 포착하기(Capturing the Friedmans)〉(2003), 〈위대한 잎사귀(Bright Leaves)〉(2003)

사라 폴리의 〈우리가 들려줄 이야기(Stories We Tell)〉(2012)는 감정적으로, 지성적으로 현대 다큐멘터리 영화를 매우 재미있고, 종종 놀랍도록 만들어왔던 창조적인 구성적 가능성 및 수사적 가능성의 복잡한 예이다. 수년 전 폴리는 활동적으로 연기 경력을 쌓았으며 2개의 강렬한 영화 〈어웨이 프롬 허(Away from Her)〉(2006), 〈우리도 사랑일까(Take This Waltz)〉(2011)를 연출했는데, 성인 관계의 어려운 역학을 예민하고도 감각적으로 묘사해냈다. 개인적 다큐멘터리와 에세이 영화의 전통과 보조를 같이하고 있는 이 영화는 그녀의 가족사를 기록하면서 탐구하고 있다. 폴리는 다른 가족 구성원들에게 질문을 하고, 오래된 가족 영화들을 감상하고, 그녀가 실제로 아버지의 생물학적 자식이 맞는지를 알아보기 위해 신문 및 다른 서류들을 조사한다.

어떤 의미에서 이 영화는 세 가지 주요 다큐멘터리 노출 전략을 능숙하게 구사한다. 이 영화의 처음 부분은 다양한 형제자매(마크, 존, 조안나, 수지 등)를 소개하고 있는데, 다른 친척 및 친구들은 이른 나이에 암으로 죽은 역동적인 여인이었던 엄마 다이앤 폴리의 삶에 대해 카메라에 대고 직접 말한다. 이렇게 쌓인 기억과 평판에서 엮어진 것은 집 근처에서 장난치며 놀고 있는, 해안가에서 놀고 있는, 어느 경연대회에서 'Ain't Misbehavin'란 노래를 부르는 다이앤에 대한 홈비디오 장면과 일련의 오래된 사진이다. 서서히 이런 완곡한 초상화는 그녀의 외향성 및 활기에도 불구하고 비밀을 간직하고 있는 한 여인의 점점 복잡해지는 역사를 제시하며 다이앤의 개성 속에서 다양한 대조점 및 차이점을 드러내기 시작한다. 사실 이 영화가 드러내는 핵심 비밀은 사라를 임신했던 다이앤의 비밀이다.

그런 다른 관점들의 축적은 사라의 진짜 생물학적 아버지에 대한 비밀을 천천히 드러낸다. 사라는 영화 전반에 걸쳐 시각적 및 청각적으로 두드러져 보이는 존재로 답변에 점점 더 가까이 다가가는 발전적 과정으로써 자신과 부모의 관계와 자신의 출생의 비밀을 추적하는 한편, 3명의 아버지 후보를 대조시키는 데 서서히 집중하는 관점과 언급에 다시 초점을 옮긴다. 마이클은 결혼생활에 일부 곤란이 있었다고 고백했음에도 불구하고 그녀가 사랑하는 아버지이고, 제프 보우스는 다이앤이 몇십 년 전 일했던 몬트리올 제작사 소속 배우였고, 해리 걸킨은 그 당시 몬트리올의 유명

한 영화 제작자였다. 이렇게 3명을 대조시키는 것은 우리의 경험과 삶에 대해 들려줄 다른 이야기들 중에서 이 다큐멘터리를 구성하고 있는 더 커다란 철학적 대조의 버전이 된다.

이 영화의 제목은 엄마에 대한 다양한 개별적 이야기들에 초점을 맞추고 있는 것을 가리키며, 전시하는 듯한 구성은 이런 작은 서술들을 통해서 축적되고, 대조되고, 발전된다. 제목에서의 '이야기'는 제한되고 편향된 기억에 의해 형성된 것이다. 궁극적으로 그런 이야기들은 중요할 것도 없는 서술들이 엄마의 성격, 개성, 역사를 어떻게 완전히 설명할 수 있는가를 보여준다. 가능성 있는 아버지 중 한 사람인 해리 걸킨은 영화가 끝을 향해 가고 있을 때, 그녀와 그가 거기에 있었던 이래로 다이앤의 비밀 이야기를 말할 '자격'이 있는 사람은 오로지 두 사람뿐이라고 주장한다(**사진 7.29**). 그렇지 않다면 그는 "당신들은 결코 밑바닥에 닿을 수 없다."고 말한다. 사실 폴리에게 있어서, 어떤 경험이나 개성에 대한 포착하기 어려운 '밑바닥'은 결코 실제로 알 수도 혹은 기록될 수도 없다는 것이 아마도 이 영화의 근본적인 진실일 것이다.

처음에 사라 폴리는 이 영화의 주된 수사적 입장인 '심문 과정'의 일부로 인터뷰로 영화를 구성한다. 그러나 카메라 앞에서 하는 인터뷰와 일화들의 진실을 복잡하게 만드는 바로 그때, 이 영화는 그 수사적 입장을

7.29 〈**우리가 들려줄 이야기**〉 폴리의 생물학적 아버지인 해리 걸킨이 말하고자 하는 것은 사라의 역사가 아니라 자신의 역사라고 주장한다. 그는 다이앤의 연인이었으므로 그것이 무엇보다도 제일 진실에 가까운 주장이라는 것이다.

현대적 방식으로 비튼다. 그것은 성찰적으로 대부분의 기억들을 지지하고 있는 서사적 심문들에 참여하여 그 진실을 파헤쳐 가고 있으며, 동시에 포착하기 어려운 역사에 대한 그 자신의 다른 관점들을 만들어내기 위해 극적인 재연들을 이용하고 있는 개인적 영화로서의 그 자신의 작업에 주목한다.

영화의 다른 점들에서 마이클은, 나중에 알게 되는 영화의 절정에서의 폭로에서 사라와 나중에 새롭게 맺어진 유대관계에서 영감을 받은 내레이션을 한다(**사진 7.30**). 자신의 내러티브 안팎으로 이동하면서 때때로 자신의 역사에 대해 3인칭 관점의 일부로써 나타나는 한편, 다른 시간에는 다이앤과 함께한 경험에 대한 1인칭 증언을 통해 의견을 말한다. 이 극화된 내레이션 전반에 걸쳐서 사라는 마이클이 대사를 되풀이하는 것에 규칙적으로 제동을 걸면서 그녀의 조각난 다큐멘터리 심문 속에 설정된 내레이션 그 자체의 구성적 구조에 주목한다. 관련 전략으로서 과거 사건들은 종종 홈비디오 영상에서 진실인 것처럼 보이는 것을 통해 재생되고 있지만, 결론 부분에 이르러서 이런 많은 사건들과 동영상의 진실은 주요 캐릭터들을 연기하는 배우들과 재구성된 장면의 재연인 것으로 드러난다. 마이클의 내러티브를 파괴하는 것처럼, 이런 재연은 처음에는 다큐멘터리 형식의 전통적인 사실 및 실제인 것처럼 보이는 것을 그런 사실들에 대한 완벽하고 정확한 초상이거나 혹은 아닐 수도 있다는 재현적 극화로 만들고 있는 것이다(**사진 7.31**).

다이앤에 대한 많은 스토리와 개인적 증언이 그녀를 영화의 중심으로 만들고 있는 반면, 성찰적 프레임과 재연 장면의 사용은 서서히, 다소 놀랍게도 영화의 관점과 의미를 전환시키고 있다. 다이앤의 역사에서 실제로 일어났던 일은 이 다큐멘터리에 있어서 가장 중요한 진실이 될 수 없을 수도 있다. 결론 부분에 다다라 사라가 마이클에게 그가 그녀의 생물학적 아버지가 아니라는 사실을 밝혔을 때, '밝히는 것이 가치가 있는 일'이라는 방식으로 그를 껴안는다. 그와 사라 모두에게 있어서 다이앤의 과거를 통한 탐색과 밝혀낸 진실은 '아무런 차이를 만들어내지 못한다'. 결코 누구도 완전하게 알 수 없는 엄마에 대한 가슴 아픈 다큐

7.30 〈**우리가 들려줄 이야기**〉 사라 폴리의 창의적인 다큐멘터리 속에서 그녀의 아버지 마이클은 연기적 읽기를 통해 자신의 과거를 말해준다.

7.31 〈**우리가 들려줄 이야기**〉 오래된 홈비디오(어떤 것은 진짜 같고, 또 어떤 것은 조작한 것 같은)는 어쩌면 이 다큐멘터리 속에서 부분적으로 허구일 수도 있는 엄마 다이앤의 모습을 흘끗 볼 수 있는 기회를 제공해준다.

멘터리 이상인 이 영화는 그녀의 삶에 있어서 아버지에 대한 딸의 충실한 사랑에 대한 다큐멘터리이기도 한 것이다.

7.32 〈스페인의 땅〉 파시스트 정권에 대항한 인민전선파의 영웅적인 저항을 찬양한다. Courtesy Everett Collection

7.33 〈파리 이즈 버닝〉 뉴욕의 하위문화인 여장남자 공연의 초상을 동정적이면서 재치 있게 그리고 있다.

7.34 〈제방이 무너졌을 때〉 스파이크 리의 이 다큐멘터리는 정치적 주장을 위한 강력한 도구로 대중매체를 이용한다.

양하는 데 목적을 두고 있다. 당시 사치스러운 할리우드 영화들과 비교하면서 이런 다큐멘터리 영화들은 미적 객관성과 정치적 목적의 균형을 추구하고 있었다. 1920년대 지가 베르토프의 〈카메라를 든 사나이〉 같은 영화 및 소비에트 영화들이 앞장섰던 정치적 다큐멘터리 영화는 사회적 시스템을 바꾸려는 의지를 갖고 관객들을 선동하거나 움직이도록 만들기를 희망하면서 분석적 혹은 설득적 입장을 떠맡는 경향이 있었다. 예를 들면 어니스트 헤밍웨이가 해설한 요리스 이벤스의 〈스페인의 땅(The Spanish Earth)〉(1937)은 파시스트 정권의 야만적 힘에 대항하여 용감하게 싸우는 '인민전선파'의 영웅적인 저항을 보여준다(사진 7.32). 이와 같은 정치적 다큐멘터리 영화는 특정 사회적 혹은 정치적 이슈 혹은 집단을 지지하는 뚜렷한 노력 때문에 때때로 선전선동 영화라는 딱지가 붙을 수 있지만, 직설적으로 조작적인 다큐멘터리 영화보다 더 예민한 전략과 더 복잡한 주장을 빈번하게 사용한다.

제2차 세계대전 이래로 정치적 다큐멘터리 영화는 더욱 다양하게 때때로 더욱 활발하게 성장해왔다. 1968년 아르헨티나 영화감독인 페르난도 E. 솔라나스와 옥타비오 게티노는 〈불타는 시간의 연대기(The Hour of the Furnaces)〉를 만들었는데, 아르헨티나 문화와 자원의 식민지적 착취에 대한 3시간짜리 긴 조사 영화로 뜨거운 정치적 논쟁과 거리 시위를 불러일으켰다. 최근 수십 년 동안 페미니스트 다큐멘터리 영화, 게이와 레즈비언 다큐멘터리 영화, 인종차별 다큐멘터리 영화는 전통적으로 다루지 않았던 정치적 쟁점 및 정체성 문제를 탐색한다. 다양한 영화들은 이런 전통의 힘과 목적을 보여준다. 〈아메리칸 레볼루셔너리 : 더 에볼루션 오브 그레이스 리 보그스(American Revolutionary: The Evolution of Grace Lee Boggs)〉(2013)는 97세 나이로 디트로이트에서 풀뿌리 수준의 사회적 변화를 위해 일하고 있는 한 사회운동가의 삶과 일을 조명한다. 로베르트 엡슈타인과 리처드 슈미센의 〈하비 밀크의 시간들(The Times of Harvey Milk)〉(1984)은 샌프란시스코에서 선출된 최초의 동성연애자 시의원이었던 사회운동가 하비 밀크의 암살을 그리고 있으며, 제니 리빙스턴의 〈파리 이즈 버닝(Paris Is Burning)〉(1991)은 할렘의 여장남자 공연 장면들을 기록한다(사진 7.33). 스파이크 리의 HBO 다큐멘터리 〈제방이 무너졌을 때(When the Levees Broke: A Requiem in Four Acts)〉(2006)는 허리케인 카트리나 재난 시 잘못 대처한 정부에 대한 영화로 인종차별 정치학을 국가 정치의 중심에 놓는 오랜 전통의 가치 있는 다큐멘터리 영화 흐름을 갖고 있다(사진 7.34).

역사적 다큐멘터리 사회적 다큐멘터리와 관련된 또 다른 형태는 역사적 다큐멘터리인데, 이는 역사 속 사건이나 인물을 발굴하고 재현하는 데 집중하는 영화 형식이다. 주제에 따라 영화들은 오래된 영상자료나 편지, 역사가의 증언 혹은 사진 같은 기타 자료들에 주로 의지한다. 그러나 자료와 용법이 무엇이든 간에 역사적 다큐멘터리 영화는 두 가지 넓은 방향으로 움직여왔다.

지나간 역사의 사실 및 실체를 추정하고 있는 전통적인 다큐멘터리 역사는 다소 복구될 수 있고, 정확히 재현될 수 있다. 〈아토믹 카페(Atomic Cafe)〉(1982)는 비록 다소 풍자적 다큐멘터리이지만, 냉전시대의 핵무기 경쟁에 대한 과대망상 및 발작적 광증을 묘사하기 위해 대중매체 및 정부 영상자료들을 이용한다(**사진 7.35**). PBS 시리즈 〈남북전쟁(The Civil War)〉(1990), 〈베이스볼(Baseball)〉(1996), 그리고 〈디 워(The War)〉(2007)를 포함한 켄 번즈의 영화들은 주요 역사적 및 문화적 사건의 다층적 역학을 재창조해내기 위해 다양한 자료, 기술, 목소리를 이용한다.

이와는 대조적으로 성찰적 다큐멘터리 역사는 이중적 관점을 채택한다. 영화나 다른 담론 및 재료가 결코 그 잃어버린 역사의 실체를 완전히 되돌릴 수 없을 것이라는 인식은 하나의 사건(예 : 홀로코스트나 히로시마의 핵폭탄 투하 같은 역사적 트라우마와 연관된 사건)을 묘사하는 작업과 나란히 한다. 그런 거대한 다른 주제들(나치의 죽음의 수용소와 중국계 미국인 자동차 기술자를 죽인 인종차별주의자의 살인사건)에도 불구하고, 클로드 란즈만의 〈쇼아(Shoah)〉(1985)와 크리스틴 초이와 르네 타지마의 〈후 킬드 빈센트 친(Who Killed Vincent Chin?)〉(1987)은 특정 역사적 및 문화적 잔혹함에 참여하고 있으며, 동시에 그런 사건 및 경험의 진실을 완벽하고 정확하게 기록하는 극도의 어려움을 되돌아보고 있다(**사진 7.36**).

민족지학적 영화

초기 영화에 뿌리를 둔 **민족지학적 다큐멘터리 영화**(ethnographic documentary)는 다큐멘터리 영화에서 두 번째 주요한 전통이다. 사회적 다큐멘터리 영화가 어떤 사건 및 인물의 정치적 및 역사적 의미를 강조하는 경향이 있는 반면, 민족지학적 영화의 특징은 주류 문화에서 볼 수 없는 혹은 변두리에서 지내는 특정 민족, 제의 혹은 공동체들을 나타내는 데 목적을 두고 있는 문화적 폭로이다. 여기서는 민족지학적 전통 속에서 두 가지 관행에 주목할 것이다. 인류학적 영화와 시네마 베리테가 그것이다.

인류학적 영화 인류학적 영화는 살아 있거나 혹은 멸종된 다른 지구적 문화 및 민족을 탐구한다. 20세기 초반에 이런 영화들은 종종 그들에 대한 아무런 경험도 없는 관객들에게 그들을 드러내는 이국적인, 사라지기 직전의 공동체들을 찾아나섰다. 그런 다큐멘터리 영화는 일반적으

7.35 〈아토믹 카페〉 자료 영상 및 전통적 다큐멘터리 장치들을 구사함으로써 이 영화는 1950년대 문화에 대한 과대망상증을 풍자한다.

7.36 〈후 킬드 빈센트 친〉 이 영화는 더 커다란 역사적 조건 속에서 반향을 일으키고 있는 현지 증오 범죄를 기록한다. 동시에 그것은 완벽한 역사적 진실과 소통하는 어려움을 되돌아보고 있다.

 생각해보기

본 영화 중에서 사회적 다큐멘터리로 간주될 수 있는 다큐멘터리 영화 한 편을 확인해보자. 그것은 어떤 유형의 사회적 다큐멘터리 영화인가? 설명해보자.

7.37 〈죽은 새들〉 이 뛰어난 민족지학적 영화는 관객들에게 뉴기니 다니 부족의 삶을 엿볼 수 있는 기회를 제공해주면서, 돼지 키우는 젊은이 푸아와 농부이자 전사인 웨약에 초점을 맞추고 있다.

로 영화감독의 해석을 강요하지 않으면서 사실 그대로 그들 민족과 문화를 드러내는 데 목적을 두고 있다. 그러나 사실 그것들은 종종 영화감독들의 관점에 의해 암묵적으로 만들어지기도 한다. 1940~50년대에 장 루쉬의 〈완저베의 마술사들(The Magicians of Wanzerbe)〉(1949) 같은 작품은 영화를 인류학의 연장으로 변형시켜서 종종 원시사회 민족들을 구분하는 사회적 제의 및 문화적 관습들을 찾아나선다. 로버트 가드너의 〈죽은 새들(Dead Birds)〉(1965)은 뉴기니 다니 부족의 전투 제의들을 조사하면서, 그 민족의 가장 독특하고 다른 면이 무엇인지를 끄집어내도록 과학적 거리를 유지한다(**사진 7.37**).

민족지학적 다큐멘터리 영화의 주제는 세월이 흐르면서 상당히 확대되었는데, 때때로 서구세계의 잃어버린 문화들도 찾아낸다. 인류학적 영화의 이런 현대적 변형은 감독에게 '이국적'으로 보이는 문화나 공동체에 주목하기보다는, 〈독타운과 Z 보이즈(Dogtown and Z-Boys)〉(2001)의 스케이트보드 패거리 같은 하위 문화나 집단 의례, 가치, 사회적 패턴을 조사한다. 1950년 이전에 만들어진 홈비디오 영상을 이용하는 카렌 샵소위츠의 〈내 아버지의 카메라(My Father's Camera)〉(2001)는 때때로 홈비디오와 스냅숏을 통해 일상생활을 포착해내는 아마추어 영화감독들에 의해 현실이 가장 잘 드러난다는 주장을 한다. 영화 역사에서 가장 야심찬 영화 중 하나인 크리스 마르케의 〈태양 없이〉(1983)는 '생존의 두 극단'으로 표현되는 일본과 아프리카 사이의 세계를 여행하면서 보내온 카메라맨의 편지를 따라가면서 민족지학적 다큐멘터리 영화의 많은 구조와 변화를 뒤섞어서 실험한다.

시네마 베리테와 다이렉트 시네마 민족지학적 영화와 관련된 가장 중요하고 영향력 있는 다큐멘터리 학파 중 하나는 시네마 베리테인데, 프랑스어로 '진실된 영화(cinema truth)'라는 뜻이다. 1920년대 지가 베르토프의 키노프라우다(Kino-Pravda, 진실된 영화)와 관련된 시네마 베리테는 대립적 방식으로 진짜 대상, 사람, 사건을 영화화한다고 주장한다. 그래서 주제의 리얼리티는 기록하는 카메라의 리얼리티를 계속해서 알리고 있다. 이 영화 운동은 미국과 기타 나라들에서 영화 문화로 급속히 퍼져나가기 전인 1950년대 말과 1960년대에 캐나다와 프랑스에서 일어났다.

경량급 카메라와 휴대용 음향 장비의 발달에 힘입은 장 루쉬 같은 영화감독은 사건들 속에 직접 참여하고 몰두하는 상황을 제시하기 위해 자신들이 만들어 놓은 이미지 속에서 즉각적인 반응을 만들어낸다. 루쉬의 〈나, 흑인〉(1958)은 아이보리코스트(코트디부아르) 공화국 수도 인근 동네인 트레시빌에서 촬영했는데, 에드워드 G. 로빈슨(1930년대 미국 영화계의 '터프 가이' 배우)으로 자신을 언급하고 있는 사람의 보이스오버 내레이션을 동반하면서 젊은 아프리카인들 집단의 일상생활을 그려내고 있다. 시네마 베리테의 이런 버전에서 연속성 및 캐릭터 발전의 규칙은 의도적으로 무시된다. 여기서 리얼리티는 객관적으로 나타나고 있는 것만이 아니다. 리얼리티는 이런 개인들이 스스로를 위해, 그리고 스스로에 대해 만들어내는 픽션과 판타지이며, 대화 상대자로서의 영화감독이 승인한 개입이다. 게다가 미국과는 달리 프랑스 시네마 베리테는 카메라의 수사적 위치에 대한 주관적 관점에 특정 관심을 두고 있다. 루쉬의 영화에서 보이스오버는 보이는 것에 대해 빈번하게 역설적인 언급을 한다.

시네마 베리테의 북미판 버전은 다이렉트 시네마로 불리는데, 이것은 프랑스보다 더 관찰적이

면서 덜 대립적이다. 그 이정표가 되는 영화인 〈예비 선거〉
는 위스콘신 주 대통령 선거인 예비 선거를 통해서 존 F. 케
네디와 허버트 H. 험프리 민주당 대선후보들을 따라가고 있
다. D. A. 페네베이커와 메이슬즈 형제는 이 영화를 만드는
데 관여하고 있었는데, 이런 전통으로 계속 작업을 해나가면
서 주제의 정체성이 연기자로서의 역할과 떨어질 수 없는 사
회적 쟁점을 향해 무게중심을 둔다. 페네베이커는 젊은 밥
딜런의 초상화인 〈돌아보지 마라(Don't Look Back)〉(1967)
(사진 7.38), 1992년 빌 클린턴의 정치적 운동에 대한 영화인
〈워 룸(The War Room)〉(1993) 같은 다수의 시네마 베리테
영화들을 만들었다. 알버트와 데이빗 메이슬즈 형제는 〈회
색 정원(Grey Gardens)〉에 이어 떠돌이 성경책 판매원에 대
한 영화 〈세일즈맨(Salesman)〉(1968), 1969년 롤링스톤즈의
미 전역 투어 연주에 대한 강력하고 말썽 많은 기록인 〈김미
셸터(Gimme Shelter)〉(1970)를 포함한 많은 영화를 다이렉트 시네마 스타일로 만들었다. 알버트
메이슬즈는 새로운 세대 다큐멘터리 작가의 조언자로 봉사하면서 계속해서 적극적인 활동을 하
고 있다.

7.38 〈돌아보지 마라〉 다이렉트 시네마는 밥 딜런이라는 유명인사의 내부를 들
여다보면서 관조한다.

개인적 다큐멘터리, 재연 다큐멘터리, 모큐멘터리

최근 다큐멘터리 영화에서 현대적 전통을 규명하기 위해 세 가지 특정 전략 또는 경향은 중요하
게 여겨지고 있다. 사회적 다큐멘터리 영화와 민족지학적 영화 사이의 경계선이 오락가락하며
흔들리고, 영화 장비가 널리 보급되자 자서전이나 일기처럼 보이는 **개인적 다큐멘터리**(personal
documentary) 혹은 **주관적 다큐멘터리**(subjective documentary)가 더 일반적인 것이 되었다. 이
하위 장르는 이전 영화들에 그 뿌리를 갖고 있다. 즉 〈로스트,
로스트, 로스트(Lost, Lost, Lost)〉(1976)에서 조나스 메카스는
뉴욕의 한 이민자로서 그가 자라온 과정에 대한 일기식 영화에
서 자신의 희망과 두려움을 그려낸다. 홈비디오, 일지 서문, 일
기와 유사한 조각낸 스타일들을 대위법적으로 구성하면서, 시
인이기도 한 해설자의 리듬감 있는 목소리가 고통부터 환희까
지에 걸쳐 있는 감정들을 간간이 표현해낸다. 〈건강한 여아(A
Healthy Baby Gial)〉(1996)에서 영화감독 주디스 헬팬드는 임
신 동안 엄마가 DES(합성 여성 호르몬제) 약을 사용한 것이 암
증상의 원인이 되었음을 추적하고 있는데, 그 약은 유산을 막
기 위해 처방되는 약이다. 이 영화가 이런 의학적 윤리 위반 사
건과 여성의 건강에 미치는 영향을 폭로하고 고발하는 동안,
주요 초점은 영화감독과 그녀 가족의 개인적 여정에 맞춰진다
(사진 7.39).

다큐멘터리 영화들의 진실성 및 정직성에 대한 의문은 플래
허티가 1920년대 〈북극의 나누크〉와 그의 다른 영화들에서 카
메라를 위해 '전형적인' 사건들을 재구성한 이래로 제기되어왔
다. 최근 더욱더 많은 다큐멘터리 영화들이 다큐멘터리 관례들
을 패러디하기 위해 카메라의 진실성에 의문을 던진다. 오늘날

7.39 〈건강한 여아〉 영화감독과 그녀의 엄마에 대한 이 작품처럼 일부 다큐멘
터리 영화들은 개인적 스토리를 더 커다란 쟁점, 여기서는 의학적 윤리 위반과
얽어 놓고 있다.

7.40 〈가늘고 푸른 선〉 수사 다큐멘터리의 한 부분으로서 범죄를 재연하면서 에롤 모리스의 영화는 더 실험적인 다큐멘터리 형식을 위한 무대 세트를 설정한다.

논쟁적인 것이 점점 늘어남에 따라 **재연 다큐멘터리**(reenactment documentary)는 아마도 이런 것이 실제 사건일 것이라 추정되는 무대를 재현해내기 위해서 다큐멘터리 기술들을 사용한다. 이런 경계를 흐리게 하는 초기 예인 〈알제리 전투〉(1966)는 프랑스 점령(1954~1962)에 대항하는 알제리인들의 저항을 재창조로 묘사하고 있는데, 실제 역사적 사건에 대한 이 영화는 대본과 배우들(일부는 자진해서 연기하는)이 연기하는 스토리로 발전시키면서 다큐멘터리 기술을 사용한다. 실제로 처음 자막은 이 영화에서 어떠한 다큐멘터리 영상도 사용되고 있지 않다는 사실을 자랑스레 드러낸다.

에롤 모리스의 〈가늘고 푸른 선(The Thin Blue Line)〉(1988)은 1976년 한 댈러스 경찰관을 죽인 범인 랜들 애덤스에 대한 다큐멘터리이지만, 진짜 살인자를 찾아내는 미스터리 드라마이기도 하다. 증거의 클로즈업과 전면에서의 인터뷰 같은 다큐멘터리 영화의 많은 노출적 기술을 사용하면서, 살인이 벌어진 저녁시간, 날조된 대화, 으스스한 필립 글래스[5]의 사운드트랙, 법정의 그림, 오래된 영화의 부분 동영상과 함께 이것을 교대로 보여준다(**사진 7.40**). 관례적인 재연을 둘러싼 논쟁과 질문이 〈마이클 무어 뒤집어보기〉에서 조사되고 있는데, 그것은 마이클 무어가 자신의 영화에서 재연을 사용하고 있는 것에 대한 릭 케인과 데비 멜닉의 다큐멘터리이다.

스펙트럼의 다른 쪽 끝에서 **모큐멘터리 영화**(mockumentaries, 가짜 다큐멘터리 영화)는 허구적(때로는 터무니없는) 실체들을 무대에서 보여주기 위해 다큐멘터리 스타일과 구조를 이용함으로써 진실과 사실에 대한 질문에 훨씬 더 유머러스한 접근법을 취한다. 모큐멘터리는 그런 영화들의 전통과 목적에 대한 한 사람의 지식과 감상 맥락에 의지하면서 어떻게 다큐멘터리 영화들이 다른 경험과 반응을 만들어낼 수 있는지에 대한 극단적인 예이다. 〈이것이 스파이널 탭이다(This Is Spinal Tap)〉(1984)의 첫 출시와 더불어 일부 관객들은 그것을 직설적인 록음악 다큐멘터리로 혹은 '라큐멘터리(rockumentary)'로 보고 이해하는 한편, 대부분의 관객들은 그것을 다큐멘터리 전통에 대한 패러디로 인식했다. 그 두 가지 반응은 다큐멘터리 영화에 대한, 그리고 다큐멘터리 영화와 관련된 사람들의 다른 생각과 지식이 어떻게 그 영화의 '실체(리얼리티)'에 대한 아주 다른 해석들을 이끌어낼 수 있는지를 극적으로 보여준다(**사진 7.41**). 인기 있고 논쟁적인 영화인 〈보랏(Borat)〉(2006)은 미국의 거리에서 발견되는 유명인사, 카우보이, '문화적 배움'을 찾아 '세계에서 가장 위대한 나라'를 여행할 때, 허구적인 카자흐스탄 TV에서의 면전 인터뷰를 따라감으로써 유사한 모큐멘터리 스타일을 통합시키고 있다. 배우 사차 바론 코엔은 캐릭터 보랏에 대한 자신의 연기를 천재로서의 페르소나를 받아들이는 사람들의 인터뷰들과 뒤섞어 놓고 있다. 이와 같이 이 영화는 진실에 대한 관객들의 추정에 대한 패러디, 다큐멘터리 가치의 진실성을 위험하게 왜곡하는 것 사이의 경계에 대해 의문들을 제기한다(**사진 7.42**).

모큐멘터리와 밀접한 관계가 있지만, 더 진지한

7.41 〈이것이 스파이널 탭이다〉 이런 컬트 영화 같은 모큐멘터리 영화들은 영화적 다큐멘터리의 진실성이 관객의 경험과 기대치에 의존한다는 것을 상기시켜준다.

목적을 갖고 있는 것이 페이크 다큐멘터리이다. 이것은 부뉴엘의 〈빵 없는 세상〉에서 오손 웰즈의 〈거짓 F〉를 통해 확장된 전통인데, 오손 웰즈의 이 영화는 진실된 다큐멘터리의 가능성에 스스로 의문을 제기하면서 진짜 사기꾼들을 바라보는 영화이다. 더 최근의 영화인 셰릴 더니의 〈워터멜론 우먼(The Watermelon Woman)〉(1996)은 1930년대의 한 흑인 여배우를 찾는 아프리카계 미국인 레즈비언 다큐멘터리 영화감독에 대한 허구적 언급이다. 그녀가 이 영화 속에서 페이크 다큐멘터리를 위해 모으고 있는 사진 및 영상의 보관자료는 영화의 창조적 팀에 의해 애정을 기울여 만든 작업(살아남지 못한 역사에 대해 상상하기)을 보여준다(사진 7.43).

7.42 〈보랏〉 다큐멘터리의 진실성에 대한 가장 중요한 추정 중 일부는 아마도 그런 추정의 허세를 풍자하는 하나의 방식으로 이 영화에서 침해당한다.

 생각해보기

최근 본 다큐멘터리를 생각해보자. 무엇이 영화의 목적이고, 또 추정인가? 다른 역사적 혹은 문화적 맥락에서 이 다큐멘터리를 보는 것이 어떻게 그런 목적과 추정을 왜곡하고 혹은 변화시킬 수 있을 것인가?

우리가 보아왔듯이 다큐멘터리 영화들은 서사 영화와는 뚜렷하게 다른 영화 경험을 창조해낸다. 일부 이런 경험들이 똑같은 사람들에 대한 서사적 역사와 아주 다른 방식으로 개인들을 상상하는 비서사적 초상화인 반면, 또 다른 경험들은 사건의 진실에 대한 것이다. 서사 영화는 세계와 우리의 시간적·역사적 관계에 대해 우리가 즐기고, 상상하고, 생각하도록 촉구하고 있으며, 언제 그런 플롯과 서사가 경험에 따라 적절하게 보이는지를 생각하도록 촉구한다. 그러나 다큐멘터리 영화는 통찰력 있는 방식으로 우리를 포함하고 있는 세계와 많은 다른 종류의 관계들(논쟁, 탐구, 분석을 통해서)을 맺고 있다는 사실을 상기시켜준다.

7.43 〈워터멜론 우먼〉 모큐멘터리 전통의 진지한 사용으로서, 이 영화는 살아남지 못한 역사 혹은 아직 도착하지 않은 역사를 제시한다.

7.44a

7.44b

7.44c

7.44d

7.44e

현대의 다큐멘터리 :
〈선물가게를 지나야 출구〉

현대의 다큐멘터리 영화는 종종 보다 앞서 나가는 의식 있는 스타일과 형식으로 나타나고 있다. 개인적 관점을 강조하고 재연을 탐구하는 것 같은 낡고 새로운 전술을 실험한다. 놀랄 것도 없이 모큐멘터리 영화는 전통적 다큐멘터리 영화의 평범한 스타일과 전략을 의도적으로 패러디하면서, 점점 더 대중적이 되었다.

〈선물가게를 지나야 출구(Exit Through the Gift Shop)〉(2010)는 현대적 다큐멘터리의 매력적인 예인데, 크게는 기록되고 있는 것, 진실, 조롱당할 수도 있는 것 혹은 사람이 불분명하기 때문이다. 이 영화는 티에리 구에타의 이야기로 시작하는데, 거리 예술가들, 특히 미스터리하고 유명한 예술가 뱅크시에 대한 하나의 다큐멘터리를 만들려고 결심한다. 그러나 서서히 뱅크시는 이 영화를 장악하게 되고, 구에타가 갑자기 이상하게도 유명한 거리 예술가로 일어서게 되는 것에 대한 영화가 되어 간다.

처음에 구에타는 거리 예술가들의 숨겨진 세계를 포착하는 시네마 베리테 예술가로 비쳐진다(사진 7.44a). 그러나 구에타가 뱅크시와 만나서 협력하기로 하자, 예술과 자기 패러디 사이의 경계가 흐려진다. 로스앤젤레스에서 뱅크시의 유명한 광대극풍의 전시회가 성공을 거둔 것을 촬영한 후에(사진 7.44b), 구에타는 의문을 품게 된다. 즉 만일 뱅크시가 공적인 삶의 가치와 진실을 조롱하는 데 성공할 수 있다면, 나는 왜 그렇게 할 수 없을까(사진 7.44c)? 뱅크시의 격려로, 구에타는 새롭게 발견한 자신의 재능을 마음껏 공개하기로 한다(사진 7.44d). 결국 신비스럽게 복면을 한 뱅크시만이 자신이 창조해낸 괴물을 경탄(후회)할 수 있다(사진 7.44e). 거리 예술이 그날그날 세계의 리얼리티에 간섭하는 방식을 보여준다면, 그런 간섭이 상업적 사기처럼 보이기 시작한다면 그것은 무엇을 의미하는 것일까? 그런 예술이 사기로 드러난다면, 다큐멘터리(뱅크시에 의한) 또한 스스로를 조롱하고 있는 것인가?

요약

이 장에서 논의된 〈그리즐리 맨〉, 〈아란의 사람들〉, 〈우리가 들려줄 이야기〉, 기타 다큐멘터리 영화는 유사한 분석적 · 개념적 의문을 불러일으키고 있다. 이 모든 영화는 자신만의 전략과 형식적 특성을 발전시켜왔다. 사실 및 인물을 비교하고, 축적시키고 혹은 발전시키는 노출적 구성으로부터 세계를 탐험하고, 분석하고, 설득하고 '이행'하기 위해 작업하는 수사학적 입장까지에 걸쳐 발전해왔다. 〈그리즐리 맨〉은 한 번에 이행하고 분석하는 하나의 관점을 통해서 트레드웰의 이미지들을 축적시키려 한다고 이야기될 수도 있는 한편, 〈아란의 사람들〉은 하루 동안에 걸쳐 있는 이미지들을 통해서 아란섬에서의 삶에 대한 탐험적 조사를 발전시키고 있다. 우리가 때때로 〈우리가 들려줄 이야기〉 같은 영화에 대해 가치를 부여하는 것은 새로운 방식으로 그 세계를 드러내 보이고, 신선한 눈으로 보도록 촉구하기 때문이다. 그런 신선한 눈은 많은 유형의 사회적 다큐멘터리 영화로부터 많은 종류의 민족지학적 영화 및 개인적 다큐멘터리 영화에 걸쳐 있는 수많은 복잡한 전통을 생산해왔던 결과물이다. 당신이 생각하고 있는 다큐멘터리 영화가 있다면, 다음과 같은 질문을 주의 깊게 반영해보도록 하자.

■ 그 영화는 자전적 영화인 〈우리가 들려줄 이야기〉 같은 논픽션으로 혹은 〈그리즐리 맨〉 같은 비서사 영화로 특징지을 수 있는가?
■ 그 영화의 구성적 전략을 묘사해낼 수 있는가?
■ 〈아란의 사람들〉처럼 그 영화를 위한 분명한 수사학적 전략이 있는가?
■ 그 영화를 알리는 가치와 전통의 의미를 만들어내고 있는가? 주로 의견을 바꾸려 하거나 다른 문화적 세계를 조사하려는 혹은 〈그리즐리 맨〉처럼 양쪽 모두를 하려는 목적을 갖고 있는가?

적용해보기

■ 당신이 만들려는 다큐멘터리의 주제로 아주 구체적이고도 긴급한 현대의 사회적 쟁점을 선택하자.
■ 그 영화가 사용할 주도적인 관점(수사학적 입장)을 묘사해보자.
■ 당신이 사용하고자 하는 일부 중심적인 장면이나 이미지를 스케치하고, 구성을 설명해보자.
■ 마지막으로 그 영화의 주제, 전략, 목적에 가장 잘 맞아 떨어지는 전통을 설명해보자.

실험 영화와 뉴미디어

형식에의 도전

2009년 이란에서 대통령 선거 결과에 불복하는 대중 시위에 뒤이어, 영화감독 자파르 파나히가 체포되어 징역 6년형을 선고받았다. 그는 또한 20년간 영화 만드는 일을 금지당했다. 〈오프사이드(Offside)〉(2006)와 〈하얀 풍선(The White Balloon)〉(1995) 같은 영화들이 국제 영화제에서 각광받자, 파나히는 그의 석방을 청원하는 서구의 유명 영화감독 및 배우의 지지를 받았다. 이란 내부에서 파나히와 동료 영화감독 모지타바 미르타흐마스브는 이란의 검열을 피해서 〈이것은 영화가 아니다(This Is Not a Film)〉(2011)를 만들었다. 감금당한 아파트에서 항소의 결과를 기다리면서 파나히가 아이폰과 저가의 디지털 카메라로 촬영한 이 영화는 서사 영화, 다큐멘터리 영화, 실험적 영화 사이의 경계에 도전하면서, 보이는 것만큼 보이지 않는 것에 의해 규정된 개방적 상황에 관객들이 참여하도록 요청한다. 일기 형식은 프레임의 안팎으로 돌아다니는 애완동물 이구아나처럼 매일의 일상에서 초현실적인 것을 포착해낸다. 생일 케이크 속에 작은 플래시드라이브를 숨겨서 이란 밖으로 밀반출시킨 파나히와 미르타마숩의 실험 영화 결과물은 2011년 칸 영화제에서 공개되었다. 이 영화는 이벤트 영화의 성격, 자기 표현의 잠재력, 미디어 매체의 존재론에 의문을 표하면서, 기술과 장벽을 가로질러 실험 영화의 다양성과 지속성을 보여준다.

서사 영화가 스토리에 대한 인간 욕구와 관련되어 있고, 다큐멘터리 영화가 사회와 역사를 보고 이해하려는 욕구를 다루고 있는 한편, 인간 경험의 다른 측면들(감각적인 진술, 지적인 수수께끼, 감정, 기억, 꿈)은 실험 영화, 비디오, 기타 시청각 매체에서 탐구된 비서사적, 비현실적 관례의 영역에 의해 촉발된다. 서사 영화가 픽션에 비유된다면, 실험 영화는 종종 시에 비유된다. 이런 비유는 실험적 작업을 추구해 나가는 서정적 충동을 강조할 뿐만 아니라 무언가 그 미미한 경제성을 포착한다. 실험적 작업은 대규모 인원이나 스튜디오에 의한 것이라기보다는 개인 예술가들에 의해 이루어지며, 관객들은 통상 어떤 대안적 영화 전략들을 추구하고 참여하는 데 자극받은 사람들로 구성된 소수에 머물러 왔다. 그러나 이런 미학과 표현에 참여하고자 하는 양상은 영화 형식에 깊은 영향을 미치면서 모든 관객에게 다가오고 있다.

형식과 추상적 이미지의 실험은 영화 역사의 과거 백여 년간 지속적으로 이루어져 왔다. 모험적인 영화감독들은 다른 미디어를 넘어서고, 전통적인 서사적 형식 및 다큐멘터리 형식의 경계 밖으로 나아가기 위해 영화를 이용해왔다. 그들은 관객들을 매혹적인 방식으로 불러내고 도발하기 위해서 일상적인 이미지와 사운드를 일상적이지 않고 이상하고 괴이한 것과 결합한다. 예를 들면 〈조개와 성직자〉(1928) 같은 초현실주의 고전작품의 난해한 이미지와 구조는 뮤직비디오 형식에 반향을 일으켰다. 미셸 공드리가 연출한 아이슬란드 가수 비요크의 'Human Behavior'(1993) 뮤직비디오에서 가수는 인간과 동물이 더 이상 다르지 않고, 음악을 통해서 물리적 한계를 초월하는 동화 세계 속에 살고 있다고 말한다(사진 8.1). 실험 영화는 또한 기술적 변화를 연결하는 방식으로 매체와 형식에 관여한다. 이 장은 실험적 시청각 미디어를

8.1 'Human Behavior' 현대의 뮤직비디오는 초현실주의 같은 실험 영화에 빚을 지고 있다. 미셸 공드리의 이 뮤직비디오는 가수 비요크의 음악처럼 팝문화와 전위예술을 결합한다.

핵심 목표	■ 실험 영화 및 미디어를 문화적 관습으로서 묘사해보자.
	■ 실험적 작품이 미학적 역사에서 어떻게 그려지고 있는지를 설명해보자.
	■ 작품들이 미디어의 형식적 도구를 어떻게 탐구하고 있는지를 지적해보자.
	■ 실험적 미디어가 어떻게 도전적이면서도 주도적인 영화 형식과 제도의 일부가 될 수 있는지를 논의해보자.
	■ 실험적 미디어에서 일부 공통된 구성, 스타일, 관점을 조사해보자.
	■ 관객들이 실험적 작품을 보고 이해하기 위해 어떤 준비가 필요한지 알아보자.
	■ 실험적 미디어의 도전이 영화 경험에 또 다른 차원의 의미를 부여하는 방식을 설명해보자.

기원으로부터 오늘날까지 탐구하면서, 영화 역사에서 가장 복잡하고, 도전적이며, 보람 있는 시도 중 일부를 논의할 수 있는 필수적인 도구를 제공한다.

'영화(cinema)'라는 단어는 움직임이라는 그리스어 **키네마**(kinema)에서 유래했다. 매체의 스토리텔링 능력이든, 세계를 드러내 보이는 능력이든, 영화의 기본은 단순히 움직임을 주는 것이다. 서사 영화는 상업적 산업과 많은 관객의 영화 경험을 규정하고 있으며, 다큐멘터리는 카메라의 진실을 말하는 기능에 대한 추정을 만들고, 실험 영화는 영화를 있는 그대로(움직임 속에서의 이미지들을) 만드는 바로 그 도구에 초점을 맞추고 있다. 이 장에서 우리가 논의하는 작품들을 나타내는 데 역사적으로 다양한 용어가 사용되어왔다. 가장 두드러진 것은 **아방가르드**(avant-garde)라는 용어인데, 이것은 선봉에 서서 호위한다는 군사 용어로, 예술에 있어서 혁신적인 운동을 묘사하는 데 사용된다. 우리는 영화감독들이 특정 아방가르드 예술운동에 매여 있지 않는 방식으로 미적 표현이나 기술적 혁신을 위해 영화 형식의 특정 요소들을 가지고 실험하는 방식을 강조하기 위해 더 일반적인 '실험'이란 용어로 불러왔다.

실험 영화(experimental film)는 필름 스톡, 필름의 구멍, 조명, 인물 움직임, 편집 패턴, 그리고 관객 앞의 투사 같은 기본적 요소들을 포함하고 있으면서, 보통 관객들에 의해 경험되는 조건과 영화 매체 자체의 물질적 특성을 탐구한다. 기술의 변화는 형식의 변화를 가져온다. 예를 들면 수 프리드리히의 〈강 아래로(Gently Down the Stream)〉(1981)에서처럼 슈퍼-8 같은 아마추어 형식으로 일하는 영화감독들은 감광유제가 발라져 있는 촬영필름에 직접 흠을 낼 수도 있는 반면, 비디오 예술가 조앤 조나스는 〈버티컬 롤(Vertical Roll)〉(1972)에서 TV 매체를 탐구하기 위해 롤링 이미지[1]를 보여주는 비디오 모니터를 설치한다**(사진 8.2)**. 1960년대 말 휴대용 비디오 장비의 도입, 1990년대의 디지털 형식으로의 전환, 2000년대의 미디어 플랫폼의 통합과 증대는 영상매체라고 넓게 일컬어지는 것에서 일하는 예술가들의 자원을 확대해주었다.

이 장은 주로 실험 영화의 더 커진 몸과 더 길어진 역사를 논의한다 하더라도, 또한 어떻게 그 역사와 집착이 **비디오아트**(video art)와 **뉴미디어**(new media)와 관련되어 있는지를 보여줄 것이다. 비디오아트는 1960년대 말 발생하여 예술가들의 매체 사용 범위를 설치 미술, 갤러리 전시회, 축제, 기타 장소들로 확대했다. 뉴미디어는 기술의 집합체로 일컬어지면서 예술뿐만 아니라 정보과학 및 통신 분야에서 사용되는 용어로 인터넷, 디지털 포맷, 비디오 게임 콘솔, 스마트폰, 터치스크린 장치, 그것들이 지원하는 응용 소프트웨어 및 창의적 프로그램들을 포함한다. 20세기 초 예술가들은 현대 생활에서 영화의 형식과 그 위치를 탐색

8.2 〈버티컬 롤〉 비디오 예술가 조앤 조나스의 이 조각 장면은 불안정한 비디오 이미지가 말려들어 가는 TV 고장으로부터 그 이름을 따왔다. 여기서 그녀의 얼굴은 마치 모니터에 갇힌 것처럼 나타나고 있다. Courtesy of the Video Data Bank, www.vdb.org

했던 것과 같이 오늘날 많은 예술가들은 정보시대에서의 삶에 반항을 일으키기 위해 뉴미디어 기술을 이용한다. 예전에는 종종 도시를 벗어나거나 혹은 대학을 벗어나면 실험 영화를 보기가 어려웠는데, 이제는 실험적 영상 매체의 영역에서 새로워진 에너지를 증명하고 있는 인터넷을 통해서 언제, 어디서나 접근이 가능해졌다.

실험 영화의 간략사와 미디어 관례

실험 영화와 그 비전은 **근대성**(modernity)과 관련 있는 더 넓은 기술적 및 사회적 변화에 뿌리를 두고 있는데, 근대성이란 용어는 중세시대 말부터 현재에 걸쳐 있는 넓은 역사시대, 역사를 형성하는 인간 능력에 중심을 둔 진보와 과학을 향한 태도, 양자 모두를 일컫는 말이다(**사진 8.3**).

근대 사회가 진보와 지식을 포용하게 되자 일부 개인들은 사실 추적에 대한 과학적 및 실용적 성향을 거부했다. 에세이 *A Defence of Poetry*(1819)에서 낭만파 시인 퍼시 비시 셸리는 시인들은 세계의 알려지지 않은 입법자라고 주장했다. 논문집 *The Renaissance*(1873)에서 월터 페이터는 인간 상상력의 중요성을 드러내고, 상업과 과학에서 얻을 수 없는 경험을 창조해내는 예술의 힘을 옹호했다. 단테 가브리엘 로제티의 작품들 같은 라파엘 전파[2]의 그림들과 클로드 모네의 인상파 그림들은 사실적 관찰을 넘어선 감각, 창조성, 인식에 대한 미적 행위를 표현했다(**사진 8.4**). 낭만파의 미적 전통은 나중에 많은 실험 영화 관례에 중심이 되는 개인적 표현 능력 강조에 영향을 끼쳤다(**사진 8.5**).

활동사진 기술이 완벽해진 20세기 초 급속한 산업적 및 문화적 변화가 나타나자 예술에서의 발전을 거울에 비추어 보고 의문을 품게 되는 현상이 나타났다. 회화, 음악, 디자인, 그리고 건축에서 모더니스트 형식은 철도, 전신, 전기 같은 기술을 통해 가속적이고 단절적인 시간, 공간적 병치, 파편화라는 새로운 경험을 포착해냈다. 영화는 문자 그대로 기계로 만들어졌기 때문

8.3 시카고 세계 시장(Chicago World's Fair)(1893) 19세기 근대성의 스펙터클한 광경은 보는 것에 대한 영화적 방식을 예견하면서 시각성과 기술을 찬양했다. Hulton Archive/Getty Images

8.4 클로드 모네, 수련(1916~1920) 모네의 이 세 폭짜리 그림은 빛에 대한 에너지 넘치는 묘사로 실험 영화를 예견한다. Monet, Claude (1840~1926). Water Lilies. 1914~26. Oil on canvas, three panels, each 6' 6¾" 13' 11¼" (200 × 424.8 cm), overall 6' 6¾" × 41' 10⅜" (200×1276 cm). Mrs. Simon Guggenheim Fund. (666.1959.a-c) The Museum of Modern Art, New York, NY U.S.A. Digital Image © The Museum of Modern Art/Licensed by SCALA/Art Resource, NY

에, 매체는 모더니즘의 중요한 부분으로 간주되었다. 공간과 시간을 가지고 실험하는 것은 매체의 역사 초기에 나타났으며, 영화는 다른 매체로부터 실험적 예술가들을 끌어들이는 매력이 있었다.

1910~1920년대 : 유럽의 아방가르드 운동

무성 영화 시절 실험 영화 운동이 수많은 나라에서 일어났는데, 이는 종종 기술의 다른 혁신들과 연관되어 있었다. 예를 들면 독일에서 다다이즘 예술가인 한스 리히터와 비킹 에겔링은 자신들이 **절대 영화**(absolute film)[3]라고 부르는 것에서 추상을 탐구하기 시작했고, 한편으로 데어 슈투름(Der Sturm, 폭풍)[4]이란 잡지의 표현주의 화가들은 〈칼리가리 박사의 밀실〉(1920)의 세트 디자인 만드는 데서 일했다. 1920년대 프랑스에서, 장 엡스탱과 제르맹 뒬락 같은 아방가르드 영화감독들은 작업에 새로운 음악 형식뿐만 아니라 회화에서의 표현주의에도 관심을 기울이고 있었다. 동시에 영화 예술가들은 영화를 독특한 예술 형식으로 발전시키기 위해 촬영과 편집을 탐구했다. 〈기계적 발레〉(1924)에서 프랑스 입체주의 화가 페르낭 레제는 미국인 감독 더들리 머피와 함께 같은 작품명을 가진 미국 작곡가 조지 앤타일[5]의 악보에 대한 시각적 표현으로써 의도한 기계 시대 미학의 찬양 작업에 동참했다(304~305쪽 '집중 분석' 참조).

역사상 가장 의미 있는 실험 영화 운동 중 하나는 1917년 러시아 혁명 이후 소련에서 일어났다. 블라디미르 레닌은 영화를 새로운 사회를 위한 가장 중요한 예술로 생각했다. 그 당시 소련의 영화감독들은 구성주의[6]에 영감을 받고 있었는데, 역동적인 기계적 시대의 예술로 사회적 목적에 봉사하면서 회화, 연극, 시, 디자인, 그리고 포토몽타주에 영향을 미쳤다. 사실 무성 영화 시대에 아방가르드 영화 만들기는 그 정신에 있어서는 국제적이었다. 소련뿐만 아니라 미국, 독일에서도 영화감독들은 '도시 교향곡(city symphony)' 장르에서의 근대적 대도시에 찬사를 바쳤다. 찰스 실러와 사진가 폴 스트랜드는 〈맨하타(Manhatta)〉(1921)에서 뉴욕 풍경을 기록했다(사진 8.7). 베를린에 대한 영화적 인상은 발터 루트만의 〈베를린 : 대도시 교향곡(Berlin: Symphony of a Great City)〉(1927)에서 오케스트라 공연처럼 잘 어우러져 있으며, 지가 베르토프의 〈카메라를 든 사나이〉(1929)는 근대적인 소련의 역동적인 삶을 보여준다. 영국에서는 국제주의가 케네스 맥퍼슨, 브라이어, 그리고 미국 시인 힐다 둘리틀 같은 예술가들에 의해 주창되었는데, 그들은 소련 영화감독 세르게이 에이젠슈타인의 작품들을 잡지 **클로즈업**(Close Up)에서 번역하고, 그들의 이상하고 독특한 영화 〈보더라인(Borderline)〉(1930)에서 소개했다. 정치적 발언을 직설적으로 하는 아프리카계 미국인 배우 폴 로브슨과 그의 아내 에슬란다를 영상화한 〈보더라인〉은 인종차별, 성차별, 프로이트식 심리분석 문제를 다루고 있다(사진 8.8).

8.5 〈쾌락의 정원(The Garden of Earthly Delights)〉(1981). 다작의 실험 영화감독인 스탠 브래키지의 이 작품은 19세기 낭만파 시와 예술적 통찰력에 영향을 받았다. 이 2분짜리 영화는 몇몇 장면과 이미지를 시각적으로 프린팅한 것들 사이에 실제 꽃들을 눌러 놓음으로써 만들어졌다.

 생각해보기

예술에서의 어떤 역사적 선례들이 당신이 본 영화에서 사용된 전략들을 형성시켰을까? 목적에 빛을 던져준 역사적 선례에 부합하고 있는가? 설명해보자.

8.6 〈리듬 21(Rhythmus 21)〉(1921). 독일 예술가 한스 리히터는 움직임 속에 나타나는 모양에 대한 이런 탐구가 첫 추상 영화였다고 주장한다.

8.7 〈맨하타〉 미국에서 만들어진 초기 아방가르드 영화 중 하나인 이 영화는 대도시에 대한 찬사로 유럽의 '도시 교향곡' 영화들에 반향을 일으켰다.

8.8 〈보더라인〉 영국 영화잡지 클로즈업의 편집자들은 근대적 아이디어를 미국 배우 폴 로브슨을 영상화한 이 실험적 서술 작업 속에 집어넣었다.

1930~1940년대 : 사운드와 비전

아방가르드 영화의 국제적인 정신은 1930년대에 사운드의 도입 및 언어 장벽과 유럽 파시즘의 발흥에 의해서 도전을 받았다. 많은 실험 영화감독들이 동시적 사운드의 통합에 저항했고, 1920년대 말 사운드의 도입 이후에도 오랫동안 무성 영화들을 계속해서 생산해내는 동안, 일부 실험 영화 감독들은 즉각적으로 사운드트랙의 형식적 가능성에 이끌렸다. 지가 베르토프는 〈열광〉(1931)에서 라디오와 산업적 사운드에 자신의 관심을 통합시켰다. 독일의 만화영화 제작자 오스카 피싱거는 미국에 있는 동안 〈알레그레토(Allegretto)〉(1936) 같은 영화에서 추상적이면서 시각적인 음악을 작곡했다(사진 8.9). 미국의 민족음악학자 해리 스미스는 음악 공연, 레코드 혹은 라디오에 실릴 수 있는 10여 편의 단편 영화를 제작했다. 예술가 조셉 코넬은 〈로즈 호바트(Rose Hobart)〉(1936)를 만들기 위해 할리우드 B급 영화를 재편집했고, 상영을 위해 삼바 음악을 틀었다. 극작가 장 콕토는 1930년 〈시인의 피(The Blood of a Poet)〉를 비롯해 영향력 있는 시적이고 초현실주의적인 영화를 만들기 시작했는데, 프랑스 작곡가 조르주 오리크의 음악과 서정적 이

8.9 〈알레그레토〉 만화영화 제작자 오스카 피싱거의 영화는 시각적 음악으로 디자인되어 있다.

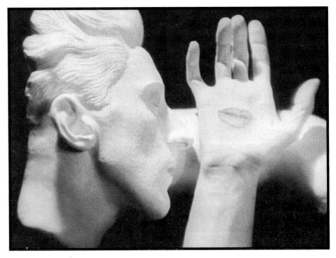

8.10 〈시인의 피〉 장 콕토의 영화에 대한 첫 시적 실험은 가장 잘 알려진 아방가르드 영화 중 하나로 남아 있다.

미지들을 결합한다(**사진 8.10**).

　대부분의 역사가들은 러시아 태생 마야 데렌과 그녀의 체코인 남편 알렉산더 해미드의 〈오후의 올가미(Meshes of the Afternoon)〉(1943)를 미국 아방가르드의 역사적 명성의 시작으로 간주한다(296~297쪽 '집중분석' 참조). 제2차 세계대전 동안 보도를 위해 널리 사용되고 아마추어 장비 형식으로 소개된 경량급 16mm 카메라는 더 개인적인 영화 표현을 추구하는 데렌과 당시 기타 예술가들의 마음을 사로잡았다. 데렌 영화의 빼어난 이미지 및 구조, 작가 및 강사로서 실험 영화에 대한 지칠줄 모르는 주장은 이런 운동을 위해 학자인 P. 애덤스 시트니가 만들어낸 용어인 미국의 '선지적 영화(visionary film)'의 조건 및 미학을 형성해주었다.

1950~1960년대 : 미국의 전후 아방가르드

데렌의 뒤를 이은 스탠 브래키지는 신세대 미국 아방가르드 영화감독 중 가장 영향력 있는 감독으로, 거의 반세기에 걸쳐 제작한 대부분 400여 개의 16mm 및 8mm 무성 영화를 갖고 있다.

대부분 그의 영화는 감각적, 추상적 패턴으로 이미지들을 배열하고 있는 한편, 〈베이비 무빙(Window Water Baby Moving)〉(1959)에서 아내 제인이 아기를 낳는 이미지 같은 아주 사적이고 중요한 주제에 의지하기도 한다(**사진 8.11**). 필름 재료 그 자체를 갖고 작업하면서[그림 그리고, 흠집내고, 그리고 〈나방불(Mothlight)〉(1963)에서 셀룰로이드 필름에 나방 날개를 테이프로 붙이는 등] 브래키지는 필름의 재료 성질 및 영화감독의 직접적인 창조적 과정을 강조했다.

8.11 〈**베이비 무빙**〉 아이 출산이라는 충격적인 이미지는 빛과 물의 서정적 연출 및 침묵에 의해 완화된다.

　미국 실험 영화 공동체는 영화감독 협동조합 및 캐니언 시네마 같은 배급협동조합뿐만 아니라 뉴욕 시네마 16 및 앤솔로지 필름 아카이브스(1969년 설립되어 공동 설립자이면서 영화감독인 조나스 메카스가 오늘날까지 관장하고 있는)를 포함한 대안적 순회 전시회를 설립했다. 예술가들과 관객들 사이에 강화된 교감이 개인적 표현으로 영화를 만들고 있는 나중 세대들의 영화감독에게 많은 영향을 미쳤다.

　1960년대 미국의 많은 영화감독들의 반체제적 경향은 그들이 선호하는 용어인 **언더그라운드 필름**(underground film)에 영향을 미쳤다. 뉴욕의 팝 아티스트인 앤디 워홀은 언더그라운드 필름 운동을 결정적으로 만들어 놓았다. 그는 8시간짜리 엠파이어 스테이트 빌딩의 풍경을 그린 〈엠파이어(Empire)〉(1964), 5시간짜리 〈잠(Sleep)〉(1963), 기타 영화들에서 시간을 토대로 하는 매체로 영화의 속성을 탐색했다. 그는 공장(Factory)이라 불리는 자신의 작업장에서 자신만의 버전으로 할리우드 스튜디오 시스템을 창조해냈는데, 그 공장에서 배출해낸 '슈퍼스타'(비바, 마리오 몬테즈, 홀리 우드론 같은 언더그라운드 남녀 배우들)는 〈첼시 걸즈(Chelsea Girls)〉(1966)와 〈플레시(Flesh)〉(1968)를 포함하여 그가 감독하거나 제작했던 영화들에 출연했다(**사진 8.12**). 언더그라운드 남자 동성애 영화에서 전설적인 인물이었던 뉴욕의 영화감독

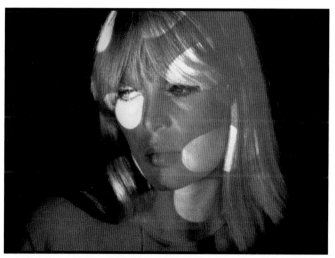

8.12 〈**첼시 걸즈**〉 앤디 워홀과 폴 모리세이의 영화에서 가수이자 워홀의 '슈퍼스타'인 니코. 뉴욕 첼시 호텔에서 촬영된 이 영화는 나란히 배치된 두 화면으로 상영되었다.

‹오후의 올가미›에서의 아방가르드 비전

같이 보기 : ‹안달루시아의 개(Un chien andalou)›(1929), ‹스콜피오 라이징(Scorpio Rising)›(1964)

마야 데렌과 알렉산더 해미드의 실험 영화 ‹오후의 올가미›(1943)는 새로운 미국 아방가르드 영화를 구축했는데, 해미드의 유럽에서의 영화 제작 경험과 데렌의 시, 무용, 제의적 및 정신분석에 대한 폭넓은 관심에서 만들어진 것이다. 한 여인의 꿈 세계에 대한 탐색에서 내면적이고도 신비스러운 이 영화는 상징적 연관성을 불러일으키며 서사적 사색으로 인도한다.

이 영화는 꽃 한 송이를 쥐고 있는 손이 프레임 속으로 나타났다가 갑자기 사라지면서 판타지, 두려움, 불분명한 느낌과 함께 외부를 밝게 밝히는 장면을 병치하면서 시작된다. 데렌이 연기하는 한 여인이 어렵사리 집으로 들어와서 의자에 앉아 잠에 골아떨어진다. 그녀의 잠든 눈의 이미지들이 외부 세계로 향한 창문과 번갈아 가며 교차한 후, 우리는 상징적인 물체(예 : 열쇠, 칼)를 보게 되면서 물체들의 삶과 대면하기 시작한다. 검은색으로 가려진 형상의 얼굴이 있어야 할 부분에서 거울이 드러나면서, 죽음과 이중성을 지닌 형상임을 제시한다**(사진 8.13)**. 한 남자가 집으로 들어온다. 수화기가 본체에서 떨어져 있고, 또 하나의 거울이 침대 위에 조각나 부서져 있다. 이런 이미지는 외부적인 것인가, 아니면 상상 속의 것인가? 그 부서진 거울은 폭력의 상징인가, 아니면 내면적 통찰력의 상징인가? 여인은 탁자 아래 앉아 있는데, 자신의 다른 두 형상과 합쳐져 있다. 실제의 법칙보다는 상상의 법칙을 따라가고 있는 이 영화는 무의식의 상징들을 전개하고 있는 한 여인의 의식에 대한, 분명한 그림으로써 결코 완전히 함께 오지 않는 수수께끼에 대한 환각적 탐색이다.

이 영화의 도전은 서사가 그 주요 구성적 특징이 아니라는 데 있다. 대신 이미지들이 내적 패턴들을 창조해내는 일련의 연대 속에서 반복되고 축적되고 대비된다. 문에 있는 열쇠가 떨어지고, 다시 여인의 손에 나타난 다음, 사라진다**(사진 8.14)**. 열쇠는 해석을 나타내고 있지만, 아무런 해석도 결정적인 것은 없다. 칼은 빵을 자르는 데 사용되는 가정생활과 연관되어 있지만, 여인이 침대에 죽은 모습으로 나타날 때 폭력에 사용된 것일 수도 있으며, 그녀가 칼을 손에 쥔 채 그녀의 이중 형상에게 다가갈 때 자해를 가하는 도구일 수도 있다.

창문은 안과 밖의 경계를 나타내면서 영화 프레임의 비유로 작용한다 **(사진 8.15)**. 데렌 자신이 창문 밖을 내다보는 여인의 연기를 하고 있으므로, 이 영화는 여인의 욕망, 두려움, 그리고 가정의 속박으로부터 벗어나려는 투쟁을 연기한다고 말할 수 있을 것이다. 여인이 칼을 쥐고 그녀의 잠든 이중 형상에게로 다가갈 때, 그녀가 취하는 다섯 가지 다른 단계는 밖에서 안으로 이동하는 공간에 놓여 있다. 바닷가에서의 단계, 땅에서의 단계, 잔디에서의 단계, 집 밖 보도에서의 단계, 마지막 방 안의 바닥 카펫에서의 단계이다. 안과 밖은 심리적으로 탐색되고 있는데, 여인네들의 집과의 연관성에 대하여, 가정에 두려움을 가져다주는 중세 고딕풍 멜로

8.13 ‹오후의 올가미› 어둠에 싸인 형상이 누군가를 부르는 듯하다가 구석으로 물러나는데, 그 형상의 얼굴은 거울로 모호성을 더해준다.

8.14 ‹오후의 올가미› 열쇠의 중심 이미지는 관객이 영화의 의미를 열 수 있는 열쇠를 찾는 것이라는 것을 제시해준다.

8.15 〈오후의 올가미〉 창문 밖을 내다보고 있는 데렌은 여성의 주체성에 대한 이 아방가르드 탐색의 상징적 이미지가 되어왔다.

드라마 같은 영화 장르에 대하여 묘사한다.

　이 영화는 데렌이 미래의 영화 만들기, 가르치기, 글쓰기로 이끌어 갈 깊은 개인적 열정을 떠오르는 미국 아방가르드 영화에 불어넣은 것이다. 상상의 어두운 측면에 대한 윌리엄 블레이크의 그림을 곁들인 시처럼 혹은 오딜롱 르동[7]의 잠재의식 속으로의 그림 여행처럼, 데렌의 이 영화는 상상력을 통해서 실체를 변형시키려는 데 목적을 두고 있다. 그

러나 이 영화가 개인적인 표현인 만큼 관습적인 영화 전통에 대한 비판적 관점도 예민하게 보여준다. 이 영화의 제목 다음에 '1943년 할리우드(Hollywood 1943)'란 단어가 등장한다. '꿈을 만들어내는 공장(dream factory)'으로 종종 언급되는 영화 스튜디오들에서 몇 마일 떨어지지 않은 곳에서 만들어진 이 영화는 산업적 전통 뒤에 남아서 예술로서의 영화의 꿈을 추구한다.

8.16 〈황홀한 피조물들〉 아마도 잭 스미스의 작품 중에서 가장 유명한(또한 가장 악명 높은) 이 영화는 초현실주의적이고도 충격적인 섹스 장면들을 포함하고 있는데, 그 '외설성' 때문에 영화 개봉 시 경찰에 압수되고 상영을 금지당했다.

8.17 〈심바이오사이코택시플라즘〉 픽션과 다큐멘터리의 혼합인 윌리엄 그리브스의 이 영화는 1968년 뉴욕 센트럴파크에서 영화를 만드는 것에 대한 내용으로 반체제 문화에 대한 매력적인 기록이다.

잭 스미스는 극단적인 남자 동성애 영화 및 슬라이드 필름을 시내 다락방에서의 불규칙한 라이브 공연 속에 통합시켰다. 스미스가 그곳에서 〈황홀한 피조물들(Flaming Creatures)〉(1963)을 촬영하는 도중 영화의 선정적인 내용 때문에 경찰 출동으로 중단해야 했던 일화는 악명 높은 사건으로 남아 있다(사진 8.16).

언더그라운드 영화 운동은 솔직히 성차별과 성 정치학을 탐구했고, 1960년대 말의 정치적 과격주의는 다큐멘터리와 실험적 관례 사이의 경계에서 다루어졌다. 아프리카계 미국인 배우이자 독립영화 감독이며 다큐멘터리 작가인 윌리엄 그리브스는 뉴욕 센트럴파크에서 만든 장편영화 〈심바이오사이코택시플라즘(Symbiopsychotaxiplasm)〉(1968)에서 영화 촬영에 대한 권력 관계를 조사했다(사진 8.17). 35년 후 그리브스는 1968년의 영상과 독립영화의 충실한 일꾼인 스티븐 소더버그와 스티브 부세미의 조력을 받아 제작한 후속작 〈심바이오사이코택시플라즘 : 테이크 2 1/2(Symbiopsychotaxiplasm: Take 2 1/2)〉(2005)에서 똑같은 배우들을 기용한 새로운 장면을 통합했다.

실험 영화 만들기는 뉴욕 바깥쪽에서도 번성했다. 반체제 문화와 게이 및 레즈비언 권리 운동의 중심지인 샌프란시스코는 활기차게 아방가르드 영화들을 주관했고, 시인이자 영화감독 제임스 브로턴과 레즈비언이자 다작의 실험 영화감독인 바버라 해머의 작품에서 전형적인 예가 됐는데, 해머는 〈멀티플 오르가즘(Multiple Orgasm)〉(1976) 같은 자연과 여성 몸에 대한 짧은 탐색으로 샌프란시스코에서 자신의 경력을 시작했다. 캐나다인 영화감독 마이클 스노우는 **구조적 영화**(structural film)로 확인된 작품들에서 인간 지각을 초월하기 위해 공간, 시간, 카메라의 성능을 탐구한다. 〈중심지대(La région centrale)〉(1971)에서는 특별히 만들어진 장치 위에 탑재된 한 대의 카메라가 제목에 붙여진 이름인 산등성이 퀘벡 지구의 전례 없는 풍경을 제공하기 위해 따라다니며 찍고, 상하 좌우로 찍는다(사진 8.18). 아방가르드 전통이 캐나다에서 유행하면서 일부 의미 있는 실천가들에는 〈랫 라이프 앤 다이어트 인 노스 아메리카(Rat Life and Diet in North America)〉(1968) 같은 영화들로 유명한 조이스 빌란드가 포함되었고, 다음 세대인 브루스 엘더의 〈모든 사

8.18 〈중심지대〉 마이클 스노우의 16mm 카메라가 특별 장착된 상태로 험하게 움직이면서 기계화된 비전을 통해서 추상적으로 풍경을 제공한다.

자들의 서(The Book of All the Dead)〉는 42시간짜리 영화들 집합체로 1975~1994년까지 시리즈 물로 완성됐다.

1968~1980년 : 정치학과 실험 영화

북미를 벗어나면 실험 영화의 자극은 종종 서사 영화 만들기 속으로, 자율적인 아방가르드 모임들에 배타적으로 제한되기보다는 오히려 극장 상영 속으로 통합되어 갔다. 유럽, 아시아, 라틴 아메리카에서 전후 시기 동안 혁신적인 새로운 물결의 영화들이 비전과 기술을 가지고 상업 영화에 도전하고 활기를 불어넣었다. 그런 실험은 식민지배를 반대하고, 독립운동을 지지하며, 베트남 전쟁을 반대하는 학생들의 동요로 박차를 올렸다.

급진적 내용과 형식적 엄격함은 프랑스에서 장 뤽 고다르와 크리스 마르케, 독일의 알렉산더 클루게, 영국의 피터 울렌과 로라 멀비 영화의 특징이 되었다. 〈주말(Weekend)〉(1967)에서 묘사된 엄청난 교통체증 장면은 관객들을 팔을 뻗으면 닿는 가까운 거리에 두려는 의도하에 지속적인 수평 트래킹 숏 사용을 통해 소비 지상주의 문화에 대한 고다르의 혁명적 비판을 강조하는 것이다**(사진 8.19).** 새로운 독일 영화 운동의 핵심 인물이었던 클루게는 〈애국자(The Patriot)〉(1979) 같은 영화에서 실험적 수단을 통해 나치 유산을 다루었는데, 그 영화에서 한 역사 선생은 문자 그대로 삽으로 과거를 캐고 있다. 피터 울렌과 로라 멀비의 이론적 저작물은 영화적 환상기법과 서사를 개인주의적 자본주의 문화에 연루된 것으로 비판했다. 그들은 서로 협동하여 만든 영화 〈스핑크스의 수수께끼(Riddles of the Sphinx)〉(1977)에서 여성의 몸에 대한 전통적인 견해에 대해 그들의 생각뿐만 아니라 이런 주제들도 탐구했다.

알제리, 쿠바, 세네갈 같은 나라들의 혁명 후, 탈식민지 이후 시기에 있어서의 영화는 또한 재현의 정치학과 밀접한 관계를 맺고 있었다. 그러나 제한된 수단 및 대중 영합주의자의 의도는 실험적 기술이 리얼리즘적 영화 만들기 전략과 함께 이용된다는 것을 의미했다. 군사 독재의 정치적 압제 아래, 아르헨티나 영화감독인 페르난도 솔라나스와 옥타비오 게티노는 제3세계를 위한 **제3영화**(Third Cinema)를 주장했는데, 인민들에게 직접 참여하기 위하여 상업적 영화 및 예술 영화 양자 모두를 배격했다. 그들의 서사시 다큐멘터리 영화 〈불타는 시간의 연대기〉(1968)는 라틴 아메리카에서 진행되는 혁명 투쟁에 직접 관객들을 참여시키기 위해 만들어졌다. 쿠바 영화감독 토마스 구티에레즈 알레아의 〈저개발의 기억(Memories of Underdevelopment)〉(1968)은 쿠바 혁명의 여파로

8.19 〈**주말**〉 중산층의 가치에 대한 고다르의 맹비판은 유럽 아방가르드 혹은 반영화 운동의 유명한 예이다.

8.20 〈**저개발의 기억**〉 다큐멘터리 영상이 이 유명한 제3영화에서 혁명 후 쿠바에서 한 소외된 지식인의 사색을 방해한다.

유럽파 지식인들을 재배치하는 의미에 대한 서사에서 다큐멘터리 영상과 자기 성찰적 보이스오버를 통합하는 것 같은 실험적 기술을 사용한다(사진 8.20).

아프리카 사하라 이남에서 만들어진 최초의 장편 영화인 우스만 셈벤의 〈흑인 소녀(Black Girl)〉(1966)는 프랑스에서 일하는 한 아프리카계 가정부의 소외에 대한 영화인데, 나중에 영상에 맞춰 녹음한 사운드를 이용하여 경제적 수요에 대한 미덕을 만들어낸다. 셈벤은 무성으로 영화를 찍어서 나중에 보이스오버를 추가했다. 그 장치가 여주인공의 고독에 대해 우리가 알아차리도록 해준다. 〈향기 어린 악몽(Perfumed Nightmare)〉(1978)에서 필리핀 영화감독 키드랏 타히믹은 값싼 소품과 다시 찾아낸 영상들을 결합한 홈비디오를 이용함으로써 '발전된' 세계와 자신의 출생 마을 사이의 충돌을 재치 있는 우화로 창조해낸다.

이 시기 동안 실험 형식과 다큐멘터리 형식 사이의 경계가 흐려지기 시작했다. 프랑스의 크리스 마르케, 독일의 클루게와 하룬 파로키, 미국의 조나스 메카스와 질 갓밀로우 같은 영화감독들에 의한 에세이 영화들에서 다큐멘터리의 '진실'은 의심받고 있다. 자기반성적 기술들은 새로운 방식들로 관련 이미지들을 보는 실험 영화의 능력을 강조한다. 이런 대단히 상호적인 전통은 나중에 비디오 및 디지털 기반 미디어를 위한 중요한 유산이 된다.

1980년대~현재 : 신기술과 뉴미디어

영화감독들이 슈퍼-8과 16mm(그리고 슈퍼 16) 포맷을 사용해 계속 실험을 해나가는 동안, 소비자용 비디오 포맷의 도입에 의해 새로운 기술을 사용하는 급격한 전환이 이루어졌다. 1960년대 말 소니 포타팩과 함께하는 전자 비디오 기술이 최초로 예술가들에게 사용 가능해졌다. 비디오 예술의 개척자인 백남준은 종종 설치 예술의 작품이기도 했던 비디오 작품의 예술 세계와 대결할 상대로 TV를 가져다놓았다. 1980년대 동안 비싸지 않은 소비자용 비디오 포맷의 등장은 사회운동가의 비디오와 비디오 예술 양자에 있어서의 성장에 박차를 가했다. 양자의 예는 마론 릭스의 〈풀어헤쳐진 말들(Tongues Untied)〉(1989)인데, 흑인 동성애 남자들과 에이즈에 대한 개인적이면서 시적인 묘사이다(사진 8.21). 상업적 측면의 다른 쪽에서는, 1981년 MTV 설립이 많은 이전의 실험적 기술(빠른 몽타주, 휴대용 카메라 사용, 연속성 법칙 파괴, 그리고 다른 영상 자료들의 병치)을 주류 속으로 가져다 놓았는데, 거기에서 그들은 재빨리 상업물, TV쇼, 영화 속으로 통합되어 들어갔다. 예를 들면 스파이크 존즈는 〈존 말코비치 되기〉(1999)에서 상업적 및 뮤직비디오 작업의 비선형 서사와 창의적인 시각적 효과들을 발전시켰다.

1990년대의 컴퓨터와 디지털 비디오의 통합은 비디오와 영화 사이의 경계를 무너뜨렸는데, 영화 만들기의 독립적이고 실험적인 분야에서 뚜렷한 역사, 문화, 미학을 갖고 있었다. 상업적 영화 감독은 디지털 효과를 이용했으며[예 : 스탠 브래키지에게 경의를 표했던 〈세븐〉(1995)의 크레딧 장면], 비디오 예술가들은 그것을 영화에 이전시킴으로써 작품을 위한 새로운 극장식 관객들을 발굴해냈다. 동시에 새로운 미디어 예술가들은 컴퓨터 기반 작품에서도 동영상 전통에 의지하고 있었다. 인터넷의 발전은 사용자들이 능동적으로 참여하여 예술작품에 대한 경험을 결정하도록 허용해주면서, 쌍방향 예술의 가능성을 혁명적으로 이끌어냈다. 기타 예들은 **머시니마**(machinima)[8]를 포함하고 있는데, 컴퓨터 애니메이션을, 연속적 형식을 탐구하기 위한 예술가용 플랫폼으로서의 웹

8.21 〈풀어헤쳐진 말들〉 유명한 많은 실험적 비디오 작품 중 하나인 마론 릭스의 영화에서의 시인 에섹스 햄필. 이 영화는 1980년대에 캠코더 사용으로 용이해진 정치학의 문제와 정체성을 탐구한다.

시리즈를 수정하기 위해 비디오 게임 엔진을 이용한다. 마침내 컴퓨터 기술에 대한 광범위한 접근이 미디어 형식 및 기술과 함께 실험을 대중화시키면서 예술가와 관객 사이의 경계를 무너뜨린 것이다.

실험적 미디어의 변형

영화의 기원에 대한 일반적인 이해는 뤼미에르 형제가 일상생활과 풍경을 보여주는 짧은 장면이 다큐멘터리 전통의 시작을 대표한다는 것이며, 조르주 멜리에스의 트릭 영화들이 서사 영화의 시작을 대표한다는 것이다. 그러나 영화 학자인 톰 거닝은 양쪽 모두의 영화 유형은 공동의 목적(단순히 무언가를 보려는 관객의 욕구를 끌어내려는 것)을 갖고 있다는 사실을 지적해왔다. 거닝은 초기 영화의 "나를 봐(look at me)!"라는 성격이 특수효과, 뮤지컬 음악, 코미디 촌극, 아방가르드 영화 같은 현재의 영화 전통을 형성한다고 제시하는데, 관객들이 신선한 눈으로 볼 것을 요구한다. 거닝의 틀은 다큐멘터리 및 서사적 형식이 실험적 관례의 기원과 관련이 있다는 사실을 암시한다. 수저 및 생활용품들을 마술처럼 스스로 포장해서 이사하는 것을 보여주기 위해 애니메이션을 이용했던 에밀 콜의 〈자동 이사 회사(Automatic Moving Company)〉(1910)부터 박물관 설치 미술품으로 24시간 상영하기 위해 1960년 히치콕의 영화 〈싸이코〉를 24시간짜리로 늘려놓은 더글라스 고든의 〈24시간 싸이코(24-Hour Psycho)〉(1993)까지, 실험적 미디어 형식은 관객들을 혼란스럽게, 즐겁게, 도전에 직면하도록 만들어왔다.

형식주의 : 서술적 실험과 추상

영화, 비디오, 멀티미디어는 사진, 음악, 연극 등과 같은 기타 예술과 다른 예술적 표현의 수단으로서 돌아가며 수용되어왔다. 공통점은 사진과 공유한 카메라 렌즈의 속성, 음악과 공유한 시간의 펼침, 극장과 공유한 관객과 스펙터클한 볼거리의 구성을 포함한다. 이런 기타 예술에 있어서의 아방가르드 운동처럼, 실험 영화는 종종 그 매체에 특정한 형식적 질문을 탐구한다. 실제로 위대한 많은 실험 영화는 문제되는 내용에 대한 형식의 문제와 관련된 **형식주의**(formalism) 작품이다. 빛의 성질, 움직임의 시학, 사운드와 이미지의 병치에 대한 형식적 탐구는 많은 다른 실험적 관례, 즉 카메라-레스 필름(camera-less film, 필름 현상에 의해 만들어지는 영화)부터 비디오 패스티시(video pastiche, TV쇼를 재편집함으로써 만들어지는 혼성 모방 비디오), 컴퓨터 아트(computer art, 작품의 마지막 형태를 결정하도록 사용자에게 의지하는)까지의 동기를 유발한다.

실험적 미디어의 넓은 범위에는 많은 다른 종류의 형식주의가 있다. 윌리엄 위스는 아방가르드 영화 전통을 '시간 속에서 움직이는 빛'으로 말하면서 빛, 움직임, 시간이라는 세 가지 요소가 인간의 시각과 공유된다는 사실에 주목한다. 이런 용어를 염두에 둔 케네스 앵거의 〈루시퍼 라이징(Lucifer Rising)〉(1972년 완성되어 1980년 개봉)은 비밀 의식에 대한 풍부한 이미지 중심의 영화로, 주로 빛의 원리에 대한 것이다. 샹탈 애커만의 영화들은 평면으로서의 프레임 이미지들에 대해 정지된 미디엄 숏을 지속적으로 사용하는 다른 방식의 형식주의 작품이다. 그녀의 가장 널리 칭찬받는 영화인 〈잔느 딜망〉(1975)에서 형식적 관심은 빈번하게 서술과 연결되어 있다. 형식주의 실험 영화의 세 번째 예인 토니 콘래드의 〈플릭커(The Flicker)〉(1965)는 현상학적 경험, 영화가 투사될 때 관객이 주목하게 되는 플릭커 이펙트(flicker effect, 깜빡거림 효과)를 만들어내기 위해 흑백 프레임의 편집을 엄격히 이용한다.

8.22 〈지난 해 마리앙바드에서〉캐릭터들과 미장센은 서사를 제시하고 있지만, 형식적 패턴은 선형 시간과 일관성 있는 공간을 와해시킨다.

8.23 〈제3의 눈을 가진 나비〉패턴들이 스톰 드 허쉬의 추상 영화에서 자연적 및 정신적 이미지들로부터 나오고 있다. Courtesy of Anthology Film Archives, All Rights Reserved

서사적 기대감을 가지고 작업하는 것은 종종 실험적 미디어에서 중심적인 부분이 된다. 많은 실험 영화는 잘 정리된 캐릭터나 플롯이 없는 비서사적이며(제7장 참조), 일부는 스토리텔링을 갖고 관객들이 수동적 위치에 놓이게 하는 것을 분명히 거부하는 반서사적인 것들이다. 하지만 서사적인 것을 피하는 일이란 어려운 일이다. 서사의 기본은 시간 그 자체의 펼쳐짐(시작, 전개, 결론)에 암시되어 있다. 일부 관객들에게 알랭 레네의 〈지난 해 마리앙바드에서〉는 주로 바로크식 영지의 방, 복도, 정원의 구조적 반복과 기하학에 있어서의 비서사적 탐구인 것처럼 보인다. 일부 다른 관객들에게 그 영화의 형식주의는 한 여인에 대한 악의를 품은 한 남자의 추적에 대한 규정하기 힘든 플롯의 단서들을 갖고 있다(**사진 8.22**). 이와 유사하게 하나의 상호적 예술작품은 게임 전략이나 서술적 원형, 둘 중 하나의 조건에서 생각될 수 있다. 종종 특정 서사뿐만 아니라 더 넓은 문화적 서사에 대한 관계까지도 형식주의 영화들을 위해 가장 많은 열매를 맺는 해석 경로 중 하나가 될 수 있다.

형식주의는 실험 영화에서 가장 근본적인 자극 중 하나인 추상이 중심이 된다. **추상 영화**(abstract film)는 비구상적인 형식적 실험이다. 진짜 액션과 진짜 대상들로부터 순수하게 형식에 기반을 두거나 추상화된, 구체적인 것보다 개념적인 것을 만드는 패턴 및 리듬을 창조해내기 위해 색, 모양, 선을 이용한다. 추상화가 화폭의 모양과 물감의 질감을 강조할 수 있는 것과 똑같이, 추상 영화는 형식을 리드미컬하게 바꿔줌으로써 시간 기반 매체로서 영화의 특이성을 탐구할 수도 있다. 추상은 1920년대 리히터와 에겔링의 '절대 영화'로부터 1960년대 스톰 드 허쉬의 〈제3의 눈을 가진 나비(Third Eye Butterfly)〉(1968) 같은 사이키델릭 영화(**사진 8.23**), 현재의 컴퓨터 애니메이션까지의 운동 영역에 의해 포용되어왔다.

생각해보기

강의시간에 본 영화에서 어떻게 추상이 이루어지고 사용되는지 생각해보자. 어떻게 반복과 변형이 영화에 기여하고 있는가?

생각해보기

강의시간에 볼 다음 실험 영화의 구성 원리는 무엇인가? 가장 구상적인 숏이나 시퀀스를 확인해보고 그 의미를 논해보자.

실험적 구성 : 연상적 · 구조적 · 참여적 구성

주류 서사 영화가 수수께끼와 그 해결책이라는 예측할 수 있는 패턴을 갖고 있고, 다큐멘터리 영화가 수많은 해설식 관례 중 하나를 따라가고 있는 한편, 실험 영화는 엄격한 형식 원리를 따라가는 패턴으로 혹은 리얼리즘 및 이성적 논리를 거부하는 방식으로 경험을 구성한다. 실험 형식이 추상이거나 일부 구상적 방식이거나 간에, 서사에 의지하건 안 하건 간에 우리는 다음과 같은 방식으로 구성에 대해 생각할 수 있다. 즉 연상적, 구조적 혹은 참여적 방식이다.

연상적 구성

프로이트는 꿈과 그 증상의 무의식적 논리를 밝히기 위해 자신의 환자들과의 자유로운 교제를 이용했다. 연상적 구성은 관객들의 감정과 호기심에 관여하는, 마치 꿈 같은 성질을 영화에 제공하면서 심리적 혹은 형식적 반향을 창조해낸다. 연상적 구성은 계속해서 형태와 연관시키거나 대상과 형태 혹은 색깔 사이의 반향을 만들어내는 음악학자 해리 스미스의 영화처럼 추상적일 수 있다**(사진 8.24)**. 연상적 구성은 뮤직비디오에서처럼 구상적일 수 있는데, 뮤직비디오의 서사는 마치 꿈 같은 심리적 패턴의 논리 혹은 강렬한 병치를 따라갈 수 있다.

은유적 연상 은유적 연상은 새로운 지각, 감정 혹은 아이디어를 만들어내기 위해서 다른 대상, 이미지, 사건 혹은 개인들을 연결한다. 두 대상 사이 혹은 하나의 컷에 의한 혹은 하나의 단일 프레임 안에 있는 인물들 사이의 연결을 가리킴으로써 이미지에 대응하고 이미지들을 예상할 때, 보이스오버 해설에서 은유를 창조해냄으로써 이루어질 수 있다. 〈파업〉(1925)에서 세르게이 에이젠슈타인이 노동자들과 도살된 황소의 이미지를 병치하는 것은 은유적으로 노동자들의 비인간적인 야수성을 불러일으킨다. 데릭 저먼의 〈블루〉(1993)는 (아마도 실험적 자서전으로 가장 잘 묘사된) 에이즈로 죽어가는 영화감독의 삶의 연결 고리와 파란색에 대한 은유적 명상이다. 하나의 단일한 파란색 이미지를 동반하면서 하나의 목소리가 명상에 잠겨 있다. 파란색은 어느 의사의 새로운 소식에 의해 만들어진 '극심한 공포감', '참제비 고깔꽃의 사랑을 나타내는 파란색', '모든 사람들을 둘러싸고 있는 보편적 사랑'과 관련된다. 빌 모리슨의 〈디케이시아(Decasia)〉(2002)는 오래된 필름들을 편집하고 있는데, 질산염 재질이 망가지면서 알아볼 수 있는 이미지와 공간이 추상적인 얼룩과 점들로 이루어진 공간과 뒤섞여 있다**(사진 8.25)**. 은유적 연상은 춤추는 듯 빨리 지나가는 모양에서, 편집된 병치 장면에서, 마이클 고든의 교향악 사운드트랙에서 끄집어낸 이미지들에서 드러나고 있다.

상징적 연상 은유적 이미지들을 묶는 구체적 연상과는 달리, 상징적 연상은 추상적 의미들을 만들어낼 수 있는 개별적 대상이나 단일 이미지를 고립시킨다. 상징적 의미는 특정 국가의 국기처럼 정치적일 수도 있고 기독교인의 십자가처럼 정신적인 것일 수도 있으며, 아니면 문화적 · 역사적으로 사람이나 사건 혹은 사물의 의미에 접목된 어떤 다른 개념과 연관될 수 있다. 일부 다른 개념일 수도 있다. 예를 들면, 체코 영화감독 이지 트른카의 실험 영화 〈손(The Hand)〉(1965)에서 인형은 자신이 화분들을 만들도록 하는 것이 아니라 다른 손들만을 만들도록 요구하는 하나의 살아 움직이는 손에 대항해 싸우고 있다**(사진 8.26)**. 손은 동유럽 전체주의 정권의 소름끼치게 효과적인 상징이다.

구조적 구성

구조적 구성을 구사하는 실험 영화는 서사나 연상보다는 형식주의 원리를 통해 관객들에게 참여한다. 그런 영화들은 필름 자체의 결, 필름 구멍 같은 재료에 초점을 맞출 수도 있을 것이다. 특정 편집 논리나 이미지 내용을 따라갈 수도 있는 이 구성은 앤디 워홀의 고

8.24 〈**필름 넘버 7(Film Number 7)**〉**(1951)** 미국 민속음악 수집으로 유명한 해리 스미스는 창의적인 애니메이션을 만들었는데, 대상들이 추상적인 연상적 패턴으로 구성되어 있다.

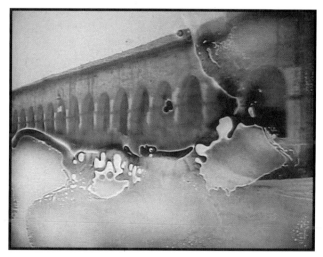

8.25 〈**디케이시아**〉 망가져가는 질산염 필름 재질로 인해 만들어진 패턴들이 필름 표면에 드러나면서 동시에 덧없음과 상실감이 제시된다.

8.26 〈**손**〉 손은 이 동유럽 인형극 영화에서 독재자의 권력을 상징한다.

<기계적 발레>에서의 형식적 연기

같이 보기 : 〈빈혈증의 영화(Anemic Cinema)〉(1926)

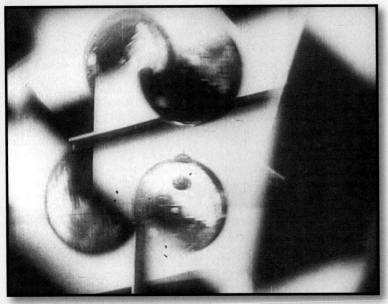

8.27 〈기계적 발레〉 움직임은 기계 부품의 굴절된 이미지를 통해 화면상에 빠르게 확산된다.

위에서 촬영된 밀짚모자는 원으로 반영되었고, 그네를 타고 앞뒤로 왔다 갔다 하는 여인의 모습은 삼각형으로 반영되었다. 리얼리티와 관련짓거나 하나의 스토리를 만들기보다, 이 인지할 수 있는 이미지들은 차라리 리드미컬하게 연결된 것의 일부가 된다. 움직이는 부분의 사진 이미지는 훨씬 알아보기가 어렵다. 움직이는 부분이 다음 부분과 연관되어 있는 편집에 의해 스크린 안팎으로 움직이고, 움직임 속에서 촬영될 뿐만 아니라 광학적 프린팅 기술에 의해 아주 흡사하게 굴절되어 프레임 그 자체 속에 있는 수다한 작은 부분에서 반복된다(**사진 8.27**). 제목이 제시하고 있는 기계화된 춤은 이 이미지 집단에서 분명하게 형상화되어 있다.

영화 제목은 발레를 인간 활동이라고 알고 있는 것의 기계화라고 영화를 간주할 수 있다는 사실을 암시한다. 모든 시각적 예술처럼 화면상의 인간 형식은 관객에 대해 특별한 매력을 갖고 있다. 우리를 지향하고 있으며, 우리의 공감과 서술적 기대감을 요청한다. 그네를 타고 있는 여인은 누구이고, 무엇을 원하는가? 많은 모더니즘 예술가들은 인간의 형상을 주제가 아닌 객체로, 프레임의 다른 요소 혹은 기계의 일부로 보는 확연히 다른 방식으로 사용한다. 그네 타는 여인은 영화의 처음 이미지이며, 뒤따르는 이미지는 그녀의 백일몽으로 생각할 수 있는데, 이는 그녀가 꽃향기를 맡는 마지막 이미지로 뒷받침된다. 그러나 그녀가 그네 타고 있는 똑같은 영상이 거꾸로 뒤집혀 보일 때처럼, 모양과 움직임의 패턴에 있는 많은 것 중 하나 속으로 그녀의 이미지를 추상화하도록 권장된다.

실제로 1920년대 아방가르드 예술이 인간 형식과 기계 사이의 연관성을 탐구했던 가장 두드러진 방법 중 하나는 근대 여성들의 파편화된 이미지들을 통해서였다. 〈기계적 발레〉에서 두 번째 여성 형태가 등장하는데, 처음에는 단순히 양입술에 날카롭게 립스틱을 칠한 모습으로(이 시기 동안 널리 유행했던 화장법), 그리고 얼굴의 나머지 부분에 검은 마스크를 쓴 채 프레임에서 격리된 모습으로 나타나고 있다(**사진 8.28**). 양입술은 웃으면서 편안한 상태인데, 중간에 밀짚모자 이미지가 삽입되어 있다. 똑같은 여성은 그 영화의 패턴의 일부가 된다. 후반 숏에서 그녀가 뽑아낸 눈썹들이 눈의 곡선 모양에 반영되면서 눈을 거꾸로 뒤집어 놓은 빠른 컷이 거의 감지되지 않고 그냥 지나가고 있다. 결국 그 여성의 머리 전체

화가 페르낭 레제는 〈기계적 발레〉(1924)에서 영화감독 더들리 머피와 함께 작업을 했는데, 이 영화는 똑같은 제목을 갖고 있는 조지 앤데일의 악곡이 함께 흐르며, 그 악곡에는 다른 악기들 사이로 피아노 연주와 비행기 프로펠러 소리가 동시에 흐른다. 입체파 화가들은 각진 모양과 선들로 평면 화폭을 변형시키면서 작품에 지각 과정을 나타내기 위해 리얼리즘으로부터 탈피해 나왔다. 레제의 그림은 입체파와 기계시대에 대한 미래파의 찬양으로부터 빌려온 것이다. 특징적인 길게 늘어진 모양과 두툼한 검은 윤곽선은 기계적 역동성을 보여주고자 하는 것이다. 영화는 그와 관련된 원리, 문자 그대로 움직임 속에 있는 기하학적 모양을 탐구한다. 빠른 컷들이 원을 삼각형으로, 다시 거꾸로 변형시키고 있다. 레제는 역동성을 탐구하는 완전한 매체로서 영화를 새로운 예술과 새로운 시대의 주요 자산 중 하나로 보았던 1920년대의 초기 모더니즘 시각적 예술가 중 한 사람이었다.

원과 삼각형이 추상화된 사진 이미지로 〈기계적 발레〉에 도입되었다.

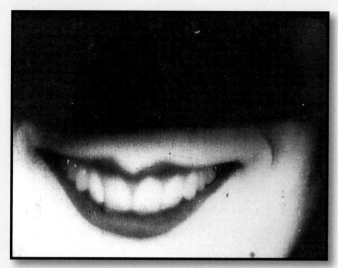

8.28 〈기계적 발레〉여성 형식의 파편화와 추상화는 모더니즘 예술에 있어서 하나의 공통적인 관례이다.

를 옆면에서 보게 되지만, 단발머리와 양식화된 자세는 그녀를 식별하기 위한 캐릭터라기보다는 조각상 같은 이미지로 만들어 놓고 있다.

나중에 나오는 가터벨트가 달린 마네킹 다리가 번갈아 나오는 이미지들의 '춤'은 즐거운 시각적 농담이면서 동시에 골치 아픈 절단 문제의 제기이기도 하다. 남성적 형식은 영화에서 다르게 다루어지고 있다. 남성 머리가 굴절된 프레임의 중앙에 나타나는데, 아마도 몸 대신 마음을 의미하는 듯하다. 그러나 이 이미지에 가장 가까운 시각적 운율은 똑같은 방식으로 프레임에 갇힌 앵무새와 함께하고 있는데, 영화의 연속적 이미지 뒤에서 주도적인 의식으로 그를 읽으려는 우리를 방해하는 초현실적 연상이다.

추상 영화 혹은 어떤 실험적 미디어 작품에 접근하는 것은 여기서 시도했던 대로, 형식적 요소, 패턴들의 확인, 그것의 종합적인 주제에 대한 면밀한 묘사에 의해 더 쉽게 이루어진다. 〈기계적 발레〉의 형식주의적 관심에 대한 아주 흥미로운 단서는 그 제목 앞에 나타나 있는 이미지에 놓여 있다. 할리우드 무성 영화 코미디언 찰리 채플린이 페르낭 레제의 그림을 연상하게 하는 파편화된 형식으로 표현된다. 이 영화의 크레딧은 찰리 채플린을 프랑스식 이름인 '샬롯'으로 표기해 놓고 있다. 영화 마지막에 이미지는 그 자신의 만화화된 작은 춤, 즉 기계적 발레를 추고 있다 **(사진 8.29)**. 한 배우의 아이콘 같은 영화 이미지는 한 화가에 의해 그래픽 형식으로 처음 바쳐진 찬사가 되고 있으며, 그런 다음 이 모더니즘 실험 시기에 영화와 기타 예술 사이의 활발한 교류를 보여주면서, 움직임 속에 설정된 일상적 대상들의 마지막 시퀀스 속으로 안겨 들어가고 있다.

8.29 〈기계적 발레〉찰리 채플린의 아이콘 같은 이미지가 페르낭 레제에 의해 만화화된다.

8.30 〈파장〉의 프레임들을 보여주는 **필름 조각.** 확장 줌인이 영화 내내 형식적 구조를 통해 긴장을 만들어낸다. Courtesy of Michael Snow

8.31 〈초론의 보조정리〉 홀리스 프램프턴의 영화는 이 영화 속의 알파벳 순환주기에 대응하는 이미지들의 중심적 시퀀스처럼 종종 구조적 원리에 맞추어 구성된다.

정 카메라 영화들(stationary camera film)과 브루스 나우먼의 비디오 작품부터 알고리즘에 의해 만들어진 디지털 예술작품까지 넓고 다양한 미디어 예술작품을 알리고 있다.

크리스찬 마클레이의 〈시계(The Clock)〉(2010)는 구조 영화[9]의 예로 널리 주장된다. 이 24시간짜리 영화는 전체적으로 시계들을 혹은 영화를 감상하고 있는 실제 시간을 보여주는 다른 시계를 포함하는 영화 및 TV쇼의 부분 동영상으로 편집되어 있다. 박물관 설치 작품은 개념적이고 경험적이다. 관객은 수천 개의 시간 관련 장면들을 '뒤섞어 놓은' 즐거움에 참여할 수 있을 뿐만 아니라 하나하나 예술작품 자체의 시간을 말할 수 있다.

일부 영화감독들은 지각적으로, 종종 지성적으로 관객에게 관여하는 패턴과 구조 속에 이미지, 프레임, 카메라 움직임 혹은 기타 형식적 측면을 엮어 놓는다. 마이클 스노우의 〈파장(Wavelength)〉(1967)은 확장 줌인(extended zoom-in) 사진으로 방을 가로질러 천천히 움직이다가 파도의 클로즈업 사진으로 끝나는 45분짜리 이미지이다(사진 8.30). 미스터리 살인사건에 대한 불분명한 자료들을 끼워 넣고, '파장'의 또 다른 의미를 탐색하는 고음 소리를 동반한 이 영화는 공간의 활기찬 질감에 대한 거의 순수한 탐색이다. 평평하고, 색깔이 있으며, 텅 비어 있고, 모든 것의 거의 대부분이고, 기하학적으로 긴장감이 있는 그런 공간이다.

미국에서 구조 영화 운동에 중심적 역할을 하고 있는 다른 영화에는 어니 기어의 〈고요한 속도(Serene Velocity)〉(1970)와 홀리스 프램턴의 〈초른의 보조정리(Zorns Lemma)〉(1970)가 포함되어 있다. 〈고요한 속도〉는 선과 사각형에 대해 최면술에 걸린 것처럼 리듬 있는 경험을 만들어내면서 카메라의 초점거리에 구조적 변형을 주어 찍은 똑같은 복도의 이미지들로 구성되어 있다. 〈초른의 보조정리〉에서는 알파벳 순서로 배열된 상점 간판과 사인보드에 있는 단어들에 대한 이미지들의 1초간 반복된 시퀀스가 비록 임의적이지만 일관성 있는 이미지들의 세트로 하나하나씩 교체됨에 따라 매력적인 수수께끼를 만들어 놓는다(사진 8.31). 관객은 사진 속의 알파벳을 다시 배운다는 의미로 이미지들을 한 사이클 안에서의 자리와 연관시키는 법을 배운다. 그런 구조적 원리들은 지성적으로 매력적인 것이지만, 가장 효과적인 구조 영화들처럼 프램턴의 영화 또한 관객의 감각에 따라 작동된다.

참여적 경험

실험 영화의 세 번째 접근 방식은 관객의 중심적 지위, 영화 현상 전시의 시간과 장소에 대한 참여적 경험을 강조한다. 종종 영화는 영화감독에 의해 이루어지는 생생한 공연의 일부다. 언더그라운드 영화감독 켄 제이콥스의 공연 영화 〈신경 시스템(Nervous System)〉(1994)은 두 대의 영사기, 하나의 프로펠러, 필터를 사용하는데, 관객들은 공연작업을 감상하게 된다. 1970년 진 영블러드는 그런 작업을 위해 **확장 영화**(expanded cinema)란 용어를 만들어냈고, 비디오 및 컴퓨터 기술이 움직이는 이미지 미디어로 하여금 의식을 확장시키도록 허용해줄 것이라고 예언했다. 백남준은 〈TV 물고기(Video Fish)〉(1975) 같은 개념적 비디오 예술작품에서 이런 예언을 실행에 옮겼는데, 물고기의 이미지들을 보여주는 비디오 모니터들과 진짜 물고기가 들어 있는 수족관을 결합해 놓았다.

예술세계에서 일하는 많은 영화감독들은 관객의 경험에 맞추어 자신의 작품을 설계한다. 이란 출신 감독 시린 네샤트에 의해 설치된 〈황홀(Rapture)〉(1999)은 이슬람 율법 치하의 이란 사회에서 자신들이 분리되어 있다는 것을 의미하기 위해 화랑 맞은편 벽에 남성과 여성에 대한 16mm 필름 영상을 투사하고 있는데, 관객은 이런 세계들을 분리해보고, 명상에 잠기게 된다(사진 8.32).

멀티미디어 예술가들은 중요한 예술적 요소로서 사용자의 선택, 터치의 감각, 인터페이스 디자인에 의존하는 박물관 설치나 개인적 사용을 위한 작품을 만들어내기도 한다. 초기 인터넷 기반

8.32 〈황홀〉 시린 네샤트는 관객과의 상호작용을 통해서 의미를 만들어낸다는 맥락으로 화랑에서 영화와 비디오를 이용하는 많은 현대 순수 예술가 중 한 사람이다. Shirin Neshat, Untitled (Rapture Series–Women Pushing Boat), 1999. Gelatin silver print; 44×68$\frac{1}{4}$ inches; Edition of 5. Copyright Shirin Neshat. Courtesy Gladstone Gallery

작업에서 멀티미디어 예술가인 슈 칭은 〈볼링장(Bowling Alley)〉(1995)에 여러 종류의 참여적 경험을 구축해 놓았다. 미니애폴리스에 있는 워커아트센터의 박물관 설치작품과 실제 볼링장은 같이 작업한 예술가들의 공적들을 모아놓은 웹사이트에 연결되어 있다. 볼링 선수들과 온라인 참가자들의 액션은 박물관 방문객의 경험에 영향을 미쳤다. 예술가들은 사용자 경험을 끊임없이 변화시키고 관계망을 형성시키기 위해 소셜 미디어뿐만 아니라 세컨드라이프와 월드 오브 워크래프트 게임 같은 온라인 쌍방향 환경과 더불어 일할 수도 있다. 팬 아트[10], 비디오 블로그, 유튜브에서 사용자가 만들어내는 거대한 콘텐츠 영역은 이런 참여적 전통을 형성하는 데 도움을 준다.

실험적 미디어의 의미 만들기

아마도 미디어의 어느 형식보다 더 많을 실험 영화와 비디오는 인간의 감각과 의식이 기능하는 방식을 심사숙고하면서 관객들에게 관람 경험에 대해 적극적으로 반응하도록 요청한다. 시각이나 청각 현상을 탐구하려는 데 있어서 이런 작업 중 일부는 지각과 의식과의 관계에 대한 것이다. 일부는 지루한 경험에 대한 것이 될 수도 있다. 우리가 상징주의적 의미를 알아내기 위해 도전하거나 예술가의 더 많은 작품이나 사회적 맥락에 영화를 연관시키는 것에 도전하거나 간에 우리는 항상 어떤 방식으로든 참여하도록 요구받고 있다.

또한 실험 영화는 기술 변화에 대한 반응의 한 방식이다. 인터넷과 기타 새로운 기술의 가능성이 오늘날 흥분과 유토피아적 요구를 만들어내는 것과 똑같이 1세기가 조금 넘기 전 영화의 발명도 그렇게 해왔다. 프랑스 영화감독 장 엡스탱은 열렬히 '느린 움직임과 빠른 움직임'이 세상의 비밀을 드러낼 수 있는 방법을 예상했다. 지가 베르토프는 〈카메라를 든 사나이〉에서 인간의 눈보다 더 많이, 색다르게 볼 수 있는 카메라의 기술력을 찬양했다. 수십 년 후 TV 보는 방식은 비디오 아트에서 유사한 반응의 대상이 되었다. 〈기술/변형 : 원더우먼(Technology/Transformation: Wonder Woman)〉(1978~1979)에서, 다라 번바움은 의례적 방식으로 속도를 늦추고 반복함으로써 그녀가 슈퍼 영웅 페르소나로 변할 때, 그 TV 여주인공의 몸짓들을 면밀히 살펴보고 있다(사진 8.33).

8.33 〈기술/변형 : 원더우먼〉 다라 번바움은 대중 문화 이미지들을 사용하여 비디오 매체와 TV와의 관계를 탐구했던 초기 예술가 중 한 사람이다. Dara Birnbaum. Technology/Transformation: Wonder Woman, 1978–79. Courtesy Electronic Arts Intermix (EAI), New York

지각에의 도전과 확대

매체에 대한 전반적인 검사의 일부로서 실험 작업은 관객들이 보고 느끼고 듣는 방법에 도전하고, 확대하는 것을 통해서 의미를 만든다. 그런 영화, 비디오, 기타 예술 작업은 익숙하지 않은 방식으로 우리의 감각과 마음을 열기 위해 우리를 압박한다. 예를 들면 홀리스 프램턴의 〈레몬(Lemon)〉(1969)은 변화하는 빛 속에서 하나의 과일 조각만을 보여준다. 이 영화를 보고 있는 사람들에게 레몬은 두 번 다시 보고 싶지 않게 될 것이다. 실험 영화는 추상적 그래픽 디자인과 애니메이션처럼 신선한 방식으로 보고 생각하기 위한 수단으로서 통상적이 아닌 영화 기술이나 재료들을 사용할 수도 있다. 무작위로 여기저기 건너뛰는 것처럼(꿈의 경험처럼) 보이는 일련의 빠른 이미지들을 나타낼 수도 있다. 셜리 클라크의 〈브리지-고-라운드(Bridges-Go-Round)〉(1958)는 다양한 다리의 거대한 구조물을 천상의 춤으로 바꾸기 위해 예상치 못한 카메라 앵글과 줌을 이용한다(312쪽 '영화의 형식' 참조).

각각의 새로운 매체들은 새로운 지각적 가능성을 불러온다. 사용자가 만들어낸 콘텐츠, 소셜 네트워크, 거대한 멀티플레이어 온라인 롤플레잉 게임의 사이트로서의 인터넷 이용은 새로운 종류의 경험을 불러일으켜 왔다. 이런 경험은 우리가 결코 실물로 만날 수 없을 아바타와 기타 다른 것들과의 연관성을 통해 우리 자신의 재연에 기초를 둔다. 예술 작업은 낡고 새로운 미디어들을 결합함으로써 이런 경험을 탐색할 수 있다.

장편 영화나 다큐멘터리 영화와 마찬가지로 실험 미디어 형식이 이해되는 방식은 관객들의 문화적 및 역사적 기대감에 달려 있다. 그러나 매체의 어려움 및 한계성 혹은 기술적 플랫폼의 특성 때문에 보는 방식과 예술적 맥락에서의 교육은 실험 영화의 해석에서 훨씬 큰 역할을 한다.

실험 영화 스타일과 접근 방법

오래된 미디어도 예전에는 새로운 미디어였다. 아방가르드의 한 가지 모순은 그것이 문자 그대로 '전위(advance guard)'를 그렇게 오랫동안 유지할 수 없다는 데 있다. 혁신은 더 주도적인 전통에 흡수되거나 혹은 예술가들의 비전이 새로운 형식을 아우르기 위해 관객들의 상상력을 확대시킨다. 가장 놀랄 만하게 보이는 독창적인 혹은 기술적으로 혁신적인 예술작품들을 위한 역사적인 전례가 종종 있다. 이런 맥락을 탐색하는 것은 덜 알려진 전통을 드러내고, 이전 형식을 때로 참고하는 현재의 작업에 대한 우리의 경험을 풍부하게 만들어준다.

수십 년 전에 영화는 '제7의 예술'로 알려졌으며, 실천가 및 이론가들은 모든 다른 예술로부터의 관례들을 통합한 것에 대해 자랑스러워했다. 실험 전통은 영화 외부의 영향력에 직접 매여 있었다. 혁명, 저항 운동, 그리고 불안한 학생 운동이 정치적으로 미디어에 영향을 끼쳐왔다. 실험 영화감독들은 잡지, 클럽, 협회, 자신의 작품을 배부하고 전시하는 비영리 단체들의 네트워크를 통해서 자신들의 독립을 선언한다. 그러나 그들은 또한 후원자로 박물관, 정부기관, 사기업체 같은 더 큰 문화단체들에 의지해야만 한다. 물론 이런 전통에 관객들은(재정적 생존 능력을 위해서뿐만 아니라 해석하고 주장하며 미적 성취를 이루는 작품을 위해서도) 필수적인 부분이다. 실험적 작품들이 서로 상호작용하고, 관객들에게 도전하는 방식은 두 가지 전통으로 범주화될 수 있다. 바로 표현주의적 전통과 대립주의적 전통이다.

표현주의적 스타일과 형식

표현주의적 스타일은 개인적 표현과 관객과의 소통을 강조하고 있으며, 예술적 독창성, 진실성, 내면성에 대한 오래된 관념에 묶여 있다. 인상파 화가들은 학문적인 회화 전통이 규정하는 대로가 아니라 지각되는 대로 빛과 색을 제공하는 새로운 기술을 사용했다. 입체파 화가들은 화폭 속에 공간적 지각과 시간적 지속성을 통합시키려고 시도했다. 이런 보는 방식은 영화 예술의 출현에 중요한 영향을 미쳤다. 1910년대 말 프랑스 파리에서 루이 델뤽은 잡지를 발간하고 영화 클럽을 만들어서 인상파 영화 운동을 규정했다. 제르맹 뒬락, 장 엡스탱, 그리고 그의 누이 마리 엡스탱은 영화를 만들고, 기사를 쓰고, 새로운 영화 예술에 대해 강의했다. 일부 사람들은 영화가 음악처럼 작곡되어야 한다고 주장하는 한편, 다른 사람들은 서사적 요소와 사진적 리얼리즘을 포용했다.

표현주의 형식은 일반적으로 서정적 및 시적 전통에 뿌리를 두고 있다. 서정적 스타일은 문학에서 서정 시인의 목소리가 표현하는 것과 같이 영화에서 감정, 믿음 혹은 어떤 다른 개인적 위치를 표현한다. 서정적 영화는 새로운 영화 기술 및 특수효과를 탐색하기 위한 틀로 스토리를 이용하면서, 이미지들의 특이성을 통해서, 보이스오버나 휴대용 카메라 움직임 같은 기술을 통해서 개인의 목소리나 시각을 강조할 수 있다. 베르너 헤어조크의 〈유리 심장(Heart of Glass)〉(1976)은 유리를 만드는 직공의 죽음, 그에 따라 마을 산업을 지탱해온 유리제조 비법 상실에 대한 바바리아 지방의 전설에 기초한다. 캐릭터들은 방향을 잃고 헤매고 다니면서 시적인 불합리한 추론을 말하며, 영화의 마음은 시간에 대한 감각을 잃어버린 세계를 통해서 최면술에 걸린 듯 떠다니는 이미지들을 탐색한다. 아마도 서정적이면서 시적인 전통에서 가장 시적이면서 많은 작품을 만든 영화감독은 스탠 브래키지인데, 1950년대부터 2003년 죽을 때까지 영화를 만들었다. 그의 수많은 영화들을 관통하고 있는 통찰력과 몰지각에 대한 주제는 9초 길이의 〈눈 신화(Eye Myth)〉(1967)부터 5시간짜리 〈시각 예술(The Art of Vision)〉(1965)까지 전 길이에 걸쳐 있다. 이와 유사하게 케네스 앵거의 서정성은 17세 때 만들었던 기념비적인 작품 〈불꽃(Fireworks)〉(1947)부터 〈악마 형제의 주문(Invocation of My Demon Brother)〉(1969)까지, 동성애적 성애 표현, 제의적 문화, 대중문화, 잘 알려지지 않은 비사들을 녹여낸다(**사진 8.34**). 브래키지와 앵거는 많은 아방가르드 영화감독 중에 비전이 너무나 독특해서 즉각적으로 알아볼 수 있는 작품들을 만드는 대표적인 작가로 유명하다.

또 하나의 표현주의적 형식은 하나의 예술운동에서 힌트를 얻고 있다. 일부 실험 영화감독들은 이상한 맥락에서 인지할 수 있는 이미지들을 이용하면서(동시에 주류 영화의 리얼리즘 경향 및 서사적 논리를 거부하면서, 사진 재생에 있어서 매체를 기본으로 하여 만들면서, 때에 맞춰 이미지들을 펼치는 아이디어를 만들면서) 초현실주의 스타일을 구사한다. **초현실주의 영화**(surrealist cinema)는 1920년대에 유럽, 특히 프랑스에서 추진되었다. 초기 작품에는 르네 클레르의 〈막간(Entr'acte)〉(1924), 앙토냉 아르토의 대본과 제르만 뒬락 감독의 〈조개와 성직자〉가 있지만, 분명 가장 유명한 초현실주의 영화는 루이스 부뉴엘과 살바도르 달리의 〈안달루시아의 개〉이다. 한 여인의 눈에 충격적인 공격을 가하는 장면으로 시작되

8.34 〈불꽃〉 케네스 앵거의 서정적이면서 몽상적인 동성애적 성애 표현을 나타내고 있는 이 작품은 미국 아방가르드의 초기 핵심적인 작품 중 하나이다.

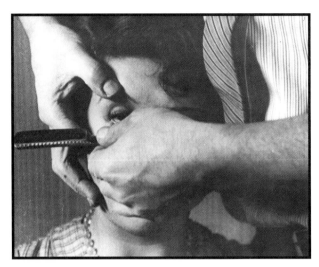

8.35 〈안달루시아의 개〉 면도기로 한 여인의 눈을 베는 행동을 보여주는 첫 장면(실험 영화에서 가장 논란이 되는 유명한 장면)은 충격적인 장면을 이용하는 초현실주의의 예이다. Courtesy Photofest

8.36 〈데스티노〉 달리가 뜻밖에 디즈니사와 함께한 공동작업은 2003년 개봉 때까지 끝나지 않은 상태로 남아 있었다. Courtesy Photofest

는 이 영화(사진 8.35)는 한 사람 이상의 남자들과 관계를 갖는 한 여인에 대한 스토리의 가능성을 가지고 관객들을 희롱하고 있으며, 설명되지 않은 대상들 사이에서 표류하고(반복되는 줄무늬 상자처럼), 그 꿈 상태에서 절대 빠져나오지 않는다. 시간, 공간, 물질적 대상들을 조종하는 영화의 힘을 통해서 초현실주의 영화감독들은 정상적 상태에 대한 중산층의 주장에 대립하면서 어두운 욕망에 의해 질주해가는 꿈 같은 세계를 창조해냈다.

표현주의적 스타일은 종종 애니메이션 영화에 잘 들어맞는다. 스티븐과 티모시 퀘이의 〈악어의 거리(Street of Crocodiles)〉(1986)는 폴란드 작가 브루노 슐츠의 기억에 토대를 두고 스톱 모션 촬영술을 통해 만든 것으로, 살아 있는 나사와 실들의 악몽 같은 환경에 사로잡힌 한 도자기 인형에 대한 어두운 이야기이다. 여기서 실과 기타 사물들의 놀랄 만한 삶은 영화를 형상화해주고 구성해준다. 특히 초현실주의는 애니메이션에 커다란 영향을 미쳤다. 살바도르 달리가 디즈니사와 합작했던 〈데스티노(Destino)〉(1945, 2003)에서는 양자 모두 직접적으로(사진 8.36), 그리고 일본의 거장 미야자키 하야오의 〈센과 치히로의 행방불명(Spirited Away)〉(2001)에서는 양자 모두 더 간접적으로 영향을 미치고 있듯이, 양자 모두 전적으로 독특하고 초현실적인 세계들을 창조해낸다.

표현주의식 자극은 미국 언더그라운드 영화의 중심에도 미쳤다. 1960~1970년대 동안 '섹스, 마약, 그리고 로큰롤'이라는 미국의 반체제 문화는 기존 1950년대의 억압적인 사회적 가치, 장벽, 성역할의 해방을 부르짖었다. 샌프란시스코에 기반을 둔 쿠차 형제가 〈벗고 있을 때 안아줘요(Hold Me While I'm Naked)〉(1966)처럼 과장된 영화들을 만드는 동안(사진 8.37), 마리 멘켄은 〈글림프스 오브 더 가든(Glimpse of the Garden)〉(1957) 같은 작품에서 더 그림 같은 영화 언어를 발견해냈다. 하위 문화들(예술적이면서 성적인)은 영화 제작을 받아들였고, 독립적인 하위 문화들이 실험 영화 제작 주변에 나타났다. 대안 극장과 대학 상영

8.37 〈벗고 있을 때 안아줘요〉 영화감독 조지 쿠차는 자신이 꿈꾸던 고도의 예술 영화를 만들려다 좌절한 주인공인 한 감독의 역을 맡았다. 이 영화의 과장되고 코믹한 성격은 그의 불쌍해 보이는 외양에 의해 더욱 배가된다.

네트워크는 이런 작업과 실험 영화감독을 영화감독, 비평가, 학생, 기타 예술가들에 대해 헌신적인 관객들과 만나는 분위기를 조성하였다.

　　표현주의적 전통은 특정 기술 및 매체의 속성에서 나오고 있다. 예를 들면 8mm와 16mm, 나중에 휴대용 비디오 장비의 스몰게이지 포맷(소구경 형식)은 아마추어용으로 발전되었고, 예술적 목적을 위해서도 아주 일찍부터 이용되었다. 예술가들은 1950년대 조나스 메카스가 사용한, 1970년대 비디오 아티스트들에 의해 채택된 일기 같은 형식처럼 친밀한 미디어를 활용했다. 사실 새로운 미디어는 표현주의적 가능성의 영역을 제시해준다. 비영리 사이트 리좀(Rhizome)은 아주 제한된 노출 기회밖에 가질 수 없는 뉴미디어 아티스트들에 의해 작업을 주도하고 유지한다. 비록 온라인상에 올려지는 아주 다수의 사용자들이 만들어내는 작업이 창작자나 관객에 의해 실험 영화와 관련되지 않을 수 있다 하더라도, 사용되는 바로 그 기술과 표현주의적 자극은 이런 전통과 아주 잘 어울린다.

대립주의적 접근

근대의 충격(야수 같은 파괴작용을 할 수 있는 아름다운 기계, 상업과 예술의 병치, 시간은 빨라지고 거리는 단축되는 것)은 1920년대 모더니즘의 예술 전체에 걸친 대립주의적 자극으로 통합되었다. 때때로 에두아르 마네가 그린 매춘부의 적나라한 그림인 '올랭피아(Olympia)'(1863)에서처럼(사진 8.38), 또는 눈알을 베어내는 〈안달루시아의 개〉에서처럼 중산층에게 충격을 주는 시도가 있었다. 때때로 파리의 상가에서 찍은 으젠 앗제의 사진처럼 변화하는 세계에서 예술의 민주화를 기록하는 것이었다. 독일의 문화 이론가인 발터 벤야민이 유명한 1936년 에세이, 기술복제 시대의 예술작품(The Work of Art in the Age of Its Technological Reproducibility)에서 주장했듯이, 예술적 독창성에 대한 개념은 사진에 도전했고, 대중의 환심을 샀던 영화에 더욱더 참여하게 했다.

　　영화가 본질적으로 근대적 매체로 보였기 때문에 다다이즘 예술가 마르셀 뒤샹 같은 다른 미디어에 적극적인 예술가들은 영화를 가지고 실험했다. 예술가들은 자신의 작품에 기계적 미를 수용하든가, 아니면 소련의 프롤레타리아 혁명에 맞는 영화를 만들든가 하면서 시대상에 생생하게 연관되어 있는 자신의 역할을 보았다. 그런 태도는 예술적 표현 능력을 중시하는 낭만주의적 전통에 역행하면서 대립적인 실험 영화 전통을 형성하는 것이었다. 더 넓은 사회적 · 정치적 혹은 미학적 비평의 맥락에서 관습, 관객 혹은 기대감과 연대감에 대한 대립적인 실험 양상은 다큐멘터리 및 서사적 양상과 겹칠 수 있다. 장 뤽 고다르의 〈그녀에 대해 알고 싶은 두세 가지 것들〉(1967)에서 캐릭터들은 화면 밖 감독이 속삭이는 "언어란 무엇인가?" 같은 질문에 대답하면서 관객에게 직접 말한다. 트린 민하의 〈그녀 이름은 베트남〉(1989)에서 미국에 살고 있는 베트남 여인들이 베트남에 살고 있는 사람들의 역할을 하면서 인터뷰에 응해 베트남 전쟁의 경험을 이야기한다. 영화감독의 보이스오버 문장과 기타 사운드 트랙 요소, 통상적이지 않은 프레임 만들기의 혼합은 이런 여인들의 정체성과 완전하게 자신의 경험을 그려내려는 어떤 노력도 복잡하게 만들고 있다. 결과적으로 이 영화는 묻고자 하는 것보다 더 많은 의문을 제기한다.

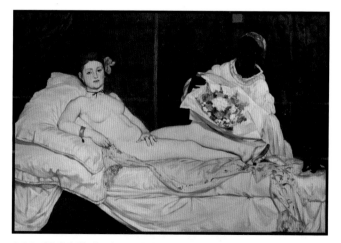

8.38 '올랭피아' 에두아르 마네의 이 작품은 불경스럽고 부도덕한 작품으로 당시에 많은 비난을 받았는데, 그 이유는 벌거벗은 여인을 묘사했기 때문이 아니라 그 여인이 매춘부로 보였기 때문이었다. Erich Lessing/Art Resource, NY

반체제 영화　1920년대 유럽의 아방가르드는 장 뤽 고다르 같은 영화감독을 위한 의도적인 모델이 되었다. 1960년대 그의 영화

8.39a

8.39b

8.39c

〈브리지-고-라운드〉에서의 서정적 양식

개척자적인 미국 독립영화 감독 셜리 클라크(1919~1997)는 처음에는 무용을 공부했다. 그러나 1920년대 초 최초의 일부 추상적 영화를 만들었던 예술가 한스 리히터와 함께 공부한 후, 그녀는 아방가르드 영화 만들기에 빠져들게 되었다. 다른 프로젝트에서 남겨진 영상들을 이용하여 그녀는 〈브리지-고-라운드〉(1958)에서 '무용수 없는 무용 영화'를 만들었다.

짧은 4분 동안 일련의 착색되고 중첩되며 리드미컬하게 편집된 뉴욕 다리에 대한 숏들(당시 실험 영화감독들이 선호했던 경량의 16mm 카메라를 가지고 통상적이지 않은 앵글에서 찍은)은 이런 육중한 대상들을 공기처럼 가볍게, 갈매기처럼 날렵하게 보이도록 만들어주었다. 이 영화의 시작 부분에서 간단한 크레딧이 거품이 이는 푸른 물결을 보여주는 빨리 움직이는 숏들 위에 나타난다. 다음으로 물에 일련의 팬, 트랙, 틸트에 의해 생기를 불어넣는 다리의 구조적 요소들을 덧붙인다(사진 8.39a).

중첩성은 여러 세트의 다르게 착색된 숏들을 가로질러 하나의 평범한 패턴으로 남아 있다. 한 시퀀스에서 도시의 지평선은 그 거울 같은 이미지를 지나쳐 항해하고 있는 것처럼 보인다. 그다음 중첩된 똑같은 다리의 두 가지 수평적 이미지가 따라온다. 그것들이 각각을 지나 움직일 때, 빠르게 통과한다는 느낌을 받는다(사진 8.39b). 마침내 카메라가 아래에서 찍은 다리의 동일한, 표현주의적인 이미지들에 대한 빼어난 몽타주, 다른 색으로 물든 각각의 이미지에서 멈추게 된다(사진 8.39c).

마지막 시퀀스의 마지막 이미지에서 실제 다리가 사라질 때까지 간략한 숏들의 몽타주가 다리 위를 빠르게 앞으로 비행하는 장면들로 모아지며, 영화의 시작 부분인 푸른 색조의 지평선으로 우리를 되돌려놓는 중력을 거부하는 숏에 매달린 채 남겨지게 된다(사진 8.39d와 8.39e).

영화 자체는 도시의 역동성에 대한 새로운 지각으로 이끄는 일종의 다리 영상이다. 마침내 클라크의 추상적 편집에 대한 서정적 스타일은 미국 국립영화필름보존재단(National Film Preservation Foundation)이 만든 DVD에서 들을 수 있는 이 영화의 두 가지 아주 다른 사운드트랙에 의해 강조된다. 루이스와 비비 배런의 전자음악 악곡은 산업적 소음과 함께 산업적 이미지들을 반영한다. 테오 마세로의 편곡은 기묘한 효과를 위해 목소리와 재즈 악기 편성법을 이용한다. 클라크의 이런 작곡가들과의 협업은, 뉴욕 아방가르드에서 이 영화의 참신한 이미지 및 리듬만큼 많이 그녀의 중심적 역할을 증명해준다.

8.39d

THE END

8.39e

들은 통상적이지 않은 사운드와 이미지 병치를 통해서 혹은 캐릭터 안팎으로 넘나드는 배우들을 기용함으로써 상업적 영화 관습에 도전하는, 부분적으로 실험적인 영화였다. 그러나 이 시기의 정치적 환경이 더 격렬해지자 반체제 영화로 알려진 것들의 대립적 자극이 더 깊어져 갔다. 고다르는 지가 베르토프 그룹이란 이름하에 있는 협력자들과 함께 〈대영제국의 소리(British Sounds)〉(1970) 같은 비상업적 영화를 의도적으로 만들기 시작했다. 1972년 고다르와 그의 파트너 장 피에르 고랭은 진보적 미국 여배우 제인 폰다가 베트남을 방문하여 그들의 목소리를 동정적으로 듣고 있는 한 장의 사진을 낱낱이 조사하는 영화 〈제인에게 보내는 편지(Letter to Jane)〉(1972)를 만들었다. 보이스오버로 고다르와 고랭은 그 정치적 단순함이란 이유로 이 이미지를 비판한다(사진 8.40). 이 시기의 과격주의는 유지되기가 어려웠지만, 그 대립적인 자극은 고다르 작품의 모든 것을 알려준다. 예를 들면 다수의 편들

8.40 〈제인에게 보내는 편지〉 장 뤽 고다르와 장 피에르 고랭은 급진적이라기보다는 진보적인 미국 여배우 제인 폰다의 사진을 비판한다.

로 이루어진 〈영화의 역사(Histoire du cinema)〉(1988~1998)의 복잡한 이미지와 사운드 몽타주들은 시간이 흐르면서 이미지들이 축적되는 모든 의미를 관객들이 보기를 요청한다.

많은 비판적이고 대립적인 기술은 관객들이 가까이에서 실험에 참여할 수 있도록 격려하면서 하나의 단어 혹은 하나의 이미지, 그것이 나타내는 의미 사이의 추정된 관계를 해체하는 정치적 혹은 이론적 입장들과 연관되어 있다. 그런 미적 전략은 1960년대 말 사회적 비판에 뿌리를 두고 있으며, 때때로 정치적 모더니즘이라고 불린다. 소비 자본주의라는 이미지 지향의 사회에 대한 가장 흥미롭고 영향력 있는 접근 방법 중 하나는 〈스펙터클의 사회(The Society of the Spectacle)〉(1967, 1973)라는 동명의 책과 영화에서 기 드보르에 의해 발전되었다. 드보르는 이미지 스스로가 데투르느망(detournement, 방향 전환, 우회) 혹은 전용(diversion)이라 부르는 과정을 통해 맥락 밖으로 끄집어냄으로써 이미지 지향의 사회를 변형시킬 수 있는 유일한 방법이라고 주장했다. 이본느 라이너, 로라 멀비, 피터 월렌 같은 페미니스트 영화감독들은 영화에서 여성을 나타내는 방식에 질문을 던지는 비판적인 기술을 이용했다. 1980년대에 비디오 아티스트들은 주류 미디어를 향해 이런 비판적 기능을 확대했으며, 오늘날 새로운 미디어 작품들은 종종 관객들이 자신들이 보고 있는 것뿐만 아니라 어떤 것을 어떻게 보고 있는가라는 질문을 하도록 요구한다.

일부 영화감독들은 반체제 영화로서의 다큐멘터리의 가능성과 함께 실험적 전략을 수용했다. 영국 출신 산코파(Sankofa)의 〈패션 오브 리멤브런스(Passion of Remembrance)〉(1986)는 뉴스 보도 영상을 가지고 정치적 토론을 벌이는 것과 홈비디오를 결합하고 있으며, 블랙 오디오 필름 컬렉티브의 〈핸즈워스 송즈(Handsworth Songs)〉(1986)는 불안한 인종차별 상황의 이유와 식민지 역사를 분석하는 보이스오버를 통해 서인도 축제 전통과 폭동 장면을 병치시키고 있다. 〈어둠 속의 비명 : 전원의 비극(Night Cries: A Rural Tragedy)〉(1989)에서 호주 원주민 예술가 트레이시 모팻은 1960년대에 원주민 아이들이 백인 가족에게 입양되도록 강요했던 동화정책에 대한 스토리를 이야기하기 위해 양식화된 세트와 사운드, 비연속적 편집을 이용한다(사진 8.41).

사회운동가적 미디어   1980년대에 사회운동가적 비디오(특히 에이즈 창궐에 대한 정부의 무관심 때문에 촉발된)는 대립적 양식을 구사했다. 정보를 알리는 데 있어서 다큐멘터리에 기

8.41 〈어둠 속의 비명 : 전원의 비극〉 성장한 원주민 딸과 그녀를 아이 때 입양했던 나이 든 백인 엄마 사이의 걱정스러운 관계는 영화의 혁신적인 세트, 생생한 35mm 촬영, 사운드 작업을 통해서 대사 없이 전달된다.

8.42 〈그들은 모두 시력을 잃었다〉 예술가 톰 칼린은 이 비디오테이프의 슬픈 이미지에서 에이즈 확산에 대한 대응으로써 슬퍼하면서 투쟁하는 경쟁적인 자극을 전달해준다.

반을 두는 한편, 편집의 실험적 기술, 홍보 선전에서 가져온 디자인 요소, 의식적인 보이스오버와 개인적 성찰을 이용했다. 톰 칼린의 〈그들은 모두 시력을 잃었다(They Are Lost to Vision Altogether)〉(1989)는 슬픔에 빠진 모습을 보여주는 이미지와 에이즈 사회운동가들에 의해 구사된 투쟁성을 결합한다(사진 8.42).

새로운 미디어에서의 대립적 전략은 종종 주류 미디어의 메시지로부터 방향을 바꾸는 것에 대한 것이다. 예스맨 같은 집단은 가짜 웹사이트들을 만들어서 주류 뉴스 방송이 때때로 발췌해서 보도하는 환경 악화 뉴스들에 대한 회사 측 사과문을 제공해준다. 케이블 방송, 블로그, 인터넷 비디오를 통해 점점 관객들이 파편화됨에 따라 대립적 미디어 만드는 기술 또한 크게 증대해 가고 있다.

관객의 무사안일이나 불의의 역사, 허위진술에 정면으로 대립하고 있는 이런 실험적 작품들은 종종 다큐멘터리와 서사 작품을 혼합한다. 때때로 하찮은 존재 같은 기분이 들었던 목소리와 시각은 실험 영화 같은 아직 덜 정착된 전통을 더 많은 수확을 올리는 분야로 발견해낸다.

생각해보기

강의시간에 본 영화를 생각해보자. 표현주의적 전통의 일부인가, 아니면 대립주의적 전통의 일부인가? 설명해보자.

요약

실험은 영화 경험의 일부이다. 단어들은 똑같은 뿌리를 공유한다. 〈오후의 올가미〉 같은 영화의 몽상적 논리는 이성적인 설명 없이 관객이 쉽게 이해할 수 있다. 영화 형식은 〈기계적 발레〉에서의 추상적 패턴과 〈브리지-고-라운드〉에서의 서정적 카메라 움직임을 통해 보는 현대적 방식을 반영한다. 미셸 공드리의 〈이터널 선샤인〉(2004)의 복잡한 스토리텔링 및 기발함, 테렌스 맬릭의 〈트리 오브 라이프〉(2011)의 서정적인 표현 혹은 라스 폰 트리에의 〈멜랑콜리아(Melancholia)〉(2011)의 개념적 자연처럼 가장 혁신적인 현대 영화 감독의 작품에서 실험적 기술과 만나고 있다. 오늘날 우리 삶에서 미디어의 존재에 대해 구석구석 스며 있는 자의식과 더불어, 기술과 미학은 분리되어 접근될 수 없다. "영화란 무엇인가?"라는 질문은 마치 그것이 정치적 용어로 자파르 파나히의 〈이것은 영화가 아니다〉가 답하고 있듯이, 형식주의적 용어로 실험적 작품에 의해 제기된다.

■ 편집이 어떻게 〈오후의 올가미〉의 한 부분 속에서 작동하는지를 보라. 꼭 숏들의 숫자를 세어보자. 만일 그것이 연속성 스타일로 편집된다면, 똑같은 장면이 어떻게 보일 것인가?
■ 〈시계〉 같은 미디어 예술이 박물관 세팅 속에서 어떻게 기능하고 있는지 논의해보자.
■ 〈초른의 보조정리〉에서 구조적 패턴을 찾아보고 이 영화를 감상한 후의 후유증을 생각해보자. 당신은 그런 패턴들을 계속해서 추구하고 있는가?
■ 하나의 주류 영화에서 실험적 관례를 확인해보자.

적용해보기

■ 실험적 미디어 텍스트는 접근하기가 어렵다. 이런 미디어를 지지하는 장소 및 기타 기관들을 찾아보고, 어떤 종류의 관객 기대감이 그것과의 만남 속으로 들어가고 있는지 생각해보자.
■ 각각의 다른 미디어에 걸쳐 발생하고 있는 하나의 요소를 추적하여 영화의 음악, 건축, 회화, 조각과의 연관성을 탐색해보자.

영화 장르

관습, 공식, 그리고 관객의 기대감

〈새벽의 황당한 저주(Shaun of the Dead)〉(2004)에서 손의 삶은 모든 잘못된 방향으로 향하고 있다. 그는 자신의 일을 경멸한다. 여자친구는 그의 게으른 생활방식을 끊임없이 질책한다. 양아버지는 엄마에 대한 그의 태도를 가차 없이 꾸짖는다. 사태가 더 악화되도록 갑자기 그를 둘러싼 모든 사람이 좀비로 변한 것처럼 보인다. 재미없고 짜증나는 그의 삶은 종말론적 공포 영화로 바뀌면서, 그 속에서 그와 똑같이 무능한 친구들과 크리켓 배트 방망이, 삽, 당구채, 그리고 다른 물건들을 손에 들고 피투성이 좀비들의 몸을 부숴가면서, 느리게 움직이는 좀비들의 끝없는 행진에 맞서 싸운다. 이 영화는 〈살아 있는 시체들의 밤(Night of the Living Dead)〉(1968)과 〈28일 후(28 Days Later)〉(2002) 같은 현대 고전 공포 영화들을 조롱하는 언급으로 가득 차 있으며, 무엇이 이 끔찍한 좀비 전염병을 시작했는지에 대한 기존의 사이비 과학적 설명을 하고 있다. 하지만 영화 초반부에서 구부정한 좀비들의 기계적인 움직임과 정상적인 인간의 움직임을 구별하기 어려워 보이기 때문에 패러디에 가깝다. 감독 에드가 라이트와 코미디 배우인 사이먼 페그와 닉 프로스트는 2개의 다른 유사 패러디물인 〈뜨거운 녀석들(Hot Fuzz)〉(2007)과 〈지구가 끝장나는 날(The World's End)〉(2013)을 이 영화 다음에 내놓고 있는데, 앞 영화는 〈리썰 웨펀(Lethal Weapon)〉 시리즈(1987~1998) 같은 경찰 영화의 바보 버전이고, 뒤 영화는 에일리언 인베이전(alien invasion, 외계인 침입) 장르의 조롱 버전이다. 이런 영화들을 보는 것은 일종의 유사 게임을 하는 것과 비슷하다. 우리는 장르의 공식들을 인지하고 있으며 예상한다. 다양한 관점에서 슬랩스틱(몸개그) 및 로맨틱 코미디 영화들을 참고자료로 보기까지 한다. 게임을 하는 즐거움은 지적 활동의 핵심이며, 많은 유사 영화를 보게 하는 즐거움인 것이다.

영화에서 장르라 함은 주요 문제의 제시에 있어서 비슷한 서술적 및 양식적 패턴을 공유하는 범주 혹은 유형이다. 캐릭터, 서술, 시각적 양식에 대한 관객의 기대에 기초한 영화 장르는 영화 역사를 통해 되풀이되고 발전된 공식 및 관습이다. 영화는 통상적인 일과와 기대감 속에서 관객들이 공유하도록 해주는 장르의 변형에 의지한다. 관객으로서 우리는 캐릭터 유형과 영화를 동일시하기 때문에 하나의 영화를 보기 위해 선택할 수 있다. 이상하고 위험한 발견으로 이어지는 새로운 기술을 만들어내고자 비밀스러운 연구소에서 일하는 '미치광이 과학자'에 대한 어떤 버전을 알고, 이해하고 있기 때문에, 공상과학 영화들[1927년 〈메트로폴리스〉부터 1979년 〈에이리언〉이나, 2012년 〈프로메테우스〉까지]로 되돌아갈 수도 있다. 같은 이유로

9.1 〈파이터〉 익히 알고 있는 고전적인 권투 영화의 장르 공식이 있지만, 이 영화에서는 새롭게 갱신되었다.

어떤 관객은 〈파이터(The Fighter)〉(2010)를 보기 위해 극장으로 달려갈 수도 있고, 또 어떤 관객은 보지 않는 것을 선택할 수도 있다. 권투 영화는 그 공식과 이미지인 밑바닥 노동자인 주인공이 엄청난 장해물들을 극복하고 고된 승부를 거쳐 결국 승리를 거머쥐는 것으로 그려진다. 이는 관습들에 대한 관객들의 지식에 호소하도록 설계된 잘 알려진 장르의 일부이다(사진 9.1). 특정 장르에 대한 다른 반응이 우리가 속한 영화 공동체를 규정하고 있는 것은 중요한 의미가 있다.

핵심 목표

■ 영화 장르가 관객을 끌어들이는 이유를 이해하자.

■ 영화 장르의 역사적 기원을 묘사해보고 시간이 흐르면서 어떻게 변화할 수 있었는지를 설명해보자.

■ 장르 영화에서 어떤 관습, 공식, 기대감이 보이는지 규정해보자.

■ 6개의 주요 장르, 즉 코미디, 서부 활극, 멜로드라마, 뮤지컬, 공포 영화, 범죄 영화와 그 하위 장르를 확인해보자.

■ 관객이 장르를 통해 의미를 만드는 하나의 방식으로서 어떤 영화 유형을 이해하고 있는지를 요약해보자.

영화 장르는 특정 문화적 가치를 전달해준다. 서사, 다큐멘터리, 실험 영화는 상호적 구성과 연관된 각자가 만들어낸 특정 장르를 갖고 있지만, 이 장에서는 특히 6개의 서사 영화 장르에 초점을 맞출 것이다―코미디, 서부 활극, 멜로드라마, 뮤지컬, 공포 영화, 범죄 영화. 각 장르에 있어서 그 주요 공식 및 관습을 확인할 것이며, 특정 사회적·문화적·역사적 경험을 어떻게 반영하고, 조절하고 있는지를 숙고해볼 것이다.

영화 장르의 간략사

멜 브룩스는 대부분의 영화감독들보다 더 명확하고 창의적으로, 장르 영화의 역사를 재활용하고 패러디함으로써 하나의 작품을 만들어냈다. 〈블레이징 새들스〉(1974)는 주인공인 보안관을 아프리카계 미국인으로 설정해 스토리를 완전히 뒤집어 놓음으로써 서부 영화의 역사를 조롱한다. 〈영 프랑켄슈타인(Young Frankenstein)〉(1974)은 괴수 영화와 특히 1931년 영화 〈프랑켄슈타인(Frankenstein)〉을 변형시키고 있는데, 젊은 박사의 약혼녀는 노이로제에 걸린 박사를 차버리고 그가 만들어낸 섹시한 괴물을 차지한다. 〈고소공포증(High Anxiety)〉(1977)(사진 9.2)은 항상 그 장르를

9.2 〈고소공포증〉 이 영화는 농담조로, 역설적으로 스릴러의 역사, 특히 히치콕의 스릴러물을 패러디한다.

추진해왔던 두려움에 떠는 불안을 코믹하게 드러내기 위해서 다양한 히치콕 영화로부터 스릴러의 일반 공식과 정확한 상징적 장면을 함께 버무려 놓고 있다. 〈못말리는 로빈 훗(Robin Hood: Men in Tights)〉(1993)은 많은 로빈 훗 영화에서 전형을 보여주었던 모험과 로맨스 장르들에 비해서 덜 모험적이고, 숲에서 쫄쫄이 타이즈 옷 입기를 좋아하는 다소 바보스러운 산적 떼보다 더 바보스럽다. 브룩스 영화들이 이전 장르들의 역사와 투명하고도 역설적인 관계를 맺고 있는 한편, 실제로 모든 장르 영화는 암묵적으로나 명시적으로나 기나긴 일반 역사의 표시와 자취를 전달해준다.

장르의 역사적 기원

영화 출현 훨씬 전에 장르는 문학, 연극, 음악, 회화, 기타 예술 형식의 작품을 분류하는 데 이용되었다. 비극은 기원전 350년 아리스토텔레스의 시학(Poetics)에서 가장 중요한 장르로 생각되었고, 시적 발라드, 전원시 및 서사시, 그리고 삼류 소설 같은 더 특정한 문학적 장르는 다음 역사 시기에 발전하고 세련되어졌다. 뮤지컬 장르는 대중적인 사랑 노래 및 어린이 자장가뿐만 아니라 고전적인 소나타 및 심포니를 포함하고 있었다. 17세기 네덜란드 화가 피테르 데 호흐는 국내 삶과 일상적인 사회적 만남을 묘사하는 회화 장르를 창조해냈다. 18~19세기 초 데이비드 윌키, 윌리엄 호가스, 기타 사람들의 회화에서 장르는 '삶의 한 조각'에 대한 이미지 혹은 친근성, 인지성에 목적을 둔 장면, 인간의 감정을 공유하고 있는 장면을 제시하게 되었다(사진 9.3). 가정

9.3 결혼 직후(1743) 유명한 영국의 풍속 화가 윌리엄 호가스는 일상생활과 당대의 관습에 대한 풍자적인 견해를 그림으로 묘사했다. Erich Lessing/Art Resource, NY

적 사실주의(domestic realism)와 연극성의 혼합은 무대 장르, 특히 19세기에 가장 대중적인 장르였던 무대화된 멜로드라마와 연관되어 있었다(**사진 9.4**). 이런 다른 형식들에서 장르의 세 가지 기능이 형성되기 시작했다.

■ 다른 작품을 제작하기 위한 모델 제공
■ 관객에게 기대감 제공
■ 하나의 작품을 판단하고 평가하는 범주 형성

　예를 들면 18세기 화가들에게 역사적인 회화들은 해전상의 승리에 대한 어느 그림에서 어떤 대상들이 포함될 것인지에 대한 일반적인 규칙들을 따라야 할 필요가 있었을 것이다. 고전적인 관객들은 모든 서사시가 통상 신이나 뮤즈를 부르는 호출로 시작하도록 기대하는 것을 배웠을 것이다.

초기 영화 장르

초기 영화는 사진, 문학, 미술, 그리고 음악의 가르침에 기반을 둔 장르들을 즉각적으로 구사했다. 19세기 인물 사진은 표준화된 포즈와 배경을 되풀이했으며, 또한 보드빌 극장인 뮤직홀은 종종 알아볼 수 있는 관습 및 리듬을 보여주는 코미디 촌극(comic skit)과 뮤지컬 곡을 번갈아 가며 공연하는 공식을 발전시켰다. 비록 1890년대 초기 영화들이 새로운 주제, 대상, 사건을 추구했다 하더라도 대충 만든 패턴이 급속도로 발전해 나갔다. 단편 영화를 위한 통상적인 공식에는 〈나이아가라 폭포의 겨울 풍경(Panoramic View of Niagara Falls in Winter)〉(1899) 같은 장면, 〈캐리 네이션 스매싱 어 살룬(Carrie Nation Smashing a Saloon)〉(1901)에서와 같은 역사적 사건, 종종 덜 알려져 있는, 〈쇼걸에서 희가극 여왕까지(From Show Girl to Burlesque Queen)〉(1903) 같은 '도색 영화(blue movie)'에서의 세미포르노 장면들이 포함되어 있다(**사진 9.5**). 영화산업과 그 관객들이 1900년대를 통해 확대되어 나가자 다른 유형의 영화들이 초기의 장르 목록을 채웠다. 극장, 스포츠 사건, 슬랩스틱 코미디에서 뽑은 장면들로 채웠다. 그리고 야외 촬영이 늘어남에 따라 서부 영화가 통상적인 주제가 되었다.

1920~1940년대 : 장르와 스튜디오 시스템

영화 역사의 시작 이래로 장르의 중요성 및 특정 장르의 인기가 역사 시기와 문화에 따라 흥망성쇠를 거듭했다. 비록 영화가 초기부터 반복되는 주제와 공식(셰익스피어의 연극을 생각하고 그 장면을 추적해 가는)을 이용했다 하더라도 1920~1930년대

9.4 〈인간의 본성(Human Nature)〉(1885) 헨리 페티트와 오거스터스 해리스가 만든 이 작품처럼 19세기 무대 멜로드라마는 중심적인 영화 장르의 선두주자였다. The Art Archive/Art Resource, NY

를 통한 스튜디오 시스템의 발흥은 영화 장르를 위한 비옥한 토양을 특별히 제공해주었다. 이런 맥락에서 장르를 위한 영화산업의 모델은 포드 자동차 회사를 위한 산업적 모델과 아주 유사하다. 포디즘(Fordism)은 20세기의 긴 시기에 걸쳐 미국 산업을 규정했던 경제적 모델로서, 노동의 분화 및 부품의 대량생산을 통해 특정 자동차의 생산량과 질을 증가시켰다. 그렇게 증가된 생산량의 결과 이상적으로 비용은 줄어들고, 생산품의 소비는 증가한다는 것이다.

대량생산의 산업적 시스템을 채택한 스튜디오 시스템에 매여 있는 영화 장르는 인기 있는 영화의 많은 다른 수정 버전을 또다시 만들어내기 위해 영화 제작자들로 하여금 대본 공식, 배우, 세트, 의상들을 재사용하게 하였다. 소비자가 7년마다 새로운 색상이나 다른 스타일

9.5 〈쇼걸에서 희가극 여왕까지〉 에로틱한 '도색 영화'가 초기 영화 장르로 나타났다.

의 포드 자동차를 사는 방식과 같이 관객은 〈바그다드의 도둑(The Thief of Baghdad)〉(1924) 같은 더글라스 페어뱅스 주연의 허풍쟁이 모험 영화의 최신 버전을 보려고 매년 극장으로 되돌아올 수도 있을 것이다.

유명한 할리우드 스튜디오들은 크기, 전략, 스타일에서(더 작은 유나이티드 아티스츠부터 거대한 MGM까지) 서로 달랐지만, 각기 공식과 관습, 인기배우, 세트의 효율적인 재활용에 기반을 둔 제작 시스템을 이용하고 있는 것은 똑같았다. 시스템은 제작자 한 사람에 의해 움직였는데, 제작자는 스튜디오가 마음대로 사용하는 그 많은 움직일 수 있는 분야들을 모두 번갈아 가며 감독한다. 이런 환경 속에서 개인 스튜디오는 자신의 제작 기술을 개선시켰고, 특정 장르와의 연관성을 확립시켰으며, 그런 장르들을 발전시키기 위해 그런 경험을 개선시켰다. 1930년대 무렵 워너브라더스는 갱 영화로, 파라마운트는 세련된 코미디 영화로, MGM은 뮤지컬과 멜로드라마로, RKO는 문학작품 각색 영화로, 컬럼비아 픽처스는 서부 영화로, 유니버설은 공포 영화로 제각기 명성을 날렸다.

생각해보기

강의시간에 상영된 영화 장르에 대한 역사적 전례를 생각해보자. 그것은 문학으로부터 혹은 연극 역사로부터 온 것인가. 아니면 문화로부터 혹은 종교의식으로부터 온 것인가?

1948~1970년대 : 전후의 영화 장르

1948년 미국 정부 대 파라마운트 법정 다툼 사건의 판결에서 대법원은 주요 메이저 스튜디오들이 극장을 소유하여 영화 비즈니스를 독점함으로써 독과점 금지법을 위반했다고 판결하여 스튜디오 시스템을 원상태로 돌려놓음으로써 영화 장르의 초석을 놓았다. 수익성 나는 제작 결정을 확실히 해주는 극장 배급망의 조종이 없어지자 스튜디오 시스템은 서서히 몰락하기 시작했고, 미국 영화 장르의 황금기도 저물어갔다. 분명 장르 영화는 계속해서 만들어졌고, 즐거움을 선사했다. **누아르 영화**(film noir) 같은 일부 영화들이 이 저물어가는 시기에 나타났으며, **블랙스플로이테이션**(blaxploitation) 같은 다른 일부 영화들은 뒤따라오는 파편화 현상 속에서 생겨났다. 누아르 영화는 그늘진 캐릭터 및 폭력적인 범죄와 더불어 제2차 세계대전 이후 따라온 문화적 스트레스 및 불안정성을 반영했던 한편, 블랙스플로이테이션은 아프리카계 미국인의 도심생활 및 틀에 박힌 공격적인 남성상을 연출하면서 1970년대의 혼란스러운 인종차별 관련 배경에 대한 반대 입장을 발전시켰다.

1960~1970년대에 많은 다른 장르 영화의 인기는 당시의 다른 문화들과 미국 사회운동들을 통한 공식의 재활용에 있었다. 로버트 알트만의 서부 영화 〈맥케이브와 밀러 부인(McCabe

9.6 〈맥케이브와 밀러 부인〉 로버트 알트만과 기타 뉴 할리우드 영화감독들은 서부 영화 같은 할리우드 장르에 수정주의적 테이크들을 제공했다.

and Mrs. Miller)〉(1971)에서 영웅적 서부 영화의 신화가 베트남 전쟁의 배경을 맹렬히 반대하면서 재규정하고 있는 것처럼(사진 9.6), 빔 벤더스의 독일 누아르 영화 〈미국인 친구(The American Friend)〉(1977)에서 할리우드 스릴러물이 전후 독일을 다시 생각하게 하는 렌즈가 되고 있는 것처럼, 이런 수정주의적[1] 장르 영화들은 변화하는 세상에 대한 공식 및 관계에 대한 역설적이고 자의식적인 관점과 더불어 종종 더 이전의 관습 및 아이콘으로 되돌아갔다.

1970년대~현재 : 뉴 할리우드, 속편, 국제적 장르

〈죠스〉(1975)와 〈스타워즈〉(1977)는 블록버스터 영화를 만들어내기 위해 기존 장르, 특수효과, 고액의 광고비 예산에 의지하며 영화학교에서 교육받은 감독들과 함께하는 뉴 할리우드(New Hollywood)로 알려진 시기를 탄생시켰다. 비디오와 해외 영업이 그런 영화들로 하여금 전 세계로 퍼져나가도록 도왔으며, 스튜디오를 소유한 새로운 회사들은 계속적인 성공을 보장받기 위해 〈스타워즈〉 같은 블록버스터의 후속편 및 프랜차이즈 작품들 제작에 많이 의존했다. 〈대부 2〉(1974)는 콜레오네 마피아 패밀리의 서사시를 깊이 있게 만든 명작으로 찬양받는 한편, 〈분노의 질주 : 더 맥시멈〉(2013)과 〈미션 임파서블 : 고스트 프로토콜〉(2011) 같은 현대의 후속편들은 친숙한 오락물을 제공해주기 위해 캐릭터 및 플롯 요소와 새로운 상황을 결합시키고 있다(사진 9.7). 실제 액션으로 찍은 〈스파이더맨〉(2002~2012) 시리즈 같은 프랜차이즈 영화들은 비디오 게임 같은 다른 플랫폼 속에 장르 요소를 확산시키고 있다.

9.7 〈미션 임파서블〉 후속편과 프랜차이즈 영화는 장르 공식에 대한 반복적인 즐거움으로 돈을 벌어들인다.

상업적 영화 비즈니스는 점차 할리우드에만 국한되지 않았다. 홍콩 액션 영화[예 : 오우삼의 〈첩혈쌍웅(The Killer)〉(1989)]는 국내 및 지역의 성공적인 무술 영화 장르를 할리우드 액션 영화의 공식과 결합함으로써 전 세계 팬층을 구축했으며, 할리우드 외부에서 만든 영화도 전 세계적으로 수익을 낼 수 있다는 것을 증명해 보였다. 화려한 노래와 춤, 최고급 인기배우들로 가득 채우는 것을 특징으로 하는 발리우드 영화(Bollywood film)는 인터넷 및 DVD 배급을 통해 인도 아대륙 및 남아시아 공동체들을 넘어서 해외로 인기를 더 넓히고 있다. 〈데브다스(Devdas)〉(2002)는 어릴 때 헤어져서 만족스럽지 못한 삶을 살도록 운명지워진 젊은 연인에 대한 스펙터클한 로맨스로서 널리 배급되면서 특히 영국 및 미국에서 인기를 끌게 되었다(사진 9.8).

역사는 어떤 장르들을 새롭게 만들어주지만, 새로운 장르의 발명을 요구하기도 한다. 장르는 항상

9.8 〈데브다스〉 국제적으로 성공한 이 영화는 국내 장르가 국제화에 성공한 사례이다.

역사적 협상의 결과물이므로 문화적 역사의 변천을 안다는 것은 단지 영화 장르를 더 생생하고 의미 있는 것으로 만든다는 것만이 아니다. 그런 변천을 인식한다는 것은 또한 하나의 특정 장르를 규정하는 형식적 요소에 대한 이해를 요구한다는 것이다.

영화 장르의 요소

장르는 집단, 사회적 활동 혹은 공동체 활동을 식별하고 있으며, 우리가 실험 영화들을 포함한 많은 예술 형식들과 연관되어 있는 개인적 창조성에 반대하고 있는 것처럼 보인다. 영화는 장르 속에서 창조적으로, 개별적으로 기능할 수 있지만, 작업은 관객들이 기대하는 인정된 관습 및 공식의 틀 안에서 시작되어야만 한다. 이런 공식들에 대한 인식은 영화를 어떻게 보고 이해하는 지의 커다란 부분을 결정하면서 영화감독과 관객 사이의 유대관계를 나타낸다. 영화 장르는 일종의 사회적 계약을 묘사하는데, 영화를 역사적 진화와 문화적 공동체 양자의 일부로 보도록 해준다. 예를 들면 서부 영화는 드넓은 평원에 카우보이가 홀로 외롭게 말 타고 가는 장면을 연상하게 하는데, 관객들에게 미국 역사 상식과 관심을 갖도록 하고, '서부를 어떻게 정복했는가'를 다른 방식과 다른 목적으로 보여주고 있는 것이다(사진 9.9a와 9.9b).

생각해보기

최근 본 영화에서 장르를 찾아내어 그 장르와 연관된 세 가지 관습을 묘사해 보자.

관습

영화 장르에서 가장 눈에 띄는 부분은 관습, 공식, 기대감인데, 이를 통해서 어떤 장르인지 알아보고, 다른 영화와의 차이를 구별해내게 된다. 장르의 관습은 하나의 장르를 식별해내는 속성이나 특징인데, 이를테면 캐릭터 유형, 세팅, 소도구 혹은 영화에서 영화로 반복되는 사건이다. 서부 영화에서 카우보이는 대체로 홀로 떠돌아 다닌다. 범죄 영화에서 유혹적인 여인은 냉혹한 수사관을 빈번하게 좌절시킨다. 관습은 **도상학**(iconography)을 포함하고 있는데, 이는 특정 의미나 암시를 갖고 있는 이미지나 이미지 패턴을 뜻한다. 어두운 통로와 연기가 자욱한 바는 범죄 영화에서 주요 이미지이다. 극장 및 오락산업의 세계는 〈헤어스프레이(Hairspray)〉(2007)처럼

(a)

(b)

9.9 (a) 〈황야의 결투〉, (b) 〈나쁜 여자들(Bad Girls)〉(1994). 장르는 각각의 장르 영화에 의해 재협상되어야만 하는 영화감독들과 관객들 사이의 유대관계를 대변해준다. 서부 영화가 카우보이들의 총싸움을 기대하게 만들 수도 있는 반면, 다른 서부 영화는 여성 총잡이들을 스토리의 중심에 놓음으로써 그런 기대감을 재배치할 수도 있다.

9.10 〈헤어스프레이〉 〈코니 콜린스 쇼〉의 세트를 중심으로 영화의 대부분이 돌아가고 있다.

9.11 〈잃어버린 시간〉 여기서 보이고 있는 파도 같은 원형적 이미지가 일반적인 관습을 강조한다.

 생각해보기

최근 본 영화 예고편에 대해 생각해보자. 예고편으로 촉발된 일반적인 기대감에 기초해볼 때 그 영화에서 어떤 관습이나 서사적 공식을 기대할 수 있겠는가?

9.12 〈샤이닝〉 작가로 분한 잭 니콜슨은 겉으로는 평온해 보이는 콜로라도 호텔의 벽 속에서 신경쇠약을 겪고 있다.

종종 뮤지컬을 위한 세팅이 된다(사진 9.10).

이런 관습과 도상학은 때때로 다른 사회적 및 문화적 원형, 즉 어떤 도덕, 가치 혹은 세월이 흘러도 변치않는 실체들을 표현하고 있는 정신적·심리적 혹은 문화적 모델과 부합하는 더 커다란 의미 및 암시를 얻어낼 수 있다. 예를 들면 홍수는 부패한 삶의 종말과 새로운 정신적 삶의 시작을 나타내기 위해서 일부 재난 영화에서 이용했던 원형인데, 피터 위어의 〈잃어버린 시간(The Last Wave)〉(1977)에서 밀려오는 파도는 정신적 과정의 일부로 예견하고 있는 원주민들에 따르면 호주를 파괴할 나쁜 징조로 그려진다(사진 9.11).

공식과 신화

일반적 관습이 플롯의 일부로서 동작 속에 넣어질 때, 그것은 한 특정 장르에서 발전하는 스토리를 위한 패턴인 일반적인 공식이 된다. 일반적인 공식은 한 특정 영화에 사용된 개별적인 관습이 표준 방식으로 혹은 표준에 변화를 가하는 방식으로 정리될 수 있다는 사실을 제시해준다. 스탠리 큐브릭의 〈샤이닝〉(1980) 같은 공포 영화를 보면, 즉시 이런 공식 중 하나의 시작을 알아차리게 된다. 한 작가의 가족이 콜로라도 산맥에 외따로 떨어진 미지의 대형 호텔에서 살기로 결정한다(사진 9.12). 공식의 나머지는 다음과 같이 진행된다. 이상하고 충격적인 사건이 벌어지는 것은 호텔에 유령이 출몰한다는 사실을 가리킨다. 유령이 작가인 남편을 사로잡으면서 놀라운 광경이 벌어지고, 캐릭터들을 파괴하기 시작하면서 캐릭터들은 야밤중에 도망가게 된다.

일부 경우에 있어서 이런 일반적인 공식은 신화(한 집단의 사람들을 위한 혹은 전체 공동체를 위한 액션이나 사건을 묘사하고 있는 정신적 및 문화적 스토리)와 연관될 수 있다. 모든 문화는 문화적 정체성을 공유하도록 돕는 중요한 신화를 갖고 있다. 7월 4일 같은 특정 휴일과 연관된 국가적 사건을 기념할 수도 있을 것이다. 또 다른 문화는 그 문화적 역사에 대한 열쇠로서 과거의 위대한 영웅의 탄생과 흥기를 볼 수도 있을 것이다. 〈패튼 대전차 군단(Patton)〉(1970)에서 〈말콤 X(Malcolm X)〉(1992)까지 역사적 서사시들은 종종 캐릭터의 액션이 국가적 정체성을 결정해주는 문화적 및 신화적 인물로서 실제 역사적 인물을 재창조해낸다. 이 경우 한 미육군 사령관은 제2차 세계대전의 방향을 돌려놓고, 한 흑인 이슬람교 성직자는 이슬람 국가라는 흑인 이슬람 과격 단체의 대변인 역할을 맡으면서 미국에서의 흑인 운동의 중심 인물이 된다(사진 9.13a와 9.13b).

공상과학 영화의 서사적 공식 또한 지식과 권력을 위해 자신의 영혼을 팔아버린 파우스트 신화 같은, 선악과를 따먹은 아담과 이브가 그 이후에 벌을 받게 되는 스토리 같은 더 넓은 의미의 신화들과 관련될 수 있다. 스탠리 큐브릭의 〈2001 스페이스 오디세이〉(1968) 같은 공상과학 영화는 자연이나 정신세계의 법칙을 위반하는 탐험이나 발명을 종종 재점검한다.

관객의 기대감

영화 홍보 혹은 영화 자체에 의해서 촉발되는 일반적인 기대감은 영화의 관습 및 공식의 의미를 예상하도록 도와주면서 영화를 보는 동안 관객의 경험을 알려준다. 서사의 시작, 캐릭터 혹은 세팅은 영화가 만족하거나 좌절하는 장르에 대한 어떤 기대감에 힌트를 줄 수 있다. 어느 젊은 여성이 어둡고 징조가 안 좋은 바다에서 밤에 홀로 수영하는 〈죠스〉의 시작 부분은 관객들이 경악과 위험을 예상하도록, 그 장르를 펼치는 데 참여하도록, 이 특정 영화가 제공할 수도 있는 어떤 놀라움에 반응하도록 이끌고 있다. 〈죠스〉의 경우 이어지는 플롯의 많은 부분이 통상적인 공포 영화의 어둡고 밀폐된 장소가 아니라 백주 대낮의 해변가와 바다에서 발생한다는 사실은 공식은 신선하게 유지하면서, 관객들의 기대감을 배려하는 현명한 변주이다.

사실 일반적인 기대감은 장르를 결정하는 데 있어서 관객들의 중요한 역할을 나타내고, 어떻게 그 역할이 특정 사회적·문화적·국가적 환경에 연결되고 있는가를 강조한다. 부분적으로는 할리우드의 전 세계 지배와 그들이 제작해온 광범위한 장르 영화 때문에 세계의 대부분의 관객들은, 가령 공포 영화나 서부 영화의 힌트들을 빨리 알아차릴 것이다. 기타 비할리우드 장르들은 고유 문화를 벗어나면 그런 분명한 기대감을 만들어내지 못할 수도 있다. 무술 영화에 의해 촉발된 일반적인 기대감은 미국에서보다 중국에서 더 세련된 경향이 있는 것 같다. 〈와호장룡〉이 미국 확산을 위해 2000년 미국 관객들에게 '무협' 장르의 날아다니는 무술 장면을 소개했지만, 거기 나오는 캐릭터들은 그 이전에 이미 아시아에서 잘 알려진 배우들이었다. 마찬가지로 1940~1950년대의 종교 영화는 스페인에서 아주 유명했지만, 다른 문화 관객들은 그 영화의 관습과 공식을 알아차리기가 힘들었을 것이다(**사진 9.14**).

(a)

(b)

9.13 (a) 〈패튼 대전차 군단〉, (b) 〈말콤 X〉 역사적 서사시는 국가적 신화를 만들어내기 위해 역사적 인물을 자주 이용한다.

9.14 〈비리디아나(Viridiana)〉(1961) 가톨릭 교회를 풍자하기 위해 특정 스페인식 장르를 구사하는 루이스 부뉴엘의 이 영화에 대한 반응은 그의 영화가 공격하고 있는 종교 영화 장르에 대한 관객들의 친숙함에 따라 변할 것이다.

9.15 〈지구 최후의 날〉 공상과학 영화는 냉전시대에 번성했다.

한 문화 속에서조차 장르의 인기는 변화해 가는 관객 취향과 시대에 따른 기대감에 달려 있다. 어느 영화에 관객들이 돈을 지불하면서 보기를 원하는지에 대한 영화 제작자들의 믿음은 역사적 및 사회적 조건과 그런 조건을 소화시키는 장르의 능력을 반영한다. 예를 들면, 뮤지컬은 1930년대에 확산되었는데, 그 이유는 관객에게 경제불황에 대한 걱정으로부터 도피할 수 있게 해주었기 때문이다. 누아르 범죄 영화는 1940~1950년대 초, 제2차 세계대전 발발 이후에 번성했다. 미국 공상과학 영화는 1950년대에 전성기를 맞았는데, 그때 〈지구 최후의 날(The Day the Earth Stood Still)〉(1951) 같은 영화가 외계인 및 괴물의 침입에 대한 두려움을 신화처럼 만들었다(사진 9.15). 관객의 기대감은 특정 장르의 사회적 활력을 나타내지만, 그 활력은 장르가 문화에서 문화로 혹은 단일 문화 안에 있는 역사 시기들 사이로 이동할 때 변화한다. 이런 의미에서 장르는 공동체적 혹은 국가적 정체성에 대해 많은 것을 말해줄 수 있다.

여섯 가지 영화 장르

처음부터 영화는 주제에 따라 장르로 구성되었다. 영화는 유명인, 파노라마 같은 풍경 등에 대한 것이었다. 그러나 영화가 더 세련되어짐에 따라 장르는 인지할 수 있는 형식적 관습을 갖춘 더 복잡한 서사적 구성으로 성장해 갔다.

영화 장르 리스트를 만드는 것은 그것이 나타내는 것보다 더 어렵고 불확실한 것이 될 수 있다. 장르는 때때로 많은 다른 방식으로 개별적 영화를 함께 집단으로 묶는 관점의 산물이다. 예를 들면 일부 학자나 관객에게 있어서 누아르 영화는 1940년대에 표면으로 떠오른 중요한 장르인 반면, 어떤 사람에게 있어서는 당시 다수 장르에서 나타나는 스타일보다 못한 장르였다. 게다가 한 특정 장르 지정은 너무나 많은 것 혹은 너무나 적은 것을 포함할 수도 있다. 코미디는 일부 비평가들에게 있어서 너무 장대한 범주로 나타날 수도 있으며, 우스꽝스러운 스크루볼 코미디는 너무나 제한적인 집단이어서 장르라는 이름을 붙이기 어려울 정도일 수 있다. 장르들의 다수 혼합과 세분화를 더 잘 이해하기 위해서는 다음 두 가지 용어가 도움이 될 것이다. **하이브리드 장르**(hybrid genre, 혼합 장르)는 〈록키 호러 픽쳐 쇼(The Rocky Horror Picture Show)〉(1975) 같은 로맨틱 코미디나 뮤지컬 공포 영화들처럼 퓨전을 만들어내기 위해 다른 장르와의 상호작용을 통해 창조해낸 것이다(사진 9.16). **서브 장르**(Subgenre, 하위 장르)는 이탈리아에서 제작된 서부 영화인 스파게티 웨스턴이나 슬랩스틱 코미디처럼 형용사가 붙어 구분되는 장르의 특정 버전이다. 별자리

9.16 〈록키 호러 픽쳐 쇼〉 공포 영화와 뮤지컬 코미디 장르가 혼합된 이 영화는 또한 다른 컬트 영화들의 특징도 담아내고 있다.

를 정하는 것같이 복잡한 장르에 대한 아이디어는 어떻게 장르가 특징적인 패턴으로서 혹은 주요 분야로의 확장으로서 다른 장르들과의 관계에 의존하고 있는 그들의 모양과 겹치게 하고, 또 전환시킬 수 있는지를 제시해준다. 예를 들면 〈블레이징 새들스〉는 코미디 서부 영화(comedic western)의 서브 장르와 서부 영화 코미디(western comedy)의 하이브리드 장르 양자 모두에 속한다. 하나 혹은 여러 관점에서 영화를 본다는 것은 어떻게 그것을 이해하는지에 있어서 차이점을 만들어내는 것을 의미한다**(사진 9.17)**.

하이브리드 장르와 서브 장르가 별자리 같은 장르의 복잡성을 보여주는 한편, 주요 장르의 경계를 정하는 것 또한 도움이 된다. 여기서 우리는 일반적으로 장르에 대해 거론되는 영화의 여섯 가지 중요한 분류 집단에 초점을 맞출 것이다. 코미디, 서부 영화, 멜로드라마, 뮤지컬, 공포 영화, 범죄 영화가 그것이다. 어떻게 그 사회적 계약이 다른 관객

9.17 〈블레이징 새들스〉 코미디 서부 영화인가, 아니면 서부 영화 코미디인가?

들과 함께 변화해 가는지뿐만 아니라 역사에서 다른 문화, 다른 관점으로 나타나는 각 장르를 규정하는 데 목적을 둘 것이다. 또한 각 장르의 특징을 규정하는 선택에 초점을 맞출 것이다.

■ 캐릭터, 서술, 시각적 스타일을 구별해내는 특성
■ 장르에서의 사회적 의례에 대한 반향
■ 일반적인 패러다임을 벗어난 어떤 역사적인 하이브리드 장르나 서브 장르의 제작

생각해보기

최근 본 영화를 생각해보자. 그것을 하이브리드 장르나 서브 장르로 식별할 수 있는가?

비록 이런 일반적인 청사진이 불가피하게 축소되고, 일반적인 특성들이 겹친다 하더라도, 이런 패러다임의 각각을 지도로 만드는 것은 특정 영화에 대한 우리의 탐색을, 그리고 어떻게 관객들에게 참여하는가 하는 방법을 안내해줄 수 있다.

코미디

코미디(commedy) 영화는 1895년 영화의 발명 이후 무성 영화 상태로 발전해왔다. **콤메디아 델라르테**(commedia dell'arte, 즉흥 연극)², 펀치와 주디³, 버스터 키튼⁴ 및 다수의 초기 코미디언들을 배출해낸 보드빌 무대 공연들에 뿌리를 둔 코미디 영화는 최초이자 가장 오래 지속되어온 영화 장르 중 하나이다. 그것의 많은 변종들이 다음과 같은 주요 특성 속에 압축될 수 있다.

■ 신체 모양과 크기, 의상 혹은 말하는 태도 같은 두드러진 신체적 특징으로 종종 규정되는 중심 캐릭터
■ 플롯의 연속성이나 진행보다 더 많은 '개그'나 에피소드를 강조하며 보통 행복하게 결말짓는 서사
■ 캐릭터들이 자신을 둘러싸고 있는 미장센과 신체적으로 재미있게 상호작용하는 극장식 연기 스타일

제작자 맥 세네트의 1920년대 코미디부터 〈애니 홀〉 (1977)에서 앨비 싱어로 분한 서투르고 비틀거리는 우디 앨런까지 코믹한 인물은 그들의 신체 유형, 얼굴 표정, 특징적인 제스처 때문에 신체적으로 쉽게 눈에 띈다. 코미디가 복잡한 플롯을 발전시킬 수 있다 하더라도, 초점은 통

9.18 〈**토요일 오후**〉 이 맥 세네트의 영화 같은 고전적인 무성 코미디 영화는 신체적 개그에 의지한다.

상 개별적인 작은 삽화에 맞추어져 있다. 세네트의 〈토요일 오후(Saturday Afternoon)〉(1926)에서 리 랭든은 움직이는 자동차들 사이에서 전봇대에 매달린 자세로 균형을 잡고 있다(**사진 9.18**). 〈애니 홀〉에서 앨비는 가재를 잡으러 뒤쫓아 다니면서 부엌 주위를 뛰어다니다가 나중에 저녁식사 탁자에서 다른 사람들이 자신을 하시드 유대인[5]으로 인식한다는 상상을 하면서 몹시 부끄러워한다. 이런 에피소드와의 만남으로 코믹한 세계는 예상할 수 없는 익살과 극적 가능성으로 가득찬 무대가 된다.

코미디 영화는 사회생활의 조화와 회복을 찬양한다. 비록 많은 관객들이 코미디를 웃음 및 유머와 연관시키고 있다 하더라도, 코미디는 더 근본적으로 사회적 화해와 지식인에 대한 신체적 승리에 관한 것이다. 코믹한 서사에 있어서, 장애물이나 적대자들(집, 결혼, 공동체, 국가에서)은 신체적 재주 혹은 캐릭터의 재치 있는 입담 혹은 아마도 행운, 호기(good timing) 혹은 마술에 의해 극복되거나 해체된다. 〈베이비 길들이기〉(1938)에서 캐서린 헵번은 덜렁거리는 유명인사인데, 너무 빨리 움직이고 말도 너무 빨라서 고생물학자인 케리 그랜트를 말과 몸으로 당황하게 만든다. 그는 될 것 같지 않은 그녀와의 로맨스를 위해 불가피하게 우선적으로 해야 할 과학적 업무를 포기하게 된다. 〈사랑의 블랙홀(Groundhog Day)〉(1993)에서 빌 머레이는 많은 사회적 및 직업적 결점을 지닌 기상예보관 역할을 맡고 있는데, 이전 잘못과 실수를 고쳐주는 능력을 가지고 같은 날을 또다시 살게 되는 마술 세계 속에 빠지게 된다. 〈내 여자친구의 결혼식(Bridesmaids)〉(2011)에서 두 여자친구 사이의 불안과 갈등이 한 친구의 다가오는 결혼에 임박해서 터지고 만다. 일련의 슬랩스틱한 오해와 틀어진 둘 사이의 관계 이후, 자신들의 끈끈한 연대를 재발견하고, 어떻게 남자들과의 로맨틱한 관계 속에 녹여내는지를 배우게 된다(**사진 9.19**).

코미디 영화에 있어서 가장 분명한 관습은 아마도 해피엔딩일 것인데, 그 안에서 연인이나 개인들은 가족 단위 형태로 묶여져 있다. 매우 전통적인 코미디 영화는 두 사람 사이의 관계 속에서 혹은 사회생활 속에서 어떤 불일치나 파경을 맞으면서 시작한다(예 : 연인들이 헤어졌거나 화가 난다거나). 다양한 시도나 오해를 겪은 후에 조화로운 상태가 회복되고, 개인들은 서로 합쳐지게 된다. 〈프로즈(The Proposal)〉(2009)에서 잘나가는 여자 편집장이 캐나다로 강제추방될 위기에서 벗어나기 위해 부하직원에게 자기와 결혼하도록 요청한다. 그녀는 결혼 준비 과정에서 짜증을 내면서도 알래스카에 있는 그의 부모집을 방문하게 되고, 그곳에서 위장 약혼을 유지하려고 노력하다가 결국 실제로 사랑에 빠지게 된다(**사진 9.20**).

역사적으로 할리우드 영화 코미디가 변화하는 맥락 속에서 관객의 기대감에 부응해왔듯이 장르 자체는 수많은 치환과 구조적 변화를 견뎌왔다. 세 가지 가장 두드러진 하위 장르가 결과적으로 나타났다. 슬랩스틱 코미디, 스크루볼 코미디, 로맨틱 코미디가 그것이다.

9.19 〈**내 여자친구의 결혼식**〉 다가오는 결혼식에 대한 긴장과 전환 속에서 애니와 릴리안은 자신들의 관계를 코미디 같은 화해로 다시 만들어 가고 있다.

슬랩스틱 코미디

슬랩스틱 코미디(slapstick comedy)는 신체적 유머
와 묘기 동작이 두드러지는데, 일부 초기 서사 영
화에서도 나타나고 있다. 1910년대에 이 서브 장
르의 초기 버전은 대사보다는 중간 자막을 이용했
고, 길이는 몇 분짜리부터 15분짜리까지 있었다.
맥 세네트의 키스톤 캅스[6] 순회 희극단의 작품 같
은 초기 영화들은 상당히 한정된 사회적 공간에서
신체적 묘기 세트를 중심으로 돌아갔다.

1920년경 코미디는 개그와 신체적 액션을 장
편 영화 속에 통합시켰다. 이런 경향은 사회적 배
경의 서사 시간 속에서 새로운 전환과 변형을 유
발하는 신체적 게임을 가능케 했다. 단일 슬랩스
틱 순간들은 쉽게 눈에 띈다. 예를 들면 〈제너럴〉
(1927)에서 버스터 키튼이 하늘에 수직으로 대포
를 잘못 발사하여 그 대포알이 우연히 적군의 다
리를 파괴하는 장면은 잊을 수 없는 장면이다. 슬
랩스틱 코미디는 〈포키스(Porky's)〉(1982)와 〈폴
리스 아카데미(Police Academy)〉(1984) 같은 영화
들로 1980년대에 다시 나타났다. 정통 신체 코미
디는 젊은 남성 관객들을 목표로 삼은 이런 영화
들의 외설적 농담에 자리를 양보했다. 〈몬티 파
이튼 : 삶의 의미(Monty Python's The Meaning of
Life)〉(1983)와 〈몬티 파이튼의 성배(Monty Python
and the Holy Grail)〉(1975)에서 슬랩스틱은 사
회 풍자의 한 요소가 된다**(사진 9.21)**. 오늘날 이 장
르는 〈앵커맨 2 : 전설은 계속된다(Anchorman
2 : The Legend Continues)〉(2013)의 윌 페렐
과 〈내 인생을 훔친 사랑스러운 도둑녀(Identity
Thief)〉(2013)와 〈히트(The Heat)〉(2013)에서의 멜
리사 매카시 같은 코미디 인기배우를 기용하면서
다시 인기를 누리고 있다**(사진 9.22)**.

스크루볼 코미디

1930~1940년대에 **스크루볼 코미디**(screwball
comedy)는 신체적 유머를 빠르게 말하는 언어 곡
예로 변형시켰는데, 당시 제작 규정이 매우 직설
적인 표현을 금지하자 성적인 에너지를 남자와
여자 사이의 가시 돋친 언어 교환으로 바꾸어 놓
았다. 사실상 이런 영화들은 통상 코믹한 초점을
개인 광대에서 혼란스러운 연인 사이로 재설정한다. 〈어느 날 밤에 생긴 일(It Happened One
Night)〉(1934), 〈베이비 길들이기〉(1938), 〈연인 프라이데이(His Girls Friday)〉(1940), 〈필라델피

9.20 〈**프로포즈**〉 복원력 있는 코믹한 설정이 궁극적으로 잘 맞지 않는 것 같은 두 사람을 함
께하게 한다.

9.21 〈**몬티 파이튼 : 삶의 의미**〉 이 아기 낳는 장면은 사회 풍자로 가득한 슬랩스틱의 한 예
이다.

9.22 〈**앵커맨 2 : 전설은 계속된다**〉 슬랩스틱 코미디는 종종 과장된 신체적 유머와 괴상망측
한 대사를 통해 새로운 관객들을 위해 스스로 재창조되어왔다.

조직적 구조 : 이야기에서 장르까지

아 스토리(The Philadelphia Story)〉(1940)는 스크루볼 코미디의 가장 잘 알려진 예이다. 각각의 작품은 각자가 처한 사회의 경직된 규칙에 저항하고 조롱하며 도전하는 독립적인 여성을 연출해낸다. 이런 여성들을 신체적 및 언어적 기술들로 멋지게 받아줄 수 있는 바로 그 남자가 나타나면, 남녀 사이의 대립은 사랑으로 이끌어진다. 여주인공의 끊임없는 수다와 변덕에 초점을 맞춘 〈미스 페티그루의 어느 특별한 하루(Miss Pettigrew Lives for a Day)〉(2008)는 이런 공식의 일부 요소와 그 즐거움을 재생시키고 있다.

로맨틱 코미디

로맨틱 코미디(romantic comedy)에서 유머는 행복 다음의 자리를 차지한다. 1930~1940년대 이래로 〈스몰 타운 걸(Small Town Girl)〉(1936), 〈모퉁이 가게(The Shop Around the Corner)〉(1940), 〈아담과 이브(Adam's Rib)〉(1949) 같은 작품들로 인기를 끌어온 로맨틱 코미디는 시종일관 가볍고 편안하게 연인의 감정적 매력을 다룬다. 이 서브 장르는 로맨스가 결국 행복한 결말로 가는 도중에 극복해내는 특이한 혹은 난처한 사회적 곤경(예 : 〈아담과 이브〉에서 남편과 아내의 변호사들이 법정에서 다투는 것)에 관심을 돌리고 있다. 소위 '로코'로 줄여 말하는 로맨틱 코미디의 더 최근 예는 에른스트 루비치의 〈모퉁이 가게〉 리메이크작인 노라 에프론의 〈유브 갓 메일(You've Got Mail)〉(1998)인데, 여기에서 코믹한 곤경은 이메일이 편지를 대체하는 현대적 전환을 꾀하고 있지만, 공식이나 관습은 그대로 유지된다. 그러나 스티븐 프리어스의 로맨틱 코미디 〈나의 아름다운 세탁소(My beautiful Laundrette)〉(1985)는 장르에 대한 창조적 재작업(여기서는 정치적인)의 가능성을 제시한다. 이 경우 사회적 복잡성은 런던에 있는 문제 많은 한 파키스탄계 가정을 포함한다. 사업하는 아들과 어린 시절 친구이자 스킨헤드 건달인 백인 친구의 로맨스도 포함된다(사진 9.23).

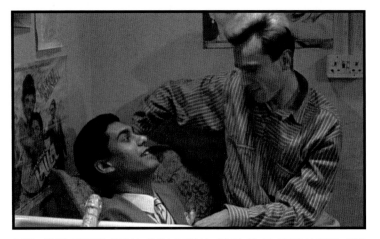

9.23 〈나의 아름다운 세탁소〉 스티븐 프리어스 감독과 하니프 쿠레이시 작가는 인종 간 동성애 스토리를 말하기 위해 로맨틱 코미디를 새롭게 만들었다.

서부 영화

코미디 영화처럼 **서부 영화**(westerns)는 비록 인기가 다른 역사적 시기들에 부침이 있었다 하더라도 할리우드 영화의 중심에 있다. 이 장르는 19세기 말 미국 서부에 대한 이야기, 삼류 소설, 보도식 기사에서 성장해왔다(사진 9.24). 서부 영화는 최근이지만 지금은 잃어버린 역사적 시기에 대한 일종의 여행 이야기로서 영화산업의 초기에 모양새를 갖추기 시작했다. 〈대열차 강도〉(1903)로부터 HBO의 〈데드우드(Deadwood)〉(2004~2006) 시리즈까지 서부 영화는 100년 넘게 다음과 같은 기본적인 요소를 갖추고 있으면서 놀랄 만큼 복잡한 장르로 성장해왔다.

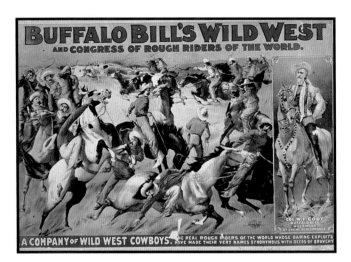

9.24 〈버팔로 빌의 황량한 서부(Buffalo Bill's Wild West)〉(1899). 19세기 말 정찰 기병대원인 윌리엄 코디[7]의 모험은 서부 영화를 위한 카우보이 도상학을 구축하면서 삼류 소설, 극장 멜로드라마, 인기 있는 쇼에서 재현되었다.
Courtesy MPI/Getty Images

- 거의 항상 남성 중심의 육체적 및 정신적으로 거친 면모를 지닌 캐릭터들이 현대 문명의 군중으로부터 자신들을 분리시키고 있다.

■ 자연세계에 대한 탐구의 어떤 형태를 따르는 서술 추적의 어떤 버전을 따라가고 있다.
■ 미국 서부 변두리 지역의 광활한 자연 공간에 대해 양식적인 강조를 한다.

9.25 〈**내일을 향해 쏴라**〉 폴 뉴먼과 로버트 레드포드는 1960년대 서부 영화 영웅의 화신이었다.

〈역마차〉(1939)에서 링고 키드로 분한 존 웨인은 〈내일을 향해 쏴라(Butch Cassidy and the Sundance Kid)〉(1969)의 폴 뉴먼과 로버트 레드포드에게 반영된 신체적 에너지와 투지를 갖고 있다(**사진 9.25**). 법이나 문명의 잣대로는 결코 다스릴 수 없는 이 남자들은 정의, 평화, 모험, 자유, 아마도 이런 모든 보상을 제공하는 보물찾기란 헛된 일이란 것을 깨닫게 된다.

광활한 평원과 사막에서의 추격 장면은 단번에 이런 서부 영화 주인공에게 두려움을 느끼게 하고 영감을 주기도 하며 겸손하게 만드는 것 같다.

외로운 주인공이 겪는 시련을 통해서 무법자적 개인주의는 사회적 관계의 척도 및 대부분의 서부 공동체 가치의 척도가 된다. 〈황야의 7인(The Magnificent Seven)〉(1960)에서처럼 갱단의 일부일 때조차, 이런 개인들은 통상 갱단의 지도자라기보다는 홀로 떠도는 이단아들이다. 역사적 서

9.26 〈**황야의 스트렌저**〉 서부 영화 주인공은 폭력이 자연스레 나오는 외톨이들이다.

사시에서보다 더 격렬한 대립이 이런 서사 영화 중심에 있으며, 폭력은 아메리카 인디언들에게 행사될 때조차 집단, 국가 혹은 공동체에 의하기보다는 오히려 개인의 능력과 의지에 주로 통제된다. 〈황야의 스트렌저(High Plains Drifter)〉(1973)에서 무뚝뚝한 클린트 이스트우드는 무법자들의 복수로부터 겁먹은 마을을 보호해야만 한다(**사진 9.26**). 마지막 결전이 두 집단에게 다가오면[존 포드의 〈황야의 결투(My Darling Clementine)〉(1946)에서 보안관 어프 집단과 사악한 클랜튼 집단 사이의 오케이 목장 결투에서처럼] 결투는 종종 개인적인 정의 실현이나 복수(아들과 형제)를 위한 것 혹은 개척지에 대한 정당한 권리를 갖고 있는 사람들을 위한 것이 된다.

대부분의 영화 장르처럼 서부 영화는 변화해 가는 관객들에 대응해왔다. 20세기 초 초기 영화의 대중 관객들 사이에서 인기가 있었으며, 와일드웨스트쇼 같은 인기 있는 형식들과 연관되어 있었다. 〈포장마차(The Covered Wagon)〉(1923)를 포함한 여러 예외적인 작품들과 더불어 서부 영화는 1920~1930년대 초 특히 높이 평가받는 장르는 아니었다. 그러나 그때 이래로 세 가지 하이브리드 장르 혹은 서브 장르들은 서부 영화와 구별되어왔다. 서사시적 서부 영화, 실존적 서부 영화, 정치적 서부 영화가 그것이다.

서사시적 서부 영화

기라성 같은 서부 영화 속에서 **서사시적 서부 영화**(epic western)는 영웅적 캐릭터의 추적 및 전투를 발전시켜서 국가와 그 기원을 규정하는 데 봉사하는 액션과 움직임에 집중한다. 문학과 서사시적 회화에 뿌리를 두고 있는 이 장르는 영화 역사의 초기에 종종 등장하고 있는데, 광활한 땅과 아름다운 풍경의 스펙터클한 광경을 전면에 내세운다. 서사시적 서부 영화의 초기 예인 〈포장마차〉는 거칠지만 숨이 멎을 것 같은 장대한 개척지 속으로 달려가는 이주민들이 탄 마

9.27 〈늑대와 춤을〉 케빈 코스트너는 현대의 서사적 서부 영화에서 아메리카 인디언들을 위로 하는 동정심 많은 남북전쟁 참전군인 역을 맡았다.

차행렬을 따라가는데, 그들의 불굴의 용기와 결단력은 미국의 개척자 정신을 성립시켰다. 이후 〈늑대와 춤을(Dances with Wolves)〉(1990)에서 남북전쟁 트라우마에 걸린 한 참전군인이 아메리카 인디언들을 편듦으로써 국가의 정체성을 밝히기 위한 더 복잡한 몸부림을 묘사한다(사진 9.27).

실존적 서부 영화

1950년대는 가장 재미있는 서부 영화 시대로서 **실존적 서부 영화**(existential western)는 이때 틀을 갖추었다. 이 장르의 내면 성찰적인 버전에서 이런 영화들에서 묘사된 개척자가 더 인기가 많고 문명화되어 있듯이, 전통적으로 주인공은 자신의 뒤바뀐 사회적 지위와 자신에 대한 회의감 때문에 고통을 받고 있다. 〈수색자〉(1956), 〈격노〉(1950), 〈자니 기타(Johnny Guitar)〉(1954), 〈셰인〉(1953), 〈왼손잡이 건맨(The Lefthanded Gun)〉(1958)은 그런 의미에서 고통받고 있는 주인공이 등장하는 실존적 서부 영화이다. 전통적으로 서부에서 주도적 지위에 있는 남성은 이제 여성들에게도 도전받고 있으며, 악은 위치를 파악하기가 더 어렵고 통상 더 은밀하다. 사회의 발전 현상은 삶을 복잡하게 만들면서 카우보이 생활방식의 종말을 예시한다. 1990년대조차 이런 서브 장르는 지속되고 있었는데, 가장 두드러진 것은 〈용서받지 못한 자(Unforgiven)〉(1992)이다. 한때 잘나갔던 총잡이 클린트 이스트우드는 이제 재정적으로 쪼들리게 되고, 또한 다소 위선적이면서도 불안감을 느끼면서 살인이 추악한 비즈니스라는 사실을 인식한다.

정치적 서부 영화

1960~1970년대경 **정치적 서부 영화**(political western)는 실존적 서부 영화의 문제 영역을 벗어나 진화해왔다. 더 현대적이면서 비판적인 서부 영화에서 항상 이 장르를 알려왔던 이데올로기와 정치학을 전면에 내세운다. 개인적 독립과 연관 있는 영웅주의와 서사적 서부 영화에서 자연스럽게 사용된 폭력이 엄밀하게 의심받게 되었다. 〈리버티 밸런스를 쏜 사나이(The Man Who Shot Liberty Valance)〉(1962)에서 미국 서부의 영웅적 신화가 거짓으로 드러나고 있다. 〈와일드 번치(The Wild Bunch)〉(1969)에서 카우보이들은 정의와 자유보다는 무차별적이면서 기괴해 보이는 살인을 더 선호한다. 더 최근의 서부 영화 장르는 〈데어 윌 비 블러드(There Will Be Blood)〉(2007)와 〈노인을 위한 나라는 없다(No Country for Old Men)〉(2007) 같은 다양한 현대 영화에서 보이는데, 폭력과 정복에 대한 많은 관습적 모티프와 아이콘이 전보다 훨씬 더 무섭고 과장된 형태로 재등장한다(사진 9.28).

9.28 〈데어 윌 비 블러드〉 현대 영화들은 개척시대와 폭력적 정복 같은 전통적인 서부 영화의 관습과 공식을 이 영화에서 나타나는 야만적이고도 예기치 못한 폭력 같은 더 기괴하고 불안한 방식으로 통합한다.

멜로드라마

멜로드라마(melodrama) 영화는 규정하기가 더 어려운 장르인데, 멜로드라마 캐릭터와 액션이 많은 다른 종류의 영화의 부분이 될 수 있기 때문이다. 단어 자체는 음악의 강도(*melos*)와 인간 갈등의 상호작용(*drama*)의 혼합을 가리키고 있다. 사회적 및 가정적 억압이 고조된 감정적 드라마들을 창조해냈던 19세기 연극적 유산에 빚지고 있는 멜로드라마 영화는 서사 영화의 초기 발전과 더불어 동시에 나타났다. '멜로드라마'란 용어가 초기 영화 비평가들에 의해 다른 방식들로 사용된 반면, 현대 영화학자들에 의해 발전된 정의에는 다음과 같은 기본적 공식 및 관습이 포함되어 있다.

- 자신의 행동보다는 오히려 자신의 상황이나 기본적 특성에 의해 규정된 캐릭터들은 자신의 느낌이나 감정을 필사적으로 표현하려고 애씀
- 우연이나 반전에 의지하면서 감정적이나 물리적 정점을 향해 만들어 가는 서사
- 내부 장면 및 클로즈업 장면 혹은 액션 재현 장면에서 감정이나 기본적 갈등을 강조하는 시각적 스타일

   D. W. 그리피스의 〈동부 저 멀리(Way Down East)〉(1920)부터 킴벌리 피어스의 〈소년은 울지 않는다(Boys Don't Cry)〉(1999)까지 중심 캐릭터는 더 강력한 사회적 힘에 의해 제한받고 억압받거나 희생된다. 이런 힘들은 더 약한 여성들을 지배하는 남성들에게 흔적을 남길 수도 있을 것이다. 그리피스의 영화에서 어느 도시 불량배가 순진한 처녀를 위협하고, 〈소년은 울지 않는다〉에서 네브라스카 시골 소년들이 브랜든 티나가 여자로 태어나서(티나 브랜든이란 이름으로) 남자로 살아온 과거를 알아차리고 그를 공격해 죽이려고 한다. 〈동부 저 멀리〉에서는 밀실공포증을 느끼게 하는 공간이 이런 부당한 피해를 극적으로 만들어주고 있으며(**사진 9.29**), 한편 얼어붙은 강 위로 절정에 달한 추적이 선과 악 사이의 갈등을 세상이 다 볼 수 있도록 밖으로 가져다놓는다. 〈소년은 울지 않는다〉에서 주인공에 대한 미디엄 숏과 클로즈업 숏이 정체성에 대한 긴장과 모순을 강조한다(**사진 9.30**). 멜로드라마의 관습에 충실한 각각의 이런 영화들에서 스토리는 죽음의 공포를 가진 한계점에 도달하게 된다. 어떤 캐릭터는 유빙을 타고 떠내려 가고, 어떤 캐릭터는 무의미하게 총에 맞아 죽임을 당한다.

   사회적 의례로서 멜로드라마는 서부 영화와 평행선을 달리며 대비된다. 개인주의와 사생활은 이 장르에 단단한 기반을 두고 있지만, 드라마는 개척지를 정복해서 가정을 일구는 데 대한 것이 아니다. 오히려 그것은 이미 자리 잡은 가정, 가족 혹은 공동체 안에서 이야기되거나 행해지는 개인의 긴장 혹은 개인의 실패에 대한 것이다. 멜로드라마는 내적 감정과 외적 규제 사이, 갈망과 만족 사이, 손실과 회복 사이의 갈등을 발전시키고 있다. 여성들은 전형적으로 멜로드라마의 중

9.29 〈동부 저 멀리〉 밀실공포증을 느끼게 하는 내부가 멜로드라마에 나오는 여주인공의 부당한 피해를 나타내준다.

9.30 〈소년은 울지 않는다〉 멜로드라마는 이의가 제기된 성정체성(여기서는 성에 대한 주인공의 표현)에 대한 스토리를 말해주기 위해 클로즈업 숏에 의존한다.

심에 있으면서, 역사적으로 여성들이 공적인 권력에 접근하는 데에 있어서 어떻게 제한되고 배제되어왔는가를 보여준다.

미장센과 서술적 공간 역시 멜로드라마에서 주요 양식적 역할을 맡고 있다. 예를 들면 그리피스의 영화들에서 통상 여성 같은 개인들은 점점 작은 사적 공간 속으로 은둔하고 있는 한편, 어떤 분명하거나 암묵적인 적대적 힘이 남성들을 위협하면서 절망적인 내부적 보호구역 안으로 몰아넣고 있다. 이런 의례들은 아주 생생하게 실연된다. 엘리아 카잔의 영화적 버전 〈욕망이라는 이름의 전차〉(1951)에서 블랑슈와 스텔라는 뉴올리언스에 있는 퇴락한, 밀실공포증을 느끼게 하는 집에 갇혀 있으면서 잃어버린 가족사에 대한 기억을 가두어 놓고 억압한다. 탈출하려는 그들의 욕망은 성적 행위를 통해서 발현된다. 스텔라에게 그것은 남편 스탠리의 난폭한 행동을 받아들인다는 것을 의미한다. 블랑슈에게 그것은 스탠리의 힘의 희생자가 된다는 것을 의미하며, 또한 그에게 강간당한 후 광기 속으로 숨어들어 가는 것을 의미한다.

초기 멜로드라마들이 시공간 속에 사로잡힌 여성들의 고통을 묘사한 반면, 이 공식은 세월을 거치면서 더 섬세하게 혹은 적어도 더 현실적으로 성장해왔다. 통상 겹치고, 서로 완벽하게 분리된 속에서 드물게 나타나는 멜로드라마의 세 가지 서브 장르는 다음과 같이 구별될 수 있다. 바로 물질적 멜로드라마, 가족 멜로드라마, 사회적 멜로드라마이다.

물질적 멜로드라마

물질적 멜로드라마(physical melodramas)는 물질적 곤경과 주인공의 욕망 및 감정을 억압하거나 조절하는 물질적 조건에 초점을 맞추고 있다. 이런 물리적 제한은 그 사람을 둘러싸고 있는 장소 및 사람들과 관련될 수 있고, 단순히 그 사람의 물질적 크기나 색깔의 산물일 수도 있다. 초기의 위대한 멜로드라마 영화 중 하나인 D. W. 그리피스의 〈흩어진 꽃잎〉(1919)은 가장 소름끼치는 영화 중 하나이다. 마약, 폭력, 그리고 가난 속에 빠진 상태에서 야수 같은 권투선수인 배틀링 버로우스는 사생아로 태어난 자신의 연약한 딸 루시를 괴롭히고, 신체적으로 위협을 가한다. 그는 결국 그녀를 때려서 숨지게 만들고(그녀가 점점 더 작은 방으로 숨어 들어가다가), 그 자신 역시 루시의 남자친구인 중국인 이민자에 의해 죽임을 당하며, 옐로우맨으로 알려진 그 중국 친구 또한 자살하고 만다. 비록 대부분의 멜로드라마가 여주인공의 물리적 곤경을 그렇게 단정적으로 강조하고 있는 것은 아니라 하더라도 관객들은 여전히 말기 뇌종양을 앓고 있는 한 여인에 대한 〈다크 빅토리(Dark Victory)〉(1939)나 시력이 마침내 회복되는 시각장애인이었던 한 여인에 대한 〈거대한 강박관념(Magnificent Obsession)〉(1954) 같은 멜로드라마에서 신체적이나 물질적 억압에 초점을 맞추고 있는 이런 일반적인 현상을 인식할 수 있다. 〈블랙 스완(Black Swan)〉(2010) 같은 영화 역시 성적 정체성, 신체적 억압, 폭력의 분출에 대한 멜로드라마의 현대적 변용으로서 가장 잘 이해될 수 있을 것이다(**사진 9.31**).

가족 멜로드라마

비록 물질적 요소가 멜로드라마에서 부분적 역할을 한다 하더라도 **가족 멜로드라마**(family melodrama)는 가족의 심리 및 성별로 구분된 힘을 조사함으로써 주인공에 대한 금지사항 및 제한사항을 자세히 말해준다. 많은 관객들에게 이것은 멜로드라마의 본질적인 형식인데, 그 속에서 여성

9.31 〈블랙 스완〉 이 영화는 발레의 세계를 표면적으로 보여주는 한편, 니나가 엄마, 감독, '완벽한' 백조 여왕이 되고자 하는 그녀 자신으로부터의 압력과 싸움을 벌이게 되는, 아마도 신체적 및 성적 억압에 대한 멜로드라마로서 가장 잘 이해되는 작품일 것이다.

과 어린이들은 특히 가부장적 권위, 경제적 의존성, 성별에 따른 제한된 역할에 저항하며 투쟁해야만 한다. 더글라스 서크의 〈바람에 쓴 편지〉(1956)에서 텍사스의 한 백만장자가 아름답지만 순진한 비서와 결혼하고, 그런 다음 탄생할 아이가 자신의 아이인지, 아니면 자신의 제일 친한 친구(그녀가 결혼했어야 할 남자였던)의 아이인지 알 수 없는 상태에서 스스로에게 상처를 입히고 있다. 이 가정의 부패와 혼란스러움은 여동생의 끊임없는 유혹으로 인해 혼음까지 갈 정도로 갈수록 정도가 심해져서 미칠 정도에까지 이르게 된다.

가족 멜로드라마는 성별 및 가족의 역할이 재정립되던 전후 시기에 두드러졌다. 〈보통 사람들(Ordinary People)〉(1980)에서 겉으로 잘나가는 한 가족이 아들 하나를 잃게 됨으로써 감정적으로 절름발이 신세가 되고 있는데, 어머니는 다른 사람들에게 애정을 주지 않고, 아버지는 가장으로서의 힘을 잃게 된다. 미라 네어의 〈네임세이크(The Namesake)〉(2006)에서 가족 멜로드라마는 세대 간 그리고 다국적 간 문제가 되고 있는데, 인도에서 이민 온 부모와 뉴욕에서 자란 아들은 공통분모를 찾기 위해 투쟁한다(**사진 9.32**).

사회적 멜로드라마

사회적 멜로드라마(social melodrama)는 더 커다란 역사적 · 공동체적 · 경제적 이슈들을 포함하기 위해 가족 멜로드라마의 위기를 확대시키고 있다. 이런 영화들에서 주인공의 손실, 고통, 좌절은 분명히 사회적이나 국가적인 정치학의 일부이다. 더 이전의 멜로드라마들은 이런 서브 장르에 적격이다. 예를 들면 1959년 더글라스 서크가 다시 만든 존 스탈의 〈슬픔은 그대 가슴에〉(1934)는 흑인 딸이 백인 행세를 하는 등 더 커다란 인종주의 이슈들로부터 분리할 수 없는 가족 멜로드라마를 만들고 있다. 현대의 멜로드라마 역시 사회적 및 정치적 차원의 개인적 갈등을 공통적으로 탐색한다. 스티브 맥퀸의 〈노예 12년(12 Years a Slave)〉(2013)에서 아버지가 납치됐을 때, 뉴욕주 사라토가에 있는 한 아프리카계 미국인 가족의 행복이 산산히 부서지면서 바로 19세기 중반 잔혹하고 공포스러웠던 미국 노예제도와 연결된다(**사진 9.33**). 〈브로크백 마운틴〉(2005)에서 카우보이 방식이 아닌 남자 연인들은 사회적 관습 때문에 떨어져 지낸다(**사진 9.34**).

9.32 〈네임세이크〉 이 다국적 가족 멜로드라마에서 이민자 가족의 세대들은 공통분모를 찾기 위해 투쟁한다.

9.33 〈노예 12년〉 납치된 한 흑인 아버지에 대한 이 혹독한 멜로드라마는 19세기 노예제도의 잔혹성에 대한 감정적 및 개인적 묘사이다. Courtesy Everett Collection.

9.34 〈브로크백 마운틴〉 동성 연인들에 대한 정치적 멜로드라마는 사회적 관습 때문에 두 연인을 분리해 놓고 있다.

뮤지컬

제5장에서 살펴봤듯이 1927년 동시 음향이 영화에 도입됐을 때, 영화산업은 신기술을 빠르게 포용하면서 음악과 노래를 스토리 속에 통합하기 위해 움직였다. **뮤지컬**(musical) 영화의 전례가 전통적인 오페라에서 보드빌 및 뮤지컬 연극에까지 걸쳐 있는데, 노래가 스토리를 뒷받침하거나 스토리 사이사이에 간간이 삽입되거나 한다. 최초의 뮤지컬 이래로 다음과 같은 특징이 가장 공통적인 요소가 되어왔다.

- 캐릭터들은 노래와 춤을 통해 자신의 감정과 생각을 표현한다.
- 플롯은 곡에 의해 조정되고 진행된다.
- 세트와 세팅은 스펙터클한데, 브로드웨이 극장, 축제마당, 극적인 사회적 혹은 장대한 자연적 배경, 만화영화 같은 환경이다.

〈1933년의 황금광들(Gold Diggers of 1933)〉(1933)과 〈사운드 오브 뮤직〉(1965)에서 일단의 캐릭터들이 대공황 시기의 복잡한 사회상으로부터 탈출하며, 노래로 나치의 오스트리아 침공으로부터 탈출한다**(사진 9.35)**. 브로드웨이 무대에서든 아름다운 알프스 산맥을 배경으로 한 것이든 간에 뮤지컬 캐릭터들은 음악과 춤을 통해서 자신의 마음을 가장 분명하게 표현해낸다.

사회적 지표로서 뮤지컬은 억압의 고통보다는 표현의 기쁨을 강조하는 멜로드라마의 이면이다. 뮤지컬에서는 멜로드라마의 눈물을 자아내는 울음이 음악의 아름다운 표현으로 바뀐다. 양자 모두 개인적 감정에 초점을 두지만 뮤지컬에서 노래와 춤은 멜로드라마의 억압된, 표현할 수 없는 감정을 위한 간절히 기다리던 수단이 된다. 뮤지컬에서 현재는 과거를 쉽게 빼앗는다. 서사에는 분명 로맨틱 위기, 사회적 문제, 신체적 위험이 있지만, 대부분의 경우 이런 장해물들은 부차적인 것이며, 어려움은 즉각적인 음악, 노래, 춤에 의해 개선될 수 있거나 적어도 앞으로의 일을 전망해볼 수도 있다. 대부분의 뮤지컬보다 더 많은 플롯으로 이루어진 〈웨스트 사이드 스토리(West Side Story)〉(1961)는 셰익스피어의 로미오와 줄리엣(*Romeo and Juliet*)(기초하여)에 나타난 모든 비극과 폭력을, 뉴욕에서의 푸에르토리코 사람들과 백인과의 관계에 대한 사회적 논평을 영화화한다. 갱들이 싸우고, 연인들은 헤어지며, 끔찍한 죽음이 다가온다. 하지만 문제 상황 속에서도 노래와 춤을 선보이는데, 싸움 중의 외침소리들을 흥겨운 소리들(The Jet Song)로**(사진 9.36)**, 애국적 이상주의를 코믹한 풍자(America)로, 심지어 비극적 죽음을 평화로운 비전(Somewhere)으로 변형시키고 있다.

줄리 테이머의 〈어크로스 더 유니버스(Across the Universe)〉(2007)**(사진 9.37)**는 플롯과 서사가 풍부해서 1960년대 격변기 뉴욕에 살고 있는 여러 캐릭터의 스토리를 함께 엮고 있다. 비틀즈 노래

9.35 〈사운드 오브 뮤직〉 나치의 위협은 노래를 통해 표현된 정신을 꺾을 수 없다.

9.36 〈웨스트 사이드 스토리〉 사회적 적대감이 노래와 춤을 통해서 표현된다.

의 뮤지컬 재연은 그 당시의 '자유 연애' 정신과
정치적으로 더 어둡고 격한 순간들을 표현한다.
노래 'I Am the Walrus'는 그 당시 마약에 취한 예
술계의 한 장면을 보여주는 한편, 'Let It Be'는 디
트로이트 12번가 폭동과 베트남 전쟁으로 야기된
한 형제와 친구의 비극적 죽음을 둘러싼 불안한
감정을 요약해 보여준다.

최초의 장편 뮤지컬인 〈재즈 싱어〉(1927) 이후
뮤지컬은 다른 문화적 어려움을 반영하기 위해 채
택됐다. 많은 뮤지컬 유형 중 우리는 세 가지 서브

9.37 〈어크로스 더 유니버스〉 비틀즈 노래는 뮤직비디오의 영향을 받은 뮤지컬로 재구성된다.

장르를 확인할 수 있다. 극장공연 뮤지컬, 통합 뮤지컬, 만화영화 뮤지컬이 그것이다. 각 서브
장르의 많은 예들은 브로드웨이 뮤지컬이나 기타 극장 공연 원본의 각색이다.

극장공연 뮤지컬

극장공연 뮤지컬(theatrical musicals)이 뮤지컬 컨벤션 무대에서 혹은 '무대 뒤'에서 행해지고 있
다는 것은 의심할 여지 없이 가장 잘 알려진 사실이다. 여기서 판타지와 극장 예술이 거리의 실
제 현실을 대신한다는 것은 틀림 없는 사실이다. 가장 세련된 초기 뮤지컬 중 하나인 〈42번가〉
(1933)는 부분적으로 캐릭터들의 복잡한 사랑과 삶에 대한 영화로서 마지막 성공작이 되길 바라
는 브로드웨이 감독, 무대 밖에서 여러 연인과 곡예를 벌이는 한물간 인기 여배우 도로시 브룩,
다리를 다쳐 하차한 인기 여배우를 대신하여 쇼를 이끌고 있는 코러스걸 페기 소여의 이야기이
다. 궁극적으로 이런 모든 희망과 갈등을 모아놓은 것이 물론 뮤지컬쇼 그 자체이다. 버스비 버
클리의 놀라운 안무와 'Shuffle Off to Buffalo' 같은 유명한 곡을 통해서 질투와 의심은 브로드웨
이의 스펙터클한 축제로 바뀌게 된다(사진 9.38).

비록 극장공연 뮤지컬이 나중에 인기가 시들해졌다 하더라도, 〈올 댓 재즈(All That Jazz)〉
(1979)는 안무가 밥 포시의 자서전을 과장하고, 심지어 방종스럽기조차한 무대로 이 서브 장르
를 부활시켰다. 최근 부활한 〈시카고(Chicago)〉(2002)는 억압받는 여성들에 대한 드라마를 활기
찬 뮤지컬로 엮어내고 있는데, 극적인 노래와 춤이 감방
에서 터져 나오며, 〈드림걸즈(Dreamgirls)〉(2006)는 모타
운의 스토리를 드라마로 만들었다.

통합 뮤지컬

뮤지컬이 뮤지컬 악곡들을 더 일반적인 상황과 현실적인
액션 속으로 통합하기 시작했을 때, 그것들은 **통합 뮤지컬**
(integrated musical)이 되었다. 여기에서 노래와 춤의 목가
적이고 구원적인 순간은 매일매일 삶의 부분들이다. 〈마
이 페어 레이디〉(1964)에서 거리의 소녀가 화려한 귀부인
으로 멋지게 변화하는 것이 노래로 묘사된다. 'The Rain
in Spain' 같은 악곡은 실제로 그런 변화에 도움을 준다.
〈어둠 속의 댄서〉(2000)와 〈내 사랑 시카고(Pennies from
Heaven)〉(1981)는 이런 서브 장르의 더 역설적인 버전이
다. 두 영화 모두 뮤지컬 막간들은 캐릭터들이(경제공황기
에 살인으로 고소당한 한 시각장애 여인과 낱장 악보 판매

9.38 〈42번가〉 'Shuffle Off to Buffalo' 곡은 브로드웨이쇼의 일부로 나타나는데, 그
것은 서사의 중심적 미장센으로 기능한다.

9.39 〈레미제라블〉 브로드웨이 장기 공연 히트작인 이 작품은 마침내 2012년 통합 영화 뮤지컬로 각색되었다.

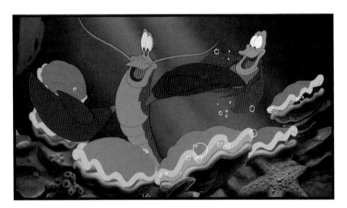

9.40 〈인어공주〉 만화영화 뮤지컬의 부활은 영화 장르의 유토피아적 자극을 강조하고 있는데, 그 노래는 캐릭터를 판타지와 판타지 세계로 연결해준다.

원) 비극과 삶의 트라우마들을 예기치 않게 뛰어넘도록 해준다. 더 최근의 〈레미제라블(Les Miserables)〉(2012)**(사진 9.39)**은 사랑과 반역에 대한 오페라 노래들을 19세기 프랑스의 그 유명한 장발장 이야기 속으로 엮어 놓고 있다.

만화영화 뮤지컬

〈백설공주와 일곱 난쟁이(Snow White and the Seven Dwarfs)〉(1937)로 시작해서 지난 수십 년간 인기를 끌어온 **만화영화 뮤지컬**(animated musical)은 노래와 음악을 나타내기 위해 만화 인물 및 스토리를 이용한다. 통합 뮤지컬의 반대 방향으로 움직이면서 이 영화들[〈판타지아(Fantasia)〉(1940)와 〈노란 잠수함(Yellow Submarine)〉(1968)부터 디즈니의 〈인어공주(The Little mermaid)〉(1989)**(사진 9.40)**와 〈미녀와 야수(Beauty and the Beast)〉(1991), 팀 버튼의 〈크리스마스 악몽(The Nightmarc Before Christmas)〉(1993)과 실뱅 쇼메의 〈벨빌의 세 쌍둥이(The Triplets of Belleville)〉(2003) 같은 색다른 버전까지]은 메리 포핀스가 '실제적으로 모든 방식에서 완벽한'이라고 말하는 것처럼 동물들을 인간, 마술적인 자연 혹은 인간적 삶으로 만들기 위해 음악의 환상적 및 유토피아적 가능성을 완전히 포용한다.

공포 영화

공포는 적어도 오이디푸스가 어머니가 자살하고 자기는 끔찍하게도 스스로 눈을 멀게 한다는 자신의 운명을 알고 공포에 떠는 것에 대해 소포클레스가 언급한 이래로 인기 있는 문학적 및 예술적 주제가 되어왔다. 수사(The Monk)(1796) 같은 고딕 소설의 초자연적 신비의 뒤를 이어 19세기에 **프랑켄슈타인**(Frankenstein)(1818)과 **드라큘라**(Dracula)(1897) 같은 괴물 및 살인자에 관한 이야기들이 뒤따랐다. 때때로 공상과학과 겹치면서 공포 영화는 영화 역사 전반에 걸친 다양한 형식으로 나타났다. 공포 영화의 기본 요소는 다음과 같은 것을 포함한다.

■ 캐릭터는 육체적 · 심리적 · 정신적 기형을 갖고 있다.
■ 서사는 긴장, 놀람, 충격에 기초해 만들어진다.
■ 시각적 구성은 보이는 것에 대한 공포와 보이지 않는 것에 대한 두려움 사이에서 움직인다.

칼 뵈제와 파울 베게너의 〈골렘(The Golem)〉(1920)**(사진 9.41)**과 리들리 스콧의 〈에이리언〉**(사진 9.42)**에서 괴물 캐릭터들이 기괴한 모양과 행동으로 인간들을 공포에 떨게 한다. 각 영화에는 눈에 보이지 않게 존재하는 공포를 보게 된다는 예감에 따른 극도의 긴장감과 괴물이 갑자기 나타날 때 폭발하는 긴장감이 스며들어 있다.

공포 영화는 신체적 공포, 심리적 공포, 성적 공포, 사회적 공포에 대한 것이다. 우리가 두려워하는 것을 극적으로 만드는 것에 대한 사회적 반향은 종종 논쟁거리가 되고 있지만, 영화로 공포를 보여줄지 아닐지가 사회에 어떤 영향을 미치는가에 상관없이, 널리 퍼져나가는 인기는 그것이 하나의 중심적인 문화 의례라는 것을 보여주는 것이다. 모닥불 주위에 둘러앉아 무서운 이야기를 듣는 것처럼 공포 영화는 다른 형식으로 개인적 및 사회적 공포심을 극적으로 만들어준다. 공포 영화는 무서운 것을 시각적으로, 가능하면 관리 가능할 정도로 만들고 있다. 어느 미국 마을에 사람의 몸을 탈취하는 에이리언 침입자들에 대한 무시무시한 이야기인 〈외계의 침입자(Invasions of the Body Snatchers)〉(1956)는 1950년대 군사적 및 이데올로기적 침범에 대해 만연해 있던 두려움을 보여준다. 염력을 가진 어느 고등학교 부적응자에 대한 무서운 이야기인 1976년작 〈캐리(Carrie)〉와 2013년도 리메이크판은 사춘기 소녀들의 모든 고통과 분노를 드러내 보여주는 한편, 〈28일 후〉는 위험한 바이러스에 대한 과학실험의 산물인 좀비 떼들을 세상에 풀어놓고 있다(사진 9.43).

　이 장르 속에서 공포와 두려움은 지난 세기에 걸쳐 많은 다른 문화들에서 특정 역사적 용어로 불리면서 다양한 모습을 취해왔다. 여기에서 우리는 다음과 같은 주요 요소로 특징지어지는 세 가지 서브 장르로 관심을 돌려 보자. 그것은 초자연적 공포 영화, 심리적 공포 영화, 신체상해(슬래서) 공포 영화이다.

초자연적 공포 영화

초자연적 공포 영화(supernatural horror film)에서는 때때로 도덕적 잘못에 복수하기 위해서, 아무런 설명할 수 없는 이유로 악령이 인간 영역에 출몰한다. 이 서브 장르에는 헨릭 갈린과 파울 베거너의 〈골렘〉 같은 영화들이 포함되어 있는데, 박해받는 유대인들을 구원하기 위해서 생명을 불어넣어준 진흙 괴물 전설의 초기 영화 버전이다. 이 서브 장르에는 또한 일본 영화 〈괴담(Kwaidan)〉(1964)이 포함되어 있는데, 사무라이, 수도승, 유령에 대한 라프카디오 헌의 작품에 토대를 둔 네 가지 이야기를 보여준다. 〈식스 센스(The Sixth Sense)〉(1999)는 죽은 자를 볼 수 있는 한 소년에 대한 이야기이다. 〈엑소시스트(The Exorcist)〉(1973)에서 사탄은 어린 소녀의 몸에 빙의하여 몸을 비틀고 변형시키면서 외설적인 말과 행동을 토해내는 악몽을 만들어낸다(사진 9.44). 〈엑소시스트〉는 악령이 어떻게, 왜 현대의 풍족

9.41 〈골렘〉 공포는 이 독일 표현주의 영화에서 괴물 같은 물질적 형식을 택한다.

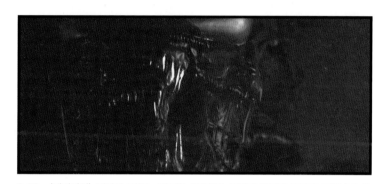
9.42 〈에이리언〉 긴장과 공포는 기괴한 생물체가 주변에 잠복해 있다가 마침내 눈앞에 나타날 때까지 계속 만들어진다.

9.43 〈28일 후〉 사회적 및 물리적 세상이 좀비를 만들어내는 바이러스에 대한 공포 영화에서 무너져 내리고 있다.

한 가족의 삶으로 침범해 들어왔는지가 결코 완전히 풀리지 않는 초자연적 공포 영화의 전형이다. 핵폭탄으로 파괴된 후에 만들어진 일본 공포 영화들은 고질라같이 겉으로 드러나는 초자연적 형상을 만들어내는 한편, 〈괴물(The Host)〉(2006) 같은 한국의 현대적 공포 영화는 환경문제

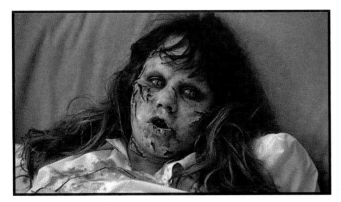

9.44 〈엑소시스트〉이 1970년대 초자연적 공포 영화의 걸작에서 사탄이 어린 소녀에게 빙의된다.

9.45 〈괴물〉괴물급 성공을 보여준 이 한국 공포 영화는 무시무시한 괴물이 갑자기 서울의 한강에 나타나서 도시 전체를 공포에 몰아넣자, 이에 대항해 싸우는 한 가족의 이야기를 보여준다.

9.46 〈컨저링〉초자연적 공포가 뉴잉글랜드의 귀신 나오는 농장집에 대한 이 이야기에 스며들고 있다.

뿐만 아니라 미국과의 정치적 관계 속으로 다가가고 있다**(사진 9.45)**. 초자연적 현상이 일어나는 현대의 현장을 따라가 조사하는 〈컨저링(The Conjuring)〉(2013)**(사진 9.46)**은 로드아일랜드 농장집에 살고 있는 사탄의 힘을 대면시켜준다.

심리적 공포 영화

현대 생활에 위험을 가하는 또 하나의 변종인 **심리적 공포 영화**(psychological horror film)는 엽기적이고 정신착란을 일으키는 개인의 마음으로 인해 정상적인 생활을 위협하는 위험과 왜곡을 밝혀낸다. 〈칼리가리 박사의 밀실〉(1920) 같은 독일 표현주의 영화들이 심리적 주제들을 다뤘던 한편, 그런 영화들의 현대적 흐름은 〈싸이코〉(1960)로 시작한다. 〈제인의 말로(Whatever Happened to Baby Jane?)〉(1962), 〈지금 보면 안 돼(Don't Look Now)〉(1973), 〈계부(The Stepfather)〉(1987), 〈요람을 흔드는 손(The Hand That Rocks the Cradle)〉(1992), 〈퍼니 게임(Funny Games)〉(2007)은 모두 이 서브 장르에 포함된다. 〈양들의 침묵〉(1991)은 전형적인 작품이다. 비록 역겨운 신체 폭력 장면들이 연출되었지만, 이 영화를 정신적으로 오싹하고 공포스럽게 만들어주고 있는 것은 끔찍한 신체상해가 아니라 한니발 렉터의 악마같이 영리한 머리와 주인공 클라리스 스탈링과의 감정적 교감이다.

신체상해 공포 영화

도식적인 폭력 묘사가 캐릭터의 심리보다 앞서는 영화는 **신체상해 공포 영화**(physical horror film)의 예인데, 이것은 공포 영화의 역사에서 긴 족보와 지속적인 지위를 유지하고 있는 서브 장르이다. 토드 브라우닝의 〈프릭스(Freaks)〉(1932)는 신체상해 공포 영화의 긴 생명력과 지적인 가능성 모두를 증명해 보이고 있다. 많은 나라들에서 커트당하고 금지당한 〈프릭스〉는 거부와 복수에 대한 도덕적 이야기를 말해준다. 실제 카니발 축제의 손님 끌기용 부차적 쇼 공연자인 난쟁이들에 관한 이야기인데, 충격적인 모습 및 그들이 저지르는 혐오스러운 복수에도 불구하고, 그들은 궁극적으로 신체적으로 '정상적인' 악당들보다 더 관대하고 인도적인 방식으로 행동한다.

〈싸이코〉는 **슬래셔 영화**(slasher film, 잔혹 영화)로 알려진 현대 공포 영화의 원조이다. 이 서브 장르에 속하는 다른 소름 끼치는 영화에 〈텍사스 기계톱 학살(The Texas Chain Saw Massacre)〉(1974)이 포함되어 있는데(**사진 9.47**), 길 잃은 여행객들을 공격하는 텍사스의 한 식인풍습을 지닌 가족에 대한 이야기이다. 〈할로윈(Halloween)〉(1978)은 끔찍한 연쇄살인에 대한 일련의 영화 중 첫 번째 작품인데, 〈쏘우(Saw)〉(2004)를 포함한 많은 모방작들을 낳았으며, 살아남으려고 경쟁하는 두 포로를 시험하고 고문하려는 뒤틀린 마음에 의해 만들어진 섬뜩한 미장센을 창조해낸다.

9.47 〈**텍사스 기계톱 학살**〉 이 고전적인 슬래셔 영화는 극도의 식인만행으로 나아가고 있다.

범죄 영화

다른 장르들과 마찬가지로 **범죄 영화**(crime film)는 영화의 다양성을 묘사하는 큰 범주를 대표한다. 에드가 앨런 포의 미스터리물과 셜록 홈즈의 탐정 이야기부터 대실 해밋의 *붉은 수확(Red Harvest)*(1929)과 월터 모슬리의 *Easy Rawlins* 시리즈 같은 1920년대의 싸구려 통속소설까지, 범죄 스토리는 현대 문화의 주요산물이 되어왔다. 초기 영화들이 좋은 플롯을 찾고 있을 때, 신체적 액션을 포함하고 날카로운 관찰에 의지하는 범죄 드라마는 움직임과 시각이 중요한 영화를 위해 만들어진 장르로 인식되었다. 범죄 영화의 주요 특징에는 다음과 같은 것이 포함된다.

9.48 〈**프렌치 커넥션**〉 국제 마약 카르텔의 복잡한 조직 안에서 한 결단력 있는 뉴욕 수사관이 끈질기게 마약 공급원을 추적한다.

■ 미지의 혹은 폭력이 난무하는 사회 변두리에 살고 있으며 범죄자 혹은 개인들이 범죄 탐지에 매달려 있는 캐릭터들
■ 범죄의 플롯, 늘어나는 미스터리, 그리고 종종 애매모호한 결정
■ 도심의, 종종 어둡고 그늘진 세팅

〈암흑가(Underworld)〉(1927)부터 〈프렌치 커넥션(The French Connection)〉(1971)까지, 범죄 영화의 주요 캐릭터들은 통상 범죄자이거나 범죄자를 찾는 개인들이다. 〈암흑가〉에서 갱인 불 위드는 도망친 다음 시카고의 암흑가에서 불굴의 경찰 추적자들을 만나게 된다. 〈프렌치 커넥션〉에서 수사관 포파이 도일은 뉴욕의 마약 지하세계와 얽히게 된다. 〈암흑가〉에서 법은 승리하지만, 암흑가 삶의 끝없는 유혹은 그대로 남아 있다. 〈프렌치 커넥션〉에서 법적 승리는 단지 부분적인 것이며, 국제 마약시장의 화려함은 뉴욕 경찰의 남루한 삶보다 훨씬 나아 보인다(**사진 9.48**).

범죄 영화에서 일탈은 사회 상태를 재는 바로미터가 된다. 공포 영화에서 아웃사이더 캐릭터들

9.49 〈**대부 2**〉 마이클 콜레오네는 가족적 헌신과 충성을 바탕으로 조직적 범죄 집단의 삶의 균형을 유지한다.

이 신체적으로나 심리적으로나 가장 두려워하는 것을 대변한다면, 범죄 영화에서 아웃사이더 캐릭터들은 사회적으로 현상유지를 바라는 입장에서 거부하는 것을 묘사하고 있는 것이다. 공포 영화에서와 마찬가지로 범죄 영화의 불법 집단과 행동은 추적하는 수사관들과 기타 법 수호자들의 상식과 결정만큼 우리를 홀리고 있다. 아마도 이런 유혹의 토대는 대부분의 사람들이 한때 사회적 경향과 반사회적 경향 모두를 보여줄 수 있다는 데 근거할 수도 있다. 영화 역사에서 사회적으로 복합적인 범죄 영화 중 가장 뛰어나다고 할 수 있는 두 작품, 〈대부〉(1972)와 〈대부 2〉(1974)는 마이클 콜레오네가 자랑스러운 아들이자 전쟁 영웅이 반대파 경쟁자들을 파괴하는 무자비한 보스로 변신하는 과정에서 정점에 이르고 있는 20세기 미국의 모습을 그리고 있다(사진 9.49). 이 영화들은 마피아 숭배의식의 양면을 잘 드러낸다. 가족에 대한 헌신, 권력에 대해서는 어떤 대가를 치르더라도 쟁취하려는 비열한 욕망이 그것이다. 이런 이중성을 반영하고 있는 이 영화들은 미국 사회가 투쟁적인 이민자 공동체로부터 부유하고 위협적인 국가로 성장해왔다는 사실을 보여준다.

1920년대부터 현재까지 범죄 영화의 다른 전형들에는 세 가지의 유명하고 인기 있는 서브 장르가 포함되어 있다. 갱 영화, 하드보일드 탐정 영화, 누아르 영화가 그것이다.

갱 영화

갱 영화(gangster film)는 1930년대에 형성되었는데, 그때 지하세계의 암흑가 사회는 금주법을 거부하며 번성했다. 사회 낙오자들의 범법행위에 의해 지속적으로 위협받는 사회 공동체를 특징으로 한다. 〈스카페이스(Scarface)〉(1932)는 경쟁자들이 서로 총으로 쏴 죽이는 비열한 갱들 간의 싸움을 묘사하고 있는 한편(사진 9.50a), 〈공공의 적〉(1931)은 톰 파워스가 비행 청소년에서 시카고 도시 전체를 공포에 빠뜨리는 살인자로 부각되는 과정을 따라가고 있다. 갱 영화의 더 최근 버전[예 : 리메이크 작품인 〈스카페이스〉(1983)(사진 9.50b), 〈좋은 친구들〉(1990), 〈로드 투 퍼디션(Road to Perdition)〉(2002), 〈디파티드(The Departed)〉(2006)]은 폭력을 증가시키는 경향이 있으며, 범죄자들의 특유한 개성을 탐색하는 혹은 하위문화로서 그것들을 규정하는 껄끄러운 의례를 탐색하는 경향이 있다.

1930년대 오리지널 갱 영화의 공식은 다른 문화들에서 각색되어왔다. 힙합과 소위 '갱스타(gangsta)' 랩의 도시적 환경은 1990년대 초 아프리카계 미국인 범죄 영화의 역사를 특징으로 하고 있다. 〈보이즈 앤 후드〉(1991), 〈뉴 잭 시티(New Jack City)〉(1991), 그리고 〈돌아온 이탈자 2(Juice)〉(1992) 등이 그 예로, 충

(a)

(b)

9.50 〈스카페이스〉(1932, 1983) 1930년대 이 장르 전성기 시절의 고전적 갱 영화는 1983년 알 파치노가 나오는 〈스카페이스〉로 리메이크되었다. 9.50a: courtesy of Photofest

성심과 가족애라는 코드가 명성, 마약, 돈의 유혹에 의해 불편한 관계에 놓이게 된다. 일본인 배우이자 감독인 기타노 다케시는 〈하나비(Hana-bi)〉(1997)와 기타 영화들에서 전통적인 일본 갱인 야쿠자 영화를 다시 만듦으로써 많은 갈채를 받은 한편, 두기봉의 〈익사일(Exiled)〉(2006)**(사진 9.51)** 과 유위강 및 맥조휘의 (2006년 마틴 스코세이지의 〈디파티드〉로 리메이크된) 〈무간도(Internal Affairs)〉(2002)라는 두 홍콩 영화는 이 장르의 세계적 확산 그리고 할리우드 영화들을 다시 만들게 하는 능력, 양자 모두를 보여준다.

9.51 〈익사일〉 이런 홍콩 갱 영화는 최근의 할리우드 갱 영화에 영향을 미쳤다.

하드보일드 탐정 영화

일반 범죄 영화의 정반대편에 서 있는 **하드보일드 탐정 영화**(hard-boiled detective film)는 법을 집행하는 혹은 그와 유사한 사립탐정 같은 주인공에 초점을 맞추고 있다. 통상 이런 개인들은 미스터리 사건이나 범죄 사건을 해결하기 위해 어떤 범죄 요소와 (때로는 경찰과도) 전쟁을 벌여야 한다. 이런 유형의 가장 유명한 영화 중 하나인 〈말타의 매〉(1941)에서 사립탐정 샘 스페이드는 미스터리한 보물(매 조각상)과 그 보물 때문에 동료를 죽인 살인자를 추적한다. 경찰의 의심을 받고 있는 스페이드는 보물을 찾기 위한 것만이 아니라 죽은 동료의 진실과 결백을 위해 개인적 추적에 착수한다. 백인 남성 중심과는 다른 문화로 재해석하고 재창조한 이 서브 장르는 범죄 수사에 대한 장 뤽 고다르식 사고인 〈탐정(Detective)〉(1985), 조지아의 성범죄 수사에 대한 리지 보든의 페미니스트 스토리인 〈러브 써클(Love Crimes)〉(1992) 같은 통상적이지 않은 영화들에 그대로 남아 있다.

누아르 영화

어두운 영화 스타일로 정기적으로 거론되는 **누아르 영화**(film noir)는 1940년대 나타난 범죄 영화의 한 서브 장르로 간주될 수 있으며, 분명 법적 및 도덕적 애매성, 이 장르의 더 이전의 예들에서 발견된 애매모호한 분위기와 혼란스러움을 상승시키고 있다. 더 이상 단순히 법 대 범죄라는 도식 혹은 수사관의 엄격한 도덕성에 대한 것이 아닌데, 1944년 〈이중 배상(Double Indemnity)〉 같은 이런 영화들은 결코 완전히 해결된 것처럼 보이지 않는 사건에 있는 모든 그런 캐릭터의 어둠과 부패를 드러낸다. '검은 영화(black film)'로 대충 번역된 누아르 영화는 이런 영화들에서 공통적인 그늘진 세계를 반영하고 있는 어둠과 그림자를 강조하는 시각적 스타일을 보여준다. 주인공들은 법과 무법 사이에서 흔들리며, 그들 사이의 관계는 통상 폭력과 성에 의해 결정되어 나타나는데, 남자 주인공 주위에 팜므 파탈 여성들이 둘러싸고 있는 것이 특징이다. 최근 수십 년간 1981년 〈보디 히트(Body Heat)〉와 2005년 〈신 시티(Sin City)〉 같은 네오 누아르 영화(neo-noir film)는 누아르 영화의 일반적 관습에 대해 더 자의식이 강한 인식을 나타내고 있으며, 또한 종종 그 역사적 원형보다 훨씬 더 혼란스럽고 부패한 캐릭터들과 범죄를 창조해낸다.

오손 웰즈의 〈악의 손길〉(1958)은 누아르 영화의 단적인 예 중 하나이다. 마약, 매춘, 살인이 함께하는 어느 멕시코 변경 마을에 도착한 멕시코 마약단속 수사관 마이크 바르가스는 미스터리 살인사건을 추적하러 어두운 복도와 더러운 운하를 수색한다. 그는 부패의 중심에 '좋은 수사관이지만 시끄러운 경찰'인 미국인 경감 행크 퀸란이 있다는 사실을 발견해낸다**(사진 9.52)**. 데

9.52 〈**악의 손길**〉 행크 퀸란 역의 오손 웰즈는 이 누아르 영화의 고전적인 예에서 부패에 완전히 물들어 있다.

이빗 린치의 네오 누아르 영화 〈블루 벨벳(Blue Velvet)〉(1986)에서 순진한 제프리 보몬트는 산책 중 발견한 잘린 귀 한쪽에 대한 미스터리를 풀기 위해 수사관 역할을 떠맡고 있다. 그리고 도로시 밸런스의 변태적인 성 세계에 발을 들여놓게 된 것을 깨닫게 된다(**사진 9.53**). 여자친구 샌디는 그가 '수사관인지 변태성욕자인지' 헷갈리게 되고, 지하세계에서 악몽과도 같은 방황을 끝낸 후 제프리는 "아주 이상한 세상이야, 그렇지 않아?"라는 말을 되풀이할 뿐 더 이상 아무런 말도 할 수 없다.

추적 영화들이 세계적 유행이 된 20세기 초 이래로 영화산업의 경제는 영화 장르의 표준화된 공식에 매여 있었다. 다른 산업화된 비즈니스의 부품조립 생산에 맞추어 만들어진 이런 공식들은 효율을 높이는 데 의미가 있었던 한편, 그것들이 1920년대를 통해서 나타났을 때, 영화 스튜디오 발전을 위한 토대가 되었다. 이런 스튜디오들은 하나 이상의 장르에 대한 예상 가능한 대본, 세트, 배우들을 통해서 스스로를 규정하게 될 것이다. 서서히 관객들은 이런 장르 및 그와 연관된 스튜디오로부터 기대하는 것을 배웠다. 비록 영화 장르들이 1930년대 이래로 상당히 변하고 확산되었다 하더라도 관객들을 만족시키거나 실망시키는, 놀라게 하거나 지루하게 하는 영화의 능력뿐만 아니라 관객의 기대에 대해서 중요한 측정기준으로 남아 있다.

영화 장르는 영화감독과 관객 사이의 사회적 계약을 묘사하고 있는데, 각자가 관습, 공식, 기대감에 대한 공통의 언어를 인식한다. 장르들이 전형적으로 역사적 및 문화적 맥락을 반영하고 있기 때문에, 이런 계약은 다른 시기, 다른 장소에서 다른 장르들을 생기게 한다. 코미디에서 범죄 영화까지, 영화 장르는 종종 우리의 삶을 알려주는 관련 신화 및 의례를 연출하고, 조정하고, 정교하게 만든다.

9.53 〈**블루 벨벳**〉 데이빗 린치는 분명하고 초현실적인 고전적 누아르 영화의 중심에서 성도착증을 만들어낸다.

영화 장르의 의미 만들기

특정 영화 장르가 다른 방식으로 변하고 진화하는 동안 관객들은 장르에 대한 경험을 발전시키고 확대시킴에 따라 그런 장르의 의미를 만들어 간다. 관객들은 장르 영화를 이해하고 즐기는 가운데 어떤 개념적인 틀이 의식적이든 무의식적이든, 영화 장르에 대한 경험을 형성하게 된다. 영화 장르를 이해하기 위한 두 가지 넓은 틀은 규범적 접근과 묘사적 접근이다. 이런 틀 안에서 관객들은 장르를 고전적 전통의 일부로 볼 수도 있는데, 한 장르의 역사적 기원이나 이상적 구조를 강조할 수도 있다. 아니면 수정주의 전통의 일부로 볼 수도 있을 것인데, 장르를 다른 문화와 다른 역사적 시기에 적용하는 것으로 이해할 수도 있을 것이다. 결국 장르는 공간적 용어로 말하면, 지역적 및 전 지구적 장르로 간주될 수 있다.

규범적 및 묘사적 접근

관객들과 영화감독들은 장르에 대한 자신의 경험과 이해에 따라 비슷하게 영화를 분류한다. 〈악의 손길〉을 누아르 영화의 표준으로 삼는 관객은 같은 범주에 있는 〈드라이브(Drive)〉(2011)를 받아들이는 데 인내심이 적을 수도 있는 반면, 다른 관객은 그 장르에 대해 더 유연한 견해를 갖고 있을 수도 있다. 전자의 관객은 같은 범주에 있는 어떤 특정 영화를 위해 이전부터 존재하는 모델을 취하는 규범적 접근을 하는 것이다. 〈드라이브〉의 경우 규범적 접근을 하는 관객이 "주인공이 고전적으로 갈등을 일으킨 영웅인가?", "할리우드는 더러운 지하세계인가?", "이 영화에 충분히 어둡고 정신적 외상을 초래할 정도의 범죄가 있는가?"라고 물을 수도 있을 것이다. 이 관객은 성공적인 장르 영화는 이전 모델로부터 가능한 한 적게 벗어나는 것이라는 사실을, 관객이 한 장르를 결정하는 데 있어서 객관적일 수 있으며, 객관적이어야 한다는 사실을 믿고 있다.

후자의 관객은 묘사적 접근으로 응답할 수도 있는데, 오래된 영화들을 토대로 구축한 것과 새로운 방식으로 발전시킨 것에 의해 시간에 걸쳐 변하는 장르를 취한다. 이 관객은 다른 이유 때문에 장르를 소중하게 여기면서, 관객들의 주관성이 장르를 결정하는 데 도움을 줄 수 있다는 사실을 받아들이고 있다. 〈블랙 스완〉 같은 현대 누아르 영화의 경우 여주인공 니나(나탈리 포트만이 연기한)는 전문 발레의 경쟁적인 세계에서 정상과 미친 상태 사이의, 빛과 어둠 사이의 위태로운 선을 걷고 있다. 니나가 현실 자체에 불안한 상태로 있는 것은 애매모호한 환경 탓이며, 경쟁자인 릴리(밀라 쿠니스가 연기한)의 꼬임에 넘어가고 혹은 넘어가지 않는 것은 성(性), 남성성, 팜므 파탈이란 누아르 영화 주제들에 대한 현대적 왜곡의 역할을 하고 있는 것이다.

묘사적 접근 방식으로 장르를 보려는 관객은 멜로드라마의 역사를 살펴볼 수도 있고, 그 주요 특징이 어떻게 시간을 통해 변해왔는지를 추론할 수도 있다. 그런 연습이 필수적으로 한 개인의 특정 관점 및 지식(예 : 어떤 영화에 접근하는가와 어떤 특정 장르가 존재한다는 가정)에 의지할 거라는 사실을 인정하면서, 이 관객은 어떻게 그것들이 한 장르의 패턴 속에서 발전하고 변화하고 또 혁신해 나가는지에 대해 특정 영화들을 가치 있게 생각할 것이다.

이런 관점으로부터 라이너 베르너 파스빈더의 〈불안은 영혼을 잠식한다(Ali: Fear Eats the Soul)〉(1974) 같은 영화는 젊은 아랍 이민 노동자와 늙은 독일 여인 사이의 관계를 따라다니며 괴롭히는 사회적 편견에 대한 영화로, 멜로드라마 공식에 대한 놀라운 변형이다. 1950년대 제작된 더글라스 서크의 〈순정에 맺은 사랑(All That Heaven Allows)〉(1955)은 다른 문화적 맥락에 있는데, 정원사와 부유한 사회명사 여성이 사랑에 빠지는 스토리이다. 파스빈더의 리메이크작과는 다른 노선의 토드 헤인즈의 〈파 프롬 헤븐〉(2002)은 기본적으로 똑같은 스토리와 일반적인

(a)

(b)

(c)

9.54 (a) 〈순정에 맺은 사랑〉, (b) 〈불안은 영혼을 잠식한다〉, (c) 〈파 프롬 헤븐〉 여기서 멜로드라마의 일반적 특징은 더글라스 서크의 오리지널 영화를 파스빈더와 토드 헤인즈가 어떤 면은 강조하고 어떤 면은 변경하면서 느슨하게 리메이크한다는 것이다.

공식을 발전시켜 현대적 영화로 탈바꿈시키고 있는데, 그 속에서 결혼한 남성이 자신의 동성애적 정체성을 발견하고, 한편 자기 아내는 흑인 정원사와 사랑에 빠진다는 멜로드라마의 위기를 작동시킨다(사진 9.54a~9.54c).

규범적 및 묘사적 접근 방식은 관객들에게 특정 방식의 영화 읽기에 대해 알려줄 수 있다. 예를 들면 스튜디오나 기자는 특정 영화가 어떻게 비춰지고 평가되어야 하는가에 대한 틀로 한 특정 장르를 참고로 할 수 있다. 스튜디오는 가족한테서 스트레스 받는 나이 든 아버지에 대한 영화인 〈네브라스카〉(2013)를 색다른 멜로드라마로 홍보할 수도 있는 한편, 기자는 그것을 로드 무비로 보도록 관객들을 부추길 수도 있다. 그런 규범적 장르의 작품이나, 다른 작품들을 따라가는 것은 아마도 영화에 대한 다른 이해에 도달하는 길이 될 것이다.

반대로, 어느 영화 역사가는 한 장르(예 : SF)의 기본 공식을 묘사하기 위해 수많은 비슷한 영화들을 시험해볼 수도 있다. 그러나 그 묘사를 만들어내는 영화의 중심이 1950년 이래의 할리우드 영화들에 제한되어 있다면, 그 모델은 예를 들어 무성 영화나 아시아 영화들을 포함한 더 넓은 조사는 누락하지 않는 일반적인 특성들을 강조하고 바라볼 것이다. 두 경우에 있어서 영화 장르의 결과적인 모델은 사용된 규범적 혹은 묘사적 접근 방식을 반영하고 있으며, 그에 따라 관객의 이해를 제한하고, 확대하고 혹은 초점을 맞추는 의미들을 만들어낸다.

고전주의적 전통과 수정주의적 전통

특정 영화가 장르 관습에 참여한다는 의미는 고전주의적 혹은 수정주의적 전통 안에서의 상황에 따라 형성된다. 고전주의적 장르 전통은 시간을 거치면서 똑같은 것으로 남아 있는 패러다임과의 관계에, 장르 영화가 성공적으로 따라가거나, 그렇지 못한 패러다임과의 관계에 영화를 위치하게 하는 규범적 접근 방식과 일치한다. 고전주의적 장르 전통은 역사에서의 어떤 영화들과 혹은 특정 장소와 연관된 비교적 고정된 공식과 관습을 구축한다.

묘사적 접근 방식에서 갈라져 나온 수정주의적 장르 전통은 그 장르의 공식과 관습을 수정하는 역사적 및 문화적 맥락을 바꾸어 주는 기능으로 영화를 보고 있다. 예를 들면 어떤 특정 서부 영화는 수정주의적 관점보다 고전주의적 관점에서 다르게 이해될 것이다. 이런 두 전통은 함께 장르의 중심적 역설 중 하나로 성립된다. 장르는 동시에 보편적이고 당대적인 것으로, 역사를 초월하는 패턴을 창조해내는 것으로, 역사에 대한 극히 민감한 척도로 나타날 수 있다.

역사적 패러다임

고전적 전통은 역사적 및 구조적 패러다임으로 보일 수 있다. 역사적 패러다임은 장르가 역사의 어느 시점에서 완전한 단계까지 발전하고, 하나 이상의 영화가 일반적인 이상형을 묘사한다고 추정한다. 영화 비평가 앙드레 바쟁에게 존 포드의 〈역마차〉는 1939년 미국에서 정상에 도달했던 서부 영화의 역사적 패러다임이다. 다른 비평가들에게 F. W. 무르나우의 〈노스페라투〉(1922)는 공포 영화의 역사적 패러다임인데, 1920년대 독일의 분위기에서 그 본질적 성격을 달성한다(사진 9.55).

9.55 〈노스페라투〉 공포 영화의 역사적 패러다임

구조적 패러다임

구조적 패러다임은 특정 영화에서 역사적 전례에 의지하기보다는 완전한 혹은 순수한 형태로 실제 보이거나 보이지 않는 형식적 혹은 구조적 이상형에 더 많이 의지한다. 예를 들면 공상과학 영화에 많은 변형이 있음에도 불구하고 그 장르에 익숙한 관객은 고전적인 공상과학 영화의 구조적 패러다임을 발전시킬 수 있을 것이다. 스펙트럼이 넓은 장르 영화들을 보고 난 후[〈지구 최후의 날〉(1951)에서 〈지구에 떨어진 사나이(The Man Who Fell to Earth)〉(1976)와 〈퍼시픽 림(Pacific Rim)〉(2013)까지] 관객은 그 장르의 패러다임이 지구와 외부 공간 사이의 시각적 및 극적인 갈등, 특수효과의 중요성, 벼랑끝 플롯 구조를 필요로 한다는 것을 이해할 수도 있다. 어떤 영화들은 이 패러다임에 쉽게 적응하는 한편, 10대들의 불안, 차량 압류, 미치광이 과학자에 대해 장난치고 노는 듯한 〈리포 맨(Repo Man)〉(1984) 같은 영화들은 그 장르에 덜 참여하고 있는 것처럼 보인다.

장르적 수정주의

장르적 수정주의는 똑같은 장르의 영화들과 함께 대화의 일부로서 계속해서 변화하는 역사적 및 문화적 흐름에 매여 있다고 가정한다. 한 장르에 있는 영화들은 다른 시간과 장소를 반영하기 위해 자신의 관습 및 공식을 각색한다. 이런 관점에서 프레드 셰피시의 〈바바로사(Barbarosa)〉(1982)는 〈역마차〉만큼 서부 영화스럽지만 그들의 신화를 더 환상적인 빛으로 보여주는 현대적 분위기로 각색되었다.

더 현대적인 영화들이 포괄적 반영을 보여줄 수도 있을 것이다. 그것들은 통상적이지 않게 자신들의 포괄적 정체성에 대해 의식적이며, 포괄적 패러다임에 대해 분명하고 뚜렷하게 견해를 밝히고 있다. 〈영 프랑켄슈타인〉과 〈LA 컨피덴셜〉은 확실히 이런 모델에 잘 맞는다. 전자는 공포 영화에서 바보스러운 존재가 가장 유명한 모델이며, 후자는 범죄 영화에 대한 진지한 자의식적 재작업이다. 베르너 헤어조크의 〈노스페라투 : 밤의 유령(Nosferatu the Vampyre)〉(1979)은 원조 〈노스페라투〉를 재창조할 뿐만 아니라 흡혈귀 전설과의 계속적인 관련성에 대한, 어떻게 그것이 여전히 현대 사회의 많은 것을 드러내고 있는지에 대한 언급의 한 방편으로서 많은 관습과 상징으로 돌아가고 있다(사진 9.56).

 생각해보기

최근 본 영화를 장르적 전통에 놓고, 그것이 고전주의적, 혹은 수정주의적 특징을 왜 그리고 어떻게 제외하고 있는지 논의해보자.

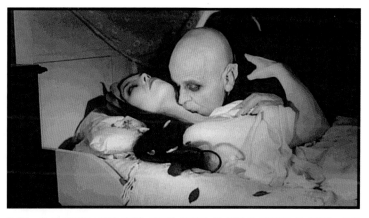

9.56 〈노스페라투 : 밤의 유령〉 장르적 반영의 한 예로서 헤어조크의 영화는 특히 1922년 F. W. 무르나우의 〈노스페라투〉의 주제와 이미지를 참고하면서 고전적 공포 영화의 관습 및 공식을 조종하고 재창조한다.

〈차이나타운〉에서의 범죄 영화의 관습 및 공식

같이 보기 : 〈말타의 매〉(1941), 〈명탐정 필립〉(1946), 〈LA 컨피덴셜〉(1997)

1930년대 범죄 소설 작가인 대실 해밋과 레이먼드 챈들러가 살던 로스앤젤레스를 배경으로 한 로만 폴란스키의 〈차이나타운(Chinatown)〉(1974)은 갱 영화, 누아르 영화, 특히 하드보일드 탐정 영화의 요소들을 섞어 연출한 범죄 영화이다. 영화는 사립탐정 제이크 기티스의 사무실에서 시작되는데, 사무실과 캐릭터는 〈말타의 매〉와 〈명탐정 필립〉 같은 고전주의 범죄 영화 장르를 즉각 연상시킨다. 방은 부분적으로 닫아놓은 베니스식 블라인드 사이로 빛이 들어오고, 하얀 정장을 입은 거칠지만 멋진 기티스(잭 니콜슨이 연기)는 자신을 고용한 심란한 남편에게 불성실한 아내의 사진을 제공하면서 온갖 방식으로 상황을 조절한다(**사진 9.57**). 로스앤젤레스의 차이나타운 구역 담당 전직 경찰이었던 기티스는 이제 인간 본성의 더럽고 어두운 면을 드러내고, '다른 사람들의 치부'를 드러내 보이면서 법과 지하세계 사이를 오가며 작업한다.

익숙한 관습과 공식이 이 현대적 버전의 범죄 영화 플롯 곳곳에서 나타나고 있다. 기티스는 의뢰받은 대로 로스앤젤레스 수자원 국장 홀리스 멀레이의 뒤를 밟는데, 그는 외도 문제로 아내의 의심을 받고 있다. 그러나 기티스는 곧 자신이 이해할 수 있는 범위를 벗어난 더 복잡한 사건 속으로 휘말려 들어가게 된다. 자기에게 사건을 의뢰한 자칭 멀레이의 부인이라는 여인은 남의 이름을 사칭한 사기꾼으로 판명되고, 진짜 아내인 에블린이 나타난다. 그녀는 기티스를 유혹하여 더 이상 통제할 수 없는 상태에 빠뜨리는 마약과도 같은 존재가 된다.

독립적인 도덕적 비전을 가지고 살아남는 다른 범죄 영화 수사관들처럼 기티스는 서서히, 고통스럽게 이 플롯 아래 숨어 있는 복잡하고도 뒤틀린 진실을 밝힌다. 멀레이의 장인이자 옛 동료인 노아 크로스가 로스앤젤레스의 물 부족 문제를 이용한 거대한 음모의 일부로서 멀레이를 죽였던 것이다. 사실 아리송한 영화 제목 자체는 로스앤젤레스 도시의 일부를 말하고 있지만, 이 영화에서는 삶 전체로 확장되어 관습적 법과 질서가 아무런 의미를 갖지 못하는 곳으로, 기티스의 말에 의하면, "당신들은 항상 그곳이 어떻게 돌아가고 있는지 알 수가 없어."라는 곳으로 이야기되고 있다.

고전적 누아르 영화의 특징인 그늘 및 그림자가 이 불분명한 세상의 얼굴과 공간에 줄지어 있고, 로스앤젤레스의 도시 풍경에 노랑, 빨강, 갈색 등을 풍부하게 추가한 것은 햇볕 쨍한 맑은 날씨보다는 오히려 창백한 날씨를 창조해낸다.

다른 범죄 영화들에서처럼 어두운 안개는 부패와 폭력으로, 성적인 어두움으로 나타나고 있다. 그러나 더 오래된 범죄 영화들에서의 팜므 파탈의 성적인 공격성과는 달리, 〈차이나타운〉에서의 성적인 위험과 무질

9.57 〈차이나타운〉 제이크 기티스는 고전적인 혹독하고 영리하며 멋진 하드보일드 수사관이다.

서는 훨씬 더 공포스럽다. 여기서 에블린의 성적 성향은 기티스가 배후에서 발견한 실체와 비교하면 아무런 위협도 되지 않는다. 그녀는 양아버지 노아 크로스로부터 강간을 당하고, 홀리스 멀레이와 관련된 미스터리한 '다른 여성'인 그녀의 딸마저 노아 크로스에 의해 자신의 동생이 되는 괴이한 관계가 형성된다**(사진 9.58)**. 이런 사실들은 에블린이 동생이 된 자신의 딸과 함께 도망가려고 시도하다가 피살될 때, 절정에 이른 시점에서 차이나타운의 어두운 거리에서 드러난다.

권력이 있고 악랄한 크로스는 자신의 불법적인 딸을 데리고 사라지고, 경찰은 수수방관하며 기티스는 "이것이 차이나타운이다."라고 한탄만 할 뿐이다. 비록 때때로 범죄와 부패에 대해 개인이 해결하는 것이 범죄 영화의 한 관습이라 하더라도, 불명료성은 〈차이나타운〉에서 상당히 더 어두워진 상태이다.

〈차이나타운〉의 끝맺음처럼 이런 범죄 영화 공식의 많은 변형은 변화하는 시대의 산물일 수 있다. 대공황, 금주법, 도시 과밀화 및 불안과 더불어, 1930년대의 범죄 영화는 샘 스페이드 같은 변두리에 있는 수사관의 성공을 통해 사회적 불안을 연출해낸다. 1970년대에는 워터게이트 같은 정부 부패 사건, 도덕적으로 모호한 베트남전, 1960년대 물려받은 혼란스러운 성적 유산으로 장르는 새로운 적합성을 가지고 되돌아왔다. 〈차이나타운〉에서 하드보일드 수사관은 전보다 자신감이 덜해졌고, 팜므 파탈은 신경 증세가 더 심해졌으며, 부패는 더 넓게 퍼지고 더 역겨워졌다.

9.58 〈**차이나타운**〉 이 영화에서는 전형적인 팜므 파탈을 이야기하고 있는 것이 아니다. 에블린의 어두운 뒷이야기는 그녀의 성적 성향보다 훨씬 더 위험한 것임이 증명된다.

9.59 〈이지 A〉 사회적 지위를 높이기 위해 자신의 혼음에 대한 소문을 이용하고 있는 10대 소녀에 대한 이 영화는 1980년대 이래로 주기적으로 유행하는 지역적 10대 영화이다.

 생각해보기

문화적 혹은 역사적 맥락이 최근 본 영화에 사용된 장르적 공식들을 어떻게 형성하고, 감추고 있는지를 생각해보자.

지역적 및 전 지구적 장르

비록 주요 할리우드 장르들이 가장 잘 인지할 수 있는 것이라 하더라도, 더 특정한 시간, 장소, 사건, 문화에 연결된 영화에서의 포괄적인 패턴('지역적' 장르라 부를 수 있는 것)을 알고 있다. 〈조찬 클럽〉 (1985), 〈헤더스(Heathers)〉(1988), 〈클루리스〉(1995), 〈브링 잇 온〉(2000), 〈이지 A(Easy A)〉(2010) 같은 '10대 영화'는 현대 미국 젊은이의 캐릭터, 위기, 의례에 대한 매우 특정한 방식과 관련된 장르의 예들로 간주될 수 있다(사진 9.59).

어떤 의미에서 모든 장르는 지역적인데, 그 이유는 처음에 어떤 특정 공동체나 국가의 이익과 전통을 반영하기 위해 형성되기 때문이다. 서부 영화가 비록 호주, 이탈리아, 스페인, 그리고 기타 세계의 많은 나라들을 성공적으로 여행하고 다닌다 하더라도, 본질적으로 미국적 장르이다. 공포 영화가 이제 전 지구적 장르가 되었다 하더라도, 공포 영화는 1920년경 독일 표현주의 영화에 그 뿌리를 두고 있다고 할 수 있다.

세계에 걸쳐 나타났던 많은 지역적 장르 중에 두 가지는 분명히 장르와 특정 문화 사이의 연관성을 강조한다. 일본의 **지다이게키 영화**(jidai-geki film)[8]와 오스트리아 및 독일의 **하이마트 영화**(heimat film, 고향 영화)[9]가 그것이다. 1920년대 이래로 유행한 일본의 지다이게키 영화는 봉건시대 일본이 근대 메이지 시대로 들어가는 1868년 이전의 시대 영화 혹은 시대극이다. 〈천황을 경배하라(Revere the Emperor)〉(1927)와 〈추지의 여행일기(A Diary of Chuji's Travels)〉(1927) 같은 영화들은 과거의 영광과 관습을 부활시키기 위한 역사적 여행기로서 기능한다. 과거 산업화 이전 시기 대부분의 나라들의 관계와 마찬가지로 일본인들은 이 시기를 호기심, 향수, 자부심을 가지고 바라보면서 이들 초기 영화들에서 20세기에 잃어버린 일종의 문화적 순수성을 찾고 있다. 그러나 세월을 거치면서 이 장르는 다른 성공한 장르와 마찬가지로 그 관습 및 공식 속으로 당면 과제들을 동화시켜왔다. 봉건시대 궁정 및 칼싸움 이외에, 지다이게키 영화는 불안한 계급과 사회 반란에 대한 플롯을 발전시켰던 것이다. 아키라 구로사와의 〈란(Ran)〉(1985)은 본질적으로 일본적인 이 장르에 재미있는 참여를 한다. 기본적으로는 일본 시대극인 이 영화는 많은 지다이게키(시대극) 관습들로 가득한데, 궁극적으로는 고대 세계의 종말을 묘사하고 있는 셰익스피어의 리어왕(King Lear)을 각색한 것이다(사진 9.60).

목가적인 시골에 무대를 둔 오스트리아와 독일의 하이마트 영화는 사랑과 가족이 사회적 악을 극복해낸다는 전통적

9.60 〈란〉 본질적으로 일본적 장르인 이 영화는 고전적인 셰익스피어의 리어 왕 이야기를 다시 말하고 있다.

9.61a

9.61b

9.61c

9.61d

9.61e

9.61f

수정주의 장르 : 〈진정한 용기〉(1969)와 〈진정한 용기〉(2010)의 비교

영화 역사의 하나의 지도로서 수정주의 장르에 대해 생각해볼 수 있다. 수정주의 장르는 영화감독들이 변화하는 시대와 문화를 반영하기 위해 어떻게 정기적으로 장르적 공식 및 관습을 다시 생각하고, 재창조하는가를 보여준다. 두 버전의 〈진정한 용기(True Grit)〉(1969, 2010)를 비교하는 것은 현대적인 리메이크가 새로운 영화를 창조해내기 위해 개정하고 바꾸면서 어떻게 원래의 포괄적 아이콘과 공식들에 충실할 수 있는가를 보여준다. 코엔 형제의 리메이크 작품이 뛰어난 점은 원래 내용과 스타일에 가까우면서도 서부 영화 장르와 헨리 해서웨이의 원래 영화를 수정하는 경우들을 강조하고 있기 때문이다. 〈진정한 용기〉에서 중심적인 역할은 거칠고 독립적인 카우보이 루스터 코그번(1969년 버전에서 존 웨인이 연기) — 진정한 서부 영화의 아이콘 — 이다. 그는 아버지를 죽인 살인자를 잡으려는 거칠지만 품위 있는 14세 소녀 매티에게 고용된다(사진 9.61a). 2010년 영화에서 루스터로 나오는 제프 브리지스는(비록 똑같은 아이콘이지만) 더 방탕하고 문제 많은 캐릭터이다(사진 9.61b). 양쪽 버전 모두 미국 개척지의 너른 평원에 무대를 두고 있다. 1969년 영화는 오두막집 주변의 총싸움 같은 집중된 액션 주변의 세트와 세팅에 초점을 두고, 또 프레임을 설정한다(사진 9.61c). 반면에 리메이크 작품은 캐릭터들의 극단적인 고립을 과장하는 것처럼 보이는 방식으로 서부의 너른 공간을 공개한다(사진 9.61d). 마침내 죽어가는 매티를 돕기 위해 달려가는 루스터를 보여주는 절정의 장면에서 1969년 영화는 존 웨인이 미친 듯이 마차를 몰고 가는 밝은 대낮의 질주에 집중한다(사진 9.61e). 반대로 2010년 영화는 매티가 죽음과 시간에 맞서 싸우고 있는 모습에 초점을 맞추면서 초현실주의적인 밤을 통해 이 긴 질주를 확대해 놓음으로써 이 장르적 공식의 극적인 개정을 보여준다. 이제 서부 영화의 액션은 이상하게 명상적인 공간이 된다(사진 9.61f).

집중분석

〈방랑자〉에서의 장르 역사

같이 보기 : 〈길(La Strada)〉(1954), 〈델마와 루이스〉(1991),
〈해피 투게더〉(1997), 〈웬디와 루시(Wendy and Lucy)〉(2008)

어떤 사람들에게 있어서 미국 전체에 걸쳐서 목적 없이 돌아다니는 두 오토바이족 사내를 그린 〈이지 라이더〉(1969)는 로드 무비 장르의 역사적 중심에 있다(사진 9.62). 로드 무비의 규범적 정의는 의심할 바 없이 자동차나 오토바이를 질주하는 사람들에 대한 서사의 중심에 놓는 것이다. 구조적으로 서사는 직선형으로 발전하고 있는데, 질주에 따라 에피소드들이 펼쳐지고, 장르 스타일의 중심을 나타내고 있는 넓은 도로와 풍경에 대한 여행 숏들이 중간중간 삽입된다. 묘사적 정의는 이런 고전적인 직선형의 중심에 놓되, 에피소드에 대한 서사는 목적지 없는 오디세이처럼 자유를 향해 혹은 정해지지 않은 장소를 향해 진행된다. 〈이지 라이더〉의 이런 구조적 패러다임은 수년에 걸쳐 수많은 모습으로 진화하고 다시 나타나기도 하였다.

로드 무비 장르는 1930년대에 기원을 두고 있는데, 당시 질주 여행의 중심적인 모티브는 〈거리의 반항아들(Wild Boys of the Road)〉(1933), 〈단 하나뿐인 삶(You Only Live Once)〉(1937), 〈분노의 포도(The Grapes of Wrath)〉(1940) 등에서 나타나고 있으며, 길 위의 여행은 스토리를 보강시켜준다. 1940~1950년대경, 〈그들은 밤에 달린다(They Drive by Night)〉(1940), 〈우회(Detour)〉(1945), 〈공포의 보수(The Wages of Fear)〉(1953) 같은 더 진지하고 실존적인 차원의 로드 무비들이 표면에 떠오르고, 외로운 남성들이(빈번하게 분노와 폭력으로 비틀린) 그 장르의 중심에서 움직이고 있다. 미국에서 1950년대 동안 로드 무비와 연관된 사회적 동요가 확산되기 시작했다(특히 자신의 가족에 대한 불만을 표현하는 방식을 찾고자 하는 청소년들에게 그러했다). 자동차 산업이 이 나라의 사회적 및 산업적 중추가 된 것은 이 장르의 중심적 관습에 대한 타당성을 증가시켜주었을 뿐이었다.

1960~1970년대는 몬테 헬맨의 〈자유의 이차선(Two-Lane Blacktop)〉(1971) 같은 고전적 로드 무비와 〈주말〉(1967), 〈듀얼(Duel)〉(1972), 〈페이퍼 문〉(1973), 〈황무지(Badlands)〉(1973), 〈로드 무비(Road Movie)〉(1974), 〈카(The Car)〉(1977) 같은 수정주의 버전이 더 자주 연출되었다. 〈자유의

이차선〉이 미국을 질주하다가 낭만적으로 묵시록적 종말에 다다르는 두 젊은이에 대한 직설적인 언급이라면, 나머지 영화들은 변화하는 시간과 스타일을 반영하기 위해 그 중심적인 주제와 아이콘을 변경했다. 이제 아이러니와 페이소스가 모험에 스며들었고, 쓰레기들이 고속도로에 흩뿌려져 있다. 1980~1990년대에는 문화적으로 대체되고 형식적으로 반성적 버전의 로드 무비가 나타났다. 〈매드 맥스(Mad Max)〉(1979), 〈파리, 텍사스〉(1984), 〈델마와 루이스〉(1991)가 그것이다. 혹독한 적합성으로 그 장르를 부활시키고 있는 〈리빙 엔드(The Living End)〉(1992)에서 에이즈에 걸린 두 질주족 사내는 길의 방향보다 자신들의 마음의 방향에 더 신경을 쓰고 있다. 더 최근의 경우 재치 있고 자의식 강한 영화인 〈오 형제여, 어디에 있는가(O Brother, Where Art Thou?)〉(2000)는 장르를 역사적 뿌리로 되돌려 놓고 있는데, 바로 호머의 〈오디세이〉를 탈옥수 3명의 장난 같은 길 위의 모험 속으로 집어넣어 리메이크함으로써, 코믹한 로드 무비 〈설리반의 여행〉(1941)의 특정 장면과 제목을 다시 사용한 것이다.

역사적 발전의 일부로서 프랑스 영화감독 아녜스 바르다의 페미니즘 영화 〈방랑자〉(1985)는 로드 무비의 가장 급진적인 현대적 수정판 중 하

9.62 〈이지 라이더〉 불만이 많은 두 오토바이족 사내들은 '진짜 아메리카'를 찾아 방향도 없이 달리다가 폭력, 마약, 로큰롤, 그리고 결국 죽음에 이른다.

9.63 〈방랑자〉 이 영화는 형식과 내용에 있어서 관습적이지 않지만 로드 무비 장르를 표방한다.

쇠를 제공해주리라 희망하면서 18세 여성의 관점을 추정해보고 있다. 내내 자신의 내적 탐색에 빠져 있는 모나는 도움이나 친구관계를 거절하면서 '혼자 있는 것이 좋다'라든지 '떠난다'라는 짧은 말들로 스스로를 변명한다**(사진 9.64)**. 그녀의 이동은 하나의 정체성을 갖기를 거부하는 것이 되기도 하고, 그녀 자신에게나 다른 사람들에게 자신을 알릴 수 있는 주장이 되기도 한다.

이 로드 무비에서의 장르적 우회에 대한 핵심은 여성은 전통적으로 남성이 주장하는 길을 선택한다는 것이다. 로드 무비는 통상 남성의 고뇌와 욕망에 초점을 맞추어왔다. 이 영화는 나중에 나온 〈델마와 루이스〉처럼, 중심 특징을 바꾸면서 새로운 길을 지도 위에 그려놓고 정체성에 대한 다른 질문을 탐색해 나간다. 남성들은 모나를 공격할 수도 있고 그녀에 의해 밀려날 수도 있을 테지만, 이 길에서 그들은 그녀를 방해하거나 조종하지는 않을 것이다. 고전적인 로드 무비에서와 같이, 이 영화에서의 서사

나이다. 첫눈에 히치하이킹하는 한 부랑자에 대한 이야기인 이 영화는 주인공이 자동차나 오토바이를 타고 다니지는 않지만 로드 무비와 부분적으로 닮아 있다. 게다가 이 영화는 길가 도랑에 여자 주인공 모나의 시체가 누워있는 것으로 시작하면서, 서사가 앞으로 나아가는 것이 아니라 뒤로 후퇴하는 방식을 사용한다. 어떻게 그녀의 시체가 거기에 누워 있게 되었는지를 설명하기 위해서 서사는 프랑스 시골 지역을 거쳐서 히치하이킹을 할 당시 방황을 추적하면서 일련의 플래시백을 보여준다**(사진 9.63)**. 47개의 다른 에피소드를 다루고 있는데, 그 중에 18개는 길에서 개별적으로 모나를 만난 일을 묘사한다. 이주 노동자 랜디어라는 이름의 나무 전문가와 그녀의 조수 장피에르, 욜란데라는 이름의 가정부, 모나의 한때 남자친구였던 데이비드는 모나의 친구가 되어 그녀의 방황을 중지시키려고 노력하거나 그녀를 이해하려고 노력한 사람들이다.

정체성을 찾으려는 불확실한 탐색은 대부분의 로드 무비의 주인공들을 몰아가서 통상 어떤 식으로든 자기 인식에 도달하게 만든다. 그러나 이 영화는 주인공의 관점 대신 그런 탐색의 조건들을 바꾸어 놓고 있다. 그녀는 과거와 현재의 자신 속을 들여다볼 어떤 통찰력을 위한 백미러나 수평선을 찾고 있으며, 영화는 길을 따라 가는 동안 주변 도로 풍경이 이 길 위의 전사에게 문제를 풀 열

와 영화 이미지는 계속해서 이동하고 전진한다. 그러나 여기에서 전진과 이동은 길 마지막에 있는 어떤 불확실한 목표를 위한 탐색의 한 방식이라기보다는 누군가의 속에 내재해 있는 가능성의 탐색에 대한 여전히 살아 있는 수단이다.

9.64 〈방랑자〉 영화 내내 모나는 그녀가 길에서 만나는 사람들 속으로 헤치고 들어갈 수 없는 존재로 계속 남아 있다.

9.65 〈하이마트〉 독일 가정생활의 전통적 가치가 전후 미국과 소련의 점령 시기 환경에 예속되어 있다.

인 민속적 가치 세계를 그리며, 공동체는 5월제 기념 기둥에 모여 전통적인 독일 민요를 부른 다. 20세기 전반기에 걸쳐 오스트리아와 독일 관객들의 갈채를 받은 이 장르는 〈키르히펠트의 성직자(The Priest from Kirchfeld)〉(1914)와 〈하이마트(Heimat)〉(1938)에서 〈보리수(The Trapp Family)〉(1956)에 걸친 영화로 두 나라에서 번성했다. 독일 영화감독들이 자신들의 역사적 배경 에 대해, 정치적 역사와 영화 사이의 연관성에 대해 더 많은 자의식을 갖게 되자, 현대 영화들 은 하이마트 장르를 부활시켰고, 이제 독일의 사회적 역사에 동참하는 것으로 재해석되었다. 페 터 플라이슈만의 〈바바리아의 사냥장면(Hunting Scenes from Bavaria)〉(1969), 폴커 슐뢴도르프 의 〈콤바흐 빈자들의 횡재(The Sudden Wealth of the Poor People of Kombach)〉(1971), 에드가 라이츠의 16시간짜리 〈하이마트(Heimat)〉(1984)**(사진 9.65)**, 슈테판 루조비츠키의 〈상속자(The Inheritors)〉(1998)는 모두 이 장르의 신화에 대한 노골적인 공격이거나 사회적 의미와 권력에 대 한 재검토이다.

　영화 장르를 이해하는 것은 영화 경험의 핵심적인 부분이지만, 그런 장르들을 더 커다란 역사 적, 문화적, 개념적 틀의 일부로 이해하고 평가하는 것은 한 특정 영화가 달성한 것에 대해 우리 의 즐거움과 지식 양자 모두를 풍부하게 해주고 넓혀준다. 관점을 알려주는 규범적이거나, 묘사 적인 모델을 식별하고 특정한 장르적 전통에 영화를 위치시키는 것은 우리의 영화 경험에 기층 및 반향을 상당히 더해줄 것이다.

요약

이 장에서 살펴본 6개 장르는 광범위하지만, 모든 것을 아우르기는 어렵다. 이 장르 각각은 특정 관습, 공식, 관객의 기대감에 의지하고 있는 한편, 하이브리드 장르와 서브 장르는 가능성을 장르적 패러다임의 한계까지 넓히고 있다. 코미디는 〈22 점프 스트리트(22 Jump Street)〉(2014) 같은 슬랩스틱 코미디나 〈그의 연인 프라이데이〉 같은 스크루볼 코미디가 될 수 있다. 고전적인 서부 영화는 〈노인을 위한 나라는 없다〉 같은 정치적 서부 영화로 진화해 가고 있다. 가족 멜로드라마인 〈바람에 쓴 편지〉는 사회적 멜로드라마인 〈브로크백 마운틴〉과 구별될 수 있다. 공포 영화는 〈엑소시스트〉의 초자연적 공포부터 〈쏘우〉의 소름 끼치는 신체적 공포까지 모든 범위에 걸쳐 있다. 장르로 영화를 식별하는 것은 비슷한 장르적 영화들에게만이 아니라 이전에 나타난 연극, 책, 그리고 예술작품들에까지, 그것들을 규정하는 데 도움을 주는 문화적 · 역사적 맥락에까지 연결함으로써 맥락 속에 그것을 위치시키는 데 도움을 준다. 영화는 영화감독과 관객 사이의 장르적 대화, 혹은 사회적 계약이므로 그 대화, 즉 영화의 첫 프레임에서 종종 이야기되는 언어에 대한 무언의 합의인 것이다.

당신이 조사할 다음 장르 영화를 위해 다음과 같은 핵심 질문을 던져보도록 하자.

- 어떤 기대감이 영화로 만들어지고, 어떤 관습과 공식들을 통해서 영화가 만들어지는가? 〈헤어스프레이〉의 연극적 세트 혹은 〈샤이닝〉의 오프닝 세트처럼 세팅을 통해서인가?
- 〈그래비티〉(2013) 같은 영화는 〈2001 : 스페이스 오디세이〉나 다른 고전적 공상과학 영화 같은 영화에서 발견되는 공상과학의 관습과 공식에 어떻게 참여하고, 또 변형시키는가?
- 그 영화는 통합 뮤지컬 〈레미제라블〉이나 갱 범죄 영화 〈디파티드〉가 그러하듯이 특정 장르나 서브 장르에 잘 들어맞고 있는가?
- 장르에 접근한다고 생각해보자. 〈말타의 매〉와 〈명탐정 필립〉 같은 전례들과 나란히 하고 있는 〈차이나타운〉 같은 영화를 읽을 수도 있는 고전적인 모델을 다루고 있는가? 아니면 그 장르적 전통을 개정하고 있는 방식에 따라 (〈방랑자〉가 그러하듯이) 그 영화를 평가하고 있는가?

적용해보기

- 장르 관습의 소통적 힘의 예로서 가급적이면 당신이 보지 못한 영화의 트레일러나 티저를 조사해보자. 관습과 맥락적 단서에 기초한 영화의 장르를 식별하도록 노력해보자. 어떤 시각적 및 청각적 측면들이 그 영화의 장르를 가리키고 있는가? 트레일러는 자주 장르적 전환을 소개하기 전에 특정 기대감을 높이기 위해 관객들을 속이고자 영화를 하나의 장르로 성립시키려는 시도를 한다. 당신의 처음 평가는 트레일러/티저가 끝난 후에 변화가 있었는가?
- 장르를 배제하고 있는 영화의 한 장면을 선택해보자. 공포 영화의 경우 살인자가 마침내 어둠 속에서 빠져나오는 바로 그 순간일 수도 있을 것이다. 멜로드라마의 경우 여주인공이 고통받는 장면일 수도 있다. 이 장면을 다른 장르를 배제시키는 장면으로 변화시키기 위해 어떤 민감한 변화가 발생할 필요가 있는지를 결정해보자. 디제틱 및 논디제틱 사운드, 조명, 미장센을 생각해보자.

제4부

비판적 관점
역사, 방법, 글쓰기

특정 영화에 대한 감정과 생각은 우리가 극장을 떠난 후에도, DVD를 꺼낸 후에도 혹은 컴퓨터를 끈 후에도 오랫동안 남아 있다. 영화의 의미에 대해서 혹은 영화가 어떻게 그렇게 깊이 감동하게 만들 수 있는지에 대해 의아해할 수도 있다. 그래서 감상평, 에세이 혹은 영화, 그 감독 혹은 만들어진 나라에 대한 책들을 찾아보게 된다. 영화의 역사, 비평, 이론, 독서를 통한 분석에 관심을 갖게 되면서 영화에 대해 쓰도록 고취될 수도 있다.

다음 세 개의 장에서 어떻게 영화 역사, 영화 비평과 이론, 영화에 대한 글쓰기 행위가 영화에 대한 경험을 깊게, 풍부하게 해주는지를 탐색하고 설명하게 될 것이다. 제10장에서 영화 역사를 살펴보고, 영화의 과거를 이해하기 위해 사용된 다른 모델들을 생각해볼 것이다. 영화의 '옳은' 혹은 완전한 역사를 결정하는 것은 이해와 즐거움을 형성하는 데 도움을 주는 영화 역사에 대한 가정을 인식하는 것보다 덜 중요할 수도 있다. 제11장은 영화 이론을 소개하고, 세월에 걸쳐 진화해온 다른 비판적 방법을 조사하며, 제12장은 영화에 대한 초기 인식들을 세련된 에세이로 바꾸어주는 단계와 절차를 살펴볼 것이다. 영화 역사의 이해, 역사학, 이론적 사색, 비평적 분석을 통해서 영화 경험은 그것을 택하려고 하는 만큼 많은 방향으로 성장하고, 또 발전한다.

Photo: Jaap Buitendijk/© Paramount Pictures/courtesy Everett Collection

역사와 역사학

할리우드와 그 너머

세 편의 영화가 거의 50여 년 영화 역사에 걸쳐 서로 다른 관점에서 비슷한 이야기를 다시 들려준다. 독일에서 망명한 영화감독 더글라스 서크가 1955년 만든 할리우드 멜로드라마인 〈순정에 맺은 사랑〉, 독일 영화감독 라이너 베르너 파스빈더가 1974년 만든 〈불안은 영혼을 잠식한다〉, 미국 독립영화 감독 토드 헤인즈가 2002년 만든 〈파 프롬 헤븐〉이 그것이다. 첫 번째 영화는 록 허드슨과 제인 와이먼을 주인공으로 하여 중산층 과부와 정원사 사이의 로맨스를 그리고 있는데, 미국 소도시의 사회적 편견에 대한 이야기를 화려한 테크니컬러로 보여준다. 두 번째 영화는 독일의 나이 든 청소부 여성과 젊은 아랍 이주노동자 사이의 사랑 이야기에 집중하고 있는데, 현대 독일의 나이, 인종, 계급, 이민에 대한 불편한 스토리이다. 세 번째 영화는 1950년대 전형적인 가족의 겉모습을 비판하면서, 남편의 동성애 욕구와 흑인 정원사에게 다가가는 아내를 나란히 그리고 있다. 이들 영화는 아주 다르지만(첫 번째는 할리우드 스튜디오 시스템의 산물이고, 두 번째는 1970년대 유명한 독일 영화감독이 저예산으로 만든 영화이며, 세 번째는 예술적인 독립영화이다) 사회적 비판을 담은 사랑 이야기의 리메이크라는 점에서 깊이 연결되어 있다. 동시에 일련의 부분적 역사와 역사적 관점으로 접근했던 과거 영화의 부분을 마치 풍부한 태피스트리 직물의 실가닥들처럼 보여준다.

10년마다 영국영화협회(BFI)는 시대를 망라해서 가장 위대한 영화 리스트를 만들기 위해 전 세계 영화감독 및 영화 비평가들을 대상으로 여론조사를 실시한다. 결과는 영화계 규범으로 소중히 간직된다. 영화잡지 사이트 앤 사운드(Sight and Sound)[1]에서 뽑은 '톱 10' 리스트는 인터넷에 확산되는 시기에도 그 명망을 유지한다. 2012년 비평가들의 여론조사 결과는 놀라운 반전을 보여주었다. 오손 웰즈의 〈시민 케인〉(1941)이 50년 동안 정상을 차지했다가 마침내 알프레드 히치콕의 〈현기증〉(1958)에 자리를 내주게 되었는데, 이 히치콕의 영화는 1982년까지는 리스트에 한 번도 오른 적이 없었던 영화였다. 〈카메라를 든 사나이〉(1929)가 새롭게 8위에 진입한 데 대한 칭찬의 말들이 있었고, 여성 감독들의 작품이 빠진 것에 대한 탄식의 말도 있었다.

여론조사가 권위적이면서 '비판적 취향의 지표'인 것을 인식하면서, 잡지 사이트 앤 사운드는 공식적인 톱 10에서 느낀 답답함을 보상해주기 위해서 수많은 특별 리스트들을 제공하는 BFI 온라인을 이용한다. 예를 들면 '68혁명[2] 이후 베스트 영화'와 '현역 감독들이 뽑은 톱 영화'는 최근 영화가 누락된 것을 지적한다. 대체된 리스트의 숫자는 이제 비평가들이 관할하는 확장된 보관소도 다 있다. 신기술을 통한 수십 년간의 영화 역사에의 접근 가능성은 여론조사가 시작될 때는 생각할 수 없는 일이었다. 예를 들면 〈현기증〉이 늦게서야 리스트에 오르게 된 것은 10여 년 동안 배급에서 제외되었던 사실에 영향을 받았기 때문이다. 가장 위대한 영화들에 대한 확정적인 리스트의 불가능성은 단지 영화 역사를 발견하는 더 많은 방식들을 촉구해줄 뿐이다.

영화 역사는 '최고' 리스트부터 사회적 및 경제적 역사까지의 많은 모양과 형식을 택할 수 있다. 영화 역사에 대한 논의에서 핵심적인 사실, 이름, 사건을 제공하는 데 목적을 두고 있을 뿐만 아니라 어떻게 역사에 대한 우리의 감각이 **영화 역사학**(film historiography) — 방법과 원리에 대한 공부를 통해서 과거가 어떤 관점과 우선순위에 따라서 구성되는 — 의 인지를 통해서 더 풍부하고 더 통찰력 있게 되는지를 가리키는 데에도 목적을 두고 있다.

핵심 목표

- 영화 역사의 넓은 윤곽과 시기를 그려보자.
- 초국가적 영향뿐만 아니라 다른 국가 영화들의 특성도 강조하면서 영화 역사의 전 지구적 차원을 설명해보자.
- 전통적인 할리우드 중심 역사에 의해 주변으로 밀려난 영화 관습 및 영화감독들을 확인해보자.
- 잃어버린 영화 역사와 영화 보존의 중요성을 묘사해보자.

활동 사진이 나타난 이래로 영화는 역사를 만들려고 시도해왔다. 살아 있는 이미지들로서 사람과 사건을 보여주는 놀라운 능력을 가진 초기 영화들은 실제 역사적 사건을 기록하고, 역사적 순간을 재창조해내기 시작했다. 그런 초기 시절 이래로 영화는 사람들이 과거의 인물들과 만

나는 가장 일반적인 방식 중 하나가 되어왔다. 〈진홍의 여왕(The Scarlet Empress)〉(1934)에 나오는 18세기 러시아의 예카테리나 대제의 이야기부터(사진 10.1) 〈레즈(Reds)〉(1981)에 나오는 존 리드와 그리니치 빌리지 좌파주의 운동에 대한 이야기까지, 영화는 매우 강력하고 설득력 있게 과거를 재건하여 우리가 역사를 보고 이해하는 주도적인 틀이 되고 있다.

영화가 역사에 대한 비전을 구축해주는 것과 같이 어떻게 영화 역사를 보는가 하는 것은 어떤 공식과 모델의 산물이다. 이 장의 전반부에서는 영화 역사에 대한 연대기적 개관을 보게 될 것이다. 후반부에서는 시대구분에 기초한 접근 방식으로 개괄해 영화 역사의 측면들을 보게 될 것이다.

시대구분(periodization)은 영화 역사를 세분화하는 방법으로, 영화가 공유하고 있는 주제별 및 스타일별 관심을 식별하는 데 도움을 준다. 영화 조사에서 광범위한 시대 구분으로 나누는 초

10.1 〈**진홍의 여왕**〉 영화에서의 역사 : 마를렌 디트리히가 아주 화려한 예카테리나 대제의 역을 맡고 있다.

기, 양 대전 사이 시기, 전후 시기, 현대 각각의 기간에 대해 영화 역사를 규정하는 핵심적인 사회적 사건을 참조로 할 것이다. 몇몇 대표적인 영화 및 영화감독뿐만 아니라 각 시대의 형식적 및 양식적 특성에도 초점을 둘 것이다. 영화의 지위와 가치를 결정하는 많은 물질적 힘을 무시하는 몇몇 '장인과 명작'만을 선택하는 경우, 그런 주요 인물 및 영화에 대한 지식은 영화 역사에 대한 본질적인 방향 설정이다.

할리우드가 세계 영화 역사에서 주도적인 경제적 및 양식적 위치를 차지하고 있는 동안 영화 역사에 대한 견해가 만일 할리우드 너머에 있는 풍부한 영화 제작 전통을 무시한다면, 매우 불완전한 것이 될 것이다. 이 장은 세계 전체에 걸친 영화 문화(일부는 할리우드만큼 오래되고, 일부는 방금 출현한)를 조사할 것이다.

덧붙여서 여성, 아프리카계 미국인, 레즈비언(여성 동성애자), 게이(남성 동성애자), 트랜스젠더(성전환자), 바이섹슈얼(양성애자) 사람들이 독립영화에 참여해온 정도를 탐색하면서 미국에서 덜 알려진 영화 문화들을 생각해볼 것이다. 마지막으로 토착적 미디어와 풍부하고 다양한 영화 역사를 보존하는 문제를 살펴볼 것이다.

초기 영화

초기 영화 시대는 대략 1895~1913년으로, 할리우드가 주도권을 쥐기 전에, 더 확정적 패턴의 고전적 시대로 정착하기 전에 영화 제작에 있어서 급속한 발전과 실험이 이루어지던 것이 특징적이었다. 미국에서는 거대한 산업화가 도시 중심으로 많은 이민자와 지방 미국인을 끌어들이

10.2 〈더비〉 영국 영화감독 로버트 폴과 버트 애크리스가 찍은 경마 장면은 영화 진화의 시작에 위치해 있다.

면서, 전통적인 계급별, 인종별, 성별 경계선을 갖고 있는 나라를 경제 번영을 경험한 나라로 전환시키고 있었다. 산업화는 또한 여가시간을 증가시키고, 여가활동을 상업화시키면서, 대중문화가 전에는 결코 할 수 없었던 상류층 문화와의 경쟁을 허용해주고 있었다. 이런 현대화 패턴들은 전 세계에 걸쳐 일어나고 있었다. 영화의 발명과 영화의 대중생활 속으로의 급속한 통합 또한 세계적인 현상이었다.

많은 역사가들에게 영화 역사의 시작은 1895년 3월 22일 〈뤼미에르 공장을 떠나는 노동자들〉의 초연이고, 그 뒤를 이어 1895년 12월에 다른 뤼미에르 영화들이 상영되었다. 새롭고 놀라운 것을 추구하는 관객들은 세계 주요 도시들에서 영국 영화감독 로버트 폴의 1896년도 경마 영화 〈더비(The Derby)〉(사진 10.2) 같은, 새로운 매체가 보여주는 것을 보기 위해 구름처럼 몰려들었다. 일반 대중에게 영화를 보여주기 위한 상업적 및 극장식 장소가 곧 니켈로디온 극장 형식으로 등장했으며, 미국에서는 주요 영화 회사들이 '트러스트'로 알려진 영화 특허 회사를 만듦으로써 관습을 표준화했다.

양식적인 면에 있어서 초기 영화는 단일 숏에서 다수 숏으로의 전환과 초기 서사 형식의 정교함에 있어서 카메라 거리의 연속적 편집 및 변형의 시작으로 특징지어진다. 〈프레드 오트의 재채기(Fred Ott's Sneeze)〉(1896) 같은 단순한 장면부터, 영화는 논리적으로 공간과 시간적으로 연결되어 있는 다수 숏을 이용하는 진짜 혹은 허구적 사건의 드라마화로 재빨리 진화해 갔다. 1903년 출시된 에드윈 S. 포터의 〈톰 아저씨의 오두막〉은 유명한 원작 소설과 연극의 주요 장면들을 묘사하기 위하여 중간 자막이 도입된 14개 숏을 보여준다. 1911년 D. W. 그리피스의 〈론데일 오퍼레이터(The Lonedale Operator)〉는 강도들이 한 전신수를 위협하는 사건에 대한 무성 단편 영화로, 서스펜스를 만들어내기 위해 100여 개의 숏과 평행 편집을 이용했다.

초기 장르는 슬랩스틱 코미디부터 빅토리아 시대 문학 각색에 걸쳐 있었다. 이 단편 영화에서의 캐릭터들은 원래 무명 배우들이었지만, 스타 시스템이 출현하자 영화의 문화적 힘이 증진되었다. 1911년경 인기 있던 '바이오그래프 영화사 걸'이 플로렌스 로렌스라는 사실이 알려지게 되고, '미국의 연인'으로 유명했던 메리 픽포드 같은 유명인사들이 팬 잡지의 주제가 되었다. 1910년대에 이탈리아, 덴마크, 일본에서 제작된 영화가 전 세계에 유통되었다. 결국 미국 영화 제작은 길이와 복잡성에서 진보해 갔으며, 할리우드는 제1차 세계대전의 정점인 1914년 전 세계적으로 영화의 절반을 제작하면서 그 영향력을 확대해 나갔다.

양 대전 사이 시기의 영화

1920년대 말경 사운드가 도입되기 전에 예술 영화 운동이 세계적으로 번성했다. 그러나 유럽에서 일어난 제1차 세계대전(1914~1918)의 파괴적 효과, 스튜디오 시스템 및 고전적 서사 양식의 등장은 상업적 영화의 수출자로서 할리우드의 지배력을 더욱 공고히 해주었다. 할리우드는 1930년대에 황금기를 경험했고, 수많은 다른 나라 영화들이 특정 언어적 및 문화적 전통을 발전시켰다.

고전적 할리우드 영화

고전적 할리우드 영화에는 무성 영화와 유성 영화가 모두 포함되어 있다. 대략 1917~1927년까지 할리우드의 고전적 무성 영화 시대에는 고전적 서사의 기본 구조가 나타나며 스튜디오 시스템이 자리를 잡아가고 있었다. 1920년경 코미디, 화려한 스펙터클, 스릴 넘치는 멜로드라마가 매주 5천만 명의 관객을 끌어모았고, 그런 추세는 그 시기 내내 계속되었다.

무성 영화

할리우드는 세 가지 주요 역사적 발전을 이룬 시대에 들어섰다. 영화 제작의 표준화, 장편 영화의 성립, 사회 전반에 걸친 영화의 문화적 및 경제적 확장이 그것이다. 산업이 성장함에 따라 영화 제작을 위한 표준화된 공식들이 뿌리를 내렸고, 스튜디오들은 시나리오 작가, 제작자, 감독, 카메라 감독, 배우, 편집자들의 효율적 팀을 창조해냈으며, 상영시간이 대략 100분 정도 되는 장편 영화 모델을 성립시켰다. 영화는 높아지는 문화적 지위와 사회 각계로부터 관객들을 끌어들이는 능력을 반

10.3 〈인톨러런스〉 D. W. 그리피스는 서사 영화 형식의 진화 과정 속에 있는 이 기념비적 작품에서 네 가지 다른 역사 시기의 스토리들을 엮어 놓고 있다.

영하면서 배급을 위한 더 세련된 주제와 더 우아한 극장들을 찾아냈다. 국제적으로 할리우드는 계속해서 그 범위를 확대해 나갔다. 제1차 세계대전이 유럽 경제에 대재앙을 일으키는 동안 할리우드는 수출을 5배로, 해외 소득을 35%까지 증가시켰다. 이 시기 동안 가장 확연히 드러나는 중요한 미적 변화에는 리얼리즘적 서사의 발전, 관객의 관점을 편집과 서사적 액션 속으로 통합시키는 것이 포함되어 있었다. 리얼리즘적 서사는 영화가 합법화됨에 따라 영화 문화의 선봉이 되었다. D. W. 그리피스의 〈국가의 탄생〉(1915)과 〈인톨러런스〉(1916)**(사진 10.3)**부터 킹 비더의 〈빅 퍼레이드(The Big Parade)〉(1925)를 거쳐서, 영화는 동시 액션, 복합적인 공간 지리, 서사로 연극적 거리를 두기보다는 서사적 액션 속으로 관객들을 위치시키는 카메라 움직임, 프레이밍, 편집을 통해 캐릭터들의 심리적 상호작용을 탐색하는 것을 배웠다.

이런 미적 발전과 함께 장르의 정교함이 다가왔다. 이 시기에 코미디언들과 찰리 채플린 및 버스터 키튼 같은 특출한 무성 영화감독들은 1920년대 할리우드의 코미디 예술을 규정하면서 자신들의 슬랩스틱 연기와 초기 서사 영화 속으로 관객들을 끌어들였다. 채플린과 키튼이 각자 독특한 스타일과 스토리들을 창조해냈다 하더라도 양자는 초기 코미디 영화(예 : 맥 세네트의 키스톤 영화사 코미디)의 혼란스럽고 어릿광대 같은 체조를 진지한 인간적 및 사회적 주제들을 극화한 기예적 동작들로 대체했다. 무성 코미디와 드라마에 과장된 대조 기법을 제공하는 세실 B. 데밀의 〈십계〉(1923)는 무성 영화 역사에 또 하나의 방향을 제시한 기술적으로 진보했고 돈이 많이 들어간 스펙터클한 영화였다**(사진 10.4)**. 아마도 〈십계〉에서 가장 흥미롭고도 균형 잡힌 장면은 어두운 섹스와 폭력에 대한 묘사인데, 분명하고도 강력한 도덕적 관점에 의해 계속적으로 재프레임된다. 유사한 모순이 그런 영화들을 향한 미국인의 태도를 더 일반적으로 특징화했다. 1920년대 초는 할리우드 스타들을 포함한 일련의 충격적인 섹스와 마약 스캔들을 마주하게 되면서 검열에 대한 요청이 널리 확산되었다.

유성 영화

1927년 동시녹음의 도입은 1945년 제2차 세계대전이 끝날 때까

10.4 〈십계〉 세실 B. 데밀의 성서 스토리에 대한 최초 버전은 스펙터클한 무성 영화였다.

지 지속된 할리우드 강화기의 시작이었다. 1929년 증시 폭락에 의해 부분적으로 촉발된 대공황은 1930년대 초의 미국인의 문화 경험을 규정하고 있었다. 루스벨트 대통령의 뉴딜 정책은 사회에 긍정적 정신을 결정적으로 불어넣으면서, 1930년대 긴 기간 정치적 해결책이 되었다. 제2차 세계대전의 재앙적 분쟁은 고전적 시기의 4년간을 규정해주었고, 미국은 전 지구적 지배력을 완전히 주장하게 되었다.

영화산업은 그 자체의 극적인 변화와 더불어 격변하는 사건을 겪었다. '빅 파이브' 스튜디오(폭스, MGM, 파라마운트, 워너 브라더스, RKO)는 '리틀 스리(컬럼비아, 유니버설, 유나이티드 아티스츠)와 함께 배급사 및 극장 체인을 조종하고 거대한 산업적 및 문화적 힘을 구사함으로써 산업을 지배했다. 더 뜨겁게 논쟁되어온 사회적 이슈들과 이전보다 더 영향력을 얻은 영화들과 더불어 영화의 메시지는 점점 엄격한 감시를 받게 되었다.

1922년 형성된 미국 영화 제작자 및 배급사 협회(Motion Picture Producers and Distributors Association of America, MPPDA. 현재는 MPAA, 즉 나중에 미국영화협회로 바뀜)는 전 체신부 장관 윌리엄 H. 헤이스를 영입하여 '헤이스 오피스'의 검열을 회피하기 위해 영화의 도덕적 내용을 자체적으로 규제했다. 1930년 적용된 영화제작규약(The Motion Picture Production Code)은 처음에는 대부분 무시됐지만, 1934년 미국영화협회는 조셉 I. 브린을 수장으로 하는 영화제작규약관리기구(Production Code Administration)를 설립해서 그 규약을 엄하게 시행했다. 주로 범죄와 섹스에 대한 묘사를 지도하는 보수적 원칙은 산업 내에서 검열을 위한 노력을 유지했다.

이 시기에 할리우드 영화는 두 가지 중요한 스타일 변화와 함께 산업 내 전환을 따라가고 있었다. 영화 대사의 정교화와 영화 캐릭터의 성장, 서사 영화 구축의 일반 공식이 그것이다.

사운드 기술은 영화의 극적 능력을 확대시켜주는 새로운 차원의 영화 형식을 열어주었다. 뛰어난 작가들이 할리우드에 모여들었고, 문학적 각색이 넘쳤으며, 캐릭터들은 대사 사용을 통해 심리적으로 더 복잡한 존재가 되었다. 뮤지컬과 서부 영화처럼 장르 공식은 제작 및 배급에 주요 기준이 되었다. 사실 장르는 때때로 영화를, 영화에 대한 기대감을 규정하는 데 주요 주제 및 배우들을 대신해왔다.

할리우드의 황금기 동안 예외적으로 다양한 스튜디오 고전작품들이 등장했다. 프랭크 카프라의 〈어느 날 밤에 생긴 일〉(1934)은 아마도 동시녹음 대사(synchronized dialogue)가 만들어진 이후, 뉴욕 연극 무대로부터 할리우드 스크린으로 전환해 자신의 방식을 만들고 있었던 가장 에너지가 넘치던 작품 중 하나일 것이다. 부자의 탐욕과 이기주의를 지적하는 보통 사람들에 대한 이 영화의 사회적 우화는 1940년대 속에 있는, 이 시기 전체에 걸친 카프라의 비전을 계속해서 규정하려 한다(사진 10.5). 이와 유사하게 베테랑 감독 존 포드는 〈역마차〉(1939)(할리우드 고전적 스타일의 가장 세련된 예 중 하나로 간주되는)로 서부 영화의 격을 올려놓은 것으로 평가받고 있다. 영화는 모뉴멘트 밸리의 스펙터클한 풍광과 일단의 어울리지 않는 승객들의 긴장감 넘치는 여행길을 묘사하고 있으며, 오랜 파트너십을 유지하게 되는 존 웨인과 인연을 맺게 된다. 1939년은 할리우드 고전주의 최고의 해로 회자되고 있으며, 〈역마차〉는 〈바람과 함께 사라지다〉, 〈오즈의 마법사〉, 〈폭풍의 언덕〉, 〈스미스 씨 워싱턴에 가다(Mr. Smith Goes to Washington)〉와 함께 오스카 최우수작품상 후보에 올랐다.

10.5 〈어느 날 밤에 생긴 일〉 프랭크 카프라의 이 즐거운 스크루볼 코미디는 한 가출한 철없는 아가씨(클로데트 콜베르 분)가 재벌인 아버지로부터 도망쳐 나오자, 그녀의 불미스러운 풍문을 특종기사로 이용하려는 기자(클라크 게이블 분)와 어색하게 함께 어울리게 되는 이야기로, 1930년대 할리우드의 본질을 보여주는 영화이다.

독일 표현주의 영화

1930년대 말경 무성 영화 및 초기 유성 영화 시기 동안 유럽에서 발전해온 미적 움직임과 국가적 영화산업은 국가 간 분쟁 위협에 흔들렸다. 그러나 영화의 초기 수십 년간 국제주의는 이런 움직임의 미적 영향이 상당하고 지속적이었다는 사실을 의미했다. (영화, 연극, 회화, 그리고 기타 예술에서의) 표현주의는 리얼리즘 표현을 거부하고 인간 경험의 무의식적 및 비이성적 측면을 향하고 있었다. **독일 표현주의 영화**(German expressionist cinema, 1918~1929)는 조명, 세트, 의상 디자인을 통해 비이성적 힘을 나타내면서 영화의 리얼리즘 추구로부터 벗어났다.

제1차 세계대전이 끝나갈 무렵 국가적 영화산업이 중앙집권화된 이후로, 독일 영화는 할리우드 영화와 성공적으로 경쟁하기 시작했다. 전후 바이마르 공화국은 문화, 과학, 예술이 번성했던 시기였고, 사회 규범은 느슨하고 근대

10.6 〈칼리가리 박사의 밀실〉 표현주의 세트는 이 작품을 역사에서 시각적으로 가장 놀랄 만한 영화 중 하나로 만들어주었다.

화되어 있었다. 바이마르 시기 영화는 할리우드 모델들과는 달랐는데, 거대한 국가적 유니버설 영화사(Universal Film AG) 혹은 우파(UFA)[3]를 통해 예술적 표현에 매진하겠다는 분명한 국가적 약속을 스튜디오 제작 속에서 성공적으로 통합시켰다. 영화 역사상 이 표현주의 경향의 가장 유명한 성공작은 로베르트 비네의 〈칼리가리 박사의 밀실〉(1920)인데, 미친 폭군 같은 정신병원장에게 홀려 무고한 희생자들을 쫓아다니는 한 몽유병자에 대한 꿈같은 이야기이다**(사진 10.6)**. 강박관념에 사로잡힌 문제 많은 개인들에 대한 스토리를 따라서, 영화의 어두운 배경 및 이상하게 왜곡된 인공적인 세트들은 독일 표현주의 영화의 트레이드마크가 되었다.

우파에서 가장 중요한 영화감독은 〈마부제 박사(Dr. Mabuse: The Gambler)〉(1922), 〈메트로폴리스〉(1927), 〈엠〉(1931)의 감독인 프리츠 랑과 〈노스페라투〉(1922)와 〈마지막 웃음(The Last Laugh)〉(1924)의 감독 F. W. 무르나우이다. 〈노스페라투〉에서 무르나우는 조명, 카메라 앵글, 기타 표현주의적 기술이 초자연적 고뇌와 함께 녹아들어 가는 자연주의적 세팅 안에서 뱀파이어 전설을 재창조해냈다. 다른 유명한 소위 도시 외관 세팅을 위한 '거리 영화들(street films)'은 G. W. 파브스트의 〈기쁨 없는 거리(The Joyless Street)〉(1925)와 조셉 폰 스턴버그의 〈푸른 천사〉(1930)이다. 거리의 실체는 지나치게 병적이며 감정적으로 왜곡되어 있다.

독일, 프랑스, 영국에서 동시 촬영된 초기 유성 영화 〈푸른 천사〉에서 마를렌 디트리히는 늙은 교수를 유혹하는 카바레 가수 역을 획기적으로 해낸다. 그녀의 마법 같은 유혹에 타락해 가는 주인공의 몰락은 독일 표현주의의 이채로운 음침함과 더러움을 잘 보여준다. 나치의 지배 동안 바이마르 영화의 많은 창의적인 인력들이 미국으로 건너갔고, 그들은 프리츠 랑의 누아르 영화 〈창 속의 여인(The Woman in the Window)〉(1944) 같은 영화들의 표현주의적 형식 요소 및 도덕적 모호성을 소개했다**(사진 10.7)**.

10.7 〈창 속의 여인〉 독일 나치 이전 시기의 가장 두드러진 감독인 프리츠 랑은 나중에 할리우드에서 성공적인 이력을 쌓게 된다. 한 여인에 대한 집착이 주인공을 몰락으로 이끌고 있는, 그림자를 양식적으로 이용한 이 영화는 독일 표현주의와 미국 누아르 영화 사이의 직접적인 연관성을 강조한다.

10.8 〈**카메라를 든 사나이**〉 카메라맨의 이미지가 도시 너머로 흐릿하게 나타나는데, 근대적 삶에서 영화의 중심적 역할을 암시한다.

소련의 무성 영화

1917~1931년까지 소련의 무성 영화는 영화의 오락적 역사로부터의 탈피를 보여준다. 이 시기 소련 영화는 1917년 러시아 혁명으로부터 발전했는데, 할리우드의 자본주의 경제의 주장과 목적에 거리를 두고 있다. 결국 다큐멘터리와 역사적 주제를 강조하는 결과를 낳았고, 영화의 정치적 개념이 관객 반응의 중심이 되었다.

이런 움직임의 중요한 이론가이자 실천가인 지가 베르토프는 영화가 어떻게 직접적으로, 부지불식간에 소통하는지를 조사하기 위하여 집단적 작업장, 키노키(Kinoki) 혹은 '영화-눈(cinema-eyes)'[4]을 구축했다. 그와 동료들은 정신을 흐트러뜨리는 허구보다는 일상의 진실을 담아내는 데 주력했지만, 영화가 이미지들이 어떻게 구조화되고 편집되는지에 따라서 반응하고, 다른 생각들을 이끌어낸다는 사실을 인지하고 있었다. 근대 세계에 맞는 미적 몽타주(montage aesthetic)를 개발해냈고, 소련 사람들은 그 속으로 내던져졌다(139~140쪽 참조). 이런 이론의 정신으로 베르토프의 창조적 다큐멘터리 〈카메라를 든 사나이〉(1929)는 근대 도시의 활동뿐만 아니라 에너지가 어떻게 그것을 기록하는 카메라에 의해 변형되는지도 기록한다. 하나의 주제에서 다른 주제로 빠르게 이동하면서 화면 분할, 중첩, 다양한 영화 속도를 이용하고 계속적으로 액션 속에 카메라를 위치시키면서, 이 영화는 도시에 대해 묘사하거나 서술하는 것 이상의 많은 일을 한다(**사진 10.8**).

이 시기에 소련 영화가 많은 예외적인 영화들을 제작했는데 세르게이 에이젠슈테인의 〈전함 포템킨〉은 소련 밖에서 가장 유명한 작품이 되었다(172~173쪽 '집중분석' 참조). 다가오는 혁명을 알렸던 박해받는 선원들의 봉기에 대한 이 영화는 에이젠슈테인의 몽타주 이론을 훌륭하게 보여주었기 때문에, 영화 역사에서 당당히 자신의 자리를 차지한다. 이 영화의 국제적인, 비판적인 특별한 성공은 에이젠슈테인이 멕시코에서 프로젝트를 시작하기 전에 유럽 전역, 심지어 할리우드에 걸쳐 여행할 수 있도록 해주었다. 결국 그는 소련으로 되돌아왔고, 그곳에서는 이오시프 스탈린 치하에서 사회주의 리얼리즘이 영화 제작의 공식적 프로그램이 되었다. 결과적으로 에이젠슈테인, 베르토프, 혁명기의 기타 주요 실험 영화감독들은 사회생활에서 고통을 겪게 되었다.

프랑스의 인상주의 영화와 시적 리얼리즘

할리우드 영화가 1920~1930년대에 대사의 새로운 가능성과 장르 공식 창조에 사로잡혀 있는 동안, 프랑스 감독은 영화 형식에 급진적 실험을 가하고 있었다. 인상파 회화처럼 동시대의 시각적 예술에서와 같이 **프랑스 인상주의 영화**(French impressionist cinema)는 친근하거나 객관적인 방식들을 흔들어 놓고, 인간 지각의 역동성을 다시 활성화시켰다.

초기 인상주의 영화의 대표작들은 제르맹 뒬락의 〈조개와 성직자〉(1928), 장 엡스탱의 〈어셔가의 몰락(The Fall of the House of Usher)〉(1928), 마르셀 레르비에의 〈돈〉(1928), 아벨 강스의 세 편

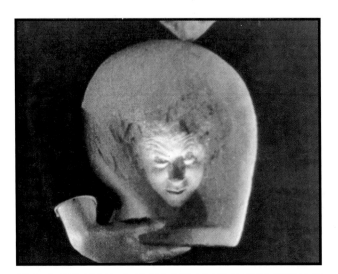

10.9 〈**조개와 성직자**〉 제르맹 뒬락과 앙토냉 아르토 사이의 협업으로 이루어진 이 영화의 초현실주의적 이미지에서 주인공 캐릭터는 조개에서 자신의 머리를 보게 된다.

의 대담한 서사 영화 〈나는 고발한다(I Accuse)〉(1919), 〈바
퀴(The Wheel)〉(1923), 〈나폴레옹(Napoleon)〉(1927)이다.
뒬락의 초현실주의 영화는 이런 영화들의 전형적인 주제와
형식 사이에서 대담한 놀이를 보여준다. 〈조개와 성직자〉
는 그 스토리(성직자가 아름다운 여인을 뒤쫓아가는)에 거
의 집중하지 않으면서, 대신 중심 캐릭터의 기억, 환각, 환
상에 초점을 맞추고, 분할 스크린 기법과 기타 이상한 이미
지 효과들로 묘사한다(사진 10.9).

　1930년대의 이런 아방가르드 영화의 발전은 르네 클레
르, 장 비고, 마르셀 까르네, 장 르누아르의 더 상업적인 **시
적 리얼리즘**(poetic realism)으로 진전되었다. 사회적으로 의
식 있는 감독들은 시적 혁신을 전통적인 서사적 리얼리즘
안으로 통합시켰다.

10.10 〈게임의 규칙〉 장 르누아르의 이 걸작은 부르주아 사회에 대한 비판과 물
흐르는 듯한 유려한 스타일로 유명해졌다.

　르누아르의 〈게임의 규칙〉(1939)은(사진 10.10) 한편으로
보면 사회적 갈등과 분열에 대한 리얼리즘적 언급이다. 어느 상류층 사람과 하인의 애정 및 갈
등관계를 그린 이야기인 이 영화는 타락한 사회의 위선과 야수성에 대한 신랄한 비판이다. 이
영화의 통찰력과 재치는 조명, 롱 테이크, 어두운 역설들이 그 관계의 표면 위로 드러나지 않게
끄집어 내고 있는 프레이밍(framing)으로부터 나온다. 이 영화의 가장 주목할 만한 시퀀스 중 하
나는 사냥 여행 장면인데, 새나 토끼들을 도살하는 것을 사냥꾼들이 서로를 향해 취하는 사회적
행위와 매우 유사하게 그려내고 있다.

　장 비고의 〈품행 제로(Zero for conduct)〉(1933)는 소년 기숙학교에서 벌어지는 폭압을 묘사함
으로써 반란과 사회적 비판이라는 주제를 내보이고 있다. 소년들의 반항심은 사실적 서사와 서
정적인, 때로는 환상적인 이미지와의 혼합으로 전달된다. 이런 이미지들은 어린 소년들의 야성
적이고도 무정부주의적인 비전을 극적으로 만들어준다. 기숙사에서 베개 싸움이 벌어지고, 터
져나온 오리털이 흩어지면서 방 안은 무질서의 천국으로 변한다. 이런 감독들의 비전을 알렸던
시와 비평의 정신은 할리우드에서의 영화 만들기에 대한 산업적 및 상업적 성향으로 인해 주춤
해진다.

전후 시기의 영화

제2차 세계대전의 후유증(나치 집단 수용소의 비인간적 악몽에서 1945년 히로시마와 나가사키
의 원폭 투하까지)은 미국에서의 경제적 번영과 표면적 낙관주의의 빛을 잃게 했으며, 세계적으
로 지리와 정치학을 재형성시켰다. 대략 1946~1968년에 걸친 이 시기에 수많은 전 지구적 영
화 운동이 나타났는데, 거기에는 요동치면서 과도기적인 전후의 할리우드 영화, 이탈리아 네오
리얼리즘, 프랑스의 누벨바그, 서구의 일본 영화 인식, 제3세계 영화의 등장이 포함되어 있다.
국가적 및 문화적 삶에서 영화의 역할에 대한 새로운 의식은 전쟁으로 초래된 탈식민지화, 다른
커다란 변화 및 도전과 함께 전 지구적으로 영화에 활력을 불어넣었다.

전후의 할리우드

전후 미국을 특징짓는 것은 불안이었다. 소련 및 공산주의 진영과의 냉전이 시작되자 국가적 정

체성 및 안전에 대한 걱정과 긴장이 계속되었다. 가족 단위, 성적 관계, 기존의 사회적 관계 같은 전통적인 제도가 엄청난 변화에 직면해 있었다. 1950~1960년대에 시민권 운동과 여성해방 운동이 사회적 불의에 도전하는 동력이 되기 시작했다. 영화산업 안에서의 변화들이 스튜디오의 일부 힘을 무너뜨리면서, 이런 사회적 및 정치적 변화에 미국 영화를 열어놓았다.

할리우드 역사상 가장 악명 높은 이데올로기적 갈등은 전후 즉시 발생했는데, 당시 영화산업은 공산주의자 침투 보도로 의회조사 중이었다. 영화 집단 역시 조셉 매카시 상원의원이 촉발시킨 적색 공포(Red Scare)의 일부로서 열린 하원반미활동위원회(House Un-American Activities Committee, HUAC) 청문회의 획기적인 목표물이었다(**사진 10.11**).

"당신은 과거나 현재 공산당원이었던 적이 있습니까?"라는 위원회의 질문에 대답하기를 거부했던 10명의 작가와 감독은 국회 모독으로 소환되어 결국 감옥에서 단기 형기를 치러야 했다(**사진 10.12**). 나머지 사람들은 '우호적인 증인'으로 다른 사람들의 이름을 거명했다. 비록 그 위원회의 고발이 무혐의로 확인됐다 하더라도 그 협박 전략은 영향력이 있었다. 과거나 현재 공산당에 연루됐다는 고발은 할리우드의 창조적인 집단을 파괴하기에 충분하여 300명 이상의 시나리오 작가, 감독, 배우, 기술 인력이 블랙리스트에 오르게 됐다.

전후 시기 동안 수많은 사건들이 할리우드에 커다란 영향을 미쳤다. 연방 대법원의 1948년 미국정부 대 파라마운트 분쟁사건에 대한 판결[5]로, 스튜디오들은 소유한 극장 체인을 처분하도록 명령받았고, 이로써 산업에 대한 그들의 지배력도 끝장이 났다. 이런 스튜디오 권력의 몰락은 1950년대 TV의 보급 및 급속한 확산에 이어 발생한 것이었다. 마침내 1968년 영화제작규약(Production Code)[6] 시대는 공식적으로 종말을 고하면서 등급제가 도입되었다. 영화는 고전적 할리우드 공식에 도전하거나, 적용을 느슨하게 하면서 점점 더 대담해지고 어두워졌으며, 논쟁적인 주제나 문제를 탐색하게 되었다. 영화는 TV와 경쟁하면서 자의식적이면서 과장된 이미지 구성 및 서사 구조를 발전시켜 나갔다.

전후 전쟁 후유증을 겪고 있는 미국 작은 마을에 대한 다층적 이야기인 〈우리 생애 최고의 해〉(1946)를 시작으로, 영화는 가족 간 배신, 알코올 중독과 마약 중독, 성문제, 인종차별, 심리적 파탄 같은 주제들 속으로 파고들어 갔다. 이런 주제들은 오손 웰스의 〈악의 손길〉(1958)과 알프레드 히치콕의 충격적인 〈싸이코〉(1960)에서도 배제된, 때때로 파괴적이면서 폭력적인 시각적 스타일뿐만 아니라 더 예측할 수 없는 캐릭터 및 서사도 소개했다. 존 포드의 서부 영화는 할

10.11 조셉 매카시 상원의원 매카시의 반공주의 열풍은 감독, 시나리오 작가, 배우들을 포함한 수많은 진보적 영화 인력을 블랙리스트에 오르게 했다.

10.12 10명의 할리우드 인사 위원회의 질문에 대답하기를 거부한 10명의 감독, 시나리오 작가, 제작자들은 국회 모독죄로 감옥에 갔다.

리우드의 이 과도기적이면서 요동치는 시기의 역사적 척
도로 보일 수 있다. 〈황야의 결투〉(1946)는 서부 영화의 원
형으로, 악을 극복해내는 자연의 힘과 공동체적 개인주의
에 대한 명상인 한편, 〈수색자〉(1956)는 폭력이 지배하는
곳에 대한 도덕적인 이중성을 지닌 이야기로, 인종주의자
카우보이 역에 나이 든 존 웨인을 주인공으로 기용한다(사
진 10.13).

누아르 영화의 예들인 찰스 비더의 〈길다(Gilda)〉(1946)
와 하워드 혹스의 〈명탐정 필립〉(1946)은 모두 전후 시기
의 사회적 및 개인적 불안을 반영하고 여권신장에 대한 두
려움을 탐색한다. 형식으로 문제 많은 캐릭터와 액션을 반
영하고 있듯이 서사적 누아르 영화는 방향을 잃은 것처럼
보이며, 시각적 스타일은 어두움으로 뒤덮여 있다. 그러나
〈길다〉에서의 리타 헤이워드의 연기는 팜므 파탈을 동정
적인 캐릭터로 변형시키고 있으면서, 여성들이 노동시장에서 새로운
대체인력으로 등장하여 귀향한 제대군인들에게 위협이 되었던 1940년
대에 여성의 혼란스러운 역할과 마주하던 여성 관객들의 관심을 끌었
다(사진 10.14).

1950년대 말과 1960년대경 젊은 관객들은 영화 문화의 선두에 있
었다. 자동차 극장 관객과 10대 관객들이 하나의 예이다. 또 하나의 예
는 1960년 이후 확산됐던 예술 영화 및 기타 대체 영화에 대한 대학생
및 도심 관객들이다. 니콜라스 레이의 〈이유 없는 반항〉(1955)은 10대
들이 PG(Parental guidance, 부모지도) 등급을 넘어서서 목적 없이 방
황하는 미국의 세대 갈등 위기에 대한 당시의 충격적인 묘사를 제공해
준다(사진 10.15). 동시에 잉그마르 베르히만의 〈제7의 봉인(The Seventh
Seal)〉(1957)과 페데리코 펠리니의 〈8과 1/2〉(1963) 같은 영화와 더불
어(실존적 물음에 대한 1~2개의 아주 다른 명상) 영
화는 미적 이해와 학구적 연구를 정당화시킨 복합적
인 예술적 대상으로 간주되었다.

이탈리아 네오리얼리즘

전후 등장한 국제적 예술 영화에 가장 심대한 영향
을 미친 것 중 하나는 **이탈리아 네오리얼리즘**(Italian
neorealism, 1942~1952)인데, 심대한 역사적 영향을
미친 것에 비해 상대적으로 짧은 역사는 믿어지지 않
을 정도이다. 세계 역사의 중요한 시점에 이탈리아
영화는 할리우드와 기타 스튜디오 시스템의 화려한 오락 공식들과는 분명히 다른, 냉혹할 정도
의 리얼리즘적 스타일을 이용하고 전후의 사회적 위기를 묘사함으로써 영화 문화를 다시 활성
화시켰다.

20세기 초 〈쿼바디스(Quo Vadis?)〉(1913)와 〈카비리아〉(1914) 같은 이탈리아의 스펙터클 영화
들은 호화로운 서사물(epic) 취향을 창조해냈다. 베니토 무솔리니의 파시스트 정권(1922~1943)

10.13 〈**수색자**〉 존 포드의 후기 서부 영화인 이 작품은 서부라는 세팅에서 인종주
의의 폭력이라는 어두운 주제를 이끌어내기 위해 오랫동안 같이 일해온 존 웨인을 주
인공으로 기용하고, 익숙한 모뉴멘트 밸리를 배경으로 이용한다. 이 영화의 구조와 주
인공은 1970년대 새로운 할리우드 감독들에게 깊은 영향을 미쳤다.

10.14 〈**길다**〉 제2차 세계대전 말경 아르헨티나의 한 카지노를 세트
로 한 이 영화는 가정 내 성 역할의 전환에 대한 두려움을 간접적으로
보여준다.

10.15 〈**이유 없는 반항**〉 10대의 분노와 청소년 비행이 니콜라스 레이의 시네마스코프 고
전주의 작품에서 그려지고 있다.

10.16 〈무방비 도시〉 로베르토 로셀리니의 영화는 전쟁으로 파괴된 장소, 비전문적 배우, 당대의 주요 문제를 이용하면서 이탈리아의 네오리얼리즘의 전형적인 예가 된다.

치하의 치네치타(영화 도시)에서 제작된 이 영화들은 화려하고 장식적인 오락물이었다. 1942년 전쟁 기간 동안 시나리오 작가 세자르 자바티니는 오락 공식들을 버리고 대신 사회적 리얼리즘을 홍보하는 새로운 영화를 요구했다. 루치노 비스콘티는 〈강박관념(Ossessione)〉(1943)으로 응답했으며, 비토리오 데 시카는 자바티니의 시나리오를 채택하여 〈자전거 도둑〉(1948) 같은 고전주의 작품을 제작했다. 아마도 이런 운동의 성취와 반대의 가장 좋은 예는 전쟁 말기 불리한 여건 속에서 촬영된 로베르토 로셀리니의 〈무방비 도시(Rome, Open City)〉(1945)일 것이다(사진 10.16). 나치가 로마를 점령한 시기 (1943~1944)를 배경으로 한 이 영화는 의도적으로 뉴스 보도 같은 이미지를 만들어서 전쟁에 찢겨진 도시의 긴장되고 필사적인 거리의 삶을 묘사해낸다. 플롯 역시 도시에서의 삶의 거친 현실을 보여주고 있는데, 독일군 SS친위대가 붙잡으려는 저항군을 구해내려고 노력하는 공동체 사람들의 모습과 결국 붙잡혀 비극적인 죽음을 맞는 저항군의 모습에 대해 이야기한다. 가장 충격적인 장면 중 하나는 한 사람을 고문하는 장면이다. 서로 헤어져 있는 연인과 가족에 대한 멜로드라마임에도 불구하고, 이 영화의 암울한 리얼리즘은 전후 영화 문화를 통해 반향을 일으켰다. 후속적인 이탈리아 영화(피에르 파올로 파졸리니, 미켈란젤로 안토니오니, 비토리오와 파올로 타비아니, 마르코 벨로치오, 베르나르도 베르톨루치, 페데리코 펠리니 같은 감독의 작품을 포함하여)는 이 네오리얼리즘 역사로부터 다음의 새로운 형식과 주제가 나타날 때까지 따라가고 있다.

프랑스의 누벨바그

영화 역사상 특정의 풍성한 시기가 이탈리아 네오리얼리즘의 뒤를 이어 나타났는데, 1950~1970년대가 그 시기이다. 이 시기에 수많은 대담한 영화 운동이 종종 뉴웨이브라는 이름으로 브라질, 체코슬로바키아, 영국, 프랑스, 독일, 일본, 기타 나라들 사이에서 나타났다. 각양각색의 특출함에도 불구하고 이 뉴웨이브 운동은 각기 국가적 취향에 따라 달라지지만, 두 가지 공통된 전후 관심사를 공유한다. 개인적 비전을 표현하기 위해 영화를 이용한다는 것과 과거 영화 제작 관습과 장르를 거부한다는 것이다.

초기의 가장 영향력 있는 뉴웨이브, 즉 **프랑스의 누벨바그**(French Nouvelle Vague) 영화는 로베르 브레송과 자크 타티 같은 개성 있는 영화감독에게 영향을 받은 다양하고 풍부한 영화들로 1950년대 말 두각을 나타냈다. 1년을 조금 넘기는 동안 세 편의 결정적 영화가 나타났다. 장 뤽 고다르의 〈네 멋대로 해라〉(1960), 프랑수아 트뤼포의 〈400번의 구타〉(1959), 알랭 레네의 〈히로시마 내 사랑〉(1959)이 그것이다. 비록 스타일과 주제가 극도로 다르다 하더라도 각자 개인적 표현을 위한 투쟁과 소통 시스템으로서의 영화에 대한 형식적 조사를 보여준다.

이런 영화들의 활성화는 과거를 거부하면서 세계 관객들에 미치는 직접적인 충격을 완화시키는 역할을 했다. 사실 이런 활성화는 종종 기억에 남을 만한 양식적 혁신을 표현하고 있는데, 〈400번의 구타〉의 마지막에 나오는 주인공 소년의 얼굴을 보여주는 프리즈 프레임[7], 〈네 멋대로 해라〉에서 반영웅적 주인공의 초조함을 나타내는 점프 컷, 〈히로시마 내 사랑〉에서 시간여행 편집 같은 것이 그렇다.

프랑스 누벨바그 영화감독들은 영화 비평가이자 이론가인 앙드레 바쟁의 작업에서 많은 영감을 받았다. 1951년 바쟁은 영화비평 전문잡지 카이에 뒤 시네마를 만드는 데 일조했는데, 이 잡지의 토론광장에서 트뤼포와 고다르뿐만 아니라 에릭 로메르와 클로드 샤브롤을 포함한 이 운동의 가장 유명한 감독 및 비평가 일부가 배출됐다**(사진 10.17)**. 영화 언어의 재활성화는 이 잡지의 작가주의 혹은 작가 이론 정책과 연관되어 일어났는데, 작가주의[8]는 표현력 있는 작가로서의 감독의 역할을 강조했다(414쪽 참조). 자신들의 영화를 만들면서도 다른 나라에서 등장한 중요한 감독들(미켈란젤로 안토니오니, 잉그마르 베르히만, 구로사와 아키라)에 찬사를 던지고, 할리우드 감독들의 작품을 재발견하면서, 프랑스의 젊은 영화감독 및 비평가들은 누벨바그 영화들을 예술 형식으로까지 고양시키는 관점과 문화를 형성하는 데 일조했으며, 오늘날 역시 그런 관점으로 간주된다.

일본 영화

일본은 문화적 및 예술적 전통에 걸친 독특한 인식적 및 포괄적 형식과 그림을 이용하는 오래되고 다양한 전통을 가진 세계 최대 영화 제작국 중 하나이다. 제2차 세계대전이 끝나고 연합군이 점령한 후, 일본 영화는 할리우드 형식과 스타일을 점점 더 많이 통합시켰으나, 일반적으로 이미지의 명상적인 측면을 강조하고, 서사의 중심에 액션보다는 캐릭터가 있다.

미조구치 겐지, 오즈 야스지로, 구로사와 아키라, 오시마 나기사는 일본 영화에서 가장 유명한데, 앞의 두 사람은 무성 영화 시기에까지 걸쳐 있다(일본에서는 무성 영화 시기가 1930년대까지 지속되었다). 오즈의 중견시절 걸작인 〈동경 이야기(Tokyo Story)〉(1953)는 일상생활의 리듬에 대한 그의 섬세한 감각을 잘 나타내주고 있는데, 주의 깊게 구성된 프레임, 롱테이크, 로우 카메라 기법을 통해 전달된다**(사진 10.18)**.

전후 영화의 에너지는 특히 구로사와의 〈라쇼몽〉(1950)에서 명백히 드러나는데, 다른 관점에서 본 캐릭터들의 똑같은 범죄에 대한 다수의 모순적인 내레이션을 이용한다. 이 영화는 베니스 영화제에서 최고 작품상인 황금사자상을 수상했고, 곧이어 미조구치의 〈우게쓰 이야기(Ugetsu)〉(1953)는 베니스 영화제의 은사자상을 수상했다. 유럽 영화제에서 인정받은 사실은 전후 예술 영화에 있어서 일본 영화를 그 중심에 위치하게 만들었으며, 일본의 작가주의 정신을 세계적으로 알리는 데 일조하였다. 일본 영화감독들은 계속해서 뚜렷한 흔적을 만들어 나갔다. 오시마의 격렬한 에로틱 걸작인 〈감각의 제국(In the Realm of the Senses)〉(1976)은 일본의 뉴웨이브를 규정하는 데 도움을 주었다. 이타미 주조의 〈담뽀뽀(Tampopo)〉(1985)는 문화적으로 공유하고 있는 것을 라면을 먹는 쾌락에 대한 묘사와 연결짓고 있다.

예술 영화 너머로 가보면 국내 관객들을 위해 제작한 많은 특징적인 일본식 장르들이 결국 국제적인 추종도 얻게 되었다. 괴물 고

10.17 클로드 샤브롤 샤브롤은 카이에 뒤 시네마의 비평가이자 프랑스 누벨바그 탄생과 밀접한 관계가 있는 감독 중 한 사람이다. 40편 이상의 그의 영화는 알프레드 히치콕의 영향을 받았는데, 그에 대해 그와 에릭 로메르는 1957년 한 권의 책을 펴냈다. Nancy R. Schiff/Hulton Archive/Getty Images

10.18 〈동경 이야기〉 주의 깊게 구성된 이미지들이 일상생활의 리듬을 보여준다.

10.19 〈공각기동대〉 이 영화의 독특한 스타일과 극적인 공상과학 플롯은 전 세계 관객들에게 호소력을 가졌으며, 또한 〈매트릭스〉(1999)에도 영향을 미쳤다.

질라를 모방한 많은 영화들의 원조는 원래 1954년 일본에서 만들어졌으며, 일본 만화영화인 **아니메**(anime)는 전후 시기에 만들어졌다. 〈공각기동대(Ghost in the Shell)〉(1995) 같은 후기 아니메의 특징적인 스타일과 복잡한 플롯은 세계적으로 널리 관객들을 불러모았으며, 할리우드 영화 제작에도 영향을 미쳤다**(사진 10.19)**.

제3세계 영화

제2차 세계대전 후 수십 년 동안 성장해온 영화제들의 영향력은 국제적으로 예술 영화 및 상업 영화를 강화하는 데 일조했다. 1960년대 탈식민지화하는 제3세계의 정치적 상황에 의해 영감을 받은 아르헨티나 영화감독 페르난도 솔라나스와 옥타비오 게티노는 할리우드와 곳곳에 있는 국가 지배 영화 문화에 대한 반대로 혁명적 영화들을 위해 싸웠는데, 자신들이 반대한 영화에 '제1영화(first cinema)'란 별명을 붙이고, 그에 반해 자신들의 작가주의 예술 영화를 '제2영화(second cinema)'라 불렀다. 1969년 'Towards a Third Cinema'란 소논문으로 만들어진 **제3영화**(Third Cinema)라는 용어는 하나의 정치적 및 형식적 선언문 아래 많은 나라들로부터의 영화들을 하나로 통일하는 데 이용되었다. 거기에는 〈알제리 전투〉(1966) 같은 유럽인들이 만든 영화들도 일부 포함되어 있는데, 승리한 알제리 혁명 정부와 협력한 이탈리아 마르크스주의자 질로 폰테코르보가 감독한 작품이었다. 라틴 아메리카에서 솔라나스와 게티노의 〈불타는 시간의 연대기〉(1968)는 아르헨티나에서 정치적 반대와 문화적 재생을 불러일으켰으며, 브라질의 뛰어난 '시네마 노보(cinema novo)'[9] 감독 글라우버 로샤의 〈검은 신, 하얀 악마(Black God, White Devil)〉(1964)는 문화적 다양성과 폭력을 수용했다.

제3영화는 상업적 전통에 대한 반대로 기술적 완벽성을 거부하고, 민중의 목소리로서 영화를 수용하는 양자 모두를 목적으로 했다. 이런 목적은 종종 장 뤽 고다르 같은 영화감독들로부터, 그리고 소련 몽타주 이론으로부터 끌어온 모더니즘 기술(예 : 파편화된 형식적 구조와 분석적 보이스오버)을 대중적 다큐멘터리 주제 및 전통과 결합하는 것을 수반했다.

혁명 후 쿠바에서 쿠바 영화예술 및 산업연구소(Cuban Institute of Cinematographic Art and Industry)를 창설한 것은 영화를 신생 국가의 문화적 정체성과 통합하기 위한 이상적인 시험 토양을 제공해주었다. 토마스 구티에레즈 알레아의 〈저개발의 기억〉(1968)은 제3영화의 가장 잘 알려진 예 중 하나이다. 혁명 후 사회에서의 변화를 생각하는 어느 중산층 지성인에 대해 정치적으로 관여되어 있는 이 스토리는 획기적으로 촬영되었다**(사진 10.20)**.

'제3영화'란 용어는 세계 정치학에서 특정 시기를 불러일으킨다. 이 시기는 냉전에 사로잡힌 제1세계와 제2세계의 초강대국들에 의해 지배당했던 때이며, 제3세계의 때때로 폭력적인 국가 건설 투쟁을 증언해주었던 시기이다. 정치학과 문화가 전 지구적으로, 지역적으로, 국가적으로, 그리고 현지 수준으로 교차하고 있는 방식들은 이 시기를 넘어서서 계속해서 전환하게 될 것이다.

10.20 〈저개발의 기억〉 토마스 구티에레즈 알레아의 혁명 후 쿠바 영화는 제3영화의 한 예이다.

현대 영화 문화

우리는 영화 역사의 가장 최근 시기, 1965년경부터 현재에 이르기까지에 걸쳐, '현대 영화 (contemporary cinema)'라고 규정한 시기에 대해 논의할 것이다. 미국에서 베트남 전쟁에 대한 사회적 분노와 혼란은 이 시기의 초기에 영향을 미쳤고, 1975년 베트남 전쟁이 끝나는 시점에 새로운 압력이 밀려왔다. 1950년대의 긴장과 전환을 알렸던 인종차별과 성차별의 정치학은 그런 환경을 규정하는 부분이 되었다. 이런 사건과 변화들은 이민, 다문화, 영화 문화의 전면에 나타난 성차별 및 성정체성 같은 문화적 논란거리를 불러일으켰다.

1990년대 소련 진영의 해체는 전 지구적 힘을 재분배했다. 새로이 독립한 나라들로부터의 이주는 유럽 사회와 전 지구적 도시들을 계속해서 변형시켰고, 국제적인 부채 정책은 개발도상국가에 충격을 주었다. 새로운 민족주의 및 종교적 원리주의의 발흥은 폭력적인 분쟁들에 불을 붙이고 전쟁을 연장시켰다. 영화와 기타 종류의 문화적 생산은 이런 전 지구적 사건 및 변형에 대한 개인들의 경험을 조정하는 데 중대한 요소가 되었다.

현대의 전 지구적 영화 문화를 몇 페이지로 정리한다는 것은 불가능하다. 새로운 영화들이 전 지구적으로 계속해서 쏟아져 나오고, 영화 제작 및 배급의 경제가 국제적인 협업 제작 경향을 재강화시키고 있다. 감독, 미적 운동, 관심에 보답하는 제도뿐만 아니라 다수의 다른 국가적 및 지역적 영화들이 있다는 인식을 가지고 중요한 역사와 흐름(현대의 할리우드, 유럽, 인도, 중국, 아프리카, 이란 영화들)을 조명하고 있는 몇 가지 예들을 살펴볼 것이다.

생각해보기

많은 다른 나라들이 어떻게 자신을 드러내고 있는지에 주목하면서 지역 영화와 TV 리스트들을 살펴보도록 하자. 만일 범위가 제한되어 있다면, 왜 그렇다고 생각하는가? 어떤 종류의 장소 혹은 채널들이 그 외국영화를 보여주고 있는가?

현대의 할리우드

1960년대 이래로 미국의 상업 영화산업은 네 가지 힘에 의해 눈에 띄게 영향을 받아왔다. 젊은 관객들의 지배력, 유럽 예술 영화의 늘어나는 영향력, 세계화, 블록버스터 · 케이블 방송 · 홈비디오 · 미디어 통합 같은 경제적 및 기술적 혁신이 그것이다.

1970년대에 할리우드는 점점 더 영화 관객의 지분을 늘려가는 젊은 관객들을 추종하는 젊은 영화감독들에게 일부 힘을 실어주었다. 〈대부〉(1972)와 〈택시 드라이버〉(1976)는 소위 뉴 할리우드(New Hollywood)라 불리는 일련의 놀랄 만한 영화이다(**사진 10.21**). 유럽 예술 영화의 영향을 받은 이 운동은 주제와 형식에 있어서 상상력이 풍부한 위험성을 감수했다. 그러나 할리우드의 젊은 관객 구애 전략은 중요한 변화를 초래했으며, 세계적 대기업들이 할리우드를 따라 하기 시작했다. 기업인 할리우드는 젊음에 찬 에너지를 더 상업적인 블록버스터와 세계시장을 향해 쏟아부었다. 결국 VCR, 케이블 TV, 이후의 DVD와 인터넷 스트리밍이 관객들에게 더 많은 다양성과 조종성을 제공하는 방식으로 영화를 확산시켰다.

영화 문화의 그 많은 대변동 중에서 두 가지 흐름이 현대 시기를 지배한다. 스펙터클한 이미지들과 특수효과의 고양, 그리고 서술적 구조의 파편화와 **성찰성**(reflexivity)이 그것이다.

한편으로 현대 영화는 빈번하게 서술에 초점을 두는 전통에서 멀리 떨어져 나왔으며, 그 대신 세상을 놀라게 하는 미장센을 강조하거나 영화 이미지의 극적인 조종을 강조한다. 이런 맥락에서 전통적인 리얼리즘은 의도적으로 인공적인, 스펙터클한 혹은 심지어 만화영화 같은 캐릭터, 장소, 액션에 자리를 양보한다. 〈누가 로저 래빗을 모함했나(Who Framed Roger Rabbit)〉(1988) 같은 장난기 많은 영화들은 만화영화 캐릭터들이 인간들과 상호작

10.21 〈대부〉 아마도 뉴 할리우드의 핵심적인 예인, 프랜시스 포드 코폴라의 이 영화는 경제적으로 그리고 예술적으로도 성공한 작품이다.

10.22 〈누가 로저 래빗을 모함했나〉 배우들과 상호작용하고 있는 만화
영화 캐릭터들이 스펙터클 영화의 현대적 관심과 영화 형식에 대한 자의
식을 예로 보여준다.

용하도록 만들고 있는 반면(사진 10.22), 〈코미디의 왕(The King of Comedy)〉(1983) 같은 더 진지한 드라마는 진짜 세계를 이상한 판타지 세계로 바꾸는 강박증에 걸린 팬을 보여준다.

다른 한편으로 서사적 전통에 완전히 관여하고 있는 현대 영화들은 종종 의도적으로 그 일관성에 도전하는 방식으로 서사를 단편화하거나 재구성하고 왜곡시키는 경우가 많다. 〈메멘토〉(2000)는 계속해서 변하는 회상적 관점을 통해서 서사를 재구성하고 있는데, 모든 것이 내레이터/주인공의 단기기억결핍에 영향을 받고 있다. 결과는 그 영화의 첫 장면인 살인으로 되돌리는 일련의 중첩된 에피소드이다. 멕시코 감독 알레한드로 곤잘레스 이냐리투가 연출한 국제적인 협업 작품인 〈바벨(Babel)〉(2006)에서는 서로 맞물리는 스토리 라인이 다수 언어로, 여러 대륙에서 펼쳐지고 있다. 이런 새로운 서사적 복잡성은 관객들의 게임 세계와의 친숙성과, 서사적 가닥들을 종합하기 위해 DVD로 이런 복잡한 작업들을 보고 또 보는 관객들의 능력과 관련될 수도 있다.

대략 1980년부터 현재까지 할리우드 영화 제작의 가장 최근의 특징 중 하나를 꼽으라면 작가, 즉 대개 감독의 아이디어가 하나의 브랜드로 여겨진다는 점일 것이다. 우리는 이런 현상의 증거로 1980년대와 1990년대의 특징적인 영화 세 편을 뽑아낼 수 있다. 리들리 스콧의 〈블레이드 러너〉(1982), 데이빗 린치의 〈블루 벨벳〉(1986), 쿠엔틴 타란티노의 〈펄프 픽션〉(1994)이 그것이다. 각각의 영화는 20세기 말경 인간 정체성의 혼란, 폭력, 윤리를 조사하는 극적인 시각적 및 서사적 실험이다. 〈블레이드 러너〉에서 해리슨 포드가 분한 데카드는 기술이 '인간보다 더 인간 같은' 존재들을 창조해내는 매혹적으로 어둡고, 시각적으로 복잡한 디스토피아에서 인간 복제품들을 끝까지 추적해 소탕한다. 린치 감독은 〈블루 벨벳〉으로 미국의 한 작은 마을에서 주인공 제프리가 공동체에서의 일상과 자신의 순진한 영혼을 통해 소용돌이치는 폭력을 발견한다는 악몽을 만들어냈다. 〈펄프 픽션〉에서는 폭력이 또한 인간 소통의 척도가 되는데, 서사가 성경책, 충성심, 그리고 맥도날드 햄버거에 대해 철학적으로 명상하다가 큰소리로 떠들어대는 두 청부살인업자들에 대한 예측할 수 없는 액션과 성찰을 따라가고 있다(사진 10.23). 이런 예외적인 영화들은 훌륭한 창의적 자질뿐만 아니라 전문적인 기술 및 혁신도 보여준다. 이런 영화감독들은 그런 대담하고 성가신 프로젝트들을 부분적으로 제작할 수 있고, 주류 영화 문화 안에서 그것들을 성공적으로 배급할 수 있는데, 그들의 개성이 시장조사의 일부이기 때문이다.

상업영화를 추진함에 있어 감독의 유명세는 스튜디오 영화예산이 치솟음에 따라 훨씬 더 높은 재정적 지분을 책임지게 된다. 제임스 카메론보다 더 분명한 것은 어디에도 없을 것이다. 〈타이타닉〉(1997)과 〈아바타〉(2009)의 거대 예산, 혁신적 기술, 엄청난 홍보활동은 미국과 세계의 극장가 모두에서 가장 높은 수익을 거둔 영화들로 만들어주었는데, 이러한 성공에는 카메론의 명성과 '브랜드' 덕분이었음은 두말할 필요가 없다!

10.23 〈펄프 픽션〉 존 트라볼타와 사무엘 잭슨이 연기한 청부살인업자들의 중계방송처럼 실시간으로 이어지는 대사들은 이 영화를 쿠엔틴 타란티노 영화라고 표시해준다.

현대의 독립영화

감독의 비전을 홍보하는 작가주의는 1980년대에 독립적으로 자금을 대는 영화들이 상업적 생존 가능성을 보기 시작했던 방식 중 하나이다. 뉴욕을 근거로 하는 작가 겸 감독들은 짐 자무시의 〈천국보다 낯선(Stranger Than Paradise)〉(1984)과 스파이크 리의 〈그녀는 그것을 좋아해(She's Gotta Have It)〉(1986)가 비판적 칭찬과 관객의 관심을 얻었던 것처럼 그들만의 비전에 헌신했다. 스티븐 소더버그의 〈섹스, 거짓말, 그리고 비디오테이프(sex, lies, and videotapes)〉가 1989년 칸느 영화제와 선댄스 영화제에서 동시에 성공한 것은 선댄스를 그 중심에 두고 있는 미국 독립영화 제작의 새로운 시대를 알

10.24 〈카트 끄는 남자〉 현대의 미국 독립영화에는 파키스탄에서 전직 록스타였던 가수가 거리 노점상으로 살아가는 이 스토리처럼 조용한 드라마들이 포함되어 있다.

리는 신호탄이었다. 독립 장편 영화들은 논쟁적인 주제와 어두운 분위기로 주목을 받았다. 그런 예에는 토드 솔론즈의 〈인형의 집으로 오세요(Welcome to the Dollhouse)〉(1995)와 메리 해론의 〈아메리칸 사이코(American Psycho)〉(2000)가 포함된다. 배급사 미라맥스 영화의 공격적인 마케팅 모델과 대학가 주변의 예술극장 확대가 독립영화 생존에 이바지했다. 이는 할리우드의 관심을 끌었고, 할리우드는 특별 부서를 통해서 그런 영화들을 개발하고 배급하기 시작했다. 인기배우들도 도전적인 역할에 대한 가능성에 매력을 느꼈고, 수상을 위해 홍보에 나서기도 했다. 그런 실례들이 할리우드와 독립영화 제작 사이의 차이점이 모호해지는 동안, 감독 중심의, 저예산 형태의 장편 영화 및 다큐멘터리 영화 제작이 여전히 전 세계 시장을 위해 개발된 초대형 예산 블록버스터들에 대한 하나의 생존 가능한 대안으로 떠올랐다. 〈비스트(Beasts of the Southern Wild)〉(2012), 〈프란시스 하(Frances Ha)〉(2012), 〈카트 끄는 남자(Man Push Cart)〉(2005) 같은 최근 영화는 독립영화의 추가적 관점의 예들이다(**사진 10.24**).

1990~2000년대의 거대 예산 할리우드 제작 모델은 다른 어느 곳에서도 달성할 수 없기 때문에 많은 국가와 지역의 영화들은 미적인 면에서 특징적인 것을 구성했고, 동시에 자신들을 경쟁력 있는 존재로 유지시켜줄 수 있는 자금조달, 수입/수출, 배급 정책들을 펼친다. 이런 영화들이 할리우드의 계속적인 상업적 지배에 대항해왔던 한 방식은 영화제를 점점 더 늘려감으로써 많은 나라에 공급하고 대안적인 다국적 및 지역적 산업의 발전을 강화시키는 것이었다.

현대의 유럽 영화

수많은 젊은이들이 주도한 뉴웨이브 운동은 1960~1970년대 동부와 서부 유럽 양쪽에서 등장했는데, 그중에 주목할 만한 것은 체코 뉴웨이브와 뉴저먼시네마(새로운 독일 영화)[10]였다. 비록 이 운동의 정신과 영화들의 혁신적인 형식이 견고한, 상업적으로 지배받고 있는 영화산업들에 도전했다 하더라도, 그것들은 여전히 대체로 '국가'의 개념과 동일시되고 있었다. 여기서 뉴저먼시네마를 하나의 예로 제시하면서 그것을 오늘날 유럽 영화의 다국적 모델들과 관련시킬 것이다.

뉴저먼시네마(New German Cinema)는 1962년 시작됐는데, 일단의 젊은 영화감독들이 오버하우젠 선언(Oberhausen Manifesto)이라 불리는 독일 영화를 위한 새로운 행동강령을 선언했다. 정부 보조금, 국제적인 비판적 주장, 국내 TV 및 전 세계적 영화제 출연을 섞어 놓은 독특한 형태가 뉴저먼시네마를 서독의 국가적 문화의 통합적 산물로 성립시켜 놓았다. 그러나 이 특별히

〈택시 드라이버〉와 뉴 할리우드

같이 보기 : 〈졸업〉(1967), 〈차이나타운〉(1974)

마틴 스코세이지의 〈택시 드라이버〉(1976)가 오늘날 강력하고 풍부한 영화로 남아있는 한 가지 이유는 영화 역사에서 그 위치에 대한, 그리고 그것이 보여주는 복합적인 역사적 자료들에 대한 치열한 자의식 때문이다. 이 영화는 1970년대 미국 사회를 형성했던 역사적 사건들로 가득차 있으며, 그 시기의 다른 영화들과 많은 특징을 공유한다. 동시에 이 영화는 현대 영화를 규정하는 특징 중 하나가 과거 영화 전통에 대한 인식이라는 것을 제시하면서 할리우드의 고전적 및 전후 시기를 떠올리고 있다. 예를 들면 스코세이지는 〈시민 케인〉에서 오손 웰즈와 함께, 〈현기증〉, 〈싸이코〉, 기타 영화 등에서 알프레드 히치콕과 함께 작업한 것으로 유명한 작곡가 버나드 허먼에게 이 영화의 잊히지 않을 악곡을 의뢰했다. 이런 영화들에 숨어 있는 어두움은 이 영화 속에 완전히 수용되어 있고, 허먼의 음악 속에 반영되어 있다.

영화감독 겸 시나리오 작가 폴 슈레이더가 시나리오를 쓴 이 영화는 뉴욕의 택시 드라이버 트래비스 버클(스코세이지가 정기적으로 기용하는 로버트 드 니로가 분함)과 그가 살며 일하고 있는 도시로부터 점차 소외당하는 그의 삶에 초점을 맞추고 있다. 그가 자기 택시의 칸막이 속에 갇힌 채 뉴욕을 천천히 돌아다닐 때, 보이스오버 내레이션은 순수함을 잃어버리고 오로지 자신의 파괴만을 위해 나아가고 있는 것처럼 보이는 세상에 갇힌 자신에 대해 횡설수설하고 명상에 잠기기도 한다. 트래비스는 도시의 더러움과 타락을 비난하면서 한 정치가를 저격하는 것 같은 폭력적이고도 묵시록적인 해결책을 생각한다. 쓰라림이 일상이 된 자기 존재로부터 벗어나려 시도하는 그는 어린 창녀 아이리스(당시 13세의 조디 포스터가 분함)의 구세주라고 스스로 상상하며 포주의 분노를 이끌어낸다. 영화는 트래비스가 그 포주를 죽이는 끔찍한 살인으로 끝나면서, 트래비스가 언론매체의 주인공이 된 뉴스가 뒤따른다.

1970년대 미국 사회 분위기와 논쟁거리들이 이 영화에 스며들어 있다. 트래비스의 재향군인 재킷과 베트남 전쟁으로부터 외상증후군에 걸려 귀향한 젊은 병사들로 표현된 전쟁 유령들이 이 영화를 따라다닌다. 트래비스의 폭력적인 개성은 10여 년간의 미국 폭력의 시기에 반영되어 있다. 존 F. 케네디와 마틴 루터 킹 주니어의 암살 사건과 이 영화를 명백한 원천으로 하고 있는, 아서 브레머의 앨라배마 주지사 조지 윌리스 암살기도 사건이 그것이다. 이 영화에서의 폭력은 1970년대 이래로 만들어진 많은 다른 영화들과 그것을 연관시키고 있다. 이것들은 〈시계태엽 오렌지(A Clockwork Orange)〉(1971)로부터 〈올리버 스톤의 킬러〉(1994)에 걸쳐 있는데, 그 속에서 현대적 삶과 정체성은 폭력의 심리적·사회적 만연에 매여 있고, 도식적이며 동기 없는 폭력은 길을 잃은

영혼들을 위한 필사적인 표현수단이 된다. 개봉 5년 후 이 영화는 현대 미국의 지표로 남게 되었다. 존 힝클리 주니어가 1981년 로널드 레이건 대통령 암살을 기도했을 때, 그는 이 영화에 영감을 받았으며, 대통령을 죽임으로써 '조디 포스터와의 신비로운 합일'에 도달하기를 희망했다고 주장한 것이다.

과거의 부담에 대한 그 의식의 일부로서 이 영화의 플롯은 분명하게 존 포드의 〈수색자〉를 연상시키고 있으며, 암묵적으로 트래비스가 죽인 포주의 인디언 모습 및 이 영화를 거치는 동안 획득한 모호크 인디언 머리 모양에서는 존 포드의 〈역마차〉 같은 다른 고전적 서부 영화들을 떠올리게 한다. 〈수색자〉에서의 에단 에드워즈(존 웨인 분)처럼 트래비스는 대부분의 사회적 상호작용으로부터 소외되지만, 아이리스를 '구하려는' 자신의 결정을 통해서 가족과 공동체의 어떤 잃어버린 형태를 회복하기를 갈망한다. 그는 영웅적 행동을 위한 가능성이 전혀 없는 시대에 영웅이 되고 싶어 한다. 그러나 그들이 만들어낸 할리우드 역사의 초기 시대의 기억과 플롯 및 캐릭터들은 단지 이 영화의 역사적 차이점들을 조명해주고 있을 뿐이다. 트래비스는 완전히 현대적인 반영웅인데, 그는 개척할 만한 오지도 없고, 단지 자신에게 동기를 부여하기 위해 상상 속의 영웅을 흉내내고 있을 뿐이다. 뉴욕은 거친 서부가 아니고, 트래비스는 〈역마차〉에 나오는 링고 키드 같은 서부 영화 영웅의 자부심, 분명한 비전과 고상한 목적도 없다. 더 젊고 냉소적인 관객이 이 영화의 주요 목표이면서 성공의 수단이었다는 것은 관객들의 변화하는 사회적 취향 및 태도가 다른 역사적 시기의 영화들 사이에서 변형을 결정하는 데 커다란 역할을 한다는 것을 가리키고 있다.

양식적으로 이 영화는 일관성 있게 서술적 구성 및 이미지들에 대한 고도의 자의식을 보여준다. 스코세이지는 뉴 할리우드 영화들의 전형적인 두 가지 형식적 패턴을 구사한다. 과장된 혹은 초현실적 촬영과 내면화된 서사적 관점이 그것이다. 이런 패턴은 〈지옥의 묵시록〉(1979) 같은 시기의 다른 영화들과 프랑스 누벨바그 감독들이 스코세이지에게 미친 영향을 보여준다. 이 영화는 긴장된 마음이나 긴장된 사회의 산물인 것처럼 보이는 초현실적 이미지들을 통해서 뉴욕시를 채색한다. 뉴욕 야경의 숏들은 네온사인과 유리의 축제적 분위기를 만들어내면서 반짝이는 색으로 빛나며 소용돌이치고 있다. 프레임들은(택시 창문과 백미러처럼) 끊임없이 주관적이며 부분적 관점에 주의를 기울이고 있다(**사진 10.25**). 우리가 세상을 보고 이해하는 프레임들에 대한 이런 주의는 이 영화의 가장 유명한 숏 중 하나로 확고해진다. 이야기가 전개되는 동안 트래비스는 다양한 총으로 자신을 장식하는 한편, 거울 앞에 서서 포즈를

취하는데, 반복적으로 유명한 대사 "당신 내게 말하는 거요(You talking to me)?"를 말한다. 거울 안의 자신을 바라보는 그는 정체성이 분열되는 것처럼 보이는데, 자아의 이미지가 격렬하게 나머지 한 이미지와 대립한대(**사진 10.26**). 이 대사는 분열된 정체성에 대한 현대 영화들의 금언이 될 수 있을 것이다.

이와 비슷하게 이 영화의 1인칭 내레이션은 트래비스의 개인적 욕망과 고뇌에 대한 거의 정신병적인 무대를 제공해준다. "어느 날 다음의 길게 이어진 줄로부터 알아볼 수 없는…" 하고 트래비스는 사적인 보이스 오버를 통해서 횡설수설한다. 이 표류하는 내면적인 서사는 하나의 심리적 상태 및 비논리적 행위로부터 또 다른 것으로 뛰어넘어간다. 예를 들면 트래비스는 포르노 영화극장에서 여인과 데이트하려 하지만 실패하고 나중에 분명한 이유 없이 그녀의 상사인 대통령 후보 정치인을 암살할 계획을 세운다. 트래비스가 어린 창녀 아이리스의 포주를 죽이려 공격할 때, 서사는 가장 예측할 수 없는 전환을 하게 된다. 이 사건의 괴이한 동기유발(한 어린 소녀를 구하려 하지만, 그녀는 구원받고 싶어하지 않는다)과 절단된 신체의 흔적을 남기고 있는 충격적인 도식적 학살에도 불구하고 트래비스는 아이리스를 구해낸 것 때문에 신문에서 공동체의 영웅으로 칭송받는다. 예상되는 끝맺음의 순간에 서사적 논리는 파괴점까지 무리하게 사용된다. 자아도취와 균형이 깨진 마음에 의해 동기유발되고 형성된 서사에 대한 '행복한 결말'은 이 영화에서 전통적인 서사적 논리의 가능성을 전복시키는 것처럼 보인다. 현대 영화에서도 그렇게 통용된다.

이 영화는 그 시절의 신호들을 사회적으로 그리고 예술적으로 연출해낸다. 그러나 이 영화는 최근 영화들이 과거의 부담을 안고 있다는 사실을 보여준다. 당시 현실에 대한 진실이 된다는 것은 영화를 역사적 유산으로부터 식별해내는 극적인 변화와 균열에 대한 특별한 인식을 필요로 한다는 것이다.

10.25 〈택시 드라이버〉 바람막이 창문은 트래비스 비클의 제한된 관점을 위한 프레임으로 기능한다.

10.26 〈택시 드라이버〉 주인공 트래비스 비클이 자신의 거울 이미지와 대면하고 있는 이 유명한 장면은 분열되고 변해 가는 정체성을 잘 보여준다.

10.27 〈마리아 브라운의 결혼〉 라이너 베르너 파스빈더는 뉴저먼시네마의 가장 대표적인 인물 중 한 사람으로서 짧은 경력에도 40여 편의 장편 영화를 만들었다. 파스빈더가 빈번하게 기용하는 인기배우 한나 쉬굴라가 출연하는 이 역사적인 드라마는 상업적으로 가장 성공한 영화 중 하나이다.

활기차고, 양식적으로 다양한 영화 운동은 나치 및 전후 시기와의 대결에 의해, 개별적 감독들의 때로 독단적이기도 한 특징적인 비전들에 대한 강조에 의해 특징지어질 수 있다.

뉴저먼시네마의 정치적 설립자 중 한 사람인 알렉산더 클루게는 〈어제와의 고별(Yesterday Girl)〉(1966)에서 역사의 해석에 대해 질문하기 위해 모더니즘적 영화 관행들을 이용했다.

아마도 이 운동의 가장 유명한 감독인 라이너 베르너 파스빈더는 전후 독일에 대한 3부작 영화를 제작했다. 제1부 〈마리아 브라운의 결혼〉(1979)은 전쟁의 여파로 돈을 번 한 병사의 과부에 대해 이야기하고 있는 할리우드 멜로드라마를 각색한 것이다(**사진 10.27**). 1984년경 에드가 라이츠의 16시간짜리 TV 시리즈 〈하이마트(Heimat, 고향)〉는 부분적으로 미국 TV 미니 시리즈 〈홀로코스트(Holocaust)〉(1978)를 반영한 것으로, 나치 시절에 대한 문화적 침묵이 결정적으로 무너진 것을 보여준다.

그러나 국제 무대에서 뉴저먼시네마의 특징은 역사적·정치적·사회적 물음에 대한 묘사보다는 특징적인 페르소나, 유명한 참가자들에 대한 영화적 비전들의 묘사가 더 많다. 예지력 있는 빔 벤더스, 추진력 있는 베르너 헤어조크, 거대하게 제작하는, 전제적인 방탕한 스타일의 파스빈더를 우리는 예외적인 개성을 지닌 작가들로 쉽게 묶을 수 있다. 〈도시의 앨리스(Alice in the Cities)〉(1974), 〈베를린 천사의 시(Wings of Desire)〉(1987)를 포함한 빔 벤더스의 영화는 유럽과 미국의 만남에 대한, 영화적 이미지의 성질에 대한 철학적 반성이다. 베르너 헤어조크의 〈아귀레 : 신의 분노(Aguirre: The Wrath of God)〉(1972)와 〈피츠카랄도(Fitzcarraldo)〉(1982)는 남아메리카 정글에 세트를 차린 극단의 문화적 만남에 대한 대담한 묘사이다. 여러 성공한 감독들은 독일 문화정책의 더 넓어진 사회적 변화와 함께 해외로 나가 작업하기 시작했고, 뉴저먼시네마의 전성기는 끝이 났다. 통일 독일에서는 많은 이런 감독들이 계속 작업을 이어갔으며, 흥미로운 새로운 방향을 톰 티크베어가 제시했다. 〈롤라 런〉(1998)으로 국제적인 명성을 얻은 〈천국의 가장자리(The Edge of Heaven)〉(2007)를 포함한 파티 아킨의 영화들은 터키계 독일인들의 문화를 탐색한다(**사진 10.28**). 옛 동독에 무대를 두고 있는 플로리안 헨켈 폰 도너스마르크의 〈타인의 삶〉(2006)은 아카데미 외국어 영화상을 타기도 했다.

최근 독일 영화 제작의 이런 예들이 보여주고 있듯이, '국가적'인 범주에 대한 전통적인 이해는 현대 영화를 적절하게 요약하고 있지 않다. 예를 들어 1990년대 이래로 덴마크 영화의 성공을 들어보자. 덴마크 영화는 다른 스칸디나비아 국가들과의 협업으로 정부의 지원을 받고, 덴마크 영화연구소의 활동으로 유지되며, 디지털 영화 제작 가능성으로 촉진된 뉴 리얼리즘을 요구했던 악명 높은 도그마 95 영화 운동으로 강화되었다. 그리고 덴마크 관객, 국제 영화제, 예술극장 관객들에 의해 수용되어왔다. 덴마크 영화의 수준 높은

10.28 〈천국의 가장자리〉 파티 아킨은 여러 영화에서 캐릭터의 삶 속에서 독일과 터키 양 문화의 충돌을 다루고 있다.

이력은 〈브레이킹 더 웨이브(Breaking the Waves)〉(1996)와 〈안티크라이스트(Antichrist)〉(2009) 같은 라스 폰 트리에의 논쟁적인 영화에서 수잔 비에르의 사회의식적 드라마인 〈인 어 베러 월드(In a Better World)〉(2010)에 걸쳐 있다. 〈인 어 베러 월드〉는 아프리카에서 일하는 한 덴마크 의사와 반항적인 아들에 대한 이야기로 아카데미 외국어 영화상을 수상했다.

수잔 비에르의 영화가 보여주듯이 세계화는 오늘날 많은 유럽 영화들이 투자하는 주제와 모델 속에 반영되고 있으며, 유럽의 국제적인 영화합작 자금을 늘리기 위해, 미국의 문화적 및 상업적 위협에 맞서기 위해 제2차 세계대전 이후에 등장하기 시작했다. 1989년 베를린 장벽 붕괴와 1993년 유럽연합의 탄생 이래로 다국적 영화 제작, 배급, 상영 구조가 현대 유럽 영화의 풍경으로 두드러지게 되었듯이 문화적으로나 산업적으로도 독특한 국가적 영화들로 두드러지게 되었다.

인도 영화

인도 영화는 세계에서 가장 많은 영화를 만드는 산업으로, 1913년 최초의 인도 영화가 상영된 이래로 계속 번성해왔다. 아대륙의 많은 인구는 영화 발전에 기여해왔는데, 영화는 뭄바이(이전의 봄베이) 스튜디오들에서 힌디어뿐만 아니라 벵갈어, 마라티어, 타밀어를 포함한 인도의 수많은 다른 언어들로 제작되었다. 인도 밖 관객들(서구에 퍼져 있는 인도인 관객뿐만 아니라 남아시아, 남동 아시아, 중동에 있는 인도인 관객까지)은 영화산업의 성공과 영향력에 기여한다.

인도 영화의 황금기는 1948년 독립 후에 인기배우, 노래, 화려한 성공을 갖춘 뭄바이 기반의 영화산업의 흥기와 함께 찾아왔다. 그 시기에 인도의 상업적 영화에 대한 대체 영화였던 병행 영화[11]가 주로 캘커타에서 중심을 이루었고, 유명 감독 사티야지트 레이의 영화들이 전형적인 예가 되어 유명해졌다. 레이의 평범한 흑백 영화 〈아푸 제1부 : 길의 노래〉(1955)는 리얼리즘 스타일의 걸작으로 국제적으로 알려졌다. 이 영화는 '아푸 3부작'(주인공 이름을 딴)의 두 가지 후속적 특징과 더불어 벵갈 문학, 풍경, 문화에 뿌리를 두고 있다. 두 가지 전통(대중적인 블록버스터와 리얼리즘적 및 지역적 드라마)은 현대 인도 영화에서 계속 번성을 누리고 있다.

1970년대에 인도는 세계에서 가장 큰 영화 제작국으로서 할리우드를 능가했는데, 뭄바이에서 연간 수백 편의 힌디어 영화들이 제작되었다. 발리우드 영화라 불리는 인도 영화들은 힌두 문화와 신화에 뿌리를 두고 정교한 노래와 춤으로 이루어진 문화적 형식이 주도적이다.

뮤지컬을 수용하는 연극적 전통에 기반을 둔 에피소드식 서사 형식으로, 많은 힌디어 영화들은 인기배우들의 공연을 강조한다. 나기스는 메붑 칸의 〈어머니 인도(Mother India)〉(1957)의 주역을 맡았으며(사진 10.29), 경탄스러울 정도로 성공한 액션 스타 아미타브 밧찬은 역대 가장 인기 좋은 발리우드 영화인 〈화염(Sholay)〉(1975)에 캐스팅되었다. 1990년대에 샤룩 칸은 〈용감한 자가 신부를 데려가리〉(1995)와 〈옴 샨티 옴(Shanti Om)〉(2007) 같은 영화에서 누적 관객수가 수십 억에 달하는 등 폭발적인 인기를 얻었다.

크리켓 경기 영화 〈라가안(Lagaan: Once Upon a Time in India)〉(2002)은 해외, 특히 북미와 영국의 더 많은 주류 비평가 및 관객들로부터의 관심을 끌기 위해서 인도 영화의 국제적 인기를 활용했다. 이 전략은 〈내 이름은 칸(My Name Is Khan)〉(2010) 같은 국제적 개봉으로 10여 년에 걸쳐 더욱 성공적이 되었다(사진

생각해보기

서구 영화와 비서구 영화를 비교해보자. 서사적 혹은 시각적 요소에서 어떤 차이점이 있는가?

10.29 〈어머니 인도〉 전설적인 인도 여배우 나기스(파티메 라시드 출생)는 이 영화에서 고난을 이겨내는 어머니 역할로 인도 독립에 대한 우화적 비유의 우상과 같은 인물이 되었다.

10.30 〈내 이름은 칸〉샤룩 칸과 카졸이란 화려한 커플을 기용한 이 성공작은 9월 11일 이후 미국에서의 반무슬림 추세를 다루고 있다. 아이러니하게도 영화 홍보차 미국을 방문한 칸은 공항 보안당국에 의해 억류되었는데, 그 이유는 이름 때문이었다.

10.30). 인도 영화의 다국적 차원은 세계에 퍼져 있는 인도 영화감독들이 만든 영화에서도 볼 수 있다. 예를 들면 거린더 차다의 〈신부와 편견(Bride & Prejudice)〉(2004)은 제인 오스틴의 오만과 편견(*Pride & Prejudice*)을 각색한 것이고, 베니스 영화제 황금사자상 수상작인 미라 네어의 〈몬순 웨딩(Monsoon Wedding)〉(2001)은 발리우드 영화의 시각적 및 서사적 비유들을 일부 빌려오고 있다. 2008년 영국 영화감독 대니 보일의 〈슬럼독 밀리어네어(Slumdog Millionaire)〉는 뭄바이의 한 거리 소년이 TV 인기 퀴즈쇼에 출연해 우승을 거두는 이야기로, 아카데미 최우수 작품상, 감독상 등 8개 부문을 수상했는데, 이것으로 인도 영화의 국제적 영향력은 더 이상 시험받을 수 없는 위치에 올랐다.

아프리카 영화

아프리카 영화는 아프리카 대륙 전체를 아우르고 있는데, 많은 언어, 문화, 민족들이 각자 다양한 수준의 경제발전과 사회기반시설을 갖추고 있다. 첫 번째 차이는 북아프리카 영화와 사하라 사막 이남 아프리카 영화 사이에서 발견할 수 있다.

북아프리카 영화는 1896년 뤼미에르 영화의 이집트 데뷔로부터 시작하는 긴 역사를 가지고 있다. 유성 영화의 도입 이후 여전히 아랍 국가들의 영화 세계를 지배하고 있는 이집트에서는 상업적 영화산업이 발달했다. 인기 장르, 더 정치적이고 개인적인 프로젝트 양자 모두에서 일하고 있는 유세프 샤힌은 1950년대부터 2008년 죽을 때까지 이집트 영화에서 세계적인 존재였다. 〈알렉산드리아, 왜?(Alexandria...Why?)〉(1979)로 시작하는 자전적 3부작은 섹스에 대한 유머, 솔직한 접근, 창의적인 구조로 유명하다. 최근 튀니지 영화 제작에서는, 예술 영화들이 지배적인데, 그중 여러 편은 여성감독들이 만든 것이며, 여성에 대해 이야기한다. 여성감독 무피다 트라틀리의 〈궁전의 침묵(The Silences of the Palace)〉(1994)은 독립 후에 개봉됐는데, 한 젊은 여성 가수가 어린 시절 왕궁의 하인으로 지냈던 때의 기억을 따라가고 있다. 튀니지, 모로코, 알제리의 많은 유명한 영화감독들은 프랑스에서 영화 훈련을 받거나 자금지원을 받았는데, 프랑스는 고도의 제작 가치와 해외 보급을 위해서 그런 것들을 허용해주고 있으며, 적어도 영화 제작 맥락에서 과거 식민지 시절 관행에 의지한다.

탈식민지 이후 1960년대에 모양을 갖추고 종종 제3세계 영화의 정치적 및 미적 규율과 연결된 사하라 사막 이남 아프리카 영화는 비교적 재정지원을 잘 받은 프랑스어권의 서아프리카 영화들, 영어권 나라 영화들, 월로프어[12]와 스와힐리어[13] 같은 아프리카어로 만들어진 영화들을 아우르고 있다. 비록 이런 급속히 확장되는 영화 문화에 대해 일반화한다는 것은 어려운 일일지라도 일부 가장 영향력 있는 장편 및 단편 영화들은 상업적 관심, 전통과 근대화 사이의 갈등 탐색보다는 사회적 및 정치적 주제들에 초점을 맞춤으로써 통합되어왔다.

이런 활기찬 발전의 선두에는 아프리카 영화에서 가장 존경받는 제창자인 세네갈의 영화감독 우스만 셈벤이 있다. 1966년 사하라 사막 이남 아프리카 최초의 장편 영화인 〈흑인 소녀〉를 극히 제한된 재원과 기술로 만들어냈다. 셈벤 자신의 소설에 기초한 이 영화는 세네갈의 다카르에서부터 몬테 카를로까지 백인 가정의 보모로 일하기 위해 여행하는 한 젊은 여인을 따라가고 있다. 그녀는 집에 갇혀서 밥하고 청소하는 처지에 이르게 되자 꿈이 환상임을 깨닫게 된다. 그녀의 프랑스어 보이스오버는 점점 더 깊은 절망에 빠져든다. 단순하게 구성된 롱숏들은 폐쇄되고 제한된 환경을 묘사해준다(**사진 10.31**). 비록 셈벤이 2007년 죽을 때까지 단 8편의 장편 영화만을 만들었다 하더라도, 그의 영화들은 세네갈인들의 도덕적 비전, 다가갈 수 있는 스토리텔링, 다양한 캐릭터들로 주목받을 만하다. 주인공들은 평범함을 벗어나서 전통적 및 현대적 아프리카인들의 삶의 양 측면을 잘 나타내준다.

국제적으로 알려진 프랑스어권 영화감독들에는 부르키나파소에서 〈틸라이(Tilai)〉(1990)를 만든 이드리사 오에드라오고와 〈바람(Finye)〉(1982), 〈밝음(Yeelen)〉(1987)을 만든 술레이만 시세, 말리에서 〈지상의 삶(Life on Earth)〉(1998), 〈법정(Bamako)〉(2006)을 만든 압데라만 시사코가 포함된다. 시사코의 영화들은 아프리카에 가해진 세계화의 충격에 대한 정교한 실황방송이라고 일컬어진다. 영화감독들은 아프리카 대륙 전체(가나, 콩고, 짐바브웨, 남아프리카 등)에 걸쳐서 활동하고 있으며, 디지털 제작으로의 전환이 이런 불충분한 자금산업에 상당한 충격을 주었다. 나이지리아 영화산업은 날리우드(Nollywood)로 알려져 있는데, 1990~2000년대에 자신들의 삶과 관련된 이미지들을 아프리카인들이 만들어왔고, 영화들을 고대해온 관객들에 의해 놀라운 붐이 일어났다. 툰데 켈라니의 〈아루그(Arugba)〉(2010)처럼(**사진 10.32**), 인기 있는 장르 영화들을 제작해서 비디오로 배급해온 날리우드는 출시 영화 숫자에서 2006년에는 할리우드를 추월했다.

영화 제작에 대한 제한된 재정적 및 기술적 자원 이외에 아프리카 영화 발전에서 가장 커다란 장해물 중 하나는 관객들이 극장에서 볼 수 있게 해주는 상영 및 배급의 사회기반시설 부족이다. 부르키나파소의 와가두구에서 열리는 범아프리카 영화 및 TV 예술제(FESPACO)[14]는 이런 맥락에서 활기에 차 있다. 아프리카 대륙 전체에 있는 영화감독 및 해외에 있는 영화감독이 모두 다른 사람들의 작품을 보고 보여주기 위해, 영화의 대중적 영향력을 어떻게 확대할 것인지에 대한 전략을 모색하기 위해 2년마다 열리는 이 예술제에 모이기 때문이다.

10.31 〈**흑인 소녀**〉 단순한 롱숏들과 냉혹한 미장센이 젊은 여인의 폐쇄감과 소외감을 잘 묘사해낸다.

10.32 〈**아루그**〉 나이지리아의 베테랑 영화감독 툰데 켈라니의 이 영화는 매년 마을 축제에 참가하기로 결정된 아루그(성처녀)로서의 재능 많은 한 젊은 여인이 대면하게 되는 문제점들을 묘사하고 있다. 이 영화는 비평가들 및 관객들에게 호평을 받았지만, 해적판 비디오 때문에 경제적 손실을 입었다.

중국 영화

중국 영화는 국가적 영화의 모델을 만들기 위해 도전하고 있는데, '3개의 중국'(중국인민공화국, 1997년 주권이 이양된 홍콩, 대만)이 있기 때문이다. 세 지역 각각은 서로 다른 사회적·정치적 체제 아래 발전해왔으므로, 영화산업은 상업적 구조, 정부 감독의 정도, 관객의 기대치, 심지어 언어의 조건에서 커다란 차이가 있다. 그러나 그런 것들은 모두 문화적으로 통합되어 있고, 경제적으로 점점 더 상호 의존적이 되어 가고 있다.

중국인민공화국의 영화

1949년 공산주의 혁명 이후 중국 본토에서는 영화 제작이 거의 중단되고 오로지 선전 목적으

10.33 〈홍등〉 중국 제5세대 감독 장이머우의 이 영화로 공리는 국제 예술 영화의 스타가 되었다.

10.34 〈세계〉 북경 테마공원을 배경으로 한 이 영화는 캐릭터들의 제한된 선택권에 대한 역설적이고 시각적인 해설을 제공한다.

로 엄격히 제한되어 있었으며, 지도자 마오쩌둥이 미국 영화를 '사탕발림한 총알'이라고 언급한 1960년대 문화혁명 시기 동안에는 더 붕괴되었다. 1980년대에 이르러서야 비로소 제5세대라 불리는 일단의 영화감독들이 출현했는데, 이들은 북경 전영학원 출신으로 영화매체의 형식적 가능성과 비판적인 사회적 내용 모두에 관심이 있었다. 또한 두 가지 특징이 두드러지는데, 아름다운 영상과 평범한 주인공을 기용하여 시골 혹은 역사적 주제들에 초점을 맞추는 것이다.

이 운동은 가장 유명한 영화감독인 첸 카이거와 장이머우가 연출과 촬영을 맡아 로카르노 국제 영화제에서 은상을 수상한 〈황토지(黃土地)〉(1985)로부터 시작한다. 제5세대 영화의 강한 미적 비전은 문화혁명기에 궁지에 몰린 예술가로서의 경험에 기인하는데, 그 자체로 비판적 진술이 되었다. 그러나 본질적으로 예술 영화는 중국의 거대한 대중 관객들에게까지 미치지 못했다.

장이머우 감독은 무명의 공리를 캐스팅하여 일련의 풍부하고 감각적인 영화들을 선보였고, 공리는 국제적인 스타가 되었다. 장이머우 감독의 〈국두(Ju dou)〉(1990)와 〈홍등(Raise the Red Lantern)〉(1991)은 국내에서 검열의 대상이 되었고**(사진 10.33)**, 각종 상을 수상했으며, 외국에서 합작제의가 들어왔다. 나중에는 무협(우시아) 영화인 〈영웅(Hero)〉(2002)과 〈연인(House of Flying Daggers)〉(2004)으로 진출했으며, 2008년 북경올림픽 개회식을 감독함으로써 상업적으로도 성공한 비주얼 스타일리스트로서의 입지를 다졌다.

1989년 천안문 광장 민주항쟁의 폭력진압 이후 중국인민공화국에서 새로운 언더그라운드 영화 운동이 나타났다. 소위 제6세대라 불리는 이 영화들은 공식 승인 없이 현대 도시의 삶 속에서 논쟁적 주제에 대한 탐색을 특징으로 하고 있다. 예를 들면 장위엔의 〈동궁 서궁(East Palace, West Palace)〉(1996)은 중국 본토에서 동성애자의 삶에 대한 최초의 영화였다. 국제적으로 유명한 제6세대 영화감독 중 한 사람인 지아장커는 마침내 국가의 승인을 받아 네 번째 작품 〈세계(The World)〉(2004)를 만들었는데, 북경 테마공원에서 일하는 젊은 직원들의 뿌리 뽑힌 삶을 가슴 아프고도 씁쓸한 시각적 구성으로 묘사해낸다**(사진 10.34)**. 지아장커는 다큐멘터리와 픽션 양자 모두에서 작품을 만들고 있는데, 디지털 영화를 사용함으로써 가능해진 일이다. 〈스틸 라이프(Still Life)〉(2006)는 싼샤댐을 배경으로 그린 드라마로 베니스 영화제 황금사자상을 수상했다.

홍콩 영화

1970년대 홍콩의 저예산 쿵푸 영화들이 경이로운 국제적 성공을 거둔 이후 제작자 겸 감독인 서극이 이끄는 홍콩 뉴웨이브의 세련된 스타일이 화면 위로 넘쳐 흘렀다. 이런 홍콩 영화들은 수익성이 좋은 제작 방법이면서 서부 영화 액션 요소를 영리하게 이용한 것으로 알려졌다. 오우삼 감독은 〈첩혈쌍웅〉(1989) 같은 폭력적인 액션 영화들의 전문적 기술과 적나라한 편집 때문에 국제적으로 유명해졌다. 전설적인 스턴트 인기배우 성룡과 함께 오우삼은 홍콩 스타일을 〈페이스

오프(Face/Off)〉(1997) 같은 할리우드 영화로 옮겨다 놓았다.

왕가위의 유행에 떨어지지 않으면서 아방가르드적이기까지 한 작품은 우연과 순간 속에서 미를 발견해내는 아주 특징적인 스타일로 촬영하고 편집한 포스트모던한 도시 세계를 통해 움직이는 가장자리 인물들에 대한 별난 스토리들로 충격을 준다. 〈해피 투게더〉(1997)는 두 남자의 이야기에 대한 역설적인 제목을 갖고 있는데, 그들은 고향인 홍콩과 그 도시적 고민에서 볼 때, 그다지 다르지 않은 남미의 부에노스아이레스를 배경으로 인간관계에 따라 이리저리 표류하고 있다. 왕가위의 〈화양연화(In the Mood for Love)〉(2000)는 1960년대를 무대로 상하이에서 살던 주민들이 홍콩으로 이주해 삶의 패턴을 확립하려고 노력하는 이야기를 다루고 있다(**사진 10.35**).

10.35 〈화양연화〉 홍콩의 독창적인 감독 왕가위가 만든 이 영화에서 유행에 뒤지지 않는 캐릭터들이 홍콩의 도시 소외 속에서 서로의 연결고리를 찾고 있다.

대만 영화

새로운 대만 영화의 유명한 감독 허우 샤오시엔이 만든 성찰적 가족 이야기 〈비정성시(A City of Sadness)〉(1989)와 에드워드 양의 〈하나 그리고 둘(Yi yi)〉(2000)은 많은 사람들이 중국 본토로부터 이주해 와서 서구 세계와 교역하면서도 본토와는 떨어져 있는 현대 대만의 정체성에 대해 성찰한다. 더 젊은 영화감독 차이밍량의 작품은 이런 감독들을 기반으로 하여 만들어지고 있는데, 종종 비애감을 확산시키기 위해 전개시키는 아주 긴 롱테이크 기법 같은 정밀한 형식을 이용한다. 이런 감독들이 국제적으로 명성을 얻기 시작했던 반면, 그들의 영화는 대만에서는 그다지 성공적이지 않았다. 2008년 웨이 더셩이 만든 〈하이자오 7번지(Cape No.7)〉가 대만 극장가를 강타했는데, 팝스타들과 역사적 신비감으로 무장한 이 작품은 젊은 취향의 국내용 영화들을 기다렸던 관객들의 추세에 부응하는 것이었다.

이란 영화

많은 중국 영화들이 국제적으로 성공을 거두고 있는 동안 이란 영화도 외국 영화제에서 많은 상을 타고 비평도 많이 받았다. 이슬람 국가의 예술 영화는 여백이 있는 회화적 아름다움으로 특징지어지는데, 종종 가장자리에 있는 자들의 일상생활 풍경이나 장면에 대한 것이며, 국가 통제에 대한 반응으로 부분적으로 발달된 함축성 있는 이야기 전개방식에 대한 것이다.

1979년 이란의 이슬람 혁명 이후 영화는 부패한 서구 영향력의 결과물로 공격받아 극장들이 폐쇄됐지만, 1990년대에 대중 영화와 특별한 예술 영화 문화가 모두 발달했다. 후자는 특히 1997~2005년까지 모하마드 하타미의 순화된 통치 동안에 이란 영화의 국제적 명성을 진작시키는 방법이 되었다. 압바스 키아로스타미와 모흐센 마흐말바프 같은 감독에 의해 만들어진 영화들은 세계 영화에서 가장 칭찬받는 영화가 되었을 뿐만 아니라 현대 이란 문화에 대해 다가갈 수 있는 표현물이 되었다. 키아로스타미의 〈체리 향기〉(1977)에서 아름답지만 황량한 풍경은 방황하는 캐릭터들의 실존적 대화를 위한 세팅이 된다. 자파르 파나히의 인기 있는 〈하얀 풍선〉(1995)은 금붕어를 찾아가는 어린 소녀의 탐색을 묘사한다. 시골 배경과 어린 주인공은 감독들이 현대의 사회적 주제가 야기하는 것들을 찾아내려는 종교 지도자들의 검열을 피하는 데 도움을 준다. 이런 전략은 또한 성인 남녀 캐릭터들이 건드리는 것을 금지하는 제약들(적어도 가정 안의 낭만적 삶에 대한 왜곡된 그림을 제공하는 것을 피했던 타협점)을 회피하게 해주었다.

그러나 최근 영화감독들은 현대 도시 삶의 묘사에 있어서 마약과 매춘 같은 불안한 사회적 문

10.36 〈칸다하르〉 마흐말바프의 영화는 미국 주도 군사공격 직전에 아프가니스탄의 불안한 사회적 문제를 탐색한다.

10.37 〈페르세폴리스〉 마르잔 사트라피의 자전적 그림 소설은 이슬람 혁명을 풍자하고 있다. 그녀가 뱅상 파로노 감독과 함께 프랑스에서 만든 이 영화는 그 소설을 각색한 것으로, 모국인 이란에서는 우호적인 대접을 받지 못했다.

생각해보기

같은 영화 운동(예 : 뉴저먼시네마 혹은 홍콩 뉴웨이브)에 속하는 두 편 이상의 영화를 비교해보자. 이 장에서 논의된 특징이 적용되고 있는가?

제들을 다루기 위해 이란 영화에 부여된 국제적인 승인을 이용해왔다. 파나히의 〈서클(The Circle)〉(2000)은 이란에서 금지되어 있는데, 일부 여성들이 피난처로 감옥을 선택하고 있는 이란 여성들의 곤경에 초점을 맞추고 있다. 마흐말바프의 〈칸다하르(Kandahar)〉(2000)는 미국 주도 군사공격의 목표가 되어 국제적인 관심의 중심이 되기 전의 이웃나라 아프가니스탄의 상황을 묘사한다(사진 10.36). 이런 논쟁점의 묘사는 정부의 인내의 한계를 시험해왔다. 2010년 12월 마흐무드 아흐마디네자드 정권 하에서 파나히는 6년의 징역형을 선고받고 20년간 영화 제작을 금지당했다(제8장 참조).

이란 영화에서 가장 흥미로운 모순 중 하나는 여성 영화감독들이 두각을 나타내고 있다는 것이다. 엄격한 종교법은 여성 캐릭터들을 화면상에서 머리를 가린 채로 묘사하도록 요구한다. 그럼에도 불구하고 많은 이란 여성 영화감독은 〈숨겨진 반쪽(The Hidden Half)〉(2001)으로 경찰에 체포된 타흐미네 밀라니와 18세 때 첫 장편 영화 〈사과(The Apple)〉(1998)를 만든 사미라 마흐말바프(모흐센 마흐말바프의 딸) 같은 많은 서구 나라들의 여성감독들 이상의 능력을 보여주었다. 뱅상 파로노 감독과 마르잔 사트라피는 프랑스 만화영화 〈페르세폴리스〉(2007)에서 비슷한 주제를 더 분명하게 다루고 있는데, 사트라피가 이란에서의 소녀 시절에 대해 쓴 그림 소설에 기초한다(418~419쪽 '집중 분석' 참조)(사진 10.37).

현대 영화 문화의 이런 예들에서 국가적 및 지역적 정체성을 규정하고 도전하는 데 있어서 영화의 강력한 이미지 및 서사의 역할을 볼 수 있다. 전 지구적 관점은 다수의 공유하는 정치·문화적 역사의 맥락에서 영화를 보고 있다. 할리우드에 대안을 제공하고자, 21세기의 영화 문화는 점점 더 영화제들을 통해서 국제적 자금조달과 영화 유통에 의존하고 있는데, 영화제에서의 수상과 영화평들은 영화 및 감독뿐만 아니라 촬영장소까지도 홍보하는 데 도움을 준다.

영화 역사에서 잃어버린 것과 찾은 것

영화 역사를 쓰는 것은 간단한 일이 아니다. 그것은 해석, 무엇이 포함될지에 대한 선택을 포함한다. 그 과정은 매우 어려운데, 과거의 중요한 측면들이 역사에 숨겨져 있기 때문이다. 예를 들면 무성 영화 시기의 미국 영화 약 80%는 망실될 것으로 추정된다. 게다가 무엇이 중요한지의 기준은 영원한 것이거나 보편적이지 않다. 포함 및 배제의 기준에 대한 토론은 문학 연구에서 익숙한 것인데, 본질적으로 위대한 작품이라고 인정된 리스트는 **캐논**(canon, 정본)이라 불린다. 그러나 영화 캐논의 개념은 관객들이 특별히 즐기지 않는 영화들에 문화적 무게를 실어줄 수도 있으며, 불가피하게 다른 것들보다 더 권위 있는 것으로서 일부 영화 및 영화감독을 선정한다.

편향된 선택의 요소를 제거한 역사를 쓰는 것이 가능한 일인가? 접근 방법 중 하나는 저평가된 공헌과 전통들의 영화적 과거를 캐내는 것이며, 그것에 의해 일부 오늘날의 다양한 영화 관습의 인지되지 않은 선례를 발견해내는 것이다. 그렇게 바로잡은 역사는 재발굴된 영화들이 전에 칭찬받은 걸작들과 동격을 이루게 될 것인지 혹은 대체할 것인지를 두고 논쟁하지 않는다. 그보다는 오히려 과거와 그 산물에 대한 다른 질문들을 생각하려고 시도하며, 놓치고 있는 관점으로 이를 보충하기 위하여 과거의 어떤 버전이 인정받아왔는가를 드러내려고 시도한다.

캐논으로 정해진 영화감독 및 영화의 그림자 속에서 많은 것이 의미 있는 역사적 공헌에도 불구하고 중요한 지위를 거부당해왔다. 이 누락된 많은 것 중에서 미국 영화에 대한 완전한 이해를 위한 열쇠가 되는 여러 역사들에 초점을 맞출 것이다. 여성 영화감독들, 아프리카계 미국인 영화, 레즈비언/게이/바이섹슈얼(양성애자)/트랜스젠더(성전환자)(LGBT) 영화 문화, 토착 미디어가 그것이다. 그리고 마지막으로 우리는 '고아 영화(orphan film)'[15]란 개념을 통해서 영화 보존이란 문제로 들어가는 입문 단계를 제공할 것이다. 고아 영화는 전통적인 문화적 가치가 결여되었음에도 불구하고 살아남거나 구제되어 과거의 매력적인 순간들을 엿볼 수 있는 일시적이거나 비상업적인 영화이다.

여성 영화감독

오늘날 미국 영화산업은 남성 주도적으로 남아 있는데, 여성이 감독한 것은 2013년 기준으로 미국에서 가장 많은 수입을 올린 상위 250개 영화 중 단 6%를 차지한다. 독립영화, 다큐멘터리, 실험영화의 경우 여성의 접근이 좀 수월하지만, 이런 것들은 할리우드 영화 제작보다 덜 가시적이다.

흥미롭게도 영화산업이 활짝 피었던 초기 시절에 여성들이 조감독, 작가, 편집자, 여배우로서뿐만 아니라 감독 및 제작자로도 수많은 영화에 참여했다. 프랑스에서 1896년 일부 사람들이 최초의 픽션 영화로 생각하는 〈양배추 요정(La fée aux choux)〉을 만든 알리스 기 블라셰는 자신의 회사를 미국에 설립하고, 뉴저지 스튜디오에서 수백 편의 영화를 생산해냈다(사진 10.38). 여배우에서 작가, 감독, 제작자로 변신한 로이스 웨버는 1910년대에 동료감독들인 세실 비 데밀과 D. W. 그리피스와 거의 동등하게 유명했으며, 당시 고액 보수를 받는 중요한 미국 영화감독 중 한 사람이었다. 그녀는 사회적 문제에 대한 수많은 영화들을 감독했다. 〈내 아이들은 어디에?(Where Are My Children?)〉(1916)는 낙태에 반대하면서도 산아제한을 주장한 영화이다(사진 10.39). 그럼에도 불구하고 알리스 기 블라셰와 로이스 웨버는 모두 영화의 주류 역사에서 배제되어왔다.

1920년대에 영화가 할리우드에서 커다란 사업으로 성장함에 따라 초기 영화산업에서 화면 뒤에서 활동하던 대부분의 여성들은 어려움을 겪기 시작했다. 스튜디오에서는 오로지 작가와 편집자만이 숫자에 상관없이 계속 일하고 있었다. 유성 영화 시기 할리우드에서 상당한 기간 동안 유명하고 또 유일하게 활동적인 여성 영화감독은 도로시 아즈너였다(사진 10.40). 그녀의 영화 〈크리스토퍼 스트롱(Christopher Strong)〉(1933)과 〈댄스, 걸, 댄스(Dance, Girl, Dance)〉(1940)는 강인한 여주인공 역에 당대 인기배우들이 열연했으며, 여성들 사이의 의미 있는 연대감을 묘사해낸

10.38 1915년의 알리스 기 블라셰 역사상 최초의 유명한 여성 영화감독인 그녀는 주류 영화 역사에서 거의 알려져 있지 않다. Ft. Lee Public Library, Silent Film Collection, Ft. Lee, NJ

10.39 〈내 아이들은 어디에?〉 로이스 웨버의 이 영화는 낙태와 산아제한에 대한 논쟁적인 사회문제를 다루고 있다.

10.40　도로시 아즈너 그녀는 스튜디오 시스템 전성기인 1930년대에 할리우드에서 유일한 여성 영화감독이었다. Courtesy Photofest

다. 영화산업에서 감독이란 지위를 차지한 다음 여성은 이다 루피노인데, 원래 유명한 여배우였다가 감독이 되어 〈거칠게, 빠르게, 아름답게(Hard, Fast and Beautiful)〉(1951) 같은 저예산의 직설적인 독립영화들을 만들었다. 영화는 딸이 테니스로 성공하도록 밀어붙이는 한 어머니에 대한 이야기이다. 루피노는 나중에 여성들에게 더 많은 기회를 제공하는 새로운 무대인 TV에서 성공적인 감독 경력을 쌓았다. 1970년대에 페미니스트들이 재발견한 이래로 아즈너와 루피노는 스튜디오 시스템의 남성 지배구조에서 여성감독이 된다는 것이 어떤 의미인지에 대한 보상으로서 학문적 연구의 초점이 되어왔다.

독립영화에서의 여성

자본이 집중된 주류 세상인 할리우드 바깥에 위치해 있기 때문에 아방가르드, 다큐멘터리, 독립영화 운동들은 장편 영화 제작보다 여성 감독이 접근하기가 더 수월했다. 아마도 가장 유명한 미국 아방가르드 여성 영화감독은 마야 데렌일 것이다. 러시아 이민자 출신인 데렌은 1940년대 초 시적이고 춤에 영감을 받은 영화들을 만들기 시작했으며, 다른 여성 아방가르드 영화감독들의 길을 닦아 놓았다(제8장 참조). 셜리 클라크는 〈포트레이트 오브 제이슨(Portrait of Jason)〉(1967) 같은 놀랄 만한 인터뷰 영화와 추상 영화를 만들었으며, 영향력 있는 뉴욕 영화감독협동조합(Film-Makers' Cooperative of New York)을 공동설립했다(제8장 참조). 오노 요코는 유머 있는 〈필름 넘버 4(Film No.4)〉(1966)와 끔찍한 〈폭행(Rape)〉(1969)을 제작하면서 음악 이외의 다른 예술적 표현 분야들을 추구했다.

1960년대 말과 1970년대 초에 분명한 페미니스트 아방가르드 운동이 캐롤리 슈니먼 같은 예술가 및 영화감독들과 더불어 나타났는데, 그녀는 〈퓨즈(Fuses)〉(1967)에서 남편과 사랑을 나누는 장면을 촬영했고, 이본느 라이너는 언어와 텍스트의 실험뿐만 아니라 댄서로서 자신의 일을 〈한 여성에 대한 영화(Film about a Woman…)〉(1974)라는 장편 영화에 통합시켰다. 바버라 해머는 1970년대 초 이래로 제작해온 80편 이상의 단편 영화에서 재현에 대한 질문뿐만 아니라 레즈비언의 정체성 및 에로티시즘을 탐색하기 위해 실험 영화 언어를 이용해왔다. 리지 보든의 〈불꽃 속에 태어나서(Born in Flames)〉(1983)는 혁명 후 미래에서 여전히 불평등한 시민인 여성들이 저항하기 위해 스스로 조직하는 것을 상상한다(사진 10.41). 벨기에의 샹탈 애커만, 영국의 샐리 포터, 프랑스의 마르그리트 뒤라스를 포함한 미국 밖에 있는 실험적 페미니스트 영화감독의 작품뿐만 아니라 이 작품의 많은 것들은 1970~1980년대의 로라 멀비 같은 페미니스트 영화 이론가들에 의해 활기차고 비판적으로 분석되었다.

사회정의 문제는 여성들이 굳건한 발판을 딛고 있는 다큐멘터리 및 단편 영화 형식에서 빈번하게 강조되었다. 다큐멘터리 감독 중에는 바바라 코플이 유명한데, 그녀는 파업하는 노동자들에 대한 다큐멘터리 〈할란 카운티 USA(Harlan County, USA)〉(1976)와 〈아메리칸 드림(American Dream)〉(1990)으로 두 번이나 아카데미상을 수상했다. 크리스틴 초이는 르니 타지마와

10.41　〈불꽃 속에 태어나서〉 리지 보든의 협업적 대본에 기초한 페미니스트 영화에서 머지않은 미래에 뉴욕에서 다인종 여성집단의 반란이 일어날 것으로 보고 있다.

함께 만든 〈후 킬드 빈센트 친〉(1987)을 포함한 사회
적 문제에 대한 많은 다큐멘터리들을 제작했다. 아
프리카계 미국인 영화감독 아요카 첸지라는 〈가발:
곱슬머리 사람들을 위한 영화(Hairpiece: A Film for
Nappy-headed People)〉(1984)를 위해 만화영화 형
식을 이용한다. 줄리 대시의 영향력 있는 단편 영화
〈환상(Illusions)〉(1982)은 제2차 세계대전 동안 영화
산업에 들어가기 위해 백인으로 '합격'한 흑인 여성
에 대한 스토리인데, 나중에 나온 획기적인 독립영화
〈먼지의 딸들〉(1991)의 선구자격 영화였다. 여성 영
화감독들이 만든 많은 작품들은 통상 극장 상영 구조
밖의 대학 및 미디어 아트 센터 같은 장소들에서 상
영되었다.

10.42 〈이너프 세드〉 니콜 홀로프세너의 이 코믹 드라마는 중년 남녀의 만남에 대한 이야기로 제임스 갠돌피니의 마지막 연기를 보여준다.

여성 작가, 감독, 제작자들에 의한 독립영화들이 어느 때보다 많이 등장한다. 앨리슨 앤더스
는 〈쉐드와 트루디(Gas Food Lodging)〉(1992) 같이 자신의 경험에 기초한 영화나 멕시코계 갱단
에 대한 이야기인 〈마이 크레이지 라이프(Mi Vida Loca)〉(1993)처럼 다른 소녀와 여성들의 경험
에 기초한 영화들을 만들고 있다. 독립영화 제작자로서 크리스틴 배콘은 로즈 트로체와 귀네비
어 터너의 레즈비언 로맨스 〈고 피쉬(Go Fish)〉(1994)를 포함하여 많은 여성감독들의 찬사를 받
은 대담한 작품들을 만들어왔다. 킴벌리 피어스의 데뷔작 〈소년은 울지 않는다〉(1999)는 성전
환자 브랜든 티나의 살인사건에 기초한다. 메리 해런의 〈악명 높은 베티 페이지(The Notorious
Bettie Page)〉(2005)는 1950년대의 유명한 성인잡지 모델의 삶에 대한 페미니스트의 시각을 보
여준다. 〈네임세이크〉(2006)의 미라 네어, 〈블링 링〉(2013)으로 비평계의 성공 및 상업적 성공
모두를 성취하여 높은 명성을 유지하고 있는 소피아 코폴라처럼 여전히 독립적인 여성감독들
이 몇몇 되지 않는 동안, 〈이너프 세드(Enough Said)〉(2013)의 니콜 홀로프세너와 〈윈터스 본〉
(2010)의 데브라 그래닉 같은 여성감독은 특징적인 예술적 비전들로 의미 있는 미디어와 대중
적 관심을 얻어낸다(사진 10.42). 〈로렐 캐년(Laurel Canyon)〉(2002)과 〈에브리바디 올라잇〉(2010)
의 리사 촐로덴코, 〈러브 앤 바스켓볼(Love & Basketball)〉(2000)과 〈벌들의 비밀생활(The Secret
Life of Bees)〉(2008)의 지나 프린스-바이스우드, 〈디.이.비.에스.(D.E.B.S.)〉(2004)와 〈허비-
첫시동을 걸다(Herbie Fully Loaded)〉(2005)의 안젤라 로빈
슨, 〈걸파이트(Girlfight)〉(2000)와 〈죽여줘! 제니퍼(Jennifer's
Body)〉(2009)의 캐린 쿠사마를 포함하여 많은 유색인 여성감
독들과 레즈비언 감독들 또한 독립적인 장편 영화 제작에 흔
적을 남기고 있다(사진 10.43). 이런 감독들은 순조롭게 장편
영화 프로젝트를 진행시키고자 TV에서 일한다.

현대 할리우드에서의 여성

여성들 일부는 이미 영화산업에 영향력을 끼치고 있는 여배
우가 감독 지위에 진입하면서 천천히 현대의 할리우드 제작
부문에 들어왔다. 예를 들면 일레인 메이, 바브라 스트라이
샌드, 페니 마샬, 조디 포스터가 그들이다. 여성감독들은 거
의 고예산 영화들에 배정받지 못했으며, 대부분은 일류의 혹
은 블록버스터 영화들에 초점을 맞추고 있는 역사에서 배제

10.43 〈죽여줘! 제니퍼〉 시나리오 작가 디아블로 코디는 캐린 쿠사마와 한 팀
이 되어 이 페미니스트 공포 영화를 만들었다. 출시 전에는 인기를 끌었지만 극장
개봉에서는 실패했다.

10.44 캐서린 비글로우 2010년 그녀는 아카데미 최우수 감독상을 수상한 최초의 여성이었으며, 아카데미상 역사상 여성이 후보에 오른 것은 단 네 번뿐이었다. Courtesy AP Photo/Mark J. Terrill

생각해보기

최근 본 여성감독 영화를 생각해보자. 카메라 뒤에 있는 그 여성감독의 관점을 어떻게 특징화하고 구별할 것인가?

되었다. 사실 여성들은 종종 청소년 영화, 로맨틱 영화, 가족 코미디 같은 장르에서 감독으로 더 쉽게 기용되어왔다. 이런 장르들에서 개척자 정신으로 흥미로운 내용들을 만들었던 할리우드 여성감독들에는 〈리치몬드 연애소동(Fast Times at Ridgemont High)〉(1982)과 〈클루리스(Clueless)〉(1995)의 에이미 헥커링, 〈서구문명의 몰락(The Decline of Western Civilization)〉(1981)과 〈웨인스 월드(Wayne's World)〉(1992)의 페넬로페 스피어리스가 포함된다. 수잔 세이들먼은 뉴욕에 기반을 둔 코미디물로 마돈나에게 첫 영화배역을 선사한 〈수잔을 찾아서(Desperately Seeking Susan)〉(1985)의 시나리오를 쓰고 감독했다.

작가 겸 감독인 노라 에프론은 〈시애틀의 잠 못 이루는 밤(Sleepless in Seattle)〉(1993)에서 더 큰 스케일로 로맨틱 코미디 공식을 완전히 익혔으며, 〈줄리 & 줄리아(Julie & Julia)〉(2009)에서도 계속 여성 주제에 초점을 맞추었다. 〈사랑은 너무 복잡해(It's Complicated)〉(2009)의 낸시 메이어스는 작가 겸 제작자로서 입지를 다진 이후에 편안하게 여성 소비자들을 목표로 한 영화감독으로 전환했다. 전통적으로 남성 장르에 특화하고 있는 예술학교 출신의 감독 캐서린 비글로우는 괴이한 뱀파이어 영화인 〈죽음의 키스(Near Dark)〉(1987)와 서핑 영화 〈폭풍 속으로(Point Break)〉(1991)로 이런 유형을 깨뜨렸다. 2010년 비글로우는 전쟁영화 〈허트 로커〉(2008)로 아카데미 최우수 감독상을 받은 최초의 여성이 되었는데, 이 영화는 최우수 작품상도 받았다**(사진 10.44)**. 그녀의 다음 작품 〈제로 다크 서티〉(2012)에는 오사마 빈 라덴(Osama bin Laden) 사살의 논쟁적인 묘사뿐만 아니라 그녀가 주목해 다룬 아드레날린이 솟구치는 액션 시퀀스들도 포함되어 있다.

미국 영화 역사에서 여성 영화감독들의 재발견, 영화 제작의 모든 수준 및 형식에서 늘어나는 여성 참여 주장은 형평성을 향한 중요한 걸음이다. 잊혀진 이름과 영화들의 회복을 넘어서면서, 관객들이 어느 정도로 여성들이 예상되고, 비전통적 능력으로 활용되고, 스토리 속에서 나타나는지 모든 영화들에 대해 물어볼 수 있다.

아프리카계 미국인 영화

주류 할리우드 영화계는 아프리카계, 아시아계, 라틴계, 아랍계, 원주민계 미국인들에게 단지 제한된 범위만을 제공해왔다. 화면에 출연할 경우에도 이들은 전통적으로 틀에 박힌 작은 역할로만 존재했다. 화면 뒤에서의 유색인들의 역할은 역사적으로 훨씬 더 제한적이었다.

일부 초기 미국 영화들은 인종 문제에 관한 주제를 다루기도 했지만, 보통 민스트럴 쇼[16]나 다른 형태의 대중문화에 돌아다니는 어처구니없이 틀에 박힌 것에서 끄집어낸 것에 불과했다. 나중에 카르멘 미란다와 레나 혼 같은 연기자들이 할리우드 뮤지컬에서 특별히 조명을 받았지만, 주역 역할에는 거부당했다. 이런 상황은 유색인들이 만든 독립영화에서 대안적 관점들에 도전받아왔다.

아프리카계 미국인 영화는 경제적 영향력뿐만 아니라 역사적 깊이 및 당대적 넓이 때문에 중요한 사례 연구를 제공해준다. 게다가 아프리카계 미국인의 정체성은 비록 여전히 유색인들의 이미지와 목소리를 가장자리로 몰아넣는 일들이 자주 있지만, 흑백이란 조건 속에서 그 역사적 분쟁을 점차 알리고자 하는 국민적 기대 속에 상징적 무게를 견뎌낸다.

스파이크 리의 〈뱀부즐리드(Bamboozled)〉(2000)
는 오락 세계에서 아프리카계 미국인의 이미지 영역
을 다시 찾아가고 있다. 아프리카계 미국인 문화를
도용하는 백인 보스의 위선을 폭로하기 위해서 흑인
TV PD가 TV용 현대적 민스트럴 쇼를 제안하는데,
19세기의 굴종적이며 우스꽝스럽게 희화화된 아프
리카계 미국인들의 틀에 박힌 전형들로 가득차 있다
(사진 10.45). 주인공은 흑인 분장 얼굴을 유행으로 만
드는 그 쇼가 엄청난 성공을 거두자 놀라게 된다. 그
러나 영화는 쇼의 성공이 부분적으로 연기자들이 노
래와 춤에 쏟는 엄청난 능력에 기인한다는 것을 암
시한다. 뛰어난 댄서 사비온 글로버를 기용한 스파
이크 리의 이 영화는 아프리카계 미국인 예술가 버
트 윌리엄스, 셜리 템플과 짝을 이뤄 연기한 유명한 댄서 빌
로빈슨 같은 역사적인 천재 연기자를 알려준다.

10.45 〈뱀부즐리드〉 스파이크 리의 공격적이면서 역사적으로 잘 알려진 이 영화는 미국
오락 세계의 틀에 박힌 인종주의 유산에 맞선다.

초기 독립적인 아프리카계 미국인 영화

할리우드 역사에 놀라운, 심지어 영웅적이기까지 한 대안을 제
시한 독립적인 아프리카계 미국인 영화 문화는 급성장하는 문
학과 흑인 음악가의 녹음에 의해 개발된 아프리카계 미국인 관
객들의 '인종적 의식'으로부터, 남부의 인종주의 및 분리정책
의 현실에 걸쳐서 다양한 현상에 반응하면서 1910~1920년대
에 발전했다. 할렘 르네상스[17]의 〈국가의 탄생〉에서의 흑인
에 대한 선동적인 묘사의 반대는 영화가 자기표현의 한 수단
이라는 주장을 위한 의미 있는 자극제였다. 소위 **인종 영화**
(race movie)는 아프리카계 미국인 배우들을 기용해 북부의 도
시에 사는 아프리카계 미국인 관객들에게 유통되었으며, 남
부에서는 특별히 분리된 극장에서 상영되었다['자정 나들이
(midnight rambles)'로 알려진 늦은 밤 상영을 포함](**사진 10.46**).
일부 인종 영화들은 백인 회사가 제작했지만, 여러 유명 제작

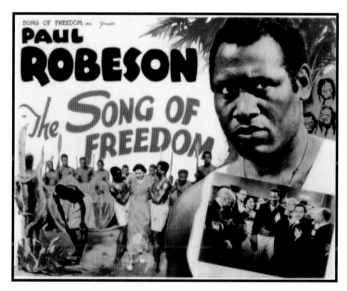

10.46 〈자유의 노래(The Song of Freedom)〉(1936) 영화 포스터 '인종 영
화'는 인종 분리정책 시기 동안 흑인 관객들에 목표를 두면서 아프리카계 미국인
의 삶과 관심을 묘사한다. *Courtesy Everett Collection*

사들은 아프리카 미국인들의 소유였다. 예를 들면 1910년 초 빌 포스터는 시카고에 포스터 포토
플레이 컴퍼니를 설립하는 한편, 1916년 배우 노블 존슨은 자신의 동생 및 다른 동업자들과 함께
로스앤젤레스에서 직원 모두가 흑인인 링컨 모션 픽처 컴퍼니를 설립했다.

초기 독립적인 아프리카계 미국인 영화에서 가장 중요한 인물은 작가, 출판업자, 제작자
겸 감독, 그리고 단장인 오스카 미쇼로, 최초의 아프리카계 미국인 장편 영화를 만들었다(**사진
10.47**). 미쇼는 1918~1948년까지 자기 소유의 제작사를 운영하면서 극히 한정된 예산으로 거의
40여 편에 달하는 장편 영화를 제작했다. 그는 독특한 비할리우드 스타일을 유행시켰는데, 그
것의 '오류들'은 대안적인 미로 해석되었다. 그의 가장 논쟁적인 영화 〈우리 문 안에서(Within
Our Gates)〉(1920)는 폭력적인 집단 폭행이 확산되는 것을 사실적으로 묘사하고 있는데, 그것
때문에 시카고 인종폭동을 목격한 당국의 검열을 받아야 했다. 나중에 〈육체와 영혼(Body and
Soul)〉(1925)에서 미쇼는 배우, 가수, 그리고 사회운동가 폴 로브슨을 한 팀으로 묶어 부패한 목
사의 초상을 그리고 있다.

10.47　**오스카 미쇼** 영화 역사상 가장 기지가 뛰어난 인물 중 한 사람인 그는 작가, 제작자, 감독으로서 1918~1940년대까지 아프리카계 미국인 관객들을 위한 장편 영화를 만들었다. Courtesy Photofest

또 한 사람의 중요한 작가 겸 감독 및 배우였던 스펜서 윌리엄스는 종교 영화들로 아프리카계 미국인 영화 역사 및 미학에 상당한 기여를 했다. 그의 작품 〈예수의 피(The Blood of Jesus)〉(1941)의 그림 같은 아름다움은 나중에 줄리 대시의 〈먼지의 딸들〉의 장면에 반영되었다. 윌리엄스가 유성 영화 시기에 공헌을 하고, 오스카 미쇼가 1940년대에 계속 영화를 만들긴 했지만, 인종 영화의 시대는 1920년대 말 유성 영화 도입 전에 절정에 달했다. 제2차 세계대전 무렵 아프리카계 미국인들의 전쟁 참여 노력은 할리우드 영화산업을 포함한 부분의 평등에 대한 기대감을 높이는 데 기여했다. 스튜디오들은 스스로 1930년대의 틀에 박힌 이미지들을 갱신함으로써 관객 및 기자들과의 관계를 개선하려고 노력했다. 역설적이게도 스튜디오들과 전미 유색인종 지위향상협회(National Association for the Advancement of Colored People, NAACP)와의 흑인 묘사 개선 협정은 종종 아프리카계 미국인들에 의한 영화의 활기찬 대안적 문화(비록 분리시킨 것이지만)의 쇠퇴에 기여했다.

블랙스플로이테이션에서 현대 아프리카계 미국인 감독까지

1960년대 스튜디오 시스템이 기울어진 이후 할리우드는 새로운 시장을 찾았고, **블랙스플로이테이션**(blaxploitation)이라 알려진 장르가 등장했다. 비록 이 용어는 냉소적으로 흑인 관객들에 대한 경제적 착취를 제시한다 하더라도(특히 도회적인 아프리카계 미국인 주인공에 관한 영화에 참여할 것 같은 도시 시장에 대한) 장르이며 흑인 권력 운동에 의해 부분적으로 가능해졌다. 많은 블랙스플로이테이션 영화들이 백인 제작자들에 의해 만들어지는 동안, 일부 아프리카계 미국인 영화감독들은 그 장르를 자신들의 목적에 따라 의미 있는 영향력을 미치는 것으로 바꾸었다. 엄청난 성공을 거둔 〈샤프트(Shaft)〉(1971)는 유명한 촬영가 고든 파크스가 감독한 영화이다. 멜빈 반 피블스는 〈스위트 스위트백스 배다스 송(Sweet Sweetback's Baadasssss Song)〉(1971)에서 대본도 쓰고, 감독도 하고, 음악도 작곡하고, 직접 주연도 했는데, 인종차별주의 경관들에 쫓기는 어느 흑인에 대한 동적인 이야기 속에 혁명적인 수사법들을 통합한다(**사진 10.48**).

　20세기의 마지막 20여 년 동안 아프리카계 미국인 영화 제작 부흥기의 상업적 및 예술적 지도자는 스파이크 리였다. 그는 데뷔작 〈그녀는 그것을 좋아해〉(1986)로 영화 언어 및 스토리텔링의 세련된 이용을 통해서 미적으로나 재정적으로나 미국 독립영화를 부흥시키는 데 이바지했다. 자신의 제작사 '40에이커스 앤 어 뮬'을 통해서 일하는 스파이크 리는 전기 영화 〈말콤 X〉(1992)에서 아프리카계 미국인 역사상 중요한 순간을 다루고 있으며(**사진 10.49**), 〈모베터 블루스(Mo' Better Blues)〉(1990)에서 개인적 문젯거리들을 탐색하는 한편, 많은 다른 젊은 유색인종 영화감

10.48　〈**스위트 스위트백스 배다스 송**〉 멜빈 반 피블스의 공격적인 블랙스플로이테이션 영화로서 히트를 쳤다.

독들의 작품들을 제작했다. 〈네 소녀(4 Little Girls)〉(1997), 〈제방이 무너졌을 때(When the Levees Broke)〉(2006), 할리우드 히트작 〈인사이드 맨(Inside Man)〉(2006)처럼 HBO와 함께 다큐멘터리물들을 감독하기도 했다.

스파이크 리의 성공은 도시를 무대로 한 두 건 쓴 젊은이들에 대한 '후드' 영화의 유행에 초점이 맞추어진 1990년대 초의 아프리카계 미국인 영화 붐에 박차를 가했다. 예를 들면 존 싱글턴의 〈보이즈 앤 후드(Boyz N the Hood)〉(1991), 마리오 반 피블스의 〈뉴잭 시티(New Jack City)〉(1991), 휴즈 형제의 〈사회에의 위협(Menace II Society)〉(1993)이 포함된다. 도시 영화들에서 묘사된 것들로부터 아프리카

10.49 〈**말콤 X**〉 스파이크 리는 살해당한 지도자에 대한 거대 예산의 전기 영화는 아프리카계 미국인이 감독해야 한다고 주장했다.

계 미국인 삶에 대한 다른 관점을 제공하고 있는 오프라 윈프리는 노예였던 어머니에 대한 토니 모리슨의 1987년 소설에 기초한 〈비러브드(Beloved)〉(1998), 조라 닐 허스턴의 1937년도 고전작품의 각색인 〈그들의 눈은 신을 보고 있었다(Their Eyes Were Watching God)〉(2005) 같은 흑인 여성 작가들의 유명 작품들을 각색한 작품들을 제작했다.

2000년대의 첫 10여 년 동안 시나리오 작가이자 제작자, 배우, 감독인 타일러 페리의 코미디 영화들이 아프리카계 미국인 관객들 사이에서 엄청난 성공을 거두었다. 〈다이어리 오브 매드 블랙 우먼(Diary of a Mad Black Woman)〉(2005)은 특징적인 캐릭터인 허튼소리 하지 않는 할머니 마디아(의상 도착증에 걸린 역할로 페리가 연기)를 영화계에 선보였으며, 10편 이상의 영화에서 총 5억 달러의 수입을 올렸다. 리 다니엘스의 드라마 〈프레셔스〉(2009)는 신체적으로, 감정적으로 그리고 성적 학대를 당하는 과체중인 어린 소녀의 삶에 대한 파괴적이면서 고조시키는 스토리이다. 배급사 없이 선댄스 영화제에서 상영되었고, 페리와 윈프리는 이 영화의 홍보에 도움을 주기 위해 영화제에 등장했다. 페리와 윈프리의 상업적 영향력은 관객과 비평가들의 관심을 돌리는 데 도움을 주었고, 마침내 기대하지도 않은 아카데미상 후보작에 올랐다. 윈프리는 페리의 다음 영화도 지원했다. 〈버틀러 : 대통령의 집사〉(2013)는 8명의 대통령을 보필한 백악관의 한 아프리카계 미국인 집사의 삶에 기초한다. 그해 같이 개봉된 〈노예 12년〉은 1841년 한 자유로운 흑인 남자가 노예로 납치되어 당한 짐승 같은 대우를 묘사한다. 이 영화들은 영국 감독 스티브 맥퀸의 단호한 시각으로 그려진 〈노예 12년〉에 의해 촉발된 과거 국가적 인종차별주의에 대한 국민적 의식전환을 가리키고 있다.

다른 인종 집단 및 민족 집단에 의한 영화들이 미국 영화 역사에 걸쳐 제작되었으며, 유색인들이 영화 제작에 접근함에 따라 숫자적으로 증가해왔다. 일반적으로 영화 만드는 독립적인 특성을 강화하면서, 미국 사회의 다문화적 성격에 더 많은 강조를 하면서, 중국계 미국인 웨인 왕은 〈첸의 실종(Chan Is Missing)〉(1982)으로 자신의 의미 있는 영화 제작 경력을 시작했으며, 시나리오 작가이자 감독인 루이스 발데즈는 〈주트 슈트(Zoot Suit)〉(1981)와 〈라 밤바(La Bamba)〉(1987)로 멕시코계 미국인 역사의 중요한 스토리들을 영상으로 가져왔다. 원주민계 미국인들이 제작한 장편 영화는 1998년이 되어서야 비로소 등장했다. 감독 크리스 아이르와 작가 셔먼 알렉시의 획기적인 영화 〈스모크 시그널스(Smoke Signals)〉는 현대 원주민계 미국인 삶의 모순성에 대한 부드럽고 재미있는 그림을 제공한다. 더 최근 셰리엔 다비스의 〈암리카(Amreeka)〉(2009)는 중서부 패스트푸드 식당에서 일하는 한 팔레스타인계 어머니에 대한 소박

역사의 잃어버린 것과 찾은 것 : 〈우리 문 안에서〉

같이 보기 : 〈예수의 피〉(1941), 〈뱀부즐리드〉(2000)

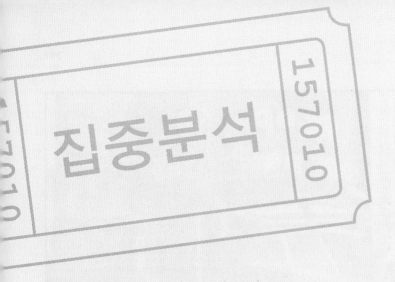

10.50 〈우리 문 안에서〉의 포스터 재발견된 오스카 미쇼의 이 영화는 중산층 아프리카계 미국인의 삶을 인류학적으로 다룬 것으로, 여기에는 집단적 폭력에 대한 극적인 장면이 포함되어 있다. Courtesy Oscar Micheaux Society, Duke University, with thanks to Jane Gaines

오스카 미쇼의 〈우리 문 안에서〉(1920)는 내용, 제작 환경 및 반응, 운명 때문에 미국 영화의 역사를 비판하는 중요한 영화이다(사진 10.50). 1919년 독립적으로 제작되어 1920년 상영된 이 영화는 아프리카계 미국인 영화감독이 만든 최초의 장편 영화이다. 그러나 그 역사적 중요성에도 불구하고 이 영화는 수십 년 동안 실종되어 있었다. 논란이 많았던 첫 상영 이후로, 이 영화는 한동안 실종되었다가 스페인에서 〈라 네그라(La Negra)〉란 이름으로 발견되어 의회 도서관의 확인을 받은 이후인 1990년대에 비로소 세상에 유통되었다. 이 영화의 복구는 20세기 초 인종주의 영화의 생생한 세계와 이런 문화 속에서의 오스카 미쇼의 놀랄 만한 역할을 다시 밝혀내려는 영화 역사가들 및 흑인 문화 비평가들의 노력으로 가능해졌다. 이 영화가 역사 자료에서 오랫동안 누락되었다는 것은 여러 세대에 걸친 관객과 문화적 제작자에게 그 시기 동안 북부와 남부에서의 아프리카계 미국인 삶 및 정치학에 대한, 오스카 미쇼가 언급한 관객의 개념에 대한 하나의 그림을 박탈해간 것이다.

이 영화는 대안적 영화 역사에 있어서 중요한데, 대단히 파괴적인 역사적 현상(아프리카계 미국인들을 집단 폭행하는 일이 20세기 초 수십 년 동안 유행병처럼 퍼져나갔던 현상)을 바로잡으려는 하나의 관점을 제공해주기 때문이다. 이 영화가 1990년대에 다시 유통되었을 때, 관객들은 즉시 그것을 D. W. 그리피스의 〈국가의 탄생〉에 대한 비판적 시각으로 알아보았는데, 〈국가의 탄생〉은 강간당하느니 차라리 자살하려는 백인 처녀를 뒤쫓는 한 흑인 남자에 대한 선동적인 이야기를 말해주기 위해 평행 편집 같은 영화적 기술을 대담하게 이용한다. KKK단은 그녀의 죽음에 복수하기 위해 조직되었고, 그 흑인 남자는 자경단의 정의의 이름 아래 강간범으로 잡혀 처벌받는 것으로 영화는 묘사된다.

미쇼는 아프리카계 미국인들에게 가하는 백인 인종차별주의 집단 폭행에 대한 하나의 증거를 제시함으로써 한 흑인 남성 폭력에 대한 반응으로 집단 폭행의 신화를 만들어내는 D. W. 그리피스 영화에 반대하는 본질상 똑같은 스토리를 제공해준다. 아프리카계 미국인 소작인 농부인 재스퍼 랜드리는 부유한 지주 거들스톤에게 총을 쐈다는 죄목으로 부당하게 고발당한 후(죄를 진 쪽은 사실 화내는 백인 소작인인데도 불구하고), 집단 폭행 무리들이 랜드리의 가족을 공격한다. 이 영화는 그들이 랜드리 부부를 집단 폭행하고, 여성과 아이들을 포함한 마을 사람들이 몰려들어 구경하는 동안 어린 아들이 마지막 순간 가까스로 도망가는 장면들을 신랄하게 묘사한다. 이 충격적인 장면들은 〈국가의 탄생〉이 인종차별 역사를 왜곡하는 것에 대한 아마도 가장 강력한 영화적 반박으로 입지를 굳히고 있다. 그것은 마치 D. W. 그리피스 영화가 한 것과 똑같이 역사를 만들기 위해 시각적 힘을 이용한다. 마침내 감독으로서 미쇼는 그리피스에 대한 중요한 대비점을 제공한다. D. W. 그리피스가 지속적으로 미국 영화의 아버지로서 알려져온 반면, 미쇼의 다양한 능력, 영화 언어에 대한 독특한 접근법, 요령 있는 일처리, 그리고 근대성이 완전히 대중에게 알려지기까지는 수십 년을 기다려야만 했다.

미쇼 영화의 구조는 스토리텔링이 어떻게 자연스럽게 흐르는지에 대해 관객들이 생각하게끔 요구한다. 이 영화의 집단 폭행에 대한 처리가 가장 주목할 만한 특징이라 하더라도, 최근 인종차별로 야기된 폭동이 일어난 시카고에서 이 영화 상영을 금지하려 했던 만큼 이 논쟁적인 작품은 플래시백을 포괄적으로 사용하는 데 몰두한다. 플래시백은 실비아 랜드리의 과거를 자세히 알려주는데, 그녀는 '인종차별과의 영원한 투쟁만을, 그리고 어떻게 그것을 제거할 수 있는지만을 생각하는' 사람으로 묘사된다. 인종차별 제거에 대한 언어는 인종차별을 의식하는 중산층 흑인 관객들에게 말을 걸고 있다. 남부에 흑인학교를 세우기 위한 자금을 모으기 위한 실비아의 노력, 정치적으로 적극적인 비비안 박사와 그녀의 로맨스, 덜 고상한 캐릭터들을 기용하는 여러 곁가지 플롯들이 영화의 중심에 있는 집단 폭력 스토리를 훨씬 더 가까운 역사적 기록으로 느낄 수 있게 해준다(**사진 10.51**). 스토리는 이 영화에서 교훈적인 목적을 달성한다. 실비아의 투쟁을 추진시켜주는 부당한 인종차별을 보여주고 있는 것이다.

그러나 이 영화는 멜로드라마의 상세한 부분들도 아끼지 않고 있다. 흑인 여성에 대한 백인 남성의 폭력을 포함하는 것은 〈국가의 탄생〉에서의 왜곡에 대한 또 하나의 반박이다. 우리는 실비아가 랜드리 집안이 입양한 딸이라는 사실과, 그녀가 집단 폭행을 피해 달아났다가 지주인 거들스톤의 동생에게 강간당할 뻔한 사실을 알게 된다(**사진 10.52**). 그런 그의 강간 시도는 옷을 벗기는 과정에서 드러난 가슴의 상처를 보고 실비아가 자신의 실제 딸이라는 사실을 알게 되면서 미수에 그치고 만다. 가능할 것 같지 않은 그런 구조 시나리오는 다른 식으로 쉽게 보상받을 수 없는 잘못된 것들을 바로잡기 위한 멜로드라마적 우연을 이용한 것으로 이해될 수 있다. 다른 말로 하면 미쇼는 사회적 실체를 다른 방식으로 상상하기 위해서 영화의 형식을 이용하고 있는 것이다.

미쇼의 영화들은 저예산이면서 극도의 독창성으로 만들어졌다. 아프리카계 미국인의 고난과 투지에 대한 미쇼의 이 충격적인 멜로드라마가 영화 역사에서 사라졌을 때 많은 것들이 함께 상실되어버렸다. 이 영화의 주제는 주류 영화계에서 다루어지지 않았던 것이다. 아프리카계 미국인 영화감독들의 관점은 할리우드에서 결여되어 있었으며, 흑인 관객들은 할리우드 영화들이 다루는 대상이 아니었다. 〈우리 문 안에서〉라는 영화 제목은 이 영화의 자신의 위치를 말한다. 미국 영화 역사 안에 있었던 하나의 강력한 존재가 너무 오래 알려져 있지 않았다는 사실을.

10.51 〈우리 문 안에서〉 비비안 박사는 실비아 랜드리의 과거 스토리를 경청한다. Courtesy Oscar Micheaux Society, Duke University, with thanks to Jane Gaines

10.52 〈우리 문 안에서〉 플래시백에서 마지막 순간의 우연으로 강간을 시도한 백인 남성이 그녀의 생물학적 아버지로 드러나면서 이 여주인공은 화를 면한다. Courtesy Oscar Micheaux Society, Duke University, with thanks to Jane Gaines

10.53 〈암리카〉 어느 팔레스타인계 미국인 가족이 시카고 도시 외곽의 삶을 경험한다.

한 이민 생활 이야기이다(사진 10.53).

이런 장편 영화들 이외에 많은 실험 영화, 다큐멘터리, 공동체를 기반으로 하는 작품들이 유색인 예술가들에 의해 제작되었다. 매년 영화제는 아시아 및 라틴 아메리카 국가의 장편 영화뿐만 아니라 수백 편의 단편 영화, 비디오, 다큐멘터리들로 채워진 아시아-태평양 미국인 영화 및 라틴 아메리카 영화 소개에 몰두한다. 이런 모든 전통은 할리우드가 홍보해온 장르, 개성, 그리고 스토리들을 넘어서 미국 영화의 개념을 확산시키고 있다.

레즈비언/게이/양성애자/성전환자(LGBT) 영화의 역사

영화에서의 LGBT의 역사는 일반적으로 성적 취향과 표현 사이의 관계에 대한 반성을 불러일으키고 있다. LGBT 영화 역사를 보는 것은 동성애 욕망의 변화하는 표현에 대한 것뿐만 아니라 성적 정체성 및 공동체의 정의에 있어서의 연속성과 불연속성에 대한 것, 성적 취향과 그 표현의 사회적 규제에 대한 것까지도 말해준다. 이런 역사는 1990년대 이래로 더 접근 가능해졌는데, 그 당시 레즈비언과 게이에 대한 주류 이미지는 과거 이미지에 관심을 불러일으키면서 훨씬 더 일반적이며, 오명을 덜 뒤집어쓰게 되었다.

화면상에 나타난 동성애와 성 일탈 행동

1934년 미국 영화산업은 영화 내용에 대한 규제를 스스로 엄격하게 강화하기 시작했다. 제작규칙으로 알려진 문서는 "동성애 및 그렇게 추정되는 어떤 행위도 금지한다."라고 적시한다. 릴리언 헬만의 연극 〈아이들의 시간(The Children's Hour)〉은 어느 학교의 두 여자 교장 선생 사이의 레즈비언 관계에 대한 한 아이의 악의적인 거짓말의 결과를 다루고 있다. 이 연극은 1934년 브로드웨이에서 히트를 쳤지만, 1936년 영화로 각색된 〈이 세 사람(These Three)〉에서는 그 아이의 험담이 한 여선생이 다른 여선생의 약혼자와 성관계를 한 것으로 바뀌어 있는데, 그런 변화는 원래 연극이나 그것을 둘러싼 평판에 익숙한 많은 관객들에게는 너무도 뻔해 보이는 변화였다.

10.54 〈아이들의 시간〉 릴리언 헬만의 1936년 연극이 1960년대에 영화 제작규칙이 완화된 이후 마침내 충실하게 영화로 각색되었지만, 그 당시 주요 캐릭터가 자살로 마감하는 내용은 유행에 뒤떨어지고 흥행에도 악영향을 미치는 결과를 낳았다.

1960년대에 동성애를 주제로 하는 것에 대한 혹평이 마침내 누그러졌는데, 부분적으로는 이런 영화들이 표현의 자유를 옹호하는 헌법의 보호를 받을 자격이 있다고 선언한 연방 대법원의 판결에 기인한 것이다. 이런 변화를 틈타 만들어진 영화 중 하나가 윌리엄 와일러가 다시 만든 〈아이들의 시간(The Children's Hour)〉(1961)이다(사진 10.54). 그러나 원작 이후로 거의 25년의 세월이 흐른 후에 페미니스트 및 게이 권리 운동이 바로 목전에 닥친 시점에서, 이 영화의 마지막을 여선생의 자살로 마무리한 것(아이의 거짓말로 인해 여선생이 동료인 여선생을 사랑했다고 인정하게 됐을 때)은 부정적인 영향을 받게 되었다. 불운한 혹은 사람을 죽일 것 같은 게이 캐릭터들의 유행은 악명 높은 예들인 〈광란자(Cruising)〉(1980)와 〈원초적 본능(Basic Instinct)〉(1992)

을 포함하여 상당 시간 주류 영화계에서도 계속되고 있었
다. 이 두 영화의 고정관념에 대한 영속화를 둘러싼 반대
목소리들이 아마도 이들 영화 자체보다도 레즈비언 및 게
이를 드러내는 데 더 중요한 역할을 했을 것이다.

1980년대 이성애자 주류 인기배우들이 아카데미상 수
상작인 〈거미 여인의 키스(Kiss of the Spider Woman)〉
(1985)에 나오는 윌리엄 허트처럼 때때로 레즈비언이나
게이의 더 복잡한 이미지를 제공하고 있는 영화에 등장하
기 시작했다. 1990년대에 LGBT를 드러내는 것이 증가함
에 따라 하비 피어스타인과 네이단레인 같이 공개적으로
게이임을 밝히는 배우들이 인정을 받는 동안에도, 공개적
으로 게이임을 밝히는 배우들이 주역을 따내는 것은 여전

10.55 〈브로크백 마운틴〉 전통적인 서부 영화에 대한 호소력 있는 배역과 새로운
해석은 게이 러브스토리를 주류 영화계에서의 성공으로 이끌었다.

히 힘든 일로 남아 있었다. 나중에 레즈비언과 게이 캐릭터들을 등장시켜 특정 관객들에게 호소
한 두 영화, 이안 감독의 카우보이 러브스토리 〈브로크백 마운틴〉(2005)(사진 10.55)과 레즈비언
감독 리사 촐로덴코의 코미디 〈에브리바디 올라잇(The Kids Are All Right)〉은 주역 배우들에 이
성애자 인기배우들을 기용했다. 사실 〈에브리바디 올라잇〉은 아네트 베닝과 줄리안 무어라는
인기배우들이 없었다면 살아남을 수 없었을 것이다.

LGBT 영화 만들기

화면상에 LGBT가 드러나는 것을 없애는 것처럼 LGBT 영화감독의 공헌도 종종 지워져버리거
나 무시되었다. 여느 문화적 정체성처럼 한 영화감독의 성적 취향이 자신의 작품에 필수적 영향
을 미치지 않는다는 것을 깨닫는다는 것은 중요한 일이다. 그러나 영화감독
이 자신이 LGBT인지 아닌지를 혹은 동성애적 속성의 뚜렷한 생물학적 증
거가 있는지를 안다는 것은 성적인 정체성이 그 영화감독의 주제나 미적 접
근에 영향을 미칠 때, 특정 역사적 유산을 지운 영화감독의 성적인 정체성
에 대한 정보를 보유할 때 어떤 차이를 만들어낼 수 있다. 영화감독들은 자
신의 성적인 정체성에 대해, 특정 관객을 목표로 하기 위한 LGBT 공동체나
운동과의 제휴에 대해 분명하게 선택할 수도 있다. 그들이 성적 취향을 예
술가로서의 비전, 자신의 경험의 필수적인 부분으로 생각하기 때문이다.

최초의 사회운동적 LGBT 영화인 〈디퍼런트 프롬 디 아더스〉는 1919년
독일에서 제작되었는데, 그 당시는 제1·2차 세계대전 사이의 사회적으로
관대한 바이마르 공화국 시대였다. 한 유명한 시민의 성적 취향 때문에 공격
받는 위험을 드라마로 만든 이 영화는 남성 동성애를 처벌대상에서 제외시키
자는 주장을 하고 있으며(여성 동성애를 금지하는 법규는 없었다), 독일의 성
과학자 마그누스 히르슈펠트의 강연을 인용한다. 바이마르 공화국 시대의 또
하나의 유명한 영화는 레즈비언 작가인 크리스타 빈슬로에가 쓴 희곡을 토대
로 한 〈제복의 처녀(Mädchen in Uniform)〉(1931)이다(사진 10.56). 여성감독
레온티네 자간이 감독하고 모든 배역을 여성들로 기용한 이 영화는 한 호의
적인 여선생에게 홀딱 반한 어린 여학생의 기숙사 생활을 묘사한다. 이것은
검열에도 불구하고 미국을 포함하여 국제적인 성공을 거두었다.

영화감독의 성적 정체성에 대한 정보를 주지 않는 것은 때때로 의미 있
는 역사적 유산을 지워버릴 수도 있다. 〈여인들(The Women)〉(1939)과 〈스

10.56 〈제복의 처녀〉 여선생에게 홀딱 반한 한 여학생에 대한
이 바이마르 공화국 시대 영화는 감독도 여성이고, 모든 배역도
여성이었다. Courtesy Photofest

생각해보기

최근 본 영화 중 하나에서 성적 취향에 대한 어떤 모델 혹은 어떤 유형들이 나타나고 있는가? 그 역사적 순간은 이런 모델들에서 어떻게 형성되고 있는가?

타 탄생(A Star Is Born)〉(1954)을 포함한 고전 영화를 만든 MGM 스튜디오 감독인 조지 큐커는 종종 '여성들의 감독'으로 불렸는데, 그의 감독 아래 그레타 가르보, 주디 갈랜드, 캐서린 헵번, 주디 홀리데이 같은 훌륭한 연기파 여성 스타들이 배출되었기 때문이다. 그런 용어는 또한 종종 남성 동성애자에 대한 경멸을 완곡하게 표현한 용어였으며, 큐커 감독은 당시 남자다운 마초 스타였던 클라크 게이블의 뜻에 따라 〈바람과 함께 사라지다(Gone with the Wind)〉의 감독 자리에서 교체되기까지 했다. 그러나 이런 큐커 감독의 성향은 그의 작품의 미묘한 차이를, 그 묘사 욕구를 더 잘 읽어낼 수 있는 기초가 될 수 있다.

게이의 존재에 민감한 역사기록이 어떻게 영화의 과거를 비추어줄 수 있는지에 대한 또 하나의 중요한 예가 1960년대 언더그라운드 영화들에서 발견될 수 있다. 잭 스미스, 앤디 워홀, 케네스 앵거의 연대기적 영화들은 게이 성향의 충격적인 의상 도착적 배우들과 수위를 넘는 성적인 내용을 묘사하면서, 그러나 종종 그런 성향의 감독들 자신이 게이였다는 사실을 말하지 않으면서, 그런 주제들을 진지하게 예술로 받아들여왔다. 이런 누락된 부분을 바로잡는 것이 사회적 역사와 영화 해석 양자 모두를 풍요롭게 해주는 것이다.

1970년대에는 게이 권리 운동이 등장하고 집단적으로 제작된 〈워드 이즈 아웃(Word Is Out)〉(1977)이 등장하게 된다. 그 영화감독 중 한 사람인 롭 엡스테인은 나중에 아카데미상을 수상한 〈하비 밀크의 시대(The Times of Harvey Milk)〉(1984)를, 제프리 프리드먼과 더불어 레즈비언과 게이에 대한 비토 루소의 책에 기초한 〈셀룰로이드 클로지트(The Celluloid Closet)〉(1995)를 포함한 LGBT 문제들에 대한 일련의 유명 다큐멘터리를 만들었다. 비트 세대 시인 앨런 긴즈버그 역에 제임스 프랭코를 기용한 〈하울(Howl)〉(2010)은 엡스테인과 프리드먼의 최초의 픽션 장편 영화로 독특한 스타일 속에 다큐멘터리와 애니메이션 요소들을 통합한다 **(사진 10.57)**.

1980년대에 에이즈가 전염병으로 낙인찍힌 상황과 싸우면서 연구를 위한 기금 마련을 주장하는 한 폭발적인 사회운동가의 비디오가 있었다. 동시에 영국 감독 데릭 저먼은 〈카라밧지오(Caravaggio)〉(1986)와 〈에드워드 2세(Edward II)〉(1991) 같은 역사적 및 문학적 주제에 대해 서정적이면서도 파괴적인 해석을 하는 의미 있는 작품들을 만들어냈다. 아마도 가장 국제적으로 유명한 게이 영화감독일 데릭 저먼은 에이즈로 목숨을 잃은 많은 재능 있는 예술가들 중 한 사람이 되었다.

1990년대 초 게이를 주제로 한 작품들이 인상적인 젊은 LGBT 영화 제작자들이 상업적으로 성공하고 미적으로도 혁신적인 영화를 제작할 수 있도록 비평가 및 관객을 준비시켰다. 뉴퀴어 시네마(New Queer Cinema)라 이름 붙여진 이런 유행은, 이전에 정상에 반대되는 의미로 쓰인 오명에 가까운 용어였던 '퀴어(queer)'[18]를 포용하면서 LGBT 공동체가 에이즈 위기에 더 전투적이 되었던 문화적 시기에 발생했다. 이런 영화 중 최상은 성별(gender) 및 성적(sexual) 기준뿐만 아니라 영화적 기준과 관련된 '퀴어' 영화였다. 핵심적인 뉴퀴어시네마 작품들에는 제니 리빙스턴의 다큐멘터리 〈파리 이즈 버닝〉(1990)**(사진 10.58)**과, 토드 헤인즈의 〈포이즌(Poison)〉(1991)과 〈세이프(Safe)〉(1995), 그렉 아라키의 〈리빙 엔드(The Living End)〉(1992), 로즈 트로체와 귀네비어 터너의 〈고 피쉬〉 같은 픽션 영화들이 포함되어 있다. 영화산업은 이런 사실에 주

10.57 〈하울〉 제임스 프랭코는 앨런 긴즈버그의 유명한 시에 대한 롭 엡스테인과 제프리 프리드먼의 상상력 풍부한 영화에서 긴즈버그 역을 맡았다.

목했고, 〈필라델피아(Philadelphia)〉(1993) 같은 거대
예산 드라마들과 〈인 앤 아웃(In and Out)〉(1997) 같
은 코미디물들이 이전보다 더 공개적으로 게이 문제
들을 다루었다. 이런 장편 영화들의 인식을 따라가
고 앞서감으로써 비극장식 상영을 위해 제작된 독립
적인 LGBT 다큐멘터리들이 급속하게 증가했는데,
두드러진 예들에는 남아시아의 레즈비언과 게이들
에 대한 프라티바 파마의 〈쿠시(Khush)〉(1991), 아
프리카계 미국인 게이 남자들에 대한 말론 릭스의
호평받은 비디오 〈풀어헤쳐진 말들〉(1989)이 포함
된다.

10.58 〈**파리 이즈 버닝**〉 뉴욕시 드랙 무도회[19]에 대한 이 다큐멘터리는 비평가들의 갈채를
받았지만, 전통적인 주제가 아니라는 이유 때문에 아카데미상에서 제외되었다.

주류 영화와 TV에서 LGBT 이미지들이 확산되자
일부 비평가들은 뉴퀴어시네마의 정치적 날카로움
이 무뎌졌다는 것을 느꼈다. 전에 사회운동가적 관
객이었던 것이 이제는 수익성 좋은 세부적인 특정 시장으로 간주되었다. 1978년 샌프란시스코
시장인 하비 밀크가 게이임을 공개한 이후 살해당한 사건(게이 권리 운동의 분수령이 된 순간이
다)의 스토리인 〈밀크〉(2008) 같은 영화의 성공은 LGBT 공동체에 의한, 공동체에 대한, 공동체
를 위한 영화들을 위해 의미 있게 변한 지형을 증거한다. 뉴퀴어시네마를 촉진시키고 있는 가장
중요한 인물 중 한 사람인 구스 반 산트가 감독한 이 영화는 LGBT 공동체의 스토리를 미국 영
화 역사의 전면에 부각시키고 있다.

민족지학적 미디어

지금까지 우리는 어느 정도 정체성의 정치학 및 이미지를 강조하는 미국 영화의 교정된 역사를
살펴보았다. 민족지학적 미디어의 역사는 아마도 자기 표현과 훨씬 더 많이 관련되어 있을 것이
지만, 오락 혹은 소통에 대한 주된 영화 매체의 목적에 도전한다. 민족지학적 문화를 묘사하는
역사는 이미지 조종을 통해 발휘되는 힘의 하나이다.

영화의 최초 사용 중 하나는 서구 관객들에게 상영하기 위해 다른 문화의 삶의 방식을 기록하
는 것이었다. 영화 역사의 첫 수십 년 동안에는 과학과 감각 사이에 조금의 차이도 만들어지지
않았다. 이란인들의 이주에 대한 기록인 〈풀(Grass)〉(1925)을 만들었던 팀인 B. 어니스트 쇼드샤
크와 머리안 C. 쿠퍼는 계속해서 〈킹콩〉(1933)을 만들었는데, 때때로 망각되고 있는 그 영화의
전제는 수마트라 섬에 영화 제작 원정대를 보내야 한다는 것이다. 그러나 인류학의 특수성이 늘
어남에 따라 민족지학적 다큐멘터리의 분명한 실천(다른 사람들의 학습용으로 문화를 기록하기
위해 영화를 사용하는 것)이 필수불가결한 도구로서 등장했다.

영화는 글로 쓴 민족지학이 할 수 없는 방식으로 온갖 제례들을 기록할 수 있다. 인터뷰를 촬
영하는 것은 렌즈를 통해 그 주체 자신의 말과 몸동작들을 잡아냄으로써 통역자의 중간 매개를
최소화한다. 그러나 카메라도 결코 문화적 맥락에 완전히 다가갈 수는 없다. 카메라를 사용하지
않는 하나의 문화에서, 장비는 거의 눈에 띄지 않을 수 없기 때문이다. 그러나 그것이 대화, 몸
동작, 소리, 세팅, 시간과 공간을 포착할 수 있으므로, 영화는 그런 중간 매개에도 불구하고 하
나의 문화를 기록하는 데 강렬한 인상을 줄 수 있다.

어디에서도 영화를 공평한 기록이라고 주장하지 않는다는 사실은 외부 관찰자들에 의해 원
주민들을 촬영하는 것만큼 부담스러운 게 없다. 최근에서야 비로소 원주민 집단들이 자신의 스

10.59 〈**북극의 나누크**〉 로버트 플래허티는 촬영을 위해 전통적인 활동들을 재창조해냈다. 그가 만든 이미지들은 이누이트족에 대한 뛰어난 기록으로 남아 있다.

토리를 말하기 위해 직접 비디오 및 영화 기술을 이용할 수 있게 되었다. 그런 문화적 만남에서 영화 같은 기술을 구사한다는 것은 다른 사람들 및 그들의 역사를 더 잘 드러내기 위한 힘을 요청한다는 것을 뜻한다. 카메라는 또한 관객을 관찰자 혹은 '전문가'의 위치에 놓음으로써 현장에 대한 더 깊은 느낌을 전달해준다.

최초의 장편 다큐멘터리 영화이자 분명 지금까지 만들어진 가장 영향력 있는 영화 중 하나로 널리 간주되고 있는 로버트 플래허티의 〈북극의 나누크〉(1922)는 캐나다 북극 이누이트족의 삶과 관습에 대한 기록이다. 거친 환경에서의 고립, 그들과 함께 나누었던 플래허티의 삶은 이 영화가 원주민들과의 밀접한 협동에 의해 제작되었다는 사실을 말해준다. 영화에서 나누크(자막에 이름이 나오지 않는 알라카리알락이 연기), 그의 가족, 다른 사람들은 이글루를 만들고 신나게 물개 사냥하는 것을 포함한 전통적인 활동에 종사한다. 비록 일부 이런 활동들은 이 영화의 목적을 위해 이행되고 수정되었다 하더라도, 이누이트족의 사냥 및 건축 기술을 수행하는 이누이트족에 대한 '진짜' 기록인 것이다(**사진 10.59**). 당시 이 영화가 준 충격 중 일부는 기술이 전혀 들어가지 않은 자연의 이미지를 전달하기 위해 비교적 새로운 기술을 사용한 데 있었고, 관객은 그런 장면들에 경탄하지 않을 수 없었다.

이누이트족 삶에 대해 정확한 표현을 제공했다는 플래허티의 주장은 그 주제를 위해 지불한 것과 재연을 위해 사용한 것들 때문에 설득력을 얻지 못했다. 이 영화는 '원시주의'로 알려져 있는데, 역사의 과정 밖에서 단순하고 어린애 같은 비서구권 사람들의 전형을 강화하는 것으로 보인다. 예를 들면 나누크가 축음기 음반을 먹으려는 장면이 나오지만, 그와 다른 원주민 동료들은 현대 기술에 이미 익숙해 있었고, 카메라를 조작하고 영상화면을 다루는 등 플래허티의 일을 도와주는 동료로 함께 일하고 있었다. 이 영화의 복합적인 유산은 〈다시 만난 나누크(Nanook Revisited)〉(1988)란 비디오에서 탐색되고 있는데, 그것은 이누이트족 조상들이 참여했던 플래허티의 위대한 고전작품을 둘러싸고 있는 신화 및 실체에 대해 탐색하기 위해 그 작품이 만들어진 마을로 되돌아가고 있다. 이 비디오는 '카메라'와 '원시주의'의 접속에 대한 스토리의 또 다른 측면을 얼핏 보여준다.

브라질의 아마존 분지에 있는 카야포족 인디언과 와이파이족 인디언 같은 원주민들에게 비디오 기술을 소개하는 것은 비디오 사용으로 여러 가지 힘을 갖는 상당한 결과를 초래했다(**사진 10.60**). 여기에는 미래 세대를 위한 전통 문화의 보존, 토지권 및 환경을 위한 비디오 사회운동, 항상 그림을 이용한 소통에 의지해왔던 문화에서의 시각적 표현의 새로운 형식이 포함되어 있다. 카야포족이 이 기술을 구사함으로써 새로운 역사적 순간에 진입하는 동안, 이 비디오 작품의 주된 목적은 지나간 과거를 보존하는 것이었다.

캐나다 원주민들은 또한 민족지학적 영화의 대상으로서 자신들의 유산을 후세에 남겨놓았고, 자기 표현을 위해 운동을 펼쳐왔다. 조직적인 사회운동은 1982년 이누이트 방송사(Inuit Broadcasting Network)의 설립 허가를 따내는 결과로 나타나

10.60 〈TV의 정신(The Spirit of TV)〉(1990) 와이파이족 같은 아마존 인디언들은 자기들 문화를 기록하고 자기들 권리를 주장하기 위해 비디오를 사용해왔다. Courtesy of DER from the Video in the Villages Series by Vincent Carelli

면서, 원주민계 캐나다인들이 자치적으로 프로그램을 구성한다. 토착 원주민계 미디어 만들기의 새로운 양상은 〈아타나주아(Atanajuat)〉('빠른 사나이'라는 이누이트 말)(2001)의 역사적 출시에 의해 두드러지고 있다. 디지털 비디오로 찍은 이 특별한 영화는 이누이트족 영화감독 제카리아스 크넉이 감독했는데, 한 민족의 과거를 탐색하기 위해 서사 장르를 아주 적절히 효율적으로 사용한다(사진 10.61). 그것은 사실로서의 과거가 아니라 하나의 문화적 전설을 그려낸다. 비록 처음에는 민족지학적 영화와 유사했다 하더라도, 배경이 천 년 전으로 되어 있다. 신화적 과거에서의 전통적 삶의 방식에 대한 그 묘사를 배경으로 하면서 이 영화는 여러 수준으로 자기 표현에 대한 이누이트족 주장을 나타낸다. 아마추어 배우들을 기용한 것은 대본에 따른 장면에 '진정성'을 부여

10.61 〈아타나주아〉 캐나다 북극에서 디지털 비디오로 찍은 이 서사물은 이누이트족 영화감독에 의해 이누이트 언어[20]로 만들어진 최초의 장편 영화이다.

해주었고, 그 대본은 지금까지 이누이트 언어로 쓰인 가장 긴 문장이다. 그 이미지들은 〈북극의 나누크〉 같은 영화의 문제뿐만 아니라 아름다운 것들도 암묵적으로 알려준다. 뒤이어 2006년과 2009년에 만들어진 두 편의 후속작과 함께 이 영화는 〈빠른 사나이〉 3부작을 완성시켰다.

생각해보기

최근에 본 다른 문화를 묘사한 영화에 대해 생각해보자. 보고 있는 것에 대해 당신은 어떤 질문을 갖고 있는가? 그런 질문들에 답하기 위한 맥락에 어떻게 그 영화를 집어넣을 것인가?

영화 역사 발굴

영화 역사가 주목받을 수 있는 다른 방식들을 고려할 때 우리의 영화 유산에 반영되는 바로 그 아이디어가 비교적 최근의 것이라는 사실을 기억하는 것은 중요한 일이다. 정확하게는 영화와 사진은 빨리 지나가는 순간을 포착하기 때문에, 수명이 짧아 장기적인 가치가 별로 없는 것으로 간주되어왔다. 영화는 또한 물질적으로도 수명이 짧다. 초기의 질산염 재질의 필름이 극도로 인화성이 높았기 때문에, 영화 원판과 수많은 복사본들은 망실되거나 혹은 간단하게 파괴되어 왔다. 한 번 유통된 영사 필름들은 검열관에 의해 변경되고, 영사기에서 손상되며 부적절하게 보관되어왔다. 무성 영화 유산의 약 80%가 망실되었다. 당시 호평을 받고 성공적이었던 일부 영화들조차 더 이상 존재하지 않으며, 존재하더라도 현대 역사가들에게 자문을 받을 수 없을 정도이거나 혹은 새로운 관객들이 공유할 수 없을 정도인 것이다.

역사적 기록은 마치 그것이 운이 좋아서 존재하는 것처럼 보인다. 즉 버릴 것과 보관할 것에 대한 정보에 따른 결정과 정보에 기반하지 않은 결정, 그리고 보기 드문 선견지명 덕분인 것처럼 말이다. 미국 의회 도서관은 판권 배려를 위해 제출된 모든 영화의 복사본을 요청하여 보관한다. 뉴욕현대미술관은 최초의 영화 큐레이터인 아이리스 배리의 지도 아래 영화를 현대 예술로서 대우하는 결정을 내려 1935년부터의 영사 필름 및 스틸 사진들을 수집해왔다. 오늘날 살아남은 대부분의 할리우드 영화들은 그것을 제작한 영화 스튜디오들의 보관실에 저장되어 있다. 이 회사들의 소유주들이 그 보관실에서 수입의 새로운 원천을 발견하여 오래된 영화들을 TV, 비디오 혹은 DVD로 재출시한다. 디지털 기술이 다른 장소와 시기로부터의 영화들에 일반 관객들의 접근을 엄청 증가시켜오는 동안, 이런 용이성은 여전히 영화 원판의 보존 및 작품의 시장성에 의존한다.

고아 영화

고아 영화(orphan film)란 소유주나 판권 소유자에 의해 포기된 영화들 혹은 외면당한 영화들이다. 영화 보존에 관심을 가진 사람들에 의해 고안된 잡동사니 범주로, 아마추어 영화, 연습 영화, 다큐멘터리로부터 검열받은 영화, 상업 영화, 뉴스 영화에 이르기까지 모든 것을 포함한다.

생각해보기

인터넷 영상 자료원(www.archive.org/details/ephemera)에 있는 '단명한 영화(ephemeral film)'를 감상해보자. 그것은 역사에 대해 무엇을 말해주고 있는가?

이런 영화들은 보존을 위해 비용을 지불할 만큼 상업적 관심을 받고 있지 않으므로, 이런 보존 작업들은 공적인 영역으로 들어가게 된다. '고아'라는 용어를 생각해보면, 우리는 모든 고아를 구제하는 일이 얼마나 힘들고 비용이 많이 들어가는지 얼핏 알게 될 것이다.

보존 운동은 주류 영화 역사에 의해 무시당한 영화, 비판적으로뿐만 아니라 물질적으로도 복구될 필요가 있는 영화들을 강조할 수 있다. 예를 들면 도로시 아즈너의 〈워킹 걸스(Working Girls)〉(1931)는 고아 영화였다가 비로소 UCLA 영상 자료원(UCLA Film and Television Archive)을 통해 복원되었다. 살아남은 거의 모든 인종차별 영화들은 고아 영화로 간주될 수 있다.

오늘날 그것들이 과거에 대해 말해야 하는 것을 평가하는 것은 고아 영화를 발견해내는 사람들의 몫이다. 고아 영화는 일반적으로 영화 역사의 타임 캡슐처럼 기능한다. 예를 들면 1952년작 생물학 세균전쟁에 대한 정보를 제공하는 영화는 냉전 시기에 미국 정부 및 시민들의 걱정을 전달해준다(사진 10.62). 뉴스 영화는 그 시대 사람들이 본 것처럼 과거의 사건, 즉 영화만이 기록할 수 있는 찰나의 순간을 보여준다(사진 10.63). 고아 영화의 다양한 형식, 스타일, 이용을 주의 깊게 들여다보는 것은 어떻게 영화가 20세기에 중심적 위치에 있게 되었는가(그리고 어떻게 그렇게 용인되었는가)를 이해하는 데 도움을 준다. 비록 고아 영화들이 전 세계적인 현상이라 하더라도 그런 영화들을 구제해내는 일은 영화의 엄청난 양과 상업적 집중 때문에 미국에서도 특별한 도전이다.

10.62 〈당신이 생물학 세균전쟁에 대해 알아야만 하는 것(What You Should Know about Biological Warfare)〉(1952) 미국 정부는 냉전 시기에 그 대책을 시민들에게 가르치고 있었다. Courtesy Prelinger Archives

필름 보존 및 기록 보관소

일부 고아 영화들은 보존에 대한 흥미로운 질문들을 제기하는 특별한 필요성을 갖고 있다. 이 모든 영화를 보존하기 원하는가? 거대한 저장용량을 가진 컴퓨터가 있지만 반드시 보관해야만 하는 필요성이 보이지 않을 수도 있다. 실제로 오늘날 그렇게 많은 고아 영화에 접근할 수 없다는 사실은 어처구니없어 보일 수 있다. 그러나 원래 형식 그대로 보존하는 것은 중요한 일이다. 가능한 한 많이 구제하기 위한 수많은 이유가 존재한다.

- 역사가들은 특정 시간, 장소, 제도의 광범위한 이미지에 접근할 수 있다.
- 일부 영화감독들은 자신들의 작품이 살아남고, 심지어 새로운 관객들을 끌어들인다고 확신할 수 있다.
- 기타 감독들은 **편찬 영화**(compilation film)[21]나 다큐멘터리 영화처럼 자신의 작품을 위한 원천으로 고아 영화들을 이용할 수도 있다.
- 관객들은 새로운 교육적인, 놀랄 만한, 별난 영화를 경험할 수 있다.

10.63 폭스 무비톤 뉴스 스토리 4-171: 세계에서 가장 나이 어린 곡예사, 1929년 11월 8일자 보도 폭스 무비톤의 이런 뉴스 영화들은 주요 사건들뿐만 아니라 미국인들의 일상적인 삶에서의 작은 순간들을 포착해냈다. Fox Movietone News Story 4-171: World's Youngest Acrobat (November 8, 1929). Outtakes from the Hearst Metrotone/Fox Movietone Newsreel. Courtesy Moving Image Research Collections, University of South Carolina

보존 및 보관소의 중요성은 특히 무성 영화 역사에 필수적이다. 1981년 케빈 브라운로우와 데이비드 길이 아벨 강스의 〈나폴레옹〉(1927)을 복구한 것은 복구에 대한 하나의 특별하고도 복합적이면서 놀랄 만한 예이다. 이 프랑스 무성 영화 고전작품이 누더기 상태로 유통되는 것에 좌절한 브라운로우는 이 영화의 혼란스러운 역사를 추적해 가면서, 사적 및 공적 기록보관소에서 다른 버전들을 찾아다니다가 결국 여러 개를 이어 붙여 하나의 정확한 복제품을 만들었다. 1990년 마틴 스코세이지는 미국 영화들을 위한 복구 노력을 지지하기 위해 일단의 동료 영화감독들과 함께 영화 재단을 설립했다. 전도사를 가장한 한 사기꾼이 숨겨진 돈을 찾기 위해 자신의 두 의붓자식을 쫓아가는 어둡고도 별난 이야기인 〈사냥꾼의 밤(The Night of the Hunter)〉(1955)의 복구를 포함한 수백 개의 프로젝트가 실행되었다(**사진 10.64**). 세계영화재단(World Cinema Foundation)은 이런 노력을 확대하면서 모로코 영화감독 아흐메드 엘 마안누니의 다큐멘터리 〈트랑스(Trances)〉(1981)를 처음 복구하여 2007년 개봉했다.

10.64 〈사냥꾼의 밤〉 이 어두운 우화는 마틴 스코세이지와 영화 재단의 도움으로 복구되었다.

　의심할 여지 없이 우리는 영화를 역사의 기록으로뿐만 아니라 보존할 가치가 있는 영화 자체의 역사를 기록하고 있는 것으로 생각하는 데 큰 진전을 이루었다. 영화 보존 노력에 핵심이 되는 영화보관소(Film archives)는 1930년대 초 중심적인 기관이 되었다. 오늘날 120개 이상의 보관소가 영화의 보존 및 적절한 상영에 매진하고 있으며, 연구를 위해 국제영상보관소연맹(International Federation of Film Archives, FIAF)이 결성되었다. 이 분야의 가장 유명한 사람 중 한 사람은 프랑스 국립 예술전용극장인 시네마테크 프랑세즈를 건립한 앙리 랑글루아로, 오랫동안 아키비스트(archivist, 보관 담당자)로 일하다가 나중에 뉴욕현대미술관에서도 일했다. 키노 인터내셔널의 5부작 5장짜리 디스크 모음 〈영화의 시작 : 초기 영화의 보고(The Movies Begin : A Treasury of Early Cinema)〉와 국립영화보존재단(National Film Preservation Foundation)이 진행 중인 시리즈 〈미국 영화 보관소의 보물들(Treasures from American Film Archives)〉 같은 여러 DVD 영화 출시는 관객들이 이전에는 볼 수 없었던 희귀한 영화들의 배급이란 결과를 낳았다. 옛날 영화들의 다른 버전, 예를 들면 프리츠 랑의 〈메트로폴리스〉(1927) 혹은 오손 웰즈의 〈악의 손길〉(1958) 같은 영화들이 보관소와 소장품 속에서 발견된 자료들로부터 함께 이어 붙여 만들어지고 나면, 어느 것이 더 권위 있는 버전인가에 대해 토론이 벌어지기도 했다. 영화의 역사에는 아키비스트들에 의해 재구성된 확정적 버전뿐만 아니라 세월의 흐름에 따라 변하는 그 상영의 흥망과 관객의 수용도 포함되어 있다.

요약

영화를 보면서 형식적 구성 및 구조를 배워왔다. 역사적 문맥에 영화를 위치시키는 것은 이 요소들이 관객들을 위한 의미 있는 경험들을 어떻게 만들어내는지에 대한 이해를 풍부하게 해준다. 〈파 프롬 헤븐〉은 1950년대에 성 역할 및 인종적 계층화의 구축 속에 통찰력을 제공하기 위해, 그런 유산들이 어떻게 2000년대에도 여전히 느껴질 수 있는가를 드러내기 위해 〈순정에 맺은 사랑〉의 양식화를 모방한다. 1970년대 미국에 대한 역사적 관점을 가지고, 〈택시 드라이버〉를 베트남 전쟁으로 인한 혼란 및 그와 관련된 사회적 변동에 의해 촉발된 스튜디오 영화 제작 및 스토리텔링에 대한 도전으로서 이해한다.

　그러나 전 지구적 역사를 대략 보면 단 하나의 진로를 넘어서서 지도상의 다수 장소들로 이동하려고, 양식적 시대를 넘어서서 국가 간 역사 및 영화의 상호작용에 대한 더 역동적인 의미로 이동하려고 시도해왔다. 마지막으로 〈우리 문 안에서〉나 혹은 〈아타나주아〉

같은 영화에 대해 배우게 된 것은 미국에서의 인종이나 이누이트족 문화에 대해 보아왔던 영화에 대한 이해를 변화시키고, 새로운 탐색을 촉진시킨다는 것이다.

- 제2차 세계대전이 두 가지 다른 국가적 문맥에서 1940년대 영화에 어떤 영향을 미쳤는 지를 생각해보자.
- 〈택시 드라이버〉는 어떻게 할리우드 영화 전통에 의지하고 도전하고 있는가?
- 〈하얀 풍선〉 같은 영화는 어떤 방식으로 〈자전거 도둑〉의 이탈리아 네오리얼리즘에 빚 지고 있는가? 이 영화에서의 미적 선택은 이란의 검열제도 및 제2차 세계대전 중 나치 의 로마 점령 같은 문화적 및 역사적 맥락과 어떻게 관련되어 있는가?
- 여성 영화감독들이 전통적인 할리우드 중심 역사로부터 배제되어 잃어버린 것은 무엇 인가? 그런 영화들이 다시 복구되어서 얻은 것은 무엇인가?
- 과거 영화를 보존하고 보관하는 일은 왜 중요한가?

적용해보기

- 자료를 '리메이크'하는 다른 문화권의 두 영화를 비교해보자. 예를 들면 할리우드의 〈카르멘 존스(Carmen Jones)〉(1954)와 남아프리카공화국의 〈에카옐리차의 카르멘(U-Carmen eKhayelitsha)〉(2005), 구로자와 아키라의 〈거미의 성(Throne of Blood)〉(1957) 과 로만 폴란스키의 〈맥베드(Macbeth)〉(1971) 혹은 〈블루스를 부르는 시타(Sita Sings the Blues)〉(2008)와 〈라마야나 서사시(Ramayana: The Epic)〉(2010)를 살펴보자. 다른 영화 역사들은 이 영화들에 어떤 영향을 미치고 있는가?
- 여기서 다루지 않은 미국 영화의 '잃은 것과 찾은 것' 전통을 연구해보자. 예들에는 라 틴계 영화, 아시아계 미국인 영화, 다큐멘터리, 선정성 영화가 포함된다. 이 특정 전통 은 주류 영화 역사에 어떤 방식으로 도전하고 있는가?

영화 읽기

비평 이론과 방법론

버스터 키튼의 1925년 영화 〈셜록 2세(Sherlock Jr.)〉는 동시에 두 가지 일을 할 수 없다는 경고로 시작한다. 주인공은 영사기사인데 연적이 강도인 것을 증명하려고 형사 노릇을 한다. 그는 말 그대로 금새 둘로 쪼개지는데, 영사실에서 잠들었을 때 꿈속 스크린에서 영화 세계로 들어간다. 물론 그의 대리인은 범죄를 해결하고 여자를 얻지만, 서사의 차원을 뛰어넘는 영화적 환영과 동일시, 장르, 종결 등의 성격을 영화로서 실현하고 나서이다. 키튼이 벤치에 앉자마자 영화의 현실감은 깨진다. 거리 장면으로 편집되면서 배우는 행동을 펼치며 교통체증 지역으로 떨어진다. 몇 개의 보충 컷들이 엉덩방아와 연결된다. 배경은 산꼭대기, 사자가 우글거리는 정글, 기차에 치일까 봐 피해다니는 사막 등으로 변한다. 20세기 초반의 속도와 기계의 위력에 나약한 인간의 신체는 키튼 영화의 단골소재로 많이 등장한다. 관객들은 편안하게 이를 감상해왔다. 영화는 많은 영화 이론 개념들(매체의 성격, 사실주의의 위상, 스토리텔링의 통사론, 관객이 항상 동시에 두 가지를 하는 방식, 즉 환영에 대한 믿음과 기술의 감상)을 건드린다.

시청각 기술은 현재 대중화되었고 이전보다 우리 경험과 더 많이 결합한다. 20세기 중반 TV가 도입된다. 이후 홈비디오와 컴퓨터 게임이 대중화되고 영화관람은 새로운 여가문화에 잠식당할 거라는 예상이 지배했다. 하지만 영화의 종언을 고하는 말들은 시기상조이다. 현대인의 생활에서 의미 있게 상응해온 영화적 경험이란 과연 무엇인가? 이 질문은 처음 영화가 등장할 때부터 있었고, 경험할 수 있는 매체가 풍부한 오늘날까지도 이어진다. 매체의 성격과 활용에 대한 이러한 반영은 영화 이론의 지침이 된다. 이 영역을 구성하는 책과 글은 매체의 성격, 개별 영화의 특성, 영화의 범주, 관객과 영화 사이의 관계에 대한 전제에 대해 끝없는 질문을 해왔다. 이 장에서 특정 역사와 위치라는 면에서 이러한 이슈를 통해 영화의 이론 학습을 가르치기 위한 내용을 분명히 하려고 한다.

핵심 목표

■ 영화적 특수성의 개념을 설명하고, 특수성과 형식 분석 방법에 대해 소개해보자.

■ 영화와 미디어의 상호 연관성을 설명해보자.

■ 소비에트 몽타주 이론에서 사실주의까지 고전 영화 이론의 주요 입장을 개괄해보자.

■ 현대 영화 이론의 주요 사상인 기호학과 구조주의, 정신분석과 장치이론, 페미니즘, 퀴어, 비판적 인종 이론, 문화 연구, 철학적 해석, 포스트모더니즘을 설명해보자.

정확히 영화는 접근성이 강하고 친숙한 매체이기 때문에 영화의 이론화는 관객으로 하여금 회의적이게 한다. 하지만 열렬히 감상하면서 수반되는 지식은 이론의 기초가 된다. 극장에 갈 때마다 먼저 영화에 관해 알아본다. 코미디나 드라마를 선택할 때 장르에 관한 개념을 떠올린다. 새로운 스필버그 영화를 보러 갈 때 작가 이론을 끄집어낸다. 좀 경멸조로 쓰이지만 '칙플릭'(여자들이 좋아할 만한 부드러운 영화)을 선택하면 관객수용 이론 이해를 떠올리게 된다. 다양한 관객이 얼마나 다른 유형의 영화들과 연관되는가에 중점이 맞춰져 있는 것이다. 〈대부〉(1972)가 **(사진 11.1)** 실제라고 상정하고 허구세계를 이야기한다면 핍진성 개념을 떠올리고 '진실의 문제'를 논의할 수 있다.

이러한 예들이 암시하는 것은 모든 이론적 접근이 중요한 개념을 강조하고 다른 요소들을 배경과 연관시킨다는 것이다. 경험과 다른 측면에서 보면 영화 이론은 접근하는 각각의 다른 방식을 선택하고 분석의 수위에 있어 다양하게 전개된다. 어떤 이론은 영

11.1 〈대부〉 콜레오네 범죄자 가족 세계가 주는 핍진성을 관객이 평가하는 방식은 실험적으로 이론 개념을 활용하는 것이다.

화를 대중현상으로 간주하는데, 산업에서 폭넓은 대중의 인식에 이르기까지 엄정한 기준에서 접근할 필요가 있다. 반면 다른 접근은 오직 미학적 이론만 갖고 있기도 한다. 이 장에서 다뤄지는 각 이론이 문화비평 도구의 일부로 활용된다는 것은 유익한 일이다. 도구상자 비유란 각 이론이 각각의 다른 질문을 적절히 풀어나간다는 것을 의미한다. 이론적 질문은 해체하는 것뿐 아니라 모범을 세우거나 연관을 짓는 것까지 다 포함한다. 이 같은 개론은 영화라는 다양한 현장의 모든 요구를 충분히 대변할 수 없다. 추가로 이론가들의 개별적인 글을 더 읽어야 한다. 그래야 논쟁의 지점을 분명히 자기 것으로 소화할 수 있을 것이다.

영화 이론의 진화

영화 이론의 역사와 논점 개요를 소개하기 전에 학습의 중심인 두 이슈를 제기하고자 한다. 영화매체를 미학 형식 또는 소통 양식으로 두드러지게 만드는 요소가 있다. 이는 분석을 필요로 한다. 동시에 영화는 산업적, 예술적, 사회적 관심뿐 아니라 다른 예술 형식과 융합을 표출한다. 그럼으로써 영화는 예술사, 문학 이론, 철학 및 다른 학문과 연관을 기하면서 융합적 시야를 갖게 된다. 영화 이론 공부의 흥미는 이 두 가지 상반되어 보이는 영역을 반영하는 도전에 놓여 있다. 감독, 철학자, 학문을 다룬 글처럼 비평적 질문은 다른 예술, 문화적 경험뿐 아니라 예술 형식, 사회기관으로서 영화적 특성을 보는 데 도움을 준다.

미학매체 이론은 목적, 그 성격, 존재론을 정의하는 것으로 흔히 시작한다. 예를 들어 영화는 그림, 사진과 어떻게 다른가? 모두 시각적 이미지를 사용하지만 영화는 카메라로 담은 사진영상으로 구성되었다는 점에서 그림과 다르고, 영상이 움직임의 환영을 주기 위해 전시된다는 점에서 사진과 다르다.

스토리텔링 매체로서 영화는 소설에서 가져왔지만 정서와 이미지를 연관시킨다는 점에서는 시에 가깝다. 음악과도 유사하지만 영화는 시간에 제한된 형식이다. 이런 비교들은 점점 더 확산된다. 이론은 영화의 성격에 관한 어떤 정확한 규정에 의해서도 분석적 방식을 공유하고 해석의 기초로서 구체적 요소를 지향해야 한다.

영화매체의 특수성과 융합 영역에 관한 질문은 특히 최근의 기술발전, 즉 컴퓨터 생성 이미지(CGI)에서 새로운 배급, 상영 방식에 이르기까지 연관되며 영화에 관한 심오한 존재론적 질문을 제기한다. 디지털 이미지는 빛과 대상물 사이 또는 필름에 화학적으로 녹화된 지시체 사이의 물리적 접촉 흔적이 아니다. 이미지 실체는 디

11.2 〈베오울프〉 존재론적 견지에서 영화 이미지 특성은 사진 이미지 대신에 동작 캡처와 컴퓨터 생성 이미지(CGI) 사용에 도전받는다.

지털로 암호화되고 교환되는 것이다. 컴퓨터 생성 이미지는 실제 세계 지시체(근거)를 갖지 않는다. 어떤 면에서 이미지는 철학에서 말하는 본질(the thing)(사진 11.2)이다. 흥미롭게도 영화 이론과 역사에서 과거의 일은 이 새로운 디지털 매체 특성이 하고자 하는 것을 인식하도록 우리를 유리한 위치로 인도해준다. 인지과학, 컴퓨터학, 게임 이론과 같은 새로운 분야도 현대 영화와 매체를 공부하는 데 중심 역할을 한다.

영화 이론 영역은 연대기적이든 지적인 것이든 더 이상 분명한 경계는 없다. 역사적 개요는 중요한 사상가를 맥락화하게 하고 주요한 이론과 개념이 어떻게 두고두고 정의되고 논의되는지 이해하게 한다. 영화 이론 및 새롭게 연관되는 시청각 매체를 소개하는 새로운 이론은 미래 새로운 질문을 하게 된다. 그러나 이러한 견해는 영속성과 복잡성을 이해하는 지적인 역사를 형성하는 사상사에 의해 구축될 것이다.

생각해보기

각색된 책의 한 구절을 집이나 학교에서 본 영화의 한 장면과 비교해보자. 어떤 요소가 영화에 특징적인가?

초창기 및 고전 영화 이론

이 장에서 토머스 에디슨과 뤼미에르 형제의 최초 공개상영 이후 오래지 않아 발생한 초창기 영화로 시작한다. 1920년대 매체 성숙도로 나타난 **고전 영화 이론**(classical film theory)으로서 고안된 작품을 살펴볼 것이다. 이어 1960년 발간된 지그프리트 크라카우어의 명저 *Theory of Film*으로 종결하고자 한다.

초창기 영화 이론

"어젯밤 나는 그림자 왕국에 있었다. 거기가 얼마나 이상했는지 당신이 알 수만 있다면"이라고 러시아 소설가 막심 고리키가 1896년 시사회에 다녀온 소감을 썼다. 영화가 처음 선보였을 때 관객들은 관람 경험을 기술하는 데 은유를 사용했다. 영화의 마술적 성격에 놀란 나머지 관객들은 무엇이 매체에서 두드러지는가를 지적하고자 했다. 몇몇 초기 비평가들은 관람을 사회적 현상으로 간주했고, 20세기 초 도시 오락 성격의 새로운 형식으로 인식했다. 다른 사람들도 영화를 미학적 개념으로 보고 '제7예술'로 불렀다.

오늘날은 영화 이론이 학문적 방법의 하나인 반면, 초기 이론가들은 많은 문맥과 전통에서 나타났고 영화 이론 역사개관을 분리해서 보았다. 소수 초창기 이론가들은 책도 저술했으나 중요한 이론 작업을 저널, 에세이, 다른 형식으로도 발표했다. 초기 이론가들은 다른 예술 형식에 대한 평론가 혹은 다른 학문의 학자들이거나 특별한 저작에서 상호 간에 발달하는 매체에 대한 이념과 흥분을 교환했던 영화감독들이었다. 영화 이론가가 품은 의문은 매체를 인식한 이후 다음과 같이 전개되었다.

- 영화는 예술 형식인가? 영화는 사진, 회화, 연극, 음악, 기타 다른 예술 형식과 어떤 관계를 갖고 있는가?
- 영화는 언어와 비슷한가? 자신의 언어를 갖고 있는가?
- 이야기하기는 영화의 첫 번째 임무인가?
- 본래 영화는 '사실주의' 매체인가?
- 영화를 발전시킨 현대 세계에서 영화의 위치는 어디인가?

영화에 관한 두 가지 주목할 만한 저작이 1910년대 초반 미국에서 나왔다. 시인 바첼 린지의

The Art of the Moving Picture(1915)는 매체의 순수함과 민주적 가능성에 열정적으로 응답했다. "나는 메리 픽포드, 블랜치 스위트, 매 마쉬 등 뮤즈들에 말할 권리가 있는 유일한 시인"이라며 당시 대중스타들을 거론했다. 다소 특이하지만 영감을 주는 책에서 린지는 영화를 상형문자에 비유했다. 그림문자에 대한 이 은유는 영화가 갖는 보편성을 지칭하면서 많은 초기 관객들을 만족시켰다.

영화 이론에 관한 많은 제도적인 완비는 하버드대학교 교수인 휴고 뮌스터버그의 *Photoplay: A Psychological Study*(1916)에서 나타난다. 뮌스터버그에 의하면 영화 관람은 능동적 사고과정과 연결된다. 이미지의 원천인 물리적 현실로부터 구별되는 영화의 속성은 미학적으로나 심리학적으로 흥미로운 것들이다. 연극 보기와 달리 영화는 움직임과 깊이의 신호감을 만들어내는 특별한 정신작용을 요구한다. "사진극은 시간, 공간, 인과율, 즉 바깥 세상형식을 극복하고 집중, 기억, 상상, 정서 등 내적 세계 형식에 사건을 붙임으로써 인간사를 말해준다."고 뮌스터버그는 주장했다. 그의 생각은 관객이 매체와 관계를 맺는 것을 강조하는 것이다. 세월이 지난 후 관객 이론은 동일한 생각을 발전시켰다. 린지의 작업이 특정 영화를 상찬한 데 비해 뮌스터버그는 일반적으로 사진극의 사고를 언급했다. 어떤 점에서 그들의 작업은 비평 사이의 간격을 만들어내고 주어진 미학적 대상과 이론을 반영하며 더 넓고 더욱 추상적인 것을 반영했다.

미국 바깥에서 영화에 관한 많은 초기 저작이 영화감독으로부터 나타났다. 비록 즉각 상업화되었으나 영화는 음악, 문학, 연극, 회화, 건축, 사진 등의 예술에 대한 모더니즘 실험의 맥락하에서 나타났고 번성했다. 영화는 신기술에 기반을 두었기 때문에 많은 사람들은 기계 시대의 대표 예술로 간주하곤 한다. 영화는 기존 매체에 새로운 접근법으로 영향을 주었다. 예를 들어 회화에서 큐비즘, 초현실주의의 '자동기술법' 등이 그것이다. 역으로 영화감독은 전위 예술 작업을 적용했다. 한스 리히터 같은 화가는 영화를 통해 시각적이며 리드미컬한 가능성을 탐구하였다**(사진 11.3)**. 모더니스트 지식인들은 영화 미학 지위와 타예술 간 관계를 논의했다.

1910~1920년대 프랑스에는 첫 아방가르드 영화 운동과 인상주의가 시네클럽 및 새 매체 잡지의 주도로 태동했다. 잡지 시네마(*cinema*)에서 루이 델뤽은 영화 속 대상과 일상 현실을 구분짓는 특성을 지칭하는 **포토제니**(photogénie)라는 용어를 창안해냈다. 장 엡스탱은 그의 시적 산문인 'Bonjour Cinéma'와 에드가 앨런 포 원작 영화 〈어셔가의 몰락〉(1928)**(사진 11.4)**에서 미묘한 개념을 설명했다. 제르맹 될락은 글과 강연에서 영화와 음악을 비교했다. 영화 이론과 실천은 시대가 흐르면서 융성해졌고 세계대전 사이에 동일하게 발전하기 시작했다.

고전 영화 이론 : 형식주의와 사실주의

영화 매체의 지적 관심과 현대와의 관계는 1920년대 기술적 · 산업적 기구, 사회적 역할, 굳어진 지배적 스타일만을 강화시켰다. 예술사가들은 영화감독에 합류하여 최초로 영화 이론에 관한 단행본을 발간하기 시작했다. 많은 영화 이론가들이 영화의 형식적 요소와 그 효과를 정의하고자 하고 실제적인 이유로 전통적 미학 이론과 토론에 돌입했을 때 다른 사람들은 근본적인 이류로 매체의 사실주의적 측면에 대해 논의하고 있었다. 전통적으로 이러한 견지는 **형식주의**(formalist)와 **사실주의**(realist)로 서로 양분되는 것이고, 초기 영화를 수용하는 태도와 연관되어 있었다.

파리의 그랑카페에서 뤼미에르 형제의 첫 영화가 상영되었던 이야기에서 관객은 달려오는 기차에 비명을 지르거나 파도에 적실까 봐 두려워했다는 상황을 변함없이 들려준다**(사진 11.5)**. 이 이야기가 사실이든 아니든 관객은 영화를 사실주의로 성격화했고 다른 예술이 갖고 있는 대상과의 미학적 거리감을 결여한다고 생각한 것이다.

11.3 〈리듬 21〉 유명한 독일 미술가 한스 리히터의 초기 추상 영화 Courtesy of Anthology Film Archives, All Rights Reserved

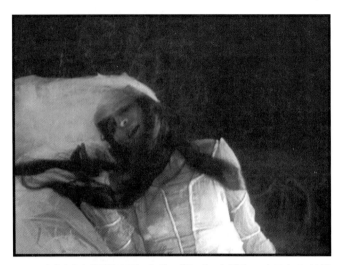

11.4 〈어셔가의 몰락〉(1928) 장 엡스탱은 에드가 앨런 포의 글과 유사성을 갖고 있는 대상에 대한 시적 성격에 관심을 갖고 단편 영화를 각색해 인상주의 영화로 완성했다.

11.5 〈열차의 도착(Arrival of a Train at La Ciotat)〉(1896) 사실이든 소문이든 간에 관객은 그들을 향해 달려오는 실물 크기 기차 이미지에 경악했다는 것이고, 비명을 지르며 좌석을 박차고 뛰쳐나갔다는 것이다. The Kobal Collection/Art Resource, NY

앙드레 바쟁과 지그프리트 크라카우어 이론의 경우 사진처럼 영화는 지시성, 즉 대상물의 존재와 음향의 근원을 담아내고 기록하는 이미지를 통해 세상을 복제하는 능력 때문에 특별하다. 세르게이 에이젠슈타인과 벨라 발라즈와 같은 형식주의자들에게 영화란 예술[1]이다. 편집과 클로즈업은 영화의 의미와 효과에 기본이다. 사실주의는 특별한 방식으로 형식을 운용하는 하나의 스타일일 뿐이다. 발터 벤야민은 영화 형식이 관객 감각지각에 영향을 준다는 것에 문제를 제기해왔다. 비록 이 견해 차이의 토론이 격론을 벌이긴 했으나 누구도 승리하지 못했다. 이는 영화 이론의 핵심으로 남아 있는 형식주의와 사실주의 이론의 특성 차이일 수밖에 없는 것이다.

형식주의 이론

영화가 일부 형언할 수 없는 본질에 의해 규정된다 가정해도 대부분은 형식에 의해 성격화된다는 걸 부정할 수 없다. 고전 영화 이론에서 형식주의자들은 영화 자체의 의미를 발견하기 위한 카메라 운동, 장면 사이즈, 숏 지속 시간, 리듬 등 영화 고유의 특성을 보았다. 그들 중 일부는 현대생활의 파편화된 경험이 편집과 연관이 있다는 측면으로 보기도 한다. 형식주의는 영화 연구의 한 지배적인 경향으로 발전해 갔다. 이러한 연구의 상당수는 세르게이 에이젠슈타인 같은 이론가 감독에 영향을 받았다.

소비에트 몽타주 이론 제4장 편집론에서 봤듯이 1920년대 에이젠슈타인과 소비에트 감독의 몽타주 이론은 영화 이론과 실천에 엄청난 영향을 주었다. 1917년 러시아 혁명은 새 사회질서 표현용 형식 수단의 개발을 위한 예술–지식인 그룹을 촉진시켰다. 디자인, 세트 디자인, 회화, 조각에서 변혁적 스타일은 새 매체로 통합되었다. 기술적 기초와 인민을 위한 접근도 측면에서 변혁은 모더니즘의 완벽한 표현을 달성했다. 프세볼로트 푸도프킨과 세르게이 에이젠슈타인이 학생으로 있었던 국립영화학교의 교수 레프 쿨레쇼프는 소비에트 영화 제작(172~173쪽 '집중분석' 참조)에 몽타주 이론을 강조했다. 〈어머니(Mother)〉(1926)(사진 11.6)와 다른 영화에서 푸도프킨은 관객 응시, 인지를 연출하기 위한 장면 분절 방식으로 몽타주를 사용했다. 반면 에이젠슈타인의 몽타주 이론은 영화 이론상 가장 중요한 연구 중 하나의 위치를 차지하는데, 숏 간의 충돌 효과를 강조했다. 소비에트 감독 지가 베르토프는 '키노키' 또는 '영화–눈' 그룹에 의해 승인

11.6 〈어머니〉(1926) 다른 소비에트 감독처럼 프세볼로트 푸도프킨은 몽타주 위력을 강조했다. 하지만 에이젠슈타인이 불협화 효과를 강조한 반면 푸도프킨은 막심 고리키의 소설을 강력하게 각색한 이 영화에서 보듯 편집을 통해 정서 조화를 강조한 선구자가 되었다.

11.7 〈햄릿〉(1921)에서 아스타 닐센 이론가 벨라 발라즈는 클로즈업이 화면에 영혼을 드러낸다고 믿었고 클로즈업으로 나온 아스타 닐센의 얼굴을 보고 덴마크 무성 영화를 높게 평가했다.

된 성명서 형식으로 영화 이론에 기여했다. 베르토프의 전위적 글은 새로운 보기 방식을 강조했는데, 인간 눈의 한계를 영화 카메라 능력을 통해 극복할 수 있다고 보았다. 그는 '보이지 않게 포착한 인생'을 위해 극영화를 거부했고 음향 가능성을 실험했다.

영화 미학　소비에트 몽타주 이론가처럼 벨라 발라즈와 루돌프 아른하임은 형식주의 영화 이론의 선봉이다. *영화의 이론*(*Theory of the Film*)(1952)으로 알려진 벨라 발라즈는 소련에서 활동했던 헝가리 출신 영화 평론가 겸 시나리오 작가이다. 첫 영화책은 1924년에 출판했다. 발라즈는 영화가 관객 동일시를 이루는 연극 등 다른 예술과 결별한 새 '형식언어'라고 주장했다. 영화를 보면서 우리는 "로미오의 눈으로 줄리엣이 있는 발코니를 쳐다보고, 줄리엣의 눈으로 로미오를 내려다본다."고 그는 썼다. 특히 발라즈는 클로즈업의 위력에 대해 웅변적으로 서술했는데, 무대에서는 접근할 수 없는 영화예술만의 요소라고 말했다. "무성 영화 시기 클로즈업만으로 영화는 이미 잘 알고 있는 생의 숨겨진 주된 정서를 드러냈다."(사진 11.7)

　독일 미술사가인 루돌프 아른하임은 1933년 그의 책 *Flim*에서 형식주의 입장을 더욱 강하게 주장했다. 그 책은 이후 **예술로서의 영화**(*Film as Art*)(1957)라는 이름으로 영역되어 개정되었다. 아른하임에 있어서 영화 사실주의 탐구는 자연의 한계를 초월하려는 매체의 독보적인 미학적 가능성을 배신하는 것이다. 그는 "영화가 실생활을 단지 불완전하게 기계적으로 복제하는 매체일 뿐이다."라는 주장을 반박한다. 그에 의하면 영화 화면의 평면성은 한계가 아니라 감독에 의해 개척되고 이론가에 의해 강조된 미학적 변수라는 것이다. 뮌스터버그처럼 아른하임은 지각 심리학에 관심을 갖고 다른 설명보다도 유사성 지각으로 영화를 가치 평가하지 않았다.

영화와 근대성　반터 벤야민은 영화가 근대 세계에서 지각을 변형하는 데 기여한다는 점을 특히 중시했다. 벤야민은 어렵지만 유명한 에세이 **기계복제시대의 예술작품**(*The Work of in the Age of Its Technological Reproducibility*)에서 영화와 사진에 대해 기술했다. 벤야민에게 회화와 사진, 영화에 대한 비교는 상대적으로 예술적 가치에 놓여 있지 않았다. 이 새로운 예술 형식은 원작품의 '아우라'를 갖는 유일한 작품이냐 아니냐에 따라 다르다. 영화는 널리 유통되는 많은 복제품을 통

 생각해보기

마지막으로 본 영화에서 벨라 발라즈가 말한 클로즈업 같은 특정 형식 요소의 효과를 서술해보자. 또는 루돌프 아른하임이 강조한 2차원 평면공간에 대해서 말해보자.

11.8 〈풋라이트 퍼레이드(Footlight Parade)〉(1933) 1920년대와 1930년대 초반 지그프리트 크라카우어는 글 속에서 '대중 장식'의 예로 추상적 형태의 무희 장면을 인용했다.

생각해보기

사실주의 입장에서 최근 본 영화를 분석해보자. 롱테이크에 관한 앙드레 바쟁의 생각을 지지할 수 있는 장면을 서술해보자. 또는 일상을 포착하는 사진의 위력에 대한 크라카우어의 이론에 대해 서술해보자.

해 가속된 시간 감각을 포착하고 현대 도시인에 친숙한 공간을 횡단한다. 벤야민은 형식적 성격에 대한 응답과 역사적 순간의 성격 둘 다로서 관객의 지리멸렬한 상태를 상정한다.

사실주의

1920년대 형식주의 입장이 지배했다면 사실주의 질문은 고전 영화 이론의 중심 논쟁 직후 나타났다. 동시음향의 기술적 진보가 매체의 성격에 새 영감을 불어넣었다. 음향은 있는 그대로 현실을 재현하기 위한 임무를 달성할 수 있는가? 혹은 음향은 영화의 시각적 표현을 방해하는가? 일반적으로 사실주의는 예술의 **미메시스**(mimesis) 혹은 현실의 모방과 연관된다. 모방성은 고대 그리스 이후 서구 예술 전통에서 존중되어왔다. 형식주의자가 영화 스크린을 그림틀과 유사하다고 봤다면 사실주의자들은 창문으로 봤다.

제2차 세계대전 동안과 직후 사실주의는 기술 개량, 새 제작 운동, 정치적 사건 등에 고무받아 재평가가 이뤄졌다. 1950~1960년대 가장 두드러진 영화비평가이며 이론가 중 하나인 앙드레 바쟁은 영화를 본질적으로 사실주의자로 봤다. 그에 의하면 영화는 "이미지가 현실에 덧붙여지는 게 아니라 현실을 드러내는 것으로 평가되는 매체"이다. 바쟁은 그 앞에 있던 형식주의자들에 직접적으로 응답했고 결국 현대 영화 이론의 중요한 선구자가 되었다(이 장 후반에 나오는 카이에 뒤 시네마를 통한 바쟁의 영향 참조).

바쟁은 에세이 'The Evolution of the Language of Cinema'에서 실제 시간으로 공간과 사건을 잡아내는 영화의 능력은 본질이라는 견해를 피력했다. 몽타주는 공간적·시간적 관계를 교체함으로써 이런 일을 방해한다고 주장했다. 대신 딥포커스 촬영을 가능하게 하는 깊이 구도를 강조한다. 세 층 위의 공간이 다 보이기 때문에 다른 거리에서 잡은 숏들 사이의 편집은 불필요한 것이다. 바쟁에게 있어서 장 르느와르 같은 감독은 롱테이크를 사용하여 깊이 공간을 창출하고 "지속하는 극적 공간의 연속성을 중시하는 느낌을 전달"했다. 바쟁은 이미지를 현실과 관객의 원천이면서 궁극적으로 시간 초월의 수단으로 본다.

또 다른 비중 있는 이론가는 지그프리트 크라카우어인데, 그의 지위는 서서히 발전해온 것으로, 바쟁처럼 사실주의의 강력한 옹호자로 알려져 있다. 1920년대 영화 형식을 갖는 모더니스트 실험 중에 있던 바이마르 독일에서 신문에세이를 쓰면서 비평을 시작했다. 'The Mass Ornament'에서 크라카우어는 대중문화 미학, 영향받은 새로운 인생의 리듬을 탐구했다(**사진 11.8**). 1947년에는 유명한 책 *From Caligari to Hitler: A Psychological History of the German Film*을 발간했고, 1960년에는 최고 역저 *Theory of Film: The Redemption of Physical Reality*에서 사실주의를 위한 영화 역량을 공고히 했다. 크라카우어는 영화 매체가 "물리적 현실을 기록하고 드러내기 위해" 갖춰졌다고 주장했다. 영화가 찰나적인 세계 위에서 창문을 제공하는 것만은 아니었다. 더욱 중요하게는 영화는 순간, 매일, 우연히 도래할 파멸을 구제하고자 한 것이다.

제2차 세계대전 후 영화 문화 및 비평

영화적 사실주의에 흥미를 갖는 영화 이론가들은 제2차 세계대전과 그 이후의 황폐한 사건에 의해 형상화되었다. 유대계 독일인 난민으로서 크라카우어의 경험은 역사적 증거로서 영화에 관심을 표명하였다. 행동가이며 프랑스 레지스탕스 일원이었던 바쟁은 현실과 유사한 영화 해방적인 도구로 영화에 기여했다. 예를 들어 바쟁은 전후 이탈리아 네오리얼리즘 운동을 중시했다. 〈독일영년(Germany Year Zero)〉(1948) 같은 영화가 대표적인데, 로케이션 촬영, 아마추어 배우를 기용하였다(**사진 11.9**). 이는 바쟁이 말한 '현실에 대한 믿음'이었다.

전쟁의 상처와 파괴로부터 복구하는 기간에 네오리얼리즘은 과감한 국제적 영화 문화를 일궈냈다. 예술 영화는 영화제와 잡지에 의해 지지되었다. 이 시기 격렬한 비평과 왕성한 제작 열풍이 없었다면 영화 이론은 수확을 거두지 못했을 것이다.

영화 잡지

전후 영화 문화는 국제적인 영화 잡지에 의해 견지되었다. 이들 가운데 가장 유명한 것은 1951년 바쟁이 공동 창간한 카이에 뒤 시네마이다(**사진 11.10**). 바쟁의 회원제 잡지는 프랑스 누벨바그를 형성한 프랑스와 트뤼포, 장 뤽 고다르(**사진 11.11**), 에릭 로메르, 자크 리베트, 클로드 샤브롤 등 젊은 영화감독의 비평을 실었다 (제10장 참조). 이 작가들은 시네마테크 프랑세즈에서 영화교육을 받았다. 앙리 랑글루와가 비시 정권(Vicky period)하 프랑스에서 개봉 금지된 수많은 미국 스튜디오 영화들을 포함한 전 세계 영화들을 상영하던 공간이었다. 카이에 뒤 시네마에 실린 글과 그들이 만든 영화는 전 세계 영화 문화에 활력을 불어넣었고 대학 영화공부를 활성화하는 데 초석을 다졌다.

프랑스에서 라이벌 잡지는 포지티프(*Positif*)와 시네티크 (*Cinéthique*)였고 역시 융성했으며, 그들 사이의 논쟁은 영화광들을 흥분시켰다. 뉴욕 앤드류 사리스가 편집한 영어판 카이에 뒤 시네마(이하 카이에)와 영국에서 발간한 무비(*Movie*)는 프랑스 비평 및 작가 이론 같은 방법론을 전파했다. 미국에서 영화 문화 (*Film Culture*)는 1950~1960년대 전위 뉴 아메리칸 영화 운동의 산실이었다. 버클리대학교의 필름 쿼털리(*Film Quarterly*)는 1958년 이후 발간됐고 영화 이론의 많은 핵심 아이디어를 도입했다.

1968년 5월 프랑스에서 일반 노동파업에 의해 문화 격변이 시작되었다. 카이에는 다소 정치적이고 이론적으로 변경되었다. 지면에는 〈히로시마 내 사랑〉(1959)에서 〈젊은 날의 링컨(Young Mr. Lincoln)〉(1939)까지 심층 분석되었다. 1970년대 영국 잡지 스크린(*Screen*)은 마르크시즘, 기호학, 정신분석, 프랑스 사상 등을 도입했고 10여 년 이상 영미권 영화 이론에 영향을 끼쳤다. 영화 출판은 정기 간행물에만 해당되지 않았다. 개별 감독, 특정 시기 제작, 자국 영화사, 장르 등이 단행본이나 시리즈물로 성행하였다. 소위 '작은 책들'은 저가로 쉽게 들고 다닐 수 있었는데, 대중과 전문인 양자를 결합시켰고, 그 분야의 학술적인 출판을 발전시키는 데 기여했다.

11.9 〈**독일영년**〉 앙드레 바쟁에 의하면 로베르토 로셀리니의 영화는 '현실의 믿음'에 근거해 전후 베를린을 로케이션으로 하여 찍었다.

11.10 **카이에 뒤 시네마** 상징적인 노란색 표지의 잡지로 1950년대 작가 이론을 소개했다. The Granger Collection, NY

11.11 장 뤽 고다르 장편 데뷔작 〈네 멋대로 해라〉(1960)에서 2010년 아카데미 평생공로상을 수상했지만 거부했던 때까지 고다르는 작가였다. 그의 개성은 많은 작품 속 독창적인 음향과 영상 기법에서 두드러진다.
Mary Evans/Ronald Grant/Everett Collection(10403111)

생각해보기

이 장에서 언급된 잡지 중 하나를 보자. 구체적 사례를 통해 영화 문화에 관한 발행인의 시각을 서술해보자.

작가 이론

영화 문화의 강력한 토대 위에서 나타난 사상들은 비평과 이론 양쪽에 영향을 준다. 영화가 한 개인(일반적으로 감독)의 창조적 작업을 의미한다는 입장인 **작가 이론**(auteur theory)은 특정 감독이 프랑스 비평가에게 칭찬을 받았던 1950년대에 나타났다. 현재 프랑스 말로 **오퇴르**(auteur, 작가)라고 남아 있는 까닭은 이 기원에서 연유한다. 카이에는 '작가에 관한 정책'을 장려했는데, 오손 웰즈, 프리츠 랑, 사무엘 풀러, 로베르 브레송 등 개성적 스타일로 두각을 드러내는 개성 있는 감독들을 칭찬하는 개념으로 '정책' 혹은 원리라고 쓴 것이다. 유럽 예술 영화가 그 대열에 올라 있었다. 잉그마르 베르히만, 미켈란젤로 안토니오니는 작가감독으로서 작가 정의에 잘 어울리는 존재들이었다. 그러나 카이에의 작가성 개념은 그러한 의식적이고 일관성 있는, 창조성이 덜 모방될 수 있는 일군의 감독들에서 더 넓은 범위로 확장되었다. 그 대상은 할리우드 스튜디오 시스템 전성기에 활동했던 감독들이다.

비평가들은 라울 월쉬와 하워드 혹스 같은 할리우드 작가를 개성적인 모티프 또는 놀라운 구도 등을 이유로 논의하기 시작했다. 그들은 산업적 고려를 위해 예술적 자율성에 간섭하는 스튜디오를 반대하는 성향을 갖고 있었다. 논쟁은 이어졌다. 한 감독이 진정한 작가인가 혹은 강한 개성 없이 기법적 능력만을 갖고 있는 장인, 즉 **메튜앙센**(metteur-en-scéne, 연극 무대에서 가져온 '무대 연출'의 프랑스어)인가를 판별하고자 했다. 미국에서 '작가정책'은 필름컬처(*Film Culture*), 빌리지 보이스(*Village Voice*)의 앤드류 사리스에 의해 대중화되었다. 1968년 *The American Cinema: Directors and Directions, 1929~1968*에서 그는 혹크, 채플린, 웰즈, 존 포드를 포함하여 '만신전의 감독'으로 분류했다. 동시에 그는 윌리엄 와일러같이 아카데미 수상자의 영예를 갖는 감독들의 지위를 깎아내렸다. 할리우드 감독들을 위계화한 사리스의 분류에 의해 비평의 잣대는 개성을 소유한 감독 상당수에게 높은 지위를 부여하는 식이었다. 프랑스 비평가들처럼 사리스의 작업은 심오한 **시네필리아**(cinephilia) 혹은 **영화 애호가**, 큰 영화든 작은 영화든 지난 세기 개봉한 영화들에 대한 완벽한 지식을 갖춘 경향을 선호하였다. '작가정책'을 '작가 이론'이라고 사리스가 영어로 번역한 것은 분명 잘못된 것이다. 그건 단지 비평적 관점이었지 체계화된 이론은 아니었으며 번역으로 정치적 맥락이 탈락되었다.[2]

그러나 작가주의 접근은 영화가 공동 작업이며 상업적이고 고도의 기술 매개적인 형식이라는 사실을 간과하는 경향이 있다. 영화 만들기는 시 창작처럼 개인적인 것은 아니다. 많은 개인이 한 편의 영화를 위해 기여하고 스튜디오 기획 작품에서 한 사람의 작가적 야망만을 키워주기 위한 크레딧은 불가능하다. 평론가 폴린 카엘은 한 유명한 경우를 통해 사리스에 반격을 가했다. 감독 오손 웰즈보다 작가 허먼 맹커비츠가 〈시민케인〉(1941)의 원작 구조로서 크레딧에 더 먼저 올라와야 하고, 그렉 톨랜드의 촬영 작업은 영화의 모습을 돋보이게 만든 장본인이라고 주장했다. 상업 영화에서 기획자, 제작자 또는 회사는 감독보다 더 중요하다. 오늘 날 'J. J. 에이브럼스 작품' 등의 감독 크레딧은 계약상 관행이고 재정적 배려의 문제일 뿐이다. 영화 이론가 티모시 코리건은 영화감독의 현대적 의미는 '작가주의의 상품'으로서 브랜드를 갖는 것이라 말한다.

장르 이론

영화에서 장르 이론은 작가 이론과 마찬가지로 제2차 세계대전 이후 프랑스의 영화 문화에서 활력을 찾았다. 전쟁 기간 독일 점령기에 미국 영화가 개봉되지 않다가 전후 한꺼번에 동시 개봉되면서 할리우드 영화의 공통분모를 쉽게 파악할 수 있게 되었다. 작가 비평처럼 장르 비평도 영화 애호가에 의존한다. 소수의 영화들을 통한 일반화는 경박한 풍조이다. 때로 장르 비평은 작가주의와 불협화음을 일으키기도 한다. 천재들은 범작이나 유형화된 작품을 만들지 못한다. 혹은 만든다 해도 예외에 속한다. 하지만 작가주의 접근은 본질적으로 장르와 같이 발전하는 것이다. 장르 작품 속 작가의 위치는 그 작품을 다른 것과 구별하도록 하는 요소가 된다. 이것은 존 포드와 서부 영화를 아우르는 분명한 경우이다.

11.12 〈그의 연인 프라이데이〉 하워드 혹스는 이 작품처럼 코미디, 서부극, 뮤지컬, 모험물 등 다양한 장르의 고전을 만들었다.

작가 비평은 특정 재능 있는 감독이 다른 장르를 잘 다루는 점을 높이 평가하기도 한다. 평론가 로빈 우드는 하워드 혹스의 남성 모험 영화와 스크루볼 코미디에서 혹스의 주제의 완성도를 보고 같은 관심으로 둘을 연관시키기도 한다(**사진 11.12**). 같은 취지로 쿠엔틴 타란티노 같은 현대 작가감독은 무술 영화, 흑인 영화, 범죄 영화 장르에서 특유의 자의식적 주제를 활용하는 것으로 유명하다. 리들리 스콧은 공상과학 장르 관습을 중시하면서 〈블레이드 러너〉(1982)를 개성 있게 만들었다(**사진 11.13**). 대중 영화, 특히 할리우드 영화를 향한 긍정적인 비평은 1950년대 작가주의가 형성해온 것으로 보다 직접적으로 장르 비평을 통해 존재해왔다.

11.13 〈블레이드 러너〉 작가 비평과 장르 비평의 융합은 리들리 스콧의 공상과학 영화의 평가에서 분명하게 드러난다.

다른 장르는 다른 문화적 질문이나 문제를 다룬다. 특정 시기에 출몰하는 이유가 다 그렇다. 평론가 토머스 샤츠는 1981년 책 *Hollywood Genres*에서 뮤지컬을 예로 들어 두 커플이 합쳐지는 장면을 통해 문화 통합을 찬양하는 상징적 의미로 보았고, 서부극은 방랑하는 주인공이 스스로 즐겁지 않은 이유가 집, 고향의 성립을 필요로 한다고 해석했다.

현대 영화 이론

1970년대까지 영화 연구는 영문학, 예술사에 강하게 뿌리내리면서 학과, 기관, 잡지를 통해 성립해온 학문이었다. 이 시기 영화 이론의 개념은 대단히 전문화되었다. 이론가들은 주관적이며 인상주의적인 영화 비평 전통보다 체계적인 접근에 관심이 있었다. 최근 온라인 저널, 블로그, 스트리밍 사이트들은 대중과 전문가 집단 간 보다 큰 유대감을 반영하고, 더 큰 영화 문화 속에서 학문의 기원을 연관시키는 일을 하면서 영화 이론의 민주화를 돕고 있다.

다음 **현대 영화 이론**(contemporary film theory)의 개관은 주요 비평 사조에 따라 분류한 것이다. 이 사조에는 중요한 국제적 관계가 있고, 질문들이 서로 간에 연속적으로 발생한다. 예를 들어 여성주의 영화 이론은 영화 속 인물과 무의식적 동일시로 해석한다. 이는 정신분석 이론과 겹친다. 어떤 장르가 여성 관객과 연관된다면 문화 이론과 겹친다. 하지만 현대 영화 이론의 진화 및 광범위한 개관은 깊이 있는 연구에 대한 질문을 제기하는 유용한 방식이기도 하다.

구조주의와 기호학

1968년 논문에서 프랑스 문학 평론가 롤랑 바르트는 '작가의 죽음'을 선언했다. 예술가의 의식적 의도와 이력은 작품 자체의 형식적 질을 분석하기 위해 분리해야 한다고 주장했다. 작가 이론은 영화감독에 대한 문학 작가의 문화적 위상으로 확장되었다. 이제 문학 평론가는 작가의 천재성에 대한 전통적인 개념에 의문을 제기한다. 이 새로운 지평은 **구조주의**(structuralism)에 뿌리를 두고 언어학, 인류학적 접근을 하며 문학, 영화 서사로 확장하면서 독창성보다 보편 구조를 보려 한다.

구조주의는 1960년대 프랑스에서 널리 유행했던 사조이다. 그 기원은 20세기 초반 페르디낭드 소쉬르의 구조언어학에 두고 있다. 그 영향으로 영화 이론가들은 다른 학문 이론가처럼 매체를 언어와 비교하기 시작했다. 소쉬르는 언어학을 기호학이라 명명했듯 기호에 관한 새로운 과학을 증명하는 가장 중요한 실례라고 보았다. 그림, 제스처, 여타 광범위한 소통체계를 포함한다. **기호학**(semiotics)은 기호와 의미화 작용의 연구이다. 의미는 기호의 선택, 순서, 해석에 따라 구조화되고 소통된다. 소쉬르에 의하면 **기호**(sign)는 말, 글, 그림, 제스처 등 **기표**(signified)와 연동되는 정신개념, 즉 **기의**(signifier)로 구성된다. 기표 '고-양-이'와 애완 고양이 형태 기호의 정신 이미지 의미화, 이 2개는 상호 관계 없이 상상될 수 없다. 특별한 경우 기호 '고양이'는 특별한 얼룩 고양이일 수는 있겠으나 머릿속 고양이 이미지에서 발원한 것이다. **지시대상**(referent)과 기호 사이의 틈은 기표와 기의 간 차이고 분석자가 특정 소통이나 메세지를 적용하는 일반 법칙이나 암호를 소외시키는 것이다. 예를 들어 언어의 약호는 발화자와 수화자가 사계절 중 하나로 '겨울'의 의미를 공유하는 **외연**(denotation)이다. 반면 문화적 약호는 춥고 눈이 오는 상황의 **내포**(connotation) 의미를 책임진다.

19세기 후반 '기호학'이란 용어를 만들어냈던 미국 철학자 찰스 샌더스 퍼스는 세 가지 기호를 주장한다. 단어는 상징 기호이다. 언어에 의해 부여된 지시대상과 자의적 관계를 유지하고 문화에서 기원한다. 반면 사진과 영화는 유사성의 관계로 지시대상을 의미하는 아이콘 기호다. 세 번째로 사진 이미지는 반사된 빛이 화학성분 이멀전으로 덮인 필름에 고정된 이미지를 만들어내는 과정의 결과물이므로, 이런 이미지는 지표적 기호며 퍼스의 세 번째 기호 유형이다. 다른 말로 하면 직접적인 인과적 관계, 즉 지칭하거나 암시하는 관계는 기호와 '지표'에 의해 의미되거나 묘사된 대상 사이에 존재한다. 발자국처럼 지표 기호는 사람이 길을 걸어왔다는 것을 암시하고 풍향계는 바람이 불어오는 방향을 지칭한다.

사진, 영화, 비디오 이미지는 단지 관습적으로 지정하는 것과 연관짓는 문자언어보다는 지시대상에 더 강한 동일감을 형성한다. 르네 마그리트의 유명한 그림 '이미지의 반역'과 쓰인 말 "이것은 파이프가 아니다"는 그림이 분명히 파이프를 지칭한다는 점 때문에 부조리하다. 그러나 파이프 그림은 실제 피울 수 있는 파이프는 아니고 그저 아이콘 기호일 뿐이다. 그 종류가 무엇이든 기호로 포착된 대상의 본질적 성격은 없다. 기호학은 언어를 인간 창안과 사회적 관습으로 강조한다. 과학적 방법론은 관습을 서술하는 언어학에 의해 창안되었고, 선이나 미처럼 주관적 평가에 기대지 않고 체계적으로 영화에 접근하고자 하는 이론가들에게 활용되어왔다. 기호학적 형식 분석 방법은 이러한 시도에 근거한다. 이론가들은 카메라 움직임, 조명 같은 영화 약호가 특정 영화, 장르 간 의미 있는 유형을 만들어내는가를 알게 된다. 언어학의 유산은 영화 서사 이론에서 공감해왔다. 프랑스 인류학자 클로드 레비스트로스는 소쉬르의 구조언어학에 기초하여 1957년 **구조인류학**(*Structural Anthropology*)을 발간했다. 레비스트로스는 많은 신화를 연구

11.14 〈스타워즈 에피소드 4 ─ 새로운 희망(Star Wars: Episode IV ─ A New Hope)〉(1977) 조지 루카스는 첫 스타워즈 영화 플롯에서 신화학자 조지프 캠벨에게 영향을 받은 것을 인정했다. 서사학자들은 영웅, 구조자, 공주 등 영화 중심 인물이 신화 속 인물들과 닮아 있음을 안다.

했고, 심층적으로 문화생활을 형성하는 기본 구조를 공유한다는 사실을 발견했다. 러시아 민속학자 블라디미르 프로프는 설화 연구에서 비슷한 일치점을 깨달았다. 그가 말한 바 제한된 수의 인물형 기능과 구성요소가 있고, 몇몇 구성은 항상 같은 순서로 진행한다. 많은 이야기 가운데서 기본 구성을 구분해냈다. 이 연구는 다른 많은 서사 형식에 영향을 주었다.

서사학(narratology)은 서사 형식 연구로, 영화 포함 이야기를 다루는 모든 형식을 아우르는 구조주의의 한 분과이다. 영화감독에게도 제한된 수의 기본 구성이 있는가? 장르는 신화와 같은가? 영화는 대단히 유형적이고 그것에 근거하지 않을 때조차 신화, 전설과 닮아서 서사학적 연구는 결과를 낸다. 예를 들어 〈스타워즈〉 시리즈의 인물은 프로프가 연구한 설화에 나오는 영웅, 반영웅, 마법사, 공주, 마녀와 거의 일치한다(**사진 11.14**).

세르게이 에이젠슈타인, 블라디미르 프로프와 동시대 러시아 형식주의자로 알려진 언어학자들은 서사학에 **슈제트**(구성), **파불라**(이야기) 사이의 중요한 구분을 했다. 슈제트는 실제 내용, 영화에서 배열되는 방식을 말하고, **파불라**는 이성적으로 재구성하는 사건의 순차적 순서를 말한다. 예를 들어 형사물에서 슈제트는 이미 진행 중인 수사를 통한 형사의 과정을 따라간다. 파불라는 범죄 발생으로 이끄는 초기 상황에서 시작한다.

구조주의 이론가들은 서사를 기본 형식으로 압축한다. 시작 상황은 균열이고 주인공은 그 결과로 행동을 시작하고 새로운 균형이 끝에 주어진다. 19세기 뚜렷한 중산층 문화 형식인 소설은 사실주의적 행동 영역 안에서 주인공에게 심리적 깊이를 부여했다. 소설의 기본 서사 형식은 영화에 의해 각색되었고 그 사실주의 능력은 대단하다. 아방가르드 영화감독에 대해서 영화 이론가들은 구조주의, 기호학을 취하고 고전 영화 이론의 형식주의 위치로 되돌아가며 '기준'으로서 고전 서사 형식과 영화 기본 양식으로서 사실주의 이념에 저항하였다.

이데올로기 비평

현대 영화 이론의 도구로서 구조주의와 기호학은 사회 관습의 자연화와 일상의 신화화에 대한 이데올로기 비평으로서 영화 내용과 형식에 영향을 끼쳐왔다. 예를 들어 이데올로기 메시지가 비판적인 뮤지컬 영화 〈사랑은 비를 타고〉(1952)의 구조주의적 독해는 할리우드 영화 제작 기술

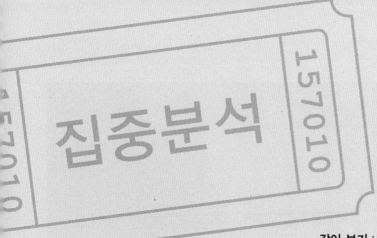

〈페르세폴리스〉의 기호와 의미

같이 보기 : 〈웨이킹 라이프(Waking Life)〉(2001), 〈바시르와 왈츠를〉(2008)

마르잔 사트라피의 만화회상 영화 〈페르세폴리스〉(마르잔 사트라피, 방상 파라노, 2007)는 단순한 검은 테두리와 회색 배경 장식무늬를 넣은 흑백 셀 애니메이션이다. 영화의 형식적 스타일은 성년, 망명, 문화 차이뿐 아니라 우화톤의 풍자적 유머를 의미 있게 상호 연관시킨다. 색채, 소리, 의상, 내용을 포함하는 기호는 마르잔의 경험과 내레이터의 페미니스트, 디아스포라적 시각을 소통시킨다. 외견상 단순함은 기호학적 분석에 의해 풍부한 의미를 갖는다.

〈페르세폴리스〉는 마르잔의 이야기이다. 그녀는 어린 시절 테헤란에서 샤 통치하, 이후 이슬람 공화국, 이란/이라크 전쟁의 억압을 목격했다. 그녀는 유럽으로 유학을 떠났다가 잠시 이란으로 돌아오고 미술학교를 다니지만 성인이 된 후 고향을 떠나 프랑스에서 작가와 미술가로 살며 작업한다. 구조주의 시각에서 보면 그녀의 이야기는 많은 곤경을 극복해낸 추방된 상속인의 이야기이다. 그러나 결말은 개방되어 있고 성, 문화, 정치는 이야기에 질감을 넣어준다.

영화는 공항에서 성인 마르잔의 모습으로 시작한다. 공항은 교체를 의미하고 여기도 저기도 아닌 장소성을 의미한다. 의미 있게도 현재의 장면은 영화 속에서 컬러를 사용하는 장면밖에 없다. 서구 관객은 신정국가 이란의 칙칙함과 비교해 민주유럽의 활기찬 생활을 의미하는 것으로 이해할지 모른다. 하지만 창백한 얼굴이 단색 배경을 바탕으로 등장한다. 마르잔의 붉은 코트는 장면이 '지금' 벌어지고 있음을 의미한다. 대사 없이 '목소리' 또는 인물의 내면을 상징하는 것이다.

만화영화는 상징, 아이콘, 지표 기호의 예로 가득차 있다. 애니메이션은 유사성을 나타내는 아이콘 언어이다. 화장실에서 마르잔은 금발, 녹색 눈의 여자로 보이며, 이러한 아이콘에서의 동일성 및 차별성을 인식시킨다. 마르잔이 테헤란공항으로 가기 위해 스카프를 머리에 둘렀을 때 다른 여자의 붉은 입술이 불쾌감으로 오무려진다. 복식과 제스처의 문화 기호는 여기서 쉽게 읽힌다. 다음 이미지에서도 마르잔은 곤경에 빠지고 여성의 정숙함의 상징으로 두른 스카프와 부조화스럽게도 담배를 피워댄다. 보이스오버 내레이션, 대사, 자막은 이미지 안에서 보이는 것에 대안적이거나 증폭시키기 위한 언어의 상징 약호에 참여한다. 어린 마르지

는 성인 마르잔이 화면 밖에서 소리를 낼 때 계속 따라다닌다(**사진 11.15**). 이소룡과 아디다스는 어린 마르잔이 가장 열광하는 대상이었다. 우리는 '이란', '대중문화'라는 기호가 자연스레 병치되는 것을 알게 된다. 영화는 프랑스에서 제작되었기 때문에 번역상 상징적 의미 차원의 덧붙임이 있었다. 자막 '1978년 테헤란'이 나오는데, 영화가 회상으로 전개될 뿐만 아니라 거대한 역사가 마르지의 이야기에 영향을 주었다는 것을 동시에 의미한다. 영화는 사건을 보여주는 시간적 순서 파불라가 슈제트에 의해 제시되는 구성을 보게 된다. 이슬람 혁명은 1979년 발생한다.

마르잔의 부모는 처음에는 혁명이 국가에 지배적이던 영국, 미국으로부터 자유를 준다고 약속했던 반면 이 원칙은 이후 억압적 정부에 의해 배신당한다는 사실을 알려준다. 이란의 정체성 상징으로 혁명을 환영하는 듯한 머리 스카프는 마르지가 지지하는 자유를 불가피하게 억압하는 기호가 된다(**사진 11.16**). 〈페르세폴리스〉는 참혹하지만 전쟁, 저항, 고문의 이미지들은 객관 역사를 지표적이거나 사진적으로 잡은 것은 아니다. 대신에 방독면을 쓴 존재의 실루엣 이미지는 어린 시절의 악몽을 표현

11.15 〈페르세폴리스〉 테헤란으로 돌아갈 비행기를 기다리면서 마르잔은 어린 시절을 회상한다. 애니메이션 이미지는 현재로부터 과거로 변하는 기호로 흑백이 된다.

한대(**사진 11.17**). 마르지의 내면적 환상 이미지와 가족이 그녀에게 말해 준 이야기들은 페르시아의 전통 예술을 상기시킨다. 모든 영화 이미지는 사실 망명자의 삶, 기억 속에서나 존재하는 원거리의 흔적을 남긴다. 동시에 디지털 애니메이션보다는 전통적인 셀 애니메이션으로 만들어졌기 때문에 영화는 예술가의 손에 달려 있다. 이미지들은 그런 점에서 지표적이다. 사트라피 개인적 존재기호는 그녀의 성인 얼굴 재현을 포함하는 두더쥐의 모습이다. 그녀가 그린 흔적은 얼굴의 아이콘 재현이고, 흔적은 흑백으로 조절되며, 그녀의 정체성은 중간색인 회색으로 상징된다.

11.16 〈페르세폴리스〉두 여성 '혁명 수호신'은 펑크족 의상을 입은 마르지를 질책한다.

11.17 〈페르세폴리스〉마르잔 사트라피의 시각적 스타일은 이란/이라크 전쟁에 대한 아이들의 기억 문제를 불러일으킨다.

11.18 〈순정에 맺은 사랑〉 비평가들은 더글라스 서크의 멜로드라마를 '진보적 텍스트'라고 부른다. 형식적 과잉, 말이 안 되는 상황 등은 번영과 사회소통을 향해 나아가던 아이젠하워 시대 미국에 균열을 불러왔다.

생각해보기

보고 있는 영화가 분명한 이데올로기 입장을 보이고 있는가? 갈등을 어떤 방식으로 보여주는가? 영화에 입장이 있는가?

과 노동이 어떻게 영화 애정 플롯에 종속되는지 보여준다. 이런 이데올로기 비평은 마르크스 이론에서 나온 것이다. 마르크시즘은 정치적이며 경제적 담론으로 즉각 이해되며, 불평등 계급 관계 개념에서 역사와 사회를 본다. 그러나 1960년대 말 지적 조류, 급격한 사회변혁, 정치투쟁에 고무받은 프랑스 사상은 마르크시즘이 영화 같은 문화에 영향을 끼치게 만들었다.

루이 알튀세르는 의식할 필요 없이 존재하는 믿음 체계의 **이데올로기**(ideology)를 인간이 어떻게 자신의 이익과 상반된 조건 및 개념으로 받아들이는지 설명하면서 새롭게 접근한다. 알튀세르는 이데올로기를 "우리가 사는 실제 관계 속 상상적 재현"으로 규정한다. 그에 의하면 실제 관계, 즉 타인 이익을 위해 일해서 받는 임금, 지배계급의 이익을 위해 노동자를 착취하는 관계를 말한다. 상상적 재현이란 저녁 뉴스나 할리우드 장르 영화나 서사를 따라서 표현하고자 하는 것인데, 인간을 무력화시키는 것은 불가피하고 참을 수 없는 일이다.

카이에 평론가들에 있어 영화는 무의식에 관객의 신념을 주입시키기 때문에 알튀세르의 이데올로기 이론은 중요한 시금석이다. 1969년 잡지의 권두언에서 장 루이 코몰리와 장 나르보니는 여러 영화활동을 조사하고 '지배 이데올로기'에 따라서 a~g의 일곱 가지 영역으로 분류했다. a영역 영화는 코몰리와 나르보니가 생각하기에 정치적으로나 형식적으로나 지배 이데올로기로 일관하는 영화를 말한다. b영역은 내용(예 : 베트남에서 탈식민화 및 미국 개입을 둘러싼 갈등을 그린 영화)뿐 아니라 형식(예 : 쉬운 독해 과정을 교란시키는 실험 영화) 지배 이데올로기를 깨는 영화들을 포함한다.

그러나 코몰리와 나르보니의 권두언은 이데올로기 비평 실천에서 영화 이론의 지속적인 화두가 되었다. 연구 영역 안에서 할리우드 영화 중 'e'로 분류된 것이 있다. 현상태를 지지하지만 형식적 과잉 혹은 내부모순을 포함하면서 지배 이데올로기가 피할 수 없는 억압과 긴장감을 표출하는 영화이다. 주의 깊은 관객들은 이러한 약호를 읽고 영화가 불변의 현실을 그리기보다 사회 현실에 대한 논쟁점 혹은 재현으로서 기능함을 본다. 이어 다른 평론가들은 이 방식으로 영화를 읽는 코몰리와 나르보니의 길을 따라갔다. 예를 들어 스튜디오 시절 더글라스 서크의 1950년대 멜로드라마들은 〈순정에 맺은 사랑〉(1955)을 포함해 너무 색채가 강하고, 인물들은 과하게 히스테릭하며, 체면치레를 위해 인공물로 너무 치장한 환경을 강조한다(**사진 11.18**). 이러한 화려한 외관은 영화가 그리는 아이젠하워 시대 상류층 미국인을 불안정하고 위선적으로 형상화하면서 균열을 불러온다. 전쟁을 겪으면서 위협받았던 성적인 코드와 성 역할에 관한 강제성, 민권운동의 퇴조, 반공주의적 히스테리 등을 암시한다. 서크의 영화는 이 비평가들에 의하면 '진보적 텍스트'이다. 영화가 주는 불편한 감정은 지배 이데올로기에 대한 비판이다. 이 조심스럽고 야심찬 접근은 '징후적 독해'라고 불리며, 현대 영화 이론에 알튀세르 이데올로기 비판이 남긴 값진 결과이다.

후기구조주의

용어가 의미하듯 **후기구조주의**는 구조주의에서 발원한 지적 발전이고 약간 신식으로 변화한 것이다. **후기구조주의**(poststructuralism)는 합리적인 방법론과 구조주의가 여러 연구 목적을 가져왔던 개념에 질문하고, 정신분석에서 탈식민주의, 페미니스트 이론 등의 다양한 사상을 포함한다. 후기구조주의는 우리가 당연시했던 위상, 진실에 대해 다시 문제를 설정한다. 예를 들어 성공한 영화는 느슨한 결말을 맺는다는 일반적인 관점은 기본 서사 요소로서 결말을 짓는 구조주의적 입장이다. 후기구조주의는 결말이 상대적인 것이고, 이야기의 열린 구조를 강조한다는 사실에 직면한다. 우리가 이미 알고 있는 인물을 상상하거나 영화와 실제 사건 간 관계를 상정한다면 어떻게 될 것인가?

후기구조주의는 구조주의가 지적인 운동이라는 점보다 더 혼탁하다. 구조주의가 특정 데이터가 적용되는 여러 역사적 공유 상태를 찾는다는 점에서 체제적인 반면에, 후기구조주의는 구조주의의 객관성과 역사, 문화적 맥락에 대한 무시 등에 질문한다. 공식처럼 정리하면 이렇다. 구조주의+주체성=후기구조주의. 대부분 현대 영화 이론은 방향상 후기구조주의이다. 이것은 정신분석을 통해 행해진다. 정신분석은 장치 이론과 관객 이론으로 정교화된다.

정신분석학

정신분석 이론은 우리가 영화 환영을 경험할 때 겪는 정신과정을 표현한다. 우리는 극장에서 영화를 볼 때 부동의 자세로 어둠에 쌓여 있으며 실물보다 큰 이미지에 압도되어 있다. 동일시, 욕망, 거부, 등 이런 개념은 영화를 볼 때 활성화되는 과정이다.

영화 이론은 프랑스 정신분석학자 자크 라캉에 크게 영향을 받았는데, 그는 인간의 주체를 설명하고 이미지를 가장 중심에 두었다. 1950년대에서 1981년 죽기 전까지 그가 가르친 내용에서 심리 경험의 세 가지가 중요한데, '상상계'는 이미지를 다루고, '상징계'는 언어 영역이고, '현실계'는 트라우마로 경험되며 직접 나타날 수는 없다. 라캉의 영화 이론은 인간 주체가 특별히 강력한 방식으로 영화(이미지)와 관련을 맺는다는 사실에 놀랐다. 그것은 우리에게 인상을 남긴 초기 이미지 하나에 뿌리를 내리고 있으며 거울에 비친 우리 모습의 반영에서 온 것이다. 거울 단계에서 어린애는 인간 개인으로서 자신을 인식하지만, 이 성찰은 '오인'이다. 환영에 근거했기 때문이다.

장 루이 보드리, 크리스티앙 메츠 같은 라캉 영화 이론가들은 이런 초기의 강력하고 환영적인 자아감을 영화 관람 경험 및 세상의 '인식'으로 비유한다. 게다가 영화는 우리보다 더 센 물리적 힘을 가지고 있는 캐릭터와 스타, 우리가 공감하는 사람들로 채워져 있다(사진 11.19). 상징계와 현실계가 영화와 접촉하면서 가동할 동안 그 힘을 발휘하는 것은 상상계이다. 영화 경험의 차원은 관람 경험과의 유사함으로 인해 풍성해진다.

장치 이론

플라톤의 고전적 동굴 우화에서 지하 속 사슬에 묶인 사람은 벽의 그림자를 보면서 그들이 본 것이 실제가 아니라는 걸 모른다. 영화 이론가 장 루이 보드리는 영화가 동굴과 유사하다고 보았고, 이데올로기 기제는 물리적 기술조직에 근거하며, 환영은 현실이라는 확신이 따른다고 한다. 그는 알튀세르의 용어 '장치'를 사용해서 감춰진 영사기, 반영하는 스크린 등 장비의 진열이 마치 플라톤의 동굴에 갇힌 것처럼 이미지와 이데올로기에 무의식이 수용되는 영향을 준다고 했다.

11.19 〈007 카지노 로얄(Casino Royal)〉(2006) 다니엘 크레이그가 맡은 제임스 본드 역은 정신분석 이론에서 강조한 관객성 측면의 이상적 동일시 대상이다.

　　장치 이론(apparatus theory)은 역사 발전의 특별한 맥락을 통해 기술로 구축된 가치를 탐구한다. 카메라의 단안렌즈 시점은 인간척도를 갖는 르네상스 미술의 가치에 근거한다. 관객들은 원근법 구도의 소실점을 보는 위치에 놓여 있다. 장치 이론의 입장은 중립이 아니라 인간중심주의, 개인주의, 소유주의 같은 서구 문화 가치를 형성하며 다른 감각보다 시각에 우위를 둔다. 재현의 중심에 소유적 개인을 두지 않는 문화는, 예컨대 시각 외의 감각, 사람, 동물에 동등한 가치를 부여하는 문화이다. 그것은 사진 기술을 결코 발전시키지 못한다.

　　영화 관객은 이미지를 찍은 카메라와 같은 위치에 있다. 그들은 자신을 환영의 소유자 또는 원천으로 상상한다. 이러한 자신의 존재감은 이중적이다. 후기구조주의에 의하면 르네상스 그림 앞에 있거나 할리우드 영화를 보는 사람은 장치의 구조에 '주체화'되고, 그들의 '주제'나 존재감은 이미 설정된 조건 속에서만 부여되는 것이다.

　　이론가들은 주체가 언어 또는 영화처럼 다른 의미화 작용을 통해 구축된다고 주장한다. 예를 들어 단어 '나'는 대화 속 누군가에 의해 활용되기 전까지 특정 의미가 없다. 그 의미는 대화 속 '나'가 그들을 지칭할 때 각 화자로서 의미 전환된다. 관객은 영화(혹은 비디오 게임, 웹사이트, 상호작용 영화)를 볼 때 '응답'할 수 없고 영화가 지향하는 바 대상으로서 구성된다고 말할 수 있다. 즉 그들은 웃고 울고 영화가 펼쳐내는 것을 같이 풀어나간다는 것을 의미한다.

관객성

주체가 영화, 영화 장치와 소통하는 것은 관객성 이론을 통해 가능하다. **관객성**(spectatorship)은 영화 의미 작용의 정신 역할을 설명하기 위해 심리학을 활용했던 뮌스터버그 이후 영화 이론에 적용되었다. 1970년대 후기구조주의 이론에서 관객성은 언어, 주체, 정신분석, 이데올로기 비평을 융합하는 이론으로 존재했다.

　　크리스티앙 메츠도 현대 관객성 이론의 가장 왕성하고 영향력 있던 주창자의 하나였다. 주요 저서 *The Imaginary Signifier*(1977)에서 그는 어두운 방에 투사된 거대한 이미지와 몰입적인 사운드를 갖는 영화의 강력한 지각적 상태는 환각 경험을 하게 만든다고 주장했다. 관람은 관음주의(우리를 볼 수 없다)를 만족시키고 권력의 무의식적 자기 이미지를 작동시킨다. 스크린에 나타난 것이 우리 존재를 형성한다고 볼 수 있다. 메츠와 다른 프랑스 이론가들의 연구는 1970년대 초반 영국 잡지 스크린에 번역되어 소개되었고, 관객성 정신분석 이론은 흔히 '스크린 이론'으로 알려졌다.

생각해보기

영화 관객으로서의 최근 경험을 말해보자. 영화 속 특정 인물의 시각을 연결시켜보고, 전지적 시점으로도 생각해보자. 영화적 장치(카메라, 영사기)의 작용도 설명해보자.

젠더와 섹슈얼리티 이론

관객성과 주체에 관한 후기구조주의 이론은 일반적으로는 모호했다. 정신분석 이론에서 주체는 젠더로 구성된다. 젠더와 섹슈얼리티 이론은 어떻게 주체가 영화에서 참여하고 구성되는지 영화 이론의 설명에 통합적으로 작용해왔다.

페미니스트 영화 이론

1970년대 페미니즘이 사회, 지식인 흐름으로 진입했을 때 비평가들은 여성 이미지가 영화 속에서 남성 이미지와 다르게 취급된다는 것을 지적했다. 광고, 포르노, 그림에서 여성 이미지의 대상화는 소유적이고 직접적인 남성 응시를 부추겼다(사진 11.20).

11.20 〈그리고 신은 여자를 창조했다(And God Created Woman)〉(1956) 브리짓 바르도의 인물상은 로라 멀비가 말한 여성의 '보여짐'을 예시한다.

영화에서 페미니스트 비평가들은 관객이 비슷한 젠더 방식으로 시각이 구성되어 있다고 본다. E. 앤 캐플란은 동명의 글에서 "응시하는 건 남성이지?"라는 질문을 한다. 시선은 우리 문화에서 일반적으로 인식되는 남성 소유와 남성 권력에 유착되어 있다.

영국 이론가이며 감독인 로라 멀비는 1975년 스크린에 'Visual Pleasure and Narrative Cimema'란 글을 발표했다. 이것은 현대 영화 이론의 가장 중요한 논문의 하나다. 정신분석은 성별 차이가 문화적으로 어떻게 결정되는지에 대한 이론을 제공한다. 멀비는 영화 속 글래머이며, 욕망의 대상인 여성 이미지가 남성 관객에 있어서 차이 혹은 타자 인식상의 자신을 위협할 가능성이 있는 이미지라고 보았다. 할리우드 영화는 여성의 시각화 양식을 '타자'로 규정하는 것을 반복한다. 영화 속 응시 주도권을 남성 인물에게 주는데, 자신을 은닉한 채 지켜보기만 하는 카메라 관음주의와 남성 관객을 대신하는 용도로 활용한다.

11.21 **〈스핑크스의 수수께끼〉** 로라 멀비는 피터 울렌과 만든 영화에서 여성 이미지에 관한 이론을 실제로 보여주며 설명했다.

영화 서사는 여성을 길들이거나 훈육하는 경향이 있다. 알프레드 히치콕의 〈현기증〉(1958), 〈이창〉(1954)의 분석을 통해 멀비는 남성을 관음주의로 몰고 가며 여성을 그 대상이 되게 만드는 것을 증명한다. 멀비는 할리우드 영화의 이분법은 '여성은 이미지, 남성은 시선의 소유자'라고 본다.

자신이 만든 영화에서 멀비는 '정신분석의 정치적 활용'과 '시공간적으로 물질성 안으로 들어가는 카메라 시선을 해방시킬' 제작 스타일을 옹호했다. 그러기 위해서 관객 혹은 인물의 관점에 동화되는 것을 무시해야 한다. 〈스핑크스의 수수께끼〉(1977)에서 멀비와 피터 울렌은 360도 팬을 사용한다. 카메라는 허리 정도에서 젊은 엄마의 일 리듬을 보여주는 원형을 모방하고, 그녀의 신체가 정지 이미지 혹은 중심되는 객관화를 피하고자 하였다(**사진 11.21**). 영화는 의도적으로 관습적 시각 쾌락, 서사 만족을 파괴한다. 동시기 다른 이론가들처럼 멀비와 울렌은 관객이 관람 행위 자체를 성찰하도록 유도해야 한다는 믿음을 갖고 있었다.

멀비의 도발적 논의에 기초하여 다른 페미니스트 비평가들은 여성 관객성에 대해 문제를 제기했다. 서사 영화가 남성 관객의 응시를 갖는 것에 그렇게 성공적이라면 왜 여성들은 역사적으로 영화 관람에서 열광적이었던 것일까? 이 질문에 대한 한 가지 답변은 여성 관객을 위해서도 영화가 만들어졌다는 점이다. 할리우드 전성기 '여성을 위한 영화'는 베티 데이비스, 조안 크로포드 같은 여성 관객에게도 강한 어필을 했던 배우를 출연시켰다. 이런 영화들에서 첫 느낌은 여성 관객의 쾌락이 자기패배적인 것처럼 보인다는 것이다. 여주인공들이 최선을 다하는 상황은 고통스럽기 때문이다. 하지만 페미니스트들은 〈가라, 항해자여〉(1942) 같은 영화가 존재를 더 채울 수 있도록 환상함으로써 자신의 생에서 불만족스러운 부분을 탐구하도록 여성 관객을 이끌어주었다고 긍정적으로 해석하였다. 영화는 촌스러운 노처녀 데이비스가 정신분석치료를 받고 로맨스를 하며, 새로운 옷을 바꿔입음으로써 생을 조절하는 적극적인 역할을 한다고 보았다!

여성 관객을 겨냥하는 오늘날 상업 영화는 1940년대 여성 영화와 다르지 않다. 많은 페미니스트 비평가들은 이러한 복잡하고 복합적 메시지를 갖는 영화 속 여성 쾌락이 진지하게 다뤄져야 한다고 생각했다. 영화는 대중매체이기 때문에 기존 권력관계를 급격하게 바꿀 수는 없다. 하지만 여성의 곤경을 말할 수는 있어야 하고 관제화된 문화가 하는 것보다는 훨씬 더 많

11.22 〈귀향〉 페드로 알모도바르는 할리우드 모성 멜로드라마로 다시 찾아왔다. 이 가족 이야기는 여성 인물을 강화시켰다.

이 해야 한다는 것이다. 때로 영화감독은 이러한 감정고취, 대중문화 전통을 더욱 성찰적이고 만족스러운 방식으로 계승해 나간다. 페드로 알모도바르가 재해석한 멜로드라마 〈내 어머니에 관한 모든 것(All About My Mother)〉(1999), 〈귀향(Volver)〉(2006)(사진 11.22)이 대표적이다.

　대개 페미니즘은 기존의 이론보다 영화 이론의 젊은 학자들에게 많은 영향을 끼쳤다. 멀비의 작업이 암시하듯 오락 영화든 아방가르드 영화든, 영화는 여성의 양식화된 이미지에 의존한다. 게다가 영화는 일상의 한 부분이므로 반드시 일상, 즉 젠더 관계에 놓인 사적인 측면을 비평해야 한다. 영화 이론 내에서 페미니즘의 중요성은 항상 일치하지는 않아도 섹슈얼리티, 인종, 국가 정체성을 논하는 영화 이론, 비평과 연관되어 초석을 다졌다.

퀴어 이론

페미니스트와 정신분석 이론은 욕망이나 동일시같이 무의식 과정이 영화 안에서 작동하는 현상을 강조한다. 그러나 영화 자체처럼 정신분석은 역사적으로 오이디푸스 콤플렉스에서 알 수 있는 이성애 시나리오에 집중되어 있다. '지체된 발달'처럼 게이나 레즈비언을 변태로 취급한다. 퀴어 영화 이론은 페미니스트와 정신분석 접근을 비판하고 보충한다. 멀비의 관객성 모델 기본은 존재와 욕망, 보는 것과 보이는 것, 남성과 여성의 이분법으로 설명되는데, 그것보다 더 유연한 방식의 보기와 경험하기를 허용하는 것이다.

　퀴어 이론은 욕망 주체는 남성, 욕망되는 존재 여성이라는 멀비의 가정에 도전한다. 성적 욕망의 젠더 차이를 형평하게 한다.

　관객의 젠더는 유혹적이거나 매력적인 등장인물 누구처럼 꼭 일치할 필요는 없다. 멀비는 마를렌 디트리히가 남성 관객의 욕망을 위한 '페티시' 혹은 가면처럼 기능했다고 본다. 하지만 멀비는 스타 이미지에 레즈비언 맥락을 상정하지 않았다. 디트리히는 많은 영화에서 복장 전환을 하고 노래를 하며, 심지어 첫 미국 영화 〈모로코 (Moroco)〉(1930)에서 여성의 입술에 키스를 하기도 한다(사진 11.23). 디트리히의 젠더 유연성은 이론 이상이다. 그녀의 스크린 스타일은 바이마르 시기 독일의 레즈비언, 게이 지하문화 양식에서 빌려온 것이다. 거기서 그녀의 경험도 시작되었다. 따라서 디트리히는 이성애 남녀뿐 아니라 게이, 레즈비언 관객의 다른 수준까지 어필했다. 실상 이런 다양성은 영화의 대중성의 핵심으로서 작용할 것이다. 젠더 수행성 이론, 즉 젠더에는 본질적 내용이 없고 반복적으로 수행하고 변화하는 동기와 약호일 뿐이라는 이론은 디트리히의 개성을 잘 드러내준다.

11.23 〈모로코〉 퀴어 이론은 마를렌 디트리히(장면 속 여자에게 키스하는 중절모 쓴 사람)를 페미니스트 이론가 로라 멀비가 중요한 에세이 'Visual Pleasure and Narrative Cimema'에서 말했던 방식과는 다른 방식으로 해석한다.

　영화는 사회의 지배적 가치관을 따른다. 그 기준은 이성애로 보고 있다. 하지만 영화는 순응자로서는 아니지만 관객 환상에 무의식적 어필을 한다. '퀴어'란 말은 반정형적인 가능성을 포착한 말이다. 게다가 영화는 관객에게 해석하고 적용할 공간을 준다. 이를테면 팬들이 특정 주류 인물이나 유명인사의 모험을 쫓아다니거나 인터넷에서 그들을 공유하는 따위이다. 게이, 레즈비언 같은 소수자에 위치한 관객은 영화와는 다른 이야기 혹은 자신과 연관되는 이야기를 암시하는 행동과 장면을 위해 '결을 거슬러 읽어나간다'. 스타에 관한 관심은 그들이 등장하는 특정 영화를 넘어서 확장되고 그 영화의 필수적인 로맨틱한 결과는 무시한다. 퀴어 이론은 가치관이 내용을 압도하고 모호함이 분명함을 압도하는 해석을 허용한다.

11.24 〈록키 호러 픽쳐 쇼〉 참여적 관객과 반복 감상은 수용 이론에서 연구된다.
© Allen Eyestone/Palm Beach Post/Zuma Press

문화 연구

문화 연구(cultural study)는 개인 또는 집단이 특정 역사적 순간, 특히 사회적 맥락 속 일상에 접목된 영화의 측면을 조사한다. 고립된 개인 텍스트를 분석하지 않고 추상화된 관객성을 이론화하지 않는다. 문화 형식에 대한 관객의 경험은 테오도르 아도르노와 막스 호르크하이머의 이론 같은 마르크스주의 접근으로 한다. 그들의 논문 'The Culture Industry'는 대중문화가 관객을 속이고 제품의 표피만 다르면서 새로운 차 또는 치약을 발매하듯이 영화가 대량생산된다는 사실을 논의했다. 문화 연구가 취하는 신선한 접근을 이해하는 유용한 방식은 '문화'라는 용어의 정의가 변화된다는 데에 있다. 초월적 예술가에 의해 생산되거나 유명한 사장에 의해 지지된 위대한 작품으로서 문화를 정의하기보다는, 문화 연구는 인류학적 정의를 따른다. 문화를 사회 구조 및 관습을 포함한 삶의 방식으로 보는 것이다. 바꿔 말하면 영화가 어떻게 문화 연구학자를 흥미롭게 하는 일상 경험에서 '사용되고' 마주치고 이해되는지를 연구하는 것이다. 우리는 문화 연구 내의 핵심 의제인 수용 이론, 스타 연구, 인종과 재현 연구를 살펴볼 것이다.

수용 이론

수용 이론(reception theory)은 누가 영화를 만들었고, 형식은 어떻고 주제와 내용이 어떤지보다는 관객에 의해 영화가 어떻게 받아들여지는지에 집중한다. 이 접근의 지지자는 영화가 수용되는 한에서만 의미를 갖는다는 것에 집중한다. 이것은 수동적이 아니라 능동적인 관객 이론임을 의미한다. 한 분명한 예는 〈록키 호러 픽쳐 쇼〉(1975) 상영에서(**사진 11.24**) 의상 코스프레 및 관객의 응답을 보여주는 참여적 관람 행위를 통해 알 수 있다.

수용 이론은 과거 영화를 현대 관객이 완전히 다른 방식으로 받아들이는 방식을 인정하기도 한다. 중심인물인 카우보이보다는 인디언을 선호하는 것과 같이 진부한 주인공의 로맨스보다 조연의 도발적인 위트를 즐기는 식이다.

개인사와 상황의 특별함을 넘어서 관객 각자의 문화적 정체성, 즉 나이, 민족성, 학식 정도의 측면은 관객으로 하여금 특별한 취향의 수용을 하게 만든다. 〈이유 없는 반항〉(1955)이 내포하고 있는 동성애적 맥락은 제임스 딘과 살 미네오(**사진 11.25**) 같은 배우를 따라가는 게이 지하문화적 지식에 익숙한 관객들에서 현저히 두드러진다.

11.25 〈이유 없는 반항〉 살 미네오의 게이 정체성에 관한 지하문화 지식은 제임스 딘이 연기한 짐 스타크의 플라토닉 사랑에 관한 영화의 동성애적 맥락을 강화시킨다.

생각해보기

학급 친구들이 가장 열광적으로 반응하는 상황과 인물이 어떤 것인지를 조사해서 방금 본 영화를 수용 연구해보자. 영화 평론에 나오는 의견과 비교해서 논해보자.

(a)

(b)

11.26 〈퀸카로 살아남는 법(Mean Girls)〉(2004)에서 린제이 로한의 **건전한 역할** 그녀의 영화 밖 복잡한 사생활과 영화의 역할이 대비된다는 것을 현대 관객들은 다 안다. 11.26b: Jean Baptiste Lacroix/WireImage

그 관객들은 해석 집단으로 불리는데, 그 구성원들이 특정 지식이나 문화적 성향을 공유하기 때문이다. 그 특성을 통해 영화는 경험되고 해석되며, 그 반응은 상황에 따른 반응으로 인지된다.

〈먼지의 딸들〉(1991)은 서아프리카풍 헤어스타일을 많이 보이는데, 다른 관객들보다 흑인 여성들이 더 즐기고 공감한다. 실제로 감독 줄리 대쉬는 이 특별한 만족감을 영화가 지향하는 하나의 방향이고 이상적 관객상으로서 의도했다. 이론가들은 텍스트와 이러한 다양한 상호 교섭 방식을 대중매체와의 동일한 방향성에 대한 반응으로서 활발하게 의미를 만들어 가는 확신이라고 본다.

수용 이론과 연관된 방법론은 다양한 계간지, 국가별·시대별 잡지들로부터 취한 대조적인 리뷰를 포함한다. 관객과 심층 인터뷰, 특정 영화나 인물의 '브랜드 네임'을 표시하는 상품 혹은 광고, 인터넷을 통한 팬 활동 연구 등이다. 다양한 방식을 통해 수용 연구가 넓은 범위를 갖는다는 것은 놀랄 일이 아니다.

수용 연구는 텍스트에 의해 구축된 가상 관객보다 실제 관객을 대상으로 한다는 점에서 관객성 이론과 구별된다. 관객성은 특정 텍스트에 의해 형성된 무의식 패턴에 관련되어 있거나 추상적으로 영화를 보는 과정에서 형성되지만, 수용 연구는 영화에 대한 실제 반응과 그룹 행동을 지향한다는 점에서 다르다. 영국문화연구자 스튜어트 홀은 그룹이 사회 역량의 다른 지점에서 대중문화에 반응한다는 점을 주장했다. 그들은 텍스트가 그들을 '지배적 독해'로 이끌었던 그 지점에서 반응을 한다. 또는 다른 현실로 변용 가능한 '교섭적 독해'를 제안하거나 지배적 메시지가 '대항적 독해'를 통해 전달되는 형태를 거부하기도 한다. 수용 연구는 사회정체성이 후기구조주의 영화 이론에서 제공한 주체성 그림을 복잡하게 한다는 것을 암시한다.

스타 연구

수용의 중요한 요소 중 하나는 영화를 통해 인식되거나 그들의 역할을 유명하게 만든 연기자 혹은 스타에 대한 반응이다. 스타 이미지가 여러 요소, 즉 영화 속 내용, 홍보, 광고, 비평 등에서 어떻게 구성되는지를 분석하는 것 외에도 이론가들은 관객 수용이 스타의 문화적 의미를 정의하는 데 어떻게 도와주는지에 관심이 있다. 영화의 가장 광범위한 영역이지만 스타는 이론 접근에서 가장 적은 관심을 받은 분야였다. 스타는 오락뉴스, 잡지 연예란, 웹상의 팬덤 현상, 온라인 잡담거리 등으로 이미 존재하기 때문이다. 하지만 팬잡지 같은 일회적이고 진부한 정보는 팬들이 어떻게 반응하는가의 관점에서 문화 연구의 중요 영역이다. 사람들은 영화 밖에서 스타를 알고 싶어 하는 점과 연관지어 영화를 이해하고자 한다. 주디 갈랜드에서 린제이 로한까지 영화 밖 사생활에서 문제를 일으킨 스타들은 영화 속 역할과는 다르게 이해된다(**사진 11.26a, 11.26b**).

스타가 연기하는 데 익숙한 역할 범위를 넘어서 스타에 관한 다른 담론, 즉 광고전략(웹사이트나 TV 출연 같은 스튜디오 주선 매체 노출), 홍보성 기사(연애, 스캔들, 정치 참여), 논평(긍정적 평가,

수상) 같은 것이 그들의 이미지를 구성하는 데 도움을 준다. 스타 이미지는 그 자체를 읽기 위한 '텍스트'가 된다. 청소년 스타로서 숀 펜의 기대는 외모보다도 연기력과 연관되어 있다. 그는 마돈나와 열정적인 결혼에 골인하고 사진기자를 폭행해 구속되기도 했다. 그럼에도 〈데드 맨 워킹(Dead Man Walking)〉(1995)에서의 사형수, 오스카상을 수상한 〈밀크(Milk)〉(2007)에서의 감독 역할 등 주옥 같은 영화들에 출연해 열연을 보여주었다. 〈인투 더 와일드(Into the Wild)〉(2007)의 감독으로 활약하기도 했다. 태풍 카트리나와 2010년 아이티 지진 때 맹렬한 정치적 입장을 표출하기도 했다. 그것은 그를 개인주의자, 심지어 '무법자', 즉 '보수성'의 의미를 수반한 인물로 명성을 쌓게 했다(사진 11.27). 톰 행크스같이 '그저 평범한 사람'이나 엠마 스톤이나 1950년대 도리스 데이같이 '옆집 여자' 같은 특정 스타들일 경우에도 이미지는 조심스럽게 관리해야 한다.

사람들은 스타를 실제 인간으로 접근할 수 없을 것이다. 사람들은 문화 약호, 즉 나이, 인종, 계급, 젠더, 종교, 패션이나 영화 약호, 즉 장르, 연기, 심지어는 조명 같은 기술적 스타일과 연관하에 스타의 구성된 이미지를 경험한다. 무성 영화 스타 릴리안 기쉬는 흰 종이 위에 서 있는 것처럼 머리 위에서 조명을 비춰줬다. 반사된 빛은 그녀의 창백함과 금발머리를 빛나게 했는데, D. W. 그리피스 감독 영화의 스타 이미지 중 가장 중요한 요소인 처녀의 순백성을 암시하는 기법으로 사용되었다. 스타는 종종 유형의 구체화로 간주된다. 존 웨인은 강인한 개인주의, 산드라 블록은 섹시하면서도 단정함, 모건 프리먼은 조용한 위엄, 윌 페렐은 광분한 혼란, 히스 레저는 〈다크 나이트(Dark Knight)〉(2008)의 조커 역으로 새로운 경지를 얻었으나 영화가 개봉하기도 전에 사망하여 불행한 이미지를 보여주었다.

사람들은 잘 모르는 스타를 통해 자신의 정체성과 공동체성을 구성한다. 이것은 현상의 부정적인 측면만을 의미하는 것은 아니다. 1940년대 디나 더빈, 1980년대 마돈나 또는 이디나 멘젤의 성격을 따라 한 젊은 여자들은 이 스타들이 구축한 독립성과 결합했고, 경쟁보다는 인식을 공유한 다른 여성과의 연대감에 공감했다. 비평가 리처드 다이어에 의하면 일상과 비일상의 기본 갈등은 스타 현상의 뿌리에 있다. 스타는 다른 사람보다 더 나은 사람이 아니라 그들과의 동화감을 이용하고자 하는 것이다. 여전히 그들은 분리된 존재로 남는다.

스타 담론은 팬으로서 우리의 일상 경험에 기초하기 때문에 영화에 특별히 흥미롭고 유용하게 비판적인 접근을 한다. 우리는 열광에서 반감에 이르기까지 스타에 대한 많은 직접적이며 검증되지 않은 답변을 갖고 있다. 하지만 상당히 비판적인 이해를 갖는 다양한 방식으로 스타를 통찰할 수 있다. 스타에 관한 문화 연구는 관객 증언으로 시작할 수 있는데, 표면적 가치로서가 아니라 심도 깊은 사회학적 분석을 위한 단지 시작점으로만 활용하는 것이다. 국내 대중스타들의 민족적 분포도는 어떠한가? 여성 대중 스타는 일반 여성 행동이라 간주되는 경계를 위반하는가? 유색 인종들은 조역만을 하는가? 스타는 특정 시기 문화적 중요성을 이해하는 데 강력한 힘인가?

11.27 숀 펜 펜의 개성적인 스타 이미지는 오랜 세월 동안 쌓은 역할, 비평가들의 평가, 홍보, 기타 대중적 활동 등의 종합으로 이뤄졌다. 스타 연구는 문화의 중요성과 유명인의 기능을 분석해낼 수 있다. Hubert Boesl/dpa/Landov

 생각해보기

강의 시간에 보는 영화에서 스타를 찾아보자. 이 스타를 보는 데 어떤 선입관이 작용하는가? 역할은 그/그녀의 기존 이미지와 부합하는가, 아닌가?

인종과 재현 연구

인종 개념은 많은 여러 차원에서 영화 경험과 교차한다. 인종은 객관적 사실이 아니라 역사적 경험과 받아들여진 차이의 가치에 근거한 사회적 구성 영역이다. 관객성 질문과 수용, 이 이슈들을 반영하는 많은 다른 이론적 접근을 포함한다. 문화 연구 모델은 그러한 주제를 전형적인 유형으로 접근하고, 그들이 다양한 관객에게 어떻게 받아들여지는지, 제국주의, 식민주의, 국가주의 담론이 어떻게 스타 이미지, 장르, 영화 이야기에 접목되어 있는지를 연구한다. 이 분야를 두 가지 '재현' 측면으로 나누는 것은 의미가 있다. 첫째, 미학적 측면으로 〈바람과 함께 사라지다〉(1939)와 스파이크 리의 영화에서 아프리카계 미국인의 재현을 말할 수 있다. 둘째, 당선 국회의원으로서의 집단의 대표에 대한 정치적 측면이다. 두 측면은 인종의 영화적 재현에서 작용한다. 자국과 망명, 문화적 혼종, 디아스포라, 지구성, 세계 문화성 이론이 우리가 영화 속 인종과 재현을 바라보는 설명 저장창고 목록에 추가시킬 수 있을 것이다.

인종 간 동화감은 영화에서 인종적 다양성이 역사적으로 부재한 까닭에 유색인종에게는 고통스럽고 강압적인 과정이기도 하다. 영화 역사는 백인 서구 관객 주체 동화감을 강요한다. 고전 할리우드 영화에서 유색인종 인물은 악당, 코믹한 인물, 때론 위대해도 항상 조역으로서 주변부에 위치했다. 제국주의, 즉 서구인, 서구적 가치, 권력으로 다른 나라를 지배하는 개념인데, 서부극과 모험 영화 같은 장르에 보편적이다. 뮤지컬 〈왕과 나(The King and I)〉(1956)는 한 백인 영국 여인이 시암 국왕 및 그의 구애가 잘 이뤄질 수 있는지를 증명해 가는 이야기이다(**사진 11.28**). *Unthinking Eurocentrism*(1994)에서 이론가 로버트 스탬과 엘라 쇼하트는 서구인 응시와 음성이 〈인디아나 존스〉 시리즈(1981~2008) 같은 대중 영화에서 어떻게 재생되었는지 보여준다. 거기서 비서구 문화는 서구 영웅을 활용하기 위한 유색적 배경만을 제공할 뿐이다. 그들은 비지배적인 문화가 캐스팅에 의해 어떻게 주변화되는가를 논의한다. 백인 배우가 다른 인종을 연기하거나(**사진 11.29**), 심지어 음향으로 대체되기도 한다. 타국 소재 영화에서도 모두 영어로 말하거나 모두 백인인 영화에서 재즈 음악이 사용된다.

하지만 스탬과 쇼하트의 예들은 미국 영화가 다문화 사회를 다른 방식으로 반영하는 것을 보여준다. 장르로서 서부극 또는 모티프로서 농장의 중요성은 인종 차이와 갈등에 대한 문화적 종속의 증거이다. 그러한 영화 재현에서 전형적인 유형이 됨으로써 유색인은 국가를 정의하는 그 자신의 중심에 선다. 〈크래쉬〉(2004)에서 〈리오(Rio)〉(2011) 같은 애니메이션 영화에 이르기까지 최근 할리우드 영화는 다문화주의를 미국 자체를 정의하는 개념의 일부로 통합시킨다.

미국 유색인 영화감독의 성공 비율이 대안 미학의 이론적 탐구율과 대등해지고 있다. 찰스 버넷의 〈투 슬립 위드 앵거(To Sleep with Anger)〉(1990), 아요카 첸지라의 〈자요타 앤 부기 스프릿(Zajota and the Boogie Sprit)〉(1989)에 나오는 서아프리카 전통의 장난꾸러기 인물은 디아스포라, 즉 고향을 공유하는 전 세계에 흩어져 사는 민족공동체를 다루는 아프리카 미국계 감독의

11.28 〈왕과 나〉 식민주의는 백인 영국 여성의 시선에서 이야기되는 매력적인 뮤지컬 로맨스가 된다.

11.29 〈간디(Ghandi)〉(1982) 백인 영국 배우 벤 킹슬리는 인도 대중 지도자를 연기한다.

동화감 표현이다.

　마지막으로 정치의 미학적 표현은 세계적으로 나타나는 탈식민주의 영화의 주요 관심사이다. 제10장에서 논의한 것이 그러한 예이다. 이 작품들은 할리우드 영화의 인과식 구성 보다 정치 이념 혹은 특정 문화 전통과 더 관련을 맺는 서사형식을 사용한다. 예를 들어 움베르토 솔라스의 〈루시아(Lucia)〉(1968)는 다른 역사적 순간을 맞는 세 쿠바 여인의 운명을 연결하는 3부작 구조를 사용한다(**사진 11.30**). 우리의 수용 경험, 영화들의 증가와 이론적 관심을 중시하는 그와 관계된 영화 현상에 있어서 중재자와 다양성을 위한 여지가 있다는 논의를 통해 비평가들은 1970년대 후기구조주의 영화 이론을 성격화한 통일성과 불가피성을 문화 연구가 해체해왔다고 보았다. 사회학에 뿌리를 둔 문화 연구는 흔히 인간성에 기초를 두는 영화 연구보다도 현대 매체에 더 넓은 접근을 시도한다. 이러한 광폭의 시야는 TV, 뉴미디

11.30 〈**루시아**〉 움베르토 솔라스의 영화는 세 여인의 이야기를 통해 쿠바 역사를 반영하는 형식적 개량을 활용한다.

어뿐만 아니라 케이블, DVD, 인터넷으로부터 일상으로 들어온 영화 파생상품의 기업에 이르기까지 오늘날 영화를 둘러싼 많은 사회적 · 경제적 사업들이 갖고 있는 특장성을 인도하고 공간을 열어 젖힌다.

영화와 철학

문화 연구 비평가가 1970년대 영화 이론의 추상성뿐 아니라 분명한 형식주의를 거부했을 때 영화 철학자들은 같은 지배적 흐름을 경험주의적 견고함과 이론적 노력이 부족하다는 이유로 비판했다. 어떤 면에서 모든 영화 이론은 철학과 연관되고, 그 안에 전제된 이론 및 논리적 논의를 추구하는 것에 의해 특징화된다. 하지만 일부 영화 이론가들은 철학 방법론을 다른 학문보다도 더 강하게 공감한다. 〈Mystifying Movies: Fads and Fallacies〉(1991)에서 노엘 캐럴은 영화와 꿈의 유비 관계의 오류를 즐겁고 조심스럽게 지적한다. 다른 학자들은 음향과 영상을 기술하는 언어적 모델을 사용함으로써 오류 논리를 지적한다. 가장 왕성하고 존경받는 영화학자 중 하나인 데이비드 보드웰은 영화에 관한 우리 반응이 시각, 서사 정보를 이성 작용에 의해 평가한다는 개념에 근거해 형성된다는 매체에 관한 인지주의적 접근을 옹호한다. 심리학적 연구에 근거하여 **인지주의**(cognitivism)는 신용할 만한 과학적 접근을 옹호한다. 무의식 판타지를 불러일으키거나 이상한 해석을 사용하는 분석을 거부하면서 인지주의는 우리가 세계 안에서 시각적 자극에 반응하도록 사용하는 같은 지각 과정으로 동영상에 반응한다는 것을 주장한다. 즉 시간을 두고 변화하고 움직이는 대상의 동일성을 인지하고 깊이를 결여한 영화 이미지를 조정한다. 불분명한 개념과 프랑스의 영향을 받은 후기구조주의 이론에 대한 단순한 반발이 아니라 인지주의 영화 이론은 덜 은유적이고 충분히 과학적이며 역사적으로 믿을 만한 정의와 영화 연구의 실천인 것이다.

　현상학(phenomenology), 즉 어떠한 인지작용도 보는 자와 보이는 자의 다양성을 포함하는데, 영화 이론에 깊은 영향을 주었다. 자크 라캉과 크리스티앙 메츠는 응시의 중요성을 현상학자에게서 가져왔다. 하지만 무의식에 관한 정신분석학적 개념은 현상학이 기술한 더욱 정교한 무의식 이론으로부터 분화되었다. 비비안 소브첵은 지각현상학을 관객과 스크린 사이의 상호관계로서 영화 경험을 설명하기 위해 사용한다. 또한 영화와 TV 보기의 다른 현상학 관계를 구분하기

집중분석

현대 영화 이론에 대해 〈클루리스〉한가?[3]

같이 보기 : 〈이터널 선샤인〉(2004)

이론은 대중 영화를 포함하여 문화에 대한 논의와 대화를 하려는 모든 곳에 존재할 것이다. 1995년 영화 〈클루리스〉의 제목은 그 지식이 어떠하든 간에 무관심하다는 것처럼 보이지만 그 영화에 의해 많은 이론적 이슈가 제기된다. 〈클루리스〉는 포스트모던 영화의 개념 안으로 우리를 끌어들이고 페미니스트와 문화 연구 비평가들의 관심을 집중시킨다.

〈클루리스〉의 배경은 로스앤젤레스로 고속도로, 지역, 문화 다양성, 오락산업, 과거 향수를 불러일으키는 복고풍 건축물 등이 즐비하다. 열광적인 소비주의는 포스트모더니즘 이론을 예시할 것이다. 알리시아 실버스톤이 연기하는 영화의 주인공은 고등학생이다. 따라서 그녀는 사회 세력에서 소외된 위치에 있다. 하지만 금발 백인에 돈이 많은 덕분에 그녀는 소비주의의 실력자로 표상된다. 이 영화는 제인 오스틴 소설 엠마(Emma)의 '리메이크'이며 신세대 버전이다. 영화는 향수를 불러일으키지만 다른 시대 문화를 비전통적으로 인용해낸다. 주인공의 이름인 셰어는 다른 인용이다. 바로 전 과거의 '비전통적' 문화 유산인 팝가수 셰어의 이름을 따왔으며 그녀의 의상과 외모를 그대로 따라 한다.

포스트모던한 도시 로스앤젤레스의 다문화주의는 주인공 셰어의 학교 친구 그룹에 의해 대변된다. 하지만 그건 농담일 뿐이다. 셰어의 아프리카계 미국인 절친 디온은 그녀만큼이나 부유하다. 소녀들은 셰어의 남미인 집 관리인이 말하는 사회경제학적 개념으로 보면 갈라진 세계의 대변인들처럼 보인다. 영화는 빠른 템포로 젊은 10대들의 몽타주로 시작한다. 포스트모던한 역설로 셰어의 내레이션은 우리가 방금 본 여드름 상품광고와 비교된다. 외모 문제로서의 정체성 규정은 다음 이미지들로 감소된다. 옷장을 시뮬레이션해 놓은 컴퓨터 프로그램을 활용하여 셰어는 다양한 옷을 입어본다(**사진 11.31**). 영화가 전개되는 동안 셰어는 성격의 변화를 보여주지만 상품-문화적 개념에서 사회문제는 전혀 이해하지 못하고 있다. 그녀는 스키를 홈리스에게 준다. 그리고 마침내 윈도우쇼핑을 하면서 자신이 진정 원하는 것을 깨닫게 된다. 단편적인 영화 액션이 마음속에서 펼쳐진다. '실제'와 영화적 지각 사이의 완벽한 혼돈이다. 앤 프리드버그가 '요동하는 가상 응시'라고 포스트모더니즘을 지칭했던 것을 완벽히 예시하는 장면이다. 그것을 받아들인다면 그 묘사는 영화가 단지

11.31 〈클루리스〉 포스트모던 스타일과 태도는 젊은 관객, 특히 젊은 여성들에게 적극적으로 수용받는 영화의 특징이다.

하찮은 것으로 보인다. 하지만 페미니스트 이론가들은 쇼핑의 '자잘한' 관심으로 가정 영역에 배달된 여성의 탁송물과 로맨스는 공적 영역에 직접 영향을 미치고, 우리 자신의 시대처럼 제인 오스틴의 시절에도 그대로 진실이었다는 것을 지적한다. 셰어는 표면상 적은 관심을 갖지만 그녀 세계에 중대한 결과를 갖고 온다. 내레이션과 광학적 시선을 통해 그녀 주체성을 묘사함으로써 영화는 그녀 측면에서 타당성을 갖게 된다. 〈클루리스〉는 여성감독 에이미 핵커링이 연출했는데, 젊은 여성의 관점에 특별한 관심을 기울인 청소년 장르 영화 전문가이다. 원작 소설가 오스틴 역시 인고의 세월로 만든 작품들은 제한된 장르적 상황에 처해 있던 것들이다. 관객들은 〈클루리스〉의 로맨틱한 결말이 예상되고 심지어는 실망스럽기까지 하다고 말할지도 모른다. 그 영화에서 가장 중요한 관계, 즉 셰어와 디온 그리고 다른 소녀 간의 관계를 이성 결합으로 결말

지음으로써 그동안 끌어온 관계를 망쳐버렸다고도 볼지 모른다. 하지만 사실상 영화는 결혼으로 끝냄으로써 행복한 결말을 보여줬고, 행복이 셰어의 것임을 암시한다. "만약이라면!" 하고 그녀는 외친다. 그녀가 도와준 두 학교 선생은 결혼한다. 그녀는 포스트모던한 역설을 통해 구성의 한계에서 벗어난다. 〈클루리스〉의 가장 놀라운 점은 수용에 있다. 영화는 미국의 내부, 외부에 존재하는 청소년 해석 집단을 성공적으로 소개한다. 그 집단은 패션과 속어 사용 스타일을 통해 급속도로 적응해 나간다. 영화를 '활용한' 젊은 여성들은 대체로 긍정적인 반응을 보였다. 〈클루리스〉는 그동안 뭣도 모르는 애들이라고 취급되어오다 지금은 완전히 '잘 아는' 젊은 여자들 사이에서 타당해졌고 (약호화된) 소통을 할 수 있었다. 그들의 다수 관람은 열린 결말 텍스트로 인정받았다. 〈클루리스〉는 짧은 말, '만약이라면!'이라는 포스트모던 상황의 복잡성을 요약해낸다.

11.32 〈정사(L'Avventura)(1960)〉 철학자 질 들뢰즈에 의하면 이 고전 예술 영화는 비예상적인 편집을 통해 부분적으로 '직접적 시간이미지'를 표현한다.

도 한다.

프랑스 철학자 질 들뢰즈는 최근 영화 이론에 지대한 영향을 미쳤는데, 퍼스 기호학과 시간과 지속에 관한 앙리 베르그송의 이론을 구축했다. 다른 영화 이론가 대부분 저작 이상으로 들뢰즈의 저작은 자기 개념에 충실하다. 그는 특정 연관 개념을 통해 이론을 발전시키기 때문이다. 하지만 노고는 보답받는다. 두 책에서 들뢰즈는 두 역사적 시기를 설명하는 두 유형의 영화를 구분한다.

운동 이미지(movement image)는 20세기 초반 영화에 일반화된 현상으로, 세계를 인과적 시야로 바라보는 것을 일컫는다. 버스터 키튼의 신체적 코미디와 세르게이 에이젠슈타인의 몽타주의 핵심인 충돌은 행동과 관객에게 반응을 끌어내는 직선적이거나 변증법적 진행 운동이다. 반면 **시간 이미지**(time image)는 네오리얼리즘주의자 로베르토 로셀리니와 더욱 은유적인 미켈란젤로 안토니오니처럼 전후 이탈리아의 환멸과 불확실성을 각성시키는 작품들에서 나타난다. 그 영화 속에서 이미지와 사운드는 공간 연계 또는 논리 순서의 분명한 신호를 주지 않는 대신 시간상 결말의 개방성, 사고의 가능성을 표현한다(**사진 11.32**).

들뢰즈의 영화 철학은 이미지와 세계 사이의 관계를 상상하는 새로운 방식을 상정하기 위해 그가 예를 든 특정 영화와 감독을 상회한다. 인용성은 영화 이미지가 실제 대상, 사건 또는 현상을 지시하는 개념인데, 더 이상 영화 이론의 기본 영역이 아니다. 들뢰즈에 있어서 영화 이미지는 세계의 재현이 아니다. 그것은 움직임 또는 시간 그 자체의 경험이다. 다른 사상가에게도 인용성은 더 이상 영화 이론의 영역이 아니다. 영화도 세계도 항상 그래왔던 것은 아니기 때문이다.

포스트모더니즘과 뉴미디어

분명 영화는 시청각 경험을 조직하는 유일한 매체는 아니다. 1940년대 TV가 급속도로 미국 가정에 도입된 이후로 다른 동영상 매체는 영화의 지배에 도전했고, 디지털 매체가 곧 영화를 대체할 거라는 예견이 이어졌다. 그러나 그러한 발전은 이 책의 제목이 이전보다 더 유용해졌다는 것을 의미한다. 영화는 우리 생에 디지털 매체와 다른 이미지 기술을 통합하기 위해 준비해왔던 전반적 경험을 지속적으로 변화시켜왔다. 디지털 시대에는 영화를 협소하게 정의하는 것보다 더욱 광범위하게 생각해야 할 것이다.

시각 매체에 대한 이러한 지배 현상은 **포스트모더니즘**(postmodernism) 문화의 특성이다. 언급했듯이 '포스트모더니즘'이란 무조 음악에서 입체파 회화, 몽타주 영화 제작에 이르기까지 예술운동 그룹과 그 운동이 발생하고 20세기 전반기 응답해왔던 시기 두 개념을 일컫는 용어이다. 포스트모더니즘은 두 가지 기본 정의를 따른다.

1. 건축, 미술, 음악, 영화에서 포스트모더니즘은 패스티시(모방작품)라 불리는 행위 속의 파편 또는 인용을 통한 많은 스타일을 통합시킨다.
2. 역사적으로 포스트모더니즘은 문화적 · 경제적 변동이 모더니즘 자장을 변화시키는 문화적 시기이다. 예술, 고급 · 저급 문화의 구분, 예술가의 재능과 독립적 정체성에 의해 세계를 비판하는 가능성에 대한 믿음을 포함한다.

포스트모더니즘의 가장 중요한 사상가는 이 정의의 두 측면을 표방해왔다. 프레드릭 제임슨은 포스트모더니즘을 역사적으로 '후기 자본주의의 문화 논리'로 정의하고, 광고, 소비주의, 다국적 기업, 금융과 서비스의 지구화가 산업 생산과 상품 유통을 장악한 전후 경제사 시기로 지칭해 스타일적으로 포스트모던 영화는 과거가 단지 영화 스타일 그 자체인 것처럼 역사를 노스텔지어로 표현한다.

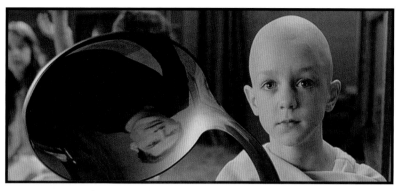

11.33 〈**매트릭스**〉 '매트릭스는 무엇인가?' 영화의 홍보문구는 질문했다. 포스트모던 이론가 장 보드리야르는 영화 속에서 인용된다.

장 보드리야르에 의하면 지금 문화시대 이미지의 승리는 너무 완벽해서 우리는 **시뮬라르크**, 즉 원본이 없는 복사본 속에서 살고 있다. 디즈니랜드는 그가 든 가장 정확한 예이다. 〈매트릭스〉(1999)와 속편에서 '실제 세계'에서 살고 있는 인물의 믿음은 잘못된 것이다. 도시, 음식, 직접 관계, 신체적 싸움은 모두 컴퓨터로 생산된 것이다(**사진 11.33**). 이러한 인용성(원본 지시성)의 결핍은 포스트모던한 파편화의 기본이 되는 확신성의 부재를 표현한다는 점에서 두려운 일이다. 하지만 희망적인 측면에서 '현실'은 변화 가능성으로 열려 있다. 〈매트릭스〉가 보드리야르가 쓴 (가짜) 책을 보여줄때 영화는 농담을 만들고 세상에 더 이상 새로운 것은 없다는 포스트모더니즘 감각을 예시해준다.

포스트모던 세계가 영화 속에서 활기차게 묘사되는 것은 우연이 아니다. 영화 자체가 시뮬레이션(모방)이기 때문이다. 영화 이론가 앤 프리드버그는 영화 이미지를 소비하는 방식은 이미지 소비와 유통에 의해 특성화된 사회에 일반화된 것이라고 말한다. 윈도우쇼핑 혹은 영화 속에서 다른 인물과 공감하면서 사람들이 발견하는 다양한 '시선'은 긍정적 측면을 갖는다. 단일 정체성에 대한 포스트모던한 붕괴는 당연한 결과로서 이전에 주변부와 연관된 정체성 인지를 갖는다. 포스트모더니즘은 오늘날 증가하는 지구화 현실을 인지한다. 새로운 기술은 이전 주변부 영화에서 미국 관객에까지, 그리고 지역 문화들 간뿐만 아니라 할리우드에서 다른 세계까지 이미지의 유통 속도를 더욱 빠르게 전달한다.

현대 영화 이론의 역사를 점검하는 일은 영미대학 영화 연구의 상서로운 제도권 학문 분위기를 일깨운다. 그것은 1960년대 말 이후 프랑스 및 다른 곳에서 형성되고 발전된 이론들이었다. 현대 영화 이론의 기원에 관한 이런 이야기는 상당히 조용히 전달될 수 있고 의혹을 갖게 할 것이다. 지식 분야는 맹렬한 질문과 분파로 발전한다. 언급한 대로 문화 연구와 인지주의는 1970년대까지 영화 이론상 나타난 정통들에 도전했다. 그 다수주의와 회의주의는 단순히 새로운 경우에 '적용'하는 정도로 진부하고 경직된 사상에 신선한 시각을 더해주었다.

1990년 이후 디지털 이미지가 영화에 가한 도전은 기술, 경제적인 것 이상이었다. 그것들은 지적인 소산이었다. 이 장의 초반에 논했듯이 매체의 사진적 기초는 영화적 특수성에 관한 오랜 사고의 핵심이고, 더 이상 무엇이 영화를 정의하는가에 대한 문제가 아니었다. 어떤 점에서 새로운 기술은 3D 기술의 귀환같이 단지 우리가 아는 영화 경험을 향상시키는 것이기는 하지만 다른 방식으로 퍼즐, 상호 소통성, 비디오게임의 문화적 융합처럼 매체와 그 경험을 변화시킨다. 학자들은 현대 시청각 경험이 제기한 중요한 문제를 증명하고 그 질문을 지향하는 도구를 발전시키기 위해 영화 이론에서 이전 탐구 과제의 유산을 지속적으로 궁리하고 있다.

요약

이 장은 영화 이론 분야를 탈신비화하는 데 목적이 있다. 그것은 독자가 이론과 싸우지 않거나 추상적 차원에서 영화를 이해하기 위해 뭔가를 하는 것을 의미하지 않는다. 왜냐하면 영화 이론은 악명 높게도 어려운 담론이고 어떤 요약을 보장하는 것보다 훨씬 더 많은 내용을 지속시킨다. 루이 들뤼크나 에이젠슈타인 같은 영화감독이 뉴미디어를 토론했던 영화잡지는 오늘날 미디어 융합시대의 영화의 미래를 논하는 영화 블로그와 다르지 않다. 이론가의 작업을 읽고 꼼꼼히 따져 분석함에 있어서 추상적으로 '이론'을 인용하는 것이 잘못된 것이라는 사실을 명심하는 게 중요하다. 스튜어트 홀의 수용 이론적 접근 혹은 프레드릭 제임슨의 포스트모더니즘 개념을 공부하면서 우리는 지적인 도전에 분명한 답변을 할 수 있을 것이다. '이론'이란 용어는 지식의 실체이고 질문들의 집합임을 언급하는, 유용하고 축약적인 방식이라는 것이다. 우리는 이 실체를 역사적 시각에서 공부해야 한다. 예를 들어 사실주의 이론이 제2차 세계대전의 여파로 어떻게 탄생했는가 혹은 형식주의의 심층 분석처럼 특정 영화에 대한 우리 경험을 해석할 도구를 얻는다든가 영화가 우리의 상상력과 욕망 속에 있는 것을 갖고 있는 것들을 이해한다든가 하는 것이다.

- 영화적 특수성이 다양한 플랫폼을 통한 영화감상에 영향을 받는지를 고려해보자.
- 영화 이론에 대한 이러한 고려를 잃어버린 것 같은 예술적 또는 다른 학문적 훈련으로부터 통찰을 생각해보자. 이러한 새로운 접근을 통해 우리가 배울 수 있는 것은 무엇인지 생각해보자.
- 형식주의와 사실주의 영화 이론가가 3D 기술의 귀환에 대해 어떻게 토론할 수 있는지 알아보자.
- 〈노예 12년〉(2013) 같은 영화에 의해 제작된 인종과 재현에 관한 토론이 영화 이론으로 어떻게 재편성될 수 있는지 알아보자.

적용해보기

- 영화의 오프닝 시퀀스를 숏 단위로 분석해보자. 어떤 약호, 즉 조명, 카메라 움직임, 프레이밍, 인물 움직임 등이 의미를 만들어내는지 설명해보자.
- 같은 시기에 나온 많은 다양한 잡지 혹은 매체의 영화평을 비교해보자. 각 리뷰가 실리는 시기와 장소에 대한 특별한 의미를 설명해보자. 영화 수용 맥락에 대해 각 리뷰가 어떤 관점을 갖는지 분석해보자.

영화 에세이 쓰기

관찰, 논쟁, 연구, 분석

스파이크 존즈의 2002년작 〈어댑테이션〉에서, 찰리 카우프먼은 위기 속에 있는 작가이다. 작가 수잔 올린의 난초 도둑(*The Orchid Thief*)을 영화로 각색하는 도전에 놓인 그는 극도의 글쓰기 장벽에 부딪혀 몸이 마비되는 것을 느낀다. 그의 쌍둥이 동생 도널드가 그를 따라 작가가 되겠다며 글쓰기에 빠른 진전을 보이는 동안, 찰리는 오로지 빈 종이를 절망스러운 눈초리로 바라볼 뿐 시작조차 할 수 없는 상태이다. 할리우드, 뉴욕, 플로리다 에버글레이즈에서 일련의 즐겁고, 이상하고, 비극적인 만남을 가진 이후에 찰리는 "변화는 선택이 아니다"라는 사실을, 작가는 무엇보다도 자기가 사랑하는 것에 대해 씀으로써 자신의 열정을 따라가야 한다는 사실을 발견한다. 글을 쓴다는 것은 종종 많은 단계와 전략을 갖고 있는 복잡하고 어려운 일이지만, 찰리의 영화 작가들을 위한 가르침은 좋은 조언이 될 수도 있을 것이다. 당신의 글쓰기에 추진력을 붙이려면 열정과 사랑을 찾아라.

작가들은 영화와 영화 역사의 어디에서나 찾아볼 수 있다. 현대 영화에서만 놓고 보더라도 유명하거나 유명하지 않은 작가들이 많은 경험에 대한 많은 종류의 스토리들을 만들어가고 있다. 〈미시마 : 그의 인생(Mishima)〉(1985)은 극우 정치학과 일본 작가 미시마 유키오의 삶에 있어서의 지칠줄 모르는 창조성의 강렬한 혼합을 묘사한다. 〈중앙역〉(1998)에서는 한 중년 여인 도라가 인파가 북적이는 기차역 한가운데 서 있고, 글을 모르는 사람들이 자신의 친구와 연인에게 보낼 편지를 부탁하러 그녀에게 다가가고 있다. 그리고 〈루비 스팍스(Ruby Sparks)〉(2012)에서는 한 젊은 소설가가 다음 날 등장해서 자신과 로맨틱한 관계를 시작하는 한 여성 캐릭터를 창조해냄으로써 글쓰기 장벽을 극복해낸다(사진 12.1). 다른 예술 및 문화적 활동처럼 영화도 사람의 감정을 설명하고 의미 있는 경험에 반응하기 위해 공통적이면서도 근본적인 인간 욕구에 영감을 불어넣고 있다. 이 장에서 우리는 영화에 대한 글쓰기가 어떻게 이런 욕구와 영감으로부터 발전해 가고 있는가를 보게 될 것이고, 또한 우리는 어떻게 그것이 우리의 근본적인 영화 경험을 풍부하게 확대시켜줄 수 있는지를 보여줄 것이다.

핵심 목표	
	■ 평론과 비판적 에세이 사이의 차이를 묘사해보자.
	■ 영화에 대한 주안점을 적어보고 그런 주안점을 구성하는 연습을 해보자.
	■ 주제를 선정하고 그것을 하나의 논문을 위한 논제로 발전시켜보자.
	■ 연구를 수행하고 자료의 출처들을 통합해보자.
	■ 작업을 세련된 에세이로 바꾸는 기술들을 익혀보자.

12.1 〈**루비 스팍스**〉 글쓰기의 힘은 당신의 세계를 변화시킬 수 있다.

영화에 대해 글을 쓰는 것은 영화가 시작된 이래로 영화 문화에서 의미 있는 부분이었다. 영화의 시작과 거의 동시에 작가들은 이 새로운 예술 형식의 기능과 가치에 대해 토론했다. 영화 역사의 처음 수십 년간 1915년 *The Art of the Moving Picture*란 책을 낸 시인 바첼 린지와 1920년대 예술잡지 클로즈업(*Close Up*)에 기고한 소설가 도로시 리처드슨 같은 영화 비평가들은 영화에 대해 열정을 가지고 글을 썼다. 그 이래로 제임스 에이지, 폴린 카엘, 트린 T. 민하, 움베르토 에코를 포함한 작가들의 영화 평론, 학술 소론, 그리고 철학적 책들이 개별적 영화들의 업적과 영화의 문화적 중요성에 대해 논쟁을 벌여왔다.

분석적 영화 에세이 쓰기

글쓰기는 감정과 생각을 분명히 표현하도록, 반응을 확실하게 전하도록 도전함으로써 영화와 맺고 있는 복합적인 관계를 확대시킨다. 1915년 초기 평론가 및 비평가들은 영화가 여성이나 아이들에게 미칠 수 있는 위험 혹은 좋은 영향에 초점을 맞추었다. 1960년대에 영화는 빈번하게 정치적 영향 혹은 사회적 의미 측면에서 논의되었다. 오늘날 작가들은 캐릭터, 인기배우, 스토리로부터 새로운 영화기술 혹은 역사적 질문에 걸쳐서(예 : 1930년대의 검열제도가 영화 내용에 어떤 영향을 미쳤는가 혹은 1950년대 10대 관객들이 어떤 종류의 영화들을 만드는 데 일조했는지) 주제의 범위에 초점을 맞추고 있다.

개인적 의견과 객관성

영화에 대한 글쓰기는 통상 주제와 의미 사이의 작용을 포함한다. 영화의 주제는 직접적으로나 간접적으로 영화를 구성하고 있는 재료인 반면, 의미는 작가가 그 재료 속에서 발견해내는 해석이다. 예를 들면 웨스 앤더슨의 〈문라이즈 킹덤(Moonrise Kingdom)〉(2012)에서 주제는 뉴잉글랜드의 한 마을에서 일어난 샘과 수지의 가출사건을 묘사하고 있는데, 그 둘이 숨어 있던 작은 섬에서 로맨스가 싹트고, 혼란에 빠져 전전긍긍하는 마을 사람들이 그들을 찾아 수색에 나선다. 그러나 주제가 의미하는 것은 단순한 묘사보다 더 복잡하다. 그 의미는 이 영화의 화려한 스타일과 영리한 구성, 1960년대에 포착된 그런 기술들의 역사적 및 문화적 중요성, 오늘날 관객들이 이 영화에 대해 보이는 반응에 대한 생각과 경험에 달려 있다. 다른 영화들은 확실히 기성세대에 불만을 품고 달아나는 젊은 세대에 대한 비슷한 주제를 다루고 있지만, 이 영화는 그런 주제를 보아왔던 관객들을 위해 더 특별한 의미를 창조해내고, 이끌어낸다. 일부 작가들에게 사랑과 도피에 대한 이 이야기는 젊은이, 열정, 판타지에 대한 미묘한, 종종 복합적인 관점들을 엮어낸다(사진 12.2). 일부 다른 작가들에게 이 영화의 주제는 잃어버린 시절에 대한 한조각 아쉬운 향수로 변형된다.

유용하고도 통찰력 있는 글쓰기는 항상 개인적 의견을 **비판적 객관성**(critical objectivity)과 균형을 이루도록 맞추고 있다. 개인적 의견이란 더 개인적인 반응의 표시인 반면, 비판적 객관성은 거기서 더 떨어져 있는 반응

12.2 〈문라이즈 킹덤〉 속기 쉬운 단순한 주제 뒤에 숨어 있는 더 복잡한 의미를 발견해내는 것은 맥락의 스타일과 지식에 대한 해석을 필요로 한다.

12.3 〈문라이즈 킹덤〉 샘과 수지의 가출에 대한 해석이 이 영화의 복잡한 비전에 대한 개인적 의견의 문제인가 혹은 복잡한 비전의 단순한 일부인가?

을 말하는데, 다른 사람들이 동의할 수 있는 사실 및 증거에 기초를 둔 판단들을 제공하고 있는 것이다. 너무 많은 개인적 의견들 뒤에 숨어 있는 에세이(끊임없이 "나는 느낀다" 혹은 "내 의견으로는"을 말하는)는 너무나 개인적이어서 다른 사람들을 위한 어떤 가치를 갖기 어려우며, 믿을 만한 것이 못 되는 것처럼 보일 것이다. 가령 이 영화에 대해 글쓰기를 할 때 어떤 작가는 의미에 대한 확실성의 부족 뒤에 숨어 있으려고 시도할 수도 있다. "내 의견으로는 샘과 수지의 가출은 아주 혼란스럽다. 그 뒤에 많은 이유 혹은 동기들이 숨어 있는 것으로 보이지는 않지만,

아마도 내 생각으로는 사랑과 열정이 결코 그리 쉽게 이해될 수 있는 것은 아니다."(사진 12.3) 반대로 평범한 묘사적 진술은 독자들이 에세이의 논쟁에 관심을 갖도록 하는 데 실패하는 것이며, 종종 영화의 미묘성을 놓치게 만든다. "샘과 수지의 가출 이유는 불분명하고 혼란스럽다"의 다음 절에서처럼, 개인적 의견과 비판적 객관성의 균형을 유지하는 것은 통찰력이 대부분의 관객들을 위해 유용한 드러내기가 될 수 있다는 사실을 독자에게 확신시켜주는 글쓰기라는 결과를 보여준다.

이 영화에서 샘과 수지의 가출은 예기치 못한 것이며, 극적인 것이고, 또한 강력한 것으로, 아마도 대부분의 관객들에게 그러하듯이 나를 혼란스럽게 만드는 행동이다. 그러나 그들의 동기에 대한 이런 혼란스러움은 그것이 우리에게 중심 주제를 인지하도록 요청하고 있기 때문에, 이 영화의 이상하고도 미스터리한 아름다움의 일부인 것이다. 바로 사랑과 열정이 놀라우리만치 환상적인 방식으로 세상을 열어줄 수 있는 가능성이다.

독자 알아보기

독자들을 알아보거나 예상하는 일은 작가를 개인적 의견과 객관성의 균형을 잡아주도록 인도해줄 수 있다. 만일 영화에 대한 글쓰기를 대화의 연장으로서 혹은 영화에 대해 친구들과 벌이는 논쟁의 연장으로서 생각한다면 이런 토론의 용어와 논조가 사람에 따라 변한다는 사실을 깨닫게 된다. 제2차 세계대전 영화들에 대해 많이 알고 있는 두 팬 사이의 대화는 그들이 많은 똑같은 영화들을 보아왔고, 특수효과에 대해 많이 알고 있다는 사실을 추정할 수 있게 해줄 것이다. 그래서 그들의 토론은 일본인 병사의 관점에서 본 〈이오지마에서 온 편지(Letters from Iwo Jima)〉(2006)에서 일본과 미국 사이의 그 유명한 전투가 어떻게 묘사되고 있는지에 대한 훌륭한 관점에 빨리 도달할 수도 있을 것이다(사진 12.4). 알제리의 한 산골 수도원에서 7명의 프랑스인 수도사가 납치되어 살해된 실제 사건을 다룬 프

12.4 〈이오지마에서 온 편지〉 클린트 이스트우드 감독은 일본인의 관점에서 제2차 세계대전의 가장 치열한 전투 중 하나인 이오지마 전투를 그려냈다.

랑스 영화 〈신과 인간(Of Gods and Men)〉(2010)
에 대해 이야기를 나눌 때, 어느 알제리 학생은 이
슬람의 종교적 믿음, 다양한 분파의 발생, 북아프
리카에 살고 있는 트라피스트 수도승[1]에 대한 일
부 문화적 및 역사적 배경을 제공할 수도 있을 것
이다.

독자들을 인식하는 것은 당신이 이야기를 나누
고 있는 사람을 알아가는 것과 같다. 제공해야 하
는 기본 정보의 양, 토론의 복잡성의 수준, 사용해
야 하는 언어의 종류를 결정하는 데 도움을 준다.
다음의 네 가지 질문은 에세이를 독자들에게 적
합하도록 맞추는 데 유용한 지침이다. (1) 독자들
은 논의되고 있는 영화에 어떻게 익숙해지고 있는
가? (2) 그 영화에 관심을 갖고 있는 독자들의 수
준은 어떠한가? (3) 독자들은 그 영화의 역사적 및
문화적 맥락에 대해 무엇을 알고 있는가? (4) 독자
들은 영화 비평과 이론의 전문용어에 익숙한가?

대부분의 비판적 에세이에 있어서 그 영화에 대
한 독자들의 지식을 예상한다는 것은 그들이 적어
도 한 번은 그 영화를 보아서 폭넓은 플롯 요약을
필요로 하지 않는다는 것으로 추정하는 것을 의미

(a)

(b)

12.5 〈본 얼티메이텀〉 제이슨 본이 여행하는 다양한 도시의 풍경은 그 영화에 대한 하나의
주장의 토대일 수도 있다.

한다. 그런 독자들은 영화가 좋은지 혹은 나쁜지 혹은 다른 일반적인 의견을 갖고 있는지 아닌
지에 주요 관심을 갖고 있지 않다. 오히려 그들은 영화의 특정 측면(처음 오프닝 숏)에 대해 혹
은 그 영화에서의 복잡한 혹은 수수께끼같은 문제들에 대해 깨우침을 받고 싶어 한다. 예를 들
면 〈본 얼티메이텀〉(2007)에서 도시 풍경이 그 영화의 액션에 중요한 특정 주제의 관점들을 어
떻게 전달해주고 있는가는 대부분의 관객들이 알아차렸지만, 소수 사람들은 생각하지 못했던
어떤 것일 수도 있다**(사진 12.5a와 12.5b)**. 효율적인 작가는 독자들의 관심이 영화에 대한 작가의
주장을 따라감으로써 깊어지고 풍부해질 수 있다는 사실을 독자들에게 설득시키기 위해 작업
한다.

영화의 역사적 및 비판적 맥락에 대한 지식은 독자들이 그 영화가 등장한 장소 및 시간에 대
해 얼마나 많이 알고 있는지를 나타낸다. 만일 이 영화가 1920년대 미국에서 만들어졌다면, 그
시기에 대한 정보가 독자들이 그 영화를 더 잘 이해하는 데 도움을 주는가? 결국 영화 비평과 이
론의 전문용어들에 어느 정도 익숙한지 독자들의 수준을 결정하는 것은 주장에 효율적으로, 분명
하게 소통할 수 있는 언어를 선택하도록 해준다. 당신은 '편집의 연속성' 같은 용어가 쉽게 이해될
거라고 추정할 수 있는가, 아니면 그것을 규정할 필요가 있는가? 이런 결정을 하는 데 있어서 과
도하게 단순한 언어 혹은 난해한 전문용어가 똑같이 분석을 약화시킬 수 있다는 점을 명심하라.

대부분의 대학 수준 영화 과정에서 독자는 교수뿐만 아니라 동료도 될 수 있다. 영화를 보아
왔고, 영화 비평에 대한 정보와 지식을 공유하고 있지만, 반드시 전문가이지는 않은 그런 지성
적인 개인들이다. 예를 들면 어떤 비판적 관객에 의해 무시될 수도 있는 특정 주제나 장면들에
집중할 수 있다. 글쓰기 스타일과 단어의 선택이 전형적인 영화 평론에서 보다 더 엄격하고 학
구적이어야 한다는 것에 주의하라.

 생각해보기

영화에 대한 분석적 에세이를 쓰려고
준비할 때 독자들을 고려해보자. 그들
을 규정하는 것은 무엇인가? 그들의 관
심사는 무엇인가? 그 영화에 대해 그들
이 알고 싶어 하고 혹은 알아야 할 필요
가 있는 것은 무엇인가?

분석적 영화 에세이의 요소

영화 글쓰기의 두 가지 공통된 형식은 **영화 평론**(film review, 혹은 영화 논평)과 **분석적 에세이**(analytical essay)이다. 영화를 보지 않은 일반 관객들을 목표로 하는 영화 평론은 영화의 플롯을 묘사하는 짧은 에세이인 경향이 있으면서, 유용한 배경 정보(예 : 배우 및 감독에 대한 정보)를 제공해주고, 독자들을 인도하기 위해 그 영화에 대한 분명한 평가도 제공해준다. 반대로 의도하는 독자가 있는 비판적 언어 수준에 의해 차별되는 분석적 에세이는 영화 전공 학생들과 학자들에 의해 이루어지는 가장 평범한 종류의 글쓰기이다. 전형적으로 영화의 특징이나 주제에 초점을 맞추면서, 재료에 대한 해석을 제공해주고, 그 해석을 증명하거나 보여주기 위해 세심한 분석도 제공해준다. 잡지에 실린 영화 평론의 작가와 달리 분석적 에세이의 작가는 독자들이 그 영화를 알고 있다고, 또 광범위한 플롯 요약이나 혹은 배경 정보를 필요로 하지 않는다고 상정한다. 비록 분명하고 매력적인 스타일을 목표로 영화에 대한 글쓰기를 하더라도 분석적 에세이의 작가는 종종 복잡한 아이디어와 효율적으로 소통할 수 있는 단어와 용어를 선택한다.

대학 영화 과정을 위해 쓰인 〈오 형제여, 어디에 있는가〉(2000)에 대한 다음의 가상적 에세이를 생각해보자(**사진 12.6**). 신문 논평은 그 플롯을 요약할 수도, 일부 배경 정보를 제공할 수도, 더 일상적인 언어를 구사할 수도 있는 반면, 이 분석적 에세이는 어떻게 특정의, 아마도 덜 분명한 주장에 집중하고 있는지에 주목해보자.

조엘과 에단 코엔 형제의 〈오 형제여, 어디에 있는가〉는 호머의 서사시 오디세이를 중심으로 느슨하게 구성된 뮤지컬 코미디 이상의 것이다. 독특한 사운드트랙을 통해 엮인, 미국 대공황기를 배경으로 한 플롯, 그 캐릭터들의 코믹한 과장은 현대 미국에서의 인종 및 계급에 대한 날카로운 이데올로기적 비판이다. 때때로 흑인들과 같은 대접을 받는 3명의 탈옥수, 에버레트, 피트, 델마는 자신들이 백인이지만 낮은 계급 때문에 흑인이나 여성이 받는 대우를 똑같이 받고 있다는 사실을 곧 알아차리게 되면서, 영화는 당시나 지금이나 인종에 구애받지 않고 사람들을 가난에 빠지게 하는 정치적 및 경제적 권력구조들을 탐색한다. 특히 두 장면은 이 영화에서 덜 알려져 있지만 더 도발적인 측면을 극적으로 만들어준다. 영화를 보려고 이 탈주범들이 교회에 도착하는 장면(프레스턴 스터지스의 영화 〈설리반의 여행〉을 직접 참고할 정도로 영향을 받은 코엔 형제는 거기에서 이 영화의 제목도 따왔다)과 탈주범들이 흑인 친구 토미를 구하러 갈 때 KKK단이 그들을 모두 잡으러 집결하는 장면이 그것이다.

이 에세이의 초점은 비교적 정제되고 세련되었다. 독자들이 이 영화를 이미 보아서 알고 있는 것으로 상정하면서 인종 및 계급에 대한 일반적인 정보가 아니라 특정 논제에 대해서 집중한다(**사진 12.7**). 논쟁적인 논제를 선택하면서, 이 비판적 에세

12.6 〈오 형제여, 어디에 있는가〉 세 탈옥범이 정밀한 분석의 초점이 된다.

12.7 〈오 형제여, 어디에 있는가〉 이 코믹한 영화에서의 인종 및 계급에 대한 분석적 에세이는 두 가지 특정 장면을 중심으로 형성될 수 있는데, 하나는 흑인 교회에 탈옥범들이 도착하는 장면이고, 다른 하나는 KKK단이 모여드는 장면이다.

이는 '이데올로기적 비평'처럼 학구적인 글쓰기에 맞는 용어를 구사한다.

영화에 대한 글쓰기 준비

일부 공통적인 기반을 갖고 있음에도 불구하고 효율적인 영화 에세이는 영화에 대한 일상적인 대화 혹은 토론과는 다르다. 작가들은 아무런 준비나 검토 없이 영화에 대한 통찰력 있는 평을 단숨에 써낼 수는 없다. 대신 대부분의 작가들은 자신들이 과거에 써왔던 것을 주의 깊게 살펴보면서 자신이 쓸 것을 예상해본다. 어떤 작가든 제2차 세계대전 동안 프랑스에서의 파시즘에 대한 강력한 다큐멘터리인 〈슬픔과 동정〉(1972)을 보고 나서 즉각 프랑스 역사나 프랑스 레지스탕스에 대한 어떤 신화들을 드러내기 위해 다큐멘터리 전략들을 사용한 마르셀 오퓔스 감독에 대한 훌륭한 논문을 써낼 수는 없을 것이다. 좋은 작가들처럼 당신은 하나의 에세이를 쓰기 위해 준비하는 과정에서 단계들을 따라가야만 한다. 질문을 하고, 메모하고, 그런 다음 하나의 주제를 선정하라.

질문하기

먼저 영화를 보기 전에 관심 갖고 있는 것이 무엇인지 스스로 질문을 던져보자. 그 영화는 나 자신의 배경 및 경험과 어떻게 관련되어 있는가? 그 영화에 대해서 들어왔던 것은 무엇인가? 나는 기술에 혹은 성 정체성에 대한 질문에 이끌리고 있는가? 한 특정 영화감독에게 혹은 영화사의 한 특정 시기에 이끌리고 있는가? 어떤 나라의 영화에 이끌리고 있는가? 나의 관심은 질문을 어떤 방향으로 이끌고 있는가? 하워드 혹스의 1938년작 〈베이비 길들이기〉에서 캐서린 헵번은 대담한 상속녀 수잔 역을 연기하는데, 그녀의 애완 표범 베이비는 캐리 그랜트가 연기한 갈팡질팡하는 고생물학자 데이비드와 그녀의 엉뚱한 관계에서 돋보이는 들러리가 된다(사진 12.8). 아마도 당신은 〈그의 연인 프라이데이〉(1940) 같은 하워드 혹스의 다른 영화 혹은 〈필라델피아 스토리(The Philadelphia Story)〉(1940) 같은 캐서린 헵번 출연의 다른 영화들을 이미 보았을 것이다. 두 편의 혹스 영화 혹은 헵번의 다른 역할을 비교해보는 것을 고려할 것인가?

생각해보기

다음 영화를 보기 전에 본 영화에 던지고 싶은 서너 가지 질문을 적어보자. 또한 특정 숏이나 장면에 대한 서너 가지 질문도 적어보자. 나중에 가능한 한 정확하게 모든 질문에 대답해보도록 하자.

　　이런 준비는 당신이 영화를 볼 때 예기치 못한 방향으로, 새로운 생각으로 이끌리지 못하도록 막는 것을 의미하는 것은 아니다. 놀라운 발견은 분명 열린 마음으로 영화에 접근하는 보너스 중 하나이다. 〈침실에서(In the Bedroom)〉(2001)를 보는 동안 어떤 관객은 이 영화가 갑자기 방향을 바꾸는 것처럼 보여 어리둥절해질 수도 있다. 아들을 잃은 부모의 극심한 고통을 묘사한 후 이 영화는 아버지가 살인범을 추적해 죽이는 복수극 이야기가 된다. 관객에게는 처음에 표현할 수 없는 슬픔에 대한 느린 명상인 것처럼 보이던 것이 강렬한 스릴러물로 바뀌는 것이다. 그 두 부분이 어떻게 함께 작동하게 되는 것인가? 상실이란 항상 응징을 필요로 하는 것인가? 폭력은 항상 폭력을 낳게 되는 것인가? 이런 종류의 질문을 던짐으로써 반응을 첨예화하고, 에세이의 방향을 설정하면서 지적으로 영화와 상호작용을 할 수 있다.

12.8 〈베이비 길들이기〉 실수 연발의 서투른 고생물학자와 엮이는 대담한 상속녀로서의 캐서린 헵번의 역할은 작가가 이 영화에 대해 비판적 생각을 시작할 수 있게 해준다.

메모하기

영화에 대한 글쓰기의 필수적 부분인 메모하기는 비판적 사고를 자극하여 정확하고 생산적인 관찰을 만들어낸다. 대부분의 학생들은 생물학적 실험에서 메모를 하는 것 혹은 셰익스피어 희곡을 읽고 메모하는 것은 자연스럽다고 생각하는 반면, 영화에 주석을 다는 일은 어색하고 부자연스럽다고 생각한다. 어두운 방에서 영화를 보는 동안 글쓰는 것은 어려운 일이며, 대부분의 영화들은 우리가 끊임없이 집중해서 금방 지나가는 정보를 놓치지 말도록 요청한다. 그러나 메모하기는 영화에 대한 글쓰기에 절대적으로 필요하다. 좋은 분석적 에세이는 그 주장을 지지하는 구체적인 증거를 포함해야만 하기 때문이다. 정확한 메모는 그런 지지를 제공해준다. 영화에 주석을 다는 세 가지 일반적인 규칙이 있는데, 첫째는 평범하지 않은 일, 영화에서 두드러진 사건이나 형식적 요소에 주석을 다는 것이다. 두 번째는 정기적으로 일어나는 사건이나 기술에 주석을 다는 것이다. 세 번째는 영화에 나타나는 상반되는 요소에 주석을 다는 것이다.

예를 들면 〈베이비 길들이기〉에 대한 대부분의 관객들은 데이비드와 수잔이 지방 유치장에 갇혔을 때, 수잔 역의 캐서린 헵번이 비정한 갱의 정부인 것처럼 행동하는 장면들이 이 영화에서 가장 재미있고 특별한 순간 중 하나로 두드러진다는 사실에 동의할 것이다. 그러나 똑같이 중요한 것은 그런 액션이나 이미지들의 반복이 데이비드가 반복해서 옷이나 안경을 잃어버리는 것 같은 반복적인 주제나 패턴을 제시한다는 것이다. 얼빠진 것 같은 수잔과 데이비드의 학문적인 조수이자 고루한 약혼녀 같은 상반되는 요소 역시 경쟁적인 여성들 사이의 대비처럼 동일하게 조명될 수 있다.

작가는 영화에 대한 메모를 위해 자신만의 속기 기술을 발전시키고 있다. 의미 있는 것처럼 보이는 스토리나 캐릭터들에 대한 정보를 단숨에 써내는 것이며, 시각적, 청각적 혹은 다른 형식적 세부사항을 기록하는 것이다. 시각적 구성을 위한 일부 공통적인 생략부호들에는 다음과 같은 것들이 포함되어 있다.

생각해보기

최근 본 영화에서 평상적이지 않은 것은 어떤 사건, 음향 혹은 숏들인가? 가장 중요한 것으로 드러난 것은? 반복 패턴의 예로 드러난 것은? 그 영화에서 한두 사건, 음향 혹은 숏을 분명하고 구체적으로 묘사해보자.

es : 설정 숏(establishing shot)

ha : 하이 앵글(high angle)

trs : 트래킹 숏(tracking shot)

ct : 커트(cut)

vo : 보이스오버(voiceover)

ds : 디제틱 사운드(diegetic sound)

ps : 팬 숏(pan shot)

la : 로우 앵글(low angle)

mls : 미디엄 롱숏(medium long shot)

nds : 논디제틱 사운드(nondiegetic sound)

ls : 롱숏(long shot)

cu : 클로즈업(close-up)

mcu : 미디엄 클로즈업(medium close-up)

더 특별한 카메라 움직임 및 방향은 종종 액션이나 방향을 부호로 표시하는 화살표 및 선으로 재창조될 수 있다. 다음은 카메라의 움직임을 제시한다.

로우 카메라 앵글 ↗   하이 카메라 앵글 ↙   트래킹 숏 ∿

〈베이비 길들이기〉에서 유치장 장면 중 일부는 커트, 카메라 이동 혹은 카메라 앵글을 표시하기 위해 다음과 같이 주석이 달릴 수 있다(**사진 12.9와 12.10**).

- 철창 사이로 경찰관과 수잔에 대한 미디엄 클로즈업(mcu)
- 데이비드에 대한 커트 미디엄 클로즈업(ct mcu David)

12.9 〈*베이비 길들이기*〉 '문을 흔들어 대는 수지'가 보안관의 눈길을 사로잡고 있다.

12.10 〈*베이비 길들이기*〉 그녀의 유치장 동료 데이비드를 완전히 당황스럽게 만들고 있다.

나중에 이런 주석은 더 많은 세부 장면을 다시 감상함으로써 가득 채워질 것이다(예 : '문을 흔들어 대는 수지' 같은 아주 우스운 독백 조각). 그런 주석은 세부사항을 보조할 수 있다. 비판적 평이나 관찰들이 추가될 수도 있을 것이다(예 : 숏 구성 및 편집의 조직화가 어떻게 거들먹거리고 입이 무거운 보안관과 엉뚱하고 말 많은 수잔 사이의 대조점을 제공하고 있는지).

주제 선정

영화에 대해 메모를 한 후 논평을 위한 주제를 선택할 필요가 있다. 캐릭터, 스토리, 음악, 편집 등에 대해 글을 쓰기 위한 영화의 수많은 측면이 있기 때문에 다룰 수 있는 주제를 선택하는 일이 만만치 않다. 심지어 긴 에세이에서도 너무 많은 문제를 다루려 하면 어려워질 것이다. 주제의 범위를 좁혀 가는 것은 그 문제들을 완전히, 그리고 주의 깊게 조사할 수 있게 해주면서 더 나은 글쓰기라는 결과를 낳는다. 짧은 에세이에서 "〈베이비 길들이기〉에서의 속사포같이 빠르게 말하는 코미디" 같은 주제는 아마도 일반론 및 큰 주장에 의지할 필요가 있는 반면, "유치장에서의 성차별, 질서, 무질서"는 더욱 강조되고, 다룰 수 있는 주제가 될 것이다. 비록 좋은 비판적 분석이 통상 영화의 다른 특징들을 고려한다 하더라도 영화에 대한 글쓰기를 위해 두 가지 세트의 주제를 구별할 수 있다: 형식적 주제와 맥락적 주제. 형식적 주제는 캐릭터 분석, 서술적 분석, 스타일 분석을 포함하면서 영화 안에서의 형식 및 아이디어에 집중한다. 맥락적 주제는 영화를 다른 영화나 주변 문제에 관련시키면서 비교 분석 및 역사적 혹은 문화적 분석을 포함한다.

형식적 주제

보통 형식적 주제에는 세 가지 유형이 있다. 첫째는 **캐릭터 분석**(character analysis)인데, 단일 캐릭터 혹은 둘 이상의 캐릭터 사이의 상호작용에 초점을 맞춘다. 둘째는 **서사적 분석**(narrative analysis)인데, 이것은 스토리 및 그 구성과 관련된 주제를 다룬다. 셋째는 **스타일 분석**(stylistic analysis)으로 숏 구성, 편집, 사운드 사용 같은 이미지 및 사운드의 형식적 배열 등 다양한 주제에 집중한다.

비록 캐릭터 분석 글쓰기가 다른 종류의 분석보다 더 쉬운 것으로 보인다 하더라도 캐릭터에

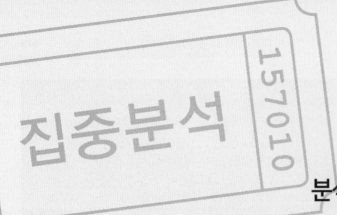

분석, 관객, 그리고 〈마이너리티 리포트〉

〈마이너리티 리포트〉(2002)는 세계에서 매우 뛰어난 감독 중 한 사람인 스티븐 스필버그, 세계 톱스타 중 한 사람인 톰 크루즈의 명성을 통해 처음부터 관객을 끌어모았다. 일부 관객들은 이 영화가 스필버그의 다른 영화 주제들을 떠올리게 하고 정교하기 때문에 혹은 크루즈가 복잡한 캐릭터를 성공적으로 연기했기 때문에 이 영화를 즐길 수도 있다. 일부 다른 관객들은 SF 스릴러 장르에 대한 변형 때문에 강한 흥미를 느꼈을지도 모른다. 이런 경로 중 어떤 것은 이 영화에 대한 자극적인 에세이로 발전될 수도 있지만, 오로지 그런 관점 및 아이디어들이 입증될 수 있거나 혹은 유용하고, 진실되고, 중요한 것으로 증명될 수 있을 경우에만, 객관적 정확성을 갖고 있는 것으로 보여질 경우에만 국한된다. 그런 관객 중 한 사람은 이 영화가 대학 예술극장에서 상영될 거라는 예상으로 대학 신문에 이 영화에 대한 평을 쓰기로 결정한다. 이 영화는 나온 지 10년 이상이 흘렀기 때문에, 작가는 많은 독자들이 아직 이 영화를 보지 못했고, 또한 정보 및 균형된 견해 모두를 필요로 한다고 상정한다. 그는 자신의 독자들이 이 영화에 대해 이미 알고 있는 것, 알고 있지 못하는 것, 알 필요가 있는 것에 대한 분명한 인식을 가지고 진행한다.

감독 및 영화에 대한 배경 정보는 맥락을 이해하는 데 도움을 준다.

〈마이너리티 리포트〉는 아마도 유명 감독인 스티븐 스필버그가 만든 가장 잘 알려진 혹은 가장 많이 논의된 작품 중 하나는 아닐 것이다. 대부분은 〈죠스〉(1975) 및 〈쥬라기공원〉(1993) 같은 잘 알려진 대중적인 스릴러물 혹은 〈라이언 일병 구하기〉(1998)와 〈링컨〉(2012) 같은 역사적 블록버스터물로 스필버그 감독을 알아왔을 것이다. 비록 〈마이너리티 리포트〉가 초대형 스타 톰 크루즈를 기용했다 하더라도, 대부분의 스필버그의 다른 영화들보다 더 기이하고 더 강렬하다. 필립 K. 딕의 소설에 기초하고, 〈블레이드 러너〉(1982)에서 〈인셉션〉(2010)에 걸쳐 있는 SF 유산의 일부로서 이 미래의 스토리는 2054년을 배경으로 하면서, 아마도 스필버그의 가장 어둡고도 가장 복잡한 노력의 산물이 될 것이다.

평론은 여전히 하나의 관점을 가져야만 한다. 여기서 작가는 이 영화가 미래 기술의 드라마로서 가장 매력적이라고 주장한다.

누군가는 존 앤더튼 역의 톰 크루즈가 등장하는 이 2002년도 영화를 극장의 커다란 화면으로 보기 위해 밖으로 나가겠지만, 이 영화의 진짜 스타는 미래 기술에 대한 묘사이며, 어떻게 우리의 세계를 바꿀 것인지에 관한 것이다. 앤더튼은 경찰 팀장으로, 그의 팀은 3명의 '예지 능력자'를 감시하고 있는데, 미래의 살인자들을 예측하고 방지하는 프리크라임 부서(범죄예방부서)가 작동할 수 있도록 해주는 발달된 컴퓨터 기술과 연결되어 있다. 모두가 이 기술적 감시 시스템을 수년 동안 워싱턴을 모든 범죄로부터 안전하게 지켜왔으므로 결점 없고 실패할 염려가 없는 것으로 상정한다. 그러나 앤더튼은 어떤 교묘한 조작에 의해 자신이 미래 범인으로 잘못 수배받게 되었다는 사실을 알게 된다. (어느 공간이든 침투해 들어가 사람들의 눈을 읽어 신분을 확인하는 기계적 거미들을 포함한) 이런 미래 세계를 규정하는 기술적 힘들을 추적해 가는 앤더튼은 믿을 수 없을 정도의 기술적 속도로 움직이고, 또한 세계의 모든 구석을, 개인 마음속을 들여다보는 것 같은 그 새로운 힘으로부터 숨을 곳 없는 사회를 뚫고 나아간다.

같은 시기의 제이슨 본 영화들처럼 〈마이너리티 리포트〉는 빠른 속도의 스릴러인데, 앤더튼 역의 톰 크루즈는 범인이면서 동시에 수사관이다. 범죄의 진실을 찾아내서 자신의 결백을 입증하려는 도피 말고도, 이 영화는 신기술에 대한 우리의 잘못된 믿음에 대한 적절한 반성을 제공해준다. 이 스필버그 세계에서의 위험은 상어, 독일 병사 혹은 완고한 국회의원이 아니라 오늘날 우리 삶을 조종할 수 있는 강력한 기술인 것이다.

작가는 나중에 영화 역사 과목을 위해 〈마이너리티 리포트〉에 대한 다음 비판적 에세이를 작성하기로 선택한다. 이 경우 독자들은 강의 시간의 교수 및 다른 학생들이며, 독자들은 이 영화에 익숙하고, 심지어 그에 대한 다른 자료들을 읽어보기까지 한 독자들이다. 이 학생이 이 영화의 이미지들을 포함시킨 것을 주목해보자.

MR. 1 〈마이너리티 리포트〉 논제는 새로운 기술과 잃어버린 가정에 대한 주장을 확인해준다.

이런 이미지들은 단지 그 논평을 위한 시각적 장식으로서 봉사하는 것이 아니라 그의 주장을 지지하는 정확하고 구체적인 증거로서 봉사하고 있는 것이다.

　〈마이너리티 리포트〉에 대한 비판적 에세이 및 평론에 있어서, 관객들은 미래의 누아르 영화의 푸른 색조를 포착해내는 영리하고도 정교한 플롯 및 놀라운 촬영술을 규칙적으로 칭찬한다. 2054년 수도 워싱턴 경찰 프리크라임 부서의 팀장인 존 앤더튼은 살인자를 미리 알아보고 범죄를 막을 수 있는 복잡한 컴퓨터 시스템을 통해 3명의 '예지 능력자'가 보는 것을 관리한다. 이 오류를 일으키지 않는 것처럼 보이는 네트워크가 앤더튼을 미래 범죄자로 지목하게 되면서부터 그 시스템은 균열을 일으키고, 앤더튼은 자신을 구하기 위해 그 시스템의 오류성을 폭로하는 잃어버린 '마이너리티 리포트'에 대한 진실을 찾아 나서게 된다. 최첨단 기술 및 미디어로 무장한 감시 사회에 대한 이 영화는 그럼에도 불구하고 무사히 집으로 돌아가는 서술을 갖춘 전형적인 스필버그식 가정용 멜로드라마이다**(사진 MR.1).**

　이 영화의 중심에는 시각 및 보는 것에 대한 근심스러운, 그리고 종종 몹시 고통스러운 드라마가 있다. 3명의 '예지 능력자'는 시각이 어떻게 전통적인 시각적 경계선을 극복할 수 있는지에 대한 극적인 표시로서 미래를 예견하고 있으며, 사회에 퍼져 있는 감시 기술은 공간적 경계선이 보는 것을 위한 새로운 기술을 미리 없애버리는 놀라운 방식을 묘사한다. 예를 들면 앤더튼은 도피하는 와중에 낡은 아파트 빌딩에 숨어 있는데, 추적하는 경찰이 그곳에 기계적 '식별 거미'를 풀어놓는다. 그 장면의 처음에 일련의 정확한 이미지들이 그 빌딩 안에 있는 다양한 사적 공간, 그리고 해방된 식별 거미와 그들의 무시무시한 다른 아파트 침입을 보여준다. 그들이 가장 민감한 인간의 내적 공간으로 침투해 들어가서 인간과 대면하게 되면, 먼저 인간의 눈꺼풀을 들어 올리고 개인의 신분을 확인하는 방법으로 눈에 대한 전기적 스냅숏을 찍는다**(사진 MR. 2).** 비록 앤더튼이 욕조물 속에 숨어서 이런 살육현장을 피할 수 있다 하더라도, 그는 자신이 노출되지 않는 방법으로 자신의 눈을 이전시켜야 한다는 사실을 깨닫게 된다. 자신의 눈을 주머니에 넣어 운반하는 방식으로 일시적으로 시각장애인이 된 앤더튼은 놀라운 시각적 기술 및 속도에도

단편적인 비판적 에세이라도 첫 구절이 신랄하고, 때때로 논쟁적인 논제를 향해 나아갈 때조차 영화에 대한 다른 글을 친숙하게 서술함으로써 유리해진다.

MR. 2 〈마이너리티 리포트〉 어떻게 미래의 기술이 사적인 공간 속을 들여다보는지를 식별 거미를 통해 무시무시하게 묘사해내고 있다.

불구하고, '시각장애인의 세계'에 있는 마약 판매상이 지적하듯이 오로지 발견될 수 있는 진실을 찾아나서게 된다. 사실 이 영화에서 통찰력을 가지고 시각적 기만의 세계를 본다는 것은 생존에 대한 비판적 도전이 되는 것이다.

심지어 보는 것이 더 어렵고 비전 및 기술이 층을 이루고 있지만, 〈마이너리티 리포트〉는 대부분의 스필버그 영화처럼 나쁜 가족 환경을 극복하여 좋은 가족 환경을 재정립하는, 본질적으로 가족에 대한 영화이다. 시작부터 앤더튼은 정신적 외상을 가진 아버지이자 남편이다. 아이는 불가사의하게 납치당했고, 아내는 결국 그를 떠난 상태이다. 그런 정신적 외상을 보상받기 위해 그는 열정적으로 프리크라임 부서의 일에 매진하는데, 거기에서 그는 부서장 라마르 버기스라는 새로운 아버지상을 통해서 자신의 잃어버린 가족을 재창조해낸다. 그러나 이 영화의 절정 부분에 이르러, 앤더튼은 예지 능력자 아가사의 도움을 받아 이 새로운 아버지상과 대결해야 한다. 그는 버기스가 아가사의 어머니를 죽였다는 사실을 폭로하는 잃어버린 시각적 장면을 드러내기 위한 대략적인 몽타주를 계획한다. 버기스를 축하하는 만찬을 가로막아선 아가사는 그런 이미지들을 정신적으로 투사하기 위해서 연회장의 스크린에 그런 놀라운 이미지들을 투사시켜 잃어버린 과거를 회복시키고, 그 원본 감시 영화 속에서 하나의 대체적인 영화를 창조해낸다. 어떤 의미에서 사건에 대한 영화적 비전은 좋은 아버지를 어머니를 살해한 악마 같은 아버지로 변형시키면서 또 다른 비전으로 대체된다. 만일 프리크라임 시스템의 놀라운 시각적 효과에 대한 앤더튼의 헌신이 대체로 잃어버린 자기 가족에 대한 정신적 외상에 대한 반응이라면, 그가 시각장애인이 된 상태에서 새로운 눈과 새롭게 보는 방법을 발견하는 것은 거짓 아버지상 및 프리크라임 시스템 가족이라는 신화의 폐기로 직접 이어지게 된다.

이 영화의 종결부에서 기술에 빼앗긴 가족 단위가 다시 복구된다. 비오는 날 푸른 색조의 이미지가 존의 화려한 아파트를 천천히 가로질러 가다가 집 안으로 들어가 존과 이제 임신한 아내와의 재결합된 모습을 보여준다. 그런 다음 그 이미지는 독서에 몰두하고 있는 세 예지 능력자의 이미지로 바뀐다. 카메라는 목가적인 호수 풍경 속에 있는 어느 오두막집을 추적해 가고, 그곳에서 세 예지 능력자는 이제 '자신들의 재능에서 풀려나와 자유로워지고', 이전 세계의 시각적 신기술은 시골의 소박하고 단순한 생활로 대체된다**(사진 MR.3)**. 대부분의 스필버그 영화와 마찬가지로 전통적 가족에 대한 모든 사회적·정치적·기술적 위협은 가족이 과거 속으로 재투영될 때 분명 성공적으로 사라져 버린다.

작가는 자세하게 분석될 수 있는 한두 장면에 집중한다.

세부사항에 대한 작가의 세심한 분석은 관객들이 놓칠 수도 있는 복잡하고도 민감한 해석으로 어떻게 이끌어 가는가를 보여준다.

작가는 자신의 해석을 확대하여 전 영화에 걸쳐서 그것이 어떻게 반영되고 있는지를 보여준다.

MR. 3 〈**마이너리티 리포트**〉 결국 이 영화는 평화로운 가족의 이미지를 인류가 타락하기 이전 세계로 재정립시키고 있다.

12.11 〈앙코르〉호아킨 피닉스가 연기한 고뇌에 찬 음악가 조니 캐시 같은 중심 역할에 대한 캐릭터 분석은 위험을 감수해야 한다.

대한 좋은 에세이는 예민함과 웅변적인 것을 필요로 한다. 〈베이비 길들이기〉에서의 수잔처럼 혹은 〈앙코르〉(2005)에서의 고뇌에 찬 음악가 조니 캐시처럼(**사진 12.11**), 중심 캐릭터에 대해 글을 쓰기보다 오히려 에세이는 수잔의 귀족적인 이모나 캐시의 아내 알리시아 같은 조연 캐릭터에 집중할 수도 있다.

이와 유사하게 서술적 분석은 가령 영화의 처음과 마지막 사이의 관계를 혹은 보이스오버가 그 스토리에 대해 평하고 지시하는 방식을 다루므로 통상 정교해져야 한다. 〈쇼생크 탈출〉(1994)에서 서술은 자신의 아내와 그녀의 정부를 죽였다는 누명을 쓰고 감옥에 갇힌 앤디 듀프레인에 대부분 집중하고 있지만, 스토리의 복잡성은 감옥 동료 '레드' 레딩에 대한 보이스오버 평을 통해 서서히 알려지면서 더욱 복잡해지고, 미묘해진다. 두 사람의 관계는 감옥 스토리와 상호작용하고 있는 두 번째 서사적 라인을 효과적으로 창조해낸다.

예를 들어 만일 그것이 일단의 특정 숏을 고립시킨다면 혹은 영화에서 반복되는 단일적인 사운드 모티프임이 확인된다면, 주제의 스타일을 다루는 논평은 조종 가능하고 더욱 예리한 것이 될 것이다. 어떤 학생은 테렌스 맬릭의 〈씬 레드 라인(The Thin Red Line)〉(1998)에서 다양한 내레이터들의 역할을 시험함으로써 논평 주제를 발견할 수 있을 것이다. 또 다른 학생은 〈전함 포템킨〉(1925)의 반복되는 편집 패턴 혹은 오즈 야스지로의 〈동경 이야기〉(1953)에서 프레임 이용을 더욱 주의 깊게 바라보는 주제를 선택할 수도 있을 것이다. 만일 당신이 글쓰는 과정에 계속해서 질문을 던진다면 이런 주제들의 어떤 것은 더욱 재미있고, 통찰력 있는 것으로 자라날 것이다. 〈베이비 길들이기〉에서 데이비드 캐릭터는 의상 착용이나 숏 구성에 의해 어떻게 형성되고 있는가? 〈씬 레드 라인〉에서 다양한 내레이터는 전쟁에 대한 다른 태도를 어떻게 반영하고 있는가?

맥락적 주제

맥락적 주제는 통상 비교적 분석이나 문화적 분석에 초점을 맞춘다. **비교 분석**(comparative analysis)은 둘 이상의 영화 혹은 하나의 영화와 그 문학적 원천의 특징이나 요소를 평가한다. 비교 분석은 〈베이비 길들이기〉에서의 수잔과 〈줄리 & 줄리아〉(2009)에서의 줄리아 차일드 같은 더 최근 영화의 여주인공과 대비시킬 수도 있을 것이다(**사진 12.12**). 비교 분석은 비교하는 것과 연결시키기 위한 공통된 기반을 항상 요구한다.

반대로 **문화 분석**(cultural analysis)은 영화를 역사, 사회 혹은 문화에서 그 지위와 관련시키는 주제를 조사한다. 그런 주제는 그 영화를 둘러싸고 있는 역사적 맥락이나 토론을 시험할 수도

12.12 〈줄리 & 줄리아〉 메릴 스트립이 연기한 사랑스럽고 대담한 줄리아 차일드는 비교적 분석의 풍부한 주제가 된다.

있고, 그것을 설명하는 데 도움이 될 수도 있다. 이를테면 〈베이비 길들이기〉에서 1938년 미국 여성의 사회적 지위 혹은 계급의 중요성 같은 것이다. 역사적 혹은 문화 분석에 있어서 영화를 이해하는 데 대한 주제의 적절성은 아주 중요하다. 〈베이비 길들이기〉에서 여성의 역할은 분명 중요하다. 표범의 역사적 지위는 그렇지 않다.

일단 주제가 선정되면(더 구체적일수록 더 좋다), 작가는 그 영화를 다시 감상해야만 한다. 이 두 번째 감상은 작가에게 다듬을 수 있게 하고, 초기(1차) 노트를 만들게 한다. 그리고 이제 그(그녀)는 주제를 갖게 된다. 〈베이비 길들이기〉가 어떻게 이성 간의 전쟁을 묘사하고 있는지에 모호한 관심을 가지고 접근하는 작가는 이 영화를 다시 본 후에, 표범이 어떻게 그 전쟁의 비유가 되는지에 대해 다시 초점을 맞추고 싶다는 사실을 발견할 수도 있다.

영화 에세이의 요소

생각해보기

에세이의 주장을 대략적으로 그려보자. 전개 논리는 무엇인가? 어떤 결론으로 만들기를 예상하는가?

선택한 주제가 장면에 대한 형식적 분석이거나 원본인 소설과 영화적 각색과의 비교이거나 간에 주장을 지지하는 분명한 주제문, 주장, **증거**(evidence)를 포함할 필요가 있다. 비록 다른 관객들이 영화의 전부 혹은 일부를 다소 다르게 해석할 수 있더라도 효력 있고 흥미로운 주장은 증거의 분석이 어떻게 그 주제문을 잘 지지하고 있는가에 의해 두각을 나타낸다. 좋은 증거, 정확한 분석, 논리적 주장이 없다면 에세이는 단순히 한 관객의 인상이나 견해로 보일 수 있다.

주제문

생각해보기

정확한 주제문을 써보자. 논평은 충분히 특별한 것인가. 아니면 더 세련된 것을 필요로 하는가? 독자들이 에세이를 계속 읽도록 촉발할 만큼 충분히 흥미로운가?

좋은 분석적 에세이에 있어서 가장 중요한 요소는 **주제문**(thesis statement)이다. 이 진술은 논평의 해석 및 주장을 간단명료하게 묘사하고, 그 주장의 각 단계를 예상하는 짧은 진술(종종 한 문장)이다. 에세이의 나머지는 그 논지를 증거를 가지고 증명하고, 지지해야만 한다. 주제의 의미 있고 세련된 버전으로서 주제문은 영화에 대한 통찰력 있는 주장으로서 작가의 비판적 관점을 분명하고 뚜렷하게 표현한다. 그 주장 속에서 중요한 것이 무엇인지, 어떻게 그 주장이 그 영화를 이해하는 데 왜 중요한 것인지를 지적해야만 한다. 약한 주제문은 다음과 같이 에세이를 모호하고 평범하게 한다. "코엔 형제의 〈인사이드 르윈(Inside Llewyn Davis)〉(2013)은 정체성 찾기를 묘사한다." 강한 주제문은 다음과 같이 논평에서 따라갈 주장의 각 단계를 예상한다. "코엔 형제의 〈인사이드 르윈〉은 1961년 뉴욕시에서 잃어버린 정체성 찾기를 묘사한다. 율리시즈라는 이름의 고양이는 집을 찾아가는 과정에 대한 오디세이적 여행으로서의 길을 알려준다." 통상 주제문은 종종 그 에세이의 첫 구절에서 나타나는데, 글쓰기 과정에서 다양한 개정사항을 겪게 된다. 그러나 처음 마음에 두고 있는 초안은 논평의 밑그림 버전으로 주장을 고정시키는 데 도움을 줄 것이다. 그 마지막 형식에 있어서 정확하고 확신에 찬 논문식 진술은 독자들의 관심을 그 에세이에 사로잡는 경향이 있다.

대부분의 영화들과 같이 스티븐 소더버그의 〈트래픽(Traffic)〉(2000)과 스티븐 프리어스의

〈나의 아름다운 세탁소〉(1985)는 특정 주장과 논문식 진술들로 발전될 수 있는 넓고도 다양한 주제를 제공한다. 〈트래픽〉의 경우 멕시코에서 미국의 다양한 지방으로 흘러들어 가는 마약 밀거래에 대한 영화로, 어느 학생 작가는 멕시코를 배경으로 하여 사용되고 있는 시네마 베리떼 카메라 움직임을 혹은 자신의 딸이 헤로인으로 파괴되어 가는 것을 보고 있는 중심 캐릭터인 미국 마약단속 국장의 변화를 분석하는 것을 고려할 수 있다(사진 12.13).

12.13 〈트래픽〉마약 남용으로 파괴된 캐릭터가 분석적 글쓰기를 위한 풍부한 화젯거리를 제공해준다.

〈나의 아름다운 세탁소〉의 경우 한 젊은 파키스탄계 영국인과 극우 범죄조직과 관련된 백인 남자친구와의 우정 및 동성애를 그린 영화로, 작가는 두 가지 주제의 이점을 고려할 수 있다. 두 주연 캐릭터의 성적 관계를 발전시키는 것 혹은 절정에 이른 장면이 발생하는 세탁소에 대한 미장센이 그것이다(사진 12.14). 이 영화를 다시 보고, 이런 주제에 대해 반성해보고난 후 학생 작가는 이 두 번째 영화를 선택하여 분명하고 특정한 방향을 보여주는 다음과 같은 주제문을 발전시킬 수 있다. "〈나의 아름다운 세탁소〉는 수많은 앵글을 통하여 현대의 영국 정치를 바라보고 있다. 가족 정치학, 성 정치학, 인종 정치학, 경제 정치학이 그것이다. 마지막에서 이런 다양한 모티프는 합쳐져서 실제적이면서 환상적인 단 하나의 공간인 세탁소의 미장센으로 절정에 이른다." 분명하고 지적인 만큼 이 제안된 주제문이 글쓰기가 분명 새로운 통찰력과 새로운 화젯거리들을 만들어낸다면, 아마도 그 논평의 마지막 초안을 위해서 개정될지도 모른다. 그런 앵글들 중 단 3개에만 집중하기 위해서 혹은 이 영화에서의 가족, 성, 인종 정치학이 모두 경제와 관련되어 있다고 주장하기 위해서 말이다.

12.14 〈나의 아름다운 세탁소〉절정에 이른 세탁소의 미장센은 영국 정치에 대한 하나의 주장을 제시한다.

개요와 주제문

개요를 준비하는 것은 에세이의 귀중한 청사진을 제시하는 것으로, 주장이 강한 논평에서 전진해 나가는 대로, 작가가 주장의 다른 부분들과 대체적인 발전을 보고, 시험해보도록 허용해준다. 개요는 아이디어의 단순한 리스트로 강조하는 숏 및 장면으로 구성될 수 있고(예 : '약한 아버지상', '정체성을 위한 비유로서 불법 거주하고 있는 집', '세탁소의 묘사') 그 에세이에서 주제문으로 사용될 수 있는 완전한 문장을, 부제를 포함하는 더 완벽한(그리고 더 유용한) 리스트로 구성될 수 있다.

다음은 〈나의 아름다운 세탁소〉에 대한 에세이를 쓰고 있는 한 학생 작가의 상세한 개요에서 발췌한 내용이다.

 생각해보기

쓰고자 하는 영화에 대한 특정 해석을 체계적으로 만들어보자. 그 해석은 왜 중요한 것인가? 그것은 독자들을 위해 그 영화에 어떤 새로운 빛을 비추어주고 있는가?

<나의 아름다운 세탁소>에서의 세탁에 대한 정치학

잠정적 논지 : <나의 아름다운 세탁소>는 수많은 앵글을 통하여 현대의 영국 정치를 바라보고 있다. 가족 정치학, 성 정치학, 인종 정치학, 경제 정치학이 그것이다. 영화의 마지막에서 이런 다양한 모티프는 합쳐져서 실제적이면서 환상적인 단 하나의 공간인 세탁소의 미장센으로 절정에 이르고 있다.

I.   가족 정치학 : 가장 직접적이면서 복잡한 유형
        A. 아버지와 권위
        B. 가족 전통과 억압
II.   성 정치학 : 위선을 폭로하는 방식으로 가족 상황을 강조
        A. 이성애자 정치학 : 나세르, 아내, 정부 레이첼
        B. 페미니스트 정치학 : 나세르의 딸 타니아
        C. 남자 동성애자 정치학 : 자니와 오마르
III. 인종 정치학 : 이 드라마에서 잃어버린 것은 거의 모든 다른 관계에 스며들어 있는 방식이다.
        A. 조니, 인종, 극우 정치학(영국의 국민전선당)
        B. 오마르의 아버지, 인종, 극좌 정치학
IV.   경제 정치학 : 다른 대립들이 해결되어 있는 곳 — 아마도 아이러니하게도
        A. 비즈니스맨으로서의 오마르의 아버지
        B. 마약 판매상으로서의 살림
        C. 세탁소 경영자로서의 조니와 오마르
V.   정치적 모티프 : 다양한 모티프가 합쳐져서 실제적이면서 환상적인 단 하나의 공간인 세탁소의 미장센으로 절정에 이르고 있다.
        A. 세탁소에 대한 미장센의 세부적인 묘사
        B. 실용성과 환상과의 만남
        C. 절정에 이른 결합에 대한 분석

생각해보기

에세이에 대한 상세한 개요를 만들어보자. 개요에 그 영화의 세부 내용 및 증거와 함께 세부 항목을 포함하고 있는가?

이 예가 보여주고 있듯이 상세한 개요는 작가로 하여금 에세이의 구조를 다시 보고, 주장의 범위나 논리와 함께하는 혹은 한 항목에서 다른 항목으로 전환하는 문제들을 주목하도록 허용해준다. 이 단계에서 주제는 특정 논지의 부분들이 그 논평의 본체에서의 논리적 단계들로 발전하고 있는 데에 초점이 맞추어져야 한다. 5개의 주제가 되는 문장 각자가 잠정적인 논지를, 한 점에서 다음 점으로 발전해 가는 것을 반영하면서 말이다.

개요 작업을 하든 안 하든, 분명한 구성과 구조(주제문이 소개하고 연결하는 가장 두드러지고 일관성 있는 구절)는 효율적 에세이를 위한 최상의 것이다. 잘 전개된 구절은 여러 문장으로 구성되는 경향이 있으며, 일관성과 증거를 요구한다. 좋은 구절에 중요한 것은 **주제문**(topic sentence)인데, 통상 첫 문장으로서 다른 모든 문장들이 관련되어 있는 중심적 아이디어를 말한다. 그 구절의 나머지는 주제가 되는 문장에서 진술된 아이디어를 발전시키고, 그 영화로부터의 증거를 뒷받침하는 것으로 제공한다.

<나의 아름다운 세탁소>에 대한 에세이의 이 인용구에서 그 구절을 여는 강하고 명료한 주제문이 어떻게 증거에 의해 지지되고 있는가를 주목해보자.

<나의 아름다운 세탁소>에서 캐릭터들의 드라마는 변함없이 공간, 영역, 가장 중요한 집의 개념

에 대한 것이다. 비록 어느 캐릭터가 "사람은 자기가 살고 싶어 하는 곳을 결정해야만 한다."라고 말하듯이 대부분의 캐릭터가 그런 생각에 의해 나아가고 있다 하더라도 이주민들에게 있어서 장소와 집은 결코 불편하게 살아가는 이국땅, 이동장소 이상의 것이 아니다. 첫 장면에서 살림과 그의 부하가 버려진 셋집에 불법거주하던 조니와 또 다른 사람을 강제로 쫓아내며, 이 영화의 나머지 부분에서 불법거주의 비유는 캐릭터들이 자신이 살고 있는 장소와 맺고 있는 불안정하고 임시적인 관계를 묘사해준다. 이런 의미에서 '집'은 기껏해야 꿈이며, 통상 단지 임시적인 방편일 뿐이다. 나세르의 딸 타니아는 가족과 함께 어디에든 정착하고 싶어 하고, 또 조니 혹은 오마르를 애인으로 삼아 의지하면서 집에서 멀리 떨어지고 싶어 한다. 마지막에 나세르는 창문 밖을 내다보는데, 미디엄 숏은 타니아가 스스로 결정한 또 다른 집으로 가기 위한 플랫폼을 보여주다가 열차가 다가오면서 그녀의 모습이 사라지는 장면을 보여준다.

이 영화에서의 핵심적 공간으로서 집이라는 주제를 따라갈 때, 그 구절은 다른 캐릭터들의 경험을 통해 반복적인 것을 설득력 있게 추적해 가면서, 그것이 어떻게 그들의 삶에 닻을 내리고 차별화시키는지, 이 영화에서의 중심적인 비유로 작동하고 있는지를 보여준다.

개정, 서식 설정, 교정

에세이의 완성된 초안은 완전한 에세이가 아니다. 영화에 대한 글쓰기의 마지막 단계는 그 논평에 대해 적어도 한 번의 원고 서식과 교정에 특별한 관심을 기울인 개정을 필요로 한다. 마지막 교정은 최소한으로 그리고 분명하고 단순해야 한다.

좋은 개정은 최초의 초안이 만들어진 후 적어도 몇 시간, 최대 며칠이란 시간이 지나고 개정 작업에 들어가기 전에 얻어진 신선한 눈으로 그 에세이를 다시 읽으면서 시작된다. 개정은 단어 선택, 문장 구조, 구절, 논리와 구성, 개념의 일관성을 시험하고, 명확히 하고, 다시 써야만 한다. 그 주장과 분석이 보여주는 것, 효율성을 증명해야 한다. 게다가 가장자리, 제목 위치, 주석, 기타 세세한 것들을 포함한 원고 서식을 주의 깊게 점검해야 한다.

일단 마지막 개정이 끝나면 쉽게 고칠 수 있는 문법적 및 구조적 실수, 오자 혹은 탈자의 개정을 점검하는 교정은 필수이다. 어떤 종류라도 글쓰기로 보여주는 것은 독자가 작품을 어떻게 보는지를 결정하게 한다. 정확하고 전문적으로 보는 것은 정확하고 전문적인 읽기를 촉진할 것이다. 오자, 탈자 등 인쇄상의 실수 및 다른 작은 실수들은 좋은 에세이라는 이미지를 망치는 것은 아니지만, 부주의하다는 인상을 만들어냄으로써 좋은 에세이라는 이미지를 깎아내린다. 이런 세세한 면까지 점검표를 만들어 챙기는 것은 쓰는 것에 대한 많은 걱정을 경감시켜주면서 더 강하고 흥미로운 에세이로 이끌어 가는 작업틀을 제공한다.

생각해보기

초안을 개정하는 동안 특별한 주의를 기울일 필요가 있는 지속적인 실수나 문제점을 찾아보자.

작가 점검표

작가로서의 자신감이 더 커짐에 따라 당신은 물 흐르는 듯이 영화에 대한 글을 쓸 수 있게 될 것이다. 영화를 보고, 메모를 하고, 개요를 작성하고, 그런 다음 초안을 잡고, 마지막으로 에세이를 완성하는 것이다. 그러나 가장 유능한 작가조차도 잠시 멈추어서 다음과 같은 점검표를 갖고 자신의 작업을 되돌아보는 시간을 갖는 것이 좋다.

생각해보기

첫 초안을 쓰고 난 후 생각 속에 있는 변화를 반영하기 위해 주제문을 개정해보자. 주장을 더 잘 묘사하기 위해 주제문을 날카롭게 만들어보자.

1. 할 수 있는 대로 세부사항들을 채우면서 메모를 다시 보도록 하자. 원칙적으로 그 영화를 다시 한 번 감상해보자.

2. 그 영화에서 가장 중요한 주제나 모티프를 요약해보자.

3. 에세이를 위한 잠정적인 논지 및 주장을 체계적으로 만들어보자.

4. 주장의 개요를 만들어보자. 가능하면 제목에 맞는 완전한 문장을 이용해보자. 그것들이 주제문이 될 수 있기 때문이다.

5. 그 구절의 주제문을 지지하고 있는 영화의 세부사항을 사용해서 각 구절의 중심 아이디어를 전개해보자.

6. 초안을 쓰고 있는 동안 생각의 변화 혹은 세련됨을 반영하기 위해 주제문을 다시 써보자.

7. 연구 에세이를 쓰고 있다면, 본문 내 인용 및 인용자료 목록을 위한 올바른 문서화 서식을 꼭 이용하도록 하자(457, 462~464쪽 참조).

8. 모호하거나 비논리적 구성 같은 문제를 점검하고, 스펠링과 문법의 표면적 실수를 교정하면서 에세이를 개정해보자.

9. 논평의 주요 주장을 반영하고 있는 제목을 선택해보자.

10. 에세이를 출력해서 아직까지 남아 있는 인쇄상 오류를 교정해보자.

영화 연구

일부 비판적 영화 에세이에서 작가들이 비판적 거리 및 주의 깊은 반성에 기초한 영화에 대한 개인적 반응을 단순히 전달하려는 목적을 갖고 있는 한편, 다른 에세이들에서는 영화에 대해 날카롭게 해석하고, 전개시키기 위한 연구를 이용하기를 원하고 혹은 필요로 할 수도 있을 것이다. 연구는 작가들로 하여금 영화를 둘러싸고 있는 의미 있는 화젯거리를 식별하고 영화에 대해 진행 중인 비판적 대화에 자신의 의견 및 아이디어를 제공할 수 있도록 해준다. 예를 들면 장 콕토의 〈오르페(Orpheus)〉(1950)에 대해 쓰려는 학생은 막상 그 영화를 보고 혼란스러울 수도 있다. 콕토에 대해 책을 읽고 연구함으로써 초현실주의 운동과의 관계, 시인이자 화가로서의 그의 작품을 이해하게 되고, 영화 속에서 시의 복잡한 역할 및 콕토의 현대 예술가로서의 비전과 오르페우스 신화와의 관계에 대한 더 특별한 주장을 발견할 수도 있다(**사진 12.15**).

12.15 〈**오르페**〉 이 영화의 연구는 초현실주의 운동의 시를 연구하는 것을 의미할 수도 있다.

두드러진 연구자료

제한적이건 포괄적이건 간에 연구는 에세이가 왜 중요한가, 에세이를 쓰는 데 어떤 비판적 질문들이 중요한가를 결정하는 데 도움을 준다. 연구는 다른 의견 및 저작물들과의 대화이다. 하나의 영화 혹은 일단의 영화에 대한 아이디어를 지지하거나 식별하도록 도움을 준다. 다양한 종류의 자료들은 1차, 2차, 그리고 인터넷 자료들을 포함하여 영화 에세이를 위한 연구자료로서의 자격을 얻는다.

1차 연구자료

16mm 필름, 비디오테이프, DVD, 영화 대본 같은 **1차 연구자료**(primary research source)는 원본 영화와 직접적인 관계를 맺고 있다. 일부 이런 자료들은 이제 책으로 출판된 고전적 대본을 포함하여 도서관에서 쉽게 접할 수 있다. 16mm

필름 같은 자료들은 영화 필름 보관소를 제외하면 비치해 놓기가 어렵다. 돈 시겔의 〈외계의 침입자(Invasion of the Body Snatchers)〉(1956)에 대한 연구 에세이를 쓰려고 계획한 학생은 처음에 그 영화를 16mm 필름이나 DVD로 감상할 수 있을 것이고, 그런 다음 첫 감상을 뒷받침해주는 대본 같은 다른 1차 자료를 찾게 될 것이다(**사진 12.16**). 그러나 1차 자료를 얻게 되면 거의 근접하리라 생각하지만, 극장에서 본 것과 정확히 일치되는 것은 아니다. 비디오 테이프와 DVD는 극장 스크린에서 사용된 형식과 다른 이미지 형식일 수도 있는 한편, 대본은 실제 영화 대사가 회피하는 단순한 청사진을 보여줄 수도 있다.

12.16 〈**외계의 침입자**〉 영화를 가까이에서 보고 그 대본을 따라가는 것은 영화를 정확하고 깊이 있게 분석하도록 해준다.

2차 연구자료

책, 비판적 기사, 웹사이트, 보조적 DVD 자료, 신문평을 포함한 2차 연구자료(secondary research source)는 영화 비평가나 학자 같은 외부 자료의 아이디어나 정보를 포함한다. 〈외계의 침입자〉를 연구하는 학생은 출시 당시에 출판된 영화평, 학문적 에세이, 1950년대 미국 영화에 대한 책을 포함할 수 있다. 전자시대에도 도서관과 데이터베이스는 알찬 2차 자료들을 발견하는 가장 믿을 만한 장소로 남아 있다. 주제에 대한 에세이와 책을 위해 국제 인문학 인덱스(Humanities International Index), 렉시스넥시스(LexisNexis)[2], 컴인덱스(Comindex)[3] 같은 데이터베이스를 점검해보라. 도서관 서가를 뒤지는 전통적인 방법을 과소평가하지 마라. 연간 참고문헌 색인(Annual bibliographic indexes) 및 그 전자 버전은 특히 잡지 문학의 독자 가이드(The Readers' Guide to Periodical Literature), MLA 국제 참고문헌(MLA International Bibliography), 영화 문학 인덱스(Film Literature Index)를 포함하고 있으며, 사고를 넓힐 수 있는 잡지 기사 및 책을 식별해준다. 일단 주제 및 잠정적 논지를 정하면, 그와 관련된 자료들을 찾을 수 있다. '영화(film, cinema, movies)' 같은 일반적 범주를 찾아본 후에, '현대 호주 영화' 혹은 '음향 기술과 영화' 같은 더 세세한 주제가 적절한 연구자료로 당신을 빨리 인도해줄 것이다.

데이터베이스 및 참고문헌 색인에 더하여 특화된 백과사전은 영화 공부에 중요한 주제 및 인물을 식별할 수 있는, 영화 연구 시작을 위한 유용한 자료이다. 예에는 에프레임 카츠의 *The Film Encyclopedia*, 팸 쿡의 *The Cinema Book*, 레너드 말틴의 *The Whole Film Sourcebook*, 지네트 뱅상의 *Encyclopedia of European Cinema*, 데이비드 톰슨의 *The New Biographical Dictionary of Film*, 레슬리 할리웰과 존 워커의 *Halliwell's Filmgoer's and Video Viewer's Companion*, 그리고 에이미 언터버거의 *The St. James Women Filmmaker's Encyclopedia*가 있다. 이 같은 영화 가이드는 주제에 대한 사실적 정보 및 짧은 소개를 제공해준다. 목록들은 좋은 연구 논평을 위해 필요한 상세한 분석이나 주장을 제공하지만, 더 많은 연구와 세련된 주장으로 이끌 수 있는 적절한 정보 및 화젯거리를 제시할 수 있다.

인터넷 자료

인터넷은 다양한 도서관 및 미디어 카탈로그, 수많은 정보 사이트에 접근할 수 있는 유용한 논의 집단을 제공한다. 그러나 그렇게 많은 웹사이트에도 불구하고 작가는 영화 공부를 위해서 다음의 세 가지 평판 좋은 인터넷 자료를 참고하도록 주의해야 한다.

생각해보기

에세이 주제를 위해 적어도 5개의 2차
연구자료의 사이트를 찾아보자. 영화나
주제에 대한 가장 최근의 책에는 무엇이
이 있는가? 이 주제에 대한 적어도 두
편의 학문적 관련 기사를 찾아보자.

■ 감독에 대한 전기적 사실, 영화의 상영시간, 출시연도를 포함하여, 영화 및 그 영화에 관련된 개인들에 대한 기본적 사실을 제공해주는 사이트 및 데이터베이스
■ 필름 코멘트(*Film Comment*), 점프 컷(*Jump Cut*), 사이트 앤 사운드(*Sight and Sound*) 같은 학술적인 영화 잡지의 평론이나 에세이를 제공해주는 사이트
■ 제작 소식부터 평론 및 인터뷰에 걸쳐 있는 정보를 제공해주는 영화 전문 사이트. 이제 거의 모든 주요 영화는 스튜디오 및 배급사들처럼 자신의 웹사이트를 갖고 있다.

인터넷은 모든 정보의 중요한 원천이지만, 영화 연구자 및 작가는 거기에서 발견된 자료의 질에 대해 주의해야만 한다. 왜냐하면 인터넷 기반 정보의 진실성을 결정하는 것은 어려운 일이 될 수 있기 때문이다. 학술지나 책으로 발행된 자료와 달리 인터넷 에세이 및 기사들은 그 내용의 가치를 결정하는 평가 과정을 거치지 않았을 수도 있다. 사실상 누구나 웹사이트에 종종 필수적인 증거 없이 자신의 의견이나 '사실이라 주장하는 것'을 올릴 수 있다. 그러므로 연구를 위해 인터넷을 사용할 때 작가들은 채팅 및 경박한 댓글로부터 필수적이고도 유용한 자료들을 구별해내는 것이 필요하다. 특히 인터넷 자료들과 관련해서 다음과 같이 따라야 할 세 가지 중요한 규칙이 있다.

■ 인터넷 자료의 질을 결정해보자. 믿을 만한 정보이며 연구에 의해 지지받고 주의 깊게 평가된 주장을 제공하고 있는가? 원천은 (전문가들에게 평가받은) 관련 발행물인가, 아니면 평판 있는 기관인가? 그 정보는 다른 연구의 참고자료로 지지받고 있는가? 저자는 자격이 있는가?
■ 연구를 가능한 한 정확하게 규정해보자. 예를 들면 영화 제목 대신 '〈이중 배상〉에서의 조명'이나 혹은 '정치학과 이란 영화' 같은 것에 연구의 초점을 맞추어보자. 진전된 연구의 선택을 통해 주제를 추구해보자.
■ 다른 사이트들과 링크되어 있는 것을 탐색해보자. 같은 감독의 다른 영화들에 대한 사이트 혹은 영화 장르나 그 영화가 만들어진 나라 같은 관련 화젯거리로 연결시켜주고 있는가?

다음은 영화 연구에 유용한 웹사이트 리스트이다.

생각해보기

영화 및 주제에 대한 정보를 위해 인터넷을 찾아보고, 또 적어도 하나의 유용한 자료의 사이트를 찾아보자. 무엇이 이 자료를 주제에 대한 다른 온라인 정보로부터 구별시켜주는가?

■ American Film Institute(https://www.afi.com/) : 최근 기업 뉴스, 사건, 교육 세미나, 평론
■ Berkeley Film Studies Resources(www.lib.berkeley.edu/MRC/filmstudies) : 온라인 문헌목록의 컬렉션, 영화 및 미디어 연구를 위한 원천
■ The Criterion Collection(www.criterion.com) : 세계적 예술 명작, 할리우드 고전 명작, 영화 역사에서 무시된 보석 같은 작품들의 DVD 배급사
■ Film Literature Index(webapp1.dlib.indiana.edu/fli/index.jsp) : 150편의 영화와 미디어 잡지 발행물의 2,000개가 넘는 주제의 표제를 갖고 있는 색인
■ Film-Philosophy(www.film-philosophy.com/) : 책 평론, 이론 에세이, 개별 영화에 대한 세련된 분석의 넓은 범위를 아우르는 국제적인 잡지
■ FilmSound.org(www.filmsound.org) : 영화 사운드에 관련된 모든 주제(용어 정의, 학문적 기사의 링크, 사운드 디자이너들과의 인터뷰 포함)를 다루는 학생과 실행자들에게 유용
■ Internet Movie Database(www.imdb.com) : 완벽한 크레딧, 플롯 요약, 평론으로의 링크, 개별 영화들에 대한 배경 정보
■ Kino International: The Best in World Cinema(www.kino.com) : 전 세계에 걸쳐, 그리고 영화에서 중요한 영화의 DVD 배급사

- Library of Congress Motion Picture & Television Reading Room(www.loc.gov/rr/mopic/ndlmps.html) : 도서관의 카탈로그, 국가 영화 등록 보관소 리스트, 온라인 초기 영화의 아메리칸 메모리 컬렉션
- Offscreen(www.offscreen.com) : 영화제 및 다른 잡지들의 평론들과 함께 장르, 감독, 개별 영화들을 다루는 극히 잘 구성된 온라인 영화 잡지
- Oxford Bibliographies Online(www.oxfordbibliographiesonline.com) : 영화 및 미디어 연구에 있어서 다양하고 넓은 주제들에 대한 문헌목록들을 정기적으로 갱신하고 주석을 붙여놓는 사이트
- Society for Cinema and Media Studies(www.cmstudies.org) : 영화, TV, 그리고 새로운 미디어의 학문적 연구에 전념하고 있는 학술단체
- UbuWeb(www.ubu.com) : 1917년의 다다이즘 잡지나 앤디 워홀의 다큐멘터리 같은 문학, 영화, 비디오, 음악 역사로부터의 귀하고도 주목할 만한 문서들을 사용자들이 다운로드받을 수 있는 사이트
- Vectors: Journal of Culture and Technology in a Dynamic Vernacular(https://www.vectorsjournal.org/) : 학문 및 분석을 새로운 디자인 및 전달 기술과 결합하고 있는 최첨단 잡지
- Yale University Library Film Studies Research Guide(http://guides.library.yale.edu/film) : 영화 연구에 있어서 도서관 및 인터넷 조사를 수행하기 위한 입문 가이드

논평에 영화 이미지 사용하기

컴퓨터 및 인터넷 기술과 더불어 작가들은 이제 DVD나 비디오에서 영화 이미지를 쉽게 받아볼 수 있으며, 어떤 주장 및 분석의 일부를 보여주기 위해 이를 비판적 에세이에 통합시킬 수 있다. 하나의 해석이나 통찰을 지지하기 위해 영화에서 '인용'할 수 있다는 것은 그런 이미지들이 하나의 강한 주장을 강조하는 증거를 제공할 수 있으므로 아주 중요한 것이 될 수 있다.

많은 교수는 종종 이런 이미지들이 단순히 글쓰는 실제 작업의 기분전환이나 장식으로 기능하기 때문에 이미지 사용을 기피한다. 그러므로 영화 이미지가 에세이에 사용된다면, 그 주장에서 핵심 포인트를 지지하기 위해 사려 깊게 사용되어야 한다. 〈마이너리티 리포트〉에 대한 논평의 예와 같이(446~448쪽 '집중분석' 참조), 본문이 논의하는 중요한 시각적 정보(예 : 이미지 구성이나 편집)를 보여주는 특정 이미지 혹은 일련의 이미지를 이용하라. 독자들이 그 이미지에서 보기 원하는 것을 요약하는 짧은 캡션을 제공하라.

생각해보기

에세이에서 이미지가 주장을 개선시킬 수 있는 부분을 찾아보자. 조명의 사용이나 카메라 움직임 유형처럼 더 잘 설명될 수 있는 기술적 측면이 있는가?

자료의 이용 및 기록

작가들은 다양한 방식으로 자료를 조사한다. 어떤 작가들은 수기 노트, 카드로 문단 및 문구를 기록하는 반면, 어떤 작가들은 직접 타이핑하여 컴퓨터에 저장되면서 쉽게 분류되고 이동되는 것을 선호한다. 어느 경우에나 인용을 위한 문헌목록 정보는 정확성을 위해 이중 체크되어야 한다. 연구 논평의 인용 자료 목록(works cited list. 혹은 works consulted section)을 위해 요구되는 모든 발행 데이터를 포함해야 한다. 프레임에 붐 마이크가 보이는 것 같은 엉성한 기술적 실수들이 영화의 모습과 효과를 약화시킬 수 있는 것과 같이 부정확하거나 부주의한 자료원 기입은 연구 논평을 아마추어처럼 보이게 만들 수 있다.

연구자료를 논평의 본문 속으로 통합시키는 것은 논리와 수사학 양쪽 모두를 필요로 한다. 때때로 연구는 주장이 어떻게 주도적인 입장과 다른가를 묘사하기 위해 이용될 수 있다. 이런 경

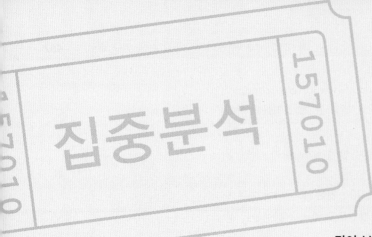

〈라쇼몽〉에서의 해석, 주장, 증거

같이 보기 : 〈시민 케인〉(1941), 〈유주얼 서스펙트〉(1995), 〈인셉션〉(2010)

구로사와 아키라의 〈라쇼몽〉(1950)에 대한 자신이 쓴 메모를 다시 본 후 작가로서의 학생은 어떤 가능한 주제들을 생각해본다. 그는 영화의 범상치 않은 서사 구조에 대해 생각하는 것으로 시작한다. 승려를 포함한 세 사람이 옛날 도시의 폐허가 된 절 입구 문 아래에서 비바람을 피하고 있다. 그들은 4개의 다른 관점(산적, 여자, 죽은 자의 영혼, 나뭇꾼의 관점)을 통해서 한 살인 및 강간 이야기를 듣는다. 작가가 깨닫고 있는 이 영화의 서사적 긴장은 서로 불일치하는 관점들이 경쟁하는 가운데 발전한다. 그 결과는 이 비극적 사건의 진실이 모호한 상태로 남게 된다는 것이다. 이 영화를 다시 보고 그에 대한 생각을 세련되게 만들려는 작가는 다음의 논지를 발전시키고 있다.

구로사와 아키라의 〈라쇼몽〉에서 네 가지 다른 관점은 하나의 폭력적인 살인사건의 진실에 대한 네 가지 다른 버전을 보여준다. 증거로 제시된 이런 다양한 관점을 보고 들은 이후로, 처음 세 사람이 등장하는 혼란스러운 상황이 주변으로 더욱더 확산되면서, 이기주의와 불확실성으로 규정된 세계에 대해 그렇게 반응할 수밖에 없는 무대가 만들어진다. 연민 어린 시선으로 반응하게 되는 것이다.

학생의 다음 단계는 개요를 구성하는 것인데, 그 속에서 그 주장의 발전을, 핵심 증거가 나타날 장소를 표시하기 위해 주제문을 이용한다.

〈라쇼몽〉: 이해를 벗어난 것과 증거

주제문 : 〈라쇼몽〉은 증거와 해석에 대한 드라마이다.
Ⅰ. 이 영화에서 중심이 되는 것은 증거와 해석에 대한 드라마라는 것이다.
    A. 똑같은 살인 사건에 대한 네 가지 진술
    B. 증거에 대해 아직 해결되지 않은 초점
Ⅱ. 더 많은 증거가 다른 증인들의 관점을 통해 나타난다 하더라도, 그 증거는 언제나 동의받고 있는 것이 아니며, 분명한 해석에 혼란을 가져다주는 것처럼 보인다.
    A. 사실을 묘사하는 데 있어서의 중복 및 비일관성
    B. 증거의 핵심 조각으로서의 단검
Ⅲ. 〈라쇼몽〉의 조각난 서사의 핵심은 다양한 관점을 만들어내는 이기주의이다.
    A. 산적의 폭력적인 성적 욕망과 범죄
    B. 정복과 굴복에 대한 그의 스토리
Ⅳ. 죽은 사무라이의 관점과 아내의 관점은 모두 그들 자신에 대해서는 거의 비슷하다.
    A. 무력한 여자에 대한 그 아내의 이야기
    B. 명예와 자기 희생에 대한 그 남편의 이야기
Ⅴ. 나뭇꾼의 서사는 더 문제가 많지만 자기 정당화와 보호를 위한 욕구 자체에 똑같이 갇혀있다.
    A. 그의 바뀐 비전 : 비열하고 비겁한 세계
    B. 증거품인 단검을 훔친다는 사실을 인지하고 있는 그
Ⅵ. 이런 관점 각자는 그것들을 이야기하고 있는 개인의 윤리적 실패에 의해 왜곡되고 있으면서 인간 이기주의에 의한 이런 관점들의 부패뿐만 아니라 소외된 자아에 의해 결정된 세계의 무서운 불확

정성도 가리키고 있다.
   A. 자연재해 및 도덕적 타락
   B. 편집 및 숏 구성이 혼란스러움, 이탈, 사실과 사건들을 분명하게 보는 데 실패하게 한다.
Ⅶ. 비록 영화의 인간적인 결말이 예상치 못한 것으로 보여진다 하더라도(그리고 다소 감상적인 것으로), 그 예상치 못함은 이 영화가 현대 시대에도 아주 들어맞는다는 데 있다.

초안을 쓰고 난 후 학생인 작가는 주의 깊은 개정에 들어가기 전에 그 논평을 한 3일 동안 제쳐놓는다. 그는 에세이의 인쇄판을 교정본 후에 다음과 같은 마지막 인쇄 원고를 제출한다.

프레드 스틸만
화이트 교수
영화 101
2015년 2월 10일

이해를 벗어난 것과 증거 : 〈라쇼몽〉에서의 놀라운 연민의 정

구로사와 아키라의 〈라쇼몽〉을 열고 닫는 세팅은 옛날 도시 교토에 있는 폐허 라쇼몽의 문이다. 폭풍우가 몰아치는 가운데 나뭇꾼, 평민, 승려가 옹기종기 모여 있고, 누군가 강간, 살인, 이 영화의 서사를 구성하는 네 가지 다른 관점을 통해 추정되는 자살에 대한 무시무시한 이야기를 들려준다. 범인, 여성 희생자, 죽은 남편, 나뭇꾼의 눈을 통해 보이는 이들 관점의 각각은 사건에 대한 대조적 버전과 일어난 진실을 제공하고 있으며, 각각은 특정 버전을 지지하기 위해 증거를 소개한다. 그러나 이런 증언을 들었음에도 불구하고 승려는 오로지 "나는 이해가 안 가."만을 중얼거릴 뿐이다. 게다가 이 영화의 결론 부분에서 남자들에 대한 불확실성이 전보다 더 확산되면서, 이기주의와 불확실성으로 규정된 세계에 대해 그렇게 반응할 수밖에 없는 무대가 만들어지고 있다. 연민 어린 시선으로 반응하게 되는 것이다.

〈라쇼몽〉은 증거와 해석에 대한 드라마이다. 승려와 나뭇꾼이 평민에게 설명하고 있을 때, 다른 증언의 원래 무대는 사무라이와 그 아내가 숲속에서 공격받았던 무서운 범죄에 대한 증거를 수집하려고 노력하는 관청이었다. 그녀는 강간당했고, 사무라이는 죽었다. 제시된 첫 관점은 숲에서 증거(여자의 모자, 남자의 모자, 허리띠, 부적 주머니)를 따라가다가 갑자기 사무라이의 사체를 발견하게 되는 나뭇꾼의 관점이다. 그 사체는 팔과 손이 경직된 기괴한 모습으로 놀란 나뭇꾼을 향해 있는데, 로우앵글 숏으로 포착되어 있다(**사진 R.1**). 바로 그다음에 나뭇꾼은 어떻게 그가 산적 타조마루를 잡았는지를 묘사하면서, 범인에게서 찾아낸 '17개의 화살'과 '조선식 검'뿐만 아니라 사무라이의 말까지도 증거임을 강조한다. 그러나 이 반박할 수 없어 보이는 주장과 증거는 산적이 갑자기 나뭇꾼의 해석을 맹렬히 비난하고 거

이 영화에 대한 간단한 요약 다음에 이 논평의 주장의 주요 포인트를 계획하고 있는 간결한 논지가 뒤따르고 있다.

첫 주제문은 그 주장의 첫 부분을 소개한다.

R.1 〈라쇼몽〉 나뭇꾼의 관점은 미스터리한 죽음에 해결의 실마리를 던져준다.

부하면서 의심스러워지게 된다.

비록 더 많은 증거가 다른 증인들의 관점을 통해 주어진다 하더라도, 그 증거는 항상 동의받을 수 없는 것이고, 분명한 해석에 혼란을 일으키게 한다. 사무라이 남편을 죽인 것으로 추정되는 무기인, 가장 중요한 진주 장식이 달린 단검의 의미는 사건의 해석들을 구별해주는 증거물로서 기능하면서, 다른 서사에서 극적으로 변화한다.

단검의 이동 위치에 초점을 맞추어볼 때, 〈라쇼몽〉의 조각난 서사의 중심은 각자의 관점을 알려주는 이기주의가 된다. 혹은 더 정확하게 말하면, 각자의 버전은 사실적 사건 및 증거에 대한 것이라기보다는 사건을 설명하는 개인의 욕망과 탐욕에 대한 것이다. 무서운 범죄를 일으키고 있는 것은 사무라이 아내의 노출된 얼굴 및 다리를 우연히 보게 된(그의 놀란 눈을 예리한 숏/리버스 숏⁴으로 번갈아 가며 보여주면서) 산적의 폭력적인 성적 욕망이다. 그 후 그의 이야기 전부는 욕망과 탐욕을 강조한다. 그는 사무라이에게 오래된 무덤에서 나온 귀중품을 팔겠다고 속여 함정에 빠뜨린 다음, 그의 젊은 아내에게 음흉한 시선을 던지다가 갑자기 돌변하여 짐승 같은 성적인 공격을 가한다. 놀랄 것도 없이 산적의 이야기에 따르면, 그의 욕망은 여인을 만족시켰으며, 그녀는 그가 달려들자 기다렸다는 듯이 황홀경에 빠져들면서, 마치 그 자신의 욕망과 탐욕을 거울같이 비추어주는 것 같았다고 말한다. 이 시점에서 산적의 증언에 따르면 중요한 물건인 단검은 그녀 손에서 순순히 떨어져 나왔고, 그는 그녀의 남편을 '솔직히' 죽이고 싶었다고 주장한다.

죽은 사무라이의 관점과 아내의 관점은 모두 그들 자신에 대해서는 거의 비슷하다. 시작부터 그녀는 조심스럽고 얌전한 것으로 나타나는데, 얼굴에는 하얀 화장을 하고 부분적으로 베일로 가렸으며, 말을 타고 숲을 지나갈 때는 거의 움직이는 일도 없다. 그녀의 말에 의하면 그녀는 '불쌍하고 무력한 여인네'인데, 그녀의 남편은 산적의 공격을 받은 후 그녀에게 악의적으로 돌변한다. 그의 싫어하는 눈초리를 견딜 수 없었던 그녀는 실신해 있었다고 주장한다. 단지 나중에 깨어 보니 남편 가슴에 그녀의 단도가 박혀 있는 것을 발견했을 뿐이라는 것이다. 반면 죽은 남편 혼령의 진술은 자신의 고통스러운 헌신과 잃어버린 명예에 대한 하나의 그림을 그리고 있는데, 그가 그 논란의 중심에 있는 단검으로 자살하려 했다는 것을 이야기할 때는 무덤에서 나와 울었다는 것이다. 이 시점에서 이미지는 빛과 그림자로 가득차게 되면서, 죽은 자의 혼령에 의한 이 증언에조차 확실성이 결여되어 있고, 혼란스러움을 불러일으킬 뿐이다.

마지막으로 나뭇꾼의 서술은 문제가 더 많지만, 자기 정당화와 자기 보호를 위한 욕구 자체에 똑같이 갇혀 있다. 이 영화의 서두에서 스토리를 소개한 후에 그는 첫 언급에서의 사기와 거짓말을 폭로하는 마지막 버전을 제공하기 위해 되돌아가고 있다. 이제 그는 전체 장면을 모두 목격했음을 인정한다. 그의 후속적인 묘사는 두 남자의 어릿광대 같기도 하고, 또 무섭기도 한 싸움이다. 세상이 근본적으로 비열하고 비겁하다는 것을 보여주고 있으며, 그것은 그가 본 것의 진실을 완전히 드러내는 데 실패한 자신의 비열하고 비겁한 처신의 반영이다. 아마도 가장 방해를 많이 한 그는 결정적 증거의 한 조각인 단검을 훔친 다음 팔아서 개인적 이득을 취하려 한 것인지도 모른다.

이런 관점들의 각각이 각 개인의 윤리적 실패의 정도가 서로 다른 것에 의해 왜곡된다는 것은 이 세상이 혼란스러움과 불확정성의 원천이라는 것을 가리키고 있다**(사진 R.2)**. 이것은 서두에서 승려가 묘사한 세상인데, "전쟁, 지진, 바람, 불, 기근, 전염병… 매년 그런 재앙으로 가득차서… 수백 명의 사람들이 짐승처럼 죽어가는" 그런 세상이다. 〈라쇼몽〉의 놀라운 편집 및 숏 구성은 이 혼란스럽고 혼미한 세상을 양식화해서 극적으로 만들고 있는데, 그 속에서 보고 이해하는 것이란 끊임없이 서로 전쟁을 벌이고 있는 것처럼 보인다는 것이다. 증언은 앞서서 설명한 관점을 사정 없이 지워버리면서, 이 방향 혹은 저 방향으로 화면을 가로지르는 지우개로 도입된다. 다른 설명들 속에서 빠른 트래킹과 플래시 패닝은 가지와 잎으로 가려진 표면을 휙 가로질러 가는 관점을 통해 사실을 발견하기 위한 필사적인 투쟁을 재창조해낸다.

그러나 이 모든 도덕적 절망 속에서도 〈라쇼몽〉의 결론은 그렇게 많은 시각적 및 서사적 모호성으로부터 야기되는 두려움과 눈멀음으로부터 가능한 길을 제시한다. 이 마지막 장면들에서 그 폭력적인 이야기를 말하고 듣고 있는 세 사람이 폐허가 된 절터에서 버려진 아이를 발견하게 된다. 평민은 "이기적이지 않으면 살 수 없다."는 이유로 그 아기의 담요와 옷을 훔치라고 그들에게 재촉한다. 이 시점에서 극적인 반전이 일어난다. 빗속에서 얼굴을 마주하고 대립하던 와중에, 평민이 중요한 증거인 단검을 나뭇꾼이 훔쳐 숨기고 있다고 비난하고 나선다. 어색한 침묵이 흐르면서 승려와 나뭇꾼은 벽에 기대어 서 있다. 비가 멈추자 평민은 갑자기 자기 집으로 돌아가는 길에 그 아이를 집에 데려다주겠노라고 주장한다.

훌륭한 시각적 세부사항들이 작가의 해석이 단지 내용이 아니라 영화 형식에 기초한다는 것을 가리키고 있다.

R.2 〈**라쇼몽**〉 이야기를 듣고 있는 사람들은 이 혼란스러운 세상에서 어떤 의미
를 만들어내려고 애쓰는 사람들로 남아 있다.

그의 이기심에도 불구하고, 증거물인 단검을 도둑맞았음에도 불구하고 희미하게 남아 있는 인간적 가치
가 세상에 되돌아오고 있는 것이다. 연민의 정이 잘못된 것들을 극복하고 있으며, 그들 모두가 떠날 때
해가 구름 사이로 비치고, 구조된 아이는 새로운 미래의 상징이 된다. 이런 장면 중에 승려는 이런 폭력
적인 세상에서 자주 잃어버리고 사는 근본적인 진실을 소리 높여 외치고 있다. "인간이 서로를 믿지 못
한다면, 세상은 지옥이 되고 만다!"

　비록 이 결론이 예상치 못한 것으로 보인다 하더라도(그리고 다소 감상적인 것으로), 그 예상치 못함
은 이 영화가 현대 시대에도 아주 잘 들어맞는 것으로 만들어준다. 덴마크 철학자이자 신학자인 쇠렌 키
르케고르는 현대인의 신앙을 위한 유일한 가능성을 묘사하기 위해 '신앙의 도약(leap of faith)'이란 용
어를 사용한다. 그 용어가 뜻하는 것은 영혼적 및 인간적 신앙 양자 모두가 (윤리적 행동의 토대들이) 우
리 눈앞에 증거가 있음에도 불구하고, 인간 이성이 그것을 이해하는 데 실패했음에도 불구하고 때때로
발생한다는 것이다. 〈라쇼몽〉에서와 같이 진실과 도덕성은 단지 옳은 것을 하기 위해서 혼란스러운 사
실과 논리를 뛰어넘을 필요가 있다.

> 결론 부분은 그 주장의 주요 포인트들
> 을 떠올려서 이 영화를 넓은 의미로 확
> 장시키고 있다.

생각해보기

주장을 체계적으로 만들 연구자료들을 어떻게 수집할 것인가? 어떤 자료들을 사용할 것인가? 나중의 문서화를 위해 각각의 자세한 리스트를 보관해보자.

우 작가는 빈번하게 하나 이상의 반대 입장을 어떻게 드러낼 것인가를 강조하는 하나의 방법으로 확인한다. "아네트 마이켈슨[5]이 쿨레쇼프의 영화들이 에이젠슈타인과의 논쟁의 일부로서 가장 잘 이해된다고 주장하는 동안 이 논평은 장 엡스탱의 프랑스 영화들이 쿨레쇼프의 발전에 똑같이 중요한 것이라고 주장한다." 반대로 연구는 그 주장 전체의 일부 혹은 한 점을 지지하고, 입증하기 위해 이용될 수 있다. "패트리스 페트로[6]와 주디스 메인[7] 모두는 〈제복의 처녀〉(1931)에 대한 나의 해석을 지지하는 무성 영화 시대 독일 영화들에 대한 복합적인 페미니스트적 읽기를 생산해왔다." 그러나 또 하나의 가능성은 하나의 주장을 소개하기 위해 필요한 사실 혹은 비판적 틀에 대한 타당성을 뒷받침하기 위해 연구자료를 이용하는 것이다. *The Zero Hour: Glasnost and Soviet Cinema in Transition*의 공동 저자인 앤드류 호튼[8]과 미하일 브라신스키[9]는 1985년 이후의 러시아 영화는 세계 무대의 중심으로 되돌아갔다는 것을 확신에 차서 보여주고 있으며, 그것은 유럽과 미국에서 〈리틀 베라(Little Vera)〉(1989)[10]의 중요성에 대한 나의 주장을 위한 배경을 제공해줄 하나의 주장인 것이다."

직접 인용 및 환언

일단 연구자료가 모아지고, 선별되고, 에세이 속에 통합되면, 사용된 모든 자료는 적절히 문서화되어야만 한다. 문서화될 필요가 있는 연구자료에는 두 종류가 있다. 첫째는 2차 자료의 직접 인용이고, 둘째는 환언인데, 그 속에서 작가는 자신만의 단어 속에 다른 자료의 아이디어 혹은 관찰을 집어넣는다. 정보가 평범한 지식으로 생각되고, 대부분의 사람들에게 잘 알려져 있다면, 어디서 발견했는지를 문서화할 필요가 없다. 그러나 만일 그 관찰이 평범한 지식인지 아닌지에 대해 조금의 의심이라도 든다면, 조금의 표절의 의심도 피하기 위해 그 자료를 항상 문서화하라. 예를 들면 어느 비평가가 우스만 셈벤이 아프리카의 유명 영화감독 중 한 사람이며, 리얼리즘 전통에 있는 그의 영화들은 많은 노련한 영화팬들에게 잘알려져 있는 평범한 지식으로 생각될 것이라고 언급했다고 하자. 그러나 셈벤의 작품을 처음 대하는 어떤 작가는 그 정보의 자료원을 문서화하는 것을 더 편안하게 느낄 수도 있다. 다른 모든 작가들처럼 표절이라는 위험을 결코 떠안아서는 안 될 것이다. 영화의 대사를 인용하는 것은 통상 문서화를 필요로 하지 않는다.

문서화 형식

생각해보기

연구한 것을 에세이에 통합할 때 반박할 수 있는 특정 인용구나 비판적 입장에 대해 생각해보자. 어떤 사실적 혹은 역사적 자료가 주장을 지지해줄 것인가? 에세이의 핵심 내용을 강화하기 위해 이용할 수 있는 글에 주목해보자.

작가, 제목, 그리고 발행 자료를 위한 다양한 문서화 형식이 있다. 여기서 우리는 MLA(Modern Language Association)에 의한, 인문학계에서 널리 이용되는 형식을 기술할 것이다(*MLA Handbook for Writers of Research Papers*, 7th ed 참조). MLA 형식의 주요 구성요소는 본문 내 인용과 인용 자료 목록이다. 본문 내 인용은 작가가 언급하는 혹은 인용한 곳은 어디든지 에세이의 본문 속에 연구자료를 요구한다. 본문 내 인용에는 괄호 안에 작가의 이름과 페이지 숫자를 포함한다. 'p.'와 'pp.'가 사용되지 않는 것에 주의하라.

> 스탠 브래키지와 조나스 메카스 같은 영화감독은 '홈무비 스타일'을 영화 제작의 자연스러운, 함부로 손대지 않은 형식의 표시로서 책정했다"(Zimmerman, 146).

작가의 이름이 인용을 도입한 논의에 나타날 때는 페이지 숫자만 표시한다.

> 패트리샤 짐머만이 주목했듯이, 스탠 브래키지와 조나스 메카스 같은 영화감독은 홈무비 스타일을 "영화 제작의 자연스러운, 함부로 손대지 않은 형식의 표시로서 책정했다"(146).

똑같은 인용 형식이 그 재료가 직접 인용되는 데 혹은 환언되는 데 이용된다.

> 많은 미국의 아방가르드 운동이 현대 예술의 기술을 그렇게 많이 실험한 것이 아니라 홈무비
> 와 연관된 자연스러운 행동들을 많이 실험했다(Zimmerman, 146).

에세이에서 같은 저자의 2개 이상의 자료를 이용할 때 제목을 생략하여 구별해야 한다. 그 제목은 "짐머만이 〈릴 패밀리스(Reel Families)〉에서 쓰고 있는…"에서처럼 혹은 괄호 안 인용에서처럼 도입부 본문의 일부일 수 있다. "(짐머만, 〈릴 패밀리스〉146)"이다. 본문에서 인용된 각 자료는 완전한 문헌목록 세부사항들을 갖춘 인용자료에 제시해야 한다.

주석의 또 하나의 유형은 내용 주 혹은 해설 주(일러두기, 비고)인데, 그것은 2차 자료를 포함하거나 포함하지 않을 수 있다. 이들 주는 관련 이슈나 논의되는 주제에 대한 배경 정보를 제공하고, 관련 읽을거리를 제시하며 그밖의 것들을 제공한다. 본문 다음의 분리된 페이지에 위치하거나 인용자료 목록 앞에 혹은 그 페이지의 맨 아래쪽에 있는 각주로 위치해야 한다. 그래서 브라이언 드 팔마 감독의 〈캐리〉(1976) 같은 공포 영화를 논하는 작가는 다음과 같이 본문 및 내용 주를 포함할 수 있다.

> 비록 〈캐리〉가 여성의 불안과 폭력에 초점을 맞추고 있다 하더라도, 이 영화를 위한 특정 관객을 정확히 짚어낸다는 것은 어려운 일이다.[1]

> [1] 특히 〈싸이코〉 이래로 공포 영화는 여성에 대한 폭력에 초점이 맞추어진 듯 보이지만, 여성 및 남성 관객들이 모두 이런 영화를 어떻게 인식하고 있는가를 고려하기 위한 좋은 이유가 있다. 이런 이슈에 대한 중요한 논의는 캐런 클로버의 *Men, Women, and Chain Saws*이다(3-21).

에세이에 인용된 모든 자료의 완전한 문서화는 **인용자료**(Works Cited)에 포함되어야 하며, 에세이 본문의 마지막 페이지 바로 다음에 분리되어 위치해야 한다. 참고는 되었지만 본문에서 인용되지 않았거나 에세이에 주석이 달리지도 않은 자료는 선택적인 **참고자료**(Works Consulted)에 포함될 수 있으며, 그것은 인용자료 목록 다음에 분리된 페이지로 이어진다(공간적 이유 때문에 인용자료와 참고자료를 465쪽에서 시작하는 에세이에서 분리된 페이지들로 보여주지 못함). 입력 시 구두법은 완전히 들어맞아야 한다. 제목은 지도교수의 지도에 따라 다른 서체나 밑줄친 형태로 타이핑되어야 한다. 각 입력의 마지막은 발행 매체를 '프린트(Print)', '웹(Web)' 혹은 기타('DVD' 혹은 '퍼포먼스(Performance)' 등)로 나타내야 한다. 참고자료 입력의 가장 일반적 유형의 일부 예들은 다음과 같다.

한 저자의 책

Zimmerman, Patricia. *Reel Families: A Social History of Amateur Film*. Bloomington: Indiana UP, 1995. Print.

공저자들의 책

Bordwell, David, Janet Staiger, and Kristin Thompson. *The Classical Hollywood Cinema: Film Style and Mode of Production to 1960*. New York: Columbia UP, 1985. Print.

편집된 책

Cook, Pam, and Mieke Bernink, eds. *The Cinema Book*. 2nd ed. London: British Film Institute, 1999. Print.

영화 비평 선집 기사

Gaines, Jane, "Dream/Factory." *Reinventing Film Studies.* Ed. Christine Gledhill and Linda Williams. London: Arnold, 2000. 100−13. Print.

잡지 기사

Spivak, Gayatri. "In Praise of *Sammy and Rosie Get Laid.*" *Critical Quarterly* 31.2(1989): 80−88. Print.

일간지나 주간지 기사

Corliss, Richard. "Suddenly Shakespeare." *Time* 4 Nov. 1996: 88−90. Print.

인쇄된 인터뷰

Seberg, Jean. Interview by Mark Rappaport. "I, Jean Seberg." *Film Quarterly* 55.1(2001): 2−13. Print.

온라인 잡지의 기사(접속 날짜 포함)

지도교수가 요구할 때만 혹은 독자들이 웹사이트에서 찾아야 할 필요가 있을 때만 접속 날짜 이후에 URL을 포함하자.

Firshing, Robert. "Italian Horror in the Seventies." *Images Journal* 8 Nov. 2001. Web. 23 July 2011

온라인 사이트의 정보(접속 날짜 포함)

Magnolia: The Official Movie Page. 1999. New Line Production. 14 Nov. 2003. Web. 12 May 2011

비디오 카세트나 **DVD**

비디오 카세트나 DVD를 참고했는지 항상 확인하자. 감독, 주요 연기자, 영화의 원래 출시 일자, 비디오/DVD 배급사 및 연도 등을 포함시키자.

Fearless. Dir. Peter Weir. Perf. Jeff Bridges, Isabella Rossellini, Rosie Perez. 1993. Warner Home Video, 1999. DVD.

표절(적절한 근거를 대지 않고 원문을 이용하는) 글쓰기와 연구에 있어서 심각한 범죄행위 중 하나라는 사실을 항상 명심하자. 다른 유형의 자료를 위한 형식적 속성에 대한 많은 정보를 위해서는 *MLA Handbook for Writers of Research Papers*, 7th ed.(2009)을 참고하자.

집중분석

〈칼리가리 박사의 밀실〉에 대한 연구에서 글쓰기까지

같이 보기 : 〈스펠바운드〉(1945), 〈얼굴 없는 눈(Eyes Without a Face)〉(1960), 〈양들의 침묵〉(1991)

독일의 이 무성 영화의 이상한 모습과 느낌에 반응하면서, 어떤 기본적 정보를 찾으면서, 작가로서의 학생은 데이비드 쿡의 책 *History of Narrative Film*(2003)에서 입문적 자료를 시험함으로써 자신의 연구를 시작할 수도 있을 것이다. 색인에서 그는 이 영화의 제목과 감독의 이름인 로베르트 비네뿐만 아니라 '독일 영화'와 '바이마르 영화' 같은 다양한 주제를 찾아본다. 다음으로 그는 인터넷 검색 엔진을 통해 그 영화의 제목을 찾아보는데, 그 결과 수십 개의 다른 웹사이트가 나온다. 비록 많은 인터넷 정보들이 너무 일반적이라 하더라도, 자신의 웹 자료 목록과 상세한 문헌목록을 간직하고 있으면서, 한 특정 사이트가 초기 평론을 제공하고 있는 것에 주목한다. 심지어 이 예비 연구는 바이마르 시대로 알려진 시기를 포함한 주제에 대한 자신의 생각을 형성하게 해주기 시작한다.

이 예비 작업을 따라서 작가는 독일 역사에서의 바이마르 시대에 대한 더 알찬 비판적 책 및 에세이를 위해 대학 도서관에서 데이터베이스를 찾게 된다. 이런 연구의 시작은 그를 수십 개의 책과 비판적 기사들로 인도하지만, 바이마르 시대에 만들어진 영화를 다루고 있는 책들에 집중하기로 결정한다. 작가는 이 특정 영화 문화에 집중된 수많은 학술적 연구들을 발견하게 되고, 심지어 이 영화에 집중하고 있는 책 전부를 발견하게 된다. 지그프리드 크라카우어의 책 *From Caligari to Hitler*(1947)와 로테 아이스너의 책 *The Haunted Screen*)〉(1973) 같은 유명한 책

들의 적절한 부분을 읽고 메모를 한다. 두 권의 최근 학술 서적인 마이크 버드의 편집 컬렉션 책 *The Cabinet of Dr. Caligari: Texts, Contexts, Histories*(1990)와 토머스 엘새서의 책 *Weimar Cinema and After*(2000)를 참고로 한다.

어떻게 바이마르 시대가 파시즘 및 히틀러 등장의 전주곡이 되었는가에 대한 정보로 무장한 작가는 더 초점이 맞추어진 논지를 세우기 위해 자신의 주제를 정교하게 할 필요를 깨닫게 된다. 그는 DVD로 이 영화를 다시 보고, 폭력과 공포가 파시즘 이전 독일의 사회적 맥락과 연결되어 있는 것처럼 보이는 것을 깨닫는다. 사회적 폭력에 대한 그의 논지가 형성되기 시작할 때, 도서관으로 되돌아가고, 영화 폭력에 대한 최근의 좋은 연구, 스티븐 프린스의 편집 컬렉션 책 *Screening Violence*(2000)를 발견한다.

단계마다 작가는 메모를 하고, 정확성을 위해 인용된 구절들을 이중 점검하고, 자신이 참고하는 모든 자료에 대한 정확한 문헌 정보를 기록하기 위해 확인한다. 자신의 논문식 진술을 체계화하고 개요를 구성할 때, 자기 연구의 다른 부분들이 자기 주장을 지지하는 데 가장 효과적임을 설득하려고 노력한다. 여기에서 재생산된 마지막 에세이는 주의 깊은 연구가 영화에 대한 글쓰기에 미친 중요한 공헌을 다음과 같이 분명히 보여준다.

스티븐 톰슨
코리건 교수
영화 비평 101
2014년 12월 10일

역사, 폭력, 그리고 〈칼리가리 박사의 밀실〉

〈칼리가리 박사의 밀실〉에 대한 마이크 버드의 자세한 연구에서 그는 미국에 이 영화가 상륙한 복잡한 문화적 역사를 확인한다. 이 영화가 1921년 4월 3일 뉴욕에서 처음 상영됐을 때, 그것은 이 영화의 참신성, 전 지구적 호소력, 포괄적 공식을 강조했던 잘 만든 홍보 및 배급 운동을 따라갔다. 1921년도 어느 포스터는 이 영화를 "시시각각 대중을 긴장 속으로 몰아넣는 미스터리한 스토리"로 묘사하고 있는 반면, 다른 포스터는 "스릴 넘치고, 환상적이며, 기괴해서 사람들의 주의를 끄는 스토리"로 묘사한다. 이런 묘사들이 얼마나 정확하든지 간에 버드가 언급하고 있듯이 이런 홍보들은 의도적으로 이 영화를 "맥

배경 연구는 작가의 주장을 분명하게 조성한다.

이런 이미지는 주요 캐릭터를 보여주고 있는데, 이 영화 속 그 캐릭터에 대한 학생의 주장 속에 있는 핵심 질문을 확인하는 캡션(자막)이 뒤따르고 있다.

CDC.1 〈칼리가리 박사의 밀실〉 칼리가리 박사가 악하냐, 선하냐 하는 것은 관객들의 결정에 맡겨져 있다.

이 주제문은 하나의 주장을 말한다.

이 요약 구절은 독자들이 이 영화를 알고 있다고 상정하고 있지만, 그 스토리와 플롯에 대한 그들의 기억을 새롭게 해준다.

주목할 만한 내용이 본문에서 제기된 포인트에 대한 추가적인 정보를 제공해준다.

주요 학술적 입장에 대한 이 개요는 작가의 권위를 만들어주고, 무엇이 그의 주장을 두드러지게 만드는지를 알아내도록 독자들을 준비시켜준다.

간결한 인용이 복잡한 비판적 견해를 요약해준다. 길이가 4줄 이상이기 때문에, 인용은 들여쓰기 상태에서 인용 부호 없이 제시된다.

작가는 자신의 논지를 이 영화의 세 가지 모티브로서 정교하게 만들고, 또한 초점을 두고 있다.

락에서 벗어난, 문화적으로, 그리고 국가적으로 불분명한 기원을 가진" 스토리로 보여준다(56–58). 그런 모호성은 이 영화의 첫 개봉 이래로 수십 년 동안 이 영화를 계속 따라다녔다. 그래서 미국인 및 기타 관람객들은 그 스릴 넘치고, 환상적이며, 공포스러운 펼쳐치는 심리적 미스터리보다, 이 영화 속에 극화되어 있는 특정 역사적 및 사회적 실체에 더 적응하기 어려운 상태에 놓여 있었다.

이 영화의 사회적 드라마를 탐색하는 것은 이 영화를 더 구체적으로 원래의 독일 맥락에서 재연결하는 것이며, 이 영화가 국가적인 불안 및 폭력에 대한 것이라는 사실을 명확하게 해주고 있는 것이다. 이 두 가지 모두 이 영화 속의 미치광이와 괴물에 대한 환상을 인식할 수 있는 것보다 훨씬 더 역사적으로 감지할 수 있는 것들이다.

이 영화의 스토리는 최면술사 칼리가리 박사에 대해 이야기해주고 있는데, 그는 축제가 벌어지고 있는 어느 마을에 나타난다(사진 CDC.1). 길거리 쇼에서 그는 체자레를 미래를 볼 수 있는 몽유병자라고 사람들에게 선보인다. 그와 동시에 마을에는 연쇄 살인사건이 발생한다. 프란시스라는 한 학생은 그 연쇄 살인 뒤에 칼리가리 박사와 체자레가 있다는 사실을 발견해내고 칼리가리 박사의 뒤를 쫓아 정신병원으로 간다. 마지막 반전은 서사가 그 관점을 바꿀 때 일어나고, 우리는 진실과 마주하게 된다. 프란시스는 계속 이 이야기의 내레이터였는데, 사실 그 정신병원의 미치광이 환자이며, 칼리가리 박사는 프란시스가 자신의 착각에 빠진 이야기를 하도록 허용해준 그 병원의 친절한 원장이다. [1]

이 영화를 보는 동안 많은 관객들은 당연하게도 과장된 세트, 배경 그림을 응시하게 된다. 스토리를 미치광이의 비전으로 변환시키는 서사적 반전과 더불어, 이런 요소들은 이 영화를 독일 표현주의의 문화적 및 미적 전통 속에 정확하게 위치시키고 있다. 표현주의는 무의식적 혹은 보이지 않는 힘이 개인적 공포, 욕망, 고뇌에 의해 왜곡된 세상을 창조해낸다는 운동이다. 이런 입장에 따르면 체자레가 칼리가리 박사의 악한 무의식을 보이고 있는 동안 그런 무의식과 연관된 폭력과 혼란스러움이 공동체 전체에 걸쳐 퍼지고 있다.

사실 많은 비평가들은 표현주의의 심리 강조와 제1차 세계대전 이후로 수많은 아버지들을 상실한 독일 사회가 악한 권위적 인물에게로 이끌려간 사실의 지적 연관관계들을 만들어왔다. 그중 가장 유명한 지그프리드 크라카우어의 저서 *From Caligari to Hitler*는 이 영화를 파시즘의 대두를 예견하고 있는 하나의 사회역사적 무의식으로서 보는 가장 직설적인 진술을 제공해준다(사진 CDC.2). 그는 이 영화가 "히틀러의 전조"가 된다고 쓰고 있다(72).

의도하든 안 하든, 이 영화는 절망적인 상황과 마주하여 폭정과 혼돈 사이에 떨고 있는 영혼을 폭로한다. 폭정으로부터 도망친다는 것은 완전한 혼란 상태 속으로 그것을 집어던지는 것처럼 보인다. 아주 논리적으로 보면 이 영화는 모든 곳에 공포를 확산시키는 분위기다. 나치 세계처럼 이 영화의 공포는 불길한 조짐, 테러 행위, 공황상태의 폭발로 넘쳐 흐르고 있다(74).

비록 이 영화가 이와 같은 읽기(이 영화를 표현주의 미학의 일부로 혹은 1920년대 독일 군중의 무의식의 투영으로 보는)에 확실히 반응한다 하더라도, 이 영화를 알리고 있는 더 구체적인 사회적 실체들은 빈번하게 무시된다. *The Weimar Republic Sourcebook*의 공동저자들인 안톤 캐스, 마틴 제이, 에드워드 디멘드버그는 독일 역사에서의 이 시기에 대한 하나의 개요를 만들어냈고, 1918~1930년까지의 독일의 이 문화적 역사를 위한 많은 주제들이 이 영화에 스며들어 있는 주제가 있는 역사를 위한 사회적 청사진으로서 작동할 수 있었다. 세 주제가 특히 적절한 것으로 나타나고 있다. 전쟁이 남긴 정신외상적 유산(아버지 없는 세대를 만들어낸), 경제적 성장과 사회적 불안정성(그것은 당시 거의 모든 사회제도를 흔들었다), 파시즘의 대두(억압적인 권위적 인물을 통해서)이다. 이 영화를 통해 이 세 가지 모티프의 각각을 추적하면서, 이 영화는 하나의 앵글에서 바라본, 바이마르 시대 독일의 문화적 제도 및 상호 개인 관계 속에 있는 사회적 폭력에 대한 연구가 된다.

　이 영화의 중심에는 사회적 멜로드라마가 있는데, 격렬하게, 빠르게 바뀌고 있는 의식적인 성적 활동에 집중한다. 토머스 엘새서에 따르면 "그것은 본질적으로 무시당하거나 거부당한 한 구혼자에 대한 이야기이다."(184) 그 스토리의 중심에 있는 세 사람(프란시스, 알란, 제인)은 남성 간의 유대와 이성 간의 성적 로맨스 양쪽 모두를 보여주면서 전통적인 결혼이라는 결과를 향해 나아가고 있다. 그러나 '아버지의 오랜 부재'에 대한 제인의 고통처럼, 이 표준적인 사회적 집단의 각 구성원은 신체적으로나 감정적으로나 부모를 잃어버렸거나 아버지를 잃어버린 결손 상태인 것처럼 보인다. 플롯에 필수적인 것은 세 캐릭터 사이에서 긴장을 일으키는, 알란과 프란시스가 제인의 연정을 차지하기 위해 경쟁하는 라이벌 관계이다. 그러나 정상적이고 놀이를 하는 듯 보이는 긴장관계는 체자레가 이 집단에 개입하여 폭발 직전의 상태가 될 때 어둡게 바뀌면서, 프란시스의 라이벌인 알란이 살해되고 제인은 납치를 당하게 된다. 이런 사건들의 와중에 얼이 빠진 제인이 할 수 있는 것은 오직 "우리 여왕들은 우리의 마음이 가는 대로 결코 선택할 수 없을 것이다."라고 중얼거리는 것이며, 프란시스는 미쳐간다**(사진 CDC.3)**. 만일 이성 간 성적 멜로드라마가 역사와 다른 문화를 통해 많은 형태로 나타난다면 이 영화에서 통상적인 사랑의 삼각관계는 심상치 않은 폭력으로 느닷없이 모호하게 터져나오며, 칼리가리 박사와 체자레에 대한 문제는 이 기본적인 사회 집단 내에서의 긴장과 스트레스에 비하면 덜 중요할 수 있다고 제시한다.

　이 이성 간 성적 드라마의 격렬한 압박감은 이 영화 속의 모든 사회 제도를 통해 나타나고, 확산된다. 만일 집이 멜로드라마가 폭발하는 곳이라면, 영화는 이 폭력성을 3개의 다른 사회적 공간과 동일시한다. 시정부, 축제의 장, 정신병원이 그것이다. 시정부의 경우 한 시청 직원이 칼리가리 박사를 성가시게 하는 강제적인 금지 명령으로 인해 즉흥적으로 살해된다. 축제의 장의 경우 여흥 오락이 알란에게 "당신은 새벽에 죽는다."라고 말해줄 때, 오락은 무서운 나쁜 징조로 바뀌게 된다. 정신병원의 경우 전통적으로 치료를 위한 보호시설이 사회적으로 상호작용하는 모든 능력을 잃어버린 사람들을 지배하거나 예속시키는 감옥이 된다. 각 경우에 있어서(그리고 서사가 정상 세계로 돌아온 것처럼 가장하는 병원에서 가장 두드러진) 도식적으로 뒤틀린 벽 및 일치하지 않는 창문의 시각적 장애는 단지 균형 잃은 표현주의 마음의 척도일 뿐만 아니라 그들이 살아야만 하는 제도의 일부로서 모든 개인을 둘러싸고 있는 사회적 폭력의 척도이다.

　만일 폭력이 항상 영화의 재료이자 매력이었다면, 이 영화에서의 사회적 폭력의 유형은 분명 특정 시간 및 장소(나치 체제가 곧 대두할 독일의 바이마르 시대)와 연결될 것이다. 스티븐 프린스는 저서 *Screening Violence*의 '영화에서의 도식적 폭력(Graphic Violence in the Cinema)'에서 "화면 폭력이

(우측 주석)

강력한 주제 문장이 2차 자료에 의해 지지된 첫 모티프를 나타낸다.

이 영화의 대사로부터의 정확한 인용이 작가의 주장을 지지하는 증거를 제공해 준다.

이전 구절로부터 여기에서 3개의 다른 '사회적 공간'으로서 분석된 '사회 제도'에 대한 2차 모티프까지 부드러운 전환이 이루어지고 있다.

시각적 세부사항이 그 주장을 강화시켜 준다.

3차 모티프는 '화면 폭력'에 대한 더 일반적인 2차 자료원에 기반을 두고 있다.

CDC.2 〈칼리가리 박사의 밀실〉 박사의 페르소나는 히틀러의 전조인가?

CDC.3 〈칼리가리 박사의 밀실〉 잘못된 로맨스가 부글부글 끓어오르는 폭력의 신호가 된다.

역사 및 영화 기능 속에 깊게 내재되어 있다."는 것을, "영화에서의 폭력적 호소(영화감독 및 관객들에게)는 본질적으로 그 매체의 본능적 속성에 매여 있다."(2)는 것을 정확하게 주장한다.

비록 스티븐 프린스가 "더 이전 시기의 화면 폭력이 보통 더 고상하고 간접적이었다."(2)고 주장하더라도, 심지어 그것이 현대 영화의 신체적 폭력 과잉이 결여되어 있다 하더라도, 이 영화의 사회적 폭력에 대해서 고상한 것은 어디에도 없다. 역사적인 뒤늦은 깨달음에 대한 결정적인 통찰력으로, 이 폭력은 어두운 환상의 무의식적이면서 심리적인 왜곡으로 격하되어야 할 뿐만 아니라 역사적 및 사회적 실상의 그림자로서 인식되어야만 한다. 그 원래의 역사적 맥락에서 알란, 프란시스, 제인의 관계에서의 멜로드라마적 폭력이 아버지 없는 독일에서 이성 간 성적 로맨스를 가진 좌절된, 때로 절망적인 문제를 보여준다면, 시청, 축제의 장, 정신병원에서의 문제 많고, 괴롭고, 억압적인 상호작용들은 제1차 세계대전 이후 독일의 사회적 광장에서의 진짜 정치적 및 구조적 위기에 대해 말한다. 만일 이 영화의 사회적 폭력이 길들여진 것처럼 보인다면(화려한 테크니 컬러에 익숙해진 현대인의 시각에서), 그런 폭력이 덜 강렬할지라도 더 포괄적으로 1920년 독일 사회 상태에 대한 암시를 불러일으킨다는 데에는 의심의 여지가 없다.

독일 역사와 이 영화의 독창적인 문화적 맥락에 대해 정확한 이해가 없는 많은 관객들도 영화의 어두운 이야기와 두드러진 시각효과 및 불안정한 프레임의 이야기는 인정하게 될 것이다. 게다가 이 살인 미스터리 드라마에 퍼져 있는 심리적 측면은 그 혼란스러운 플롯 및 표현주의적 미장센에 대한 부인할 수 없는 비판적인 구성요소이다. 그러나 제1차 세계대전 이후 이 영화의 악몽과도 같은 폭력은 판타지로 설명될 수 없는 특정 역사적 및 사회적 의미를 불러일으키고 있다. 이 영화는 항상 폭력이 역사적으로 실재하는 것으로 남아 있는 특정 문화적 공간이 될 것이다.

확신에 찬 결론은 그 중심 논지를 다시 말해준다.

주석

1. 데이비드 쿡의 저서 *A History of Narrative Film*에서 그는 이런 액자식 구성을 촉구한 인물이 위대한 독일 감독 프리츠 랑이었다고 주목한다. "랑은 현실 프레임이 미장센의 표현주의적 요소들을 고양시킬 것이라고 정확하게 생각했다"(110).

인용자료

인용자료 목록은 연구 에세이의 마지막에 있는 새로운 페이지에서 시작한다.

Budd, Mike, ed. *"The Cabinet of Dr. Caligari"*: *Texts, Contexts, Histories*. New Brunswick : Rutgers UP, 1990. Print.

Cook, David A. *A History of Narrative Film*. 4th ed. New York: Norton, 2003. Print.

Elsaesser, Thomas. "Social Mobility and the Fantastic: German Silent Cinema." Budd 171–90.

Kaes, Anton, Martin Jay, and Edward Dimendberg. *The Weimar Republic Sourcebook*. Berkeley: U of California P, 1994. Print.

Kracauer, Siegfried. *From Caligari to Hitler*: *A Psychological Study of the German Film*. Princeton: Princeton UP, 1947. Print.

Prince, Stephen. "Graphic Violence in the Cinema: Origins, Aesthetic Design, and Social Effects." *Screening Violence*. Ed. Prince. New Brunswick: Rutgers UP, 2000. 1–46. Print.

참고자료

참고자료 목록은 인용자료 다음에 있는 새로운 페이지에서 시작한다.

Carroll, Noël. "The Cabinet of Dr. Kracauer." *Millennium Film Journal* 1.2 (1978)〉: 77–85. Print.

Eisner, Lotte. *The Haunted Screen*: *Expressionism in the German Cinema and the Influence of Max Reinhardt*. Berkeley : U of California P, 1973. Print.

Elsaesser, Thomas. *Weimar Cinema and After*: *Germany's Historical Imaginary*. London: Routledge, 2000. Print.

요약

영화에 대한 글쓰기는 관객이 영화를 보고 생각하는 가장 세련된 방식 중 하나이다. 〈어댑테이션〉, 〈미시마〉, 〈루비 스팍스〉 같은 영화들이 영화의 주체로서의 작가들을 사로잡고 있다는 것은 놀랄 일이 아니다. 〈문라이즈 킹덤〉에 대한 다른 반응과 〈마이너리티 리포트〉의 에세이를 다른 독자들에게 보여주고자 할 때, 이런 종류의 글쓰기에서 중요한 예비 단계에는 관객 확인, 주관적 및 객관적 관점의 균형 잡기, 메모하기, 특정 주장 및 해석을 발전시키는 개요 밑그림 그리기가 포함된다. 〈나의 아름다운 세탁소〉에 대한 논평과 같이 실제 글쓰기는 분명하고 자세한 논지, 강력한 주제문, 그 영화에서의 구체적인 증거를 요구하고 있으며, 항상 주장, 아이디어, 표현을 분명히 하기 위한 일련의 개정 작업이 뒤따른다. 마지막 개정 작업, 철자 및 구두점 같은 세세한 이중점검이 이루어진 후 주의 깊은 교정 작업이 뒤따른다. 마지막으로 왜 연구가 강력한 비판적 논평에 결정적일 수 있는지, 어떻게 그 연구가 수행될 수 있고, 글쓰기 속에 통합될 수 있는지, 양자 모두를 당신 자신에게 상기시켜주기 위해 이 영화에 대한 연구 논평을 다시 한 번 보도록 하자. 글쓰기 과제가 무엇이든, 지속적으로 다음과 같은 핵심 가이드라인을 상기하도록 하자.

■ 작가가 〈마이너리티 리포트〉에 대해 했던 것처럼, 독자들이 당신이 분석하고 있는 영화에 익숙할 수도 혹은 익숙하지 않을 수도 있다는 점을 감안해서 에세이에 대한 독자층을 상정해보자.

■ 개인적 관점을 만들기 위해 혹은 확신에 찬, 더 객관적인 분석에 대한 의견 분야를 만들기 위해 작업해보자.

■ 글쓰기를 시작하기 전에 작가가 〈나의 아름다운 세탁소〉에 대해 했던 것처럼 상세한 개요를 만드는 것을 목표로 하자. 주제문은 논지와 일치하고 있는가? 그 논지는 적절하게 구체적인가?

■ 영화에서의 상세한 증거(일부 형식적 분석 포함)는 주장을 뒷받침하고 있는가?

■ 에세이에 일부 연구가 필요한 경우 다른 작가나 비평가들과의 일종의 지적인 대화로서 접근하여 그 연구가 자신의 주장 속에 자연스럽게 통합되었는가?

적용해보기

■ 영화에 대한 자세하고 생산적인 메모를 하는 것을 실천해보자. 가능한 정확하게 주석을 달기 위해 최근 본 영화에서 하나의 핵심적인 장면을 골라보자. 캐릭터, 카메라, 프레임의 위치를 묘사해보자. 대사를 포함한 모든 사운드를 메모해보자. 대강의 밑그림을 가지고 묘사를 밑받침해보자.

■ 프랑수아 트뤼포와 피터 보그다노비치 같은 영화감독들은 좋은 영화 비평가 및 학자로 일해왔으며, 영화 만드는 많은 작업(연구, 기획, 구성, 개정)은 비판적 에세이를 쓰는 작업과 유사하다. 사실 영화는 또 다른 영화에 대한 해설 혹은 해석으로서의 비판적 에세이처럼 작용할 수 있다. 영화에 대해 해설하거나 해석하는 단편 비디오 또는 단편 영화를 만들어보자. 이런 방법은 글쓰기가 제공하지 않는 새로운 비판적 혹은 분석적 가능성을 제공해주는가? 거기에는 전통적인 비판적 글쓰기의 일부 힘이 결여되어 있는가?

용어해설

가시적 편집(visible editing) 불연속 편집 참조

가족 멜로드라마(family melodrama) 가족 안에서의 개인들을 제한하는 심리적 및 성별적 힘에 초점을 맞춘 멜로드라마의 하위 장르

가현 운동(apparent motion) 영화를 볼 때 움직임에 대한 우리의 지각을 설명하는 심리학적 과정으로 그 속에서 두뇌가 빠르게 이어지는 정지 이미지들의 시각적 자극에 능동적으로 반응한다. 실제의 운동은 없으나 운동으로 지각되는 것

각색(adaptation) 소설, 짧은 스토리, 희곡 혹은 기타 예술작품을 영화로 바꾸어주는 과정

감독(director) 영화 제작에서 연기, 촬영, 편집 등의 모든 작업을 실제로 책임지는 사람

강한 조명(hard lighting) 사람을 촬영할 때 뚜렷한 윤곽, 그림자, 거친 효과를 만들어내는 고도의 대비 조명 스타일

개인적 다큐멘터리(personal documentary) 개인적 관점이나 영화감독의 개입을 강조하는 다큐멘터리 형식으로 때로 자서전이나 일기와 유사한 영화들을 만들게 된다.

객관적 관점(objective point of view) 카메라의 관점을 특정 캐릭터와 연관시키지 않는 관점

갱 영화(gangster films) 1930년대 금주법 시대에 미국을 배경으로 한 범죄 지하세계에 대한 영화

거리두기(distanciation) 베르톨트 브레히트의 이론과 작품에서 유래한 예술적 관행으로, 작품의 제작 혹은 다양한 아이디어, 그에 의해 제기된 이슈들에 반영하기 위해서 관객과 연기 혹은 예술작품 사이의 지적 거리를 만들어내려는 의도를 갖고 있다.

고아 영화(orphan film) 판권 소지자가 없는 영화. 이 범주에는 아마추어 영화, 연습 영화부터 상업 영화, 뉴스 영화까지 모든 것이 포함될 수 있다.

고전 영화 이론(classical film theory) 20세기 초반에 만들어진 영화의 근본적인 문제들에 대한 글쓰기. 중요한 이론가들에는 세르게이 에이젠슈타인, 루돌프 아른하임, 앙드레 바쟁, 지그프리드 크라카우어가 포함된다.

고전적 서사 영화(classical film narrative) 인과 논리 속에서 액션이 액션을 낳는 플롯을 추진시키는 한 명 이상의 중심 캐릭터들에 초점을 맞춘 서사 영화 스타일. 플롯은 정상적으로 정해진 목표를 향해 선형 연대기를 따라 전개되고, 영화는 어느 정도 그럴듯함을 제시하는 전지적 혹은 제한된 제3자 내레이션을 구사한다.

고전적 할리우드 서사 영화(classical Hollywood narrative) 1910년대 말~1950년대 말까지 할리우드 스튜디오 시스템과 연관된 고전적 서사 영화의 주도적인 형식

고정관념적 유형(stereotype) 한 집단이 또 다른 집단에 대해 갖고 있는 인식을 단순화하고 표준화하는 캐릭터 유형

공포 영화(horror film) 초자연적 혹은 살인적 캐릭터들을 통해서 관객을 놀라게 하는 것을 추구하는 고딕 문학에서 기원한 영화 장르

관객성(spectatorship) 영화를 보는 과정. 관객과 영화의 의식적·무의식적 상호작용

광학 녹음(optical sound recording) 음파를 전기 자극으로 바꾸어서 빛이 필름에 투사되도록 하는 방법을 조종하는 녹음 과정. 그 과정은 사운드트랙이 동시 투사를 위해 이미지를 따라 기록되도록 해준다.

광학 효과(optical effects) 디졸브, 페이드아웃, 와이프 혹은 매트 숏의 이용을 통해 인물과 배경을 결합하는 프로세스 숏 같은 숏들 사이의 시각적 전환을 포함하여 광학 프린터의 사용과 함께 만들어진 특수효과

교차 편집(crosscutting) 각각의 장소에서 동시에 일어나는 액션을 시간상 앞뒤 관계로 연결시키는 편집 기법. 극적 긴장감이나 내밀한 심리 묘사에 효과적이다. **평행 편집** 참조

구조적 영화(structural film) 1960년대 북미에서 발생한 실험 영화로 미리 정해진 구조를 따라간다.

구조주의(structuralism) 언어학과 인류학에서 기원하여 본래성보다는 공통적인 구조를 추구하는 문학과 영화적 내러티브에 대한 접근 방법

그래픽 매치(graphic match) 시각적 일치. 한 숏에서의 주도적인 모양 혹은 선이 다음 숏에서의 유사한 모양 혹은 선에 시각적 전환을 제공하는 편집

그린스크린 기술(green-screen technology) 배우, 사물들이 녹색화면 앞에서 촬영한 후 나중에 컴퓨터가 만들어낸 혹은 촬영한 배경에 덧붙여 시각적 효과를 만들어내는 기술

극장 상영 창구(theatrical release window) 영화가 홈비디오, 주문형 비디오 혹은 TV 플랫폼으로 넘어가기 전 시기로, 그동안 영화는 극장에서 상영된다.

극장식 뮤지컬(theatrical musical) 극장식 환경에 세트를 설치한 뮤지컬의 하위 장르

근대성(modernity) 역사를 만드는 인간 능력에 중심을 둔 과학과 진보에 자신감을 가진 시대뿐만 아니라 중세시대 말부터 현재까지에 걸쳐 있는 역사 시기를 가리키는 용어

기반 확장(platforming) 평론 및 입소문을 통해 명성을 만들어 가면

서 서서히 시장을 넓혀 가는 영화의 배급 전략

기술적 비용(below-the-line expenses) 실제 영화를 만드는 데 포함된 기술적·물질적 비용으로 의상, 세트, 운송 등이 이에 속한다.

기호(sign) 그 연결이 원인, 관습, 유사성에 기초를 두고 무언가를 의미하는 기호학에서 사용되는 용어. 페르디낭 소쉬르에 의해 규정된 것처럼 기호는 말해진 혹은 쓰인 단어, 그림, 몸짓을 뜻하는 기표와 그것이 일으키는 정신적 개념인 기의로 구성된다.

기호학(semiotics) 기호와 의미에 대해 연구하는 학문. 의미가 만들어지고 단어, 몸짓, 이미지, 상징, 의미 있게 부호화될 수 있는 어떤 것을 포함한다. 선택, 지시, 기호의 해석과 기호 시스템을 통해서 소통된다.

난반사(flare) 렌즈에 직접 강한 불빛을 비춤으로써 만들어지는 하얀 빛이나 점

내레이션(narration) 스토리를 이야기하는 것 혹은 상황의 묘사. 감정적·신체적·지성적 관점을 통해서 플롯의 캐릭터, 사건, 액션이 전달된다. 영화에서 내레이션은 액션이나 이미지들에 대한 비동기적 구두평으로 제공될 때 분명하지만, 카메라, 편집, 사운드 트랙의 스토리텔링 기능을 가리킬 수도 있다.

내레이터(narrator) 목소리와 관점이 보이스오버, 특정 관점에 의해 제한을 통해서 액션을 묘사하는 캐릭터 혹은 다른 사람

내포(connotation) 단어나 부호와 연결된 연관성. 외연 참조

내화성 필름(safety film) 1952년 인화성 높은 질산염 필름 재료를 대체한 아세테이트 재질의 필름

논내러티브 영화(non-narrative film) 스토리텔링 이외의 다양한 방식으로 구성된 영화

논디제틱 사운드(nondiegetic sound) 캐릭터들의 세계에서 식별할 수 있는 음원을 갖고 있지 않은 악곡 같은 사운드. 디제틱 사운드, 세미디제틱 사운드 참조

논디제틱 인서트(nondiegetic insert) 서사 세계의 공간과 시간 밖에서 생겨난 액션, 대상 혹은 타이틀을 묘사하는 삽입

논픽션 영화(nonfiction film) 허구적 혹은 만들어낸 재창조보다는 실제 사건, 사람, 장소에 대해 사실적 묘사를 보여주는 영화

누아르 영화(film noir) 1940년대 범죄 지하세계를 배경으로 한 할리우드 영화들을 묘사하기 위해 프랑스 비평가들이 소개한 용어. 문자 그대로 '검은 영화(black film)'를 의미한다. 밤의 도시를 세팅으로 하여 양식화된 흑백 촬영을 이용한 숏이 전형적이다. 도덕적으로 혼란스러운 주인공, 부패한 제도, 위험한 여인들, 대단히 복잡한 플롯을 활용한다.

뉴미디어(new media) 일련의 신기술로 인터넷, 디지털 기술, 비디오 게임 콘솔, 스마트폰, 무선장치, 기기들이 지원하는 응용장치들이 포함된다.

뉴저먼시네마(New German cinema) 1962년 서독에서 독일 나치 및 과거와의 대결로 알려진, 일단의 젊은 영화감독들에 의해 시작된 국제적으로 인정받은 영화 운동

능동적 관객(active viewers) 정력적이고 역동적인 방식으로 영화에 참여하는 관객

니켈로디언(nickelodeon) 초기 영화관으로 행인들이 지나다니는 상점 앞이나 아케이드 공간에서 5센트 입장료를 받고 단편 영화들이 상영되었다. 1910년 장편 영화가 등장하자 인기가 떨어졌다.

다이렉트 시네마(direct cinema) 1960년대 미국에서 생겨난 다큐멘터리 스타일, 가능한 한 두드러지지 않게 드러나는 상황을 관찰하는 것을 목표로 한다. 시네마 베리테 참조

다중적 내레이션(multiple narrations) 하나 혹은 여러 스토리들을 위한 다양한 서사적 관점을 이용하는 내레이션 유형

다큐멘터리(documentary) 실제 사물, 사람, 사건 들을 나타내는 논픽션 영화

대립 인물(antagonist) 부정적 힘으로 주인공과 대립하는 캐릭터

대안적 서사 영화(alternative film narrative) 고전적 서사 영화의 직선적 구성을 피해 가거나 도전하는 서사 영화로 주요 캐릭터의 중심 역할, 구성의 연속성 혹은 내레이션의 신빙성 혹은 약화시키기도 한다.

대위법(counterpoint) 이미지보다는 다른 의미나 연관성을 가리키기 위해서 사운드를 이용하는 것

데드라인 구조(deadline structure) 어느 시간에 이루어져야 하는 중심 사건 혹은 액션을 중심으로 한 구조화된 서사

데이 앤 데이트 출시(day-and-date release) 극장 및 DVD 출시처럼 다른 미디어나 장소에 동시에 걸친 출시 전략

도상학(iconography) 특정 암시나 의미를 갖고 있는 이미지나 이미지 패턴

독립영화(independent films) 스튜디오의 재정 지원 없이 훨씬 적은 예산으로 제작된 영화로 장편 서사 영화, 다큐멘터리, 단편 영화 등을 포함한다.

독일 표현주의 영화(German expressionist cinema) 1918~1929년 독일에서 일어난 회화 및 연극적 발전에 의지하고 있던 영화 운동. 표현주의는 비이성적 힘들을 나타내기 위해 극적인 조명, 세트, 의상 디자인을 이용한다.

독점적 상영(exclusive release) 제한된 장소에서 최초로 개봉하는 영화

돌리 숏(dolly shot) 카메라가 지정된 코스를 따라가는 바퀴달린 수레(dolly)에 매달려 움직이는 숏

동시음(synchronous sound) 동기 음향. 촬영된 이미지들과 동시화 혹은 한 장면 동안 녹음된 사운드. 가시적인 화면상 음원을 가진 사운드. 화면상 사운드라고도 부른다.

디제시스(diegesis) 보이는 것뿐만 아니라 일어났던 것을 암시하는 것도 포함하여 영화 스토리(캐릭터, 장소, 사건)의 세계를 말하는 용어. '내레이션'을 뜻하는 그리스어에서 유래

디제틱 사운드(diegetic sound) 영화의 서사적 세계에 그 음원을 갖고 있는 사운드로 캐릭터들은 그 사운드를 들을 수 있는 것으로 상정된다.

디졸브(dissolve) 하나의 이미지가 또 다른 이미지가 나타남에 따라 사라지는 시각효과

디지털 사운드(digital sound) 디지털 정보로 부호화하고, 또 해독하는 기술을 통해 사운드를 기록하고 재생하는 것

디지털 촬영기법(digital cinematography) 디지털 부호로 시각적 정보를 전자적으로 기록하고 저장하는 카메라로 촬영하는 것

딥 포커스(deep focus) 피사계 심도가 깊은 것을 이용하는 카메라 기술. 전경, 중경, 후경의 모든 초점이 맞게 촬영하는 것이다. 통상 광각 렌즈로 찍는다.

라인 프로듀서(line producer) 영화의 제작 스케줄을 유지하기 위해 재정을 책임지는 사람

랙 포커스(rack focus) 초점 이동. 하나의 대상에서 또 다른 대상으로 초점을 극적으로 바꾸는 것

레터박스 포맷(letterbox format) 우체통 포맷. 와이드스크린 이미지에 맞추기 위해 프레임의 맨 위와 맨 아래의 두 줄이 검어지는, 홈비디오나 TV에서 통상 보이는 효과

로드 무비(road movie) 여행 중의 캐릭터들을 묘사하는 영화 장르. 선형 연대기가 따라온다.

로맨틱 코미디(romantic comedy) 유머가 해피엔딩 다음의 두 번째 자리를 차지하는 코미디의 하위 장르. 가벼운 마음으로 즐기는 방식으로 두 연인의 감정적 매력에 초점을 맞추는 것이 전형적이다.

로우 앵글(low angle) 대상보다 낮은 위치로부터 찍은 숏

로토스코핑(rotoscoping) 개별적 애니메이션 프레임들을 위한 토대로써 녹음된 실제 형상 및 액션을 디지털적으로 이용하는 기술

롱숏(long shot) 카메라와 장면 사이의 상당한 거리를 유지함으로써 사람이나 사물이 인식될 수 있지만 넓은 공간과 배경에 의해 규정되는 숏. 설정 숏 참조

롱테이크(long take) 비교적 지속시간이 긴 숏

루핑 작업(looping) 반복 작업. 재상영하기 위해 둥글게 맞붙인 필름에 기록된 이미지나 사운드

룸톤(room tone) 실제적인 사운드를 달성하기 위해 녹음된 것을 대사 및 다른 트랙들과 함께 혼합하는 장소의 청각적 속성

리액션 숏(reaction shot) 이전 숏에 보인 무언가에 대한 캐릭터의 반응을 묘사한 숏

리얼리즘(realism) 사회, 개인 혹은 일상생활의 다른 차원의 진실된 모습을 전달하려는 예술작품의 질. 신빙성 달성에 목표를 둔 예술운동

리프레이밍(reframing) 하나의 계속되는 숏 안에서 한 곳으로부터 다른 곳으로 프레임을 이동시키는 과정

리플렉티드 사운드(reflected sound) 반사음. 벽과 세트에 부딪쳐 튕겨 나올 때 포착된 녹음. 통상 공간의 감각을 주는 데 사용된다. 다이렉트 사운드와 반대이다.

마스크(mask) 프레임의 부분들을 가려서 이미지의 부분이 검어지는 효과를 시각적으로 더해주는 카메라나 장치의 부속품

마지막 편집(final cut) 영화의 마지막 편집본

마케팅(marketing) 관객을 확인하고 영화라는 상품을 소비하도록 관심을 유도하는 과정

만화영화 뮤지컬(animated musical) 노래와 음악을 나타내기 위해 만화 인물 및 스토리를 이용하는 뮤지컬의 하위 장르

망원 렌즈(telephoto lens) 적어도 75mm 의 초점거리를 가진 렌즈로 멀리 있는 사물을 확대하고 축소할 수 있다.

매치 온 액션(match on action) 동작 일치. 시각적 액션을 계속 연결시켜주는 두 숏 사이의 편집. 앞 숏과 다음 숏의 동작이 자연스럽게 연결된다.

매트 숏(matte shot) 영화의 두 조각을 합치는 과정의 숏. 한 조각은 중심 액션이나 대상을, 다른 한 조각은 물리적으로 그 숏을 위해 만들어내기 어려운, 디지털로 제작한 배경의 숏을 말한다.

머시니마(machinima) 컴퓨터 애니메이션을 만들어내기 위해 비디오 게임 엔진을 조정하는 새로운 미디어 형식

멀티플렉스(multiplex) 많은 스크린을 갖춘 복합 영화관. 대부분이 교외에 위치해 있으며, 다양한 쇼핑몰과 연결되어 있다.

메튜앙센(metteur-en-scene) 감독(특히 연극 연출가)이란 프랑스 용어. 작가주의 이론에서 이 용어는 강한 개인적 비전을 갖고 있지 않으면서 기술적 능력만 갖고 있는 감독을 말하는데, 작가(auteur)라는 용어와 대비된다.

멜로드라마(melodrama) 연극적, 문학적, 영화적 서사 양식으로서 가족이나 다른 사회적 제도 속에서의 개인적 위기에 초점을 맞추면서, 빈번하게 도덕적 유형이 분명하게 드러나고, 우연적인 행운과 반전, 액션을 강조하는 음악이 특징적이다.

명조 조명(high-key lighting) 주 광원이 명암 사이의 대비를 전혀 만들지 않는 조명

모더니즘(modernism) 1920년대 초 회화, 음악, 디자인, 건축, 문학에서의 예술운동으로 스타일을 중요하게 보기, 공간 및 시간의 실험, 결론 없이 끝나는 서사 같은 전략을 통해 인간 주체성에 대한 파편화된 비전을 제공했다.

모바일 프레임(mobile frame) 이동 화면. 카메라 자체가 움직이거나 그 이미지의 가장자리가 카메라 렌즈의 초점거리에서의 변화에 의해 변경되는 숏의 속성

모션 캡처 기술(motion capture technology) 컴퓨터가 만든 캐릭터의 움직임 속에 배우의 움직임을 통합시키는 데 사용되는 시각효과 기술

모큐멘터리 영화(mockumentary) 가짜 다큐멘터리 영화. 허구적 주제 (때때로 터무니없는)를 보여주기 위해 다큐멘터리 스타일 및 구조를 이용하고 있는 영화

몽타주 시퀀스(montage sequence) 디졸브(한 화면에서 다음 화면으로 겹쳐서 넘어가는 것), 와이프(화면이 서로 겹치지 않고 일정 부분을 서로 차지하고 있는 것), 슈퍼임포지션(화면 중첩, 넘어가다가 중간에 멈춘 것) 같은 기타 장치들 혹은 빠른 편집에 의해 결합된 시간의 경과를 보여주기 위한 의미를 지닌 숏들. 주제적으로 연결된 일련의 숏

몽타주(montage) 소련 무성 영화 시대 영화감독들이 이 용어를 사용한 이후 이미지들 사이의 역동적 관계를 강조하는 하나의 스타일

로 아주 빈번하게 사용된 편집을 일컫는 용어. 또한 시간의 빠른 경과를 보여주기 위해 또는 묘사적 목적을 위해 사용된 할리우드 영화들에서의 빠른 시퀀스를 가리킨다.

무비 팰리스(movie palace) 1920년대와 1940년대 사이에 지어진 호화로운 영화관. 수천 명을 수용할 수 있는 화려한 좌석 및 건축물로 꾸며졌다.

문화 분석(cultural analysis) 역사, 사회, 문화에서 그 위치에 있어 영화와의 관계에 대한 해석

문화 연구(cultural study) 생산과 소비의 과정과 함께하는 문화적 텍스트 및 현상을 고려하는 인문과학, 사회과학적 접근 방식

뮤지컬(musical) 유성 영화 도입 이래로 노래와 춤을 통해 캐릭터들을 표현하는 인기 장르

미니어처(miniature) 축소 모형. 특수 효과 시퀀스 및 복잡한 배경을 무대화하기 위한 촬영 과정 동안 사용하기 위해 만든 축소 모형

미디어 융합(media convergence) 영화, TV, 인터넷, 비디오 게임 같은 기존의 미디어와 컴퓨터, 스마트폰 같은 시각적 플랫폼들이 상호 의존적이 되는 과정

미디엄 롱숏(medium long shot) 미디엄 숏과 비교하여 카메라와 대상 사이의 거리를 증가시키는 숏. 개인의 몸 대부분을 보여준다.

미디엄 숏(medium shot) 대략 사람의 허리 윗부분을 보게 되는 중간 프레이밍

미디엄 클로즈업(medium close-up) 어깨 위로 보이는 사람처럼 클로즈업보다 큰 공간을 프레임으로 만드는 숏. 전형적으로 대화 장면에 사용된다.

미메시스(mimesis) 예술에서의 실체의 모방

미술감독(art director) 세트, 장소, 소도구, 의상을 포함한 배우들이 등장하는 물리적 환경의 구축 및 개념을 감독하는 일을 책임지는 사람

미장센(mise-en-scene) 감독이 촬영한 후에 화면상으로 볼 수 있게 조직된 영화 장면의 모든 요소. 배우, 조명, 세트, 의상, 분장, 카메라와 촬영 및 편집 과정에 대해 독립적으로 존재하는 이미지 등 다른 모든 특성이 포함된다.

미키마우징(mickeymousing) 만화영화를 위한 작곡 관습에서 따온 음악 악곡을 통해서 액션과 완벽하게 일치됨을 보여주는 것

믹스(mix) 동기화된 이미지 트랙과 함께 인쇄된 필름에 이전될 단일 마스터 트랙 속에 분리된 사운드트랙들의 사운드 믹서에 의한 혼합

민족지학적 다큐멘터리 영화(ethnographic documentary) 한 문화의 관습, 제의, 그리고 사람들을 기록하는 영화

바이럴 마케팅(viral marketing) 소비자들이 구전, 전자 메시지 혹은 기타 수단들을 통해서 마케팅 메시지를 일반에게 널리 알리는 현상

방향성 조명(directional lighting) 단일 방향으로부터 오는 불빛

반사적 내레이션(reflexive narration) 세상에 대한 객관적 관점으로써의 내러티브 권위를 뒤엎거나 복잡하게 만들기 위해서 스토리의 서사적 관점에 주의를 기울이는 내레이션 양상

배급(distribution) 영화를 극장, 비디오 매장, TV 및 인터넷 네트워크, 기타 장소에 상영되도록 하는 수단. 이를 수행하는 개체는 배급사이다.

배우(actor) 몸짓과 동작을 통해 영화 캐릭터 역할을 구현하는 사람

범죄 영화(crime film) 전형적으로 범죄자 및 범죄 수사에 몰두하는 수사관, 범죄 행위를 포함한 플롯을 보여주는 영화 장르

변증법적 몽타주(dialectical montage) 관객에게서 하나의 아이디어나 감정을 만들어내기 위해 모순되는 혹은 관련 없는 이미지들을 함께 편집하는 것. 세르게이 에이젠슈타인의 용어

병행처리(parallelism) 사운드트랙이 이미지를 재강화해주는 경우. 화면상에 나타나는 것과 일치되는 보이스오버나 동기화된 대사 혹은 음향효과들이 그 예이다.

보이스오버(voiceover) 목소리의 원천이 화면에서 보이는 것도 아니고, 화면 밖에 있다고 암시된 것도 아니지만 대사나 해설 등의 목소리가 들리는 것. 플래시백 장면에서처럼 혹은 다큐멘터리 영화에서처럼 이미지들을 해설

보이스오프(voice-off) 한 장면에서 존재하는 것으로 추정할 수 있지만 화면상에 보이지 않는 화자로부터 기원한 목소리

보조광(fill lighting) 한 장면에서의 다른 공간 및 대상들을 강조하기 위해서 혹은 그림자를 제거함으로써 주광의 균형을 잡기 위해서 2차적 조명을 이용하는 조명 기술

보철(prosthetics) 배우의 외양을 바꾸는 데 사용하는 인공 삽입물

본 촬영(principal photography) 촬영 동안에서 주요 촬영

부가판권시장(ancillary market) 외국 판매, 항공사, DVD. 주문형 비디오처럼 돈을 벌 수 있는 극장상영 이외의 시장

부드러운 조명(soft lighting) 단단한 모서리와 그림자를 줄여주는 널리 퍼진 저대비 조명. 사람을 촬영할 때 돋보이게 할 수 있다.

분석적 에세이(analytical essay) 영화 전공 학생들과 교수들이 택하는 일반적인 글쓰기. 비판적 언어의 수준이 두드러진다.

분절화(segmentation) 분석 목적을 위해 큰 내러티브 단위로 나누는 과정

불법 복제(piracy) 판권 자료의 불법적 복사 및 유통

불신적 내레이션(unreliable narration) 이야기되는 스토리의 진실에 대해 의문을 제기하는 내레이션의 한 유형. 조작적 내레이션 참조

불연속 편집(disjunctive editing) 공간적 긴장, 시간적 점프 혹은 리드미컬하거나 도표 같은 패턴을 통한 편집에 주의를 돌리는 편집 관행

붐(boom) 프레임 밖에서 붐 조종자가 조종하는 붐 마이크가 달린 긴 장대. 사운드를 포착하기 위해 배우들 위에 설치된다.

블랙스플로이테이션(blaxploitation) 1970년대 초 도시의 아프리카계 미국인 관객들을 목표로 만든 저예산 영화 장르. 도시생활에 약삭빠른 아프리카계 미국인을 주인공으로 한다. 여러 흑인 감독들이 주로 그 제작자를 위해 돈을 벌기 위한 장르에서 창조적인 흔적을 남겼다.

블로킹(blocking) 미장센 안에서 서로의 관계 속에서의 배우들의 움직임 및 배열

블록버스터(blockbuster) 대규모 개봉을 염두에 둔 고예산 영화. 톱스타, 특수 효과, 홍보에 고액을 투자하여 많은 관객과 경제적 이득을 끌어들이고자 한다.

비가시 편집(invisible editing) 연속 편집 참조

비교 분석(comparative analysis) 2개 이상의 영화 또는 영화와 그 문학적 원천의 특징과 요소를 평가하는 분석

비기술적 비용(above-the-line expenses) 영화 제작을 기획하는 행정 및 조직구성 비용뿐만 아니라 감독 및 인기배우 같은 주요 인물들과 계약하는 데 들어가는 영화의 초기 비용

비동시음(asynchronous sound) 화면상에 보이는 음원을 갖고 있지 않은 사운드. 또는 화면 밖 사운드를 말하기도 한다.

비디오(video) 움직이는 이미지들을 포착하고, 기록하고, 저장하고, 보여주고, 전송하는 전자 매체

비디오아트(video art) 1960년대 말에 시작된 설치와 갤러리 전시에서 예술가들이 비디오를 매체로 이용하는 것

비판적 객관성(critical objectivity) 다른 사람들이 동의하는 사실과 증거에 기초한 판단을 제공하는 거리를 둔 반응을 쓰는 글

사운드 디자이너(sound designer) 마지막 믹스 작업을 통해 영화의 사운드 전반을 기획하고 감독하는 사람

사운드 레코딩(sound recording) 녹음. 장면 촬영과 동시에 일어나는 대사 및 기타 사운드의 녹음

사운드 몽타주(sound montage) 영화에서 분리된 사운드들의 충돌이나 중첩

사운드 믹싱(sound mixing) 음악, 효과, 대사를 포함한 사운드트랙의 모든 요소가 이미지 다음에 결합되고 조정되는 과정. 재녹음이라고도 한다.

사운드 브리지(sound bridge) 사운드가 장면전환을 계속 가져오는 것에 대한 용어, 혹은 이미지 변화 전에 다음 장면에 속한 사운드가 연주되는 데 대한 용어

사운드 원근감(sound perspective) 음원의 분명한 장소와 거리

사운드스테이지(soundstage) 세트와 소도구를 갖추고 방음 처리한 건물. 촬영하는 동안 사운드와 대사를 효과적으로 포착한다.

사운드트랙(soundtrack) 움직이는 이미지와 동시화하기 위해 녹음한 청각적 부분으로 대사, 음악, 음향효과가 포함되어 있다. 필름에 녹음된 물리적 부분

사전제작(preproduction) 시나리오, 재정 계획, 캐스팅, 스태프 고용, 장소 섭외 준비를 포함하여 제작 프로젝트가 가동된 상태

사회운동가 비디오(activist video) 저비용 비디오 장비를 사용하는 정치 대항적 다큐멘터리

사회적 다큐멘터리(social documentary) 사회적 맥락에서 이슈, 사람, 문화를 시험해보는 다큐멘터리

삽입자막(intertitle) 영상 이미지 사이에 삽입된 인쇄된 텍스트. 전형적으로 무성 영화들에서 대사를 가리키기 위해 사용되었다. 현대 영화에서도 시간과 장소 혹은 다른 전환을 가리키기 위해 사용된다.

상광(top lighting) 위에서 대상을 비추는 조명 유형

상영(exhibition) 통상적으로 극장에서 돈을 지불하는 관객에게 영화를 보여주는 영화산업의 일부. 이런 기능을 수행하는 개인이 극장 상영자, 즉 극장주이다.

상영횟수 독과점 계약(saturation booking) 가능한 한 많은 장소에서 동시에 영화를 상영하려는 배급 전략으로 1970년대에 블록버스터의 출현과 함께 널리 시행되었다. 상영횟수 독과점 상영이라고도 한다.

상징적 공간(symbolic space) 내러티브와 관련된 정신적 혹은 다른 추상적 수단들을 통해서 변형된 공간

상호 텍스트성(intertextuality) 하나의 텍스트가 그 완전한 의미를 위해 다른 관련 텍스트들에 의존한다는 주장을 하는 비판적 접근 방법

색채 균형(color balance) 현실적인 혹은 비현실적인 색조를 창조해내기 위해 컬러 스펙트럼의 특정 부분에 강조를 가하는 것

섈로 포커스(shallow focus) 피사체 심도 범위가 좁은 숏

서부 영화(western) 미국 서부에 배경을 둔 영화 장르. 누군가를 추적하는 거칠고 독립적인 남성 캐릭터들을 기용하고 혹은 개척지 삶을 극적인 드라마로 만드는 것이 전형적이다.

서사(narrative) 내러티브. 내레이션 관점에 의해 전달된, 내레이터가 말하는 스토리. **플롯** 참조

서사적 분석(narrative analysis) 스토리와 그 구축에 집중하는 비평적 접근 방법

서사적 빈도(narrative frequency) 플롯 요소들이 얼마나 자주 반복되고 있는가에 대한 빈도

서사적 지속성(narrative duration) 플롯에서 사건이나 액션을 나타내는 데 사용된 시간의 길이

서사적 프레임(narrative frame) 캐릭터가 과거 사건들과 관계 맺기를 시작하다가 나중에 자신의 이야기를 결론짓는 장면들처럼 영화의 원칙적 서사 바깥에 위치한 맥락이나 개인

서사학(narratology) 내러티브 형식에 대한 연구. 러시아 서사학은 '파뷸라(fabula)'라는 용어와 '슈제트syuzhet(plot)'라는 용어 사이의 차이를 소개한다. 파뷸라는 사건이 일어났던 것으로 추정되는 순서에서 독자나 관객에 의해 상상된 이야기 속에 포함된 모든 사건이며, 슈제트는 특정 내러티브에서의 사건들의 정돈이다.

선전 영화(propaganda films) 관객들로 하여금 특정 사회적 혹은 정치적 이슈나 집단을 향하도록 선동할 의도의 정치적 다큐멘터리

선전성 영화(exploitation film) 상업적 이득을 위해 센세이셔널 혹은 화제가 될 만한 주제를 이용해 싸게 만든 장르 영화

선형 연대기(linear chronology) 사건과 액션이 시간에 따라 하나하나씩 진행되는 플롯

설정 숏(establishing shot) 장소와 세팅을 설정하고, 공간 속에서 관객의 위치를 알게 해주는 시작 부분의 롱숏

성격파 배우(character actor) 특정 캐릭터 유형. 유머 있는, 악의 있는, 그리고 작은 역할들을 맡아 하는 익히 아는 배우

성격 일관성(character coherence) 지속성 및 일관성을 보이는 행동, 감정, 생각을 보여주는 허구적 캐릭터 속에서 만들어진 성질

성찰성(reflexivity) 스토리텔링이나 영화적 기술에 대한 영화 자신의 과정을 참고로 하는 것

세미디제틱 사운드(semidiegetic sound, 반내재음) 엄밀하게 디제틱도 아니고, 논디제틱도 아닌 사운드. 이를테면 캐릭터의 생각으로 그 스토리 세계에서 나온 것으로 해석될 수 있는 보이스오버 같은 것이다.

세트(set) 스튜디오 사운드스테이지(방음 스튜디오)에 건설된 세팅. 그 세팅과 세트 모두 자연적 및 인공적 요소들을 결합할 수 있다.

세트 디자이너(set designer) 영화 세트의 개념과 구성을 감독하는 책임자

세트 조명(set lighting) 일종의 기본 조명으로 장면 전체에 걸쳐 공평하게 조명이 퍼지게 하는 것

세팅(setting) 영화의 액션, 사건이 일어나는 허구적 혹은 실제 장소

셀(cels) 전통적 만화영화에서 개별 이미지들이 그려지는 투명한 셀룰로이드 종이

소도구(prop) 세트의 일부 혹은 배우들이 사용하는 도구로 기능하는 물건

쇼크 컷(shock cut) 두 이미지의 극적인 차이가 부조화된 시각효과를 만들어낼 수 있도록 두 이미지를 병치하는 편집

숏(shot) 2개의 편집본 사이에서 하나의 지속적인 관점

숏/리버스 숏(shot/reverse shot) 캐릭터가 보고 있는 숏으로 시작해서 뒤돌아보고 있는 두 번째 캐릭터에 대한 숏이 따라오는 편집 유형. 첫 번째 숏은 액션 축의 한쪽 끝에 있는 앵글에서 얻는 숏이고, 두 번째 숏은 다른 쪽 끝에 있는 '리버스' 앵글에서 얻는 숏이다. 두 인물 간의 대화 장면에서 흔히 사용된다. 숏/카운터 숏(shot/countershot)으로도 불린다.

수용 이론(reception theory) 관객이 다른 영화를 평가하는 방식들에 대한 이론적 접근 방법

스케일(scale) 대상과 카메라의 거리에 의해 결정되는 범위

스크루볼 코미디(screwball comedy) 1930~1940년대 빠른 말하기와 예측불가 액션으로 유명한 코미디의 하위 장르

스크린 타임(screen time) 영화가 스토리를 말하는 데 걸리는 실제 시간의 길이

스크립트 닥터(script doctor) 대본 개작 전문가. 대본 개작을 위해 부르는 크레딧에는 오르지 않는 개인

스타 시스템(star system) 유명 연기자들의 발굴을 통해서 영화를 홍보하고 관객의 기대감을 올리는 스튜디오 시스템이나 국가적 영화산업의 관행

스타일 분석(stylistic analysis) 숏 구성, 편집, 사운드의 이용 같은 형식에 초점을 둔 비평적 접근 방법

스테디캠(Steadicam) 1976년 소개된 카메라 안정화 장치. 계속해서 안정적인 숏을 찍을 수 있게 해준다.

스토리(story) 플롯에서 지시하고, 분명히 보이는 것에 기초한 서사적 사건의 재구성 혹은 서사의 주제나 원재료

스토리보드(storyboard) 영화의 각 숏 혹은 영화 시퀀스의 밑그림을 그리기 위해 사용된 시퀀스 이미지

스토리 타임(story time) 영화 스토리를 이야기하는 동안 유추된 사건들의 시퀀스

스톱모션 포토그래피(stop-motion photography) 모션 및 액션의 환상을 창조해내기 위해 분리된 프레임들의 다른 위치에서 사물이나 실제 인간을 기록한 다음 필름에 그것들을 합성하는 과정

스튜디오 시스템(studio system) 할리우드 혹은 다른 국가산업에서 영화 제작에 책임지고 있는 거대 제작사의 산업적 관행. 1920년대 말부터 1950년대까지의 할리우드 스튜디오 시대 동안 5대 메이저 스튜디오는 MGM, 파라마운트, RKO, 20세기 폭스, 워너브라더스였다.

스팅거(stinger) 악당 출현을 전조하는 불길한 감정이 스치는 것처럼 사람이나 장소 등의 의미를 알리기 위해 관객에게 강요하는 사운드

스포팅(spotting) 음악과 효과가 영화에 추가될 곳을 결정하는 과정

슬래셔 영화(slasher films) 잔혹 영화. 〈싸이코〉에서 유래했다고 간주되는 연쇄 살인사건들을 묘사하는 현대 공포 영화의 하위 장르

슬랩스틱 코미디(slapstick comedy) 신체 유머와 묘기로 유명한 영화. 초창기 영화 중 일부는 슬랩스틱 코미디였다.

슬로 모션(slow motion) 정상보다 느리게 움직이는 액션을 만드는 특수효과. 빠른 속도로 액션을 촬영한 다음 표준 속도로 영사함으로써 얻는다. 패스트 모션 참조

슬로 시네마(slow cinema) 지나칠 정도로 오랜 시간 숏이 유지되는 영화로 현대 국제 예술 영화에서 자주 볼 수 있다.

시각효과(visual effect) 후반 작업에 만들어지는 특수효과

시간 이미지(time image) 공간적 연결이나 논리적 연속의 분명한 신호를 주지 않으면서 시간의 개방성 및 사고의 가능성을 보여주는 이미지나 영화

시간적 생략(ellipsis) 편집에 의해 암시된 서사에서 시간의 생략

시나리오(screenplay) 숏과 전환뿐만 아니라 대사와 액션에 대한 정보, 세팅 등을 포함한 영화가 만들어지는 텍스트. 트리트먼트(treatment)에서 발전했다. 스크립트라고도 한다.

시나리오 작가(screenwriter) 영화 시나리오 작가. 처음에 트리트먼트로 줄거리를 잡고 플롯으로 구조를 발전시켜 여러 버전의 대사를 만들어낸다. 스크립트라이터라고도 부른다.

시네마 베리테(cinéma vérité) 글자 그대로 '진실된 영화'를 의미하는 프랑스어. 1950년대 말~1960년대 초 진짜 삶을 포착하기 위해 눈에 띄지 않는 가벼운 카메라 및 음향 장비를 사용해 만든 다큐멘터리 영화 제작 스타일. 미국에서는 다이렉트 시네마라고 하였다.

시네필리아(cinephilia) 영화 애호가

시닉스(scenics) 자연이나 외국의 이국적인 이미지나 놀랄 만한 이미지들을 제공했던 초기 논픽션 영화

시대구분(periodization) 역사적 사건과 영화가 관심을 갖는 주제 및 스타일을 공유하고 있는 시기에 의해 규정된 역사를 구성하는 방법

시사 영화(topicals) 역사적 혹은 뉴스 가치가 있는 사건들을 포착하거나 때때로 재창조시킨 초기 영화

시사회(premiere) 영화를 개봉하는 날 밤을 축하하는 레드 카펫 행사

시점(point of view) 사람, 사건, 대상이 보이거나 촬영되는 위치. 내러티브 형식에서 시점을 통해 사건들이 해설된다.

시점 숏(point-of-view[POV] shot) 캐릭터의 시각적 관점을 재생산하는 주관적 숏. 때로 캐릭터 모습에 대한 숏들이 앞서 오거나 뒤따라온다.

시퀀스(sequence) 공간과 시간에서의 변화에도 불구하고 일관성 있는 액션이나 식별할 수 있는 모티프로 통합된 여러 개의 숏이나 장면

시퀀스 숏(sequence shot) 전체 장면이 하나의 지속적인 테이크 안에서 펼쳐지는 숏

신호(cue) 액션, 대사, 음악의 시작을 알리는 시각적 혹은 청각적 신호

실제 영화(actualities) 계속되는 장면을 통해 실제 사람 및 사건을 묘사하는 1890년대 초기 논픽션 영화. 유명한 예는 루이와 오귀스트 뤼미에르 형제의 〈뤼미에르 공장을 떠나는 노동자들〉이다.

실험 영화(experimental films) 영화 형식을 탐색하는 비상업적이면서 비서사적인 영화

심리적 공감(identification) 캐릭터나 액션에 감정을 투사하거나 공감하는 복잡한 과정

심리적 장소(psychological location) 캐릭터의 마음 상태와 스토리 속에 거주하고 있는 물리적 장소 사이의 중요한 상관관계

아니메(anime) 제2차 세계대전 이후 시작된 일본 만화영화를 일컫는 말

아방가르드 영화(avant-garde cinema) 영화 형식을 실험하면서 미적으로 도전하는 비상업적 영화

아이라인 매치(eyeline match) 대상에 대한 숏의 화면 위치가 처음 숏에서의 캐릭터 응시와 일치하는 숏. 화면 밖의 무언가를 바라보고 있는 등장인물을 비추다가 등장인물이 보고 있는 대상을 비추는 숏으로 이어지는 편집

아이리스 숏(iris shot) 프레임의 가장자리가 통상 원형의 검은색으로 가려지는 숏. 아이리스 아웃(iris-out)은 서서히 안으로 움직이면서 이미지를 모호하게 만들고, 아이리스 인(iris-in)은 안에서부터 밖으로 확대되어 그 전체 이미지를 드러낸다.

아이맥스(IMAX) 표준 35mm 프레임보다 약 10배 큰 이미지를 만들어내기 위해 세로보다 가로로 크게 투사되는 대형 영사 시스템

아카데미 비율(academy ratio) 1931년 미국 영화예술과학아카데미에서 채택한 스크린의 가로세로 비율이 1.37:1인 표준으로 대부분의 영화들에 사용되다가 1950년대 와이드스크린 비율이 도입되면서 사라졌다. 와이드스크린 비율은 TV 표준 비율인 1.33:1이나 4:3과 유사하다.

암조 조명(low-key lighting) 빛의 주 원천이 명암 사이의 극명한 대비를 만들어내는 조명

애너모픽 렌즈(anamorphic lens) 와이드스크린 이미지를 만들어내기 위해 '가로 비율을 늘리는' 영사기 렌즈나 혹은 이미지의 수평축을 압축시키는 카메라 렌즈. 한 방향으로만 확대되는 복합 렌즈

애니메이션(animation) 만화영화. 전통적으로 각각의 셀에 그리고, 채색하여 움직이게 하거나 3차원 물체를 조작하며 한 프레임씩 촬영한 과정. 현재는 디지털 작업으로 확대되었다.

약호(code) 언어학 및 기호학에서 소통 행위를 지배하는 규칙을 위해 사용된 용어. 규칙은 메시지가 이해되도록 보내는 자와 받는 자 양쪽에 의해 공유되어야 한다. 교통신호는 컬러 약호를 사용한다. 영화 분석은 특정 숏, 장면, 필름 혹은 장르의 특정 형식을 결정하는 카메라 움직임, 프레이밍, 조명, 연기 등의 코드들을 분리시킨다.

언더그라운드 필름(underground film) 주류가 아닌 영화. 특히 1960년대와 1970년대 뉴욕과 샌프란시스코의 실험 영화 문화와 연관되어 있다.

언더스코어링(underscoring) 영화의 배경 음악. 원천 음악과 대비된다.

에이전트(agent) 영화 제작을 위해 고용된 배우, 감독, 작가, 기타 주요 스태프들을 대변하는 개인. 작가, 캐스팅 감독, 제작자와 만나 협상을 한다.

엑스트라(extras) 배경이나 군중 장면에서 연기하는 대사 없는 배우들

여성 영화(women's picture) 1930~1950년대에 주로 여성을 대상으로 한 로맨스나 멜로드라마에서 여성 인기배우들을 기용해 만든 영화 범주

역광(backlighting) 대상을 실루엣 처리하기 위해 사람이나 사물을 뒤에서 비추는 조명 기법. 때로는 윤곽 조명이라고도 한다.

역사적 장소(historical location) 서사에 중요한 의미와 암시를 전달해 줄 수 있는 역사적 세팅에 대한 확인된 표지

역사학(historiography) 역사에 대한 글쓰기. 과거를 보는 방법 및 원리에 대한 연구

연기(performance) 배우가 언어, 신체 표현, 몸짓을 사용하여 자신의 중요한 의사를 관객에게 전달하는 것

연대기(chronology) 스토리 사건들의 시간적 시퀀스를 전달해주는 숏 혹은 장면들에 따른 순서

연속 스타일(continuity style) 고전적 할리우드 영화와 연관된 영화 제작에 대한 체계적인 접근 방식. 서사적 명료성을 강조하기 위해 연속적 편집으로부터 악곡 작성까지의 광범위한 기술적 선택들을 활용한다.

연속 편집(continuity editing) 그럴듯함을 만들어내기 위해 지속성 있는 시간과 장소를 구축하고, 분명하고 효율적으로 스토리를 말해주기 위해 편집 및 기타 전환 방식들을 이용한 할리우드의 편집 방식. 연속 편집은 각 숏이나 장면이 다음 장면과 연속 관계를 맺

는 기본 원리를 따라간다. 때때로 비가시 편집이라 불린다.

영화 문화(film culture) 기대감, 아이디어, 이해를 형성시키는 제작, 공공성, 그리고 이해를 둘러싼 관행, 제도, 공동체

영화 연구(film study) 영화의 본질 및 역사, 문화에서의 영화의 위치에 대해 비판적으로 성찰하는 훈련

영화 촬영(film shoot) 세트, 로케에서의 몇 주 혹은 몇 달 걸리는 실제 촬영

영화 평론(film review) 영화 논평. 영화의 플롯을 묘사해주는 짧은 에세이. 유용한 배경 정보를 제공해주고, 독자들을 인도하기 위해 영화에 대한 분명한 평가를 말해준다.

예고편(trailer) 본 상영 이전에 미리 볼 수 있고 TV 상업 광고로 제공되는 홍보용 예고편

예술 영화(art film) 상업이나 오락 목적보다는 미적 목적을 주로 하여 제작된 영화 유형. 지적 · 형식적 도전은 종종 작가주의의 비전 덕분으로 보인다.

오버 더 숄더 숏(over-the-shoulder shot, 어깨너머 숏) 카메라가 한 캐릭터의 어깨너머로, 그리고 살짝 뒤에 위치한 프레임 구성으로 또 다른 캐릭터나 대상에 초점을 맞추고 있다. 주로 말하는 캐릭터들 사이에서 번갈아 왔다갔다 할 때 사용된다.

오버헤드 숏(overhead shot) 대상을 직접 내려다보면서 위에서부터 액션을 묘사하는 숏. 카메라가 크레인에 장착될 수도 있다.

오퇴르(auteur) 작가(author)의 프랑스어. 영화를 규정하는 창조적 비전으로 명성을 얻은 개인. 독특한 스타일이 일과 작품 전체에 걸쳐 명백하게 드러나는 감독을 의미한다.

와이드스크린 비율(widescreen ratio) 더 넓어진 사각형 화면 종횡비는 1.85:1 혹은 2.35:1이 전형적이다. 아카데미 비율 참조

와이드스크린 처리법(widescreen process) 1950년대에 소개된 화면 비율을 넓힌 시스템

와이드앵글 렌즈(wide-angle lens) 짧은 초점거리(35mm 이하)의 렌즈로 촬영가들이 초점에서 대상이나 사건을 전경 및 배경으로 동시에 보여줄 수 있는 피사계 심도를 탐색하도록 해준다.

와이프(wipe) 첫 번째 이미지를 프레임을 가로질러 경계선을 따라가는 두 번째 이미지로 교체하기 위해 수직적, 수평적, 대각선적 경계선을 이동시킴으로써 두 개의 숏을 결합하는 데 사용되는 전환 기법

왈라(walla) 녹음하는 동안 군중의 사운드에 근접하기 위해 엑스트라들이 말하는 무의미한 말

외연(denotation) 단어의 문자 그대로의 명시적 의미. 내포 참조

운동 이미지(movement image) 선형 액션에 초점을 두고 세상의 인과관계를 반영하는 이미지나 영화

운율적 편집(rhythmic editing) 빨리 편집이 이루어지는지에 의해 결정되는 다른 속도에 따른 편집 구성

원근감(perspective) 대상들 사이에 있는 거리와 공간적 관계가 2차원 표면에 나타나게 되는 방식. 그림에서 평행선과 집중선은 거리와 깊이에 있어서 환상을 불러일으킨다. 영화에서 원근감 역시 카메라 렌즈의 초점거리 변화에 의해 조종될 수 있다.

원래 화면 비율(native aspect ratio) 영화감독이 촬영한 프레임의 원래 사이즈와 모양, 영화의 첫 극장 상영 시 제시된다.

원천 음악(source music) 디제틱 음악. 음원이 가시적인 화면상에 있다.

원형적 유형(archetype) 어떤 도덕, 가치 혹은 세월이 흘러도 변함없는 실체를 표현하는 정신적 · 심리적 · 문화적 모델

유닛 프로덕션 매니저(unit production manager) 제작 현장에서의 매일매일의 경비를 보고하고 관리하는 책임을 맡고 있는 영화 제작 팀의 일원

윤곽 조명(edge lighting) 역광 참조

음악감독(music supervisor) 영화에 사용될 노래를 선택하고, 그 권리를 확보하는 사람

음향 재생(sound reproduction) 영화 상영 동안 음향을 재생시키는 것

음향 편집(sound editing) 이미지 트랙과 상호작용하는 음악, 대사, 효과 트랙들을 결합하는 작업. 음향 편집자가 수행한다.

음향효과 전문가(foley artist) 영화를 보는 동안 생생한 동시적 음향효과를 만들어내는 음향 전문가. 발명가 잭 폴리(Jack Foley)의 이름에서 따왔다.

의상 디자이너(costume designers) 배우들이 역할을 위해 어떻게 옷을 입을 것인지를 구상하고 준비하는 사람

이데올로기(ideology) 믿음의 체계

이데올로기적 장소(ideological location) 특징적인 사회적 가치 혹은 서사에서의 이데올로기가 담긴 공간과 장소

이탈리아 네오리얼리즘(Italian neorealism) 제2차 세계대전 동안 이탈리아에서 시작되어 대략 1952년까지 지속된 영화 운동. 화려한 스튜디오 공식에 반대하여 현지촬영과 아마추어 배우들을 캐스팅하여 일상적인 사회적 실체를 묘사했다.

익스트림 롱숏(extreme long shot) 주변 공간이 인물을 압도하는 롱숏보다 먼 거리에서 프레임을 만드는 숏

익스트림 클로즈업(extreme close-up) 클로즈업보다 가까운 프레임을 만드는 숏으로, 개인의 눈만을 잡아내기도 한다.

인서트(insert) 삽입 숏. 액션에 중요한 세부적인 것들을 가리키는 간단한 숏. 주로 클로즈업 숏인 경우가 많다.

인서트 컷(intercutting) 두 개 이상의 액션이나 장소에 대한 끼어들기 숏. 교차 편집, 평행 편집 참조

인식(cognition) 이성적 반응 및 사고 과정을 형성하는 이해 측면으로, 영화 보는 즐거움에 기여한다.

인용자료(Works Cited) 본문의 분리된 페이지에 쓰인 인용자료 목록

인종 영화(race movies) 아프리카계 미국인 배우만 캐스팅하여 미국 북부와 남부의 아프리카계 미국인 관객들에게 상영한 20세기 초 영화

인지주의(cognitivism) 어떻게 마음이 서사적 및 미적 정보에 대응하는지를 이해하기 위해 심리학과 신경과학에서 이끌어온 접근 방법

일괄 계약(block booking) 배급사/스튜디오가 선호하는 대로 A급 영

화와 B급 영화를 섞어 패키지로 제공한 것을 상영해야만 했던 극장과 배급사 사이의 관습. 1948년 불공정 거래로 금지되었다.

자연 조명(natural lighting)　태양빛이나 불빛같이 한 장면 혹은 세팅에서 자연 광원으로부터 온 빛

작가 이론(auteur theory)　프랑스 영화 잡지 '카이에 뒤 시네마'에서 처음 제기된 영화 접근 방식. 감독의 역할을 영화 배우의 표현력으로써 강조했고, 감독의 작품을 공통 주제로 혹은 형식적 전략으로 통일시킨 것으로 보았다.

장르(genre)　유사한 주제, 세팅, 도상학, 서사적, 양식적 패턴을 공유하고 있는 영화들의 범주 혹은 분류

장르적 성찰(generic reflexivity)　장르적 정체성에 통상적이지 않은 자의식을 보여주는 영화의 질

장면(scene)　지속적인 공간과 시간을 묘사하는 하나 이상의 숏들

장소 섭외(location scouting)　특정 영화 장면 촬영을 위해 사용하려는 스튜디오 세트 이외의 적당한 장소를 결정하고 확보하는 일

장치 이론(apparatus theory)　카메라, 영사기, 스크린의 배치를 포함한 기술의 물질적 토대에 기초한 이데올로기적 현상으로 영화를 탐구하는 비판적 학파의 이론. 개인주의의 가치, 물질적 토대에 대한 영화적 환상의 초월을 강조한다.

장편 영화(feature film)　관객들을 1차적으로 끌어들이는 서사 영화에서 전형적으로 90~120분 장편 길이에 해당하는 영화

재설정 숏(reestablishing shot)　관객에게 객관적인 것처럼 보이는 모습을 회복시키기 위해 편집된 시퀀스가 설정 숏으로 되돌아가는 동안의 숏

재연 다큐멘터리(reenactment documentary)　다큐멘터리의 맥락 안에서 실제 사건들을 재창조해내는 것

전광(frontal lighting)　앞에서 대상을 비추는 데 이용되는 기술. 관련 용어에는 측광, 하광, 상광 등이 있다.

전국 상영(wide release)　많은 장소에서 동시에 영화를 개봉하는 것

전지적 내레이션(omniscient narration)　어떤 캐릭터의 관점을 능가하면서 플롯의 모든 요소를 보여주는 내레이션. 3인칭 내레이션 참조

점프 컷(jump cut)　특정 액션을 가로막고, 의도적이든 의도적이지 않든 간에 숏의 공간적 혹은 시간적 발전에서 비연속성을 만들어내는 편집

정선 영화(anthology films)　편찬 영화 참조

정신분석(psychoanalysis)　인간의 행동, 욕망, 상에 대한 무의식적 동기들에 대한 프로이트의 정신분석에 기초한 치료 방법. 관객과 텍스트 사이의 상호작용과 텍스트의 문화 연구를 용이하게 하는 문학 및 영화 비평가들에 의해 발전된 이론적 원리

제3영화(Third Cinema)　'제3세계'라는 개념에 반응하여 1960년대 말 라틴 아메리카에서 생겨난 용어. 수많은 나라들의 정치적, 대중영합주의적, 그리고 통합된 영화들을 가지고 상업 및 작가주의 영화들에 반대한다.

제작(production)　영화의 대본 쓰기 및 재정부터 마지막 편집까지 영화를 만드는 데 기여한 산업 단계. 구체적으로 말하면 사전제작 단계 이후와 후반 작업 이전의 실제 영화촬영이다.

제작비(production values)　투자비용을 반영하는 영화 이미지 및 사운드의 질에 대한 평가적인 용어

제작자(producer)　개발부터 사전제작 단계와 배급까지 영화 프로젝트의 각 단계, 특히 재정 측면을 지휘하고 감독하는 데 책임을 지는 사람

제작 책임자(executive producer)　영화 제작의 재정 부문을 담당하며 통상 기술적 부분에는 관여하지 않는 제작자

제한 상영(limited release)　처음에 오로지 주요 도시에만 영화를 배급했다가 그 성공 여부에 따라 배급을 확장하는 관행

제한적 내레이션(restricted narration)　지식이 특정 캐릭터의 지식에 제한되어 있는 내러티브

조명(lighting)　미장센에서 인물, 사물, 공간을 보여주고, 가리고, 강조하기 위해 사용되는 빛의 원천. 자연적 빛과 전기적 빛 모두를 가리킨다. 조명은 주로 촬영감독과 조명 담당자들의 책임이다. 주광, 보조광, 하이라이팅 참조

조명팀(grip)　그립. 조명과 이동차 돌리를 설치하는 담당자

조연(supporting actor)　영화에서 2차 캐릭터들을 연기하는 배우. 중심 캐릭터들의 들러리 혹은 친구들로 등장한다.

조작적 내레이션(manipulative narration)　불신적 내레이션 참조

주관적 다큐멘터리(subjective documentary)　개인적 다큐멘터리 참조

주관적 시점(subjective point of view)　캐릭터의 시점을 재창조해내는 관점

주광(key lighting)　한 장면에서의 비자연적 조명의 주 원천. **명조 조명, 암조 조명** 참조

주문형 비디오(video on demand, VOD)　소비자가 컴퓨터나 홈비디오 화면으로 구매하고 시청할 수 있도록 케이블 온라인 서비스를 통해 영화를 배급하는 시스템

주연(leading actor)　서사에서 중심 캐릭터를 대표하는 2~3명의 배우. 대부분 인기배우들이 맡는다.

주인공(protagonists)　영화에서 긍정적 세력으로 확인되는 개인. 대립 인물 참조

주제문(thesis statement)　에세이 주장의 각 단계를 간결하게 묘사하고 예상하는 짧은 진술(혹은 한 문장). 주제문 작성 과정에서는 에세이를 작성하는 데 사용된 초안이다.

주제문(topic sentence)　구절 안에 있는 모든 문장이 일관성을 보이는 중심 아이디어를 말해주는 첫 문장

줌 렌즈(zoom lens)　변경할 수 있는 초점거리를 갖고 있는 렌즈

줌(zooming)　이미지를 더 가까이 혹은 더 멀리 빨리 이동시키기 위해 카메라의 초점거리를 변화시키는 것

줌아웃(zoom-out)　줌인의 반대 행위. 처음에는 가까이 있던 대상이 점점 멀어져서 사물이 작게 보이는 프레임으로 재설정된다.

줌인(zoom-in)　멀리 있는 대상의 시계를 좁게 하기 위해 렌즈의 초점거리를 변화시키는 행위. 카메라는 정지된 상태로 그대로 놓아두면서 클로즈업으로 확대하여 프레임을 재설정한다. **줌아웃**

참조.

중복 편집(overlapping editing) 같은 액션의 두 숏을 연속적으로 보여주는 편집 기법. 사건의 지속시간과 감상시간이 확장된다.

중첩 대사(overlapping dialogue) 말하는 리듬을 모방하기 위해 2명 이상의 말을 섞는 것. 전환효과를 내기 위해 두 장면을 중첩시키는 대사를 말하기도 한다.

증거(evidence) 독자들에게 해석의 정당성을 확신시켜주는 구체적인 것

지다이게키 영화(jidai-geki film) 일본 봉건시대가 근대 메이지 시대로 진입하던 1868년 이전 시대를 배경으로 한 시대극

질산염(nitrate) 35mm 필름의 기본재로 쓰인 인화성 높은 화학재료로 1951년까지 쓰였다.

참고자료(Works Consulted) 참고는 되었지만 에세이 본문에 인용되지 않은 자료들의 선별적 리스트. 인용자료 목록 다음에 분리된 페이지에 제시한다.

초본(selects) 장면 편집에서 이용하기 위해 감독이 선택한 테이크

초점(focus) 관객의 관심이 지향하는 이미지에서의 점 혹은 지역. 광선이 수렴 렌즈를 통해서 굴절되는 점

초점거리(focal length) 렌즈의 중앙으로부터 광선이 샤프 포커스 (sharp focus)에서 만나는 점까지의 거리

초현실주의 영화(surrealist cinema) 1920년대의 영향력 있는 아방가르드 운동. 꿈 같은 논리에 따라 시간, 공간, 대상을 조종했다.

촬영 비율(shooting ratio) 실제 촬영된 필름의 길이와 프로젝트가 완전히 끝났을 때의 길이와의 관계

촬영가(cinematographer) 카메라 설치 혹은 위치뿐만 아니라 카메라, 필름, 조명, 렌즈까지도 선택하는 영화 촬영팀의 구성원. 촬영감독(DP)으로도 알려져 있다.

촬영술(cinematography) 시네마포토그래피. 문자 그대로 '움직이는 글쓰기'이다.

추상 영화(abstract films) 비구상 실험적 형식. 실제 액션 및 대상으로부터 추상화된 패턴 및 리듬을 만들어내기 위해 색, 모양, 선을 이용한다.

측광(sidelighting) 대상을 옆에서 비추기 위해 사용하는 조명

카메라 렌즈(camera lens) 이미지를 형성하기 위해 광선의 초점을 맞추는 굴절된 유리 조각

카메라 오퍼레이터(camera operator) 카메라맨. 카메라를 물리적으로 조작하는 책임을 맡고 있는 영화 촬영팀의 구성원으로 촬영가의 감독을 받는다.

카메라 움직임(camera movement) **모바일 프레임** 참조

캐논(canon) 연구 분야에서 인정받은 필수적인 위대한 작품들의 목록. 특정 작가의 주요 작품 목록

캐릭터(character) 사건의 동기를 부여하고, 스토리의 액션을 이행하는 인물들

캐릭터 깊이(character depth) 실제 인간 개성에 가까운 방식으로 통합적이고도 복합적인 것으로 구별하게 해주는 심리적 · 사회적

특성의 허구적 캐릭터 성질

캐릭터 발전(character development) 특정 영화에서의 캐릭터들이 그 패턴을 통해서 정신적 · 육체적 · 사회적 상태로부터 또 하나의 상태로 이동하는 패턴

캐릭터 분석(character analysis) 하나의 캐릭터 혹은 하나 이상의 캐릭터 사이의 상호작용에 초점을 맞춰 배역을 분석하는 것

캐릭터 유형(character type) 전통적인 캐릭터들(예 : 냉혈 수사관, 팜므 파탈)은 신체적 특성, 연기 스타일 혹은 그들이 연기해왔던 다른 역할들의 역사 때문에 배우들에 의해 전형적으로 묘사된다.

캐스팅 디렉터(casting director) 배역 선정 감독. 특정 역할에 최상으로 일할 수 있는 배우들을 선택하는 일을 책임지는 사람

캔디드 프레임(canted frame) 불균형한 모습을 만들어내는 수평이 아닌 프레임

컬러 필터(color filter) 촬영된 이미지의 톤을 변화시키기 위해 카메라 렌즈에 맞추어 끼우는 장치

컴퓨터 생성 이미지(computer-generated imagery, CGI) 디지털 컴퓨터 기술을 통해 만들어진 정지 이미지 혹은 동영상 이미지. 1970년대에 처음 소개된 CGI는 1990년대 중반 무렵 장편 영화를 만드는 데 이용되었고, 시각효과를 위해 널리 이용된다.

컷어웨이(cutaway) 시간을 줄이기 위해 계속적인 액션을 중지시키고 또 다른 이미지나 액션으로 전환하는 숏

코미디(comedy) 사회생활의 조화와 복원을 찬양하는 영화 장르. 행복하게 끝나는 서사가 전형적이며, 연속성 있는 플롯에 대한 에피소드 혹은 '익살'을 강조한다.

크레딧(credit) 배역진, 담당 직원, 중역진을 포함한 영화 제작에 관련된 모든 인력을 보여주는 영화 맨 마지막에 나오는 목록

크레인 숏(crane shot) 거리, 높이, 각을 변화시킬 수 있는 크레인에 탑재된 카메라로 포착한 숏

크로노포토그래피(chronophotography) 에드워드 머이브리지와 에티엔-쥘 마레에 의해 제작된 인간 혹은 동물 동작을 묘사하는 정지 사진들의 연속 장면들

클랩보드(clapboard) 딱따기 판. 각 테이크의 시작에서 촬영된 장면 및 테이크의 숫자가 표시된 판. 사운드 녹음과 카메라 이미지를 동기화하기 위해 보드가 마주치는 딱 하는 소리가 녹음된다.

클레이메이션(claymation) 점토 애니메이션. 움직임을 만들어내기 위해 진흙으로 만든 형상들을 찍은 스톱모션 촬영을 이용하는 애니메이션

클로즈업(close-up) 캐릭터의 얼굴 같은 개인이나 사물의 자세한 부분들을 보여주는 프레임 구성

클릭 트랙(click track) 배우, 음악가, 작곡가가 액션의 리듬을 유지하도록 도와줄 수 있는 메트로놈의 박자에 상응하기 위해 필름에 뚫어놓은 구멍

키아로스쿠로 조명(chiaroscuro lighting) 명암 대비 조명. 그림자와 명암 대비를 강조하는 극적이면서 고대비 조명을 묘사하는 용어. 독일 표현주의 영화 및 누아르 영화에서 빈번하게 사용된다.

테이크(take) 제작하는 동안 한 장면의 단일 촬영 버전 혹은 화면상의 단일 숏

테크니컬러(technicolor) 단일 이미지에 직접 색을 이전시키기 위해 필름의 가느다란 조각 3개를 이용하는 3색 분해 색처리 기법. 1926~1932년에 발전했다.

토킹 헤드(talking head) 전형적으로 어깨 위에서 화자를 보여주는 카메라 인터뷰

톤(tone) 색조. 효과를 위해 색깔들을 날카롭게 하고 약화시켜준다. 균형을 잡아주기 위해서 색깔의 그늘을 만들어주고, 강화시켜주고, 포화시켜주는 것(금속성 파란색, 부드러운 초록색 혹은 짙은 빨간색 같은)

통합 뮤지컬(integrated musical) 영화의 서사 속에 뮤지컬 노래들을 통합시키고 있는 뮤지컬의 하위 장르

투숏(two-shot) 두 캐릭터를 묘사하는 숏

트래킹 숏(tracking shot) 대상 주위에 앞뒤로 움직이면서 관점의 위치를 변화시키는 숏. 미리 구성해둔 선을 따라간다. 트래블링 숏(traveling shot)이라고도 한다. **돌리 숏** 참조

트리트먼트(treatment) 시나리오 전 단계에서 쓰인 영화 내용에 대한 간결한 묘사

특수효과(special effect) 폭파, 인위적 원근법(강제적 원근법), 분장 및 인공기관 삽입, 슬로 모션, 컬러 필터, 프로세스 숏, 매트 숏 등과 같은 카메라 효과들을 포함하여 만들어낸 다양한 환상

틸트(tilt) 삼각대나 지지대가 고정된 위치에 있으면서 카메라를 위아래로 움직이는 것으로 화면상에 수직적 움직임을 만들어낸다.

파생상품 판매(tie-ins) 영화를 홍보하기 위해 제작된 영화 관련 상품. 티셔츠, CD 사운드트랙, 장난감 등이 판매된다.

팔로잉 숏(following shots) 움직이는 개인이나 사물을 따라가는 팬, 틸트 혹은 트래킹 숏

패스트 모션(fast motion) 빠른 화면. 액션을 보통 이상의 속도로 움직이게 만드는 특수효과. 보통 이하로 느리게 촬영한 다음 표준 속도로 영사함으로써 얻는다. **슬로우 모션** 참조

패키지 단위 방식(package-unit approach) 1950년대 중반 성립된 영화 제작 접근 방식으로 에이전트, 제작자, 캐스팅 디렉터가 제작에서 핵심적인 첫 단계로 시나리오, 인기배우, 다른 주요 인력들을 끌어모았다.

팬(pan) 삼각대는 고정 위치에 놓고 카메라를 좌우로 이동시키는 것. 화면상에 수평이동 장면을 만들어낸다.

팬-앤드-스캔 방식(pan-and-scan process) 와이드스크린 포맷 영화를 TV 표준화면 비율로 전환시키는 데 이용되는 과정. 컴퓨터 조종 스캐너가 이미지에서의 중요한 액션을 결정한 다음, 주변 액션 및 공간을 잘라 내거나 원래 프레임을 2개의 분리된 이미지로 나타낸다.

팬크로매틱(panchromatic) 1920년대에 소개된 흑백 영화 필름의 속성으로 회색 그림자를 깔면서 가시광선 전역에 걸쳐 반응한다.

퍼포먼스 캡처(performance capture) 연기동작 포착. 배우의 연기에서

얻어낸 데이터로부터 컴퓨터 모델을 만들어내는 기술

페이드아웃(fade-out) 이미지가 서서히 어두워져 깜깜해지는 광학적 효과로 한 장면 혹은 영화를 끝맺음할 때 사용한다. 페이드인 참조.

페이드인(fade-in) 어두운 화면이 서서히 밝아져서 전체로 퍼지는 광학적 효과로 장면전환을 만들어내는 페이드아웃 이후에 자주 사용한다.

페이스(pace) 개별 숏의 지속과 편집 스타일에 영향을 받은 영화가 진행되는 템포

편집(cut) 편집 과정에서 영화의 두 조각 사이를 잇거나, 붙이는 것. 제작이 끝난 영화에서 광학적 효과 없이 얻은 2개의 분리된 숏이나 장면들 사이에서의 편집적 전환. 또한 1차 편집, 마지막 편집 혹은 감독 편집처럼 편집된 영화 버전을 묘사하기 위해 이용된다.

편집(editing) 영화 영상 및 숏들을 선택하고 합치는 과정. 이 과정을 책임지는 사람이 편집자이다.

편찬 영화(compilation film) 다른 영화감독들에 의한 다양한 부분으로 구성된 영화. 정선 영화로도 알려져 있다.

평판(reception) 개별적 관객이나 집단이 영화를 이해하는 과정

평행 편집(parallel editing) 분리된 장소에서 2개 이상의 액션 사이에서 번갈아 왔다 갔다 하는 편집기술로 동시에 벌어지는 것으로 나타난다. **교차 편집** 참조

포스트모더니즘(postmodernism) 다른 스타일들의 파편들을 통합하는 건축, 미술, 문학, 음악, 영화에서의 예술적 스타일. 정치적·문화적·경제적 전환이 예술을 통해 세계를 비판할 수 있다는 믿음을 포함한 모더니즘의 교리에 대한 도전을 낳았던 문화적 시기

포스트싱크로너스 사운드(postsynchronous sound) 실제 촬영 이후 녹음되었다가 나중에 화면상 음원과 동기화시킨 음향

포토제니(photogenie) 루이 들뤼크에 의해 고안된 용어로 일상적 실체로부터 촬영된 대상을 구분하는 특징을 말한다.

프랑스 뉴웨이브(French New Wave) 누벨바그. 1950년대 말과 1960년대 프랑스에서 전통적인 스튜디오 시스템에 반대하여 일어난 영화 운동. 영화는 주로 저예산, 젊은 배우들로 만들어졌고, 현지촬영, 전통을 벗어난 사운드 및 편집 패턴을 이용했으며, 또한 개인적 표현을 위한 투쟁을 다루었다.

프랑스 인상주의 영화(French impressionist cinema) 친근하거나 객관적인 보는 방식들을 불안정하게 만드는 사조. 인간 지각의 역동성을 재활성화할 목적으로 일어난 1920년대 아방가르드 영화운동

프레이밍(framing) 프레임의 경계선 안에 나타나는 촬영된 대상의 부분. 카메라 거리와 상호 관련되어 있다(예 : 롱숏, 미디엄 클로즈업).

프로덕션 디자이너(production designer) 영화의 전반적인 외양을 책임지는 사람

프로덕션 사운드 믹서(production sound mixer) 프로덕션 세트에서의 음향 기술자. 사운드 레코디스트(음향 조절 기사)라고도 부른다.

프로세스 숏(process shot) 단일 숏으로 2개 이상의 이미지들을 결합하는 특수효과. 가령 기획된 배경 앞에서 배우를 촬영하는 것을

들 수 있다.

플래시백(flashback) 현재 이미지에서 과거 이미지로 따라가는 시퀀스

플래시포워드(flashforward) 현재 이미지를 미래 이미지로 연결하는 시퀀스

플롯(plot) 사건들이 실제 작업에 나타날 때 그 스토리의 사건들에 대해 질서를 부여해주는 내러티브. 특정 시간적·공간적·장르적·원인적 혹은 다른 패턴들에 따라 선택되고 배열된다.

플롯 타임(plot time) 스토리를 말해줄 때 영화가 묘사하는 시간의 길이

피사계 심도(depth of field) 대상이 비교적 뚜렷하고 분명하게 남아 있는 숏의 주요 초점 앞뒤 거리의 범위

픽실레이션(pixilation) 실물동화. 인물의 움직임을 갑작스레 휙 움직이는 인형 동작으로 바꾸어주기 위해 스톱모션 촬영을 구사하는 애니메이션 유형

필름 감광 속도(film speed) 움직이는 이미지들이 기록되고, 나중에 영사되는 속도. 초당 24프레임(fps)의 속도로 35mm 유성 영화가 표준이다. 또한 빛에 대한 필름의 민감성의 척도이다.

필름 규격(film gauge) 필름의 가로 너비. 8, 16, 35, 70mm 등이 있다.

필름 스톡(film stock) 영화 필름. 유연성 있는 기본 재료와 얇고 민감한 감광유제로 구성된 빛에 노출되지 않은 필름

필터(filter) 다양한 효과를 만들어내기 위해 렌즈의 앞에 씌우는 투명 유리 혹은 젤라틴 용지

핍진성(verisimilitude) 독자나 관객이 구성된 세계, 사건, 캐릭터, 액션을 그럴듯하게 받아들이도록 해주는 허구적 재현의 성질

하광(underlighting) 밑에서 대상을 비추는 데 사용된다.

하드보일드 탐정 영화(hard-boiled detective film) 미스터리 범죄를 풀기 위해 범죄 요소와 전쟁을 벌이는 흠이 있고, 도덕적으로 모호한 탐정을 주인공으로 캐스팅하는 범죄 영화의 하위 장르

하루 촬영분(dailies) 하루 동안 영화촬영에서 찍은 영상들. 영국에서는 러쉬라고 한다.

하위 장르(subgenre) 스파게티 웨스턴 혹은 슬랩스틱 코미디처럼 한 장르의 제한된 버전

하이 콘셉트(high concept) 인기배우, 장르 또는 관객들에게 쉽게 어필하고 마케팅 가능성을 결합해 수익을 올릴 만한 영화를 기획하는 것

하이라이팅(highlighting) 특정 캐릭터나 대상을 밝게 해주거나 강조하기 위해서 사용하는 조명

하이마트 영화(heimat film) 고향 영화. 전통적 민속 세계의 가치를 묘사하는 독일 및 오스트리아 지방의 전원 풍경을 세트로 한 영화

하이브리드 장르(hybrid genres) 혼합 장르. 뮤지컬 공포 영화처럼 다른 장르와의 상호작용을 통해 창조해내는 영화 유형

하이 앵글(high angle) 위에서 내려다보며 촬영한 숏

해석 공동체(interpretive community) 특정 지식이나 문화적 능력을 공유하고 있는 관객 집단

핸드헬드 숏(handheld shot) 휴대용 카메라로 촬영한 불안정하게 떨리는 영상 이미지

핸드헬드 카메라(handheld camera) 삼각대에 장착하기보다는 손에 휴대할 수 있는 경량 카메라. 많은 디지털 카메라뿐만 아니라 8mm와 16mm 같은 손에 쥘 수 있는 소형 카메라들은 이동성이 크고, 제작비용도 덜 들고, 현지 촬영도 훨씬 용이하다.

행동 축(axis of action) 연속 편집에서의 180도 규칙에 부합하는 장면을 둘로 나누는 가상적인 선

현상학(phenomenology) 지각 행위는 보는 사람과 보이는 것의 상호 관계를 포함한다는 것을 강조하는 이론

형식주의(formalism) 텍스트나 매체 혹은 맥락의 형식적 속성을 강조하는 영화에 대한 비판적 접근 방법

홍보(promotion) 프로모션. 관객들이 노출되어 특정 영화를 보도록 만드는 영화산업의 한 측면. 광고, 예고편, 공공장소 등장, 제품 협찬이 포함된다.

화면 비율(aspect ratio) 극장 스크린이나 TV 모니터 등 화면의 가로 대 세로 비율

확장 영화(expanded cinema) 설치 혹은 퍼포먼스에 기초한 하나의 실험 영화 관행

환등기(magic lantern) 17세기에 슬라이드로부터 이미지를 영사하기 위해 개발된 장치. 영사기의 시초

회상적 플롯(retrospective plot) 현재 혹은 미래의 관점으로부터 과거 사건들에 대해 말해주는 플롯

후기 고전적 서사(postclassical narrative) 1960년경 스튜디오 시스템 몰락한 후 전에는 금기시되었던 유럽 영화에 영향을 받았다. 주제, 서사 영화, 형식적 기술을 포함하여 할리우드 영화의 형식 및 내용에 대한 도전을 특징지었던 용어

후기구조주의(poststructuralism) 주관성의 위치, 언어의 불신성, 사회적 힘의 구축을 강조함으로써 구조주의의 방법론 및 고정 관념에 도전했던 지적인 발전

후반제작(postproduction) 주요 촬영이 끝난 후 일어나는 영화 제작 과정의 한 시기. 편집, 음향, 시각효과 작업으로 구성된다.

후반 제작 음향(postproduction sound) 후반 작업 시 영화에 더해지고 기록되는 음향

후시 녹음(automated dialogue replacement, ADR) 배우들이 영화 장면을 보고 사운드트랙에 효과를 넣을 자신들의 대사를 다시 녹음하는 과정. 루핑(looping)으로도 알려져 있다.

180도 법칙(180-degree rule) 한 장면 내 캐릭터들 사이에서 이끌어낸 상상 속의 선(액션의 축)의 한쪽에서 180도 지역으로 카메라 설정을 제한하는 연속 편집의 중심적인 관행. 카메라가 다른 쪽의 180도 지역 안으로부터 촬영하기 위해 그 선을 가로지르려 한다면, 화면상 인물 위치가 뒤바뀔 것이다.

1인칭 내레이션(first-person narration) 한 명의 개인, 즉 전형적으로 그 영화에서의 한 캐릭터(항상 그런 것은 아니지만)와 동일시되는

내레이션

1차 연구자료(primary research source)　기록보관소 인쇄물에서부터 DVD에 걸쳐 있는 형식들에서 대본 및 영화 그 자체 같은 원래 자료. 영화 제작 당시 문서들. 그리고 새로운 연구 데이터

30도 법칙(30-degree rule)　하나의 숏이 처음 숏 위치로부터 30도 이상의 위치에서 찍은 또 다른 숏이 따라와야만 하는 것을 특정하는 촬영 및 편집 규칙

3인칭 내레이션(third-person narration)　스토리 밖에서 사건을 묘사하면서 플롯 및 캐릭터에 대하여 거리를 두는 객관적인 자세를 취하는 내레이션

3점 조명(three-point lighting)　할리우드에서 공통적인 조명 기술로 한 장면에서 빛의 분포를 섞어주기 위해 주광, 보조광, 역광을 결합한다.

A급 영화(A picture)　상당한 예산과 톱스타 및 물자를 투입한 A급 장편 영화

B급 영화(B picture)　통상 동시상영에 절반가 이하로 상영되는 저예산 영화. 대체로 할리우드의 빈곤층으로 언급되는 작은 스튜디오들이 제작했다.

추가 참고자료

서문

Mayne, Judith. *Cinema and Spectatorship*. New York: Routledge, 1993. 다른 관객 반응을 위해 더 다양하고 역동적인 묘사들을 발전시키기고자 영화에서의 공감대 모델을 요약하고, 또 다시 생각해보고 있다.

Plantinga, Carl. *Moving Viewers: American Film and the Spectator's Experience*. Berkeley: Univ. of California Press, 2009. 주류 할리우드 영화에 초점을 맞춘 감상 경험에 대한 광범위한 연구. 인식론적, 철학적, 사회적 관점을 포함한 다른 각도에서 본 영화들을 검토해보고 있다.

Williams, Linda, ed. *Viewing Positions: Ways of Seeing Film*. New Brunswick, NJ: Rutgers Univ. Press, 1995. 영화 관객에 대한 이 다양한 에세이 컬렉션은 초기 영화부터 포스트모던 영화까지 감상 경험을 다루는 비판적 논의들을 보여준다.

제1장

Acland, Charles R. *Screen Traffic: Movies, Multiplexes, and Global Culture*. Durham, NC: Duke Univ. Press, 2003. 1980년대 중반 이래로 영화산업에서의 변화를 검토하면서, 오늘날 영화의 새로운 전 지구적 영향, 대형 복합상영관, 페이퍼뷰 배급, 가속화하는 관람 패턴 등의 경제학과 얽혀 있는 변화하는 제작, 배급, 상영 구조 등을 탐색한다.

Gomery, Douglas. *Shared Pleasures: A History of Movie Presentation in the United States*. Madison: Univ. of Wisconsin Press, 1992. 1895~1990년까지 영화 상영에서 많은 변화가 있었던 역사에 대한 연구로 미국 영화 배급의 진화에 대한 상세한 정보를 제공해준다.

Lukk, Tiiu. *Movie Marketing: Opening the Picture and Giving It Legs*. Los Angeles: Silman-St. James, 1997. 〈네 번의 결혼식과 한 번의 장례식〉부터 〈미세스 다웃파이어〉까지 다양한 현대 영화에 집중하면서 다른 마케팅과 홍보 전략을 기술한다.

Stokes, Melvyn, and Richard Maltby. *American Movie Audiences: From the Turn of the Century to the Early Sound Era*. London: BFI, 1999. 이 에세이 선집은 20세기 초반의 놀랄 만큼 다양한 관람 패턴을 보여준다. 초기 영화 관객들의 사회적 구성을 논하면서, 기업체 할리우드에 의해 촉진된 균질화 및 표준화를 때로 거부하는 관객들의 납득할 만한 증거를 제시한다.

Vachon, Christine, with Austin Bunn. *A Killer Life: How an Independent Producer Survives Deals and Disasters in Hollywood and Beyond*. New York: Simon & Schuster, 2006. 뉴욕에 기반을 둔 독립영화사인 킬러 필름 설립자의 제작 과정에 대한 생생한 증언으로, 〈소년은 울지 않는다〉와 〈아임 낫 데어〉 같은 혁신적 영화들을 제작했다.

제2장

Affron, Charles and Mirella. *Sets in Motion: Art Direction and Film Narrative*. New Brunswick, NJ: Rutgers Univ. Press, 1995. 세트 디자이너의 작업에 집중하고 있는 이 연구는 그 의미의 중심이 되면서, 세트가 영화를 꾸미는 것보다 어떻게 훨씬 더 많은 일을 하는지를 보여주기 위해 수많은 영화를 검토한다.

Brewster, Ben, and Lea Jacobs. *Theatre to Cinema: Stage Pictorialism and the Early Feature Film*. Oxford: Oxford Univ. Press, 1997. 초기 영화 역사에서 무대 연극으로부터 스크린으로의 전환에 대한 주의 깊은 학문적으로 탐구한 책이다.

Dyer, Richard. *Stars*. Rev. ed. London: BFI, 1998. 인기배우들이 영화의 읽기에 초점을 맞추는 많은 방법에 대한 기념비적 연구로 화면상 존재와 화면 밖 활동 양자 모두를 탐색한다.

Gaines, Jane M., and Charlotte Herzog, eds. *Fabrications: Costume and the Female Body*. London: Routledge, 1990. 이 에세이 선집은 서사 영화를 규정하는 데 있어서 의상의 역할, 의상 디자인을 다루면서 여성 인기배우 이미지들을 형성하고, 여성 관객들에 호소하는 에세이 선집

Gibbs, John. *Mise-en-Scène: Film Style and Interpretation*. New York: Columbia Univ. Press, 2002. 미장센의 중요성에 집중하는 이 책은 영화의 비판적 측면에 대한 역사적 연구이며, 그 미적 힘에 대한 자세한 검토를 하고 있다.

Naremore, James. *Acting in the Cinema*. Berkeley: Univ. of California Press, 1988. 다른 연기 전략들을 강조하고 있는 이론적 및 이데올로기적 이슈 속으로 들어가며 영화 연기의 형식 및 스타일에 대한 명쾌한 입문 및 조사서이다.

Neumann, Dietrich. *Film Architecture: Set Designs from Metropolis to Blade Runner*. Munich: Prestel Art Press, 1999. 미술 전시회가 포함된 반한 이 책은 모더니즘 건축, 세트 디자인에 대한 도시화의 영향에 대한 연구로 호화로운 삽화와 사진이 게재되어 있다.

Williams, Christopher. *Realism and the Cinema*. London: Routledge, 1980. 영화 리얼리즘 주장에 대한 광범위한 검토인 이 책은 또

한 리얼리즘의 다른 영화 관행들, 그런 영화들에 내포된 이데올로 기적 상관관계를 보고 있다.

제3장

Belton, John. *Widescreen Cinema.* Cambridge, MA: Harvard Univ. Press, 1992. 1896년 이래로 와이드스크린 시네마의 일부였던 기술적·경제적·사회적·미적 힘들을 검토하면서, 다른 문화 및 관객들에게 반응하기 위하여 영화 이미지를 형성한다.

Berger, John. *Ways of Seeing.* Harmondsworth, U.K.: Penguin, 1972. 작고 잘 그려진 그림 및 사진이 들어간 이 책은 모든 종류의 이미지(그림부터 TV 광고까지)가 어떻게 강력한 역사적 및 문화적 가치에 의해 알려지는가에 대한 놀랄 만큼 넓은 시야를 제공해준다.

Manovich, Lev. *The Language of New Media.* Cambridge, MA: MIT Press, 2001. 이 책은 디지털 영화의 철학, 기술, 영향에 대한 영향력 있는 이론을 보여준다.

Pierson, Michele. *Special Effects: Still in Search of Wonder.* New York: Columbia Univ. Press, 2002. 이 책은 움직이는 이미지에 대한 지속적이고도 더 주도적인 측면을 이론화하는 데 중요한 공헌을 한다.

Schaefer, Dennis, and Larry Salvato. *Masters of Light: Conversations with Contemporary Cinematographers.* Berkeley: Univ. of California Press, 1984. 유명 촬영감독들과의 매력적인 토론이 예술 및 기술에 대한 통찰력을 제공해준다.

Smoodin, Eric. *Animation Culture: Hollywood Cartoons from the Sound Era.* New Brunswick, NJ: Rutgers Univ. Press, 1993. 만화영화(1930~1960)에서의 기술적 전략뿐만 아니라 때로 그런 전략을 추진하는 복잡한 정치 및 이데올로기적 의제를 제공하고 있다.

Winston, Brian. *Technologies of Seeing.* London: BFI, 1997. 기술적 이미지의 발전(16mm 영화에서부터 HDTV까지)에 대한 비평서이자 이런 변화들 뒤에 있는 논리, 어떻게 그것들이 다른 역사적 및 사회적 전환에 관여하는지를 강조한다.

제4장

Bazin, André. *What Is Cinema?* Edited and translated by Hugh Gray. 2 vols. Berkeley: Univ. of California Press, 2005. 1967년 원본 출판. 영화의 언어에 대해 바쟁이 선별한 비판적 에세이들의 번역서인 이 책에는 몽타주와 롱테이크 기법에 대한 고전적인 이론이 포함되어 있다. 이 새로운 판본에는 바쟁 전문가인 더들리 앤드류의 서문이 포함되어 있다.

Bordwell, David. *The Way Hollywood Tells It: Story and Style in Modern Movies.* Berkeley: Univ. of California Press, 2006. 1960년대 이후의 할리우드 영화를 검토하고 있다. 다른 이슈 중에서 연속 편집이 작가가 '강화된 연속성'이라 부르는 측면을 진화시켰다는 주장을 위해 내러티브 스타일에서의 변화를 살펴보고 있다.

Burch, Noel. *Theory of Film Practice.* Translated by Helen Lane. Princeton: Princeton Univ. Press, 1981. 1973년 발행된 이 영향력 있는 책에서 현대 프랑스 이론가이자 영화감독인 저자는 할리우드와 아방가르드 영화에서의 공간과 시간의 구성을 생각한다.

Dancyger, Ken. *The Technique of Film and Video Editing: Theory and Practice.* 4th ed. Boston: Focal Press, 1997. 영화 편집의 역사, 이론, 실습에 초점을 두고 있는 책으로 카렐 라이츠의 1953년도 클래식 *The Technique of Film Editing* 및 1968년도 개빈 밀러의 개정판을 능가하는 감독 지망생에게 유익한 책이다.

Eisenstein, Sergei. *The Eisenstein Reader.* Edited by Richard Taylor. London: BFI, 1998. 소련 영화감독인 저자가 자신의 영화 실습 및 몽타주 이론을 보여주는 짧은 글들을 모은 선집으로, 1923~1947년까지 그의 전 경력을 담고 있다.

Figgis, Mike. *Digital Filmmaking.* London: Faber & Faber, 2007. 디지털 혁명의 초기 창조적 이점을 얻은 영화감독에 의해 저술된 이 책은 디지털 혁명 및 비선형 편집에 의해 인도된 극적인 변화 및 기회들에 대한 안내서이다.

Metz, Christian. *Language and Cinema.* The Hague: Mouton de Gruyter, 1974. 복잡하지만 영향력 있는 작품에서 영화 기호학 분야의 윤곽을 잡아가는 저자는 서사 영화의 통합적 요소의 분석을 위한 자신의 틀을 보여준다. 그는 편집을 영화 문법의 규정을 통해서 영화를 언어에 비교하는 것을 지지하는 것을 중요한 것으로 보고 있다.

Oldham, Gabriella. *First Cut: Conversations with Film Editors.* Berkeley: Univ. of California Press, 1992. 편저자들은 자신의 기술에 대한 비밀을 공유한다.

제5장

Altman, Richard, ed. *Sound Theory, Sound Practice.* New York: Routledge, 1992. 영화 음향에 대해 부적절하게 이론화하는 것을 다루고 있으며, 영화 음향의 역사 및 비서사 영화 음향에 대한 관점을 포함한다.

Chion, Michel. *Audio-Vision: Sound on Screen.* Edited and translated by Claudia Gorbman. Foreword by Walter Murch. New York: Columbia Univ. Press, 1990. 영화 음향의 주요 이론가가 번역한 이 책은 사운드와 이미지의 불가분성을 강조하고, 그 경험을 더 정확하게 탐색하기 위해 원래의 전문용어를 소개한다.

Dickinson, Kay, ed. *Movie Music: The Film Reader.* London: Routledge, 2003. 이 에세이 선집에는 애니메이션에 대한 토론, 레코드 산업, 음악의 형식적 분석뿐만 아니라 테오도르 아도르노와 한스 아이슬러에 의한 고전적 진술이 포함되어 있다.

Donnelly, Kevin. *The Spectre of Sound: Music in Film and Television.* London: BFI, 2005. 이 책은 감정적 반응을 이끌어내기 위해 영화와 TV에서의 음악 사용을 조사하고 있는데, 팝 음악, 공포 음악, 오케스트라 음악, 영화음악의 기타 유형의 사용을 탐색한다.

Eisenstein, Sergei, Vsevolod Pudovkin, and Grifore Alexandrov. "Statement on Sound." *In The Eisenstein Reader,* edited by Richard Taylor, pp. 80–81. London: BFI, 1998.   1928년 발행된 이 책은 소련 몽타주 이론가들의 선언문 같은 것으로 영화에서 음향의 창조적인 이용을 예상한다.

Gorbman, Claudia. *Unheard Melodies: Narrative Film Music.* Bloomington: Indiana Univ. Press, 1987.   어떻게 음악이 서사 영화에서 작동하는지에 대한 철저한 조사. 서사학과 기호학에 기반한 이 책은 폭넓은 예들을 갖춘 영화 음악의 중요한 이론들을 소개한다.

Kozloff, Sarah. *Overhearing Film Dialogue.* Berkeley: Univ. of California Press, 2000.   영화 대사에 대한 귀하고도 포괄적인 연구인 이 책은 미국 영화에서 대사에 소홀한 것을 조사한다. 이 책의 두 번째 부분에서는 네 가지 장르(서부 영화, 스크루볼 코미디, 갱 영화, 멜로드라마)에서 대사의 특징적인 사용을 분석한다.

Lastra, James. *Sound Technology and the American Cinema.* New York: Columbia Univ. Press, 2000.   1920~1930년대 영화음악의 관행 및 수사학을 19세기 기술과 연결시키고 있는 이 책은 청각적 측면에 대한 지속적 방식의 말하기를 보여주고 있으며, 또한 근대성으로 야기된 사회적 및 감각적 변화들을 추적한다.

O'Brien, Charles. *Cinema's Conversion to Sound: Technology and Film Style in France and the U.S.* Bloomington: Indiana Univ. Press, 2005.   이 책은 어떻게 두 가지 다른 영화 문화(프랑스와 미국)가 뚜렷하게 다른 방식들로 사운드 혁명에 동화되었는가에 대한 혁신적인 비교문화 분석이다. 음향 기술에 대한 전통적인 연구들과는 달리, 할리우드와 연관된 일반적인 양식적 전략에 대해서 주장하기보다는, 문화적 차이가 영화 음향 생산에 있어서 할 수 있는 의미 있는 역할을 강조한다.

Weis, Elisabeth, and John Belton, eds. *Film Sound: Theory and Practice.* New York: Columbia Univ. Press, 1985.   역사, 기술, 미학, 고전적 및 현대적 음향 이론을 다루고 있는 포괄적인 선집인 이 책에는 초기 음향시대로부터 현대 할리우드 영화시대까지, 혁신적으로 음향을 이용해왔던 감독의 작품에 대한 에세이가 포함되어 있다.

제6장

Altman, Rick. *A Theory of Narrative.* New York: Columbia Univ. Press, 2008.   20세기 영화를 통해서 성경에서의 서사 영역에 대한 이 야심찬 연구는 서사 및 실제적 사고에 대한 이론적 이슈들에 대해 논쟁을 벌이고 있다.

Branigan, Edward. *Narrative Comprehension and Film.* New York: Routledge, 1992.   서사 영화의 구조와 관객들이 어떻게 그 구조를 확인하고 처리하도록 배우는지에 대한 분석적 언급을 제공한다.

Elsaesser, Thomas, and Adam Barker, eds. *Early Cinema: Space/Frame/ Narrative.* London: BFI, 1990.   영국, 미국, 유럽의 주도적인 학자들을 대표하면서, 이 에세이 선집은 영화의 초기 20년을 탐색하고 있는데, 거기에는 초기 서사 영화를 만든 흥미진진한 다수의 영화 실천 및 실험이 포함되어 있다.

Fell, John L. *Film and the Narrative Tradition.* Norman: Univ. of Oklahoma Press, 1974.   이 에세이 선집은 서사 영화의 많은 다른 역사적 및 문화적 배경들을 추적한다.

Gaines, Jane. *Classical Hollywood Narrative: The Paradigm Wars.* Durham, NC: Duke Univ. Press, 1982.   주도적인 영화학자들에 의한 고전적 할리우드 패러다임의 재탐구인 이 책은 어떻게 그 패러다임이 TV, 새로운 성적 관계, 다른 문화적 변화에 의해 도전받아왔는지를 기술한다.

Turim, Maureen. *Flashbacks in Film: Memory and History.* New York: Routledge, 1989.   어떻게 플래시백(회상)이 무성 영화에서 현재까지 내러티브를 구성해왔는지에 대한 복잡한 이론적 조사서이다.

제7장

Barnouw, Erik. *Documentary: A History of Non-Fiction Film.* 2nd rev. ed. New York: Oxford Univ. Press, 1993.   주요 20세기 다큐멘터리 영화에 대한 이 조사서는 그들이 착수한 수사학적 자세(예: 탐구자, 검찰관, 게릴라)를 통해 논픽션 영화 종류들을 구별해낸다.

Barsam, Richard M., ed. *Nonfiction Film Theory and Criticism.* New York: Dutton, 1976.   논픽션 영화 만들기의 목적 및 특징에 대한 최초의, 가장 중요한 선집 중 하나인 이 책에는 특별히 존 그리어슨, 요리스 이벤스, 기타 주요 인사들의 에세이가 포함되어 있다.

Bruzzi, Stella. *New Documentary: A Critical Introduction.* 2nd ed. London: Routledge, 2006.   성, 관객성, 작가주의의 변화하는 역할 같은 다큐멘터리에 관한 실천적 및 이론적 이슈에 대한 진지한, 논쟁적인, 간결한 소개서이다.

Grant, Keith Barry, and Jeannette Sloniowski. *Documenting the Documentary: Close Readings of Documentary Film and Video.* Detroit: Wayne State Univ. Press, 1998.   특정 다큐멘터리 영화들에 대한 개인적 에세이의 선집인 이 책은 〈북극의 나누크〉부터 〈풀어헤쳐진 말들〉까지 다루고 있다.

Nichols, Bill. *Blurred Boundaries: Questions of Meaning in Contemporary Culture.* Bloomington: Indiana Univ. Press, 1994.   이 통찰력 있는 조사서는 픽션과 논픽션 영화 사이의 '모호한' 중간지대를 탐색한다. 그 역사적 범위는 세르게이 에이젠슈타인의 〈파업〉부터 악명 높은 로드니 킹의 비디오테이프까지 다수의 예외적인 현대 영화감독들의 작품을 아우르고 있다.

Renov, Michael. *The Subject of Documentary.* Minneapolis: Univ. of Minnesota Press, 2004.   이 비판적 에세이 선집은 다른 다큐멘터리 전통을 통하여, 뉴스 영화와 자서전부터 국내의 민족지학과 새로운 쌍방향 기술까지 자신의 다양한 변형을 탐색한다.

Rosenthal, Alan, and John Corner, eds. *New Challenges for*

Documentary. 2nd ed. Manchester, U.K.: Manchester Univ. Press, 2005. 다양한 작가의 35개 에세이가 게재되어 있으며 여섯 가지 주제를 다루고 있다. 장르로서의 다큐멘터리, 다큐멘터리 제작자와 감독, 윤리학과 미학, 다큐멘터리와 TV, 역사의 재현, 다큐드라마를 다룬다.

제8장

Benjamin, Walter. "The Work of Art in the Age of Mechanical Reproduction." *In Illuminations*, edited by Hannah Arendt. New York: Schocken, 1969. 독일 바이마르 시대에 저술된 이 중요한 에세이는 어떻게 영화와 촬영이 예술 작품 및 현대적인 보는 방법을 변형시켜왔는지를 논한다.

Gunning, Tom. "The Cinema of Attraction: Early Film, Its Spectator and the Avant-Garde," *Wide Angle* 8.3-4(1986): 63-70. 이 에세이는 초기 영화의 당시 관객 유혹에 대한 중요한 이론화 작업이며, 아방가르드를 포함한 비서사 전통을 위한 그런 양상의 암시에 대한 내용을 다루고 있다.

Hall, Doug, and Sally Jo Fifer, eds. *Illuminating Video: An Essential Guide to Video Art.* New York: Aperture, in association with the Bay Area Video Coalition, 1990. 디지털 비디오의 출현 전에 예술 매체로서의 비디오에 대한 권위 있는 연구서이다.

James, David E. *Allegories of Cinema: American Film in the 1960s.* Princeton: Princeton Univ. Press, 1989. 이 연구는 언더그라운드와 아방가르드 영화를 1960년대 미국의 정치적 및 사회적 운동에 대한 맥락과 연결 짓고 있다.

Le Grice, Malcolm. *Abstract Film and Beyond.* Cambridge: MIT Press, 1977. 중요한 실험 영화감독인 르 그라이스는 추상 영화를 아방가르드 영화와 비교함으로써 자신의 작업을 시작하고 있으며, 또한 미국에서의 다양한 제2차 세계대전 후 운동을 통하여 미래주의 운동에서 그들의 발전을 보여준다.

MacDonald, Scott. *A Critical Cinema: Interviews with Independent Filmmakers.* 5 vols. Berkeley: Univ. of California Press, 1988-2006. 이 생생한 시리즈물에서 가장 유명한 학자 중 한 사람과 실험 영화 주장자들이 미국 아방가르드의 여러 세대에 걸쳐 있는 수백 명의 영화감독과 인터뷰를 나눈다.

Manovich, Lev. *The Language of New Media.* Cambridge: MIT Press, 2001. 새로운 미디어에 대한 자극적이고도 영향력 있는 이론화, 그것들의 올드 미디어와의 관계를 보여준다.

Petrolle, Jean, and Virginia Wright Wexman, eds. *Women and Experimental Filmmaking.* Urbana: Univ. of Illinois Press, 2005. 고전적인 설명 때문에 때때로 빛을 잃고 있는 영화감독들에 대한 새로운 글들을 모아놓은 선집이다.

Rees, A. L. *A History of Experimental Film and Video.* London: BFI, 1999. 장 콕토부터 스탠 브래키지와 현대 아방가르드 비디오에 걸쳐 있는 주제들을 다루고 있으며 20세기 실험 영화 및 비디오에 대한 세세한, 깔끔한, 읽기 쉬운 설명서이다.

Renov, Michael, and Erika Suderburg, eds. *Resolutions: Contemporary Video Practices.* Minneapolis: Univ. of Minnesota Press, 1996. 사회운동가와 예술 비디오에 대한 이론적 및 역사적 에세이들을 모아놓은 포괄적 선집이다.

Rieser, Martin, and Andrea Zapp. *New Screen Media: Cinema/Art/Narrative.* London: BFI, 2002. 서술과 미학에 대한 새로운 미디어 형식들의 충격에 대한 광범위한 비평가, 이론가, 예술가들의 글을 담고 있다.

Sitney, P. Adams. *Visionary Film: The American Avant-Garde, 1943–2000.* 3rd ed. Oxford: Oxford Univ. Press, 2002. 이 고전적인 텍스트는 미국 아방가르드 영화 및 그 핵심 영화감독들이 수십 년간 논의했던 전문용어들을 정립해놓았다. 원래 1974년 출판됐던 이 책에는 이제 최근 발전상을 조사하는 새로운 장이 추가되었다.

Wees, William C. *Light Moving in Time: Studies in the Visual Aesthetics of Avant-Garde Film.* Berkeley: Univ. of California Press, 1992. 이 책은 북미 아방가르드의 주요 영화감독들의 미학에 대한 설명을 제공한다.

제9장

Altman, Rick. *Film/Genre.* London: BFI, 1999.4 아리스토텔레스 이래로 장르 이론에 대한 균형 잡힌 조사를 하고 있는 이 책은 산업과 관객 양쪽 모두를 위한 영화 장르의 중요성을 다루고 있으면서 장르의 역사적 변형 및 사회생활과의 관계를 조사한다.

Browne, Nick, ed. *Refiguring American Film Genres.* Berkeley: Univ. of California Press, 1999. 이 선집은 영화 장르에 대한 많은 상위 학자들의 기사를 싣고 있으며, 영화 장르에 대해 새로운 이론적 입지를 발전시키고 있는 특정 영화 및 장르(전쟁 영화와 재판 영화 포함)의 일부를 포함한다.

Clover, Carol. *Men, Women, and Chain-Saws: Gender in the Modern Horror Film.* Princeton: Princeton Univ. Press, 1992. 슬래셔 영화에 대한 클로버의 대담한 연구는 대학살에서 살아남은 '마지막 소녀'가 남성팬들을 위한 여성 인물이라는 사실을 주장한다.

Gledhill, Christine, ed. *Home Is Where the Heart Is: Studies in Melodrama and the Woman's Film.* London: BFI, 1987. 이 책은 무성 멜로드라마, 1930~1940년대 여성 영화, 1950년대의 가족 멜로드라마에 대한 일부 그 분야 최고 페미니즘 이론가들의 에세이를 포함한다.

Grant, Barry, ed. *Film Genre Reader III.* Austin: Univ. of Texas Press, 2003. 영화 장르에 대한 에세이에서 없으면 안 될 선집인 이 책은 다양한 이론적 이슈를 다루면서 수많은 영화 장르들을 분석한다. 기고가들은 다양하며 전통적이고 현대적인 비판적 방법을 보여준다.

Kitses, Jim. *Horizons West: Directing the Western from John Ford to Clint Eastwood.* London: BFI, 2004. 1969년 처음 출판된 고전적 장르

연구의 이 새로운 판본은 서부 영화를 미국 영화 장르의 중심에 세워놓고 있으며, 작가주의와 장르 비평을 우아하게 결합시키고 있다.

Neale, Steve. *Genre.* London: BFI, 1980.   영화 장르에 대한 닐의 간략하고도 지적으로 자극적인 이 글들은 장르 영화가 의미 있는 시스템을 만들어내기 위해 구체화하고, 필요로 하는 영화산업과 관객 사이의 제도적 및 문서 계약을 강조한다.

Shatz, Thomas. *Hollywood Genres: Formulas, Filmmaking, and the Studio System.* New York: Random House, 1981.   영화 장르가 어떻게 영화를 위한 구성 원리로 작동하는지에 대한 명쾌하고 주의 깊게 구성된 입문서로서 서부 영화, 갱 및 하드보일드 탐정 영화, 스크루볼 코미디, 뮤지컬, 가족 멜로드라마에 특별한 관심을 기울이고 있다.

제10장

Allen, Robert C., and Douglas Gomery. *Film History: Theory and Practice.* New York: Knopf, 1985.   이론적 지식과 실제를 성공적으로 결합한 이 연구는 영화 역사가 개인적 영화들을 명확히 하기 위해 구성되고 이용될 수 있는 다른 방식들을 보고자 하는 귀한 시각을 제공한다.

Beauchamp, Cari. *Frances Marion and the Powerful Women of Early Hollywood.* Berkeley: Univ. of California Press, 1997.   할리우드 초기 시절 활약했던 여성 시나리오 작가, 제작자, 인기배우들에 대한 생생하고 읽기 쉬운 역사를 담고 있다.

Bordwell, David, Janet Staiger, and Kristin Thompson. *The Classical Hollywood Cinema: Film Style and Mode to 1960.* New York: Columbia Univ. Press, 1985.   저자들에 따르면 60년간 조금도 바뀌지 않은 산업적 표준에 기초한 미국 영화 역사에 대한 광범위한 연구 및 상세한 탐색을 한다.

Bruno, Giuliana. *Streetwalking on a Ruined Map: Cultural Theory and the City Films of Elvira Notari.* Princeton: Princeton Univ. Press, 1993.   저자는 이탈리아 초기 영화 시절 한 여성 제작자의 매력적인 경력에 초점을 맞추고 있으며, 근대성의 맥락에서 영화 매체 및 제도에 의해 제공된 성, 도시, 공간과 시간에 대한 새로운 경험을 주장한다.

Cook, David A. *A History of Narrative Film.* 4th ed. New York: Norton, 2004.   세계 영화 역사에 대한 이 훌륭한 책은 기원부터 최근 영화 문화까지 다루고 있다.

Cripps, Thomas. *Slow Fade to Black: The Negro in American Film, 1900~1942.* New York: Oxford Univ. Press, 1977.   제2차 세계대전까지 미국 영화에 나타난 아프리카계 미국인들에 대한 풍부하고 자세한 사회적 역사는 동 작가의 *Making Movies Black*(1993)에서 계속된다.

Grant, Catherine, and Annette Kuhn. *Screening World Cinema.* London: Routledge, 2006.   초국가적 영화에 대한 현대 에세이들의 선집인 이 책은 가장 이슈가 되고 있는 문제(예 : 국제 영화와 근대성의 관계)를 탐색하고, 근래 등장한 가장 중요한 국가적 영화 일부(예 : 이란, 중국, 라틴 아메리카 영화)를 논한다.

Hansen, Miriam. *Babel and Babylon.* Cambridge: Harvard Univ. Press, 1991.   루돌프 발렌티노의 대중적인 인기 같은 예뿐 아니라 미국의 무성 영화 도입이라는 특정 맥락도 살펴보는 이 책은 관객들이 영화에서 현대 세계에 대한 새로운 대중적인 경험을 발견했다고 주장한다.

Harpole, Charles, general ed. *History of American Cinema.* 10 vols. New York: Scribner's, 1990~2002.   각 권을 다른 학자들이 편집한 이 기념비적 역사책은 미국 영화의 산업적 · 사회적 · 양식적 발전을 보여주는 10년 주기의 상세한 개요 및 사실을 제공해준다.

Hill, John, and Patricia Church Gibson. *World Cinema: Critical Approaches.* New York: Oxford Univ. Press, 2000.   전 세계 영화학도들의 에세이를 광범위하게 모아놓은 선집인 이 책은 '동중부 유럽 영화'와 '대만의 뉴시네마'를 포함한 개별적 영화 문화들에 대한 케이스 연구뿐만 아니라 '국가적 영화의 개념'과 '유럽 영화의 이슈' 같은 주제에 대한 일반적 에세이를 특별히 담고 있다.

Naficy, Hamid. *Accented Cinema: Exilic and Diasporic Filmmaking.* Princeton: Princeton Univ. Press, 2001.   현대 영화의 양식 및 관점이 초국가 영화 속에서 여러 문화가 섞인 대사의 흔적을 낳고 있는 이주민적 미학에 대한 영향력 있는 연구로, 캐나다의 아톰 에고이안, 이란의 압바스 키아로스타미, 미국의 트린 민하같이 다양한 영화감독을 고려한다.

Nowell-Smith, Geoffrey, ed. *The Oxford History of World Cinema.* New York: Oxford Univ. Press, 1996.   이 책은 세계 영화의 시기, 주제, 지역에 대한 전문가들의 공헌을 담고 있는 포괄적인 책이다.

Sklar, Robert, and Charles Musser, eds. *Resisting Images: Essays on Cinema and History.* Philadelphia: Temple Univ. Press, 1990.   현대 영화학자들 및 비평가들의 에세이 선집으로, '1920년대 소련 노동자 클럽'과 '이스라엘 영화의 정치학' 같은 주제들을 통해서 영화 역사와 사회 역사 사이의 관계를 검토한다.

제11장

Andrew, Dudley. *Concepts in Film Theory.* Oxford: Oxford Univ. Press, 1984.   이 책은 현대 영화 이론에서 채택된 이슈들을 사려 깊게 소개한다.

Corrigan, Timothy, and Patricia White, with Meta Mazaj. *Critical Visions in Film Theory: Classic and Contemporary Readings.* Boston: Bedford/St. Martin's, 2011.   영화 이론에서의 주요 문서들을 광범위하게 모아놓은 선집으로, 에세이들을 통해서 학생들을 지도하기 위한 독서 지침과 더불어 주요 주제 및 개별적 독서를 소개한다.

Elsaesser, Thomas, and Malte Hagener. *Film Theory: An Introduction through Senses.* New York: Routledge, 2010.   이 책은 '창문', '거

울', '마음' 같은 관객의 영화에 대한 다른 경험에 기초한 영화 이론의 주요 학파들을 소개한다.

Hill, John, and Pamela Church Gibson, eds. *The Oxford Guide to Film Studies*. Oxford: Oxford Univ. Press, 1998. 영화 역사와 문화뿐 아니라 고전적 및 현대적 영화 이론에 강한 부분을 갖고 있는 분야를 소개한다.

Kaplan, E. Ann. *Feminism and Film*. Oxford: Oxford Univ. Press, 2000. 작가주의 정신, 장르, 관객, 인종, 성적 취향 등을 다루는 페미니스트 영화 연구에 의미 있는 공헌을 한 많은 작품들의 선집이다.

Lehman, Peter, ed. *Defining Cinema*. New Brunswick, NJ: Rutgers Univ. Press, 1997. 세르게이 에이젠슈타인부터 크리스티앙 메츠까지 5명의 주요 이론가에 대한 에세이 및 현대 논평 선집이다.

Stam, Robert. *Film Theory: An Introduction*. Malden: Blackwell, 2000. 현대의 고전 작품을 다루고 있는 간결하고도 생생한 해설서로 세계 전통으로부터의 신선한 예를 담고 있다.

제12장

Corrigan, Timothy. *A Short Guide to Writing about Film*. 8th ed. New York: Pearson/Longman, 2012. 영화에 대한 글쓰기로 인도하는 간편하지만 완벽한 안내서로 다양한 전문가 및 학생 에세이들로 가득 차 있다.

Donald, James, Anne Friedberg, and Laura Marcus, eds. *Close Up, 1927~1933: Cinema and Modernism*. Princeton: Princeton Univ. Press, 1998. 도로시 리처드슨, 해리 포탬킨, 힐다 둘리틀 같은 여전히 영화 스타일과 핵심 요지에 대해 현대 작가들에게 말해줄 것이 많았던 초기의 일부 최고 작가들을 포함하고 있는 것이 특징인 이 선집은 무성 영화에서 유성 영화로 넘어가던 시기에 영화 예술에 대한 중요한 평론들을 모아놓고 있다.

Lant, Antonia, ed. *Red Velvet Seat: Women's Writings on the First Fifty Years of Cinema*. London: Verso, 2006. 영화 관람이 20세기 전체에 걸쳐서 여성들의 가장 중요한 문화 활동 중 하나였던 반면, 이 선집은 여성들이 영화에 대해 글을 썼던 많은 방식들에 대한 최초의 광범위한 조사서이다. 여배우, 영화감독, 버지니아 울프와 힐다 둘리틀 같은 작가뿐만 아니라 제인 애덤스와 바바라 데밍 같은 사회운동가들의 글도 담고 있다.

Lopate, Phillip, ed. *American Movie Critics: From the Silents until Now*. New York: Library of America, 2006. 미국 영화 비평에 대한 광범위한 최근 선집인 이 책은 1915년 바첼 린제이의 예언적 글부터 로저 에버트의 현대 평론에 이르기까지 영화 역사를 확장시키고 있으며, 매니 파버의 1930년대 글부터 시인 존 애시베리의 영화에 대한 현대적 반성까지 예외적 범위의 목소리 및 관점을 제공해준다.

Rich, B. Ruby. *Chick Flicks: Theories and Memories of the Feminist Film Movement*. Durham, NC: Duke Univ. Press, 1998. 수십 년 동안 페미니스트 영화 비평에 참여하며 다양한 주제와 영화를 다루고 있는 저자는 저널리스트이자 영화학자로서 각각의 에세이가 개인적 경험과 지적 주장의 절묘한 균형을 보여준다.

옮긴이 주석

제1장

1. 한국에서는 기획자라고도 한다.
2. 영화제작 실무와 관계없이 주로 예산이나 행정 업무를 관장한다.
3. 2009년 설립된 미국의 대표적인 크라우드 펀딩 서비스 업체로 문화예술계 프로젝트를 모금받고 있다.
4. 1965년 이스트먼 코닥사가 출시한 8mm 필름. 아마추어 애호가나 실험 영화 작가들이 주로 이용했다.
5. 색종이나 사진 등의 조각들을 붙여 그림을 만드는 미술 기법
6. 스타의 대중적인 호소력을 집중 조성하고 홍보하여 상업적인 이익을 보려는 영화제작 시스템이다. 1919년까지 이른바 스타 시스템이 확립됐다.
7. 한국말로는 헌팅이라고 한다.
8. 영화사 고유의 스타일
9. 구약성서 중 모세의 5서에 해당하는 창세기의 다섯 편. 유대교에서 가장 중시하는 경전이다.
10. 영화에서 카메라를 중단시키지 않고 한 번에 찍는 장면
11. 1948년 미국대법원의 파라마운트 판례를 말한다. 대법원은 당시 헐리우드 메이저 영화사에게 제작, 배급, 상영을 분리할 것을 명령했고, 이후 미국영화계는 한동안 제작업, 배급업, 극장업을 동시에 한 회사가 할 수 없게 되었다.
12. 동시에 많은 극장에 개봉하는 방식. 주로 '치고 빠지기(hit and run)' 전략이라고 한다. 처음에 크게 흥행하여 고수익을 챙기고 빨리 극장에서 사라지는 방식을 말한다.
13. 소수 매니아 집단을 겨냥해 만든 영화
14. 봄베이와 헐리우드의 합성어로 인도 영화 산업을 통칭하는 말로 쓰인다. 영화, 뮤지컬, 콘서트, 무용이 합쳐져 나타나고, 반복되는 스토리와 영화의 흐름을 끊을 만큼 뮤지컬 요소들이 자주 등장하는 것이 특징이다.
15. 1972년 뉴욕에 본부를 둔 비영리 페미니스트 미디어 단체
16. 1970년 전후에 흑인 관객을 대상으로 흑인 영웅이 등장하는 영화의 총칭. 고든 파크스 감독이 할리우드 메이저 스튜디오와 손잡고 만든 〈샤프트〉가 대성공을 거두었다.
17. 맥아더 재단이 1981년부터 시행해온 상으로 '천재들이 받는 상'으로도 불리는데, 매년 창의적인 업적을 이룬 사람들 20~30명을 선정해 수상하며, 5년간 총 625,000달러가 지급된다.
18. 융합 개념의 창시자로 알려진 MIT 미디어랩의 네그로폰테 교수는 이미 1979년 통신 기술의 발달에 따라 방송, 영화, 컴퓨터, 인쇄출판 등이 합쳐져 새로운 시장이 탄생할 것이라 예견했다.
19. 스크린에 투사되는 화면의 세로와 가로 비가 1:2.35의 와이드스크린 방식으로, 1:1.33인 전통적인 35mm 표준규격 필름 비율에 비해 가로가 더 긴 화면 방식의 영화
20. 아리스토텔레스의 시학에서 기원한 고전극 구성으로 발단-전개-결말의 구조로 이루어진다.
21. 원래는 Social Network Service이다.
22. 온라인을 통해 바이러스처럼 퍼지는 광고
23. 서로 관련이 없어 보이는 아이디어를 결합해 예술적·감성적 아름다움을 창조하는 능력. 사막 위의 스키장이 그 대표적 사례이다. '새로운 미래가 온다'라는 책에서 처음 사용한 용어.
24. 1905~1914년까지 미국과 캐나다에서 큰 인기를 끌었던 소규모 영화관을 뜻한다. 극장 입장료가 5센트였고, 당시 미국에서는 5센트짜리 동전을 니켈이라고 불렀다.
25. 일반적으로 16개 이상의 스크린을 갖고 있는 대형 멀티플렉스를 가리키는 용어이다. 대형 전용건물에 단일 로비, 대형 구내 매점, 복수 매표소를 특징으로 하며, 전용 주차장과 식당, 카페 등 부대시설을 갖추고 있다.
26. 가까운 지점부터 먼 곳까지 모두 초점이 맞도록 하는 촬영 테크닉을 일컫는다. 이때 화면은 근경, 중경, 원경을 채우는 각각의 정보들로 가득 찬 다층적인 공간이 되고, 관객은 이들 모두 혹은 그중 일부를 보게 된다.

제2장

1. 디제틱 음향은 영화 장면에서 일어나는 사건과 직접적인 관련을 맺으며 일대일로 짝을 이루는 소리이고, 논디제틱 음향은 영화 장면에서 일어나는 사건과 직접적인 관련이 없는 소리이다.
2. 스크린에 나타나는 영화의 전체적인 외양과 시각을 책임지는 사람. 프로덕션 디자이너는 세트 구성을 디자인하고 감독한다. 이런 기능을 종합적으로 수행하는 미술부문을 지휘한다.
3. 1900년대 초 영화들은 카메라를 고정시킨 채 움직이는 피사체를 기록하는 형식으로 이루어졌다. 회화나 연극처럼 고정된 화면을 배경으로 배우가 혼자 연기를 하는 식이었다. 이 당시의 화면을 타블로라고 일컬었다.
4. 사나 베르나르(1844~1923). 프랑스의 여배우로 아름다운 '황금의 목소리'와 시바의 여왕을 연상시키는 요염한 분위기를 조성하는 것이 매력이었고, 19세기 후반을 장식한 대표적 여배우로 이탈리아의 명여배우 엘레노라 두세와 비교된다.

5. 조르주 엘리에스(1861~1938). 프랑스에서 마술사로 활약하던 그는 발명욕이 강하고 상상력이 풍부했는데, 영화제작에 매료되면서 1896년부터는 직접 영화제작에 뛰어들었다. 특수효과 촬영을 위한 세계 최초의 스튜디오를 건립하였다.

6. 1852년 해리엇 비처 스토우의 소설 〈엉클 톰스 캐빈〉에 토대를 둔 연극이나 뮤지컬에 대한 일반적인 명칭

7. 촬영과 녹음이 동시에 이루어질 수 있도록 설계된 스튜디오로 방음시설을 갖추어 대사를 녹음할 수 있도록 만들어진 스튜디오를 말한다.

8. 찰리 채플린의 두 번째 영화인 〈베니스의 어린이 자동차 경주〉에서 탄생한 캐릭터로, 리틀 트램프의 복장인 콧수염과 모닝코트의 이미지는 찰리 채플린의 아이콘이 되었다.

9. 1920~1930년대에 프랑스를 중심으로 유행한 장식 미술의 한 양식으로 기하학적 무늬와 강렬한 색채가 특징이다.

10. 정치적 색채가 가미된 패러디로 호의적 전제정치로부터 기사적 남성성에 이르는 전통적인 관념들을 브레히트식으로 무너뜨림으로써 서구 세계의 기반이 되는 신화를 폭로하고 있다. 코미디계의 비틀즈처럼 영향을 미쳤다.

11. 한 프레임씩 정지해서 찍는 촬영법

12. 미국 중부 아칸소 주, 미주리 주, 오클라호마 주에 걸쳐 있는 고산지대

제3장

1. 가현 운동은 우리가 물체를 지각하는 과정에서 나타나는 착각 중 하나로 실제로는 움직이지 않는 자극들이 우리 눈에 들어와서 움직이는 물체로 지각되는 현상을 말한다. 영화, 네온사인 광고판 등이 그 대표적 예이다.

2. 벨기에 태생으로 저명한 물리학자, 마술사, 열기구 조종사였으며, 또한 주마등 개발자였다. 그가 기획한 마술쇼에서 그는 종종 '로베르송'이란 쇼맨으로 불렸다.

3. 1832년 벨기에의 물리학자 조제프 플라토가 발명한 것으로 회전 원판의 그림을 회전시켜 그림이 움직이는 듯한 착각을 만드는 광학기구이다.

4. 1834년 영국의 유명한 수학자 윌리엄 조지 호너가 발명한 시각 장치. 연속적인 그림을 종이띠에 그려 원통 안에 설치하고 회전하면서 바깥쪽 구멍으로 보면 움직이는 환영을 느끼도록 고안했다.

5. 최초의 사진 발명가로 알려진 프랑스 화가. 무대 미술가를 거쳐 파리, 런던에서 디오라마(반투명 캔버스에 풍경화를 그리고 이에 반사광선이나 투사광선을 투사하여 변화상을 보여주는 것)관을 개업했다.

6. 프랑스의 화학자이며 사진술의 발명자. 1816년부터 어둠상자에 의해 상을 정착시키는 실험을 거듭하던 중 1826년 세계 최초의 사진 촬영에 성공했다. 그는 이것을 헬리오그래피(heliography)라고 했다.

7. 과학적 연구를 위해 움직임을 연속적으로 찍은 사진을 뜻한다.

1870년대의 에드워드 머이브리지와 1880년대 프랑스의 쥘 마레가 선두적인 활동을 했다.

8. 머이브리지가 고안한 것으로 영화촬영 기법의 원형이라고 일컬어지는데, 사진을 애니메이션화하고 연속적인 움직임을 녹화할 수 있다. 1879년 그는 사진을 연속적으로 이어서 보여주는 '주프락시스코프'를 선보였다.

9. 총천연색 색채 영화의 한 방식. 색채가 가장 아름답고 풍부한 컬러 영화의 색 재현방식으로 널리 알려져 있다. 시선을 자극하는 화려한 색감 때문에 장대한 서사 영화나 뮤지컬 장르에서 빈번하게 쓰인다.

10. 카메라가 선명한 상을 찍을 수 있는 가장 가까운 피사체와 가장 먼 피사체 사이의 거리

11. 클로즈업에서 무한대에 이르기까지 모든 곳의 초점을 분명하게 맞추는 촬영기법. 전경, 중경, 후경을 비롯한 모든 이미지의 단층이 선명한 초점을 이루므로 화면의 구도가 깊은 심도를 형성하게 된다.

12. 원주 렌즈. 카메라에 장착된 필름에 영상을 수축해 기록하는 렌즈. 와이드스크린 영화의 촬영과 영사를 위해 고안된 렌즈이다.

13. 카메라를 삼각대에 고정시키지 않고 들고 찍기로 촬영할 때 촬영자의 움직임에 영향을 받지 않도록 카메라를 고정하는 장치이다.

14. 오클리 사에서 만든 초고화질 4K이면서 메모리 저장방식인 HD 카메라

15. 템페라 화법(tempera). 안료에 달걀 노른자와 물을 섞어 그린 그림

16. 사진을 찍을 때 피사체를 파인더의 테두리 안에 적절히 배치하여 화면을 구성하는 일. 즉 화면의 구도와 구성을 정하는 것이다.

17. 줄여서 심도라고도 한다. 촬영을 할 때 피사체에 초점을 맞추게 되면 초점이 맞는 피사체의 전면과 후면이 존재한다. 이때 초점이 맞는 면적을 피사계 심도라고 부른다.

18. 롱숏은 카메라와 피사체 간의 거리를 나타내는 용어로 피사체를 먼 거리에서 넓게 잡아주는 촬영 방식이다. 일반적으로 연극에서 관객과 무대 사이의 거리에 해당한다.

19. 더치, 차이니즈 앵글이라 불리기도 한다. 카메라를 수직이나 수평이 아닌 각도로 기울여 촬영한 화면의 각도. 장면이 좌우로 기울어져 보여 긴장, 혼란, 심리적 갈등을 나타내고자 할 때 주로 쓰인다.

20. 화면의 가로 대 세로 비율. TV의 비율은 4:3이고 HDTV는 5.3:3 또는 16:9이다. 영화 스크린의 표준 비율은 1.33:1로 1932년 미국영화협회가 제정한 화면비율이다.

21. 와이드스크린 비율로 찍은 영상을 표준 비디오 포맷으로 전송해주는 방식으로 원래의 화면 비율은 그대로 유지된다. 그 결과 비디오 이미지는 위아래로 검은 바, 즉 매티스(mattes. 무광 부분)가 생긴다.

22. 와이드스크린(1.85:1, 2.25:1 등) 이미지의 위아래로 검은색 줄을 넣지 않고 일반 NTSC 방식의 화면비율(4:3, 1.33:1)로 바꿔주는 방식. 방송국에서 와이드스크린 영화를 TV 방식에 적합하도록 바꿀 때는 보통 이 방식을 사용한다.

23. 촬영기 시야에서 불필요한 광선을 가려주고 프레임의 일부를 가려주는 장치. 촬영, 인화할 때 사용하기도 한다.

24. 무성 영화에 자주 쓰였던 기법으로 검은색으로 가려진 원이 장면을 끝내기 위해 닫히는 기법이다. 두 가지 타입이 있는데, 아이리스 인(Iris in)은 장면 시작에 사용되고, 아이리스 아웃(Iris out)은 장면이 끝날 때 사용된다.

25. 직사각형 프레임인 스크린에서의 공간. 즉 영화에서의 공간

26. 영화에서 공간 바깥에서 공간

27. 선택적인 포커스 방법으로 포커스 이동이라고도 한다. 장면 내에서 초점을 이동시켜 관객의 시선과 관심을 다른 방향으로 유도하는 것을 말한다.

28. 컬러 화상을 이루는 색이 노란색, 분홍색, 파란색의 농도와 콘트라스트 및 색순도가 잘 조화를 이룰 때 컬러 사진의 색상이 가장 알맞고 보기 좋아지는 것을 말한다.

29. 카메라를 고정시킨 채 좌우로 움직여 가면서 촬영하는 행위(수평 이동)로 광장 같은 넓은 광경을 포착하거나 이동하는 피사체를 포착할 때 구사하는 방법이다.

30. 촬영기 축을 중심으로 상하 움직임으로 촬영하는 기법. 위로 움직이는 것을 'tilt up'이라 하고, 아래로 움직이는 것을 'tilt down'이라고 한다.

31. 촬영 시 이동수단을 통해 카메라를 움직이면서 촬영하는 것으로 트러킹(trucking), 트래블링(traveling), 돌링(dollying)이라고도 한다.

32. 한 장면의 중요인물과 대상, 주위환경, 위치 등 공간과의 관계 및 상황을 쉽게 파악할 수 있는 넓고 큰 화면.

33. 카메라를 삼각대 등에 고정시키지 않고 손에 휴대한 상태로 촬영한 화면으로 상대적으로 불안정하나 삼각대 촬영으로는 포착할 수 없는 생생한 감정과 친밀한 느낌을 줄 수 있는 이미지를 만들어낸다.

34. 카메라를 삼각대에 고정시키지 않고 핸드헬드로 촬영할 때 촬영자의 움직임에 영향을 받지 않도록 카메라를 고정하는 장치이다.

35. 스톱모션은 정지하고 있는 물체를 1프레임마다 조금씩 이동시키는 것을 카메라로 촬영하는 기법이며, 또한 움직이고 있는 영상을 필요한 순간에 필요한 시간만큼 정지시킨 상태의 화면 또는 그 기법을 말한다.

36. 조소의 재료로 소상 등을 만들 때 점토보다 부드러운 맛을 내기 위해 쓰는 기름 섞인 흙을 말한다. 주성분은 유황, 산화 아연, 밀랍, 올리브유로서 천연토는 들어 있지 않다.

37. 피사체로 사람을 이용하는 애니메이션 기법. 순간 포착적인 연속 촬영에 의해 인물을 표현하므로 마치 무성 영화처럼 끊어지는 동작을 표현할 수 있어, 이에 연출을 가미하면 현실에서는 불가능한 동작을 표현할 수 있다.

38. 배우의 연기 동작을 모사하여 실사감을 한층 더 정교하게 재현하는 컴퓨터 그래픽 기술

39. 애니메이션 이미지와 실사 동화상 이미지를 합성시키는 기법. 셀애니메이션 원본에 동화상의 이미지를 합성하여 이미지를 완성한

다. 애니메이션만으로는 표현하기 어려운 이미지를 표현할 때 이 기법을 이용한다.

40. VFX로 줄여서 말하는데, 특수영상이나 시각효과를 뜻한다. 영화나 애니메이션 그림 등에 적용되는 영상 제작기법 중 현장에서 촬영하기 어려울 때 사용하는 기법으로 흔히 CG 특수효과라고 한다.

41. 유탄발사기, 신호용 권총, 박격포 등에서 발사된 탄알이 공중에서 작렬하여 백색, 적색, 녹색, 황색 등의 빛을 내거나 연기를 뿜으면서 지상으로 낙하하는데, 발광체의 빛깔, 연기의 빛깔, 발광체의 모양에 따라 의사를 전달한다.

42. 촬영 현장에 존재하지 않는 환상적인 배경을 만들어내기 위해 거대한 캔버스에 그림을 그려 풍경이나 세트를 만들어내는 것을 말한다.

43. 움직이는 피사체의 모습을 가리기 위해 매번 매트를 바꾸어 주는 것. 이는 더 자유롭게 구성이나 무브먼트를 할 수 있게 해주지만 성취하기가 어려운 측면이 있다.

44. 배우의 슬로 모션에 카메라의 움직임을 더하여 한순간을 극적으로 표현하는 방식. 〈매트릭스〉의 대표적인 장면으로서 주인공인 레오가 스미스 요원이 쏜 총알을 뒤로 몸을 젖히면서 피하는 장면이다.

45. 1944~1945년 히틀러가 조직한 나치 빨치산으로 연합군에 저항하는 지하운동을 했다. 웨어울프란 말은 늑대인간이란 뜻인데, 고대 게르만어 사람(wer)과 늑대(wolf)를 합성한 말이다.

제4장

1. 헝거 게임에 나오는 벌 이름. 자신들의 삶을 위협하는 것들을 끝까지 공격한다.

2. 디제틱(diegetic)이란 화면상에 벌어지고 있는 일과 짝을 이루는 음향을 말하고, 논디제틱(nondiegetic)이란 짝을 이루지 않고 아무런 관계도 없는 음향을 말한다.

3. 화면에 공간감을 만들어내기 위해 카메라 프레임 내에 인물과 사물을 배열시키거나 카메라, 조명 등의 기재들을 적절한 곳에 배치시키는 예행연습

4. 감독이 새로 찍은 것이 아니라 기존에 존재하는 영상물

제5장

1. 특정 주제를 가진 버라이어티 쇼로 춤, 노래, 시사 풍자 등을 엮어 구성한 가벼운 촌극이다.

2. 19세기 중엽 이래 1910년대까지 미국에서 유행했던 코미디 풍의 쇼. 노래, 춤, 스케치 등으로 엮은 미국의 독특한 뮤지컬 쇼이다.

3. 스피커를 전면, 측면, 후면 등에 배치하고 음의 위상을 조금씩 달리해 내보내 청취자가 음원으로 둘러싸여 있다는 느낌을 들게 하여 실제 현장에 있는 것 같은 느낌을 주는 음향기법. 돌비사가 개발했다.

4. 미국의 서부 개척시대 정통 서부극과는 다른 유럽식 서부극으로

종종 마카로니 웨스턴이라고도 한다.

5. 클래퍼보드(clapperboard)에서 프로덕션 넘버, 감독, 촬영감독, 날짜, 신 넘버, 테이크 넘버 등의 정보가 기록된 부분

6. 군중 안에서 사람들의 집단이 만드는 배경음을 모으는 수단을 뜻하는 'wall of sound'의 줄임말. 또는 영화 촬영의 엑스트라들에 의한 '군중 앰비언스(환경음)'. 주변 음향 혹은 현장음

7. 화면에 있지만 벽 등에 가려서 대상이 보이지 않고 들리는 소리

8. 화면에 나타나지 않는 인물의 목소리나 소리. 연기자나 해설자 등이 화면에 보이지 않는 상태에서 대사나 해설 등의 목소리가 들리는 것. VO라고 줄여 표시하기도 한다. 내레이션이 대표적이다.

9. 영화 안에서 캐릭터들이 듣는 음악

제6장

1. 주로 동성인 사람 두 명이 짝을 이루어 일어나는 일을 담은 영화 장르를 말한다. 남성 버디 영화로는 〈내일을 향해 쏴라〉, 여성 버디 영화로는 〈델마와 루이스〉, 우리나라 버디 영화로는 〈투캅스〉 등이 있다.

2. 미국, 캐나다에 있어서의 5센트짜리 동전

3. 1930년대 미국 대공황 시기에 유행했던 코믹극의 한 종류. 스크루볼은 '괴짜, 별난, 엉뚱한'이란 뜻을 가진 미국 속어이다. 빈부나 신분 격차가 큰 남녀 주인공이 처음에는 갈등의 폭이 커지지만 결국 행복한 결말에 이른다.

4. 1922년 미국 영화제작배급협회의 초대회장이었던 윌 헤이스가 만든 단체로 1930년 헤이스 규약을 만들었는데, '도덕 조항'을 삽입하라고 요구했고, 영화내용을 통제할 것을 요구했다.

5. 여러 명의 배우에게 비중이 비슷한 배역을 주는 것

6. 촬영과정에서 NG로 쓸 수 없게 된 필름이나 편집과정에서 편집자의 의도에 따라 잘려나간 필름을 말한다.

7. 신조어로서 연극, 영화, 소설 등 매체 속에 존재하는 허구의 인물이 객석, 관람객, 독자 등을 향한 제4의 벽(무대와 관객 사이를 떼어놓는 보이지 않는 수직 공간)을 무너뜨리고 자신을 노출하는 것

8. 이야기 도중에 미래의 한 장면을 삽입하는 표현기법

9. 서아프리카의 민담 구술가

제7장

1. (1778~1829). 영국의 화학자. 독학으로 화학을 배우고 왕립협회의 교수와 회장을 지냈다. 초기에는 질소산화물, 특히 아산화질소를 연구하고 1807년부터 전기분해에 의해 알칼리 금속 및 알칼리토 금속류의 단리에 성공했다.

2. 미국의 대통령 선거에서 정당별 후보를 선출하는 예비경선의 한 방식으로 등록된 당원만 참여할 수 있는 코커스와는 달리 당원이 아니더라도 참여할 수 있다.

3. 1989년 미국 아비드 테크놀로지사가 출시한 디지털 비선형 영상 편집 시스템

4. 실제로 촬영한 필름의 길이와 완성된 제작물의 길이 비율. 미국 영화의 경우 5:1이면 경제적인 것으로, 15:1이면 소모적인 것으로 평가한다.

5. (1937~). 미국의 현대음악 작곡가. 20세기 음악계에서 가장 영향력 있는 작곡가 중 한 사람이다. 대중의 눈높이로 가져간 음악인으로 널리 알려져 있다. 미니멀리즘 작품을 주로 시도했다.

제8장

1. 장면이 말려서 다음으로 넘어가는 이미지

2. 19세기 영국의 빅토리아 시대에 등장한 라파엘 전파는 라파엘 전파 형제회(Pre-Raphaelite Brotherhood)라는 예술가 그룹을 중심으로 형성된 유파를 일컫는다.

3. 1920년대 독일을 중심으로 일어난 영화 운동으로 추상 영화라고도 한다. 비재현적 형식을 사용함으로써 공간과 시간의 두 차원에서 영화의 이미지 그 자체를 찾고자 하는 영화로 영화의 시각적인 순수성을 추구한다.

4. 유대계 독일인 화상 헤르바르트 발덴(1878~1941)의 주재하에 1910~1932년까지 베를린에서 발행됐던 전위예술운동을 지향하던 잡지

5. (1900~1959). 미국 뉴저지의 독일계 이민가정에서 태어난 미국의 전위 작곡가 겸 피아니스트, 작가, 발명가이다.

6. 20세기 초 주로 러시아 미술가들에 의해 시작된 러시아의 기하학적 추상미술 운동이다.

7. 19세기 프랑스 화가로 상징주의 운동에 참여했다.

8. 기계(machine), 영화(cinema), 애니메이션(animation)의 합성어로 게임을 통해 만들어진 영화예술 장르를 가리키는 말이다.

9. 단순한 형태의 반복적인 상영을 특징으로 하는 영화. 1960년대 중반에 발표된 일련의 실험 영화를 지칭한다. 단순한 형태의 반복적인 영상을 통해 효과의 극대화를 기대하였다.

10. 주로 팬들이 영화의 캐릭터, 의상, 만화, 게임, 연예인 모습 등을 스케치하여 올려 놓는 작품.

제9장

1. 수정주의 서부 영화(revisionist westerns)는 1960년대 중반~1970년대 초반에 나타난 서부 영화의 하위 장르이다. 어둡고 냉소적인 분위기로 서부 시대의 무법성에 초점을 맞추고 낭만주의보다는 사실주의적 관점을 고수한다.

2. 16세기 후반 북부 이탈리아 지역에서 생겨난 매우 특이한 민중희극의 변형인 '즉흥 연희극'은 권선징악을 주요 내용으로 하고 있다.

3. 영국의 꼭두각시 인형극. 이탈리아에서 시작된 콤메디아 델 라르테는 이후 유럽 전역으로 퍼지며 대단한 인기를 누렸는데, 영국에서는 할리퀴네이드라는 장르로 발전했다.

4. (1895~1966). 1920년대 미국 무성 영화 시대의 영화배우. 희극에서 두각을 나타냈고, 채플린이나 로이드에 버금가는 인기배우가 되었다.

5. 18세기 동유럽에서 발생한 신비주의 유대교 교파

6. 맥 세네트의 키스톤 영화사가 설정한 무능한 경찰 캐릭터

7. (1846~1917). 남북전쟁 시 민간인 정찰병으로 일했으며, 이후로는 들소 사냥꾼으로 버팔로를 사냥하기 시작하면서 4,280마리의 버팔로를 죽여 '버팔로 빌'이란 별명을 얻었다.

8. 사무라이 시대극

9. 제2차 세계대전이 끝난 직후 독일에서 주류를 이루었던 하이마트 영화는 독일의 동화, 우화 등 요정들이 등장하는 현실 도피적인 이야기들을 담고 있다.

제10장

1. 영국영화협회가 발행하는 월간 영화잡지

2. 1968년 5월 프랑스에서 학생과 근로자들이 일으킨 사회변혁운동으로 5월혁명이라고도 한다.

3. 우파(UFA. Universum-Film AG)는 1920~1960년대 독일의 최대 영화사였다.

4. 지가 베르토프의 '키노-글라즈(kino-glaz. cinem-eye. 영화-눈)'는 카메라가 인간의 눈과 아주 비슷하여 현실생활에서 일어나는 실제 사건들을 탐구하는 수단이 된다는 이론을 말한다.

5. 일명 파라마운트 판결로 불리는 이 1948년 미국 연방 대법원 판결은 스튜디오들이 극장을 소유하지 못하도록 하는 반독점법을 행사했다.

6. 헤이스 규약(Hays Code)이라고도 한다. 1930년 윌 헤이스(Will H. Hays)에 의해 만들어진 규약으로, 할리우드 영화에서 표현의 한계를 규정하고 스크린을 통해 보여주면 안될 금기사항들을 명시하고 있다.

7. 스톱 프레임(stop frame), 홀드 프레임(hold frame)이라고 한다. 단일 프레임이 정지되어 있어 피사체를 마치 정지 사진처럼 보이게 하는 화면효과로 특정 장면을 강조하기 위해 쓰인다.

8. 이 용어는 프랑수아 트뤼포가 〈카이에 뒤 시네마〉 잡지에 발표한 일종의 영화 이론이었다. 작가주의는 영화적 전통을 거부하는데서 시작하며 비장르 영화, 작가예술 영화, 감독의 개성과 독창성이 중시되는 영화를 뜻한다.

9. 1960년대 브라질에서 일어난 민족주의 경향의 영화 운동으로 '새로운 영화(cinema novo)'를 표방하며 정치적 영화 혁명을 실현하고자 했다.

10. 1960~1970년에 걸쳐 통일독일 이전의 서독 영화계에 나타난 새로운 영화 경향이다.

11. 인도의 뉴웨이브 운동을 병행 영화(Parallel Cinema)라고도 불렀다. 여기서 병행이란 중도적 입장을 지닌 예술을 뜻하는 것으로, 오락과 실제 삶 중 어느 한쪽으로 치우치지 않고 중도를 지향하는 것

이 예술 그 자체라는 입장이다.

12. 세네갈어 중 하나로 풀라니어(Fulani) 비슷한 니제르콩고어족에 속한다.

13. 동부 아프리카 공용어

14. 1969년 발족되어 '제3세계의 칸 영화제'로 불린다.

15. 언제 만들어졌는지, 누가 감독했는지, 정말 알려지지 않은 짜투리 필름들

16. 흑인으로 분장하고 흑인 가곡 등을 부르는 백인의 쇼

17. 1920년대 미국 뉴욕의 흑인지구 할렘에서 퍼진 민족적 각성과 흑인예술문화의 부흥을 가리키는 것으로, 흑인의 목소리가 집단으로 표출되고 백인에게 받아들여지기 시작하는 계기가 되었다.

18. 사전적 의미는 '이상한, 상식을 벗어난'이란 뜻이며, 특히 남성 동성애자, 즉 게이를 의미한다.

19. 뉴욕에서 열리는 언더그라운드 여장남자 춤 경연대회

20. 캐나다 누나부트 지방 이누이트족이 사용하는 언어로 현재 34,000여 명이 사용하고 있다.

21. 저장돼 있는 기존 필름 중에서 필요한 부분을 가져와 편집하여 만든 영화로 극 영화보다는 기록 영화나 홍보, 교육, 계몽 등을 위한 영화에 쓰인다.

제11장

1. 예술을 의미하는 *art*는 어원적으로 기법(techne)에서 출발했다. 즉 스타일을 의미하며 예술은 기법, 즉 스타일로서 예술이라는 의미를 함축하는 것이다.

2. 1954년 프랑스와 트뤼포의 글 [프랑스 영화의 어떤 경향]에서 유래한 '작가정책'이란 말은 유명한 소설을 각색한 유능한 시나리오 작가들에 의한 영화를 거부하고 영화감독 개인의 창작을 선호한 작가적 태도를 말한 것이다.

3. '무지한, 센스가 없는(clueless)'이라는 뜻의 단어와 그 제목의 영화를 중첩시킨 문장이다. '현대 영화 이론에 대해 무지하다고?'라는 뉘앙스의 말을 영화제목과 같이 사용한 것이다.

제12장

1. 성 베네딕트의 규율을 따르는 가톨릭교의 관상 수도회로 1098년 프랑스 시토에서 창립되었고, '엄률 시토회'가 공식명칭이다.

2. 법률 정보 데이터베이스

3. 컴퓨터 정보 데이터베이스

4. 역방향 촬영. 촬영기법에서 두 대의 촬영기가 서로 마주보는 위치에서 촬영하는 숏. 앞의 장면과 반대 시각의 장면

5. (1922~). 미국의 아방가르드 영화 비평가 및 작가. 뉴욕대학교 영화학과를 만든 장본인이며, 또한 교수를 역임했다.

6. (1957~). 현재 위스콘신 밀워키대학 영화학과 교수로 SCMS (Society for Cinema & Media Studies)의 회장을 역임했으며,

Aftershocks of the New: Feminism and Film History, Joyless Streets: Women and Melodramatic Representation in Weimar Germany 등 다수 저서가 있다.

7. (1948~). 현재 오하이오주립대학교 명예교수로 있으며, 전공은 프랑스 영화 및 페미니스트 영화 연구이다. 저서로는 *The Woman at the Keyhole, Cinema and Spectatorship, Directed by Dorothy Arzner, Framed: Lesbians, Feminists, and Media Culture* 등이 있다.

8. 현재 오클라호마대학교 영화학과 명예교수로 있으며, *Screenwriting for a Global Market, Henry Bumstead and the World of Hollywood Art Direction, Writing the Character Centered Screenplay* 등 다수 저서가 있다.

9. 러시아 태생의 각본가. 앤드루 호튼과의 공저로 *Russian Critics on the Cinema of Glasnost, The Zero Hour: Glasnost and Soviet Cinema in Transition*이 있다.

10. 1988년 소련 영화감독 바실리 피출이 페레스트로이카 이후의 소련 사회를 냉소적으로 그린 영화로 1980년도 〈모스크바는 눈물을 믿지 않는다〉 이후로 흥행에 성공한 영화이다.

찾아보기

찾아보기

정재형

동국대학교 영화영상학과 명예교수이자 영화평론가이다. 동국대학교, 뉴욕시립대학원(CUNY)에서 영화학 석사를, 중앙대학교 첨단영상대학원에서 영화학 박사를 취득하였다. 한국영화학회 회장, 한국영화평론가협회 회장, 국제영화비평가연맹한국본부 회장을 역임했고, 광주국제영화제 수석프로그래머, 오프앤프리국제확장영화예술제 조직위원장을 역임하였다. 현재 모드니문화예술교육연구소 소장과 한국영상문화학회 회장을 맡고 있다. EBS 시네마천국 사회를 진행하였고, 르몽드 디플로마티크에 영화평을 연재한 바 있다.

저서로는 정재형 교수의 영화강의, 영화이해의 길잡이, MT 영화학, 뉴시네마 감독론, 천의 얼굴 유현목 감독, 공저로는 유현목: 한국 리얼리즘의 길찾기, 북한영화에 대해 알고 싶은 다섯 가지, 한국 초창기의 영화이론 등이 있고, 역서로는 영화영상 스토리텔링 100이 있다.